中国民族统计年鉴 2019

CHINA'S ETHNIC STATISTICAL YEARBOOK 2019

国家民族事务委员会经济发展司
国家统计局国民经济综合统计司 编

中国统计出版社
China Statistics Press

图书在版编目（CIP）数据

中国民族统计年鉴. 2019 = China’s Ethnic Statistical Yearbook 2019 / 国家民族事务委员会经济发展司，国家统计局国民经济综合统计司编. -- 北京 : 中国统计出版社, 2020.7

ISBN 978-7-5037-9188-8

Ⅰ. ①中… Ⅱ. ①国… ②国… Ⅲ. ①民族地区－统计资料－中国－2019－年鉴 Ⅳ. ①D633-54

中国版本图书馆 CIP 数据核字(2020)第 110180 号

中国民族统计年鉴—2019

作　者/国家民族事务委员会经济发展司　国家统计局国民经济综合统计司
责任编辑/郭　栋
封面设计/李雪燕
出版发行/中国统计出版社
通信地址/北京市丰台区西三环南路甲 6 号　邮政编码/100073
电　话/邮购（010）63376907　书店（010）68783172
网　址/http://www.zgtjcbs.com
印　刷/河北鑫兆源印刷有限公司
经　销/新华书店
开　本/880×1230mm　1/16
印　张/57.75
字　数/1800 千字
版　别/2020 年 7 月第 1 版
版　次/2020 年 7 月第 1 次印刷
定　价/360.00 元

《中国民族统计年鉴—2019》

编辑委员会名单

《中国民族统计年鉴—2019》

编者说明

一、由国家民族事务委员会主办的《中国民族统计年鉴（2019）》，是一部全面反映中国政府民族经济工作以及全国少数民族和民族自治地方国民经济社会发展情况统计资料的大型资料性工具书。

二、本书由“专文”“综述篇”“统计资料篇”“附录”共4部分组成。

1.专文。收录了国家民委主要领导在2018年有关民族工作的部分文章和讲话。

2.综述篇。分“民族自治地方发展综述”“民族乡镇发展综述”“民族经济工作综述”等3个类目，收录了2018年全国、各省（自治区、直辖市）民族自治地方和民族乡镇经济社会发展情况及2018年全国和各省区市及兵团民族经济工作情况的综合性文稿。

3.统计资料篇。分“民族自治地方”“陆地边境县”“牧区半牧区县”“民族乡镇”“全国少数民族发展情况”“其他资料”等6部分。涉及到的全国性统计数据均不包括台湾省和香港特别行政区、澳门特别行政区的资料。统计资料主要来源于国家政府主管部门、各级统计和民族工作部门。部分数据合计数或相对数由于单位取舍不同而产生的计算误差均未作机械调整。全部统计资料均经国家统计局统计设计管理司和国民经济综合统计司审核。

4.附录。收编了各类民族方面的资料。

目　录

专　文

综述篇

民族乡镇发展综述

民族经济工作综述

统计资料篇

民族自治地方

牧区半牧区县

民族乡镇

附 录

专 文

收录了国家民委主要领导在2018年有关民族工作的部分讲话。

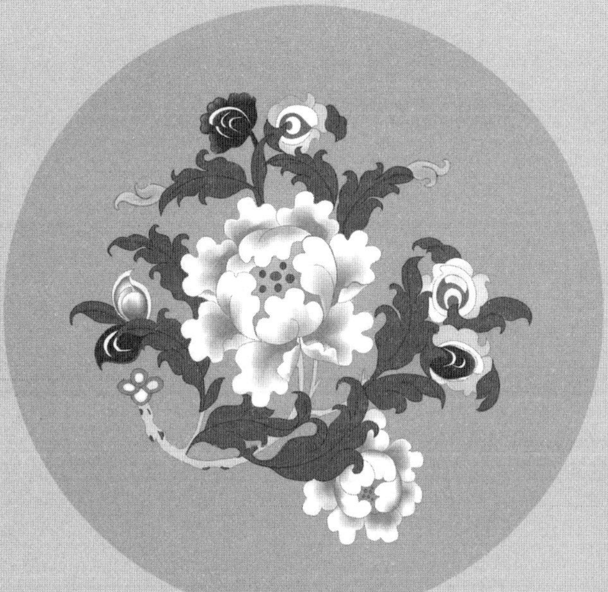

铸牢中华民族共同体意识　奋力实现伟大复兴中国梦

——国家民委主任巴特尔同志在《求是》杂志发表署名文章

《求是》（2018 年第 13 期）

巴特尔

核心要点：

■ 党的十九大把“铸牢中华民族共同体意识”写入党章，成为全党全国各族人民实现中国梦新征程上的共同意志和根本遵循。

■ 中华民族共同体意识是中国历史发展的必然产物，集中体现了中华民族共同心理特征，是维系中华民族团结统一的强大精神纽带和推动中华民族发展进步的强大精神动力。深刻理解和准确把握这一我们党新时代民族工作的重大理论创新和实践创新，对维护国家统一和长治久安、促进民族团结与社会和谐、实现中华民族伟大复兴中国梦，具有重大而深远的意义。

■ 习近平总书记深刻指出，中华民族多元一体格局中“一体包含多元，多元组成一体，一体离不开多元，多元也离不开一体，一体是主线和方向，多元是要素和动力，两者辩证统一”。“铸牢中华民族共同体意识”，突出点明了处理好“一”和“多”关系的主线，揭示了“我国的民族工作做得都是最成功的”奥秘所在。

■ 要深入学习宣传贯彻习近平总书记关于民族工作的新理念新思想新战略，深刻把握其中蕴含的政治智慧、缜密逻辑、战略视野和忧患意识，更好地统一思想、凝聚共识、谋划工作。把铸牢中华民族共同体意识作为主线和衡量标准，贯彻到民族工作各个领域各个环节，一切政策举措都由此着眼，一切资源都往此着力，推动新时代民族工作迈上更高水平。

党的十八大以来，习近平总书记提出中华民族是一个命运共同体，多次强调要“铸牢中华民族共同体意识”。党的十九大把“铸牢中华民族共同体意识”写入党章，成为全党全国各族人民实现中国梦新征程上的共同意志和根本遵循。中华民族共同体意识是中国历史发展的必然产物，集中体现了中华民族共同心理特征，是维系中华民族团结统一的强大精神纽带和推动中华民族发展进步的强大精神动力。深刻理解和准确把握这一我们党新时代民族工作的重大理论创新和实践创新，对维护国家统一和长治久安、促进民族团结与社会和谐、实现中华民族伟大复兴中国梦，具有重大而深远的意义。

一、习近平总书记关于新时代民族工作的重大理论创新

对中华民族团结进步历史规律的深刻揭示。在我国 5000 多年文明发展史上，各民族共同开发了祖国的锦绣河山、广袤疆域，共同创造了悠久的中国历史、灿烂的中华文化，共同培育了以伟大创造精神、伟大奋斗精神、伟大团结精神、伟大梦想精神为基本内涵的中华民族精神，最终形成了今天的 56 个民族守望相助、手足相亲的中华民族大家庭。一部中国史，就是一部统一多民族国家形成的发展史、一部中华民族多元一体格局形成的发展史、一部致力于“大一统”又尊重差异的中华政治文明形成的发展史、一部中华民族精神形成的发展史，这是孕育中华民族共同体意识的深厚历史根基。特别是 1840 年鸦片战争后，我国各族人民在血与火的共同抗争中，深刻认识到“中华民族是一个命运共同体，一荣俱荣、一损俱损”，“中华民族”成为各民族普遍认同的概念和归属，这是中华民族共同体意识初步形成的标志。在中国共产党领导下，各民族共同缔造新中国，永远结束了“一盘散沙”、任人宰割的历史，开启了中华民族繁荣发展的新纪元，中华民族共同体意识在这一进程中实现了历史性升华并不

断巩固强化。“铸牢中华民族共同体意识”这一重大论断，是对我国基本国情和历史传统的准确把握，是对中华民族团结进步规律的深刻揭示，必将引领中华民族在更高层次上实现大团结大进步。

对马克思主义民族理论中国化的最新发展。马克思主义始终站在社会总问题的高度来观察、认识和解决民族问题，强调各民族在平等的基础上实现大团结、大联合。我们党自成立之日起，就自觉肩负起中华民族先锋队的历史使命，提出了新民主主义革命时期解决民族问题的纲领，即对内求国内各民族之间的平等，对外求中华民族的彻底解放。新中国成立初期，“中华人民共和国各民族团结起来”的伟大号召，前所未有地激发了各民族的中华民族共同体意识。改革开放以来，“我国的民族关系基本上是各族劳动人民之间的关系”“汉族离不开少数民族，少数民族离不开汉族，各少数民族之间也相互离不开”“各民族共同团结奋斗、共同繁荣发展”等重大论断，促进了民族团结进步事业不断发展。党的十八大以来，以习近平同志为核心的党中央在民族工作领域提出了一系列新理念新思想新战略，形成了系统完整的思想理论体系，开辟了马克思主义民族理论中国化的新境界，“铸牢中华民族共同体意识”这一重大论断成为马克思主义民族理论中国化的最新成果。

解决民族问题的中国智慧和中国方案。如何解决好民族问题是一个世界性课题，关键在于能否处理好“一”和“多”的关系。几千年来，我国历代中央政府重视民族事务，秉持“修其教不易其俗，齐其政不易其宜”，形成了强调维护一统而又重视差别的治理理念。我们党开辟的中国特色解决民族问题的正确道路，是中华传统政治文明内生性演化的结果，并从根本上超越了传统政治文明，较好地处理了“一”和“多”的关系。习近平总书记深刻指出，中华民族多元一体格局中“一体包含多元，多元组成一体，一体离不开多元，多元也离不开一体，一体是主线和方向，多元是要素和动力，两者辩证统一”。“铸牢中华民族共同体意识”，突出点明了处理好“一”和“多”关系的主线，揭示了“我国的民族工作做得都是最成功的”奥秘所在。一些国家解决民族问题，先后走过殖民主义、种族主义、同化主义、文化多元主义的路子，时至今日种族问题、少数族裔问题依然是非常敏感的社会问题，引起的争论、抗议、骚乱从未停息。在“中国之治”与“西方之乱”的对比中，以铸牢中华民族共同体意识为标志的解决民族问题的中国智慧和中国方案，得到越来越多国家的理解和认同，必将为解决世界民族问题作出应有的贡献。

二、发展新时代民族团结进步事业的根本要求

实现中华民族伟大复兴中国梦的必然要求。实现中华民族伟大复兴和铸牢中华民族共同体意识，一体两面，有机统一。百年苦难、百年梦想、百年奋斗，各民族在中国共产党的领导下激发出空前的中华民族共同体意识，汇聚成实现中华民族伟大复兴的历史洪流。党的十九大宣示中国特色社会主义进入了新时代，我们比历史上任何时期都更接近、更有信心和能力实现中华民族伟大复兴的目标。然而，中华民族伟大复兴绝不是轻轻松松、敲锣打鼓就能实现的，必须进行具有许多新的历史特点的伟大斗争。当今世界面临百年难遇的大变局，无论是应对挑战、化解风险，还是反对霸权、引领治理，都必须进一步增强中华民族凝聚力向心力，铸牢中华民族共同体意识，确保中华民族在团结奋进中凝聚起磅礴力量，为实现中华民族伟大复兴中国梦砥砺前行。

新时代维护国家统一、民族团结、社会和谐稳定的内在需要。党的十八大以来，以习近平同志为核心的党中央牢牢把握“五个并存”的民族工作阶段性特征，先后召开民族、统战、涉疆、涉藏等多个重要会议，推动民族工作创新发展，开启了各民族交往交流交融不断深入、中华民族共同体意识不断铸牢的新时代。同时也要清醒看到，新时代我国民族工作“五个并存”的阶段性特征更加凸显，特别是境内外敌对势力从未放弃利用民族、边疆问题作为突破口这一战略图谋，反对民族分裂、宗教极端、暴恐斗争形势依然严峻复杂，维护国家统一、民族团结、社会和谐稳定的任务依然繁重。我们要坚持把国家统一和民族团结作为最高利益，进一步铸牢中华民族共同体意识，不断巩固和发展平等团结互助和谐的社会主义民族关系，使各民族像石榴籽一样紧紧抱在一起，坚决反对大汉族主义和狭隘民族主义，依法严厉打击分裂势力和暴恐活动，坚决克服和消除一切不利于中华民族团

结统一的消极因素。

实现全面小康和现代化的动力保证。习近平总书记多次强调，全面建成小康社会，一个民族都不能少。党的十八大以来，中央高度关心民族地区发展，制定实施了力度空前的支持政策，推动民族地区加快发展取得历史性成就。党的十九大提出了决胜全面建成小康社会和2020年到本世纪中叶“分两步走”的战略安排，为新时代民族地区发展提供了空前机遇。当前，民族地区发展仍相对滞后。2017年，全国贫困人口、贫困村超过1/3在民族地区，民族8省区贫困发生率比全国平均水平高出一倍多，深度贫困的“三区三州”都是民族地区。我们要牢固树立中华民族共同体意识，进一步发挥好中国特色社会主义制度的优越性，使各民族同步进入小康社会、同步实现社会主义现代化，创造出党领导下各族人民实现共同富裕和繁荣发展的人间奇迹。

三、进一步创新推进民族工作的鲜明主线

把牢一个方向。牢牢把握中华民族发展的历史规律和正确方向，既要处理好“大家庭”内的民族关系，更要促进“大家庭”的巩固和发展，更加自觉地站在党和国家事业全局，站在中华民族根本利益的立场上想问题、办事情，推动中华民族形成凝聚力更强、包容性更大的命运共同体。要深入学习宣传贯彻习近平总书记关于民族工作的新理念新思想新战略，深刻把握其中蕴含的政治智慧、缜密逻辑、战略视野和忧患意识，更好地统一思想、凝聚共识、谋划工作。把铸牢中华民族共同体意识作为主线和衡量标准，贯彻到民族工作各个领域各个环节，一切政策举措都由此着眼，一切资源都往此着力，推动新时代民族工作迈上更高水平。

抓住一个关键。深化祖国观、民族观、宗教观、文化观、历史观教育，不断增强各族人民对伟大祖国、中华民族、中华文化、中国共产党、中国特色社会主义的认同。增强对伟大祖国的认同，传承和弘扬以爱国主义为核心的民族精神，建设伟大祖国、建设美丽家乡，坚决捍卫祖国统一和领土完整，反对一切分裂祖国的违法犯罪行为。增强对中华民族的认同，牢固树立中华民族共同体的意识，像爱护自己的眼睛一样爱护民族团结，像珍视自己的生命一样珍视民族团结，坚决反对一切不利于民族团结的言行。增强对中华文化的认同，始终牢记中华文化是各民族文化的集大成、各民族都作出了贡献，推动各民族相互欣赏、相互学习、交流互鉴，坚决克服把汉文化等同于中华文化、把本民族文化自外于中华文化等错误思想。增强对中国共产党的认同，牢固树立“四个意识”，做到“四个服从”，坚决维护习近平总书记党中央的核心、全党的核心地位，坚决维护党中央权威和集中统一领导，不断巩固和发展好各族人民心向党的生动局面，坚决克服部分领域存在的党的领导弱化、党群干群关系不够紧密、基层党组织战斗堡垒作用发挥不够等现象。增强对中国特色社会主义的认同，坚定“四个自信”，坚定不移走中国特色解决民族问题的正确道路，坚持和完善民族区域自治制度。总之，就是要使爱我中华的种子扎根中华民族每一位成员的心灵深处，不断增强中华民族的自豪感、自信心和凝聚力。

聚焦一个根本。毫不动摇坚持巩固和发展中华民族共同体。聚焦坚持和加强党的全面领导，持续把全面从严治党引向深入，确保党始终走在时代前列，始终成为坚强领导核心，始终成为中国人民和中华民族的主心骨，进一步发挥好中国特色社会主义制度最大优势，不断夯实中华民族共同体的政治基础。聚焦实现全面建成小康社会和社会主义现代化，进一步发挥好中央、发达地区、民族地区三个积极性，推动制定实施差别化的区域政策，确保“全面建成小康社会，一个不能少；共同富裕路上，一个不能掉队”，不断夯实中华民族共同体的物质基础。聚焦深化各民族交往交流交融，尊重差异、包容多样、增进一体，创造各族群众共居、共学、共事、共乐的社会条件，让各民族在中华民族大家庭中手足相亲、守望相助，不断夯实中华民族共同体的社会基础。聚焦构筑中华民族共有精神家园，以社会主义核心价值观为引领，始终发扬伟大中华民族精神，在增强对中华文化认同的基础上繁荣发展各民族优秀文化，推动创造性转化和创新性发展，不断夯实中华民族共同体的文化基础。聚焦依法治国，坚持用法律保障民族团结，坚持法律面前人人平等，讲政治原则、讲政策策略、讲法治规范，着力提高民族工作法治化水平，不断夯实中华民族共同体的法治基础。

国家民委副主任陈改户同志在全国民族经济工作暨民族地区经济形势分析现场会上的讲话

(2019 年 4 月 10 日)

全国民族经济工作暨民族地区经济形势分析现场会的主要任务是，以习近平新时代中国特色社会主义思想和党的十九大精神为指导，全面贯彻中央经济工作会议和全国“两会”决策部署，贯彻落实国家民委委员全体会议和全国民委主任会议要求，总结 2018 年民委经济工作，分析民族地区经济运行情况，以铸牢中华民族共同体意识为主线，部署下一步工作，为决胜民族地区脱贫攻坚、实现“中华民族一家亲，同心共筑中国梦”进一步凝聚共识、汇聚力量。

今天上午的会议上，湖北省副省长杨云彦同志发表了热情洋溢的致词，恩施土家族苗族自治州州长刘芳震同志作了州情介绍，听后倍感振奋，也让我们对湖北、对享有“世界硒都”、“华中药库”等多项美誉的恩施有了进一步的了解。湖北、北京、吉林、广西、海南、云南、西藏、青海等 8 个省区市民委的同志作了大会交流发言，介绍了各地的工作经验，提出了好的建议，讲得都很好，听了很受启发、深受鼓舞。根据会议安排，今天下午和明天上午大家还将进行实地考察。希望同志们珍惜这次难得机会，互相学习、相互借鉴。

十八大以来，以习近平同志为核心的党中央高度重视少数民族和民族地区发展，总书记多次深入民族地区调研，体察少数民族群众冷暖，对民族地区发展作出了丰富而深刻的系列论述和重要指示。对广西，总书记强调“广西是革命老区，是贫困地区，也是边境地区、民族地区。脱贫攻坚工作做好了，边疆稳定、民族团结就有了坚实基础；边境建设搞好了，民族事业发展了，对打赢脱贫攻坚战也是极大促进。”对贵州，总书记强调“贵州要守好发展和生态两条底线，开创百姓富、生态美的多彩贵州新未来。”对云南，总书记强调“坚决打好扶贫开发攻坚战，加快民族地区经济社会发展。”对西藏，总书记强调“必须坚持治国必治边、治边先稳藏的战略思想，坚持依法治藏、富民兴藏、长期建藏、凝聚人心、夯实基础的重要原则。”对青海，总书记强调“扎扎实实推进生态环境保护，扎扎实实推进脱贫攻坚，扎扎实实推进民族地区发展。”对宁夏，总书记强调“要加强民族团结进步教育，使各民族都牢固树立汉族离不开少数民族、少数民族离不开汉族、各少数民族之间也相互离不开的思想。”对新疆，总书记强调“努力建设团结和谐、繁荣富裕、文明进步、安居乐业的中国特色社会主义新疆”。特别是今年“两会”期间，习近平总书记第二次到内蒙古代表团参加审议，强调“要保持加强生态文明建设的战略定力，守护好祖国北疆这道亮丽风景线。”可以说，对各个民族地区总书记都有明确的指示和要求。

民族地区认真贯彻落实习近平总书记的重要指示要求，把政治建设摆在首位，坚持以人民为中心，牢固树立新发展理念，紧紧把握推动高质量发展要求，都出色地完成了党和人民交给的重大任务。下面，根据会议主题我讲几点意见。

一、2018 年民族地区和民委经济工作都取得了很大成绩

2018 年，是全党全国迎难而上、全面贯彻党的十九大精神的开局之年。民族地区广大干部群众同心协力、锐意进取，为全面建成小康社会作出了新的贡献，民族地区经济保持了总体平稳、稳中有进良好态势。

2018 年，民族八省区地区生产总值突破 9 万亿

元，达到 90576 亿元，同比增长 7.2%，高于全国 0.6 个百分点。在全国 31 个省区市中，贵州、西藏、云南的生产总值分别同比增长 9.1%、9.1%、8.9%，包揽了全国经济增速前三甲。城镇居民可支配收入 3.4 万元，名义增长 7.7%，增速与全国基本持平。农村居民可支配收入 1.1 万元，名义增长 9.4%，增速快于全国 0.6 个百分点。城镇、农村居民可支配收入比从 2000 年的 3.3 倍下降到 2018 年的 2.9 倍，下降速度快于同期全国水平，城乡居民收入差距不断缩小。脱贫攻坚取得重大突破，贫困人口从上年的 1032 万减少到 603 万，减贫速度为 41.6%，比上年高 14.7 个百分点，贫困发生率从上年的 6.9%下降到 4.0%；在全国 153 个脱贫摘帽县中，民族八省区有 80 个，占 52.3%。

一年来，各地民委坚持把推动民族地区全面建成小康社会作为新时期民族工作的第一要务，积极聚焦民族地区打赢脱贫攻坚战这一核心目标，民委经济工作取得显著成效。

一是贯彻落实习近平总书记“治国必治边”方略有新举措。按照中央新时代深入推进兴边富民行动的精神，在新疆乌鲁木齐召开了全国兴边富民行动暨全国民委系统对口支援新疆西藏工作会议，巴特尔主任亲自出席会议并作重要讲话，对贯彻落实习近平总书记关于边疆治理的重要论述和有关文件作出安排、作出部署。

二是助推民族地区脱贫攻坚有新进展。深入贯彻落实《中共中央国务院关于打赢脱贫攻坚战三年行动的指导意见》，加强深度贫困民族地区脱贫攻坚工作推进力度，积极履行武陵山片区牵头单位职责，组织召开片区试点联系工作领导小组会议，制定未来三年办实事清单，推动中央决策部署落到实处。持续加大差别化项目资金政策支持力度，2018 年中央财政专项扶贫资金（少数民族发展支出方向）总规模 65.5 亿元，新增资金 10 亿元，60%以上投向“三区三州”等深度贫困民族地区。加强定点扶贫工作，召开国家民委定点扶贫工作领导小组全体会议，动员全委力量帮助内蒙古巴林右旗和广西德保县尽早脱贫摘帽。

三是落实专项规划有新成效。开展《“十三五”促进民族地区和人口较少民族发展规划》《兴边富民行动“十三五”规划》中期评估，深入了解国家“十三五”规划纲要涉及民族工作任务的实施情况，组织 10 部委赴 12 省区开展调研，积极推动上述《规划》的 9 大任务、37 个工程项目、9 大支持政策落地开花。

四是少数民族特色村镇建设有新亮点。注重衔接乡村振兴战略，制定出台指导意见，组织召开少数民族特色村镇建设助推精准脱贫现场会，着力推动相关工作规范持续开展、加快提档升级步伐。各地少数民族特色村镇建设工作亮点纷呈，特色产业特别是旅游业发展势头良好，优秀民族文化得到传承发展，各民族交往交流交融进一步加强。

五是民贸民品工作有新突破。贯彻落实国务院关于“放管服”的要求，实行由省级认定、我委备案的方式认定 1308 家民品定点生产企业。联合财政部开展“十三五”期间民贸民品政策执行情况中期调研，推动各地进一步统一思想认识，调整政策措施，使民贸民品政策继续得到落实。目前，已有 16 个省区制定了《贴息资金管理办法》，民贸民品工作打开了新局面。

六是各地民委推动地方经济社会发展有新作为。各地民委积极履职、持续发力，在推动地方经济社会发展中都发挥了重要作用。民族八省区中，内蒙古、宁夏积极推动《规划》落实，把加快少数民族和民族地区发展摆到更加突出的位置，推动民族地区经济发展。广西积极推进兴边富民行动，边境 8 县实现“县县通高速”，接待游客近 5000 万人次，旅游总消费超过 400 亿。贵州安排 8210 万元发展资金，推动 10 个民族特色小镇、100 个民族特色村寨和 47 个深度贫困民族特色村寨加快发展。云南把产业扶贫作为直过民族和人口较少民族稳定脱贫的主要依托，推动产业和新型农村合作经济组织对贫困户的全覆盖，群众收入不断提高。西藏实施“1+N”边境小康村建设政策体系，18 个边境县农村居民收入突破万元大关，高于自治区平均水平。青海推动 13 个县区分阶段、按步骤开展“精神脱贫”试点工作，取得初步成效，得到汪洋主席肯定。新疆深入贯彻落实中央治疆方略，各族群众获得感、幸福感、安全感不断增强。举例蜻蜓点水，刚才若干省区交流发言及会议交流材料里还有很多生动的数据和经验，在此不一一列举。

一年来，民族地区和民委经济工作能取得这样的成就，离不开党政各兄弟部门，特别是莅临此次会议的中央统战部、发改委、工信部、财政部等相关部门和社会各方面的大力支持，离不开各级民委的上下齐心、共同奋斗。在此，我代表国家民委党组向大家表示崇高的敬意和由衷的感谢!

二、正确认识民族地区发展面临的挑战和机遇，做好“十四五”规划的前期研究和分析

2018 年以来，我国面临多年来少有的国内外复杂形势，经济出现新的下行压力。从国际看，经济全球化遭遇波折，多边主义受到冲击，国际金融市场震荡，特别是中美经贸摩擦给我们带来诸多不利影响和不确定因素。从国内看，我国经济保持了总体平稳、稳中有进的良好态势，宏观调控目标较好完成，人民群众获得感、幸福感、安全感不断增强，但也面临经济转型阵痛凸显的严峻挑战。复杂多变的国际经济形势和艰巨繁重的国内改革发展任务，对民族地区经济发展也提出了新的挑战和更高要求，需要大家共同关注，去应对、去完成。

一是民族地区经济发展不平衡不充分的问题依然突出。民族地区虽然经济发展势头迅猛、质量效益稳步提升，但由于基数小，从绝对量上来看，与全国的差距还在拉大。2018 年，民族八省区地区生产总值仅占全国加总的 10.1%，较上年回落 0.2 个百分点。城镇、农村居民人均可支配收入分别比全国平均水平低 5268 元和 3191 元，而 2017 年同期水平仅为 4843 元和 2990 元，可见民族地区城乡居民人均可支配收入与全国平均水平的绝对数差距仍在加大。不仅东西部发展差距拉大，民族地区之间发展也不平衡，去年贵州的农村居民人均可支配收入（9716 元）仅相当于内蒙古（13803 元）的 70%，民族八省区发展相对滞后是我国发展不平衡不充分的集中体现。

二是民族地区脱贫攻坚任务依然艰巨。2010 年至 2017 年，民族八省区农村贫困人口占全国贫困人口的比重从 30.4%上升到 33.9%，呈上升趋势。去年民族八省区贫困发生率比全国（1.7%）高 2.3 个百分点，减贫速度比全国（45.5%）低 3.9 个百分点，还有 400 多万贫困人口、294 个贫困县没有脱贫，减贫任务仍然很艰巨，而且剩下的大都是条件更差、基础更弱、贫困程度更深的地区和群众，脱贫难度更大。特别是一些贫困县负债推进脱贫攻坚，存在严重债务风险，脱贫摘帽后还本付息压力极大。

三是民族地区经济发展内生动力依然不足。近年来，中央对民族地区的支持力度持续加大，但一些地方没有及时将外部的人力、财力和技术转化为内生动力，发展后劲不足、自我发展能力有限的问题依然突出。民族八省区制度创新、科技创新和管理创新相对滞后也导致内生动力不足。2017 年民族八省区研发经费占 GDP 比重均不足 1%，远低于东部发达省份浙江（1.98%）、广东（2.07%）的水平。在科技创新推动产业发展方面滞后导致民族地区产业处在产业链条的中低端，竞争力不强。

面对以上挑战，我们既要保持清醒头脑，更要坚定信心，抓住国家对民族地区、边疆地区、贫困地区全方位扶持力度不断加大的历史机遇，下大功夫夯实发展基础。

一是做好脱贫攻坚和乡村振兴战略的衔接，助力民族地区脱贫攻坚战取得决定性进展。在脱贫攻坚与乡村振兴两大战略的历史交汇期，做好脱贫攻坚与乡村振兴战略的衔接十分重要。要以乡村振兴战略统领民族乡村建设，将各项举措优先瞄准贫困地区、贫困人群，各项试点优先在贫困地区部署，使贫困群众分享城乡融合等各项创新发展的红利。贫困地区摘帽后，要把相对落后的民族自治地方作为发展重点，优先纳入乡村振兴相关工作中，不断巩固脱贫攻坚成果。

二是紧盯西部大开发战略，推动兴边富民行动迈上新台阶。今年是西部大开发战略实施 20 周年。3 月 19 日，中央全面深化改革委员会第七次会议审议通过了《关于新时代推进西部大开发形成新格局的指导意见》，提出要更加注重抓好大保护，更加注重抓好大开放，更加注重推动高质量发展，推进西部大开发形成新格局。民族八省区都在西部大开发的范围内，恩施等 3 个自治州也享受西部大开发政策。我们一定要紧紧抓住这个机遇，推动民族地区加快发展。特别是西部边境地区，更要深入研究西部大开发和兴边富民行动各项政策，用好用足相关利好政策和一些举措。

三是积极参与“一带一路”建设，推动民族地区大力发展开放型经济。实施“一带一路”建设使

得民族地区成为对外开放的前沿，提升了民族地区的战略地位，为民族地区形成全方位对外开放新格局、实现又好又快发展带来重大机遇。我们一定要发挥好民族工作部门的自身优势，积极参与、主动融入“一带一路”建设，在服务“一带一路”倡议中切实促进民族地区加快发展。要充分运用好自身的人文资源、历史资源，发挥好区位优势，努力把沿线民族地区建设成为国家向西、向南开放的重要通道。

深刻分析民族地区经济发展面临的机遇和挑战，对于我们科学确定下一步工作的任务，进一步做好新形势下的民族工作，意义重大。2019 年，是继续落实好“十三五”规划确定的各项任务的重要一年，是“十四五”规划编制工作的启动之年，国家有关部门对“十四五”规划编制工作进行了动员和部署，为我们开展工作指明了方向。国家民委也进行了调研、召开了会议，专题研究国家民委“十四五”规划编制工作，并发文安排部署了民委系统开展“十四五”规划编制前期研究准备工作。各级民委要高度重视、加强领导、精心组织，按照国家有关部门的要求，全面总结“十三五”时期的发展经验，研究提出“十四五”时期的重点任务、重大政策、重大工程项目和重大改革措施。要抓紧谋划、做好储备，聚焦事关全局的重点领域和薄弱环节，开展相关课题研究，扎实做好“十四五”规划编制的前期工作。关于制定规划，民委系统有两项重点任务：一是对国家层面和各省市区层面的全局性发展规划，要及时有效地提出我们的意见建议，当好参谋助手，发挥我们独特的作用；二是我们民委系统这些年来延续下来的若干专项规划，我们要把它做好，把调研工作做到位。要从这两个方向去发力，为推动民族地区高质量发展、实现“中华民族一家亲，同心共筑中国梦”出谋划策。

三、牢牢把握铸牢中华民族共同体意识这一鲜明主线，进一步做好民委经济工作

铸牢中华民族共同体意识，是全党全国各族人民实现中国梦新征程上的共同意志和根本遵循，是新时代民族经济工作必须牢牢把握的鲜明主线。今年年初，巴特尔同志在全国民委主任会议上，专门就此作了重要讲话，大家要认真学习领会，把讲话要求落实到民委经济工作各个方面、各个环节中。

（一）做好民委经济工作，必须始终坚持党对经济工作的领导

坚持加强党对经济工作的集中统一领导，是以习近平同志为核心的党中央立足新时代提出的新要求，是推动民族地区经济发展的根本保证，也是铸牢中华民族共同体意识的根本保证。坚持加强党对民委经济工作的领导，必须完善党委抓经济工作体制机制，更好地发挥总揽全局、协调各方的作用。各级民委系统要在党委的集中统一领导下，助推民族地区实现高质量发展。

随着新一轮中央和国家机构改革深入推进，我国民族工作格局调整完善正迎来新的难得的机遇，也提出了更高的要求。我们要牢固树立“四个意识”、坚定“四个自信”、做到“两个维护”，坚决贯彻中央机构改革的总体要求，坚持归口中央统战部统一领导，用好各级统战工作领导小组的优势，进一步形成党委领导、政府负责、有关部门协同配合、全社会通力合作的民族工作格局。各地对民族地区经济发展领域的重大问题、重点工作、重要事项，要及时向党委或党组请示报告，向上级民委通报，确保民族地区经济工作始终在党的领导下推进。要全面贯彻落实党中央的重大决策部署，坚决完成好助推民族地区脱贫奔小康的政治任务。

（二）做好民委经济工作，必须找准推动民族地区经济发展的工作抓手

习近平总书记指出：“发展是解决民族地区各种问题的总钥匙。”我们必须以铸牢中华民族共同体意识为主线，以新发展理念为引领，不断做大做强工作抓手，着力助推民族地区加快发展，确保同全国一道同步实现全面小康和现代化的目标。

一是助力民族地区打赢打好脱贫攻坚战。现在距离 2020 年实现全面小康不到 2 年时间，已经到了决战决胜的关键时刻。要瞄准时间节点倒排工期，不断助推民族地区实现高质量发展，确保与全国同步建成全面小康社会。要进一步聚焦深度贫困地区和特殊贫困群体，加大倾斜支持力度，引导资源要素进一步聚焦，确保实现“不漏一村不落一人”。要坚决履行武陵山片区试点联系单位职责，协调各成员单位落实好《支持武陵山片区打赢脱贫攻坚战未来三年办实事清单》，推动武陵山片区扶贫工作。要

贯彻落实国家民委定点扶贫工作领导小组全体会议精神，进一步支持深度贫困的定点扶贫县如期实现脱贫摘帽。今年，我们还将召开全国扶持人口较少民族脱贫攻坚奔小康现场推进会，要以此次会议为契机，进一步加大扶持力度，推动人口较少民族聚居地区整体率先实现脱贫，部分发展条件较好的地区整体率先实现奔小康目标。

二是深入推进兴边富民行动。推进兴边富民行动的相关文件出台已有半年，各地要按照去年在乌鲁木齐召开的部署会会议精神和巴特尔同志的要求，结合推动《兴边富民行动“十三五”规划》实施，抓好文件贯彻落实。要进一步完善兴边富民行动工作体制机制，加强组织领导和统筹协调，提升兴边安边固边合力。要抓好“十百千”示范点建设，努力实现边境地区的跨越式发展和长治久安。今年，中央统战部将与我们一起开展有关调研，相关省区民委要高度重视，做好相应准备工作。

三是实施好扶持民族地区和人口较少民族发展规划。民族工作领域专项规划是民委经济工作的主要抓手。要充分发挥各地民委委员单位在规划实施中的职能作用，进一步完善规划实施机制，协调解决规划实施过程中的重大问题，定期研究部署推进规划实施工作。今年，要继续加强民贸民品工作，落实好民贸民品企业正常流动资金贷款贴息政策、边销茶增值税政策。要继续抓紧对口支援工作，把对口援疆援藏这项重要政治任务抓实做优，落实好对口帮扶江西乐安县项目，帮助协调解决有关问题。要继续做好少数民族发展资金使用管理工作，加强对资金管理使用情况的监督检查及调研，推动贫困县统筹整合方案共享共用。

四是推进少数民族特色村镇建设提档升级。加快少数民族特色村镇保护与发展，是推进乡村振兴战略的切实举措。今年，各省区市民委要认真做好指导意见的贯彻落实工作，全面开展少数民族特色村镇的提档升级。结合本地区实际抓紧出台相关工作方案，制定有针对性的配套措施，确保指导意见提出的任务和目标落到实处。

（三）做好民委经济工作，必须坚持“打铁还需自身硬”

新时代对民委经济工作提出了新的更高要求。我们要主动适应新形势、聚焦新问题、研究新情况，不断提高履职的能力和水平，切实担当起时代赋予的重任。在这方面，我提三点要求：

一是加强能力建设，确保各项工作落到实处。做好民委经济工作，必须具有较高的素质和能力。我们要站在为党、为国、为民履职的高度，抱着对事业长远发展负责的态度，扎实推进民委经济工作的能力建设。要增强改革创新能力，在把握好民委经济工作方向性、原则性的基础上，主动适应发展新常态，研究新情况，解决新矛盾，创造新经验。要增强调查研究能力，围绕社会关注的热点问题以及长期制约民族地区经济发展的难点问题，深入开展有针对性的调查研究，提出有分量的意见建议。要增强攻坚克难能力，坚持不懈打好脱贫攻坚战，不获全胜，绝不收兵。

二是加强作风建设，克服形式主义、官僚主义。去年，我们开展了扶贫领域作风问题专项治理，对两个专项规划进行中期评估调研，发现个别地方存在对民族工作的调查研究不深、办法不多、工作不实等一系列具体问题。各地要对发现的问题及时进行整改，适时开展实地抽查核查，对履责不力、推诿扯皮，不作为、慢作为、乱作为等作风问题，严肃追究责任。要坚决落实党中央关于民族工作和经济工作的决策部署，继续高度关注政策落实和项目推进情况，加强对我们参与管理的各类项目资金的监管，以作风建设的实际成效推动各项工作落地生根。

三是加强制度建设，促进民族地区持续健康发展。各项工作要长期有效开展，必须有制度和机制保证。要进一步坚持和健全民委委员制，强化地区和部门间的民委经济工作协作机制，更好地发挥作用、形成合力。要及时制定相关工作的实施细则和管理办法，使各项工作更加规范有序。要着力建立稳定脱贫的长效机制，确保各项资金、政策、项目及时到位，确保帮扶支援工作取得扎实成效。

同志们，蓝图已经绘就，使命呼唤担当。让我们更加紧密地团结在以习近平同志为核心的党中央周围，深入学习贯彻习近平新时代中国特色社会主义思想，锐意进取，扎实工作，为决胜全面建成小康社会、实现“中华民族一家亲，同心共筑中国梦”作出新的更大贡献！

综述篇

分“民族自治地方发展综述”“民族乡镇发展综述”“民族经济工作综述”3个类目，收录了2018年全国、各省区市民族自治地方、民族乡镇经济社会发展情况及2018年全国和各省区市及新疆生产建设兵团民族经济工作情况的综合性文稿。

民族自治地方
发展综述

全国民族自治地方经济社会发展综述

2018 年，在党中央和国务院的正确领导下，民族自治地方各族干部群众以习近平新时代中国特色社会主义思想为指导，认真贯彻落实党的十九大以及中央经济工作会议精神，统筹做好稳增长、促改革、调结构、惠民生、防风险等各项工作，民族自治地方经济在新常态下保持平稳运行，总体呈现出稳中有进、稳中向好的良好态势。

一、民族自治地方经济发展情况

（一）生产总值增速较为平稳

2018 年全国民族自治地方经济保持中高速增长，经济总量保持稳定增长。生产总值完成 77668 亿元，按可比价格计算，同比增长 6.7%，增速较上年回落 0.5 个百分点。其中，西藏自治区生产总值增长速度达到 9.1%，居于 5 个自治区首位。民族自治地方第一产业增加值完成 11254 亿元，增长 5.0%；第二产业增加值完成 29997 亿元，增长 5.9%；第三产业增加值完成 36417 亿元，增长 7.8%。

（二）农业生产持续稳定

2018 年，民族自治地方农业生产稳中有升，农业生产条件进一步改善。全年完成农林牧渔副业总产值 19693 亿元。农作物总播种面积保持稳定，农作物总产量总体平稳。农作物总播种面积为 3474 万公顷，其中粮食播种面积达到 2009 万公顷，油料播种面积达到 241 万公顷，棉花播种面积达到 249 万公顷。全年粮食产量 10362 万吨，其中棉花产量 511 万吨，油料产量 533 万吨，水果产量 5148 万吨。民族自治地方大牲畜、猪、羊年末存栏头（只）数分别为 5121 万头、6975 万只和 16033 万只，分别占全国总量的 53.2%、16.3%和 54.0%。全年肉类总产量达到 1565 万吨，其中猪肉、牛肉、羊肉产量分别为 789 万吨、243 万吨、239 万吨，牛羊奶产量 1152 万吨，羊毛产量达 27 万吨，水产品产量 525 万吨。农业生产条件进一步改善。民族自治地方农业机械总动力 17238 万千瓦；全年农村用电量 513 亿千瓦小时，农田有效灌溉面积 1412 万公顷。

（三）工业生产平稳发展，产能进一步优化

2018 年，全年工业生产稳步增长，工业总产值及工业品总产量保持平稳增长趋势，对经济发展仍然发挥着重要的支撑主导作用。民族自治地方规模以上工业企业有 20997 个，完成主营业务收入 58442 亿元。工业产能方面，机制纸及纸板产量 446 万吨，成品糖产量 1287 万吨，卷烟产量 2460 亿支，原煤产量 13.3 亿吨，原油产量 2994 万吨。发电量 16104 亿千瓦时，生铁产量 5929 万吨，粗钢产量 5822 万吨，水泥产量 35195 万吨。工业生产产销衔接保持稳定，经济效益总体水平保持稳定。全年规模以上工业企业实现利润总额 4446 万元。

（四）建筑业水平保持平稳

2018 年民族自治地方建筑业实现平稳增长，企业资产规模总额实现新跨越，利润总额大幅提升。全年建筑业总产值完成 12062 亿元，房屋竣工面积 18616 万平方米。企业资产合计达 11296 亿元。

（五）内需市场强劲增长，服务业贡献明显加强

2018 年民族自治地方消费市场活力持续释放，消费能力进一步提升。全年社会消费品零售总额完成 28300 亿元。企业库存压力有效缓解，限额以上批发零售贸易企业年末库存总额 2099 亿元。

（六）对外贸易继续保持增长

2018 年，民族自治地方进出口回暖。全年进出口贸易总额完成 7986 亿元，其中，出口 4308 亿元，进口 3679 亿元。年末实有外商投资企业 12730 个，外商投资企业投资总额 1635 亿美元，外商投资企业注册资本 533 亿美元。

（七）交通运输业稳步增长，邮电通信业有所回落

2018 年民族自治地方国有铁路运营里程 3.2 万公里，与上年基本持平；公路线路里程达到 126 万公里。民族自治地方铁路和公路完成货物运输周转量 16292 亿吨公里，完成旅客运输周转量 2803 亿人

公里。邮电通信业全年完成邮电业务总量 5089 亿元。移动电话用户 19064 万户，固定电话用户 1625 万户，互联网接入用户 4320 万户。

（八）旅游业强劲增长，旅游收入再创新高

民族自治地方旅游资源丰富，对海内外游客形成了持续增强的吸引力。截至 2018 年底，民族自治地方共有世界自然遗产 7 处、世界文化遗产 5 处、人类口述和非物质遗产 10 处；国家重点自然保护区 126 个，保护区面积达 8152 万公顷；国家历史文化名城、名镇、名村分别为 26 个、38 个和 53 个；国家重点文物保护单位 512 个；国家 5A 级旅游区 52 个；国家级重点风景名胜区 50 处。2018 年国内外旅游产业走势强劲，旅游收入再创新高。民族自治地方共有旅行社 4097 个。国内旅游人次达到 21.8 亿人次；实现国内旅游收入 2.5 万亿元，实现国际旅游外汇收入 95 亿美元。

（九）财政收入持续增长，金融业运行健康平稳

2018 年民族自治地方财政收支保持较快增长，财政赤字余额持续拉大。全年完成地方公共财政预算收入 7572 亿元，地方公共财政预算支出 27987 亿元。金融业运行稳中有增，金融机构存贷款年末余额稳定增加，上市公司利润水平小幅增长。2018 年民族自治地方金融机构各项存款年末余额 11.8 万亿元，全部金融机构各项贷款余额 10.0 万亿元，上市公司利润总额 747 亿元；全年实现净利润 573 亿元。

（十）城乡居民收入稳定增长，就业民生持续改善

2018 年民族自治地方城乡居民收入稳定增长，增速高于全国平均水平，人民生活持续明显改善。城镇居民人均可支配收入为 32739 元，城镇居民人均消费支出为 21353 元。农村居民人均可支配收入为 11523 元，农村居民人均消费支出为 9674 元。就业和民生工作持续取得新进展，就业人员劳动报酬水平稳步提高，私营企业对拉动就业和民生改善的贡献日益突出。2018 年末民族自治地方从业人员 1559 万人，就业人员年平均工资为 74109 元。

二、民族自治地方社会事业发展情况

（一）科学研究与技术进一步稳定发展

2018 年末，民族自治地方研究与开发机构及情报文献机构 770 个，从业人员 5.0 万人，从事科技活动人员 4.7 万人。科技活动经费收入 109 亿元，支出 102 亿元。科学研究与技术开发成果数量继续保持快速增长。拥有有效发明专利总数 2451 件，专利申请量 1750 件，专利授权量 1020 件，发表科技论文 10227 篇，出版科技著作 361 种。

（二）教育事业健康稳步发展

2018 年末，民族自治地方共有普通高等院校 241 所，招生 73 万人，在校本、专科生 222 万人。普通中学 8844 所，招生 364 万人，在校学生 1074 万人。普通小学 30407 所，招生 284 万人，在校学生 1572 万人。

（三）文化事业继续推进

2018 年末，民族自治地方有各种艺术表演团体 1269 个，公共图书馆 767 个，文化馆 799 个。全年报纸出版 17.1 亿份，各类杂志出版 0.9 万册，图书出版 7.1 亿册（张）。共有广播电视台 684 个，广播电台 23 个，电视台 32 个。民族自治地方广播综合人口覆盖率 97.8%，电视人口综合覆盖率 99.2%。

（四）卫生事业进一步改进

2018 年末，民族自治地方卫生事业条件均得到不同程度改善。其中，共有卫生机构（其中包括医院、基层医疗卫生机构、专业公共卫生机构）5.5 万个，卫生机构床位 105 万张，卫生技术人员 113 万人。

（撰稿：马帅　侯运　审稿：朱卫东　万晓璐）

河北省

2018 年，河北省委、省政府坚持以习近平新时代中国特色社会主义思想为指引，深入贯彻落实党的十九大精神，深入贯彻落实习近平总书记对河北提出的“四个加快”“六个扎实”“三个扎扎实实”等重要指示要求，牢牢把握稳中求进工作总基调，强化担当、坚守底线、奋发进取，以供给侧结构性

改革为主线，统筹抓好民族自治地方改革、发展、稳定各项工作，扎实推进民族团结进步事业创新发展，坚决维护民族领域和谐稳定，为民族自治地方加快脱贫攻坚步伐，与全省一道同步实现全面小康奠定了坚实基础。

一、基本情况

河北省共有 6 个自治县（丰宁满族自治县、围场满族蒙古族自治县、宽城满族自治县、青龙满族自治县、大厂回族自治县、孟村回族自治县），行政区域面积 23993.7 平方公里，占河北省总面积的 12.71%；总人口 2139304 人，其中少数民族人口 1363902 人，占 6 个县总人口的 63.75%；共有 124 个乡镇、街道办事处，1498 个居委、村委会；共产党员 97489 名，占 6 个县总人口的 4.56%。

二、经济实现较快增长，但仍面临不少困难

年末民族自治地方实现地区生产总值 750.52 亿元，较上年增长 6.06%，但仍低于全省平均增速 0.54 个百分点。其中宽城满族自治县经济总量最大，达 175.46 亿元；经济总量最小的是孟村回族自治县，为 80.04 亿元。分产业看，第一产业增加值 146 亿元，增长 4.78%；第二产业增加值 265 亿元，增长 5.18%；第三产业增加值 339.9 亿元，增长 9.53%。人均地区生产总值 39085 元，比上年下降 6.76%。第一、二、三产业增加值与 2017 年相比，均呈现较快增长势头。但经济发展中仍然面临诸多问题，经济总量仍然偏低，发展水平相对滞后，基础设施和公共服务水平仍有不小差距；脱贫攻坚任务艰巨，丰宁满族自治县、围场满族蒙古族自治县仍然是国家级扶贫开发重点县、居全省 10 个深度贫困县之列，脱贫攻坚任务艰巨；民族自治地方仍有 4.51 万贫困人口，同样是脱贫攻坚的坚中之坚。

三、农业基本保持平稳

年末民族自治地方农林牧渔业总产值 238 亿元，按可比价计算，较上年下降 1.15%。其中农业产值 128.4 亿元，增长 5.87%；林业产值 15.9 亿元，增长 2.5%；牧业产值 79.5 亿元，下降 18.1%；渔业产值 0.68 亿元，下降 79.2%。农作物播种面积 262 千公顷，比上年减少 11 千公顷，其中粮食播种面积 207 千公顷，油料播种面积 10.6 千公顷。全年粮食产量 98 万吨，较上年增产 15.3%；油料产量 2 万吨，与上年持平；水果产量 48.4 万吨，较上年下降 25.65%。畜牧业生产方面，大牲畜存栏 35.02 万头、出栏 26.65 万头，分别较上年下降 5.73%和 15.5%；猪存栏 51.76 万头、出栏 106.01 万头，分别较上年下降 39.45%和 23.12%；羊存栏 76.12 万头、出栏 133.6 万头，分别较上年下降 23.64%和 12.46%；奶类产量 8.79 万吨，较上年下降 41%。

四、工业和建筑业发展持续回升

年末民族自治地方规模以上企业 256 家，较上年减少 38 家，资产总计 921.4 亿元、主营业务收入 584.3 亿元、利润总额 44.98 亿元，分别较上年下降 8.46%、35.87%、9.68%。全社会固定资产投资 515.98 亿元，较上年下降 36.9%；固定资产投资新增固定资产 325 亿元，较上年下降 40.95%。全年建筑业总产值 54.16 亿元，较上年下降 12.3%；增加值 55.58 亿元，较上年增长 12.8%。房屋施工面积 148.25 万平米，较上年下降 14.2%；竣工面积 77.47 万平米，较上年下降 29.5%。工业废水排放量 342 万吨，较上年下降 12.78%，一般工业固体废物产生量 1142 万吨，较上年下降 67.66%，一般工业固体废物综合利用量 202 万吨，较上年增加 35.39%。

五、地方财政收入明显增加

年末民族自治地方一般公共预算收入 59.6 亿元、税收收入 43.89 亿元，分别较上年增长 16.18%、20.9%。财政支出结构继续优化，各项民生保障力度进一步加大，地方一般公共预算支出 185.36 亿元，较上年增加 11.06%，其中一般公共服务 17.56 亿元、教育 32.08 亿元、科学技术 0.94 亿元、文化体育与传媒 2.23 亿元、社会保障和就业 22.91 亿元、医疗卫生与计划生育 20.5 亿元、住房保障 5.04 亿元。金融机构人民币各项存款余额 1120.73 亿元、城乡居民储蓄存款年末余额 782.34 亿元，分别较上年增加 7.25%、12.58%。

六、城乡居民生活不断改善

随着支持少数民族和民族地区差别化政策落

实，民族自治地方居民收入不断增加。城镇居民人均可支配收入 30413 元，较上年增长 8.58%，为全省平均水平（32997 元）的 92.17%；农村居民人均可支配收入 10497 元，较上年增长 12.54%，为全省平均水平（14031 元）的 74.81 %。城镇居民人均消费支出 18445 元，增加 10.39%；农村居民人均消费支出 8725 元，较上年增加 10.46%。

七、贸易发展相对平稳

年末民族自治地方社会消费品零售总额 262.7 亿元，比上年增长 7.05%，其中批发和零售业实现 215.82 亿元，住宿和餐饮业实现 46.58 亿元。进出口总额 17818 万元，其中进口总额 679 万元、出口总额 17139 万元。

八、交通、邮电和旅游业快速发展

年末民族自治地方公路总里程达 12318 公里，其中等级公路 5436 公里、高速公路 313 公里。客运量总计 1574.7 万人，较上年下降 7.14%；货运量 5291.5 万吨，较上年增长 2.7%。民用汽车拥有总量 20.56 万辆，比去年增加 0.22 万辆。邮电业务总量 11.35 亿元、移动电话用户 162 万户，分别较上年增长 11.82%、1.89%，固定电话用户 15.3 万户，与去年持平。互联网上网人数 80.39 万人，比去年增加 33.76 万人。全年旅游人数 1022.74 万人、国内旅游收入 77.67 亿元，分别较上年增长 22.3%、26.56%。

九、社会事业稳步推进

1.教育方面：民族自治地方共有普通中学 71 所，在校学生 9.65 万人，毕业生 2.86 万人，教职工 0.79 万人；中等职业学校 8 所，在校生 1.45 万人，毕业生 0.47 万人，教职工 0.11 万人；普通小学 255 所，在校生 16.88 万人，毕业生 2.69 万人，教职工 1.1 万人；教育经费支出 32.35 亿元，较上年增长 6.4%。

2.文化方面：民族自治地方共有艺术表演团体 22 个，艺术表演场所 17 个，文化馆 6 个，公共图书馆 6 个，博物馆 5 个。

3.卫生方面：民族自治地方共有医疗卫生机构 1880 个，较去年增加 50 个；卫生人员 9961 人，较去年增加 1056 人；医疗机构床位 10182 张，较去年减少 383 张。

4.社会保障方面：民族自治地方城镇居民最低生活保障人数 1.15 万人，较上年减少 42.2%；农村居民最低生活保障人数 10.35 万人，较上年减少 3.72%；城乡基本医疗保险年末参保人数 185.7 万人，其中城乡职工医疗保险年末参保人数 15.3 万人，城乡居民医疗保险年末参保人数 170.4 万人。

（撰稿：张伟　审稿：陈泽辉）

内蒙古自治区

2018 年，内蒙古自治区坚持以习近平新时代中国特色社会主义思想为指导，认真贯彻落实党中央、国务院和自治区党委、政府重大决策部署，全面落实新发展理念，着力深化供给侧结构性改革，有效应对外部环境影响，统筹推进稳增长、促改革、调结构、惠民生、防风险各项工作，积极推动经济高质量发展。全区经济保持了总体平稳、稳中有进的发展态势，质量效益稳步提升，经济结构不断优化，新旧动能接续转换，积极因素加快积累，高质量发展迈出了坚实步伐。

初步核算，2018 年全区地区生产总值完成 17289.2 亿元，按可比价格计算，比上年增长 5.3%，比 2017 年加快 1.3 个百分点，经济总体运行处于合理区间。三次产业全面增长，第一产业增加值 1753.8 亿元，增长 3.2%；第二产业增加值 6807.3 亿元，增长 5.1%；第三产业增加值 8728.1 亿元，增长 6.0%。产业结构更加优化，三次产业结构优化调整到 10.1∶39.4∶50.5，第三产业占比已过半。人均生产总值达到 68302 元，比上年增加 4538 元，增长 5.0%。

一、粮食生产喜获丰收，畜牧业稳定增长

2018 年，随着全区各项强农惠农政策的落实到位，农业科技含量提高，粮食生产区域布局优化，

粮食生产能力得到进一步提升。全区粮食产量首次突破 700 亿斤大关，创历史新高，达到 710.6 亿斤，居全国第 8 位，取得“十五连丰”的佳绩，并自 2013 年以来连续 6 年稳定在 600 亿斤以上。农牧业结构逐步调整，由于种植面积结构的调整，带动了产量结构的变化。全区种植面积粮经饲结构由上年的 75∶21∶4 调整为 2018 年的 77∶19∶4。

在推进畜牧业发展方面，自治区持续推进“稳羊增牛”发展战略，主要畜禽产品产量稳中有增，猪牛羊禽肉产量 259.2 万吨，比上年增长 0.8%。其中，牛肉产量 61.4 万吨，增长 3.3%；羊肉产量 106.3 万吨，增长 2.1%；猪肉产量 71.8 万吨，下降 2.3%；禽肉产量 19.7 万吨，下降 2.0%。牛奶产量 565.6 万吨，增长 2.3%。由于 2018 年牛羊肉价格涨幅较大，出栏增加，直接带动了牧业产值占比的提高。农业和牧业产值占农林牧渔业总产值的比重由 2017 年的 51∶42.7 调整为 50.7∶43.2，农业占比下降 0.3 个百分点，牧业占比提升 0.5 个百分点。

二、工业生产提质增效，企业效益持续改善

全区立足工业发展区情，加快供给侧结构性改革，坚持以稳增长、调结构、促创新、增效益为重点，工业发展高质量特征更为明显。2018 年，全区规模以上工业增加值比上年增长 7.1%，比上年加快 4 个百分点。一是小微企业增长加快，全区规模以上小微企业工业增加值比上年增长 13.9%，增速比大中型企业快 9.4 个百分点。可见，各级政府落实促进小微企业发展的各项政策取得了成效，小微企业活跃度增强。二是三大门类全面增长，采矿业增加值增长 1.0%，制造业增长 8.9%，电力、热力、燃气及水的生产和供应业增长 13.8%。三是支柱产业支撑作用明显，能源工业、化学工业、冶金建材工业、高新技术业、装备制造业增加值分别增长 6.7%、14.7%、8.8%、17.1%和 1.0%，上述 5 个产业占比达 91.1%，共拉动规模以上工业增长 7.6 个百分点；农畜产品加工业下降 4.8%。

四是各种经济类型增长向好，国有控股企业增加值比上年增长 7.8%，集体企业增长 12.8%，股份制企业增长 7.8%，外商及港澳台商投资企业增长 4.2%。五是新产业加快发展，规模以上工业战略性新兴产业增加值增长 8.7%，增速比规模以上工业快 1.6 个百分点；高新技术工业比上年增长 17.1%，增速比规模以上工业快 10.0 个百分点，拉动规模以上工业增长 0.3 个百分点。六是统计的主要工业产品中多数产品产量保持增长，增长面达 62.1%，其中，原煤产量增长 8.7%，发电量增长 12.4%，钢材增长 12.8%，十种有色金属增长 20%，婴幼儿配方乳粉增长 38.6%。七是新产品增长强劲，价值量、科技含量更高的新产品实现了明显增长，单晶硅增长 1.2 倍，多晶硅增长 47.1%，稀土化合物增长 45.9%，石墨及碳素制品增长 42.8%，汽车增长 26.6%。八是产销衔接持续好转，2018 年全区规模以上工业企业产销率达到 99.2%，比上年提高 0.7 个百分点。九是工业经济效益水平保持良好，2018 年，全区规模以上工业企业实现利润总额达到 1409.4 亿元，比上年增长 7.5%；主营业务收入利润率为 10.1%，比上年提高 0.3 个百分点。

三、服务业支撑日益增强，新兴服务业快速发展

2018 年，全区服务业在保持平稳较快增长的同时，对整体经济的促进作用明显增强，第三产业增加值比重、贡献率“双过半”，成为拉动经济增长的主要动力。第三产业增加值比重达到 50.5%，对 GDP 增长的贡献率为 56.1%，拉动 GDP 增长 3.0 个百分点。新兴服务业快速发展，消费新业态加快成长，全区接待旅游者人次、旅游业总收入分别比上年增长 12.0%和 16.6%；交通运输业继续保持较快增长，货运量增长 9.0%，其中，公路货运量增长 8.5%，铁路货运量增长 9.8%；社会消费品零售总额中餐饮收入增长 8%；全区快递业务量、业务收入分别增长 37.6%和 24.8%，线上线下销售融合发展加快，网上销售保持较快增长；规模以上服务业企业实现营业收入 1650.2 亿元，比上年增长 17.2%。

四、投资结构继续优化，高技术制造业投资增势明显

2018 年，全区 500 万元以上项目固定资产投资中第三产业投资占固定资产投资总额的 62.1%，高于第二产业 28.9 个百分点。制造业投资占固定资产投资总额的 18.1%，比上年提高 0.5 个百分点。工业

技改投资占全部工业投资的比重为 14.0%，比上年提高 1.2 个百分点。其中，制造业技改投资占制造业投资比重为 16.4%，比上年提高 5.1 个百分点。高技术制造业投资增长 20.0%，快于全国平均水平 13 个百分点。商品房销售持续回暖，2018 年，全区房地产开发投资完成 882.8 亿元，比上年下降 0.8%，降幅比上半年收窄 7.8 个百分点；商品房销售额 1113.9 亿元，比上年增长 16.4%。

五、市场消费稳中趋缓，居民消费水平不断提升

2018 年，全区实现社会消费品零售总额 7311.1 亿元，比上年增长 6.3%。乡村增长快于城镇，城镇消费品零售额 6398.6 亿元，增长 6.1%；乡村消费品零售额 912.5 亿元，增长 8.1%，快于城镇增速 2.0 个百分点。餐饮零售实现双增，餐饮收入 1103.9 亿元，增长 8.0%，商品零售 6207.2 亿元，增长 6.0%。石油类等保持两位数增长，限额以上商品零售中，石油及制品类增长 10.4%，中西药品类增长 12.9%，五金、电料类增长 24.0%。

消费水平不断升级，全体居民人均生活消费支出 19665 元，比上年增长 3.8%。按常住地分，城镇居民人均生活消费支出 24437 元，增长 3.4%；农村牧区居民人均生活消费支出 12661 元，增长 3.9%。其中，教育、文化、娱乐、养老、健康等支出占比逐步提高。恩格尔系数不断下降，2018 年，全体居民恩格尔系数达 27.1%，比 2017 年下降 0.4 个百分点，也低于全国平均水平 1.3 个百分点。

六、对外贸易较快增长，开放步伐稳步加快

全年进出口总值首次突破千亿元大关。2018 年，全区实现进出口总值 1034.4 亿元，比上年增长 9.9%。其中，出口 378.7 亿元，增长 14.4%；进口 655.7 亿元，增长 7.5%。全区加工贸易进出口总值比上年增长 82.1%。与“一带一路”沿线国家贸易保持快速增长，其中对蒙古国、越南、德国、荷兰进出口分别比上年增长 24.1%、1.4 倍、64.2%和 40.3%。全区实际利用外资 31.6 亿美元，比上年增长 0.3%。

七、居民消费价格涨势温和，工业品价格涨势平稳

2018 年，全区居民消费价格比上年上涨 1.8%，涨幅比上年扩大 0.1 个百分点。其中，城市上涨 1.8%，农村牧区上涨 1.9%。八大类价格均呈上涨态势，食品烟酒类价格上涨 2.0%，衣着类上涨 1.7%，居住类上涨 2.3%，生活用品及服务类上涨 1.1%，交通和通信类上涨 1.4%，教育文化和娱乐类上涨 0.8%，医疗保健类上涨 2.7%，其他用品和服务类上涨 0.6%。在食品烟酒价格中，粮食价格上涨 0.8%，鲜菜上涨 7.1%，猪肉下降 11.0%。2018 年，全区工业生产者出厂价格比上年上涨 3.2%，工业生产者购进价格比上年上涨 2.4%。

八、财政收支稳步增长，金融信贷小幅上涨

2018 年，全区一般公共预算收入完成 1857.5 亿元，比上年增长 9.1%。其中，税收收入完成 1399.7 亿元，增长 8.8%，占一般公共预算收入的比重为 75.4%。财政收入质量不断提高，国内增值税、企业所得税、个人所得税、资源税四大税种比上年增长 11.1%，快于一般公共预算收入增速 2 个百分点；占一般公共预算收入的比重达 53.7%，比上年提高 1 个百分点。财政支出稳定增长，一般公共预算支出完成 4806.3 亿元，比上年增长 6.1%。金融信贷小幅上涨，2018 年末，全区金融机构人民币存款余额 23261.4 亿元，比上年末增长 1.3%；金融机构人民币贷款余额 22085.2 亿元，比上年末增长 2.9%。

九、就业形势保持稳定，民生状况持续改善

就业形势保持平稳，2018 年，全区城镇新增就业 25.9 万人，超额完成年度计划；城镇登记失业率为 3.6%，低于 4%的控制目标。居民收入稳步增长，2018 年，全区居民人均可支配收入 28376 元，比上年增加 2164 元，增长 8.3%。按常住地分，城镇居民人均可支配收入 38305 元，增加 2635 元，增长 7.4%；农村牧区居民人均可支配收入 13803 元，增加 1219 元，增长 9.7%，比上年加快 1.3 个百分点，连续两年快于城镇居民收入增速。城乡居民收入倍

差 2.78，比上年缩小 0.05。城乡居民人均可支配收入扣除价格因素分别实际增长 5.5%和 7.7%，也均快于经济增速，人民群众的获得感、幸福感、安全感不断增强。社会保障水平进一步提升，2018 年，城乡居民人均养老保险基础养老金最低标准提高到 128 元，基本医保补助标准提高到人均 490 元。财政民生支出占比超过七成，全区财政用于民生支出 3369.9 亿元，增长 6.4%，占比为 70.1%，较上年提高 0.2 个百分点。

十、供给侧结构性改革扎实推进，“去降补”成效明显

提前两年超额完成国家下达的“十三五”煤炭去产能目标任务，商品房库存减少，企业负债率下降，企业成本降低，短板领域投资较快增长。商品房库存持续减少，2018 年 12 月末，商品房待售面积比上年下降 1.9%。企业负债率进一步下降，规模以上工业企业资产负债率为 63.5%，比上年降低 0.7 个百分点。企业成本降低，规模以上工业企业每百元主营业务收入成本为 77.4 元，低于全国平均水平 6.5 元。短板领域投资增长较快，2018 年，全区居民服务业投资比上年增长 35.5%；全年制造业投资占固定资产投资总额的 18.1%，比上年提高 0.5 个百分点；高新技术产业投资比上年增长 28.4%，占固定资产投资总额比重虽仅 1.6%，但比上年提升 0.7 个百分点；工业技改投资占全部工业投资的比重为 14%，比上年提高 1.2 个百分点。其中，制造业技改投资占制造业投资比重为 16.4%，比上年提高 5.1 个百分点；高技术制造业投资增长 20.0%，快于全国平均水平 3.9 个百分点；信息传输、软件和信息技术服务业投资比上年增长 6.2%。

十一、区域协调发展稳步推进，民营经济发展势头良好

全区加大统筹东中西部发展，区域发展的协调性、协同性明显增强。呼包鄂协同发展成效明显，2018 年，呼包鄂三市 GDP 占全区的比重为 55.4%，实现 GDP 比上年增长 5.2%；规模以上工业增加值占全区的比重为 55.9%，实现增加值比上年增长 6.0%；社会消费品零售总额占全区的比重为 52.2%，占比也超过一半；固定资产投资占全区的比重为 40%。深入实施东北振兴战略，2018 年，全区认真学习贯彻习近平总书记在深入推进东北振兴座谈会上的重要讲话精神，全年蒙东地区 GDP 占全区的比重为 31.0%，比 2017 年提高了 0.1 个百分点；增速为 4.7%，比上年增速加快 2.7 个百分点；规模以上工业增加值占全区的比重为 24.9%，比上年增长 4.8%，比上年增速加快 2.7 个百分点；社会消费品零售总额占全区的比重为 35.5%，比上年提高 1.1 个百分点；固定资产投资占全区的比重为 41.0%，比上年提高 3.7 个百分点。民营经济发展势头良好。全区深入贯彻落实习近平总书记在民营企业座谈会上的重要讲话精神，出台了《关于促进民营经济高质量发展若干措施》等文件，为民营经济发展注入了新的动力和活力，2018 年，全区民营经济分别占全区生产总值的 64.4%、固定资产投资的 48.1%、进出口总额的 79.5%；民营工业企业的资产负债率为 62.3%，低于规模以上工业资产负债率水平 1.2 个百分点。全区 97%以上的民营经济主体，形成了近一半的投资，上缴了近六成的税收，创造了六成多的 GDP，贡献了近八成的外贸。体现出了国家及自治区持续推进“放管服”改革、持续优化营商环境、加大双创力度的成效，成为推动经济发展的主力军。

十二、经济活跃度增强，绿色发展持续推进

2018 年，全区全社会用电量 3353.4 亿千瓦时，比上年增长 15.5%。其中，工业用电量 2916.2 亿千瓦时，增长 15.1%。货运量比上年增长 9.0%。其中，公路货运量增长 8.5%；铁路货运量增长 9.8%。民航客运量达到 1340.2 万人，比上年增长 12.8%。

2018 年，全区新能源发电量 811.4 亿千瓦时，比上年增长 17.0%。其中，风力发电 632.1 亿千瓦时，增长 14.7%；太阳能发电 128.8 亿千瓦时，增长 14.6%。全区新能源发电量占全区发电量比重由上年的 15.7%上升为 16.2%，提高 0.5 个百分点。

十三、人口总量平稳增长，城镇化水平持续提高

2018 年末，全区常住人口为 2534 万人，比上年增加 5.4 万人。其中，城镇人口为 1589.1 万人，

乡村人口为 944.9 万人。2018 年，全区出生人口为 21.1 万人，出生率为 8.4‰，人口自然增长率为 2.4‰。城镇化率达到 62.7%，比上年提高 0.7 个百分点，高于全国平均水平 3.1 个百分点。

（撰稿：李日树　审稿：陈平）

辽宁省

2018 年面对新形势、新任务和新要求，辽宁省民族自治地方以按照围绕省委、省政府关于民族工作的决策部署经济工作的基本要求，坚持不懈、不折不扣抓好落实，全省民族自治地方经济社会取得长足发展，少数民族群众民生得到改善。

一、基本情况

辽宁省共有岫岩满族自治县、清原满族自治县、新宾满族自治县、本溪满族自治县、桓仁满族自治县、宽甸满族自治县、阜新蒙古族自治县、喀左蒙古族自治县 8 个自治县，行政区域共计 34163.13 平方公里，占我省总面积的 23%，共有 29 个乡（其中民族乡 2 个），120 个镇，11 个街道办事处，110 个居民委员会，1464 个村民委员会。

二、经济总量

2018 年全年生产总值 784.7 亿元，按可比价格计算，比上年增长 1.14%。其中，第一产业 197.5 亿元，减少 8.8%；第二产业 218.1 亿元，增长 7.4%；第三产业 369.2 亿元，增长 3.6%。生产总值三次产业构成为 25∶28∶47。

三、农林牧渔业

2018 年农林牧渔业总产值 405.5 亿元，按可比价格计算，比上减少了 7.4%。其中，农业产值 172.3 亿元，增长 4.5%；林业产值 53.2 亿元，减少 22.6%；牧业产值 149.2 亿元，减少 10%；渔业产值 21.1 亿元，减少 27.2%。

2018 年全省农作物总播种面积 627.09 千公顷，比上年增长 2.0%。粮食作物播种面积 516.9 千公顷，比上年增加 2.8%。2018 年粮食总产量 230.1 万吨，比上年减产 2.1 万吨，减少了 0.9%。油料播种面积 60.9 千公顷，比上年减少 1.6%，油料产量 11.6 万吨，比去年增长 7.4%。烟叶产量 5831 吨，比上年减少 18.9%。水果产量 29.8 万吨，比去年增长 5%。年末农业机械总动力 303.2 万千瓦，比上年末增长 0.8%。农村用电量 22.0 亿千瓦小时，比上年减少 2.2%。

全年大牲畜存栏 39.3 万头，比上年减少 7.1%。猪存栏 134.1 万头，比上年略有增长。羊存栏 252.2 万头，比上年增加 14.0%。全年大牲畜出栏 43.8 万头，比上年增加 4.3%。猪出栏 332.5 万头，比上年增加 6.7%。羊出栏 332.0 万头，比上年增加 7.7%。全年肉类总产量 66.1 万吨，比上年减少 3.6%。其中，猪肉产量 30.6 万吨，比上年增加 0.3%；牛肉产量 6.0 万吨，比上年增加 22.4%；羊肉产量 6.1 万吨，比上年增加 1.7%；奶类产量 21.6 万吨，比去年增长了 2.6 倍；羊绒产量 235.7 吨，比上年增长 6.3%。全年造林面积 46.7 千公顷。

四、工业和建筑业

2018 年规模以上工业企业 280 家，照比上年增加了 11 家：其中国有企业 8 个，比上年减少 1 家；集体企业 3 个，比上年减少 6 家；港澳台商投资企业 8 家，比上年减少 1 家；外商投资企业 8 个，比上年增加 1 家；规模以上工业企业本年资产总计 409.6 亿元，所有者权益 170.8 亿元，利润总额 18.4 亿元。

全年建筑企业 150 家，比上年增加 4 家。建筑业增加值 51.4 亿元，比上年增加 21.8%。从业人员 2.5 万人，建筑业总产值 50.2 亿元。房屋建筑施工面积 413.6 万平方米，房屋建筑竣工面积 119.3 万平方米，资产总计 82.4 亿元；实现利润 1.0 亿元。

五、贸易

全年社会消费品零售总额 475.4 亿元，比上年增长 2.1%。按行业分，批发和零售业营业总额 379.6 亿元，比上年增加 4.4%；住宿和餐饮业营业总额 53.5 亿元，比上年减少 9.3%。

全年进出口总额 23.6 亿元，其中进口总额 3.4 亿元，出口总额 20.2 亿元。年末实有外商投资企业 24 个。

六、交通运输、邮电和旅游

全年客运量总计 3755 万人，比上年增长 24.4%。货运总量 8221.9 万吨，比上年增长 11.1%。旅客周转量 20.8 亿人公里，比上年增加 14.3%。

全年完成邮电业务总量 13.1 亿元，比上年增长 22.4%。移动电话用户 176.9 万户，比上年增加 13.5%；固定电话用户 70.8 万户，比上年末减少 5.1%，国际互联网络用户 55.7 万户，比上年增长 25.2%。邮电营业网点 284 处，比上年增加 8 处。邮路总长度 1.9 万公里，农村投递路线总长度 2.1 万公里，两项邮递线路长度均同上年持平。

全省民族自治地方旅行社总数为 55 家，比上年减少 1 家。全年接待国内外旅游者 3336 万人次，比上年减少 9.2%。其中，接待国内旅游者 3332.2 万人次，比上年减少 9.2%；接待国际旅游者 3.8 万人次，比上年略有增长。

七、财政

全年地方财政一般预算收入 51.2 亿元，比上年增长 14.8%。其中，各项税收 36.7 亿元，比上年增长 15.4.6%。在各项税收中，国内增值税 16.2 亿元，企业所得税 4.4 亿元，比上年增长 22.2%；个人所得税 1.5 亿元，比上年增长了 36.4%。

全年地方财政一般预算支出 204.7 亿元，比上年增加 1.7%。其中，一般公共服务支出 15.4 亿元，比上年增加 8.5%；教育支出 32.4 亿元，比上年减少 3.6%；科学技术支出 0.2 亿元，比上年减少 33.3%；文化体育与传媒支出 2.3 亿元，比上年增加 11.5%。

八、金融

全年各个金融机构各项存款 1355 亿元，比上年增长 7.8%。其中城乡居民储蓄存款年末余额 1154.4 亿元，比上年增长 16.0%；全部金融机构各项贷款 608.3 亿元，比上年增长 6.6%。

九、教育

普通中学 135 所，在校生 11.1 万人，招生 3.6 万人，毕业生 3.8 万人，教职工 1.3 万人，专任教师 9741 人。中等职业学校 8 所，在校生 8026 人，招生 2661 人，毕业生 1816 人，教职工 847 人。普通小学 361 所，在校生 12.6 万人，招生 2.0 万人，毕业生 2.4 万人，教职工 1.4 万人，其中专任教师 1.1 万人，教育经费支出 39.0 亿元。

十、文化、卫生

年末有艺术表演团体 82 个，艺术表演场所 11，文化馆 8 个，公共图书馆 8 个，博物馆 9 个。全年出版图书 2 种，印数 0.2 万册，出版报纸 6 种，出版量 219.8 万册。

年末有各类医疗卫生机构 2814 个。其中，医院 95 个，卫生院 159 个，村卫生院 2214 个。各类卫生机构拥有病床 14799 张。其中，医院有病床 8390 张、卫生院有病床 3191 张。卫生机构人员 17912 人，其中卫生技术人员 12664 人，执业医师 5536 人。

十一、人民生活和社会保障

全年城镇居民人均可支配收入 25399.6 元，平均每人消费性支出 17695 元；农民人均可支配收入 14189 元，平均每人消费性支出 12403 元。年末城镇居民最低生活保障 2.6 万人，比上年减少了 21.2%；城镇居民最低生活保障支出 1.2 亿元，比上年减少低了 14.3%。农村最低生活保障 9 万人，比上年增加了 12.5%；农村最低生活保障支出 1.8 亿元，比上年减少 5.3%。城乡职工医疗保险年末参保人数 39.3 万人，城乡居民医疗保险年末参保人数 195.8 万人。

十二、环境保护和安全生产

全年工业废水排放总量 409.2 万吨，工业废水中化学需氧量排放 COD 量 0.02 万吨。工业固体废物产生量 672.3 万吨，工业固体废物综合利用量 333.7 万吨。

（撰稿：赵经纬　审稿：赵瑞）

吉林省

一、民族自治地方经济发展

（一）综合。据初步核算，2018 年，全省民族自治地方实现地区生产总值 1156.34 亿元，按可比价格计算，比上年降低 22.2%，其中，第一产业 141.88 亿元，按可比价格计算，降低 28.6%；第二产业 296.35 亿元，按可比价格计算，降低 51.2%；第三产业 718.11 亿元，按可比价格计算，增长 5.5%。

（二）财政。地方一般公共预算收入 73.189.1 亿元，比上年减少 18%，其中，税收收入 46.5 亿元，其中国内增值税 13.3 亿元、企业所得税 4.6 亿元、个人所得税 2.0 亿元；全年完成地方一般公共预算支出 504.1 亿元，比上年增长 4.3%。其中，一般公共服务支出 33.9 亿元、教育支出 53.7 亿、科学技术支出 2.2 亿、文化体育与传媒 10.5 亿元、社会保障和就业 96.1 亿元、医疗卫生与计划生育 32.2 亿元、住房保障 20.0 亿元；全部金融机构人民币各项存款余额 2196.8 亿元，其中城乡居民储蓄存款年末余额 1527.5 亿元，全部金融机构人民币各项贷款余额 1396.1 亿元。

（三）农业。民族自治地方农林牧渔业总产值 268.2 亿元，其中，农业产值 127.6 亿元、林业产值 12.4 亿元、牧业产值 114.4 亿元、渔业产值 6.0 亿元，农作物总播种面积 838.7 千公顷，粮食总产量 445.2 万吨，水果总产量 10.5 万吨。

（四）畜牧业。大牲畜年末存栏头数为 56.5 万头、猪年末存栏头数为 63.2 万头、羊年末存栏只数为 73.3 万只。当年出栏猪 110.8 万头、当年出栏羊 88.1 万只，全年肉类总产量达到 16.1 万吨，其中猪肉产量为 9.2 万吨、牛肉产量 5.7 万吨、羊肉产量 1.1 万吨。

（五）工业。规模以上工业企业单位数 700 个，资产总计 795.2 亿元，流动资产合计 329.2 亿元，负债合计 470.4 亿元，所有者权益 491.2 亿元，应收账款 107.1 亿元，实现主营业务收入 4980.0 亿元，实现利润总额 24.2 亿元。

（六）国内贸易。实现社会消费品零售总额 794.1 亿元，其中，批发和零售业 630.1 亿元，住宿和餐饮业 164.0 亿元。

（七）人民生活水平。2018 年全省民族自治地方城镇居民人均可支配收入达到 25026 元，农村居民人均纯收入达到 11898 元。

（八）交通运输和邮电通信业。2018 年，全省民族自治地方公路总里程 1.74 万公里，全省民族自治地方全年完成邮电业务总量 7.28 亿元，移动电话用户 350.6 万户，固定电话用户 73.1 万户，邮路总长 8988 公里。

（九）旅游业。截至 2018 年末，全省民族自治地方有旅行社 192 家，旅游人数 3110.0 万人次，其中国内旅游 2777.4 万人次，国际旅游 267.4 万人次。

二、全省民族自治地方社会发展

（十）教育事业。2018 年末，全省民族自治地方小学 430 所，招生 2.16 万人，在校生 13.53 万人，毕业生数 2.54 万人，教职工数 1.54 万人，其中，专职教师数 1.21 万人。普通中学 220 所，招生 3.95 万人，在校生 11.89 万人，毕业生数 3.53 万人，教职工数 1.60 万人，其中，专职教师数 1.41 万人。中等职业学校 25 所，招生 3577 人，在校生 1.27 万人，毕业生 3419 人，教职工数 2072 人，其中，专职教师数 1656 人。普通高等学校 3 所，招生 9023 人，在校本科、专科学生 9023 人，在校研究生 4477 人，毕业生 5953 人，教职工数 2947 人，其中，专职教师数 1840 人。

（十一）文化事业。截至 2018 年末，全省民族自治地方拥有文化馆 11 个，艺术表演场所 11 个，艺术表演团体 2 个；公共图书馆 11 个；博物馆 16 个。全省民族自治地方出版图书 9335 种，图书印数 5595 万册；期刊 22 种，年总印发量近 67 万册；报纸类 12 种，年总印发量近 2144 万份。

（十二）卫生事业。截至 2018 年末，全省民族自治地方拥有医疗机构 3304 个，其中医院 93 个，基层医疗卫生机构 2921 个，卫生院 128 个，村卫生室 1455 个，专业公共卫生机构 71 个。拥有卫生人员 27731 人，其中卫生技术人员 21783 人，执业医师 9303 人，乡村医生和卫生员 1486 人。医疗卫生机构拥有病床 16063 张，其中医院有 12952 张，基层医疗卫生机构 2318 张，卫生院 2633 张，专业公共卫生机构 194 张。

（撰稿：孟祥超　审稿：徐义祥）

黑龙江省

近年来，在党的民族政策的指引下，在中央、省、市的坚强领导下，在国家民委的大力支持下，杜尔伯特蒙古族自治县深入贯彻落实习近平总书记在深入推进东北振兴座谈会上的重要讲话和在黑龙江省考察时的重要指示精神，高举民族区域自治旗帜，紧紧围绕“共同团结奋斗、共同繁荣发展”主题，全力抓党建、促发展、惠民生、保稳定，全县呈现出经济快速发展、民生显著改善、民族团结进步、社会和谐稳定的良好态势。

一、经济运行稳中有进，经济质量趋好向优

2018 年，杜尔伯特蒙古族自治县地区生产总值实现 78.19 亿元、增长 9.8%，固定资产投资完成 34.3 亿元、增长 57.3%，社会消费品零售总额实现 21.7 亿元、增长 8.5%，一般公共预算收入完成 3.4 亿元、增长 1%；城乡居民人均可支配收入分别达到 24136 元、14108 元，分别增长 6.8%和 7%，发展态势符合实际。经济保持总体平稳、稳中有进、稳中有好的基本运行态势，产业结构持续优化，经济质量效益稳步提升，就业保持基本稳定，主要指标保持在预期和合理区间运行。

二、工业立县加速推进，食品工业强势崛起

我县坚持把振兴工业经济作为重中之重，确立工业立县战略，明确食品工业强县目标，编制五年发展规划，“农头工尾”取得重大突破。全年新晋规上企业 5 家、总数达 35 家，规上工业增加值实现 5 亿元、增长 35%。全力保障项目建设，实施重点产业项目 20 个，投资 31 亿元省级重点项目伊品一期仅用 14 个月时间完成建设、成功投产，产业化龙头项目九阳豆业不到 1 年时间建成投产、高效运行，项目规模、质量和层次均创历史最好水平。狠抓骨干企业运营，成立专项工作组、业务指导组入企指导，落实流贷贴息、技术改造、电力直接交易等政策，环保型纸浆板生产企业国利源集团当年落地、当年投产，伊利乳业实现销售收入 18 亿元、税金 1.5 亿元。坚持抓大不放小，全力扶持小微企业发展，协调农商行等金融机构发放贷款 1.2 亿元，全县小微企业总数达 150 家，进位赶超势头良好。招商引资精准高效，伊品二期、玉米干浆粉、谷实饲料及肉食品加工、和牛屠宰加工等 10 个项目有望落地，合同引资额 50.5 亿元。工业园区扩容提质，投资 6300 万元新建污水处理厂，开发面积 4.67 平方公里，实现产值 26 亿元，新安置就业 1500 余人，成为拉动县域经济发展主引擎。

三、摘帽任务如期完成，脱贫攻坚首战首胜

我县始终把脱贫攻坚作为重大政治任务和第一民生工程，先后召开全县脱贫攻坚工作推进会、扶贫开发领导小组会等会议 28 次研究部署，压实攻坚责任，突出问题导向，落实精准要求。严格“两不愁三保障”政策标准，资助建档立卡贫困学生 705 人、135 万元，贫困户享受医疗“一免五减”1456 人次、减少支出 41.1 万元，贫困户享受低保 1977 户、3386 人，住房饮水问题有效解决。防范化解返贫风险，住房保险和医疗补充保险惠及所有贫困户，全年稳定脱贫 549 户、1069 人，贫困发生率降至 0.7%。扶贫产业全面覆盖，发放扶贫贷款 6025 万元，发展“一村一品”、“一户一业”增收项目 75 个，累计分红 757.4 万元，脱贫户人均收入超过 4000 元。帮扶工作卓有成效，79 支工作队常年驻守一线、风

雨无阻，1817 名干部用心用情、真帮实扶，深受组织认可、群众好评，29 名干部得到提拔重用，2 名同志受到省级表彰。强化精准管理，推进志智双扶，综合评估成绩位居全省 8 个省级贫困县首位。

四、农业农村优先发展，乡村振兴高位起步

我县通过大力实施乡村振兴战略，制定五年行动计划，召开动员大会、领导小组会研究落实等措施，以点带面、压茬推进、确保实效。发展富民兴村立乡产业，深化种植业结构调整，人努力、天帮忙，风调雨顺，粮食实现特大丰收，总产量超 23 亿斤；推进畜牧业规模化标准化生产，交售商品奶 9.8 万吨，谷实生猪饲养量 20 万头，繁改育肥和牛 9308 头，重大疫情实现零发生、零输入；规范化牧场奶牛存栏 2.4 万头、平均单产达到 8.5 吨，谷实农牧繁育仔猪 12.5 万头、出栏生猪 15.9 万头，鹅鸭、狐貉饲养量分别达到 483 万只、191 万只，实现牧业产值 42.9 亿元、增长 5%；加快水产业提档升级，现代渔业生产科技园开工建设，省部级水产健康养殖示范场达到 13 处，名特优新品种养殖比重达到 21.3%，举办渔猎冬捕、水产论坛、垂钓烹饪等系列活动，苗种培育、河蟹养殖取得历史性突破，水产品产量 4.3 万吨、实现产值 7.2 亿元，分别增长 16.2%、22%；培育壮大中草药产业，引进中草药切片项目，连片种植、林下种植面积 3.4 万亩，富民带动效应逐步显现。全面开展美丽乡村建设，投资 9830 万元实施庭院道路、天然气入村等乡村振兴试点项目 50 个，涉及 2 个乡镇、53 个自然屯；启动垃圾分类项目 18 个，改造农村危房 1163 户，新建城乡道路、农村巷道 108.7 公里，全县 277 个自然屯安全饮水实现全人口覆盖。乡村文明不断进步，创城氛围日益浓厚，创建省市级文明村镇 7 个，泰康镇被评为全国文明村镇。

五、旅游产业方兴未艾，城乡商贸持续繁荣

旅游咨询服务中心建成投用，嘎日迪（凤凰湾）休闲旅游度假区正式运营，东吐莫村国家级蒙古族特色村寨建设稳步推进，14 条精品自驾旅游线路吸引力不断增强，雪地风筝、冰雪渔猎等品牌影响力持续扩大，全年接待游客 220 万人次、收入 12 亿元，分别增长 28.6%、17.6%，被确定为“第四批全国旅游标准化试点单位”。“互联网+”新业态新模式加速发展，“杜尔伯特大米网”销售额突破 7000 万元，位列省大米网地方电商平台排名第二位，城市综合配送中心建成投用，泰康站更名为杜尔伯特站，快递物流产业活力持续迸发，社会消费品零售总额实现 21.7 亿元、增长 8.5%。外向型经济突破发展，合隆羽绒产品出口创汇 40 万美元，全县出口总额完成 51.51 万美元、增长 42.6%。

2018 年，杜尔伯特蒙古族自治县在国家和省、市各级相关部门的大力支持下，充分利用资源优势，转化发展动能，厚植发展基础，抢抓重大机遇，持续推动产业转型，全力加快项目建设，不断加大民生投入，从严履行政府职责，确保经济质量趋好向优，经济社会发展取得良好成绩，下一步，我县将继续坚定不移推进“牧业强县、旅游大县、生态名县”建设，步入结构向优、质量更好的发展“新常态”。

（撰稿：张泽坤　审稿：刘烈军）

浙江省

2018 年以来，景宁县上下深入贯彻习近平新时代中国特色社会主义思想和十九大精神，坚定不移沿着“八八战略”指引路子，以“丽水之干”担纲“丽水之赞”，紧扣“诗画畲乡·和美景宁”县域定位，抢抓乡村振兴重大机遇，紧紧围绕推动经济高质量发展目标，积极主动融入创新区（大花园）建设，以“志不求易、事不避难”创新实干大赶考为总抓手，奋发有为、创新实干，致力打开“两山”新通道，富民兴县再赶超。县域国民经济和社会发展保持良好态势，主要经济指标“总体好于年初预

期，GDP 增速创五年新高”。

一、经济运行基本情况

初步核算，2018 年，地区生产总值 59.34 亿元，按可比价格计算，增长 8.4%，比上年同期提升 1.3 个百分点，高于年初既定目标，比全国增速（6.6%）高 1.8 个百分点，比全省增速（7.1%）高 1.3 个百分点，比全市增速（8.2%）高 0.2 个百分点，排名全市第四，创近五年新高。其中，第一产业增加值 6.24 亿元，增长 3.1%；第二产业增加值 17.52 亿元，增长 8.5%；第三产业增加值 35.58 亿元，增长 9.4%。三次产业对生产总值的增长贡献率分别为 4.4%、30%和 65.6%，分别拉动 GDP 增长 0.4、2.5、5.5 个百分点。三次产业结构从 2017 年的 11.8:28.8:59.4 优化为 10.5:29.5:60。

（一）从经济发展驱动来看，农业、工业平稳发展，服务业主引擎作用明显

农业发展稳中有升。全县农林牧渔业增加值为 6.33 亿元，同比增长 3.16%，增幅排名全市第四。粮食播种面积达 11.83 万亩，粮食总产量 4.01 万吨。蔬菜种植面积 7.98 万亩，总产量 13.4 万吨，同比增长 3.1%。惠明茶总产量为 2928 吨、同比增长 9.7%。水果总产量 4963 吨，同比增长 5.6%。中药材种植面积 8.66 万亩，实现销售收入 1.13 亿元。受非洲猪瘟影响，全县生猪存出栏均有所下降，生猪存栏 2.15 万头，出栏 3.6 万头，分别比 2017 年下降 10.8%、27.3%。

工业发展基本稳定。全县二产增加值 17.52 亿元，同比增长 8.5%，比上年提升 1.3 个百分点，比全国（5.8%）高 2.7 个百分点，比全省（6.7%）高 1.8 个百分点，比全市（9.0%）低 0.5 个百分点。规上工业增加值同比增长 15%，比上年提高 9.5 个百分点，分别高于全省和全市 7.7 个百分点、2.8 个百分点，增幅排名全市第四。

服务业主引擎作用明显。服务业增加值 35.58 亿元，同比增长 9.4%，比上年同期提升 2.2 个百分点，分别比全国（7.6%）、全省（7.8%）、全市（8.1%）高 1.8、1.6、1.3 个百分点，拉动 GDP 增长 5.5 个百分点，对 GDP 贡献率达 65.6%，增速排全市第三。建成省市级特色点 14 个，星级经营户 319 户，市级农家乐综合体 5 个，民宿农家乐集聚区 13 个，民宿经营户 236 家。全域旅游带动效应逐渐显现，全县实现旅游总收入 65.74 亿元，同比增长 21.6%。

（二）从结构优化步伐来看，内外供需市场保持活跃，新兴产业加快发展

消费市场保持活跃。全县实现社会消费品零售总额 33.33 亿元，同比增长 9.4%，比上年同期下降 1.5 个百分点，仍保持在稳定增长区间；受娃哈哈、杭实善成等大企业推动，全县实现批发业销售额 203.92 亿元，同比增长 41.7%，比上年同期提升 20 个百分点，排全市第一；零售业销售额 33.01 亿元，同比增长 11.9%；住宿业营业额 2180 万元，同比增长 35.1%，比上年同期提升 23.3 个百分点，排全市第一；受新入库的天元名都大酒店的强力带动，餐饮业营业额 4.61 亿元，同比增长 26.6%，比上年同期提升 11.9 个百分点，排全市第一。

投资结构持续优化。全县固定资产投资增幅 6.8%，排名全市第四，高于全市平均水平 3.8 个百分点。“4+1”投资结构不断优化，民间投资 20.89 亿元，增幅 15.9%；交通基础设施投资 3.16 亿元，增幅22.2%；生态环境建设投资 9.82 亿元，增幅 23%；高新技术投资 3.36 亿元，增幅 398.4%（排名全市第一），均超额完成省市考核任务；省市县长工程推进顺利，已完成谋划招引 4 个，落地实施 3 个，落地率 75%。

外贸出口保持稳定。我县目前受中美贸易摩擦等外部影响不大，外贸出口稳定发展。2018 年，我县实现进出口总额 17.02 亿元，同比增长 83.9%，增速排名全市第一。其中出口总额 12.70 亿元，同比增长 39.8%，增速排名全市第二。

新兴产业加快发展。新旧动能转换有成效，经济发展质量逐步提高。2018 年全县装备制造业增加值和高新技术增加值同比分别增长 44.7%和 36.3%，增幅均排名全市第一，其中高新技术增加值排名较上月前进一名；新兴产业增加值增长 51.2%，增幅排名全市第二。企业的信息化程度不断提升，全县累计完成企业上云 270 家。

（三）从经济环境角度来看，招引能力加强，市场主体壮大，营商环境优化

招商引资成效显著。全年新引进落地项目 94 个，总投资 86.79 亿元。其中，一产项目 14 个，包括千峡湖生态洁水渔业、千亩重楼仿野生种植、

雁溪千亩香榧基地等项目；二产项目 16 个，包括飞科电器产业园、宇海幼教木玩产业园、复合调味料生产建设等项目；三产项目 64 个，包括天寿养生养老山庄、黄桐田园综合体、梧桐奇峡景区凤凰谷等项目。

市场主体不断扩大。截至 2018 年 12 月 31 日，我县共有在册市场主体 13914 户，同比增长 5.23%。新设市场主体 2130 户，同比增长 18.6%。新设内资企业 692 户，同比增长 54.81%，其中非私营内资企业 257 户，同比增长 137.96%，私营企业 435 户，同比增长 28.32%；农民专业合作社新设 23 户，比去年同期增长 2 户；个体工商户新设 1415 户，同比增长 6.55%。

重点改革不断深化。继续深化“最多跑一次”改革，设立全省首个“民情速递代表委员窗口”，推进“全域一证通办”工作，梳理企业和群众到政府办事事项 638 项。深入推进企业投资项目开工前审批“最多 100 天”和“标准地+承诺制+代办制”改革。进一步深化农村综合改革，巩固农村美丽经济发展成果。纵深推进国家主体生态功能区、省级服务业强县试点 、省级低碳试点建设。民族地区创新融合发展改革试点方案通过省级批复。企事业车改稳步推进，经济体制改革持续深化。

金融业逐步回暖。截至 2018 年 12 月末，全县金融机构人民币各项存款余额 106.16 亿元，同比增长 14.69%，增速排全市第一；人民币各项贷款余额 81.79 亿元，同比增长 8.99%，增速排全市第七；存贷比为 77.04%。不良贷款余额 10614 万元，不良贷款率为 1.30%，比年初的 1.83%下降了 0.53 个百分点。

（四）从民生保障服务来看，各项收入稳中向好，群众生活幸福指数攀升

财政收入基本稳定。2018 年全县财政总收入 15.3 亿元，同比增长 17.1%，比前三季度提升 0.6 个百分点，比上年同期提升 3.9 个百分点；一般公共预算收入 7.74 亿元，同比增长 10.5%，与前三季度基本持平，增速排名全市第八。一般公共预算支出 42.33 亿元，同比增长 15.2%，其中财政八项支出 28.53 亿元，同比增长 15.2%，比前三季度回落了 4.1 个百分点。

居民收入持续增长。城镇常住居民人均可支配收入 36778 元，同比增长 9.4%，比上年（8.8%）提升 0.6 个百分点，增幅排名全市第三；实现农村常住居民人均可支配收入 18170 元，同比增长 10.1%，与上年持平，增幅排名全市第五。城乡居民人均收入倍差 2.02，比上年（2.04）缩小 0.02。

房地产去库存得力。2018 年，商品房销售面积、销售套数相对可观。商品房销售面积 18.48 万平方米，同比增长 15.4%。其中住宅销售面积 17.77 万平方米，同比增长 14.1%，共计 1493 套。主要房源集中在东方广场、鼎丰天境（翠涛居）、菖蒲湾、天元碧水山居。商品房销售价格基本稳定，预售均价同比增长控制在 2.7%。

物价水平稳中有升。我县物价总水平保持稳定，居民消费价格（CPI）上涨 2.5%（全市统一值），比全国（2.1%）高 0.4 个百分点，比上年提高了 1 个百分点。县内粮油价格基本稳定，但受到非洲猪瘟疫情影响，我县自 9 月 3 日起，全面暂停从外县调入生猪及猪副产品，生猪市场流动性大大降低，导致猪肉价格波动较大，据监测，12 月份猪肉（肋条肉）价格环比下降 6.25%，较上年同期上涨 25%。受石油、天然气等原料价格上涨影响，液化石油气价格小幅上涨，较年初上涨了 10.5%。

生态环境不断巩固。全县地表水 Ⅰ-Ⅱ 类水比例达到 100%，县级集中式饮用水源地水质达标率 100%，交接断面水质达标率 100%。青田-岭根交接断面水质 Ⅰ 类水 168 天，较上年同期增加 67 天；Ⅱ 类水 194 天。空气自动站有效监测天数 350 天，其中优良天数 348 天，空气质量优良率为 99.4%，较上年同期上升 2 个百分点，PM2.5 均值 23 微克/立方米，同比降低 23.3%。

民生保障不断加强。城镇新增就业岗位 1993 个，城镇失业人员实现再就业 632 人，困难人员实现就业人数 194 人，城镇登记失业率控制在 1.93%。全县农村常住居民人均可支配收入为 18170 元，同比增长 10.1%，与上年持平，增幅排名全市第五；城镇常住居民人均可支配收入为 36778 元，同比增长 9.4%，比上年提升 0.6 个百分点，增幅排名全市第三。

二、存在问题

经济发展下行压力大。2018 年，服务业发展对我县经济贡献较大，服务业增加值占 GDP 比重达 60%，但支撑服务业快速发展的批发业和非营利性服务业逐渐呈现疲软态势，加之工业基础薄弱，经济下行压力大。

重大项目推进难。我县有效投资缺乏重大项目支撑，增长乏力。同时，作为投资重要组成部分的民间投资占 2018 年固定资产投资的 51.4%，民间投资新建项目开工入库率低，支撑率不足，严重制约了投资对经济的拉动作用。

动能转换的动力不足。R&D 经费投入占 GDP 比重偏低（1%以下），2017 年全县 R&D 经费占比 0.25%，排全市最末位（2018 年数据未出），高新技术产业“三少”，产品增加值及附加值科技转化率低，高新技术增加值排名靠后，远远低于全市平均水平。

能源双控形势严峻。第二产业用电量上升明显，为 0.79 亿千瓦时，同比增长 24.6%，占全社会用电量的 54.9%，主要是制造业、建筑业用电大幅上涨，能源双控压力巨大，形势十分严峻。

三、面临形势

从国内看，我国发展仍处于并将长期处于重要战略机遇期，国民经济运行保持在合理区间，总体平稳、稳中有进态势持续显现，经济长期向好的基本面没有改变。从省市看，浙江站在“八八战略”再深化、改革开放再出发的历史新起点上，丽水迎来了乡村振兴、“丽水之赞”、大通道建设、长三角一体化、特色改革、“丽水之干”带来的重要战略机遇期，经济结构不断优化，发展动能不断增强。从我县看，2019 年全县经济要保持高质量增长，一产上要做好“景宁 600”品牌产品的提标提质，邮乐柜、飞柜、营销联盟等线上线下发展模式实现新突破，全年增速保持在 3%左右。二产上要全力振兴实体经济，重点要深入开展振企服企活动，营造一流营商环境，促进在建项目尽快建成投产，抓好新增工业企业上规工作，挖掘新的经济增长点。三产上重点关注主要指标，非营利性服务业（财政预算八项支出）需完善财政预算制度改革，强化刚性支出，保持 10—20%之间增长态势；批发零售业、住宿餐饮业、房地产业、营利性服务业等指标需优化结构，亟需培育新的上规企业。同时，研究出台服务业发展的扶持新政策，培育数字经济、共享经济等新业态新模式。做深做细农旅融合、文旅融合文章，强力推进全域旅游发展。

四、2019 年工作思路

以习近平新时代中国特色社会主义思想为指导，全面贯彻落实党的十九大和中央、省委、市委经济工作会议精神，加强党对经济工作的领导，坚持新发展理念，坚持推进高质量发展，加快建设现代化生态经济体系，认真落实“六稳”要求，聚焦聚力“两个坐标轴”，围绕“诗画畲乡·和美景宁”发展战略，统筹推进稳增长、强基础、调结构、促融合、惠民生、防风险，争当“丽水之干”模范生，在决胜全面建成小康社会、建设美丽幸福新景宁新征程中迈出坚实步伐，以优异成绩迎接中华人民共和国成立 70 周年，自治县建县 35 周年。

（一）以美丽环境夯实生态底色

强化“两山”发展理念。按照长江经济带生态环境保护的总体部署安排，以国家主体功能区、国家生态文明建设示范县、国家公园、省级低碳试点县、美丽景宁、大花园建设等为载体，努力形成生态产业、生态空间、生态管理的创新体系，积极探索开展生态产品价值实现机制试点，坚定走“绿水青山就是金山银山”的路子，努力实现经济生态化、生态经济化。

坚持生态环境系统治理。完善以治水、治气、治废为重点的生态治理体系，编制实施“景宁污染源地图”，从严实施生态环境风险防控措施。强化生态环境空间管控，建立完善生态保护红线、环境质量底线、资源利用上线和环境准入负面清单等生态环境“三线一单”空间管控体系。启动外舍污水处理厂（二期）、城乡垃圾环卫一体化项目，全面改善生态环境基础设施。

加大生态保护与修复力度。坚持山水林田湖草系统治理，系统开展生态环境保护修复的行动方案。全面落实河（湖）长制，实施水生态保护与修复工程，重点推进美丽河湖、小溪流域综合治理工程（一期）、水土流失综合治理工程、农村饮用水安全巩固提升工程等项目。深入开展绿化和森林扩面提质，加快建成森林景宁，继续推进美丽林相、森林主题花园建设、一村万树、草鱼塘森林公园提升工程等项目，森林覆盖率稳定在 80%以上。加强湿地保护与修复，开展望东垟高山湿地国家级自然保护区创建工作。

（二）以绿色发展构建现代化生态经济体系

狠抓数字经济。以改革创新为牵引、以数字经济为核心，实施加快培育发展新动能和数字经济建设行动计划，强化科技能力突破。以推进产业数字化和企业上云，着力推进传统制造业向“智造业”的飞跃。提升城市管理指挥中心服务水平，推动公共服务数字化，改善政务服务、社会治理，提升政务服务效率。建立经济运行监测分析数字化平台，提供科学、权威、客观、可信的统计与分析结果，为政府决策参考。

激发服务业发展活力。以省级服务业强县改革试点为抓手，强化服务业政策引导，加快电子商务、养生养老、畲族文化等重点产业发展，培育发展共享经济、生产性服务业发展升级，培育壮大服务经济新动能。建立规上服务业企业亩产效益综合评价机制，促进服务业企业提质增效。积极推进全域旅游示范县创建，做好农旅融合、文旅融合文章，继续办好“中国畲乡三月三”节庆活动，打造具有竞争力的全域旅游品牌形象。深化与港中旅的合作，谋划推进千峡畲寨、云上天池等 5A 级景区，洞宫畲王寨、包山铁矿休闲度假景区（悬崖上的天空之城）、惠明禅茶产业文化园等重大旅游项目前期工作。继续加快千年山哈宫、山哈大剧院、水隅仙境、东弄田园综合体、祥源商贸物流产业园、绿道等一批服务业项目建设。

加快生态工业绿色发展。深入贯彻国务院进一步推动优化营商环境政策落实，继续推进“携企服企振企服务”六大行动，将稳定企业信心、优化营商环境、减轻税费负担、解决企业反映的突出问题作为促进高质量经济发展的重要举措，促进实体经济振兴。大力推进丽景民族工业园、澄照农民创业园等生态产业园主平台建设，不断完善园区基础设施。重点推进飞科电器产业园、浙江利鹏、宇海幼教木玩产业园等项目尽早建成投产。深化“亩均论英雄”改革，推进“标准地”供给，高效率推进资源要素市场化配置，推进产业创新升级。

促进生态农业提标提质。实施惠明茶、食用菌、“稻鱼共生”、“高山菜篮子”、“高山畲药材”、“高山水干果”、“高山生态养殖”等七大产业，做大做强“景宁 600”区域农产品公共品牌，把“景宁 600”打造成全市农旅融合提标提质的先行者、示范者。打造“景宁 600”APP 平台，完成“景宁 600”旅游地商品展示展销中心建设。全年计划新增基地 5000 亩，实现品牌农业产值 5 亿元。推进农林牧渔深度融合，推广“千斤粮万元钱”、“一亩山万元钱”模式。

（三）以城乡融合实施乡村振兴战略

强化规划引领作用。完善规划管理体系，建立健全规划立项管理、前期研究、规划编制、审批发布、监测评估等制度，着力强化全流程管理。根据部署，按照“多规合一”的要求，开展县域国土空间规划编制工作。科学把握乡村的差异性和发展走势分化特征，积极稳妥推进人口规模偏小行政村撤并。编制景宁乡村振兴战略规划，谋划一批乡村振兴重点项目，建立科学合理、景宁民族特色的乡村振兴指标体系。着力抓好年度规划编制，重点推进县域总体规划修编、传统村落保护发展规划、历史文化名村保护规划等一系列规划编制。开展“十四五”重点规划课题研究。

大力实施乡村振兴。健全城乡融合发作发展体制机制，深化农村改革，推进“农旅融合发展”、“三生融合发展”、“三产融合发展”，围绕大花园建设，深挖乡愁经济，统筹推进美丽县城、特色小镇、旅游风情小镇、康养 600 小镇和美丽乡村建设，加强历史文化村落、传统村落系统保护和整体利用，实施“千村精品、万村景区”工程，积极创建 A 级景区村，新增 2 个以上美丽宜居示范村、1 个少数民族特色村寨。

深化美丽县城建设。围绕“一新一老一副一环”城市组团布局，以小城市培育试点为载体，高水平打造着力保护城市山水特色和畲族文化历史文脉，提升城市特色品质，建设精美县城。不断加快城市建设步伐，着力推进东方广场、城南棚户区（城中村）改造工程、地质灾害避让搬迁包凤示范小区、山哈大剧院、外舍新区人防工程、鼎丰天境、菖蒲湾住宅小区及水电燃气、通讯网络、污水处理、公共交通、绿化等项目建设，进一步完善城市功能。

（四）以稳投资助推高质量发展

全力抓好招商引资。按照“谋划一批、紧盯一批、落地一批”的要求，制定产业招商项目清单，实施精准招商，依托丽景园、农民创业园、温岭-景宁山海协作产业园等产业平台，重点引进一批投资规模大、科技含量高、发展前景好的项目。理顺招商体制机制，健全从项目谋划、盯引、签约、审批到落地的招商工作体系。

推进重大项目实施。优化“4+1”投资结构，交通基础设施投资、高新技术产业投资、生态环境建设投资、民间投资等增幅 12%以上，推进“省市县长工程”建设。新开工建设金钟大桥连接线、外舍桥系（千熙桥）及金山垟北路延伸工程等项目；续建景文高速、322 国道景宁段改建工程、金村水库及供水工程、金钟大桥、“四好农村路”建设等项目；扎实推进温武吉铁路、通用机场、庆景青公路等重大项目前期，打通绿水青山金山银山转换通道。

着力推进大花园建设。全面实施大花园建设行动计划，制定任务书、时间表，深入开展“人人成园丁、处处成花园”行动。全力配合创建丽水国家公园，深化细化大花园旗帜性项目，积极争创省级大花园典型示范建设。融入实施瓯江诗路文化带建设规划，继续推进畲乡绿道鹤溪河精品线（一期）项目建设，大力发展绿道经济。

（五）以改革创新激发发展活力

推进生态产品价值实现机制。积极探索生态产品价值实现机制，做好“景宁 600”生态农产品、畲乡三月三、畲家乐、畲山居、“畲家十大碗”、“畲家十小碟”等文化游旅特色品牌体系，把美丽风景变为美丽经济，加快打通“两山”转化通道，实现绿色发展。积极探索生态产品价值核算评估体系，推动生态资产产权、生态产品交易等方面体制机制改革，争取碳汇交易实现突破。谋划推进森林康养、药养小镇建设，形成一批生态产品价值实现机制典型案例。

推进城乡融合改革试点。根据《景宁民族地区城乡融合发展创新改革试点实施方案》，加强领导，统筹谋划，周密安排，细化责任，制定 “时间表”和“路线图”，实行“挂图作战”，确保改革试点落到实处。在规划建设机制、民族特色文化繁荣发展机制、区域社会均衡发展机制、资源要素双向流动机制、国家重点生态功能区建设机制等方面率先探索，为民族地区城乡融合发展发挥积极的示范带动作用，并积极争取省级支持申报国家级改革试点。

深化政府领域改革。完成县级深化机构改革三定方案并组织实施。深化以“最多跑一次”改革，统筹管理公共数据资源和电子政务，推进政府信息资源整合利用，打破信息孤岛、实现数据共享，进一步助推“最多跑一次”改革和政府数字化转型，加快推进数字政府建设。提升行政审批效能，实现所有项目进入浙江省政务服务网项目审批在线监管平台 3.0 版，继续推进企业“标准地+承诺制+代办制”改革，在企业投资项目审批改革和商事制度改革上持续加力。

（六）以改善民生共享发展成果

着力深化精准扶贫。把打好脱贫攻坚战作为一项重大的政治任务，扎实推进产业扶贫、改革扶贫、托底扶贫，压实扶贫责任，率先打赢脱贫攻坚战，重点推进低收入农户产业直补、“政银保”小额贷款贴息、“脱贫保、防贫保”、雨露计划、光伏扶贫小康试点等项目。编制大搬快聚五年搬迁规划，研究出台相关政策，全力推进异地搬迁工作。

加强就业和社会保障工作。加大就业培训力度，落实国家就业创业工作意见的相关政策，努力实现高质量和更充分就业。进一步完善养老、失业、工伤、医疗和生育等保险和救助制度，提高参保待遇水平，不断扩大社会保险覆盖面。进一步提高城乡居民低保水平、城乡居民基础养老金标准，严格城乡低保动态管理，不断提升社会救助水平。全面推广“掌上人社”应用，积极探索“人脸识别”技术在医保监管和社保经办中的应用。加强保障性住房建设，完善多元主体供给、多渠道保障、租购并举的住房保障制度，推出公共租赁房源 75 套。

不断推进美丽社会建设。深化教育改革，不断提升教育质量，优化城乡教育资源布局，激发教育机制创新，建成凤凰学校，加快职高学校选址进度，开工建设景宁二中项目。继续推进景宁县体育公园一期工程暨体育场复建和畲族博物馆主体扩建工程。加强卫生健康事业建设，实施《健康景宁 2030 行动纲要》，加快民族医院搬迁进程，谋划建设民族医院专家楼项目前期，打造健康畲乡。

（撰稿：雷靓　审稿：吴梦宝）

湖北省

2018年，湖北省民族自治地方“一州两县”（即恩施土家族苗族自治州、五峰土家族自治县和长阳土家族自治县）在省委、省政府的正确领导下，深入学习宣传习近平新时代中国特色社会主义思想和党的十九大精神，全面贯彻落实中央、省委关于民族工作的重大决策部署，按照《中共湖北省委、湖北省人民政府关于加强和改进新形势下全省民族工作的意见》（2014）和湖北省政府办公厅《关于进一步支持民族乡村加快发展的意见》（鄂政办发〔2018〕72号）要求，着重围绕脱贫攻坚和乡村振兴，制定支持政策，完善工作机制，不断开拓创新，使我省民族地区经济保持了总体平稳、稳中有进、持续发展的良好态势，国民经济稳定增长。据统计，2018年，民族自治地方“一州两县”完成生产总值1084.48亿元，同比增长8.2%。其中，第一产业224.39亿元，第二产业363.17亿元，第三产业496.92亿元。

一、农业生产稳定增长

年末实有耕地面积391.107千公顷。农业有效灌溉面积70.9千公顷。农业机械总动力278.41万千瓦。农作物总播种面积860.1千公顷，比上年增长39.24%，粮食总产量1670296吨。农林牧渔业总产量403.46亿元，比上年增长4.8%。

二、工业经济发展态势良好

规模以上工业企业资产总计489.1亿元，比上年增长2.1%。主营业务收入253.56亿元，全年规模以上工业企业达到480个，国有企业6个，集体企业1个，股份合作企业470个，比上年增长351.9%。港澳台商投资企业2个，外商投资企业1个，企业总体数量相较去年减少，股份合作企业占比增大，淘汰部分产能落后和亏损企业，民族地区工业质量和效益增加。

三、固定资产投资保持平稳增长

恩施州全年固定资产投资比上年增长11.2%。其中，500万元以上城镇和非农户项目投资增长12.1%；房地产开发投资增长8.4%。分产业看，第一产业投资增长7.4%；第二产业投资增长27%；第三产业投资增长8.7%。工业技改投资增长47.9%，民间投资增长14.3%。五峰县全年固定资产投资比上年增长11.1%。分产业看，第二产业完成投资10.60亿元，增长19.5%；第三产业完成投资21.21亿元，增长7.4%。本年施工项目109个，新开工项目74个。长阳土家族自治县全年固定资产投资比上年增长11.3%。

四、国内贸易市场稳中有进，对外贸易较为平稳

国内贸易全年实现社会消费品零售总额702.00亿元，比上年增长10.94%，其中：批发和零售业总额621.1亿元，增长11.48%；住宿和餐饮业总额80.1亿元，增长5.9%。进出口总额7.79亿元。

五、财政收入稳增长

全年完成财政总收入186.49亿元，比上年增长6.4%。其中：地方一般公共预算收入91.03亿元，增长10.07%。地方一般公共预算支出462.02亿元，比上年增加15.3%。全部金融机构各项存款余额1718.10亿元；比上年增加5.7%。全部金融机构各项贷款余额1228.81亿元，比上年增加14.6%。

六、城乡居民收入稳定增长

全年城镇居民人均可支配收入84059元，比上年增215.2%；城镇居民人均消费支出57278元，比上年增加205.1%。全年农民人均可支配收入31402元。

七、旅游业高质量发展

全年旅行社总数为117家，比上年增长290%。旅游人数7522万人次，比上年增长46.54%。其中，国际旅游43.98万人次，比上年增长7.5%；国内旅

游 7478 万人次，比上年增长 46.8%。国际旅游收入 5454.19 万美元，比上年增长 7.2%；国内旅游收入 576.01 亿元，比上年增长 23.4%。

八、教育事业加速发展

湖北民族地区认真落实农村义务教育保障新机制，努力改善办学条件，扎实推进素质教育，加强师资队伍建设，不断规范学校管理，各类教育长足发展，专任教师有所增加，教师队伍质量明显提高。2018 年，九年制义务教育成果得到巩固，小学适龄儿童入学率达到 100%。教育经费共支出 79.58 亿元，较上年增长 21.2%。

九、文化、卫生事业健康发展

截至 2018 年末，共有艺术表演团体 15 个，比上年增长 25%。艺术表演场所 11 个，文化馆 11 个。公共图书馆 21 个，比上年增长 10%。博物馆 12 个。全年卫生机构数 3584 个。医疗机构床位数 27262 张，比上年增长 1.82%。卫生机构人员数 32254 人，比上年增长 3.02%。

（撰稿：陈燕辉　审稿：刘来）

湖南省

2018 年是贯彻党的十九大精神的开局之年，是决胜全面建成小康社会、实施《湖南省“十三五”少数民族事业发展规划》（以下简称“规划”）承上启下的关键一年。在省委省政府的坚强领导下，全省各级各部门把《规划》确定的目标任务、政策措施纳入各自规划和计划中，纳入具体工作中，分解目标任务，明确责任分工，积极作为，在民族地区各族人民努力奋斗下，《规划》主要目标任务实现程度良好，各项重大战略任务积极推进，少数民族地区经济建设、社会事业、民族文化、生态建设、民族团结进步事业和脱贫攻坚取得显著成效，民族事务治理能力和民族法制治理水平明显提升，《规划》的中期目标基本实现，为《规划》的贯彻落实打下了较好的基础。

一、民族地区经济保持持续较快发展

深入推进供给侧结构性改革，大力培育民族地区产业创新平台，民族地区发展基础不断夯实，产业创新驱动力明显增强，经济发展的规划任务进展基本顺利。2018 年，全省 24 个民族县市区 GDP 为 2400.69 亿元。

1.重大基础条件明显改善。

公路建设方面。《规划》实施以来，少数民族地区已建成、在建高速公路共 6 条，总里程 402 公里。目前，除石门县暂未实现 30 分钟上高速公路外，其余 23 个少数民族县市区均已实现 30 分钟上高速公路，民族地区相邻市州间均有高速公路直接连通的规划目标已经实现。依托 A 级以上景区和重要旅游资源点，实施旅游通景公路建设，提质改造南山国家公园等景区公路，打通旅游公路“最后一公里”。少数民族地区农村公路建设平稳推进，完成新改建里程 5242 公里，实施公路安防工程 7270 公里，完成危桥改造 716 座，较好完成了农村公路通畅提质的规划任务。

铁路、机场建设方面。怀邵衡铁路即将建成通车，张吉怀高铁顺利开工，黔张常铁路建设快速推进，渝怀增建二线加快建设。铁路网覆盖民族地区城区人口 20 万以上城市，快速铁路覆盖民族地区城区人口 50 万以上城市的规划目标已提前实现。武冈机场建成通航，湘西机场立项建设，张家界荷花机场新航站楼、怀化芷江机场航站楼改扩建项目顺利推进，石门通用机场完成选址，铁路、机场建设较好完成中期规划目标任务。

水利水运建设方面。涔天河水库扩建工程进入扫尾建设阶段，城步老寨、石门白沙、龙山三元等农村小水电建设快速推进。《规划》实施以来投入资金 7.2 亿元，农村饮水安全巩固提升、中小河流治理、坡耕地水土流失综合治理等水利专项建设快速推进。推进大兴寨大型水库立项，古阳河水库等一批水利工程建成蓄水。民族地区农村饮水安全工程

建设快速推进，到2020年民族地区全面安全饮水能够顺利完成。

能源建设方面。加快推进民族地区“气化湖南工程”进度，竣工投产龙山-花垣天然气支线管道，实现花垣县管道“气化”。花垣-怀化、花垣-张家界及凤凰-湘黔界等3条天然气支线管道建设有序推进。“十三五”前半期，安排资金2.93亿元，支持民族地区电网建设，完成农网改造任务，改善民族地区生活用电质量。

2.特色产业支撑明显增强。

优先发展生态旅游服务业，保障民贸民品产业稳步发展，特色优质农业等民族特色产业稳步发展，乡村振兴、城乡融合全面推进，产业结构逐步优化，《规划》谋划产业任务稳步推进。

推进文化生态旅游业全域发展。支持大湘西文化旅游带建设，推进大湘西文化旅游产业融合发展，培育具有国际视野的民族文化品牌。湘西自治州、张家界市被国家旅游局列入首批国家全域旅游示范区创建单位，民族地区先后有23个县市区被列为国家全域旅游示范区创建单位。在湘西地区22个民族县开展了自驾车营地、停车场、特色民宿、家庭旅馆等旅游基础及配套设施、景点集群旅游开发、非物质文化遗产生产性保护。

推进民贸民品产业保护发展。进一步完善了民贸民品企业基础档案制度、《少数民族特需商品目录》商品展示制度以及动态管理机制，推动民贸民品工作规范化、科学化。充分用活用足优惠政策，保质保量完成边销茶生产供应任务。

推进民族传统手工艺传承发展。苗绣装饰壁挂、竹编土家背篓、瑶族刺绣、雕花蜜饯等民族传统手工艺品得到保护与发展。龙山县先后创办了多个土家织锦技艺传习所和40余家土家织锦工艺坊，花垣县5000余人从事传统技艺生产并实现了产业化经营，吉首市乾州文化遗产园内的菊花石雕、土家织锦等实现产业化经营，民族文化产业快速发展为民族地区经济增长提供了强力支撑。

推进民族地区品牌建设规模发展。打造湘西地区“潇湘”茶区域公共品牌，包装形成1个总品牌、4个子品牌。大力发展发展民族产业园，启动建设湘西国家农业科技园区。安排湘西地区重大产业项目投资补助3.05亿元，择优支持农林产品加工、文化生态旅游、商贸物流、特色工业4大类45个重大产业项目，提升了民族地区产业发展水平。

推进民族地区对外开放跨越发展。积极依托陆上丝绸之路经济走廊建设，构建开放型经济新体制，拓展开放型经济新空间。湘西州公路口岸建成投入使用，对外贸易快速扩展，湘西州、张家界市等民族地区优质特色农产品直供国内大型超市，远销港澳地区和韩国、俄罗斯、加拿大。

自治地方十周年庆典助推精彩发展。坚持把民族自治地方庆典项目建设摆在首位，让各族群众共享改革发展成果，坚持把推进民生建设作为庆典项目建设工作的第一标尺，重点建设项目都与群众生活、环境优化、社会发展息息相关，坚持把提升少数民族文化保护传承水平、展示少数民族文化魅力、推动少数民族文化繁荣兴盛作为成立逢十周年庆典的亮丽工程，坚持把推动各民族和睦相处、和衷共济、和谐发展作为成立逢十周年庆典的历史使命，并以此为契机兴建了一批重大基础设施和民生项目。

二、少数民族社会事业长足发展

1.城镇化积极稳妥推进。

城市空间结构不断优化，绿色城市、智慧城市和海绵城市等新型城市建设效果突出。加强历史文化名镇、历史文化街区、民族特色小镇的文化资源挖掘和整体文化生态保护，打造了一批魅力特色旅游文化街区和小镇。大力推进城市核心商圈、边界口子镇、集镇农贸市场标准化建设，加强凤凰、里耶、浦市等历史文化古镇的保护和开发，培育发展一批山边贸镇、生态城镇、旅游城镇等特色城镇。吉首、龙山、花垣等县市建成了一批商贸综合体和物流园。民族地区人口城镇化呈加快发展趋势，城镇建设任务顺利推进，规划目标可以如期实现。

2.精准脱贫取得突破性进展。

精准扶贫、精准脱贫取得重大进展。发展基础显著完善，实现水、电、路、气、房、环境整治“六到农家”，贫困村的基础设施建设任务基本完成或进入收尾阶段。一是产业扶贫强力推进，扶贫产业带动脱贫效益得到较好发挥，民族地区各级党政领导抓扶贫的主体责任得到有效落实。二是教育发展脱贫能力增强，实现民族地区贫困学生资助全覆盖，贫困家庭子女就读率和贫困家庭普通高中生免费入学率均达到 100%。三是医疗救助帮扶多重保障。通过政府兜底实现贫困患者实际报销比例达 90%以上，特困患者全额报销。四是易地扶贫搬迁阻断穷根。“十三五”时期规划完成民族地区贫困人口易地扶贫搬迁 24.5 万人。五是以工代赈夯实发展基础。《规划》实施以来，安排民族地区以工代赈资金 3.1 亿元，建设了一批基础设施项目。目前，民族地区脱贫摘帽进入快车道，2018 年石门、绥宁、会同、靖州、芷江、慈利、江华、永定、新晃等 9 个县区脱贫摘帽。

3.民族地区社会事业全面发展。

公共服务水平显著提高，教育、科技、医疗卫生、就业和社会保障等基本公共服务资源配置更加合理，居民人均可支配收入增长、基本养老保险参保率等民生指标超过规划目标任务。

教育科技水平显著提升。制定出台了《关于加快发展民族教育的实施意见》和《关于做好我省乡镇区划调整后民族乡考生享受高校招生民族优惠加分政策有关工作的通知》。民族自治地方高考优惠政策得到有效落实。加强教育对口支援，制定了《湖南省人民政府　国家民族事务委员会　共建吉首大学协议》，推进湖南省政府与国家民委共建吉首大学国内一流大学和一流学科。规划确定的小学辍学率控制在 0.6%以下，初中辍学率控制在 1.8%以下，义务教育巩固率达到 97%以上目标已经实现。

科技支撑显著提升。实施湘西科技特聘专家、科技特派员以及专家对接智力扶贫计划，实现 24 个民族县市区大学生村官和科技特派员全覆盖。加大民族地区科技投入力度，大力支持特色农业发展，扶持培养民族地区骨干人才，定期开展送科技活动，积极开展农村使用技术培训。

社会保障能力显著增强。大力推动民族地区以创业带动就业，建立跨区域跨省劳务合作机制，少数民族地区实现有就业意愿劳动力的充分就业。积极引导“两后生”、青年农民、城乡劳动者等接受中等职业学历教育和技工教育，促进民族地区青年就业。社会保障体系建设全面推进，基本养老参保率已远远高于 90%规划目标，建档立卡贫困人口参保率达到 100%，城乡居民基本医疗保险制度全面建立，社会保障的主要目标任务已完成。

民族医疗事业快速发展。民族医疗体系逐步完善，打造省市县专科专病专治联盟和专业医师服务团队，在多个民族县试点建立重大疾病急慢分治医疗服务网络。大力推动民族医药发展，土家、苗、瑶、侗医药品牌得到保护和传承，民族医药及相关产品研发、制造能力明显提升。挖掘、抢救、整理侗医药文献，对道光八年的侗医药古籍 6 册《群方备要》等进行整理研究。

三、少数民族文化事业全面进步

1.民族地区公共文化服务体系逐渐完善。

民族地区公共文化服务体系进一步完善，少数民族优秀传统文化得到有效保护、传承和弘扬，少数民族非物质文化遗产得到有效保护和开发，少数民族特色村镇建设稳步推进，民族文化产业不断发展壮大，民族文艺体育活动蓬勃开展。

规划确定的社会文化建设的任务得到很好的落实。规划确定的文化基础设施建设任务基本完成，基层综合性文化服务中心全面建立，文化产业规模和实力不断壮大，怀化文化创意产业园、湘西非物质文化遗产园打造成省特色文化产业示范园区，张家界溪布老街打造成省特色文化创业示范基地。

规划确定的民族文化品牌保护措施得到较好执行。加强对凤凰古城、龙山里耶秦简遗址、通道侗族古建筑群等历史文化遗产的保护开发。大力开展张家界国际山歌节、德夯鼓文化节、城步山歌节、大戊梁歌会、侗族大歌、盘王大歌、桑植民歌、慈利板板龙灯等非物质文化遗产保护和传承。绥宁县“四月八”、城步南山“六月六”、吉首“鼓文化节”等民族节庆活动成为最具特色民族文化活动品牌。全省每年支持 10-20 所中小学（含幼儿园）建设“民族文化传承创新特色学校（园）”，5-10 所职业院校建设“民族文化传承创新职业教育基地”，推动民族民间传统手工艺传承模式改革创新。

规划确定的民族文化遗产保护和传承工程得到很好实施。三省坡（通道）侗族文化生态保护实验区进入批复实施阶段，武陵山区土家族苗族文化生态保护试验区和湘西州非物质文化遗产园建设顺利实施，开展锹里苗侗文化生态保护区和南岭地区瑶族文化生态保护建设。支持湘西自治州开展古籍文献资料库建设，建设武陵山片区民族文化影像资料数据库。

规划确定的少数民族文艺创作精品谋划得到有效落实。规划实施以来，全省涌现了一大批优秀民族文艺作品。大型民族神话舞剧《凤凰》、苗傩鼓词《三接岳母》、土家族群舞《摸米哈》、侗族舞蹈《嫁娘帕》等享誉国内外。加强民族类题材出版物的管理，对《惹巴拉女人》《苗鼓》《嫁衣》等民族题材作品开展审读。

规划确定的少数民族体育事业发展方略得到深入贯彻。大力实施少数民族体育健身工程，建设一批少数民族传统体育基地，民族地区公共体育健身设施不断改善，民族特色运动广泛开展。加强湘西州体校、麻阳县龙舟基地、洞口射弩基地、城步秋千基地、绥宁陀螺基地、怀化学院、吉首大学体育学院等体育基地建设。对在第十届全国少数民族传统体育运动会上取得优异成绩的先进集体和先进个人给予通报表彰。

规划确定的民族理论研究与古籍整理工程完成阶段目标。积极开展民族理论和民族问题研究，湖南省民研所入选第三批国家民委民族理论政策研究基地。积极做好少数民族古籍保护、抢救、整理、出版工作，"十三五"以来，根据《全省少数民族古籍工作十年规划概要（2014-2023 年）》的部署要求，大力挖掘、整理土家、苗、侗、瑶、白等少数民族古籍资源，积极推动民族古籍重点项目开展，先后实施开展了多个国家级和省级重点项目。

2.民族特色村镇保护发展全面实施。

特色民居保护成效显著，按照规划整旧如旧、建新如旧的要求，突出各民族独具特色的建筑个性，建设了一批极具个性特色的特色村镇和民族客栈。到 2018 年末，我省各县市区、各市州、省、国家项目库的少数民族特色村镇分别达 1000 个、800 个、500 个、300 个；全省有 20 多个少数民族特色村镇成功创建国家 4A、3A 级景区，58 个少数民族特色村寨列入"中国少数民族特色村寨"名录。民族特色村镇特色产业开发快速推进，自我发展动能增强。设立少数民族特色村镇专项资金，大力支持少数民族特色村寨（镇）建设。借助民族乡逢十周年庆典活动，实施重点项目建设，不断培育民族乡新的经济增长点。特色文化传承，促进精神家园建设。重点扶持了 41 个民族民间艺术团体，33 个少数民族特色村镇建有自己的展演中心，359 个少数民族特色村镇拥有自己独具特色的民族文化表演节目。少数民族特色村镇中有 3 个全国民族团结进步创建活动示范单位、2 个全国民族团结进步教育基地、19 个全省民族团结进步示范单位。湖南"中国少数民族特色村寨""最美少数民族特色村镇"中，有国家级、省级"非遗"传承人 795 人。90%以上已脱贫并进入小康村序列的村镇是以特色村镇旅游为依托，30%以上的贫困村已把特色村镇旅游作为精准脱贫的支柱产业。湘西州、怀化市、邵阳市等地民族特色村寨示范带基本形成。积极开展民族客栈建设，印发了《民族客栈湖南省地方标准》管理办法，张家界市一批民族客栈快速崛起，民族客栈工作得到国家民委肯定。

四、民族地区生态环境保护强力推进

生态环境保护能力显著加强，生态补偿机制逐步健全，生态安全屏障建设成效凸显，城乡人居环境更加优美，资源节约型、环境友好型社会建设稳步推进，民族地区单位生产总值能耗和二氧化碳排放降低，主要污染物排放总量得到较好控制，环境质量明显改善，森林覆盖率有所提高。

生态功能区建设和保护方面。严守生态保护红线、环境质量底线、资源利用上线三条红线，大力推进生态功能区建设，强化重点生态功能区保护，建立实施重点生态功能区和生态保护红线产业准入负面清单。24 个民族县市区已全部列入国家重点生态功能区，并全部纳入国家重点生态功能区转移支付范围；实行最严格的耕地保护制度，全省 24 个民族县市区全部守住耕地红线。初步实现森林、湿地、水流、耕地、草原等重点领域和禁止开发区域、重点生态功能区等重要区域生态保护补偿全覆盖。

生态文明示范区建设方面。推进武陵山片区全国生态文明先行示范区建设。规划实施以来，安排中央预算内资金 2700 万元，重点支持桑植县酉水、澧水流域环境整治等标志性项目实施。全面推行河长制，取缔水源污染企业，重点开展花垣县锰锌矿矿山、湘西金矿地质环境恢复和综合治理，湘资沅澧四水上游源头得到有效保护。推进资源节约循环高效利用，民族地区水、土地、矿产等资源节约集约利用水平明显提高。支持民族地区人工造林、封山育林、草地等建设，治理岩溶石漠化面积约 1200 平方公里。

城乡环境治理方面。持续推进民族地区大气、水、土壤等重点领域污染防治，湘西州空气质量达到全省最优。全面推进城乡环境同治和农村改厕，农村环境质量发生根本性转变，规划确定环境治理任务得到很好的落实。

五、民族团结进步事业得到加强

民族团结的理念更加深入人心，维护民族团结和社会稳定的思想和群众基础更加坚实，来湘少数民族人员服务管理工作更加规范，民族关系更加和谐，规划确定的任务得到全面落实。

民族团结进步示范创建方面。大力开展民族团结进步宣传教育，推动民族团结进步创建工作进机关、进企业、进乡镇、进社区、进学校、进宗教活动场所，大力培育和树立民族团结进步先进典型，打造一批全国民族团结进步创建示范区（单位）。到 2018 年，共创建了全国民族团结进步示范州 1 个、全国民族团结进步创建活动示范单位 21 个、全国民族团结进步教育基地 5 个，全省民族团结进步创建活动示范点 61 个（其中示范社区 18 个）。

民族团结宣传教育方面。大力宣传习近平总书记关于民族工作重要论述精神和全省民族工作先进典型和经验，组织 10 家中央媒体对湘西州创建民族团结进步示范州、少数民族特色村镇保护与发展、非物质文化遗产保护与传承、精准扶贫和乡村旅游工作等方面进行宣传报道。强化民族团结教育，将民族团结教育内容纳入小学阶段考查和中考、高中学业水平考试、高考及中职毕业考试范围。健全民族团结进步模范表彰工作机制，大力培育、树立和宣传各级各类先进典型。

民族法制建设方面。一是制定完善了地方性民族法规体系，完成《湖南省散居少数民族工作条例》修正工作，湘西州、通道、江华、城步、新晃、靖州、芷江、麻阳等 8 个民族自治地方修订《自治条例》；二是严格推进民族事务依法行政，将涉及民族事务的职能权力规范化，依法管理民族事务能力和民族工作法治化水平明显提高；三是大力加强民族法制宣传教育，将《民族区域自治法》列入全省“七五”普法规划，全面推动民族区域自治“一法两规定”的贯彻落实。

支持民族乡（镇）村发展方面。《规划》实施以来，民族乡（镇）村各项事业都得到较好较快发展。民族乡（镇）村基础设施明显改善，特色产业和支柱产业发展初见成效，组织开展农民技术培训，少数民族劳动者素质显著提高，全面落实民族教育政策，社会事业全面发展。全省每年下达少数民族发展资金 2000 万元，支持民族乡经济社会发展。

城市民族工作方面。加强和改进城市民族工作、散居地区民族工作和少数民族流动人口服务管理工作。一是建立了处理民族突发事件的有效机制，明确了有关部门处理影响民族团结问题的责任制。二是加强民族关系监测，建立健全三级民族关系监测评价体系，建立了来湘新疆西藏务工人员信息系统，积极做好来湘新疆西藏务工人员服务管理工作。长沙、岳阳、吉首等来湘少数民族人员增多的地方新设了来湘少数民族人员服务管理站，并在长沙少数民族流动经商务工人员相对集中的街道、社区、清真餐饮店等地设立少数民族流动经商服务管理联系点和服务窗口。三是妥善处理少数民族合法权益受侵事件，依法处置涉及民族因素的矛盾纠纷，近年来没有发生重大影响的涉及民族因素的突发事件，有力维护民族领域的和谐稳定。

六、加强少数民族干部人才队伍建设

一是加强顶层设计，制定了《湖南省 2016—2020 年培养选拔年轻干部和女干部、少数民族干部、党外干部工作规则》，完善少数民族干部人才培养、选拔、使用制度，每 2-3 年从省直机关和市州、县市区择优遴选一批优秀少数民族干部进行上下交流任职。二是推动少数民族干部在机关与基层、地区与地区之间双向交流，近 3 年以来对 54 名少数民族干部进行跨层次、跨领域交流任职。三是加大少数民族干部挂职交流力度，定期选派优秀少数民族干部到中央国家机关、省直机关和经济发达省份挂职，组织少数民族干部到发达地区和国家学习培训，近 5 年来共选派 13 名少数民族干部到国家部委和中管企业挂职，选派 20 多名少数民族干部到沿海发达地区挂职。四是加强少数民族干部教育培训。近几年，每年举办全省少数民族县处级干部培训班。2018 年 6 月，委托中山大学主办全省少数民族地区县处级干部提升研修班，63 人参训。长沙市委党校每 2 年举办一次少数民族干部培训班。"十三五"以来，永州市培训少数民族干部 1000 余人次。五是加强高级技术人才的培养和引进，湘西自治州申报获批"外专千人计划"名单支持项目和湖南省"外专百人计划"项目，组织申报获批 4 个省级引智基地（示范单位）。通过不懈努力，民族地区干部人才队伍得到很大提升，规划确定的干部人才队伍建设的任务得到有效落实。

此外，《规划》确定的财税政策、投资政策、金融政策、土地政策、生态补偿政策、对口支援政策都得到较好的落实。

总的来看，《规划》提出的主要目标、重点任务、重大工程实施进展顺利，主要指标大多数达到预期进度要求，少数指标已提前完成《规划》目标值。但受经济基础薄弱、科技创新能力不足、产业结构不优、高能耗高污染产业退出等原因的影响，我省民族地区在民族特色产业发展、重大基础设施建设、精准扶贫、重大环境治理和城乡融合发展等方面任务重压力大。

（撰稿：黄淼　审稿：肖丽萍）

广东省

2018 年，广东民族地区以习近平新时代中国特色社会主义思想为指导，深入学习贯彻党的十九大以及习近平总书记对广东重要讲话和重要指示批示精神，按照省委开展"大学习、深调研、真落实"的要求，落实省委、省政府"1+1+9"工作部署，扎实推进各项工作取得新的进展。

一、经济发展稳中有进

2018 年，连南瑶族自治县、连山壮族瑶族自治县和乳源瑶族自治县分别实现地区生产总值 45.67 亿元、34.36 亿元、90.65 亿元，同比上年增长 6.14%、7.75%、7.16%；3 个自治县共计实现地区生产总值 170.67 亿元，同比上年增长 7.0%，增长速度比全省平均值高 0.2 个百分点。分产业看，第一产业增加值 25.0 亿元，同比上年增长 10.77%；第二产业增加值 64.31 亿元，同比上年增长 8.58%；第三产业增加值 91.37 亿元，同比上年增长 4.71%。人均地区生产总值 39416.3 元，同比上年增长 6.4%。城乡居民生活水平稳步提高。全年城镇居民人均可支配收入 24360 元，同比上年增长 9.25%。农村居民人均可支配收入 13336 元，同比上年增长 10.97%。从支出结构看，食品、居住、交通通信、教育文化娱乐等项目居前四位。

二、农业生产平稳发展

3 个自治县全年完成农林牧渔业总产值 38.63 亿元，同比上年增长 6.83%。其中，农业产值 218116.10 万元，同比上年增长 4.06%；林业产值 77743.47 万元，同比上年增长 10.66%；畜牧业产值 76025.40 万元，同比上年增长 39.29%；渔业产值 8102.99 万元，同比上年增长 25.78%。农作物总播种面积 51.07 千公顷，粮食作物播种面积 21.65 千公顷，粮食总产量 106619 吨；茶叶产量 1408 吨，同比上年增长 35.65%；水果产量 64695 吨，同比上年增长 28.99%。

三、规上工业势头良好

规模以上工业完成销售产值 145.42 亿元，比上年增加 30.64 亿元，同比上年增长 26.69%；实现利润总额 12.61 亿元，比上年增加 1.77 亿元，同比上年增长 16.33%。全年建筑业总产值完成 11.10 亿元，同比上年增长 6.83%。

四、固定资产投资保持稳定

全年完成全社会固定资产投资额 64.55 亿元，与上年基本持平。其中，连南自治县 10.84 亿元，与上年基本持平；连山自治县 6.19 亿元，同比上年增长 1.11%；乳源自治县 47.52 亿元，同比上年增长 -3.9%。总体上看，2018 年 3 个自治县全社会新增固定资产投资 21.01 亿元，基本保持稳定。

五、商贸旅游发展迅速

3 个自治县全年社会消费品零售总额 44.02 亿元。其中，批发和零售业共计 39.05 亿元，住宿和餐饮业共计 4.97 亿元。民族地区充分利用免征企业所得税地方分享部分的政策，持续发力发展总部经济，使商品批发业成为推动自治县内经济的重要动力。限额以上批发和零售业主营业务收入 239.24 亿元，利润 13.79 亿元，同比上年增长 11.32%。限额以上住宿业主营业务收入 8179.4 万元。限额以上餐饮业主营业务收入 8654.1 万元。3 个自治县共接待游客 933.66 万人次，增长 93.66 万人次，同比上年增长 11.15%。实现旅游收入 62.62 亿元，增长 7.33 亿元，同比上年增长 13.26%。

六、财政收入有所增长

2018 年,3 个自治县地方一般公共预算收入 8.63 亿元，同比上年增长 9.66%。其中，连南自治县 1.30 亿元，同比上年增长 4.0%；连山自治县 1.06 亿元，同比上年增长 6.0%；乳源自治县 6.27 亿元，同比上年增长 11.37%。地方一般预算支出为 57.95 亿元，同比上年增长 8.64%。金融流通运行平稳。3 个自治县全部金融机构年末各项存款余额 180.86 亿元，同比上年增长 1.82%。其中，城乡居民储蓄存款年末余额 118.20 亿元，全部金融机构人民币各项贷款余额 65.33 亿元。

七、社会事业稳步前进

基础教育平稳发展。3 个自治县共有普通中学 28 所，在校学生 22095 人，招生 7629 人，毕业 6996 人，教职工 1871 人，其中专任教师 1750 人。小学 54 所，在校学生 41151 人，教职工 2338 人，其中专任教师 2273 人。中等职业学校 3 所，在校学生数 1540 人，教职工 212 人，其中专任教师 206 人。经省人民政府教育督导室组织专家进行督导验收，乳源瑶族自治县、连山壮族瑶族自治县、连南瑶族自治县已达到“广东省推进教育现代化先进县”的标准。

文化体育事业发展取得了新成绩。连南自治县大型当代瑶族舞剧《瑶山那抹红》在北京民族剧院参加全国少数民族地区艺术院团进京展演，取得圆满成功。广东省民族宗教委选送的连南自治县原生态瑶族民歌《出路歌》成功入选并参加由国家民委、文化和旅游部、内蒙古自治区人民政府主办，在呼和浩特市举行“第二届全国少数民族优秀声乐作品展演”。广东省人民政府批准并公布第七批省级非物质文化遗产代表性项目名录 39 项和省级非物质文化遗产代表性项目名录扩展项目名录 35 项。其中，传统音乐：壮歌（连山壮族瑶族自治县），民俗：双朝节（乳源瑶族自治县）、玩坡节（连南瑶族自治县），畲族蓝大将军出巡节（河源市东源县），传统技艺：酿造酒传统酿造技艺（苦爽酒酿造技艺）（乳源瑶族自治县）等 5 个少数民族非遗代表性项目榜上有名。3 个自治县文化馆，图书馆、博物馆齐全，继续实现免费开放，为民族地区广大人民群众提供服务。9 月 14 日，广东省第六届少数民族传统体育运动会首次在清远市连南瑶族自治县开幕。本届运动会设竞赛和表演两大类项目，其中，竞赛项目共有 12 个，分别是花炮、珍珠球、蹴球、毽球、龙舟、陀螺、押加、高脚竞速、板鞋竞速、武术、民族式摔跤、民族健身操；表演项目则共有 19 个，分为竞技类、技巧类、综合类。各地级以上市及广东技术师范学院组成的 22 个代表团，38 个民族、2873 名运动员教练员参加比赛，角逐 12 个竞赛项目前 8 名，以及 19 个表演项目的一、二、三等奖。经过 6 天的激烈角逐，广州市代表团获团体总分一等奖，清远、韶关、佛山、东莞、惠州、珠海、湛江市等 7 个代表团获团体总分二、三等奖，其余参赛代表团获团体总分优胜奖。14 个代表团的 17 个表演项目获得一等奖，竞赛项目决出 276 个奖项。参赛的 22 个代表团均荣获体育道德风尚奖和优秀组织奖。

卫生事业不断改善。3 个自治县共有医院 6 所，基层医疗卫生机构 296 个，其中，卫生院 29 个，村卫生室 233 个。卫生人员 2313 人，执业（助理）医师 765 人。医疗卫生机构床位 1592 个。其中，医院床位 1020 个，基层医疗卫生机构 527 个。连南自治县积极实施医联体建设，由县人民医院托管七个乡镇卫生院，不断提升基层医疗服务能力。县人民医院正式上线使用带人脸识别功能的自助挂号缴费机，是广东省县级医院第一家，也是省内医院第二家，群众的获得感和幸福感不断增强。

社会保障和福利事业稳步推进。3 个自治县享受城镇居民最低生活保障 469 人，共计支出城镇居民最低生活保障金 368.89 万元；享受农村居民最低生活保障 7483 人，共计支出农村居民最低生活保障金 2476.75 万元。城乡基本医疗保险年末参保人数 45.9601 万人，其中，城乡职工医疗保险年末参保人数 6.3465 万人，城乡居民医疗保险年末参保人数 39.6136 万人。

（撰稿：余森河　审稿：李秀英）

广西壮族自治区

一、综合

全年全区生产总值（GDP）20352.51 亿元，比上年增长 6.8%。其中，第一产业增加值增长 5.6%，第二产业增加值增长 4.3%，第三产业增加值增长 9.4%。第一、二、三产业增加值占地区生产总值的比重分别为 14.8%、39.7%和 45.5%，对经济增长的贡献率分别为 13.1%、25.4%和 61.5%。按常住人口计算，全年人均地区生产总值 41489 元，比上年增长 5.8%。全员劳动生产率为 71455 元/人，比上年提高 6.5%。

年末全区户籍总人口 5659 万人，比上年末增加 59 万人。全区常住人口 4926 万人，比上年末增加 41 万人，其中城镇人口 2474 万人，占常住人口比重（常住人口城镇化率）为 50.22%，比上年末提高 1.01 个百分点。户籍人口城镇化率为 31.72%，比上年末提高 0.49 个百分点。全年出生人口 71.3 万人，出生率为 14.12‰；死亡人口 30.4 万人，死亡率为 5.96‰；自然增长率为 8.16‰。

年末全区就业人员 2848.3 万人（按常住人口口径统计），其中城镇就业人员 1282.4 万人。全年城镇新增就业 42.1 万人。年末城镇登记失业率为 2.34%。全区农民工总量 1273.6 万人，比上年下降 0.2%。其中，外出农民工 912.4 万人，下降 1.1%；本地农民工 361.2 万人，增长 2.0%。

全年全区居民消费价格比上年上涨 2.3%。工业生产者出厂价格上涨 3.2%。工业生产者购进价格上涨 3.4%。固定资产投资价格上涨 4.5%。农产品生产者价格下降 2.7%。

供给侧结构性改革深入推进。全区年末商品房待售面积 1380.19 万平方米，比上年末减少 218.66 万平方米。年末规模以上工业企业资产负债率为 63.0%，比上年末下降 0.3 个百分点。全年规模以上工业企业每百元主营业务收入中的费用为 6.7 元，比上年减少 0.23 元。全年生态保护和环境治理业、农业固定资产投资（不含农户）分别比上年增长 100.3%和 25.9%。

新动能培育进展良好。全年规模以上工业中，高技术制造业增加值比上年增长 11.6%。全年规模以上服务业中，软件和信息技术服务业营业收入比上年增长 17.4%。全年高技术制造业投资比上年增长 23.5%，装备制造业投资增长 17.1%。全年新能源汽车比上年增长 1.08 倍，电子元件增长 47.9%，锂离子电池增长 16.9%，光电子器件增长 53.5%。

脱贫攻坚成效显著。按照每人每年 2995 元的农村贫困标准计算，年末全区农村贫困人口 140 万人，比上年末减少 106 万人；全区贫困发生率 3.3%，比上年下降 2.4 个百分点。贫困地区（33 个国家贫困县）农村居民人均可支配收入 10761 元，比上年名义增长 10.7%，扣除价格因素，实际增长 8.3%。

质量效益稳步提升。全年全区财政收入 2790.35 亿元，比上年增长 7.1%；一般公共预算收入 1681.48 亿元，增长 4.1%，其中，税收收入 1122.03 亿元，增长 6.1%，占一般公共预算收入的比重为 66.7%。一般公共预算支出 5310.89 亿元，比上年增长 8.2%，民生重点领域支出占一般公共预算支出的比重为 80.5%。全年全区规模以上服务业企业营业收入比上年增长 11.3%，营业利润增长 6.0%。

二、农业

全年全区粮食种植面积 2802.1 千公顷，比上年减少 50.9 千公顷。全年全区粮食总产量 1372.8 万吨，比上年增加 2.3 万吨，增产 0.2%。全年全区猪牛羊禽肉产量 418.4 万吨，比上年增长 1.6%。

全年生猪出栏 3465.8 万头，比上年增长 3.3%；年末生猪存栏 2298.3 万头，比上年末增长 0.2%。全年全区水产品产量 329.81 万吨，比上年增长 3.1%，其中海水产品产量 192.22 万吨，增长 0.6%。全年全区木材产量 3100 万立方米，比上年增长 1.6%。天然松脂 70.4 万吨，增长 1.2 %。油茶籽 23.32 万吨，增长 3.3%。

三、工业和建筑业

全年全区全部工业增加值比上年增长 4.7%。规模以上工业增加值增长 4.7%。全年全区规模以上工业企业利润 1100.1 亿元，比上年增长 1.9%。全年全区具有资质等级的总承包和专业承包建筑业企业实现总产值 4671.72 亿元，比上年增长 11.0%。其中国有控股企业 2053.09 亿元，比上年增长 20.0%。

四、固定资产投资

全年全区固定资产投资（不含农户）比上年增长 10.8%，其中，第一产业投资增长 18.6%；第二产业投资增长 13.0%，其中工业投资增长 12.2%；第三产业投资增长 9.9%。基础设施投资增长 9.8%，占固定资产投资（不含农户）的比重为 26.5%。全年全区房地产开发投资 3004.13 亿元，比上年增长 11.9%。

五、国内贸易

全年全区社会消费品零售总额 8291.59 亿元，比上年增长 9.3%。在限额以上单位商品零售额中，粮油、食品、饮料、烟酒类零售额比上年增长 6.9%，服装、鞋帽、针纺织品类增长 1.8%，化妆品类增长 6.2%，金银珠宝类下降 1.9%，日用品类增长 3.2%，家用电器和音像器材类增长 11.1%，中西药品类增长 7.9%，文化办公用品类增长 3.9%，家具类增长 0.1%，通讯器材类下降 20.1%，建筑及装潢材料类增长 0.7%，汽车类增长 0.1%，石油及制品类增长 11.7%。

六、对外经济

全年全区货物进出口总额 4106.71 亿元，比上年增长 5.0%。其中，出口 2176.14 亿元，增长 14.6%；进口 1930.57 亿元，下降 4.1%。全年全区对外实际投资额（不含银行、证券、保险）8.97 亿美元，比上年下降 3.8%。全年全区对外承包工程和劳务合作实际完成营业额 7.29 亿美元，比上年增长 5.7%。

七、金融和保险

全年全区金融业增加值 1403.19 亿元，比上年增长 6.9%。年末全区金融机构本外币各项存款余额 29789.78 亿元，比年初增加 1890.14 亿元，其中人民币各项存款余额 29620.03 亿元，增加 1905.80 亿元。年末金融机构本外币各项贷款余额 26688.31 亿元，比年初增加 3445.23 亿元，其中人民币各项贷款余额 26143.38 亿元，增加 3355.04 亿元。年末全区上市公司（A 股）数量 37 家，市价总值 2406.64 亿元。全年全区保险公司原保险保费收入 629.03 亿元，比上年增长 11.3%。支付各类赔款及给付 223.86 亿元，增长 23.1%。

八、交通运输和邮电

年末全区公路总里程 12.54 万公里，比上年末新增 0.22 万公里；年末铁路营业总里程 5202 公里，比上年末增加 11 公里。全年全区货物运输总量 19.07 亿吨，比上年增长 9.2%。货物运输周转量 4983.78 亿吨公里，增长 8.0%。全年港口完成货物吞吐量 3.79 亿吨，比上年增长 9.9%。港口集装箱吞吐量 395.66 万标准箱，增长 24.2%。

全年全区旅客运输总量 5.07 亿人次，比上年下降 0.7 %。旅客运输周转量 816.65 亿人公里，增长 4.9%。年末全区民用汽车保有量 590.40 万辆，比上年末增长 17.1%。轿车保有量 300.64 万辆，增长 19.8%。

全年全区完成邮政业务总量 126.77 亿元，比上年增长 44.0%。全年完成电信业务总量 2051.51 亿元，比上年增长 188.2%。电信业新增移动电话交换机容量 773 万户，年末达到 12582 万户。年末全区电话用户总数 5306.1 万户，其中移动电话用户 5045.3 万户。移动电话普及率上升至 102.4 部/百人。固定互联网宽带接入用户 1230.6 户，比上年增加 262.6 万户；移动宽带用户 4108.6 万户，增加 608.8 万户。互联网用户 5465.9 万户，增加 701.5 万户。互联网宽带接入通达的行政村比重达到 100%。全年移动互联网接入流量 22.88 亿 G，比上年增长 261.6%。

九、居民收入消费和社会保障

全年全区居民人均可支配收入 21485 元，比上年名义增长 7.9%，扣除价格因素，实际增长 5.5%。全区居民人均可支配收入中位数 18017 元，名义增长 7.8%。按常住地分，城镇居民人均可支配收入 32436 元，比上年名义增长 6.3%，扣除价格因素，实际增长 3.8%。农村居民人均可支配收入 12435 元，比上年名义增长 9.8%，扣除价格因素，实际增长 7.4%。全区农民工人均月收入 3375 元，比上年增长 4.2%。

全年全区居民人均消费支出 14935 元，比上年名义增长 11.3%，扣除价格因素，实际增长 8.8%。按常住地分，城镇居民人均消费支出 20159 元，名义增长 9.9 %，扣除价格因素，实际增长 7.3%；农村居民人均消费支出 10617 元，名义增长 12.5%，扣除价格因素，实际增长 10.1%。恩格尔系数为 30.4%，比上年下降 2.5 个百分点，其中城镇为 30.7%，农村为 30.1%。

年末全区参加城镇职工（包括企业和机关事业单位）基本养老保险人数 825.88 万人，比上年末增加 48.08 万人。参加城乡居民基本养老保险人数 1889.62 万人，增加 83.68 万人。参加基本医疗保险人数 5136.69 万人。年末全区领取失业保险金人数 5.49 万人。参加工伤保险人数 412.6 万人，增加 23.81 万人。参加生育保险人数 366.2 万人，增加 27.62 万人。年末全区共有为儿童提供救助收养服务的机构 42 个，床位 0.4 万张，年末收养 0.1 万人。各类社区服务设施 2736 个，其中社区服务中心 297 个，社区服务站 1990 个。

十、科学技术和教育

全年安排科学研究与技术开发计划项目 1794 项，资助经费 262605 万元。取得省部级以上登记科技成果 2469 项。全年全区获广西科技进步奖项目 148 项。

全年全区研究生教育招生 1.31 万人，在校研究生 3.41 万人，毕业生 0.91 万人。普通高等教育招生 30.4 万人，在校生 94.22 万人，毕业生 21.38 万人。各类中等职业教育（不含技工）招生 24.8 万人，在校生 67.76 万人，毕业生 18.57 万人。普通高中招生 36.8 万人，在校生 103.58 万人，毕业生 29.58 万人。普通初中招生 73.75 万人，在校生 212.64 万人，毕业生 63.96 万人。普通小学招生 85.97 万人，在校生 476.78 万人，毕业生 73.1 万人。特殊教育招生 0.75 万人，在校生 3.36 万人，毕业生 0.27 万人。学前教育在园幼儿 219.8 万人。九年义务教育巩固率为 95%，高中阶段毛入学率为 89.4%。

十一、文化旅游、卫生健康和体育

年末全区共有县级以上公共图书馆 115 个，文化馆 124 个，博物馆 251 个，国有艺术表演团体 108 个。全区共有 50 个项目列入国家级非物质文化遗产名录，759 个项目列入自治区级非物质文化遗产名录。

年末全区共有广播电台 7 座，电视台 6 座，广播电视台 84 座。有线广播电视用户 634.87 万户，数字电视用户 604.09 万户。年末广播节目综合人口覆盖率为 97.56%；电视节目综合人口覆盖率为 98.78%。全年出版各类报纸 5.57 亿份，各类期刊 0.4 亿册，图书 2.74 亿册。年末全区共有档案馆 143 个，已开放各类档案 7.12 万卷。

全年全区入境过夜游客 562.33 万人次，比上年增长 9.7%；国际旅游（外汇）消费 27.78 亿美元，增长 15.9%。接待国内旅客 6.78 亿人次，增长 30.8%，国内旅游消费 7436.08 亿元，增长 37.2%。旅游总消费 7619.90 亿元，增长 36.5%。

年末全区共有医疗卫生机构 33743 个。年末全区卫生技术人员 42.03 万人。医疗卫生机构床位 25.59 万张。

十二、资源、环境和应急管理

全年全区国有建设用地供应总量 3.0 万公顷，比上年增长 53.6%。其中，工矿仓储用地 0.4 万公顷，增长 57.1%；住宅用地 0.4 万公顷，增长 61.5%；基础设施等用地 2.0 万公顷，增长 53.5%。

全年全区完成造林面积 249.7 千公顷，其中人工造林面积 109.2 千公顷，占全部造林面积的 43.7%；林业重点工程完成造林面积 40.8 千公顷。自然保护区面积 128.5 万公顷。森林覆盖率 62.37%。活立木蓄积量 7.9 亿立方米。

年末全区城镇污水处理厂日处理能力 439.9 万

立方米，比上年末增长 1.2%；城镇污水处理率为 94.5%，提高 0.7 个百分点。城镇生活垃圾无害化处理率为 99.1%。城镇建成区绿地率为 32.4%；人均公园绿地面积 12.54 平方米，增加 0.58 平方米。

（撰稿：翟丽　审稿：覃凤前）

海南省

一、概况

海南省有 6 个民族自治县，分别是昌江黎族自治县、乐东黎族自治县、陵水黎族自治县、白沙黎族自治县、保亭黎族苗族自治县、琼中黎族苗族自治县。民族自治地区陆地面积约 11488.11 平方公里，占全省陆地面积 33.9%。民族自治地区总人口 1763578 人，其中少数民族人口 911615 人，主要以黎、苗族为主。2018 年，民族自治地方围绕“共同团结奋斗、共同繁荣发展”的工作主题，克服经济下行压力的影响，持续推进国际旅游岛建设向纵深发展，大力开展民族团结进步创建活动，坚定不移地走绿色、开放、可持续发展道路，民族地区经济社会继续保持快速发展。民族自治地方生产总值 559.89 亿元，增长 6%，保持较快的增长速度。其中第一、第二、第三产业生产值分别为 206.93 亿元、127.41 亿元、225.56 亿元，分别增长 2.03%、10.89% 和 8.83%。民族自治地方人均地区生产总值 35007 元，增长 3.09%。

二、农业

2018 年，海南省民族自治县培育、壮大热带特色高效农业发展，落实强农惠农富农补贴资金，推进农业传统产业和特色产业发展，促进农业稳定增长、农民快速增收。全年农林牧渔业总产值 315.88 亿元，比上年增长 0.52%，保持稳定增长。2018 年，受强台风“摩羯”、“山神”和猪瘟、槟榔病虫害的影响，全省农业发展总体保持平稳，个别经济指标有所下降。其中，农业总产值 189.96 亿元，渔业总产值 45.53 亿元，分别小幅上涨 1.31%、1%；林业总产值 32.74 亿元，牧业总产值 31.59 亿元，分别下降 4.69%、15.19%。（1）特色农业规模不断壮大。乐东黎族自治县瓜菜收获面积 3.87 万公顷，产量 80 万吨，增长 3.5%。乐东黎族自治县热带水果收获面积 1.87 万公顷，产量 38 万吨，增长 2.5%；渔业总产量 3.59 万吨，与上年持平；牧业总产值 12.50 亿元，增长 3%。冬交会实现热带农产品签约额 2.70 亿元。陵水冬种瓜菜扩种 400 公顷，总面积达 1.14 万公顷。（2）推动产业融合发展。乐东黎族自治县申报地理标志商标 9 个，整治标准化田洋 7 个 3820 公顷，建成国家标准示范园 8 个、省级标准示范园 41 个；琼中黎族苗族自治县发展橡胶、槟榔产业，大宗农产品稳产增效，新建山鸡、绿橙等种养标准化示范基地 15 个，打造桑蚕“千斤户”623 户、“万斤村”70 个，新建农民专业合作社 43 家，成功举办“5·20 世界蜜蜂日”（中国）主会场活动，琼中山鸡获“国家地理标志农产品”称号。（3）加快探索乡村振兴综合经营发展模式。乐东黎族自治县千家、九所、黄流、尖峰 4 个特色产业小镇建设不断完善，黄流商贸城整体投入使用，启动建设志仲镇乡村振兴起步区，推进万冲抱班、志仲首村旅游示范村、白沙河谷本土文化园和毛公山旅游景点升级改造，成功举办第二届中国少数民族村庄旅游发展论坛暨首届乐东毛公山旅游文化节。（4）创建共享农庄试点。白沙黎族自治县成功打造阿罗多甘、五里路茶韵 2 个共享农庄，创建黎族书画、白沙茶园 2 个共享农庄试点单位；乐东黎族自治县开工建设保国田园风光等 4 家共享农庄；琼中黎族苗族自治县新增云湖等 4 家共享农庄。

三、工业

2018 年，海南省民族自治县工业受炼油企业停产的影响，增速有所放缓，规模以上工业企业的综合经济效益在逐步好转，全省民族自治县规模以上工业企业资产总额 57.97 亿元。轻工业增速快于重工业，规模以上轻工业增速高于重工业。

单位工业增加值能耗同比下降 0.4%，降幅逐月收窄。昌江黎族自治县以高新技术产业为主导的新经济增长点正在培育，环保型低蛋白恒粘度天然橡胶产业化、生态环境部核与辐射安全中心海南分中心等一批项目落户昌江，新技术研发创新不断推进，有效发明专利 5 件，超额完成省下达的科技创新年度任务。

四、旅游业

2018 年，海南省民族自治地方依托全域旅游示范省创建，继续落实《海南省旅游发展总体规划（2017—2030）》，深入实施“旅游+”工程，旅游市场整治成效显著，加快旅游业转型升级步伐，入境游客增速高于国内游客增速，旅游收入增速高于旅游人次增速，旅游业质量效益不断提升。全省民族自治地方年接待过夜游客总人数为 3806.22 万人次，增长 51.04%；旅游总收入 592.65 亿元，增长 23.81%，2018 年入境游客人数 16.27 万人次，国际旅游外汇收入 3676.17 万美元。旅游业发展提质增效。乡村游、婚庆游、温泉游、康养游等呈现良好势头。全域旅游稳步推进，全面完成旅游标识、旅游咨询服务中心、旅游数据信息平台等配套建设。保亭开通三亚火车站至七仙岭景区城际旅游公交线路，完成 6 个乡镇景观亭建设和七仙岭旅游景观大道改造，开工建设全域旅游骑行绿道，呀诺达、槟榔谷被确定为全国首批旅游标准化试点单位。陵水国家全域旅游示范区基本达到省级验收考核标准，创建工作取得重大进展。陵水本号镇什坡村获评“中国美丽休闲乡村”。2018 年 12 月 2 日，国内第一个国际游艇小镇在陵水黎族自治县雅居乐清水湾游艇会揭牌。

五、财政金融

2018 年，海南省民族自治地方城乡居民收入较快增长。受国际国内经济下行压力不断增大，财政支出结构加快优化步伐。民族地区地方一般公共财政预算收入 68.45 亿元，下降 8.44%；地方一般公共预算支出 237.29 亿元，下降 0.82%。2018 年，海南省民族自治地方全部金融机构人民币各项存款余额 835.87 亿元，其中城乡居民储蓄存款年末余额 470.44 亿元，分别增长 2.28%、13.42%。

六、人民生活

2018 年，海南省民族自治地方积极拓宽居民增收渠道，城乡居民收入较快增长，生活水平得到改善。2018 年，海南省民族自治地方城镇常住居民人均可支配收入 2.99 万元，增长 8.73%；农民常住居民人均可支配收入 1.26 万元，增长 9.57%。由于精准扶贫政策持续发力，农村居民收入得到快速增长，各自治县继 2017 年农村居民可支配收入超过 1 万元后，2018 年达到 1.1 万元以上。2018 年底，保亭、琼中顺利脱贫摘帽，退出国定贫困县序列。

七、教育

2018 年，海南省民族自治地方大力实施《海南省教育事业发展“十三五”规划》，教育投入逐年增长，教育普及程度大幅度提升，教育公平程度不断提高，办学条件显著改善，教育质量持续提升，教育结构进一步优化，整体办学水平进一步提升。海南省民族地区推动义务教育均衡发展，民族地区全部通过“全国义务教育发展基本均衡县（市、区）”省级评估认定。（1）公共服务水平提升。陵水投入 9.40 亿元推动义务教育优质均衡发展，中央民族大学附属中学陵水分校、新机关幼儿园开学，提前完成“一县两校一园”优质教育资源引进工程。昌江投入 2380 万元建设校园游泳池 12 个，思源学校获评“全国中小学中华优秀文化艺术传承学校”，青少年活动中心获得“全国科技创新大赛基层赛事优秀组织单位”等 6 项集体荣誉。（2）实施“一县两校一园”工程优质教育资源引进工程。保亭全面落实乡村教师支持计划，组织培训乡村教师 10 批 3322 人次；教育教学质量稳步提升，保亭中学年度高考本科 A 段首次达到 300 人。（3）实施义务教育“全面改薄”工程。继 2017 年海南省民族地区全部通过“全国义务教育发展基本均衡县（市、区）”国家督导评估认定后，2018 年民族地区继续加大资金投入力度，提升义务教育发展水平，全面改善贫困地区义务教育薄弱学校基本办学条件。（4）高等教育有新进展。国家民委、海南省政府合作共建中央民族大学海南校区已开工建设，预计 2020 年首批招生。完成高招民族成分审核，对 7596 名申请享受少数民族政策照顾加分的高考考生进行资格审查，剔除不符合条件者，确保优惠政策真正用在符合条件者身上。(5) 对少数民族学生给予奖励。发动社会力量、爱心企业继续资助海南省少数民族贫困大学生，对 2018 年省内 13 个市县被前三批院校（本科提前批、本科 A 批、本科 B 批）录取且品学兼优、家庭经济困难的 141 名少数民族新生，每名学生一次性发放资助金 5000 元。

八、文化

2018 年，海南省民族自治地方公共文体服务体系建设全面实施，文艺精品创作亮点频现，文化遗产保护成果丰硕，推动文体旅深度融合，公共文化服务体系日臻完善，文化事业日益繁荣。(1) 持续完善公共文化体育服务体系。各自治县建成公共图书馆、文化馆、博物馆，广播电视台、广播电视发射台，基本满足人民群众基本文体需求。(2) 开展文化惠民工程。扎实推进乡镇综合文化站、农村文化活动室、文化信息资源共享、广播电视村村通、农村公益电影放映、农家书屋、农民体育健身等文化惠民工程，建设一批公共电子阅览室、乡镇行政村服务点；实施广播电视村村通、直播卫星户户通，实现了广播和电视综合人口覆盖率 100%的目标，解决了农村群众收听收看广播电视节目难的问题；农村公益电影放映每年完成近万场次；建成农家书屋 800 多家；深入实施全民健身计划，打造城镇社区“15 分钟健身圈”，实现各自治县广场舞示范站点全覆盖；建成覆盖大部分行政村的农民体育健身工程、全民健身中心、乡镇农民体育健身工程、全民健身路径。(3) 2018 年，中国（海南）南海博物馆、省民族博物馆改扩建项目建成。开展歌舞诗《黎族故事》巡回演出，创作出一批海南民族特色文艺精品。其中，反映琼中女足励志故事的影片《旋风女队》获第十七届中国电影华表奖。2018 年，成功举办海南省第六届少数民族传统体育运动会、国际沙滩半程马拉松赛、国际羽毛球大师赛、海南国际旅游岛青年狂欢节、中华龙舟大赛总决赛、环海南岛国际大帆船赛、环海南岛国际公路自行车赛等多项国际赛事。“琼中女足”获影响世界华人希望之星大奖。6 名队员成功入选 U14、U15 中国女子足球国家集训队。

九、卫生

2018 年，海南省民族地区加快发展医疗卫生事业。保亭引进省第三人民医院托管运营县人民医院，“三医”联动改革协调推进，县乡村三级医疗卫生服务网络实现全覆盖。12 月 15 日，昌江成功引进武汉大学人民医院进行合作共建，率先在全省成立县级医疗集团。白沙落实分级诊疗制度，家庭医生服务团队覆盖所有村（居）委会，签约服务群众 8.20 万人。乐东 14 家基层医疗机构实施基本药物零差价销售，让利群众 371.66 万元；探索建立医养结合模式，开设敬老院老人绿色通道，配备专职医生。陵水引进高级学科带头人、“好医生”等管理和技术人才 65 名，提高基层医疗卫生人员薪酬待遇，实施公立医院药品带量采购，医疗卫生水平持续提升。全省民族地区基本医疗保障制度覆盖全体城乡居民，覆盖率超过 95%。基本医疗保障水平大幅提升，全面推行大病医保，按照“统一购买大病保险、统一报销政策、统一资金使用、统一经办管理”原则，使城乡居民享受平等的大病医疗保险待遇和服务。全面实施乡镇级医院住院“限费医疗”，参合农民在县域内的乡镇级医院住院时，缴纳规定的起付线后，其基本医疗费用予以全额报销。发挥海南省慈善惠民医院扶贫济困作用，为昌江、乐东、陵水、白沙、保亭、和琼中 6 个民族自治县农村贫困人口和城乡低收入人群提供重大疾病惠民医疗服务。疾病预防控制成效显著，强化常规免疫运行管理，适龄儿童免疫规划“八苗”接种率保持在 95%以上，麻疹发病持续保持全国较低水平，连续 23 年保持无脊灰状态，结核病整体疫情呈现下降趋势。慢性病、精神疾病防治水平不断提升。

十、社会保障

2018 年，海南省民族地区持续加大财政投入民生力度，年初确定的眼科疾病筛查诊疗、农民小额贷款贴息等 10 项民生实事全部完成。做好农村低保制度与扶贫开发政策有效衔接，机关事业单位、企业退休人员人均养老金增加 5%。物价水平总体保持稳定。

十一、环境保护

2018 年，海南省民族地区森林覆盖率 71.8%，环境质量持续保持全国领先水平，空气质量优良天数比例稳定在 99.6%以上，地表水水质总体优良率稳定在 90%以上，城市（镇）集中式饮用水水源水质优良率达到或接近 100%，近岸海域水质优良率超过 97.7%。2018 年，海南省民族地区全面落实省委关于加强生态文明建设 30 条措施，重点开展违法用地、违法建筑治理，污染防治和生态建设取得成效。污水处理基础设施加快建设，城镇集中式饮用水水源水质全部达到或优于 III 类。全面推进生态修复城市修补，全域创建卫生城市。完善以绿色发展为导向的生态文明体制机制，探索绿水青山转化为金山银山的实现路径，初步建立流域上下游生态保护横向补偿制度，民族地区森林覆盖率 71.8%，环境空气质量总体优良。

（撰稿：赵浩　审稿：胡莲）

重庆市

2018 年，重庆民族自治地方坚持以习近平新时代中国特色社会主义思想为指导，按照全市统一布局，聚焦稳增长、促改革、调结构、惠民生、防风险、保稳定，积极实施“三大攻坚战”和“八项行动计划”，不断推进区域经济绿色高质量发展，区域经济运行在合理区间，保持健康发展。

2018 年，民族自治地方地区生产总值（当年价格）达到 6896826 万元。其中：第一产业增加值 1040931 万元，增长 5.1%；第二产业增加值 2829380 万元，增长 6.4%；第三产业增加值 3026515 万元，增长 8.0%。

一、农村经济全面发展

2018 年，实现农林牧渔业总产值 1686738 万元。其中：农业 1043802 万元，林业 125770 万元，牧业 455491 万元，渔业 35103 万元。农作物总播种面积为 449.98 千公顷，粮食作物播种面积 258.58 千公顷，油料播种面积 49 千公顷。全年粮食总产量为 1201123 吨；油料产量 65167 吨；烟叶产量 23804 吨。全年肉类总产量达到 185361 吨，其中猪肉 127178 吨，牛肉 22883 吨，羊肉 10918 吨。

二、工业稳步推进

2018 年，民族自治地方规模以上工业企业 173 个，资产总计 4717574.2 万元，实现主营业收入 2729535.1 万元，利润总额 230115 万元。生产主要工业产品产量分别为：化肥 24010 吨，水泥 4532367 吨，发电量 947084 万千瓦时。

三、固定资产投资平稳

2018 年，民族自治地方完成全社会固定资产投资 3931825 万元。其中：国有企业完成固定资产投资 1479089 万元，私营企业完成固定资产投资 626752 万元；利用外资 47755 万元。全年全社会固定资产投资新增固定资产 698504 万元。

四、地方财政收支保持稳定，金融机构存贷款额有所增加

2018 年，民族自治地方一般公共预算收入 476327 万元，其中，税收收入 328930 万元；一般公共预算支出 2352017 万元，增长 9.1%。

民族自治地方金融机构存贷款额有所增加。全部金融机构各项存款总额 9126685 万元，增长 7.8%，其中，城乡居民储蓄存款年末余额 6313463 万元，增长 14.8%；全部金融机构各项贷款总额 7112136 万元，增长 14.4%。

五、城乡贸易市场活跃，对外贸易态势良好

2018 年，民族自治地方全年实现社会消费品零售总额 2418641 万元。其中：批发零售贸易业实现 2110283 万元，住宿和餐饮业实现 308359 万元。进出口总额 50176 万元。其中：进口总额 4494 万元，出口总额 45682 万元。

六、城乡居民生活不断改善

2018 年，民族自治地方全体常住居民人均可支配收入 18935 元，增加 10.6%。其中：城镇居民人

均可支配收入 30700 元，增加 8.4%；农村居民人均纯收入达到 11147 元，增加 9.4%。

七、交通运输加快完善

重庆民族自治地方加大基础设施建设力度，交通运输条件进一步改善。2018 年民族自治地方公路线路里程总计 22032.022 公里。其中：等级公路 19393.138，比上年增加 3330.028 公里，高速公路 372.76 公里。完成客运量总计 4304.79 万人次。完成货运量总计 2080.77 万吨 。

八、旅游业快速发展

黔江小南海、酉阳桃花源、彭水乌江画廊、石柱黄水国家森林公园、秀山边城等一批旅游资源的进一步开发，武陵山民族文化节、多彩中华·重庆黔江少数民族电影文化周、中国·石柱康养大会、中国·秀山微电影文化艺术节、酉阳全国中老年旅游文化节、彭水苗族文化国际旅游节等文化节庆活动的开展，带动旅游业快速发展 。2018 年共接待游客 51531190 人次，增加 8.1%，实现旅游收入 2899987 万元，增长 43.8%。

（撰稿：谢婧灵　审稿：向远道）

四川省

2018 年，面对艰巨繁重的改革发展稳定任务、多重矛盾交织和多重困难叠加的严峻考验，四川民族自治地方在省委省政府的坚强领导和国家有关部委的关心支持下，四川民族自治地方坚持以习近平新时代中国特色社会主义思想为指导，深入学习贯彻党的十九大精神和习近平总书记对四川工作系列重要指示精神，认真贯彻落实省委十一届三次、四次全会决策部署，聚力聚焦精准扶贫精准脱贫，扎实推动乡村振兴发展，稳步推进供给侧结构性改革，全力推动中央和省委支持民族地区、藏区彝区、贫困地区发展政策措施不折不扣落地落实，促进民族自治地方经济社会发展取得新成效。

一、经济经济运行总体稳定，经济结构持续优化

2018 年，全年民族自治地方实现地区生产总值 2272 亿元，同比增长 5%。51 个县（市）中有 28 个县（市）经济增速高于上年。其中，第一产业增加值 447.4 亿元，增长 3.7%；第二产业增加值 929.2 亿元，增长 3.3%；第三产业增加值 895.4 亿元，增长 7.5%。三次产业结构从上年的 19.7:42.4:37.9 调整为 19.7:40.9:39.4。全年实现工业增加值 566 亿元，下降 0.6%；全社会固定资产投资 1836.6 亿元，同口径增长 3.2%；社会消费品零售总额 889 亿元，增长 9.7%。

二、农业经济全面发展

2018 年，农业供给侧结构性改革不断深化，坚持绿色发展理念，深入实施川西藏区生态保护与建设工程。实施新一轮现代农业、畜牧业、林业重点县建设，着力建设现代农业产业基地，打造“三品一标”农产品。全年民族自治地方实现第一产业增加值 447.4 亿元，同比增长 3.7%。实现农林牧渔总产值 742.8 亿元。农业基础设施显著改善，耕地面积 827.3 千公顷，农田有效灌溉面积 257.9 千公顷，化肥施用量 16.89 万吨，农村用电量达 14.4 亿千瓦时，农业机械总动力 552.5 亿千瓦。粮食产量稳定增长，全年粮食总产量达 303.2 万吨。进一步加大对民族自治地方特色产业的扶持力度，农业供给侧结构性改革持续推进，农业生产总体稳定。甘孜州丹巴县、阿坝州汶川县、凉山州西昌市纳入全省乡村振兴规划试点县。“圣洁甘孜”入选全省十佳农产品区域公用品牌，阿坝州红原牦牛奶粉、凉山州会理石榴等入选全省十佳名优特农产品品牌。现代农业、生态农业、绿色农业展现出美好的前景，特优新水果、蔬菜、茶、烟、花、药等已成为民族地区农民增收的亮点，民族地区花卉、烟叶、水果生产已经成为全省以及全国主要的或重要的生产基地。

三、工业结构调整成效显著

加快产业结构优化升级，以资源为依托，以做大产业、做强企业、做优产品为途径，培育支柱产业，引进大企业集团，打造工业集中区，促进优势资源向优势产业转化，切实推进工业化进程，工业总体规模不断扩大，发展质量不断提高，成为引领民族地区经济跨越发展的主导力量。2018 年，全省民族自治地方工业增加值 929.2 亿元，按可比价计算同比增长 3.3%。新型工业化稳步推进，各类工业园区不断兴起，凉山州风、光电与装备制造产业发展进一步加快。借鉴较发达地区发展经验走上了发展产业园区的道路，创新性建设民族地区飞地园区，成阿、甘眉、德阿 3 家飞地园区纳入《中国开发区审核公告目录（2018 年版）》，获批为省级经开区。成甘园区纳入省级开发区后备梯队予以重点培育。2018 年四个飞地产业园区实现工业总产值 268.5 亿元，是 2017 年的 3.2 倍。园区作为推动民族地区经济社会持续健康发展的重要载体，将为民族地区跨越发展提供重要动力。

四、消费品市场增势稳定

民族自治地方全年实现社会消费品零售总额 889 亿元，比上年增长 4.7%。其中，甘孜州社会消费品零售总额首次突破 100 亿大关，达到 100.3 亿元；凉山州新业态发展势头较好，带动消费品市场稳中有升，社会消费品零售总额 649.9 亿元。阿坝州消费品市场发展较为稳定，社会消费品零售总额 79.3 亿元。

五、城乡居民收入增长迅速

随着国家对民族地区惠民政策的继续实施，在民族自治地方工资性收入、转移性收入增长较快等因素的带动下，居民收入不断增加。城镇居民人均可支配收入 30933 元，增长 8.1%，增速与全省持平，相当于全省的 93.1%。全年农村居民人均可支配收入 12381 元，增长 10%，增速比全省平均水平高 1 个百分点；与全省平均水平的差距缩小，相当于全省的 92.9%。

六、基础设施加快建设，发展瓶颈逐步突破

按照全省“项目年”工作部署，强化协同联动，大力推进民族地区重大基础设施项目建设。交通。甘孜机场完成飞行校验，会东机场已开展选址工作，北川通用机场正加快前期。成昆铁路峨眉至米易段扩能改造工程、成兰铁路成都至黄胜关段加快建设，分别完成路基的 62.5%、62.7%。西宁至成都铁路、川藏铁路雅安至林芝段前期工作加快推进。雅安至康定高速公路全线建成通车，结束甘孜州府不通高速公路历史。G4217 汶川至马尔康、G8513 线九寨沟至绵阳、G4218 康定至新都桥康定过境段、G5 泸沽至黄联关扩容、乐西高速马边至昭觉段等交通运输大通道建设加快推进。全年民族自治地方新改建农村公路 11539 公里。水利。凉山州大桥水库灌区二期工程获得国家批复并实现开工，白玉赠科、阿坝若果朗等藏区骨干水利工程推进顺利。电力。深入实施“三区三州”地区农网改造升级攻坚三年行动计划，建成 110 千伏线路 18.7 公里、35 千伏线路 34.85 公里，改造户表 51583 户。灾后重建。九寨沟“8·8”地震灾后恢复重建累计完成规划投资的 29.8%。康定“11·22”地震灾后恢复重建总结表扬大会成功举行。

七、脱贫攻坚全力推进，社会民生持续改善

大力实施全省十项民生工程及 20 件民生实事，深入落实综合帮扶凉山州脱贫攻坚政策。藏区“六项民生工程计划”持续推进，2018 年共计到位各级资金 86.9 亿元，为年度计划的 116.7%，较 2017 年增长 15.7%，有效促进藏区公共服务水平稳步提升。着力做好社会保障和社会救助工作，民族自治地方城乡基本养老保险参保人数达 324.47 万人，保障城乡低保对象 85.71 万人。深入实施民族自治地方十五年免费教育，严格落实义务教育“控辍保学”工作，适龄儿童入学率达到 99.83%。持续实施民族地区卫生发展十年行动计划，每千人口拥有卫生技术人员达到 5.45 人。务实推进易地扶贫搬迁工程，建成搬迁安置住房 3.23 万套，涉及建档立卡贫困户 14.6 万人。民族自治地方贫困人口下降到 36.4 万人，贫困发生率降低至 5.7%，在北川等 6 个贫困县（市）摘帽基础上，康定、九寨沟等 11 个县（市）达到贫困县退出标准。

（撰稿：李学华　审稿：滕明兵）

贵州省

民族自治地方共辖黔东南、黔南、黔西南 3 个自治州；道真、务川等 11 个自治县，总面积 9.8 万平方公里，占贵州省总面积的 55.5%。年末总人口 1796.26 万人，占贵州省总人口的 50.0%，其中少数民族人口 1075.43 万人，占民族自治地方总人口的 59.99%。

2018 年，全省坚持以习近平新时代中国特色社会主义思想为指导，深入贯彻党的十九大精神和习近平总书记在贵州省代表团重要讲话精神，坚持稳中求进工作总基调，坚持守好发展和生态两条底线，坚决打好三大攻坚战，深入实施三大战略行动，加快推进三大试验区建设，统筹推进稳增长、促改革、调结构、惠民生、防风险各项工作，经济社会发展继续保持总体平稳、稳中有进的良好态势，各项工作取得新进展，高质量发展取得新成效。贵州省各族人民发挥当家作主的积极性，努力发展和谐的社会主义民族关系，促进了民族自治地方经济社会又好又快发展。

一、综合

2018 年贵州省民族自治地方地区生产总值（GDP）为 4628.88 亿元，占全省的 31.26%，比上年增加 384.89 亿元，增长 10.34%；地区生产总值中，第一产业增加值 941.84 亿元，比上年增长 6.6%；第二产业增加值 1360.64 亿元，比上年增长 9.16%；第三产业增加值 2316.20 亿元，比上年增长 36%。第一产业、第二产业、第三产业增加值占地区生产总值的比重，分别为 43.6%、23.6%、33.8%。人均地区生产总值 33160 元，比上年增长 8.6%，比全省低 8084 元。全省地区生产总值比上年增长 9.1%，增速高于全国（6.6%）2.5 个百分点，连续 8 年位居全国前列。

全省民族自治地方年末总人口 1834 万人，比上年末增加 41.3 万人。其中，少数民族人口 1103 万人。按性别划分，男性 968.89 万人，女性 865.16 万人；按城乡划分，城镇人口为 631.74 万人，乡村人口为 1202.3 万人。全省 0-14 岁人口占年末常住人口比重为 22.4%，15-64 岁人口比重为 67%，65 周岁及以上人口比重为 10.5%。按地域划分，城镇常住人口 1647.52 万人，占年末常住人口比重（常住人口城镇化率）为 46.02%，比上年末提高 1.87 个百分点。男女性别比（以女性为 100）为 106.45。全年出生人口 49.90 万人，出生率为 13.90‰；死亡人口 24.59 万人，死亡率为 6.85‰；自然增长率为 7.05‰。

二、农业

民族自治地方全年农林牧渔业总产值 1579.75 亿元，比上年增长 9.8%。其中，农业 911.8 亿元，增长 11.7%；林业 115.42 亿元，增长 11.1%；牧业 392.88 亿元，增长 8.89%；渔业 34.77 亿元，增长 -0.88%。

全年农作物播种面积 2134.3 千公顷，粮食作物种植面积 1111.8 千公顷；烟叶产量（未加工烟草）13.22 万吨。粮食总产量 522.3 万吨。茶叶产量 7.44 万吨，水果产量 161.4 万吨，油料产量 44.75 万吨。

年末实有耕地面积 1472 千公顷，有效灌溉面积 656 千公顷，造林面积 216 千公顷；农业机械总动力 1133 万千瓦，农村用电量 316562 万千瓦小时。

年末大牲畜存栏 394 万头，猪 631 万头，羊 257 万头。大牲畜出栏 256 万头，猪 703 万头，羊 147 万头。肉类产量 90.34 万吨，水产品产量 10.53 万吨。

全省以农业供给侧结构性改革为主线，掀起振兴农村经济的深刻的产业革命，在调整农业种植结构方面取得显著进展。籽粒玉米种植面积大幅条件，经济作物种植面积大幅增加，一些地方农村祖祖辈辈种玉米的传统、样样都有样样都不成规模的历史正在加快改变。蔬菜、水果、茶叶、中药材等经济作物种植面积快速增加，其中，蔬菜及食用菌种植面积 2101.51 万亩，增长 13.4%；果园面积 870.39 万亩，增长 42.8%；茶园面积 698.76 万亩，增长 2.1%；中草药材种植面积 316.70 万亩，增长 13.9%，为农业增产增收奠定了坚实基础。在经济作物快速增长的带动下，全省农业经济实现提速增长，第一产业增加值 2159.54 亿元，比上年增长 6.9%，增速比上年加快 0.6 个百分点。

三、工业和建筑业

全年民族自治地方规模以上工业企业 2154 个，比上年增长 4.6%，其中国有企业 48 个，集体企业 21 个，股份合作企业 340 个，港、澳、台商投资企业 28 个，外商投资企业 110 个。规模以上工业企业资产总计 1914.72 亿元，流动资产合计 642.75 亿元，所有者权益合计 655.47 亿元，全年规模以上工业企业主营业务收入 2155.99 亿元，实现利润总额 114.22 亿元。

原煤产量 2518.95 万吨，农用氮磷钾化肥总计（折纯）258.35 万吨，比上年增加 1%。发电量 3313689 万千瓦时。水泥 3886.63 万吨。

建筑业总产值 560.74 亿元，建筑业增加值 321.89 亿元，实现利润 28.6 亿元。

全省深入实施工业供给侧结构性改革，立足资源特色发展新兴产业，有力促进工业经济转型升级发展。大数据、大健康等行业增速较快，其中，医药制造业增加值增长 12.3%，计算机、通信和其他电子设备制造业增加值增长 11.2%。规模以上装备制造业、高技术制造业增加值分别比上年增长 10.5%和 14.8%，高于规模以上工业增速 1.5 和 5.8 个百分点，对工业经济的贡献分别为 9.8%和 11.8%。

四、固定资产投资

民族自治地方全年全社会固定资产投资完成 4341.57 亿元，其中固定资产投资（不含农户）3795.16 亿元，新增固定资产投资 1885.45 亿元，比上年略有下降。

全省全年固定资产投资比上年增长 15.8%，增速高于全国水平（5.9%）9.9 个百分点。“三块长板”投资快速增长，与大数据相关的信息传输、软件和信息技术服务业投资比上年增长 49.7%；与大旅游相关的批发和零售业、住宿和餐饮业投资分别增长 24.5%和 29.7%；与大生态相关的生态环保产业投资增长 26.3%。“三块短板”投资成效明显，基础设施投资比上年增长 15.8%；教育、卫生和社会工作投资分别比上年增长 35.9%和 38.9%；移民搬迁项目投资比上年增长 59.9%。

五、市场和物价

民族自治地方全年社会消费品零售总额 1127.84 亿元，比上年增长 2.2%。按行业分，批发和零售业 912.12 亿元，略有下降；住宿和餐饮业 181.1 亿元，增长 10.0%，其他行业 34.6 亿元。全年居民消费价格比上年上涨 1.8%。其中，食品烟酒价格比上年上涨 0.7%，衣着价格上涨 0.9%，生活用品及服务价格上涨 0.9%，均低于居民消费价格总涨幅。对外贸易、利用外资进出口总额 29.8 亿美元，其中进口总额 3.3 亿美元，出口总额 26.5 万美元。

全省社会消费品零售总额比上年增长 8.2%。主要商品消费增速较快，全年限额以上单位商品零售额 2005.54 亿元，比上年增长 5.7%。网络消费继续较快增长，有力助推“黔货出山”，限额以上企业单位通过公共网络实现的商品零售额 87.54 亿元，比上年增长 16.7%。

六、交通运输、邮电和旅游

年末贵州省民族自治地方公路通车里程 99168 公里，其中高速公路通车里程 2890 公里，比上年增长 11.7%；等级公路 65138 公里，比上年增长 4.1%。铁路营业里程 1834 公里，比上年增长 1.78%，内河航道里程 3743 公里，比上年增长 3.9%。

全年客运量为 137912 万人，其中公里客运量 96701 万人，铁路客运量 41211 万人；货运量总计 71104 万吨，其中公路货运量 46994 万吨，铁路货运量 24110 万吨；旅客周转量为 5525049 万人公里；货物周转量 8470609 万吨，其中公路货运周转量 5861114 万吨，铁路货运周转量 2609494 万吨。全省交通运输业较快发展，货物周转量 1797.68 亿吨公里，比上年增长 8.5%；民航货邮吞吐量 11.80 万吨，增长 10.2%。

民用汽车 103861 万辆，公路运营汽车 3218 万辆；民用机场达 5 个，定期航班航线 43 条。

全年邮电业务总量 183.4 亿元，比上年增长 10.9%。年末移动电话用户 15407 万户，固定电话年末用户 9919 万户，互联网宽带接入用户 530 万户，邮政局所（营业网点）2269 处，邮政总长度 70393 公里，农村投递线路总长度 505231 公里。全省邮政业务总量 63.07 亿元，比上年增长 18.5%；电信业务总量 2191.17 亿元，增长 165.5%。

电子商务类企业 2691 个，拥有网站 2838 个，有电子商务交易活动的企业 1649 个。全省电信业务总量增长 165.5%，新经济增加值占地区生产总值比重提高到 19%。

旅游业持续 “井喷”，贵州省民族自治地方旅行社总数 253 个，旅游总人数 3.2 亿人次。其中，接待国内旅游人数 2.8 亿人次，增长 41%；接待入境旅游人数 52.6 万人次。实现国内旅游收入 1507 亿元，国际旅游收入 10185 万美元。全省全年旅游总人数 9.69 亿人次，比上年增长 30.2%；旅游总收入 9471.03 亿元，增长 33.1%。

七、财政和金融

贵州省民族自治地方地方一般公共预算收入 360.27 亿元，比上年增长 6.1%，其中税收收入 240.48 亿元；全年一般公共预算支出 1585 亿元，比上年增长 7.76%。其中，教育支出 346.8 亿元，增长 4.9%；社会保障和就业支出 162.1 亿元，增长 10.2%；医疗卫生与计划生育支出 177.9 亿元，增长 7.1%；住房保障支出 87.9 亿元，文化体育与传媒支出 25.6 亿元，科技技术支出 28.3 亿元。

全省财政收入较快增长，全年财政总收入 2975.66 亿元，比上年增长 12.4%。其中，一般公共预算收入 1726.80 亿元，比上年增长 7.0%。企业利润快速增加，全年规模以上工业企业利润 899.08 亿元，比上年增长 20.7%。

年末金融机构人民币各项存款余额 5842.1 亿元，比上年末增长 2.6%。其中，全部金融机构各项贷款 5100.0 亿元，增长 22.6%，城乡居民储蓄存款年末余额 3168.6 亿元，增长 10.4%。

八、人民生活

居民收入持续增加，贵州省民族自治地方全年城镇常住居民人均可支配收入、农村常住居民人均可支配收入分别为 29806 元和 9493 元，分别比上年名义增长 8.6 和 8.7%。全省常住居民人均可支配收入 18430 元，比上年名义增长 10.3%。按常住地分，城镇常住居民人均可支配收入 31592 元，增长 8.6%；农村常住居民人均可支配收入 9716 元，增长 9.6%。

全年城镇常住居民人均消费支出 18816 元，比上年增长 11.5%；农村常住居民人均消费支出 8904 元，比上年增长 10.8%。城市人均住房建筑面积 38 平方米，和上年持平，农村人均住房面积 40 平方米，增长 7.3%。

九、民族教育

贵州省民族自治地方年末普通高等学校、普通中学、中等职业学校、普通小校分别为 12、905、66、3417 所，在校生数分别为 96202、1153177、158127、1478318 人，各级各类学校专任教师数为 171525 人。九年义务教育巩固率 91.0%，高中阶段毛入学率 88.0%，高等教育毛入学率 36.0%，在西部率先实现县域义务教育基本均衡发展。小学学龄儿童入学率 99.5%，比上年提高 0.4 个百分点；初中阶段毛入学率 99.0%，比上年提高 0.5 个百分点；高中阶段毛入学率 88.1%，比上年提高 3.0 个百分点；高等教育毛入学率 32.2%，比上年提高 2.8 个百分点。

十、文化、卫生和体育

贵州省民族自治地方年末共有艺术表演团体 69 个，文化馆 53 个，公共图书馆 49 个，博物馆 55 个。全年图书印数 23.9 万册，图书种类 35 种，报纸种类 46 种，报纸印数 3773.6 万册。年末电视综合人口覆盖率为 96.74%，广播综合人口覆盖率为 93.93%。

民族自治地方年末共有医疗卫生机构 11326 个。其中，医院 462 个、卫生院 720 个，村卫生室 9113 个。医疗卫生机构床位数 84233 张，比上年末增长 5.6%。卫生机构人员数 110404 人，比上年末增长 15.8%，卫生技术人员 78518 人，比上年末增长 6.2%。其中，执业（助理）医师数 26317 人，乡村医生和卫生员 13826 人。全省年末拥有医疗卫生机构 2.81 万所，医院、卫生院床位数 23.27 万张，比上年末增长 5.3%，在全国率先建成省市县乡四级公立医院远程医疗服务体系。

十一、人口、就业和社会保障

贵州省民族自治地方年末常住人口 1376.13 万人，其中少数民族人口 1102.95 万人。年末户籍人口 1834 万人，其中少数民族人口 1102.95 万人。按城乡分，城镇人口 631.7 万人，乡村人口 1202.3 万人。按性别分，男性人口 968.9 万人，女性人口 865.2 万人。

社会保障网进一步织密兜牢。民族自治地方年末城镇居民最低生活保障人数 20.67 万人，农村居民最低生活保障人数 251.9 万人，比上年下降 9.4%；城镇社区服务机构 6778 个。新型农村合作医疗参加人数 1611.8 万人，新型农村合作医疗费用支出 69.4 亿元，比上年增长 8.4%；新型农村合作医疗参合率达 99%。全省年末城镇职工基本养老保险参保人数 639.81 万人，比上年末增长 8.8%。年末城市居民最低生活保障人数 33.8 万人，月人均保障标准 598 元，比上年增长 6.6%。年末农村最低生活保障人数 225.55 万人，年人均保障标准 3908 元，比上年增长 9.2%。年末拥有各类提供住宿的社会服务机构数 1014 个，其中养老服务机构数 909 个，儿童福利和救助机构 24 个。

2018 年是贯彻党的十九大精神的开局之年，是改革开放 40 周年，是决战脱贫攻坚、决胜同步小康、实施“十三五”规划至关重要的一年。总的来看，基础不断夯实、动力不断增强，结构不断优化，发展的速度、质量和效益同步向好，供给侧结构性改革成效初显，经济增长新动能不断累积。同时应当看到，民族自治地方基础薄弱，自然条件相对落后，经济提速增长的基础尚不牢固。下一步，我们要更加紧密地团结在以习近平同志为核心的党中央周围，更加坚定不移地贯彻落实新发展理念，更加凝心聚力地守住发展和生态两条底线，更加扎实有力地推进供给侧结构性改革，更加坚持不懈地推进大扶贫大数据两大战略行动，促进民族自治地方经济持续平稳健康发展和社会和谐稳定。

（撰稿：张发刚　审稿：吴继堂）

云南省

2018 年，全省民族自治地方各族人民在省委、省政府的坚强领导下，坚持以民族团结进步示范区建设统揽经济社会发展全局，贯彻新发展理念，落实高质量发展要求，统筹推进稳增长、促改革、调结构、惠民生、防风险各项工作，就业形势总体较好，价格总水平基本稳定，民族地区经济社会呈现出总体平稳增长，转型加快、质量提升、民族团结、社会和谐、边疆稳定的良好局面，在决战脱贫攻坚、决胜全面建成小康社会的道路上迈出了坚实步伐。

经济继续保持稳健增长。2018 年民族地区各级政府扎实贯彻落实稳增长系列政策措施，编制实施“补短板、增动力”重点项目行动计划，深入推进供给侧结构性改革，不折不扣贯彻落实“三去一降一补”各项任务，加快发展八大重点产业，全力打造世界一流“三 张牌”（绿色能源、绿色食品、健康生活目的地），推动数字经济快速萌芽，实施税收增收留用及奖补办法激励政策等，云南民族自治地方经济发展新动能正在加快形成，发展质量进一步提升，经济运行在合理区间，主要经济指标增幅保持高于全省平均水平。2018 年，民族自治地方实现地区生产总值 7155.9 亿元，比上年增长 9.2%，增幅高于全省平均水平 0.3 个百分点，其中：第一产业增加值 1386.7 亿元，第二产业增加值 2711.2 亿元，第三产业增加值 3058.0 亿元，分别比上年增长 6.4%、12.2%、7.8%，增幅分别高于全省平均水平 0.1、0.9、0.2 个百分点；人均地区生产总值 30449 元，比上年增长 8.7%，高于全省平均水平 0.5 个百分点；实现全部工业增加值 1716.7 亿元，比上年增长 11.9%，高于全省平均水平 0.3 个百分点；社会消费品零售总额 2363.4 亿元，比上年增长 6.6%，高于全省平均水平 0.3 个百分点；固定资产投资（不含农户）比上年增长 14.5%，高于全省平均水平 2.9 个百分点；城镇常住居民人均可支配收入 32046 元，比上年增长 8.0%，与全省平均增速持平；农村常住居民人均可支配收入 10742 元，比上年增长 9.3%，高于全省平均水平 0.1 个百分点。

城乡区域协调发展加快推进。出台乡村振兴战略规划及实施意见，坚持乡村振兴和新型城镇化双轮驱动，加快城乡融合发展，建立新型工农城乡关系，2018 年民族自治地方新增农村劳动力转移就业百万人以上。"三农"工作持续向好，2018 年农村土地承包经营权确权登记颁证工作基本完成，完成了一批高标准农田建设，巩固提升了一批农村人口饮水安全保障水平，"四好农村路"加快建设，新建改建农村公路 1 万公里以上。以打造世界一流的"绿色食品牌"为重心，大力发展高原特色现代农业，楚雄州元谋县蔬菜、德宏州小粒咖啡入选第一批中国特色农产品优势区，红河州弥勒市太平湖产城融合型发展示范园入围国家首批农村产业融合发展示范园创建名单，红河州开远市花卉和沧源佤族自治县、双江拉祜族佤族布朗族傣族自治县茶叶等省级高原特色现代农业创新示范园启动建设。全省新认证绿色食品 428 个、有机食品 665 个，茶叶等八个优势产业综合产值增长 15.5%，农产品加工业产值与农业总产值之比由 0.67：1 提高到 1.11：1，"一部手机云品荟"电子商务平台上线运行。农业部对我省蔬菜、畜禽产品、水产品例行监测综合合格率保持在 96.5%以上，省级例行监测蔬菜、水果、畜禽产品、水产品、茶叶综合合格率保持在 98%以上，农产品质量安全水平保持稳定。2018 年云南民族自治地方农林牧渔业总产值 2351.2 亿元，比上年增长 6.3%，与全省平均增速持平。粮食总产量达到 1023.2 万吨，比上年增长 1.3%；人均粮食产量 435 千克，比上年增加 3 千克，比全省人均粮食产量多 50 千克。水果产量 643.2 万吨，比上年增长 3.7%，人均水果产量 274 千克，比全省人均水果产量多 106 千克；蔬菜产量 1162.5 万吨，比上年增长 7.9%，人均蔬菜产量 495 千克，比上年增加 34 千克，比全省人均蔬菜产量多 38 千克；烤烟产量 44.4 万吨，与上年同期基本持平；茶叶产量 25.3 万吨，比上年增长 4.5%；油料产量 25.45 万吨，比上年增长 9.7%，人均油料产量 10.8 千克；甘蔗产量 1289.9 万吨，比上年同期增长 7.5%；猪牛羊肉总产量 182.9 万吨，人均猪牛羊肉产量 78 千克。年末大牲畜存栏数 558.6 万头，猪存栏 1819.0 万头，羊存栏 577.7 万头，受非洲猪瘟疫情的影响，肉类产量和牲畜存栏数均比上年减少较多。农业机械总动力 1702.5 万千瓦，比上年略有下降。

基础设施建设不断取得新进展。以综合交通、水利、能源、信息、物流为主要内容的"五网"基础设施建设稳步推进。综合交通基础设施方面：2018 年，全省民族自治地方的公路里程达 19 万公里，其中高速公路通车里程近 0.3 万公里，等级公路 12.8 万公里。全省 8 个民族自治州已有 6 个通高速公路（通怒江州和迪庆州项目正在建设），全省 129 个县市区中 126 个县通二级以上高等级公路、82 个县通高速公路，正在全力推进县域高速公路"能通全通"工程，县乡公路 100%通畅，乡镇到行政村 100%通硬化路，部分人口规模较大自然村已通硬化路。全省 15 个民用机场有 8 个在民族自治地方，蒙自、怒江、元阳、丘北等机场新建工作加快推进。4 个民族自治州开通运营动车。农田水利和能源基础设施方面：2018 年民族自治地方共开工建设 40 件重点水网工程，新增和改善灌溉面积 120 万亩，发展高效节水灌溉面积 66 万亩，完成农业水价综合改革面积 246 万亩，2018 年民族自治地方耕地面积 176 万公顷，其中有效灌溉面积 112 万公顷，农村集中供水率和自来水普及率分别达到 84%和 76%。无电人口通电问题全部解决，生产生活用电基本有保障。信息基础设施方面：2018 年民族自治地方邮电业务总量达 500 多亿元，4G 网络覆盖 99.5%以上的行政村和 80%以上的自然村，基本覆盖景区景点和高速公路沿线，广播电视覆盖率达 99%。物流基础设施方面：大理、河口、磨憨、瑞丽等地物流枢纽布局和选点扎实推进，快递邮寄业务覆盖到大部分行政村。

生态文明建设不断加强。发布《云南省生态保护红线》，全省生态保护红线面积 11.84 万平方千米，占国土面积的 30.90%。审议通过《云南省生物多样性保护条例》，为全国第一部生物多样性保护的法规。发布《云南省生态系统名录（2018 版）》，云南是全国唯一发布省级生物物种名录、物种红色名录和生态系统名录的省份。腾冲市和元阳哈尼梯田遗产区被生态环境部命名为"两山"实践创新基地。按照省委、省政府部署，全力打好污染防治攻坚战，协调推进蓝天、碧水、净土"三大保卫战"及九大高原湖泊保护治理、以长江为重点的六大水系保护修复、水源地保护、城市黑臭水体治理、农业农村污染治理、生态保护修复、固体废物污染治理、柴油货车污染治理"8 个标志性战役"。启动建设中国最美丽省份，全力推动"厕所革命"，全省城镇生活垃圾无害化处理率和污水处理率分别达 88%、

91.3%，88%的自然村对生活垃圾进行了收集处理。水质总体稳中趋好，县级以上城市集中式饮用水源地水质达标率为100%，地级以上城市空气质量优良天数比率达 98.9%，全省森林覆盖率提高到 60.3%，单位 GDP 能耗下降 3%。

民生保障持续加强。按照兜底线、织密网、建机制的要求，云南省全面建成覆盖全民、城乡统筹、权责清晰、保障适度、可持续的多层次社会保障体系。2018 年云南针对民生领域的突出短板，坚持尽力而为、量力而行，将财政支出的 70%以上用于民生，聚焦重点群体和困难群众，把有限资金用到刀刃上，办成了一批当前急需又利长远的好事实事。聚焦少数民族和民族地区特殊困难群体和困难地区，扎实推进扶持“直过”民族和人口较少民族、“三州三区”地区、边境地区等脱贫攻坚行动，精准施策，精准脱贫，民族自治地方贫困人口由 2017 年的 165.4 万人下降至 2018 年的 86.5 万人。完成一批县级医院提质达标，乡镇卫生院、村卫生室达标率分别为 99.6%、100%，实现跨省异地就医直接结算全覆盖，新增补医保药品 310 个，国家 36 种谈判药和 17 种抗癌药已全部纳入医保支付，民族自治地方城乡居民基本医疗和大病保险参保率稳定在 95%以上。农村养老保险政策实现全覆盖，城镇和农村居民最低生活平均保障标准不断提高，2018 年农村低保保障标准统一提高到每人每年不低于 3500 元。各族群众的幸福感、获得感不断提升，社会大局和谐稳定。

对内对外开放水平持续提升。2018 年云南民族自治地方引进省外到位资金 4746.8 亿元，比上年同期增长 24.9%；实现进出口总额 721.1 亿元；接待国内外游客 3.4 亿人次，比上年同期增长 17.2%，实现国际旅游收入 28.1 亿美元，与上年同期增长 21.6%，实现国内旅游收入 4345.5 亿元，比上年同期增长 34.7%，保持较快增长。中缅经济走廊、中老泰经济走廊和滇老泰合作试验区建设迈出实质性步伐。

财政金融运行持续稳健。2018 年云南民族自治地方完成地方一般公共预算收入 567.1 亿元，比上年增长 5.5%；完成地方一般公共预算支出 2540.6 亿元，比上年同期增长 10.4%。民族自治地方全部金融机构人民币各项存款余额为 9460.2 亿元，比年初增长 1.2%，其中：城乡居民储蓄存款年末余额 5533.9 亿元，比年初增长 8.6%；全部金融机构各项人民币贷款余额 6698.3 亿元，比年初增长 10.3%。健全完善地方金融监管机制，持续深化互联网金融风险专项整治，银行不良贷款余额和不良率实现“双降”。

（撰稿：易永红　审稿：陈新华）

西藏自治区

2018 年实现地区生产总值 1477.63 亿元，增长 9.1%；全社会固定资产投资增长 9.8%；规模以上工业增加值增长 12.5%；社会消费品零售总额增长 14.2%；地方财政收入完成 319.42 亿元，增长 23.3%，地方财政支出完成 2082.48 亿元，增长 17.8%；城镇居民人均可支配收入达到 33797 元，增长 10.2%，农村居民人均可支配收入达到 11450 元，增长 10.8%；居民消费价格指数涨幅为 1.7%；城镇登记失业率为 2.83%，城镇调查失业率控制在 4.6%。在国家投资保持平稳增长的同时，社会投资对经济增长的拉动作用逐步增强。2018 年落实中央政府投资 686 亿元，比 2017 年增长 170 亿元。成功举办第四届中国西藏旅游文化国际博览会，集中签约招商引资项目 108 个，总投资 541 亿元。实施招商引资项目 1438 个，累计到位资金 667.29 亿元，超额完成年度目标任务。民间投资扭降为升，增长 27.1%，高出年度目标 22.1 个百分点。在投资增速放缓，外贸持续下滑的情况下，消费对我区经济增长的贡献更加明显，全区社会消费品零售总额达到 597.58 亿元，增长 14.2%。加快实施“七大产业”，产业发展驶入快车道。全区粮食产量稳定在 100 万吨以上。在建电力装机容量达到 352.5 万千瓦，累计外送电量 8.83 亿千瓦时。全区接待国内外游客 3368.7 万人次，增长 31.5%，实现旅游总收入 490 亿元，增长

29.2%。到 2018 年末，全区金融机构本外币各项存款余额 4928.4 亿元，下降 0.5%；本外币各项贷款余额 4555.5 亿元，增长 12.7%。基本建成全区"互联网+政务服务"、政务信息整合共享平台和统一基础云平台。边民互市贸易日趋活跃，边民互市贸易进出口总额达到 9900 万元，增长 1.8 倍。实体经济发展呈现良好势头，市场主体不断壮大，投资者信心明显增强。全区新登记各类市场主体 6.1 万户，增长 20.1%，平均每天增加 186 户。"四上企业"达到 827 家，比 2017 年同期增加 158 家，增长 23.6%。持续推进大众创业万众创新，已建成双创载体 74 个，吸纳创新创业团队和初创企业 1338 家，已毕业孵化企业 194 家，吸纳就业人员 1.4 万余人，其中高校毕业生 2100 余人。

一、打好精准脱贫攻坚战，全面建成小康社会

深入实施打赢深度贫困地区脱贫攻坚战三年行动计划，建立领导干部包县制度，深入实施精准扶贫、精准脱贫，25 个贫困县摘帽，2100 个贫困村、18 万人脱贫。2018 年实施产业扶贫项目 707 个，已完工 213 个，完成投资 99.1 亿元，通过产业扶贫减贫 5.8 万人。全区金融精准扶贫贷款余额 1490 亿元，占全区贷款总规模的 33.5%。易地扶贫搬迁累计投入 144.9 亿元，入住 21.8 万人。"三岩"片区跨市整体搬迁入住 249 户 1639 人，极高海拔生态搬迁完成 1102 人。认真落实国家建设用地增减挂钩扶贫政策，完成增减挂钩跨省域调剂指标 5810 亩，调剂资金 17 亿元。配套建设易地扶贫搬迁安置点双语幼儿园 83 个，新建义务教育学校 12 个，对 9815 名建档立卡农村低保贫困大学生进行专项补助。培训贫困农牧民 3.6 万人，转移就业 6.7 万人。全区生态补偿脱贫岗位补助标准由每人每年 3000 元提高到每人每年 3500 元，2018 年新增 4.7 万个生态补偿脱贫岗位，重点向深度贫困地区倾斜。提高特困人员救助供养标准，大病集中救治 2475 人，重病兜底保障救治 487 人。

二、重点区域协调发展，积极推动清洁能源产业

边境地区小康村建设项目纳入"十三五"中期评估调整方案，规划安排中央预算内投资 74.9 亿元。累计开工建设 545 个边境地区小康村及察隅农场，已竣工 59 个村，累计完成投资 66.6 亿元，配套基础设施、公共服务、产业建设、环境整治等工作加快推进。落实投资 7480 万元，加快推进墨脱县守边固边试点工程。组织编制自治区乡村振兴战略规划，大力实施以"神圣国土守护者、幸福家园建设者"为主题的乡村振兴战略。深入实施军民融合发展战略，建立军地需求对接制度，积极推进军粮供应地方化。加快推进电源点建设，全区电力总装机容量达到 332.1 万千瓦，累计发电量达到 71.6 亿千瓦时，增长 15.06%。羊易地热发电项目（一期）建成投产，措美风电工程开工建设。积极拓展电力外送通道和消纳市场，跨省（区）电力交易迈出坚实步伐，先后与山西、河北、重庆、山东等 12 个省（市）签署藏电外送协议，金沙江上游水电送河北工程启动预可研工作。

三、高原生物产业稳健起步，健康发展绿色工业

全年粮食产量达到 104.9 万吨。牲畜出栏 593 万头（只），增长 2.3%。肉产量 33.5 万吨，增长 11.6%，奶产量 50.5 万吨，增长 19.7%。农牧民合作社达到 8364 家，家庭农场达到 100 家。自治区级农业产业化龙头企业总产值达 38.1 亿元，增长 15.3%；全区农产品加工业总产值达 42 亿元，增长 15%，其中青稞、牦牛肉加工产值分别为 11.1 亿元、1.9 亿元，累计认证"三品一标"农产品 208 个，新增 43 个。积极推动藏医药"申遗"评审工作，"藏医药浴法"列入联合国教科文组织人类非物质文化遗产代表作名录。实现工业销售产值 216.5 亿元，增长 23.9%，工业品产销率为 101.6%。完成水泥项目产能置换 390 万吨，拉萨城投祁连山、山南华新等水泥产业项目进展顺利，水泥产量达到 883 万吨，增长 43.2%。包装饮用水产量达到 53 万吨。华泰龙、玉龙等绿色矿业生产形势良好，铜金属含量产量 7.9 万吨，增长 53.2%。

四、特色旅游文化产业全域发展，蓬勃发展现代服务业

坚持把旅游产业作为经济社会发展的先导产

业，推动旅游与特色文化深度融合，促进旅游文化创意产业集聚发展。落实降低重点国有景区门票价格政策，研究出台涵盖A级景区、星级酒店、航空等领域的系列优惠措施。借助雪顿节、藏博会、国际旅游交易会等活动，集中开展“冬游西藏”等旅游产品宣传推广。旅游文化产业实现增加值177.4亿元，增长13.3%。研究制定加快发展健身休闲产业的实施意见和进一步扩大旅游文化体育健康养老教育培训等领域消费的实施方案，增加服务供给，提升服务品质，不断释放潜在消费需求。成功举办自治区第十二届全运会暨第四届民族传统体育运动会、首届环喜马拉雅自行车极限赛、拉萨半程马拉松等重大赛事。金融对小微企业、民营企业、涉农、金融精准扶贫、基础设施建设和绿色产业等重点领域和薄弱环节的服务力度不断加大。信贷投向重点突出，涉农贷款余额1429.4亿元，增长25.7%。

五、高新数字产业创新发展，稳步推进边贸物流产业

高新技术企业增长55%，组织完成75家科技型中小企业入库工作，增长1.4倍。信息化投资达54亿元，信息消费规模近60亿元。12家企业被列为国家级“两化融合”管理体系贯彻试点企业，其中3家企业通过国家级认证。积极推进吉隆边境经济合作区和拉萨综合保税区申建工作。大力发展电商物流，全区27个县确定为国家电子商务进农村综合示范县，建成11个电子商务公共服务中心、10个电商物流配送中心、77个乡级服务站、218个村级服务点，实现农牧区特色产品网络销售额7065万元。积极有效落实与京东集团、顺丰集团签订的“互联网+物流”全面战略合作框架协议。全区进出口总额累计实现48亿元。

六、项目投资落实有力，大力推进重点项目建设

完成“十三五”规划项目方案中期调整工作，项目个数由原方案的189个增加到197个，“十三五”规划投资由原方案的3586亿元增加到3807亿元。截至目前，197个项目中，已完工52个、在建94个、正在推进前期工作51个。累计落实规划项目投资2011亿元，其中，落实中央政府投资1650亿元，达到规划投资安排时序进度。

分两批安排2018年全区重点建设项目211个，累计完成投资2076亿元。加强重点项目月调度，交通、能源、水利、市政等领域项目建设推进顺利。其中，公路项目完成投资651.8亿元，国道109线那曲至拉萨段等4个高等级公路和21个普通国省道、2412个农村公路项目加快推进。铁路项目完成投资46.7亿元，青藏铁路格拉段扩能改造工程完工，拉林铁路建设加快推进，川藏铁路（林芝至昌都段川藏界）启动规划建设，青藏铁路格拉段电气化改造工程前期工作进展顺利。民航项目完成投资11.1亿元，贡嘎机场航站区改扩建工程加快建设，米林机场平行滑行道工程初设获批。能源项目完成投资193.7亿元，加快推进水电站建设，实现瓦托水电站首台机组发电，在建并网光伏电站9座。全力推进区内统一电网建设，藏中与昌都电网联网工程、拉林铁路供电工程建成投运。“三区三州”农网改造升级攻坚三年行动计划工程获批。水利项目完成投资52.8亿元，拉洛、湘河水利枢纽配套灌区工程和扎仓嘎、卓于中型水库等在建重大水利工程有序推进。城镇基础设施和保障房建设项目完成投资282.9亿元，市政设施、特色小城镇、城镇污水垃圾处理设施等建设项目加快推进。

七、积极扩大开放合作，推进“一带一路”建设

加快推进中尼友谊工业园和尼泊尔·中国西藏旅游文化产业园区建设，西藏文化旅游创意园区被评为国家文化出口基地，我区4家外贸企业确定为外贸综合服务示范企业和跨境电子商务试点企业。深化对内合作交流，召开全区招商引资大会和开发区暨园区工作会议，出台我区招商引资优惠政策若干规定，持续改善营商环境。启动自治区开发区发展总体规划编制工作，5家开发区纳入中国开发区审核公告目录。实施援藏项目707个，落实项目投资44亿元，完成年度计划的104%。

（撰稿：洛桑群佩　审稿：金美）

甘肃省

甘肃省是多民族省份，56 个民族俱全，少数民族人口 259.59 万人，占全省常住人口的 9.9%。世居的少数民族有回、藏、东乡、保安、裕固、蒙古、撒拉、哈萨克、土、满等 10 个民族，其中东乡族、保安族、裕固族是我省特有的少数民族。全省有 2 个自治州、7 个自治县。民族自治地方 21 个县（市），国土面积 18.36 万平方公里，占全省总面积的 43%。民族自治地方常住人口 329.4 万人，占全省常住人口的 12.5%。2018 年，是全省民族自治地方经济发展止滑回稳、稳中向好的一年，面对复杂严峻的发展环境和艰巨繁重的工作任务，全省民族自治地方全面贯彻落实省委省政府的各项决策部署，攻坚克难，有力地推动脱贫攻坚和民族自治地方经济社会发展。

一、经济运行止滑回稳

2018 年，按照省第十三次党代会和省委省政府的各项决策部署，全省民族自治地方凝心聚力、攻坚克难，采取有力措施，积极推进民族自治地方经济发展。2018 年，全省民族自治地方预计完成生产总值 535.75 亿元，完成社会消费品零售总额 196.37 亿元，完成公共财政预算收入 34.85 亿元，完成公共预算财政支出 566.66 亿元。预计城镇居民人均可支配收入达到 22516 元，同比增长 8.4%，预计农村居民人均可支配收入达到 7217.8 元，同比增长 9.3%。2018 年民族自治地方各项指标中除城乡居民收入增速与全省平均水平基本持平外，地区生产总值、社会消费品零售总额、财政收入增速均未达到全省平均水平。民族自治地方主要经济指标与去年相比均有不同程度增长，甘南州预计完成地区生产总值 155.73 亿元，同比增长 5%；一般公共预算收入 9.99 亿元，同比增长 16.83%；社会消费品零售总额 52.5 亿元，同比增长 7.5%；城镇居民人均可支配收入达到 24783 元，同比增长 7.7%；农牧民人均纯收入达到 7677 元，同比增长 9.71%。临夏州预计完成生产总值 255.35 亿元，同比增长 6.7%；固定资产投资降幅收窄、同比下降 11.09%；社会消费品零售总额 93.88 亿元、同比增长 8.1%；农村居民人均可支配收入 6817 元，同比增长 9.9%，城镇居民人均可支配收入 20834 元，同比增长 7.5%。肃北县、阿克塞县预计完成生产总值 13.8 亿元和 9.43 亿元，分别增长 5.5%、-3.2；固定资产投资分别达到 19.4 亿元和 16.3 亿元，分别增长 9.6%、11%；城镇居民人均可支配收入分别达到 36480 元和 38622 元，均增长 7%；农村居民人均可支配收入分别达到 25044 元和 26734 元，均增长 7.5%。

二、脱贫攻坚成效显著

甘肃民族自治地方始终把脱贫攻坚作为首要任务和第一民生工程，紧扣“两不愁、三保障”目标任务，采取有效措施，加大工作力度，以脱贫攻坚统揽经济社会发展大局。2018 年，全省民族自治地方预计减贫 15 万人，贫困发生率下降到了 7.4%，取得了阶段性成效。合作市、临夏市、肃南县实现脱贫摘帽，退出国家级贫困县行列。甘南州大力推行农牧村“三变”改革，全州贫困村专业合作社和集体经济实现全覆盖，3.39 万户 13.36 万贫困人口通过参股获得稳定分红。2043 户易地扶贫搬迁项目开工建设，D 级危房全面消除。实施安全饮水提升工程 251 处，新建村道 701 公里、硬化村道 791 公里。建设扶贫车间 62 个，就近就地吸纳贫困劳动力 3070 人。甘南旅游扶贫减贫模式入围“2018 世界旅游联盟旅游减贫案例”。全年脱贫 2.7 万人，退出贫困村 165 个，贫困发生率由 2017 年的 8.54%下降到 2018 年的 3.89%；临夏州开工建设 11 个农村安全饮水巩固提升工程和 3 个水源保障工程，实施易地扶贫搬迁 1.48 万户、已建成 8285 户，实施村社道路 792.6 公里、已建成 452 公里。全州 160 个村脱贫退出、9.63 万人脱贫，贫困发生率下降到 8.97%。天祝县 53 个贫困村、0.98 万贫困人口脱贫退出，贫困发生率下降到 1.79%；张家川县脱贫退出人口 1.09 万人，贫困发生率下降至 8.43%。

三、特色产业不断壮大

大力发展民族自治地方现代农牧业，推进农牧业结构调整，转变农牧业发展方式，提高农牧业综合生产能力。甘南州着力打造全国绿色农畜产品生产基地和中国牦牛乳都，重点发展牦牛、藏羊、奶牛繁育、育肥、特色养殖“五大畜牧业产业带”，发放特色产业工程贷款 4.49 亿元。落实项目资金 7406 万元，扶持合作社 186 个。甘南牦牛奶粉、迭部蕨麻猪、迭部羊肚菌 3 个产品成为国家地理标志保护产品。生态畜牧业效益提升，牲畜总增率、出栏率、商品率分别达到 37.01%、49.51%、43.70%，肉类产量 7.94 万吨、奶类产量 8.63 万吨。全域旅游示范区创建加快推进，绿色长廊、国道 213 线、白龙江旅游风情线等精品旅游线路加快打造。成功举办香巴拉艺术节、藏地传奇自行车赛、藏模大赛等一系列节庆赛事活动。旅游人数 1217.2 万人次，实现旅游综合收入 57.04 亿元。临夏州制定出台《临夏州绿色生态产业发展规划》和《十大生态产业发展专项行动计划》，谋划储备旅游文化体育、循环农业、通道物流、等生态产业和生态工程项目 280 项、总投资 1020.46 亿元，推进食品和民族用品生产加工转型升级，投入 10.5 亿元支持企业实施技改项目 54 个。天祝县新引进德青源等农业产业化龙头企业 7 家，新组建专业合作社 177 家，成功申创“中国高原藜麦之都”。

四、基础设施持续推进

甘肃民族自治地方进一步加快和完善基础设施建设，努力提升发展质量和水平。甘南州争取各类资金 60.3 亿元，实施了一批重大基础设施项目。兰合铁路、西成铁路（经合作）、合作至卓尼高速公路等 8 项重大项目前期工作加快推进，王格尔塘至夏河高速公路全线开工，全年建成农牧村公路 1032 公里。132 项水利项目和安全饮水提升工程全部竣工，江河支流和中小河流治理成效显著。实施道路、桥梁、给排水、垃圾及污水处理等城乡市政建设项目 98 项，完成投资 10.4 亿元。州博物馆(科技馆)、工人文化宫开工建设。临夏州东乡县锁南至河滩公路、临夏市碧桂园天玺湾、和政广河两县水源保障工程、临夏县棚户区改造等项目相继开工建设。和政大南岔河生态修复治理、康乐县鸣鹿水库、临夏市北山综合治理等续建项目进展顺利。肃北县 2018 年开工项目 52 项，开工率 82.5%。天祝县争取落实国家投资 27.95 亿元，实施 500 万元及以上项目 158 项。

五、社会事业全面进步

全力推动民族自治地方社会事业发展，建立完善社会保障体系，健全公共卫生服务体系，促进民族自治地方社会事业长足进步。教育质量不断提高。甘南州新建幼儿园 32 所，在办幼儿园达到 350 所，学前教育三年毛入园率达到 91.51%。“全面改薄”项目加快实施，控辍保学扎实推进，州中等职业学校按期开班。15 年免费教育保障水平进一步巩固，高中阶段毛入学率达到 92.17%。临夏州优先发展教育，临夏中学综合教学楼、积石山县大河家中学、临夏市红园路小学等项目开工建设，招录教师 541 名，开展教师培训 1.2 万人次，永靖移民中学创建成为省级示范性高中，康乐县、和政县义务教育发展基本均衡县创建工作通过国家验收。张家川县投资 1.63 亿元，实施教育项目 237 个，办学条件不断改善。医疗卫生加快发展。甘南州人民医院儿童病区、州中心血站业务楼、临潭县第二人民医院、碌曲县妇幼保健站已开工建设完成主体。新建村卫生室 82 个，截至 2018 年底，共有各级各类医疗卫生和计划生育服务机构 1568 所，卫生计生专业人员 4272 人。临夏州和政县中医院、广河县中医院、临夏县中医院、临夏市医院迁建等卫生项目深入实施，完成城乡居民医疗保险整合，招录医学类毕业生 54 名、临聘医护人员 523 名，培训基层医技人员 2150 人次。天祝县投资 3265.51 万元实施村卫生室建设、藏医院和县二院附属工程等医疗卫生项目 12 项。保障体系不断完善。甘南州异地就医直接结算稳步推进，“先看病、后付费”“一站式”结报实现全覆盖，城乡居民参保率持续巩固在 98%以上，建档立卡贫困户全部纳入城乡居民参保范围，报销比例在原有的基础上提高了 10 个百分点。临夏州农村低保、城市低保、特困供养人员保障标准分别提高 6.3%、7.6%和 7.6%。实施农村妇女两癌免费检查 6.6 万人，重度残疾人家庭无障碍改造 1545 名。肃北县城乡居民基本养老参保率 98%、发放率 100%，城市低保提高 7.6%，牧农村五保供养省级标准提高 7.6%。文化事业繁荣发展。甘南州市县“三馆一站”、乡镇综合文化站、农牧村综合文化中心服务水平和质量不断提高。拉卜楞寺文物保护、甘加八角城城墙加固维修、磨沟遗址保护等文物修缮保护建设项目有序推进。新城西街村等10个村庄被列入中国传统村落名录。成功举办甘南州首届体育运动会。科技培训农牧民5.5万人次，各类创新平台和主体达25个，申请专利164件。临夏州成功承办省第十四届运动会、省第十四届残运会，建成299个乡村两级体育健身设施。实施广播电视节目无线数字化覆盖工程和74个村级综合性文化服务中心改造提升项目。广泛开展丰富多样的群众性文化活动，一批临夏题材的花儿歌舞剧、电视纪录片等文艺作品受到媒体关注。天祝县积极推进国家、省级非遗项目，建成村级文化体育健身场所20个。

六、生态建设加快推进

我省民族自治地方牢固树立“绿水青山就是金山银山”的理念，不断加大生态保护力度。甘南州加快推进国家生态文明先行示范区、国家生态文明示范工程试点建设，落实新一轮草原生态保护奖补政策，兑付奖补资金2.9亿元。管护天然林647万亩，保护公益林290万亩、绿化造林17万亩，义务植树237万株，森林覆盖率达到24.38%。投资31.3亿元的300个生态文明小康村建设有序实施，惠及171个贫困村6154户贫困户。投入资金18.2亿元，实施水利、农业环境治理、城镇垃圾污水处理设施及污水管网收集、城镇道路及排水、城镇供热等七大类116个城乡环境综合整治项目。临夏州完成营造林42.71万亩，新建绿色通道354.6公里。新建高标准农田10万亩，改善灌溉面积5.28万亩，治理水土流失面积60.73平方公里。天祝县积极推进祁连山国家公园体制试点工作，核定公园总面积475.76万亩。完成人工造林3.2万亩，封山育林3.8万亩，通道绿化100公里，义务植树100万株。持续开展沿库沿河沿自然保护区生态环境综合整治，强化大气污染源头管控、集中治理和网格管理，整治改造燃煤锅炉341台、土炕土灶小煤炉2.05万户、餐饮油烟设施5200家。

（撰稿：孔庆斌　审稿：王宇卫）

青海省

2018年，在省委省政府的坚强正确领导下，全省上下坚持以习近平新时代中国特色社会主义思想为指导，坚持稳中求进工作总基调，坚定践行新发展理念，以供给侧结构性改革为主线，统筹推进稳增长、促改革、调结构、惠民生、防风险各项任务，全面落实“四个扎扎实实”重大要求，深入实施“五四战略”，奋力推进“一优两高”，全年全省经济保持总体平稳、稳中有进、稳中有新、稳中有为的发展态势。

一、综合

初步核算，全年全省实现生产总值2865.23亿元，按可比价格计算，比上年增长7.2%。分产业看，第一产业增加值268.10亿元，增长4.5%；第二产业增加值1247.06亿元，增长7.8%；第三产业增加值1350.07亿元，增长6.9%。第一产业增加值占全省生产总值的比重为9.4%，第二产业增加值比重为43.5%，第三产业增加值比重为47.1%。人均生产总值47689元，比上年增长6.3%。

年末全省常住人口603.23万人，比上年末增加4.85万人。其中，城镇常住人口328.57万人，占总人口的比重（常住人口城镇化率）为54.47%，比上年末提高1.40个百分点。全年人口出生率14.31‰，比上年低0.11个千分点；人口死亡率6.25‰，比上年高0.08个千分点；人口自然增长率8.06‰，比上年低0.19个千分点。全省人户分离的人口为117.67万人，其中流动人口100.97万人。年末全省户籍人口586.77万人，其中城镇户籍人口240.09万人，占总户籍人口的比重（户籍人口城镇化率）为40.92%。

全年全省城镇新增就业人员6.2万人，农牧区劳动力转移就业113.9万人次。年末城镇登记失业率为3.0%。

全年全省居民消费价格总水平比上年上涨2.5%。其中，城市上涨2.5%，农村上涨2.5%。

全年全省商品零售价格比上年上涨2.1%。农业生产资料价格上涨2.1%。工业生产者出厂价格上涨4.8%，工业生产者购进价格上涨4.5%。固定资产投资价格上涨4.3%。西宁市新建商品住宅房屋销售价格上涨8.2%，二手住宅销售价格上涨4.4%。

全年全省一般公共预算收入448.58亿元，比上年增长9.7%。其中，地方一般公共预算收入272.87亿元，增长10.8%；上划中央收入175.71亿元，增长8.1%。在地方一般公共预算收入中，增值税92.18亿元，增长4.0%；企业所得税25.03亿元，增长7.7%；个人所得税11.17亿元，增长24.6%。全省一般公共预算支出1647.45亿元，比上年增长7.6%。其中，交通运输支出增长33.9%，医疗卫生与计划生育支出增长14.5%，社会保障和就业支出增长13.3%，农林水支出增长10.7%，一般公共服务支出增长9.3%，科学技术支出增长8.6%，教育支出增长7.2%，城乡社区支出增长5.5%，节能环保支出增长4.2%。

二、种植业和畜牧业

全年全省农作物总播种面积557.25千公顷，比上年增加1.93千公顷。粮食作物播种面积281.26千公顷，比上年减少1.29千公顷，其中，小麦111.60千公顷，减少0.82千公顷；青稞48.68千公顷，减少1.09千公顷；玉米18.45千公顷，减少0.44千公顷；豆类12.76千公顷，减少0.48千公顷；薯类88.27千公顷，增加1.44千公顷。经济作物播种面积191.99千公顷，比上年减少1.25千公顷，其中，油料147.91千公顷，减少7.40千公顷；药材44.06千公顷，增加6.14千公顷。在药材中，枸杞35.53千公顷，增加2.00千公顷。蔬菜及食用菌播种面积43.96千公顷，比上年增加0.85千公顷。全年粮食产量103.06万吨，比上年增产0.51万吨。

三、工业和建筑业

全年全省全部工业增加值818.67亿元，按可比价格计算，比上年增长8.6%。规模以上工业增加值比上年增长8.6%。在规模以上工业中，按经济类型分，股份制企业增加值增长9.3%，国有企业增加值增长6.6%，集体企业增加值增长77.5%，外商及港澳台商投资企业增加值下降7.0%。按三大门类分，制造业增加值增长5.4%，采矿业增加值增长10.3%，电力、热力、燃气及水生产和供应业增加值增长16.6%。

规模以上工业33个大类行业中，21个行业增加值比上年增长。其中高耗能行业增加值比上年增长7.7%，占规模以上工业增加值的比重比上年下降1.1个百分点。

从工业新兴优势产业看，规模以上工业中新能源产业增加值比上年增长5.3%，新材料产业增加值增长18.6%，有色金属产业增加值增长7.7%，生物产业增加值增长24.5%，装备制造业增加值增长21.2%。高技术制造业增加值增长35.5%。

全年全省建筑业增加值428.39亿元，按可比价格计算，比上年增长5.8%。年末全省具有资质等级的总承包和专业承包建筑业企业438个，比上年末增加32个。

四、固定资产投资

全年全省固定资产投资比上年增长7.3%。按产业分，第一产业投资增长12.5%，第二产业投资增长14.3%，第三产业投资增长4.3%。工业投资增长19.8%，其中制造业投资增长7.6%。民间投资增长4.6%。基础设施投资增长12.4%。生态保护和环境治理业投资增长58.8%，公共设施管理业投资增长96.9%，信息传输服务业投资增长11.7%

在固定资产投资中，战略性新兴产业投资比上年增长9.7%。高技术制造业投资增长6.7%。新能源产业投资增长32.9%，新材料产业投资增长22.2%，盐湖化工产业投资增长8.8%，生物产业投资增长7.2%。

全年全省房地产开发投资比上年下降13.9%。其中，商品住宅投资增长1.0%；商业营业用房投资下降26.6%。

五、国内贸易

全年全省社会消费品零售总额835.56亿元，比上年增长6.7%。按规模分，限额以上企业（单位）零售额339.35亿元，增长0.3%；限额以下单位（个体户）零售额496.21亿元，增长11.6%。按经营地分，城镇消费品零售额669.26亿元，增长6.7%（其中城区消费品零售额 414.81 亿元，增长 6.5%）；乡村消费品零售额 166.31 亿元，增长 6.8%。按消费类型分，商品零售额 776.41 亿元，增长 6.7%；餐饮收入额 59.16 亿元，增长 7.0%。

在限额以上批发和零售业商品零售额中，粮油、食品类零售额比上年增长 0.7%，服装、鞋帽、针纺织品类增长 16.7%，石油及制品类增长 10.1%，金银珠宝类增长 8.0%，化妆品类增长 2.2%，家用电器和音像器材类增长 0.6%，烟酒类下降 37.0%，中西药品类下降 7.5%，汽车类下降 6.6%，日用品类下降 3.6%。

六、对外经济

全年全省货物进出口总额 46.00 亿元，比上年增长 3.5%。其中，出口额 31.11 亿元，增长 8.1%；进口额 14.89 亿元，下降 5.0%。

全年全省新批外资项目 10 个，比上年减少 4 个。合同使用外商直接投资额 3.17 亿元，下降 71.3%；实际使用外商直接投资额 0.31 亿元，下降 75.0%。全年对外承包工程业务完成营业额 28.15 亿元，增长 7.2%；对外劳务合作派出各类劳务人员 695 人，增长 34.4%。

七、交通、邮电和旅游

年末全省铁路营运里程 2299 公里，与上年末持平，其中高速铁路 218 公里。公路通车里程 82135 公里，比上年末增加 1240 公里，其中高速公路 3328 公里，增加 105 公里。民航通航里程 145736 公里，增加 20767 公里。

年末全省民用汽车保有量 110.32 万辆，比上年末增长 10.2%，其中私人汽车保有量 91.51 万辆，增长 10.4%。民用轿车保有量 52.93 万辆，增长 9.0%，其中私人轿车保有 45.82 万辆，增长 8.7%。

全年全省邮政业务量 7.15 亿元，比上年增长 18.9%。全年邮政业完成函件业务 271.73 万件，比上年下降 43.8%；包裹业务 54.88 万件，增长 31.6%；快递业务量 1897.17 万件，增长 30.9%，快递业务收入 4.79 亿元，增长 23.3%。全年电信业务量 425.68 亿元，比上年增长 1.6 倍。年末移动电话用户 686.40 万户，比上年末增长 12.4%；固定电话用户 112.30 万户，增长 5.3%。电话普及率 133.50 部/百人。固定互联网宽带接入用户 152.90 万户，比上年末增长 27.3%；移动宽带用户 591.70 万户，增长 15.3%，其中，4G 移动电话用户 526.10 万户，增长 20.5%。移动互联网接入流量 4.96 亿 G，增长 1.9 倍。

全年全省接待国内外游客 4204.38 万人次，比上年增长 20.7%。其中，国内游客 4197.46 万人次，增长 20.7%；入境游客 6.92 万人次，下降 1.6%。实现旅游总收入 466.30 亿元，增长 22.2%。其中，国内旅游收入 463.91 亿元，增长 22.4%；旅游外汇收入 3613.08 万美元，下降 5.6%。

八、金融

年末全省金融机构人民币各项存款余额 5754.66 亿元，比上年末下降 1.2%。其中，境内住户存款余额 2295.95 亿元，增长 7.2%；境内非金融企业存款余额 1443.70 亿元，下降 10.2%。金融机构人民币各项贷款余额 6582.44 亿元，比上年末增长 5.8%。其中，境内住户贷款余额 722.00 亿元，增长 14.7%；境内非金融企业及机关团体贷款余额 5856.52 亿元，增长 4.8%。

全年全省保险公司原保险保费收入 87.66 亿元，比上年增长 9.3%。其中，寿险保费收入 34.67 亿元，增长 1.0%；财产险保费收入 37.03 亿元，增长 11.1%；健康险和意外伤害险保费收入 15.97 亿元，增长 27.8%。全年保险赔付额 34.69 亿元，比上年增长 18.6%。其中，寿险赔付额 9.56 亿元，增长 37.0%；财产险赔付额 18.56 亿元，增长 12.5%；健康险和意外伤害险赔付额 6.56 亿元，增长 13.7%。

九、人民生活和社会保障

全年全省全体居民人均可支配收入 20757 元，比上年增长 9.2%。其中，人均工资性收入 12209 元，增长 7.6%；人均经营净收入 3014 元，增长 5.3%；人均财产净收入 1057 元，增长 11.4%；人均转移净收入 4477 元，增长 16.6%。全年全体居民人均生活消费支出 16557 元，比上年增长 6.8%。

全年全省城镇常住居民人均可支配收入 31515 元，增长 8.0%。其中，人均工资性收入 21719 元，增长 5.6%；人均经营净收入 2089 元，增长 10.0%；人均财产净收入 1674 元，增长 3.8%；人均转移净收入 6033 元，增长 18.6%。全年城镇常住居民人均生活消费支出 22998 元，比上年增长 7.1%。

全年全省农村常住居民人均可支配收入 10393 元，增长 9.8%。其中，人均工资性收入 3047 元，增长 12.7%；人均经营净收入 3905 元，增长 3.7%；人均财产净收入 463 元，增长 41.9%；人均转移净收入 2978 元，增长 11.6%。全年农村常住居民人均生活消费支出 10352 元，比上年增长 4.5%。

年末全省养老保险参保人数 390.72 万人，比上年末增加 13.27 万人。其中，城镇企业职工养老保险参保人数 114.35 万人，增加 5.97 万人；城乡居民基本养老保险参保人数 245.63 万人，增加 6.52 万人；机关事业单位养老保险参保人数 30.74 万人，增加 0.78 万人。全省医疗保险参保人数 555.35 万人，比上年末增加 6.36 万人。其中，城镇职工医疗保险参保人数 99.42 万人，增加 5.39 万人；城乡居民医疗保险参保人数 455.93 万人，增加 0.97 万人。全省失业保险参保人数 42.28 万人，比上年末增加 0.81 万人，其中农民工参保人数 0.26 万人。全省工伤保险参保人数 69.24 万人，比上年末增加 4.39 万人，其中农民工参保人数 13.26 万人。全省生育保险参保人数 58.14 万人，比上年末增加 8.10 万人。年末全省享受城镇最低生活保障人数 7.66 万人，比上年末下降 42.8%，城市居民最低生活保障标准为 6000 元/年，提高 600 元/年；享受农村最低生活保障人数 30.00 万人，下降 29.7%，农村居民最低生活保障标准为 3700 元/年，提高 380 元/年。

十、教育、科学技术和文化体育

全年全省学龄儿童入学率 99.8%，与上年持平；普通初中毛入学率 111.8%，比上年提高 2.5 个百分点；九年义务教育巩固率 96.9%，比上年提高 2.6 个百分点；高中阶段毛入学率 88.0%，比上年提高 4.0 个百分点。全年全省研究生教育招生 2091 人，在校生 4948 人，毕业生 1175 人。普通高等教育招生 2.83 万人，在校生 8.36 万人，毕业生 2.26 万人。中等职业教育招生 2.87 万人，在校生 7.70 万人，毕业生 2.07 万人。普通高中招生 4.26 万人，在校生 12.67 万人，毕业生 3.91 万人。初中学校招生 7.65 万人，在校生 22.28 万人，毕业生 6.77 万人。普通小学招生 9.10 万人，在校生 48.60 万人，毕业生 7.47 万人。特殊教育招生 329 人，在校生 1924 人，毕业生 229 人。幼儿园在园幼儿 21.47 万人。

全年全省取得省部级以上科技成果 518 项，比上年增加 8 项，其中，基础理论成果 103 项，应用技术成果 393 项，软科学成果 22 项。专利申请 4437 件，比上年增加 1256 件，其中发明专利申请 1285 件，增加 336 件。专利授权 2664 件，比上年增加 1084 件，其中发明专利授权 295 件，增加 55 件。签订技术合同 1071 项，比上年增加 55 项；成交金额 79.4 亿元，增长 17.3%。年末全省有天气雷达观测站点 12 个，县级以上卫星云图接收站点 52 个，地震台站 122 个，地震遥测台网 3 个。

年末全省有艺术表演团体 12 个，文化馆 46 个，公共图书馆 49 个，博物馆 23 个，档案馆 55 个，广播电视台 46 座，中短波发射台 26 座，调频电视转播发射台 439 座。广播综合人口覆盖率 98.6%，比上年末提高 0.2 个百分点；电视综合人口覆盖率 98.7%，比上年末提高 0.3 个百分点。全年出版杂志 270 万册、报纸 8820 万份、图书 1378 万册（张），其中少数民族文字图书 365 万册（张）。

全年全省运动员参加各类国内外比赛 1384 人次，在各类国际比赛中共获得第一名 12 个、第二名 4 个、第三名 3 个，在各类国内比赛中共获得第一名 26 个、第二名 19 个、第三名 39 个。

十一、卫生和社会服务

年末全省卫生机构 6396 个，床位 3.92 万张。其中，医院 220 个，床位 3.26 万张；乡镇卫生院 405 个，床位 4521 张；社区卫生服务中心 32 个，妇幼保健院（所、站）50 个，疾病预防控制中心（防疫站）56 个，村卫生室 4474 个，诊所（卫生所、医务室）790 个，卫生监督所（中心）55 个。卫生人员 5.28 万人，其中，执业（助理）医师 1.62 万人，注册护士 1.76 万人。全年总诊疗人次 2534.88 万人次，出院人数 97.68 万人。

年末全省共有各类提供住宿的社会服务机构 65 个，其中养老服务机构 36 个。社会服务床位 9220 张，其中养老服务床位 4718 张。年末共有社区服务中心 28 个，社区服务站 445 个。

十二、资源、环境和安全生产

年末全省有自然保护区 11 个，面积 21.78 万平方公里，其中国家级自然保护区 7 个，面积 20.74 万平方公里。森林面积 520.9 万公顷，森林覆盖率 7.26%。湿地面积 814.36 万公顷，其中自然湿地面积 800.1 万公顷。国家重点公益林管护面积 496.09 万公顷，天然林保护面积 367.82 万公顷。全年全民义务植树 2497 万株，当年治理水土流失面积 485 平方公里，造林面积 27.07 万公顷。全年市（州）政府所在地城镇空气质量优良天数比例为 90.9%。

全年全省各类生产安全事故死亡 241 人，比上年减少 76 人。工矿商贸事故死亡 51 人，比上年减少 15 人。道路交通事故 326 起，比上年减少 39 起；死亡 186 人，减少 62 人。火灾 1630 起，比上年减少 55 起。

（撰稿：王姿琪　审稿：德措）

宁夏回族自治区

2018 年，是全面贯彻落实党的十九大精神的开局之年，也是宁夏回族自治区成立 60 周年。在党中央、国务院的亲切关怀下，在自治区党委、政府的坚强领导下，全区上下坚持以习近平新时代中国特色社会主义思想为指导，坚决落实党中央、国务院的各项决策部署，坚持稳中求进工作总基调，坚定践行新发展理念，以供给侧结构性改革为主线，坚决打好“三大攻坚战”，大力实施“三大战略”，着力推动经济高质量发展，科学统筹稳增长、促改革、调结构、惠民生、防风险各项工作，全区经济运行保持了总体平稳、稳中有进的发展态势，产业结构优化升级，新兴动能不断成长，质量效益稳步提升，民生福祉持续改善，高质量发展起步良好，全面建成小康社会迈出新的步伐。

一、全年经济运行情况

面对严峻复杂的外部环境，自治区坚决贯彻落实党中央、国务院和自治区党委各项决策部署，坚持稳中求进工作总基调，牢固树立和践行新发展理念，认真落实高质量发展要求，深入推进供给侧结构性改革，着力打好“三大攻坚战”，全面实施自治区“三大战略”，扎实做好稳就业、稳金融、稳外贸、稳外资、稳投资、稳预期各项工作，取得了积极成效。

成功举办自治区成立 60 周年大庆，围绕展示成就、凝聚人心、鼓舞干劲，实施了一批公益项目和民生工程，举办了一系列主题活动和庆祝活动，集中展示了党的民族政策和民族区域自治制度在宁夏的成功实践，生动展现了自治区成立 60 年、改革开放 40 年，特别是党的十八大以来各项事业取得的历史性成就、发生的历史性变革，极大激发了全区上下建设美丽新宁夏、共圆伟大中国梦的激情和热情。

（一）经济保持平稳健康发展

全区经济运行总体平稳、稳中有进，质量效益稳步提升。全年实现地区生产总值 3705.2 亿元，同比增长 7%，高于全国 0.4 个百分点。其中，一、二、三产业分别增长 4%、6.8%和 7.7%。三次产业结构由上年的 7.3:45.9:46.8 调整为 7.6:44.5:47.9，第三产业占比提高 1.1 个百分点。地方一般公共预算收入同口径增长 8.2%，其中税收增长 10.4%，占全部收入的比重同比提高 2.4 个百分点。加强价格调控，引导价格预期，居民消费价格累计上涨 2.3%，控制在预期目标以内。特色优势农业稳步发展，粮食、蔬菜、草畜、枸杞、酿酒葡萄等产值占农业总产值比重达到 86.7%，新增宁夏菜心、固原黄牛、六盘山冷凉菜等区域公用品牌，特色优质农产品品牌达 317 个。工业生产稳中向好，全区规模以上工业增加值增长 8.3%，企业利润增长 16.1%。新兴产业加速发展，装备制造、新材料、新能源等新兴产业增速高于工业平均增速。现代服务业提档升级，6 个服务业集聚区、30 个服务业品牌化和标准化试点项目稳步推进。出台服务业发展 23 条，现代金融、文化旅游、信息产业、科技服务、健康养老等新业态加快发展。

（二）创新驱动战略深入实施

“创新驱动 30 条”加快落实，自治区本级财政安排创新驱动战略专项预算 29.57 亿元，比 2017 年增长 40%，其中 R&D 投入比 2017 年增长 82%，预计带动全社会 R&D 投入强度达到 1.3%。沿黄科技创新改革试验区和现代农业科技创新示范区建设加快推进，建成全区首家线上线下相结合的宁夏技术交易市场，技术合同成交额突破 10 亿元，比上年增长 65%。“科技支宁”东西合作取得重要成果，引进转化东部新技术、新成果、新工艺 127 项，与国家大院大所联合共建新型研发机构 6 个、国家临床医学研究中心分中心 9 家、离岸孵化器 3 家。实施技术改造项目 234 个、重点科技项目 145 个，煤炭间接液化关键装备、铸造砂型 3D 打印、高端智能控制阀、铝合金枕梁、核电配套铸钢件等实现重大技术突破，28 项技术装备列入国家和自治区首台（套）产品目录。加快打造创新平台，新批复组建自治区级各类科技创新平台 34 家。“双创”工作扎实推进，新认定各级各类双创载体 40 个。开展企业知识产权试点（示范），全区万人有效发明拥有量达到 4.14 件，提前实现“十三五”确定的 3.5 件目标。

（三）脱贫富民战略扎实推进

脱贫攻坚成效明显，盐池县实现高质量脱贫退出，隆德、泾源、彭阳 3 县基本具备脱贫退出条件，预计 142 个贫困村出列、11.5 万人脱贫、贫困发生率下降至 3%。出台壮大贫困村集体经济的规划和指导意见，切实解决“空壳村”问题，1100 个贫困村近一半集体经济超过 5 万元。易地扶贫搬迁 6321 户 2.5 万人，提前 2 年实现“十三五”目标。闽宁对口扶贫协作深入推进，新建闽宁示范村 36 个。认真做好就业和居民增收工作，城镇新增就业 8 万人，转移农村劳动力就业 78 万人。城乡常住居民人均可支配收入分别增长 8.2% 和 9%。其中贫困县（区）农村居民人均可支配收入增长 11%。持续推进全区教育现代化、全民健康保障、文化旅游提升、公共体育普及和社会服务兜底五大工程，实施项目 198 个，“互联网+教育”“互联网+医疗健康”省级示范区获批建设，社会保障、健康养老、公共文化、体育健身等民生事业稳步推进，基本公共服务均等化水平进一步提升。

（四）生态立区战略成效明显

坚决打好污染防治攻坚战，中央环保督察“回头看”反馈问题已办结 1317 件，办结率达到 98.4%。深入实施蓝天、碧水、净土“三大行动”，完成大气污染治理项目 611 个，全区地级城市空气质量优良天数比例达到 87.2%，较 2017 年提高 5.8 个百分点，银川市城市空气质量改善幅度居全国第 4 位。五级河长制全面建立，黄河流域宁夏段水质优良比例达到 73.3%，全区河湖水生态环境整体好转、局部优化，地表水劣 V 类水体全部清零。全面加强土壤保护，加大农业面源污染、工业园区和采矿区固体废物综合整治力度，化肥用量基本保持零增长，残膜回收率达到 84%。抓好生态环境修复工作，完成营造林任务 150 万亩，滨河大道“黄金河岸”、典农河多彩休闲、贺兰山东麓文化旅游三条生态廊道建设加快推进。生态环境治理体系进一步健全，空间规划管控持续强化，颁布《宁夏湿地保护条例》等 3 部地方性环保条例，生态环境保护主体责任全面落实，生态保护红线全部划定。

（五）内需支撑能力有所提升

投资结构和质量进一步改善，三次产业投资结构由上年的 4.8:31.3:63.9 调整为 4.1:35.5:60.4，工业投资占比提高 4.2 个百分点。投资对优化供给结构的关键性作用进一步显现，工业技改投资增长 15.6%，电子设备、仪器仪表、现代纺织等工业制造业投资分别增长 149.3%、34.8%和 13.4%。重点项目带动作用突出，90 个自治区重点建设项目全面开工，完成年度投资占全社会投资的 40%。包银高铁开工建设，泰和芳纶、杉杉锂电池材料、银西高铁、中兰高铁加快建设，隆基硅 5GW 单晶硅棒硅片、银川国际航空港综合交通枢纽、黄河宁夏段二期防洪工程、盐环定扬水更新改造工程建成投运。中央资金支持的自治区成立 60 周年大庆项目基本如期建成。消费环境和基础设施不断完善，新建 10 个社区商业项目、12 条特色商业街区，商业零售线上线下加快融合，消费潜力持续释放。供需衔接继续优化，冷链物流、重要产品追溯体系示范项目加快建设，物流标准化、共同配送建设有序开展。

（六）区域城乡发展更趋协调

强化空间规划引领，统筹推进新型城镇化和乡村振兴战略。银川都市圈建设全面启动，40 项重点任务有序推进，46 个重点项目开工率达到 93.5%，城乡西线供水工程、沙湖—星海湖水系连通人工湿地、典农河—沙湖快速通道等项目顺利推进。出台乡村振兴战略实施意见，印发《宁夏乡村振兴战略规划（2018—2022 年）》，编制了 1123 个行政村的实用性村庄规划。开工建设美丽小城镇 20 个、特色小镇 12 个、美丽村庄 126 个。农村人居环境综合整治工作扎实推进，完成农村污水处理及改厕 3.2 万户。红寺堡列为全国 19 个乡村振兴和治理县区典型。制定城镇建设用地增加规模与吸纳农业转移人口落户数量挂钩机制的实施细则，取消城镇人口和乡村人口区分，城镇化率比 2017 年提高 1 个百分点。

（七）发展动力活力不断增强

积极推进重点领域和关键环节改革，69 项年度重点任务基本完成。供给侧结构性改革深入推进，取缔地条钢生产企业 6 家，淘汰落后产能 318 万吨，降低实体经济成本 90 亿元。坚决打好防范化解重大风险攻坚战，聚焦政府债务、金融、房地产等重点领域，出台一系列政策措施，政府隐性债务增长势头得到有效遏制，存续期企业债券兑付风险排查防控工作深入开展，互联网金融风险专项整治力度加大，房地产去库存取得阶段性成效，重点领域风险总体可控。“放管服”改革持续深化，建成全区共享共用的电子政务基础设施，企业投资项目“多评合一”和“区域评”改革有序推进，矿产压覆、地质灾害等 6 项评估事项实现合并办理。87%的工商登记改为后置或取消，实现“44 证合一”，企业开办时间明显压缩。出台优化营商环境的 24 条政策措施，各类市场主体达到 59.14 万户，同比增长 11%。实施开发区整合优化和改革创新，33 个工业园区整合优化为 22 个。社会信用体系建设深入推进，联合激励惩戒机制作用不断凸显。国有企业改革取得新进展，混合所有制企业达到 185 户。自治区级机构改革任务顺利完成，行政、司法、群团等各领域改革有序推进。积极融入“一带一路”建设，出台推进内陆开放型经济试验区建设政策措施 61 条，新设外商投资企业 32 家、境外直接投资企业 14 家。银川与丝路沿线 8 省区 10 个海关实现“一次申报、多地通关”，与全国同步实现外商投资企业商务备案和工商登记“一口办理”，外贸发展质量和效益不断提升。

总的来看，经过全区上下的不懈努力，经济保持平稳增长，社会事业全面发展，重点工作全面推进，在经济下行压力加大的情况下，取得以上成绩实属不易。同时，自治区经济社会发展中不平衡不充分的问题和矛盾仍较突出，主要是：产业结构调整任务艰巨，高质量发展任重道远；市场消费增速放缓，投资下降 18.2%；企业融资难、融资贵问题仍然突出；城乡居民收入水平还不高，全面打赢脱贫攻坚战仍需持续用力。

二、2019 年主要目标和任务

2019 年是全面贯彻党的十九大和十九届二中、三中全会精神的重要一年，是新中国成立 70 周年，是决胜全面建成小康社会第一个百年奋斗目标的关键之年，多个重要时点集中交汇。宁夏将以习近平新时代中国特色社会主义思想为指导，深入贯彻党的十九大和十九届二中、三中全会及中央经济工作会议精神，按照统筹推进“五位一体”总体布局、协调推进“四个全面”战略布局的要求，围绕建设美丽新宁夏、共圆伟大中国梦，坚持稳中求进工作总基调，坚持新发展理念，坚持推动高质量发展，坚持以供给侧结构性改革为主线，坚持深化市场化改革、扩大高水平开放，持续落实自治区第十二次党代会安排部署，继续打好“三大攻坚战”，接续实施好“三大战略”，统筹推进稳增长、促改革、调结构、惠民生、防风险工作，进一步稳就业、稳金融、稳外贸、稳外资、稳投资、稳预期，加快建设现代化经济体系，增强人民群众获得感幸福感安全感，保持经济持续健康发展和社会大局稳定，振奋精神、实干兴宁，为与全国同步建成全面小康社会打下决定性基础，以优异成绩庆祝中华人民共和国成立 70 周年。

主要预期目标是：全区经济增长 7%左右，地方一般公共预算收入同口径增长 7%左右，社会消费品零售总额增长 6%，城镇和农村居民人均可支配收入分别增长 7.5%和 8%。

（撰稿：金晓玲　审稿：马汉功）

新疆维吾尔自治区

2018 年，在以习近平同志为核心的党中央坚强领导下，自治区党委团结带领全区各族人民以习近平新时代中国特色社会主义思想为指导，全面贯彻落实党的十九大和十九届二中、三中全会精神，贯彻落实习近平总书记关于新疆工作的重要讲话和重要指示精神，贯彻落实党中央治疆方略，聚焦社会稳定和长治久安总目标，按照“1+3+3+改革开放”工作部署，坚持稳中求进工作总基调，坚持新发展理念，牢牢把握高质量发展要求，以供给侧结构性改革为主线，统筹稳增长、促改革、调结构、惠民生、防风险，做好稳就业、稳金融、稳外贸、稳外资、稳投资、稳预期工作，社会大局保持稳定，经济发展稳中有进，三大攻坚战开局良好，改革开放成效显著，人民生活持续改善，朝着实现全面建成小康社会的目标迈出了新的步伐。

一、综合

初步核算，全年实现地区生产总值（GDP）12199.08 亿元，比上年增长 6.1%。其中，第一产业增加值 1692.09 亿元，增长 4.7%；第二产业增加值 4922.97 亿元，增长 4.2%；第三产业增加值 5584.02 亿元，增长 8.0%。第一产业增加值占地区生产总值的比重为 13.9%，第二产业增加值比重为 40.3%，第三产业增加值比重为 45.8%。全年人均地区生产总值 49475 元，比上年增长 4.1%。

全年居民消费价格（CPI）比上年上涨 2.0%。工业生产者出厂价格（PPI）上涨 11.2%。工业生产者购进价格上涨 9.2%。固定资产投资价格上涨 3.7%。农业生产资料价格上涨 4.9%。

脱贫攻坚迈出坚实步伐。全年全区 53.7 万人实现脱贫，513 个贫困村退出，3 个贫困县摘帽，贫困发生率降至 6.51%。年末全区未脱贫人口 81.71 万人。全区投入扶贫资金 334.11 亿元，92.3%用于南疆四地州。

二、农业

全年粮食种植面积 2219.64 千公顷，比上年下降 3.3%。其中，小麦种植面积 1031.47 千公顷，下降 8.5%；玉米种植面积 1033.29 千公顷，增长 1.3%。棉花种植面积 2491.30 千公顷，增长 12.4%。油料种植面积 224.13 千公顷，下降 6.7%。甜菜种植面积 57.25 千公顷，下降 21.5%。

年末牲畜存栏 5047.93 万头（只），比上年增长 2.1%；牲畜出栏 4508.39 万头（只），增长 1.4%。全年猪牛羊禽肉产量 155.45 万吨，比上年增长 1.1%。其中，羊肉产量 59.38 万吨，增长 2.0%；牛肉产量 41.97 万吨，下降 2.5%；猪肉产量 38.10 万吨，增长 6.4%；禽肉产量 16.01 万吨，下降 3.9%。禽蛋产量 37.27 万吨，下降 0.3%。生牛奶产量 194.85 万吨，增长 1.6%。

三、工业和建筑业

全年全部工业增加值 3743.85 亿元，比上年增长 3.9%。其中，规模以上工业增加值 3564.05 亿元，增长 4.1%。在规模以上工业中，分经济类型看，国有控股企业增加值 2409.81 亿元，增长 5.1%；股份制企业增加值 3321.22 亿元，增长 3.1%；外商及港澳台商投资企业增加值 72.40 亿元，增长 8.4%；私营企业增加值 468.10 亿元，增长 5.2%。分工业门类看，采矿业增加值 1120.21 亿元，增长 8.6%；制造业增加值 1924.86 亿元，下降 0.9%；电力、热力、燃气及水的生产和供应业增加值 518.98 亿元，增长 15.7%。分轻重工业看，轻工业增加值 359.31 亿元，增长 0.6%；重工业增加值 3204.74 亿元，增长 4.5%。

自治区重点监测的十大产业中，石油工业增加值 1360.07 亿元，比上年增长 4.1%；有色工业 334.88 亿元，下降 3.0%；电力工业 443.44 亿元，增长 18.0%；化学工业 382.58 亿元，增长 6.9%；钢铁工业 81.22 亿元，增长 4.2%；建材工业 153.00 亿元，下降 9.8%；煤炭工业 184.96 亿元，增长 13.5%；纺织工业 108.14 亿元，增长 14.5%；农副食品加工工业 65.26 亿元，下降 15.4%；装备制造工业 62.33 亿元，增长 2.4%。六大高耗能行业增加值增长 2.9%，占规模以上工业增加值比重为 54.3%。

全年规模以上工业企业实现利润 788.76 亿元，比上年增长 11.4%。完成工业品出口交货值 111.24 亿元，增长 18.1%。

全年实现建筑业增加值 1274.38 亿元，比上年增长 5.2%。

四、服务业

全年批发和零售业增加值 739.84 亿元，比上年增长 4.4%；交通运输、仓储和邮政业增加值 835.26 亿元，增长 23.9%；住宿和餐饮业增加值 192.84 亿元，增长 3.4%；金融业增加值 645.36 亿元，增长 0.6%；其他服务业增加值 2830.16 亿元，增长 7.8%。全年规模以上服务业企业实现营业收入 1747.49 亿元，比上年增长 11.7%；营业利润 182.74 亿元，下降 8.1%。

全年货物运输量 9.76 亿吨，比上年增长 15.4%。货物运输周转量 2601.84 亿吨公里，增长 13.7%。

五、国内贸易

全年社会消费品零售总额 3186.97 亿元，比上年增长 5.2%。按经营地统计，城镇消费品零售额 2882.25 亿元，增长 4.9%；乡村消费品零售额 304.72 亿元，增长 7.3%。按消费类型统计，商品零售 2742.48 亿元，增长 4.5%；餐饮收入 444.49 亿元，增长 9.3%。

在限额以上单位商品零售额中，粮油、食品类零售额比上年增长 4.6%，饮料类增长 10.2%，烟酒类下降 0.5%，服装、鞋帽、针纺织品类下降 4.8%，化妆品类增长 3.5%，金银珠宝类下降 0.1%，日用品类下降 3.8%，家用电器和音像器材类下降 7.4%，中西药品类增长 5.8%，家具类增长 9.6%，通讯器材类增长 18.0%，建筑及装潢材料类增长 5.6%，石油及制品类增长 8.1%，汽车类下降 10.1%。

六、固定资产投资

全年固定资产投资（不含农户）比上年下降 25.2%。在固定资产投资中，第一产业投资下降 42.1%；第二产业投资下降 5.9%；第三产业投资下降 32.6%。

全年房地产开发投资 1033.44 亿元，比上年下降 0.4%。其中，住宅投资 642.48 亿元，增长 9.2%；办公楼投资 44.03 亿元，下降 33.4%；商业营业用房投资 195.43 亿元，下降 31.4%。

七、对外经济

全年货物进出口总额 200.10 亿美元，比上年下降 2.7%。其中，进口 35.91 亿美元，增长 22.4%；出口 164.19 亿美元，下降 6.9%。货物进出口顺差（出口减进口）128.28 亿美元，比上年减少 19.70 亿美元。

八、财政和金融

全年全区一般公共预算收入 1531.46 亿元，比上年增长 4.5%。其中，税收收入 1051.76 亿元，增长 11.4%。一般公共预算支出 4985.57 亿元，增长 9.8%。其中，民生财政支出 3512.80 亿元，增长 70.5%。

年末金融机构（含外资）人民币各项存款余额 22011.49 亿元，比上年增长 3.6%。其中，非金融企业存款余额 5574.65 亿元，下降 12.3%；住户存款余额 9381.01 亿元，增长 11.7%。年末金融机构（含外资）人民币各项贷款余额 18203.14 亿元，比上年增长 7.9%。其中，短期贷款 4983.11 亿元，增长 0.5%；中长期贷款 10997.56 亿元，增长 8.8%。个人消费贷款 2365.68 亿元，增长 10.9%。其中，个人住房贷款 1802.71 亿元，增长 12.5%。

九、居民收入消费和社会保障

全年城乡居民人均可支配收入 21500 元，比上年增长 7.6%，扣除价格因素，实际增长 5.5%。按常住地分，城镇居民人均可支配收入 32764 元，比上年增长 6.5%，扣除价格因素，实际增长 4.6%。其中，工资性收入 21953 元，增长 6.0%；经营净收入 3414 元，增长 7.4%；财产净收入 1434 元，增长 6.1%；转移净收入 5963 元，增长 7.9%。农村居民人均可支配收入 11975 元，比上年增长 8.4%，扣除价格因素，实际增长 5.9%。其中，工资性收入 2945 元，增长 5.3%；经营净收入 6624 元，增长 9.7%；财产净收入 235 元，增长 1.0%；转移净收入 2170 元，增长 9.7%。

城乡居民人均消费支出 16189 元，比上年增长 7.3%，扣除价格因素，实际增长 5.2%。按常住地分，城镇居民人均消费支出 24191 元，增长 6.1%，扣除价格因素，实际增长 4.2%；农村居民人均消费支出 9421 元，增长 8.1%，扣除价格因素，实际增长 5.6%。城乡居民恩格尔系数为 31.84%，其中城镇为 31.63%，农村为 32.27%。

年末全区参加城镇职工基本养老保险人数 523.27 万人，比上年末增加 59.09 万人。参加城乡居民基本养老保险人数 713.18 万人，增加 122.55 万人。参加基本医疗保险人数 1998.95 万人，增加 132.06 万人。其中，参加职工基本医疗保险人数 441.59 万人，增加 42.39 万人；参加城乡居民基本医疗保险人数 1557.37 万人，增加 89.68 万人。参加失业保险人数 261.78 万人，增加 27.16 万人。参加工伤保险人数 292.01 万人，增加 26.89 万人，其中，参加工伤保险的农民工 41.98 万人。参加生育保险人数 289.36 万人，增加 28.94 万人。年末全区共有 45.90 万人享受城市居民最低生活保障，201.60 万人享受农村居民最低生活保障。

十、科学技术和教育

全年自治区科技计划新立项项目 1232 个，自治区重大科技专项 4 个，自治区重点研发专项 23 个，自治区科技成果转化示范专项 26 个。年末拥有县以上部门属研究与技术开发机构 113 个。其中，自然科学研究与技术开发机构 90 个，科技信息与文献机构 6 个，社会与人文科学领域研究与技术开发机构 6 个，转制科学研究与技术开发机构 11 个。重点实验室 56 个，其中，国家重点实验室 2 个。已挂牌的工程技术研究中心 96 个，其中，国家级 5 个。拥有高新技术企业 599 个；高新技术产业园区 19 个，其中，国家级 2 个，自治区级 17 个。生产力促进中心 72 个，其中，国家级示范中心 9 个。星创天地 42 个，其中，国家级 35 个。众创空间 49 个，其中，国家级 23 个。科技企业孵化器 23 个，其中，国家级 9 个。

全年受理专利申请 14647 项，其中，受理发明专利申请 3665 项。获得专利授权 9658 项，其中，获得发明专利授权 923 项。登记技术合同 453 项，技术合同成交金额 5.21 亿元，其中，技术交易额 5.13 亿元。

年末共有普通高等学校 45 所。全年研究生教育招生 9049 人，在学研究生 23807 人，毕业生 6151 人。普通本专科招生 11.97 万人，在校生 37.49 万人，毕业生 8.13 万人。中等职业教育学校 158 所，全年招生 10.08 万人，在校生 25.37 万人，毕业生 6.85 万人。普通高中 343 所，全年招生 16.52 万人，在校生 54.97 万人，毕业生 17.79 万人。初中 935 所，全年招生 32.16 万人，在校生 92.45 万人，毕业生 29.68 万人。普通小学 3368 所，全年招生 46.85 万人，在校生 242.68 万人，毕业生 32.37 万人。特殊教育学校 28 所，全年招生 807 人，在校生 3974 人，毕业生 362 人。幼儿园 7685 所，全年招生 55.54 万人，在校生 155.76 万人，毕业生 46.59 万人。

十一、文化旅游、卫生健康和体育

年末全区文化系统共有艺术表演团体 110 个，博物馆 87 个，公共图书馆 107 个，群众艺术馆、文化馆 119 个。年末广播节目综合人口覆盖率为 97.83%，电视节目综合人口覆盖率为 98.07%。

全年全区接待游客 15024.89 万人次，比上年增长 40.1%；旅游总消费 2579.71 亿元，增长 41.6%。其中，接待国内游客 14762.30 万人次，增长 40.7%；国内旅游消费 2497.00 亿元，增长 42.6%。入境游客 262.60 万人次，增长 11.8%；入境旅游消费 12.23 亿美元，增长 16.0%。

年末全区共有医疗卫生机构 15484 个，其中，医院、卫生院 1621 个，妇幼保健院（所、站）90 个，专科疾病防治院（所、站）3 个。医院、卫生院拥有床位 14.32 万张。卫生技术人员 15.19 万人，其中，执业（助理）医师 5.43 万人，注册护士 6.17 万人。疾病预防控制中心 113 个，疾病预防控制中心卫生技术人员 3839 人。乡镇卫生院 924 个，拥有床位 2.87 万张，乡镇卫生院卫生技术人员 2.16 万人。

全年我区运动员在国际比赛中荣获金牌 24 枚，银牌 19 枚，铜牌 21 枚。在全国比赛中荣获金牌 194 枚，银牌 131 枚，铜牌 151 枚。

（撰稿：裴海龙　审稿：姜国利）

民族乡镇发展综述

北京市

北京市有 5 个民族乡，其中 2 个回族乡、2 个满族乡和 1 个满族蒙古族乡，共涉及 62 个行政村，人口 83677 人，其中少数民族人口为 20563 人，占 24.5%。北京市民族乡城市化进程较快，其中，朝阳区常营回族乡、密云区檀营满族蒙古族乡已基本完成城市化。

一、加快产业转型升级，经济发展质量不断提高

2018 年，全市民族乡实现财政收入 98366.7 万元，财政支出 130955.7 万元，财政自给率约为 75.1%。4 个民族乡（因密云区檀营满族蒙古族乡已城市化，无统计数据）农林牧渔业总产值和乡镇企业总产值规模实现双增长。2018 年，4 个民族乡农林牧渔业总产值 55920.9 万元，乡镇企业总产值 2097947.1 万元，其中，工业企业总产值 384296 万元。3 个涉农的民族乡围绕疏解整治促提升和推进农业供给侧结构性改革，加快产业转型升级和融合发展。于家务回族乡产业疏解与培育同时实施，全年退出一般性制造业 6 家。通过制定招商奖励政策，全年引进注册企业 94 家；于家务国际种业科技园以种业为核心的全产业链条更加成熟，种业综合服务区建设取得突破性进展，各类农作物新品种、新技术的综合展示面积近 4 万亩，各类温室及种苗车间 50 栋，约 28 万平方米，物联网覆盖面积 15000 亩，科技服务体系进一步完善；2018 年全乡实现税收 8.2 亿元，形成区财力 1.9 亿元，完成固定资产投资 9 亿元，全乡人均可支配收入达到 2.69 万元。喇叭沟门满族乡积极弘扬“沟门三宝”，推动发展集文化休闲、养生度假和生态体验于一体的特色旅游产业，依托白桦林景区、满族民俗博物馆，开展“风情节”、“红叶节”、“白桦林”杯业余围棋段位赛等特色主题活动，全年共接待游客 25.6 万人次，旅游综合收入 3148.8 万元，其中民俗旅游收入 2680.9 万元，同比增长 66%，民俗生态休闲旅游正逐步成为该乡的富民产业。长哨营满族乡着力培育文旅产业，积极推进满族风情特色小镇和溪谷小镇建设，协助区政府举办首届怀柔乡村美食大赛，成功打造老西沟村大石门外景拍摄基地，成立八道河、西沟、二道河及老西沟 4 个村的民俗旅游专业合作社，努力推进高端民宿、精品酒店、星级民俗户、旅游服务设施建设，促进满族文化、影视文化与休闲旅游融合发展；全年完成乡财政收入 6457 万元，同比增长 44.6%，完成率位居怀柔区第一。

二、着力推进美丽乡村建设，生态水平持续提升

5 个民族乡的 62 个行政村以美丽乡村建设为统领，继续深入开展疏解整治促提升专项行动，开展“清脏、治乱、控污、增绿”系工作。全面开展“背街小巷治理及提升改造”、“街巷路长制”等活动，扎实做好大气污染和水污染防治、垃圾清理等重点难点工作，完成农业综合开发小流域治理、林木抚育和外埠防火隔离带等工程项目，全面推进生态文明建设，区域发展环境进一步提升。2018 年，喇叭沟门满族乡拆除违法建筑 10600 余平方米，清理生活垃圾和建筑垃圾 10512 吨，清理村内积存的农业秸秆废弃物 850 吨；清理绿化带 50000 余平方米，更换种植土 2000 余平方米；积极推进“厕所革命”，对喇叭沟门村公共卫生厕所进行升级改造，并在西府营新建二类公厕一座，努力补齐影响农民群众生活品质的短板；对全乡 15 个村开展垃圾分类工作，全乡 2494 户门前均配备了垃圾分类桶架。长哨营满族乡全面打赢蓝天保卫战，顺利完成区“减煤换煤”任务，实现乡域内优质燃煤全覆盖，送气下乡 3400 户，基本实现村民生产生活清洁能源全覆盖，PM2.5 年平均浓度 29 微克/立方米，同比下降 9.4%，低于全区平均浓度 25.6%；坚决打好碧水攻坚战，全面落实河长制，完善乡、村两级“河长”体系；在 111 国道、区乡级道路两侧种植各色花草近 2.2 万平方米，打造“万米花带”，实现乡域生态环境品质由“净化”向“美化”质的飞跃。于家务回族乡农业设施

的底数全部摸清，4060 个农业设施大棚整改达标，实现裸地苫盖全覆盖，全年累计劝返大货车 1.76 万辆，拆除燃煤设备 57 台，实现散煤污染“动态清零”，空气质量明显提高；深化“街巷长”、小巷管家支援服务，治理脏乱点 700 余处，全年转运生活垃圾近 3 万吨；开展“厕所革命 ”，完成乡域内 38 座公厕提升改造。

三、持续优化惠民利民服务，切实提升百姓福祉

教育医疗、社会保障、文化体育等基本公共服务均等化水平持续提升，民族乡共有 17 所学校，在校生 8916 人，中小学办学条件全部达到全市中小学统一标准。实现广播电视、数字影厅、全民健身设施和文化活动室（站）全覆盖。建有医院、卫生院 32 个、村卫生室 61 个，按照 15 至 30 分钟可及原则，实现了基层医疗卫生服务全覆盖。怀柔区喇叭沟门满族乡为全乡 1251 名 60 岁以上老年人进行健康体检，开展 20 余次各类健康知识宣传活动，圆满完成两癌筛查和献血等工作任务；全乡各村平均藏书量达 3000 余册，共享工程基层服务点开展活动 160 场，播放流动电影 70 场，高质量完成 21 场星火工程演出任务；完成中榆树店、下河北、帽山、大甸子四个村的文化活动中心改扩建提升工程。长哨营满族乡救助大病及各种困难弱势群体 424 人，救助资金 28.89 万元，并为 20 人申报区级红十字会救助；开展“千人公益行动”，为 29 名听障患者免费配备价值 7000 元的助听器，为 100 余名白内障患者免费进行复明手术；基本实现乡村两级公共文化设施建设全覆盖，村级医疗卫生室、养老驿站、温馨家园等民生项目有序推进，长哨营中心幼儿园新建工程已获项目建议书批复，乡敬老院改扩建工程正在办理项目前期手续。于家务回族乡投资 157.5 万元提高中小学及幼儿园师资队伍和改善办学环境，完成 6 个村自助式“健康自测站”建设工作；与首都儿科研究所结提高医疗水平，完成乡卫生院的提升改造，实现双提升；举办“美丽乡村、筑梦有我”、“金秋十月爽，久久话重阳”等文化活动；完成乡儿童成长驿站和富各庄等 3 个养老驿站建设工作。

（撰稿：刘刚　审稿：杨琳）

天津市

一、全乡基本情况

孙各庄满族乡是天津市唯一的少数民族山区乡，位于天津市蓟州区东北的燕山脚下，西南距城区 25 公里，东与遵化市相连，西与下营镇、穿芳峪镇相邻。南与马伸桥镇接壤，北与遵化市清东陵相连。马营路东西穿乡而过，天台山路纵贯南北。界内南北为山区，中部有关东河横贯东西形成的河谷地带。东北、西南走向的天台山、黄花山、牤牛山、朱华山贯穿全境。境内山峰平均海拔 500 米，最高峰海拔 684 米。全乡区域面积 26 平方公里，辖 13 个行政村，7255 口人，其中满族人口 2390 人，占全乡总人口 33%，主要聚居在太平庄、孙各庄、龙福寺、丈烟台、朱耳峪、夏家林、朱华山 7 个行政村。

二、特色产业的发展

孙各庄满族乡党委、政府认真贯彻落实区委、区政府一系列决策部署，紧密结合本乡实际，围绕发挥好“资源、历史、文化、生态”四大优势，打好山水牌、念好农字经、算好文化账、走好高质高端路，着力打造核桃之乡、蜜蜂之乡和文化之乡，不断提高产业发展层次和水平，带动全乡整体经济工作快速健康发展。

2018 年，全乡国民生产总值完成 2.98 亿元，占年计划的 101%；固定资产投资完成 3000 万元，占年计划的 100%；招商引资完成 530 万元，占年计划的 106%；农民人均可支配收入完成 19890 元，占年计划的 103%；实现税收 700 万元，占年计划的 117%。

（一）全力抓好蜜蜂养殖产业，让小蜜蜂酿造大效益

今年以来，新建蜜蜂养殖基地 10 个，基地总数达到 50 个，引进土耳其高标准蜂箱和意大利蜂种群 1500 个，总数达到了 4500 多个。在毛家峪、八仙山新建了 2 个标准化满蜜养殖、销售基地，预计全年可产成熟满蜜 19 万斤，实现产值 1900 万元，为全乡农民人均增收 3000 多元。

（二）全力抓好核桃种植，让小核桃撬动大产业

今年以来，我们组织实施了核桃种植、高接换优、绿色杀虫、产业路建设等工程，不断提高核桃种植规模和产品品质。今年，核桃种植面积达到了 1.5 万亩，产量达到 380 万公斤，产值达到 9500 万元，人均收入 13000 多元。

（三）全力抓好文化产业发展，让小文化推动大旅游

我们坚持文化产业作为促进旅游发展的灵魂和动力来抓，逐步形成了满族工艺品加工、满族文化展示、蜜蜂养殖文化体验等各种主题突出的系列高端文化和特色民宿。编排制作了具有满族风情的“满乡山水谣”歌舞演出节目，筹建了隆福寺村满乡大舞台。目前已发展特色民宿 200 多家，果品采摘园和蜜蜂观光体验园发展到 20 多家，每年吸引游客达到 10 多万人次。

（四）全力抓好精准扶贫工作，坚决打好脱贫攻坚战

我们充分利用我乡蜜蜂养殖的优势和特点，把全乡低收入户纳入蜜蜂养殖合作社的包保和帮扶范围，采取代养、托养、打工的方式，帮农民就业增加收入。同时，我们实行蜜蜂养殖合作社托底帮扶低收入户的措施，确保我乡低收入户到年底全部实现脱贫目标。

（五）全力抓好社会各项事业发展，努力打造良好的社会环境

坚持把安全生产、环境保护、信访稳定，作为三件大事常抓不懈，全年没有发生一起安全生产事件，没有发生一起环保被通报的案件，没有发生一起越级进京津上访问题。改造新修村庄路、产业路 20 多里，新翻建桥梁 3 座，有效地改善了人居环境。

（撰稿：冯振攀　审稿：苏玮）

河北省

河北省有 50 个民族乡，辖有 651 个行政村，行政区划面积 5097 平方公里，占河北省总面积的 2.71%；总人口 89.6 万人，其中少数民族人口 35 万人，占全省少数民族人口的 9.32 %。近年来，省市县党委政府高度重视民族乡经济社会发展，认真落实民族乡补助金等支持政策和制度；省民委积极推动有关市政府，组织赴民族乡现场办公，凝聚市直部门力量，帮助民族乡解决经济社会发展中的突出困难和问题，特别是加大对民族乡基础设施建设的支持力度。目前，民族乡所辖村全部实现了通邮、通电、通网络、通电话；有 647 个村通公路、575 个村通自来水，分别占行政村总数的 99.39%、88.32%，

2018 年，全省民族乡企业发展放缓，总产值 777.63 亿元，较上年减少 1.59%；企业从业人员 11.79 万人，较上年减少 4.07%；企业年净利润总额 61.34 亿元，较上年减少 2.32%。

农林牧渔业总产值 99.3 亿元，较上年增长 4.2%，粮食产量 54.18 万吨，肉类产量 11.45 万吨。农作物总播种面积 149.4 万亩，其中粮食总播种面积 111.4 万亩。农民专业合作社 1146 个，合作社成员 14947 户。

全省民族乡财政收入有所下降，公共财政收入 7.72 亿元，较上年减少 41%。公共财政支出 7.49 亿元，较上年减少 14.9%。黄骅市羊二庄回族乡完成财政收入 1.56 亿元，廊坊市永清县管家务回族乡人均财政收入为 3754 元，分别居全省 50 个民族乡第一。

民族乡农民人均可支配收入为 10372 元，较上年增长 10.8%，是全省平均水平（全省为 14031 元）

的 73.9%，较去年增加 1.23 个百分点。农民人均可支配收入最高的是沧州市黄骅市新村回族乡，为 32605 元。

全省民族乡共有学校 264 所，在校学生 70652 人，教师 5167 人；图书馆 95 个，文化站 83 个，村文化活动室 580 个；医院、卫生院（所）67 个，村卫生室 769 个；卫生技术人员 753 人，乡村医生和卫生员 957 人；病床 1454 张，医生与病床数倒置问题基本得到解决。

（撰稿：张伟　审稿：陈泽辉）

内蒙古自治区

内蒙古自治区现有民族乡 18 个，主要分布在内蒙古自治区的呼伦贝尔市、兴安盟、赤峰市和乌兰察布市。18 个民族乡中鄂温克族民族乡 7 个，满族民族乡 4 个，达斡尔族民族乡 2 个，鄂伦春族、朝鲜族、回族、俄罗斯族、达斡尔族与鄂温克族联合乡各 1 个。

18 个民族乡地区面积共计 27633.04 平方公里，约占我区土地面积的 2.34%；人口总数为 201374 人，约占我区人口总数的 0.83%；少数民族人口为 69597 人，约占全区少数民族人口的 1.38%；民族乡主体民族人口约 32365 人，约占全部民族乡少数民族人口的 46.5%。我区 18 个民族乡普遍具有以下两个特点：一是多民族聚居。大部分民族乡均由 10 个左右民族成分构成。各民族间和睦相处，不同民族间通婚比较普遍。二是地处偏远，交通不便。18 个民族乡中除阿荣旗新发朝鲜民族乡、额尔古纳市三河回族乡、根河市敖鲁古雅鄂温克民族乡、赤峰市松山区当铺地满族乡 4 个民族乡外，大部分民族乡远离干线公路和旗县政府所在地，莫力达瓦达斡尔族自治旗杜拉尔民族乡距 111 国道 60 公里，恩和俄罗斯族民族乡距额尔古纳市政府所在的拉布大林镇 168 公里。

18 个民族乡的经济社会事业有了长足发展，人民生活显著提高。民族乡抓住发展机遇，利用国家、自治区和盟市、旗县（市、区）政府对民族乡在项目安排和资金扶持上的优惠政策，大力改善农牧民生产生活的基础设施条件，文化、体育、广播电视事业快速发展，村村通工程基本完成；全面推进新型农村合作医疗，积极发展乡村医疗服务，社会事业不断完善。

内蒙古自治区呼伦贝尔市、兴安盟、赤峰市、乌兰察布市及相关旗县（市、区）不断加强对民族乡的工作力度，加快推进民族乡经济社会发展和全面建成小康社会的步伐。

一、采取有效措施，加快少数民族贫困人口脱贫步伐

民族乡按照自治区安排部署，结合实际，以增加民族乡贫困人口收入为核心，始终坚持“开发扶贫”和“精准扶贫”相结合，因村施策、因人施策，大力推进民族乡扶贫开发工作，通过实施整村推进、科技扶贫及扶持产业、就业发展、政府救助等带动和帮助贫困户脱贫致富，取得了较好的效果，脱贫人数逐年增加。

二、凝神聚力支持和推进民族乡优势经济产业的发展

18 个民族乡因地制宜，大力发展肉牛、肉羊、奶牛、玉米、大豆、马铃薯、柞蚕、木耳等各具地方特色的支柱产业。畜牧业养殖向规模化、集约化、产业化迈进。积极发展设施农业，建立现代化农业园区，推广公司加基地加农户生产模式，带动农牧民发展生产，增加收入，农牧业基础地位进一步加强。如：阿荣旗新发朝鲜民族乡依托朝鲜族传统水稻种植优势，大力发展绿色水稻产业，推行“龙头企业+合作社+基地+农户”和企业自建基地等发展模式，并通过“绿色产业链”打造出“阿伦新米”“笑顺稻”“口粮田”等绿色大米品牌，形成了市场竞争力强的优势产业。

三、积极保护和传承优秀民族文化

18 个民族乡大部分都建有民族乡博物馆。各民

族乡积极开展民族语言传承工作，积极培养本民族语言教师，开展民族语言教学课程，推动各民族文化共同繁荣发展。有的民族乡还拥有自己的文化名片，如：阿荣旗新发朝鲜民族乡组建了朝鲜族专业文化团体；鄂温克民族乡在传统节日“瑟宾节”开展具有民族特色的文体活动；恩和俄罗斯民族乡的俄罗斯“巴斯克节”和俄罗斯族民间舞蹈列入自治区首批非物质文化遗产，使优秀少数民族传统文化得到了传承与保护。

四、大力发展旅游业，促进各民族间开放和交流

一些民族乡依托乡域内丰富的自然资源和民族文化优势，积极发展文化旅游产业，促进民族乡群众转产增收。如：额尔古纳市恩和俄罗斯族民族乡通过扶持人口较少民族发展和特色村寨项目资金建设，依托俄罗斯族民俗风情积极发展俄罗斯家庭旅游项目，俄罗斯家庭游俨然成为了当地经济发展的支柱产业。根河市聘请专家对敖鲁古雅乡进行总体规划，从民俗、旅游和建筑风格上再现“敖鲁古雅风情、驯鹿部落文化”特色，打造具有鄂温克民族风情的敖鲁古雅。

（撰稿：李日树　审稿：陈平）

辽宁省

2018 年，辽宁省有 54 个民族乡，其中：满族乡 38 个，蒙古族乡 9 个，朝鲜族乡 2 个，民族联合乡 5 个。民族乡行政区划总面积为 7535.75 平方公里，年末总人口达到 87.9 万人，其中少数民族人口达到 50.0 万人，占民族乡总人口的 56.9%。

2018 年，全省民族乡镇经济社会得到进一步发展，基础设施不断改善，人民生活水平不断提高。全省民族乡共有 510 个村民委员会，已通自来水的村有 354 个，占 69.4%；510 个村全部通公路、通电、通邮、通电话。

2018 年，全省民族乡乡镇企业从业人员 39467 人，乡镇企业总产值 221.9 亿元，其中工业总产值 148.8 亿元，乡镇企业年净利润总额 13.9 亿元。

2018 年，全省民族乡农作物总播种面积 251.3 万亩，其中粮食播种面积 189.6 亩。2018 年，民族乡粮食产量 81.2 万吨，肉类总产量达到 23.9 万吨。民族乡实现农林牧渔业总产值 106.7 亿元。

2018 年，全省民族乡财政收入为 9.0 亿元，财政支出为 8.3 亿元；农民人均可支配收入达到 10707 元。全省共有农民合作社 1745 个，合作社成员 2.8 万户，农业技术服务机构 164 个，农技机构从业人员 851 位。

2018 年，全省民族乡共有学校 201 所，在校学生总数 4.8 万人，教师总数 5436 人；图书馆 36 个，文化站 54 个，村文化活动室 467 个。医疗卫生机构 613 个，其中医院 23 个，卫生院 58 个，村卫生室 587 个，卫生人员 1484 人，病床 1788 张。

（撰稿：赵经纬　审稿：赵瑞）

吉林省

一、全省民族乡（镇）经济发展

2018 年底，全省有民族乡（镇）33 个，其中：村民委员会 395 个。民族乡（镇）总人口数 62.71 万人，其中少数民族人口 18.12 万人，少数民族人口占人口的 28.89%。财政收入 5.63 亿元，财政支出 5.62 亿元。

（一）农业生产发展平稳

2018 年，全省民族乡镇实现农林牧渔业总产值 111.77 亿元；农作物总播种面积 298.57 万亩，其中

粮食播种面积 271.2 万亩。粮食总产量达到 151.5 万吨，肉类总产量 43.4 万吨。

（二）农业生产条件有所改善

2018 年，全省民族乡镇农民合作社个数 1913 个，农民合作社成员数 32210 户，农业技术服务机构个数 109 个，农业技术服务机构从业人数 502 人。

（三）人民生活水平进一步改善

2018 年，全省 395 个民族乡镇村全部通电、通邮、通电话，384 个民族乡镇村通公路，346 个民族乡镇村通自来水。

二、全省民族乡社会发展

2018 年，全省民族乡（镇）拥有各类学校 551 个，在校学生 3.05 万人，教师 5071 人。图书馆 89 个，文化站 64 个，村文化活动室 384 个。拥有医疗机构 340 个，其中医院 6 个，基层医疗卫生机构 309 个，卫生院 33 个，村卫生室 354 个。拥有卫生人员 1098 人，其中卫生技术人员 676 人，执业医师 343 人，乡村医生和卫生员 567 人。医疗卫生机构拥有病床 1006 张，其中医院有 270 张，基层医疗卫生机构 506 张，卫生院 543 张。

（撰稿：孟祥超　审稿：徐义祥）

黑龙江省

黑龙江省现有 63 个少数民族乡镇，包括 52 个少数民族乡和 11 个少数民族建制镇。占全省乡镇数量的 7.5%，其中有满族民族乡 18 个和朝鲜族民族乡 21 个，约各占三分之一，其余为蒙古族乡 6 个，鄂伦春族乡 5 个，赫哲族乡 3 个，达斡尔族乡 3 个，鄂温克族乡 1 个，满族锡伯族乡 1 个，达斡尔族满族柯尔克孜族乡 1 个，朝鲜族满族乡 2 个，达斡尔族满族乡 2 个。拥有总人口 97 万人，其中少数民族人口 40 万人，占少数民族乡镇总人口的 42%。

2018 年，我省 63 个民族乡镇实现地区生产总值 292.2 亿元，比上年增长 5.5%，略低于 2018 年初制定的 7%预期，高于黑龙江省 2018 年地区生产总值增长 5%的平均水平。农村居民人均可支配收入达到 15012 元，比上年增长 7%，高于全省农村居民人均可支配收入 8.7%，民族乡镇经济运行总体呈现出良好的发展态势。

一、黑龙江省民族乡镇发展情况

近年来，在中央政策的扶持下，在黑龙江省委、省政府的全力支持下，民族乡镇经济社会发展速度较快，民生事业得到较大改善，省市有关部门和各级地方政府通过多项措施齐抓并举、花大力气做好少数民族地区的发展建设工作，以加强民族乡镇基础设施建设、促进产业发展为着力点，逐年加大投入，不断改善农民生产生活条件，少数民族群众收入水平已经逐渐追赶并超过当地平均农民收入水平。

产业结构逐年得到优化，二、三产业占比逐步提高，一产占比减小，民族乡镇经济以产业结构优化为突破口、以实现少数民族群众快速致富为出发点，通过政策性引导和结构性调整，不断推动民族乡镇产业结构向“固一、促二、强三”方向迈进。

大力发展特色种养殖业，在水稻种植、食用菌栽培、特色养殖等方面形成优势。爱辉区坤河达斡尔族满族乡的黄旗营子食用菌生产基地年产黑木耳 6 万斤；黄旗营子村鲟鳇鱼养殖基地产品远销俄罗斯、意大利，年产值达 1000 万元；红旗村林丰合作社万亩米豆轮作示范带动作用突出，全乡农村人均收入达 1.5 万余元。东宁市三岔口朝鲜族镇是国家级滩头鱼大马哈鱼水产种质资源保护区，滩头鱼全国独有；全镇 3.8 万亩水田连片摆布，是东宁“塞北江南”的特色标志和风光映衬，三岔口绿色大米已成为省内外知名品牌；发展黑木耳 5600 万袋，年产值超亿元；发展烤烟 3300 亩，创税 180 万元。

基础设施建设全面加强，保障民生和满足群众对美好生活需求的基础设施类建设基本实现全覆盖。县、乡、村三级医疗卫生保障不断完善，全省 63 个民族乡镇建有 69 个乡镇卫生院，实现了一乡一院，卫生健康状况极大改善，基本医疗和建档立卡贫困户基本住房安全都有保障，义务教育阶段适龄学生全部实现九年义务教育，所有民族乡镇全部实现通电、通网、通邮、通车和安全饮水。

积极利用自身在资源、劳动力、地理位置等方面的优势，在发展劳务经济、旅游产业、传统文化开发利用等环节上加快发展步伐。一方面对外开展招商引资，优化资本、土地和劳动力等生产要素，推动工业大项目落地。另一方面发挥少数民族地区民俗资源富集、风情浓郁、自然风光优美的资源优势和良好现代农业基础，大力发展山水风光游、民俗风情游、历史文化游、生态度假游、农业观光游，建设了一批凸显民族特色的民俗一条街、餐饮一条街、民族传统运动体验和民族手工艺品制作等产业项目，取得了良好的经济效益。

二、下一阶段工作重点

1.采取积极有效措施解决民族乡镇经济发展不平衡问题。以推动民族乡镇发展“稳增长、提质量、增效益”为目标，针对发展短板，选准部门定位，加快产业结构和农业种植结构调整步伐，不断增强内生动力和造血功能，引导民族乡镇依托生态优势，重点发展高品质特色农产品和少数民族文化休闲旅游产业。落实优惠政策，大力发展民族创业创新基地建设，积极发展民族产业电子商务，通过“互联网+农业”，实现由种得好向销得好转变，重点开展专业技能培训和探索建设电商平台，提高少数民族群众创业致富本领。

2.充分挖掘少数民族独特的文化资源，加快转化为产业优势。黑龙江省丰厚的民族历史底蕴积淀了大量独具特色的少数民族文化，尚未完全转化成推动民族旅游业和民族手工艺发展的产业优势，对民族文化深层次的挖掘和整理还不够，还有极大潜力可待开发。我们将继续探索创新我省少数民族历史文化的挖掘整理开发工作，采取委托民族研究专门性学术机构进行统筹和梳理等措施，讲好龙江故事，打响民族品牌。

下一步，黑龙江省将加大工作力度，突出问题导向，落实好、执行好国家各项民族政策，完善好、推进好各项惠及各族群众的惠民措施，破解发展难题，提升发展质量，营造发展氛围，把发展成果落实到增进各族群众福祉上来。

（撰稿：张泽坤　审稿：刘烈军）

江苏省

刚刚过去的2018年，是高邮市菱塘回族乡发展进程中极不平凡的一年，也是菱塘乡发展史上具有里程碑意义的一年。面对各类风险挑战，乡党委、乡政府坚持以习近平新时代中国特色社会主义思想为指导，在市委、市政府和乡党委坚强领导下，在乡人大监督支持下，认真贯彻省委娄勤俭书记视察时的讲话精神，团结和依靠全乡各族人民，坚持稳中求进工作总基调，贯彻新发展理念，落实高质量发展要求，推进实施乡村振兴战略，完成了乡十九届人大三次和四次会议确定的目标任务。在江苏省庆祝改革开放40周年大会上，菱塘乡被省委、省政府授予“为江苏改革开放作出突出贡献的先进集体”称号，成为全省唯一获此殊荣的乡镇。

一、坚持狠抓落实，既定目标全面完成

经济发展目标方面。全年实现GDP42.89亿元，同比增长8.5%；财政收入2.46亿元，占全年目标111%，同比增长33%；公共财政预算收入1.23亿元，占全年目标111%，同比增长31%；完成固定资产投资48.4亿元，同比增长15%。

质量提升目标方面。实现高新技术产业产值66亿元，占规上工业产值的52%。新增高新技术企业9家，累计达21家。新增省级研发机构3个、省科技型中小企业3家、扬州市级以上名牌产品9个。新增发明专利17件、软件著作权40个。

生态保护目标方面。主要污染物排放、单位GDP能耗下降完成市定目标，治理挥发性有机物企业5

家，居民集中式饮用水源水质达标率 100%，新增造林面积 300 亩。

民生幸福目标方面。2018 年民生幸福工程“1 号文件”110 件实事项目，序时完成率达 99.1%。实现村级集体经济收入 540 万元，同比增长 8%。完成 15 户农村危房改造，全乡 289 户贫困家庭走出困境。社会公众安全感达 96%以上。

二、突出创新转型，主导产业提质增效

工业发展质态更好。实现工业开票销售 60.4 亿元，同比增长 17%；工业入库税收 1.6 亿元，同比增长 12%；购进设备抵扣增值税 1964 万元，同比增长 16%。新增规模以上企业 3 家，总数达 55 家。新增亿元企业 7 家，总数达 14 家。新增省重点推广应用新技术新产品 22 个，省信用贯标 2 个。出台并落实支持工业经济高质量发展“2 号文件”，引导企业提质转型、做优做强。支持小微企业发展，发放小微企业服务券 120 份。

建筑业发展势头迅猛。进一步拓展国内外市场，积极参与重点工程和地标性建筑建设。实现建筑业施工产值 90 亿元，占全年目标 120%，同比增长 28.7%。实现建筑面积 69.4 万平方米，同比增长 11.3%。创成省优工程 1 个、市优工程 25 个，省文明工地 4 个、市文明工地 9 个。新增一级建造师 19 人。瑞沃集团晋升市政总承包特级资质，成为扬州市首家市政特级企业。

服务业和旅游业发展可圈可点。成功举办 2018 第三届高邮湖大闸蟹旅游美食节菱塘分会场暨“好事成双在高邮”菱塘系列活动、第三届江苏高邮菱塘老鹅节等系列活动，旅游品牌不断叫响。实现服务业增加值 8.56 亿元，占全年目标 100%，同比增长 16.7%，占 GDP 比重提高 1 个百分点。民族风情小镇通过扬州市创建首年验收，古清真寺景区创成国家 AAA 级旅游景区。乔登江院士事迹展览馆正式开馆，并成为高邮市爱国主义教育基地。

三、注重资源整合，发展动力持续增强

项目招引成果不断。将项目建设作为推动创新转型、引领高质量发展的主抓手和“牛鼻子”，紧盯长三角、珠三角、京津冀等重点区域开展精准招商。注册个体工商户 283 户、注册私营企业 290 家、个转私 15 个，分别占全年目标 109%、153%和 100%。实现工业开工亿元以上项目 3 个、5000 万元项目 2 个，分别占全年目标 150%和 100%。实现工业竣工亿元以上项目 3 个、5000 万元项目 2 个，均占全年目标 100%。

科技创新亮点纷呈。实施“聚才创新”工程，拜访大院大所名校名企 9 家，签订校地校企合作协议 12 份，新增扬州市级以上研发机构 9 家，完成技术合同数 5 个。自主开展招才引智活动 6 次，引进领军人才 3 人、优秀博士人才 6 人，入选扬州市级以上各类本土人才计划 13 人。向上争取各类项目资金 1500 万元。电线电缆协会、商会和科协顺利完成换届。曙光公司、龙腾集团上市工作稳步推进，龙腾集团获批建立省级院士工作站，恒通公司成功申报省“双创计划”企业创新类人才项目。

园区平台不断优化。强力推进园区基础设施建设，平台功能不断完善。稳步推进高新区北部工业园和滨湖移步易景生态长廊项目拆迁规划工作。湖西水厂一期改造工程开工建设。完成骑龙路、东外环和张灯路提档升级。启动实施高庄路、东大路部分路段提档升级工程。高标准基本农田已进入扫尾阶段，累计平整土地 3000 亩，新建各类沟渠 58 公里、水泥路 18 公里、砂石路 11 公里、泵站 14 座、涵闸 840 座、农桥 21 座。防汛基础设施二期工程同步推进，共翻建、维修泵站各 1 座，新建涵闸 12 座，整治渠道 800 米。

生态环境更加优良。积极开展“263”专项行动，严格落实“河长制”，完成高邮湖环湖大堤专项整治和双庆河生态修复及水体景观工程，启动原垃圾处理场生态修复工作，关闭“小散污乱”企业 4 家，天菱河砂石码头正式关闭，退网还湖 4320 亩，乡河长办被评为扬州市河长制工作先进单位。为民族敬老院的老人们建成了生态公园，为民族初中的师生们新添 55 亩生态绿色环廊。三家规模畜禽养殖场达标排放通过高邮市验收，关闭一家生猪养殖企业。顺利完成全国第二次污染源普查第二阶段工作。成功创成省首批生态文明建设示范乡镇。

财政作用有效发挥。有效发挥积极财政政策对经济发展的引导和驱动作用，用于支持民营实体经济发展和项目招引资金 3600 多万元。坚持民生优先导向，全年民生支出达 3700 多万元，占财政支出的

62.8 %。全力支持打好三大攻坚战，积极防范政府性债务风险；积极支持脱贫攻坚，全年拨付财政专项扶贫资金 20 万元，统筹整合扶贫项目资金 100 多万元；用于全乡生态环保和绿色发展的资金 1500 多万元。

四、着力振兴乡村，三农工作扎实推进

农业发展效益提升。新增高效设施农业面积 510 亩。实现农业增加值 3.23 亿元，同比增长 8.5%。新培植国家级专业合作社 1 个、省级专业合作社 1 个、扬州市级专业合作社 3 个。积极组织农业龙头企业赴香港、南京等地参展推介。清真村创成扬州市十佳休闲观光农业单位，龚家村创成省“一村一品一店”示范村，回乡缘获评全国休闲农业与乡村旅游四星级企业，兴旺鸭业和润民农机分别被授予“国家农民合作社示范社”和“省农机合作示范社”称号，红心旺公司获评省农业龙头企业并成功在江苏股权交易中心“农业板”挂牌。

农村面貌持续改善。序时推进扬州市特色田园乡村清真村试点建设项目。骑龙村率先在全市开展生活垃圾分类处理试点，垃圾分类处理中心正式投入运转。农村环境继续保持全市领先地位。深入推进“两集中”，出台零散村庄撤并和集中居住、流转土地的实施方案并启动前期工作，集中安置、深埋零散墓穴 608 处。推进 4 个小区天然气通户工程，完成改厕 77 座。国家卫生镇、江苏省健康镇顺利通过复审。

农民增收渠道增多。推进“一懂两爱”的“三农”队伍培养，坚持双向培养途径，培育新型职业农民 200 人，全乡 6 个村共培养 20 名年收入超过 12 万元的致富能人。坚持促进农民就业增加工资性收入，发展现代农业增加家庭经营性收入，强化惠农政策落实增加转移性收入，深化农村产权制度改革增加财产性收入。农村居民可支配收入达 3.35 万元，同比增长 8.5%。

五、立足共建共享，惠民为民成效明显

公共服务体系优化。强化网格化管理，全国文明城市创建年度测评成绩位列全市前列。全乡高考一本上线人数创历史新高。民族初中板鞋队获十九届省运会金牌 1 枚。回民幼儿园食堂被评为省餐饮质量安全示范食堂。曙光社区创成“省标准化居民学校”和“高邮市五佳社区”。卫生应急工作规范乡镇创建工作通过扬州市验收。被评为扬州市计生协会先进乡镇。创成省健康村、健康单位、健康企业和扬州市健康广场、健康步道各 1 个。新建公交站台 5 座。

社会保障更加完善。发放城乡低保金、特困人员供养金、医疗救助金等 360 多万元。发放计划生育奖励扶助金 246 万元，为 40 户计生特殊家庭免费体检。为 35 名残疾人新增辅助器具适配服务，为重残对象发放生活和护理补贴。向 936 名 80 周岁以上高龄老人发放尊老金 75 万元。安置退役士官、志愿兵、“两参人员”公益性岗位 12 个。分别成立了乡红十字会、乡慈善会和村（社区）慈善工作站，乡村（社区）慈善工作机构共募集 60 万元，用于帮助困难对象 40 万元。在全市率先建成优抚驿站，并被评为扬州市优秀优抚驿站。全乡严重精神障碍患者家庭医生签约服务实现全覆盖。

民族团结氛围浓厚。成功举办建立回族乡 30 周年发展成果汇报会、第三届“回乡好人”和民族团结进步先进集体先进个人评选表彰等多场重大活动，承办省民宗委兼职委员单位联络员会议、全国少数民族传统体育项目邀请赛。被中国少数民族体育协会授予“少数民族传统体育项目传承基地”。积极做好少数民族扶贫工作，抓好民族优惠政策的落实，不断丰富民族团结创建内容。认真组织学习中央民族工作会议和《宗教事务条例》精神，严格落实民族宗教工作责任制。

社会大局和谐稳定。认真落实“党政同责，一岗双责”安全生产主体责任，扎实开展“百日安全生产”专项行动和扬州市食品安全乡镇创建工作，抓好成品油市场专项整治、非洲猪瘟防控、农家宴备案、食品卫生安全大检查等工作，全乡安全形势平稳可控。配齐配足专兼职巡防队伍 25 人，并正常开展治安巡逻。乡平安志愿者分会 690 名平安志愿者作用发挥明显。清真村“圆桌法治”议事特色做法在全市推广，并为全市综治法治信访工作推进会提供现场。全乡应急处突能力不断增强。扎实开展系列平安创建，成为高邮唯一获得全省（2015—2018）社会治安综合治理先进集体的乡镇。

政府建设持续推进。切实加强政府自身建设，

深入开展“解放思想大讨论”活动，进一步深化改革、强化创新。年度 148 项重要工作事项，序时完成率达 97.3%。坚持向乡人大报告工作，认真听取各级人大代表和社会各界人士的意见建议，自觉接受监督，全年办理人大代表建议意见 36 件，均已全部办结，满意率 100%，落实解决率 86%。充分发挥“12345”政府服务热线、市长信箱、乡级“店小二”微信群等作用，帮助企业办理事项 112 件、收集民生诉求 176 件，答复率 100%，解决率 86.5%。扎实做好 2019 年度民生实事项目征集工作。以高度的政治责任感抓好上级巡察反馈意见整改落实。严格落实中央八项规定精神，压降“三公”经费和一般性开支。加大审计监督力度，实施审计项目 180 个，压减财政支出 260 万元。积极发挥法律、安全、环境顾问作用，推进依法行政工作。

（撰稿：洪静　审稿：鲍蜀生）

浙江省

浙江省世居少数民族以农村畲族为主，具有大分散、小聚居的特点。全省有 18 个民族乡（镇），均为畲族乡（镇），分布在杭州市、温州市、金华市、衢州市和丽水市的 13 个县（市、区），它们是：杭州市桐庐县的莪山畲族乡，温州市平阳县的青街畲族乡，苍南县的岱岭畲族乡、凤阳畲族乡，文成县的西坑畲族镇、周山畲族乡，泰顺县的司前畲族镇、竹里畲族乡，金华市武义县的柳城畲族镇，兰溪市的水亭畲族乡，衢州市龙游县的沐尘畲族乡，丽水市莲都区的老竹畲族镇、丽新畲族乡，龙泉市的竹垟畲族乡，云和县的雾溪畲族乡、安溪畲族乡，遂昌县的三仁畲族乡，松阳县的板桥畲族乡。民族乡（镇）主要分布浙南或浙西南，一般地理位置较偏，一半左右的民族乡（镇）离县城有 30 至 50 公里路程。18 个民族乡（镇）中有 16 个是我省的革命老区乡镇，其中有 10 个曾被列入全省 211 个重点扶持的欠发达乡镇、或省重点欠发达县特别扶持计划范围。

乡村振兴开局之年，浙江省民族乡（镇）经济发展“蹄疾步稳”。18 个民族乡（镇）农林牧渔总产值及三产服务业增加值增幅均在 10%以上，规上工业增加值也稳步提升。财政总收入为 4.72 亿元，增幅达 27.12%。在村级集体经济收入方面，截至 2018 年底，全省村级集体经济总收入低于 10 万元且经营性收入低于 5 万元的民族村已经下降至 19 个，占全省民族村总数的 4.62%，为民族村提前全面消薄奠定了坚实基础。在人均可支配收入方面，2018 年浙江省全省少数民族农村居民人均可支配收入突破 2 万元大关，达到 20008 元，占全省农村居民人均可支配收入 27302 元的 73.28%；18 个民族乡（镇）人均可支配收入达到 18928 元，同比增长 18.78%，其中少数民族人均可支配收入为 18369 元，同比增长 21.7%。少数民族人均可支配收入增幅普遍高于全省平均水平，民族地区农民人均收入和少数民族人均收入的差距进一步缩小。

（撰稿：潘晶　审稿：吴梦宝）

安徽省

安徽省现有 9 个民族乡（合肥市肥东县牌坊回族满族乡、蚌埠市五河县临北回族乡、阜阳市颍上县赛涧回族乡、淮南市凤台县李冲回族乡、淮南市寿县陶店回族乡、淮南市谢家集区孤堆回族乡、淮南市潘集区古沟回族乡、滁州市定远县二龙回族乡、宣城市宁国市云梯畲族乡），1 个回民农场和 1 个回民街道（皖河农场三益回民分场、亳州市谯城区花戏楼街道，均享受民族乡待遇）。

2018 年，全省各民族乡深入学习贯彻党的十九大精神和习近平总书记视察安徽重要讲话精神，以习近平新时代中国特色社会主义思想为指引，以改革创新有效推动少数民族和民族聚居地区加快发展，以精准发力切实推进少数民族和民族聚居地区脱贫攻坚，全省少数民族和民族聚居地区同步全面建成小康社会事业取得新进展。截至 2018 年底，全省 9 个民族乡建档立卡贫困户累计 3804 户 11238 人实现脱贫，分别占总数的 85.5%和 87.0%。经济运行平稳，农民人均可支配收入达 16007 元，比上年增长 8.7%，农林牧渔业总产值 19.5 亿元，比上年增长 5.4%。财政收支运行平稳，公共财政收入完成 2.1 亿元，比上年增收 0.6 亿元，增长 40%，公共财政支出 2.5 亿元，增支 0.73 亿元，比上年增长 41.2%，基本实现均衡支付，较好地完成了预定目标。

一、坚持精准扶贫，脱贫攻坚取得新成就

民族乡深入贯彻落实中央和省市县关于脱贫攻坚决策部署要求，坚持精准施策，扎实推进脱贫攻坚工作。一是强化领导，压实责任。各民族乡针对“重精准、补短板、促攻坚”以及季节攻势等专项行动，由乡党委主要领导亲自挂帅，结合省市县督查问题清单对照检查、举一反三，对发现的问题及时整改，杜绝搞形式、走过场。定远县二龙回族乡深入贯彻县“主要领导包乡、单位包村、干部包户”要求，组织市、县、乡、村四级帮扶干部 117 人，确保精准帮扶到位。孤堆回族乡制定了《孤堆回族乡脱贫攻坚帮扶干部管理考核办法》，加强帮扶干部管理考核，进一步压实工作责任。二是精准识别，落实政策。颍上县赛涧回族乡大力实施“六个精准”，结合“五个一批”，全面加快脱贫致富、同步小康步伐，全乡建档立卡贫困户实现产业扶贫全覆盖，新增贫困就业 224 人，实施劳务输出 2892 人，吸引返乡创业 10 人，扶持农民自主创业 8 家，发放创业扶贫贷款 210 万元，取得较好扶贫成效，全乡累计减少贫困人口 1066 户，2715 人。定远县二龙回族乡精准施策，实施九大工程，积极推进“四带”发展模式，全乡共实现大户、合作社带动贫困户 365 户，260 户贫困户享受光伏项目收益 55 万余元，326 户贫困户 1014 人享受资产收益分红 32 万余元。三是突出产业，夯实基础。颍上县赛涧回族乡引进铭颍等草坪苗木种植专业合作社项目，辐射周边近 6800 亩草坪规模种植；引进龙虾养殖，规模达 4000 亩以上；带动瓜蒌、莲藕、中草药、经果林、双孢菇等一批适应性种养项目。2018 年，全乡共实施土地流转 2.1 万亩，有力激活了全乡农业结构调整的“一池春水”，为乡域经济发展奠定了坚实基础。

二、坚持加大投入，基础设施建设获得新进展

一是道路基础设施不断完善。定远县二龙回族乡共投资 1200 多万元完成水泥路项目 33 条 24 公里，全乡 113 个村民组实现“组组通”，80%以上农户门前实现了硬化。谢家集区孤堆回族乡投入资金 80 余万元先后修建了许桥村许桥组道路、大洼村梅郢和上郢路、杨镇村张杨路，并投入资金 320 万元开工建设许桥、黄老圩、杨镇 3 条农村“四好公路”，村庄主干道到村民组的“最后一公里”问题正逐步解决。二是水利建设步伐不断加快。宁国市云梯畲族乡完成云梯段河道 3 处小型水利工程改造提升，清淤疏浚东津河云梯段 3 公里。颍上县赛涧回族乡完成新渡口灌溉站主体工程建设项目并投入使用，姜塘湖灌溉沟渠正逐步完善，水利惠农效应显著。三是供电供水设施不断改造升级。潘集区古沟回族乡在陶郢、沟北、聂圩、伏龙、古沟五村实施了总投资 700 万元的农村安全饮水工程，受益群众 2200 余户。寿县陶店回族乡投入 35 万元为 374 户贫困户免费安装自来水，实现安全饮水 560 户。定远县二龙回族乡年内完成 41 个台区高压线路改造，其中岗镇村、中汤村、三苏村 3 个贫困村基本完成高低压线路、入户线路改造，全乡电力供应能力明显提高，群众生活用电得到保障。四是农田基本建设不断提质增效。五河县临北回族乡积极争取县高标准农田项目，投资 600 多万对新划村、十里城村、于家村近 10000 亩耕地进行改造。潘集区古沟回族乡投资 1124 万余元的农业开发项目顺利实施，受益土地达 6000 亩。谢家集区孤堆回族乡完成了投资 620 万元的国家高标准农田建设项目，硬化了道路、水渠等基础设施，惠及周边 5 个村近万名群众。

三、坚持特色产业，产业结构调整显现新成效

民族乡坚持以农民增收致富为目标，积极培育发展特色产业，大力实施产业结构调整。一是发挥

优势拓展乡村旅游业。宁国市云梯畲族乡把乡村旅游作为全乡经济发展的重要支柱，推进全域旅游。目前全乡农家乐达 55 家，床位 1800 余张。2018 年接待游客人数达 18 万人次，旅游收入 6500 万元，旅游人数和旅游收入均保持 20%以上的增长。首次召开全乡旅游大会，出台《云梯畲族乡农家乐管理办法》，规范“畲乡人家”农家乐集群的“五统一”融合发展。二是因地制宜发展品牌特色农业。肥东县牌坊回族满族乡积极推进“互联网+现代农业”发展模式，推动村级电子商务网点、物流配套全覆盖。坚持“品牌”发展战略，积极申报“名优农产品”品牌，提升产品知名度和市场竞争力。高标准打造市级现代农业示范区，积极引进农业龙头企业，扩大绿色、有机、无公害农产品供给，建设蔬菜优势产业带，全乡常年蔬菜生产面积 1.6 万亩，年产蔬菜 7 万多吨，产值近 2 亿元。三是全面推进现代农业水平提升。加快农业供给侧结构调整，带动产业转型升级，提升现代农业水平。寿县陶店回族乡积极发挥合作社大户平台作用，建立水稻、小麦粮种繁育基地；发展稻鸭共养、稻虾共养生态养殖；建设温控大棚，发展大棚蘑菇、无土蔬菜、早熟莲藕、西瓜生产；建设粮种烘干、仓储、筛选、加工、包装车间，实现农超对接。

四、坚持民生为本，社会事业展现新风貌

民族乡坚持把保障和改善民生作为推进基本公共服务均等化，保证全体人民共享改革发展成果的重要途径。一是基础教育更进一步。2018 年，定远县二龙回族乡完成民族学校 30 套廉租房建设，教师住宿问题彻底解决，乡党委、政府坚持连续十年开展大学生金秋助学活动，2018 年对全乡考取二本以上的 72 名大学生进行奖励慰问。颍上县赛涧回族乡全面推动教育“均衡化”发展，2018 年完成赛涧回族乡中心小学等 3 所中小学教育均衡发展征地 18 亩。五河县临北回族乡加大教育基础设施投入，2018 年投入 30 余万元对黄十小学环境绿化和临北中学运动场进行升级改造。二是医疗卫生稳步提升。寿县陶店回族乡整合卫计机构资源，优化服务职能，实现贫困人口家庭医生签约服务全覆盖；继续加大投入改善医疗条件，对全乡村卫生室进行升级改造。颍上县赛涧回族乡实现农村卫生服务网络全覆盖，新建两层 900 平方米卫生院门诊大楼和各村卫生室残疾人康复室全部投入使用。三是群众文化生活进一步丰富。颍上县赛涧回族乡投入 60 余万元建设乡文化站，满足群众需要。寿县陶店回族乡加快文化服务体系建设，组建乡、村锣鼓队和乡毽球队，2018 年陶店乡毽球队在全省第八届少数民族体育运动会上取得女团第一名、女双第二名的佳绩。新建的桃园文化活动中心、乡文化活动中心、村农家书屋坚持正常开放，送戏下乡、送电影下乡、群众性文化娱乐活动经常开展。肥东县牌坊回族满族乡开展系列宣传文化活动，放映公益电影 223 场，把积极向上的思想文化送到群众家门口。四是社会保障进一步完善。潘集区古沟回族乡筹资 400 余万元实施回民养老院改扩建工程，古沟养老服务中心获省养老机构先进单位称号。定远县二龙回族乡改造和新建敬老院和养老服务中心，新增护理床位 30 张、养老床位 56 张，确保了特殊困难群体老有所养。凤台县李冲回族乡 2018 年超额完成乡社会保障各项任务，新农合参合率达 100%，低保、五保、重度残疾人护理补贴等民政、残联各类民生工程投入资金 351.9 万元，惠及群众 1650 人次。

五、坚持共建共享，美丽乡村建设实现新突破

一是特色小镇持续推进。肥东县牌坊回族满族乡坚持“规划引领，彰显特色，连片推进，配套跟进”，巩固牌坊少数民族特色村寨“国家 AAA 级”旅游景区品牌创建，进一步加大三王民族村“国家 AAA 级”旅游观光生态园开发利用。定远县二龙回族乡启动中汤中心村美丽乡村建设，目前一标段已招标 650 万元，工程量已完成约 60%，二标段特色景观、村史馆、乡村大舞台、景观塔及休闲广场等项目正在持续跟进。2018 年，该乡被确定为“滁州市特色小镇培养单位”。二是三大革命全面实施。凤台县李冲回族乡开展农村环境集中整治月活动，房前屋后、背街小巷、沟塘水渠的陈年垃圾得到进一步治理，全年共清理垃圾 7500 吨，2018 年度改厕任务 400 户已基本竣工。五河县临北回族乡成立“三大革命”工作领导小组，全年完成改厕任务 601 户，结合美丽乡村和乡镇建成区整治，建成 1 座污水处理厂、1 处微动力污水处理设施。全乡配备保洁员

48名、垃圾桶2800余个，设立垃圾集中收集站点42个，该乡还尝试对村内卫生进行市场化外包，解决农村环境“五乱”问题。三是美丽乡村建设加速。谢家集区孤堆回族乡按照“两治理一加强”要求，进行治脏、治乱，加强乡政府驻地建成区基础设施建设和公共服务设施建设。回民路拓宽改造全部完工，铺设沥青路面和人行道，增值绿化；投入200余万元开展集贸市场、文化墙、公厕、污水处理设施等环境整治，乡政府驻地面貌得到整体提升。潘集区古沟回族乡把美丽乡村建设作为古沟经济社会发展的主线，整合投入资金800余万元，新建农民休闲广场1100平方米、景观凉亭2处、水冲式公厕12座，新修下水道6500米、水泥路5500米，沟渠清淤3000米，新建护栏、护坡900米，整平坑洼、废弃地80亩，同步推进古沟、沟北两个美丽乡村建设示范点规划建设。

六、坚持巩固中华民族共同体，民族团结进步事业焕发新活力

民族乡牢牢把握“共同团结奋斗，共同繁荣发展”的主题，牢牢把握铸牢中华民族共同体意识，坚持以民族团结进步宣传月、民族团结进步创建活动等工作为载体，以多种形式营造宣传党的民族政策、促进民族团结进步的良好氛围，促进各民族交往交流交融，平等、团结、互助、和谐的社会主义新型民族关系不断发展。宁国市云梯畲族乡举办了以“弘扬民族文化，促进乡村振兴”为主题的“三月三”歌会系列活动，展现了畲族文化魅力和畲乡发展活力，人民日报、新华网、腾讯网、安徽日报和安徽卫视等知名媒体均进行了专题报道。该乡还组织首次整理畲族家风家训“十八条”，传播向上向善正能量，弘扬社会主义核心价值观。肥东县牌坊回族满族乡充分挖掘民族文化资源，加大民族文化弘扬和传承保护力度，举办“民族团结进步宣传月”等活动，坚持将民族团结教育宣传从孩子抓起，向学生宣传民族历史、民族团结知识和少数民族风俗习惯。潘集区古沟回族乡认真实施少数民族和民族聚居地区“共同发展”提升行动，大力开展民族团结进步宣传教育，发放宣传单4000余份，悬挂横幅标语200余条，组织开展开斋节慰问、座谈、扶贫助困等活动，有力促进了民族团结。寿县陶店回族乡始终把加强统一战线、民族团结、维护社会稳定、发展民族经济，作为各项工作的出发点和落脚点。把统一战线和民族宗教工作纳入全年重要议事日程，全面贯彻《安徽省民族工作条例》，广泛宣传“两个共同”、“三个离不开”思想，促进各族群众相互交往交流和交融。

（撰稿：吴柏林　审稿：陆友勤）

福建省

2018年，全省民族乡村经济社会发展工作坚持以习近平新时代中国特色社会主义思想和党的十九大精神为指导，在省委省政府的高度重视下，在有关部门的大力支持下，围绕中心，服务大局，开拓创新，多措并举，总体呈现良好发展态势。全省19个民族乡公共财政收入67124.8万元，同比增长32.0%，公共财政支出62849.96万元，同比增长25.5%，乡镇企业总产值397.95亿元，同比分别增长8.7%，乡镇企业年净利润总额18.71亿元，同比增长26.9%，民族乡农民人均可支配收入16538.29元，同比增长8.1%。民族乡所辖321个民族行政村基本实现通邮、通电、通路、通电话、通自来水。目前，全省少数民族乡村群众的生产生活条件得到不断完善，生活水平得到不断提高。

一、高度重视扶贫工作，推动民族乡村脱贫攻坚纵深发展

认真按照省委省政府《关于打赢脱贫攻坚三年行动的实施意见》和脱贫攻坚推进会精神，全力推动少数民族乡村脱贫攻坚工作落到实处。一是开展脱贫攻坚专题调研。深入民族乡村调研全省少数民族脱贫攻坚工作，摸清底数，发现问题，形成客观翔实的调研报告，得到省领导的专门批示。二是召开民族乡村脱贫攻坚工作会议。先后召开“全省民

族贫困村脱贫攻坚暨挂钩帮扶民族乡工作推进会”和“全省民族乡村脱贫攻坚与发展特色产业推进会”，进一步推进少数民族贫困乡村与全省同步脱贫。三是动员社会力量参与脱贫攻坚事业。省民族宗教厅与福建农林大学、福建中医药大学等高校签订战略合作协议，借智借力助推民族乡村科技发展和人才培养；充分发挥宗教界扶贫济困优良传统，募集善款 248 万元，帮助 6 个少数民族贫困村开展扶贫项目建设。四是召开村主干培训班。举办“全省建档立卡民族贫困村村主干培训班”，全省 116 个贫困村主干参加了培训，村干部的脱贫攻坚能力得到进一步提升。

二、持续开展挂钩帮扶，助推民族乡村优势产业发展

挂钩帮扶民族乡工作持续开展，帮扶举措稳步推进。挂钩帮扶单位更加注重造血功能的培育，省直单位分别发挥旅游、林业、农业、科技等职能作用，解决民族乡村急需解决的发展问题，共同推动民族乡高质量赶超发展，发达县（市、区）则将一些转移产业落户到民族乡。目前，全省民族乡基本形成以茶叶、蔬菜、水果、油料、药材、林竹、粮食等 7 个产业为主的“一村一品”、“一乡一业”的特色产业发展态势。据统计，2018 年，挂钩帮扶单位投入民族乡的帮扶资金为 8300 万元，其中省直单位 2270 万元、沿海经济发达县（市、区）2130 万元、省财政转移支付 1900 万元、民族乡所在县（市、区）2000 万元。

三、积极开展技能培训，拓宽少数民族群众就业渠道

重视实用技术和职业技能培训，不断拓宽少数民族群众的就业渠道和增收办法。省民族宗教厅联合省委统战部共同举办福建省第三期少数民族月嫂培训班，全省少数民族妇女 80 人参加了培训并取得人社部门颁发的育婴员资格证；联合福建中医药大学共同举办福建省畲医畲药培训班，邀请省、市级医学专家教授和畲族医药行业知名人士授课，全省 70 名畲医畲药从业人员参加了培训。

四、注重发展社会事业，不断提升基本公共服务能力

持续提升少数民族乡村基本公共社会性服务能力，促进少数民族乡村社会事业不断发展。民族教育方面：组织重点中学优秀教师到民族乡中学开展巡回讲学活动，充分发挥名校名师的辐射示范和引领带动作用。目前，全省民族乡有中小学校 74 所，在校学生数 33268 人，教师数 2579 人。民族卫生方面：省民族宗教厅联合省委统战部共同组织福建医科大学博士研究生医疗服务团、福建中医药大学教授和省内知名畲医，深入民族乡村开展义诊，共接诊 400 余人次，分发家常药品 100 多件，受到群众欢迎。不断加大民族乡卫生院医护人员的配备力量，2018 年，全省 19 个民族乡拥有卫生技术人员 505 人，同比增长 21.1%，执业（助理）医师 183 人，同比增长 21.2%。民族文化方面：立足构筑中华民族共有精神家园，在增强对中华文化认同的基础上，抓好少数民族优秀传统文化的保护传承与创新。在闽西仅有的 2 个畲族乡所在的上杭县，成功举办 2018 海峡两岸各民族欢度“三月三”节暨福建省第七届“三月三”畲族文化节、第十一届海峡两岸少数民族丰收节，来自海峡两岸近 600 名嘉宾和 5 万多名少数民族群众积极参与。活动的开展，既丰富了少数民族群众文化生活，又促进了各民族交往交流交融，收到良好效果。

（撰稿：赖龙娣　审稿：李瑛）

江西省

2018 年是决胜全面建成小康社会，实施“十三五”规划承上启下的关键一年。江西省民族乡坚持以习近平新时代中国特色社会主义思想为指导，深入学习贯彻落实党的十九大精神，紧紧围绕“中华民族一家亲，同心共筑中国梦”的总目标，担当实干，锐意进取，开拓创新，凝心聚力，民族乡经济

稳步发展、生态环境持续保护、乡村面貌愈趋完善、人民幸福指数日益攀升。

乡域经济稳步发展。始终把发展作为第一要务，紧紧围绕经济建设，努力开拓经济发展空间，着力加快经济发展步伐。全年完成公共财政收入 3.33 亿元，比上年同期增长 44.79%；实现乡镇企业总产值 11.28 亿元，比上年同期增长 1.31%；农林牧渔业总产值 9.67 亿元，比上年同期增长 20.12%；粮食产量 42021 吨，比上年同期增长 0.41%；肉类总产量 17100 吨，比上年同期增长 52.41%；农民人均可支配收入 13104 元，比上年同期增长 5.63%。其他经济指标比上年同期均稳中有升。

精准扶贫全面推进。注重整合各方资源，精准发力，突出特色产业扶贫，推动脱贫攻坚扎实开展。在改善民族乡基础设施的基础上，重点激发民族乡群众的内生动力，以产业发展为基础，增强自我造血功能，不断壮大具有民族地域特色的富民产业。金坪民族乡的井冈蜜柚、花卉苗木、优质果品基地和绿色无公害蔬菜，龙冈畲族乡的白莲、油茶，东固畲族乡的太子参、食用菌，樟坪畲族乡的毛竹丰产林、白茶、油茶等等，一批富乡富村富民的产业在民族乡村蔚然成势。同时，各民族乡村积极探索利用“互联网+”模式，建立电商平台，拓宽销售渠道，实现农副产品生产、加工、网销一体化，为民族乡致富拓展广阔空间。东固畲族乡持续推进产业扶贫全覆盖，截至目前，四个贫困村创建的扶贫车间，引导吸纳贫困人口就业 21 人，创业带动就业 65 人，新发展白莲种植 600 亩，杨梅 500 亩，黄桃 100 亩，猕猴桃 500 亩等种植业，产业发展呈全面开花之势，增强了贫困户“造血”功能，形成贫困户稳定增收的长效机制，确保稳定脱贫；金坪民族乡分类施策，以“基地+专业合作社+贫困户”扶贫模式带动 18 户贫困户脱贫，通过“百企帮百村”光伏发电帮扶项目帮助 5 户贫困户脱贫，20 户贫困户自主申请小额贷款 88 万元发展产业，争取县级扶贫项目 2 个，争取和投入扶贫资金 64.8 万元，“党建+精准扶贫”构建了有核心、有辐射、有带动的大扶贫攻坚格局；龙冈畲族乡按照应纳尽纳、应保尽保的要求，把全乡建档立卡扶贫户定格为 368 户、1397 人，现已脱贫 300 户、1213 人，两个“十三五”贫困村表湖和芭溪已顺利退出。

乡村面貌日新月异。充分运用环境整治和美丽乡村建设的比较优势，通过乡村绿化造林、农村厕所革命、街道美化亮化，持续改善乡村面貌、优化乡村环境。金坪民族乡立足实际，着力进行乡村环境整治工作，实施“一革命三行动”，致力将金坪打造成“全域美丽”示范点，并依托果业文化，建设果业展示厅、果业文化广场，完成民俗路两边绿化提升及四栋老房屋改造项目；龙冈畲族乡引进浙江农林大学设计院，对全乡域范围内进行了特色小镇的远景规划，按照“一江两岸、跨江发展”的思路，不断拓展圩镇空间，启动了公办幼儿园和风雨桥项目建设，勾勒出以龙冈大桥、龙冈二桥和龙冈风雨桥的“三桥两区域”的良好发展局面；赤土畲族乡配合南康区完成赤土河流域重金属污染综合治理工程（一期），开工建设赤土河重金属污染治理（二期）项目和红桃铅冶炼厂场地修复项目，建立了 1 个可利用垃圾回收中心，在建农环项目 14 个，建成后有助于 14 个自然村的住户生活污水处理；金竹畲族乡、樟坪畲竹乡全面落实河长制，加强全乡范围内水资源保护和水域岸线管理保护，重拳整治非法采砂，狠抓企业污染防治，提高污水、垃圾收集处理水平，确保河清水洁、岸绿鱼游的良好生态环境。

民族团结进步创建深入开展。围绕民族乡中心工作，以民族团结进步创建为抓手，以文化体育活动为载体，加强宣传教育，让更多人走进民族乡，进一步促进民族团结和民族融合。积极协调、开展民族文化下基层活动，促成中央民族歌舞团走进峡江县、走进民族乡，给民族乡群众带来了充分展现五十六个民族平等、进步、繁荣发展的视听盛宴；东固畲族乡举办了“团结奋进新时代，同心筑梦新征程”为主题的庆祝改革开放四十周年畲族歌舞晚会，汇聚了青原丰富的红色文化、民族文化、民俗文化，生动展现了改革开放 40 年来民族乡村各族群众多姿多彩的生活图景；赤土畲族乡开展民族团结进步创建“六进”活动，重点推进民族团结进步创建活动进村组、进学校、进企业、进寺庙，让民族团结进步创建有载体有行动。在江西省第二届少数民族传统体育运动会上，参加了蹴球、射弩、板鞋竞速、高脚竞速、民族健身操 5 个项目的比赛，并取得优异成绩，涌现出一批传统体育项目的优秀人才。

（撰稿：茅黎　审稿：王希贤）

山东省

2018年，山东省民族乡镇立足镇域经济发展，坚持稳中求进的工作总基调，牢牢抓实党建引领、乡村振兴、脱贫攻坚、双招双引、民生改善、生态文明、作风建设等工作重点，着力突破工业，优化农业，推进城镇化，全力加快新旧动能转换、调优发展主引擎、唱响和谐主旋律，铸牢中华民族共同体意识，统筹发展经济社会各项事业，实现又好又快发展。

一、民族乡（镇）基本情况

全省有4个回族镇，分别是淄博市临淄区金岭回族镇，德州市禹城市十里望回族镇，聊城市莘县张鲁回族镇，菏泽市曹县侯集回族镇。全省4个民族乡（镇）共有行政村158个，行政区划面积216.06平方公里，总人口154214人，其中少数民族人口29686人，占民族乡（镇）总人口的19.25%，基础设施不断完善，实现了村村通路、通电、通邮、通自来水，全省民族乡（镇）经济社会得到进一步发展，少数民族传统产业转型升级逐步推进，人民生活水平不断提高。金岭回族镇通过了省级文明镇复审验收，十里望回族镇引进了占地285亩的“梦想智创产业园孵化器”，被评定为第六批“国家石油和化工中小企业公共服务示范平台”；侯集回族镇高标准打造了5000亩的酿酒用糯高粱现代农业园区1处，完成“一村一品”市级特色村和县级特色村7个；张鲁回族镇引进了1.2亿元年产30万吨流延CPP及凹版软包装印刷项目。

二、民族乡（镇）经济发展情况

2018年全省4个民族乡（镇）财政总收入46114万元，同比增加11119万元，财政支出22279.82万元。

（一）乡镇企业生产稳步增长。2018年，全省4个民族乡（镇）企业生产总值352亿元，比去年增加41亿元，增长13.2%，其中，工业企业实现329.6亿元，比去年增加47.4亿元，增长16.8%；民族乡（镇）企业年净利润总额59.5亿元，从业人员14577万人，与上年度基本持平。

（二）农业生产平稳发展。2018年，全省4个民族乡（镇）实现农林牧渔业总产值15亿元，比去年增产1784万元，增长1.2%，农作物总播种面积35.4万亩，比去年增产6.8万亩，增长23.8%，其中粮食播种面积26.4万亩，比去年增产3.8万亩，增长16.8%；粮食总产量14.9万吨，比去年增产0.2万吨，增长6.1%，肉类总产量2.7万吨，比去年减产1.2万吨，减少30.8%。农民专业合作社183个，比去年减少87个，农民专业合作社成员1907户，比去年减少950户。

（三）少数民族群众生活水平进一步改善。2018年，全省4个民族乡（镇），实现村村通路、通电（包括电话）、通邮、通自来水。农民人均纯收入1.5万元，比去年增加0.1万元，增长7.1%；生活水平进一步提高。

三、脱贫攻坚稳步推进

2018年，全省4个民族乡（镇），共投入中央和省级少数民族发展资金204.7万元，扶持项目5个，用于民族乡（镇）道路交通、农田水利等基础设施建设，支持少数民族脱贫攻坚，按计划完成少数民族群众脱贫任务，脱贫攻坚工作成效显著，建档立卡农村少数民族贫困人口已基本实现脱贫。

四、全省民族乡（镇）社会发展情况

2018年，全省4个民族乡（镇）拥有各类学校30个，在校学生1.55万人，教师711人。图书馆6个，文化站4个，村文化活动室158个。拥有农业技术服务机构24个，农业技术服务机构从业人员68人。医疗卫生机构87个，卫生院3个，医生81人，医疗卫生机构床位391张；村卫生室80个，乡村医生和卫生员190人。4个民族乡（镇）各项惠农政策落实到位。新农合、新农保参合入保率达到

90%以上；适龄儿童入学率、小学初中毕业率均达到 100%，城乡文化、医疗设施继续完善，社会保障体系健全，质量稳步提高。

（撰稿：刘朝阳　审稿：罗军）

河南省

河南省有 12 个回族乡和 9 个回族镇，在各级党委、政府的领导下，民族乡（镇）以习近平新时代中国特色社会主义思想为指导，认真贯彻新发展理念，加快产业结构调整步伐，转变经济发展方式，发展质量持续向好，民生事业持续改善。

一、经济实力稳步增长

21 个民族乡（镇）行政区划面积 451.14 平方公里，辖 207 个行政村，年末总人口 81.25 万人，其中少数民族 18.74 万人，少数民族人口比例为 23%。2018 年 21 个民族乡乡镇企业总产值 393 亿元，比上一年增加了 1.7 亿元，同比增长了 0.43%，其中，工业企业总产值 213 亿元，比上年增加 3.2 亿元，同比增长 1.51%，乡镇企业年利润总额 30 亿元，同比增长 7.84%。

二、农业发展提质增效

2018 年我省 21 个民族乡（镇）以稳粮增收、提质增效为核心，大力发展特色农业、高效农业、绿色农业、循环农业和品牌农业。农作物总播种面积 68 万亩，比上一年增加 1.2 万亩，同比增长 1.82%，粮食作物播种面积达到 46 万亩，同比增长 1.11%，粮食产量 24 万吨，比上年增产 2.3 万吨，同比增长 9.53%，肉类总产量 4.4 万吨，同比增长 2.74%。21 个民族乡（镇）不断提升农业产业化水平，大力培育农业产业化龙头企业、农民合作社、种养大户等新型农业经营主体，各类合作社 264 个，建有农业技术服务机构 122 个。

三、民生事业显著改善

21 个民族乡（镇）基础设施建设加强，群众生产生活水平提高。截至 2018 年底，207 个民族村，207 个行政村全部通自来水，实现了通电、通邮、通电话、通公路。全省民族乡农民人均纯收入 11872，比上年增长 3.45%。

四、环境治理成效显著

21 个民族乡牢固树立“绿水青山就是金山银山”的思想，紧紧围绕环境质量改善的目标，做到五抓：抓垃圾分类、环卫队伍建设、抓基础设施建设、抓生态环境营造，洁化、美化、亮化乡村环境，引领群众在门前屋后建设小游园、小花园、小果园、小菜园，打造生态宜居美丽新农村。

五、社会事业和谐发展

各级党委、政府不断加大对 21 个民族乡（镇）社会事业发展的投入力度，逐步改善中小学办学条件，完善卫生体系建设。21 个民族乡共有学校 200 所，教师 8751 人，在校学生 16.9 万人。21 个民族乡（镇）卫生院条件持续改善，民族乡（镇）所在地有各类医院、卫生院、村级卫生室等 160 所。21 个民族乡（镇）实现新型农村合作医疗制度全覆盖。各民族乡（镇）不断提升文化软实力，建有图书馆 26 个，文化站 24 个、村文化活动室 181 个。

（撰稿：王霞　审稿：余德海）

湖北省

2018 年，湖北省 12 个民族乡（镇）在地方各级党委、政府的正确领导下，坚决落实党中央国务院关于脱贫攻坚的总体部署和党的十九大精神，精准制定措施，决战深度贫困，以乡村振兴和脱贫攻坚总揽工作全局，围绕农业稳定增效、农民持续增收目标，加快特色农业提档升级，形成了促进民族乡镇发展新的合力，对口支援和推动民族乡镇发展呈现良好局面。截至 2018 年底，全省 12 个民族乡（镇）下辖 186 个村委会，人口共计 299964 人，其中少数民族人口 141961 人。

乡镇经济发展态势良好。各民族乡（镇）围绕迅速壮大乡镇经济规模、增强财税收入为目标，坚持以产业发展为龙头，以招商引资和发展民营经济为突破口，以发展资源型工业、培育特色经济和发展壮大园区经济为主要途径，因地制宜、分类指导、多管齐下，努力提高工业化、城镇化和农业产业化水平。截至 2018 年底，全省 12 个民族乡（镇）财政总收入为 27476 万元，财政支出 34305 万元；乡镇企业从业人员 12890 人，乡镇企业总产值 555005 万元，其中工业企业产值 480947 万元；乡镇企业年净利润总额达到 118028 万元。

农业基础得到巩固。各民族乡（镇）大力推进农业结构战略性调整，积极树立人与自然和谐发展的观念，将农业结构调整同生态城市建设相融合，大力推进生态型现代农业的快速发展，为增加农民收入开拓了新的渠道。同时，在努力维持现有粮食产量，确保粮食安全的前提下，通过充分发挥地域比较优势，进一步发展壮大特色农产品基地，发展高附加值农作物，推进农业标准化生产，农产品品质和农民收入大幅提高。截至 2018 年底，全省 12 个民族乡（镇）年末农林牧渔业总产值 534073 万元，农作物总播种面积 587912 亩，其中粮食播种面积 295577 亩，粮食产量 133119 吨。

基础设施建设逐步加强。12 个民族乡镇中有 9 个乡镇实现高速贯通，186 个行政村全部实现通公路、通自来水、通电、通电话、通邮，有效解决了各族群众的“行路难、出行难”问题。各民族乡（镇）争取整合开发、交通、国土、水利、电力、财政、民政、烟草等各部门项目资金，大力推进农村基础设施建设，城乡面貌发生了显著变化。截至 2018 年底，全省 12 个民族乡（镇）186 个行政村中，已通公路的有 186 个，已通自来水的有 186 个，已通电的有 186 个，已通电话的有 186 个，已通邮的有 186 个。

教育事业蓬勃发展。各民族乡（镇）把教育放在优先发展的战略地位，加大投入，改善办学条件，认真落实教育经费保障机制和“两免一补”政策，创新管理机制，实施教育综合改革，加强教师队伍建设，推行素质教育，教育教学质量稳步提高。截至 2018 年底，全省 12 个民族乡（镇）共有学校 73 所，在校生 19824 人，教师 1407 人。

医疗卫生事业健康发展。各民族乡（镇）建设完善乡镇“四化”卫生院，农村卫生基础设施逐步完善。截至 2018 年底，全省 12 个民族乡（镇）共有医院、卫生院 12 个，医护人员 448 名，其中执业医师 175 人；522 个病床；村卫生室 178 个，医生 243 名；全面推行新型农村合作医疗工作，参合率达 90%以上，城乡居民养老保险参保率达到 100%。所有行政村卫生室达到国家建设标准，县域内平均就诊率达到 90%。基本医疗得到有效保障，

乡风文明日益浓厚。12 个民族乡镇都对本民族文化加大了挖掘和保护力度，开发了一系列内涵丰富、品位高雅的文化休闲产品；积极开展文明创建和评议活动，通过评选、表彰“文明户”、“最美人物”等先进典型，宣传真善美，弘扬文明新风，促使民族乡村精神面貌发生了巨大变化。湖北把民族乡村建成为经济发展、社会和谐、文化繁荣、民族团结、生态优美、风情浓郁的美丽乡村美好前景正在展现。

（撰稿：陈燕辉　审稿：刘来）

湖南省

2018 年，湖南省各民族乡紧紧围绕坚决打赢脱贫攻坚、全面建成小康社会目标，狠抓经济社会全面发展，保持了良好发展态势。截至 2018 年末，全省乡镇区划调整后，全省 84 个民族乡（镇）总面积

11911.14 平方公里，有 990 个村民委员会。总人口 1482137 人，其中少数民族人口 911037 人，少数民族人口占民族乡（镇）总人口达 61.47%。

经济发展实力不断增强。全省 84 个民族乡（镇）农民人均纯收入 7649 元，同比增长 26.32%；公共财政收入 103300.42 万元，公共财政支出 94718.71 万元，同比分别增长 27.11%、24.06%；实现农林牧渔业总产值 1183704.03 万元，同比大幅增长 95%；全省民族乡（镇）企业有从业人员 57321 人，乡（镇）企业总产值 1013870.7 万元，其中工业企业总产值 787611.8 万元，乡（镇）企业年净利润总额 155987.89 万元，同比分别增长 33.32%、30.96%、36.85%、48.77%。全省民族乡（镇）农作物总播种面积 2750753.63 亩，粮食产量 691397.86 吨，肉类总产量 146988.44 吨，产量均比上年略有减少。农民合作社个数达到 2080 个，成员数 57904 户；农业技术服务机构个数 120 个，从业人员数 452 人。

基础设施建设不断完善。2018 年末，全省 84 个民族乡（镇）的 990 个行政村中，已通公路的村有 988 个，已通邮的村有 950 个，已通自来水的村有 933 个，已通电的村有 990 个，已通电话的村有 990 个，通电和通电话率达到 100%，基础设施建设得到进一步加强，人民生产生活条件得到进一步改善。

民生事业水平不断提升。2018 年，全省 84 个民族乡（镇）有农民合作社 2080 个，农民合作社成员 57904 户分别比上年度增加 32.99%、27.12%，均有大幅增长；有农业技术服务机构 120 个，农业技术服务机构从业人员 452 人。全省民族乡（镇）共有学校 414 个，在校学生 103086 人，教师 7183 人；有图书馆 239 个，文化站 131，96 个，村文化活动室 1085，1022 个。全省民族乡（镇）共有医疗卫生机构 796 个，卫生人员 2522 人，床位 2230 张。民族地区教育、卫生、文化事业得到长足发展。

（撰稿：黄淼　审稿：肖丽萍）

广东省

广东省共有韶关市始兴县深渡水瑶族乡、河源市东源县漳溪畲族乡、惠州市龙门县蓝田瑶族乡、肇庆市怀集县下帅壮族瑶族乡及清远市阳山县秤架瑶族乡、连州市瑶安瑶族乡、三水瑶族乡等 7 个民族乡。7 个民族乡行政区划面积共计 1382.22 平方公里，占广东总面积的 0.77%，下辖 50 个村委会。2018 年末总人口 87330 人，其中少数民族人口 38154 人，占广东省少数民族总人口的 0.79%。

2018 年，民族乡以习近平新时代中国特色社会主义思想为指导，深入学习贯彻党十九大会议以及习近平总书记对广东重要讲话和重要指示批示精神，以实施乡村振兴战略为契机，以建设社会主义新农村，开展人居环境综合治理为抓手，不断推动民族乡城乡风貌特色化水平和经济实力稳步提升、民生事业协调发展、社会大局和谐稳定。

一、经济实力稳中有进

2018 年，7 个民族乡实现农林牧渔业总产值 83453 万元。公共财政收入 8444.7 万元，同比上年增长 18.91%，公共财政支出 8326.86 万元，同比上年增长 24.65%。农民人均可支配收入 13274.05 元，同比上年增长 10.91%。与全省平均水平相比，仍有很大差距，与 2018 年广东省农民人均可支配收入 17168 元低 3893.95 元，仅为全省平均水平的 77.32%。2018 年，7 个民族乡实现乡镇企业总产值 25.29 亿元，同比上年增长 16.65%。其中:工业企业总产值 23.97 亿元，同比上年增长 40.5%。乡镇企业年净利润总额 2.91 亿元。2018 年，蓝田瑶族乡规上工业总产值完成 80982 万元；固定资产投资完成 6882 万元；限额以上商业营业额完成 696 万元；限额以上商业零售额完成 366 万元；基础设施投资完成 6183 万元。

二、特色产业初显成效

各乡立足自然资源优势与发展潜力，结合本地实际，大力发展富民兴村产业，形成各具特色的产业布局。大力发展现代农业，推广应用农业新技术、新知识、新品种。下帅壮族瑶族乡以“旅游+”、“生态+”为思路流转土地1800多亩，进一步发展鹰嘴桃、百香果等特色产业，以“公司+农户”、“党建+产业发展”的模式辐射带动。目前全乡已经发展种植单丛茶1000多亩，形成了3个比较有规模的单丛茶基地。蓝田瑶族乡2018年引进推广优质水稻15500多亩，实现粮食总产量近5400多吨。已发展种植龙门年橘2800多亩，申报特色柑橘生产示范场5个。建成高山茶种植示范场2个，种植面积300多亩。建成占地200多亩的兰花培育基地、600亩的油菜花和紫云英观光园，吸引大量游客前来观赏。瑶安瑶族乡推广发展“一村一品”，田心村主要发展山茶种植项目、红雪桃项目和黄牛养殖项目；大营村主要发展黄牛养殖项目；新九村主要发展山茶种植项目。秤架瑶族乡10个行政村均实现了“一村一品”，特色农副产品逐步形成产业品牌。现有500亩三华李种植基地，“对叶百部”GAP种植示范基地，均采用“公司+基地+农户”模式引导农户参与种植，提升农户经济收入。

三、生态旅游蓬勃开展

近年来，民族乡紧紧围绕建设宜居宜游生态乡镇这条主线，多方面争取资金，大力开展人居环境整治和社会主义新农村连片示范建设，乡容乡貌和基础设施建设取得了长足发展，改变了民族乡村的面貌，提升了民族乡村的形象，结合创建美丽乡村特色村建设，科学规划，深挖民族特色内涵，发展民族特色旅游项目。三水瑶族乡升级新八景区，结合新八村的省级“红色村”建设，深挖新八村民族特色内涵，启动服务设施配套建设，成立了旅游开发有限公司。目前景区拥有民宿25间、农家乐3间、茶趣园1个、露营场地3个、烧烤场地1个、竹林小道3公里、竹制长廊450米，集餐饮、娱乐、住宿为一体。2018年，新八村接待游客12000人次，旅游收入约200多万元。瑶安瑶族乡投入近98万元建设的百里画廊生态旅游木屋基础设施及安装工程，于2018年3月通过验收投入使用。秤架瑶族乡依托天南峡景区等平台，逐步发展观光休闲农业。借助“十里瑶韵长廊、百亩果园花海”特色，发展特色农家乐、民宿等乡村游产业。英明村小组作为特色村寨主要建设村庄并被列入精品旅游线路的标杆核心村进行规划打造。目前，已完成对英明村的总平面、效果图、运营意向等规划编制，改造导则也正在编制中。积极筹划打造风雨廊桥、干坑木古树公园等工程项目，全力推进精品旅游线路景点及配套要素设施建设。

四、人居环境持续改善

加强农村交通、水利等基础设施建设，深入开展农村人居环境整治，有序推进新农村建设。下帅壮族瑶族乡全力推进特色小镇建设，对全乡所有行政村公共服务站进行新建，交通、水利、电力等设施不断完善，墟镇不断美化、亮化、绿化，全乡面貌焕然一新。秤架瑶族乡完成秤架村和大陂村共21个20户以上自然村整村规划编制和“三清三拆三整治”工作任务，通村组道路全部实现硬底化，污水处理设施得到有效整治。三水瑶族乡实施“农村环境综合整治工程”，完成了7463平方米巷道硬底化、Y714线公路升级改造、挂榜村休闲公园和雨污分流等基础设施项目，支持各自然村入村主干道太阳能路灯亮化工程。烟竹坪村成功创建整洁村并通过清远市验收，大坦村和挂榜村通过了连州市验收；小东口村、茶坪村、云雾村、沙洞村4个村已完成美丽乡村示范村建设。据统计，瑶安瑶族乡从2014起，陆续争取中央、省、清远市三级的少数民族发展资金共计1055万元，全部投入新农村基础设施建设，打造宜居宜游瑶族生态乡。完成包括环山公路修复和安全防护工程，巷道建设，河堤整治防洪工程等在内的20多个项目。完成14个自然村村村通自来水工程建设，投资金额171.20万元，其中财政奖补103.00万元，涉及农户455户，解决了2295名村民用水难问题。蓝田瑶族乡上东村，先后被评为“广东省文明村”“广东省生态村”“广东省改革开放示范村”，成为惠州市“美丽乡村”的一个示范点，省委主要领导于2018年12月份到上东村进行了考察调研，给与了高度评价。

五、文化节庆精彩纷呈

各地积极举办民俗节庆活动，大力传承和弘扬传统文化。漳溪畲族乡中联村，有春节捉鱼“迎春接福”的传统习俗。当地村民为感谢“神仙凿岩赐福泉”的滴水之恩，每年的大年初三就在村口汶水塘举行捕鱼“比赛”，所捕获的鱼虾归村民各人所有，寓意“丰年有余（鱼）”。这一有着数百年历史的捕鱼迎新春习俗，吸引了一大批来自广州、深圳等地的游客和摄影发烧友前往观赏游玩。蓝田瑶族乡 7 月在广州市中山纪念堂举行“愉悦龙门·恬美瑶乡”民俗风情歌舞晚会，充分展示了近年来创建“广东省少数民族科学发展示范乡”取得成果和改革开放 40 年发生的巨大变化，彰显了龙门县和蓝田瑶族乡的文化民俗、乡土人情、特色景观、美丽乡村等特有的文化内涵，呈现出新时代、新作为、新传承、新发展、新风貌。三水瑶族乡在民族小学四年级以上设立第二课堂，教导瑶乡学生学习瑶族布袋木狮舞、瑶族歌曲、瑶绣课程等。秤架瑶族乡通过广泛开展举办“我们的节日”、“村歌嘹亮”等系列群众喜闻乐见的文娱活动和“善美瑶乡·廉洁七车”文艺晚会等送戏下乡活动，不断丰富群众文娱生活，营造欢乐祥和的节日气氛，弘扬社会主义核心价值观和中华传统美德。选送的歌曲《瑶乡情歌》和舞蹈《瑶乡恋》荣获清远市第十六届广场文化艺术节银奖。

六、社会事业不断进步

目前，7 个民族乡共有学校 15 所，在校学生 3206 人，教师 425 人。蓝田畲族乡投入 900 多万元启动瑶乡现代化教育建设，深圳市和正泰投资有限公司积极支持民族乡教育事业，捐赠 500 多万元，新建两栋综合楼。三水瑶族乡幼儿园建设纳入连州市教育创现工作体系，现已开工建设。7 个民族乡共有图书馆 5 个，文化站 7 个，村文化活动室 76 个。医疗卫生机构 57 个，基层医疗卫生机构 54 个，卫生院 7 个，村卫生室 53 个，卫生人员 159 人，卫生技术人员 106 人，其中:执业（助理）医师 47 人，乡村医生和卫生员 53 人，医疗卫生机构床位 159 张，其中，卫生院 112 张。蓝田瑶族乡投入 310 多万元，完善各类医疗设施、设备，提高乡卫生院的软硬件环境建设；投入 70 多万元，完成 4 个行政村的卫生站一体化建设，实现 7 个行政村卫生一体化全覆盖。瑶安瑶族乡投入 25 万元，对镇卫生院进行修缮，改善卫生院整体环境。秤架瑶族乡完成卫生院中医馆和相关功能室建设，并购置医疗设备器械一批，引进瑶医瑶药。

（撰稿：余森河　审稿：李秀英）

广西壮族自治区

广西壮族自治区有 59 个民族乡，分布在南宁、柳州、桂林、梧州、防城港、贵港、百色、贺州、河池等 9 个设区市的 33 个县（市、区）。其中，有瑶族乡 46 个，苗族乡 9 个，瑶族苗族乡 1 个，侗族乡 1 个，回族乡 1 个，仫佬族乡 1 个。59 个民族乡行政区划面积为 15322 平方公里，占广西总面积的 6.45%，年末总人口 1174802 人，其中少数民族人口 882816 人，占广西少数民族总人口的 4%。

2018 年，在各级各部门的大力支持下，全区 59 个民族乡经济社会事业进一步发展，基础设施建设进一步加强，人民生活条件得到进一步改善。

一、经济实力稳步增长

2018 年，民族乡经济发展稳中求进，大部分指标同比增长。59 个民族乡实现乡镇企业总产值 37.68 亿元；实现农林牧渔业总产值 64.21 亿元。公共财政收入 7.91 亿元，同比增长 48.13%；公共财政支出 8.68 亿元，同比增长 19.56%。

二、民生问题持续改善

2018 年，民族乡基础设施建设明显加强，群众生产生活条件显著提高，民生问题持续改善。截至 2018 年末，全区 59 个民族乡 584 个行政村中，已通公路的行政村有 584 个，占 100%；已通自来水的行政村有 542 个，占 92.8%；已通电的行政村有 576 个，占 98.63%；已通电话的行政村有 583 个，占 99.83%；已通邮的行政村有 559 个，占 95.72%.

三、社会事业蓬勃发展

2018 年，各级党委、政府不断加大对民族乡社会事业发展的扶持力度，逐步改善中小学办学条件，完善乡镇两级卫生体系。2018 年底，全区 59 个民族乡有各类学校 570 所，教师人数 7083 人，在校学生 11.01 万人。民族乡医疗卫生条件逐步改善，有各类医疗卫生机构 576 所。59 个民族乡建有图书馆 90 个、文化站 59 个、村文化活动室 572 个。

四、农民增收任务较重

广西的民族乡一般都地处偏僻、交通不便地区，虽历经了各级政府多次组织实施的扶贫攻坚战、村村通电、通路和通广播电视等基础设施建设工程，在道路交通、农田水利、广播电视、基础教育等民生项目上实现了历史性的跨越，生产生活条件有了明显的改善，但部分民族乡农田整治、排灌抗旱、茅草房改造、环境卫生等基础设施建设标准低，配套设施不完善，还有很多少数民族村屯不通公路，不少村屯属石漠化大石山区，自然条件恶劣，抵御自然灾害能力弱。总体来说，广西 59 个民族乡经济总量小、综合实力弱，工业化、城镇化水平仍然较低，大多位于贫困县，扶贫开发和农民增收任务较重。2018 年，广西 59 个民族乡农民人均可支配收入为 8413 元，比广西全区农民人均可支配收入 12435 元低 4022 元。

（撰稿：覃丽　审稿：覃凤前）

重庆市

2018 年，民族乡经济进一步发展，基础设施建设进一步加强，人民生活进一步得到改善，社会事业有了长足进步。

2018 年，重庆市辖有民族乡 14 个，98 个村民委员会。已通电的村 98 个；已通公路的村 98 个；已通电话的村 98 个；已通邮的村 98 个；已通自来水的村 98 个；民族乡行政区划面积 1413.25 平方公里。年末总人口 165292 人，其中少数民族人口 66618 人。

2018 年，重庆市民族乡农林牧渔业总产值 113779.4375 万元；农作物总播种面积为 446034.5 亩；全年粮食总产量为 71205.4 吨；全年肉类总产量达到 22473.3 吨；常住居民人均纯收入 10837 元。

2018 年，重庆市民族乡有学校 34 所，在校学生总数 10043 人，教师总数 682 人；图书馆 25 个，文化站 20 个，村文化活动室 99 个；医疗卫生机构 108 个，其中卫生院 15 个，村卫生室 93 个，卫生技术人员 318 人，病床 294 张。

（撰稿：谢婧灵　审稿：向远道）

四川省

1984 年以来，四川省先后建立过 128 个民族乡。由于行政区划调整和城镇化步伐 1984 年以来，四川省先后建立过 128 个民族乡。由于行政区划调整和城镇化步伐加快，有 30 个民族乡相继撤乡建镇或两乡合并，截至 2015 年，全省共有 98 个民族乡，行政区划面积 1.67 万平方公里。民族乡总人口 77.3 万人，其中少数民族人口 35.7 万人，占民族乡总人口 46.2%。

四川民族乡分布在全省 12 个市（州）的 29 个县（市、区），大部分位于盆地边缘或高原向盆地过渡的高山峡谷地带，散杂居地方的民族乡还与云南、贵州、重庆、湖北、陕西等省市的民族地方毗邻。

2018 年，全省民族乡经济不断发展，基础设施进一步改善。有村民委员会 638 个。其中，已通公路的村 636 个，占 99.6%；已通自来水的村 590 个，占 92.4%；已通电的村 638 个，全部实现通电；已通电话的村 622 个，占 97.5%；已通邮的村 515 个，占 80.7%。

2018 年，全省民族乡农林牧渔业总产值 62.7 亿元，农作物总播种面积 168.6 万亩，粮食产量 38.1 万吨，肉类总产量 8.1 万吨。农民合作社 1438 个，合作社成员 4.04 万户。

全省民族乡乡镇企业总产值 128.3 亿元，乡镇企业从业人员 2.3 万人，企业年净利润达 16.3 亿元。

民族乡公共财政收入 8.9 亿元，公共财政支出 9.5 亿元。人均纯收入 11933 元，比上年增加同比增长 9.2%。

2018 年，全省民族乡共有 205 所学校，在校学生 5.93 万人，教师 4231 人。图书馆 247 个，文化站 165 个，村文化活动室 632 个。医院 27 个、基层医疗卫生机构 450 个，医疗卫生人员 1753 人，病床 1418 个。

（撰稿：李学华　审稿：滕明兵）

贵州省

2018 年贵州省各民族乡在各级党委、政府的领导下，坚持主基调主战略，坚持发展为要、民生为本、企业为基、环境为重的工作理念，牢牢守住发展和生态两条底线，以供给侧结构性改革为主线，大力实施主基调主战略，强力推进大扶贫、大数据两大战略行动，以开局就是决战、起步就要冲刺的劲头，认真贯彻国务院颁布的《民族乡工作条例》，按照《贵州省民族乡保护和发展条例》《贵州省人民政府关于支持民族自治县和民族乡加快发展若干政策措施的意见》精神，积极争取上级各部门大力支持，努力增强自我发展能力，促进了民族乡经济社会又好又快发展。

一、基本情况

2018 年，全省民族乡 193 个，占全省 1572 个乡镇（办事处）的 13.1%，占全国民族乡总数的 20.4%，居全国第一，共有 2110 个村民宗委员会，占全省 17484 个村民委员会（城市社区居民委员会）的 12.0%，行政区划面积 2.04 万平方公里，占全省行政区划面积的 20.8%。年末总人口 441.5 万人，占全省年末常住人口的 12.2%，少数民族人口 231.8 万人，占民族乡总人口的 55.5%。公共财政收入 2136.8 亿元，比上年增长 13.1%；财政支出 2127.7 亿元，保持收入相对平衡，略有节约。农村居民纯收入达 9397 元，比上年增长 1775 元。民族乡大多分布在较偏远地区，因劳动力外出和返回比较频繁，常住人口总量受此影响变动幅度较大，2018 民族乡年末总人口略有上升，但少数民族人口较上年有所下降。

二、2018 年民族乡经济社会发展状况

（一）农民人均纯收入大幅上升

全省 193 个民族乡中，农民人均纯收入在 5000 元以下的乡有 5 个，比上年减少 3 个；5000－6000 元以上的乡 6 个，比上年减少 3 个，6000－7000 元以上的乡有 3 个，比上年头 8 个，7000－8000 元的乡有 18 个，比上年减少 33 个，8000－9000 元的乡有 80 个，比上年增加 1 个，9000－10000 元的乡有 52 个，比上年增加 36 个，10000 元以上的乡有 31 个，比上年增加 1 个。不难看出，5000－8000 元的乡有下降，8000 元以上的乡大幅度增加，说明扶贫各项措施得当，农民生活得到有效改善，民族乡的经济发展变化成效明显。2018 年全省农民人均纯收入为 9716 元，150 个民族乡在全省平均水平以下，比上年减少了 3 个，占民族乡的 77.7%，比上年也有所下降；43 个民族乡在全省平均水平以上，占民族乡的 22.3%。

（二）科教文卫事业发展加快

2018 年，全省民族乡 1671 个中小学拥有在校学生 51.2 万人，拥有教师 30161 人，在校生比上年减少 2011 人，教师数比上年增加 52 人。师生比为 1:15。平均每个教师负担的学生人数比全省少 5.3

人，比民族地方少 0.3 人。

民族乡拥有医疗卫生机构 2080 个，其中医院、卫生院 264 个，比上年增加 1 个，村级卫生室 2158 个，比上年增加 114 个，各类病床 12621 张，比上年增加 757 张，各类医生 3158 人，比上年增加 511 人。民族乡每 823 人拥有一张床位，每 718 人拥有一名医生。

农村基层科技文化事业主要表现为农技机构、人员和文化场所的建设。乡级图书馆、文化站及村办文化室分别为 245 个、226 个和 2031 个，分别比上年增加 21、9、81 个。平均每 1 个民族乡拥有 1.26 个图书馆，每个民族乡拥有 1.1 个文化站，每个民族乡拥有 10.5 个村级文化室。农技推广服务机构 230 个，6286 个农村合作社，农技推广服务从业人员 1745 人，比上年增加 76 人。

农村居民人均可支配收入（元）	2017 年乡个数	2018 年乡个数
5000 以下	8	5
5000－6000	6	3
6000-7000	12	3
7000-8000	51	18
8000-9000	70	80
9000-10000	16	52
高于 100000	30	31
省平均水平以下	53	150

（三）基础设施建设大幅提升

截至 2018 年末，民族乡共设 2110 个行政村，其中：已通公路的村 2099 个、已通自来水的村 1967 个、已通电的村 2110 个、已通电话的村 1966 个、已通邮的村 1312 个。分别比上年增加 4.44%、1.77%、0.43%，占民族乡行政村总数的 99.4 %、93.2%、100%、93.1%、62.2%。

（四）农业产业化发展加快

农林牧渔业总产值为 273.2 亿元，农作物播种面积 740.3 万亩，其中粮食作物播种面积 389.2 万亩，粮食总产量 165.2 万吨，农民合作社 6286 个，比上年增加 2772 个，农民合作社成员达 159552 户，为民族乡今后的跨越发展打下良好的基础。

三、存在的主要问题

（一）农村贫困问题依然严峻

与 2017 年数据相比，“五通”村的村数相对有所增加，虽然数据反应基础设施投入大幅度提升，但相比城镇化交通建设速度发展较慢，农村自来水饮水工程投入较弱，通讯事业发展较快，群众拥有手机数量增加，书信投递业务减少。纵向比较，民族乡的发展虽然取得了较好的成绩，但与全省及民族地方平均水平相比仍然存在明显差距。有些民族乡虽然已经脱了贫，但基础不牢，极易返贫。民族乡生产生活基础设施建设相对落后，由于起点低，仍未从根本上得到改善，民族乡“五通工程”（通电、通路、通水、通电话、通广播电视）任务十分艰巨。

（二）民族乡师资力量仍然不足

从民族乡统计数据看，在校学生减少是计划生育国策的周期性影响，与全省全国的大趋势一致；民族乡居民居住分散，教学点或学校相应设立分散，师生比在 1:10 左右比较理想，目前的师生比例反映了民族乡仍缺乏师资的现状。

（三）民族乡公共医疗资源不足

民族乡因撤乡变镇人口不降反增，但医生数、病床数等公共资源投入不足，民族乡医疗卫生发展速度虽在大幅度提高，但与全省比较差距仍然很大。

（四）对民族乡关注力度不够

部分干部对民族乡的整体情况深入调查不够，分析研究不够，情况摸不清、底数搞不明、问题吃不透的现象还比较严重。有的还只停留在民族乡的数量、人口情况上，而对民族乡的经济发展、文化建设情况的分析不够，对地方之间和民族之间的比较研究不够，特别是对民族贫困状况了解不够，加上客观上近年民族乡撤乡变镇较为频繁，对统计工作带来不便，统计数据粗，分析对比浅，致使对民族乡工作分类指导不够，工作力度不够。

四、建议

根据《民族区域自治法》《民族乡行政工作条例》《贵州省促进民族团结进步条例》《贵州省民族乡保护和发展条例》等法律法规，依据贵州省“十三五”少数民族事业发展规划等，结合党的十九大精神、省第十二次党代会报告和 2017 年省政府工作报告相关要求，对民族乡发展过程中存在的问题，靶向施策，精准发力，对特别需要支持的事项，分类施策，统筹推进；对现有政策往前再推进，力度再加大，为我省民族乡脱贫攻坚、同步小康提供坚实有力的差异化支持，结合《中共贵州省委贵州省人民政府关于支持民族自治县和民族乡加快发展的若干意见》精神，每年安排各民族乡 200 万元，用于提高民族乡统筹发展能力；辖有民族乡的县级人民政府安排转移支付时应当对民族乡给予倾斜照顾，分配因素权重高于其他乡镇 10%以上，民族乡享受建制镇的待遇这一要求等落到实处，力争实现民族乡与全省一道实现全面小康。

（撰稿：张发刚　审稿：吴继堂）

云南省

2018 年云南省纳入统计范围的民族乡有 140 个，与上年一致，国土总面积 4.1 万平方公里，辖 1057 个行政村，总人口 279.8 万人，其中少数民族人口 176.4 万人，占总人口的 63.1%。2018 年，各级党委、政府围绕省委省政府部署的农村改革发展目标任务，创新思路开展工作，全面推进民族乡脱贫攻坚、全面建成小康社会、乡村振兴、农业农村现代化等任务建设，认真贯彻落实《云南省民族乡工作条例》，不断加大对民族乡的扶持力度，实施民族特色乡、民族团结进步示范区建设百乡千村示范创建工程等一系列扶持民族乡发展的政策措施，全省民族乡实现了经济稳步发展、民生持续改善、民族团结进步、社会和谐稳定的良好局面。

综合经济稳步增强。围绕打赢脱贫攻坚战、抓好粮食生产、改善农村人居环境、增加农民收入、补齐农村基础设施和公共服务短板五大硬任务，各民族乡从强化乡村发展规划、完善乡村基础设施建设、做强做精产业、提升乡村服务功能、挖掘特色文化等方面发力，乡村振兴建设取得良好成效，民族乡综合发展水平不断提升。2018 年 140 个民族乡实现农林牧渔业总产值 312.9 亿元，比上年同期增长 2%；实现乡镇企业总产值 192.5 亿元，比上年增长 5.9%，其中：工业企业实现总产值 151.3 亿元，比上年增长 12.2%；财政支出 33.9 亿元，比上年增长 14.9%；实现农村居民人均可支配收入 9072 元，比上年增长 12.2%。

基础设施进一步改善。加快推进路网、光网、电网、气网、水网“五网”进村入户，补足农村基础设施建设“最后一公里”。继续以解决好“农民出行难、运输难”为重点，全面推进“四好农村公路”建设，为加快乡村发展提供保障，2018 年 140 个民族乡公路通达率达 100%，通畅率达 99%以上，民族乡所辖的 1057 个行政村 100%通硬化路。无电人口通电问题全部解决，生产生活用电基本有保障。自来水受益村 1044 个，占全部行政村的 98.8%。广播电视覆盖率达 99%，自然村 100%通移动电话网络，4G 网络覆盖 99.5%以上的行政村和 80%以上的自然村。大力发展电子商务进农村，培育了一批带动力强的电商村，目前大部分行政村通快递业务。进一步推进高标准农田建设，实施了一批集中供水、高效节水灌溉、防洪、生态保护等建设项目，民族乡农业生产条件进一步改善。

农业基础地位持续稳固。各民族乡继续推进农业供给侧结构性改革，农村土地承包经营权确权登记颁证工作基本完成，坚持严格保护耕地，全面落实永久基本农田特殊保护制度，稳定完善扶持粮食生产政策举措，保障农民种粮基本收益。以打造世界一流的“绿色食品牌”为重心，大力发展乡村本土特色产业，培育新型经营主体，推进高原特色现代农业加快发展。2018 年 140 个民族乡农作物播种面积 928.3 万亩，人均农作物播种面积 3.3 亩，粮食播种面积 544.8 万亩，粮食产量达 159.2 万吨，人均粮食产量 569 千克，比全省人均粮食产量多 184 千克。肉类总产量达 41.1 万吨，比上年同期略有减少，人均肉类总产量 147 千克。民族乡产业经济由单一化向多元化发展，基本上形成了一村一品、一乡一业的特色产业发展模式。例如：怒江州福贡县匹河怒族乡老姆登村，地处“三州三区”特殊困难地区，近年来，一方面依托自然资源建设茶叶种植基地，打造出“老姆登”茶叶品牌。另一方面依托自然风光和民族文化发展特色旅游，目前，全村有 15 个农家乐，年接待国内外游客近 10 万人次，旅游业年收入 300 多万元，成为福贡县怒族特色旅游文化村、怒江乡村旅游业品牌，为增加农民收入提供了支撑。各民族乡引导发展农民专业合作社等新型农村合作经济组织，建立“公司+基地+农户”“龙头企业+合作社+农户”等多种利益联结模式，实现农企双赢。2018 年末 140 个民族乡有农民专业合作社超过 4000 个，比上年增加了近 500 个，社员近 19 万户，比上年增加了 4 万户，为促进乡村产业转型升级发挥了积极的作用。

乡村民生持续改善。2018 年 140 个民族乡建有学校 1144 所，教师 2.1 万人，在校学生 31.7 万人。所有民族乡都建了文化站，共有村（含行政村和自然村）文化活动室 3138 个。医疗卫生条件不断改善，每个民族乡都有卫生院，有村卫生室 1064 个，乡镇卫生院、村卫生室达标率分别为 99.6%、100%，共有卫生人员 6500 多人，其中卫生技术人员 3500 多人，执业医师和助理执业医师约 1100 人，乡村医生和卫生员 2700 多人，病床 3700 多张。城乡居民医疗保险、大病保险和新型农村养老保险政策已实现全覆盖。紧紧围绕“两不愁、三保障”脱贫目标，继续集中力量抓好特色产业扶贫、就业扶贫、易地扶贫搬迁、教育脱贫攻坚、健康扶贫、农村危房改造、生态保护扶贫、综合保障扶贫、基础设施和人居环境改善、扶贫扶志等精准脱贫行动，贫困人口脱贫步伐加快。建设了一批生态示范乡和生态示范村建设，88%的自然村对生活垃圾进行了收集处理。

社会大局和谐稳定。各民族乡认真宣传和贯彻执行党的民族政策和民族法律法规，加强民族团结进步宣传教育，有条件的民族乡充分利用春节、中秋节等中华民族传统节日和火把节、泼水节等少数民族传统节日开展“中华民族一家亲，同心共筑中国梦”主题宣传活动，及时排查影响民族关系的不稳定因素，及时有效化解涉及民族因素的矛盾纠纷，多年来没有发生因民族因素引发的重大群体性事件。大力推进乡村社会治安防控体系建设，深入开展扫黑除恶专项斗争，严厉打击乡村黑恶势力、宗族恶势力，健全农村公共安全体系，推广“管理网格化、信息技术化、基层管理服务精细化”做法，持续开展农村安全隐患治理，各民族乡社会治安秩序良好。

（撰稿：易永红　审稿：陈新华）

西藏自治区

西藏自治区共有 9 个民族乡，分别为山南市错那县勒、麻麻、贡日、吉巴 4 个门巴民族乡、隆子县斗玉珞巴民族乡；林芝市墨脱县达木珞巴民族乡，巴宜区更章门巴民族乡，米林县南伊珞巴民族乡和昌都市芒康县纳西民族乡。

一、斗玉珞巴民族乡经济社会发展综述

（一）基本情况

斗玉珞巴民族乡位于隆子县东北方向，距县城 129 公里，海拔 3100 米。全乡行政区域 333 平方公里，下辖 3 个行政村，10 个自然村。全乡共 197 户，649 人，其中珞巴族 59 户 214 人，占总人口的 33%，全乡劳力 384 人，享受边民补贴 197 户。全乡耕地面积 484 亩，森林面积 25.5 万亩，草场面积 26.6 万亩，牲畜总头数 2249 头（只／匹）。2018 年全乡经济总收入 1685.25 万元、人均可支配收入 18368.87 元，农村经济继续保持稳定增长势头。

（二）经济发展

一是农牧业生产工作方面。2018 年农作物播种总面积 484 亩，其中青稞播种面积 204.2 亩、小麦 180.4 亩、油菜 59.9 亩、蔬菜 20.2 亩，在青稞种植面积中 102 亩用于黑青稞种植，青稞产量达到 100 吨。二是发展特色产业方面。特色产业主要有粮食深加工（天麻黄牡丹加工）、民族手工业（藏式卡垫编织、木材竹器加工、羊毛加工、犀鸟茶制作、藏香制作），截至目前，天麻黄牡丹实现利润 2.5 万元，藏式卡垫、木材竹器加工实现利润 3.5 万元。三是鼓励群众就业方面。乡重点项目 3 个（G219 古金段新改建工程项目、边境小康示范村建设项目和其玛普农村公路建设项目）。通过组织协调群众就近务

工，实现增收近 200 万元。

（三）社会事业

文化保护方面。引领保护性传承和创造性发展，积极申报《阿布达尼》大型实景剧以创造性继承和发展乡现有“玉珞节”活动内涵。2018 年“玉珞节”更是首次由县人民政府主办，为“玉珞节”活动厂牌进一步提升了知名度。教育扶持方面。乡教学点目前有 30 名学生，其中学前教育生 9 人，一二年级 21 人，贯彻落实“三包”政策和学生营养改善计划。卫生服务方面。完善乡卫生院和村卫生所建设，并配备 9 名医生，可为老百姓提供一般病患的治疗。精准扶贫工作方面。全乡边民补助从 2700 元提高到 3900 元。边民补助的上涨，大大减轻了贫困户脱贫压力。

二、贡日门巴民族乡经济社会发展综述

（一）基本情况

贡日门巴民族乡于 1984 年正式挂牌成立，下辖斯木村、贡日村 2 个行政村，2 个村均处公路沿线，均已实现通路、通水、通电、通信号。全乡总面积 735 平方公里，平均海拔 3600 米，位处勒布沟景区，距错那县城 36 公里，全乡农业人口为 60 户 176 人，门巴族 158 人，占 89.77%，藏族 18 人，占 10.23%，城镇人口 9 户 9 人，乡干部职工 29 人（其中门巴族 3 人）。

（二）社会经济各类指标

2018 年，全年农村经济生产总值 242.36 万元，农村人均可支配收入 12314 元。

（三）特色产业发展情况

乡下辖两村各有一项主导特色产业，斯木村将荞麦加工厂作为主导，群众通过参与荞麦种植，深化加工，增加劳务收入，目前加工厂正在积极寻求合作伙伴。贡日村致力野猪驯化新型养殖业，积极招商引资，洽谈拓宽市场渠道，致力打造乡特色养殖业，目前已与多家有意愿商家达成初步合作协议。贡日门巴民族乡大力发展门香加工等特色副业，为群众创收增收提供有力保障。

（四）农牧业发展情况

2018 年，耕地面积共 144 亩，粮食作物总产量 35.38 吨，同比增长-3.96%，全年牲畜出售和自宰 88 头，肉类产量 10.53 吨。

三、麻麻门巴民族乡经济社会发展综述

（一）基本情况

麻麻门巴民族乡于 1984 年正式挂牌成立，下辖麻麻村一个行政村。行政村处公路沿线，已实现通路、通水、通电、通信号。全乡总面积 82.7 平方公里，平均海拔 2800 米，距错那县城 40 公里。全乡总人口 66 户 159 人，其中门巴族 106 人，占 66.6%，藏族 53 人，占 33.4%。

（二）社会经济各项指标

2018 年全年村经济总收入 370.8 万元，农村人均可支配收入 19050.3 元。

（三）农牧业发展情况

2018 年粮食播种面积共 68 亩，粮食总产量达约 19.6 吨。全乡共有牲畜 236 头，全年肉类总产量 23.07 吨。

（四）特色产业发展情况

1.茶叶种植产业。2018 年采摘约 3 亩，创收达 11 万元，户均增收 1600 元。

2.旅游业发展情况。全乡群众共开办 49 个家庭旅馆，有 444 个床位，5 家餐馆、5 家茶馆、5 家商店、5 家民族特色产品销售点。2018 年为群众创收 119.4125 万元，户均 18092.8 元。

3.民族手工业木碗加工。全村木碗加工四家，一年可为其家庭增收近 10000 元。

四、勒门巴民族乡经济社会发展综述

（一）基本情况

勒门巴民族乡下辖勒村、贤村 2 个行政村，勒村、葛林久、贤村、贤定 4 个自然村，2 个行政村、4 个自然村均已实现通路、通水、通电、通信号。全乡行政面积 363 平方公里，平均海拔 2350 米，东与浪坡乡连接，南与印控达旺地区接壤，西与不丹毗邻，北与麻玛门巴民族乡相连，距县城 52 公里。2018 年全乡总人口为 55 户 142 人。

（二）社会经济各项指标

2018 年全乡国民生产总产值实现 480.94 万元，同比增长 6.34%，农牧民人均纯收入达到 18998.45 元，同比增长 6.35%。

（三）农牧业发展情况

勒门巴民族乡属于半农半牧乡，主要种植和加

工茶叶，另外还种植青稞、鸡爪谷和勒布青椒等。2018年共加工出茶叶21909斤，创收215万元。以饲养大畜为主，2018年末牲畜存栏总头数332头，牧业收入为43.13万元。

（四）特色产业发展情况

一是全乡茶田面积693亩，成立以茶叶种植、大叶茶加工、红茶、绿茶加工以及销售为一体的茶叶农牧民专业合作社。通过参与茶叶种植、管理、加工、销售等，经济收入明显增强。二是加大旅游基础设施建设、完善旅游服务功能，先后投入资金2000万元实施森木札景区基础设施和旅游公共服务设施建设，新建旅游景区专用公路、游步道、停车场、游客服务中心等设施，成效明显。三是勒门巴民族乡勒村作为自治区首批特色小城镇试点之一已全面建成，群众通过开办农家乐大力发展旅游业。

五、吉巴门巴民族乡经济社会发展综述

（一）基本情况

吉巴门巴民族乡于1984年正式挂牌成立，下辖吉巴村、让村2个行政村。2个行政村均已实现通路、通水、通电、通信号。全乡总面积202平方公里，平均海拔3500米，东与麻玛乡相邻，南与不丹相邻，距错那县城39公里。全乡总人口为64户197人，门巴族179人，占 90.9 %，藏族18人，占9.1%。

（二）社会经济各项指标

2018年，全年农村经济总收入309.4万元，其中一产收入121.1万元，二产1.3万元，三产收入25.5万元，人均收入14720.81元，同比增长5.9%。

（三）农牧业发展情况

2018年，耕地面积共有450亩，粮食总产量达97.5吨。全年肉类总产量39.25吨。2018年末牲畜存栏数604头。

（四）特色产业发展情况

一是将荞麦系列产品作为吉巴门巴民族乡主导的特色产业。目前荞麦系列产品有荞麦糌粑、荞麦枕头、苦荞茶、门隅甘露。二是发展旅游业。根据各村旅游景点的开发及规划边境小康村的建设，建成错那县门巴特色民俗小康村，加快推进重点项目开发建设力度，大力发展旅游业。三是继续发展野猪养殖业，促进农牧民群众增收。

六、达木珞巴民族乡经济社会发展综述

（一）基本情况

达木珞巴民族乡是墨脱县唯一一个珞巴民族乡，于1988年正式挂牌成立，下辖达木村、卡布村、珠村、贡日村4个行政村。全乡总面积800多平方公里，平均海拔1860米，乡政府所在地海拔1560米，均已实现通路、通水、通电、通邮、通移动电信网络。2018年底，全乡总人口为270户1089人，其中少数民族人口1081人。

（二）各项经济指标

2018年农村经济总收入1894.91万元，同比增长14.7%；人均纯收入11385.15元，同比增长13.7%；人均现金收入9234.80元，同比增长13.7%。第一产业总值222.65万元，第二产业总值341.11万元，第三产业总值1331.15万元。

（三）农牧民发展情况

一是惠民资金及时足额兑现。县财政采取惠民资金直接打入居民账户，乡负责居民账户信息核对工作。2018年便民补助资金总计落实272.85万元，公益林资金总计落实156.76万元。二是安居工程进展顺利。达木乡贡日村、达木村、卡布村165户安居工程顺利建成投入使用，达木村、贡日村小康示范村已经建成，村容村貌焕然一新。珠村搬迁点已于2018年10月份统一组织搬迁入住，目前搬迁点配套设施产业项目正在建设中。2018年脱贫34户111人，剩余贫困户6户9人，贫困发生率0.8%。

（四）产业发展情况

一是发展特色农牧业。以茶叶作为主要特色农牧产品，现有茶叶种植面积800亩，其中卡布村600亩、达木村200亩，后期规划在达木村、珠村建设种植500亩。截至目前，全乡茶叶基地共帮助群众增收137.12万元。珠村200亩的优质水稻种植稻田和120亩的野花椒基地已完成建设。二是珞巴民族文化与生态旅游业相结合产业，以贡日、达木小康示范村为引领发展旅游业，开展珞巴文化挖掘、保护、收集和传承工作，成立文艺队，参与人次达200余次，熟练掌握10个舞蹈，新创作珞巴歌舞《春满林芝》和《珞巴情》。以开发旅游+产业，依托达木乡位处扎墨公路沿线的优势，大力发展农家乐、家庭旅馆、当地农产品销售点等旅游项目，截至目前，

帮助群众增收 30 万元。三是抓好藏药材可持续的发展。以贡日村为主抓好藏药材采挖，主要采摘野生七叶一枝花、冬虫夏草等藏药材资源，2018 年贡日村七叶一枝带动群众增收达 105 万元，贡日村七叶一枝花种植基地项目正在积极争取中。

（五）教育卫生事业情况

一是教育事业。全乡在读学生共计 372 人，其中学前班 55 人、小学 157 人、中学 75 人、高中 55 人、大学 30 人，适龄儿童、少年入学率达 100%。2018 年，兑现 5 名贫困大学生学杂费、生活补贴共计 57779 元。二是医疗卫生事业。2018 年底，全院门诊人次达 1582 余人，住院总人数 6 余人，核销金额为 39115.9 万元，现金收入为 19189.4 万元。藏医门诊人次达 240 人，住院人数 6 人，核销金额为 2105 元，现金 1032 元，较上年同期相比均有所增长。2018 年为儿童接种疫苗 5 次，8 对夫妇从免费孕前优生健康检查项目中受益，今年农牧民参保率达 100%。

七、更章门巴民族乡经济社会发展综述

（一）基本情况

更章门巴民族乡位于巴宜区 318 国道旁，318 国道林拉高等级公路贯穿全乡，总面积 619 平方公里，平均海拔约 3000 米，距离城区 35 公里。下辖 6 个行政村，共 319 户 1372 人，其中：门巴族 412 人，珞巴族 88 人。

（二）各项经济指标

2018 年生产总值达到 3545.23 万元，农牧民人均可支配收入达到 17828 元。

（三）农牧民发展情况

一是项目建设进展顺利。全年续建项目和新建项目共 41 个，总投资 3.09 亿元，年内完成投资 1.59 亿元。其中门巴特色小集镇改造提升工程已全部完工并投入使用，千亩产业园区建设项目顺利签约并开工建设，精准扶贫现代农业观光信息中心建设项目已完成立项。二是基础设施逐步完善。投资 1200 万元的娘萨村道路硬化工程完工，硬化路面覆盖村达 100%；投资 470 万元，完成了更章村、娘萨村、扎曲村 183 户农牧民群众的屋面改造工程，全乡屋面改造完成率达 100%；投资 570 余万元的林拉高等级公路娘萨村毁坏性修复工程顺利开工，尼洋河河堤提升工程建设完成；投资 510 万元的更章村小康示范村建设项目完工；投资 1200 余万元的门仲村 37 户住宅项目完工并全部入住；大力实施门仲村围墙等基础设施建设项目。

（四）产业发展情况

围绕打造距巴宜区半小时水果产业园建设，种植草莓、苹果、樱桃 200 余亩，引进企业种植石榴等特色水果 400 余亩。创新特色产业发展，千亩产业园区现代化无土栽培和水肥一体化种植项目于 12 月开工建设，力争打造成全自治区首个现代化农业示范基地；羊肚菌反季节试种试产取得圆满成功，亩产效益达 3 万余元；新建草莓育苗大棚 10 座，填补林芝地区草莓育苗领域空白；藏香猪养殖基地项目建设完成并投产，现养殖规模已达 1700 余头。

（五）教育卫生事业情况

大力实施“惠民工程”“富民工程”。一是大力改善教育医疗条件。乡级幼儿园顺利完工并招生，全乡中小学生入学率、巩固率均达到了 100%，实现农牧民健康档案全覆盖，全乡群众医疗参保率和养老保险参保率达 100%和 98%。二是积极开展救灾工作。开工建设民政救灾仓库和农牧物资储备仓库，最大限度提高防灾减灾能力。全额落实“11.18”地震受损房屋维修资金。

（六）旅游发展情况

争取资金 301 万元建设完成门巴民俗演艺中心，全面推进公共文化体系建设。积极争取社会投资 600 余万元，着力提升老排龙温泉项目、绿化项目和基础设施，全力打造 318 旅游特色站点。

八、南伊珞巴民族乡经济社会发展综述

（一）基本情况

南伊珞巴民族乡是经国务院批准于 1988 年正式成立，是珞巴族较集中的一个乡，位于米林县城东南部，地处雅鲁藏布江中下游和 306 省道沿线，距离米林县城 4 千米。下辖 3 个行政村，全乡总人口 132 户 549 人，其中少数民族人口 418 人。行政区域面积 648.4 平方米，林地面积 58758.03 亩，草地面积 212969.7 亩，耕地面积 1244.4 亩。

（二）各项经济指标

2018 年底，全乡有农牧民群众 132 户 553 人，全乡国民经济收入达到 1528.43 万元，农民人均纯收入 19347.2 元，现金收入 17407.34 元。

（三）农牧民发展情况

一是积极推进小康示范村建设项目工作。琼林村 50 户全部同意进行整村搬迁，搬迁准备工作已全面启动。才召村 41 户进行整村打造，整村新建住房，已完成第一期工程。南伊村 12 户新建住房，其中 11 户已经全面竣工；35 户更换树脂瓦屋顶，26 户完成立面改造，24 户完成藏式彩绘，新建厕所 9 座，新建及维修围墙 3700 米，更换大门 25 扇。此外，南伊、才召 2 村人畜分离工程已建成并投入使用。二是成功脱贫摘帽。南伊珞巴民族乡 2017 年动态调整后，全乡建档立卡户共有 25 户 100 人，2018 年动态调整后，1 户 7 人已实现稳定脱贫。

（四）产业发展情况

一是西藏灵芝生物科技有限公司租用南伊村占地 430 亩，年租金 37 万元，受益群众达 38 户 155 人。二是米林县扎贡沟藏药材种植有限公司租用南伊村流转地 52 亩，年租金 3 万余元，按每日 10 人轮流种植藏木香、波棱瓜、西藏棱字芹等藏药材，以及针对季节对药材种植基地进行除草等，人均每日收入可达 150 元。

（五）教育卫生事业情况

南伊乡小学开设 7 个教学班，现有专任教师 27 人，在校生 169 人（其中小学 149 人，学前班 20 人）。适龄儿童入学率 100%、在校生巩固率、教育“三包”经费到位率、初中适龄少年入学率均达到 100%，巩固率达 99.8%。全年共计报销合作医疗 552 人次资金 95092.75 余元，合作医疗账户覆盖率、个人缴费率、报销率均达 100%。2018 年度乡应参加新型农村养老保险 260 人，参保并缴费人数 260 人，金额共计 32800 元，缴费率达 100%。

（六）旅游发展情况

目前全乡已拥有家庭旅馆 15 户（证件齐全）。加大旅游执法力度集中开展整顿景区乱搭乱建，私拉游客等影响景区正常经营健康发展的不良违规行为，取得了良好效果。

九、纳西民族乡经济社会发展综述

（一）基本情况

纳西民族乡地处滇藏 214 国道线上，距芒康县城 112 公里。全乡面积 374.9 平方公里，其中森林面积 10337 公顷。现有耕地面积 3153.75 亩，人均占有耕地 0.77 亩；全乡辖 4 个行政村 21 个自然小组，835 户，总人口 4604 人。

（二）各项经济指标

纳西民族乡 2018 年农村经济总收入预计达到 18315 万元；农民人均收入预计达到 12907 元，其中现金收入 10426 元，劳务输出 10000 余人次，牲畜存栏数为 4068 头（只、匹），免疫深度 100%；盐井小学全校学生 624 人，现已全部入学就读，控辍保学巩固率为 100%，教师 60 人；盐井中学全校学生达 1347 人，其中乡户籍学生整班移交 235 人（转学 33 人），控辍保学巩固率为 100%，教师 67 人。

（三）特色优势产业

目前，全乡已累计完成葡萄种植 3018.3 亩；其他经济林木共计种植 2844.05 亩（苹果 729.41 亩，康巴蜜橘 968 亩，石榴 646.64 亩，桃子 500 亩）。同时，乡三江源农牧民合作社试种茶叶（服仙九号）5 亩。深挖盐田、天主教堂、文成公主庙、藏家乐等自然资源和人文资源。2018 年以来，觉龙村在县旅游局的大力支持下，成功举办了第二届“桃花节”。目前有“藏家乐”64 家，其中具有代表性的有三家，带动周边精准扶贫户 5 户，7 人参与其中。

（四）教育卫生事业情况

目前纳西乡医疗保险参保人数为 4604 人，参保率达到 100%。同时，乡新修卫生院正在施工建设中，盐城医院现已建成，相关医疗设备也已备齐，目前有 42 个床位。目前纳西乡医疗保险参保人数为 4171 人，参保率达到 100%；全乡农牧民及各单位干部职工开展包虫病筛查工作，全乡包虫病筛查 5625 人。2018 年元月至今 1186 人次适龄儿童接受免疫接种，使适龄儿童免疫接种率达 100%。

（撰稿：洛桑群佩　审稿：金美）

陕西省

2018 年，在国家民委指导下，在各级党委和政府正确领导和大力支持下，我省民族乡镇各族群众团结进取，立足精准扶贫和乡村振兴，着力推进经济持续健康发展，各项社会事业取得新进步，人民生活质量和水平显著提高。

陕西是一个少数民族散杂居省份，有回、满、壮、苗、蒙古族等少数民族成分 54 个，少数民族人口近 20 万，总体呈大分散、小聚居态势。全省有三个民族乡镇，均为回族镇，分别是商洛市镇安县西口回族镇、茅坪回族镇和安康市宁陕县江口回族镇。三个回族镇总面积 746 平方公里，2018 年总人口 37556 人，其中少数民族 11639 人，占民族镇总人口的 23.66 %。三个族镇共有 24 个村民委员会和 1 个社区，24 村和 1 个社区全部通公路、通自来水、通电、通电话、通邮。

2018 年，全省民族镇乡镇企业从业人员 1275 人，乡镇企业总产值 79366 万元，其中工业总产值 79001 万元，乡镇企业年净利润总额 20361 万元；农林牧渔业总产值 31517 万元，农作物总播种面积 57463.48 亩，其中粮食播种面积 40216.48 亩。

2018 年，全省民族镇共有学校 20 所，在校学生总数 4336 人，教师总数 265 人；图书馆 1 个，文化站 2 个，村文化活动室 18 个。医院卫生院 4 个，病床 70 张；村卫生室 34 个。

（撰稿：孟旭红　审稿：王晓斐）

甘肃省

甘肃省是多民族省份，56 个民族俱全，2017 年少数民族人口 259.59 万人，占全省常住人口的 9.9%。世居的少数民族有回、藏、东乡、保安、裕固、蒙古、撒拉、哈萨克、土、满等 10 个民族，其中东乡族、保安族、裕固族是我省特有的少数民族。全省有 2 个自治州、7 个自治县。民族自治地方 21 个县（市），国土面积 18.36 万平方公里，占全省总面积的 43%。民族自治地方常住人口 329.4 万人，占全省常住人口的 12.5%。全省共有 34 个民族乡，分布在白银、张掖、平凉、酒泉、庆阳、陇南、临夏、甘南 8 个市（州）的 16 个县（市、区）。34 个民族乡中，回族乡 15 个，东乡族乡 8 个，藏族乡 7 个，蒙古族乡 2 个，裕固族乡和土族乡各 1 个。

2018 年，全省民族乡在省委省政府的坚强领导下，坚持以习近平新时代中国特色社会主义思想为指导，深入学习贯彻党的十九大，十九届二中、三中全会精神，全面落实习近平总书记视察甘肃重要讲话和“八个着力”重要指示，认真贯彻落实省委、省政府各项决策部署，积极探索推动民族乡发展的有效措施，促进全省民族乡特色产业、生态建设、脱贫攻坚、民族团结等各项事业全面发展，民族乡总体保持了经济社会健康发展的良好局面。

一、综合实力不断增强

2018 年，全省 34 个民族乡农林牧渔总产值达到 16 亿元，粮食总产量达到 18 万吨；农民专业合作社达到 949 个，比上年增加 255 个，增长 36%；34 个民族乡公共财政收入达到 4.9 亿元，公共财政支出达到 8.9 亿元。306 个行政村中已通公路的有 306 个，通自来水的 300 个，通电的 306 个，通邮的 276 个。34 个民族乡中有 12 个民族乡农村居民人均可支配收入超过全省平均水平，张掖市白银蒙古族乡、马蹄藏族乡、祁丰藏族乡和肃州区黄泥堡裕固族乡、瓜州县腰站子东乡族乡、玉门小金弯东乡族乡农村居民人均可支配收入超过万元。

二、脱贫攻坚扎实推进

全省民族乡认真贯彻落实省委、省政府工作部署，始终把脱贫攻坚作为首要任务和第一民生工程，紧扣“两不愁、三保障”目标任务，采取有效措施，加大工作力度，以脱贫攻坚统揽经济社会发展大局。一是工作力度不断加大。紧扣“两不愁、三保障”，大力推动民族乡脱贫攻坚。华亭县山寨回族乡着力改善贫困群众水、电、路、房等生产生活条件和扶贫产业发展，全乡稳定脱贫 197 户 587 人，贫困发生率下降到了 0.39%。华亭县神峪回族乡为全乡 232 户贫困户和 24 户需要巩固提高的脱贫户，制定“一户一策”帮扶计划和巩固提升计划。和政县梁家寺东乡族乡贫困人口从 2014 年底的 1197 户 6293 人减少到 2018 年底的 263 户 1251 人，累计减贫 5042 人。二是基础设施显著改善。民族乡始终把解决制约脱贫攻坚和经济发展的基础性问题放在首位，通过多渠道争取项目和资金，基础设施得到明显改善。临夏县安家坡东乡族乡近三年以来，累计完成道路硬化 45 公里，完成渠道衬砌 20 公里，实施了中寨、史娄两个村文化设施建设工程，目前全乡村社道路硬化率已达到 100%。和政县梁家寺东乡族乡投入 170 多万元实施了梁家寺、大马家、赵家沟、杨仲家 4 个村级活动场所建设项目，现已全部完工。宕昌县新城子藏族乡把解决群众住房问题作为首要任务，实施农村危房改造 21 户，消除了贫困群众居住的不安全住房。三是产业扶贫成效显著。武都区磨坝藏族乡在全乡 8 个村采取林药套栽模式，实施了新一轮退耕还林 1832 亩，补植补栽花椒 20 万株，全乡花椒种植面积达到 12993 亩，花椒产量达 20 万公斤，产值达 2800 万元。临夏县安家坡东乡族乡发展订单农业，推广种植粮饲兼用性玉米，全乡共计流转土地 4000 多亩、种植饲用玉米 8000 亩，2018 年共计完成粮改饲 4250 亩。和政县梁家寺东乡族乡鼓励全乡贫困户发展种养殖业，在全乡引进良种母牛 466 头、母羊 8268 只，建设暖棚 455 座，鼓励种植中药材 156 亩。华亭县神峪回族乡新植核桃 600 亩，实施高接换优品种改良 764.3 亩，完成果园春季标准化管护 4300 亩，培育发展鑫丰种植养殖农民专业合作社等新型经营主体 5 家。

三、社会事业稳步推进

全省民族乡坚持把教育卫生、社会保障等公共服务作为民生之本、发展之基，在政策资金的大力支持下，各项社会事业得到全面发展，取得了良好成绩。一是教育教学条件全面改善。高度重视教育事业发展，一批教育项目相继实施，进一步解决了适龄儿童上学难的问题，大大改善了民族乡的办学条件，34 个民族乡全部实现了“两基”目标。目前，全省民族乡学校数 227 所，教职工 2528 人，在校学生达到 3 万多人。华亭县山寨回族乡全面落实了 113 名贫困学生的相关补助政策，义务教育均衡发展初见成效，全乡适龄儿童入学率、九年义务教育巩固率均稳定在 100%。二是医疗卫生事业稳步推进。加快民族乡医疗卫生基础设施建设，着力改善医疗卫生条件。目前，34 个民族乡共有医疗卫生机构 262 个，卫生院 36 个，村卫生室 261 个，卫生技术人员 414 名。玉米独山子东乡族乡开设村级卫生室，配备医疗人员和设备，改善了乡村两级医疗条件和服务水平。全省民族乡每个行政村都具备了一个医疗点，乡、村医疗、卫生、保健体系进一步完善。三是社会保障体系逐步完善。全面贯彻落实新型农村合作医疗、就业创业、最低生活保障等基本社会保障制度，民族乡新型农村合作医疗实现了全覆盖，参合率达到 98%以上。临夏县安家坡东乡族乡全乡适龄儿童入学率 100%、医疗保险参保率 100%、养老保险参保率 95.8%，其中贫困人口参合率、参保率均为 100%。民族乡救助体系进一步完善，城乡低保、五保供养、大病救助、临时救助等工作全面推进。四是文化事业繁荣发展。高度重视民族乡少数民族文化事业发展，持续推进文化站、文化室、农家书屋等文化设施建设，全省民族乡现有文化站 33 个，村文化室 303 个，实现了标准化乡镇综合文化站和行政村农家书屋全覆盖。组织举办少数民族传统体育赛事活动，肃州区黄泥堡裕固族乡成功举办“多彩黄泥堡 醉美裕固情”民俗文化旅游节。华亭县山寨回族乡成功举办了庆祝建党 97 周年“脱贫攻坚 文化助力”广场文化月文艺展演、干部职工运动会等文体活动。全省民族乡综治维稳、安全生产、信访等工作得到全面加强，社会大局和谐稳定。

（撰稿：孔庆斌　审稿：王宇卫）

青海省

青海省有 28 个民族乡，行政区划面积 5649 平方公里。分布在 4 个市（州）的 12 个县，其中藏族乡 18 个，回族乡 8 个，蒙古族乡 2 个，土族乡 1 个。

2018 年，民族乡总人口 23.6 万人，其中少数民族人口 16 万人，占民族乡总人口 67%。2018 年有村民委员会 340 个。其中，已通公路 313 个，占 92%；已通自来水的村 321 个，占 94.4%；已通电话的村 340，占 100%；已通邮的村 307 个，占 90%。财政收入 1.7 亿元，财政支出 1.5 亿元。学校 105 所，在校学生 1.5 万人，教师 1114 人。图书馆 49 个，文化站 65 个，村文化活动室 248 个。医院 10 个，医生 388 人，病床 314 张。

（撰稿：王姿琪　审稿：德措）

新疆维吾尔自治区

2018 年，新疆维吾尔自治区共有民族乡 42 个，其中：哈萨克族乡 13 个，回族乡 5 个，柯尔克孜族乡 6 个，蒙古族乡 10 个，锡伯族乡 1 个，乌孜别克族乡 1 个，塔吉克族乡 4 个，塔塔尔族乡 1 个，达斡尔族乡 1 个。从区域分布看，南疆 9 个、东疆 4 个、北疆 29 个；其中边境县（市）24 个、农区 8 个、牧区 34 个。民族乡行政区划总面积 5.56 万平方公里，年末总人口达到 35.23 万人，其中少数民族人口 28.67 万人，占民族乡总人口的 81.38%。

综合经济方面。2018 年，全区 42 个民族乡经济发展稳定调整。全年实现农林牧渔业总产值 80.74 亿元，比上年增长 0.81%。农作物播种总面积 206.971208.17 万亩，比上年减少 0.57%。其中粮食播种面积 132.96 万亩，比上年增加 10.24%；全年实现粮食总产量 68.44 万吨，肉类总产量 10.20 万吨。全区民族乡乡镇企业总产值达 16.40 亿元，其中工业总产值 12.31 亿元，乡镇企业年净利润总额 1.31 亿元，乡镇企业从业人员 8056 人。

财政收支状况。2018 年，全区民族乡公共财政收入达到 8.56 亿元，比上年增长 16.46%。公共财政支出 8.39 亿元，比上年增长 14.14 %。

基础设施日趋完善。2018 年，全区民族乡 255 个村民委员会中，已通公路的村有 252 个，占 98.82%；已通自来水的村 236 个，占 93.65%；已通电的村 255 个，占 100%；已通电话的村有 249 个，占 97.64%；已通邮的村 234 个，占 91.76%。

社会事业取得进步。2018 年，全区民族乡共有学校 122 所，在校学生总数 3.25 万人，教师总数 3754 人；图书馆 76 个，文化站 40 个，村文化活动室 232 个。农村三级卫生保健网建设情况良好，有卫生院、卫生室等卫生机构 245 个，医生 215 人，病床 977 张。

农牧民收入增加。2018 年，42 个民族乡农牧民家庭人均可支配收入 14566 元，较上年增长 5%。其中人均纯收入 1 万元以上的民族乡达到 37 个。在农牧民家庭总收入中，非农业收入比重明显增加，主要包括农牧民家庭经营的第二、第三产业收入和乡镇企业、个体私营企业、转移劳动力等工资性收入。

（撰稿：裴海龙　审稿：姜国利）

民族经济工作综述

北京市

2018年是改革开放三十周年，北京市认真贯彻落实全国民族经济工作会议精神，以深化供给侧结构性改革为主线，以品质提升和绩效管理为重点，紧紧围绕“十三五”规划目标任务，积极推动民族经济高质量发展，较好完成各项年度工作。

一、注重顶层设计，努力提高民族经济发展质量

全面推动乡村振兴。一是连续第十年成功召开全市少数民族乡村经济工作会，着力突出服务民族团结、着力突出高质量发展、着力突出美丽乡村、着力突出发挥区、乡镇和民族村主体责任，以会议高位推动为契机，制定工作方案推动落实。二是以北京市市委书记蔡奇同志到怀柔区喇叭沟门满族乡蹲点调研时的重要讲话精神为指导，以市人大常委会专题调研和市政协协商恳谈等活动为重要契机，协调推动各部门、各区和乡镇政府将民族村提前纳入美丽乡村建设计划，优先考虑、优先安排，全力推进民族乡村振兴发展。2018年，全市民族村农民人均收入近2.7万元，高于全市水平1700多元，民族村劳动力就业率达到92.5%。

修订实施《北京市清真食品行业品质提升行动计划（2016年—2020年）》。推进清真食品行业规范化、便利化、连锁化、品牌化和特色化发展，从企业、协会、社会和政府四个维度细化分解为十八项重点任务，形成了“十三五”规划、行动计划和年度实施方案组成的规划实施体系，有效推动全市清真食品管理和发展工作，设立了执法检查、培训和服务群众等一系列量化指标。据统计，全市超过35%清真食品品牌企业参加了品质提升计划的便民惠民、品牌评选等系列主题活动。在助力全行业品质提升的同时，切实增强了清真食品企业民族团结意识和社会责任感。

二、注重绩效管理，努力发挥专项资金引领作用

统筹做好2017至2019三个年度近2亿元资金的使用管理工作。一是在2017年度市级少数民族乡村经济发展专项资金绩效考评中取得良好成绩，集中检验了近年来全市民族工作部门不断完善全流程、全方位的资金风险防控体系所取得的成效。二是管好用好2018年度专项资金。会同各区和第三方机构，严格按照资金管理办法，6600万元专项资金共扶持84个项目。三是认真做好2019年度专项资金预算分配工作。顺利完成2017年度乡村资金以奖代补考评工作，指导各区开展自评自论，开展市级第三方审核，并依据结果完成第一批6100万元预算安排，占专项资金总量92.4%。

进一步加强项目资金绩效管理。组织召开了绩效评价和少数民族特色村镇建设专题培训会，开展了群众满意度调查等工作。总体上，通过专项资金项目实施，改善了基础设施和村庄环境，带动了就业和产业发展，提升了清真食品行业规范化、便利化、连锁化、品牌化、特色化发展水平，群众满意度约为98 %。

三、注重规范管理，努力确保民族经济领域安全有序

加强清真食品市场检查。加强执法检查，春节、两会和中秋、国庆等重点时间节点，对全市1000多家清真食品生产经营单位进行检查。加强首都机场航站楼等重点区域民族政策法规培训，积极做好中非论坛等重大活动期间相关服务保障工作。特别是企业自主培训不断加强，全年累计培训超过3万人次。

开展规范化清真特色餐厅和清真食品专柜增选工作。经企业申报、区级初评推荐、市级复核评审等环节，严格按照评分标准，综合民族政策把握、专业管理水平和社会效益发挥等情况，评选出规范化清真特色餐厅44家和规范化清真食品专柜4家。截至2018年底，全市评选并保有了180家规范化清真特色餐厅和213家规范化清真食品专柜。

四、注重民生保障，努力服务民族团结

贯穿全年开展清真食品企业便民惠民活动。春节、全国两会期间，组织全市 40 余家清真食品企业在 5 个区的 20 个社区开展展卖活动，服务群众 2 万余人。成功举办第十一届北京市清真美食文化节，东来顺、鸿宾楼和卓宸等清真食品企业现场展卖品种 500 余种，服务群众 6 万余人。特别是 9 月下旬，组织开展了迎中秋、国庆全市清真食品行业便民惠民月活动，30 多家公司的 180 多家门店举办惠民活动 200 多场，让利近 100 万元。据不完全统计，全年各类便民惠民活动服务群众超过 50 万人次。

完成清真饮食习惯少数民族低保群众牛羊肉价格分类救助。根据我市实际启动了分类救助机制，于春节前向全市 14 个区 158 个街道（乡镇）的 2075 名低保少数民族群众发放一次性生活补助资金约 64 万元，受到欢迎和好评。

五、注重政策落实，努力促进民品企业发展

认真落实国家民委关于民品企业工作部署。召开联席会议，制定工作方案，细化分解为三个阶段 13 项工作，明确了各部门职责、工作流程和要求，努力在组织工作严谨性、指导企业有效性、确定工作科学性上下功夫，制作了申报材料清单、报送格式模板等，选择了有代表性的区和企业试填报，精心组织了公开征集、初审推荐、专家评审、公示公告等工作，并率先将结果报送国家民委。积极开展民品企业流贷贴息管理办法修订工作。指导企业规范执行优惠政策，全年审核流动资金贷款额度 15 笔共 4.49 亿元。

（撰稿：刘刚　审稿：杨琳）

天津市

蓟州区孙各庄满族乡是我市唯一的少数民族山区乡，位于蓟州区东北的燕山脚下，境内山峰平均海拔 500 米，最高峰海拔 684 米。全乡区域面积 26 平方公里，辖 13 个行政村，7255 口人，其中满族人口 2390 人，占全乡总人口 33%，主要聚居在太平庄、孙各庄、隆福寺、丈烟台、朱耳峪、夏家林、朱华山 7 个民族村。

乡党委、政府认真贯彻落实上级党委、政府一系列决策部署，紧密结合本乡实际，围绕发挥好“资源、历史、文化、生态”四大优势，打好山水牌、念好农字经、算好文化账、走好高质高端路，着力打造核桃之乡、蜜蜂之乡和文化之乡，不断提高产业发展层次和水平，带动全乡整体经济工作快速健康发展。

2018 年，全乡国民生产总值完成 2.98 亿元，占年计划的 101%；固定资产投资完成 3000 万元，占年计划的 100%；招商引资完成 530 万元，占年计划的 106%；农民人均可支配收入完成 19890 元，占年计划的 103%；实现税收 700 万元，占年计划的 117%。

一、全力抓好蜜蜂养殖产业，让小蜜蜂酿造大效益

2018 年新建蜜蜂养殖基地 10 个，基地总数达到 50 个，引进土耳其高标准蜂箱和意大利蜂种群 1500 个，总数达到了 4500 多个。在毛家峪、八仙山新建了 2 个标准化满蜜养殖、销售基地，全年产成熟满蜜 19 万斤，实现产值 1900 万元，为全乡农民人均增收 3000 多元。

二、全力抓好核桃种植，让小核桃撬动大产业

组织实施了核桃种植、高接换优、绿色杀虫、产业路建设等工程，不断提高核桃种植规模和产品品质。2018 年，核桃种植面积达到了 1.5 万亩，产量达到 380 万公斤，产值达到 9500 万元，人均收入 13000 多元。

三、全力抓好文化产业发展，让小文化推动大旅游

坚持文化产业作为促进旅游发展的灵魂和动力来抓，逐步形成了满族工艺品加工、满族文化展示、蜜蜂养殖文化体验等各种主题突出的系列高端文化和特色民宿。编排制作了具有满族风情的“满乡山水谣”歌舞演出节目，筹建了隆福寺村满乡大舞台。目前已发展特色民宿 200 多家，果品采摘园和蜜蜂观光体验园发展到 20 多家，每年吸引游客达到 10 多万人次。

四、全力抓好精准扶贫工作，坚决打好脱贫攻坚战

该乡充分利用蜜蜂养殖的优势和特点，把全乡低收入户纳入蜜蜂养殖合作社的包保和帮扶范围，采取代养、托养、打工的方式，帮农民就业增加收入。同时，实行蜜蜂养殖合作社托底帮扶低收入户的措施，确保了低收入户到年底全部实现脱贫目标。

五、全力抓好社会各项事业发展，努力打造良好的社会环境

坚持把安全生产、环境保护、信访稳定，作为三件大事常抓不懈，该乡全年没有发生一起安全生产事件，没有发生一起环保被通报的案件，没有发生一起越级进京津上访问题。改造新修村庄路、产业路 20 多里，新翻建桥梁 3 座，有效地改善了人居环境。

（撰稿：冯振攀　审稿：苏玮）

河北省

2018 年，河北省民族工作系统在省委、省政府的坚强领导和国家民委的关心帮助下，深入学习贯彻习近平新时代中国特色社会主义思想和党的十九大精神，牢牢把握稳中求进工作总基调，强化担当、奋发进取，深入推进民族团结进步教育，不断铸牢中华民族共同体意识；深入推进民族地区加快发展，不断补齐经济发展短板；深入推进民族地区脱贫攻坚，确保贫困民族地区和贫困少数民族群众精准脱贫；深入推进民族地区社会事业发展，切实提高公共服务水平；深入推进民族事务依法管理，有效提升民族工作法治化水平；深入推进民族领域平安建设，坚决维护社会和谐稳定；深入推进机关党建工作向纵深发展，强力锻造高素质专业化干部队伍。民族经济工作牢牢把握发展第一要务，拓展平台载体，凝聚社会力量，办好省政府赴民族地区现场办公活动，为自治县加快发展提供巨大资金项目和政策支持；健全体制机制，创新办法举措，推动环京津少数民族特色村镇示范带建设，让各族群众充分享受党的民族政策的阳光雨露，开创了全省民族地区经济社会发展新局面。

全省 6 个自治县（丰宁满族自治县、围场满族蒙古族自治县、宽城满族自治县、青龙满族自治县、大厂回族自治县、孟村回族自治县）、3 个民族县市（滦平、隆化、平泉）实现地区生产总值 1193.68 亿元，比上年增加 55.85 亿元，增速为 6.88%；人均地区生产总值 37425 元，为全省平均水平的 78.34%。城镇居民人均可支配收入 29555 元、农村居民人均可支配收入 10529 元，分别较上年增加 9.1%和 12.9%。

一、深入推进民族地区脱贫攻坚，助力贫困民族地区和贫困少数民族群众精准脱贫

认真落实国家和省委、省政府工作部署，持续深化民族地区脱贫攻坚专项行动，多方聚力抓好民族地区精准扶贫、精准脱贫，对 7 个少数民族贫困县（丰宁满族自治县、围场满族蒙古族自治县、青龙满族自治县、孟村回族自治县、滦平县、隆化县、平泉市）、674 个贫困村、10.8 万贫困人口建立了攻坚台帐，汇聚多方力量助力脱贫攻坚。安排贫困县和集中连片特困地区少数民族发展资金 7461 万元，重点用于贫困少数民族和民族乡村脱贫攻坚。做好省政府赴青龙现场办公协调组织工作，充分发挥主

任委员单位牵头协调和桥梁纽带作用，着眼于提升帮扶总体效益、提升可持续发展能力、提升社会公共服务水平、提升群众整体素质这四个关键，抓好前期筹备、项目对接、督办落实三个重要环节。张古江副省长亲自主持现场办公，48 个省民委委员单位和省直部门支持项目 235 个、资金 62.93 亿元，帮扶资金较上一轮增幅 109.7%，有力帮助民族地区解决了一批制约发展的突出问题。推动落实差别化政策，2018 年共下达省对下财力性转移支付 23.76 亿元，较上年增长 25.2%；省及以上财政投入民族地区教育补助资金 10.6 亿元，支持民族教育事业加快发展；投入民族地区省及以上财政专项扶贫资金 12.8 亿元，较 2017 年增长 137%，有效保障了民族地区脱贫攻坚工作顺利推进；落实民族地区基础设施建设资金 7.3 亿元，支持农林水利、文化旅游、生态文明等一批重点基础设施工程开工建设，助力民族地区生产生活条件日益改善。认真贯彻落实全国民族自治县全面建成小康社会经验交流现场会精神，举办全省民族地区脱贫攻坚推进会，交流典型经验，推动各项扶贫政策措施落地见效。认真落实民贸民品政策，省财政每年拨付民贸民品专项资金 5000 万元，制定民贸民品生产贷款贴息办法，明确了贴息资金的补贴方式和责任分工，促进资金落地见效。完成我省“十三五”期间全国民族特需商品定点生产企业认定工作，48 家企业被国家民委确定为民族特需商品定点生产企业。

二、强力推动环京津少数民族特色村镇示范带建设，促进民族地区加快发展

高位谋划推动少数民族特色村镇建设工作，深入抓好《加快我省民族地区发展的若干措施》《关于促进少数民族和民族地区发展的实施意见》等政策文件落地落实，协调推动有关部门把政策红利转化为发展成效。召开省民委委员全体会议，举办全省领导干部民族工作研讨班，就加快民族地区经济社会发展和脱贫攻坚作出安排部署。全力打造环京津少数民族特色村镇示范带，建立特色村镇退出补充机制，在“连线、联片、成带、成景”上做足文章，巩固“一线两片”满族精品片区成果。召开全省少数民族特色村镇建设现场观摩推进会，交流经验，表彰先进，现场观摩，充分发挥示范带动效应。安排少数民族发展资金 3200 多万元，撬动社会资金 3.7 亿多元，对在建的 100 个特色村镇给予重点支持，3 个精品片区示范功能进一步显现，60 多个村实现了民居特色鲜明、产业支撑有力、人居环境优美、民族文化浓郁、民族关系和谐“五个一”建设目标。我省特色村镇建设工作得到国家民委充分肯定，工作经验在全国民委主任会议、全国民族经济工作会议、全国少数民族特色村镇建设助推精准脱贫会议上作典型发言。中央领导在《河北建设环京津少数民族特色村镇示范带助力乡村振兴》上作出肯定性批示。

三、大力开展民族团结进步教育，铸牢中华民族共同体意识

紧扣“中华民族一家亲、同心共筑中国梦”目标任务，组织开展全省第九个民族团结进步宣传月，举办启动仪式，召开新闻发布会，抓好内地民族班民族团结教育“三个一”活动（办好一场专题讲座、建好一个宣传橱窗、讲好一个民族团结故事），进一步夯实中华民族共同体的思想基础。按照以点带面、好中选优的原则，培树推荐张家口市桥东区回民小学等 6 个单位参选全国第六批民族团结进步创建示范单位。指导各市依托基层党建、综治、民政等工作网络，设立创建活动指导员（全省共明确 382 名民族团结进步创建指导员），结合本地实际开展工作，推动创建工作向纵深发展。加强少数民族流动人口服务管理，深化与青海、甘肃、北京、天津、西藏、新疆等省区市“两头对接”工作机制。举办新疆来冀维吾尔族务工人员语言文化政策学习班，培训学员 1100 余人次。大力推动京津冀民族工作协同发展，开展了民族团结进步创建互观互学活动，三地签署了协同推进民族教育工作战略合作框架协议。加大对民族地区社会事业支持力度，认真落实省政府《关于加快发展民族教育的实施意见》，协调省财政下拨 5000 万教育专项资金，用于支持民族地区改善幼儿园、中小学基本办学条件，2016 年以来共安排资金 1.5 亿元。广泛开展向民族地区送文化送科技送健康活动，组织医疗、科技专家和文艺院团，先后在平泉、隆化、围场、丰宁等地开展活动 29 场次，累计接诊 2500 多人次，免费发放药品价值 10 余万元，推广农业新技术 20 多项，直接受益

群众近万人。成功举办全省第十届少数民族传统体育运动会，充分彰显了新时代全省各族群众团结向上的精神风貌和民族体育工作成果。举办首届河北省高校民族舞蹈大赛，引导当代大学生树牢中华民族共同体意识。

（撰稿：张伟　审稿：陈泽辉）

山西省

2018 年，山西省民族经济工作在山西省委、省政府的领导下，在国家民委的指导、支持下，深入贯彻落实中央民族工作会议和山西省民族工作会议精神，围绕“共同团结奋斗、共同发展繁荣”的民族工作主题，紧盯“中华民族一家亲，同心共筑中国梦”的目标，按照省委、省政府的战略部署，服务山西转型发展的大战略，加快少数民族聚居村贫困村的脱贫攻坚力度，认真落实民族用品定点生产企业的政策，加强清真食品的监督管理，指导少数民族特色村寨建设，大力推进民族经济的健康发展。

一、2018 年民族经济主要工作

（一）少数民族聚居村脱贫攻坚成效明显

遵照中央“扶贫项目责任主体到县”的要求，认真做好少数民族发展资金分配工作，2018 年少数民族发展资金 826 万元，省级 100 万元，按照因素法分配到县，主要用于基础设施建设、深度贫困的少数民族聚居村、未脱贫少数民族聚居的贫困村、少数民族建档立卡贫困户脱贫攻坚等，发展资金按期下达到县后，省民委会同各市民族工作部门，对各县资金使用情况进行指导，协调各县对少数民族聚居村资金使用进行倾斜，要求少数民族聚居村使用少数民族发展资金时，秉持绿色可持续发展的理念，集体经济优先的理念，贫困群众优先受益的理念，同时加强对项目的审核、监管的指导工作。对资金的使用情况进行专项检查，了解资金拨付的情况，确保少数民族发展资金健康安全使用。2018 年底，山西省少数民族聚居的贫困村全部实现了脱贫。

（二）少数民族企业健康发展

山西省少数民族特殊用品定点生产企业，涉及的少数民族特需商品门类有纺织、清真食品等行业，主要集中在清真食品行业，按照国家民委关于确定“十三五”少数民族特需商品定点生产企业的要求，省民委会同省财政厅，人行山西分行对山西省拟申报“十三五”少数民族特需商品定点生产 25 家企业进行实地考察，确定了 14 家山西省的全国少数民族特需商品定点生产企业。在对全省民族用品定点生产企业发展状况进行充分调研的基础上，结合中央财政转移支付的政策，于 2018 年形成了山西省民族特需商品定点生产贷款贴息资金管理办法。2018 年省民委积极协调配合，落实民族用品企业贷款优惠政策，全省民族用品定点生产企业，共享受流动资金优惠全年总贷款数：49238 万元，贴息金额 3936969.6 元，促进了山西民族经济的发展。

（三）加强清真食品生产经营的监督管理

1.严格依法管理。认真贯彻落实《山西省清真食品监督管理条例》，保障少数民族群众的合法权益，推动清真食品业健康有序发展，我们坚持服务与管理并举的理念，建立健全监督制度，定期对清真食品进行检查，了解清真食品生产经营企业的经营状况，严格把握生产、销售各个环节，加强部门协同，形成联动机制。做好节假日期间清真食品生产经营的安全检查工作。省民委聘请了省级清真食品管理监督员，按照制定的《山西省清真食品管理监督员管理规定》，依法依规开展管理，对山西省清真食品产业健康发展起到了积极的作用。指导各市进一步规范清真食品认证监制工作。

2.注重业务培训。针对我省民族工作队伍对清真食品概念不清、执法需进一步规范等情况，省民委组织各市和县（市、区）民族工作干部进行了清真食品业务知识和规范执法、“双随机、一公开”业务知识培训，提升了我省民族工作干部对清真食品的认识和规范执法的自觉性。

（四）继续做好对口援疆工作

大力宣传中央全面加强新疆工作、各地支援新疆的大好形势，大力宣传在我省务工经商的新疆少数民族的先进典型、先进事迹，积极与新疆驻山西省新疆籍务工经商人员服务管理工作组对接，及时沟通，紧密联系，加强工作协作，建立了工作联系制度和信息通报制度，形成了流出地与流入地高效互动。与省委统战部共同对近年来贯彻落实第二次中央新疆工作座谈会和中央统战工作会议、中央民族工作会议精神的情况进行了认真总结和自查，在此基础上形成了《省委统战部、省民委贯彻落实中央新疆工作重大决策部署情况自查报告》。

（撰稿：王一伶　审稿：魏慈悯）

内蒙古自治区

2018 年，按照内蒙古自治区党委政府决策部署和国家民委工作要求，紧紧围绕“促进少数民族和少数民族聚居地区加快发展”主线，着力推动实施国家民族工作两个专项规划，大力支持少数民族聚居贫困地区脱贫攻坚，圆满完成 2018 年的民族经济工作任务。

一、以中期评估为契机，积极协调推动国家民族工作两个专项规划贯彻落实

2018 年是国家《“十三五”促进民族地区和人口较少民族发展规划》、《兴边富民行动“十三五”规划》贯彻实施中期评估年，按照国家民委、国家发展改革委的部署要求，以此为契机，认真做好两个规划在我区贯彻落实的中期评估工作。一是积极协调承担规划落实任务的有关部门和单位，按照职责分工做好规划的推进工作，系统总结规划实施和重点任务完成情况，向国家民委报告了内蒙古自治区贯彻落实国家民族工作两个专项规划进展情况。二是组织召开了规划实施中期评估座谈会，自治区发改委、民委、财政厅、交通厅、农牧业厅等 10 个单位业务工作负责人，就规划实施情况、存在问题以及下一步工作建议进行了论证评估。三是陪同国家民委调研组赴呼伦贝尔市边境旗市和人口较少民族聚居旗市实地调研督导规划实施工作。积极组织参加全国兴边富民行动工作现场会。四是深入推进兴边富民行动和扶持人口较少民族发展工作，继续把边境旗市和人口较少民族聚居旗市作为少数民族发展资金重点支持地区。五是 2018 年 7 月 18 日内蒙古自治区人民政府办公厅印发了《内蒙古自治区人民政府办公厅关于促进少数民族聚居地区繁荣发展的意见》（内政办发〔2018〕1 号）。六是认真组织学习中共中央办公厅、国务院办公厅印发的《关于深入推进兴边富民行动的意见》，并按照自治区领导要求，会同自治区有关部门，正在制定内蒙古自治区的贯彻落实意见。

二、认真贯彻落实自治区党委政府扎实推进脱贫攻坚部署要求，助力少数民族聚居贫困地区脱贫攻坚

按照自治区党委政府关于扎实推进脱贫攻坚决策部署，聚焦少数民族聚居地区，把少数民族脱贫攻坚作为重大政治任务和第一民生工程来抓，全力做好民委系统扶贫工作。一是在少数民族聚居旗县开展了以少数民族脱贫攻坚为主要内容的调研，摸清底数，掌握情况，为开展精准扶贫、科学决策、改进工作提供依据。二是按照要求，成立了自治区民委脱贫攻坚专项推进组，制定了《内蒙古自治区民委行业扶贫总体规划（2018—2020 年）》、《自治区民委行业扶贫三年行动实施方案》、《内蒙古自治区民委行业扶贫年度计划》、《内蒙古自治区民委脱贫攻坚职责任务清单》、《关于全力做好民委系统少数民族脱贫攻坚工作有关事项的通知》等一系列文件措施，按时向自治区扶贫办报送。三是对标中央扶贫考核结果整改要求，制定了自治区民委扶贫工作整改方案，按照时限要求认真整改按时完成。四是会同自治区财政厅及时下拨少数民族发展资金，重点向少数民族聚居贫困旗县倾斜，2018 年中央财政安排我区少数民族发展资金 57469 万元，向 57 个贫困旗县下达资金 43089 万元，占比 75%，自治区本级安排少数民族发展资金 7800 万元，向 57 个贫困旗县下达资金 6110 万元，占比 78%，切实体现对贫困旗县的资金支持力度，制定了自治区民委少数

民族发展资金整合方案，积极支持配合财政、扶贫部门做好贫困旗县涉农涉牧资金整合工作。五是举办了内蒙古自治区第三期少数民族传统手工艺品制作培训班，集中培训了来自全区贫困旗县的 100 名农牧民学员，帮助他们掌握生产发展的实用技能，实现就业创业。六是在兴安盟科右前旗召开了全区民委系统扶贫工作现场会。全区各盟市民委主任及民族经济科长，31 个国贫县和 26 个区贫县民族局局长以及自治区、兴安盟、科右前旗扶贫办的领导参加了会议。会议深入学习了习近平扶贫开发重要思想，交流了各地扶贫工作的经验做法，进一步明确了民族工作部门扶贫工作的职责、任务，牢固树立起全区民委系统脱贫攻坚的一盘棋思想。七是为解决市面上蒙古文科技图书奇缺的实际问题，方便少数民族群众使用母语了解国家和自治区扶贫政策，掌握生产生活实用技能，提升少数民族群众脱贫致富能力，组织编印了 4000 套、价值 170 万元的蒙古文精准扶贫科技丛书，每套丛书 87 册，同时还将自治区扶贫办编印的扶贫开发手册翻译成蒙古文，免费赠送全区少数民族贫困群众，赠书对象覆盖全区 4000 个少数民族聚居嘎查村，近 8 万少数民族贫困群众受益，助力自治区打好打赢少数民族脱贫攻坚战，为全面建成小康社会奠定坚实基础。八是努力开展区域帮扶和定点帮扶工作任务。

三、认真完成其他民族经济业务工作

（一）认真开展少数民族民贸和民族特需商品有关工作。“十三五”时期国家已明确继续执行民族贸易和民族特需商品生产优惠政策，但从财政补助方式上进行了改革。从 2017 年起中央财政通过均衡性转移支付等对民贸民品贷款贴息工作予以相应支持，中央不再设立专项。为推动民贸民品企业优惠政策能够得到落实，自治区民委主动会商了与民贸民品贷款贴息工作有关的自治区财政厅、中国人民银行呼和浩特中心支行，并向自治区人民政府报送了请示，此项工作仍处在争取阶段。此外，自治区民委、财政厅、中国人民银行呼和浩特中心支行下发了《关于组织申报认定“十三五”期间全国民族特需商品定点生产企业的通知》。按照认定工作有关规定，经专家评审，按照国家确定的标准和数量要求，认定了 120 家企业为内蒙古自治区“十三五”期间全国民族特需商品定点生产企业，并将名单报国家民委备案，国家民委同意备案 116 家企业。

（二）少数民族特色村镇工作。进入“十三五以”来，国家民委就少数民族特色村镇工作也在加大力度，积极配合国家民委开展了我区的少数民族特色村镇普查工作。但目前，受少数民族发展资金属扶贫资金科目，导致民委系统安排少数民族特色村镇项目受到影响的问题，我们一方面积极向国家民委反映，另一方面也在积极协调自治区扶贫办，力争在有关扶贫项目管理办法中，将少数民族特色村镇工作纳入其中。

（三）积极配合自治区扶贫办等部门，研究提出《关于进一步加强扶贫项目管理的指导意见》的修改建议；按照扶贫开发领导小组的要求，及时制定了《内蒙古自治区少数民族发展资金整合方案》；及时办理盟市上报的少数民族发展资金的项目变更手续；根据年度工作安排，组成两个专项检查组对部分盟市少数民族发展资金管理使用情况进行检查，重点对 2018 年少数民族资金及项目到位实施情况进行了检查。

（四）完成民族统计工作。认真完成中国民族统计年鉴（2018 年）内蒙古部分撰稿统计工作。会同自治区统计局完成自治区及 3 个自治旗、20 个边境旗市区、33 个牧业旗及 21 个半农半牧旗、18 个民族乡的民族数据统计上报工作。配合国家民委经济司完成 2017 年统计数据整理、校对、汇编工作。组织自治区有关厅局共同参加国家民委组织的民族地区经济形势分析工作。

（撰稿：李日树　审稿：陈平）

辽宁省

2018 年，辽宁省民宗委认真落实省委、省政府决策部署和委党组年度工作安排，自觉围绕中心、服务大局，在委党组的坚强领导下，各项工作任务全部按序时进度完成。现将完成主要工作的情况及明年工作计划报告如下：

一、2018 年主要工作完成情况

（一）全省少数民族百乡万户惠民工程继续开展

整合国家民委经济专项工作，以民族专项资金为支撑，结合各地配套和协调资金，通过实施发展生产、改善民生、科技培训项目，持续（第四个年度）开展全省少数民族百乡万户惠民工程，进一步促进民族地区和少数民族群众增收致富。年初，专门印发了《辽宁省 2018 年度少数民族百乡万户惠民工程实施方案》，各市民委全力推进相关工作的实施。截至 2018 年 10 月，全省共投入少数民族发展资金 19365 万元，协调带动其它资金 5.9 亿元；实际开工项目 469 个；项目覆盖 61 个县（市、区）、220 个乡镇、436 个村屯；项目带动农户总数 20.2 万户，少数民族农户 14.3 万户；项目受益群众总数 60.3 万人，少数民族群众 39.2 万人。

（二）"十三五"民族工作专项规划中期评估工作圆满完成

为落实国家民委和省政府关于开展专项规划中期评估的相关工作要求，我们坚持"双向推动"。一方面聘请具有专业资质的辽宁省国际工程咨询中心有限公司对《辽宁省少数民族事业"十三五"规划》、《辽宁省少数民族特色村镇保护与发展"十三五"规划》、《辽宁省少数民族语言文字工作"十三五"规划》、《辽宁省扶持人口较少民族发展"十三五"实施意见》、《辽宁省兴边富民行动"十三五"规划》、《辽宁省国民经济和社会发展第十三个五年规划纲要》（涉民族事业方面）、国家《"十三五"促进民族地区和人口较少民族发展规划》（涉辽宁地区）、国家《兴边富民行动"十三五"规划》（涉辽宁地区）等 8 个规划和实施意见进行了中期评估，并形成了第三方评估报告。另一方面，我们组织专门力量，根据省政府通知要求，形成了《辽宁省少数民族事业"十三五"规划》、《辽宁省国民经济和社会发展第十三个五年规划纲要》（涉民族事业方面）两个中期评估自评报告；根据国家民委通知要求，形成了国家《"十三五"促进民族地区和人口较少民族发展规划》（涉辽宁地区）、国家《兴边富民行动"十三五"规划》（涉辽宁地区）两个中期评估自评报告。我省所有涉重点规划评估部门，我委第一家报送；全国民委系统，辽宁省第一个完成。省政府和国家民委对我们开展中期评估完成的速度和质量，给予了充分认可。

（三）全省民族专项资金使用和项目管理质量提升活动扎实推进

认真贯彻落实习近平总书记关于开展扶贫领域腐败和作风问题专项治理的重要指示要求，根据中央和省开展脱贫攻坚作风建设年活动相关要求，在全省民委系统开展民族专项资金（包括少数民族发展资金、少数民族地区补助费和少数民族乡发展资金）使用和项目管理质量提升行动。启动阶段，制定并下发实施方案，成立领导小组（各市也分别成立相应组织领导机制），专题进行动员部署，在全省民委系统统一思想认识和工作要求；查改阶段，围绕方案提出的"六个方面的问题"，问政于民、问需于民、问计于民。通过深入基层、深入驻村帮扶点，采取召开座谈会、个别访谈等方式，广泛听取基层和群众的意见，共收集整理 6 个方面、23 类、268 个意见建议；整改阶段，根据中央六部门出台的《中央专项扶贫资金管理办法》修订《辽宁省少数民族发展资金管理办法》，并组织学习培训，全省有 7 个市根据中央和省管理办法出台了地方性管理办法和规章；结合省财政厅 2015－2017 年度扶贫资金专项检查通报内容，对存在的问题予以梳理和分类，聘请专业机构对资金使用和项目管理存在的问题进行逐一审计，并逐市下发整改通知书；召开全省民族经济工作会议，对贯彻脱贫攻坚作风建设年活动进行专题动员部署，召开少数民族发展资金使用和项目管理现场经验交流会，进一步规范资金使用和项目管理；验收阶段，组织全省少数民族发展资金使用和项目管理互检活动，以分组互学互检的方式，采取听、查、看、问、评等手段，对 2018 年民族专项资金使用和项目管理工作开展绩效评价，互相学习、互相促进、共同提高。

（四）民族经济专项工作成效显著

一是深入开展兴边富民行动。认真学习贯彻中办、国办《关于深入推进兴边富民行动的意见》（中办发〔2018〕52 号），按照省委省政府领导批示要求，结合工作实际，在广泛征求丹东市及省直有关部门意见基础上，推动出台我省的实施意见，进一步加强对兴边富民行动工作的谋划部署。根据国家民委要求，完成了兴边富民行动“十三五”中期评估工作，全年投入民族专项资金 3488.5 万元，安排项目 64 个，带动边境一线 26 个乡镇（社区）、259 个行政村的相对贫困群众脱贫致富，进一步加强了边境地区基础设施建设和经济建设。二是有效实施特色村寨保护与发展。完成了“十三五”少数民族特色村寨建设工作中期评估，全年投入民族专项资金 3968.1 万元，整合其他资金 2.2 亿元，实施项目 47 个，共有 35 个村被国家民委命名为第二批中国少数民族特色村寨。三是有序推进扶持人口较少民族发展工作。根据国家民委要求完成了“十三五”扶持人口较少民族发展中期评估工作，全年安排民族资金 699 万元，整合各类资金 7000 万元，实施特色产业项目 13 个，至年底，所有锡伯族建档立卡贫困村全部脱贫摘帽，提前完成“两个率先”的目标。

（五）少数民族地区补助费的管理使用得到进一步规范

认真研究制定 2018 年地补费分配计划，及时提请委党组会审定，积极与省直有关部门和各市沟通协调，按时分配下达地补费 2200 万元。制定下发《关于加强地补费管理使用工作的通知》，督促各市民委每季度报送支出情况，组织开展地补费审计监管工作，进一步规范资金的管理使用，有效保障了全省少数民族重点地区经济、社会事业发展和年度民族重点任务的顺利实施。

（六）民贸民品工作顺利开展

根据国家民委、财政部和中国人民银行《关于确认并报送“十三五”期间全国民族特需商品定点生产企业名单的通知》（民委发〔2018〕49 号）要求，我们会同省财政厅和中国人民银行沈阳分行联合制定下发《关于申报“十三五”期间全省民族特需商品定点生产企业的通知》（辽民宗发〔2018〕54 号），在全省范围内组织开展了“十三五”期间民族特需商品定点生产企业的申报工作，从大连、鞍山等 9 市上报的 65 家企业中，通过材料审核、实地走访等方式方法，严格依据确定的原则、标准、程序及有关要求，报委党组审议确定了 39 家民品企业，并督促有关市结合国家“十三五”有关政策和我省的现状，积极探索落实民贸民品政策、促进企业健康发展的工作思路。

（七）民族统计年报工作高质量完成

召开全省民族监测统计年报会议，指导相关市、县对全省 8 个自治县的 293 项指标，5 个边境县的 163 项指标，6 个半牧区的 127 项指标，54 个民族乡的 36 项指标等共计 5921 条数据进行汇总、比对、审核、校正和上报，高标准高质量完成了民族统计工作。同时，通过统计综述向国家民委及时反映我省民族地区国民经济和社会发展的概况。赵经纬同志在民族统计工作中的突出表现，连续 4 年受到国家民委办公厅通报表扬。

（八）援疆援藏工作顺利实施

按照省对口支援办的项目计划，做好对口支援新疆“一地两师”和西藏那曲市工作，先后组织那曲市 19 名参访成员、新疆“一地两师”79 名参访成员来辽参观学习，开展民族交往交流交融活动，增进民族情谊。同时，坚持“走出去”与“请进来”相结合，组织省市县民委工作人员、民族团结进步先进个人、优秀民贸民品企业代表、少数民族群众等 20 人深入塔城地区、第八师、第九师，实地学习新疆民族工作的好经验、好做法、好作风，深化民委系统加强对口援疆工作的理性思考，找准切入点，提高今后对口援疆工作的针对性。

（九）其它工作按要求完成

一是帮扶工作。贯彻落实委党组“驻村帮扶要站在对阜蒙县扶贫工作全域支持统筹考虑”的工作思路，在政策、项目、资金上给予了阜蒙县、大板镇、大板村全方位的支持和倾斜。根据阜蒙县在自治县中建档立卡贫困村数量最多，建档立卡贫困人口较多的实际，在项目和资金安排上向建档立卡贫困村倾斜。2018 年，支持阜蒙县民族专项资金 1852 万元，实施脱贫攻坚项目 51 个；大板镇共投入民族专项资金 245 万元，实施项目 4 个；大板村投入资金 50 万元，重点支持光伏发电项目。二是做好国家民委民族统计数据审核汇总北部片区会议的服务保障工作。协助国家经济司组织安排会务工作，接待来自国家民委经济司及 17 个省、区、直辖市的 27 名民委、统计局工作人员，精心部署，细致沟通，确保北部片区的会议圆满举办，片区统计审核工作顺利完成。此项工作受到国家民委经济司来函表扬。三是提案建议答复等工作。2018 年，共答复省人大代表、政协委员关于加大对丹东市落实兴边富民政策扶持力度等3个方面6个提案建议，代表满意率100%。代委局向省领导、省委省政府办公厅报告工作、复函46次；配合省发改委、财政厅、住建厅、人社厅、审计厅、扶贫办等15个省直部门涉民族相关工作复函并提出工作建议65次。四是宣传和信息工作。努力营造党委强化领导、政府齐抓共管、民委综合协调、社会共同参与的民族经济工作良好氛围，加强与《中国民族报》、《公仆》杂志、《中华先锋网》等媒体联系沟通，及时反映民族经济工作推进情况，《少数民族特色村镇建设让锡伯人家的小康路越走越宽广》等3篇报道相继刊用。截至11月底，共上报各类信息45条，有力提升了民族经济工作影响，营造了良好的工作氛围。

（撰稿：赵经纬　审稿：赵瑞）

吉林省

2018年是我省民族工作具有特殊重要意义的一年。习近平总书记三年来第二次亲临我省民族地区视察指导，给全省各族人民极大的鼓舞和关怀。一年来，我们以习近平新时代中国特色社会主义思想为指导，深入学习贯彻党的十九大精神，紧紧围绕决胜全面小康、建设幸福美好吉林目标任务，锐意进取，创新实干，各项工作取得新的进展和成效。

一、支持民族地区发展和脱贫攻坚取得新成效

推动落实差别化支持政策。推进《吉林省少数民族和民族地区发展“十三五”规划》《吉林省“十三五”兴边富民行动规划》贯彻实施，协调相关部门对两个规划进行中期评估，引导更多的政策、资金和项目向民族地区和民族事业倾斜。加大对自治县的政策支持力度，以贯彻实施《吉林省实施<中华人民共和国民族区域自治法>办法》为抓手，会同省发改委协调出台支持自治县发展的专项政策，省委印发了《关于支持长白朝鲜族自治县民生事业和经济社会发展有关工作的批复》，在自治县比照享受西部大开发政策，谋划推进落实重要基础设施和民生项目等方面取得实质性进展。组织省发改委、财政厅等6部门到民族地区开展专题调研，帮助解决实际困难。拓展工作外延，与大连民族大学签署战略合作协议，协调推进伊通县与大连民族大学、长白县与延边大学签署了合作协议，依托高校人才优势和科研优势，为民族地区发展和脱贫攻坚提供支持。积极协调国家民委，将延边大学纳入国家民委和吉林省政府共建单位，支持延边大学“双一流”建设。

扎实推进兴边富民和脱贫攻坚工作。认真贯彻落实国家关于深入推进兴边富民行动的意见，牵头制定我省具体实施意见，先后经省政府常务会、省委常委会研究讨论，并以省委办公厅、省政府办公厅文件印发。争取落实国家和省少数民族发展资金2.18亿元，组织实施产业发展、基础设施等方面惠民项目120个。加强对少数民族发展资金使用情况的监管，修订了《吉林省少数民族发展补助资金管理办法》，建立完善资金使用情况季报告、项目备案等管理制度，聘请第三方机构对资金管理使用和项目实施情况开展绩效评估。推进少数民族特色村寨建设，投入专项资金3060万元，带动整合其它各类资金，重点扶持34个少数民族特色村寨建设项目。深入实施“百村万户”脱贫致富工程，整合少数民族发展资金1亿多元，投入到全省15个国家和省级贫困县（市），自治地方有4个县（市）脱贫摘帽。全力抓好定点包保帮扶工作，支持镜城村推进民俗村建设，抓好养殖产业项目，村容村貌和村民生活条件有了明显改善。

抓好民贸优惠政策落实。会同省财政厅、中国人民银行长春中心支行研究制定了民贸民品企业贷款贴息管理暂行办法，核定上报65家民品企业，补报8家民贸企业，落实贴息2.5亿元。

二、促进民族文化教育事业发展取得新成果

成功举办第二届全省少数民族文艺会演，全省

12 个代表团 58 个声乐、舞蹈类节目和 4 台民族歌（舞）剧参加会演，共进行 9 个主场和 3 场惠民演出，参演人数 1100 余人，集中展现我省少数民族文化精品，促进了各民族情感融洽和文化认同。持续抓好少数民族文化体育传承基地、民族乡镇民俗文化展示馆建设，完善功能，提质扩面，其传承交流作用日益显现。加强民族历史文化研究，首次在全国人类学民族学年会上举办专题论坛。加强民族语言文字工作，召开东北三省朝鲜语文协作工作联席会议，组织编辑《〈朝鲜语规范集〉解说》，举办蒙古文字规范书写等系列培训班。积极开展双语和谐乡村（社区）创建工作，制定推进民族地区干部双语学习工作的实施意见，珲春市新安街道被确定为全国双语和谐乡村（社区）示范点。

三、城市民族工作扎实推进

制定《关于加强和改进少数民族流动人口服务管理工作重点任务分工方案》，在社区探索设立民族团结进步促进会、少数民族服务站，组织开展了全省清真食品管理工作互检互查。配合新疆驻吉工作组针对新疆籍务工经商人员，举办了学习国家通用语言文字及政策法规系列培训活动。制定关于加强少数民族代表人士联系工作的意见，进一步规范联系对象、联系机制，组织 7 名少数民族代表参加了全国少数民族参观团。指导伊通县、长白县成功举办 30 周年、60 周年县庆系列活动，组织民委委员单位帮助解决实际问题、实施民生项目，协调做好全国人大民委和国家民委祝贺团、省党政代表团参加庆祝大会相关工作，协调国家民委安排两场中央民族歌舞团“中华民族一家亲”慰问演出，体现党和国家对民族地区的深切关怀，极大增强了各族群众的幸福感、获得感和认同感。

四、民族团结进步创建进一步深化

围绕纪念改革开放 40 周年，开展形式多样的“民族团结进步宣传月”活动，大力营造亲如一家的社会氛围。与省委宣传部、省文明办联合开展第二届“吉林好人·最美民族团结之星”评选活动，组织网上投票和发布活动，评选出 10 名“吉林好人·最美民族团结之星”和 10 个提名奖，利用主流媒体和新媒体进行全方位持续宣传，发挥引领示范作用。开展民族团结进步创建工作互观互检交流活动，组织对创建全国、全省民族团结进步示范区（单位）进行考核验收。

（撰稿：孟祥超　审稿：徐义祥）

黑龙江省

2018 年，是黑龙江省推动少数民族经济工作快速发展的关键一年，在国家民委的正确领导下，黑龙江省进一步整合各方资源和力量，认真贯彻实施“两个规划”，按照 2020 年全面建成小康社会的总体要求，重点做好贫困民族地区脱贫、人口较少民族率先全面建成小康社会和深入推进兴边富民行动等工作，民族经济工作取得了较好的成绩。

一、全力做好民族地区脱贫攻坚工作

截至 2018 年末，黑龙江省 90 个建档立卡贫困民族村，已有 88 个村、15375 户贫困户、37892 人退出贫困行列，仅剩余 2 个村、92 户、171 人未出列。贫困发生率为 0.014%，低于全省 0.65%的平均水平。一是加强资金投入，推动精准脱贫。2018 年，投入少数民族发展资金 13380 万元用于国家扶贫开发工作重点县和连片特困地区县，比 2017 年 9969 万元增加 34%。我省深度贫困县拜泉县资金同比增幅为 101.44%，青冈县资金增幅为 66.11%，极大地促进了贫困县脱贫摘帽和民族地区脱贫致富进程。二是强化驻村帮扶，助力脱贫致富。选派精干力量，深入杜尔伯特蒙古族自治县巴彦他拉蒙古族村开展驻村扶贫。黑龙江省民宗委领导多次深入该村走访调研，现场办公，协调相关部门投入各类资金 2800 多万元，解决涉及全村道路、安全饮水、抗旱井等项目 30 多个，切实解决了民族村群众生产生活的实际困难，全村贫困户户均增收近 2000 元，共有贫困户 64 户、127 人退出贫困行列，巴彦他拉蒙古族村成功地摘掉了贫困村的帽子。

二、全力加快人口较少民族地区建设小康社会进程

人口较少民族地区的经济发展始终是黑龙江省民族工作的重心，截至 2018 年末，除达斡尔族外，我省其余 6 个人口较少民族都已经具备了建设小康社会的条件。一是积极开展评估工作。按照《“十三五”促进民族地区和人口较少民族发展规划》中期评估工作要求，我省完成规划中期评估报告上报国家民委。截至 2018 年末，全省 94 个人口较少民族聚居村基础设施不断改善，标准化卫生室、村级办公场所、文化室和农家书屋、民族文化活动场地、农家店等基本覆盖，白色路面的通达率达 90%以上，全部行政村实现通电、通水、通邮、通电话、通网络和通广播电视。二是积极加强省直各部门协调沟通，解决民族地区实际问题。配合制定 2018 年扶持人口较少民族发展专项规划，下达扶持人口较少民族发展建设资金 3400 万元，重点解决了齐齐哈尔市富拉尔基区杜尔门沁达斡尔族村的安全饮水问题等 12 个村的民生问题。

三、加快推动兴边富民深入开展

按照国家兴边富民工作要求，黑龙江省积极开展工作，拟定工作方案，集中力量推进兴边富民行动深入开展。一是省委领导亲自主抓，深入推进兴边富民行动。省委书记张庆伟亲自推动，省民宗委组成 5 个专门工作组，赴全省相关市（地）和边境县进行调研，摸清底数、查找制约边境地区发展的突出问题，形成《关于深入推进兴边富民行动的调查报告》，根据国家下发兴边富民文件精神，结合我省边境地区发展实际，以重点解决边境地区引人留人为突破口，进一步解放思想，起草了《黑龙江省关于深入推进兴边富民行动的实施意见》，省委省政府通过后，以省委办公厅 省政府办公厅名义印发。针对我省边境地区存在的突出问题，省委书记、省委常委、省委统战部部长相继召开专题会、座谈会，研究我省兴边富民行动工作，研究扶持边境地区发展的政策。全省 43 个省直厅局主要领导齐聚绥芬河市参加深入推进兴边富民行动工作现场会，省委书记张庆伟亲自带队调研和座谈，指示参会厅局要“倾囊相助”全力助推兴边富民行动，黑龙江省对兴边富民行动的重视程度和支持力度都达到了前所未有的高度。二是开展《兴边富民行动“十三五”规划》的中期评估工作。对规划中提出的重点任务和工程进行梳理，从任务、范围、举措和进度 4 个方面，梳理出 26 项重点工程。归纳整理脱贫攻坚、改善民生、发展特色产业和对外贸易四个方面规划实施有关情况。起草了《黑龙江省兴边富民规划（2016—2020）中期评估方案》，48 个省直部门和 18 个边境县（市、区）协助开展。起草了《黑龙江省关于<兴边富民行动“十三五”规划>实施情况中期评估的报告》，报送国家民委办公厅。三是落实国家加大力度，宣传兴边富民行动重大成就的要求，营造中华民族一家亲的浓厚氛围。制作了题为《扎实推进兴边富民行动 不断将民族团结进步引向深入》宣传片，总结我省兴边富民行动成果。在中国民族报刊登专版《真情满边疆 共富奔小康-兴边富民行动的黑龙江答卷》。在东北网开设黑龙江省兴边富民行动成果专栏，定期更新我省开展兴边富民行动相关报道动态。在《民族画报》刊登《富饶边境线 大美黑龙江》专题。新华社黑龙江分社连续 19 天调研中俄边境乡村，采写各类报道 60 余篇，播发对外中文、英文、俄文报道 20 余篇，为深入推进兴边富民行动工作打下了良好的基础。

四、提升少数民族特色村镇建设水平

一是继续大力扶持少数民族特色村镇重点村镇建设。2018 年，累计扶持 38 个重点村镇，投入资金 5390 万元。范围覆盖全省 13 市（地），36 县（市、区），8 个民族。二是全力打造“三个少数民族特色村镇发展廊带”。即三江沿岸赫哲族特色村镇发展示范带、界江沿岸少数民族特色村镇发展示范带、嫩江沿岸人口较少民族特色村镇发展示范带。围绕“三个特色村镇廊带”建设，把创建特色村寨与美丽乡村建设、乡村旅游发展相结合，重点发展高品质特色农产品和少数民族文化休闲旅游产业，以点带面，辐射带动贫困民族乡村发展。黑龙江省三江沿岸示范廊带中的同江市八岔赫哲族乡，深受总书记走访看望和十九大期间回信鼓舞，通过特色村镇建设大力发展特色经济和民俗旅游，村民人均可支配收入

已达到了 2 万余元，提前实现了规划目标。三是开展少数民族特色村镇层级化管理模式中重点村镇评选工作。为进一步规范重点村镇评选程序，实现特色村镇重点村镇选取的客观性、科学性、公平性，在重点村镇评选中引入专家评审机制。与省社科联沟通协作，建立由 40 名专家组成的少数民族特色村镇评审专家库，专家涉及经济、生态、文化、法学、少数民族语言文字、社会学等学科，按照村镇发展前景、村镇建设规划、当地党委政府支持情况等方面，对全省各市（地）推选的 57 个民族村镇进行了评审打分。最终选取 32 个村镇为 2019 年度少数民族特色村镇重点村镇，并在 2019 年中央财政专项扶贫资金（少数民族发展支出方向）因素测算中给予资金分配。

五、强化少数民族发展资金管理工作

2018 年，国家拨付我省少数民族发展资金 35916 万元，为充分用好此项资金，黑龙江省采取多条举措提高资金使用效率。一是完善公开公示制度。出台了黑龙江省扶贫资金公开公示制度，要求各地加强资金项目公开公示工作。少数民族发展资金拨付情况在省民宗委网站公开公示。二是建立资金项目监测制度。要求各地定期报送项目建设情况，动态掌握，督促各市地担负起资金使用监管责任。三是开展滞留资金和闲置项目专项整改工作。根据 2017 年度审计和绩效考评工作结果，向各有关县（市、区）人民政府印发整改通知，要求各地对 2015 年以来存在滞留问题的资金和 2012 年以来没有建成或没有投入使用的项目进行整改。同时，积极配合审计、财政、扶贫办等部门开展资金监管和项目整改工作，确保资金使用安全，项目依规建设。四是开展 2018 年度审计和绩效考评工作。聘请第三方机构对 2016—2018 年资金项目情况进行审计和绩效考评，绩效考评结果首次运用到下一年度资金分配中，采取奖优罚劣的方式，对绩效考评分数在 79 分以下的县（市、区）扣减相应比例的资金额度，扣减下来的资金奖励给得分在 90 分以上的县（市、区）。同时，对存在问题较为突出的有关县（市、区）进行约谈。五是创新资金项目管理流程，实行网上备案制度。2015 年开始，项目审批权下放到各县（市、区），各县（市、区）按照规定流程确定项目后报省级部门备案。针对各地存在备案时间参差不齐、规范程度不高等问题，从 2018 年第二批资金开始，将备案工作在网络中进行，实现规范化、无纸化办公，实现统一备案标准，严格备案管理，缩减各地备案时间的目标。

六、为少数民族地区多办实事

一是持续开展少数民族地区技能培训工作。从培养民族地区内生动力入手，从扶智入手，通过适合的培训项目，提高少数民族群众致富能力和职业技能，推进脱贫攻坚、扶持人口较少民族发展、兴边富民行动等各项工作的开展，进一步提升了民族地区群众的就业技能。全年举办少数民族地区育婴师培训班 2 期，培训人员 80 人。举办民族地区致富带头人电商培训班 2 期。其中，实战班 1 期，30 人；基础班 1 期 170 人，全年共培训 200 人。二是全力推动民族地区创新创业基地的创建工作。尝试在全省民族地区建立创新创业基地，推动民族地区大众创业、万众创新，营造小微企业创业创新发展的良好环境。先后对杜尔伯特蒙古族自治县大米网、黑河市爱辉区爱辉 e 购、牡丹江市西安区海南乡创业基地、宁安市江南乡工业园区、同江市街津口乡旅游基地、八岔乡旅游基地等地进行了调研，将相关政策进行了现场传达和解读，鼓励少数民族地区的创新创业基地优先发展。三是协调召开杜尔伯特蒙古族自治县省长办公会。杜尔伯特蒙古族自治县是省级贫困县，也是我省唯一的少数民族自治县，按照省委省政府出台的《关于加强和改进新形势下民族工作的意见》，11 月 8 日在杜尔伯特县由省委常委、省政府副省长贾玉梅主持召开了现场办公会，现场拍板、一举解决了困扰杜尔伯特县多年的公路问题 88 公里，推进了 28 个蒙古族聚居村特色村寨建设进程，支持县第一中学 1 万平方米综合楼和县蒙古族实验小学 1 万平方米教学楼建设项目，落实了减免杜蒙县公益性建设项目配套资金等一批少数民族民生实事。四是创新开展少数民族地区电商创业工作。启动电商助农项目，和黑龙江谷和公司签订了黑龙江省少数民族特色农产品电商扶贫战略合作项目，谷和心选移动端正式上线。在去年电商服务队调研基础上，结合实际，初步选定 7 个少数民族村作为今年电商助农项目试点，民族地区农产品相继上线谷和心选移动商城。五是出台《黑龙江省少数民族旅游发展规划》。为更好地、深入地研究全省民族旅游资源情况和发展环境，明确民族旅游发展的总体定位和目标任务，黑龙江省编制印发了《黑龙江省少数民族旅游发展规划》，以旅游规划为引领，深入推动少数民族地区旅游业健康稳定发展。

七、全力做好民贸民品政策执行工作

按照《国民民委 财政部 中国人民银行关于确定并报送“十三五”期间全国民族特需商品定点生产企业名单的通知》文件要求，黑龙江省民宗委、省财政厅、中国人民银行哈尔滨中心支行沟通协同，密切配合，组成联合评审组进行联合认定，确定黑龙江天顺源清真食品有限公司等 22 家企业为“十三五”期间全国民族特需商品定点生产企业，并报送国家民委统一备案。

下一步，黑龙江省将继续贯彻落实党的十九大会议精神，发挥“十三五”民族地区专项规划的指导作用，深入推进兴边富民行动，坚决打赢少数民族地区脱贫攻坚战，实现少数民族建档立卡贫困村全面脱贫，推进 7 个人口较少民族率先全面建成小康社会，实施少数民族乡村振兴战略，加快特色村镇廊带建设进程，进一步完善少数民族发展资金使用和管理制度，确保少数民族地区与全省同步实现全面建成小康社会目标。

（撰稿：张泽坤　审稿：刘烈军）

上海市

2018 年，我局按照国家民委和上海市委市政府的精神和要求，结合工作实际，做了如下几项工作：

一、各方合作，共同努力，做好对口帮扶脱贫工作

一是根据市委、市政府精神，制定我局“十三五”期间对口支援与东西部扶贫协作工作规划，细化并制定云南、新疆、西藏、贵州、青海五省（区）相关实施计划，由局领导带队，组织相关人员赴新疆、云南、青海等省份考察，协同云南、新疆、西藏、青海四省相关部门，确定 2018 年对对口支援与东西部扶贫协作项目。

二是总结经验，增加共识，进行工作交流。举办上海民族宗教系统对口支援少数民族地区扶贫工作交流会，时任国家民委副主任石玉钢、上海市人民政府副市长许昆林出席会议并讲话。

三是我局会同当地民族事务部门，在云南省临沧市、新疆自治区喀什地区、西藏自治区那曲市和日喀则市、青海省果洛自治州等地开展肉牛奶牛养殖、茶园改造、蔬菜大棚、药材种植、农产品加工、卫生室建设等 11 项帮扶项目，投入资金 370 万元。

四是配合市委组织部、统战部认真做好中央“三部委”2018 年来沪挂职干部改造。

二、采取各项措施，综合施策，做好清真食品管理工作

一是协调各区民宗办会同有关部门开展元旦、春节、国庆等节日期间的清真食品监督检查工作，并继续开展清真食品专项治理工作。

二是指导推动相关区逐步完善清真食品基本供应网店点的布局设置。

三是指导协调各区民宗办加强对清真食品义务监督员的教育培训和组织管理工作，完善工作制度。严格工作要求，注重日产管理，加强对辖区内清真食品供应网点的日常检查巡视工作。

四是积极配合市商务委、国家会展中心落实首届中国国际进口博览会的清真食品供应网点建设，指导各区做好“进博会”期间的清真食品供应工作。

五是协调落实 2018 年度清真食品基本供应点专项资金第三方专业评审机构，落实 2018 年度清真食品基本供应点专项资金预算 599.7683 万元，对 9 家企业的装修改造、50 个副食品专柜租金和 1 家企业的流动资金贷款进行专项资金补贴扶持。

六是按照国家民委、财政部、中国人民银行的

要求，积极协调市财政局、中国人民银行上海分行，认真组织相关企业做好“十三五”期间的本市民族特需商品定点生产企业的申报工作，确定上海民族乐器一厂等 8 家企业作为“十三五”期间的本市民族特许商品定点生产企业。

（撰稿：龙劲松　审稿：钱小弟）

江苏省

2018 年，江苏省民宗委全面学习贯彻党的十九大和十九届二中、三中全会精神，以习近平新时代中国特色社会主义思想为指导，聚焦省委、省政府工作部署和国家民委年度民族经济工作重点，坚持稳中求进工作总基调，争先创优，开拓进取，推进了全省民族经济社会事业快速发展，进一步巩固和发展了平等团结互助和谐的社会主义民族关系。

一、多措并举，精准助力民族聚居地方脱贫攻坚

认真按照中央关于东部地区“率先探索减少相对贫困、实现共同富裕有效途径”的要求，从我省发展阶段、群众需要和现实可能出发，多措并举，创新探索，以前所未有的力度深化苏北地区经济薄弱民族村的脱贫攻坚。

一是签订帮扶协议，着力构建“委地共建”模式。先后与苏北地区 13 个县（市、区）政府签订合作共建协议，确定了一批重点帮扶的民族村，省民宗委和地方政府共同推动民族村发展的“委地共建”模式初步形成。根据协议，我委在三年的帮扶期内，每年协调 3000 万元以上的少数民族发展资金，配合地方政府援建经济薄弱民族村的基础设施建设、特色民居改造、特色产业培育、农产品精加工等；相关县（市、区）政府在政策、资金、项目等方面对经济薄弱民族村实施倾斜支持，确保辖区内的经济薄弱民族村到 2019 年基本脱贫。“委地共建”模式在机关部门和地方政府间汇聚了资源、搭建了桥梁，提高了精准扶贫效果。苏北地区的朱桥村、付岔村等省定经济薄弱村抓住签订帮扶协议的契机，在政策支持、资金分配、项目安排上赶上了“委地共建”的头班车，通过肉牛生态养殖基地、村内道路硬化、电排灌站等项目建设，取得了良好的经济和社会效益，推进了强村富民进程。

二是集中使用资金，精准实施“百万帮扶”工程。针对过去少数民族发展资金“撒胡椒面”、使用效益不高的状况，我们提出了“适当集中、减少个数、加强监管、提高效益”的资金和项目管理思路。根据今年少数民族发展资金规模情况，对资金使用方向和项目安排数量进行调控，积极开展对苏北落后片区民族村的“百万帮扶”工程，确保 14 个经济薄弱村都能得到 100 万元或更多的资助，保证了项目建设不留缺口，不搞“胡子”工程。在资金和项目投向上，突出惠民生、解难题、重特色，助推了苏北落后片区民族村脱贫致富。截至目前，“百万帮扶”工程结出了硕果，苏北地区 2 个省定经济薄弱民族村赵庄村、扬回村村集体经济年收入分别达到 34.2 万元和 33.5 万元；年收入低于 6000 元的少数民族人口，赵庄村由 16 人下降为 6 人，扬回村由 43 人下降为 14 人。

三是做大物业经济，创新村级集体经济发展路子。确立了把发展物业经济作为扶持经济薄弱村发展的主攻方向，加大了引导扶持力度。引导和鼓励民族村利用村集体留用地和存量房产、集体建设用地兴建标准厂房、仓储设施、来料加工厂等，通过租赁经营增加村集体收入；鼓励相对偏远或受规划限制、资源匮乏、发展空间小的民族村，结合开发区建设，在区位较好的区域，异地兴建或购置物业；鼓励集体经济较发达但存量资产少、发展空间受到制约的富裕村，与存量资产丰富、土地空间多的经济薄弱村结对发展。阜宁县芦蒲镇左范民族村是省定重点经济薄弱村，为推动左范村打赢脱贫攻坚战，今年以来我委帮助左范村量身定制脱贫项目，专门协调 350 万元少数民族发展资金帮助该村发展物业经济，在阜宁县政府支持下，左范村利用这笔资金入股阜宁县城市投资公司在县城开发区建设的公益厂房项目，当年村集体即获得厂房年租金收益 24.5

万元，为将来获得稳定收益奠定了良好开局。

四是搞好精准摸排，建立“一村一档”台账。会同各市、县（市、区）民宗部门，在全省开展民族聚居地方基本情况普查工作，重点对 39 个民族行政村的自然、人口、基础设施、产业发展、村集体收入、村民年收入等情况进行逐一调查，结合扶贫工作部门提供的数据，建立了“一村一档”的台账资料，形成了《关于推动全省民族乡村高质量发展的工作意见》下发各地，为有针对性地制定帮扶措施提供了全面、准确的依据。

五是重视联动合作，协调有关单位帮扶经济薄弱村和困难群众。协调省体育局帮助 19 个民族村安装价值近 50 万元的全民室外健身器材。协调省侨联向滨海县广垛村民族小学、阜宁县芦浦镇民族小学、响水县杨回村民族小学开展慈善助学捐赠活动。协调苏州慈济慈善事业基金会赴灌云县、东海县帮扶少数民族困难群众，为民族村的少数民族残疾儿童提供医疗救助。通过一系列的帮扶活动，在全社会营造浓厚的团结互助氛围，激发更多的社会力量参与帮扶经济薄弱民族村工作。

二、围绕重点，扎实推进城市民族工作

针对我省城市民族工作出现的新情况新问题，以服务少数民族流动人口创业就业为重点，加强组织领导，完善工作机制，严格督促检查，努力营造开放包容的城市环境。

一是完善少数民族流动人口服务与管理。会同公安、统计部门，掌握少数民族流动人口动态信息，建立统一的少数民族流动人口综合信息服务平台，实现各部门间少数民族流动人口信息的互通及联、共建共享。启动少数民族进城务工人员语言文化政策教育服务工作。在南京、苏州、镇江开展少数民族进城务工人员语言文化政策培训班，受训人数近 2000 人。通过培训进一步增强外来少数民族群众的语言能力，帮助他们更好地融入城市生活。结合各地实际建立面向少数民族流动人口的综合服务工作站或设立综合服务窗口，提供“一站式”公共服务，帮助在城镇稳定就业和生活的少数民族流动人口在就业地落户。苏州、常州、昆山对符合入学条件的，按照教育部门规定安排入学。加大扶持就业创业力度，提供政策咨询、就业指导、职业介绍、岗位信息等服务。尊重习俗，保障少数民族群众在传统节日、饮食、丧葬等方面的特殊需求。对符合政策的少数民族群众给予社会保障和社会救助，妥善解决急难问题。

二是做好涉疆经商务工人员的服务管理工作。与省公安、人社等四部门联合出台《关于加强和改进新疆少数民族集体来苏务工服务管理工作的通知》，切实加强和改进了在苏新疆籍少数民族集体务工人员服务管理工作。会同省委统战部、新疆驻江苏工作组开展新疆籍在我省务工人员返乡法制宣讲活动，进一步增强少数民族务工人员知法、懂法、守法意识和依法处理矛盾纠纷、维护自身权利的能力，促进城市和谐稳定发展。开展内地新疆籍人员党务干部骨干培训班，把筑根基、抓思想放在首要地位，把教育引导和对外宣传结合起来，力求营造良好的舆论氛围，让正能量传递更广更远。

三是提高民族事务治理法制化水平。会同有关部门开展清真食品安全检查，并下发《关于做好春节期间清真食品安全检查工作的通知》，推动了全省各清真食品生产企业更加规范有序地开展生产经营活动，进一步强化清真食品市场安全监管。新修订下发《江苏省清真标志牌管理办法》，进一步规范清真食品的经营生产管理，完善清真食品基本供应点的布局，更好地维护少数民族群众的合法权益，保障清真食品消费安全。广泛深入开展对少数民族流动人口的法制教育，引导少数民族流动人口遵守城市公共秩序和管理规定。帮助少数民族流动人口办理从事市场经营活动的相关手续，依法处置无照经营、随意摆摊等违法行为。

三、讲求实效，真情做好对口支援工作

注重帮扶实效，提高针对性，把改善民生放在首位，将帮扶资源向民生和基层倾斜，认真做好民委系统对口支援工作。

一是有力推进援疆援藏工作。筹措资金向新疆伊犁州民宗委捐赠资金 21 万元，用于昭苏县萨尔阔布乡库尔克勒德克村哈萨克特色民居改造项目。向西藏拉萨市民宗委捐赠资金 30 万元，用于拉萨市墨竹工卡县门巴乡仁多岗村的无公害蔬菜大棚项目建设。在做好经济援助的同时，认真贯彻落实中央的部署要求，配合教育部门认真落实 11 个新疆内高

班、2 个西藏内高班的教学任务。

二是深入开展“红石榴伙伴”行动。指导苏州市举办第三期“红石榴伙伴”行动，邀请 32 名贵州省铜仁市优秀少数民族小学教师来苏学习交流。学习期间设置了团队交融、专题讲座、团体心理、互动沙龙等课程，还安排了参观苏州博物馆、拙政园、平江历史街区、苏州市未成年人健康成长指导中心等活动，帮助优秀教师们转变教学理念，提升教学水平，切实发挥援助工作的针对性和实用性。

三是精心安排“伊犁州民族团结进步模范江苏行”活动。精心接待安排新疆伊犁州民族团结模范一行 30 人在江苏的参观交流活动。代表团在江苏期间，分别赴南京、扬州、盐城、连云港、徐州等 5 市参观学习，亲身感受了江苏改革开放 40 年的建设成果，进一步深化了两地间的交流合作，营造了苏伊各族人民一家亲的浓厚氛围。

（撰稿：洪静　审稿：鲍蜀生）

浙江省

今年以来，省民宗委紧紧围绕总书记“全面小康一个民族都不能少”的指示精神，强化政策引领推进精准帮扶，突出产业帮扶激发内生动力，着眼均等均衡切实改善民生事业，将民族地区经济发展和民生事业各项工作纳入民族乡村振兴大背景，推动各项政策举措在少数民族和民族地区落实起效。2018 年我委分别承办了全国民族经济工作暨民族地区经济形势分析现场会和全国自治县全面建成小康社会经验交流现场会等 2 项全国民族经济发展领域重点会议。出席会议的全国政协副主席、国家民委主任巴特尔充分肯定了我省在少数民族和民族地区扶贫开发工作中所做的努力和取得的成效。

一、精心谋篇布局，确保精准振兴

一是召开全省民族乡村振兴暨“双百村结对行动”动员会。今年 8 月 1 日，会同省委统战部在丽水利山村召开会议，对全省民族乡村振兴工作进行全面部署，并启动“双百村结对行动”。省委常委、统战部部长熊建平出席会议并作重要讲话。会前，在省委统战部领导的精心指导下，省委统战部、省农办、省民宗委等 10 个部门联合下发了《浙江省民族乡村振兴实施方案（2018—2022）年》，方案以推动民族团结、社会和谐、人民幸福为宗旨，以“产业兴旺、生态宜居、乡风文明、治理有效、生活富裕”为总要求，提出了 7 大主要目标，5 项具体举措和 3 项保障措施，为我省民族乡村未来的发展指明了方向。二是举办民族乡村振兴专题培训班。培训班组织全省市、县（市、区）和民族乡（镇）干部学习解读《全面实施乡村振兴战略高水平推进农业农村现代化行动计划》和《浙江省民族乡村振兴实施方案》，总结交流经验和典型，分析研判形势和问题，科学谋划民族乡村精准帮扶，部署实施民族乡村振兴行动。系统科学地分析了民族乡村振兴中的“五大驱动”、“五个要素”和“五对关系”，从国计民生的战略高度出发，分析了扎实推进乡村振兴的政治和现实意义，为民族乡村振兴战略做好思想、理论、政策层面的积累和储备，扎实推动我省民族乡村振兴开好局、起好步、走在全省前列。三是举办首届民族乡村百村论坛。10 月 18 日，省民宗委和省政协民宗委在桐庐县莪山畲族乡举办首届民族乡村百村论坛，来自全省上百名民族乡村干部参加，2 名乡干部、4 名村干部、4 名专家共同商讨民族乡村未来的发展。省政协副主席陈铁雄参加论坛，并给予了高度评价。

二、完善政策配套，争取资源倾斜

省民宗委立足工作职责，积极为民族地区争取政策配套，推动民族乡村加快发展实现振兴。一是聚焦景宁自治县落实帮扶举措。省政府第二轮帮扶景宁加快发展的政策于今年初到期，省民宗委提早开展专题调研，发挥民族工作主管部门主动性，积极向省委省政府提出工作建议。省政府于 2 月份专题召开会议研究对景宁的帮扶政策，并根据会议的主要精神，拟定下发了《专题研究继续帮扶景宁县发展有关工作会议纪要》（专题会议纪要〔2018〕7号），纪要集中了发改、财政、农林水、交通等20家省级部门的具体帮扶政策举措，精准定位景宁发展中最为关键迫切的18个项目，落实帮扶金额近15亿元。二是覆盖民族乡（镇）出台专门政策。省民宗委紧紧围绕民族地区乡村振兴这个中心，牵头草拟了《关于进一步支持民族乡村发展的意见》（浙政办发〔2018〕13号），该意见在征求了发改、财政等20余家民族工作相关部门的意见后，提请省政府办公厅行文下发。《意见》要求各省级有关部门把支持民族乡村特色产业和生态产业发展作为重点，在政策、资金、项目等方面加强扶持。明确18个经济发达县（市、区）和28个省级单位结对18个民族乡（镇），持续开展切实有效的精准帮扶。《意见》特别落实了省级财政每年安排每个民族乡（镇）200万元少数民族财政转移支付资金，18个经济发达县（市、区）每年结对每个民族乡（镇）帮扶资金不少于80万元，民族乡（镇）所在设区市政府每年帮扶资金不少于50万元。三是定位民族村开展精准帮扶。由省委统战部、省民宗委和省工商联联合制定下发了《全省民族乡村振兴"双百村结对行动"实施方案》，明确从2018年至2022年，组织百个以上统战系统成员单位和统战成员所在单位结对百个以上具备资源开发条件的民族村，通过项目帮扶的方式，帮助民族村加快发展。目前已经有172个民族村纳入了结对帮扶工作体系。在"双百村结对"工作体系下，省民宗委开展"慈爱慈行·共帮共创"宗教慈善帮扶民族村活动，结对帮扶其中的40个村，以每年每村不少于20万元帮扶资金的要求，开展振兴帮扶。

三、落实帮扶举措，推动政策落实

一是领导带头建立"联村帮户"挂钩联系帮扶制度。在全省民宗系统建立一名委（局）领导、一个处（科）室、一个慈善爱心团队挂钩联系一个民族村和若干户少数民族低收入农户的帮扶制度，确保每村都有一套挂钩联系帮扶班子。省民宗委率先建立了每位厅级领导带领两个职能处室挂钩联系一个民族村的帮扶机制。另外，积极落实省委组织部、省农业农村厅关于新一轮结对帮扶工作的部署要求，由委主要领导亲自挂钩联系，确定苍南县凤阳畲族乡岭边民族村为结对帮扶联系村，首期20万元帮扶资金已经落实到位。二是用足用好民族发展专项资金。2018年，中央及省级少数民族发展专项资金总规模为5096万元。其中在重点因素方面，我们以总规模25%的分配标准重点向结对帮扶工作倾斜。通过完善资金管理分配方案，更好发挥资金的杠杆作用，亿资金带项目促发展，助力民族乡村实现振兴。三是开展民族乡村振兴调研督查。省委常委、统战部长熊建平亲自带队，赴丽水、衢州等地专题调研民族乡村振兴和"双百村结对行动"。省民宗委主任楼炳文赴金华武义县围绕民族乡村振兴开展蹲点调研，并组织部分民族乡镇围绕"围绕打造浙江特色的民族乡村振兴经济文化示范带，推动民族地区特色块状连片发展"主题召开了专题座谈。各帮扶工作组带队领导也分别围绕各自联系的民族乡（镇）和民族村实现乡村振兴"五年规划"的任务目标和方案举措开展有针对性的调研指导，督促各帮扶组团落实帮扶举措，协调各有关部门解决民族乡村振兴中遇到的困难。同时，省民宗委还对民族乡村振兴工作相关部门和各民族乡村在工作中的好经验、好做法进行总结宣传，目前已经编发民族乡村振兴专题工作简报10期。

（撰稿：潘晶　审稿：吴梦宝）

安徽省

2018年，安徽省民委在国家民委大力指导下，在省委省政府正确领导下，深入贯彻落实习近平总书记视察安徽重要讲话精神，围绕加快少数民族和民族聚居地区脱贫攻坚步伐，夯实少数民族聚居乡村振兴基础，真抓实干，开拓创新，为加快建设现代化五大发展美好安徽作出应有贡献。

一、实施好“十三五”规划，推动少数民族和民族聚居地区加快发展

安徽省委、省政府高度重视《“十三五”促进民族地区和人口较少民族发展规划》（简称《规划》）实施工作，把《规划》作为全省少数民族和民族聚居地区加快发展的“施工图”“进度表”。省委、省政府主要负责同志、分管负责同志多次听取工作汇报，并提出明确工作要求。省人大专门委员会定期听取民族工作专题汇报，省政协多次开展民族工作专题调研。省民委抓住《规划》中期评估的有利契机，加大协调争取力度，促进少数民族差别化扶持政策体系进一步完善。

（一）各级财政拿出真金白银。省财政持续加大财政资金扶持力度，进一步提高省级涉农资金和财政扶贫资金投入民族乡村的比重，继续下拨民族乡少数民族发展资金 2200 万元，继续安排民族企业技改贴息和少数民族补助资金 1550 万元，继续安排省级少数民族发展资金 300 万元。市、县两级财政少数民族发展资金总数均超过 1800 万元，为少数民族聚居地区经济高质量发展增添了新动力。

（二）基础设施得到巩固提升。2018 年，下达省级财政奖补资金 546 万元，安排民族乡村实施 6 个农田水利“最后一公里”建设项目，治理农田面积 1.43 万亩。积极支持民族乡村开展高效节水灌溉项目建设，安排中央水利发展资金 455 万元，建成高效节水灌溉面积 2720 万亩，农田水利基础设施得到有效提升。少数民族聚居地区农饮巩固提升工程成效显著，截至年底已实现贫困民族村通自来水和少数民族贫困户饮水安全的目标。少数民族聚居地区农村道路畅通工程全年投资 9704 万元，实施项目 132 个合计 155 公里。定远县仓镇镇、谯城区十八里镇、阜南县焦陂镇等一批少数民族聚居地区交通基础设施得到了明显改善，有力带动了当地经济发展。

（三）基本公共服务日臻完善。为全省 135 个民族村农家书屋每村安排资金 2000 元，用于更新充实书籍和开展活动。积极推广互联网、手机 APP、微信订阅号等多种阅读方式，推动数字农家书屋正式上线运行，进一步丰富和方便了少数民族群众日常阅读。民族村放映公益电影均在 12 场次以上，《红海行动》《战狼 2》等一批好口碑、高票房的新片重点上映，新片率达 58%。中央暨我省广播电视节目无线数字化覆盖工程、广播电视户户通整省推进工程顺利实施，民族村实现全覆盖。在同等条件下，民族学校教师优先申报高一级专业技术资格，在职称评审政策上给予民族学校进一步倾斜。

二、完成好脱贫攻坚任务，补齐少数民族和民族聚居地区发展短板

安徽省民族经济工作始终按照习近平总书记“全面实现小康，少数民族一个都不能少”要求，坚持以人民为中心的工作导向，紧紧围绕脱贫攻坚这个最大政治任务和最大民生工程，发挥民委兼职委员制度优势，深入推进少数民族和民族聚居地区精准扶贫、精准脱贫，取得重要进展。截至 2018 年，全省 25 个建档立卡贫困民族村有 24 个出列，18139 名建档立卡少数民族贫困群众 90%实现脱贫。

（一）深入实施“共同发展”提升行动联合攻坚，营造全社会聚力帮扶民族乡村的良好氛围。2018 年，省民族宗教工作领导小组办公室继续对省民委兼职委员单位年度帮扶工作情况进行考核，充分发挥考核“指挥棒”作用，将 23 家帮扶成效突出的委员单位评选为优秀等次，树立正确工作导向。召开全省少数民族和民族聚居地区“共同发展”提升行动联合攻坚现场会，深入贯彻中央及省委省政府关于脱贫攻坚工作部署，总结交流联合攻坚工作情况，推广帮扶工作先进单位经验做法，进一步调动发挥省民委兼职委员单位作用，着力放大联合攻坚工作效应。省民委兼职委员单位向 15 个贫困民族村投入各类资金 3000 余万元，有力促进了贫困民族村经济社会发展和民生改善。

（二）加大政策倾斜力度，指导少数民族和民族聚居地区用好用足优惠政策。为贯彻落实习近平总书记在深度贫困地区脱贫攻坚座谈会上的重要讲话精神，进一步推动我省少数民族和民族聚居地区脱贫攻坚和全面建成小康社会，及时转发《国家民委关于进一步加强深度贫困民族地区脱贫攻坚工作的通知》（民委发〔2018〕25 号）。指导各地深刻认识打好深度贫困民族地区脱贫攻坚战的重大意义，聚焦深度贫困县和民族乡、村的少数民族建档立卡贫困户，加大少数民族发展资金投入力度，统筹推进扶贫工作和民族工作，更加精准有力地落实各项

措施，努力攻克少数民族和民族聚居地区深度贫困堡垒。2018 年，中央财政少数民族发展资金持续增加，全年因素分配中央和省级少数民族发展资金 6224 万元，全部投向革命老区和扶贫开发重点县区，并向建档立卡贫困民族村、联合攻坚帮扶民族村、人均收入低的困难民族村倾斜，为少数民族脱贫攻坚提供了有力支撑。

（三）重点实施产业扶贫，夯实少数民族贫困群众脱贫增收产业基础。坚持以“小蘑菇产业扶贫行动”为抓手，切实统筹好各项政策措施，确保少数民族贫困群众实现稳定脱贫。召开全省贫困民族村产业扶贫推进会暨产业扶贫政策培训班，与省食用菌技术协会签订战略合作协议，举办三期食用菌种植技术培训班。2018 年，针对全省 34 个建档立卡贫困民族村和联合攻坚对口帮扶村，继续按照每个村不少于 20 万元的标准安排少数民族发展资金，帮助民族村实施“一村一品”特色种养业扶贫项目。全年安排产业扶贫资金 1894 万元，组织实施产业扶贫项目 98 个，占少数民族发展资金 60.7%。

（四）创新开展就业扶贫，激发少数民族贫困群众自我发展内生动力。为充分发挥就业扶贫的重要作用，省民委在前期帮扶工作基础上，以促进有劳动能力、有就业意愿的少数民族建档立卡贫困户劳动力都能实现就业为目标，组织开展“民族一家亲 百企帮千户”就业扶贫工作。指导各地建立健全就业需求清单和用工需求清单，建立少数民族贫困户就业情况台账。组织有关企业赴贫困民族村召开专场招聘会，开展多种形式的“送岗进村”、“送岗入户”活动。在少数民族聚居地区举办招聘会 23 场，提供岗位 800 余个，聘用少数民族建档立卡贫困群众 212 人。引导贫困民族村加大扶贫车间建设力度，拓宽少数民族贫困户就业渠道。同时深入实施千百培训计划，针对少数民族贫困户实际情况和就业意愿，开展就业技能培训和技工教育，组织各类培训 53 场，培训少数民族困难群众 1690 人。

三、落实好民品优惠政策，增强少数民族和民族聚居地区发展后劲

安徽省民委立足满足少数民族群众生产生活特殊需要，服务支持民品企业发展，促进少数民族民营经济加快发展，积极协调推动民品生产贷款贴息政策落实。

（一）第三方评审认定民品企业。会同省财政厅、省人行下发认定工作通知，举办申报工作培训班，汇编优惠政策材料，宣传介绍民品企业优惠政策和申报工作要求。委托第三方社会中介机构独立开展评审工作，严格按照国家民委有关文件要求，拟定十三五民品企业名单报送备案。

（二）高位推动民品政策落实。协调省财政厅下发《安徽省财政厅 安徽省民族事务委员会关于做好民族特需商品生产贷款贴息工作有关事宜的通知》（财金〔2018〕546 号）和《安徽省民委 安徽省财政厅关于落实兑现民族特需商品生产贷款贴息政策的通知》（皖族〔2019〕7 号），明确各地民品贷款贴息所需资金由省财政通过均衡性转移支付予以适当支持，并在分配均衡性转移支付时，作为分配因素一并考虑。同时将通知抄送有关市党政主要负责同志，多地党委政府主要负责同志作出批示，要求予以落实，有力推动了此项工作的开展。

（三）发挥财政资金作用保障民品供应。在政策允许范围内，安排省财政民族企业技改贷款贴息和生产补助资金向“十三五”民品企业倾斜，切实保障民品供应，满足少数民族群众特殊生产生活需求。同时加大财政资金监管力度，完善财政专项资金绩效评价体系建设，提升资金使用效率。

（撰稿：张正喆　审稿：陆友勤）

福建省

2018 年，福建省认真学习习近平新时代中国特色社会主义思想和党的十九大精神，深入贯彻习近平总书记关于民族工作和扶贫工作的重要论述，各级各有关部门凝心聚力，攻坚克难，砥砺奋进，推

动民族经济工作不断取得新进展。

一、多措并举，推动民族脱贫攻坚纵深发展

认真贯彻党中央和国务院关于脱贫攻坚的重大战略决策部署，按照省委省政府《关于打赢脱贫攻坚三年行动的实施意见》和脱贫攻坚推进会精神，全力推动少数民族乡村脱贫攻坚工作。一是召开民族乡村脱贫攻坚工作会议。先后召开“全省民族贫困村脱贫攻坚暨挂钩帮扶民族乡工作推进会”和“全省民族乡村脱贫攻坚与发展特色产业推进会”，进一步推进少数民族贫困乡村与全省同步脱贫。二是开展脱贫攻坚专题调研。深入全省少数民族乡村开展调研，形成客观翔实的调研报告，得到省领导的专门批示。三是召开村主干培训班。举办“全省建档立卡民族贫困村村主干培训班”，旨在提升村干部的脱贫攻坚能力，全省 116 个贫困村主干参加了培训。四是开展扶贫开发成效考核工作。根据省委省政府工作部署，省民族宗教厅牵头相关部门开展扶贫开发工作成效实地考核和“回头看”，形成专题报告，得到省领导的肯定。五是继续实施造福工程扶贫搬迁。开展全省少数民族建档立卡贫困户住房安全调查摸底，对确定核实的 11 户 50 人，全部纳入 2018 年造福工程扶贫搬迁。全省共有少数民族人口 4449 人列入省级造福工程搬迁对象，下达少数民族叠加补助资金 444.9 万元。六是继续实施整村推进政策扶持。争取相关部门支持，对原有 10 个人均收入低于 4500 元以下的民族贫困村继续列入省级整村推进帮扶，每村每年给予 20 万元，政策延续至 2020 年。七是动员社会力量参与脱贫攻坚事业。省民族宗教厅与福建农林大学、福建中医药大学等高校签订战略合作协议，借智借力助推民族乡村科技发展和人才培养；充分发挥宗教界扶贫济困优良传统，募集善款 248 万元，帮助 6 个少数民族贫困村开展扶贫项目建设。

截至 2018 年底，全省建档立卡少数民族贫困村剩余 8 个，贫困人口剩余 28 人。农民人均可支配收入 4500 元以下的少数民族贫困村已全部摘帽，为全面建成小康社会奠定了坚实基础。据统计，2018 年全省 19 个民族乡财政收入 6.71 亿元，比增 32.0%，民族乡农民人均可支配收入 16538.29 元，比增 8.1%。

二、加大力度，促进挂钩帮扶工作取得新成效

挂钩帮扶民族乡村工作持续开展，帮扶举措稳步推进。挂钩帮扶单位注重造血功能的培育，发达县（市、区）将一些转移产业落户到民族乡，省直单位则充分发挥旅游、林业、农业、科技等职能作用，解决民族乡村急需解决的发展问题，共同推动民族乡经济高质量赶超发展。目前，全省民族乡基本形成以茶叶、蔬菜、水果、油料、药材、林竹、粮食等 7 种产业为主的“一村一品”、“一乡一业”的特色产业发展态势。据统计，2018 年各挂钩帮扶单位和各级财政共投入帮扶资金 8300 万元，其中省直单位 2270 万元、沿海经济发达县（市、区）2130 万元、省财政转移支付 1900 万元、民族乡所在县（市、区）2000 万元。持续推动挂钩帮扶工作延伸到民族村，目前，全省 567 个民族村已实现全覆盖。

三、立足实际，切实做好特色村寨保护建设

按照国家民委工作部署，全省开展第四批少数民族特色村寨试点村调查摸底工作，共确定第四批 53 个少数民族特色村寨保护与发展试点村。同时，积极与相关部门协调，将全省少数民族特色村寨保护与发展内容纳入《福建省实施乡村振兴战略规划（2018—2022 年)》中，并成为乡村文化繁荣兴盛重点工程之一。助力实施民族乡村脱贫攻坚和振兴战略，省民族宗教厅与省政协民族宗教委员会共同策划并出版发行《福建民族特色村寨》（画册），以加大宣传，扩大影响。

四、落实政策，继续扶持人口较少民族发展

认真开展贯彻落实国务院《“十三五”促进民族地区人口较少民族发展规划》进展情况的中期评估。按照《福建省人民政府关于贯彻国务院“十三五”促进民族地区人口较少民族发展规划的实施意见》继续扶持高山族发展，对高山族贫困户和老一代高山族人员进行慰问并发给慰问金。协助省发改委落实 2018 年扶持人口较少民族发展中央预算内投资

补助资金 640 万元，支持打造华安县仙都镇云山村、市后村、大燕村、下林村的民生工程项目建设，并对其项目建设情况开展监督检查。

五、举办论坛，促进两岸民族乡村交流合作

由国家民委研究室、福建省民族宗教厅指导，厦门大学人类学研究中心主办，台湾少数民族研究会、福建畲家企业商会协办的“海峡两岸民族乡论坛”在厦门举行。近 90 名两岸专家学者与民族乡代表围绕乡村振兴战略、吸引台湾少数民族同胞到大陆发展、为两岸少数民族搭建发展平台等展开研讨，进一步促进了两岸少数民族同胞交流合作。期间，与会代表参观了华安县官畲村（畲族）和送坑村（高山族）两个建设风格各异的少数民族特色村寨，亲身感受了福建少数民族乡村翻天覆地的发展变化。

六、统筹安排，加强少数民族资金分配管理

严格按照资金管理办法，统筹做好资金分配工作。2018 年共下拨中央少数民族发展资金 3917 万元，全省少数民族补助款 2000 万元，重点用于加强少数民族贫困村基础设施建设，实施少数民族特色产业扶持发展增收工程以及民族乡村民生 短板等项目；认真做好少数民族发展资金监管工作。一是按照扶贫资金管理要求，及时将资金下达情况录入省扶贫（惠民）资金在线监管系统，接受网络监督检查。二是采取省民族宗教厅直接检查、设区市民族宗教局之间交叉检查和各地自查自纠相结合的形式开展资金检查，发现问题及时整改。三是认真清理少数民族闲置扶贫资金，按时完成扶贫资金使用绩效管理评价任务。

（撰稿：赖龙娣　审稿：李瑛）

江西省

2018 年江西省民族经济工作在习近平总书记关于民族工作的新理论新思想新战略的指导下，在省委、省政府的坚强领导下，以“中华民族一家亲、同心共筑中国梦”为民族经济工作的出发点和落脚点，充分尊重民族地区发展的规律和面临的新形势新任务新要求，着力将民族经济工作落到实处，民族地区经济社会发展步伐不断加快，民族团结进步事业基础不断巩固。

开展规划评估，推动规划实施。根据国家民委的统一部署和安排，2018 年相继开展了江西省少数民族事业发展“十三五”规划和“十三五”促进民族地区和人口较少民族发展规划中期评估，对全省民族地区经济发展情况进行了全面评估。“十三五”规划实施以来，江西省 8 个民族乡和一半以上的民族村基本实现农民人均可支配收入和社会基本公共服务水平达到全省平均水平。连续三年民族地区投入不断加大，省级投入 4.15 亿元（其中财政扶贫资金 1.17 亿元、教育资金 0.3 亿元、省直单位对口支援 2.54 亿元、扶持人口较少民族资金 0.14 亿元），支持民族乡村加快发展。一批以公路改造、小微型水利设施建设、教育医疗等公共设施为重点的基础设施得到建设和提升；民族地区产业提质增效结构优化，新农村和小城镇建设深入推进，50 个民族村完成当地秀美村庄建设计划，少数民族特色村寨建设持续推进，目前有 12 个特色村寨被国家民委命名为“中国少数民族特色村寨”；城市民族工作地位日益凸显，民族团结进步宣传教育和民族团结进步创建活动深入开展，少数民族人才队伍建设提上重要议事日程，民族事务法治化建设不断强化。

聚焦脱贫攻坚，大力推动民族地区精准脱贫。“十三五”以来，江西省高度重视少数民族贫困村脱贫攻坚工作，在充分发挥省民族工作领导小组成员单位作用的同时，还积极采取一系列举措助推民族地区脱贫攻坚。一是强化资金投入。严格遵守财政专项扶贫资金和财政涉农扶贫资金管理的有关规定，以民族地区贫困因素和脱贫攻坚任务因素为主要因素进行资金分配，引导资金向民族地区精准脱贫项目建设倾斜。2018 年江西省共安排少数民族发

展资金 4424 万元，其中 25 个国定贫困县和享受贫困县待遇县安排资金 2097 万元，占总资金量的 47.4%，较 2017 年增长 10.13%；二是推动对口支援民族乡村工作和精准扶贫示范点建设。进一步强化民族工作社会化运行机制，继续推动省直部门对口支援民族乡村，同时选择了 37 个民族村组作为民族地区精准扶贫示范点，每个示范点每年安排少数民族发展资金 20 万元，安排一个省直部门对其开展对口支援。2018 年省民族工作领导小组成员单位在民族乡村直接帮扶 3000 多万元，协调帮扶 4400 多万元，涉及道路、水利、改水改厕、教育、民族文化、特色产业发展等项目 125 个；三是引导宗教界参与脱贫攻坚。江西省充分发挥宗教界的积极作用，开展公益慈善捐赠活动，2016 年以来连续动员、组织全省宗教界开展“脱贫攻坚、五教同行”慈善扶贫行动，2018 省级宗教团体捐赠 90 万元用于南康区、赣县贫困村脱贫项目建设，与此同时，各市、县宗教团体和宗教界人士也开展多种形式的捐赠、公益慈善活动，为当地的脱贫攻坚作出了重要贡献。

扎实做好特色村寨建设，助推民族乡村高质量发展。根据国家“十三五”规划的要求，今年江西省继续把少数民族特色村镇保护发展作为民族工作重点，统筹部署，有效推动了此项工作的开展。把安福县洲湖镇北山畲族村、武宁县东林乡山头畲族村雷家自然村、泰和县水槎乡坑西畲族村中坑自然村、上高县敖山镇洋林民族村、赣县区湖江镇尧口畲族村、弋阳县葛溪乡雷兰畲族村兰家自然村等 5 个民族村组纳入特色村寨建设项目，在今年第二批少数民族发展资金分配中，将保护与发展少数民族特色村寨作为本次资金分配的一个重要因素，对上述民族村组给予重点支持。

继续贯彻落实民品生产贷款贴息政策。执行民品贴息政策是“十三五”规划中的一项重要内容，是关心少数民族群众生产生活的具体体现。为更好地贯彻落实财政部、国家民委、中国人民银行三部门相关文件精神，江西省财政厅、江西省民族宗教事务局、人民银行南昌中心支行联合印发《关于“十三五”期间继续落实民族特需商品定点生产贷款贴息政策的通知》，明确贷款贴息资金实行属地办理原则，民品企业所在地财政、民宗、人行部门要共同研究制定符合当地实际情况的民品贴息资金管理办法，并做好贴息资金监管。

做好人口较少民族项目实施和规划的调整。峡江县金坪民族乡新民村是江西省唯一列入扶持人口较少民族发展规划的京族聚居村，有京族人口 292 人。2018 年，金坪民族乡 8 个发展重点项目中金坪民族乡道路基础设施项目、水环境整治景观项目、文化展示馆建设项目及新民京族聚居村特色村寨建设项目相继建设完成，民族风情浓郁的乡村旅游初具规模。鉴于其余 4 个项目达不到实施条件，省发改委、民宗部门及时调整《“十三五”扶少项目规划》，并报国家发改委和国家民委备案，新增金坪民族风情小镇提升项目、八族村寨建设项目在今后两年实施，集中力量改造、升级风情小镇和八族村寨的基础设施，项目总投入预计达到 1876 万元。

（撰稿：茅黎　审稿：王希贤）

山东省

2018 年，山东省民族宗教事务委员会在国家民委的指导下，认真贯彻落实中央决策部署和山东省委、省政府脱贫攻坚、打造乡村振兴齐鲁样板的总体要求，牢牢把握“铸牢中华民族共同体意识”民族工作主线，聚焦少数民族扶贫开发薄弱环节，通过政策引导、资金支持、科技培训与加大民生投入等多项措施，深化精准扶贫精准脱贫，推动全省民族乡村振兴战略实施，取得了显著成效。截至 2018 年底，全省 64 个建档立卡少数民族贫困村，14275 人建档立卡农村少数民族贫困人口全部脱贫。

一、加强组织领导，少数民族脱贫攻坚和乡村振兴工作高位推进

为打赢少数民族脱贫攻坚战，推进民族乡村振兴战略实施，确保民族乡村不掉队，少数民族脱贫不拖后腿，2018 年，省民族宗教委成立了助力乡村振兴

战略实施工作领导小组，由党组书记和主任任组长，定期召开专题会议研究推进措施。印发了《打赢脱贫攻坚战三年行动工作方案》（鲁民发〔2018〕47号）、《关于推进民族乡村振兴战略实施工作的指导意见》（鲁民发〔2018〕43号）。围绕全省“2018年基本完成，2019年巩固提升，2020年全面完成”的脱贫攻坚工作部署，大力实施包括建档立卡核查和数据分析、抓好资金统筹和精准使用、开展少数民族科技培训、加大民生投入、着力发展民族乡村文化教育、基层示范引领等在内的9项措施。经省政府同意，省民族宗教委会同省发改委制定印发了《关于促进少数民族事业发展的实施意见》，并完成了关于少数民族事业发展、促进少数民族就业和民族领域的“十三五”规划实施情况3个山东省中期评估报告。结合山东省政府机构改革和民族工作实际，对省发展改革委等25个兼职委员单位民族工作主要职责进行了梳理，印发了《山东省民委委员制兼职委员单位及其职责》（征求意见稿），在中央民族干部学院组织举办了山东省民委委员单位培训班。

二、加大扶持力度，少数民族生产生活水平明显提高

2018年，山东省共投入中央及省级少数民族发展资金3717万元，扶持项目131个，其中基础设施类项目115个，产业发展类项目16个，重点扶持贫困民族村道路交通、电网改造、农田水利等基础设施和规模养殖、特色种植等产业发展。各地紧紧围绕少数民族群众最关心最直接最现实的利益问题，不断提升民族村基础设施建设和基本公共服务水平，少数民族群众生产生活条件得到极大改善。民族乡村道路、厕所、供暖、供电、学校、住房、饮水“七改”工程全面提速，人居环境整治加快推进，农村垃圾污水治理水平显著提高，两不愁三保障问题得到有效解决，医疗保险、养老保险待遇水平稳步提升，优质教育资源向民族村延伸，建档立卡贫困户危房改造任务全部完成。

三、坚持因地制宜，少数民族农业产业发展有序推进

全省各地因地制宜、因情出策，致力于解决本辖区影响少数民族脱贫的困难问题，着力打造产业升级典型。比如：潍坊青州市依托旅游资源优势，以云门山风景区建设为契机，积极争取政策支持，把云门山街道郭桥村打造成了田园式新农村，并被评为“山东省乡村文明家园示范村”。滨州市着力推动传统肉牛产业转型升级，在产业规划方面，实现了由少数民族群众自给自足的“小微产业”到各级党委政府大力扶持的“支柱产业”的转变；在发展路径方面，实现了由个人发财的“单打独斗”到共同富裕的“抱团发展”的转变；在产业优化升级方面，实现了由传统散养粗放屠宰到规模养殖精细分割的转变。为推树典型，2018年12月，省民族宗教委在滨州市组织召开了全省民族系统推进民族乡村振兴战略深化少数民族脱贫攻坚工作会议，国家民委经济发展司对山东省民族经济工作给予了高度评价。经省民族宗教委推荐的阳信县温店镇大营民族村党支部书记冯玉在被省委、省政府表彰为山东省脱贫攻坚先进个人。

四、实施科技培训，强化民族乡村振兴人才支撑

省民族宗教委以提高少数民族群众科技素质、职业技能、经营能力为核心，以少数民族村居、家庭农场、农村合作组织负责人、农村致富带头人、农村生产经营型人才培养以及少数民族贫困户为重点，着力培养“土专家”、“田秀才”等有一技之长的民族村实用技能人才，2018年，会同省科技厅、山农大到济宁、泰安民族村举办了两期少数民族种植、养殖实用技术培训班，受训群众150余人，切实提升了少数民族自我发展能力。

五、创新管理模式，少数民族发展资金精准统筹使用

省民族宗教委会同省财政厅进一步完善因素分析法，在考量各地农村少数民族人口、贫困人口及当地经济发展水平因素基础上，调整新增绩效考评系数和扶贫重点民族村量化系数，将2018年度中央及省少数民族发展资金3717万元和2019年中央预拨资金2535万元下拨到少数民族扶贫工作重点市及省直管县。着力抓好资金统筹，按照省委办公厅、省政府办公厅《关于加快推进省级涉农资金统筹整合的实施意见（试行）》（鲁办发〔2018〕29号）要

求，向省委农村工作领导小组提报了2019年山东省少数民族发展资金统筹整合重点任务清单。强化少数民族专项资金监管，委托北京中平建华浩会计师事务所有限公司作为第三方评估机构，对11个市和6个省直管县涉及2017年度中央及省财政少数民族发展资金1159万元49个项目进行绩效评估，将评估情况通报各市县，责成出现问题的市县限期整改，整改报告报省民族宗教委留存备查。

六、开展调查研究，“十三五”民族特需商品定点生产企业政策落地生效

为积极应对“十三五”国家民品企业政策重大调整，省民族宗教委在深入各地调研基础上，会同省财政厅、中国人民银行济南分行，本着“放、管、服”、压实市县责任的工作原则，按照“县级组织初审、市级全面审核、省级总体把关”工作方针，组织开展了“十三五”民族特需商品定点生产企业申报认定工作，形成工作会议纪要，并联合行文向国家民委进行了备案，指导各市开展了2017年度民品企业贷款贴息资金全面审核工作，由第三方机构核实负责，参加了国家民委召集的七省区民品政策专题会议，确保了政策落实到位和资金安全运行。

（撰稿：刘朝阳　审稿：罗军）

河南省

2018年，河南省民委认真学习贯彻党的十九大精神，围绕民族地区加快发展、脱贫攻坚、全面建成小康社会目标，全省少数民族和民族聚居地区经济发展稳健、民族团结和谐、社会事业进步。

一、创新少数民族发展资金使用管理

根据《少数民族发展资金管理办法》和我省少数民族发展资金分配和项目管理要求，切实加强资金管理使用，加快资金分配支出进度，督促项目实施落实到位。一是制定发展资金管理考评制度；对市县发展资金管理使用进行考核，对发展资金项目开展评估，将考核评估结果作为资金分配测算的重要依据；二是进一步完善少数民族发展资金项目管理办法，加快少数民族发展资金拨付、支出进度，加强资金监管，确保资金落实、项目实施；三是举办全省少数民族发展资金管理培训班，提高市县民族工作部门使用管理发展资金的政策水平；四是及时督促各地将少数民族发展资金备案，指导各省辖市、省直管县民族工作部门解决项目备案管理中存在的问题；五是组织全省少数民族发展资金使用情况检查。抽调6个检查组在各地采取座谈、查阅台账、抽查项目受益群众、现场实勘等多种形式开展工作，先查看文字材料（包括历年发展资金项目相关文件、项目备案表、项目文本、超过30万的项目的可行性报告等)，然后按照各地自查情况及文字材料检查情况随机抽取2-3个县进行实地检查。

二、全力推进全省民族聚居地区脱贫攻坚工作

2018年，河南省民委积极开展民族聚居地区脱贫攻坚和定点帮扶工作，取得显著成效，全省建档立卡少数民族贫困人口下降为1.5万人。一是在全省民委系统开展扶贫领域作风问题专项治理。根据国家民委《关于开展扶贫领域作风问题专项治理的通知》（民委发〔2018〕24号）号要求，结合全省民委系统工作实际，制定并印发《省民委关于开展全省民委系统扶贫领域作风问题专项治理的通知》，针对目前民委系统扶贫领域存在的工作措施不精准、从严考核监督要求不够等问题提出专项治理意见和工作要求，要求各地开展自纠自查及专项治理，对发现问题及时整改；二是助力贫困民族地区产业扶贫。针对少数民族聚居村产业基础薄弱、特色产业不强的问题，省民委指导市（县）民族工作部门通过政策倾斜、资金项目扶持、实用技术培训、综合协调服务等形式，本着“因地制宜、扬长避短、群众自愿、面向市场”原则，支持民族聚居地区发展特色优势产业，努力实现“一乡一业”、“一村一品”。全年共举办农村实用技术培训班70多期，培

训群众3000多人次，通过培训，470多人实现转移就业，1100多贫困户掌握了特色种植养殖技术。成立种养加农民专业合作社71个，流转土地1085亩，带动少数民族贫困群众就业1400多人，使600多个少数民族贫困家庭户均增收2300多元。叶县马庄回族乡的清真牛羊肉屠宰加工业、镇平县郭庄回族乡的蔬菜种植业、方城县汉山村的林果种植业、沁阳市北鲁村的山药种植业、洛宁县中原村的清真食品一条街、栾川县大南沟村的乡村旅游业等特色产业在当地很有名气，一批少数民族特色产业应运而生。

三、支持少数民族企业发展

一是确定“十三五”期间民品企业名单。7月31日，省民委、省财政厅、中国人民银行郑州中心支行联合下发了《关于报送“十三五”期间全国民族特需商品定点生产企业名单及有关材料的通知》（豫族〔2018〕50号），对“十三五”民品企业的申报原则、申报标准、申报材料等提出要求。省民委会同省财政厅、人民银行郑州中心支行共同召开专家评审会，对民品企业候选名单及其申报材料进行严格评审把关，并最终确定了74家“十三五”民品企业名单；二是企业发展活力持续提升。全省清真食品、皮毛制革、民族针纺、民族制药、民族机械等5大民族特色经济板块逐步显现，并向建筑建材、电子科技、矿产开发、金属冶炼、交通运输、文化教育等行业领域不断拓展，呈现多元化、外向型发展趋势。有各类少数民族生产加工企业5200多家，2018年实现出口创汇7.6亿美元，涌现出华英、隆丰、中牛、永达、双汇万中等一批知名企业品牌。全省清真食品及民族用品产值超过600亿元，从业人员超过30万人。电子商务这一新兴营销模式在我省民族聚居地区得到发展，孟州市桑坡村利用被列入中国特色村寨名录之机，依托皮毛产业优势，打造特色村寨升级版，规划建设皮艺小镇，注册网店1000余家，全村已有微商3000余人，连续3年获得“中原淘宝第一村”称号。鹤壁市少数民族特需商品定点生产企业——永达公司，利用品牌优势，通过电商、微信平台，构建电商、微营销、体验营销体系，完善实体店的销售网络及冷链物流配送体系，实现线上交易和线下营销融合发展。

四、积极开展援疆服务管理工作

一是组织哈密市民族宗教干部和爱国宗教界人士来豫参观学习；接待哈密民族宗教干部和爱国宗教界人士共40人来豫，赴南阳、兰考、开封、郑州等有关市县参观考察，重点考察了河南民族团结进步创建工作、宗教事务管理工作、历史文化、经济建设等情况，学习了兰考脱贫攻坚先进经验；二是开展“百名民族团结模范游河南”活动。“哈密100名民族团结模范游河南”是2018年河南省党政代表团赴疆对口支援重点项目之一，省民委党组高度重视并且做了详细的具体安排部署，经民委分管领导和各相关负责处室的共同努力下，百名民族团结模范学习了“自力更生、艰苦创业、团结协作、无私奉献”的红旗渠精神；学习了“愚公”敢想敢干、艰苦奋斗，勤劳勇敢、开拓进取，坚忍不拔、自强不息的精神，通过参观，进一步推进了两地间的交流、交往、交融，深化了“中华民族一家亲、同心共筑中国梦”，让豫哈两地各族群众像石榴籽一样紧紧抱在一起。

（撰稿：王霞　审稿：余德海）

湖北省

2018年，湖北省民族经济工作在国家民委的指导和省委省政府坚强领导下，以习近平新时代中国特色社会主义思想为根本遵循，全面贯彻党的十九大精神和中央及省经济工作部署，牢记习近平总书记视察湖北的殷殷嘱托，聚焦精准扶贫，瞄准民生关注，加大资金投入，强化项目支持，培植特色产业、加强基础设施建设、改善农村生产生活条件、加快社会事业发展，民族地区经济取得较好发展。

扎实做好“十三五”规划中期评估工作。向国家民委上报了我省实施《“十三五”促进民族地区和人口较少民族发展规划》（以下简称《规划》）中期评估报告，配合国家民委、全国人大等部门组成联合调研组对我省实施《“十三五”促进民族地区和人口民族发展规划》情况进行了中期评估工作。《报告》对《规划》中期实施情况进行了评估，从脱贫攻坚、经济运行、人民福祉、生态环境、发展平台、民族文化、特色村寨建设、民族团结和治理体系等八个方面评估《规划》任务完成和政策措施落实情况。《规划》的中期评估报告，对于加快我省少数民族事业发展，推动“十三五”规划目标如期实现，确保 2020 年少数民族和民族地区与全省同步决胜全面建成小康社会意义重大。

着力抓好支持民族地区加快发展差别化政策的落实。一是加强政策倾斜力度。王晓东省长牵头联系武陵山民族地区脱贫攻坚工作，将民族地区 10 县市整体纳入国家武陵山集中连片特困地区，出台规划、政策予以倾斜支持，将 10 个县市全部纳入国家扶贫工作重点县，将巴东县、五峰县作为全省的深度贫困县进行重点支持。二是出台支持政策。起草《湖北省人民政府办公厅关于进一步支持民族乡村加快发展的意见》，并以省人民政府办公厅的名义下发实施。《意见》从加大对口支援帮扶力度，深化实施“1+1”对口帮扶工程，建立较发达县（市、区）对口支援民族乡镇机制等七个方面对进一步支持民族乡村加快发展提出了明确要求。三是协调完善工作机制。为确保“616”工程顺利实施，根据省领导人事变动情况，在征求省领导意见的基础上，及时调整了“616”工程来凤县、建始县省领导的联系点。四是协调落实帮扶资金和项目。切实履行总协调职责，2018 年，协调湖北武陵山少数民族经济社会发展试验区政策落实单位落实帮扶项目 344 个，落实帮扶资金 61 亿元；协调“616”对口支援工程各成员单位落实帮扶项目 251 个，帮扶资金 20.5 亿元；协调省内 9 个帮扶市落实帮扶项目 46 个，落实帮扶资金 1.3 亿元。系列差别化政策的落实，为民族地区加快发展注入了新活力。

加强扶贫资金和少数民族资金的使用和管理。会同省财政厅制定了《省级少数民族资金使用管理办法》，为加强和规范省级少数民族资金的使用管理提供了遵循。2018 年共拨付中央和省级少数民族发展资金 17726 万元，省级民族贸易企业网点建设和民族特需商品定点生产企业技术改造专项资金 195 万元，支持民族地区经济社会加快发展。2018 年，湖北民族地区共有 23.8 万人脱贫、178 个村出列，来凤、宣恩、鹤峰三县实现脱贫。2014 年至 2018 年，湖北省民族地区的贫困人口从 124 万人减少至 24 万人，累计 100 万人脱贫。

聚力做好民族地区脱贫攻坚工作。学习贯彻中央和省委省政府关于脱贫攻坚相关指示精神，认真履行省扶贫攻坚领导小组成员单位职责。省民宗委召开 2 次党组会研究脱贫攻坚工作，深入民族地区进行调研，提交的《关于我省民族地区脱贫攻坚情况调研报告》得到省领导的批示和肯定。积极做好协调汇报工作，争取省政府召开了湖北武陵山片区脱贫攻坚推进会，帮助民族地区解决了脱贫攻坚战中存在的系列重点难点问题；做好迎接中央第二巡视组来我委下沉调研相关筹备工作；协调省领导参加武陵山片区区域发展与扶贫攻坚试点联系工作领导小组全体会议，并在会上作交流发言；起草下发《关于开展扶贫领域作风问题专项治理的实施方案》，在全省民宗系统组织开展扶贫领域作风问题专项治理工作；完成全省扶贫领域项目监管缺失问题专项治理督导工作，按时上报综合督导情况材料；先后 27 次向国家民委、省委农工部和省扶贫办报送全省民族地区脱贫攻坚工作情况。8 月，湖北省扶贫攻坚领导小组发文，对进入全国脱贫攻坚奖省级复选的 35 名个人和 15 个组织予以通报表扬。省民宗委经济发展处入围全国脱贫攻坚奖省级复选名单获通报表扬。

积极推进民族地区大力发展绿色产业。以富硒茶、富硒绿色食品为代表，一批绿色产业纳入全省重点成长性产业集群。发挥民族地区特色农产品优势，茶叶、高山蔬菜、中药材等特色产业实现高质量发展，培育规模以上龙头企业 517 家、农民专业合作社 11995 家、家庭农场 3062 家，通过农民参与绿色经营主体，带动 80 多万贫困人口脱贫。开展全域旅游创建。将民族地区全部列为国家级全域旅游创建示范区，打造清江国际民俗文化旅游品牌，以旅游产业带动群众脱贫致富。2018 年，我省民族地区游客接待量超过 7500 万人，旅游综合收入达到 579 亿元。目前，已形成了包含 2 家 5A 级景区、18 家 4A 级景区的景区集群。推进低碳产业发展。加强行业准入管理和监管，从源头上控制污染。

助推少数民族特色村寨保护与发展工作。为进一步做好我省少数民族特色村寨保护与发展工作提供参考和借鉴，组织恩施州和民族地区部分县（市）民宗部门负责人赴浙江、江西省学习考察少数民族特色村寨保护与发展工作经验，探讨对口支援民族乡村振兴等方面的工作经验和面临的机遇、挑战。协调有关部门将少数民族特色村镇保护与发展工作纳入《湖北省乡村振兴战略规划（2018—2022）》"65432"重大行动，提升了保护发展工作的战略层级；参加国家民委召开的全国少数民族特色村镇建设助推精准扶贫会议，并在会上作交流发言，积极探索少数民族特色村镇助推精准扶贫、精准脱贫的路径和方式，集中力量打造了一批民族文化浓郁、综合实力较强、社会影响较大的少数民族特色村镇，为加快民族地区脱贫攻坚和全面同步建成小康社会发挥了重要作用。

深入做好民贸民品相关工作。及时将《中国人民银行关于扩大民族贸易和民族特需商品生产贷款承贷金融机构范围有关事宜的通知》精神传达各地民族工作部门，要求积极协助各承贷金融机构做好民贸民品贷款等相关工作。根据国家政策调整通知，会同省财政厅、省人民银行武汉分行等部门组织对我省"十三五"期间全国民族特需商品定点生产企业进行了评审认定，确定企业 43 家；组织有关专家对 2018 年民贸民品企业技改项目进行了评审，根据委领导要求，赴恩施州对部分民贸企业进行了现场考察调研；就落实"十三五"期间国家民贸民品有关政策与省财政厅进行了多次沟通协调，并向省政府提交专题报告。

（撰稿：陈燕辉　审稿：刘来）

湖南省

2018 年，我省深入贯彻落实中央、省委民族工作会议精神，坚持把推动民族地区经济社会发展作为民族工作的第一要务积极创新推进方式，拓展服务平台，助推民族地区经济社会加快发展。

一、全面实施民族工作专项规划

一是继续推进规划实施。坚持把推进实施规划作为推进我省当前和今后一个时期民族工作的中心任务和重点工作来抓，明确要求各地各部门把规划实施作为事关全局的大事来抓，把规划确定的目标任务、政策措施纳入各地各部门的规划和计划中，纳入具体工作中，分解目标任务，明确责任分工，确保完成规划目标任务。二是切实抓好中期评估。按照国家民委和省政府的统一部署，聘请湖南省社会科学院联合开展规划的中期评估工作，客观评价民族事业专项规划确定的发展目标、重点任务、政策措施等落实情况，评价判断规划实施取得的成效、存在的问题以及原因，并根据党的十九大精神和规划实施出现的新情况、新变化，提出进一步推动规划实施的对策建议，以形成持续推动规划实施的强大动力。目前，已完成国务院《"十三五"促进民族地区和人口较少民族发展规划》湖南省实施情况、《湖南省"十三五"少数民族事业发展规划》《湖南省少数民族特色村镇保护与发展"十三五"规划》三个专项规划的中期评估，形成了较高质量的中期评估报告。

二、稳步推进武陵山区域协调发展与脱贫攻坚工作

一是认真抓好武陵山片区常规工作。主动做好国家民委派驻武陵山片区联络员服务工作；认真抓好武陵山片区、民族地区数据统计汇总、试点工作信息报送和宣传工作。二是广泛参与武陵山片区和民族地区脱贫攻坚工作。明确委一把手为脱贫攻坚工作第一责任人，分管委领导负责脱贫攻坚工作，并成立了扶贫领域作风问题专项治理工作领导小组。目前，我省民族地区脱贫摘帽进入快车道，2018 年石门、绥宁、会同、靖州、芷江、慈利、江华、永定、新晃等 9 个县区脱贫摘帽。三是积极推进武陵山片区工作。做好省人

大执法检查交办的《扶贫开发条例》实施情况问题整改工作，提出整改方案，开展调查研究，汇总整改情况；组织召开我省武陵山片区联络员座谈会，总结我省片区工作的成绩和经验，创新工作思路和举措；协同做好国家民委在铜仁、吉首召开的武陵山片区脱贫攻坚会的组织工作。四是认真开展常态化联点督查。根据省委、省政府统一部署，组成省脱贫攻坚常态化联点督查第 24 组，负责保靖县和赫山区脱贫攻坚常态化联点督查工作。2018 年以来，对保靖县共开展 8 次常态化联点督查，对赫山区开展了 4 次常态化联点督查。

三、创新推进少数民族特色村镇建设

一是大力推进少数民族特色村镇建设和少数民族传统手工艺品发展。为大力保护和发展少数民族特色村镇，保护和挖掘少数民族传统手工艺文化资源，4 月 18 至 19 日，在靖州苗族侗族自治县召开了湖南省少数民族特色村镇经验交流暨首届少数民族传统手工艺品展示展演会议。国家民委经济发展司、有关省直单位、24 个民族县、6 个民族工作任务较重市州相关人员参加会议。来自 24 个民族县的工艺师参加了少数民族传统手工艺品展示展演活动，有关专家对参加展示的手工艺品进行了评审，进一步加强民族传统手工艺的保护与发展。二是开展第四届湖南省最美少数民族特色村镇评选活动。第四届评选活动共有 30 多个村镇申报，经过遴选、群众投票、实地考察，有 20 个村镇进入候选名单。我省最美少数民族特色村镇评审成为实施乡村振兴战略的重要抓手和民族工作的重要平台。三是组织筹备全国少数民族特色村镇助推精准脱贫现场会。11 月 28 日-29 日全国少数民族特色村镇助推精准脱贫现场会在我省吉首市召开，国家民委副主任陈改户、经济司领导以及全国 32 个省（市、自治区）民宗委分管经济工作的负责人出席了会议，我省吴桂英副省长致辞，徐克勤主任在会上作了经验发言。会议组织有序，经验可资借鉴，得到国家民委和兄弟省市的一致好评。会议在我省召开既是对我省民族工作的充分肯定，也是进一步做好民族工作的强大动力。四是大力支持少数民族特色村镇创建 A 级景区。继续加大对少数民族特色村镇创建 A 级景区的支持，并将创 A 景区的村镇优先纳入全域旅游的精品线路打造。目前，我省少数民族特色村镇创 4A、3A 的有 30 余个。五是积极推进民族客栈建设。深入贯彻落实《民族客栈湖南省地方标准》管理办法，推动民族客栈与文化旅游融合发展。按照省质量技术监督局要求，开展了《民族客栈》地方标准自查清理工作，并积极筹划民族客栈示范的评选。六是积极投身省委统战系统同心美丽乡村建设。积极推进特色村镇和同心美丽乡村建设深度融合，多次参加统战系统乡村振兴工作座谈会。七是加强少数民族特色村镇基础工作。按照国家民委要求，对全省少数民族特色村镇情况进行了普查。广泛开展少数民族特色村镇宣传，组织知名媒体赴少数民族特色村镇开展采访报道活动，在中国民族报、红网、湖南日报开展集中宣传报道。

四、严格管理少数民族发展资金

始终做到管理上依法依规，符合政策；使用上科学安排，注重实效。一是积极争取少数民族发展资金大幅度增加。积极主动向国家民委汇报我省民族地区经济发展和精准扶贫、精准脱贫情况，争取增加资金量，资金规模创历史新高。二是严格按照政策规定分配管理少数民族发展资金。认真落实国家和省关于支持贫困县统筹整合使用财政涉农资金相关文件规定，按照新政策新要求安排分配少数民族发展资金。坚持按因素法分配资金，下放审批权限，实行资金使用、项目审批、政府采购、招投标、项目管理、监管责任“六到县”，省级不再组织申报和审批项目，不限定资金在贫困县的具体用途；优化了少数民族发展资金（特色村镇专项）的申报和论证审核工作，严格申报条件和程序；扎实做好资金拨付工作，加强与省财政衔接、提前做好计划，制定好分配方案，及时报省财政审核下达。2018 年完成我省少数民族发展资金已分 4 个批次进行安排，均在规定时限内下达，完全符合中央和省有关文件规定。三是切实加强少数民族发展资金使用监管。按照“两个突出、两个加强”的工作要求，认真执行“报备制、报告制、抽查制”，切实加强对资金的管理监督。切实认真做好资金数据统计和项目安排情况的备案报送工作，详细填报《湖南省少数民族发展资金项目备案表》，督促基层单位按时上报资金项目安排情况，实行项目备案管理，并按时向国家民委报送资金项目安排备案材料；结合其它业务工作和下基层检查调研的时机，对少数民族发展资金使用情况进行认真检查，及时总结经验，查找不足，促进资金项目管理进一步科学化、规范化、严谨化。资金管理工作得到了国家民委的充分肯定，认为我省少数民族发展资金“管理规范、扶持精准、拨付及时、监督有力、效益良好”。

五、积极推进民贸民品工作进展顺利

一是加强协调沟通，积极争取落实优惠政策。积极主动与财政、人民银行长沙支行协调衔接，做好政策的宣传解释工作；及时下发文件通知，部署市县开展相关工作。二是认真开展民品企业认定工作。根据国家有关政策，制定了我省民品企业认定办法，明确了审核条件、原则和程序，聘请审计事务所对申报的企业进行审查，与财政、人民银行组成联系会议进行研究审定，并按要求报国家民委备案，共完成了 70 家民品企业的申报和认定工作，保持了适度的规模，让更多民品企业受益，促进其发展壮大。三是加强调查研究，积极探索新形势下民贸民品工作的新路径。先后赴怀化、湘西、张家界、邵阳等地调研，进一步完善了民贸民品企业基础档案制度、《目录》商品展示制度以及动态管理机制，推动民贸民品工作规范化、科学化。努力创造条件，促进民贸民品企业发展壮大。目前，我省有 8 家民贸民品企业成功获批国家民委“千家培育百家壮大”企业，一大批优秀龙头企业得到不断发展壮大，对促进民族地区经济发展，带动民族地区群众脱贫致富发挥了重要作用。

六、认真做好民族统计工作

一是层层压实责任。根据《国家民委、国家统计局关于填报 2017 年少数民族和民族自治地方国民经济和社会发展统计年报的通知》要求，将有关任务层层部署安排到有关市州、县市区，合力做好民族统计工作。二是分类完成编制任务。抓紧编制《中国民族统计年鉴》2018 年湖南省部分，提供更为专业的统计参考数据。三是开展大数据分析。对 2017 年全省民族地区、民族自治地方国民经济和社会发展主要指标数据进行收集汇总，认真开展数据分析，为领导决策提供科学参考。

七、创新抓好对口援疆援藏工作

坚持把对口援藏援疆作为自身工作的重要组成部分，及时研究部署，扎实推进工作，助推新疆西藏经济社会发展。认真抓好《湖南省民宗委对口援助吐鲁番市民宗系统工作协议》和《湖南省民宗委对口援助山南市民宗系统工作协议》的贯彻落实，全力开展对口支援工作，及时拨付我委援藏援疆资金 30 万元。2018 年 6 月邀请了两地共 4 名吐鲁番市、山南市的县处级少数民族干部参加了在中山大学举办的少数民族县处级干部培训班，开辟了人才智力支援的新思路。

（撰稿：黄淼　审稿：肖丽萍）

广东省

2018 年，广东省民族宗教委以习近平新时代中国特色社会主义思想为指导，深入学习贯彻习近平总书记对广东重要讲话和重要指示批示精神，牢牢把握“共同团结奋斗，共同繁荣发展”的民族工作主题，按照中央和省委关于民族工作的决策部署，坚持稳中求进工作总基调，紧盯坚决打赢脱贫攻坚战和实现全面建成小康社会总目标，抢抓机遇，多措并举，有力地促进了全省少数民族和民族地区经济平稳较快发展。

2018 年，连南、连山、乳源 3 个自治县完成地区生产总值 170.06 亿元，同比上年增长 6.61%。地方一般公共预算收入 8.63 亿元，同比上年增长 9.66%。

一、加强政策衔接、形成长效机制

为持续抓好《关于扶持民族地区加快发展的意

见》（粤办发〔2015〕11号，以下简称《意见》）的贯彻落实工作，省民族宗教委按照省政府要求，牵头对《意见》贯彻实施3年的情况进行了全面评估，提出了延续到期的扶持政策等建议。2017年12月底在连山召开全省推动民族地区加快发展现场办公会后，省政府印发了〔2018〕2号工作会议纪要。明确《意见》中于2017年实施到期的扶持政策原则上延续5年；增加安排3个自治县的交通基础设施补助，由每县1000万元提高至2000万元；其他相关支持补助资金，原则上予以保留并适度增加规模等等，较好地解决了政策衔接延伸工作，形成长效扶持机制。

二、加大财政投入、建设基础设施

通过认真贯彻落实《意见》和省政府〔2018〕2号工作会议纪要，抓重点促全面，积极协调有关部门，加大对民族地区基础设施建设的帮扶力度。交通方面。结合实施粤东西北地区振兴发展战略，做好民族地区交通基础设施发展规划和优先安排立项，完善民族地区交通网络。省对民族地区的普通国省道和县乡公路建设按最高档次标准给予补助，总体提高约15%。对民族地区旅游路资源路建设按照每县30公里、160万元/公里给予投资补助，共下达资金1.44亿元。2018年起，增加安排3个自治县交通基础设施补助，由每县1000万元提高至2000万元。下达补助资金2.099亿元支持国道G323线连南和连山县城改线、省道S258线乳源鸭麻湖至英德波罗交界段等项目建设。目前，3个自治县已全部通高速公路，连南等级公路比例99.65%，连山和乳源等级公路比例均为100%，远高于全省平均水平92.86%。水利方面。3个自治县纳入省级补助范围的公益性水利基础设施建设项目，免除县以下承担的配套资金。对3个自治县中小河流治理执行全省最高省级补助标准，省级按投资比例由70%提高到85%（市级补助15%）累计补助6.5亿元，共减免县级应承担建设资金1.45亿元，完成治理河长553公里。增加省级财政投入1.04亿元，把3个自治县村村通自来水工程省级补助标准由22%提高至60%。缺口资金省同意以县为单位，将村村通自来水工程打捆申报专项建设基金，地方应承担的10%利息由省财政进行贴息奖补。民族地区中小河流治理、村村通自来水工程、农村饮水安全工程、病险水库除险加固工程得到进一步加强，连山德建水库、连南塘冲水库、乳源南水水库泄洪整治工程等重点项目扎实推进。

三、抢抓发展机遇、推动乡村振兴

2018年4月全省乡村振兴工作会议召开后，省民族宗教委第一时间召开党组会议和主任办公会议，传达学习会议精神，谋划推动民族地区乡村振兴工作。一是加强协调凝聚共识。由委主要领导和分管领导带队，主动加强与省委农办、省政府发展研究中心、省民政厅、文化和旅游厅、扶贫办等相关部门的沟通协调，同时与韶关、清远市，连南、连山、乳源自治县进行认真研究，争取推动民族地区乡村振兴、产业帮扶、精准脱贫等有关政策衔接和资金支持，帮助民族地区把政策优势转化为发展优势。二是起草促进我省民族地区实施乡村振兴战略的政策措施。根据李希书记、马兴瑞省长、叶贞琴常委等省领导批示精神以及省政协有关提案建议，省民族宗教委抢抓机遇，主动作为，勇于担当，在全省推进农村人居环境整治、建设美丽宜居乡村整体框架下，认真对标对表和各项任务清单，牵头起草《关于我省民族地区实施乡村振兴战略的若干政策措施（稿）》，从进一步加强基础设施建设、发展特色产业、建设生态宜居美丽乡村等十个方面提出新时代支持民族地区加快发展的具体举措，提高全省发展的平衡性和协调性。经过两轮征求意见，完成了对政策措施（送审稿）的修改，明确省直部门责任清单以及政策措施起草说明稿；三是推进美丽宜居乡村建设。从2018年开始省按每个行政村1000万元标准补助粤东西北欠发达地区用于农村人居环境整治，民族地区269个行政村共有26.9亿元的资金安排。截至2018年底，乳源592个村庄完成"三清三拆"，建成卫生整洁村174个、美丽宜居村53个。连南建成美丽乡村创建村121个，85个村超半数通过县级预验收。连山累计有390条自然村完成了人居环境整治，有154条自然村创建成整洁村或示范村、特色村，占该县自然村总数的81.25%和32.08%，民族地区宜居宜业宜游的美丽乡村建设成效初显。

四、实施税收优惠、发展总部经济

为推动省政府和省有关部门同意从 2018 年起继续延长免征自治县企业所得税地方分享部分政策，省民族宗教委对连南、连山、乳源 3 个自治县组织开展了税收优惠政策的绩效评估工作，在充分评估连南、连山、乳源 3 个自治县实行少数民族地区所得税优惠政策执行效果的基础上，省政府同意将 3 个自治县免征企业所得税地方分享部分政策（含省级和市县级）执行到 2025 年 12 月 31 日，极大提振总部经济企业落户民族地区的信心。据统计，2018 年，连南新引进 91 家企业总部落户，预计 2018 年总部经济企业纳税 7000 万元以上，增长率达 363%；连山新引进总部经济企业 36 家，总部企业共缴纳税收 2700 多万元；乳源新增注册资金 1000 万元以上企业 86 家，投资总额 114 亿元，其中超亿元项目 7 个、总部型企业 15 家，新限上企业 10 家，全县全年完成税收收入 47600 多万元。2015 年至 2018 年，3 个自治县累计为企业减税近 5 亿元。

五、强化资金监管、提高使用效益

按照省有关预算工作的要求，及时将 2018 年中央和省级少数民族发展资金 3146 万元和 4400 万元下达各地。组织民族地区所在市、县、乡（镇）、村四级干部约 150 人参加广东省少数民族特色村镇建设工作现场交流会暨少数民族发展资金管理培训班，召开全省少数民族发展资金使用管理工作推进会，通报 2015—2018 年各地少数民族发展资金使用情况，要求各地切实管好用好资金，提高资金使用效率，并专门深入自治县、民族乡以及粤东、粤西展开专项督查。通过多措并举，提升资金使用监管水平。截至 2018 年底，2016 年及以前、2017 年、2018 年全省少数民族发展资金支出率分别为 95.47%、87.53%、64.5%。

六、多措并举帮扶、推进精准脱贫

一是扎实开展对口帮扶。省民族宗教委党组高度重视对口帮扶的阳山县秤架瑶族乡秤架村精准扶贫工作，2018 年共投入帮扶资金 268.02 万元，通过入股分布式光伏扶贫电站建设项目、建设肉鸡养殖、中草药种植等 10 大帮扶项目，实现从“输血”到“造血”，精准扶贫工作取得明显成效。截至 2018 年 12 月止，秤架村建档立卡贫困户为 90 户 201 人，2018 年可实现脱贫 19 户 63 人，圆满完成预脱贫目标任务。二是指导民族地区推进精准扶贫。经过前两轮扶贫“双到”的帮扶，我省民族地区的贫困状况发生了新变化，3 个自治县已没有相对贫困村，仅有分散贫困人口 17485 人，7 个民族乡也只剩 13 个省定相对贫困村。在精准扶贫精准脱贫工作中，省民族宗教委指导民族地区紧紧围绕“两不愁三保障一相当”目标，主动作为，积极应对新形势下扶贫工作的新问题，以精准为核心，以补齐短板为突破口，创新帮扶措施，较好完成年度阶段性工作任务。截至 2018 年，乳源累计投入精准扶贫资金 1.98 亿元，实施贫困户帮扶项目 5618 个，完成危房改造 1156 户，416 户 1143 人预脱贫户达到“八有”脱贫标准，巩固预脱贫 2144 户 5078 人。连南预计 2018 年有 358 户 1263 人预脱贫人口人均可支配收入达 12180 元，可顺利完成本年度预脱贫任务。连山预计 2018 年可脱贫人口为 200 户 761 人。

（撰稿：余森河　审稿：李秀英）

广西壮族自治区

2018 年，在国家民委的大力支持下，在自治区党委、自治区人民政府的正确领导下，广西民宗委深入学习习近平新时代中国特色社会主义思想，坚决贯彻落实中央和自治区关于民族工作的部署要求，牢牢把握民族工作的正确方向，着力促进少数民族和少数民族聚居区经济社会发展，不断提升各族群众获得感幸福感。

一、抓好规划贯彻落实，推动全面协调发展

1.积极争取资金推进两个规划贯彻落实。2018

年，我们积极向国家民委争取资金，助推我区少数民族贫困地区脱贫攻坚。2018 年全年争取中央下达的财政专项扶贫资金（少数民族发展支出方向）56278 万元，比 2017 年多 7597 万元，增长 15.6%。

2.制定贯彻落实两个规划实施意见年度实施计划及中期评估。根据 2017 年自治区印发的《关于贯彻落实“十三五”促进民族地区和人口较少民族发展规划的实施意见》(桂政发〔2017〕58 号)、《关于贯彻落实〈兴边富民行动“十三五”规划〉的实施意见》(桂政办发〔2017〕191 号）的有关要求，今年 3 月，要求各责任单位制定 2018 年度实施计划，分步推进实施意见各项主要任务，督促各部门有序推进两个民族专项规划《实施意见》的贯彻落实工作。同时，根据国家民委及自治区政府要求，2018 年 5 月至 6 月期间，我委牵头开展了两个民族专项规划的中期评估工作，按时形成了两个规划的中期评估报告报自治区人民政府和国家民委，并配合国家民委到我区开展中期评估工作调研，总结两个规划贯彻落实情况和存在的问题。

3.扎实推进兴边富民行动工作。根据《关于贯彻落实〈兴边富民行动“十三五”规划〉的实施意见》，全面推进边境地区发展。一是继续加大对边境贫困县（市）的资金投入力度。2018 年，我委共安排边境 8 个县（市、区）少数民族发展资金 10772 万元，支持边境地区开展村屯道路、人饮等基础设施建设及产业发展项目。边境地区 5 个贫困县中，国定贫困县龙州已在 2017 年实现脱贫摘帽，宁明县、大新县计划在今年脱贫摘帽。二是统筹协调推进兴边富民行动。年内先后参与梳理和制定涉及沿边开放开发、稳边固边等相关文件，与自治区发改委、商务厅、扶贫办等部门研究落实加快推进沿边经济带推进兴边富民行动工作。参与自治区政协兴边富民行动专项调研并提出意见建议。三是以自治区人民政府名义与自治区发改委联合召开了广西兴边富民行动新闻发布会，会同广西新闻网开展了广西实施兴边富民行动在线访谈，多渠道宣传、多方面报道广西实施兴边富民行动的情况，共同营造全区实施兴边富民行动、推动边境地区经济社会发展的良好氛围，在多个新闻媒体平台对广西实施兴边富民行动进行了宣传，主要包括：中国日报网、光明日报、央视网、新华网广西站、广西新闻网、新浪新闻、南宁市新闻网、自治区政府网站等。

二、优化资金分配管理，提升资金效益发挥

1.优化少数民族发展资金分配。科学合理分配少数民族发展资金，在制定少数民族发展资金分配方案时，充分考虑少数民族和少数民族聚居区特殊需求，给予少数民族聚居贫困地区资金倾斜照顾，资金分配重点向边境地区、人口较少民族聚居行政村、贫困县以及深度贫困村倾斜，促进少数民族聚居区发展。2018 年及时完成中央两批次少数民族发展资金共计 56278 万元和自治区本级 3950 万元资金的分配任务。

2.强化资金使用及监督管理工作。一是落实统计通报制度。为加强资金的监管，在每个季度末，对 2018 年第一批少数民族发展资金备案情况和项目建设情况进行了通报，共下达了 4 次通报，要求各地及时落实项目，加快项目建设。同时，从 2018 年 7 月开始，建立少数民族发展资金月报制度。二是加强督促检查。今年 5 月，组成 3 个督察组对 8 个资金重点县开展了 2018 年上半年的少数民族发展资金管理使用情况检查。10 月，有对部分县进行了资金使用情况检查和调研。全年检查覆盖县份 17 个，涉及资金 15488 万元，检查项目 287 个，实地查看项目 62 个。从检查情况来看，被检查县资金使用和管理情况较好，各地都能按照资金管理要求推进项目，重视督查发现问题的整改，采取有效措施，规范项目实施程序，加快资金使用，及时将竣工项目送审计部门进行审计决算等等。

3.发挥资金效益助推脱贫攻坚。2018 年共下达少数民族发展资金 60228 万元，共落实项目 1476 个，产生了良好的效益。其中，通屯道路项目 1147 个，人畜饮水项目 81 个，水利灌溉项目 29 个，便民桥项目 21 个，产业项目 29 个，其他项目 169 个。截至 11 月 20 日，已有 1031 个项目建设完成。其中 2018 年第一批资金项目已全部开工，竣工率达 85%。一系列项目的落实，极大地改善了我区少数民族贫困地区的基础设施水平，有效推进了贫困地区的脱贫攻坚。

三、聚焦脱贫攻坚职责，落实行业扶贫任务

2018 年，扎实推进行业扶贫、深度贫困民族地

区脱贫攻坚和定点扶贫工作，取得了阶段性成效。

1.积极开展行业扶贫工作。一是资金向贫困县倾斜安排。2018 年，我委安排的少数民族发展资金 50%以上投向全区 54 个贫困县（含“天窗县”和享受待遇县），2018 年第一批中央少数民族发展资金 43813 万元中，投向 54 个贫困县资金达到 31800 万元，占资金总量的 72.6%；第二批中央少数民族发展资金 12465 万元，共安排 54 个贫困县资金量合计 11528 万元，占第二批资金总量的 92.5%。从全年来看，分配到 54 个贫困县的资金总量为 43328 万元，占 2018 年资金总量的 77%，完成自治区党委、政府交给我委的行业扶贫工作任务。二是积极推进通屯道路建设。加大对屯级道路建设资金投入力度，在下达资金文件中明确要求各县在统筹整合使用中央少数民族发展资金时，优先考虑自治区党委、政府交给民宗委系统脱贫攻坚基础设施建设任务，资金优先安排在屯级道路建设，协助自治区扶贫办推进贫困村 20 户以上具备条件的自然村（屯）通屯道路建设。经统计，各地利用 2018 年第一批少数民族发展资金硬化村屯道路 790 公里，使用资金 3 亿元。

2.推进贺州“土瑶”及其他深度贫困民族地区脱贫攻坚。根据中央和自治区领导有关批示精神，为支持瑶族支系“土瑶”及其他民族贫困群众脱贫，自治区民宗委与自治区扶贫办、教育厅组成联合调研组先后 4 次赴贺州 6 个连片深度贫困“土瑶”行政村（贫困发生率 51.73%）调研，及时向自治区人民政府提出了解决土瑶深度贫困意见建议。按照《“土瑶”聚居贫困村脱贫攻坚三年行动方案》给予贺州“土瑶”聚居的 6 个行政村 871 万元的资金支持，下拨的资金用于 2 条道路建设和 6 个村的扶贫产业项目。此外，我委还会同自治区扶贫办组成调研组深入三江、融水、金秀、忻城等县的深度贫困村屯，了解少数民族群众脱贫攻坚情况，并在全区范围内摸底排查类似贺州“土瑶”深度贫困状况的少数民族聚居深度贫困村情况，进一步摸清全区少数民族深度贫困村底数，并形成了调研报告联合报自治区人民政府，为少数民族和民族地区脱贫攻坚建言献策。

四、探索民贸民品政策，推进差异化政策落实

根据国家民委、财政部及中国人民银行要求，及时开展了“十三五”民品企业申报、认定工作，最终确定我区“十三五”民品企业 119 家，为下一步民品企业享受差异化贴息政策做好准备。目前，我委继续加强与自治区财政厅、中国人民银行南宁中心支行就优惠政策落实的具体事宜进行协调沟通，争取尽快出台符合我区实际的民贸民品优惠政策。

五、强化统计等工作任务，协调各项工作开展

为了全面提高我区民族统计队伍素质和工作水平，认真贯彻落实国家民委关于民族统计的工作要求，加强少数民族和民族自治地方国民经济和社会发展统计工作，我委及时将国家民委印发的《民族统计工作管理办法》转发到全区各市县，要求各有关市、县按照《民族统计工作管理办法》扎实做好民族统计工作，并顺利完成我区 2017 年少数民族和民族自治地方经济社会发展统计工作。此外，我委积极加强与自治区统计局的工作沟通与联系，加强对民族统计数据的联合审核工作，确保了数据的真实性和有效性。

（撰稿：翟丽　审稿：覃凤前）

海南省

一、概况

2018 年，海南省民族宗教事务委员会（以下简称“海南省民宗委”）认真贯彻党的十八大、十八届三中、四中、五中、六中、七中全会精神和习近平总书记系列重要讲话精神，以及中央民族工作会议，牢牢把握各民族“共同团结奋斗、共同繁荣发展”的主题，立足民族地区实际，以推进民族地区基础

设施建设、大力发展民族经济、改善少数民族群众民生为主旨，以解决少数民族和民族地区经济社会发展中的突出问题和特殊困难为切入点，加快民族地区的经济社会发展，民族经济工作取得新突破。2018年2月，省政府出台实施《海南省少数民族事业发展“十三五”规划》，对民族地区的支持力度进一步加大。继续推动落实兴边富民行动政策，利用中央、省级财政下达的少数民族发展资金1.2967亿元，支持98个项目建设，其中基础设施建设项目35项，解决3121名群众行路难、1586名群众饮水难问题；开展危房改造、建设村级公共活动场所，惠及群众2287名；扶持民族地区发展特色产业，惠及群众6958名；建设少数民族特色村寨19个，其中扶贫整村推进村庄9个；扶持开展少数民族传统手工艺培训项目8个，培训群众2025人次；开展民族地区教育扶贫，为1090名建档立卡贫困户子女发放教育补贴。

二、立足脱贫攻坚大局，发展特色产业助力群众增收

在少数民族发展资金项目审批权限下放、涉农财政资金整合的大背景下，海南省民宗委充分发挥资金项目指导、监督的管理作用，引导资金向贫困地区、贫困户聚集，把“精准”要求贯穿扶贫脱贫全过程，积极推动发展林下种植、循环农业等特色优势产业，共安排少数民族发展资金4567万元，以“合作社+农户”等方式，实施黄牛、豪猪、益智、火龙果、实用菌蘑菇等项目，积极扩展少数民族群众增收渠道，有效提升少数民族贫困人口自我发展能力。

三、以特色村寨建设为抓手，全力助推旅游扶贫攻坚

海南省民宗委紧密依托省委省政府“百镇千村”工作部署，以我省创建全域旅游示范省为抓手，将“特色民居、特色产业、特色文化、民族团结、生态文明”的“五位一体”的少数民族特色村寨建设理念融入“美丽乡村”建设，努力把少数民族特色村寨打造成我省知名的全域旅游目的地。2018年，海南省民宗委共安排少数民族发展资金7400万元，用于10个市县的19个少数民族特色村寨建设，在19个少数民族特色村寨建设项目中，保亭三道镇田滚村委会亚拾园村小组等9个村庄为当地整村推进贫困村，占当年少数民族特色村寨建设总量的47.4%。10月，为进一步推进少数民族特色村寨建设工作，树立少数民族特色村寨建设典范，海南省民宗委参照国家民委“中国少数民族特色村寨”评选标准和我省美丽乡村建设标准，制定了省级少数民族特色村寨评审标准，该项工作预计2019年全面展开。

四、加大少数民族传统手工业扶持力度，传承发展传统技艺

海南省民宗委遵循“保护中发展，发展中保护”的理念，鼓励各市县帮扶发展少数民族传统手工业。2018年安排少数民族传统手工业保护与传承类项目资金435万元，实施昌江、乐东、陵水、东方等四个市县的民族手工艺保护传承项目12个，建设少数民族传统手工艺保护与传承基地，开展黎锦、苗绣、黎陶、黎族藤编、竹编、黎族乐器制作等传统手工艺培训，培训群众2025人次，为少数民族传统文化传承保护夯实了基础。

五、加强少数民族发展资金监督管理

2018年，海南省民宗委根据各市县逐步推进财政涉农资金整合的新情况，立足监督管理职能，密切跟进少数民族资金项目进度情况，推进资金项目督查常态化、科学化管理。每月底，根据各市县民宗委（局）报送资金项目进展情况，安排专人汇总资金项目进展，在全省范围内进行每月通报。对于进度相对较慢的市县，及时了解项目实施中的问题和困难，加大与各市县政府的工作协调，推动解决，全年资金项目按照时序进度稳步推进。为加强资金项目实施过程监督，6月，海南省民宗委组织开展了2017—2018年度少数民族发展资金项目省内交叉检查，由委责任处室及委属事业单位负责人带队，组织市县民宗委（局）负责人，分四组前往琼中、白沙、保亭、乐东、昌江、陵水、五指山、东方、儋州、万宁、琼海、屯昌等12个市县进行实地检查。此次检查对资金投放使用、项目实施进度、项目资金使用效益、项目档案管理规范、审计整改等方面进行全覆盖督查，较好地掌握了各市县实施少数民

族发展资金项目的情况，总结各市县在资金管理、项目实施工作中有效经验，及时发现存在的问题，为下一步规范资金管理，推进项目实施夯实了基础。

（撰稿：赵浩　审稿：胡莲）

重庆市

2018 年，重庆市民族经济工作在市委、市政府的正确领导和国家民委的精心指导下，以习近平新时代中国特色社会主义思想为指导，深入学习贯彻党的十九大精神，围绕习近平总书记对重庆提出的"两点"定位、"两地""两高"目标和"四个扎实"要求，坚持质量第一、效益优先，推动少数民族和民族地区经济发展质量变革、效率变革、动力变革。在做好面上工作的基础上，主要体现了 4 个突出：

最突出的成效是：争取发展资源。国家民委、财政部共下达我市中央财政专项扶贫资金（少数民族发展方向）11236 万元，资金总量首次突破 1 亿元。全年计划资金 21546 万元，其中中央资金 11236 万元、市级少数民族发展资金 7500 万元、民族文化旅游业贷款贴息资金 2500 万元、扶贫资金切块 310 万元，按照预算法和财政转移支付改革有关要求，各项资金全部落实到位。其中，一般转移支付区县 21046 万元，市级统筹 500 万元。区县利用少数民族发展资金安排项目 232 个，其中基础设施类 190 个，产业发展类 7 个，能力提升类 35 个。认真做好国家民委派驻我市武陵山片区七区县联络员的服务工作，协调组织他们到丰都、彭水、酉阳等区县调研考察和座谈交流，他们利用所在单位平台和个人资源等优势，为所在区县区域发展和脱贫攻坚献计出力。

最坚决的行动是：深化脱贫攻坚，采取务实措施推进贫困区县精准扶贫精准脱贫。在工作谋划上，结合中央脱贫攻坚专项巡视、武陵山片区脱贫攻坚、《"十三五"促进民族地区和人口较少发展规划》中期评估、市脱贫攻坚排查督导组检查督导和常态化督查等专项工作，对我委脱贫攻坚进行系统总结，查找整改问题，完善思路措施。在资金安排上，加大对贫困区县的支持，安排 18 个贫困区县 20036 万元，比上年增加 2495.6 万元，占总量 93%。在定点扶贫上，累计安排城口县资金 440 万元，其中少数民族发展资金 400 万元、民族教育补助费 20 万元、卫生补助费 20 万元。指导鸡鸣乡双坪村脱贫攻坚项目建设，高山药材基地管理房、张家坪传统村落、村级公共服务中心项目建设顺利进行。选派一名正处级干部担任鸡鸣乡双坪村第一书记，补助双坪村工作经费 5 万元，协调捐赠工作用车 1 辆，村支"两委"建设得到加强。在监督检查上，全面履行市扶贫开发领导小组成员单位职责，做好对巴南区、长寿区、市文化委脱贫攻坚工作情况排查督导和对梁平区、垫江县、万盛经开区常态化督查的基础工作。在组织保障上，成立本委扶贫开发领导小组，实行党组书记和主任双组长制，进一步加强领导、明确职责。领导小组召开 7 次会议，深入学习习近平扶贫重要论述，传达学习有关会议和文件精神，研究脱贫攻坚工作措施。

最积极的变革是：顺应改革发展，积极落实民族经济优惠政策和加强少数民族发展资金使用管理。一是针对民贸民品企业贷款贴息支付政策的变化，会同财政部门研究制定了《关于做好民贸民品贷款贴息工作的通知》，加强对落实情况的督促检查，有关区县兑现企业 2017 年度贴息资金 5421.47 万元。二是坚持财政专项扶贫资金和财政涉农资金"三管三不管"原则，研究印发了《关于做好 2018 年度少数民族发展资金使用管理的通知》，对脱贫攻坚、少数民族特色村镇保建设、民族团结进步创建等重点任务提出指导意见。认真贯彻执行《重庆市扶贫资金项目公告公示实施办法》，少数民族发展资金分配情况在我委门户网站公告。三是适应预算编制评审常态化工作要求，编制 2019 年市级少数民族发展资金预算，我委 2019 年部门预算和重点项目评审顺利通过。四是牵头组织实施 2018 年少数民族文化保护与发掘项目，广泛调研和筛选论证项目，研究制定总体方案和部分项目协议，推进项目按计划实施。五是组织开展少数民族特色村镇普查，公布黔江区濯水古镇等 32 个村镇为第二批“重庆市少数民族特色村镇”。指导区县安排少数民族发展资金 2000 余万元，实施了黔江区水市乡茂溪村、石柱县中益乡坪坝村、秀山县钟灵镇云隘村、酉阳县花田乡何家岩村等 27 个少数民族特色村镇建设项目。安排市本级资金 73.5 万元，实施黔江区小南海镇板夹溪十三寨民族文化提升。2018 年，全市少数民族特色村镇旅游人数达 1150 余万人次，旅游收入达 23.78 亿元。六是做好“十三五”期间民族特需商品生产企业认定工作，会同市财政局、人民银行重庆营管部认定建荣木业等 7 家企业为民族特需商品生产企业。

最鲜明的特点是：树立“四个意识”，把讲政治贯穿于民族经济工作始终。认真学习习近平总书记关于民族工作的新理念新思想新战略和习近平新时代中国特色社会主义经济思想，把讲政治作为经济工作的首要任务，把促发展作为主要手段，把强能力作为重要保障，提高政治站位和思想自觉。认真贯彻落实全国兴边富民行动暨全国民委系统对口支援新疆西藏工作会议精神，研究制定了《对口支援西藏自治区昌都市工作方案》，支持昌都市民族宗教事务局民族团结创建经费 10 万元。按照市委“兴调研、转作风、促落实”要求，牵头开展城口县鸡鸣乡双坪村脱贫攻坚专题调研，并形成调研报告报送市委；积极参加市人大重庆武陵片区脱贫攻坚调研、民族乡乡村振兴专题调研，实现对全市 14 个民族乡调研全覆盖。认真贯彻《民族统计工作管理办法》，及时调整有关统计指标，完成少数民族和民族自治地方国民经济和社会发展统计年报、农村贫困统计监测，编撰《中国民族统计年鉴 2018 年卷》重庆部分。坚持对民族地区经济运行情况按季度分析制度，不断完善统计内容，增加社会事业等数据指标，编印《2018 民族经济运行数据》4 期。配合相关部门做好第四次全国经济普查和全市乡村文化遗产资源调查工作。

（撰稿：谢婧灵　审稿：向远道）

四川省

2018 年，在省委、省政府的坚强领导下，在国家民委的大力支持和精心指导下，四川省深入贯彻落实习近平新时代中国特色社会主义思想和习近平总书记对四川工作系列重要指示精神，牢牢把握习近平总书记提出的“铸牢中华民族共同体意识”这一新时期民族工作的鲜明主线，围绕“共同团结奋斗，共同繁荣发展”的民族工作主题，认真贯彻落实省委十一届三次、四次全会精神，全力推动民族地区高质量发展，努力实现民族地区和全省、全国同步脱贫奔康致富，谱写了新时代四川民族工作的新篇章，现将 2018 年民族经济工作情况作如下总结：

2018 年，面对错综复杂的国际国内形势和艰巨繁重的改革发展任务，四川民族自治地方（包括阿坝藏族羌族自治州、甘孜藏族自治州、凉山彝族自治州和北川羌族自治县、峨边彝族自治县、马边彝族自治县）坚持以习近平新时代中国特色社会主义思想为指导，认真贯彻落实省委、省政府稳中求进工作总基调，坚持生态优先、坚持推动高质量发展，扎实推进脱贫攻坚和藏区“六大民生工程计划”及大小凉山彝区“十项扶贫工程”。目前，四川民族地区经济运行总体平稳，经济结构实现新突破，一批优势特色产业不断壮大，“大凉山”“圣洁甘孜”等品牌正从省内走向全国。四川民族地区经济发展质量显著提升，发展后劲不断增强，为脱贫攻坚实现同步小康奠定了坚实基础。2018 年，四川民族地区实现生产总值 2272.0 亿元，比 2012 年增长 43.1%。三次产业结构由 2012 年的 19.6：50.4：30.0 调整为 19.7：40.9：39.4。以旅游业为龙头的第三产业发展迅速，成为民族地区新的增长极。2018 年民族自治地方预计接待国内游客 10039.7 万人次，同比增长 7.5%，比 2012 年增长 76.3%；预计实现旅游总收入 897.7 亿元，同比增长 14.7%，比 2012 年增长 171.3%。社会消费品零售总额 889.0 亿元，增长 9.7%，比 2012 年增长 93.7%。城镇居民人均可支配收入比上年增长 8.1%，达到 30933 元，比 2012 年增长 56.1%；农村居民人均可支配收入比上年增长 10.0%，达到

12381 元，是 2012 年的两倍多。

2018 年，四川省围绕推动民族地区高质量发展主要开展了以下工作：

一、深入学习，切实抓好重大战略部署的贯彻落实

深入学习领会党的十九大精神、习近平总书记系列讲话重要精神和省委十一届三次、四次全会精神和《中共四川省委关于深入学习贯彻习近平总书记对四川工作系列重要指示精神》《中共四川省委关于全面推动高质量发展的决定》，按照省委确定的构建“一干多支、五区协同”区域发展，推动“四向拓展，全域开放”的新要求，结合全省民族地区实际，积极参与推动民族地区经济发展、脱贫攻坚、民生改善、乡村振兴、生态保护等工作，制定了四川省民族宗教委贯彻落实省委两个《决定》有关经济发展生态保护等方面的贯彻落实意见。举办了全省民族经济工作暨业务培训，对各地民族工作部门分管领导、业务科长及有关县统计部门相关人员进行专题培训，集中传达学习中央、省委经济工作会议精神，传达贯彻国家民委民族经济工作和民族地区经济分析会议精神，进一步提高民族工作部门干部发展经济的业务能力和工作水平。

二、强化调研，积极为加快民族地区发展建言献策

按照省委“大学习大谈论大调研”总体部署要求，认真学习贯彻落实十九大精神和习近平总书记来川视察重要讲话精神，深入民族地区开展调查研究，形成了《实施乡村振兴战略，助推民族地区脱贫奔康》《藏区牧区生产方式变革，筑牢生态安全屏障的调研报告》，并及时向有关部门报送，积极做好政策建议。针对民贸民品定点企业开展了专题调研，向国家民委报送的调研报告得到了高度肯定。与省经信委、成都市葡萄酒协会等联合开展了阿坝州葡萄酒及果酒产业发展专题调研，撰写了《阿坝州葡萄酒产业发展现状调研》，为促进民族地区特色产业发展进行了新的探索。

三、凝聚合力，扎实推进乡村振兴战略

为深入研究民族地区的乡村振兴工作，准确掌握民族地区乡村工作现状，探讨和解读新时代民族地区乡村振兴的发展趋势和政策取向，准确掌握民族地区精准脱贫工作现状，四川省民族宗教委会同省县域经济学会积极开展《全省民族地区乡村振兴战略研究》，组织相关专家学者深入民族地区开展调研。同时，与省政协民宗委、省县域经济学会于 2018 年 6 月底在阿坝州理县召开了全省民族地区全面小康与乡村振兴座谈会，来自甘孜州、阿坝州、凉山州的 48 个县（市）、北川等 3 个少数民族自治县和宣汉县等 16 个享受少数民族地区待遇县的代表，以及相关市（州）、科研院所等单位的代表，共计 200 余人参加座谈会。来自农业农村部、林业厅等部门的专家学者就民族地区打赢脱贫攻坚战实现全面小康和乡村振兴的路径、方法、探索与实践等作了精彩演讲。相关专家就乡村振兴的相关理论和实践等内容，对民族地区基层一线工作的乡镇干部进行了培训。座谈会的召开受到了民族地区干部和省内外乡村振兴专家们的一致好评，会后四川省民族宗教委与省县域经济学会联合行文《关于全省民族地区全面小康与乡村振兴座谈会情况的报告》，分别报送省政府王宁常务副省长和省委曲木史哈常委。王宁常务副省长审阅后在报告上批示：“请斯丹省长阅示，抄省发改委参考执行”。曲木史哈常委审阅后在报告上批示：“调研报告发现问题客观真实、建议意见具有针对性。请发改委和省脱办参考”。

四、聚焦深度贫困，努力推动民族地区脱贫奔康

四川民族地区是全省脱贫攻坚的重点和难点，是全省脱贫攻坚的主战场。四川省甘孜州、阿坝州藏区和凉山彝族自治州属于全国“三区三州”深度贫困地区；全省 45 个深度贫困县有 44 个在民族地区，还有一个也是少数民族待遇县。四川省民族宗教委把推动民族地区脱贫奔康作为全委的重要工作，从多个方面加大工作力度，全力推动民族地区在 2020 年与全省、全国同步实现脱贫奔康。一是制定出台了《四川省民族宗教事务委员会关于打赢脱贫攻坚三年行动的实施方案（2018—2020 年）》，对打赢民族地区脱贫攻坚进行了系统谋划。二是加强脱贫攻坚帮扶力量。四川省民族宗教委选派了 4 名优秀年轻干部，到民族地区挂职，帮助当地开展脱

贫攻坚工作。三是发挥好牵头作用。统筹省政法委、成都市第五人民医院、成都纺织高等专科学校、四川工业学院、四川长江职业学院、长虹集团 6 家帮扶单位力量，认真履行牵头单位职责，充分发挥他们的法治优势、人才优势、技术优势、产业优势、智力优势等，集中优势资源，形成帮扶合力，切实做好色达县的定点帮扶工作。四是加大资金扶持。少数民族发展资金重点向深度贫困地区倾斜。2018 年，四川省民族宗教委共下达三州各类资金约 6 亿元。五是深入开展民族地区扶贫领域作风整顿。向各市州转发了《国家民委关于开展扶贫领域作风问题专项治理的通知》，对各地开展情况进行了督导和总结，并及时将情况上报国家民委。六是认真做好民族地区贫困监测。及时将民族自治地方脱贫攻坚进展情况系列材料向国家民委报送。在党中央、国务院的大力支持下，在省委、省政府的坚强领导下，在社会各界的大力帮助下，通过当地党委、政府和广大干部群众共同努力，四川民族地区脱贫攻坚工作取得了明显成效。截至 2018 年底，四川民族地区 80 余万人实现了脱贫，贫困人口已不到原来的三分之一。北川、理县、泸定等 17 个贫困县（市）达到脱贫摘帽标准。

五、强化规范管理，充分发挥少数民族资金效益

一是认真做好少数民族发展资金分配下达工作。结合区域、少数民族人口、贫困人口、面积、脱贫摘帽任务等多种因素，采用因素法制定资金分配计划，严格按照规定程序步骤，与财政厅联合发文切块下达，并对资金的管理使用提出了明确严格的要求。两批次国家民委少数民族发展资金和省预算配套资金全部在规定时限完成分配下达。二是加强资金监管。按照《国家民委关于做好 2018 年度中央财政专项扶贫资金（少数民族发展支出方向）使用管理工作的通知》（民委发〔2018〕41 号）精神，及时下发了《关于做好 2018 年度少数民族发展资金使用管理工作的通知》，要求各地切实做好少数民族发展资金的管理使用工作。组织开展了少数民族发展资金较多的甘孜、阿坝、凉山、乐山 4 市州对少数民族发展资金的管理使用进行交叉检查学习。三是加强对少数民族资金使用情况的总结。在年底，对各地少数民族发展资金的使用情况进行了总结分析，并上报国家民委备案。四是进一步完善资金管理。根据审计厅的要求，对 2015—2017 年度的少数民族发展资金使用管理情况进行了梳理和总结，针对存在的问题和不足，进一步完善了少数民族发展资金的管理。

六、加强统计，为推动民族地区经济高质量发展提供决策参考

认真开展民族地区统计监测工作，积极和相关部门及地方沟通协调，加强对民族自治地方经济社会发展统计监测，分析民族地区经济运行情况，及时向省委、省政府和有关部门提供民族地区经济发展统计数据和经济运行报告，为省委、省政府和相关部门制定民族地区的政策文件提供依据和参考。完成了全省 2017 年少数民族和民族自治地方国民经济和社会发展统计年报填报工作上报国家民委。及时做好了《2018 年中国民族统计年鉴》数据填报工作。

七、完善制度，认真抓好民贸民品政策落地落实

为贯彻落实好民贸民品政策，主动与财政、金融部门协调，在 2017 年底建立了 1300 万元的省级民贸民品企业贷款贴息专项资金。与财政厅、人行成都分行联合下发了《关于继续做好民族贸易和民族特需商品生产贷款贴息工作有关事宜的通知》（川财金〔2018〕28 号），进一步落实好民贸民品政策。牵头财政、金融部门共同制定了民品企业贷款贴息专项资金使用管理办法。认真开展民品定点企业申报审批工作。积极宣传民品定点企业相关政策，牵头会同财政、人行等单位，在各地积极申报的基础上，严格按照规定的条件和相关程序，对“十三五”民品定点企业进行了审批，确定了 54 家定点企业，并上报国家民委备案。

八、加强监管，努力促进边销茶产业健康发展

受边销茶氟超标问题的影响，我省多数边销茶生产企业处于停产停售状态实际情况。为促进我省边销茶产业正常发展，我们开展了专题调研，形成

了《全省边销茶生产的情况报告》报送省政府。根据分管省领导在调研报告上的批示要求，为进一步加强全省边销茶生产经营环节的监管力度，切实解决边销茶因氟含量超标对人体造成的危害，确保广大少数民族群众喝上质优价廉的边销茶，研究制定了初步工作方案，并召集省级有关部门召开了加强全省边销茶生产经营管理的工作座谈会对方案进行讨论修改完善。目前，实施方案已报送省政府。同时，主动将边销茶相关情况报告国家民委，争取国家民委的支持，并争取国家民委在我省藏区开展“送茶入户”试点。

九、做好宣传工作，加强政策宣讲和经验交流

在《中国民族报》对我省《关于贯彻落实“十三五”促进民族地区和人口较少民族发展规划的实施意见》进行了政策解读和宣传，对四川发展飞地园区助推民族地区脱贫攻坚的做法和经验进行了宣传。同时，在全国民族经济工作暨民族地区经济形势分析现场会上就我省飞地园区发展作了经验交流。撰写了少数民族特色村寨助推民族地区脱贫攻坚的文章在《民族》杂志上发表，介绍推广各地好的经验和做法。在内蒙古召开的全国边销茶峰会上就我省边销茶工作接受了访谈，对四川的做法和好的经验进行了介绍。起草了《加快四川高质量发展宣讲提纲》，在针对民族地区举办的培训班上宣讲省委十一届三次、四次全会精神。

（撰稿：李学华　审稿：滕明兵）

贵州省

一、围绕脱贫攻坚，实施民族地区乡村振兴计划

按照贵州省脱贫攻坚总体部署和委党组安排，牵头制定《省民宗委脱贫攻坚“春风行动”十大行动计划》《省民宗委开展脱贫攻坚“夏秋攻势”行动的实施方案》，狠抓落实，大力推动省民宗委脱贫攻坚工作。积极协调省旅发委、省农委等单位把民族特色村镇建设、民族旅游产品品牌打造纳入全省全域旅游总体布局和实施乡村振兴战略规划，推动创新民族地区产业发展方式。同时配合省扶贫办做好国务院对我省 2017 年脱贫攻坚工作的检查验收和省际交叉检查；做好国家民委民族地区精准脱贫参观团赴贵州参观考察活动。制定《省民宗委联系指导务川县招商工作方案》，每季度深入务川县开展产业大招商调研，共同召开专题座谈会，专题研究产业招商工作；帮助务川县招商引资到位资金 150 亿元，完成省安排任务 42 亿元的 357.1%。抓好武陵山片区联系工作。协助国家民委 11 月在铜仁市召开了武陵山片区脱贫攻坚暨少数民族特色村镇建设助推精准脱贫现场会，加强与国家民委派驻联络员的联系，做好信息交流、服务等工作。

二、深入推进“两少一寨”工作，培育民族乡村振兴示范

一是深入推进人口较少民族发展。制定《2018 年扶持人口较少民族发展工作推进方案》，明确目标任务、路线图、时间表、责任人。安排发展资金 3100 万元，协调推动各地各部门在扶贫资金整合中向人口较少民族发展倾斜，抓好项目备案，指导项目实施和资金管理，支持人口较少民族聚居行政村率先全面小康创建。开展《贵州省扶持人口较少民族发展“十三五”专项建设规划》中期评估和人口较少民族聚居行政村全面小康行动计划评估验收，其中有 50 个村率先实现全面小康，占 77 个人口较少民族聚居村的 64.9%。深入实施国家民委《“十三五”促进民族地区和人口较少民族发展规划》，参与国家民委开展对规划实施的中期评估调研，调研报告得到国家民委领导的高度肯定，巴特尔主任、谌贻琴省长批示表扬。二是深入推进人口数量较少民族贫困村整体脱贫。按照《贵州省扶持人口较少数量较少民族聚居村整体脱贫方案》目标要求，加强沟通协调，推动省直有关部门落实优先安排项目、优先脱贫出列等政策措施，推进 65 个人口数量较少民族

贫困村整体脱贫。开展人口数量较少民族贫困村整体脱贫调研，其中有 25 个贫困村率先整体脱贫出列，占全省65个人口数量较少民族贫困村的38.5%。三是深入推进少数民族特色村镇保护发展。紧密结合旅游业“井喷式”增长和脱贫攻坚行动，深入实施“1151”保护与发展计划。用好专项资金，安排发展资金 8210 万元，重点支持 10 个民族特色小镇和 100 个民族特色村寨、47 个深度贫困民族特色村寨发展；安排民族工作经费 400 万元，支持 20 个民族特色村寨民族文化建设。完成国家民委少数民族特色村镇普查工作，上报国家民委完整资料特色村寨 2033 个、特色小镇 63 个。开展第三批省级少数民族特色村寨命名挂牌工作，命名挂牌 254 个少数民族特色村寨。完成我省首批 62 个“中国少数民族特色村寨”宣传画册的编印工作。

三、抓好民贸民品优惠政策落实工作

一是根据国家民委“十三五”民贸民品政策的调整，印发了《进一步做好民族贸易和民族特需商品生产贷款贴息工作的通知》，明确设立省级民贸民品贷款贴息专项资金，扩大贷款贴息金融机构范围，为培育壮大民族地区产业提供政策支撑，国家民委经济司将我省贯彻落实优惠政策的具体做法转发全国借鉴学习，并于 2018 年 8 月 8 日国家民委在内蒙古举办的“2018 中国边销茶高峰论坛”会上交流我省的经验做法。指导各地用好民贸民品优惠政策的落实，2018 年共落实企业向财政申请贷款贴息 2.19 亿元。二是联合省财政厅、人民银行贵阳中心支行开展了“十三五”期间全国民族特需商品定点生产企业申报认定工作，经报国家民委审定备案，我省“十三五”期间认定民品企业 81 家。三是联合省财政厅、人行贵阳中心支行开展了 2018 年度民贸企业认定工作，重新认定 1501 家民贸企业，并印发了《省民宗委 省财政厅 人民银行贵阳中心支行关于认定民族贸易企业的通知》。四是举办培训班开展民贸民品政策培训，对国家“十三五”政策改革进行了解读，指导各地落实好优惠政策。五是根据《国家民委关于开展“十三五”期间扶持民族贸易和民族特需商品定点生产企业优惠政策执行情况自查工作的通知》精神，开展我省优惠政策执行情况自查，向国家民委报送了《贵州省“十三五”期间扶持民族贸易和民族特需商品定点生产企业优惠政策执行情况自查报告》。

四、着力打造“黔系列”民族文化产业品牌

一是主动作为积极与新华社沟通协调，推动省政府与新华社于 5 月 20 日签订共同打造“黔系列”民族文化产业品牌合作协议，扩大“黔系列”民族品牌的国内外知名度和影响力。二是落实好省委十二届三次全会精神和省政府与新华社合作协议。协调贵州广播电视台等省内外各类新闻媒体进行“黔系列”品牌宣传；11 月 27 日举行首批“黔系列”预选品牌展示推介会暨 2018“黔系列”品牌采风行活动启动仪式；与多彩贵州网合作，开展“黔系列”民族文化产业品牌发展规划、评价标准、管理办法编制等工作，已通过专家评审。三是报请省政府召开第四次“黔系列”联席会议，审定 3 类“黔系列”品牌产品、审议“黔系列”民族文化产业品牌管理办法、宣传工作方案（2019—2023)、市场运行方案和新华社民族品牌工程--“黔系列”民族文化产业品牌行动五年计划等。四是加强与省工商局协调沟通，请省工商局协调国家知识产权商标局评审委员会，协助做好商标复审工作。五是抓好“黔织”品牌产品评选工作，评选首批 11 家“黔织”品牌产品；评选首批 10 家“黔节”品牌产品。

五、抓好少数民族传统手工艺扶持工作

一是开展全省第三批少数民族手工艺传习所命名挂牌工作，联合省文联命名了第三批 103 家少数民族手工艺传习所。二是安排专项资金 1000 万元，扶持少数民族传统手工艺企业做大做强，推进民族文化产品化、产业化和品牌化，增强产品竞争力，提升就业，促进民族地区资源优势转化为经济优势，助推民族地区群众增收致富。

六、做好民族统计监测工作

一是完成民族自治地方、民族乡经济社会发展基本情况的统计工作，对 2010 年—2017 年民族自治地方经济社会发展主要指标数据进行了对比统计，形成了反映民族地区经济社会发展态势监测数据资料。二是协调省扶贫办、省水库和生态移民局，对 2016、2017 年民族地区贫困现状和整

体易地扶贫搬迁自然村寨进行了分类汇总统计，为精准把握民族地区发展趋势，精准制定帮扶政策措施和决策提供了较好的参考依据。三是对全省民族地区 2017 年经济社会发展各项统计指标进行分析研判，形成反映民族地区经济社会发展态势数据资料，为省政府民族工作联席会提供了全面、客观、及时数据支撑，为制定相关政策提供参考资料，并编制印发了 2017 年度贵州民族统计监测手册。四是牵头开发贵州省民族统计数据直报系统，年底前完成测试、上线工作。

七、做好少数民族建房、人口计生综合治理、河长制等专项工作

民族建房，围绕民族地区脱贫攻坚，安排民族建房资金 300 万元，支持 10 个深度贫困民族地区县少数民族贫困群众改善住房条件。人口计生综合治理，制定年度工作计划和措施，安排计生帮扶资金 60 万元，支持 3 个贫困自治县，帮助少数民族计生贫困户产业发展。河长制工作，落实好我委“河长制”责任工作。按照省河长办的安排部署和省级河长的指示精神，认真组织开展了红水河“6.18 保护母亲河·河长大巡河”活动。参与省河长办 6 月份组织的 2018 年度河长制湖长制工作督导检查和河湖联合执法检查。制定印发了《红水河“一河一策”方案任务目标分解表（2018 年）》，将目标任务的逐级分解下达，逐级考核，确保“一河一策”方案落到实处。

八、机关党建工作有序推进

一是认真开展支部标准化建设。年初即明确按月收缴党费，强化党员意识；制定支部年度工作计划，强化支部战斗堡垒和党员先锋模范意识；坚持每月一次以上集中学习，做到学习有重点发言人、有讨论、有体会、有记录、有学习简报或小结。二是强化意识形态教育。认真组织学习习近平总书记关于意识形态工作的重要讲话精神和中央、省委、委党组对意识形态有关要求，扎实开展“不忘初心·牢记使命”主题教育，认真开展谈心交心、重温入党誓词宣誓等活动，将意识形态工作与业务工作同部署、同落实、同检查、同考核。三是加强党风廉政建设。始终把党风廉政建设摆在突出位置，大力推进政务公开，凡重要文件一律组织学习或传阅学习，凡重大事项一律提交处务会集体研究，凡重大决策一律向分管领导请示报告，确保各项工作都在监督之中。同时，组织支部党员积极参加警示教育，严格遵守党员廉洁自律的各项规定，推动党员遵守各项纪律，自觉接受监督。四是认真开展处室包村、支部结对和党员结对帮扶活动，坚持每个季度到砚山镇毛田村开展结对帮扶活动。“七·一”期间，与砚山社区党总支共同开展了“学习先进找差距·不忘初心勇担当·脱贫攻坚有作为”主题党日活动，慰问贫困群众和贫困党员。

（撰稿：张发刚　审稿：吴继堂）

云南省

2018 年，云南省民族经济工作以建设民族团结进步示范区为统领，以少数民族和民族地区精准扶贫精准脱贫为首要任务，开拓创新，突出重点，精准施策，实施一系列特殊政策措施，不断推进少数民族和民族地区加快发展取得显著成效。

推进民族团结进步示范创建与扶贫工作双融合双促进。紧紧抓住“把云南建设成为我国民族团结进步示范区”的民族工作总任务，将“少数民族和民族地区如期实现全面脱贫、全面小康”作为示范区建设的第一目标，推动扶贫开发和示范区建设双融合、双促进。统筹协调推进《云南省建设我国民族团结进步示范区规划(2016—2020 年)》，2018 年，与领导小组成员单位签署支持示范区建设年度任务承诺书，继续推进规划任务 127 项项目建设，着力补齐少数民族和民族地区经济社会短板。扎实实施《云南民族团结进步示范区建设“十县百乡千村万户示范创建工程”三年行动计划(2016—2018 年)》，按照“率先发展、全面小康”“精准脱贫、跨越发展”

和“突出特色、融合发展”三种类型开展示范创建，2018 年实施了 10 个示范县、50 个示范乡镇、532 个示范村（特色村、社区）建设，打造了一批有特色、产业强、环境好、民富村美人和谐的民族示范村镇，涌现出了一批民族团结进步示范先进典型，推动形成了以点串线、以线连片、以片带面的示范创建格局，凸显了示范创建工程助推脱贫、服务大局的定位和作用。

推进边境地区加快发展。深入贯彻落实国家兴边富民行动规划，2018 年累计投入资金 300 多亿元实施《云南省兴边富民工程“十三五”规划》，紧抓边境地区基础设施、产业、民生及社会事业等薄弱环节和突出短板，实施边境地区基础设施互联互通、特色优势产业培育壮大、基本公共服务水平提升等项目工程建设，兴边富民行动稳步推进，边境地区综合经济实力明显提升，基础设施建设逐步夯实，产业转型升级步伐加快，脱贫攻坚成效明显。在深入实施兴边富民工程的基础上，由云南省民族宗教委牵头编制实施《云南省深入实施兴边富民工程改善沿边群众生产生活条件三年行动计划（2018—2020 年）》，实施范围为沿边乡镇和沿边农场，以改善沿边群众生产生活条件与精准脱贫攻坚、民族团结进步、守边固边强边相结合，重点实施兴城镇、夯基础、强产业、惠民生、促开放、固边境等实施六大任务 38 项重点工程，进一步增强沿边小城镇辐射带动作用，强化基础设施保障，提高基本公共服务水平，促进群众增收致富，助推脱贫攻坚，确保沿边一线与全省同步全面建成小康社会。

助推直过民族和人口较少民族脱贫攻坚。配合省直相关部门推进《云南省全面打赢直过民族脱贫攻坚战行动计划（2016—2020 年）》实施。2018 年，省民族宗教委安排直过民族和人口较少民族聚居村产业发展资金 2000 多万元，加快我省直过民族和人口较少民族群众增收，助推精准脱贫。会同省交通厅继续实施《云南省“直过民族地区”沿边地区较大人口规模自然村通硬化路建设规划》，有序推进 9049 个自然村 2.5 万公里道路硬化建设，建设任务已完成过半。牵头协调制定《关于解决高黎贡山移民历史问题总体方案》，支持和协调资金 3.7 亿元，支持高黎贡山移民（傈僳族）群众脱贫发展等。倾斜支持“三州三区”深度贫困地区脱贫攻坚建设，2018 年省民族宗教委投入怒江州、迪庆州资金 1.76 亿元，项目建设资金补助标准是其他地区的 1.5 倍，集中力量支持“三州三区”脱贫攻坚。在直过民族和人口较少民族聚居地区普及国家通用语言，协调推进企业集团帮扶、上海对口帮扶、人口较少民族地区和边境地区综合保险保障等工作，不断推进区域扶贫攻坚，促进人口较少民族和直过民族地区等少数民族深度贫困群体和深度贫困地区与全省协调发展。

推进少数民族特色村镇建设。省民族宗教委安排资金 1.3 亿元，继续推进《云南省少数民族特色村镇保护与发展规划（2016—2020）》明确的建设 300 个民族特色村寨、30 个民族特色小镇目标任务。在建设过程中，坚持以人为本、宜居宜业，统筹考虑民族特色村镇规划用地黄线、生态绿线、保护区紫线、整体风貌控制红线，合理确定建设规模，充分体现地域特色和民族特色，注重对传统文化进行挖掘整理，支持开展民族文化活动，使大部分特色村镇都有民族文化传承人，有业余文艺队伍及活动场所，有民族传统节日及民俗活动表演，民族优秀传统文化得到了较好的保护、传承和发展。依托民族特色村镇的民族文化资源和自然生态资源，大力发展民族生态旅游、民族文化旅游、休闲养生旅游等乡村民族特色旅游，形成以村聚产、产村联动、融合发展的良好局面。命名昆明市石林彝族自治县清水塘村等 140 个村寨为首批“云南省少数民族特色村寨”，并予以挂牌，民族特色村寨成为民族文化的品牌、特色旅游的名片和展示美丽云南的窗口。

落实民贸民品相关政策。制定下发了《省财政厅 省民族宗教委 中国人民银行昆明中心支行关于继续做好民族贸易和民族特需商品生产贷款贴息工作的通知》，指导州市县按照国家体制改革新要求，抓好民贸民品政策的落实。会同省财政厅、中国人民银行昆明中心支行开展“十三五”民族特需商品生产企业认定工作，严格按照少数民族特需商品目录，通过组织专家评审等方式，确定云南省 126 家企业为国家“十三五”民族特需商品生产定点企业。开展“十三五”以来我省贯彻执行国家民贸民品政策执行情况书面摸底调查，上报政策执行情况报告，提出相关政策建议。

加强民族统计工作。省民族宗教委与省统计局、省调查总队合作开展民族自治地方、边境县、牧区、民族乡经济社会发展情况统计分析工作，与省扶贫办合作开展少数民族和民族地区建档立卡贫困人口统计监测工作，省民族宗教委对全省少数民族聚居的7000多个行政村及其所辖的70000多个自然村基本情况进行统计监测和分析，并对直过民族和人口较少民族聚居村、沿边乡镇和行政村发展情况进行重点监测，编制出版云南民族经济工作手册，为各级各部门开展民族工作做好服务。

（撰稿：易永红 审稿：陈新华）

西藏自治区

2018年，是全面贯彻落实党的十九大精神的开局之年，是打赢脱贫攻坚战、决胜全面建成小康社会、实施“十三五”规划承上启下关键一年。

一年来，在区党委、政府的正确领导和区党委统战部的统一领导下，在国家民委的有力指导下，区民委团结带领、认真指导各级民宗部门，坚持以习近平新时代中国特色社会主义思想为指导，深入学习贯彻习近平总书记关于民族宗教工作的重要论述，贯彻落实中央民族工作会议和党的十九大精神，全面落实党中央、国务院关于加强和改进新形势下民族工作、依法治理民族事务促进民族团结、深入持久开展民族团结进步创建工作铸牢中华民族共同体意识、深入推进兴边富民行动等意见精神，正确落实自治区关于民族宗教工作的系列决策部署，扎实推进民族团结进步事业全面发展，依法依规加强民族宗教事务管理，不断巩固发展平等团结互助和谐的社会主义民族关系，积极促进各民族交往交流交融，全区民族宗教工作取得了较好成绩。

一、学习成果不断取得新突破

坚持把学习贯彻习近平新时代中国特色社会主义思想作为首要政治任务。以理论中心组学习为载体，以班子成员和党员干部为重点，召开委党组会议8次、理论中心组学习会9次、党员干部职工学习会20余次，深入学习习近平总书记系列重要讲话精神和党的十九大精神、自治区第九次党代会以来关于民族宗教工作的系列重大决策部署，以学习促进步、以学习促提升、以学习促发展，努力建设一支政治过硬的民族宗教工作干部队伍。重视党员干部职工教育培训工作，先后选派13名同志参加区党委党校举办的政治理论教育培训，选派10名同志参加区直部门举办的业务培训，选派全区民宗部门112名同志参加国家机关相关业务培训。以巩固深化“两学一做”学习教育常态化制度化成果为契机，以加强学习解决工作能力问题、以提高觉悟解决工作责任问题、以热心服务解决工作效果问题，厘清工作思路，提高办事效率，坚决整治机关不作为、不善为、慢作为、乱作为、庸懒散等问题，形成推进民族宗教工作的强大合力。

二、民宗领域持续保持和谐稳定良好局面

牢固树立稳定压倒一切思想，把维护民族宗教领域稳定作为硬任务和第一责任，切实加强对全区民族宗教领域维稳工作指导，深入分析研判维稳形势，修订完善应急预案，强化重点地市、重点寺庙督导检查力度，协助开展涉民涉宗矛盾纠纷排查调处，全区民族宗教领域继续保持了和谐稳定的工作目标。

三、“两个率先”成果日益显现

坚决贯彻落实习近平总书记关于“全面实现小康，一个民族都不能少，一个民族都不能掉队”重要指示精神，全面落实“十三五”时期促进民族地区和人口较少民族发展、兴边富民行动规划安排，协助完成两个专项规划中期评估；贯彻落实脱贫攻坚专项规划，找准兴边富民与脱贫攻坚切入点，有效对接、有机融合，整合少数民族发展资金（兴边富民行动资金）10.526亿元积极参与脱贫攻坚行动；组织召开7地市民族经济工作推进会，传达全国民族经济工作暨民族地区经济形势分析现场会议精神，研究部署民族经济工作任务。2018年，全区11个贫困边境县摘帽脱贫，9个民族乡农牧民人均收

入达 1.3 万余元，人均纯收入比当地人均纯收入高 1.6%；开工建设 179 个边境小康村，完工 50 个。

四、受援工作结出新硕果

在全国民委系统对口支援新疆西藏工作会议上，为七地市争取援藏资金 400 余万元；广东、河北、湖北、湖南、安徽、黑龙江等援藏省市支建边境小康村 25 个；拍摄制作完成 7 个边境县开展兴边富民行动暨全国民委系统援藏工作视频。

五、民族团结进步事业不断引向深入

立足维护祖国统一、加强民族团结这一西藏工作着眼点和着力点，紧扣“中华民族一家亲，同心共筑中国梦”总目标，准确把握铸牢中华民族共同体意识根本主线，紧紧围绕各民族共同团结奋斗、共同繁荣发展主题，深入推进民族团结进步事业全面发展、纵深发展。一是宣传教育活动多姿多彩。开展以“争做神圣国土守护者 幸福家园建设者”为主题的民族团结“七进”之进社区、进乡村、进校园宣教活动和户外宣传活动，在《西藏日报》连续刊发全区民族团结先进典型事迹，进一步营造人人争当民族团结模范良好氛围，民族政策、民族团结内涵广为人知、深入人心。二是社会民族事业不断融合发展。以做好城市民族工作为重点，在昌都市和拉萨市 4 个居委会积极推进城市少数民族流动人口服务管理试点，不断促进各民族交往交流交融；联合区体育局、拉萨市共同成功举办全区第十二届体育运动会和全区第四届传统体育运动会，协同开展了第十一届全国少数民族传统体育运动会西藏自治区筹备工作；圆满完成区内各民族代表参加全国少数民族参观团活动。三是民族团结进步创建工作成果丰硕。7 家单位评选为第六批县级及以下全国民族团结进步创建示范区（单位）；昌都市和阿里地区列入备选示范市（区），林芝市列为全国民族团结进步创建活动示范市候选单位，日喀则市创建全国民族团结进步示范市工作通过自治区检查验收，那曲、山南两市正在积极申报创建全国民族团结进步示范市工作；联合拉萨市开展以“凝聚民族团结的力量、共建团结美丽健康幸福新曲水”为主题的民族团结进步创建工作进乡村活动，联合昌都市积极打造以中华文化、西藏文化、昌都文化三个平台为主题的“民族团结进步创建示范一条街”，联合区教育厅在全区教育系统开展创建民族团结进步学校、班级、宿舍和模范个人评选活动，评选民族团结进步学校 25 所、班级 30 个、宿舍 25 个、模范个人 45 名；隆重召开 2018 年度全区民族团结进步表彰大会，授予 146 家单位“全区民族团结进步模范集体”荣誉称号、197 名同志“全区民族团结进步模范个人”荣誉称号。四是依法治理民族事务稳步开展。坚持以宪法为根本依据，以民族区域自治法为根本遵循，全面贯彻落实中办发〔2017〕1 号《关于依法治理民族事务促进民族团结的意见》精神，寓依法管理于日常服务当中，切实保障各族群众合法权益。

（撰稿：洛桑群佩 审稿：金美）

陕西省

2019 年，在国家民委精心指导和省委省政府正确领导下，陕西省民宗委坚持以习近平新时代中国特色社会主义思想和关于民族工作的重要论述为指导，全面学习贯彻党的十九大精神和中央、省委民族工作会议精神，紧扣“中华民族一家亲，同心共筑中国梦”总目标，紧紧围绕共同团结奋斗、共同繁荣发展主题，全面贯彻执行党和国家关于民族工作方针政策和法律法规，下大力推进少数民族聚居地方脱贫攻坚，着力解决“两不愁三保障”突出问题。截至 2019 年底，全省少数民族群众人均可支配收入超过全省平均数，为陕西追赶超越做出了积极贡献。

一、凝心聚力开展脱贫攻坚

扎实做好全省少数民族聚居地方脱贫攻坚、包扶村扶贫工作，加强少数民族特色村寨建设，对农村少数民族贫困人口统计工作进行安排，动态掌握全省农村少数民族贫困人口和我省农村少数民族聚居地方基本情况数据。

（一）积极协调资金项目及时下达

立足项目扶持，优化基础设施，助力我省农村少数民族聚集地方脱贫攻坚，使少数民族聚居地方各族群众切实感受到党的民族政策的温暖和关怀，着力促进农村少数民族聚居地方群众人均可支配收入提升。2019 年国家民委安排我省少数民族发展资金 2164 万元，按照少数民族发展资金管理使用要求，我委会同省财政厅分两批次将资金切块下达到有少数民族分布的 19 个县，重点用于农村少数民族地方改善生产生活基础设施条件、发展具有一定资源优势和地方特色的种养殖业、少数民族群众劳动技能培训、少数民族特色村寨建设等项目。全年共支持项目 42 个，新修硬化村组道路 50 余公里、便民桥 1 座、饮水工程 1 个、村容村貌整治工程 8 个、危房改造项目 1 个、种养殖产业项目 15 个。

（二）管好用好用活少数民族发展资金

切实保障少数民族发展资金充分使用，合理合规，发挥效益，确保资金项目向少数民族族聚居地方倾斜，资金使用向少数民族贫困群众倾斜。举办了发展资金管理工作培训班，对各市分管领导、业务骨干进行少数民族发展资金项目筛选、项目资金管理、规范运行等专业培训，帮助他们提高业务工作水平，保障项目资金的规范运行。认真做好农村少数民族地方数据统计，准确掌握全省农村少数民族分布、贫困少数民族群众建档立卡人数、生产生活条件等基本情况，为资金的合理安排使用奠定基础。

（三）科技下乡助力民族村镇产业发展

与西北农林科技大学合作，邀请 3 批 6 名农科专家指导规划三个回族镇产业发展，为全省少数民族镇村提供农业科技支持，增强产业发展内生动力。农科专家先后深入宁陕县江口回族镇和镇安县西口、茅坪回族镇举办 4 期培训班，指导当地产业发展，270 名村镇干部、合作社负责人、产业大户代表参加培训并受益。

（四）推进包村扶贫工作上台阶

我委在做好全省农村少数民族聚居地方脱贫攻坚的同时，还承担着省委省政府安排的镇安县西口回族镇农丰村的包村扶贫任务。我委调整安排了驻村工作队人员，全力抓好包扶工作。邀请农科专家讲解农业新技术、新动态，先后举办养殖、核桃综合科管、食用菌等技能培训 3 期，累计培训 98 人。开设“农丰村”网店，搭建互联网电商平台，引入京东物流优惠配送发货。整合我委自筹资金、少数民族发展资金、苏陕协作项目资金和民族宗教界捐助资金等 97.4 万元。2019 年 5 月，包扶村已整体脱贫。

二、依法加强清真食品管理

（一）继续强化清真食品管理法治化理念

坚持依法行政，以《陕西省清真食品生产经营管理条例》为依据，把依法管理贯穿于清真食品生产经营管理工作全过程，促进清真食品管理法制化理念深入人心。

（二）持续稳妥依法做好清真食品管理工作

下发《关于深入扎实做好清真食品生产经营管理工作的通知》，指导各市开展工作。结合年度民族工作重点任务，现场实施督促检查。联合省食安委相关业务部门联合开展执法工作，着力维护清真食品市场秩序。

（三）开展执法调研推动

依据清真食品管理工作形势任务变化，严密组织，扎实开展《陕西省清真食品生产经营管理条例》贯彻落实情况调研，就法规执行中存在的制约性因素及改进要素提出具体建议。

三、落实民品企业优惠政策

（一）下发民品企业优惠政策文件汇编

按照中央“简政放权、放管结合、优化服务”的要求，为保障民族特需商品生产供应，满足少数民族群众生产生活的特殊需要，编印了《“十三五”期间民族特需商品生产政策文件汇编》，指导各市依据国家关于民族特需商品生产的一系列政策文件，更好地落实民族特需商品生产相关优惠政策。

（二）积极主动协调督促优惠政策落实

加强和规范财政贴息资金管理，做好民品企业生产贷款利率贴息优惠政策落实，鼓励金融机构加大对我省民族特需商品定点生产企业的信贷支持。会同省财政厅、中国人民银行西安分行印发了《陕西省民族贸易和民族特需商品生产贷款贴息管理暂行办法》，协调做好国家民委下达的民品企业优惠贷款贴息引导资金的落实工作。

（三）做实民品企业政策指导服务工作

赴民品企业现场调研，送政策上门，对优惠政策落实工作进行专题解读、辅导和研判，确保我省民品企业优惠政策落实，推进民品企业严格依据政策开展生产。组织我省民品企业参加“2019 第二十五届中国兰州投资贸易洽谈会”和“第四届中国——阿拉伯国家博览会”，拓展了视野，扩大了企业知名度和市场影响力。

四、完成相关具体业务工作

一是完成了民族工作部门对口支援工作。根据国家民委关于民委系统对口支援新疆西藏民族工作部门的要求，向阿里地区民族宗教局拨付经费 30 万元更新办公自动化设备。投入 10 万元，在西北大学干部教育基地举办为期 15 天干部培训班，西藏阿里地区 15 名基层民族宗教工作部门干部参训，收到了预期效果。二是认真完成国家民委民族经济统计工作。按照国家民委要求，相继完成我省民族乡镇、边销茶、内地新疆西藏班情况、特色村寨规范管理工作开展情况，以及少数民族聚居地方经济社会发展调研情况等总结上报工作。

五、2020 年我省民族经济工作重点任务

2020 年，我省民族经济发展基本思路和重点任务如下：

一是持续深入学习贯彻习近平总书记关于解决“两不愁三保障”突出问题的重要讲话精神，深入细致排查影响扶贫工作的潜在问题和因素，查遗补漏，补齐短板，确保全面精准完成脱贫攻坚任务。二是扎实做好教育引导，在培育少数民族群众发展生产和务工经商基本技能上下功夫，激发少数民族群众脱贫致富源动力。三是精心培育少数民族特色产业，精准选择产业项目，增强内生动力、造血功能，以特色产业带动群众脱贫。支持农业科技成果转化，落实好三个回族镇与西北农林科技大学签订的帮扶协议。壮大包扶村集体经济，增加收入。四是对全省 2020 年少数民族发展资金项目进行统计备案，对少数民族发展资金项目落实情况进行专项检查，管好用好少数民族发展资金。六是协调落实民族特需商品定点生产企业优惠政策，组织民品企业开展经贸交流活动。七是继续做好对口支援西藏阿里地区民族工作部门相关工作。八是严谨细致做好民族统计工作。

（撰稿：孟旭红　审稿：王晓斐）

甘肃省

2018 年，甘肃省民族经济工作在国家民委的支持和关心下，在省委、省政府的正确领导下，深入学习贯彻党的十九大，十九届二中、三中全会精神，认真落实国家民委主任会议和全国民族经济工作暨民族地区经济形势分析现场会精神，按照全省经济工作总体部署和 2018 年民族经济工作要点和目标任务，紧紧围绕促进民族地区脱贫攻坚，全力推进全省民族地区经济社会各项事业加快发展。

一、推进“十三五”规划深入实施

按照省政府和国家民委有关通知要求，认真贯彻落实国家民委《“十三五”促进民族地区和人口较少民族发展规划》，扎实做好甘肃省“十三五”民族地区经济和社会发展规划、“十三五”扶持人口较少民族发展规划、“十三五”兴边富民行动规划、“十三五”少数民族特色村镇保护与发展规划的中期评估工作，评估报告已报省发改委和国家民委。

二、加强少数民族发展资金管理

一是按时下达少数民族发展资金。严格按照文件要求，2018 年共下达资金 30982 万元，下达民族乡发展资金 3600 万元，下达 2019 年提前批少数民族发展资金 28009 万元。二是加强资金日常监管。进一步加强资金项目监管工作，建立了省民委少数民族发展资金监管系统，对各市州资金拨付和项目进展情况进行动态跟踪管理。三是开展资金管理使

用培训。5 月上旬，在兰州举办资金管理培训班，学习了省脱贫攻坚领导小组会议精神和财政专项扶贫资金管理实施办法，对资金管理工作进行了专项培训。四是对资金管理使用进行跟踪管理。对各县区下达的资金采取月报告季通报制度，每月底前上报资金项目进展情况，每季度进行通报，推动项目加快实施和资金支付进度，2018 年少数民族发展资金截至年底支出率达到 90%。五是开展少数民族发展资金专项检查。先后赴临夏州、甘南州、陇南市、天水市、武威市、张掖市、酒泉市等地开展资金专项检查，对部分地区在资金使用中发现的问题进行及时整改。六是开展绩效评价工作。对 2017 年民族乡发展资金进行了绩效评价，评价报告已报省财政厅；对 2018 年民族乡发展资金项目开展了绩效目标执行监控工作，报送了《关于开展 2018 年度民族乡发展资金项目绩效目标执行监控的报告》；对 2018 年少数民族发展资金开展了绩效评价工作。

三、全力做好脱贫攻坚各项工作

一是制定印发了《省民委助推民族地区深度贫困地区脱贫攻坚实施方案》。加大对民族地区深度贫困地区脱贫攻坚工作支持力度。二是落实脱贫攻坚领导小组成员单位职责。围绕财政专项扶贫资金支出情况开展督查，抽调 1 名处级干部，在省财政厅脱贫攻坚资金专责组工作。先后赴平凉、天水等市开展了精准扶贫专项贷款调研督查等工作。三是深入开展民族地区脱贫攻坚调研。先后赴 6 个深度贫困地区开展脱贫攻坚专题调研，向省委省政府专题送了报《深度贫困县调研报告》，得到了省委省政府领导的充分肯定。四是全力落实资金整改工作任务。研究制定了《甘肃省脱贫攻坚突出问题省民委整改实施方案》，及时向庆阳市下发整改通知，庆阳市镇原县按期完成了整改任务；五是根据省财政厅通知要求，于 5 月中旬赴七里河区、榆中县、永登县、民勤县围绕财政专项扶贫资金支出情况开展督查，向省财政厅、省委督查室提交了《财政专项扶贫资金支出情况督查报告》。六是认真落实省政府办公厅关于支持永靖县加快脱贫攻坚工作任务，进一步加大对永靖县脱贫攻坚支持力度。七是按期完成巡视、专项督查等各项任务，向省脱贫攻坚领导小组、省委办公厅、省财政厅等部门，报送了省民委 2018 年脱贫攻坚工作情况、“回头看”自查报告、开展扶贫领域作风问题专项治理、脱贫攻坚工作总结计划等相关材料，全年印发脱贫攻坚文件 23 份，上报各类脱贫攻坚材料 200 多份。

四、做好民贸民品政策落实工作

一是根据财政部对民贸民品资金的由专项调整为均衡转移性支付的实际，积极与省财政厅相关处室沟通，省财政厅、省民委、中国人民银行兰州中心支行联合印发了《关于继续做好民族贸易和民族特需商品生产贷款贴息工作的通知》，推动贴息政策的落实。二是根据《国家民委、财政部、中国人民银行关于确定并报送“十三五”期间全国民族特需商品定点生产企业名单的通知》精神，省民委、省财政厅、中国人民银行兰州中心支行确定“十三五”民族特需商品定点生产企业 69 家。三是对市州民贸民品政策落实情况开展调研。为掌握各市州民贸民品政策落实情况，开展了民贸民品政策调研，对各市州落实情况进行了全面梳理，提出了下一步工作意见和建议。

五、成功举办甘肃民族地区改革开放 40 周年成就展

为全面展示甘肃民族地区改革开放以来取得的巨大成就，根据《中共甘肃省委关于印发〈甘肃省纪念改革开放 40 周年活动安排方案〉的通知》精神，省委宣传部、省委统战部、省民委于 2018 年 12 月 11 日至 18 日在省博物馆举办了同心共筑中国梦—甘肃民族地区改革开放 40 周年成就展。展览通过大量珍贵的图片、图表、文字解说以及实物等形式，全面介绍了甘肃省民族地区改革开放的历史进程。省委书记、省人大常委会主任林铎，省委副书记、省长唐仁健为成就展揭幕并参观展览，省委常委、省委统战部长马廷礼致辞，在省委、省人大、省政府、省政协领导出席并参观展览。展览期间，省直部门、企事业单位、大专院校及社会各界干部群众 15000 多人次参观展览，赢得广泛好评。

六、开展少数民族劳务技能特色培训“出彩工程”

持续实施甘肃省少数民族劳务技能特色培训

“出彩工程”。2018 年，投入资金 170 余万元，在临夏州康乐县、和政县，酒泉市肃北县、张掖市肃南县等地开展手工艺、民族餐饮厨师、民族手工艺等方面的技能培训，提升少数民族群众就业能力和劳动素质，促进农牧业、民族餐饮、民族文化旅游等产业发展。

七、继续推动“三州意见”和藏区政策贯彻落实

认真贯彻落实国家发改委国家民委“三州意见”，推动意见深入实施，进一步加大对临夏州和藏区支持力度，在资金分配中单列“两州一县”资金，2018 年共下达临夏州少数民族发展资金 17404 万元，比上年增加 5460 万元，增长 45.7%；下达藏区少数民族发展资金 6910 万元，比上年增加 1708 万元，增长 32.8%，资金全面用于临夏州和藏区脱贫攻坚和全面小康建设。

八、做好民族经济统计分析工作

一是认真做好我省民族地区各类经济数据的统计和分析工作，经过对 2 州 5 月主要经济数据的统计、分析，测算了我省民族地区 2017 年末的主要经济指标，为各项工作提供依据。二是根据国家民委经济形势分析会要求，今年 3 月起草了甘肃省民族地区经济分析报告，参加了全国民族地区经济形势分析会，并向会议提交了我省民族地区经济形势分析材料。三是认真做好 2017 年少数民族和民族自治地方国民经济和社会发展统计年报工作，及时梳理汇总民族地区相关经济数据，相关数据已报国家民委。我省统计工作得到国家民委表扬，负责统计工作的同志被评为优秀统计员。

九、认真做好其他各项工作

认真落实委党组会、委务会确定的工作任务及委领导批示精神，一是为推动兴边富民行动深入实施，向省委报送了《关于呈报推进兴边富民行动意见建议的请示》。二是参加省人大、省政协脱贫攻坚调研座谈会，分别向省人大、省政协报送了《甘肃省民委关于促进民族地区脱贫攻坚工作情况汇报》。三是根据省委统战部乡村振兴调研要求，参加了座谈会，并报送了《甘肃省民委关于支持民族地区乡村振兴战略情况的汇报》。四是配合省政协开展民族地区精准扶贫重点难点问题调研，今年 5 月，先后赴全省 21 个民族县（市），对脱贫攻坚问题进行了深入调研，配合完成了《民族地区精准扶贫重点难点问题调研报告》。五是根据国家民委通知要求，对《兴边富民行动“十三五”规划》实施情况开展了中期自评，并报送了自评报告。六是根据全省脱贫攻坚重点任务和省民委年度重点工作安排，参与了全省民族地区深度贫困县开展脱贫攻坚专项调研。

（撰稿：孔庆斌 审稿：王宇卫）

青海省

2018 年，在委党组和分管领导的带领下，经济处紧紧围绕“四个扎扎实实”重大要求，认真贯彻落实“一优两高”战略部署，按照委中心工作和年初制定的各项目标任务，立足本职，推动我省民族地区经济高质量发展，创造少数民族群众高品质生活，较好地完成了全年的各项工作任务。

2018 年工作完成情况如下：

一、重实效，民族经济发展取得新成绩

在委领导的有力领导下，积极协调国家部委、省直有关单位共争取落实资金 45403 万元。一是争取落实少数民族发展资金 31023 万元，同比增长 15.6%，资金全部切块下达到县，项目实行省级备案制；二是积极协调省发展改革委，落实扶持人口较少民族发展中央预算内资金 13380 万元，同比增长 15.8%。资金主要用于我省人口较少民族聚居村基础设施建设、基本公共服务设施、生态环境保护和人居环境整治，以及民族文化传承 4 个领域项目建设。三是积极协调省财政厅，下达 2018 年寺院危殿堂维修加固省级专项补助资金 1000 万元，指导 8 个市州

23 个县民宗部门解决计划对依法审批、自主管理寺院为主、存在实际困难的 51 个寺院危殿堂基础设施进行维修加固。

二、重长远，扎实做好“十三五”民族宗教工作专项规划实施工作

做好我省《扶持人口较少民族发展规划》和《少数民族特色村镇规划》两个专项规划实施工作。积极协调配合发改、财政等部门，组织好项目、落实好资金。认真做好《“十三五”促进民族地区和人口较少民族发展规划》中期评估工作，完成了国家民委中期评估组的实地调研，我们的工作得到了调研组的充分肯定。

三、重创新，助推特色产业发展

一是我委严格按照省政府《关于同意设立青海省藏医药产业发展基金的批复》精神和《青海省藏医药产业发展基金设立方案》及合伙人协议，认真开展工作，基金运行正常。对已完成并立项的项目，在项目投资决策中，积极贯彻 60%以上的项目是本省企业的主导思想，优先推荐我省藏医药等特色产业发展项目。在我委和省财政厅的共同努力下，按照程序已完成青海东方藏医药产业发展基金的第一个项目。截至目前，基金已完成对青海晶珠藏药高新技术产业股份有限公司的投资审批流程，总投资金额为 8500 万元，其中首期 5000 万元股权受让投资于 2017 年 11 月 23 日完成出资。2018 年项目发展良好，符合投资预期，2018 上半年公司净利润相比上年同期增长 33.56%。2018 年 9 月 28 日完成 3500 万元二期出资，此次增资正在等待全国中小企业股份转让系统审批，审批完成后，完成晶珠项目全部投资。同时，投委会已过会项目 1 个，立项项目 7 个。二是为进一步加强和规范民族贸易和民族特需商品生产贷款贴息资金管理，扶持民族特需商品生产供应，满足少数民族群众的特殊消费需求，缓解少数民族生产生活必需品买难、卖难问题，根据财政部《关于进一步做好民族贸易和民族特需商品生产贷款贴息工作有关事宜的通知》等有关规定，结合我省实际，会同省财政厅、中国人民银行西宁中心支行制定印发《青海省民族贸易和民族特需品生产贷款贴息管理办法》。三是充分发挥省级民贸民品工作协调机制作用，积极争取设立省级民贸民品财政贴息补助资金，预留 2017、2018 年民贸民品贴息资金 6000 万元。四是根据国家民委、财政部、中国人民银行《关于确定并报送“十三五”期间全国民族特需商品定点生产企业名单的通知》（民委发〔2018〕49 号）通知要求，我委组织开展了“十三五”期间全国民族特需商品定点生产企业认定工作。经企业申报、各地民宗工作部门审核、省财政厅和中国人民银行西宁中心支行审定、公示，并上报国家民委备案。确定 54 家民品企业为我省“十三五”期间全国民族特需商品定点生产企业。

四、重帮扶，精准扶贫取得新成效

深入扶贫点调研制定脱贫方案，确定脱贫主导产业，加大精准扶贫政策和资金方面支持力度，落实扶贫资金 170 万元，用于联点扶贫东沟乡尔开村、花园村村容村貌政治和人居环境改善；落实项目资金 30 万元用于互助县塘川镇三其村的美丽乡村建设。

五、重规范，认真做好项目督导检查和调研工作

建立并完善监管和考评制度，做好“十三五”时期项目数据库建设工作，组织开展项目督导检查和民族经济调研工作，先后赴有关州市，完成 15 个县 31 个项目的督导检查。

六、重基础，认真做好统计工作

认真做好我省 2017 年少数民族和民族自治地方国民经济和社会发展统计工作，指导相关地区完成数据填报工作。

七、重协调，完成重要会议工作任务

一是国家民委领导与省委、省政府领导的商定在我省召开全国扶持人口较少民族脱贫攻坚现场经验交流会后，提前谋划、及早着手，把筹备召开会议纳入重要日程，深入开展报送专报、实地调研、拟定会议方案、成立领导小组等工作，扎实推进工作落实，稳步开展会议筹备工作。同时，为进一步做好会议筹备，向全国代表反映我省人口较少工作取得的成绩，委托青海省广播电视台，专题制作全

国人口较少民族（青海）电视宣传片。目前，专题片制作团队已初步完成宣传片策划方案，并前往互助县、循化县正在拍摄部分素材。二是积极邀请国家民委领导和民贸民品客商参加2018年中国·青海绿色发展投资贸易洽谈会，圆满完成“青洽会”安排的任务。三是组织7个自治县做好“全国民族自治县全面建成小康社会经验交流现场会”会议交流材料准备和参会工作。

（撰稿：王姿琪　审稿：德措）

宁夏回族自治区

2018年，宁夏民委经济工作坚持以习近平新时代中国特色社会主义思想和党的十九大、十九届二中、三中全会精神为指导，深入贯彻全国民族经济工作暨民族地区经济形势分析会议精神，对标2018年民委经济主要工作九项任务，认真研究部署，紧盯目标，狠抓落实，结合宁夏实际，圆满完成年度各项工作任务，为自治区实现经济繁荣民族团结环境优美人民富裕、确保与全国同步建成全面小康社会目标打下了坚实基础。

一、求真务实，科学评估，推进“十三五”规划顺利实施

2018年，宁夏全面贯彻实施《“十三五”促进民族地区和人口较少民族发展规划》（以下简称《规划》），有力推动了民族地区经济社会快速发展。为了确保《规划》更好地贯彻实施，自治区立足民族地区实际，建立规划实施领导机制和工作机制，把《规划》确定的目标任务、政策措施纳入各地各部门的规划、计划中，纳入具体工作中加以细化落实。按照《国家民委办公厅关于开展〈“十三五”促进民族地区和人口较少民族发展规划〉中期评估的通知》要求，自治区各地、各部门根据责任分工，围绕《“十三五”促进民族地区和人口较少民族发展规划》明确的发展目标、主要任务、重点工程、政策措施等，认真进行全面客观评估，总结取得的主要成效、存在的突出问题，并提出改进工作和编制“十四五”规划的意见建议。通过中期评估自评，《规划》确定的主要指标、重点任务有序实施、进展良好。

二、优化投向，统筹整合，发挥少数民族发展资金使用效益

全面贯彻落实习近平总书记在深度贫困地区脱贫攻坚座谈会上的重要讲话精神，围绕自治区第十二次党代会关于脱贫富民战略部署要求，认真落实自治区党委统战部《2018年宁夏统一战线“助力脱贫攻坚”暨“百企帮百村”行动方案》，履行民族工作部门职责，以打赢脱贫攻坚战为统领，统筹整合少数民族发展资金，发挥资金整体效益，扎实推动全面完成脱贫攻坚目标任务。

（一）聚焦脱贫攻坚主战场，支持贫困县统筹整合使用。按照自治区脱贫攻坚工作总体部署要求，自治区民委党组加强组织领导，强化责任落实，把思想和行动统一到自治区党委、政府的决策部署上来，坚持精准扶贫、精准脱贫基本方略，聚焦贫困县和“五县一片”深度贫困地区，在少数民族发展资金项目实施中，坚持统筹整合使用，聚指成拳，全力攻坚。按照“多个渠道引水、一个池子蓄水、一个龙头放水”的扶贫投入新格局，以摘帽销号为目标，以脱贫成效为导向，以重点扶贫项目为平台，将国家民委2018年下达我区少数民族发展资金总额的95%切块到贫困县（区），其中8个国定贫困县分配资金额占到全年资金总量的78%，全部统筹整合使用。

（二）聚焦精准扶贫精准脱贫，强化资金分配的精准度。按照自治区13项脱贫攻坚行动计划（金融脱贫、能力提升脱贫、交通脱贫、水利和气象脱贫、危窑危房改造和人居环境整治脱贫、医疗保障和卫生脱贫、人才和科技脱贫、旅游脱贫、电子商务脱贫、文化脱贫、光伏和电力脱贫、“三留守”和

贫困残疾人关爱、社会帮扶脱贫等 13 项行动计划）和自治区党委统战部《2018 年宁夏统一战线“助力脱贫攻坚”暨“百企帮百村”行动方案》，盯紧制约贫困县区域性整体脱贫、贫困村和贫困户发展的突出短板、关键领域和薄弱环节，科学预算，精准下达中央财政专项扶贫资金（少数民族发展支出方向）预算指标计划。下达的少数民族发展资金主要用于贫困村道路维修硬化、农业设施建设、特色村寨发展保护、危房危窑改造、农产品特色产业等 48 个项目。在同心、西吉、海原 3 个贫困县，配合自治区党委统战部，选择 30 个建档立卡贫困村，组织动员 20 家非公有制企业和 11 家商协会与贫困村对接，以帮助贫困村增加收入为核心，以改善贫困村生产生活条件、扶持发展特色优势产业、提高贫困人口自我发展能力为着力点，实施助力脱贫攻坚行动。为了确保少数民族发展资金使用精准，委（局）党组成员多次深入乡镇村一线，开展大调研，联系群众、解剖麻雀，及时协调指导县（区）相关部门对调研中发现的资金投向不精准问题进行调整。

（三）聚焦脱贫领域资金安全，强化资金使用监督检查。针对有关县（区）存在的 2018 年以前少数民族发展资金结余、滞留等问题，自治区民委结合开展扶贫领域作风问题专项治理工作，组织各县（区）在抓紧整改存在问题的同时，重点排查各乡镇实施项目中少数民族发展资金闲置滞留、结转结余问题，各地都按要求集中进行了整改。同时，对 2018 年项目实施情况和资金支付进度进行督促检查，确保了少数民族发展资金支付按项目实施进度依规支付。

三、因地制宜，服务培育，扶持民族贸易和民特需商品定点生产企业发展壮大

认真落实国家民族贸易和民族特需商品定点生产企业（以下简称“民贸民品”）优惠政策，民贸民品企业不断发展壮大，民贸民品生产满足和丰富了少数民族群众生产生活的特殊需要，推动了民族地区经济的发展，加快了贫困地区脱贫致富步伐，促进了民族团结进步和社会稳定。

（一）健全工作机制和制定完善管理办法。一是健全了自治区民委、自治区财政厅、中国人民银行银川中心支行三部门工作协调机制，定期通报国家有关利率优惠、贴息贷款等情况，及时研究解决政策落实过程中出现的新问题。二是根据财政部《关于进一步做好民族贸易和民族特需商品生产贷款贴息工作有关事宜的通知》（财金函〔2017〕6 号）精神，自治区财政厅会同自治区民委制定了《宁夏回族自治区民族贸易和民族特需商品生产贷款贴息专项资金管理办法》，设立自治区级民贸民品财政专项资金，2018 年贴息资金总额 2.29 亿元，贴息企业 205 家。三是根据国家民委《关于进一步规范民族贸易县内民族贸易企业认定及相关工作的意见》（民委发〔2016〕66 号），自治区民委会同自治区财政厅修定出台了《宁夏回族自治区民族贸易企业认定管理办法》，增加了建立“第三方审计制度”、“民族贸易企业基础档案制度”、“专家评审制度”、“动态调整制度”、“监督检查制度”五项制度内容。

（二）审核和调整民贸企业。自治区民委会同财政厅，对原 223 家民贸企业基础档案和第三方审计机构（会计师事务所）出具的财务会计审计报告，以及对企业实际生产经营状况和民族贸易网点合理布局等因素综合分析研究，确定符合民贸企业认定条件的企业 145 家，取消 78 家。

（三）开展“十三五”民贸民品企业评审认定工作。根据《国家民委、财政部、中国人民银行关于确定并报送“十三五”期间全国民族特需商品定点生产企业名单的通知》（民委发〔2018〕49 号）和自治区《认定办法》，自治区民委会同财政厅、人民银行银川中心支行组织有关专家对申报民品企业和民品企业改报民贸企业及新申报民贸企业进行了评审认定。经报国家民委审核备案，确定“十三五”期间全国民族特需商品定点生产企业 41 家，确定民品企业改报民贸企业和新申报民贸企业 28 家。

四、2019 年工作要点

2019 年，宁夏民委经济工作坚持以习近平新时代中国特色社会主义思想和党的十九大、十九届二中、三中全会精神为指导，认真落实全国统战部长会议、全国民委主任会议和自治区党委、政府决策部署，紧扣《“十三五”促进民族地区和人口较少民族发展规划》目标任务，围绕“创新落实年”这一主题，聚集脱贫攻坚，培育壮大民族贸易和民族特需商品定点生产企业，创新推进民族地区区域经济

协调发展。

一是精准有效投资，集中攻坚深度贫困。主攻“五县一片”和170个深度贫困村，集中力量，统筹打好脱贫政策组合拳。严格落实自治区《关于支持贫困县开展统筹整合使用财政涉农资金试点的实施意见》《深度贫困地区脱贫攻坚实施方案》，进一步加大对贫困县区少数民族发展资金投入力度，统筹整合，着力解决影响“两不愁三保障”的突出问题，推进“百企帮百村”行动，凝聚脱贫攻坚强大合力。认真落实自治区《扶贫资金使用监管协调（联席）会议制度》，坚持扶贫资金多部门联合监督监管机制，积极配合自治区扶贫办、财政厅、审计厅等部门，继续加强对少数民族发展资金支持项目的立项、施工、验收等环节资金使用情况的监督检查工作，确保少数民族发展资金投向精准高效。

二是加快培育壮大民族贸易和民族特需商品定点生产企业。认真落实《贴息办法》《认定办法》，指导各地民族事务部门开展民贸民品企业贷款贴息核发工作。依据《认定办法》中关于“建立动态调整制度”的规定，会同自治区财政厅、人民银行银川中心支行，对企业实际生产经营状况和民族贸易网点合理布局等因素综合实地考察、分析研究，进一步优化民族贸易和民族特需商品定点生产企业布局。

三是推进民族统计工作法制化规范化建设，提高民族统计数据质量和工作水平。2018年国家民委正式印发《民族统计工作管理办法》，提升了民族统计工作的法律效力，有利于更加科学、有效、规范地组织民族统计工作。根据国家民委的安排和要求，结合全国第四次经济普查宁夏试点工作，积极联系自治区发改委、统计局、工业和信息化厅等部门和有关市、县（区），收集汇总有关数据，定期对全区民族经济社会运行情况进行统计分析，用准确、完整和有效的民族统计数据，全面科学反映全区民族经济社会发展情况，为党和国家科学决策提供更加高效灵活的数据支持服务，助力民族地区社会经济运行和发展。

（撰稿：金晓玲　审稿：马汉功）

新疆维吾尔自治区

2018年，在自治区党委、人民政府的坚强领导下，在国家民委的大力帮助和指导下，我委坚持以习近平新时代中国特色社会主义思想为引领，深入贯彻党的十九大精神，认真落实中央民族工作会议精神和新形势下做好民族经济工作的总体思路，紧紧围绕新疆社会稳定和长治久安的总目标，积极实施“十三五”民族工作专项规划和自治区脱贫攻坚总体部署，有效助推我区脱贫攻坚工作。

一、贯彻实施好两个民族工作专项规划

我委（局）将贯彻落实国务院《“十三五”促进民族地区和人口较少民族发展规划》和《兴边富民行动“十三五”规划》目标任务作为2018年的重点工作，贯穿于全年工作始终。一是将两个民族工作专项规划目标任务同我区脱贫攻坚实际相结合，在分配少数民族发展资金时重点向深度贫困县、贫困村倾斜，向边境一线贫困村和人口较少民族聚居的贫困村倾斜，在完成好两个民族工作专项规划目标任务的同时，重点推进我区脱贫攻坚工作。二是根据国家民委工作安排，完成《兴边富民行动“十三五”规划》中期评估工作，并报送中期评估报告；完成《“十三五”促进民族地区和人口较少民族发展规划》中期评估工作；三是根据国务院两个民族工作专项规划，出台了《自治区人民政府办公厅关于贯彻落实<兴边富民行动“十三五”规划>的实施意见》，为今后两年我区推进民族工作专项规划的贯彻落实奠定了基础。四是结合我委（局）贯彻实施两个民族工作专项规划情况，撰写我委实施《自治区“十三五”脱贫攻坚规划》中期评估的报告。

二、凝心聚力，助力脱贫攻坚

2018年是我区脱贫攻坚进入攻坚阶段的关键一年，为将自治区脱贫攻坚会议精神落到实处，我委会同自治区财政厅在少数民族发展资金分配中，将

贯彻落实国务院《“十三五”促进民族地区和人口较少民族发展规划》和《兴边富民行动“十三五”规划》目标任务同自治区脱贫攻坚总体规划紧密结合，进一步加大对南疆四地州、特别是22个深度贫困县的支持力度，在分配中央预拨第一批少数民族发展资金76839万元时，适度调整《因素法》中的因素权重，专门增加深度贫困县因素，以体现对我区深度贫困地区的支持。第二批新增资金26104万元，全部用于南疆22个深度贫困县市，以体现聚焦总目标，全力支持深度贫困县脱贫攻坚。2018年我区共安排少数民族发展资金102943万元，其中用于南疆四地州57137.4万元，占当年资金总量的55.50%；用于全区22个深度贫困县的资金48261.1万元，占当年资金总量的46.88%。用于全区涉农资金整合的32个贫困县资金61408.9万元，占当年资金总量的59.65%。这些资金对于改善我区深度贫困地区及边境一线贫困村、人口较少民族贫困村等贫困地区的基础设施和少数民族群众的生产生活条件发挥了积极的作用，推动了当地脱贫攻坚工作步伐。

三、围绕民生建设，开展“惠民生”工程

我委会同财政厅将实施兴边富民行动和扶持人口较少民族发展与自治区“访惠聚”村级惠民生工程紧密结合，积极主动同自治区“访惠聚”办公室对接，完成好安排给我委的各项任务。2018年投入少数民族发展资金53219万元，用于扶持506个行政村开展“访惠聚”村级惠民生工程。为高质量地完成村级惠民生工程任务，我们按照少数民族发展资金管理使用的有关要求，将村级惠民生工程任务与少数民族发展资金项目同申报、同审核、同拨付，并要求各级民族工作部门积极同驻村“访惠聚”活动工作组对接，确保报送的项目，反映群众的心声、符合群众的发展意愿，着力解决长期困扰基层群众的出行难、饮水难、持续发展难等突出问题，通过逐年实施帮扶项目，基层群众的生产生活条件得到了明显改善，村容村貌发生了巨大变化，为农村发展、农业增效、农牧民增收打下了坚实的基础。“访惠聚”惠民生工程的实施，充分体现了党和政府对我区各族群众的特殊关怀，让我区各族群众自觉感党恩、听党话、跟党走，进一步增进了民族团结，强化了中华民族共同体意识。

四、抓好特色村寨和传统手工艺品保护与发展项目

2018年，我委仍然将抓好少数民族特色村寨和传统手工艺品保护与发展两项工作作为民族工作部门的“民特”项目，持续发力，久久为功。一是在巩固现有成果基础上，适当适量发展，保证现有的少数民族特色村寨和传统手工艺品保护与发展项目得到足量资金的支持，有充足的发展后劲，同时又避免盲目的上项目，造成资金的浪费等问题，稳步推进两项工作深入开展。2018年，我委共安排少数民族特色村寨保护与发展项目资金10025万元，安排少数民族传统手工艺品保护与发展项目资金2700万元。二是根据国家民委安排，参加全国少数民族特色村寨保护与发展工作现场会，并做大会发言；三是根据国家民委要求，认真梳理近年来我区少数民族传统手工艺品保护与发展工作开展情况，并撰写工作报告报国家民委。

五、加强资金监管，确保资金安全运行

2018年，认真做好资金监管工作，确保项目落实到位，资金安全运行。一是我委下发了《关于落实自治区财政厅<关于自治区 2017 年省级党委和政府扶贫开发成效考核有关问题的整改方案>的通知》（新民宗机发〔2018〕54号），并完成《关于落实<自治区 2017 年省级党委和政府扶贫开发成效考核有关问题的整改方案>的情况汇报》及报送工作；会同自治区纪检监察委派驻委（局）纪检组赴伊犁州、博州、阿勒泰地区、昌吉州开展督查调研，并撰写了《关于对2016—2018年少数民族发展资金使用和项目管理工作进行督查调研情况的报告》；二是配合国家民委石玉钢副主任完成赴喀什地区塔什库尔干县调研工作；配合国家民委纪检组组长周小莹一行完成赴伊犁州、博州、克拉玛依市等州市的督导检查工作并形成专报报送自治区党委；三是会同自治区财政厅出台了《关于加强财政专项扶贫资金（少数民族发展）项目库建设的通知》（新民宗机发〔2018〕101号）、《关于进一步加强中央财政专项扶贫资金（少数民族发展）项目管理有关事项的通知》（新民宗机发〔2018〕102号）等文件，并根据关于印发《新疆维吾尔自治区扶贫资

金项目公告公示制度实施办法》的通知要求，完成我委（局）2018 年度项目资金公告公示工作，主动接受社会各界监督。

六、配合国家民委，成功举办“全国兴边富民行动现场会暨全国民委系统援疆援藏工作会议”

自治区民委举全委（局）之力，上下齐心，配合国家民委在乌鲁木齐市成功举办了“全国兴边富民行动现场会暨全国民委系统援疆援藏工作会议”。为做好此项工作，我委党组高度重视，成立了以委主要领导任组长，各党组成员任副组长的会议筹办工作领导小组，提出会议总体方案，配合国家民委经济发展司开展好会议的选点、踩点工作；起草了自治区参会领导讲话以及考察手册制作等工作，并根据国家民委安排完成我区兴边富民行动宣传视频的制作工作；积极向自治区党委、政府做好会议筹备进展情况汇报，协调各相关单位做好会议各项保障工作，确保了此次会议圆满成功。

（撰稿：裴海龙　审稿：姜国利）

新疆生产建设兵团

一、经济综合实力进一步提升

2018 年，兵团在资金政策上坚持向少数民族聚居团场倾斜。在 36 个少数民族聚居团场投入专项资金数亿元，涉及水、电、路、气等基础设施建设、设施农业、畜牧养殖等多个领域，通过有效整合各类资源、依托项目带动，少数民族聚居团场经济社会实现了快速发展。如少数民族人口最多的第三师图木舒克市少数民族聚居团场 2018 年完成生产总值 41.15 万元，同比增长 5.1%，连队常住居民人均可支配收入 1.71 万元，增长 9.8%。第十四师皮山农场实现生产总值 33103 万元，比上年增长 7.4%。连队常住居民人均可支配收入 10931 元，年增长 8.8%。

二、人居环境持续改善

2018 年借助对口援疆和兵团加快少数民族聚居团场经济社会发展双轮驱动，兵师重点支持基础设施建设，加快推进重大基础设施和群众生产生活设施建设，完善连队居住区水、电、路、气、讯、邮政、广播电视户户通等基础设施建设。第十四师昆玉市大力推进交通、水利、能源、生态四大领域基础设施建设。交通设施建设开（复）工项目 6 个，总投资 7.28 亿元，完成投资 2 亿元；水利设施建设计划投资 1.08 亿元，完成投资 0.85 亿元；5 家光伏企业上网电量突破 1 亿千瓦时，产值 0.8 亿元；实施了昆玉市主城区春季、秋季绿化工程，总投资 1.4 亿元，建设绿地面积 81.24 公顷，城区绿化率从 8% 提高到 20%以上，有效改善了城区生态环境。第二师铁门关市 2018 年落实高效节水工程资金 1286 万元，新增加压滴灌面积 1050 亩，修缮加固房屋 126 户，铺设硬质化道路 23 公里，安装路灯 278 盏，完成 13 个基层单位阵地建设，建成小学综合楼 2300 平方米，广播电视发射站 750 平方米，幼儿园 2206 平方米，垃圾填埋场 1 座，巩固提升农村饮水安全工程和完善学校安保系统等。第九师投入资金 800 万元对 170 团庙尔沟二连进行人居环境提升改造，修建道路、实施绿化亮化等项目，提升了职工群众的生活品质。

三、特色产业发展势头良好

依托兴边富民行动、扶持少数民族发展、扶持人口较少民族发展资金，在少数民族聚居团场建成了一批规模养殖业、设施农业、林果种植业、商贸网点、旅游景点等项目，有力促进了优势产业和特色经济的发展。此外，还扶持了一批具有一定经营规模和经济实力、有较强带动作用的农副产品深加工企业，使团场资源就地加工和增值能力明显提高，使少数民族聚居团场初步形成了 1-2 个支柱和优势产业。如第三师图木舒克市 53 团利用地域优势，发展优质、高产、高效棉花生产基地 10 万亩，建成优质特色林果业 4.82 万亩，有效提高了市场竞争力。第四师 75 团建立了香紫苏特色种植地与香紫苏加工厂产业链，通过基地建设，形成特色产业，促进一连少数民族聚居地职工群众增收。第六师五家渠市红旗农场利用得天独厚的大三台沟旅游资源，依靠兴边富民行动项目支持，带动 100 余户牧民增收致富，实现了从单纯的养殖业向养殖业与旅游业相互依托模式的转变。第九师 170 团结合自身实际，利用 1100 万元援疆资金在良种牛羊繁育场新建牛圈 4 栋，青贮窖 3 个；在畜牧业发展方面招商引资 1500 万元，建设肉品深加工项目，朝晖畜牧养殖专业合作社等项目并投入生产；同时引进第九师圣果生物科技有限公司落地运营，生产沙棘冻干全果粉 40 余吨，实现产值 4000 万元。积极引导少数民族聚居团场职工群众以投资商铺、参与农贸市场经营、租赁房屋等方式增加收入，同时依托农业公司和农业合作社，鼓励职工以资金、技术、财产等要素入股，获得分红收益。2018 年，少数民族聚居团场农牧民人均可支配收入达 17859 万元，同比增长 8.4%。

四、民生持续得到改善

一是脱贫攻坚稳步推进。兵团坚持精准扶贫精准脱贫基本方略，落实“六个精准”要求，构建专项扶贫、行业扶贫、社会扶贫、援疆扶贫等多方力量的“四位一体”大扶贫格局，着力推进“五个一批”，有力地促进了少数民族经济社会发展。兵团 2018 年实现 1598 户 6525 名贫困人口脱贫，贫困人口由 2017 年底的 2898 户 12209 人减少至 1423 户 6018 人，贫困发生率由 0.8%降至 0.4%。二是团场富余劳动力就业安置工作扎实开展。各师团落实公益性岗位安置、小额担保贴息贷款等各项扶持政策，狠抓职业技能培训工作和团场农业一线非在岗劳动力转移工作取得成效。2018 年兵团建档立卡贫困劳动力实现新增就业 1864 人，依托对口援疆省市，组织 180 名少数民族贫困劳动力到广东省东莞市企业就业。第三师图木舒克市 44 团通过“科技之冬”、“职工技能培训”等培训职工群众 350 人次，转移农村富余劳动力 1624 人。第十四师昆玉市全年少数民族群众外出打工人数为 5500 人次，人均收入 6000 元以上。三是医疗卫生和社会保障建设成效凸显。基本养老保险和医疗保险覆盖率基本达到 100%，落实居民医保、大病医疗救助、人身意外伤害保险普惠政策，低保金、临时救助金、大病救助金等按时足额发放到位。四是少数民族聚居团场文化基础设施和公共文化服务体系进一步完善。如第三师 44 团投资 600 万元实施多功能活动室建设项目，九师投入 560 余万元在少数民族聚居团场新建基层党组织活动阵地 500 平方米等，保障了职工群众基本的文化活动需求。

（撰稿：田惠敏　审稿：李卫强）

统计资料篇

分“民族自治地方”“陆地边境县”“牧区半牧区县”“民族乡镇”“全国少数民族发展情况”“其他资料”6部分。涉及到的全国性统计数据均不包括台湾省和香港特别行政区、澳门特别行政区的资料。统计资料主要来源于国家政府主管部门、各级统计和民族工作部门。部分数据合计数或相对数由于单位取舍不同而产生的计算误差均未作机械调整。全部统计资料均经国家统计局统计设计管理司和国民经济综合统计司审核。

民族自治地方

一、行政区划

1-1 民族自治地方行政区划（2018年末）

省级		地级		县级		乡级
合计	行政区划单位	合计	行政区划单位	合计	行政区划单位	行政区划单位
5	5 自治区	77	38 地级市 6 地区 30 自治州 3 盟	712	93 市辖区 80 县级市 370 县 49 旗 117 自治县 3 自治旗	8394
河　北				6	6 自治县	117
内蒙古		12	9 地级市 3 盟	103	23 市辖区 11 县级市 17 县 49 旗 3 自治旗	1020
辽　宁				8	8 自治县	149
吉　林		1	1 自治州	11	6 县级市 2 县 3 自治县	111
黑龙江				1	1 自治县	11
浙　江				1	1 自治县	19
湖　北		1	1 自治州	10	2 县级市 6 县 2 自治县	102
湖　南		1	1 自治州	15	1 县级市 7 县 7 自治县	208
广　东				3	3 自治县	23
广　西		14	14 地级市	111	40 市辖区 8 县级市 51 县 12 自治县	1251

*乡级行政区划单位不包括街道办事处。

1-1 续表

省级	地级		县级		乡级
行政区划单位	合计	行政区划单位	合计	行政区划单位	行政区划单位
海　南			6	6 自治县	60
重　庆			4	4 自治县	127
四　川	3	3 自治州	51	3 县级市 44 县 4 自治县	1171
贵　州	3	3 自治州	46	5 县级市 30 县 11 自治县	638
云　南	8	8 自治州	78	12 县级市 37 县 29 自治县	786
西　藏	7	6 地级市 1 地区	74	8 市辖区 66 县	697
甘　肃	2	2 自治州	21	2 县级市 12 县 7 自治县	268
青　海	6	6 自治州	36	4 县级市 25 县 7 自治县	320
宁　夏	5	5 地级市	22	9 市辖区 2 县级市 11 县	240
新　疆	14	4 地级市 5 地区 5 自治州	105	13 市辖区 24 县级市 62 县 6 自治县	1076

1-2 民族自治地方县（旗）、市分布（2018年末）

地区	数量	县（旗）、市名称
河　北	6 自治县	秦皇岛市：青龙满族自治县 承德市：丰宁满族自治县、宽城满族自治县、围场满族蒙古族自治县 沧州市：孟村回族自治县 廊坊市：大厂回族自治县
内蒙古	9 地级市 3 盟 23 市辖区 11 县级市 17 县 49 旗 3 自治旗	*呼和浩特市：新城区、回民区、玉泉区、赛罕区、托克托县、和林格尔县、清水河县、武川县、土默特左旗 *包头市：昆都仑区、东河区、青山区、石拐区、白云鄂博矿区、九原区、固阳县、土默特右旗、达尔罕茂明安联合旗 *乌海市：海勃湾区、海南区、乌达区 *赤峰市：红山区、元宝山区、松山区、林西县、宁城县、阿鲁科尔沁旗、巴林左旗、巴林右旗、克什克腾旗、翁牛特旗、喀喇沁旗、敖汉旗 *通辽市：科尔沁区、霍林郭勒市、开鲁县、科尔沁左翼中旗、科尔沁左翼后旗、库伦旗、奈曼旗、扎鲁特旗 *鄂尔多斯市：康巴什区、东胜区、达拉特旗、准格尔旗、鄂托克前旗、鄂托克旗、杭锦旗、乌审旗、伊金霍洛旗 *呼伦贝尔市：海拉尔区、扎赉诺尔区、满洲里市、牙克石市、扎兰屯市、额尔古纳市、根河市、阿荣旗、陈巴尔虎旗、新巴尔虎左旗、新巴尔虎右旗、莫力达瓦达斡尔族自治旗鄂伦春自治旗、鄂温克族自治旗、 *巴彦淖尔市：临河区、五原县、磴口县、乌拉特前旗、乌拉特中旗、乌拉特后旗、杭锦后旗 *乌兰察布市：集宁区、丰镇市、卓资县、化德县、商都县、兴和县、凉城县、察哈尔右翼前旗、察哈尔右翼中旗、察哈尔右翼后旗、四子王旗 兴安盟：乌兰浩特市、阿尔山市、突泉县、科尔沁右翼前旗、科尔沁右翼中旗、扎赉特旗 锡林郭勒盟：锡林浩特市、二连浩特市、多伦县、阿巴嘎旗、苏尼特左旗、苏尼特右旗、东乌珠穆沁旗、西乌珠穆沁旗、太仆寺旗、镶黄旗、正镶白旗、正蓝旗 阿拉善盟：阿拉善左旗、阿拉善右旗、额济纳旗
辽　宁	8 自治县	鞍山市：岫岩满族自治县 抚顺市：新宾满族自治县、清原满族自治县 本溪市：本溪满族自治县、桓仁满族自治县 丹东市：宽甸满族自治县 阜新市：阜新蒙古族自治县 朝阳市：喀喇沁左翼蒙古族自治县
吉　林	1 自治州 6 县级市 2 县 3 自治县	四平市：伊通满族自治县 白山市：长白朝鲜族自治县 松原市：前郭尔罗斯蒙古族自治县 延边朝鲜族自治州：延吉市、图们市、敦化市、珲春市、龙井市、和龙市、汪清县、安图县
黑龙江	1 自治县	大庆市：杜尔伯特蒙古族自治县
浙　江	1 自治县	丽水市：景宁畲族自治县
湖　北	1 自治州 2 县级市 6 县 2 自治县	宜昌市：长阳土家族自治县、五峰土家族自治县 恩施土家族苗族自治州：恩施市、利川市、建始县、巴东县、宣恩县、咸丰县、来凤县、鹤峰县

注：1.内蒙古行政区划中的旗相当于县。
　　2.表中有*号的为民族自治地方所辖地级市。

1-2 续表 1

地 区	数量	县（旗）、市名称
湖 南	1 自治州 1 县级市 7 县 7 自治县	邵阳市：城步苗族自治县 永州市：江华瑶族自治县 怀化市：麻阳苗族自治县、新晃侗族自治县、芷江侗族自治县、靖州苗族侗族自治县、通道侗族自治县 湘西土家族苗族自治州：吉首市、泸溪县、凤凰县、花垣县、保靖县、古丈县、永顺县、龙山县
广 东	3 自治县	韶关市：乳源瑶族自治县 清远市：连山壮族瑶族自治县、连南瑶族自治县
广 西	14 地级市 40 市辖区 7 县级市 52 县 12 自治县	*南宁市：青秀区、兴宁区、江南区、西乡塘区、良庆区、邕宁区、武鸣区、隆安县、马山县、上林县、宾阳县、横县 *柳州市：柳北区、城中区、鱼峰区、柳南区、柳江区、柳城县、鹿寨县、融安县、融水苗族自治县、三江侗族自治县 *桂林市：临桂区、秀峰区、叠彩区、象山区、七星区、雁山区、荔浦市、阳朔县、灵川县、全州县、兴安县、永福县、灌阳县、资源县、平乐县、龙胜各族自治县、恭城瑶族自治县 *梧州市：长洲区、万秀区、龙圩区、岑溪市、苍梧县、藤县、蒙山县 *北海市：海城区、银海区、铁山港区、合浦县 *防城港市：港口区、防城区、东兴市、上思县 *钦州市：钦南区、钦北区、灵山县、浦北县 *贵港市：港北区、港南区、覃塘区、桂平市、平南县 *玉林市：玉州区、福绵区、北流市、容县、陆川县、博白县、兴业县 *百色市：右江区、靖西市、田阳县、田东县、平果县、德保县、那坡县、凌云县、乐业县、田林县、西林县、隆林各族自治县 *贺州市：八步区、平桂区、昭平县、钟山县、富川瑶族自治县 *河池市：宜州区、金城江区、南丹县、天峨县、凤山县、东兰县、罗城仫佬族自治县、环江毛南族自治县、巴马瑶族自治县、都安瑶族自治县、大化瑶族自治县 *来宾市：兴宾区、合山市、忻城县、象州县、武宣县、金秀瑶族自治县 *崇左市：江州区、凭祥市、扶绥县、宁明县、龙州县、大新县、天等县
海 南	6 自治县	白沙黎族自治县、昌江黎族自治县、乐东黎族自治县、陵水黎族自治县、保亭黎族苗族自治县、琼中黎族苗族自治县
重 庆	4 自治县	石柱土家族自治县、秀山土家族苗族自治县、酉阳土家族苗族自治县、彭水苗族土家族自治县
四 川	3 自治州 3 县级市 44 县 4 自治县	绵阳市：北川羌族自治县 乐山市：峨边彝族自治县、马边彝族自治县 阿坝藏族羌族自治州：马尔康市、汶川县、理县、茂县、松潘县、九寨沟县、金川县、小金县、黑水县、壤塘县、阿坝县、若尔盖县、红原县 甘孜藏族自治州：康定市、泸定县、丹巴县、九龙县、雅江县、道孚县、炉霍县、甘孜县、新龙县、德格县、白玉县、石渠县、色达县、理塘县、巴塘县、乡城县、稻城县、得荣县、 凉山彝族自治州：西昌市、盐源县、德昌县、会理县、会东县、宁南县、普格县、布拖县、金阳县、昭觉县、喜德县、冕宁县、越西县、甘洛县、美姑县、雷波县、木里藏族自治县

1-2 续表 2

地 区	数量	县（旗）、市名称
贵 州	3 自治州 5 县级市 30 县 11 自治县	遵义市：道真仡佬族苗族自治县、务川仡佬族苗族自治县 安顺市：镇宁布依族苗族自治县、关岭布依族苗族自治县、 紫云苗族布依族自治县 毕节市：威宁彝族回族苗族自治县 铜仁市：玉屏侗族自治县、印江土家族苗族自治县、沿河土家族自治县、 松桃苗族自治县 黔西南布依族苗族自治州：兴义市、兴仁市、普安县、晴隆县、贞丰县、 望谟县、册亨县、安龙县 黔东南苗族侗族自治州：凯里市、黄平县、施秉县、三穗县、镇远县、 岑巩县、天柱县、锦屏县、剑河县、台江县、 黎平县、榕江县、从江县、雷山县、麻江县、丹寨县 黔南布依族苗族自治州：都匀市、福泉市、荔波县、贵定县、瓮安县、 独山县、平塘县、罗甸县、长顺县、龙里县、 惠水县、三都水族自治县
云 南	8 自治州 12 县级市 37 县 29 自治县	昆明市：石林彝族自治县、禄劝彝族苗族自治县、寻甸回族彝族自治县 玉溪市：峨山彝族自治县、新平彝族傣族自治县、 元江哈尼族彝族傣族自治县 丽江市：玉龙纳西族自治县、宁蒗彝族自治县 普洱市：宁洱哈尼族彝族自治县、墨江哈尼族自治县、景东彝族自治县、 景谷傣族彝族自治县、镇沅彝族哈尼族拉祜族自治县、 江城哈尼族彝族自治县、孟连傣族拉祜族佤族自治县、 澜沧拉祜族自治县、西盟佤族自治县 临沧市：双江拉祜族佤族布朗族傣族自治县、耿马傣族佤族自治县、 沧源佤族自治县 楚雄彝族自治州：楚雄市、双柏县、牟定县、南华县、姚安县、大姚县、 永仁县、元谋县、武定县、禄丰县 红河哈尼族彝族自治州：蒙自市、个旧市、开远市、弥勒市、建水县、 石屏县、泸西县、元阳县、红河县、绿春县、 屏边苗族自治县、金平苗族瑶族傣族自治县、 河口瑶族自治县 文山壮族苗族自治州：文山市、砚山县、西畴县、麻栗坡县、马关县、 丘北县、广南县、富宁县 西双版纳傣族自治州：景洪市、勐海县、勐腊县 大理白族自治州：大理市、祥云县、宾川县、弥渡县、永平县、云龙县、 洱源县、剑川县、鹤庆县、漾濞彝族自治县、 南涧彝族自治县、巍山彝族回族自治县 德宏傣族景颇族自治州：芒市、瑞丽市、梁河县、盈江县、陇川县 怒江傈僳族自治州：泸水市、福贡县、贡山独龙族怒族自治县、 兰坪白族普米族自治县 迪庆藏族自治州：香格里拉市、德钦县、维西傈僳族自治县
西 藏	6 地级市 1 地区 8 市辖区 66 县	*拉萨市：城关区、堆龙德庆区、达孜区、林周县、当雄县、尼木县、 曲水县、墨竹工卡县 *日喀则市：桑珠孜区、南木林县、江孜县、定日县、萨迦县、拉孜县、 昂仁县、谢通门县、白朗县、仁布县、康马县、定结县、 仲巴县、亚东县、吉隆县、聂拉木县、萨嘎县、岗巴县 *昌都市：卡若区、江达县、贡觉县、类乌齐县、丁青县、察雅县、 八宿县、左贡县、芒康县、洛隆县、边坝县 *林芝市：巴宜区、工布江达县、米林县、墨脱县、波密县、察隅县、朗县 *山南市：乃东区、扎囊县、贡嘎县、桑日县、琼结县、曲松县、措美县、 洛扎县、加查县、隆子县、错那县、浪卡子县 *那曲市：色尼区、嘉黎县、比如县、聂荣县、安多县、申扎县、索县、 班戈县、巴青县、尼玛县、双湖县 阿里地区：噶尔县、普兰县、札达县、日土县、革吉县、改则县、措勤县

1–2　续表 3

地　区	数量	县（旗）、市名称
甘　肃	2　自治州 2　县级市 12　县 7　自治县	天水市：张家川回族自治县 武威市：天祝藏族自治县 张掖市：肃南裕固族自治县 酒泉市：肃北蒙古族自治县、阿克塞哈萨克族自治县 临夏回族自治州：临夏市、临夏县、康乐县、永靖县、广河县、和政县、东乡族自治县、积石山保安族东乡族撒拉族自治县 甘南藏族自治州：合作市、临潭县、卓尼县、舟曲县、迭部县、玛曲县、碌曲县、夏河县
青　海	6　自治州 4　县级市 25　县 7　自治县	西宁市：大通回族土族自治县 海东市：民和回族土族自治县、互助土族自治县、化隆回族自治县、循化撒拉族自治县 海北藏族自治州：海晏县、祁连县、刚察县、门源回族自治县 黄南藏族自治州：同仁县、尖扎县、泽库县、河南蒙古族自治县 海南藏族自治州：共和县、同德县、贵德县、兴海县、贵南县 果洛藏族自治州：玛沁县、班玛县、甘德县、达日县、久治县、玛多县 玉树藏族自治州：玉树市、杂多县、称多县、治多县、囊谦县、曲麻莱县 海西蒙古族藏族自治州：德令哈市、格尔木市、茫崖市、乌兰县、都兰县、天峻县
宁　夏	5　地级市 9　市辖区 2　县级市 11　县	*银川市：金凤区、兴庆区、西夏区、灵武市、永宁县、贺兰县 *石嘴山市：大武口区、惠农区、平罗县 *吴忠市：利通区、红寺堡区、青铜峡市、盐池县、同心县 *固原市：原州区、西吉县、隆德县、泾源县、彭阳县 *中卫市：沙坡头区、中宁县、海原县
新　疆	4　地级市 5　地区 5　自治州 13　市辖区 24　县级市 62　县 6　自治县	*乌鲁木齐市：天山区、沙依巴克区、新市区、水磨沟区、头屯河区、达坂城区、米东区、乌鲁木齐县 *克拉玛依市：克拉玛依区、独山子区、白碱滩区、乌尔禾区 *吐鲁番市：高昌区、鄯善县、托克逊县 *哈密市：伊州区、巴里坤哈萨克自治县、伊吾县 阿克苏地区：阿克苏市、温宿县、库车县、沙雅县、新和县、拜城县、乌什县、阿瓦提县、柯坪县 喀什地区：喀什市、疏附县、疏勒县、英吉沙县、泽普县、莎车县、叶城县、麦盖提县、岳普湖县、伽师县、巴楚县、塔什库尔干塔吉克自治县 和田地区：和田市、和田县、墨玉县、皮山县、洛浦县、策勒县、于田县、民丰县 昌吉回族自治州：昌吉市、阜康市、呼图壁县、玛纳斯县、奇台县、吉木萨尔县、木垒哈萨克自治县 博尔塔拉蒙古自治州：博乐市、阿拉山口市、精河县、温泉县 巴音郭楞蒙古自治州：库尔勒市、轮台县、尉犁县、若羌县、且末县、和静县、和硕县、博湖县、焉耆回族自治县 克孜勒苏柯尔克孜自治州：阿图什市、阿克陶县、阿合奇县、乌恰县 伊犁哈萨克自治州：伊宁市、奎屯市、霍尔果斯市、伊宁县、霍城县、巩留县、新源县、昭苏县、特克斯县、尼勒克县、察布查尔锡伯自治县 塔城地区：塔城市、乌苏市、额敏县、沙湾县、托里县、裕民县、和布克赛尔蒙古自治县 阿勒泰地区：阿勒泰市、布尔津县、富蕴县、福海县、哈巴河县、青河县、吉木乃县 自治区直辖区县级行政单位：石河子市、阿拉尔市、图木舒克市、五家渠市、北屯市、铁门关市、双河市、可克达拉市、昆玉市

主要统计指标解释

行政区划 指国家对行政区域的划分。根据宪法规定，民族自治地方的行政区域划分如下：(1) 自治区分为地区（市、自治州）、县、自治县、市；(2) 自治州分为县、自治县、市；(3) 自治县分为乡、民族乡、镇。

二、综　合

2-1 民族自治地方国民经济与社会发展主要指标

指标	总量指标					
	1990年	1995年	2000年	2005年	2010年	2017年
人口与就业						
人口(万人)						
年底总人口	15296	16044	16818	17311	18531	18943
#少数民族人口	6880	7232	7767	8239	8814	9839
就业						
单位从业人员数(万人)	1543	1672	1733	1202	1297	1580
宏观经济						
地区生产总值(亿元)		**4901**	**7486**	**15706**	**38989**	**72046**
第一产业		1629	2022	3300	6198	10737
第二产业		1747	2834	6419	18809	28152
第三产业		1526	2629	5987	13982	33157
人均地区生产总值(元)		**3055**	**4451**	**8991**	**22060**	**39622**
财政(亿元)						
地方一般公共预算收入	166.7	248	476	1026	3257	7262
地方一般公共预算支出	304.4	595	1173	3050	10512	25655
产业						
农业						
耕地面积(万公顷)	1763	1508	2086	2033	2380	2844
灌溉面积(万公顷)	764	838	936	1027	1156	1378
农林牧渔总产值(亿元)		2537	3200	5349	10374	18888
主要农产品产量						
粮食产量(万吨)	5373	5801	6381	7187	8308	10118
棉花产量(万吨)	47	95	146	188	248	457
油料产量(万吨)	208	264	353	372	422	576
大牲畜年底头数(万头)	5286	5618	5566	6153	6068	5642
羊年底头数(万只)	11362	11906	13076	16391	14885	16751
猪年底头数(万头)	5668	7240	8201	8526	8141	8312
工业						
主要工业产品产量						
布(亿米)	7.4	6.9	5.0	3.5	3.6	3.9
机制纸及纸板(万吨)	94	191	175	273	385	470
成品糖(万吨)	223	240	498	678	907	1208
原煤(亿吨)	1.2	1.7	1.5	3.8	10.4	12.2
原油(万吨)	1265	1610	2292	2833	3059	3001
发电量(亿千瓦小时)	739	1187	1712	3052	6730	15764
粗钢(万吨)	368	700	647	1846	4005	5659
生铁(万吨)	417	555	725	2087	4447	5371
水泥(万吨)	1958	4296	5703	10156	21653	36507
建筑业						
建筑业企业人数(万人)			132	142	194	293
建筑业总产值(亿元)			754	1656	5203	11097
施工房屋面积(万平方米)			9232	15964	35052	57713
竣工房屋面积(万平方米)			5326	8072	15418	20119

2018年	速度指标(%)								
	指数（2018年为以下各年）						平均增长速度		
	1990年	1995年	2000年	2005年	2010年	2017年	1991—2018年	1996—2018年	2001—2018年
18938	123.8	118.0	112.6	109.4	102.2	100.0	0.8	0.7	0.7
9781	142.2	135.3	125.9	118.7	111.0	99.4	1.3	1.3	1.3
1559	101.0	93.2	89.9	129.7	120.2	98.7	0.0	-0.3	-0.6
77668		**1071.1**	**694.5**	**399.1**	**204.3**	**106.7**		**10.9**	**11.4**
11254		339.8	258.7	196.2	148.5	105.0		5.5	5.4
29997		1827.3	1085.3	520.7	221.8	105.9		13.5	14.2
36417		1109.8	690.1	402.1	215.5	107.8		11.0	11.3
42409		**1388.3**	**952.7**	**471.7**	**192.2**	**107.0**		**12.1**	**13.3**
7572	4542.1	3051.9	1592.2	737.7	232.5	104.3	14.6	16.0	16.6
27987	9194.0	4702.9	2386.1	917.5	266.2	109.1	17.5	18.2	19.3
2857	162.0	189.4	136.9	140.5	120.0	100.4	1.7	2.8	1.8
1412	184.8	168.5	150.9	137.4	122.1	102.4	2.2	2.3	2.3
19693	4395.5	315.3	240.2	176.2	112.0	105.1	14.5	5.1	5.0
10362	192.9	178.6	162.4	144.2	124.7	102.4	2.4	2.6	2.7
511	1088.0	540.5	349.7	272.1	205.8	111.9	8.9	7.6	7.2
533	256.1	201.8	150.8	143.2	126.1	92.5	3.4	3.1	2.3
5121	96.9	91.2	92.0	83.2	84.4	90.8	-0.1	-0.4	-0.5
16034	141.1	134.7	122.6	97.8	107.7	95.7	1.2	1.3	1.1
6975	123.1	96.3	85.1	81.8	85.7	83.9	0.7	-0.2	-0.9
6.1	81.8	87.7	120.8	172.9	166.6	156.0	-0.7	-0.6	1.1
446	474.1	233.3	254.3	163.5	115.8	94.9	5.7	3.8	5.3
1287	578.1	537.3	258.3	189.8	141.9	106.5	6.5	7.6	5.4
13.3	1099.4	801.4	909.7	350.1	128.0	108.7	8.9	9.5	13.1
2944	232.7	182.8	128.4	103.9	96.2	98.1	3.1	2.7	1.4
16105	2179.8	1357.3	940.4	527.6	239.3	102.2	11.6	12.0	13.3
5822	1580.9	832.2	899.8	315.4	145.4	102.9	10.4	9.7	13.0
5929	1421.9	1068.9	818.0	284.1	133.3	110.4	9.9	10.9	12.4
35195	1797.7	819.3	617.1	346.5	162.5	96.4	10.9	9.6	10.6
280			212.5	197.3	144.0	95.5			4.3
12062			1599.1	728.4	231.8	108.7			16.6
54897			594.7	343.9	156.6	95.1			10.4
18616			349.5	230.6	120.7	92.5			7.2

2-1 续表

指　　标	总量指标					
	1990年	1995年	2000年	2005年	2010年	2017年
邮电运输						
铁路营业里程(万公里)	1.31	1.70	1.43	1.69	2.12	3.14
公路通车里程(万公里)	29	33	42	59	91	124
邮电业务总量(亿元)	9	78	297	892	2456	2382
邮路及农村投递						
线路总长度(万公里)	88	107	110	110	127	207
对外经济贸易						
进出口总额(亿元)						7099
出口额(亿元)						3924
进口额(亿元)						3181
国际旅游						
国际旅游人数(万人次)			269	467	820	1936
国际旅游外汇收入(亿美元)			8	13	30	88
金融						
金融机构各项存款余额(亿元)			7906	16324	46622	113907
金融机构各项贷款余额(亿元)			6548	11300	30579	91256
教育、文化、卫生						
教育						
在校学生数(万人)						
普通高等学校	13.6	18.6	34.2	100.0	161.9	223.4
普通中学	610	632	873	1082	1050	1031
普通小学	1853	1889	1886	1668	1536	1539
专任教师数(万人)						
普通高等学校	2.8	3.7	3.6	6.3	9.5	11.9
普通中学	41.5	41.5	47.9	61.1	67.4	76.3
普通小学	84.8	85.8	89.9	88.1	90.7	91.0
文化						
出版数量						
图书(万册)	30166	42275	42310	41958	43099	68020
杂志(万册)	7866	7881	8332	10280	8276	9886
报纸(万份)	79120	94985	123277	169518	174848	172137
卫生						
医疗卫生机构数(万个)	1.06	1.23	1.25	1.18	1.20	4.87
医疗卫生机构床位(万张)	33.2	35.7	36.1	38.4	55.7	93.7
社会服务						
福利类收养单位床位数(万张)					27.3	35.5
城镇社区服务设施数(个)					6188	10812
城乡最低生活保障人数(万人)					1907.4	1639

注：1.规模以上工业企业统计范围1998年至2006年签字全部国有及年主营收入在500万元及以上非国有工业企业；
2.2007至2010年为年主营业务收入在500万元及以上的工业企业；2010年以后为年主营业务收入在2000万元及以上的工业企业；
3.2016年以后医疗卫生机构统计范围为医院、基础卫生医疗机构数，基础卫生医疗机构数包括社区卫生服务中心(站)、卫生院、门诊部、诊所、卫生所、医务室。

2018年	速度指标(%)								
	指数（2018年为以下各年）						平均增长速度		
	1990年	1995年	2000年	2005年	2010年	2017年	1991—2018年	1996—2018年	2001—2018年
3.18	242.4	186.8	222.4	187.9	149.5	101.1			4.5
126	429.5	379.9	297.8	214.0	138.3	102.0	5.3	6.0	6.2
5088	59168.5	6523.7	1713.9	570.6	207.2	213.6	25.6	19.9	17.1
248	281.7	232.1	226.3	226.0	195.6	119.9	3.8	3.7	4.6
7986						112.5			
4308						109.8			
3679						115.7			
2211			821.9	473.5	269.6	114.2			12.4
95			1261.7	744.1	317.5	108.8			15.1
117870			1490.9	722.1	252.8	103.5			16.2
99561			1520.5	881.1	325.6	109.1			16.3
231.1	1699.2	1242.4	675.7	231.1	142.8	103.4	10.6	11.6	11.2
1074	176.2	170.0	123.0	99.2	102.2	104.2	2.0	2.3	1.2
1573	84.9	83.2	83.4	94.3	102.4	102.2	-0.6	-0.8	-1.0
12.2	434.8	329.0	334.5	193.2	128.6	102.4	5.4	5.3	6.9
78.2	188.4	188.6	163.3	128.0	116.0	102.5	2.3	2.8	2.8
94.7	111.6	110.3	105.3	107.5	104.3	104.0	0.4	0.4	0.3
71371	236.6	168.8	168.7	170.1	165.6	104.9	3.1	2.3	2.9
9298	118.2	118.0	111.6	90.4	112.3	94.0	0.6	0.7	0.6
170706	215.8	179.7	138.5	100.7	97.6	99.2	2.8	2.6	1.8
5.45	515.5	442.1	436.4	460.2	455.8	111.9	6.0	6.7	8.5
104.8	315.7	293.5	290.1	272.6	188.0	111.8	4.2	4.8	6.1
34.7					127.2	97.9			
10823					174.9	100.1			
1366.2					71.6	83.3			

2-2 民族自治地方国民经济与社会发展主要指标占全国的比重

指 标	1990年	1995年	2000年	2005年	2010年	2014年	2015年	2016年	2017年	2018年
人口与就业										
年底总人口	13.38	13.25	13.27	13.36	13.82	13.71	13.54	13.55	13.63	13.57
单位从业人员	10.98	11.22	14.29	10.79	9.94	8.66	2.05	2.02	2.03	2.01
地区生产总值		**8.52**	**7.70**	**7.94**	**8.92**	**10.12**	**9.71**	**9.45**	**8.71**	**8.63**
第一产业		13.68	13.62	14.35	15.29	16.41	16.33	16.49	16.40	17.39
第二产业		6.50	6.19	6.62	8.55	10.92	10.44	10.06	8.41	8.20
第三产业		8.14	7.19	7.69	7.92	8.21	7.94	7.81	7.76	7.76
人均地区生产总值		60.54	56.65	63.98	67.00	73.60	70.37	73.37	66.41	65.60
财政										
地方一般公共预算收入	8.60	8.31	7.42	6.80	8.02	8.74	8.49	8.18	7.94	7.73
地方一般公共预算支出	14.60	12.33	11.31	12.13	14.23	15.01	14.48	12.58	14.81	14.87
农业										
农业总产值	12.80	12.47	12.84	13.56	14.97	11.10	15.77	15.74	17.28	17.34
耕地面积	18.40									
灌溉面积	16.12	17.00	17.40	18.67	19.16	16.33	19.72	18.48	20.32	20.68
主要农牧产品										
粮食	12.00	12.43	15.75	14.85	15.20	16.11	15.77	15.85	15.29	15.75
棉花	10.40	19.84	33.11	32.89	41.68	59.61	63.09	67.92	80.82	83.79
油料	12.90	11.73	11.95	12.09	13.08	13.84	14.50	15.59	16.57	15.52
大牲畜年末头数	40.60	35.40	36.74	39.09	49.58	47.98	45.72	49.70	57.79	53.21
羊年末只数	54.10	43.00	45.04	43.98	53.00	53.90	52.96	53.18	55.41	53.96
猪年末头数	15.60	16.40	18.35	16.94	17.52	18.77	18.64	19.14	18.82	16.29
工业										
工业总产值	5.40	4.60	4.59	4.23	5.51					
主要工业产品										
布(混合数)	3.90	2.70	1.81	0.74	0.45	0.13	0.15	0.29	0.49	0.92
机制纸及纸板	6.86	6.80	7.06	5.05	3.92	4.08	3.75	3.80	3.75	3.83
成品糖	38.25	42.84	71.17	75.09	81.15	98.38	83.89	83.37	82.06	84.43
原煤	11.20	12.20	14.65	17.37	32.12	33.36	31.47	32.70	34.73	36.12
原油	9.10	10.70	14.06	15.66	15.07	17.49	15.07	14.90	15.67	15.57
发电量	11.90	11.80	12.63	12.33	16.00	20.17	21.50	22.29	24.27	22.64
粗钢	5.60	7.30	5.04	5.24	6.28	6.19	6.38	6.57	6.81	6.27

2-2 续表

指 标	1990年	1995年	2000年	2005年	2010年	2014年	2015年	2016年	2017年	2018年
生铁	6.68	5.27	5.53	6.32	7.45	7.57	7.02	7.63	7.53	7.69
水泥	9.34	9.03	9.55	9.55	11.51	14.52	15.43	16.45	15.66	15.94
木材	31.60	48.10	22.28							
建筑业										
建筑业总产值			4.50	4.77	5.42	3.64	5.04	5.05	5.19	5.13
运输										
铁路营业里程	24.50	31.10	24.30	22.41	23.28	21.38	24.98	24.55	24.73	24.12
公路线路里程	28.40	28.70	30.20	17.63	22.75	25.08	25.24	25.50	25.90	26.03
对外经济贸易										
进出口贸易			1.81	1.56	1.79	2.51	2.61	2.76	2.55	2.87
出口额			1.99	1.91	2.10	3.09	2.84	2.73	2.56	2.81
进口额			1.60	1.25	1.45	1.82	2.30	2.79	2.55	2.95
国际旅游										
国际旅游人数			4.17	4.42	7.04	20.29	20.99	20.99	20.41	15.66
旅游外汇收入			4.65	4.37	6.50	13.57	5.19	5.95	7.09	7.49
教育										
在校学生										
普通高等学校	6.59	6.40	6.15	6.40	7.25	7.27	7.65	7.77	8.11	8.16
普通中学	13.29	11.76	11.85	14.88	13.64	15.11	14.81	15.16	15.12	15.28
普通小学	15.14	14.32	14.49	15.35	15.45	15.57	15.10	15.13	15.24	15.21
专任教师										
普通高等学校	7.09	9.23	7.86	6.48	7.05	7.00	6.95	7.10	7.28	7.28
普通中学	13.68	12.44	11.96	12.82	13.38	14.42	15.53	14.15	14.34	14.34
普通小学	15.19	15.15	15.35	15.75	16.15	13.73	15.54	15.74	15.31	15.54
卫生										
医疗卫生机构数	17.00	18.10	18.78	19.68	19.84	21.68	19.54	4.94	5.05	5.58
医疗卫生机构床位数	12.70	12.60	12.25	11.96	11.77	11.85	11.76	12.34	13.36	11.00
卫生技术人员	12.50	12.40	7.91	10.66	10.85	8.64	11.87	11.91	11.94	11.83

注：1.本表中涉及民族自治地方GDP占全国的比重，分母为全国31个省(区、市)相加的合计数。
2.财政收支占全国的比重是指占全国地方财政收支的比重。
3.2016年以后#医疗卫生机构统计范围为医院、基础卫生医疗机构数，基础卫生医疗机构数包括社区卫生服务中心(站)、卫生院、门诊部、诊所、卫生所、医务室。

2-3 按区域分的国民经济和社会发展主要指标（2018年）(一)

指　标	全国总计	民族自治地方		东部地区	
		绝对数	占全国比重(%)	绝对数	占全国比重(%)
自然资源					
土地面积(万平方公里)	960	613	63.9	92	9.5
人口					
总人口(年末)(万人)	139538	18938	13.6	53750	38.5
国民经济核算					
国内(地区)生产总值(亿元)	900310	77668	8.6	480996	53.4
第一产业	64734	11254	17.4	22004	34.0
第二产业	366001	29997	8.2	196449	53.7
第三产业	469575	36417	7.8	262542	55.9
人均国内(地区)生产总值(元)	64644	42409		89488	
财政					
地方一般公共预算收入(亿元)	97903	7572	7.7	56093	57.3
地方一般公共预算支出(亿元)	188196	27987	14.9	79293	42.1
对外贸易					
货物进出口总额(亿元)	278101	7986	2.9	248568	89.4
出口额(亿元)	153311	4308	2.8	134675	87.8
进口额(亿元)	124790	3679	2.9	113893	91.3
农业					
主要农产品产量(万吨)					
粮食	65789	10362	15.8	14798	22.5
棉花	610	511	83.8	50	8.2
油料	3433	533	15.5	685	20.0
工业					
主要工业产品产量					
原煤(万吨)	368300	133026	36.1	21000	5.7
发电量(亿千瓦小时)	71118	16105	22.6	26996	38.0
粗钢(万吨)	92801	5822	6.3	51208	55.2
水泥(万吨)	220771	35195	15.9	77664	35.2
交通运输业					
铁路营业里程(万公里)	13	3.2	24.1	3.2	23.9
公路里程(万公里)	485	126.2	26.0	116.2	24.0
旅客周转量(亿人公里)	34218	2803	8.2	8788	25.7
货物周转量(亿吨公里)	204686	16292	8.0	112868	55.1
邮电通信业					
邮电业务总量(亿元)	77979	5088	6.5	9356	12.0
教育					
普通高等学校					
学校数(个)	2663	228	8.6	1015	38.1
招生数(万人)	791	73	9.3	297	37.5
在校学生数(万人)	2831	231	8.2	1077	38.0
毕业生数(万人)	753	55	7.3	289	38.4
卫生					
医疗卫生机构数(万个)	98	5.5	5.6	33.2	34.0
卫生技术人员(万人)	953	112.8	11.8	389.8	40.9
医疗卫生机构床位数(万张)	810	104.8	12.9	282.8	34.9
人民生活					
城镇居民人均可支配收入(元)	39251	32739		46433	
农村居民人均可支配收入(元)	14617	11523		18286	

2-3（一） 续表

指 标	中部地区		西部地区		东北地区	
	绝对数	占全国比重(%)	绝对数	占全国比重(%)	绝对数	占全国比重(%)
自然资源						
土地面积(万平方公里)	103	10.7	687	71.5	79	8.2
人口						
总人口(年末)(万人)	37111	26.6	37956	27.2	10836	7.8
国民经济核算						
国内(地区)生产总值(亿元)	192658	21.4	184302	20.5	56752	6.3
第一产业	16176	25.0	20358	31.4	6195	9.6
第二产业	84759	23.2	74646	20.4	20467	5.6
第三产业	91723	19.5	89298	19.0	30090	6.4
人均国内(地区)生产总值(元)	51914		48557		52373	
财政						
地方一般公共预算收入(亿元)	17648	18.0	19022	19.4	5140	5.2
地方一般公共预算支出(亿元)	40479	21.5	54620	29.0	13804	7.3
对外贸易						
货物进出口总额(亿元)	19800	7.1	24812	8.9	11828	4.3
出口额(亿元)	12598	8.2	12350	8.1	4505	2.9
进口额(亿元)	7202	5.8	12462	10.0	7323	5.9
农业						
主要农产品产量(万吨)						
粮食	19374	29.4	14418	21.9	12413	18.9
棉花	44	7.2	516	84.6	0	0.0
油料	1462	42.6	1109	32.3	177	5.2
工业						
主要工业产品产量						
原煤(万吨)	118000	32.0	219000	59.5	11000	3.0
发电量(亿千瓦小时)	14615	20.6	25656	36.1	3850	5.4
粗钢(万吨)	19261	20.8	13479	14.5	8853	9.5
水泥(万吨)	59261	26.8	76255	34.5	7591	3.4
交通运输业						
铁路营业里程(万公里)	2.9	21.9	5.3	40.1	1.8	14.0
公路里程(万公里)	129.8	26.8	199.2	41.1	39.5	8.2
旅客周转量(亿人公里)	7048	20.6	5870	17.2	1800	5.3
货物周转量(亿吨公里)	40866	20.0	31341	15.3	13960	6.8
邮电通信业						
邮电业务总量(亿元)	1618	2.1	1045	1.3	327	0.4
教育						
普通高等学校						
学校数(个)	695	26.1	695	26.1	258	9.7
招生数(万人)	222	28.0	210	26.5	63	8.0
在校学生数(万人)	786	27.8	732	25.9	235	8.3
毕业生数(万人)	215	28.5	185	24.6	64	8.5
卫生						
医疗卫生机构数(万个)	26.2	26.9	30.6	31.3	7.7	7.9
卫生技术人员(万人)	229.7	24.1	260.6	27.4	71.8	7.5
医疗卫生机构床位数(万张)	217.9	26.9	238.7	29.5	71.0	8.8
人民生活						
城镇居民人均可支配收入(元)	33803		33389		32994	
农村居民人均可支配收入(元)	13954		11831		14080	

注：1.旅客周转量全国总计大于分地区之和的原因是有不分地区合计数，为民航完成数；
2.货物周转量全国总计大于分地区之和的原因是有不分地区合计数，不分地区合计数中包括铁路行包运量、民航、管道、中远集团海外公司和中海集团香港有限公司完成数。
3.2016年以后#医疗卫生机构统计范围为医院、基础卫生医疗机构数，基础卫生医疗机构数包括社区卫生服务中心(站)、卫生院、门诊部、诊所、卫生所、医务室。

2-3 按区域分的国民经济和社会发展主要指标（2018年）(二)

指标	全国总计	民族自治地方		牧区半牧区县	
		绝对数	占全国比重(%)	绝对数	占全国比重(%)
县级行政区域单位数(个)	**2851**	**711**	**24.9**	**269**	**9.4**
土地面积(万平方公里)	**960**	**613**	**63.9**	**417**	**43.4**
人口					
总人口(年末)(万人)	139538.0	18937.8	13.6	4557.0	3.3
国内(地区)生产总值(亿元)	**900309.5**	**77668.4**	**8.6**	**18936.0**	**2.1**
第一产业	64734.0	11254.4	17.4	3728.4	5.8
第二产业	366000.9	29997.4	8.2	7422.8	2.0
第三产业	469574.6	36416.5	7.8	7823.2	1.7
人均国内(地区)生产总值(元)	64644.0	42409.0		41430.9	
财政					
地方一般公共预算收入(亿元)	97903	7571.7	7.7	1107.9	1.1
地方一般公共预算支出(亿元)	188196	27986.7	14.9	6089.1	3.2
农业					
农林牧渔业总产值(亿元)	113579.5	19693.2	17.3	5640.4	5.0
粮食(万吨)	65789.2	10362.0	15.8	6418.4	9.8
肉类总产量(万吨)	8624.6	1564.8	18.1	595.6	6.9
工业					
规模以上工业企业资产总计(亿元)	1134382.2	99370.0	8.8	26228.3	2.3
教育					
普通中学					
学校数(个)	65708	8844.0	13.5	2322.0	3.5
在校学生数(万人)	7027.8	1073.9	15.3	202.7	2.9
专任教师数(万人)	545.2	78.2	14.3	17.2	3.2
普通小学					
学校数(个)	161811	30407.0	18.8	7416.0	4.6
在校学生数(万人)	10339	1572.6	15.2	295.6	4.2
专任教师数(万人)	609.2	94.7	15.5	22.0	3.6
卫生					
医疗卫生机构数(万个)	97.7	5.5	5.6	4.2	4.3
卫生技术人员(万人)	952.9	112.8	11.8	19.1	2.0
医疗卫生机构床位数(万张)	810.3	104.8	12.9	19.0	2.3
人民生活					
农村居民人均可支配收入(元)	14617.0	11522.7		12108.6	

2-3(二) 续表

指 标	陆地边境县		青海等省藏区	
	绝对数	占全国比重(%)	绝对数	占全国比重(%)
县级行政区域单位数(个)	**139**	**4.9**	**74**	**2.6**
土地面积(万平方公里)	**194**	**20.2**	**102**	**10.6**
人口				
总人口(年末)(万人)	2374.7	1.7	554.5	0.4
国内(地区)生产总值(亿元)	**9264.1**	**1.0**	**2101.0**	**0.2**
第一产业	1921.7	3.0	336.2	0.5
第二产业	3314.8	0.9	971.3	0.3
第三产业	4027.8	0.9	793.6	0.2
人均国内(地区)生产总值(元)	39012.4		32790.9	
财政				
地方一般公共预算收入(亿元)	565.6	0.6	162.6	0.2
地方一般公共预算支出(亿元)	3190.0	1.7	1757.2	0.9
农业				
农林牧渔业总产值(亿元)	2859.4	4.4	476.4	0.4
粮食(万吨)	2268.9	3.4	104.9	0.2
肉类总产量(万吨)	183.4	2.1	59.3	0.7
工业				
规模以上工业企业资产总计(亿元)	9750.5	0.9	5401.5	0.5
教育				
普通中学				
学校数(个)	1175.0	1.8	298.0	0.5
在校学生数(万人)	100.1	1.4	45.5	0.6
专任教师数(万人)	8.8	1.6	2.3	0.4
普通小学				
学校数(个)	4671.0	2.9	1513.0	0.9
在校学生数(万人)	162.4	1.6	49.2	0.5
专任教师数(万人)	11.4	1.9	3.3	0.5
卫生				
医疗卫生机构数(万个)	1.6	1.6	0.03	0.03
卫生技术人员(万人)	11.5	1.2	1.2	0.1
医疗卫生机构床位数(万张)	10.8	1.3	0.03	0.003
人民生活				
农村居民人均可支配收入(元)	12075.2		10518.2	

2-4 民族自治地方地区生产总值

年 份	地区生产总值(亿元)	第一产业	第二产业	第三产业	地区生产总值构成(%)	第一产业	第二产业	第三产业
1992	2182.62	822.51	750.34	609.77	100	37.7	34.4	27.9
1993	2762.41	938.13	1072.35	751.93	100	34.0	38.8	27.2
1994	3976.93	1294.45	1450.44	1232.04	100	32.5	36.5	31.0
1995	4901.14	1628.55	1746.52	1526.07	100	33.2	35.6	31.2
1996	5658.35	1876.61	2208.18	1753.56	100	33.2	35.8	31.0
1997	6333.26	2047.92	2320.2	1965.14	100	32.3	36.6	31.1
1998	6589.84	2055.62	2381.01	2153.21	100	31.2	36.1	32.7
1999	6886.17	2007.83	2528.18	2350.16	100	29.2	36.7	34.1
2000	7486.15	2022.30	2834.43	2629.41	100	27.0	37.8	35.2
2001	8179.19	2088.98	3085.54	3004.67	100	25.5	37.7	36.8
2002	9015.06	2200.28	3438.70	3376.08	100	24.4	38.1	37.5
2003	10381.02	2455.72	4163.54	3761.76	100	23.7	40.1	36.2
2004	12518.62	2919.70	5347.60	4251.32	100	23.3	42.7	34.0
2005	15705.93	3300.20	6419.02	5986.71	100	21.0	40.9	38.1
2006	18659.12	3622.87	8089.54	6946.71	100	19.4	43.4	37.2
2007	22852.78	4311.54	10265.37	8275.88	100	18.9	44.9	36.2
2008	27940.20	5002.01	13202.16	9736.03	100	17.9	47.3	34.8
2009	32015.43	5243.11	14643.71	12128.61	100	16.4	45.7	37.9
2010	38988.79	6198.21	18808.87	13981.72	100	15.9	48.2	35.9
2011	47915.67	7242.74	23885.14	16787.79	100	15.1	49.8	35.0
2012	54078.62	8145.70	26550.14	19382.77	100	15.1	49.1	35.8
2013	59265.87	8989.72	28568.63	21707.52	100	15.2	48.2	36.6
2014	64369.23	9572.90	29676.60	25120.21	100	14.9	46.1	39.0
2015	66553.23	9937.46	29297.62	27318.11	100	14.9	44.0	41.0
2016	70283.40	10501.86	29790.45	29991.10	100	14.9	42.4	42.7
2017	72046.04	10736.58	28152.47	33156.99	100	14.9	39.1	46.0
2018	77668.37	11254.38	29997.45	36416.53	100	14.5	38.6	46.9

2-5 民族自治地方地区生产总值指数

(上年=100)

年 份	地区生产总值	第一产业	第二产业	第三产业
1993	111.7	104.7	121.8	113.8
1994	113.8	107.1	118.8	114.7
1995	109.4	106.3	112.4	109.3
1996	110.6	110.1	112.3	109.1
1997	110.7	108.4	112.7	110.6
1998	108.8	105.7	111.3	109.0
1999	107.3	102.5	109.5	109.4
2000	107.9	101.7	109.2	111.8
2001	108.3	103.1	109.2	111.4
2002	110.2	105.4	112.4	111.3
2003	111.9	105.9	117.2	110.2
2004	113.4	106.7	119.0	111.7
2005	114.9	107.3	121.7	112.4
2006	114.4	106.2	119.7	113.3
2007	115.4	105.4	120.2	114.8
2008	113.8	106.4	117.1	112.9
2009	114.0	105.0	117.9	113.3
2010	114.0	105.6	118.2	112.1
2011	113.5	105.7	117.1	112.3
2012	112.0	106.1	114.5	111.0
2013	110.5	104.4	112.3	109.6
2014	108.6	105.8	110.3	109.1
2015	108.3	104.7	108.0	110.1
2016	108.1	103.9	107.8	109.9
2017	107.2	104.9	105.6	109.4
2018	106.7	105.0	105.9	107.8

2-6 民族自治地方分地区生产总值(2018年)

单位：亿元

地 区	地 区 生产总值	第一产业	第二产业	第三产业	工 业	建筑业
合 计	**77668.37**	**11254.38**	**29997.45**	**36416.53**	**22273.54**	**7973.88**
河 北	750.52	145.96	264.68	339.87	207.29	57.39
内蒙古	17289.22	1753.82	6807.30	8728.10	5484.86	1322.44
辽 宁	784.73	197.47	218.07	369.18	167.03	51.44
吉 林	1156.34	141.88	297.03	717.42	218.49	50.49
黑龙江	80.51	37.08	14.96	28.47	14.59	0.42
浙 江	59.34	6.24	17.52	35.58	8.55	8.97
湖 北	1084.48	224.39	363.17	496.92	316.32	74.49
湖 南	1142.60	172.60	347.10	622.90	292.05	56.32
广 东	170.67	24.99	64.31	81.37	52.47	11.84
广 西	20352.51	3019.37	8072.94	9260.20	6288.72	1792.64
海 南	559.89	206.93	127.40	225.56	58.66	68.79
重 庆	689.68	104.09	282.94	302.65	180.22	102.72
四 川	2272.05	447.44	929.17	895.43	566.04	363.69
贵 州	4618.68	941.84	1360.64	2316.20	1002.89	433.52
云 南	7310.00	1417.02	2771.41	3121.57	1739.97	1047.51
西 藏	1477.63	130.25	628.37	719.01	114.51	513.86
甘 肃	538.58	95.14	104.02	339.41	70.30	36.17
青 海	1426.68	215.91	753.17	457.60	622.23	180.93
宁 夏	3705.18	279.85	1650.26	1775.07	1124.50	525.87
新 疆	12199.08	1692.09	4922.97	5584.02	3743.85	1274.38

2-7 民族自治地方分地区生产总值指数和人均地区生产总值(2018年)

地区	地区生产总值(以2017年为100)	第一产业	第二产业	第三产业	人均地区生产总值(元)
合计	**106.7**	**105.0**	**105.9**	**107.8**	**42409**
河北	106.1	104.8	105.2	109.5	39085
内蒙古	105.3	103.2	105.1	106.0	68302
辽宁	104.0	103.6	107.8	100.9	25303
吉林	103.2	101.8	103.6	103.0	36203
黑龙江	109.8	109.9	114.3	100.7	33150
浙江	108.4	103.1	108.5	109.4	54393
湖北	106.4	102.8	103.7	110.3	27449
湖南	107.1	103.7	104.7	109.7	23847
广东	105.6	104.9	105.5	103.3	40829
广西	106.8	105.6	104.3	109.4	41489
海南	103.6	104.0	104.1	103.1	34876
重庆	106.7	105.1	105.7	108.2	36310
四川	105.0	103.7	103.3	107.5	30034
贵州	110.5	106.9	110.1	112.4	33595
云南	109.3	106.4	112.2	107.9	30280
西藏	109.1	103.4	117.5	104.1	43397
甘肃	105.7	104.9	106.4	105.8	15671
青海	105.4	106.6	106.6	108.4	38175
宁夏	107.0	104.0	106.8	107.7	54094
新疆	106.1	104.7	104.2	108.0	49475

2-8 民族自治地方分地区生产总值构成(2018年)

单位：%

地区	地区生产总值	第一产业	第二产业	第三产业	工业	建筑业
合计	**100**	**14.5**	**38.6**	**46.9**	**28.7**	**10.3**
河北	100	19.4	35.3	45.3	27.6	7.6
内蒙古	100	10.1	39.4	50.5	31.7	7.6
辽宁	100	25.2	27.8	47.0	21.3	6.6
吉林	100	12.3	25.7	62.0	18.9	4.4
黑龙江	100	46.1	18.6	35.4	18.1	0.5
浙江	100	10.5	29.5	59.9	14.4	15.1
湖北	100	20.7	33.5	45.8	29.2	6.9
湖南	100	15.1	30.4	54.5	25.6	4.9
广东	100	14.6	37.7	47.7	30.7	6.9
广西	100	14.8	39.7	45.5	30.9	8.8
海南	100	37.0	22.8	40.3	10.5	12.3
重庆	100	15.1	41.0	43.9	26.1	14.9
四川	100	19.7	40.9	39.4	24.9	16.0
贵州	100	20.4	29.5	50.1	21.7	9.4
云南	100	19.4	37.9	42.7	23.8	14.3
西藏	100	8.8	42.5	48.7	7.7	34.8
甘肃	100	17.7	19.3	63.0	13.1	6.7
青海	100	15.1	52.8	32.1	43.6	12.7
宁夏	100	7.6	44.5	47.9	30.3	14.2
新疆	100	13.9	40.4	45.8	30.7	10.4

2-9 全国民族自治区、自治州、自治县(旗)基本情况(2018年)(一)

地　区	年末总人口(万人)	#少数民族	少数民族占总人口(%)	地区生产总值(亿元)	第一产业(亿元)	第二产业(亿元)	第三产业(亿元)
5个自治区合计	**10775.37**	**4837.48**	**44.89**	**55023.62**	**6875.38**	**22081.84**	**26066.40**
内蒙古自治区	2533.98	561.64	22.16	17289.22	1753.82	6807.30	8728.10
广西壮族自治区	4926.00	2204.51	44.75	20352.51	3019.37	8072.94	9260.20
西藏自治区	343.82	316.31	92.00	1477.63	130.25	628.37	719.01
宁夏回族自治区	688.11	257.29	37.39	3705.18	279.85	1650.26	1775.07
新疆维吾尔自治区	2283.46	1497.72	65.59	12199.08	1692.09	4922.97	5584.02
30个自治州合计	**6042.51**	**3667.27**	**60.69**	**19840.66**	**3569.74**	**7499.91**	**7495.56**
吉林省							
延边朝鲜族自治州	208.66	83.44	39.99	709.50	51.73	203.15	454.62
湖北省							
恩施土家族苗族自治州	402.04	219.79	54.67	870.95	166.27	296.17	408.51
湖南省							
湘西土家族苗族自治州	264.95	238.68	90.09	605.05	79.83	171.65	353.58
四川省							
阿坝藏族羌族自治州	90.49	73.44	81.16	306.67	49.55	139.53	117.59
凉山彝族自治州	529.94	302.17	57.02	1533.19	307.61	613.13	612.45
甘孜藏族自治州	110.05	96.11	87.33	291.20	65.47	121.78	103.95
贵州省							
黔东南苗族侗族自治州	481.19	391.42	81.34	1036.62	211.31	231.59	593.72
黔南布依族苗族自治州	423.94	252.62	59.59	1313.46	216.56	468.25	628.65
黔西南布依族苗族自治州	365.17	160.09	43.84	1163.77	212.92	375.80	575.05
云南省							
西双版纳傣族自治州	100.87	78.54	77.86	417.79	102.09	114.33	201.37
文山壮族苗族自治州	396.67	242.64	61.17	859.06	170.19	307.39	381.49
红河哈尼族彝族自治州	465.78	285.01	61.19	1593.77	234.05	759.99	599.73
德宏傣族景颇族自治州	121.94	65.22	53.49	381.06	85.07	92.68	203.32
怒江傈僳族自治州	55.72	52.34	93.93	161.56	22.11	50.26	89.20
迪庆藏族自治州	36.92	32.89	89.08	217.52	12.56	90.17	114.80
大理白族自治州	363.52	190.12	52.30	1122.44	224.81	424.77	472.86
楚雄彝族自治州	265.48	96.58	36.38	1024.33	181.25	417.12	425.96

地区生产总值增长速度(%)	人均地区生产总值(元)	地方一般公共预算收入(亿元)	地方一般公共预算支出(亿元)	农村居民人均可支配收入(元)	规模以上工业企业数(个)	规模以上工业企业资产总计(亿元)	农林牧渔业总产值(亿元)	农业机械总动力(万千瓦特)
6.24	**50352.64**	**5745.23**	**18557.93**	**12481**	**13288**	**79961.02**	**12286.28**	**11497.50**
5.30	68302	1857.65	4831.46	13803	2832	30626.90	2985.32	3663.66
6.80	41489	1681.45	5310.74	12435	6058	17158.80	4909.24	3728.00
9.10	43397	230.29	1972.71	11450	123	1570.75	178.16	780.40
7.00	54094	444.43	1430.57	11708	1250	9656.97	575.77	621.90
6.10	49475	1531.42	5012.45	11975	3025	20947.60	3637.79	2703.54
7.45	**32790.87**	**1770.94**	**8255.46**	**10751**	**6033**	**20616.91**	**5782.12**	**4764.91**
2.70	33883	59.35	384.65	11129	491	613.56	94.59	252.78
6.20	25848	80.21	391.76	10524	401	403.70	302.83	237.91
6.00	22885	120.07	328.98	9183	254	275.68	136.66	182.44
4.70	32552	24.66	295.08	12893	111	590.94	78.34	73.90
4.00	31472	146.20	681.71	12548	308		521.69	353.40
9.30	24446	30.03	420.57	11555	54	1113.35	88.54	98.10
7.90	29358	66.38	403.78	9227	289	467.73	359.27	298.40
10.80	39965	119.27	416.61	10721	939		366.18	324.29
12.00	40608	117.89	379.98	9485	450	878.62	352.50	290.60
8.10	35286	31.29	129.31	13079	87	294.35	173.90	110.26
10.30	23568	60.33	343.30	10030	159	667.95	281.19	198.02
9.70	33706	142.27	448.49	11330	402	1756.41	385.43	224.04
8.00	29034	37.04	150.04	10325	113	354.47	133.32	134.90
12.10	29375	10.86	138.92	6449	22	281.97	34.59	20.08
9.50	52669	11.45	160.08	8524	28	359.39	21.61	40.99
9.30	31253	96.16	366.22	11490	283	1397.17	416.01	306.10
10.20	37303	86.69	275.91	10988	330	1004.36	311.92	243.06

2-9（一） 续表 1

地 区	年末总人口（万人）	#少数民族	少数民族占总人口（%）	地区生产总值（亿元）	第一产业（亿元）	第二产业（亿元）	第三产业（亿元）
甘肃省							
临夏回族自治州	240.69	153.61	63.82	255.35	32.76	49.24	173.35
甘南藏族自治州	74.86	47.87	63.94	155.73	36.88	22.54	96.30
青海省							
海北藏族自治州	29.56	20.22	68.40	83.53	22.48	18.86	42.19
黄南藏族自治州	27.68	25.98	93.84	88.33	22.91	29.24	36.18
海南藏族自治州	47.63	37.24	78.19	158.18	38.77	71.50	47.90
果洛藏族自治州	20.84	19.46	93.33	41.45	7.42	14.29	19.74
玉树藏族自治州	41.44	40.96	98.83	53.61	30.61	7.56	15.44
海西蒙古族藏族自治州	40.49	13.41	33.12	625.27	33.36	428.40	163.51
新疆维吾尔自治区							
昌吉回族自治州	139.37	38.64	27.72	1367.30	226.19	700.97	152.10
巴音郭楞蒙古自治州	128.06	58.15	45.41	1027.50	155.31	560.08	114.44
克孜勒苏柯尔克孜自治州	62.45	58.52	93.71	128.89	15.54	49.42	21.10
博尔塔拉蒙古自治州	47.85	17.57	36.73	330.34	63.85	88.57	47.66
伊犁哈萨克自治州	458.26	274.55	59.91	1917.22	490.29	581.49	228.79
120个自治县(旗)合计	**3797.52**	**2342.16**	**61.68**	**9282.04**	**2206.87**	**2916.26**	**4126.39**
河北省							
大厂回族自治县	13.37	3.11	23.27	109.03	4.05	31.12	73.85
孟村回族自治县	23.30	6.09	26.11	80.04	6.60	40.73	32.72
青龙满族自治县	56.66	42.37	74.78	130.98	41.66	24.29	65.03
丰宁满族自治县	40.85	29.47	72.14	114.94	25.31	42.52	47.11
围场满族蒙古族自治县	53.56	35.56	66.40	140.07	51.18	36.25	52.64
宽城满族自治县	26.19	19.80	75.57	175.46	17.17	89.77	68.53
内蒙古自治区							
鄂伦春自治旗	24.85	3.13	12.58	66.98	24.07	3.67	39.24
莫力达瓦达斡尔族自治旗	31.96	7.04	22.04	94.76	55.45	4.59	34.73
鄂温克族自治旗	13.79	5.94	43.05	105.57	8.95	65.36	31.26
辽宁省							
阜新蒙古族自治县	70.73	15.06	21.29	133.88	49.13	25.26	59.48
喀喇沁左翼蒙古族自治县	41.99	9.68	23.05	99.00	30.57	23.04	45.40
岫岩满族自治县	50.58	45.70	90.36	118.54	23.96	42.02	52.55

地　区 生产总值 增长速度 (%)	人均地区 生产总值 (元)	地方一般 公共预算 收入 (亿元)	地方一般 公共预算 支出 (亿元)	农村居民 人均 可支配收入 (元)	规模以上 工　业 企业数 (个)	规模以上 工业企业 资产总计 (亿元)	农林牧渔 业总产值 (亿元)	农业机械 总动力 (万千瓦特)
6.70	12447	15.52	252.49	6817	38	19.18	59.57	
5.00	21683	9.99	202.74	7677	30	140.21	54.18	
-4.60	29449	4.44	79.30	12770	23	73.14	32.49	50.91
7.70	32062	3.16	86.04	8952	12	41.81	27.17	17.94
6.20	33346	10.45	107.43	11404	40	368.25	56.02	53.72
2.80	20116	2.31	88.78	7740	4	10.95	9.00	49.90
-20.20	12979	2.10	100.96	7808			35.17	
8.30	120966	54.48	138.18	13755	144	2418.94	52.04	42.89
5.10	83036	135.80	263.48	18206	344	3011.40	288.92	242.94
4.00	72029	82.99	238.36	17075	170	1762.45	356.42	252.47
5.70	20705	13.91	180.52	7190	28	186.87	37.16	47.97
6.00	69259	23.81	106.73	16361	103	176.61	85.25	78.72
5.80	40469	171.83	695.06	13767	376	1947.45	630.16	538.18
6.87	**35473**	**596.39**	**3538.42**	**12955**	**3125.00**	**7862.90**	**3779.84**	**2821.88**
5.00	82853	27.78	34.45	16820	64	98.93	6.53	13.10
-1.26	34348	3.77	14.08	12473	82	80.61	11.96	25.80
8.70	25900	4.40	30.46	10683	17	72.23	73.48	11.74
7.30	31464	7.44	41.53	8528	22	170.54	44.13	48.81
7.20	32735	5.82	43.60	9002	30	131.39	76.73	67.00
6.70	68353	10.35	21.23	12806	41	367.70	25.18	8.91
3.90	26762	1.34	31.47	9622	4	21.81	38.50	
3.70	29619	2.67	34.81	10348	3	5.90	88.00	122.00
0.30	76352	8.05	23.55	22598	14	253.46	16.89	
6.80	20132	6.90	31.97	14778	58	142.21	121.98	134.00
6.50	27121	4.75	27.61	12631	36	48.69	63.67	22.10
1.70	23400	9.83	29.77	15204	59		39.92	27.70

2-9（一） 续表 2

地　　区	年　末总人口（万人）	#少数民族	少数民族占总人口（%）	地　区生产总值（亿元）	第一产业（亿元）	第二产业（亿元）	第三产业（亿元）
新宾满族自治县	29.03	24.09	82.99	52.15	15.99	11.95	24.21
清原满族自治县	32.05	20.87	65.11	58.30	16.24	13.34	28.71
本溪满族自治县	28.10	18.95	67.45	126.23	17.03	43.86	65.34
桓仁满族自治县	28.97	16.14	55.70	110.65	20.39	37.41	52.86
宽甸满族自治县	41.73	25.62	61.41	85.99	24.16	21.19	40.63
吉林省							
长白朝鲜族自治县	7.80	1.41	18.10	45.41	4.64	20.09	20.69
前郭尔罗斯蒙古族自治县	57.25	7.71	13.47	290.02	51.96	63.39	174.66
伊通满族自治县	44.86	17.30	38.56	111.41	33.55	10.41	67.45
黑龙江省							
杜尔伯特蒙古族自治县	23.53	5.15	21.87	80.51	37.08	14.96	28.47
浙江省							
景宁畲族自治县	17.10	2.02	11.81	59.34	6.24	17.52	35.58
湖北省							
长阳土家族自治县	38.87	25.37	65.26	142.61	37.41	42.69	62.51
五峰土家族自治县	19.73	16.38	83.00	70.92	20.71	24.31	25.90
湖南省							
城步苗族自治县	27.57	17.07	61.90	41.65	9.41	14.40	17.84
通道侗族自治县	21.22	16.55	77.99	43.63	6.59	12.75	24.29
江华瑶族自治县	53.92	38.91	72.17	125.39	24.22	35.50	65.67
新晃侗族自治县	25.88	22.64	87.50	57.48	7.84	22.44	27.19
芷江侗族自治县	37.80	24.19	64.00	99.79	16.92	35.86	47.01
靖州苗族侗族自治县	27.60	20.60	74.63	88.37	12.13	30.93	45.32
麻阳苗族自治县	39.89	37.88	94.98	81.25	15.66	23.58	42.01
广东省							
连南瑶族自治县	17.61	10.00	56.82	45.67	9.58	11.07	25.02
连山壮族瑶族自治县	12.40	8.03	64.77	34.36	8.45	8.93	16.98
乳源瑶族自治县	22.96	2.46	10.72	90.65	6.96	44.31	39.38
广西壮族自治区							
都安瑶族自治县	72.53	70.36	97.01	56.50	13.60	11.16	31.75
融水苗族自治县	52.27	39.69	75.93	113.42	16.63	49.99	46.80

地　　区 生产总值 增长速度 (%)	人均地区 生产总值 （元）	地方一般 公共预算 收入 （亿元）	地方一般 公共预算 支出 （亿元）	农村居民 人均 可支配收入 （元）	规模以上 工　业 企业数 （个）	规模以上 工业企业 资产总计 （亿元）	农林牧渔 业总产值 （亿元）	农业机械 总动力 （万千瓦特）
5.00	20371	4.78	21.82	13352	17	13.52	33.22	
4.00	18186	5.92	22.06	13644	24	34.19	33.69	25.70
	44927	7.44	19.25	15407	29	57.94	33.30	17.45
2.80	38198	5.81	24.52	15479	26	49.82	38.31	16.10
1.10	20597	5.72	27.71	14856	31	63.26	41.36	
3.10	57867	1.58	24.81	11241		24.79	7.97	3.19
4.00	50659	9.17	53.84	12852	129	129.34	96.29	173.50
4.50	24809	5.84	40.82	12370	28	28.55	69.40	
9.80	33150	3.42	26.25	14215	31	76.20	73.52	80.00
8.40	54393	7.74	42.33	18170	19	15.90	9.91	8.89
8.50	36687	7.51	39.23	10543	42	57.95	64.89	24.80
5.00	36806	3.32	31.03	10335	37	27.46	35.74	15.70
6.30	15181	1.98	17.51	8215	27	36.58	17.32	
9.00	20629	2.49	23.23	7968	36	15.99	13.78	
8.50	28285	7.14	41.10	10696	97	153.78	45.39	45.63
8.40	22646	3.44	24.67	8697	38	18.25	15.34	16.10
8.60	28277	4.85	28.16	8983		35.65	30.31	
8.50	34266	2.97	24.35	9795	39	12.71	21.86	41.20
7.90	22964	5.61	32.20	8522	35	10.95	26.96	24.20
5.00	33852	1.29	16.57	13024	7	7.04	14.45	
5.30	36300	1.06	13.44	12643	2	3.61	13.05	
6.00	48097	6.27	27.94	14340	64	194.47	11.13	9.45
12.10	10467	2.85	50.38	8105	15	24.02	24.05	43.77
13.40	26858	4.80	59.04	12668	40	35.87	28.58	28.11

2-9（一） 续表 3

地　　区	年　末 总人口 （万人）	#少数民族	少数民族 占总人口 (%)	地　区 生产总值 （亿元）	第一产业 （亿元）	第二产业 （亿元）	第三产业 （亿元）
三江侗族自治县	40.38	34.98	86.64	59.92	19.19	11.49	29.25
龙胜各族自治县	17.33	14.03	81.00				
金秀瑶族自治县	15.73	12.58	80.00	36.36	9.51	6.92	19.93
隆林各族自治县	43.55	33.18	76.20	54.02	11.27	20.78	21.97
巴马瑶族自治县	30.94	26.25	84.86	46.33	11.54	10.15	24.63
罗城仫佬族自治县	38.84	29.64	76.31	52.54	17.46	10.33	24.75
富川瑶族自治县	33.98	19.75	58.12	80.99	27.38	25.86	27.75
大化瑶族自治县	48.48	45.76	94.40	62.22	9.43	26.85	25.94
环江毛南族自治县	37.95	35.31	93.05	56.57	19.04	12.39	25.14
恭城瑶族自治县	30.51	19.52	63.98	78.58	28.28	21.43	28.87
海南省							
白沙黎族自治县	19.51	12.93	66.24	50.22	20.88	5.64	23.69
昌江黎族自治县	25.59	10.60	41.40	125.41	30.63	54.30	40.48
乐东黎族自治县	54.28	21.00	38.69	126.97	72.81	19.61	34.55
陵水黎族自治县	38.51	22.05	57.28	159.16	45.98	33.07	80.11
琼中黎族苗族自治县	21.70	12.93	59.58	49.49	18.74	7.92	22.84
保亭黎族苗族自治县	16.77	11.66	69.50	48.63	17.88	6.86	23.90
重庆市							
石柱土家族自治县	54.86	43.51	79.30	175.97	24.38	74.88	76.71
秀山土家族苗族自治县	66.78	39.18	58.67	185.64	23.08	85.58	76.98
酉阳土家族苗族自治县	85.44	78.72	92.13	157.96	29.53	55.57	72.86
彭水苗族土家族自治县	70.15	44.81	63.89	170.11	27.10	66.91	76.10
四川省							
北川羌族自治县	23.44	9.06	38.63	55.94	11.14	18.67	26.14
木里藏族自治县	13.94	11.46	82.23	31.64	6.26	14.19	11.19
马边彝族自治县	22.12	11.28	51.00	40.18	8.84	14.80	16.53
峨边彝族自治县	14.73	6.36	43.18	44.86	4.83	21.26	18.77
贵州省							
松桃苗族自治县	73.05	38.24	52.35	138.50	31.55	42.96	63.99
镇宁布依族苗族自治县	41.29	22.37	54.17	108.70	23.24	24.20	61.26
紫云苗族布依族自治县	40.52	26.17	64.57	68.11	23.01	11.41	33.69

地区生产总值增长速度（%）	人均地区生产总值（元）	地方一般公共预算收入（亿元）	地方一般公共预算支出（亿元）	农村居民人均可支配收入（元）	规模以上工业企业数（个）	规模以上工业企业资产总计（亿元）	农林牧渔业总产值（亿元）	农业机械总动力（万千瓦特）
11.60	19197	2.00	29.21	12327	10	9.52	29.58	21.53
5.90		2.65	20.24	11640	22	97.61	20.48	29.20
10.80	27565	1.01	18.17	10254	14	10.66	14.49	11.64
3.10	14833	6.33	9.65	9107	9	37.36	19.41	30.00
15.70	19688	2.14	28.36	8209	13	12.35	16.87	14.88
10.40	16386	2.77	30.96	8046	16	26.53	28.71	23.48
9.20	29781	4.15	29.49	11077	18	113.28	43.01	19.08
9.10	16461	3.38	36.51	8213	7	54.40	14.88	20.78
8.20	20003	4.51	30.00	9907	25	33.57	30.56	34.02
6.20	30229	5.92		12985	25	51.14	43.41	58.63
6.66	29035	1.68	36.23	11732	4	4.85	33.41	12.32
6.60	53882	12.89	35.46	13707	10		46.97	18.00
3.30	26304	7.49	50.97	13217	4	41.44	106.04	74.30
0.50	41333	37.69	66.14	13227	1	10.41	71.20	13.95
4.00	27566	2.78	36.15	11897	7	0.90	31.80	29.51
4.00	31922	5.93	12.34	11856	2	0.55	26.46	6.63
4.70	46486	10.50	51.17	12845	54	120.94	38.06	32.00
9.20	38426	12.59	56.46	11116	68	108.84	37.54	35.73
5.30	28820	11.29	65.37	9719	23	98.56	48.18	43.48
7.50	34741	13.25	62.21	11144	28	143.43	44.88	40.10
9.10	24964	5.51	26.14	13061	44	61.78	19.25	8.90
6.30	23159	6.29	31.78	9930	5	282.42	11.54	10.17
7.00	20040	3.80	25.22	11379	22	91.74	17.00	6.03
7.50	33129	3.42	21.43	11092	29	103.38	8.66	12.30
13.00	27231	6.42	42.27	8891	71	47.06	52.57	49.20
13.80	37861	5.60	31.33	8822	25	44.78	38.71	31.85
9.30	24949	4.75	29.02	8791	16	11.95	39.69	

2–9（一） 续表 4

地　　区	年末总人口（万人）	#少数民族	少数民族占总人口（%）	地区生产总值（亿元）	第一产业（亿元）	第二产业（亿元）	第三产业（亿元）
威宁彝族回族苗族自治县	153.39	35.64	23.23	250.73	81.61	63.00	106.12
关岭布依族苗族自治县	40.60	25.58	63.00	94.67	23.17	22.16	49.34
三都水族自治县	37.82	36.79	97.27	76.30	20.63	12.69	42.98
玉屏侗族自治县	16.51	13.21	80.00	84.29	10.64	45.01	28.64
道真仡佬族苗族自治县	35.21	25.98	73.77	70.74	22.71	15.89	32.14
务川仡佬族苗族自治县	47.78	42.38	88.70	77.49	23.37	20.41	33.71
印江土家族苗族自治县	45.45	34.54	76.00	101.42	30.29	19.54	51.59
沿河土家族自治县	69.94	34.73	49.66	110.18	31.46	20.42	58.30
云南省							
峨山彝族自治县	15.58	10.68	68.56	84.87	12.51	35.01	37.35
石林彝族自治县	25.37	9.20	36.26	85.60	21.60	19.48	44.52
沧源佤族自治县	18.99	16.06	84.58	41.33	10.80	11.61	18.91
耿马傣族佤族自治县	29.67	16.45	55.44	96.68	32.11	30.73	33.83
玉龙纳西族自治县	22.39	19.24	85.95	64.29	12.44	29.19	22.65
宁蒗彝族自治县	28.08	23.54	83.82	35.02	8.66	10.20	16.16
江城哈尼族彝族自治县	12.82	9.91	77.31	29.80	9.34	11.08	9.38
澜沧拉祜族自治县	49.23	39.38	79.99	77.95	21.20	30.56	26.19
孟连傣族拉祜族佤族自治县	13.17	11.39	86.50	30.55	11.35	6.52	12.67
西盟佤族自治县	9.62	9.00	93.59	14.31	3.29	3.49	7.53
河口瑶族自治县	9.32	6.48	69.49	60.03	10.60	15.09	34.34
屏边苗族自治县	16.09	11.01	68.42	35.67	7.31	14.93	13.43
贡山独龙族怒族自治县	3.55	3.42	96.43	14.05	2.61	3.40	8.03
巍山彝族回族自治县	32.27	14.89	46.14	60.60	19.24	17.84	23.52
南涧彝族自治县	22.82	12.37	54.19	56.34	14.25	17.72	24.38
寻甸回族彝族自治县	57.35	13.69	23.88	90.00	25.55	23.22	41.23
元江哈尼族彝族傣族自治县	21.12	17.31	82.00	85.92	20.84	20.63	44.44
新平彝族傣族自治县	27.98	20.58	73.55	151.34	21.40	59.52	70.43
墨江哈尼族自治县	37.28	28.95	77.66	65.34	16.33	21.64	27.38
双江拉祜族佤族布朗族傣族自治县	17.70	8.20	46.31	45.53	11.87	15.97	17.69
兰坪白族普米族自治县	21.83	20.74	94.98	69.14	8.29	26.09	34.77
维西傈僳族自治县	15.72	13.77	87.61	50.95	6.14	20.41	24.40

地区生产总值增长速度（%）	人均地区生产总值（元）	地方一般公共预算收入（亿元）	地方一般公共预算支出（亿元）	农村居民人均可支配收入（元）	规模以上工业企业数（个）	规模以上工业企业资产总计（亿元）	农林牧渔业总产值（亿元）	农业机械总动力（万千瓦特）
12.90	19506	11.20	71.47	8423	95	184.90	135.27	2.50
10.50	34005	3.31	26.74	8807	19	54.59	38.74	32.60
11.30	28176	3.07	28.53	10066	39	10.30	32.52	20.00
8.00	66006	5.21	26.81	11598	103	122.84	18.79	13.00
9.50	28639	2.71	26.55	9453	29	27.80	38.33	27.00
10.00	23943	5.80	34.86	10091	31	32.81	38.98	24.00
10.50	35888	3.06	39.09	8888	55	20.01	50.06	40.00
9.80	24408	4.73	47.70	8802	32	21.64	50.66	
13.00	49895	4.47	16.83	13047	27	43.59	18.95	30.76
0.30	32509	6.49	20.10	14729	31	57.23	39.71	30.00
8.90	21845	3.03	23.64	10410	9	26.52	18.38	13.00
9.50	31276	4.17	26.76	11243	24	42.59	49.92	20.95
10.10	28801	6.20	29.41	11127	9	60.83	23.90	20.00
10.20	13003	2.86	34.76	7402	13	74.28	14.39	8.40
8.60	23282	1.89	18.16	9932	14	42.13	15.61	12.64
10.50	15524	5.24	50.07	9716	15	264.67	34.20	28.06
8.10	21436	1.62	17.13	9928	7	7.43	20.21	19.12
7.00	14926	0.81	15.03	9786	4	5.99	5.67	11.85
16.80	54721	3.27	21.44	12446	11	28.75	15.32	4.50
10.20	23034	1.68	17.07	8626	17	16.17	11.85	5.26
10.90	36011	0.80	14.87	6291	2	16.69	3.92	4.12
9.00	19213	3.77	26.28	9508	18	10.77	33.13	22.30
10.00	25576	3.30	21.61	9251	15	129.37	25.98	10.70
0.70	18996	6.19	34.82	9072	43	130.63	43.62	43.00
8.80	38270	4.36	20.09	12806	25	42.84	33.94	10.18
12.50	51830	13.43	28.44	13424	32	231.46	39.86	28.64
7.00	17683	3.86	30.05	10159	16	114.84	28.44	29.33
7.70	24599	3.07	21.97	10753	15	18.98	18.70	11.85
15.80	31668	4.62	36.28	6515	3	188.38	12.99	10.04
8.50	30890	1.64	37.10	8406	6	32.76	10.62	19.73

2-9（一） 续表 5

地　区	年末总人口（万人）	#少数民族	少数民族占总人口（%）	地区生产总值（亿元）	第一产业（亿元）	第二产业（亿元）	第三产业（亿元）
景东彝族自治县	36.63	18.78	51.27	71.42	25.96	22.59	22.86
景谷傣族彝族自治县	31.66	15.29	48.30	103.39	29.27	41.72	32.41
宁洱哈尼族彝族自治县	19.27	10.93	56.75	55.45	11.98	21.66	21.81
漾濞彝族自治县	10.61	7.21	68.02	26.06	7.74	9.19	9.13
禄劝彝族苗族自治县	48.87	16.05	32.83	95.90	28.43	21.81	45.67
金平苗族瑶族傣族自治县	39.36	34.60	87.91	58.44	12.42	30.23	15.79
镇沅彝族哈尼族拉祜族自治县	21.38	12.22	57.14	53.64	19.64	17.83	16.17
甘肃省							
张家川回族自治县	34.34	23.82	69.35	29.83	7.14	2.83	19.86
天祝藏族自治县	20.57	7.63	37.10	47.91	9.89	13.19	24.84
肃南裕固族自治县	3.90	2.23	57.17	26.40	7.19	7.44	11.77
肃北蒙古族自治县	1.22	0.51	41.41	14.11	0.64	5.84	7.63
阿克塞哈萨克族自治县	0.94	0.37	39.00	9.26	0.65	2.94	5.66
东乡族自治县	37.46	34.66	92.53	22.20	5.54	3.66	13.00
积石山保安族东乡族撒拉族自治县	28.25	14.34	50.75	16.39	2.78	1.03	12.58
青海省							
互助土族自治县	40.07	11.20	27.95	106.37	19.28	42.72	44.37
化隆回族自治县	30.70	25.87	84.27	45.66	7.08	22.18	16.40
循化撒拉族自治县	13.90	13.01	93.60	32.24	5.11	12.19	14.94
河南蒙古族自治县	4.04	3.96	97.82	16.37	7.47	4.52	4.38
门源回族自治县	16.23	10.48	64.59	32.40	8.01	9.54	14.84
大通回族土族自治县	46.75	24.40	52.21	100.01	17.34	56.58	26.09
民和回族土族自治县	43.85	26.98	61.52	92.02	11.54	49.65	30.83
新疆维吾尔自治区							
巴里坤哈萨克自治县	10.60	4.10	38.72	71.07	9.97	42.00	42.35
塔什库尔干塔吉克自治县	4.10	3.83	93.44	11.94	1.67	6.96	5.05
木垒哈萨克自治县	8.70	3.32	38.18	32.27	11.11	7.09	4.59
焉耆回族自治县	15.98	9.01	56.35	71.86	14.74	17.88	9.18
察布查尔锡伯自治县	19.44	13.17	67.72	51.76	22.31	10.57	4.36
和布克赛尔蒙古自治县	5.24	3.43	65.51	30.60	5.88	14.29	6.99

地　　区生产总值增长速度（%）	人均地区生产总值（元）	地方一般公共预算收入（亿元）	地方一般公共预算支出（亿元）	农村居民人均可支配收入（元）	规模以上工　业企业数（个）	规模以上工业企业资产总计（亿元）	农林牧渔业总产值（亿元）	农业机械总动力（万千瓦特）
6.00	19312	3.48	27.53	10727	11	26.28	42.11	35.46
7.00	34430	6.31	29.10	11097	31	177.07	48.00	26.74
7.20	28614	3.79	17.34	10908	16	43.22	19.48	20.49
10.00	21569	1.78	14.69	10881	19	10.81	13.27	10.16
3.00	23142	5.60	36.75	8802	25	77.88	45.28	42.42
10.00	15511	1.95	30.31	8601	20	45.79	20.13	16.32
9.20	25054	4.06	22.32	10991	11	34.78	32.81	26.73
1.80	10086	1.00	28.98	6933	9	16.01	11.51	16.73
5.10	26811	3.21	46.25	7569	30	2.13	10.29	21.00
9.60	75636	2.53	20.45	17004	23	80.15	10.33	7.49
5.90	9597	1.83	8.86	24951	170	95.95	1.26	3.22
-4.81	86519	0.80	6.57	26909	4	19.53	1.24	
7.00	7296	0.87	46.08	5369	3	6.86	10.17	11.40
7.90	6671	0.72	28.36	5763			6.22	11.70
8.50	26518			9810	20	98.21	31.14	47.00
8.60	21448	1.18	25.71	9860	6	10.05	12.03	20.02
8.50	24425	0.95	30.80	10662	11	49.30	7.68	6.44
4.20	37338	0.31	14.62	10724			16.37	
-17.60	20017	1.10	26.35	10525	15		12.20	
4.10	22175	4.05	40.20	11279	41	337.32	34.45	51.16
8.50	24823	2.54	41.82	10706	18	18.82	20.28	52.15
12.90	67063	5.43	20.09	13728	21	188.68	15.10	13.57
3.20	33456	1.41	24.24	8300	2	3.15	3.25	3.41
6.10	36836	3.91	17.70	15265	8	26.69	23.97	18.65
6.80	54751	3.35	17.09	15924	12	164.77	26.67	30.92
5.70	26623	3.39	24.35	13167	16	34.16	30.89	27.00
5.70	5769	12.18	19.12	13504	9	92.74	10.90	5.51

2-9 全国民族自治区、自治州、自治县(旗)基本情况(2018年)(二)

地区	粮食总产量(万吨)	肉类总产量(万吨)	社会消费品零售总额(亿元)	进出口总额(亿元)	普通中学在校学生数(万人)	小学在校学生数(万人)
5个自治区合计	**6927.29**	**917.87**	**20323.01**	**6762.93**	**632.35**	**944.43**
内蒙古自治区	3553.28	267.24	7311.07	1034.35	105.80	134.19
广西壮族自治区	1372.80	426.74	8291.59	4106.71	316.22	476.78
西藏自治区	104.40	27.80	597.58	47.52	19.11	32.63
宁夏回族自治区	392.58	34.14	935.80	248.86	43.81	58.15
新疆维吾尔自治区	1504.23	161.95	3186.97	1325.49	147.42	242.68
30个自治州合计	**2930.99**	**458.76**	**6313.59**	**1433.81**	**341.90**	**498.46**
吉林省						
延边朝鲜族自治州	147.26	6.69	534.70	137.09	6.82	8.26
湖北省						
恩施土家族苗族自治州	146.69	35.50	616.83	6.04	19.45	26.45
湖南省						
湘西土家族苗族自治州	85.12	10.69	307.60	1.98	14.89	22.56
四川省						
阿坝藏族羌族自治州	15.54	10.80	79.27	2.28	4.37	6.33
凉山彝族自治州	242.01	49.37	649.58	26.43	28.46	60.63
甘孜藏族自治州	22.56	9.21		1.34	5.38	10.83
贵州省						
黔东南苗族侗族自治州	125.92	17.34	330.47	5.26	27.63	37.18
黔南布依族苗族自治州	110.77	23.12	287.55	21.84	22.90	31.86
黔西南布依族苗族自治州	89.26	18.10	270.75	2.66	25.85	32.53
云南省						
西双版纳傣族自治州	46.56	4.60	140.88	175.40	5.37	9.67
文山壮族苗族自治州	165.38	27.24	388.16	32.38	22.31	36.40
红河哈尼族彝族自治州	179.63	47.45	420.81	36.43	25.45	40.66
德宏傣族景颇族自治州	68.18	6.31	152.30	315.28	6.86	11.48
怒江傈僳族自治州	15.76	4.50	37.84	1.69	3.20	4.84
迪庆藏族自治州	15.41	3.42	57.05	0.21	2.01	2.79
大理白族自治州	164.59	37.13	390.81	22.52	18.77	23.42
楚雄彝族自治州	132.03	30.22	358.88	56.98	13.54	15.44

医疗卫生机构（个）	卫生技术人员数（人）	医疗卫生机构床位数（张）	文化馆（个）	图书馆（个）	城镇居民最低生活保障人数（人）	城镇居民最低生活保障支出（万元）	农村居民最低生活保障人数（人）	农村居民最低生活保障支出（万元）
85133	**732919**	**624217**	**449**	**448**	**1164921**	**624429**	**5588169**	**1595754**
24613	188051	159006	120	117	388421	245194	1251522	394596
33742	320906	255940	109	116	119902	66897	1822053	494563
6844	19035	16787	74	81	28991	22194	173361	51034
4451	53029	41005	27	27	97383	58653	365539	148995
15483	151898	151479	119	107	530224	231490	1975694	506567
41009	**334096**	**329721**	**370**	**279**	**770538**	**388252**	**3854818**	**1003493**
2403	16707	12001	8	9	63500	44666	52825	16462
2954	22426	24325	9	9	9340	5359	170828	60594
3216	16741	20358	10	10	42481	16631	158386	39987
1638	6723	4899	14	14	30483	12310	84874	17131
1060	17934	26327	18	18	45170	16662	431605	99400
2668	6508	5133	19	19	13181	5543	164552	40817
3866	26297	27204	17	17	31839	16710	337590	100871
2530	19985	21048	13	13	25263	13935	185550	56694
2145	17257	15200	9	9	17256	8626	253103	77714
727	9916	7796	4	4	5246	2616	22879	4504
1362	19225	19118	104	9	27130	14627	328653	79257
2385	27258	29607	13	14	71192	30509	167103	59519
558	9082	9080	7	7	5657	3421	61178	10371
331	2749	2903	5	5	11240	4583	129518	29421
304	2474	1616	5	4	6510	2712	57129	16696
2015	21611	20904	14	13	29192	14414	183135	35506
1756	16448	16386	11	11	44889	23977	118281	28185

2-9（二） 续表 1

地　区	粮　食 总产量 （万吨）	肉　类 总产量 （万吨）	社会消费品 零售总额 （亿元）	进出口 总　额 （亿元）	普通中学 在　校 学生数 （万人）	小　学 在　校 学生数 （万人）
甘肃省						
临夏回族自治州	65.73	5.44	93.88		10.32	21.31
甘南藏族自治州	9.41	9.54	52.27		4.70	6.41
青海省						
海北藏族自治州	4.89	5.10	24.53		1.78	2.25
黄南藏族自治州	2.98	3.45	11.09		16.73	2.73
海南藏族自治州	12.58	5.85	32.31		3.15	4.36
果洛藏族自治州	0.06	1.70	6.94		1.26	2.19
玉树藏族自治州	0.98	3.59	13.30		2.09	5.36
海西蒙古族藏族自治州	7.58	3.28	81.04	9.32	2.37	3.65
新疆维吾尔自治区						
昌吉回族自治州	168.14	15.83	284.17	36.96	7.08	8.40
巴音郭楞蒙古自治州	58.25	14.05	203.22	3.88	7.51	12.04
克孜勒苏柯尔克孜自治州	35.39	4.36	23.91	10.57	4.14	7.10
博尔塔拉蒙古自治州	73.27	2.56	50.23	53.45	2.11	2.99
伊犁哈萨克自治州	719.09	42.33	413.22	473.80	25.40	38.35
120个自治县(旗)合计	**2102.78**	**328.41**	**3124.47**	**340.40**	**182.15**	**260.92**
河北省						
大厂回族自治县	3.39	1.33	24.05	0.74	0.71	1.29
孟村回族自治县	15.44	4.02	34.35		0.65	2.12
青龙满族自治县	10.48	5.49	46.11	0.04	2.15	4.05
丰宁满族自治县	19.45	4.98	52.05	0.04	1.89	2.99
围场满族蒙古族自治县	44.02	5.23	55.30	0.04	3.07	4.06
宽城满族自治县	5.25	1.82	50.83	0.92	1.19	2.38
内蒙古自治区						
鄂伦春自治旗	58.09	1.62	31.55		0.65	0.86
莫力达瓦达斡尔族自治旗	211.63	2.83	39.49		1.12	1.49
鄂温克族自治旗	3.70	1.69	20.02		0.31	0.44
辽宁省						
阜新蒙古族自治县	105.56	35.00	46.43		2.93	2.62
喀喇沁左翼蒙古族自治县	31.51	9.81	51.44	5.74	1.94	2.05
岫岩满族自治县	2.59	6.01	110.30	6.88	1.33	2.38

医疗卫生机构（个）	卫生技术人员数（人）	医疗卫生机构床位数（张）	文化馆（个）	图书馆（个）	城镇居民最低生活保障人数（人）	城镇居民最低生活保障支出（万元）	农村居民最低生活保障人数（人）	农村居民最低生活保障支出（万元）
263	6426	10260	8	9	59841	42899	271048	36994
944	4298	3093	9	8	25480	13251	116763	20518
			5	5	7456	5231	17487	6535
350	1085	1796	5	5	6089	6760	46721	15752
501	2942	2751	6	6	9429	6486	37673	14242
79	883	999	1	7	6565	5531	36758	12563
76	897	2437	7	6	13233	7381	80361	30263
528	3436	3127	9	9	4727	2948	5475	2207
1244	12057		8	8	3501	1941	9179	3181
1011	9114	9624	10	10	13622	8095	43211	17820
352	4093	3995	5	5	21230	11044	108227	30109
462	2834	2579	6	5	10446	5511	15139	4941
3281	26690	25155	11	11	109350	33873	159587	35241
25529.00	**138946.00**	**151718.00**	**132.00**	**136.00**	**335762**	**187863**	**1948247**	**570444**
122	553	475	1	1	90	83	725	629
299	532	352	1	1	338	169	1770	471
425	1083	1961	1	1	4743	1950	22147	5181
334	1326	1908	1	1	2460	2000	25710	6735
363	1623	2638	1	1	977	521	23070	6325
337	1505	2848	1	1	2394	1120	11791	2875
183	1459	862	1	1	18365	12315	4544	1460
356	1297	542	1	1	11033	6990	23172	7415
125	1026	804	1	1	6398	3785	2227	1226
511	2050	2658	1	1	2205	1124	19341	3113
697	2564	2456	1	1	2115	922	11096	2307
394	1900	1688	1	1	898	529	10297	2215

2-9（二） 续表 2

地 区	粮 食 总产量 （万吨）	肉 类 总产量 （万吨）	社会消费品 零售总额 （亿元）	进出口 总 额 （亿元）	普通中学 在 校 学生数 （万人）	小 学 在 校 学生数 （万人）
新宾满族自治县	22.47		38.86	2.79	0.83	1.00
清原满族自治县	22.64	4.04	42.27	1.30	0.68	1.15
本溪满族自治县	10.42	2.47	58.43	3.41	1.00	0.90
桓仁满族自治县	14.82	3.52	49.92	0.52	0.88	1.08
宽甸满族自治县	20.52	5.26	77.73	2.94	1.56	1.42
吉林省						
长白朝鲜族自治县	2.06	0.14	12.38	8.36	0.26	0.24
前郭尔罗斯蒙古族自治县	197.20		179.85	0.58	2.59	2.69
伊通满族自治县	98.62		67.17		1.98	1.88
黑龙江省						
杜尔伯特蒙古族自治县	74.39	3.18	3.94	0.04	1.28	0.97
浙江省						
景宁畲族自治县	3.07	0.34	33.33	17.02	0.63	0.83
湖北省						
长阳土家族自治县	10.83	5.26	59.00	0.43	1.07	1.39
五峰土家族自治县	9.51	2.44	26.18	1.33	0.34	0.72
湖南省						
城步苗族自治县	7.75	1.65	30.48		1.25	2.28
通道侗族自治县	8.69	1.62	16.27		0.74	1.77
江华瑶族自治县	22.50	5.54	51.29		2.66	4.81
新晃侗族自治县	7.75	2.48	19.15		1.24	1.87
芷江侗族自治县	21.28	17.97	46.13		1.55	2.31
靖州苗族侗族自治县	12.57	3.45	34.56		1.61	1.97
麻阳苗族自治县	10.94	2.68	34.21	0.01	1.78	2.75
广东省						
连南瑶族自治县	2.95	0.91	9.99	1.32	0.75	1.46
连山壮族瑶族自治县	3.58	1.07	7.48		0.45	0.95
乳源瑶族自治县	4.13	0.87	26.55	8.57	1.01	1.71
广西壮族自治区						
都安瑶族自治县	12.68	3.89	3.03		3.02	6.63
融水苗族自治县	10.99	2.90	33.55	0.17	2.65	3.71

医疗卫生机构（个）	卫生技术人员数（人）	医疗卫生机构床位数（张）	文化馆（个）	图书馆（个）	城镇居民最低生活保障人数（人）	城镇居民最低生活保障支出（万元）	农村居民最低生活保障人数（人）	农村居民最低生活保障支出（万元）
211	390	961	1	1	3536	1591	9827	2134
227	1301	1369	1	1	3318	1890	12191	3557
132	1382	1190	1	1	2823	2350	4585	1783
138	1077	1579	1	1	3841	3152	6989	2193
504	2000	2898	1	1	4609	2697	14822	4338
95	418	316	1	1	6505	3924	5153	2326
600	3147	2155	2	1	6158	1854	18528	6413
206	1511	1591			3499	1302	10334	1643
108	899	992	12	12	4015	2046	10881	2455
101	918	651	1	1	360	203	5896	2816
458	1963	2014	1	1	893	1345	11906	3445
172	899	923	1	11	328	633	8007	2708
20	724	1343	1		7564	2969	5078	1061
320	635	1020	1	1	2227	1097	2523	903
406	2558	3092	1	1	2500	990	12250	2238
124	631	1619	1	1	2859	1336	9621	1864
	2270	1769	1	1	1755	727	7418	1630
240	1229	1211	1	1	4919	2047	3242	1209
332	2022	2353	1	1	1297	1170	6907	990
95	665	95	1	1	150	110	2737	1251
86	569	86	1	1	84	62	1327	606
132	729	132	1	1	235	171	3418	966
296	2252	1954	1	1	611	312	86708	23378
304	2252	1764	1	1	1227	733	18137	5153

2–9（二） 续表 3

地　区	粮　食 总产量 （万吨）	肉　类 总产量 （万吨）	社会消费品 零售总额 （亿元）	进出口 总　额 （亿元）	普通中学 在　校 学生数 （万人）	小　学 在　校 学生数 （万人）
三江侗族自治县	6.99	1.87	26.21		2.03	3.47
龙胜各族自治县	6.05	1.23	10.91		0.70	1.01
金秀瑶族自治县	3.65	0.87	16.19		0.62	0.98
隆林各族自治县	9.19	1.91	18.62		0.28	4.26
巴马瑶族自治县	6.11	2.05			1.93	2.98
罗城仫佬族自治县	10.07	2.17	21.21		1.63	2.75
富川瑶族自治县	11.03	3.80	18.55	0.03	1.56	2.84
大化瑶族自治县	7.22	2.82	20.56	0.30	2.95	4.53
环江毛南族自治县		2.06	31.38		1.98	2.39
恭城瑶族自治县	6.52	2.42	32.46			
海南省						
白沙黎族自治县	2.90	1.87	16.83		0.97	1.57
昌江黎族自治县	2.74	2.13	20.81		1.36	1.95
乐东黎族自治县	9.68	2.86	35.29		2.80	3.70
陵水黎族自治县	5.35	1.83	33.10	13.76	1.71	3.41
琼中黎族苗族自治县	2.90	1.61	17.16		0.96	1.71
保亭黎族苗族自治县	2.27	1.68	16.45		0.59	1.39
重庆市						
石柱土家族自治县	22.17	2.70	56.86	0.58	3.18	3.07
秀山土家族苗族自治县	29.78	3.79	76.69	0.84	3.30	4.53
酉阳土家族苗族自治县	36.68	6.80	42.50	3.50	5.25	6.57
彭水苗族土家族自治县	31.48	5.24	65.82	0.09	4.05	4.78
四川省						
北川羌族自治县	8.66	2.04	20.33	0.09	0.81	1.16
木里藏族自治县	7.03	1.88	8.75		0.74	1.22
马边彝族自治县	9.31	1.20	20.68		1.23	2.26
峨边彝族自治县	5.13	0.80	18.78	0.06	0.55	1.17
贵州省						
松桃苗族自治县	25.45	4.68	31.63		4.15	4.73
镇宁布依族苗族自治县	13.15	1.53	23.65		1.27	2.94
紫云苗族布依族自治县	11.62	2.78	16.61		2.13	3.54

医疗卫生机构（个）	卫生技术人员数（人）	医疗卫生机构床位数（张）	文化馆（个）	图书馆（个）	城镇居民最低生活保障人数（人）	城镇居民最低生活保障支出（万元）	农村居民最低生活保障人数（人）	农村居民最低生活保障支出（万元）
4	1872	1180	1	1	1593	1163	32383	10971
172	857	585	1	1	951	436	11036	3120
141	687	688	1	1	278	173	6975	1828
199	728	1652	1	1	796	414	29189	6832
117	1102	701	1	1	245	1730	17871	5073
190	1473	1214	1	1	857	520	11925	7470
200	1573	725	1	1	2953	1366	22520	5452
238	1852	1643	1	1	334	128	23868	6563
209	1213	1100	1	1	525	271	14316	4052
311	1370		1	2	430	238	10819	3514
139	949	859	1	1	1317	827	3783	1432
153	1420	879	1	1	4164	2418	6805	2555
26	1862	1406	1	1	5391	2565	17456	5309
192	1595	978	1	1	1681	502	4802	1089
171	1246	1643	1	1	1648	1470	4781	968
178	778	727	1	1	1502	788	3747	1295
265	2489	3674	1	1	4151	2050	13889	4793
336	2928	3082	1	1	13094	7416	11727	5434
331	1752	2961	1	1	6356	4112	31476	15237
422	2509	2594	1	1	6235	3847	22069	10635
356	1254	1680	1	1	2792	1154	6849	2105
38	588	604	1	1	2255	785	16646	3699
176	737	591	1	1	852	374	17899	4317
147	553	590	1	1	554	246	10215	2228
550	2035	2711	1	1	4099	2831	55188	21372
218	974	1191	1	1	2316	984	14084	4282
271	692	1572	1	1	1451	1061	23966	10038

2-9（二） 续表 4

地　　区	粮　食 总产量 （万吨）	肉　类 总产量 （万吨）	社会消费品 零售总额 （亿元）	进出口 总　额 （亿元）	普通中学 在　校 学生数 （万人）	小　学 在　校 学生数 （万人）
威宁彝族回族苗族自治县	49.58	9.00	37.28		15.12	16.27
关岭布依族苗族自治县	11.64	2.01			2.14	3.31
三都水族自治县	7.04	1.55	17.01		2.91	3.26
玉屏侗族自治县	1.59	1.70	62.39		0.91	1.40
道真仡佬族苗族自治县	19.94	1.97	15.16		2.15	2.43
务川仡佬族苗族自治县	18.15	2.38	12.80		3.10	3.09
印江土家族苗族自治县	20.10	2.09	16.57		3.05	3.21
沿河土家族自治县	25.13	3.63	22.99		4.93	5.33
云南省						
峨山彝族自治县	7.12	1.67	19.88	0.80	0.73	0.84
石林彝族自治县	12.89	3.29	50.79	0.02	1.46	1.66
沧源佤族自治县	7.42	0.86	12.59	7.18	0.84	1.35
耿马傣族佤族自治县	11.57	2.59	24.60	3.59	1.07	2.72
玉龙纳西族自治县	10.63	3.47	14.13		0.86	1.15
宁蒗彝族自治县	7.50	1.37	12.72		1.25	2.23
江城哈尼族彝族自治县	4.91	0.67	8.09	5.61	0.56	0.94
澜沧拉祜族自治县	24.92	3.74	21.58	4.01	1.78	3.30
孟连傣族拉祜族佤族自治县	7.23	0.82	1.33	52.20	0.49	1.29
西盟佤族自治县	4.22	0.48	3.46	1.28	0.41	0.70
河口瑶族自治县	2.28	0.37	8.53	168.21	0.37	0.80
屏边苗族自治县	6.29	1.56	10.13	0.01	0.46	1.14
贡山独龙族怒族自治县	0.28	0.22	3.42		0.13	0.27
巍山彝族回族自治县	15.87	3.09	22.50	0.06	1.59	1.94
南涧彝族自治县	10.72	2.42	18.90		1.28	1.60
寻甸回族彝族自治县	22.94	7.01	39.68	5.14	3.37	3.47
元江哈尼族彝族傣族自治县	9.31	1.27	30.86	0.15	1.06	1.58
新平彝族傣族自治县	17.21	2.62	27.25	0.26	1.27	1.76
墨江哈尼族自治县	15.30	2.84	14.25		1.40	2.23
双江拉祜族佤族布朗族傣族自治县	7.18	1.12	9.87		0.77	1.32
兰坪白族普米族自治县	8.46	1.69	13.92		1.34	1.81
维西傈僳族自治县	7.03	1.45	9.96		0.58	1.16

医疗卫生机构（个）	卫生技术人员数（人）	医疗卫生机构床位数（张）	文化馆（个）	图书馆（个）	城镇居民最低生活保障人数（人）	城镇居民最低生活保障支出（万元）	农村居民最低生活保障人数（人）	农村居民最低生活保障支出（万元）
739	2400	4663		1	3803	3233	122373	28176
164	953	654	1	1	2305	1529	6973	2009
292	1282	1390	1	1	841	408	23879	5912
93	1085	909	7	1	2101	1034	10369	3893
144	1153	2000	1	1	459	305	22768	4590
172	1933	2491	1	1	3905	1263	41674	9756
413	1596	1784	1	1	11633	5420	24665	10178
21	2158	2806		1	11764	4516	61261	20965
127	1159	727	1	1	1899	898	3595	846
180	1814	1710	1	1	492	5400	3932	20155
129	896	620	1	1	1464	375	24928	3265
153	1467	1393	1	1	976	588	13925	2250
224	757	645	1	1	3075	1020	12022	2658
128	399	867	1	1	1249	1911	34745	9278
70	674	500	1	1	997	452	9965	2633
185	1014	1752	1	1	1445	762	44728	16899
68	465	587	1	1	293	163	811	1651
49	286	289	1	1	787	488	5100	1471
66	751	717	1	1	7781	3416	788	132
104	737	651	1	1	1890	1529	7145	1598
35	243	180	1	1	719	187	6843	849
132	1230	1234	1	1	3181	1070	23238	3525
113	902	1144	1	1	774	392	20643	4180
274	2206	3004	1	1	6626	2667	33649	11803
115	1148	887	1	1	1513	1008	6505	1613
181	1604	1362	1		1630	793	5440	1449
216	1382	1380	1	1	393	519	27408	11347
101	451	690	1	1	697	341	10859	1939
121	699	930	1	1	4322	1926	33068	8571
113	714	424	1	1	967	583	23199	6221

2-9（二） 续表 5

地　区	粮　食 总产量 （万吨）	肉　类 总产量 （万吨）	社会消费品 零售总额 （亿元）	进出口 总　额 （亿元）	普通中学 在　校 学生数 （万人）	小　学 在　校 学生数 （万人）
景东彝族自治县	18.60	2.58	19.36		1.58	2.33
景谷傣族彝族自治县	15.54	2.15	26.00		1.62	2.36
宁洱哈尼族彝族自治县	8.09	2.52	15.20		0.74	1.17
漾濞彝族自治县	7.14	1.29	7.92		0.45	0.81
禄劝彝族苗族自治县	22.09	3.05	40.06		2.35	2.60
金平苗族瑶族傣族自治县	13.45	1.99	9.42	0.37	2.00	3.59
镇沅彝族哈尼族拉祜族自治县	11.56	3.06	14.26		1.00	1.46
甘肃省						
张家川回族自治县	11.47	0.70	9.41		1.62	2.58
天祝藏族自治县	5.93	1.52	30.64	0.02	0.91	1.05
肃南裕固族自治县	3.71	1.28	5.43		0.11	0.15
肃北蒙古族自治县	0.65	0.29	2.36		0.06	0.06
阿克塞哈萨克族自治县	0.12	0.17	2.32		0.04	0.08
东乡族自治县	11.87	1.71	2.82		1.05	3.44
积石山保安族东乡族撒拉族自治县	6.33	0.24	6.23		1.28	2.69
青海省						
互助土族自治县	39.53	3.43	4.14		2.20	2.38
化隆回族自治县	7.73	0.64	9.47			
循化撒拉族自治县	4.36		9.50		0.65	
河南蒙古族自治县		1.42				
门源回族自治县	5.47		10.14		1.10	1.18
大通回族土族自治县	9.27	1.81	28.13		2.76	3.35
民和回族土族自治县	15.04	1.51	26.54		2.47	3.33
新疆维吾尔自治区						
巴里坤哈萨克自治县	9.31	1.46	8.28	7.87	0.12	0.54
塔什库尔干塔吉克自治县	1.10	0.59	2.11	0.07	0.27	0.39
木垒哈萨克自治县	17.40	4.40	9.13		0.18	0.49
焉耆回族自治县	8.49	0.72	11.70		0.59	1.12
察布查尔锡伯自治县	57.11	1.43	5.96	1.09	0.91	1.62
和布克赛尔蒙古自治县	0.36	1.38	3.58		0.24	0.42

医疗卫生机构（个）	卫生技术人员数（人）	医疗卫生机构床位数（张）	文化馆（个）	图书馆（个）	城镇居民最低生活保障人数（人）	城镇居民最低生活保障支出（万元）	农村居民最低生活保障人数（人）	农村居民最低生活保障支出（万元）
172	1077	1422	1	1	1808	940	20664	5087
191	638	1609	1	1	427	518	14609	2237
112	1134	989	1	1	1694	912	3235	2363
101	394	736	1	1	1447	649	3611	961
268	2107	2636	1	1	1360	775	12925	5442
181	844	2305	1	1	3261	1300	40664	17339
145	495	643	1	1	1218	884	9713	3542
311	1140	1132	1	1	5533	3115	35902	7265
313	901	970	1	1	4024	2900	18572	4187
130	253	404	1	1	773	441	2748	750
35	127	170	1	1	377	239	227	67
11	115	82	1	1	480	296		
234	214	756	1	1	11665	2993	67778	8893
256	327	1698	1	1	4438	2746	42334	4317
460	1017	1310	1	1	551	470	11105	3655
					2434	2307	15301	5429
23	738	700	1	1	2728	2400	4000	1356
					366	976	5002	2253
182	655	743	1	1	4173	3055	9297	3528
871	2102	1365	1	1	2029	1225	12505	463
1104	855	1312			3097	2620	22249	7308
75	498	222	1	1	3501	1941	9179	3181
58	385	206	1	1	1160	572	17290	5314
86	469	450	1	1	954	442	1759	624
75	922	754	1	1	1498	864	6223	2132
112	1380	844	1	1	8059	1662	13595	3977
45	707	371	1	1	577	348	603	293

主要统计指标解释

国内（地区）生产总值(GDP) 指按市场价格计算的一个国家所有常住单位在一定时期内生产活动的最终成果。国内生产总值有三种表现形态，即价值形态、收入形态和产品形态。从价值形态看，它是所有常住单位在一定时期内生产的全部货物和服务价值与同期投入的全部非固定资产货物和服务价值的差额，即所有常住单位的增加值之和；从收入形态看，它是所有常住单位在一定时期内创造并分配给常住单位和非常住单位的初次收入之和；从产品形态看，它是所有常住单位在一定时期内最终使用的货物和服务价值与货物和服务净出口价值之和。在实际核算中，国内生产总值有三种计算方法，即生产法、收入法和支出法。三种方法分别从不同的方面反映国内生产总值及其构成。

对于一个地区来说，称为地区生产总值或地区GDP。

当年价格 指报告期的实际价格，如工厂的出厂价格、农产品的收购价格、商业的零售价格等。使用当年价格计算的数字，是为了使国民经济各项指标互相衔接，便于考察当年社会经济效益，便于对生产和流通、生产和分配、生产和消费进行经济核算和综合平衡。

按当年价格计算的价格指标在不同年份之间进行对比时，因为包含有各年间价格的因素，不能确切地反映实物量的增减变动，必须消除价格变动因素后才能真正反映经济发展动态。因此，在计算增长速度时都使用按可比价格计算的数字。

不变价格 指用同类产品的年平均价格作为固定价格来计算各年产品价值。按不变价格计算的产品价值消除了价格变动因素，不同时期对比可以反映生产的发展速度。新中国成立后，随着工农业产品价格水平的变化，国家统计局先后五次制定了全国统一的工业产品不变价格和农业产品不变价格，1949−1957 年使用 1952 年工（农）业产品不变价格，1957−1971 年使用 1957 年不变价格，1971−1981 年使用 1970 年不变价格，1981−1990 年使用 1980 年不变价格，1990 年开始使用 1990 年不变价格。

平均每年增长速度 在我国计算平均增长速度有两种方法：一种是习惯上经常使用的“水平法”，又称几何平均法，是以间隔期最后一年的水平同基期水平对比来计算平均每年增长（或下降）速度；另一种是“累计法”，又称代数平均法或议程法，是以间隔期内各年水平的总和同基期水平对比来计算平均每年增长（或下降）速度。

三次产业 三次产业的划分是世界上较为常用的产业结构分类，但各国的划分不尽一致。根据国家统计局《三次产业划分规定》和《国民经济行业分类》（GB/T 4754−2017），我国的三次产业划分是：

第一产业是指农、林、牧、渔业（不含农、林、牧、渔专业及辅助性活动业）。

第二产业是指采矿业（不含开采专业及辅助活动），制造业（不含金属制品、机械和设备修理业），电力、热力、燃气及水生产和供应业，建筑业。

第三产业即服务业，是指除第一、二产业以外的其他行业。

三、人　口

3-1　民族自治地方年末总人口及构成

单位：万人

年　份	民族自治地方总人口	民族自治地方少数民族人口	少数民族人口占民族自治地方总人口的比重(%)
1952	5600.95		
1957	6464.90		
1965	7739.20		
1975	10441.43		
1978	11077.22	4342.36	39.2
1979	11333.94		
1980	11586.35	4714.31	40.7
1981	11767.29		
1982	12127.26	5007.50	41.3
1983	12659.05	5339.10	42.2
1984	12899.98	5491.20	42.6
1985	13547.71	5852.87	43.2
1986	13927.03	6072.23	43.6
1987	14246.65	6252.58	43.9
1988	14579.84	6442.79	44.2
1989	15060.57	6688.63	44.4
1990	15295.71	6879.58	45.0
1991	15462.71	7044.32	45.6
1992	15630.06	7125.20	45.6
1993	15776.06	7179.08	45.5
1994	15974.68	7286.83	45.6
1995	16044.41	7232.13	45.1
1996	16230.41	7393.99	45.6
1997	16407.92	7451.12	45.4
1998	16615.95	7577.45	45.6
1999	16678.00	7571.34	45.4
2000	16817.70	7766.76	46.2
2001	16870.10	7799.47	46.2
2002	17051.24	7930.39	46.5
2003	17214.12	8016.96	46.6
2004	17311.28	8114.66	46.9
2005	17498.65	8238.95	47.1
2006	17679.86	8367.37	47.3
2007	17947.89	8501.22	47.4
2008	18135.33	8616.02	47.5
2009	18317.90	8713.71	47.6
2010	18531.02	8813.76	47.6
2011	18656.16	8913.86	47.8
2012	18802.17	9066.54	48.2
2013	18915.97	9274.86	49.0
2014	18755.38	9059.49	48.3
2015	18617.90	9457.67	50.8
2016	18736.22	9655.00	51.5
2017	18943.33	9838.64	51.9
2018	18937.76	9781.35	51.7

注：本表未扣除区域变动因素，年度之间不可比。下同。

3-2 民族自治地方分地区年末总人口和少数民族人口(2018年)

地　　区	年末总人口（万人）	#少数民族人口	少数民族占总人口的比重（%）
合　　计	**18937.76**	**9781.35**	**51.65**
河　　北	213.93	136.39	63.75
内 蒙 古	2533.98	561.64	22.16
辽　　宁	323.17	176.11	54.49
吉　　林	318.56	109.86	34.49
黑 龙 江	23.53	5.15	21.87
浙　　江	17.10	2.02	11.81
湖　　北	460.64	261.53	56.78
湖　　南	498.82	416.53	83.50
广　　东	52.96	20.49	38.70
广　　西	4926.00	2204.51	44.75
海　　南	176.36	91.16	51.69
重　　庆	277.23	206.22	74.39
四　　川	790.78	498.42	63.03
贵　　州	1834.05	1102.95	60.14
云　　南	2415.82	1422.29	58.87
西　　藏	343.82	316.31	92.00
甘　　肃	376.52	236.03	62.69
青　　海	382.91	258.72	67.57
宁　　夏	688.11	257.29	37.39
新　　疆	2283.46	1497.72	65.59

3-3 民族自治地方分地区人口构成(2018年)

单位：万人

地区	按性别分		按城乡分	
	男	女	城镇人口	乡村人口
合计	**9746.53**	**9177.73**	**8061.18**	**10880.49**
河北	111.33	102.60	51.21	162.72
内蒙古	1306.23	1227.75	1589.06	944.92
辽宁	164.68	158.49	77.36	245.80
吉林	159.09	159.48	174.22	144.34
黑龙江	11.85	11.69	6.29	17.24
浙江	8.96	8.14	3.44	13.66
湖北	240.23	220.41	163.11	297.53
湖南	261.01	237.80	174.72	324.09
广东	27.50	25.46	14.86	38.10
广西	2555.61	2370.39	2473.84	2452.16
海南	92.45	83.91	52.72	123.63
重庆	146.26	130.97	84.62	192.61
四川	405.17	385.60	183.12	611.56
贵州	968.89	865.16	631.74	1202.31
云南	1241.58	1174.24	686.25	1729.57
西藏	175.28	168.54	107.07	236.75
甘肃	192.83	183.69	97.07	279.46
青海	181.72	187.69	130.72	252.20
宁夏	346.95	341.16	405.16	282.95
新疆	1148.91	1134.54	954.58	1328.87

注：因部分省份城镇人口与乡村人口为户籍人口数，故与总人口数不等。

主要统计指标解释

人口数 指一定时点、一定地区范围内的有生命的个人的总和。年度统计的年末人口数指每年 12 月 31 日 24 时的人口数。

城镇人口和乡村人口 城镇人口是指居住在城镇范围内的全部常驻人口；乡村人口是指除上述人口以外的全部人口。

市 指经国家批准成立“市”建制的城市。

镇 指经省、自治区、直辖市批准的镇。1963 年以前为常住人口在 2000 人以上，非农业人口占 50%以上的人口聚居地。1964 年起改为常住人口在 3000 人以上，非农业人口占 70%以上或常住人口在 2500 人以上，不满 3000 人，非农业人口占 85%以上的。1984 年后又调整为凡县级地方国家机关所在地；或总人口在 20000 人以下的乡，乡政府驻地非农业人口超过 2000 人的；或总人口在 20000 人以上的乡，乡政府驻地非农业人口占全乡 10%以上；或少数民族地区、人口稀少的边远地区、山区和小型工矿区、小港口、风景旅游地、边境口岸等地，非农业人口虽不足 2000 人，都可建镇。

四、就业人员和劳动报酬

4−1 民族自治地方单位就业人员年平均工资

单位：元

年 份	合 计	国有单位	城镇集体单位	其他单位
1981	816	848	650	
1982	845	827	686	
1983	884	917	711	
1984	1026	1077	810	
1985	1142	1202	899	
1986	1320	1392	1011	
1987	1465	1535	1156	
1988	1739	1815	1396	
1989	1850	1931	1420	
1990	2040	2150	1525	2033
1991	2214	2318	1718	2284
1992	2527	3006	1949	2538
1993	3074	3210	2363	3652
1994	3970	4092	3185	4205
1995	4559	4857	3492	4801
1996	5268	5436	4033	5513
1997	5593	5799	4102	6077
1998	6243	6414	4580	6739
1999	6822	6979	5093	7234
2000	7802	7976	5716	8165
2001	9548	9839	6762	9385
2002	10990	11303	7277	11042
2003	12471	12877	8365	12164
2004	14583	15235	10161	13370
2005	15481	15869	10966	15201
2006	17766	18323	12375	17041
2007	21374	22334	15163	19603
2008	25232	26034	18600	23854
2009	28187	29351	21439	25994
2010	32218	33258	27263	30111
2011	37310	38094	32726	36033
2012	41549	41718	35705	41784
2013	49679	46671	40905	55887
2014	50435	48845	43915	53592
2015	58437	61177	49730	47539
2016	62925	66979	57555	57265
2017	66722	72035	57489	61257
2018	74109	80594	56589	65225

注：1．本表未扣除区域变动因素，年度之间不可比。下同。
2．1998年以后为人均劳动报酬。

4-2 民族自治地方分地区年末单位就业人员(2018年)

单位：万人

地区	合计	国有单位	城镇集体单位	其他单位
合计	**1558.81**	**896.80**	**33.30**	**633.77**
河北	9.53	6.87	0.14	2.52
内蒙古	272.43	158.31	4.10	110.02
辽宁	14.79	9.56	0.82	2.40
吉林	30.70	18.03	0.41	12.26
黑龙江	1.34	1.08	0.00	0.26
浙江	0.93	0.70	0.01	0.23
湖北	21.77	13.45	0.06	8.26
湖南	23.87	17.78	0.99	5.10
广东	2.96	2.17	0.23	0.57
广西	386.78	199.11	10.85	176.82
海南	8.56	6.31	0.09	2.16
重庆	13.32	7.58	0.24	5.50
四川	49.36	35.39	0.46	13.51
贵州	104.93	59.54	7.66	37.73
云南	160.73	90.57	3.06	67.09
西藏	36.89	27.34	0.25	5.71
甘肃	23.01	18.43	1.18	3.39
青海	23.69	14.86	0.29	8.54
宁夏	67.97	35.89	0.46	31.62
新疆	305.23	173.83	1.98	140.08

4-3 民族自治地方分地区单位就业人员劳动报酬(2018年)

单位：亿元

地 区	合 计	国有单位	城镇集体单位	其他单位
合 计	**11552.21**	**7227.70**	**188.45**	**4133.77**
河 北	55.94	41.24	0.72	13.98
内蒙古	2021.62	1173.94	32.50	815.18
辽 宁	70.10	48.01	4.03	8.54
吉 林	182.15	114.69	3.42	64.04
黑龙江	6.83	5.98	0.02	0.83
浙 江	9.41	7.87	0.26	1.28
湖 北	154.60	115.67	0.36	38.57
湖 南	157.64	133.03	5.73	26.11
广 东	16.90	13.48	1.04	2.38
广 西	2684.20	1516.89	54.50	1112.81
海 南	50.67	33.95	0.53	16.19
重 庆	101.18	71.82	1.87	27.49
四 川	376.55	295.86	3.13	77.56
贵 州	733.77	592.66	24.65	116.46
云 南	1237.43	855.10	29.05	353.28
西 藏	409.17	351.41	0.90	56.85
甘 肃	150.00	130.23	4.94	14.83
青 海	213.90	136.11	2.69	75.10
宁 夏	536.50	295.64	3.59	237.28
新 疆	2383.64	1294.11	14.53	1075.00

4-4 民族自治地方分地区单位就业人员平均劳动报酬(2018年)

单位：元

地 区	合 计	国有单位	城镇集体单位	其他单位
合 计	**74109**	**80594**	**56589**	**65225**
河 北	58699	60040	50416	55511
内蒙古	74207	74155	79262	74093
辽 宁	47414	50217	49231	35643
吉 林	59336	63617	83616	52232
黑龙江	50832	55587	59000	31356
浙 江	100845	112938	427869	55544
湖 北	71014	86023	60978	46667
湖 南	66031	74801	58050	51185
广 东	57046	62135	45926	41994
广 西	69399	76185	50222	62934
海 南	69399	53798	56497	75038
重 庆	75941	94785	76359	49970
四 川	76286	83594	67612	57432
贵 州	69928	99532	32175	30870
云 南	76987	94409	94800	52655
西 藏	110901	128543	35417	99651
甘 肃	65191	70649	41826	43688
青 海	90281	91604	91450	87940
宁 夏	78934	82362	78184	75052
新 疆	78093	74448	73265	76741

主要统计指标解释

单位就业人员 指报告期末最后一日24时在本单位中工作，并取得工资或其他形式劳动报酬的人员数。该指标为时点指标，不包括最后一日当天及以前已经与单位解除劳动合同关系的人员，是在岗职工、劳务派遣人员及其他就业人员之和。就业人员不包括：

(1)离开本单位仍保留劳动关系，并定期领取生活费的人员；

(2)在本单位实习的各类在校学生；

(3)本单位因劳务外包而使用的人员。

乡村劳动力 指乡村人口中实际参加各种行业劳动并取得实物或货币收入的劳动力人数。包括劳动年龄内实际参加劳动的人数和不足或超过劳动年龄实际参加劳动的人数。

在岗职工 指在本单位工作且与本单位签订劳动合同，并由单位支付各项工资和社会保险、住房公积金的人员，以及上述人员中由于学习、病伤、产假等原因暂未工作仍由单位支付工资的人员。在岗职工还包括：

(1)应订立劳动合同而未订立劳动合同人员(如使用的农村户籍人员)；

(2)处于试用期人员；

(3)编制外招用的人员；

(4)派往外单位工作，但工资仍由本单位发放的人员(如挂职锻炼、外派工作等情况)。

劳动者报酬 指劳动者从事生产活动应获得的全部报酬，既包括货币形式的报酬，也包括实物形式的报酬。主要包括工资、奖金、津贴和补贴，单位为其员工交纳的社会保险费、补充社会保险费和住房公积金、行政事业单位职工的离退休金、单位为其员工提供的其他各种形式的福利和报酬等。

工资总额 指根据《关于工资总额组成的规定》(1990年1月1日国家统计局发布的一号令)进行修订，在报告期内(季度或年度)直接支付给本单位全部就业人员的劳动报酬总额。包括计时工资、计件工资、奖金、津贴和补贴、加班加点工资、特殊情况下支付的工资，是在岗职工工资总额、劳务派遣人员工资总额和其他就业人员工资总额之和。

工资总额是税前工资，包括单位从个人工资中直接为其代扣或代缴的房费、水费、电费、住房公积金和社会保险基金个人缴纳部分等。

工资总额不论是计入成本的还是不计入成本的，不论是以货币形式支付的还是以实物形式支付的，均应列入工资总额的计算范围。

平均工资 指单位就业人员在一定时期内平均每人所得的工资额。它表明一定时期工资收入的高低程度，是反映就业人员工资水平的主要指标。计算公式为：

$$\text{平均工资}=\frac{\text{报告期就业人员工资总额}}{\text{报告期就业人员平均人数}}$$

五、财 政

5-1 民族自治地方财政收支情况

单位：亿元

年份	收入			支出		
	合计	五个自治区	自治州、县	合计	五个自治区	自治州、县
1952	4.96	3.81	1.15	4.39	3.34	1.05
1957	11.48	8.91	2.57	12.43	9.58	2.85
1960	29.19	21.92	7.27	42.87	35.12	7.75
1961	16.58	12.54	4.04	21.36	16.54	4.82
1962	13.23	9.93	3.30	14.15	11.10	3.05
1963	15.71	11.57	4.14	16.69	12.60	4.09
1964	17.62	13.22	4.40	20.55	16.09	4.46
1965	19.67	15.09	4.58	23.06	18.48	4.58
1966	21.18	16.65	4.53	26.07	21.00	5.07
1968	10.68	8.74	1.94	17.02	13.12	3.90
1972	22.05	15.94	6.11	43.12	31.55	11.57
1973	22.72	15.13	7.59	47.83	34.91	12.92
1974	22.87	15.31	7.56	49.66	36.90	12.76
1975	23.49	15.80	7.69	50.63	38.01	12.62
1976	24.41	16.24	8.17	55.70	41.24	14.46
1977	28.46	19.26	9.20	59.97	43.35	16.62
1978	40.79	30.18	10.61	83.35	62.02	21.33
1979	34.00	25.88	8.12	87.97	69.93	18.04
1980	31.07	22.44	8.63	81.20	62.45	18.75
1981	29.67	19.77	9.90	76.13	56.17	19.96
1982	36.31	23.86	12.45	86.81	63.42	23.39
1983	41.48	27.81	13.67	100.62	73.11	27.51
1984	45.33	30.65	14.68	131.58	96.28	35.30
1985	63.45	42.32	21.13	156.98	112.67	44.31
1986	80.66	55.04	25.62	198.62	142.22	56.40
1987	97.51	65.62	31.89	210.43	147.92	62.51
1988	119.39	78.74	40.65	241.10	167.49	73.61
1989	147.65	96.49	51.16	273.26	182.62	90.64
1990	166.74	109.28	57.46	304.37	202.37	102.00
1991	204.35	136.28	68.07	342.70	227.70	115.00
1992	210.00	135.17	74.83	367.52	239.11	128.41
1993	302.69	199.59	103.10	462.31	301.48	160.83
1994	201.49	139.97	61.52	516.96	338.52	178.44
1995	248.13	172.56	75.57	595.12	397.04	198.08
1996	313.01	211.19	101.82	720.15	464.65	255.50
1997	355.66	246.98	108.68	774.97	512.39	262.58
1998	399.31	284.16	115.15	868.54	605.10	263.44
1999	437.18	314.86	122.32	1003.77	693.84	309.93
2000	475.54	347.35	128.19	1172.90	817.34	355.56
2001	544.92	406.88	138.04	1608.60	1132.38	476.22
2002	594.66	449.83	144.83	1926.50	1426.71	499.79
2003	673.97	508.78	165.19	2109.30	1511.01	598.29
2004	825.78	637.72	188.06	2467.73	1749.48	718.25
2005	1026.35	800.56	225.79	3050.44	2158.08	892.36
2006	1281.04	981.34	299.70	3732.88	2613.53	1119.35
2007	1660.89	1297.14	363.75	4898.51	3461.27	1437.24
2008	2099.88	1650.05	449.83	6496.73	4635.88	1860.85
2009	2548.23	2002.30	545.93	8368.64	5798.07	2570.57
2010	3255.56	2532.74	722.82	10511.53	7088.57	3422.95
2011	4276.36	3299.54	976.81	13588.74	9283.00	4305.75
2012	5220.36	3978.32	1242.04	16070.80	10900.99	5169.81
2013	6013.42	4569.48	1443.95	17605.65	11891.69	5713.96
2014	6630.22	5012.43	1617.79	19395.46	12863.52	6531.94
2015	7044.69	5321.07	1723.62	21766.14	14643.30	7122.84
2016	7136.18	5415.29	1720.89	23615.49	15935.17	7680.31
2017	7262.06	5388.28	1873.78	25654.68	17130.44	8524.24
2018	7571.75	5745.23	1826.51	27986.66	18557.93	9428.73

注：表列五个自治区，系指内蒙古自治区、广西壮族自治区、西藏自治区、宁夏回族自治区和新疆维吾尔自治区。
自治州、县系指除上述五个自治区以外各省所属的民族自治州、自治县。

5-2 民族自治地方分地区财政收入情况(2018年)

单位：亿元

地　区	地方一般公共预算收入	#各项税收	#国内增值税	#企业所得税	#个人所得税
合　计	**7571.75**	**5270.24**	**2092.56**	**597.73**	**291.96**
河　北	59.55	43.89	10.78	4.02	1.65
内蒙古	1857.65	1399.86	533.76	165.09	63.23
辽　宁	51.16	36.66	16.16	4.44	1.49
吉　林	75.93	44.63	11.08	4.13	1.77
黑龙江	3.42	2.05	0.42	0.48	0.07
浙　江	7.74	6.66	3.18	0.37	1.24
湖　北	91.03	67.54	29.88	6.88	4.53
湖　南	148.54	117.15	12.83	4.59	2.75
广　东	8.63	6.09	0.35	0.01	0.03
广　西	1681.45	1122.09	467.74	151.24	60.82
海　南	68.46	50.98	7.54	11.61	2.57
重　庆	47.63	32.89	13.57	3.18	2.12
四　川	213.63	139.76	69.17	13.06	5.80
贵　州	356.32	240.48	77.03	37.89	15.50
云　南	573.92	371.79	154.83	17.59	11.31
西　藏	230.29	155.93	98.93	4.93	25.20
甘　肃	34.89	19.67	7.24	1.76	0.74
青　海	85.66	62.03	19.61	6.79	3.56
宁　夏	444.43	298.29	133.73	32.53	13.40
新　疆	1531.42	1051.80	424.72	127.13	74.17

5-3 民族自治地方分地区财政支出情况(2018年)(一)

单位：亿元

地区	地方一般公共预算支出	#一般公共服务	#教育	#科学技术
合计	**27986.66**	**2718.55**	**4341.62**	**302.17**
河北	185.36	17.56	32.08	0.94
内蒙古	4831.46	355.98	576.33	26.05
辽宁	204.71	15.40	32.43	0.19
吉林	504.12	33.93	53.73	2.25
黑龙江	26.25	2.38	3.81	0.06
浙江	42.33	4.34	4.67	0.38
湖北	462.03	45.38	79.45	4.16
湖南	520.20	57.10	90.94	3.47
广东	57.95	3.93	5.52	0.10
广西	5310.74	527.25	933.22	64.43
海南	237.29	25.36	40.62	0.54
重庆	235.20	36.98	50.97	1.38
四川	1470.14	143.57	213.02	3.01
贵州	1576.21	188.54	346.85	28.27
云南	2601.39	300.99	490.82	79.32
西藏	1972.71	283.04	232.85	8.12
甘肃	566.34	61.61	76.65	1.30
青海	739.22	62.45	93.78	1.96
宁夏	1430.57	93.66	171.01	33.99
新疆	5012.45	459.11	812.88	42.25

5-3 民族自治地方分地区财政支出情况(2018年)(二)

单位：亿元

地　区	#文化体育与传媒	#社会保障和就业	#医疗卫生与计划生育	#住房保障支出
合　计	**442.25**	**3490.14**	**2264.47**	**1226.40**
河　北	2.23	22.91	20.50	5.04
内蒙古	109.27	707.20	315.62	182.21
辽　宁	2.34	40.93	20.35	4.73
吉　林	10.48	96.11	32.16	19.95
黑龙江	0.38	3.46	1.92	2.98
浙　江	0.87	4.18	3.04	0.84
湖　北	6.97	59.62	47.64	22.88
湖　南	8.57	67.39	53.19	23.40
广　东	0.51	5.08	3.54	1.75
广　西	63.59	769.70	546.52	129.10
海　南	3.46	23.56	23.13	23.13
重　庆	2.89	24.77	24.57	9.05
四　川	17.04	109.13	124.24	25.74
贵　州	25.59	162.16	177.90	204.49
云　南	21.00	378.31	278.06	97.51
西　藏	46.02	108.20	106.75	57.22
甘　肃	11.22	64.82	46.95	24.76
青　海	13.14	88.03	50.67	31.21
宁　夏	23.29	175.52	101.58	54.46
新　疆	73.39	579.06	286.14	305.96

主要统计指标解释

一般公共预算收入 指国家财政参与社会产品分配所取得的收入，是实现国家职能的财力保证。主要包括：(1) 各项税收：包括国内增值税、国内消费税、进口货物增值税和消费税、出口货物退增值税和消费税、营业税、企业所得税、个人所得税、资源税、城市维护建设税、房产税、印花税、城镇土地使用税、土地增值税、车船税、船舶吨税、车辆购置税、关税、耕地占用税、契税、烟叶税等。(2) 非税收入：包括专项收入、行政事业性收费、罚没收入和其他收入。财政收入按现行分税制财政体制划分为中央本级收入和地方本级收入。

一般公共预算支出 指国家财政将筹集起来的资金进行分配使用，以满足经济建设和各项事业的需要。主要包括：一般公共服务、外交、国防、公共安全、教育、科学技术、文化体育与传媒、社会保障和就业、医疗卫生与计划生育、节能环保、城乡社区、农林水、交通运输、资源勘探信息等、商业服务业等、金融、援助其他地区、国土海洋气象等、住房保障、粮油物资储备、政府债务付息等方面的支出。财政支出根据政府在经济和社会活动中的不同职权，划分为中央财政支出和地方财政支出。

六、人民生活

6-1-1 民族自治地方分地区城镇居民生活水平情况(2018年)(一)

单位：元

地　区	城镇居民人均可支配收入	城镇居民人均消费支出	#食　品	#衣　着	#居　住
合　计	**32738.52**	**21352.83**	**6109.31**	**1677.25**	**4153.03**
河　北	30506.00	18444.62	4762.49	1649.38	3455.79
内蒙古	38304.68	24437.06	6583.46	2455.76	4594.40
辽　宁	25657.59	19671.06	4225.92	2924.27	1951.15
吉　林	26108.08	17104.94	4418.40	1848.21	3418.79
黑龙江	23876.00	11334.30	3694.70	792.50	2408.00
浙　江	36778.00	24700.00	7783.00	2237.00	5873.00
湖　北	28848.08	20787.63	6775.79	1903.14	4148.02
湖　南	24284.46	17051.95	4568.95	1376.10	3458.31
广　东	24773.26	15894.30	6428.05	780.39	2631.86
广　西	32436.07	20159.39	6180.38	967.73	4235.94
海　南	29975.22	22432.87	8896.61	996.69	2699.71
重　庆	29742.49	18230.43	6313.39	2229.17	3415.05
四　川	31025.69	20234.05	7141.24	1588.98	3021.70
贵　州	29805.57	18815.57	4885.92	1551.95	3484.18
云　南	32407.88	20983.53	5505.39	1401.87	4793.40
西　藏	33797.00	23029.00	8975.00	2168.80	4726.50
甘　肃	25502.96	16090.72	5179.30	1665.45	3070.71
青　海	30379.34	18938.24	5388.97	1721.95	3169.87
宁　夏	31895.00	21977.00	5374.00	1953.00	4032.00
新　疆	32764.00	24191.00	6900.00	2233.00	4287.00

6-1-2 民族自治地方分地区城镇居民生活水平情况(2018年)(二)

单位：元

地 区	#家庭设备及服务	#医疗保健支出	#交通和通讯	#娱乐教育文化服务
合 计	**1411.60**	**1771.27**	**3001.24**	**2417.99**
河 北	1112.48	1397.02	3091.22	1934.45
内蒙古	1630.97	2105.75	3736.43	2592.10
辽 宁	1304.22	1157.65	2042.39	1351.27
吉 林	1026.54	1346.31	2639.23	1827.04
黑龙江	575.10	1319.40	1531.30	1013.10
浙 江	1248.00	3214.00	2225.00	1488.00
湖 北	1305.24	1553.13	2198.06	2369.22
湖 南	1075.00	1615.21	1993.89	2469.60
广 东	996.18	1149.97	2013.21	1648.22
广 西	1254.10	1699.33	2902.80	2466.91
海 南	1363.18	1029.99	2531.57	2117.37
重 庆	1244.68	1149.36	1698.91	1936.03
四 川	1400.27	1195.66	2377.70	1863.09
贵 州	1196.64	1092.39	3295.29	2206.66
云 南	1628.82	1816.38	3171.27	2410.21
西 藏	1389.60	871.10	3123.90	1175.80
甘 肃	1256.42	1330.94	1754.63	1540.69
青 海	1204.63	1450.31	2461.68	1935.47
宁 夏	1417.00	2152.00	3529.00	2889.00
新 疆	1692.00	2273.00	2428.00	2651.00

6-2-1 民族自治地方分地区农村居民生活水平情况(2018年)(一)

单位：元

地区	农村居民人均可支配收入	农村居民人均消费支出	#食品	#衣着	#居住
合计	**11522.73**	**9674.16**	**2973.38**	**527.27**	**1953.64**
河北	10543.29	8725.04	2692.10	569.93	1492.28
内蒙古	13802.56	12661.48	3476.18	717.13	2337.80
辽宁	14437.49	9263.72	2409.51	580.27	1578.49
吉林	11939.51	9242.68	2779.37	663.25	1313.64
黑龙江	14215.00	10334.00	2436.30	495.80	2189.20
浙江	18170.00	14066.00	5823.00	774.00	3077.00
湖北	10516.01	8914.75	3416.60	601.02	1745.55
湖南	9134.65	9504.14	2864.47	491.14	2105.58
广东	13599.89	11481.61	3260.75	940.65	1882.19
广西	12434.77	10616.96	3194.80	326.68	2469.05
海南	12815.41	9928.13	4152.63	245.75	1445.18
重庆	11050.26	9462.14	3692.63	596.38	1662.14
四川	12385.66	9469.15	4168.19	615.62	1264.47
贵州	9625.49	9076.16	2276.43	459.44	2095.85
云南	10614.69	8321.41	2577.95	350.64	1766.87
西藏	11450.00	7452.00	2688.70	973.00	1175.00
甘肃	7166.09	5883.65	1919.73	447.31	1306.99
青海	10275.82	10163.14	3492.56	887.05	2058.16
宁夏	11708.00	10790.00	2950.00	752.00	1868.00
新疆	11975.00	9421.00	2824.00	799.00	1716.00

6-2-2 民族自治地方分地区农村居民生活水平情况(2018年)(二)

单位：元

地 区	#家庭设备及服务	#医疗保健支出	#交通和通 讯	#娱乐教育文化服务
合 计	**564.43**	**947.39**	**1410.50**	**1097.34**
河 北	535.77	1165.97	1218.77	930.48
内蒙古	578.88	1468.49	2102.48	1736.48
辽 宁	448.55	1051.10	1525.05	1419.83
吉 林	418.45	1595.86	1943.43	1314.44
黑龙江	366.80	1275.00	2125.90	1445.00
浙 江	655.00	851.00	1506.00	1179.00
湖 北	628.72	768.52	775.32	826.36
湖 南	553.30	907.51	1120.32	1289.49
广 东	745.48	478.94	1684.03	974.71
广 西	604.14	1088.00	1528.05	1246.85
海 南	500.04	559.12	907.37	861.61
重 庆	648.58	668.00	972.99	961.17
四 川	526.68	594.01	974.93	712.19
贵 州	575.57	679.16	1383.68	1040.20
云 南	488.48	823.02	1398.82	994.88
西 藏	351.10	314.90	1396.60	409.00
甘 肃	489.18	667.66	591.85	382.27
青 海	707.02	916.04	1292.43	780.30
宁 夏	673.00	1249.00	1819.00	1296.00
新 疆	610.00	1018.00	1301.00	1011.00

6-3 民族自治地方分地区城乡居民储蓄存款年末余额(2018年)

单位：亿元

地　区	城乡居民储蓄存款年末余额
合　计	**58361.39**
河　北	782.34
内蒙古	11966.08
辽　宁	1154.44
吉　林	1527.50
黑龙江	50.54
浙　江	81.79
湖　北	1075.85
湖　南	1268.05
广　东	118.20
广　西	15282.07
海　南	470.44
重　庆	631.35
四　川	1787.81
贵　州	3130.87
云　南	5643.40
西　藏	
甘　肃	687.57
青　海	624.00
宁　夏	2698.07
新　疆	9381.01

主要统计指标解释

居民可支配收入 指居民可用于最终消费支出和储蓄的总和，即居民可用于自由支配的收入。既包括现金收入，也包括实物收入。按照收入的来源，可支配收入包含四项，分别为：工资性收入、经营净收入、财产净收入和转移净收入。

工资性收入 指就业人员通过各种途径得到的全部劳动报酬和各种福利，包括受雇于单位或个人、从事各种自由职业、兼职和零星劳动得到的全部劳动报酬和福利。

经营净收入 指住户或住户成员从事生产经营活动所获得的净收入，是全部经营收入中扣除经营费用、生产性固定资产折旧和生产税之后得到的净收入。计算公式为：

经营净收入=经营收入−经营费用−生产性固定资产折旧−生产税

财产净收入 指住户或住户成员将其所拥有的金融资产、住房等非金融资产和自然资源交由其他机构单位、住户或个人支配而获得的回报并扣除相关的费用之后得到的净收入。财产净收入包括利息净收入、红利收入、储蓄性保险净收益、转让承包土地经营权租金净收入、出租房屋净收入、出租其他资产净收入和自有住房折算净租金等。财产净收入不包括转让资产所有权的溢价所得。

转移净收入 计算公式为：转移净收入=转移性收入−转移性支出

转移性收入 指国家、单位、社会团体对住户的各种经常性转移支付和住户之间的经常性收入转移。包括养老金或退休金、社会救济和补助、政策性生产补贴、政策性生活补贴、救灾款、经常性捐赠和赔偿、报销医疗费、住户之间的赡养收入，本住户非常住成员寄回带回的收入等。转移性收入不包括住户之间的实物馈赠。

转移性支出 指调查户对国家、单位、住户或个人的经常性或义务性转移支付。包括缴纳的税款、各项社会保障支出、赡养支出、经常性捐赠和赔偿支出以及其他经常转移支出等。

居民消费支出 指居民用于满足家庭日常生活消费需要的全部支出，既包括现金消费支出，也包括实物消费支出。消费支出可划分为食品烟酒、衣着、居住、生活用品及服务、交通通信、教育文化娱乐、医疗保健以及其他用品及服务八大类。

食品烟酒 指用于各种食品和烟草、酒类的支出。

衣着 指与居民穿着有关的支出，包括服装、服装材料、鞋类、其他衣类及配件、衣着相关加工服务的支出。

居住 指与居住有关的支出，包括房租、水、电、燃料、物业管理等方面的支出，也包括自有住房折算租金。

生活用品及服务 指家庭及个人的各类生活品及家庭服务。包括家具及室内装饰品、家用器具、家用纺织品、家庭日用杂品、个人用品和家庭服务。

交通通信 指用于交通和通信工具及相关的各种服务费、维修费和车辆保险等支出。

教育文化娱乐 指用于教育、文化和娱乐方面的支出。

医疗保健 指用于医疗和保健的药品、用品和服务的总费用。包括医疗器具及药品，以及医疗服务。

其他用品及服务 指无法直接归入上述各类支出的其他用品与服务支出。

居民储蓄存款余额 指城乡居民在某一时点上在银行和其他金融机构的本（人民币）、外币储蓄存款总额。不包括居民的手存现金和工矿企业、部队、机关、团体等单位存款。

七、城市概况

7-1 民族自治地方分地区城市情况(2018年)

地区	城市数(个)	#地级市	#县级市
合计	**115**	**38**	**77**
河北			
内蒙古	20	9	11
辽宁			
吉林	6		6
黑龙江			
浙江			
湖北	2		2
湖南	1		1
广东			
广西	21	14	7
海南			
重庆			
四川	3		3
贵州	4		4
云南	12		12
西藏	6	6	
甘肃	2		2
青海	3		3
宁夏	7	5	2
新疆	28	4	24

7-2 民族自治地方分地区城市市区情况(2018年)

地区	市区面积（平方公里）	市区人口（万人）	市区暂住人口（万人）
合计	**796165.71**	**5984.49**	**1040.22**
河北			
内蒙古	147077.45	1019.62	250.20
辽宁			
吉林	27270.36	157.81	17.90
黑龙江			
浙江			
湖北	8572.82	175.95	8.88
湖南	1093.30	35.02	4.30
广东			
广西	70298.38	2389.86	289.91
海南			
重庆			
四川	20780.20	86.88	27.92
贵州	8196.29	233.06	20.78
云南	44688.59	484.32	60.17
西藏	47978.51	100.38	49.52
甘肃	2774.33	35.82	12.48
青海	162250.50	45.60	5.92
宁夏	23697.42	334.95	78.94
新疆	231487.56	885.22	213.30

7-3 民族自治地方分地区城市城区面积和人口情况(2018年)

地　区	城区面积 (平方公里)	城区人口 (万人)	城区暂住人口 (万人)
合　计	**19582.37**	**3049.69**	**924.74**
河　北			
内蒙古	5058.33	696.03	237.99
辽　宁			
吉　林	499.60	104.10	15.36
黑龙江			
浙　江			
湖　北	253.00	45.04	6.00
湖　南	48.00	27.10	4.40
广　东			
广　西	5814.43	910.75	266.45
海　南			
重　庆			
四　川	775.88	46.13	21.33
贵　州	526.66	102.68	17.88
云　南	597.24	191.07	53.00
西　藏	632.17	66.41	44.24
甘　肃	53.65	23.60	8.24
青　海	161.15	27.56	5.16
宁　夏	2162.28	218.89	77.46
新　疆	2999.98	590.33	167.23

7-4 民族自治地方分地区城市用地情况(2018年)

地　区	建成区面积 (平方公里)	城市建设用地 (平方公里)
合　计	**5655.55**	**5347.15**
河　北		
内蒙古	1270.11	1185.57
辽　宁		
吉　林	161.84	134.79
黑龙江		
浙　江		
湖　北	59.00	58.90
湖　南	38.00	30.80
广　东		
广　西	1475.97	1444.78
海　南		
重　庆		
四　川	57.50	52.34
贵　州	201.32	181.58
云　南	324.32	306.47
西　藏	163.67	152.93
甘　肃	37.14	29.65
青　海	72.45	70.45
宁　夏	481.99	436.00
新　疆	1312.24	1262.89

7-5 民族自治地方分地区城市供水、液化气供气情况(2018年)

地区	城市供水综合生产能力(万立方米/日)	供水管道长度(公里)	城市液化石油气储气能力(吨)	液化石油气供气总量(吨)
合计	**2355.40**	**59762.98**	**97174.19**	**542024.84**
河北				
内蒙古	421.13	10069.40	6851.32	53680.90
辽宁				
吉林	48.48	1383.05	2295.50	26994.50
黑龙江				
浙江				
湖北	24.00	1587.46	450.00	1255.01
湖南	13.00	683.60	100.00	2710.00
广东				
广西	714.49	19561.50	63330.83	306241.97
海南				
重庆				
四川	25.90	767.30	3400.00	10804.90
贵州	50.54	3003.80	6837.69	19909.03
云南	112.33	5356.63	2514.05	22474.05
西藏	68.21	1776.01	1057.30	6474.66
甘肃	11.30	369.44	230.50	2252.00
青海	45.02	1247.32	1919.00	4306.82
宁夏	235.56	2783.15	3992.00	7618.85
新疆	585.44	11174.32	4196.00	77302.15

7-6 民族自治地方分地区城市道路情况(2018年)

地　　区	城市道路长度（公里）	城市道路面积（万平方米）
合　　计	**40264.05**	**79626.80**
河　　北		
内 蒙 古	9893.95	21250.57
辽　　宁		
吉　　林	943.29	1554.96
黑 龙 江		
浙　　江		
湖　　北	328.34	480.66
湖　　南	456.94	1005.50
广　　东		
广　　西	10441.03	22860.74
海　　南		
重　　庆		
四　　川	409.93	625.30
贵　　州	1056.23	2414.76
云　　南	2384.29	4437.28
西　　藏	781.03	1351.55
甘　　肃	170.63	417.21
青　　海	383.80	1019.52
宁　　夏	2403.85	6798.16
新　　疆	10610.74	15410.59

7-7 民族自治地方分地区城市绿化面积(2018年)

地区	绿化覆盖面积（公顷）	建成区	绿地面积（公顷）	建成区
合计	**341480.21**	**222981.78**	**300328.52**	**201426.29**
河北				
内蒙古	72393.01	51562.65	67203.39	47365.26
辽宁				
吉林	6824.57	6077.97	5867.03	5518.03
黑龙江				
浙江				
湖北	3303.80	2509.30	2770.28	2219.28
湖南	1785.00	1560.36	1678.96	1388.86
广东				
广西	101636.51	58922.29	92058.44	51329.03
海南				
重庆				
四川	2280.69	2060.19	2056.49	2056.49
贵州	23285.80	7669.42	7698.97	7031.01
云南	16613.50	12509.97	14646.35	10882.59
西藏	6386.00	6113.00	6020.02	5733.32
甘肃	489.52	407.52	326.77	215.17
青海	2181.22	2076.59	2033.61	1911.71
宁夏	26142.06	19534.93	25114.88	18508.79
新疆	78158.53	51977.59	72853.33	47266.75

7−8 民族自治地方分地区城市公园情况（2018年）

地　区	公园绿地面积（公顷）	公园个数（个）	公园面积（公顷）
合　计	**59329.05**	**1423**	**44169.43**
河　北			
内蒙古	17299.66	305	15115.30
辽　宁			
吉　林	2247.93	34	884.95
黑龙江			
浙　江			
湖　北	797.41	35	440.00
湖　南	342.60	5	98.00
广　东			
广　西	15364.63	294	11715.96
海　南			
重　庆			
四　川	717.63	40	722.00
贵　州	1161.43	41	1182.50
云　南	3006.75	164	2579.31
西　藏	963.35	105	807.50
甘　肃	188.85	5	49.70
青　海	359.27	8	240.00
宁　夏	6040.64	96	3312.79
新　疆	10838.90	291	7021.42

7-9 民族自治地方分地区城市环境卫生情况(2018年)

地区	生活垃圾处理量（万吨）	垃圾无害化处理厂(场)数（万吨）	公厕数（座）
合计	**1669.07**	**1552.84**	**15343**
河北			
内蒙古	348.56	366.99	7612
辽宁			
吉林	53.68	19.38	313
黑龙江			
浙江			
湖北	22.64	19.30	141
湖南	10.40	10.60	84
广东			
广西	466.47	437.99	1645
海南			
重庆			
四川	23.02	22.76	267
贵州	45.24	44.32	228
云南	107.71	102.47	1332
西藏	51.76	44.37	436
甘肃	19.78	20.47	89
青海	20.66	19.63	118
宁夏	116.87	115.65	786
新疆	382.28	328.91	2292

7-10 民族自治地方分地区城市市政公用设施水平情况(2018年)(一)

地　区	人口密度（人/平方公里）	人均日生活用水量（升）	用水普及率（%）	燃气普及率（%）
全　国	**2546**	**179.74**	**98.36**	**96.70**
河　北				
内蒙古	1846	97.84	99.23	94.76
辽　宁				
吉　林	3239	129.47	89.14	84.20
黑龙江				
浙　江				
湖　北	2034	183.08	95.67	91.12
湖　南	6563	199.17	100.00	86.41
广　东				
广　西	2025	266.14	97.80	98.15
海　南				
重　庆				
四　川	4284	237.33	79.88	70.12
贵　州	3653	166.85	96.04	79.84
云　南	4683	167.51	90.95	60.99
西　藏	1750	162.97	85.90	55.05
甘　肃	5557	125.55	91.32	84.09
青　海	3540	232.27	95.41	93.83
宁　夏	1371	147.28	98.40	93.85
新　疆	2525	191.41	97.66	98.01

7-10 民族自治地方分地区城市市政公用设施水平情况(2018年)(二)

地 区	建成区供水管道密度（公里/平方公里）	人均道路面积（平方米）	建成区排水管道密度（公里/平方公里）	人均公园绿地面积（平方米）
全 国	**11.77**	**16.70**	**9.99**	**14.15**
河 北				
内蒙古	6.78	22.75	5.70	18.52
辽 宁				
吉 林	9.16	14.25	6.68	17.46
黑龙江				
浙 江				
湖 北	24.54	9.31	4.50	15.38
湖 南	17.99	31.92	0.42	10.88
广 东				
广 西	13.11	19.42	8.64	13.05
海 南				
重 庆				
四 川	11.32	10.76	5.76	12.64
贵 州	11.10	20.42	6.93	9.76
云 南	11.59	17.56	9.45	12.42
西 藏	10.41	12.21	2.85	8.71
甘 肃	7.53	15.96	7.19	6.85
青 海	14.77	33.22	7.56	11.30
宁 夏	5.30	22.94	4.10	20.38
新 疆	8.29	20.34	5.27	14.31

7-10 民族自治地方分地区城市市政公用设施水平情况(2018年)(三)

地　区	建成区绿化覆盖率(%)	建成区绿地率(%)	生活垃圾处理率(%)	生活垃圾无害化处理率(%)
全　国	**41.40**	**37.59**	**99.49**	**98.96**
河　北				
内蒙古	40.60	37.29	99.79	99.79
辽　宁				
吉　林	37.08	32.98	99.73	66.67
黑龙江				
浙　江				
湖　北	42.47	37.33	100.00	100.00
湖　南	41.06	36.55	100.00	100.00
广　东				
广　西	39.92	34.78	100.00	100.00
海　南				
重　庆				
四　川	34.57	35.48	99.54	66.67
贵　州	38.11	35.64	94.20	94.20
云　南	38.11	33.17	100.00	100.00
西　藏	37.35	35.03	95.97	95.97
甘　肃	10.56	5.26	100.00	100.00
青　海	32.13	29.26	97.81	96.50
宁　夏	40.53	38.40	99.30	99.30
新　疆	39.61	36.02	97.85	91.45

主要统计指标解释

供水管道长度 指从送水泵至用户水表之间所有管道的长度。不包括新安装尚未使用、水厂内以及用户建筑物内的管道。

供水总量 指报告期供水企业（单位）供出的全部水量。包括有效供水量和漏损水量。

用水普及率 指报告期末城区内用水人口与总人口的比率。计算公式为：

$$用水普及率=\frac{城区用水人口（含暂住人口）}{城区人口+城区暂住人口}\times 100\%$$

供气管道长度 指报告期末人工燃气生产厂制气、净化、输送等环节的综合生产能力，不包括备用设备能力。一般按设计能力计算，当实际生产能力大于设计能力时，应按实际测定的生产能力计算。测定时应以制气、净化、输送三个环节中最薄弱的环节为主。

供气总量 指报告期燃气企业（单位）向用户供应的燃气数量。包括销售量和损失量。

燃气普及率 指报告期末城区内使用燃气的人口与总人口的比率。

$$燃气普及率=\frac{城区用气人口（含暂住人口）}{城区人口+城区暂住人口}\times 100\%$$

城市道路 指城市供车辆、行人通行的，具备一定技术条件的道路、桥梁、隧道及其附属设施。城市道路由车行道和人行道等组成。在统计时只统计路面宽度在 3.5 米（含 3.5 米）以上的各种铺装道路，包括开放型工业区和住宅区道路在内。

道路长度 指道路长度和与道路相通的桥梁、隧道的长度，按车行道中心线计算。

道路面积 道路实际铺装面积和与道路相通的广场、桥梁、隧道的铺装面积（统计时，将车行道面积、人行道面积分别统计）。

人行道面积按道路两侧面积相加计算，包括步行街和广场，不含人车混行的道路。

建成区面积 城市行政区内实际已成片开发建设、市政公用设施和公共设施基本具备的区域。对核心城市，它包括集中连片的部分以及分散的若干个已经成片建设起来，市政公用设施和公共设施基本具备的地区组成。因此建成区范围，一般是指建成区外轮廓线所能包括的地区，也就是这个城市实际建设用地所达到的范围。

绿地面积 指报告期末建成区内用作园林和绿化的各种绿地面积。包括公园绿地、生产绿地、防护绿地、附属绿地的面积。

其中：**公园绿地** 指向公众开放的、以游憩为主要功能，有一定游憩设施的绿地。

人口密度 指建成区范围内的人口疏密程度。

计算公式：

$$建成区人口密度（人/平方公里）=\frac{建成区常住人口（人）}{建成区面积（公顷）}\times 100$$

人均日生活用水量 指用水人口平均每天的生活用水量。计算公式：

$$建成区人均日生活用水量（升/人）=\frac{建成区年生活用水量（万立方米）}{建成区用水人口（人）}\div 365\times 10^7$$

人均公园绿地面积 指报告期末建成区范围内平均每人拥有的公园绿地面积。

计算公式：

$$建成区人均公园绿地面积（平方米/人）=\frac{建成区公园绿地面积（公顷）}{建成区常住人口（人）}\times 10^4$$

建成区绿化覆盖率 指报告期末建成区范围内绿化覆盖面积与建成区面积的比率。

计算公式：

$$建成区绿化覆盖率(\%)=\frac{建成区绿化覆盖面积（公顷）}{建成区面积（公顷）}\times 100\%$$

建成区绿化率 指报告期末镇（乡）建成区范围内绿地面积与建成区面积的比率。

计算公式：

$$建成区绿地率(\%)=\frac{建成区绿地面积（公顷）}{建成区面积（公顷）}\times 100\%$$

生活垃圾处理率 指报告期建成区范围内生活垃圾处理量与生活垃圾产生量的比率。

计算公式：

$$建成区生活垃圾处理率(\%)=\frac{建成区生活垃圾处理量（吨）}{建成区生活垃圾产生量（吨）}\times 100\%$$

生活垃圾无害化处理率 指报告期建成区范围内生活垃圾无害化处理量与生活垃圾产生量的比率。

计算公式：

$$建成区生活垃圾无害化处理率(\%)=\frac{建成区生活垃圾无害化处理量（吨）}{建成区生活垃圾产生量（吨）}\times 100\%$$

由于生活垃圾产生量不易取得，用清运量代替。

八、资源和环境

8-1 民族自治地方自然资源及状况(2018年)

项　目	2018年	民族自治地方占全国比重(%)
土地资源		
土地总面积(万平方公里)	612	63.7
耕地面积(千公顷)	31953.99	23.7
草原面积(千公顷)(2017)	285793.07	72.8
#可利用草原面积(2014)	236682.10	71.5
森林资源		
森林面积(万公顷)	9700.26	44.0
森林蓄积量(亿立方米)	73.01	0.0042
水资源		
水资源总量(亿立方米)	11971.3	43.6
人均水资源量(立方米/人)	6005.39	304.6
主要矿产资源基础储量(2016年)		
煤(亿吨)	893.95	35.9
铁矿石(亿吨)	31.34	15.6
硫铁矿(万吨)	33126.56	25.9
石油(万吨)	78808.50	22.5
天然气(亿立方米)	21519.30	39.6
铜矿 (万吨)	1255.23	47.9
铝土矿(万吨)	64958.15	64.3
锰矿(万吨)	24602.25	79.3
铬矿(万吨)	261.30	64.2
铅矿(万吨)	1190.63	65.8
锌矿(万吨)	3064.77	69.0
高岭土(万吨)	47925.89	69.2

8-2 民族自治地方分地区面积(2018年)

地　区	*总面积（平方公里）	#民族自治地方面积	民族自治地方面积占总面积(%)	民族自治地方人口密度(人/平方公里)
全国总计	**9600000**	**6117462**	**63.72**	
合　计	8362920	6117462	73.15	22.64
河　北	187700	23994	12.78	11.40
内蒙古	1183000	1183000	100.00	21.42
辽　宁	145900	34277	23.49	22.15
吉　林	187400	53578	28.59	17.00
黑龙江	454600	6176	1.36	0.52
浙　江	101800	1950	1.92	1.68
湖　北	185900	29613	15.93	24.78
湖　南	211800	30886	14.58	23.55
广　东	177900	4820	2.71	2.98
广　西	236000	236000	100.00	208.73
海　南	33920	11469	33.81	51.99
重　庆	82400	14532	17.64	33.64
四　川	485000	305965	63.09	16.30
贵　州	176000	97844	55.59	104.21
云　南	394000	275546	69.94	61.32
西　藏	1228400	1228400	100.00	2.80
甘　肃	454000	174726	38.49	8.29
青　海	721200	688686	95.49	5.31
宁　夏	66000	66000	100.00	104.26
新　疆	1650000	1650000	100.00	13.84

注：1.合计为全国民族自治地方面积合计数。
2.总面积为全省区面积数。

8-3 流经民族自治地方主要河流及流域面积

流域名称	流域面积（平方公里）
外流河	
黑龙江及绥芬河	934802
辽河、鸭绿江及沿海诸河	314146
黄河	752773
长江	1782715
元江及澜沧江	240389
怒江及滇西诸河	157392
雅鲁藏布江及藏南诸河	387550
藏西诸河	58783
额尔齐斯河	48779
内陆河	
内蒙内陆河	311378
河西内陆河	469843
准噶尔内陆河	323621
中亚细亚内陆河	77757
塔里木内陆河	1079643
青海内陆河	321161
羌唐内陆河	730077
松花江、黄河、藏南闭流区	42271

8-4 民族自治地方主要山脉基本情况

名称	山峰高程（米）	雪线高程（米）	冰川面积（平方公里）
阿尔泰山	4374	3000—3200	287
天山	7435	3600—4400	9548
祁连山	5826	4300—5240	2063
帕米尔	7579		2258
昆仑山			11639
喀喇昆仑山	8611	5100—5400	3265
唐古拉山	6137		2082
羌塘高原	6596		3566
念青唐古拉山	7111	4500—5700	7536
横断山	7556	4600—5500	1456
喜玛马拉雅山	8844	4300—6200	11055
冈底斯山	7095	5800—6000	2188

8-5 民族自治地方主要城市气候情况(2018年)

城　市	年平均气温（摄氏度）	年平均相对湿度（%）	年降水量（毫米）	年日照时数（小时）
呼和浩特	7.3	45.0	580.8	2588.2
南　宁	21.8	79.3	1274.2	1653.4
拉　萨	9.3	38.0	534.4	3054.5
银　川	10.6	46.3	280.2	2795.8
乌鲁木齐	7.4	55.1	325.4	2749.8

8-6 民族自治区水资源总量和总供水量(2018年)

地　区	水资源总量（亿立方米）	#地表水资源量	#地下水资源量	人均水资源量（立方米/人）	总供水量（亿立方米）	地表水	地下水	其　他
全　国	**27462.5**	**26323.2**	**8246.5**	**1971.8**	**6015.5**	**4952.7**	**976.4**	**86.4**
内蒙古	461.5	302.4	253.6	1823.0	192.1	99.5	88.7	3.9
广　西	1831.0	1829.7	440.9	3732.5	287.8	276.1	10.0	1.8
西　藏	4658.2	4658.2	1105.7	136804.7	31.7	27.9	3.7	
宁　夏	14.7	12.0	18.1	214.6	66.2	59.8	6.1	0.3
新　疆	858.8	817.8	497.0	3482.6	548.8	445.8	101.3	1.7

注：水资源总量等于地表水资源量加地下水资源量减两者之间的重复计算水量。

8-7 民族自治区总用水量和人均生活用水量(2018年)

地　区	总用水量（亿立方米）	农　业	工　业	生　活	生　态	人均生活用水量（立方米/人）
全　国	**6015.5**	**3693.1**	**1261.6**	**859.9**	**200.9**	**431.9**
内蒙古	192.1	140.3	15.9	11.2	24.6	758.8
广　西	287.8	196.4	47.6	40.8	3.0	586.7
西　藏	31.7	27.0	1.5	2.9	0.3	931.0
宁　夏	66.2	56.7	4.3	2.6	2.6	966.4
新　疆	548.8	490.9	12.6	14.8	30.5	2225.5

主要统计指标解释

自然资源 指人类可以直接从自然界获得，并用于生产和生活的物质资源。自然资源一般可以分成可再生资源和非再生资源两大类。可再生资源是指在较短时间内可以再生、可以循环利用的资源，包括土地资源、水资源、气候资源、生物资源和海洋资源等。非再生资源是指在使用后不能再生的资源，包括矿产资源和地热资源。

土地资源 土地指陆地的表层部分，主要由岩石、岩石的风化物和土壤构成。土地资源按利用类型可以分为农用地、建筑用地和未利用地。

森林资源 指森林、林木、林地以及依托森林、林木、林地生存的野生动物、植物和微生物。

森林面积 包括郁闭度 0.2 以上的乔木林地面积和竹林面积，国家特别规定的灌木林地面积，农田林网以及村旁、路旁、水旁、宅旁林木的覆盖面积。

森林蓄积量 指一定森林面积上存在着的林木树干部分的总材积。

水利资源 水在自然界中以固态、液态和气态三种聚集状态存在，分布于海洋、陆地（包括土壤）以及大气之中，通过水循环形成水利资源。水利资源包括经人类控制并直接可供灌溉、发电、给水、航运、养殖等用途的地表水和地下水，以及江河、湖泊、井、泉、潮汐、港湾和养殖水域等。水利资源是发展国民经济不可缺少的重要自然资源。

矿产资源 矿产资源指由地质作用形成的，具有利用价值的，呈固态、液态、气态的自然资源，是社会生产发展的重要物质基础。目前我国已发现矿种有170 多种，按其特点和用途，可分为能源矿产(如煤炭、石油、天然气、地热)、金属矿产(如铁矿、锰矿、铜矿、铅矿、铝土矿)、非金属矿产(如金刚石、石灰岩、粘土)和水气矿产(如地下水、矿泉水、二氧化碳气)四大类。其中：金属矿产按其物质成份和性质又可分为：黑色金属矿产、有色金属矿产、贵金属矿产、稀有金属矿产、稀土金属矿产、分散元素金属矿产六类。

矿产基础储量 基础储量是查明矿产资源的一部分。它能满足现行采矿和生产所需的指标要求，是控制的、探明的并通过可行性或预可行性研究认为属于经济的、边界经济的部分，用未扣除设计、采矿损失的数量表示。

气温 指空气的温度，我国一般以摄氏度（℃）为单位表示。气象观测的温度表是放在离地面 1.5 米处通风良好的百叶箱里测量温度的，因此，通常所说的气温指的是离地面 1.5 米处百叶箱中的温度。计算方法为：月平均气温是将全月各日的平均气温相加，除以的天数而得。年平均气温是将 12 个月的月平均气温累加后除以 12 而得。

降水量 指从天空降到地面的液态或固态（经融化后）水，未经蒸发、渗透、流失而在地面上积聚的深度。计算方法为：月降水量是将全月各日的降水量累加而得。年降水量是将 12 个月的降水量累加而得。

耕地 指种植农作物的土地，包括熟地，新开发、复垦、整理地，休闲地（含轮歇地、轮作地）；以种植农作物（含蔬菜）为主，间有零星果树、桑树或者其他树木的土地；平均每年能保证收获一季的已垦滩地和海涂。耕地中包括南方宽度<1.0 米，北方宽度<2.0 米固定的沟、渠、路和地坎（埂）；临时种植药材、草皮、花卉、苗木等的耕地，以及其他临时改变用途的耕地。

相对温度 指空气中实际所含水蒸气密度的百分比值。其统计计算方法与气温相同。

日照时数 指太阳实际照射地面的时间，通常以小时为单位表示。其统计方法与降水量相同。

流域 每条河都有自己的干流和支流，干支流共同组成这条河流的水系。每条河流都有自己的集水区域，这个集水区域就称为该河流的流域。

外流河 指直接或间接流入海洋的河流。供给外流河河水的区域称为外流区。

内陆河 指在陆地内部干燥地区，河水沿途消失于沙漠或注入内陆湖泊的河流。供给内陆河河水的区域称为内陆区。

工业固体废物产生量 指未被列入《国家危险废物名录》或者根据国家规定的危险废物鉴别标准（GB5085）、固体废物浸出方法（GB5086）及固体废物浸出毒性测定方法（GB/T 15555）鉴定方法判定不具有危险特性的工业固体废物。

工业固体废物综合利用量 指报告期内企业通过回收、加工、循环、交换等方式，将固体废物中提取或者使其转化为可以利用的资源、能源和其他原材料的固体废物量（包括当年利用的往年工业固体废物累计贮存量）。如用作农业肥料、生产建筑材料、筑路等。综合利用量由原产生固体的单位统计。

九、农　业

9-1 民族自治地方农村基层组织情况

年 份	乡镇个数（个）	乡村人口（万人）
1983	10129	10269
1984	17742	10444
1985	18429	10968
1986	19165	11198
1987	18776	11794
1988	11594	12034
1989	11792	12998
1990	11295	12358
1991	11149	12446
1992	11031	12511
1993	10501	12602
1994	10645	12652
1995	10491	12677
1996	9660	12495
1997	9943	12782
1998	9972	12544
1999	9630	12856
2000	9534	11414
2001	9045	12959
2002	8916	13027
2003	8747	13104
2004	8737	13243
2005	8275	13331
2006	7796	9193
2007	7743	13262
2008	7802	13362
2009	7757	11853
2010	7794	11087
2011	7832	11459
2012	7987	10885
2013	7906	10741
2014	7684	10082
2015	7678	10684
2016	7752	10838
2017	7653	10727
2018	7576	10880

9-2 民族自治地方分地区农村基层组织情况(2018年)

地　区	乡镇个数(个)	村民委员会(个)	乡村人口(万人)	乡个数(个)	镇个数(个)
合　计	**7576**	**81812**	**10880**	**3689**	**3887**
河　北	117	1453	163	65	52
内蒙古	778	11113	945	270	508
辽　宁	149	1464	246	29	120
吉　林	111	1544	144	32	79
黑龙江	11	79	17	6	5
浙　江	19	254	14	15	4
湖　北	102	2562	298	37	65
湖　南	202	3137	324	70	132
广　东	23	219	38		23
广　西	1059	14229	2452	253	806
海　南	60	588	124	16	44
重　庆	126	909	193	55	71
四　川	1146	8379	612	865	281
贵　州	532	6881	1202	119	413
云　南	793	7017	1730	369	424
西　藏	685	5261	237	545	140
甘　肃	269	2364	279	150	119
青　海	326	3063	252	214	112
宁　夏	193	2252	283	90	103
新　疆	875	9044	1329	489	386

9-3 民族自治地方农、林、牧、渔业总产值及指数(一)

年 份	绝对数(亿元)				
	农林牧渔业总产值	#农业	#林业	#牧业	#渔业
1981					
1982					
1983					
1984					
1985					
1986					
1987					
1988	733.21	422.84	50.37	171.42	7.48
1989	653.47	372.19	45.26	156.61	7.11
1990					
1991	1070.63	612.22	71.14	291.41	19.88
1992	1208.49	675.72	85.39	336.87	27.51
1993	1400.64	859.91	92.13	412.92	35.68
1994	1994.17	1210.66	111.28	615.86	56.37
1995	2536.60	1538.41	124.65	795.14	78.40
1996	2947.22	1796.40	137.89	918.38	94.55
1997	3175.11	1911.99	138.79	1014.52	109.81
1998	3210.06	1990.68	145.76	951.34	122.28
1999	3159.95	1898.60	157.68	974.90	128.77
2000	3199.77	1853.04	165.19	1038.43	143.12
2001	3327.71	1899.61	170.36	1110.98	146.77
2002	3501.22	1981.90	187.22	1179.83	152.26
2003	4014.59	2136.46	264.58	1342.09	166.64
2004	4803.39	2509.73	277.23	1708.31	193.54
2005	5349.47	2830.56	290.25	1900.65	210.20
2006	5905.76	3148.31	327.92	2073.17	229.49
2007	7104.18	3693.64	399.90	2552.73	263.07
2008	8260.45	4157.44	470.71	3103.73	306.18
2009	8670.89	4470.73	521.74	3118.90	331.07
2010	10374.44	5647.96	586.69	3506.11	379.30
2011	12125.67	6471.01	712.44	4185.01	467.53
2012	13631.28	7350.19	831.81	4595.38	530.13
2013	15012.66	8083.35	900.53	4972.54	586.22
2014	11352.35	6058.66	662.97	4145.15	249.08
2015	16881.48	9340.95	1006.57	5355.50	697.86
2016	17645.96	9708.26	987.20	5616.95	735.60
2017	18888.11	10109.89	1083.93	5715.48	799.99
2018	19693.23	11072.79	1145.07	5735.60	790.20

注：1992年以前农业总产值包括副业，2003年执行新国民经济行业分类标准，总产值包括农林牧渔服务业产值。下表同。

9-3 民族自治地方农、林、牧、渔业总产值及指数（二）

年 份	指数(上年=100)				
	农林牧渔业总产值	#农业	#林业	#牧业	#渔业
1981	107.4	105.1	120.1	111.4	115.3
1982					
1983	107.8	106.7	111.9	106.4	114.6
1984	109.4	107.1	122.7	108.4	108.2
1985	110.8	108.1	114.2	116.3	120.2
1986	103.5	101.7	95.5	107.5	114.7
1987	105.7	106.1	99.4	105.4	113.4
1988	105.8	105.2	102.7	105.7	111.8
1989	106.1	104.8	107.1	108.7	113.0
1990	110.2	115.3	105.8	104.6	146.8
1991	105.9	99.5	130.2	124.0	145.4
1992	107.6	107.6	107.0	108.4	115.4
1993	105.1				
1994	107.1	104.9	106.2	109.8	134.2
1995	108.7	106.1	102.6	114.2	126.2
1996	109.0	108.2	102.2	111.2	118.4
1997	105.7	105.0	99.2	107.2	115.0
1998	106.9	110.4	105.1	99.7	114.1
1999	104.6	104.0	102.9	105.5	109.1
2000	101.9	99.1	103.7	106.6	106.1
2001	104.5	104.1	99.1	106.3	104.8
2002	105.4	105.2	108.7	105.5	104.0
2003	105.8				
2004	108.2				
2005	108.1	106.9	102.6	110.7	106.5
2006	107.4	106.4	109.0	108.0	107.5
2007	106.9	105.9	104.3	105.3	101.0
2008	107.6	107.1	111.8	108.1	105.5
2009	105.8	104.6	103.7	106.6	107.2
2010	106.8	106.3	98.7	106.9	106.0
2011	106.6	107.2	107.6	103.2	107.7
2012	106.5	107.1	107.5	106.0	107.1
2013	105.9	106.8	107.6	103.7	106.7
2014	105.4	105.3	106.3	105.4	106.8
2015	104.6	106.1	104.1	101.9	104.9
2016	104.4	104.8	102.4	103.4	105.0
2017	104.9	105.2	105.8	104.3	104.1
2018	105.1	105.9	105.5	103.3	103.1

注：1992年以前农业总产值包括副业，2003年执行新国民经济行业分类标准，总产值包括农林牧渔服务业产值。下表同。

9-4 民族自治地方分地区农、林、牧、渔业总产值及指数(2018年)(一)

地　区	绝对数(亿元)				
	农林牧渔业总产值	#农业	#林业	#牧业	#渔业
合　计	**19693.23**	**11072.79**	**1145.07**	**5735.60**	**790.20**
河　北	238.01	128.39	15.95	79.53	0.68
内蒙古	2985.32	1512.50	100.31	1294.31	29.25
辽　宁	405.46	172.25	53.18	149.19	21.09
吉　林	268.25	127.56	12.41	114.40	6.05
黑龙江	73.52	23.19	0.49	42.46	3.84
浙　江	9.91	6.86	1.57	1.16	0.17
湖　北	403.46	225.97	28.36	115.76	5.42
湖　南	307.62	159.63	28.84	90.96	6.13
广　东	38.63	21.81	7.77	7.60	0.81
广　西	4909.24	2717.48	379.86	1072.32	504.29
海　南	315.88	189.96	32.74	37.19	45.53
重　庆	168.67	104.38	12.58	45.55	3.51
四　川	733.47	375.02	40.90	303.80	7.07
贵　州	1579.75	911.88	115.42	392.89	34.77
云　南	2398.47	1250.14	226.31	682.37	69.03
西　藏	178.16	78.44	2.95	92.17	0.33
甘　肃	148.39	58.18	5.60	66.06	0.14
青　海	317.46	123.36	7.91	175.37	4.27
宁　夏	575.77	344.63	9.22	176.11	19.75
新　疆	3637.79	2541.16	62.70	796.42	28.09

注：本表绝对数按当年价格计算，指数按可比价格计算。

9-4 民族自治地方分地区农、林、牧、渔业总产值及指数(2018年)(二)

地 区	指数(上年=100)				
	农林牧渔业总产值	#农业	#林业	#牧业	#渔业
合 计	**105.1**	**105.9**	**105.5**	**103.3**	**103.1**
河 北	98.9	105.9	102.5	81.9	20.8
内蒙古	102.9	103.9	100.7	102.0	100.3
辽 宁	99.1	98.7	91.0	103.3	87.3
吉 林	104.0	104.2	100.6	105.4	104.5
黑龙江	113.1	108.7	78.6	109.7	88.2
浙 江	103.2	102.7	104.5	103.8	106.8
湖 北	103.2	103.5	104.5	102.9	94.3
湖 南	103.7	104.0	107.1	101.6	102.9
广 东	104.6	106.0	104.7	100.3	103.6
广 西	105.6	106.8	106.3	102.7	104.8
海 南	104.2	105.4	101.1	103.7	100.6
重 庆	105.1	107.8	110.0	99.8	110.6
四 川	103.6	104.5	104.0	102.6	102.2
贵 州	107.4	109.1	107.3	106.0	96.9
云 南	108.4	109.2	110.6	108.1	106.6
西 藏	104.4	100.3	100.0	100.0	100.0
甘 肃	104.8	104.6	88.1	104.6	84.7
青 海	105.0	104.3	118.9	104.9	109.0
宁 夏	104.0	104.2	94.7	104.8	99.9
新 疆	105.1	105.3	108.6	103.4	109.4

注：本表绝对数按当年价格计算，指数按可比价格计算。

9-5 民族自治地方农、林、牧、渔业总产值构成

单位：%

年 份	农、林、牧、渔业总产值	农业	林业	牧业	副业	渔业
1980	100	65.94	4.82	22.17	6.62	0.45
1981	100	64.53	5.38	22.99	6.62	0.48
1982	100	62.11	6.78	22.02	8.37	0.72
1983	100	61.49	7.04	21.75	8.96	0.76
1984	100	60.20	7.90	21.56	9.59	0.75
1985	100	58.77	8.15	22.62	9.65	0.81
1986	100	57.75	7.51	23.49	10.35	0.90
1987	100	57.99	7.06	23.41	10.57	0.97
1988	100	57.67	6.87	23.38	11.06	1.02
1989	100	56.96	6.92	23.97	11.06	1.09
1990	100	59.60	6.65	22.75	9.55	1.45
1991	100	55.99	8.19	26.64	7.19	1.99
1992	100	56.02	8.13	26.84	6.68	2.15
1993	100	61.61	8.09	27.84		2.46
1994	100	60.03	8.03	28.55		3.08
1995	100	58.87	7.58	29.98		3.57
1996	100	58.43	7.11	30.58		3.88
1997	100	60.22	4.37	31.95		3.46
1998	100	62.01	4.54	29.64		3.81
1999	100	60.08	4.99	30.85		4.08
2000	100	57.91	5.16	32.45		4.47
2001	100	57.08	5.12	33.39		4.41
2002	100	56.60	5.35	33.70		4.35
2003	100	53.22	6.59	33.43	2.61	4.15
2004	100	52.25	5.77	35.56	2.39	4.03
2005	100	52.91	5.43	35.53	2.20	3.93
2006	100	53.31	5.55	35.10	2.15	3.89
2007	100	51.99	5.63	35.93	2.74	3.70
2008	100	50.33	5.70	37.57	2.69	3.71
2009	100	51.56	6.02	35.97	2.63	3.82
2010	100	54.44	5.66	33.80	2.44	3.66
2011	100	53.37	5.88	34.51	2.39	3.86
2012	100	53.92	6.10	33.71	2.38	3.89
2013	100	54.78	5.97	32.60	2.52	4.14
2014	100	53.37	5.84	36.51	2.08	2.19
2015	100	55.33	5.96	31.72	2.85	4.13
2016	100	55.02	5.59	31.83	3.39	4.17
2017	100	53.53	5.74	30.26	6.24	4.24
2018	100	56.23	5.81	29.12	4.82	4.01

注：1.本表按当年价格计算。
2.2003年后，总产值包括农林牧渔业服务业。

9-6 民族自治地方分地区农、林、牧、渔业总产值构成(2018年)

(以农、林、牧、渔业和农林牧渔服务业总产值为100)

地　区	农业	林业	牧业	渔业
合　计	**56.23**	**5.81**	**29.12**	**4.01**
河　北	53.94	6.70	33.41	0.28
内蒙古	50.66	3.36	43.36	0.98
辽　宁	42.48	13.12	36.79	5.20
吉　林	47.55	4.62	42.65	2.25
黑龙江	31.54	0.67	57.75	5.22
浙　江	69.20	15.87	11.71	1.75
湖　北	56.01	7.03	28.69	1.34
湖　南	51.89	9.37	29.57	1.99
广　东	56.46	20.13	19.68	2.10
广　西	55.35	7.74	21.84	10.27
海　南	60.14	10.36	11.77	14.41
重　庆	61.88	7.46	27.00	2.08
四　川	51.13	5.58	41.42	0.96
贵　州	57.72	7.31	24.87	2.20
云　南	52.12	9.44	28.45	2.88
西　藏	44.03	1.65	51.73	0.18
甘　肃	39.21	3.77	44.52	0.10
青　海	38.86	2.49	55.24	1.35
宁　夏	59.86	1.60	30.59	3.43
新　疆	69.85	1.72	21.89	0.77

注：本表按当年价格计算。

9-7 民族自治地方耕地面积、总播种面积和粮食播种面积

单位：万公顷

年 份	耕地面积	总播种面积	#粮食播种面积	粮食播种面积占总播种面积比例
1952	1347.97	1548.56	1344.16	86.80
1957	1536.43	1846.69	1568.33	84.93
1962	1629.33	1770.48	1531.27	86.49
1965	1672.33	1897.81	1637.43	86.28
1975	1635.47	1962.02	1659.29	84.57
1978	1639.60	2018.10	1674.34	82.97
1980	1657.56	1939.90	1583.71	81.64
1981	1650.33	1898.34	1544.39	81.35
1982	1651.91	1933.57	1561.88	80.78
1983	1685.61	1972.06	1609.35	81.61
1984	1661.42	1965.80	1576.22	80.18
1985	1747.06	2022.08	1542.37	76.28
1986	1697.07	2061.43	1579.60	76.63
1987	1698.51	2084.79	1622.16	77.81
1988	1725.04	2139.69	1619.59	75.69
1989	1751.54	2231.22	1685.37	75.54
1990	1763.39	2274.08	1717.69	75.53
1991	1743.00	2266.62	1666.78	73.54
1992	1766.25	2352.48	1697.90	72.17
1993	1776.09	2424.17	1341.07	55.32
1994	1805.89	2410.23	1281.97	53.19
1995	1508.00	2439.00	1726.78	70.80
1996	1804.98	2469.04	1742.38	70.57
1997	2069.84	2620.54	1832.01	69.91
1998	2068.50	2667.96	1862.78	69.82
1999	2095.99	2684.13	1831.14	68.22
2000	2086.44	2660.02	1754.33	65.95
2001	2062.60	2645.44	1721.52	65.07
2002	2006.63	2691.71	1719.73	63.89
2003	1967.68	2624.32	1614.21	61.51
2004	2048.18	2699.24	1660.58	61.52
2005	2033.13	2766.88	1695.65	61.28
2006	2087.60	2797.27	1696.06	60.63
2007	2287.60	2802.92	1718.69	61.32
2008	2302.55	2866.25	1746.29	60.93
2009	2306.86	2964.58	1854.66	62.56
2010	2380.48	3051.75	1911.16	62.63
2011	2375.66	3109.74	1912.17	61.49
2012	2374.57	3168.26	1922.39	60.68
2013	2589.61	3317.19	2026.51	61.09
2014	2130.12	3289.30	1986.87	60.40
2015	2555.67	3313.42	1969.82	59.45
2016	2770.95	3376.15	1974.87	58.49
2017	2844.43	3553.50	2141.05	60.25
2018	2856.50	3474.29	2008.55	57.81

9-8 民族自治地方分地区耕地面积和农作物播种面积(2018年)

单位：千公顷

地区	年末实有耕地面积	农作物总播种面积	#粮食	#油料	#棉花
合计	**28565.03**	**34742.93**	**20085.54**	**2413.88**	**2494.23**
河北	280.54	261.97	207.02	10.61	0.09
内蒙古	9259.00	8824.07	6789.85	891.02	0.10
辽宁	635.72	627.09	516.90	60.90	
吉林	818.62	708.37	613.72	61.76	
黑龙江	161.82	138.63	132.98	0.71	
浙江	6.85	12.90	6.16	0.23	
湖北	391.11	860.10	449.84	77.93	
湖南	372.24	600.84	324.26	99.20	0.89
广东	36.70	51.07	21.65	5.75	
广西	4385.91	5972.40	2802.12	243.39	1.21
海南	163.37	187.58	53.94	4.43	
重庆	276.83	449.98	258.58	49.00	
四川	768.23	1078.84	674.50	34.06	
贵州	1472.23	2134.35	1111.79	296.85	0.63
云南	2005.49	3975.68	2408.97	149.95	0.01
西藏	264.50	270.38	184.68	22.54	
甘肃	366.97	937.76	367.63	30.63	
青海	364.63	417.46	205.67	117.08	
宁夏	1292.00	1164.56	735.67	33.73	
新疆	5242.29	6068.89	2219.63	224.13	2491.30

9-9 民族自治地方主要农产品产量

单位：万吨

年 份	粮 食	棉 花	油 料	烟 叶	糖 料
1949	1155.50	1.02			
1952	1581.50	3.14	21.47	1.90	109.52
1957	1882.50	5.98	28.79	3.68	156.86
1962	1717.50	3.02	13.03		62.13
1965	2217.00	8.87	27.49	5.47	271.99
1975	3069.50	5.39	32.01	10.62	417.70
1978	3123.50	5.97	36.15	12.29	578.46
1980	3300.10	8.33	36.68	8.53	694.20
1981	3371.00	11.73	106.79	17.33	855.15
1982	3744.15	15.21	129.40	27.58	1208.71
1983	4026.64	16.83	140.51	17.72	1227.15
1984	4114.67	20.92	153.95	26.22	1338.80
1985	4006.33	19.36	192.82	46.40	1780.68
1986	4065.04	22.40	198.79	31.32	1954.26
1987	4338.74	28.58	175.58	35.14	2008.29
1988	4361.40	28.26	174.16	51.67	2335.47
1989	4662.37	29.80	169.33	53.65	2139.35
1990	5372.98	47.37	208.13	48.76	2673.98
1991	5516.37	65.24	230.06	63.69	3404.49
1992	5612.34	67.89	235.23	85.11	3840.06
1993	5157.09	68.93	226.29	90.50	3657.16
1994	5092.17	89.14	242.91	60.79	4211.21
1995	5800.83	94.60	264.09	65.32	3317.69
1996	6799.13	94.99	252.63	89.82	4560.67
1997	6640.68	115.85	255.21	158.62	5190.36
1998	7150.42	141.05	290.60	85.92	
1999	6873.84	136.14	332.87	68.57	
2000	6381.36	146.24	353.16	69.19	
2001	6492.55	157.66	313.36	63.34	
2002	6586.77	148.20	355.39	66.94	6656.91
2003	6480.24	160.81	359.22	65.63	7972.26
2004	6764.42	179.94	397.36	70.40	6446.32
2005	7186.78	187.93	372.02	80.30	6511.64
2006	7202.07	219.46	359.47	82.49	8074.50
2007	7321.31	302.14	286.54	77.02	9905.47
2008	7925.39	303.34	396.60	94.68	10427.56
2009	8005.93	252.97	397.31	103.40	9389.06
2010	8307.91	248.47	422.40	104.38	9118.30
2011	8691.24	290.42	416.65	110.68	9360.30
2012	9141.60	354.53	454.67	120.98	10097.28
2013	9589.16	352.46	478.59	120.37	10381.90
2014	9780.23	368.40	485.54	108.88	10497.37
2015	9800.96	353.52	512.75	101.65	9935.36
2016	9768.71	359.92	565.66	99.84	9848.52
2017	10118.14	456.85	575.79	92.85	9649.54
2018	10361.98	511.36	532.71	87.31	9616.41

9-10 民族自治地方分地区主要农产品产量(2018年)

单位：万吨

地 区	粮 食	油 料	棉 花	麻 类	糖 料	烟 叶	茶 叶	水 果
合 计	**10361.98**	**532.71**	**511.36**	**1.84**	**9616.41**	**87.31**	**57.35**	**5148.16**
河 北	98.03	2.05	0.01			0.00		48.41
内蒙古	3553.28	201.51	0.01	0.23	515.88			264.18
辽 宁	230.52	11.57			0.53	0.58		29.85
吉 林	445.13	20.17			1.40	0.43		10.21
黑龙江	74.39	0.26						1.81
浙 江	3.07	0.04			0.00		0.22	0.97
湖 北	167.03	14.04		0.00	0.03	4.61	13.58	52.15
湖 南	176.60	14.30	0.04	0.02	0.94	3.33	0.69	178.69
广 东	10.66	2.11			0.00	0.16	0.14	6.47
广 西	1372.80	66.66	0.13	0.69	7292.76	1.80	7.52	2116.28
海 南	25.84	1.25			37.26	0.00	0.06	75.34
重 庆	120.11	9.37		0.16	0.04	2.38	0.91	16.71
四 川	303.20	6.38		0.01	3.99	11.67	1.27	190.53
贵 州	522.30	44.75	0.06	0.02	11.85	13.22	7.44	161.44
云 南	1055.77	25.87	0.00	0.00	1327.00	48.97	25.51	726.74
西 藏	104.40	5.82					0.01	0.32
甘 肃	97.02	7.98		0.00	0.01			10.04
青 海	105.00	23.47			0.01			1.81
宁 夏	392.58	7.29				0.14		197.21
新 疆	1504.23	67.81	511.10	0.70	424.70			1059.00

9-11 民族自治地方牲畜年末头(只)数及比重

年 份	牲畜总头数(万头/只)				比重(%)		
		大牲畜	猪	羊	大牲畜	猪	羊
1949	4108.00	1646.00	796.00	1666.00	40.07	19.38	40.55
1952	7606.50	2439.20	1136.90	4030.00	32.07	14.95	52.98
1957	9914.20	2926.30	1589.00	5398.90	29.52	16.03	54.45
1962	10424.60	2560.60	1255.30	6605.70	24.57	12.05	63.38
1965	14119.70	3372.90	2151.40	8595.40	23.89	15.24	60.87
1975	16226.95	3848.53	3031.85	9346.57	23.72	18.68	57.60
1978	16656.50	3807.20	3256.70	9579.60	22.87	19.58	57.55
1980	17168.30	3928.32	3286.26	9983.72	22.88	18.97	58.15
1981	17713.95	4057.86	3314.11	10314.98	22.91	18.71	58.38
1982	18026.93	4244.84	3635.67	10146.42	23.55	20.17	56.28
1983	17983.04	4339.77	3970.58	9672.69	24.13	22.08	53.79
1984	18198.34	4462.62	4047.20	9688.52	24.52	22.24	53.24
1985	19038.77	4748.79	4532.86	9757.12	24.94	23.81	51.25
1986	19808.61	4950.94	4869.33	9988.34	24.99	23.58	50.43
1987	20260.96	5046.00	4968.82	10246.14	24.91	24.52	50.57
1988	20938.16	5130.19	5085.00	10722.97	24.50	24.29	51.21
1989	21948.68	5229.87	5434.73	11284.08	23.83	24.76	51.41
1990	22312.78	5285.92	5668.05	11361.81	23.69	25.39	50.92
1991	22151.91	5308.61	5564.71	11278.59	23.96	25.12	50.91
1992	23039.85	5391.81	6726.06	10921.98	23.40	29.19	47.41
1993	22779.51	5429.58	6443.30	10926.63	23.81	28.26	47.93
1994	23449.37	5480.15	6729.43	11239.79	23.37	28.70	47.93
1995	24763.73	5618.25	7239.62	11905.86	22.69	29.23	48.08
1996	24891.68	5545.03	7138.86	12207.79	22.28	28.68	49.04
1997	25884.50	5636.80	7517.70	12690.00	21.81	29.09	49.10
1998	25455.63	5564.79	7046.73	12844.11	21.86	27.68	50.46
1999	26015.82	5688.57	7291.72	13035.53	21.87	28.03	50.10
2000	26842.63	5565.95	8200.84	13075.84	20.74	30.55	48.71
2001	27039.50	5549.57	8251.87	13238.06	20.52	30.51	48.97
2002	27572.94	5570.19	8062.49	13940.26	20.20	29.24	50.56
2003	28326.20	5797.61	7728.94	14799.65	20.47	27.29	52.25
2004	30155.18	5973.76	7955.65	16225.77	19.81	26.38	53.81
2005	31069.89	6152.63	8526.44	16390.83	19.80	27.44	52.75
2006	30868.69	6265.13	8143.88	16459.68	20.30	26.38	53.32
2007	29010.23	5744.65	7972.45	15293.12	19.80	27.48	52.72
2008	27762.38	5598.60	7696.79	14467.00	20.17	27.72	52.11
2009	28433.52	5683.81	7943.70	14806.01	19.99	27.94	52.07
2010	29094.29	6067.84	8141.22	14885.23	20.86	27.98	51.16
2011	28790.25	6023.70	8098.93	14667.63	20.92	28.13	50.95
2012	29170.85	5485.62	8554.60	15130.63	18.81	29.33	51.87
2013	29028.95	5368.30	8511.18	15149.48	18.49	29.32	52.19
2014	30850.72	5768.55	8742.82	16339.36	18.70	28.34	52.96
2015	30458.43	5576.34	8410.86	16471.23	18.31	27.61	54.08
2016	30257.46	5917.69	8326.77	16013.00	19.56	27.52	52.92
2017	30704.62	5641.92	8311.77	16750.93	18.37	27.07	54.56
2018	28130.36	5121.36	6975.37	16033.63	18.21	24.80	57.00

9-12 民族自治地方大牲畜、猪、羊年末头(只)数占全国的比重

单位：%

年 份	牲畜总头数	大牲畜	猪	羊
1949	25.66	27.42	13.78	39.34
1952	33.36	31.90	12.66	65.24
1957	30.20	34.91	10.89	54.77
1962	34.19	36.48	12.56	49.06
1965	36.20	40.05	12.89	61.82
1975	30.75	39.63	10.78	57.21
1978	28.71	60.55	10.82	56.37
1980	29.20	41.24	10.66	53.30
1981	30.58	41.56	11.28	55.09
1982	30.89	41.17	13.19	61.16
1983	31.61	41.93	13.30	57.94
1984	31.73	41.17	13.19	61.16
1985	31.67	41.72	13.67	62.48
1986	31.83	41.64	14.45	60.23
1987	32.16	41.39	15.16	56.82
1988	31.34	31.04	14.87	53.35
1989	31.69	40.84	15.40	53.32
1990	31.76	40.59	15.63	54.10
1991	31.30	40.23	15.05	54.69
1992	31.72	39.98	17.51	52.68
1993	30.39	38.82	16.40	50.30
1994	29.12	36.70	16.20	46.70
1995	30.81	38.20	17.40	49.50
1996	28.67	43.50	15.60	40.10
1997	27.87	33.85	16.44	41.83
1998	30.32	37.59	16.68	47.74
1999	30.26	37.90	16.90	46.70
2000	30.20	36.74	18.35	45.04
2001	29.86	37.01	18.04	44.38
2002	29.61	36.60	17.42	44.03
2003	29.46	37.40	16.59	43.45
2004	29.99	37.96	16.51	44.29
2005	30.90	39.09	17.69	44.74
2006	30.23	39.74	16.47	44.61
2007	34.18	46.67	18.12	53.54
2008	32.05	45.70	16.63	51.51
2009	32.82	46.40	17.16	52.72
2010	33.59	49.53	17.59	53.00
2011	33.10	50.34	17.32	51.95
2012	33.54	45.84	18.29	53.59
2013	33.38	44.86	18.20	53.65
2014	34.69	47.98	18.77	53.90
2015	34.45	45.72	18.64	52.96
2016	35.38	49.70	19.14	53.18
2017	36.49	57.79	18.82	55.41
2018	34.24	53.21	16.29	53.96

9-13 民族自治地方分地区牲畜出栏数和年底存栏数(2018年)

单位：万头(只)

地 区	牲畜当年出栏数		牲畜年末存栏数		
	猪	羊	大牲畜	猪	羊
合 计	**9996.12**	**4360.87**	**5121.36**	**6975.37**	**16033.63**
河 北	106.01	133.60	35.02	51.76	76.12
内蒙古	896.00		778.70	497.30	6001.90
辽 宁	325.15	324.99	39.27	129.02	242.62
吉 林	110.82	88.15	52.39	63.20	73.34
黑龙江	15.60	27.63	12.42	10.42	27.08
浙 江	0.21	0.60	0.26	2.25	0.59
湖 北	495.24	120.94	48.05	321.95	109.83
湖 南	342.00	93.10	62.83	215.63	66.15
广 东	27.07	2.27	1.07	15.67	3.44
广 西	3465.78	210.94	367.52	2298.28	223.50
海 南	105.77	23.55	11.86	83.97	22.45
重 庆	169.13	71.97	23.44	115.36	52.29
四 川	595.88	547.95	647.40	410.99	668.95
贵 州	703.14	147.21	394.32	631.42	257.22
云 南	1849.62	579.23	566.79	1565.52	706.28
西 藏	16.50	342.11	642.20	39.93	1046.07
甘 肃	50.83	399.06	204.84	56.90	505.65
青 海	82.23	688.73	546.82	56.24	1256.18
宁 夏	112.45	558.83	128.88	73.75	534.28
新 疆	526.70		557.28	335.79	4159.68

9-14 民族自治地方主要畜产品产量

单位：万吨

年 份	猪 肉	牛 肉	羊 肉	牛羊奶	羊 毛
1980	131.04	14.30	19.66	43.78	10.70
1981	124.29	19.34	20.56	54.41	11.66
1982	136.55	15.30	23.14	61.08	12.18
1983	135.20	18.58	29.08	65.02	12.59
1984	151.09	20.46	28.54	76.37	12.64
1985	179.85	27.41	31.13	86.76	15.76
1986	191.05	29.60	35.35	111.18	13.00
1987	212.84	30.18	36.32	123.15	13.86
1988	217.22	33.94	35.37	119.51	14.57
1989	235.76	39.12	43.31	126.07	15.62
1990	245.99	40.59	31.33	135.06	17.96
1991	301.63	45.97	51.21	129.32	15.82
1992	304.09	51.50	53.44	150.90	15.45
1993	336.61	56.56	37.20	159.31	15.15
1994	390.88	66.29	57.06	173.76	15.44
1995	454.16	78.77	65.07	185.79	19.34
1996	501.72	87.60	74.09	201.04	16.86
1997	506.74	101.14	84.34	216.85	17.89
1998	536.96	105.56	91.16	230.70	18.05
1999	583.74	111.47	97.72	243.49	18.19
2000	554.17	120.89	110.78	260.52	18.37
2001	616.96	125.44	111.71	304.57	18.66
2002	579.99	131.58	118.54	397.36	18.92
2003	589.18	152.46	138.54	595.35	20.95
2004	607.72	167.04	165.05	830.12	23.43
2005	672.40	185.08	189.69	1071.01	25.71
2006	717.14	204.48	209.96	1301.53	25.70
2007	696.04	194.50	203.38	1385.04	25.89
2008	705.04	199.44	188.94	1377.67	25.59
2009	752.96	208.68	196.13	1363.29	25.58
2010	801.87	220.45	216.09	1405.83	27.89
2011	810.44	219.82	213.68	1408.84	27.60
2012	865.29	220.69	206.87	1427.31	28.51
2013	866.87	220.97	205.07	1296.03	30.11
2014	911.87	211.75	207.38	1365.53	29.47
2015	881.98	235.56	223.38	1363.12	21.16
2016	869.42	244.79	232.62	1285.20	34.06
2017	867.17	231.55	223.70	1277.77	31.95
2018	788.81	243.49	239.15	1152.36	26.79

9-15 民族自治地方分地区畜产品和水产品产量(2018年)(一)

单位：万吨

地　区	肉类总产量	#猪　肉	#牛　肉	#羊　肉	牛羊奶产量
合　计	**1564.85**	**788.81**	**243.49**	**239.15**	**1152.36**
河　北	22.87	8.17	6.46	1.57	8.79
内蒙古	267.24	71.80	61.40	106.30	571.87
辽　宁	66.11	30.61	6.05	6.07	21.64
吉　林	6.83	2.89	2.98	1.02	1.12
黑龙江	3.18	1.20	0.72	0.46	22.71
浙　江	0.34	0.28	0.01	0.01	
湖　北	43.20	38.10	1.14	2.14	0.01
湖　南	46.08	25.19	2.22	1.56	3.54
广　东	2.85	2.04	0.02	0.05	0.00
广　西	426.74	263.89	12.32	3.37	8.88
海　南	11.98	8.27	0.42	0.32	
重　庆	18.54	12.72	2.29	1.09	
四　川	73.42	41.98	18.80	8.83	27.86
贵　州	90.35	63.47	9.71	2.50	0.37
云　南	211.95	161.85	24.48	9.95	41.33
西　藏	27.80	1.07	20.87	5.86	40.87
甘　肃	18.94	3.53	8.02	6.95	14.63
青　海	30.35	4.81	12.08	11.82	24.54
宁　夏	34.14	8.84	11.52	9.90	169.37
新　疆	161.95	38.10	41.97	59.38	194.85

9-15 民族自治地方分地区畜产品和水产品产量(2018年)(二)

单位：万吨

地 区	羊 毛	羊 绒	水产品
合 计	**26.79**	**1.70**	**525.13**
河 北	0.17	0.01	0.46
内蒙古	13.08	0.66	15.83
辽 宁	0.38	0.02	1.94
吉 林	0.05	0.00	3.17
黑龙江	0.10		4.30
浙 江			0.19
湖 北			1.02
湖 南			4.79
广 东	0.00		0.69
广 西			331.74
海 南			15.60
重 庆			1.10
四 川	0.60	0.01	3.35
贵 州	0.06		10.53
云 南	0.04	0.00	93.71
西 藏	0.98	0.80	
甘 肃	0.81	0.01	0.18
青 海	1.70	0.03	1.42
宁 夏	0.97	0.07	17.69
新 疆	7.84	0.09	17.43

9-16 民族自治地方人均农业总产值和主要农产品人均占有量

年 份	农林牧渔业总产值（元）	粮 食（公斤）	棉 花（公斤）	油 料（公斤）	大牲畜（头）	猪（头）	羊（只）
1980	139.27	287.96	0.73		0.34	0.28	0.87
1981	146.86	288.69	1.01	9.15	0.35	0.28	0.89
1982	225.09	313.39	1.28	10.83	0.36	0.30	0.85
1983	233.81	324.91	1.36	11.34	0.35	0.32	0.78
1984	248.10	321.97	1.64	12.05	0.35	0.32	0.76
1985	265.61	302.96	1.47	14.58	0.36	0.34	0.74
1986	264.63	295.91	1.63	14.47	0.36	0.35	0.73
1987	272.78	308.00	2.03	12.46	0.36	0.35	0.73
1988	282.05	302.60	1.96	12.08	0.36	0.35	0.74
1989	290.99	314.60	2.01	11.43	0.35	0.37	0.76
1990	303.10	342.70	3.00	13.30	0.34	0.36	0.72
1991	692.39	356.75	4.22	14.88	0.34	0.36	0.73
1992	773.18	359.10	4.30	15.00	0.34	0.40	0.70
1993	887.83	330.90	4.40	14.60	0.35	0.40	0.70
1994	1248.33	317.25	5.55	15.14	0.34	0.42	0.73
1995	1580.99	374.97	5.91	16.14	0.35	0.45	0.74
1996	1815.86	426.20	5.95	15.84	0.46	0.45	0.77
1997	1935.11	406.93	7.10	15.64	0.44	0.46	0.78
1998	1931.91	430.75	8.50	17.51	0.34	0.42	0.77
1999	1894.68	412.15	8.16	19.96	0.34	0.44	0.78
2000	1902.62	379.44	8.70	21.00	0.33	0.49	0.78
2001	1972.55	389.29	9.45	18.79	0.33	0.49	0.79
2002	2053.35	386.29	8.69	20.84	0.34	0.49	0.82
2003	2332.15	376.45	9.34	20.87	0.34	0.45	0.86
2004	2774.72	390.75	10.39	22.95	0.35	0.46	0.94
2005	3090.16	411.43	10.76	21.30	0.35	0.49	0.94
2006	3340.39	407.36	12.41	20.33	0.35	0.46	0.93
2007	3958.22	407.92	16.83	15.97	0.32	0.44	0.85
2008	4570.00	438.46	16.78	21.94	0.31	0.43	0.80
2009	4733.56	437.05	13.81	21.69	0.31	0.43	0.81
2010	5598.42	448.32	13.41	22.79	0.33	0.44	0.80
2011	6499.55	465.86	15.57	22.33	0.32	0.43	0.79
2012	7265.23	487.23	18.90	24.23	0.29	0.46	0.81
2013	7936.50	506.93	18.63	25.30	0.28	0.45	0.80
2014	6052.85	521.46	19.64	25.89	0.31	0.47	0.87
2015	9067.34	526.43	18.99	27.54	0.30	0.45	0.88
2016	9418.10	521.38	19.21	30.19	0.32	0.44	0.85
2017	9970.85	534.13	24.12	30.40	0.30	0.44	0.88
2018	10398.92	547.16	27.00	28.13	0.27	0.37	0.85

注：人均农林牧渔业总产值1980年、1981年按1970年不变价格计算，1982—1990年按1980年不变价格，1991年至现在按当年价格计算。

9–17 民族自治地方农业机械总动力、有效灌溉面积、农村用电量和化肥施用量

年 份	农业机械总动力（万千瓦）	有效灌溉面积（万公顷）	农村用电量（亿千瓦小时）	化肥施用量(折纯)（万吨）
1980		684.39	23.74	99.90
1981		677.29	26.04	98.30
1982		672.67	27.84	116.37
1983	1869.9	689.30	29.25	138.72
1984	1964.5	673.01	32.85	140.87
1985	2144.4	685.53	33.58	154.74
1986	2468.7	705.20	42.21	179.52
1987	2643.8	717.61	46.33	197.23
1988	2908.4	723.44	48.60	209.46
1989	3329.5	736.79	56.83	245.69
1990	3817.1	764.37	70.26	266.86
1991	3569.0	749.85	69.16	307.51
1992	3675.7	825.83	92.76	323.79
1993	4104.7	821.52	99.11	363.87
1994	4137.4	841.44	94.71	396.92
1995	4563.3	837.80	110.92	458.42
1996	5053.4	898.62	114.64	508.59
1997	5166.3	879.69	123.83	501.17
1998	5353.7	899.28	123.08	551.10
1999	5857.5	918.00	124.80	528.40
2000	6206.5	935.70	127.38	545.08
2001	6547.2	962.36	140.57	572.80
2002	7117.7	982.97	143.83	597.60
2003	7369.8	975.49	150.01	623.23
2004	7871.7	988.74	164.57	656.61
2005	8611.3	1027.41	189.28	724.86
2006	9088.1	1050.00	205.96	813.06
2007	9900.2	1096.53	219.15	865.09
2008	11323.0	1114.16	250.68	980.54
2009	12186.7	1139.28	271.25	919.87
2010	13239.3	1156.22	308.58	961.73
2011	14099.9	1186.01	327.10	1006.52
2012	15094.0	1235.25	377.52	1033.02
2013	16029.5	1291.00	368.93	1102.97
2014	16637.9	1053.81	407.45	1140.28
2015	17292.4	1299.10	331.70	1141.87
2016	16754.7	1240.48	450.09	1257.16
2017	17635.7	1378.32	488.74	13783.25
2018	17237.5	1412.08	513.03	14120.75

9-18 民族自治地方分地区农业机械总动力、有效灌溉面积、农村用电量和化肥施用量(2018年)

地　区	农业机械总动力(万千瓦)	有效灌溉面积(千公顷)	农村用电量(亿千瓦小时)	化肥施用量(万吨)
合　计	**17237.51**	**14120.75**	**513.03**	**1372.50**
河　北	175.36	95.09	21.91	9.44
内蒙古	3663.66	3196.50	85.51	222.67
辽　宁	243.05	130.06	19.92	37.19
吉　林	429.47	213.74	11.55	33.67
黑龙江	80.00	9.94	0.81	5.61
浙　江	8.89	3.84	0.27	0.42
湖　北	278.41	293.43	6.01	30.21
湖　南	309.57	292.31	3.55	40.43
广　东	9.45	22.65	1.20	0.96
广　西	3728.00	1706.90	108.25	255.05
海　南	154.71	41.13	1.10	14.23
重　庆	151.31	49.73	6.47	11.89
四　川	552.63	257.90	14.65	16.91
贵　州	1133.44	655.92	31.66	81.17
云　南	1773.14	1162.83	54.35	233.56
西　藏	780.40	264.50	1.34	5.20
甘　肃	48.44	76.32	6.11	4.52
青　海	392.13	123.21	3.75	13.38
宁　夏	621.90	549.60	15.05	101.00
新　疆	2703.54	4975.15	119.54	254.99

主要统计指标解释

农林牧渔业总产值 指以货币表现的农、林、牧、渔业全部产品和对农林牧渔业生产活动进行的各种支持性服务活动的价值总量，它反映一定时期内农林牧渔业生产总规模和总成果。1957 年以前的农林牧渔业总产值中包括了厩肥和农民自给性手工业(如农民自制衣服、鞋、袜，自己从事粮食初步加工等)。1958 年及以后，林业中增加了村及村以下竹木采伐产值；牧业中取消了厩肥产值；副业中取消了农民自给性手工业产值，增加了村及村以下办的工业产值； 渔业中增加了海洋捕捞水产品产值。1980 年及以后，在副业中增加了农民家庭兼营工业商品部分的产值。从 1984 年起村及村以下工业产值划归工业。从 1993 年起取消副业，将野生动物的捕猎划入牧业，野生植物采集和农民家庭兼营商品性工业划归农业。从 2003 年起，执行新的国民经济行业分类标准，农林牧渔业总产值中包括了农林牧渔服务业产值。林业中增加了森林采运业产值。农业中取消了家庭兼营商品性工业产值，将野生林产品的采集划归林业。第一次农业普查以后，由于畜牧业产品年报数据与普查数据之间存在一定的差距，根据农业普查结果，对畜牧业年报数据和畜牧业产值进行了修正。2010 年执行《统计用产品分类目录》，对 2009 年的农业、林业产值做了相应调整。

农林牧渔业总产值的计算方法通常是按农、林、牧、渔业产品及其副产品的产量分别乘以各自单位产品价格求得；少数生产周期较长，当年没有产品或产品产量不易统计的，则采用间接方法匡算其产值；然后将四业产品产值及农林牧渔服务业产值相加即为农林牧渔业总产值。

实用耕地面积 指种植农作物并经常进行耕锄的田地。包括热地、当年新开荒地、连续撂荒未满三年的耕地和当年的休闲地（轮歇地），也包括以种植农作物为主，附带种植桑、茶、果树和其他林木的土地以及沿海、沿湖地区已围垦利用的“海涂”、“湖田”等和小于 1 米宽的渠、路、田埂。不包括专业性的桑园、茶园、果园、果木苗圃、林地、芦苇地、天然草原等。

农业机械总动力 指全部农业机械动力的额定功率之和。农业机械是指用于种植业、畜牧业、渔业、农产品初加工、农用运输和农田基本建设等活动的机械及设备。农机总动力按使用能源不同分为以下四部分：

柴油发动机动力：指全部柴油发动机额定功率之和；

汽油发动机动力：指全部汽油发动机额定功率之和；

电动机动力：指全部电动机（含潜水电泵的电动机）额定功率之和；

其他机械动力：指采用柴油、汽油、电力之外的其他能源，如水力、风力、煤炭、太阳能等动力机械功率之和。

这个指标的统计数据主要来源于农机部门。

农村用电总量 指调查年度内农村范围内所有企业、事业、行政单位和住房从事生产经营活动、工作和日常生活用电总量。

农用化肥施用量 指调查年度内实际用于农业生产的化学肥料数量。包括氮肥、磷肥、钾肥和混合肥。施用量要求按折纯法计算，即各类化学肥料的实施施用量按其含氮、五氧化二磷、氧化钾的比例折成 100% 计算。其计算公式为：折纯量=实物量 × 某种化肥有效成分含量的百分比。

农用化肥施用量 指本年内实际用于农业生产的化肥数量，包括氮肥、磷肥、钾肥和复合肥。化肥施用量要求按折纯量计算数量。折纯量是指把氮肥、磷肥、钾肥分别按含氮、含五氧化二磷、含氧化钾的百分之百成份进行折算后的数量。复合肥按其所含主要成分折算。公式为：

折纯量=实物量 × 某种化肥有效成分含量的百分比

耕地灌溉面积 指具有一定的水源，地块比较平整，灌溉工程或设备已经配套，在一般年景下能够进行正常灌溉的耕地面积。在一般情况下，耕地灌溉面积应等于灌溉工程或设备已经配套，能够进行正常灌溉的水田和水浇地面积之和。它是反映我国农田水利建设的重要指标。

农作物总播种面积 指农业生产经营者应在日历年度内收获农作物在全部土地（耕地或非耕地）上的播种或移植面积。凡是本年内收获的农作物，无论是本年还是上年播种，都算为播种面积，但不包括本年播种，下年收获的农作物面积。

农作物产量 指调查年度内全社会生产农产品的数量，不论耕地上与非耕地上的农作物产量，都应该统计在内。各种主要作物产量按国家的统一规定计算。谷物一律按脱粒后原粮计算（玉米按脱粒后的粒子计算）；薯类产量按五斤折一斤计算；豆类按去豆荚后干豆计算；棉花按去籽后的皮棉计算；麻类除亚麻以麻秆计算、苎麻以刮皮后的干麻计算、苘麻和线麻以熟麻皮计算外，其余一律以生麻计算；烤烟和晒烟均以干烟叶计算；花生以带壳的干花生计算；甘蔗以蔗秆计算；甜菜以根块计算。城市郊区按蔬菜计算的薯类和豆类产量按鲜品统计。

粮食产量 指农业生产经营者日历年度内生产的全部粮食数量。按收获季节包括夏收粮食、早稻和秋收粮食，按作物品种包括谷物、薯类和豆类。其产量计算方法：谷物按脱粒后的原粮计算，豆类按去豆荚后的干豆计算；薯类(包括甘薯和马铃薯，不包括芋头和木薯)1963 年以前按每 4 公斤鲜薯折 1 公斤粮食计算，从 1964 年开始改为按 5 公斤鲜薯折 1 公斤粮食计算，2014 年开始按鲜薯计算；城市郊区作为蔬菜的薯类(如马铃薯等)按鲜品计算，并且不作粮食统计。1989 年以前全国粮食产量数据主要靠全面报表取得，1989 年开始使用抽样调查数据。

棉花产量 指全社会的产量。包括春播棉和夏播棉。产量按皮棉计算。不包括木棉。

油料产量 指全部油料作物的生产量。包括花生、油菜籽、芝麻、向日葵籽、胡麻籽（亚麻籽）和其他油料。不包括大豆、木本油料和野生油料。花生以带壳干花生计算。

茶叶产量 指调查年度内生产的全部茶叶数量。包括从成片茶园和荒芜未垦土地上种植的以及零星种植的茶树上所采摘的全部产量，不论自食的或出售的，都应统计在内。茶叶产量按经过初步加工后的干毛茶计算。

水果产量 指调查年度内从果树上收获的全部水果数量。不论自食的或出售的，都应统计在内。但不包括果用瓜，如西瓜、甜瓜、白兰瓜、哈密瓜、脆瓜等以及主要作蔬菜用的藕、西红柿等；也不包括采集的野生水果。水果产量按鲜果计算，干枣、葡萄干、柿饼、橘饼等应统一折成鲜果计算。

造林面积 指在荒山、荒地、沙丘等一切可以造林的土地上，采用人工播种、植苗、飞机播种等方法新植的成片乔木林和灌木林，经验收符合“造林技术规程”要求株数，成活率达 85%以上的面积。四旁植树如一侧在 4 行以上，连续面积 0.0667 公顷（1 亩以上），应统计在造林面积内。不包括补植面积、治沙种草面积、经济林垦复面积、迹地更新面积和低产林改造面积。

禽畜出栏数 指报告期内各种类型生产单位和住户饲养的已屠宰或出售的全部畜禽数量。包括交售给国家、集市上出售以及自食的部分但出售或食用的仔畜不包括在内。

期初(末)畜禽存栏头(只)数 指报告期初(末)农村各种合作经济组织和国营农场、农民个人、机关、团体、学校、工矿企业、部队等单位以及城镇居民饲养的大牲畜、猪、羊、家禽等畜禽的数量。数据上报方式及数据调整情况同猪、牛、羊肉产量。

猪、牛、羊肉产量 指当年出栏并已屠宰、除去头蹄下水后带骨肉(即胴体重)的重量。包括全社会范围内的产量。1996 年以前为全面统计并逐级上报数据。1996 年第一次农业普查以后，根据普查结果，对畜牧业主要年报数据进行了修正。1999 年以后，国家统计局在部分地区开展了猪、牛、羊、禽等主要畜禽品种的抽样调查，并用抽样数据作为国家定案数据使用。未开展抽样调查的地区和品种，仍使用各级统计部门逐级上报数据。2007 年，根据第二次农业普查结果，对 2000—2006 年畜牧业主要年报数据进行了修正。2008 年，建立了主要畜禽监测调查制度，猪、牛、羊、禽等主要畜禽数据均以抽样调查数为法定数据。

水产品产量 指渔业（捕捞和养殖）生产活动的最终有效成果，包括全部海水和淡水鱼类、甲壳类(虾、蟹)、贝类、头足类、藻类和其他类渔业产品的最终产量。水产品产量是通过各级水产部门逐级上报取得数据。1995 年及以前，贝类中牡蛎按鲜肉计算；蚶、蛤、蛙按 5 斤鲜品折 1 斤计算。1996 年以后则统一按鲜品计算。

十、工　业

10-1 民族自治地方分地区规模以上工业企业单位数(2018年)

单位：个

地区	总计	#国有企业	#私营企业	#外商及港澳台商投资工业企业
合计	**20997**	**2247**	**6989**	**995**
河北	256	10		15
内蒙古	2832	606	1022	130
辽宁	280	8	3	16
吉林	648	8	1	36
黑龙江	31	2		2
浙江	19			
湖北	480	6	1	3
湖南	526	19	1	13
广东	73	5		9
广西	6058	542	3784	436
海南	28	3		2
重庆	173	8	1	2
四川	568	7		7
贵州	2154	48	21	138
云南	1850	50	10	46
西藏	123	34	38	5
甘肃	304	39	8	
青海	319	21	2	9
宁夏	1250	9	866	45
新疆	3025	822	1231	81

10-2 民族自治地方分地区规模以上工业企业主要财务指标(2018年)

单位：亿元

地　区	资产合计	负债合计	所有者权益合计	利润总额	主营业务收入
合　计	**99369.99**	**62713.86**	**36822.93**	**4445.82**	**58441.73**
河　北	921.41	649.71	271.69	44.98	584.28
内蒙古	30626.90	19460.40	11166.50	1409.40	14023.10
辽　宁	409.63	268.86	170.77	18.41	157.31
吉　林	796.24	470.44	492.15	24.16	498.21
黑龙江	76.20	47.02	29.18	4.21	37.06
浙　江	15.90	7.35	8.55	0.99	9.49
湖　北	489.11	277.63	211.48	27.07	253.56
湖　南	559.58	270.66	288.92	27.10	608.93
广　东	205.12	105.35	96.47	12.61	145.42
广　西	17158.80	10813.50	6345.30	1100.10	18707.90
海　南	58.14	39.00	19.14	2.36	27.87
重　庆	471.76	319.33	152.42	31.16	272.95
四　川	1961.19	1465.71	469.22	167.94	372.94
贵　州	1914.72	1259.25	655.47	114.22	2155.99
云　南	7730.01	4989.77	2740.24	381.00	4549.40
西　藏	1570.75	833.20	737.55	17.40	257.60
甘　肃	373.18	288.41	84.76	14.87	144.08
青　海	3426.80	2264.79	1162.01	84.85	1001.80
宁　夏	9656.97	6410.77	3246.20	174.24	4305.65
新　疆	20947.60	12472.70	8474.90	788.76	10328.20

10-3 民族自治地方主要工业产品产量(一)

年 份	布 (万米)	机制纸及纸板 (万吨)	成品糖 (万吨)	卷烟 (亿支)	原煤 (万吨)	原油 (万吨)
1952	3500	1.31		2.58	178	5
1957	8100	3.97		3.57	545	10
1962	8000	5.86			1631	101
1965	18200	7.86	22.20	7.70	2029	97
1975	25700	20.97	32.72	36.28	4561	441
1978	37300	30.90	43.57	51.43	6081	578
1980	44300	32.07	65.62	89.39	5418	624
1981	45789	31.65	78.99	107.05	5430	617
1982	52136	34.56	82.30	131.60	5799	625
1983	52995	45.30	101.16	150.99	6521	672
1984	47414	44.51	107.32	174.47	6993	705
1985	54183	59.21	126.91	209.89	8597	805
1986	67766	64.33	174.52	257.20	8875	862
1987	67210	72.68	187.81	323.60	9261	899
1988	69419	79.68	180.75	371.08	10995	973
1989	77916	93.16	198.65	413.84	13924	1113
1990	73705	94.10	222.62	443.10	12077	1265
1991	71433	109.52	249.06	441.27	12227	1402
1992	69287	131.85	372.82	444.05	13064	1405
1993	66505	151.27	373.94	479.78	14157	1637
1994	70072	153.00	280.20	491.60	14860	1466
1995	69306	191.21	239.54	353.63	16639	1610
1996	61689	172.84	312.42	271.45	17205	1813
1997	69246	168.99	312.42	458.85	19038	2003
1998	52548	155.82	519.48	446.28	17570	2047
1999	52191	153.07	567.20	434.76	15361	2058
2000	50096	175.46	498.22	376.49	14623	2292
2001	47197	178.51	437.68	395.74	15930	2229
2002	37000	177.95	669.09	417.34	15727	2460
2003	29969	219.68	823.95	444.73	20614	2597
2004	23135	224.94	813.02	1756.45	27127	2843
2005	34786	272.85	678.09	2105.57	38038	2833
2006	47193	258.73	758.48	2042.46	42931	2914
2007	44604	283.39	1005.39	2077.56	50991	3033
2008	32091	358.32	1174.42	1684.40	65284	3055
2009	30885	500.22	1047.41	2620.44	83287	2975
2010	36326	385.27	906.89	2672.64	103894	3059
2011	37356	437.37	935.39	2762.32	107862	3186
2012	20687	512.94	1102.30	2404.79	138050	3230
2013	17489	508.86	1282.80	2509.31	134546	3345
2014	12064	481.43	1616.04	2864.33	129248	3698
2015	13710	439.82	1236.65	2211.29	117922	3233
2016	26497	468.23	1203.26	4973.29	111516	2975
2017	38804	470.14	1208.03	1725.93	122388	3001
2018	60522	446.12	1286.85	2460.35	133026	2944

注：卷烟2003年及以前计量单位为万箱。

10-3 民族自治地方主要工业产品产量(二)

年 份	发电量（亿千瓦小时）	生铁（万吨）	粗钢（万吨）	水泥（万吨）	农用氮磷钾化肥（万吨）
1952	0.81	0.90			
1957	0.43	4.50			
1962	23.40	41.70	10.30	11.92	1.03
1965	33.40	55.80	39.40	91.01	36.43
1975	125.65	89.90	66.20	334.98	48.67
1978	173.99	168.20	128.50	554.00	
1980	193.36	177.52	166.60	576.09	57.10
1981	202.24	190.02	166.15	587.12	61.95
1982	221.25	182.76	167.59	699.87	67.11
1983	239.30	195.66	173.38	843.38	74.55
1984	260.90	214.98	197.82	940.78	80.18
1985	389.01	258.12	232.45	1222.08	85.72
1986	400.81	295.08	248.06	1343.15	100.03
1987	518.97	346.23	291.09	1538.03	131.85
1988	553.34	328.60	291.36	1667.50	128.64
1989	675.57	362.88	320.04	1714.40	153.93
1990	738.80	417.03	368.25	1957.83	197.05
1991	712.72	376.86	414.14	2372.10	203.59
1992	847.62	450.92	435.21	2828.96	213.31
1993	992.09	515.34	489.40	3210.18	205.37
1994	1107.87	536.70	493.48	3952.47	205.25
1995	1186.46	554.68	699.57	4295.92	218.75
1996	1228.93	663.67	722.14	4181.51	189.47
1997	1230.44	841.30	663.72	4454.00	227.50
1998	1356.79	701.73	632.76	4905.98	299.79
1999	1428.87	696.44	643.34	5271.35	314.57
2000	1712.00	725.00	647.05	5703.15	388.65
2001	1777.00	853.00	738.45	5896.53	431.86
2002	1957.00	988.00	899.82	6552.63	517.24
2003	2243.24	1156.93	1082.34	7828.52	554.61
2004	2363.18	1409.66	1321.02	8394.46	636.55
2005	3052.23	2086.77	1846.25	10155.90	717.29
2006	3740.15	2384.34	2150.20	11752.67	862.66
2007	4903.37	2907.68	2660.04	14011.36	932.08
2008	5500.95	3021.32	2980.87	15779.76	950.32
2009	5910.84	3945.56	3468.61	21375.54	1159.96
2010	6729.86	4447.49	4004.81	21652.56	1294.62
2011	7131.44	4799.34	3240.01	23235.36	889.79
2012	8989.47	5140.50	4018.94	31246.76	1091.50
2013	10455.23	5838.65	4471.60	35512.69	936.44
2014	11688.53	5399.95	5092.39	36174.12	667.23
2015	12500.12	4853.60	5125.79	36408.86	1374.18
2016	13692.43	5357.19	5309.23	39656.34	734.30
2017	17144.34	5371.30	5658.72	36507.34	971.71
2018	16104.57	5929.17	5822.36	35194.54	1357.48

10-4 民族自治地方分地区主要工业产品产量(2018年)(一)

地　区	布（万米）	机制纸及纸板（万吨）	原　盐（万吨）	成品糖（万吨）	卷　烟（亿支）
合　计	**60521.61**	**446.12**	**733.74**	**1286.85**	**2460.35**
河　北	155.00				
内蒙古		12.72	119.32	35.29	262.60
辽　宁					
吉　林					274.78
黑龙江		0.33			
浙　江					
湖　北	276.00	6.93			0.02
湖　南	337.00	14.15			
广　东					
广　西	18500.00	294.84		1016.68	700.05
海　南			3.02	4.78	
重　庆					
四　川		2.90			155.90
贵　州	2602.00	6.05			100.75
云　南	93.00	60.64		175.29	709.40
西　藏					
甘　肃					
青　海			262.82		
宁　夏	8258.61	23.34	95.45		80.00
新　疆	30300.00	24.21	253.13	54.81	176.85

10—4 民族自治地方分地区主要工业产品产量(2018年)(二)

地区	原煤(万吨)	原油(万吨)	天然气(万立方米)	发电量(亿千瓦小时)	生铁(万吨)
合计	**133026.12**	**2943.62**	**3385961.72**	**16104.57**	**5929.17**
河北				335.41	426.12
内蒙古	97560.30	10.67	160709.00	5003.00	1744.28
辽宁				46.70	82.42
吉林	527.38	10.38	1412.00	44.99	
黑龙江				6.95	
浙江				0.00	
湖北				89.46	5.71
湖南				46.06	24.67
广东				19.25	
广西	487.73	51.88	1889.67	1752.02	1447.07
海南				119.35	
重庆				94.71	
四川	53.70			1711.54	420.40
贵州	2518.95		3387.00	331.37	165.23
云南	1840.91			979.68	280.07
西藏				67.44	
甘肃	106.31			171.80	
青海	773.38	223.30	64.05	391.65	12.15
宁夏	7840.10			1609.97	200.06
新疆	21317.36	2647.39	3218500.00	3283.24	1120.99

10-4 民族自治地方分地区主要工业产品产量(2018年)(三)

地　区	粗钢（万吨）	水泥（万吨）	平板玻璃（万重量箱）	农用氮磷钾化肥（万吨）
合　计	**5822.36**	**35194.54**	**4664.43**	**1357.48**
河　北	446.11	156.61		
内蒙古	2307.58	3052.33	1037.70	428.45
辽　宁		142.64	2227.43	
吉　林		197.10		3.51
黑龙江				
浙　江				
湖　北		682.13		
湖　南	2.70	644.87		
广　东				
广　西	2262.08	11827.06	458.72	36.08
海　南		774.85		
重　庆		453.24		2.40
四　川	39.50	935.52		
贵　州	25.74	3994.04	529.00	258.35
云　南	486.18	5021.26		116.04
西　藏		913.03		
甘　肃		170.14		14.57
青　海		869.17		459.10
宁　夏	252.46	1767.91	411.59	38.99
新　疆	1155.30	3592.64	558.94	280.51

主要统计指标解释

工业 指从事自然资源的开采，对采掘品和农产品进行加工和再加工的物质生产部门。具体包括：(1)对自然资源的开采，如采矿、晒盐等(但不包括禽兽捕猎和水产捕捞)；(2)对农副产品的加工、再加工，如粮油加工、食品加工、缫丝、纺织、制革等；(3)对采掘品的加工、再加工，如炼铁、炼钢、化工生产、石油加工、机器制造、木材加工等，以及电力、燃气及水的生产和供应等；(4)对工业品的修理、翻新，如机器设备的修理等。工业统计调查单位为工业法人单位。

工业法人单位指从事工业生产经营活动的法人单位。工业法人单位应同时具备以下条件：①依法成立，有自己的名称、组织机构和场所，能够独立承担民事责任；②独立拥有（或授权）使用资产，承担负债，有权与其他单位签订合同；③具有包括资产负债表在内的账户，或者能够根据需要编制账户。

工业增加值 指工业企业在报告期内以货币表现的工业生产活动的最终成果。工业增加值有两种计算方法：一是生产法，即工业总产值减去工业中间投入加上应交增值税；二是收入法，即从收入的角度出发，根据生产要素在生产过程中应得到的收入份额计算，具体构成项目有固定资产折旧、劳动者报酬、生产税净额、营业盈余。

生产法：工业增加值=工业总产值−工业中间投入+应交增值税

工业销售产值 指以货币表现的工业企业在一定时间内销售的本企业生产的工业产品总量。包括已销售的成品、半成品价值，对外提供的工业性作业价值。工业销售产值按现行价格计算。

主营业务收入 指企业确认的销售产品、提供劳务等主要经营业务取得的收入。

主营业务成本 指企业经营主要业务所发生的成本总额。

资产总计 指企业过去的交易或者事项形成的，由企业拥有或控制的，预期会给企业带来经济利益的资源。资产一般按流动性分为流动资产流动资产和非流动资产。其中流动资产可分为货币资金、交易性金融资产、应收票据、应收账款、预付款项、其他应收款、存货等；非流动资产可分为长期股权投资、固定资产、无形资产及其他非流动资产。

负债合计 指企业过去的交易或者事项形成的，预期会导致经济利益流出企业的现时义务。负债一般按偿还期长短分为流动负债和长期负债。

所有者权益 指企业投资人对企业净资产的所有权。企业净资产为企业全部资产与企业全部负债的差额，包括实收资本、资本公积、盈余公积、未分配利润等。

利润总额 指企业在一定会计期间的经营成果、是生产经营过程中各种收入扣除各种耗费后的盈余，反映企业在报告期内实现的盈亏总额。

十一、建筑业

11-1 民族自治地方分地区建筑业基本情况

年份 地区	单位数 （个）	建筑业总产值 （亿元）	房屋建筑施工面积 （万平方米）	房屋建筑竣工面积 （万平方米）	年末从业人数 （万人）
1999	5092	639.67	9148.76	5408.04	133.80
2000	4828	754.30	9231.85	5325.88	131.59
2001	4587	916.49	10448.20	6149.86	133.77
2002	4148	1064.46	11547.41	6480.94	138.67
2003	4108	1227.17	13420.09	7221.96	138.10
2004	4361	1358.38	14100.68	6893.58	132.56
2005	4508	1610.27	15964.37	8072.09	141.73
2006	4694	1927.93	18543.61	9183.23	151.85
2007	4945	2500.49	22694.59	11234.59	162.61
2008	5198	3082.89	24600.04	11857.88	165.28
2009	5250	3961.73	28156.47	13167.00	183.97
2010	5380	5202.99	35052.18	15418.48	194.24
2011	5407	6391.76	42752.82	17483.12	190.14
2012	5207	6823.22	49143.97	19199.42	195.96
2013	5471	8221.44	60197.25	20339.00	224.42
2014	4634	6434.90	62184.62	19065.45	132.17
2015	5761	9104.94	59121.00	22842.35	240.51
2016	6086	9767.76	63043.71	27846.72	349.31
2017	7246	11096.51	57713.17	20118.95	330.85
2018	7417	12061.91	54897.43	18615.85	279.61
合计	7417	12061.91	54897.43	18615.85	279.61
河北	58	54.16	148.25	77.47	1.27
内蒙古	1006	1040.00	5369.19	1699.79	25.31
辽宁	150	50.21	413.61	119.31	2.53
吉林	280	157.98	726.48	243.67	4.31
黑龙江	11	15.72	6.70	2.60	0.08
浙江	22	22.94	69.51	32.42	0.81
湖北	179	173.29	1610.08	173.01	1.17
湖南	101	85.80	680.29	206.00	3.05
广东	15	11.10	25.27	17.45	0.30
广西	1385	4671.72	26135.05	8480.06	130.22
海南	11	34.24	52.81	23.90	0.16
重庆	86	305.39	447.05	294.50	2.64
四川	202	75.65	206.75	115.41	1.74
贵州	417	560.74	2743.50	896.55	11.19
云南	984	1801.90	4678.70	2038.75	34.70
西藏	280	172.82	518.47	144.40	4.55
甘肃	97	55.17	63.24	40.80	3.70
青海	259	95.55	326.90	184.36	1.90
宁夏	691	567.49	2334.50	801.50	10.77
新疆	1183	2110.05	8341.10	3023.90	39.21

11-2 民族自治地方分地区建筑业主要财务指标(2018年)

单位：亿元

地区	企业资产合计	企业负债合计	企业所有者权益	企业利润总额
合计	**11295.98**	**7723.69**	**3572.29**	**321.35**
河北	56.52	34.49	22.03	1.25
内蒙古	2219.18	1520.44	698.74	42.91
辽宁	82.45	47.40	35.05	1.03
吉林	217.83	136.50	81.33	7.79
黑龙江	2.09	0.81	1.28	-0.22
浙江	12.43	6.85	5.58	1.21
湖北	24.95	13.10	11.86	5.03
湖南	80.94	40.01	40.93	6.94
广东	9.16	7.23	1.93	0.35
广西	2903.85	1941.28	962.57	89.13
海南	44.18	20.42	23.76	2.31
重庆	196.81	125.49	71.32	21.36
四川	36.36	20.09	16.26	3.44
贵州	588.73	373.49	215.24	28.62
云南	352.79	192.14	160.65	21.88
西藏	357.87	201.05	156.82	21.65
甘肃	23.21	10.08	13.12	0.72
青海	85.14	61.01	24.12	0.18
宁夏	807.42	561.78	245.64	15.30
新疆	3194.09	2410.03	784.06	50.48

主要统计指标解释

建筑业统计单位 指从事房屋、构筑物建造和设备安装活动的法人企业。建筑业法人企业应具有建筑业资质并能够独立核算，同时还应具备以下条件：①依法成立，有自己的名称、组织机构和场所，能够承担民事责任；②独立拥有和使用资产，承担负债，有权与其他单位签订合同；③独立核算盈亏，能够编制资产负债表。

建筑业总产值 是以货币形式表现的建筑业企业在一定时期内生产的建筑业产品和提供服务的总和。建筑业总产值包括：

⑴建筑工程产值：指列入建筑工程预算内的各种工程价值。

⑵安装工程产值：指设备安装工程价值，不包括被安装设备本身的价值。

⑶其他产值：建筑业总产值中除建筑工程、安装工程以外的产值。包括房屋构筑物修理产值、非标准设备制造产值、总包企业向分包企业收取的管理费以及不能明确划分的施工活动所完成的产值。

a.房屋构筑物修理产值：指房屋和构筑物修理所完成的产值，但不包括被修理房屋、构筑物本身价值和生产设备的修理价值。

b.非标准设备制造产值：指加工制造没有定型的非标准生产设备的加工费和原材料价值(如化工厂、炼油厂用的各种罐、槽，矿井生产统一使用的各种漏斗、三角槽、阀门等)以及附属加工厂为本企业承建工程制作的非标准设备的价值。

房屋建筑施工面积 指报告期内施工的全部房屋建筑面积，包括本期新开工的房屋建筑面积、上期跨入本期继续施工的房屋建筑面积、上期停缓建在本期恢复施工的房屋建筑面积、本期竣工的房屋建筑面积及本期施工后又停缓建的房屋建筑面积。

房屋建筑竣工面积 指报告期内房屋建筑按照设计要求已全部完工，达到住人和使用条件，经验收鉴定合格或达到竣工验收标准，可正式移交使用的各栋房屋建筑面积的总和。

十二、运输和邮电

12-1 民族自治地方运输、邮电情况

年 份	铁路营业里程（万公里）	公路里程（万公里）	全年铁路货运量（万吨）	全年公路货运量（万吨）	邮电局、所（个）	邮路及农村投递线路（万公里）
1949	0.35	1.14				
1952	0.38	2.59		355	3499	13.13
1957	0.55	6.27		1425	4452	39.72
1962	0.72	12.57			5174	45.73
1965		12.55		4165	5272	36.37
1975		17.71		10695		
1978	0.90	20.80		13448	7222	94.75
1980	0.20	21.16		10266	7136	88.68
1981	1.22	21.21		12059	7121	84.61
1982	1.23	21.65	9999	14960	7226	86.19
1983	1.21	23.00	11014	11885	7482	88.11
1984	1.21	23.54	12066	12864	7578	87.04
1985	1.25	25.41	13101	22013	8075	90.40
1986	1.26	25.09	13212	31628	8809	88.37
1987	1.27	27.57	12283	38566	8219	87.27
1988	1.27	27.68	14045	53937	8276	86.61
1989	1.29	30.05	15599	61385	8443	95.10
1990	1.31	29.37	18078	58371	8436	88.02
1991	1.33	28.67	17066	76352	9589	90.51
1992	1.35	28.30	17651	68366	8509	84.25
1993	1.45	30.84	27038	122362	8422	85.61
1994	1.67	31.19	23117	128162	8814	83.29
1995	1.70	33.21	20385	111060	9076	106.82
1996	1.76	36.33			9082	108.00
1997	1.69	36.49	22250	113947	9836	100.38
1998	1.71	37.64	18909	110164	12664	102.56
1999	1.75	40.26	19294	120064	13564	106.07
2000	1.42	42.36	21248	181784	10893	109.52
2001	1.43	49.57	22734	136983	12574	109.04
2002	1.44	52.70	23045	119536	7855	100.37
2003	1.51	54.78	24246	133128	8812	108.53
2004	1.68	55.67	35285	154040	9049	108.06
2005	1.69	58.96	34170	171842	9321	109.67
2006	1.80	77.28	39932	333614	9110	114.23
2007	1.83	84.25	45027	214636	9171	112.29
2008	2.00	86.35	58892	264528	8814	115.59
2009	2.09	88.01	65509	292338	9124	123.06
2010	2.12	91.19	81690	343776	9083	125.75
2011	2.30	96.14	92350	430562	9064	139.18
2012	2.37	102.46	98221	445176	10358	161.24
2013	2.56	102.99	100804	424938	8142	190.12
2014	2.39	111.97	98692	490947	6909	135.72
2015	3.02	115.53	79847	499828	18486	185.07
2016	3.04	119.77	81932	568789	22500	196.42
2017	3.14	123.63	119149	538994	26415	206.65
2018	3.18	126.15	127551	590838	27892	247.87

注：1.本表未扣除区域变动因素，年度之间不可比。
2.2000年后铁路营业里程指国有铁路营业里程。
3.2002年后邮电局、所数据仅指邮政局所数。

12-2 民族自治地方分地区运输条件(2018年)

单位：公里

地 区	公路线路里 程	#等级路	国有铁路营业里程	内河航道里 程
合 计	**1261531**	**1011205**	**31753**	**18163**
河 北	12318	5436	77	
内蒙古	202641	195636	12800	2403
辽 宁	17177	14289	306	
吉 林	17576	15351		
黑龙江	1583	120	60	146
浙 江	1916	1904		105
湖 北	34430	27238	247	729
湖 南	23076	20565	462	1285
广 东	4945	1541		
广 西	125449	115702	5202	5873
海 南	8678	6621	104	29
重 庆	22032	19393	241	200
四 川	80529	75880	398	911
贵 州	99169	65138	1835	3743
云 南	201439	130366	1697	2214
西 藏	97387	85473	785	
甘 肃	22524	17555	180	353
青 海	64209	23098		41
宁 夏	35405	35355	1400	130
新 疆	189050	154546	5959	

12—3 民族自治地方分地区公路、铁路旅客、货物运输量(2018年)

地 区	客运量合计（万人）	#公 路	#铁 路	货运量合计（万吨）	#公 路	#铁 路
合 计	**306522**	**233858**	**67750**	**749659**	**590838**	**127551**
河 北	1575	1519	56	5292	5275	17
内蒙古	13268	7823	5446	232525	160018	72506
辽 宁	3755	3755		8222	8222	
吉 林	3800	2369	1431	7325	5277	2048
黑龙江	350	280	70	370	368	2
浙 江	87	87		208	208	
湖 北	5492	4588	691	5650	5625	6
湖 南	11480	8439	1489	8792	5798	1099
广 东	116	116		6	6	
广 西	47931	36134	11100	190668	153389	7140
海 南	1799	1566	233	761	511	250
重 庆	4305	4011	292	2081	1949	116
四 川	9167	9167		17914	17914	
贵 州	137913	96702	41211	71105	46994	24110
云 南	30222	27971	917	53229	51403	558
西 藏	1399	1047	352	2433	2363	70
甘 肃	4088	4087	1	3586	3586	
青 海	2436	1461		3076	5147	
宁 夏	6137	5342	653	38918	31757	7159
新 疆	21204	17394	3810	97498	85029	12469

12-4 民族自治地方分地区公路、铁路旅客、货物周转量(2018年)

地　区	旅客周转量（亿人公里）	#公　路	#铁　路	货物周转量（亿吨公里）	#公　路	#铁　路
合　计	**2802.60**	**1526.87**	**1243.40**	**16292.21**	**9153.74**	**5536.38**
河　北	4.65	3.35	1.30	30.35	29.31	1.04
内蒙古	336.74	122.43	214.31	5595.98	2985.63	2610.35
辽　宁	20.84	17.70	3.13	70.79	70.15	0.65
吉　林	25.58	22.09	3.49	132.58	94.00	38.59
黑龙江	0.95	0.76	0.19	0.96	0.96	
浙　江	0.45	0.45		3.39	3.39	
湖　北	27.35	26.96	0.07	105.84	105.77	
湖　南	48.51	49.32	3.55	71.18	67.44	3.63
广　东	0.19	0.19		0.93	0.93	
广　西	816.65	351.10	462.26	4983.78	2683.05	710.09
海　南	10.26	10.26		4.06	4.06	
重　庆	22.95	16.85	6.10	13.09	12.72	0.10
四　川	67.85	67.85		218.91	218.91	
贵　州	552.50	419.94	132.56	847.06	586.11	260.95
云　南	262.33	209.21	24.25	640.46	633.51	6.21
西　藏	46.83	18.86	27.97	150.06	116.84	33.22
甘　肃	8.09	7.82	0.27	16.69	16.69	
青　海	55.89	11.09	40.56	294.52	118.90	165.37
宁　夏	88.24	47.46	40.78	627.68	398.19	229.49
新　疆	405.76	123.18	282.61	2483.87	1007.17	1476.70

12-5 民族自治地方分地区邮电业情况(2018年)

地 区	邮电业务总量（亿元）	营业网点（处）	邮路总长度（万公里）	农村投递线路（万公里）	移动电话年末用户（万户）	固定电话年末用户（万户）	互联网接入用户（万户）
合 计	**5088.49**	**27892**	**167.56**	**80.31**	**19064.26**	**1625.45**	**4319.63**
河 北	11.35	61	0.34	1.05	162.06	15.30	32.85
内蒙古	1315.12	4934	24.72	16.17	3044.40	213.50	628.28
辽 宁	13.05	284	1.61	2.11	176.90	70.79	33.60
吉 林	7.28	144	0.36	0.90	249.95	47.68	2.24
黑龙江	0.32	11	12.28	0.01	7.00	2.40	
浙 江	0.18	22	0.24	0.22	13.02	1.18	4.26
湖 北	35.53	111	0.69	2.86	407.81	22.65	11.74
湖 南	117.99	378	1.26	1.54	324.41	16.68	70.57
广 东	2.52	19	26.85	0.05	26.91	4.00	5.71
广 西	2178.27	8024	31.69	10.80	5045.33	331.10	1230.60
海 南	37.12	117	0.38	0.73	151.92	26.03	46.75
重 庆	14.07	366	0.65	0.61	193.98	19.31	53.20
四 川	80.97	633	7.75	4.81	272.15	95.82	121.74
贵 州	195.45	2255	7.21	6.73	2406.88	63.84	530.25
云 南	419.41	3851	8.73	13.26	2135.23	102.55	569.55
西 藏	116.68	1167	9.50	8.64	312.30	61.90	78.20
甘 肃	19.83	136	0.66	1.15	312.24	24.87	54.43
青 海	4.92	179	1.21	0.69	236.95	34.85	23.75
宁 夏	480.39	1508	6.10	1.17	881.00	56.00	174.60
新 疆	38.03	3692	25.32	6.82	2703.80	415.00	647.30

主要统计指标解释

铁路营业里程 又称营业长度，指办理客货运输业务的铁路正线总长度。

公路里程 指报告期末公路的实际长度。统计范围：包括城间、城乡间、乡（村）间能行驶汽车的公共道路，公路通过城镇街道的里程，公路桥梁长度、隧道长度、渡口宽度。不包括城市街道里程，断头路里程，农（林）业生产用道路里程，工（矿）企业等内部道路里程。统计原则：按已竣工验收或交付使用的实际里程计算；两条或多条公路共同经由同一路段的重复里程，只计算一次。

内河航道里程 指在一定时期内，能通航运输船舶及排筏的天然河流、湖泊水库、运河及通航渠道的长度。包括全年季节性通航累计三个月以上的航道，不包括仅供零散流放竹、木排的河道。两省以河为界的航道里程，双方均按一半计算，以免重复。

货（客）运量 指在一定时期内，各种运输工具实际运送的货物重量(旅客数量)。货运按吨计算，客运按人计算。货物不论运输距离长短、货物类别，均按实际重量统计。旅客不论行程远近或票价多少，均按一人一次客运量统计；半价票、儿童票也按一人统计。

货（客）周转量 指在一定时期内，由各种运输工具运送的货物(旅客)数量与其相应运输距离的乘积之总和。该指标可以反映运输业生产的总成果，也是编制和检查运输生产计划，计算运输效率、劳动生产率以及核算运输单位成本的主要基础资料。计算货物周转量通常按发出站与到达站之间的最短距离，也就是计费距离计算。计算公式为：

$$货物（旅客）周转量=\sum（货物（旅客）运输量\times运输距离）$$

邮电、电信业务总量 指以货币形式表示的邮政、电信通信企业为社会提供各类邮政、电信通信服务的总数量。计算方法为各类业务的实物量分别乘以相应的不变单价，求出各类业务的货币量加总求得。没有不变单价的业务按其业务收入直接相加。

移动电话用户 指在电信运营企业营业网点办理开户登记手续，通过移动电话交换机进入移动电话网，占用移动电话号码的各类电话用户。包括各类签约用户、智能网预付费用户、无线上网卡用户。

互联网上网人数 指过去半年内使用过互联网的6周岁及以上中国居民人数。

固定电话用户 指在电信企业营业网点办理开户登记手续并已接入固定电话网上的全部电话用户。包括普通电话用户、无线市话用户、公用电话用户、窄带综合业务数字网（N—ISDN）用户、智能网专用接入终端用户等。

邮路 指各邮电局、所、代办所之间，邮电局、所与代办所、车站、码头、机场、转运站、报刊社之间，有自编或委办人员按固定班期规定路线交换邮件、报刊的路线。包括农村地区运邮兼投递的路线，不包括城市、农村地区纯投递路线。

农村投递路线 指农村局、所自编或委办人员按固定班期、规定路线至农村乡（镇）、行政村等收件单位投递邮件、报刊的路线。

十三、国内贸易

13-1 民族自治地方分地区社会消费品零售总额及限额以上批发零售贸易业(2018年)

地区	社会消费品零售总额(亿元)	限额以上批发零售贸易业			
		法人企业(个)	年末从业人员(人)	购进总额(亿元)	年末库存总额(亿元)
合计	**28300.25**	**12716**	**672163**	**25802.61**	**2099.02**
河北	262.70	68	4680	36.93	8.08
内蒙古	7311.07	1878	112537	4029.60	437.30
辽宁	475.38	79	2145	20.15	6.07
吉林	794.10	200	9136	125.90	32.79
黑龙江	3.94	7	229	0.89	0.05
浙江	33.33	17	2618	158.75	3.27
湖北	702.01	287	21145	247.26	24.72
湖南	539.69	192	2970	139.93	15.23
广东	44.02	59	2277	240.19	3.92
广西	8291.59	3940	205705	7475.50	478.10
海南	139.63	53	973	214.66	2.72
重庆	241.86	406	9945	168.49	8.83
四川	788.64	63	2252	46.04	2.48
贵州	1127.84	809	6507	68.15	28.28
云南	2380.78	1519	56839	2029.53	166.94
西藏	597.58	116	9942	247.40	34.30
甘肃	196.31	25	969	14.99	0.90
青海	246.99	102	22592	109.45	13.74
宁夏	935.80	453	71679	1689.50	96.60
新疆	3186.97	2443	127023	8739.30	734.70

13-2 民族自治地方分地区限额以上批发零售贸易业企业财务状况(2018年)

单位：亿元

地　区	商品销售额	主营业务收入	主营业务利润
合　计	**29754.07**	**26118.70**	**1756.43**
河　北	41.08	19.79	1.82
内蒙古	4968.10	4398.90	344.80
辽　宁	24.26	22.28	1.17
吉　林	166.74	143.00	3.00
黑龙江	1.50	1.09	0.05
浙　江	189.00	162.48	158.39
湖　北	273.23	234.53	9.90
湖　南	223.46	38.03	1.20
广　东	273.14	239.24	13.79
广　西	8302.70	7289.90	435.80
海　南	221.36	196.06	0.85
重　庆	197.31	233.37	13.23
四　川	56.51	49.41	2.42
贵　州	476.77	434.44	23.82
云　南	2525.77	2226.77	228.91
西　藏	291.60	264.10	34.20
甘　肃	20.33	19.27	1.73
青　海	131.02	114.54	5.65
宁　夏	1747.10	1518.40	68.50
新　疆	9623.10	8513.10	407.20

主要统计指标解释

社会消费品零售总额 指企业（单位、个体户）通过交易售给个人、社会集团非生产、非经营用的实物商品金额，以及提供餐饮服务所取得的收入金额。个人包括城乡居民和入境人员，社会集团包括机关、社会团体、部队、学校、企事业单位、居委会或村委会等。

批发零售贸易业商品购、销、存总额 指各种登记注册类型的批发和零售业企业(单位)以本企业(单位)为总体的，从国内、国外市场购进的商品总量，销售和出口的商品总量，库存的商品总量等情况。该指标可以反映商品流转过程中商品的购进、销售、库存之间的比例关系和存在的问题。

商品购进额 指从本企业以外的单位和个人购进（包括从国外直接进口）作为转卖或加工后转卖的商品金额（含增值税）。商品购进包括：（1）从工农业生产者、批发和零售业企业、住宿和餐饮业企业、出版社或报社的出版发行部门和其他服务业企业购进的商品；（2）从机关团体、事业单位购进的商品；（3）从海关、市场管理部门购进的缉私和没收的商品；（4）从居民收购的废旧商品等。不包括：（1）企业为本单位自身经营用，不是作为转卖而购进的商品，如材料物资、包装物、低值易耗品、办公用品等；（2）未通过买卖行为而收入的商品，如接受其他部门移交的商品、借入的商品、收入代其他单位保管的商品、其他单位赠送的样品、加工回收的成品等；（3）经本单位介绍，由买卖双方直接结算，本单位只收取手续费的业务；（4）销售退回和买方拒付货款的商品；（5）商品溢余。

商品销售总额 指对本单位以外的单位和个人出售的商品金额（包括售给本单位消费用的商品，含增值税）。商品销售包括：（1）售给城乡居民和社会集团消费用的商品；（2）售给农业、工业、建筑业、服务业等国民经济各行业用于生产、经营用的商品，包括售予批发和零售业作为转卖或加工后转卖的商品；（3）对国（境）外直接出口的商品。不包括：（1）未通过买卖行为付出的商品，如随机构变动移交给其他企业单位的商品、借出的商品、归还受其他单位委托代保管的商品、付出的加工原料和赠送给其他单位的样品等；（2）经本单位介绍，由买卖双方直接结算，本单位只收取手续费的业务；（3）购货退回的商品；（4）商品损耗和损失；（5）出售本单位自用的废旧物资。

商品库存额 对于批发和零售业法人单位和个体经营户，是指报告期末取得所有权的全部商品金额（含增值税）；对于批发和零售业产业活动单位，是指报告期末实际在库且归属法人具有所有权的全部商品金额（含增值税）。库存商品包括：(1)存放在本单位(如门市部、批发站、采购站、经营处)的仓库、货场、货柜和货架中的商品；(2)挑选、整理、包装中的商品；(3)已记入购进而尚未运到本单位的商品，即发货单或银行承兑凭证已到而货未到的商品；(4)寄放他处的商品，如因购货方拒绝付款而暂时存在购货方的商品；(5)委托其他单位代销(未作销售或调出)尚未售出的商品；(6)代其他单位购进尚未交付的商品。不包括：所有权不属于本单位的商品；委托外单位加工的商品；外贸企业代理其他单位从国外进口，尚未付给订货单位的商品；代国家储备部门保管的商品。

限额以上批发零售贸易业、餐饮业统计限额标准 批发业，年末从业人员 20 人及以上，年销售额 2000 万元及以上；零售业，年末从业人员 60 人及以上，年销售额 500 万元及以上；餐饮业，年末从业人员 40 人及以上，年销售额 200 万元及以上。

十四、对外经济贸易

14-1 民族自治地方分地区对外贸易和利用外资情况(2018年)

地区	进出口总额（亿元）	进口总额（亿元）	出口总额（亿元）	外商投资企业年底注册登记情况 企业数（个）	投资总额（亿美元）	注册资本（亿美元）
合计	**7986**	**3679**	**4308**	**12730**	**1635**	**533**
河北	11.64	0.44	11.19	35	0.15	0.76
内蒙古	1034.35	655.71	378.64	3511	448.53	207.26
辽宁	23.58	3.38	20.21	24		
吉林	146.04	78.14	67.90	467	2.38	2.45
黑龙江	0.04		0.04			
浙江	17.02	4.32	12.70	1		
湖北	7.80	5.95	1.85			
湖南	1.99	0.28	1.71	25	0.77	
广东	9.88	2.64	7.24	42	0.67	
广西	4106.71	2176.14	1930.57	5333	627.23	
海南	13.76		13.76	1		5.00
重庆	32.76	2.93	29.83			
四川	30.22	1.93	28.29	16	0.73	6.36
贵州	29.77	3.28	26.49	77	26.67	14.71
云南	889.73	419.17	470.56	498	100.19	37.96
西藏	47.52	18.95	28.57	266	26.39	21.17
甘肃						
青海	9.32	0.19	9.13	13	4.69	1.25
宁夏	248.86	68.72	180.14	762	184.77	228.54
新疆	1325.49	236.61	1088.88	1659	211.51	2.16

注：进出口总额按经营单位所在地分。

主要统计指标解释

货物进出口总额　指实际进出我国国境的货物总金额。包括对外贸易实际进出口货物，来料加工装配进出口货物，国家间、联合国及国际组织无偿援助物资和赠送品，华侨、港澳台同胞和外籍华人捐赠品，租赁期满归承租人所有的租赁货物，进料加工进出口货物，边境地方贸易及边境地区小额贸易进出口货物，中外合资企业、中外合作经营企业、外商独资经营企业进出口货物和公用物品，到、离岸价格在规定限额以上的进出口货样和广告品(无商业价值、无使用价值和免费提供出口的除外)，从保税仓库提取在中国境内销售的进口货物，以及其他进出口货物。该指标可以观察一个国家在对外贸易方面的总规模。我国规定出口货物按离岸价格统计，进口货物按到岸价格统计。

进口　指直接从国外进口的商品和委托外贸部门代理进口的商品，不包括从国内有关单位（包括对外贸易部门和其他单位）购进的进口商品。对外贸易企业只统计自主经营进口的商品，不包括受托代理进口的商品。

出口　指直接向国（境）外出口商品和委托外贸部门代理出口的商品，不包括售给外贸部门出口或加工后出口的商品以及在国内市场以外币销售的商品。

商品经营单位所在地进、出口额　指在所在地海关注册登记的有进出口经营权的企业实际进、出口额。

商品目的地进口额和商品货源地出口额　目的地进口额指进口货物的消费、使用或最终抵运地的实际进口额；货源地出口额指出口货物的产地或原始发货地的实际出口额。

外商直接投资　是指外国投资者在我国境内通过设立外商投资企业、合伙企业、与中方投资者共同进行石油资源的合作勘探开发以及设立外国公司分支机构等方式进行投资。外国投资者可以用现金、实物、无形资产、股权等投资，还可以用从外商投资企业获得的利润进行再投资。

外商其他投资　指除对外借款和外商直接投资以外的各种利用外资的形式。包括企业在境内外股票市场公开发行的以外币计价的股票发行价总额，国际租赁进口设备的应付款，补偿贸易中外商提供的进口设备、技术、物料的价款，加工装配贸易中外商提供的进口设备、物料的价款。

对外直接投资　指我国企业、团体等(简称境内投资主体）在国外及港澳台地区以现金、实物、无形资产等方式投资，并以控制国(境)外企业的经营管理权为核心的经济活动。对外直接投资的内涵主要体现在一经济体通过投资于另一经济体而实现其持久利益的目标。

十五、旅　游

15-1 民族自治地方分地区世界遗产情况(2018年)

单位：个

地区	世界自然遗产	世界文化遗产	世界自然与文化遗产	人类口述和非物质遗产
全国	**12**	**35**	**4**	**26**
民族自治地方	7	5		10
河北				
内蒙古		1		2
辽宁				
吉林				
黑龙江				1
浙江				
湖北		1		
湖南				
广东				
广西				
海南				
重庆				
四川	3			
贵州	1			1
云南	1	1		
西藏		1		2
甘肃				1
青海	1			1
宁夏				
新疆	1	1		2

15–2 民族自治地方分地区重点文物保护单位(2018年)

单位：个

地区	全国重点文物保护单位	古遗址	古墓葬	古建筑及历史纪念建筑物	近现代重要史迹及代表性建筑	石窟寺石刻及其他
合计	**512**	**222**	**82**	**127**	**55**	**26**
河北						
内蒙古	119	70	21	21	5	2
辽宁	14	8	6			
吉林	14	9	4	1		
黑龙江						
浙江	1			1		
湖北	13	9		2	1	1
湖南	11	1	1	4	3	2
广东						
广西	51	16	2	12	18	3
海南		1			1	
重庆	2	1			1	
四川	20	5	1	10	3	1
贵州	21	2	6	9	4	
云南	49	11	2	22	10	4
西藏	37	5	4	27	1	
甘肃	18	13		1	1	3
青海	21	8	4	5	3	1
宁夏	27	14	3	7	1	2
新疆	92	49	28	5	3	7

15-3 民族自治地方分地区国家AAAAA级旅游区、国家级重点风景名胜区和全国历史文化名城、名镇、名村(2018年)

单位：个

地区	国家AAAAA级旅游区	国家级风景名胜区	全国历史文化名城	全国历史文化名镇	全国历史文化名村
合计	**52**	**50**	**26**	**38**	**53**
河北			1		
内蒙古	4	2	1	6	2
辽宁	1	2		1	
吉林	2	2			1
黑龙江					
浙江				1	
湖北	3			1	5
湖南		4	1	4	5
广东					1
广西	5	3	3	7	9
海南	2				
重庆	2			2	
四川	5	4	1		1
贵州	2	11	2	3	10
云南	5	9	5	6	6
西藏	4	4	3	2	3
甘肃			2	1	
青海	1	1	1	1	5
宁夏	4	2	1		1
新疆	12	6	5	3	4

15-4 民族自治地方分地区国家重点自然保护区(2018年)

地 区	国家重点自然保护区 (个)	面 积 (千公顷)
合 计	**126**	**81517.26**
河 北	3	77.97
内蒙古	23	3924.90
辽 宁	3	33.69
吉 林	7	508.18
黑龙江		
浙 江		
湖 北	5	197.01
湖 南	1	24.80
广 东		
广 西	15	286.20
海 南	4	81.97
重 庆		
四 川	11	1730.60
贵 州	5	152.31
云 南	12	951.48
西 藏	9	37153.10
甘 肃	5	2015.12
青 海	5	20252.50
宁 夏	6	439.21
新 疆	12	13688.22

15-5 民族自治地方分地区旅行社单位数和旅游人数(2018年)

地区	旅行社数（个）	旅游人次（万人次）	国际旅游	国内旅游
合计	**4097**	**218445.2**	**2211.0**	**214283.8**
河北	16	1022.7	0.4	1022.4
内蒙古	1272	13044.2	188.1	12856.1
辽宁	55	3336.0	3.8	3332.2
吉林	192	3110.0	267.4	2777.4
黑龙江	6	220.0	0.1	220.0
浙江	6	780.5	1.1	779.3
湖北	117	7522.3		7478.4
湖南	59	7543.9	15.1	7528.8
广东	12	508.4		508.4
广西	857	68362.3	562.3	67800.0
海南	53	1209.7	16.3	1193.4
重庆	16	5153.1	15.0	5138.1
四川	33	10397.8	21.6	10376.2
贵州	253	32201.3	71.6	30288.4
云南	361	34435.3	889.2	33546.1
西藏	13	3368.7	47.6	3321.1
甘肃	30	4171.9	1.7	4170.2
青海	52	3712.4	1.5	3710.8
宁夏	152	3344.7	8.8	3335.9
新疆	542	15000.0	99.3	14900.7

15-6 民族自治地方分地区旅游收入(2018年)

地 区	国际旅游外汇收入（万美元）	国内旅游收入（亿元）
合 计	**952510.7**	**25189.8**
河 北	320.2	77.7
内蒙古	127210.0	3924.0
辽 宁	4585.5	237.2
吉 林	25200.0	503.6
黑龙江	3.5	12.0
浙 江	33.9	65.7
湖 北	5454.2	576.0
湖 南	5855.8	569.2
广 东		62.6
广 西	277773.0	7436.1
海 南	3676.2	62.4
重 庆	42983.0	290.0
四 川	5356.7	910.0
贵 州	10854.9	2385.9
云 南	317864.5	4404.4
西 藏	24709.0	487.7
甘 肃		196.3
青 海	406.1	174.2
宁 夏	5587.1	291.9
新 疆	94637.0	2522.9

主要统计指标解释

旅游人数 包括入境国际旅游者人数、出境居民人数和国内旅游者人数。

入境游客 指报告期内来中国（大陆）观光、度假、探亲访友、就医疗养、购物、参加会议或从事经济、文化、体育、宗教活动的外国人、港澳台同胞等游客（即入境旅游人数）。统计时，入境游客按每入境一次统计 1 人次。入境旅游人数包括入境过夜游客和入境一日游游客。

出境人数（出境游客） 指中国（大陆）居民因公或因私出境前往其他国家、中国香港特别行政区、澳门特别行政区和台湾省观光、度假、探亲访友、就医疗养、购物、参加会议或从事经济、文化、体育、宗教活动的人数（即出境游客）。统计时，出境游客按每出境一次统计 1 人次。

国内游客 指报告期内在中国（大陆）观光游览、度假、探亲访友、就医疗养、购物、参加会议或从事经济、文化、体育、宗教活动的中国（大陆）居民人数，其出游的目的不是通过所从事的活动谋取报酬。统计时，国内游客按每出游一次统计 1 人次。

国际旅游(外汇)收入 指入境游客在中国（大陆）境内旅行、游览过程中用于交通、参观游览、住宿、餐饮、购物、娱乐等全部花费。

国内旅游收入(旅游总花费) 指国内游客在国内旅行、游览过程中用于交通、参观游览、住宿、餐饮、购物、娱乐等全部花费。

国际旅行社 指经营对外招徕并接待外国人、华侨、港澳同胞和台湾同胞来中国、归国或回内地旅游业务的旅行社。

国内旅行社 指负责经营招徕、组团、接待国内旅客的旅游业务，以及不对外招徕，负责经营接待国际旅行社或其他涉外部门组织的外国人、华侨、港澳同胞和台湾同胞来中国、归国或回内地旅游业务的旅行社。

十六、银行和金融

16-1 民族自治地方分地区金融机构信贷(2018年)

单位：亿元

地　　区	全部金融机构人民币各项存款余额	全部金融机构人民币各项贷款余额
合　　计	**117869.90**	**99561.41**
河　　北	1120.73	959.72
内 蒙 古	23261.35	22085.22
辽　　宁	1355.00	608.30
吉　　林	2196.84	1396.14
黑 龙 江	67.40	38.65
浙　　江	106.16	52.08
湖　　北	1718.10	1228.82
湖　　南	1863.68	1105.12
广　　东	180.86	65.33
广　　西	29620.03	26143.38
海　　南	835.88	446.36
重　　庆	912.67	711.21
四　　川	3735.21	1786.80
贵　　州	5834.16	4952.72
云　　南	9624.37	6781.85
西　　藏	4928.40	4556.00
甘　　肃	1145.29	797.62
青　　海	1323.88	835.44
宁　　夏	6028.40	6807.52
新　　疆	22011.49	18203.14

16–2 民族自治地方上市公司股本结构及主要财务指标(一)

指 标	2000年	2001年	2002年	2003年	2004年	2006年	2007年	2008年	2009年
上市公司数目(家)	**77**	**84**	**87**	**95**	**98**	**100**	**102**	**106**	**111**
A股上市公司	76	83	86	94	96	98	101	104	109
B股上市公司	1	1	1	1	2	2	1	2	2
A、B股上市公司									
总股本(亿股)	**171.42**	**207.76**	**237.09**	**266.15**	**305.73**	**488.97**	**431.47**	**525.52**	**437.25**
主要财务指标(亿元)									
资产总额	865.32	1130.03	1394.94	1740.22	2084.15	2706.59	3499.36	4166.06	3839.89
所有者权益合计	474.28	562.33	640.89	711.40	790.75	928.46	1220.79	1447.81	1288.68
营业收入	331.63	468.72	598.93	808.65	1061.60	1609.15	2088.04	2706.37	2231.63
利润总额	92.91	109.76	145.12	185.04	234.23	328.23	221.12	152.17	147.67
净利润	41.48	31.06	32.06	26.82	32.19	70.24	141.55	97.78	92.90
每股收益(元)						0.32	0.33	15.30	0.24
净资产收益率(%)	8.75	5.52	5.00	3.77	4.07	7.57	11.60	6.75	7.21

16–2 民族自治地方上市公司股本结构及主要财务指标(二)

指 标	2010年	2011年	2012年	2013年	2014年	2015年	2016年	2017年	2018年
上市公司数目(家)	**111**	**117**	**125**	**124**	**122**	**123**	**125**	**125**	**125**
A股上市公司	109	115	123	122	2	121	123	123	123
B股上市公司	2	2	2	2		2	2	2	2
A、B股上市公司									
总股本(亿股)	**729.95**	**834.85**	**830.19**	**888.62**	**1123.71**	**1556.96**	**1293.97**	**2962.91**	**2460.99**
主要财务指标(亿元)									
资产总额	4146.09	7894.34	8846.31	9651.69	12563.50	16045.99	12821.27	21087.96	25335.34
所有者权益合计	1345.76	2988.67	3401.07	3648.37	4363.66	5496.91	4243.29	7295.66	8824.85
营业收入	2729.53	4879.50	4789.87	4805.97	5429.45	5303.87	3593.90	8729.86	10606.94
利润总额	779.22	342.79	324.58	309.17	318.17	240.74	267.09	638.20	746.62
净利润	263.42	276.19	269.84	255.05	249.66	173.10	206.92	530.87	572.59
每股收益(元)	0.62	1.16	0.95	0.88	0.22	0.10	0.27	0.21	0.19
净资产收益率(%)	19.57	9.24	7.93	6.99	5.72	3.15	4.88	7.28	6.49

16-3 民族自治地方分地区上市公司数(2018年)

地 区	总 计 (个)	A股上市公司	B股上市公司
合 计	**125**	**123**	**2**
河 北			
内蒙古	25	23	2
辽 宁			
吉 林	1	1	
黑龙江			
浙 江			
湖 北			
湖 南	1	1	
广 东			
广 西	30	30	
海 南			
重 庆			
四 川	1	1	
贵 州			
云 南	3	3	
西 藏	10	10	
甘 肃			
青 海	2	2	
宁 夏	12	12	
新 疆	40	40	

16-4 民族自治地方分地区上市公司主要财务指标(2018年)(一)

地　区	总股本（亿股）	资产总额（亿元）	所有者权益合计（亿元）	营业收入（亿元）
合　计	**2460.99**	**25335.34**	**8824.85**	**10606.94**
河　北				
内蒙古	1087.69	7461.57	3078.16	3576.79
辽　宁				
吉　林	5.34	2.52	0.13	22.59
黑龙江				
浙　江				
湖　北				
湖　南	3.25	28.70	21.80	11.87
广　东				
广　西	362.79	3291.31	1310.95	2084.96
海　南				
重　庆				
四　川	3.65	30.35	13.22	9.45
贵　州				
云　南	11.58	58.31	45.32	28.23
西　藏	81.24	587.93	293.02	287.91
甘　肃				
青　海	32.36	779.37	211.65	192.38
宁　夏	83.68	531.57	243.04	244.93
新　疆	789.43	12563.70	3607.56	4147.82

16-4 民族自治地方分地区上市公司主要财务指标(2018年)(二)

地　区	利润总额 (亿元)	净利润 (亿元)	每股收益 (元)	净资产收益率 (%)
合　计	**746.62**	**572.59**	**0.19**	**6.49**
河　北				
内蒙古	356.56	285.72	0.18	0.07
辽　宁				
吉　林	-2.82	-2.85	-0.51	-167.42
黑龙江				
浙　江				
湖　北				
湖　南	2.99	2.23	0.69	10.70
广　东				
广　西	134.09	104.62	0.28	0.08
海　南				
重　庆				
四　川	0.89	0.71	0.17	5.79
贵　州				
云　南	5.99	5.02	0.43	0.11
西　藏	37.88	31.72	0.34	0.09
甘　肃				
青　海	-31.89	-34.99	-1.03	-0.16
宁　夏	-36.24	-39.37	-0.47	-0.16
新　疆	279.19	219.79	0.26	0.06

16-5 民族自治地方上市公司总股本及财务指标(2018年)

上市公司名称	总股本(亿股)	资产总额(万元)	所有者权益合计(万元)	营业收入(万元)	利润总额(万元)	净利润(万元)	每股收益(元)	净资产收益率(%)
内蒙古	**1088**	**74615696**	**30781614**	**35767920**	**3565571**	**2857179**	**0.18**	**0.07**
金河生物	6	333535	177939	162889	19452	16440	0.26	10.24
蒙草生态	16	1452106	417776	382053	34288	23988	0.13	5.61
君正集团	84	2455081	1654760	846384	260638	186289	0.27	13.80
东宝生物	5	119874	75088	45275	3917	3398	0.07	4.61
生物股份	12	631321	522257	189661	88930	74960	0.67	15.56
内蒙华电	58	4296471	1645269	1374306	144919	109350	0.13	7.35
伊利股份	61	4760620	2803722	7897639	757763	645200	1.06	24.33
*ST天首	3	168788	60898	1867	-19312	-16191	-0.43	31.12
包钢股份	456	14880069	5266988	6718756	424074	332956	0.07	6.50
*ST明科	4	118743	89901	5625	407	407	0.01	0.45
北方稀土	36	2373259	1246213	1395472	83794	57899	0.16	6.47
华资实业	5	211736	182910	6540	-11583	-11660	-0.24	-6.01
平庄能源	10	520507	415891	222433	-26406	-25102	-0.25	-5.73
福瑞股份	3	213422	151228	86703	11615	4517	0.13	2.36
北方股份	2	205220	115230	119559	14455	21699	0.67	10.35
兴业矿业	187	893350	511195	243900	13098	-17064	-0.09	-3.22
内蒙一机	17	2032927	851417	1226692	58816	53692	0.32	6.63
西水股份	11	11491498	2839898	2321527	50696	44121	0.35	3.03
亿利洁能	27	3668880	1748231	1737136	128358	112492	0.28	4.81
鄂尔多斯	10	4761959	1525573	2385817	201146	155080	0.89	10.80
伊泰B股	3	9455140	4255238	3918462	636091	517245	1.27	13.17
远兴能源	40	2361368	1175034	892358	189455	163846	0.33	13.94
兰太实业	4	676290	287248	378082	61392	44769	0.61	11.60
露天煤业	16	1771572	1236136	822967	238422	203768	1.24	17.56
鄂资B股	10	4761959	1525573	2385817	201146	155080	0.89	10.80
吉　林	**5**	**25215**	**1341**	**225900**	**-28214**	**-28548**	**-0.51**	**-167.42**
*ST九有	5	25215	1341	225900	-28214	-28548	-0.51	-167.42
湖　南	**3**	**287005**	**217963**	**118688**	**29868**	**22268**	**0.69**	**10.70**
酒鬼酒	3	287005	217963	118688	29868	22268	0.69	10.70
广　西	**363**	**32913147**	**13109514**	**20849646**	**1340902**	**1046160**	**0.28**	**0.08**
百洋股份	4	371744	230727	313358	8596	7252	0.14	-3.80
丰林集团	11	375193	266588	159722	14406	14035	0.14	6.67
八菱科技	3	239707	186107	71008	1538	721	0.03	0.36

16-5 续表 1

上市公司名称	总股本（亿股）	资产总额（万元）	所有者权益合计（万元）	营业收入（万元）	利润总额（万元）	净利润（万元）	每股收益（元）	净资产收益率（%）
桂冠电力	61	4595194	1659992	951434	334623	271125	0.39	16.57
五洲交通	11	1060264	353300	181935	47839	40536	0.38	12.43
ST南化	2	39515	30314	27544	4488	4488	0.23	19.87
南宁百货	5	204829	101712	212946	-4610	-4486	-0.08	-4.31
阳光股份	7	658327	373203	28885	15279	8473	0.02	0.39
南纺股份	3	176754	60849	101230	18329	18478	0.72	33.87
*ST南糖	3	581622	3331	359825	-128220	-138237	-4.21	-189.44
两面针	6	253150	167863	124473	1587	789	0.04	1.19
*ST柳化	8	274253	217116	200851	48154	37570	0.90	166.95
莱茵生物	4	212203	111381	61956	9432	8155	0.19	7.57
*ST东网	8	169048	63452	24750	-51391	-50342	-0.64	-60.01
柳钢股份	26	2495084	1052860	4735111	538592	460970	1.80	52.64
柳工	15	2621197	1009751	1808484	103354	84097	0.54	8.46
国海证券	42	6316713	1404190	212260	14194	11187	0.02	0.54
桂林旅游	4	292271	160962	57307	8735	6617	0.223	5.17
中恒集团	35	723974	593016	329877	70493	61336	0.18	10.65
天夏智慧	11	710542	565937	109120	23312	15087	0.14	3.65
*ST河化	3	38718	-24980	23111	-27357	-27379	-0.93	--
国发股份	5	76338	63756	22452	-2116	-2161	-0.05	-3.33
北部湾港	16	1711706	1044306	421066	86508	71107	0.46	8.11
*ST银河	11	248208	139508	76126	-69704	-73634	-0.64	0.00
桂东电力	8	1275379	251991	1024483	13398	10010	0.08	0.02
皇氏集团	8	477981	238480	233591	-60111	-59789	-0.74	-25.28
桂林三金	6	340613	280666	158467	49569	41335	0.70	15.19
粤桂股份	7	399427	272546	316817	13840	8330	0.13	3.24
恒逸石化	26	5962468	2226673	8494769	261961	224342	0.80	13.41
ST慧球	4	10726	3916	6686	-3816	-3850	-0.09	-62.91
四　川	**4**	**303481**	**132204**	**94537**	**8857**	**7068**	**0.17**	**5.79**
西昌电力	4	303481	132204	94537	8857	7068	0.17	5.79
云　南	**12**	**583133**	**453193**	**282262**	**59930**	**50236**	**0.43**	**0.11**
文山电力	5	274679	195013	202533	34769	29615	0.62	16.22
丽江旅游	5	271505	254928	67842	24592	20051	0.35	8.05
景谷林业	1	36949	3253	11887	569	571	0.05	19.10

16-5 续表 2

上市公司名称	总股本（亿股）	资产总额（万元）	所有者权益合计（万元）	营业收入（万元）	利润总额（万元）	净利润（万元）	每股收益（元）	净资产收益率（%）
西　藏	**81**	**5879300**	**2930223**	**2879119**	**378762**	**317151**	**0.34**	**0.09**
海思科	11	436586	199432	342666	32303	31754	0.31	16.41
西藏药业	2	253205	204540	225716	24444	21809	1.20	10.07
西藏天路	9	856421	429650	502139	95872	85807	0.52	15.34
西藏珠峰	7	479060	217224	204631	110304	90067	1.38	42.86
*ST藏旅	2	134828	105166	17860	2181	2181	0.10	2.37
西藏城投	8	1186989	330169	117696	10627	9770	0.13	3.20
梅花生物	31	1906503	937263	1264805	121460	102007	0.32	11.06
奇正藏药	4	231277	204523	121321	35033	31744	0.79	16.44
*ST西发	3	114231	62450	32312	-37733	-38306	-1.56	-70.69
西藏矿业	5	280199	239805	49974	-15730	-19682	-0.35	-8.76
青　海	**32**	**7793691**	**2116458**	**1923834**	**-318925**	**-349878**	**-1.03**	**-0.16**
青青稞酒	5	293956	237690	134861	16260	10178	0.24	4.58
盐湖股份	28	7499736	1878768	1788974	-335186	-360056	-1.24	-17.27
宁　夏	**84**	**5315742**	**2430425**	**2449250**	**-362432**	**-393653**	**-0.47**	**-0.16**
商赢环球	5	227922	117862	216250	-177586	-183056	-3.89	-87.74
新日恒力	7	218070	99320	55209	1195	1157	0.01	1.08
宁夏建材	5	710623	518168	417308	56859	47948	0.90	8.99
新华百货	2	493805	202711	762597	16114	11243	0.61	6.68
西部创业	15	577345	492886	76094	18122	14736	0.10	3.60
美利云	7	206611	206611	104868	4855	4487	0.06	2.20
*ST 中绒	18	837605	-106972	201973	-295669	-299047	-1.65	-718.04
银星能源	7	975030	263641	119489	6105	5242	0.08	1.92
英力特	3	313596	264489	198715	3528	2685	0.09	0.76
东方钽业	4	113358	113358	109546	3031	3024	0.07	2.68
宝塔实业	8	182860	70042	43232	-8490	-9713	-0.13	-12.02
青龙管业	3	251274028	72151150	82956466	5583745	4395881	0.22	4.04
新　疆	**789**	**125637014**	**36075575**	**41478233**	**2791873**	**2197940**	**0.26**	**0.06**
天山生物	3	140303	20580	10523	-184263	-194648	-7.09	-332.80
新疆浩源	4	124580	106497	41203	8317	7006	0.17	6.98
新研股份	15	977138	653804	187957	34542	28805	0.20	4.70
新疆天业	10	865730	518480	482776	55389	46267	0.51	10.83
同济堂	14	871999	631792	1084154	78619	56462	0.37	8.76
广汇能源	67	4833902	1728664	1290456	228928	162644	0.28	12.56
美克家居	18	876254	482082	526102	53896	44532	0.25	9.13

16-5 续表 3

上市公司名称	总股本（亿股）	资产总额（万元）	所有者权益合计（万元）	营业收入（万元）	利润总额（万元）	净利润（万元）	每股收益（元）	净资产收益率（%）
卓郎智能	19	1441571	598778	922076	114593	85705	0.43	30.58
八一钢铁	15	1932227	404270	2010535	84321	70052	0.46	18.98
*ST百花	4	124833	91958	41919	-79170	-81298	-2.02	-61.31
友好集团	3	499346	89015	563764	5645	5138	0.12	5.10
新疆众和	9	1042494	365366	487097	19660	18461	0.22	5.20
国际实业	5	274006	214145	55061	7465	4983	0.12	2.84
渤海金控	62	28581864	5509274	4129068	270125	266428	0.37	6.80
申万宏源	225	34772503	7119593	1527743	518726	424781	0.19	6.19
德展健康	9	592164	528149	329083	105284	93053	0.42	18.74
天山股份	10	1703350	917948	793178	166275	123802	1.18	15.71
*ST中基	8	122669	44287	62667	-46221	-46277	-0.55	-64.39
中泰化学	21	5862799	1974796	7022263	300489	256121	1.08	13.00
天康生物	10	850874	327881	527303	33441	30106	0.33	10.16
北新路桥	9	2285792	376906	1025272	12938	6389	0.06	2.83
天润乳业	2	180674	107917	146203	13477	11803	0.55	13.03
天富能源	12	2143723	658642	495588	7073	3730	0.04	0.76
中油工程	56	9375400	2351143	5862288	174434	95748	0.17	4.13
伊力特	4	332923	254914	212408	57599	43377	0.97	18.32
新农开发	4	213987	46063	62656	-21964	-22120	-0.57	-37.54
特变电工	37	9259458	3965553	3965553	278713	253418	0.49	6.38
中粮糖业	21	1555500	754271	1751490	72801	55671	0.25	6.90
新赛股份	5	190528	46652	128351	3243	3167	0.04	3.21
冠农股份	8	621282	237354	217478	9836	9161	0.12	4.75
香梨股份	1	29946	28179	4256	484	453	0.03	1.62
青松建化	14	833665	406021	241353	5263	-2482	0.26	8.63
金风科技	36	8136405	2647512	2873061	368243	328260	0.88	14.03
国统股份	1	327601	107356	78916	1126	296	0.03	0.36
ST准油	2	40520	1901	26041	-33927	-34011	-1.42	-183.95
西部建设	13	1980652	699037	1884886	48957	33831	0.24	4.74
中葡股份	11	280428	217476	34240	-15751	-15871	-0.14	-6.94
光正集团	5	267035	117561	117529	-3190	-5033	-0.15	-10.28
西部牧业	2	113746	69958	67781	1915	1229	0.09	2.72
新研股份	15	977138	653804	187957	34542	28805	0.20	4.70

主要统计指标解释

信贷资金 指金融机构以信用方式积聚和分配的货币资金。金融机构信贷资金的来源有各项存款、金融债券、对国际金融机构负债、流通中现金、其他项目等；信贷资金的运用有各项贷款、有价证券及投资、黄金占款、外汇买卖、财政借款及在国际金融机构中的资产等。

存款 指企业、机关、团体或居民根据资金必须收回的原则，把货币资金存入银行或其他信贷机构保管并取得一定利息的一种信用活动形式。根据存款对象或性质的不同可划分为住户存款、非金融企业存款、政府存款、非银行业金融机构存款等科目。它是银行信贷资金的主要来源。

贷款 指银行或其他信贷机构根据资金必须归还的原则，按一定利率，为企业、个人等提供资金的一种信用活动形式。我国银行贷款分为短期贷款、中长期贷款、融资租赁、票据融资、各项垫款、境外贷款等。

十七、教育和科技

17-1 民族自治地方各类学校

单位：所

年 份	高等学校	中等学校	#中等专业学校	#普通中学	小 学
1952	11	531			59597
1957	14	1115			57480
1965	37	4777			140056
1975	35	8353			121110
1978	56	14277			142865
1979	63	12249	545	11704	139256
1980	63	11765	588	11177	131123
1981	67	11072	563	10509	117581
1982	68	11056	586	10470	114164
1983	76	11493	516	10977	119418
1984	74	11406	567	10839	117643
1985	86	11644	560	11084	121712
1986	93	11677	547	11130	119874
1987	100	11849	541	11308	119879
1988	101	12038	583	11455	119614
1989	106	14441	815	11626	120118
1990	105	12273	648	11625	117717
1991	104	12882	571	11563	103139
1992	102	12148	560	11588	99916
1993	101	12051	570	11481	97858
1994	104	12677	559	11880	99160
1995	105	13550	584	11606	97650
1996	96	13460	570	11484	90982
1997	92	13466	579	11486	90704
1998	94	13323	578	11364	88869
1999	95	13034	554	11209	87150
2000	97	12841	515	11208	84710
2001	105	12926	472	11433	75386
2002	116	13196	450	11862	73577
2003	135	13094	419	11711	70497
2004	149	12975	425	11653	66757
2005	155	12771	384	11559	67056
2006	167	12469	647	11247	63149
2007	171	12220	721	10885	58223
2008	192	11925	738	10622	55374
2009	196	11334		10261	52283
2010	209	11063		9944	49367
2011	211	10848		9751	46510
2012	210	10668		9469	44912
2013	212	10179		9043	41584
2014	221	10179		9388	42286
2015	228	10327		9197	38685
2016	237	10349		9160	33040
2017	236	9993		8988	32533
2018	241	9855		8844	30407

注：本表未扣除区域变动因素，年度之间不可比，下同。中等学校包括职业中学，下同。

17-2 民族自治地方各类学校专任教师

单位：万人

年 份	高等学校	中等学校	#中等专业学校	#普通中学	小 学
1952	0.06	1.02			
1957	0.26	2.22			
1965	0.62	5.30			
1975	0.79	27.47			
1978	1.49	37.70			
1979	1.68	34.78	1.63	33.15	61.25
1980	1.51	35.10	1.94	33.16	73.01
1981	1.51	31.87	1.93	29.94	72.29
1982	1.67	32.05	2.02	30.03	74.23
1983	1.90	32.41	2.09	30.32	77.12
1984	2.03	31.08	2.17	28.91	75.85
1985	2.18	33.53	2.39	31.14	60.03
1986	2.39	35.66	2.58	33.09	80.58
1987	2.55	37.39	2.78	34.61	80.71
1988	2.67	39.86	3.20	36.66	83.21
1989	3.40	47.57	10.36	37.21	84.01
1990	2.77	41.55	3.30	38.25	84.78
1991	2.70	43.09	3.24	38.90	83.96
1992	2.71	42.53	3.19	39.34	83.39
1993	2.69	42.92	3.17	39.75	83.68
1994	2.80	43.96	3.28	40.67	86.11
1995	3.69	48.90	4.07	41.47	85.83
1996	2.92	49.41	3.47	42.40	83.83
1997	2.95	52.29	3.57	44.65	88.55
1998	3.01	52.79	3.56	45.65	87.77
1999	3.10	54.29	3.59	46.97	89.89
2000	3.64	54.50	3.33	47.89	89.94
2001	3.87	55.74	3.12	49.32	86.43
2002	4.22	60.14	4.91	53.73	89.68
2003	4.88	61.54	2.67	55.51	87.69
2004	5.76	63.06	2.40	57.46	86.80
2005	6.26	66.80	2.49	61.15	88.05
2006	7.12	68.33	3.32	62.57	88.23
2007	7.59	71.55	5.29	63.66	89.21
2008	8.22	72.50	5.15	64.73	89.98
2009	8.70	71.52		66.19	90.59
2010	9.47	74.19		67.44	90.73
2011	9.69	76.84		69.88	89.39
2012	10.06	76.46		69.33	88.94
2013	10.32	75.68		68.65	86.07
2014	10.75	75.68		74.29	77.35
2015	10.94	87.62		80.28	88.32
2016	11.37	81.44		73.89	91.10
2017	11.89	83.96		76.32	91.02
2018	12.17	86.20		78.20	94.67

17-3 民族自治地方各类学校在校学生

单位：万人

年 份	高等学校	中等学校	#中等专业学校	#普通中学	小 学
1952	0.45	20.94			467.31
1957	1.20	49.39			599.45
1965	3.05	95.41			1124.44
1975	3.11	362.46			1416.10
1978	5.65	682.00			1705.24
1979	6.20	628.39	7.50	610.19	1685.50
1980	7.08	601.14	18.56	582.57	1701.73
1981	7.79	509.15	15.38	493.76	1629.57
1982	7.18	469.15	13.75	455.41	1645.07
1983	7.76	486.41	14.52	471.89	1711.15
1984	8.73	508.38	17.62	490.76	1752.13
1985	10.44	573.29	20.65	516.64	1836.90
1986	11.61	595.60	21.83	573.77	1875.90
1987	12.38	608.72	22.83	585.89	1840.70
1988	13.23	610.86	25.64	585.22	1833.20
1989	13.98	707.17	27.33	579.84	1997.00
1990	13.55	509.64	25.25	584.40	1852.90
1991	13.16	665.44	27.39	589.30	1877.44
1992	14.17	627.99	28.37	599.62	1913.65
1993	16.11	606.52	32.04	574.48	1844.30
1994	18.06	643.52	35.89	607.62	1998.69
1995	18.60	721.09	39.14	631.88	1889.49
1996	18.66	767.21	48.16	667.66	2014.76
1997	20.47	819.15	43.40	721.75	2061.79
1998	22.13	867.75	47.75	763.75	2030.69
1999	26.00	918.84	51.31	809.76	1927.46
2000	34.23	978.33	52.71	872.97	1886.01
2001	44.89	999.89	49.03	901.20	1806.05
2002	56.70	1093.22	48.89	996.11	1813.33
2003	69.54	1134.98	46.62	1036.74	1738.25
2004	83.53	1169.83	49.71	1064.90	1692.94
2005	100.00	1386.97	52.38	1082.39	1667.69
2006	113.02	1218.80	85.74	1092.61	1653.10
2007	123.46	1254.29	122.80	1081.43	1645.80
2008	137.47	1231.45	115.90	1061.57	1615.53
2009	148.51	1224.75		1050.15	1580.89
2010	161.88	1248.64		1050.35	1536.29
2011	165.92	1220.30		1039.64	1484.42
2012	171.87	1218.81		1021.47	1478.70
2013	179.68	1186.71		1002.21	1445.96
2014	185.31	1186.71		1024.95	1471.65
2015	200.82	1171.83		990.54	1463.81
2016	209.57	1193.64		1014.85	1500.30
2017	223.42	1211.41		1030.95	1538.64
2018	231.09	1257.52		1073.95	1572.63

17–4 民族自治地方各类学校毕业生

单位：万人

年 份	高等学校	中等学校	#中等专业学校	#普通中学	小 学
1952	0.03	2.93			22.56
1957	0.14	7.44			69.43
1965	0.82	15.70			60.82
1975	0.76	103.71			158.30
1978	1.06	182.31			254.10
1979	1.05	219.68	3.49	216.19	224.69
1980	0.74	183.56	6.66	176.90	222.16
1981	1.21	132.36	8.17	124.19	217.55
1982	2.57	142.33	6.90	135.44	203.81
1983	2.04	143.89	5.33	129.56	214.51
1984	1.77	127.88	4.97	122.92	215.58
1985	2.04	143.00	5.40	137.60	228.02
1986	2.37	152.17	6.56	145.61	243.31
1987	3.54	162.64	7.26	155.38	251.29
1988	3.64	175.96	7.65	168.31	244.39
1989	3.63	185.75	41.33	144.42	283.60
1990	4.04	182.76	9.06	173.70	218.97
1991	3.98	177.71	8.98	161.98	237.50
1992	3.81	173.80	8.39	165.41	306.08
1993	3.65	178.64	8.80	169.84	261.09
1994	4.07	170.43	8.71	161.73	258.53
1995	5.29	193.86	9.94	171.16	257.68
1996	5.32	201.74	11.12	176.89	262.93
1997	4.99	213.64	11.26	187.72	278.73
1998	5.39	234.91	12.01	207.31	294.22
1999	5.58	244.89	13.73	215.24	313.09
2000	5.99	225.31	14.81	193.85	324.57
2001	6.69	255.77	14.27	227.53	314.90
2002	8.38	286.18	15.06	368.12	325.85
2003	12.00	312.38	16.77	281.22	315.90
2004	14.69	330.09	14.25	302.14	300.02
2005	19.26	357.83	14.01	327.41	289.12
2006	23.92	372.13	19.44	341.66	276.14
2007	28.33	384.38	26.65	346.46	271.21
2008	30.96	373.97	29.53	332.14	274.46
2009	32.98	377.46		336.00	269.58
2010	40.01	377.37		330.75	264.95
2011	40.03	375.80		331.61	258.05
2012	42.29	387.96		330.29	249.65
2013	44.74	110.13		321.83	245.45
2014	45.80	110.13		282.88	216.98
2015	48.08	373.03		317.54	230.40
2016	49.80	384.98		330.71	231.70
2017	54.63	380.22		329.31	241.92
2018	55.12	378.75		325.52	243.34

17-5 民族自治地方分地区高等学校基本情况(2018年)

单位：人

地区	学校数（所）	在校研究生数	在校本、专科学生数	招生数	毕业生数	教职工数	#专任教师数
合计	**241**	**94245**	**2216687**	**732179**	**551232**	**182995**	**121743**
河北							
内蒙古	53	22997	432287	136192	122929	40465	26870
辽宁							
吉林	3	4477	29137	9023	5953	2947	1840
黑龙江							
浙江							
湖北	3	676	36301	10800	9880	2637	1939
湖南	3	1285	51216	22950	14890	2515	1757
广东							
广西	76	32511	942227	303981	213788	69027	45211
海南							
重庆							
四川	3		28096	8652	6221	1692	1288
贵州	12	332	95870	34125	26341	10482	5821
云南	15	484	97549	32245	24482	6319	4812
西藏	7	2116	37833	10437	9805	3703	2629
甘肃	2		14761	3841	3269	767	594
青海							
宁夏	19	5560	105366	40222	32389	11629	8185
新疆	45	23807	346044	119711	81285	30812	20797

17-6 民族自治地方分地区各类中等学校基本情况(2018年)

单位：人

地区	学校数(所)	在校学生数	招生数	毕业生数	教职工数	#专任教师数
合计	**9855**	**12575162**	**4301597**	**3787485**	**841724**	**861996**
河北	79	110995	40508	33379	9064	7706
内蒙古	1306	1331615	434396	435625		112330
辽宁	143	119487	38993	39398	14004	10337
吉林	238	129193	41932	38835	18109	14528
黑龙江	15	12936	3523	3380	1188	1001
浙江	7	7846	2688	2398	635	536
湖北	206	242305	83727	72802	16672	15225
湖南	368	303303	102239	86199	22070	21396
广东	31	23635	8296	7480	2083	1956
广西	2460	3839730	1353490	1121055	257419	217237
海南	114	86747	32540	30577	8052	7406
重庆	114	173284	58849	58557	12851	11816
四川	340	430658	156384	125310	20048	28449
贵州	971	1311304	466890	433800	90143	83306
云南	1294	1419678	484011	445059	112387	101266
西藏	144	213917	78690	24361	17694	18247
甘肃	181	184482	67087	58933	18504	16643
青海	228	397911	82707	62530	18757	16518
宁夏	338	510870	178632	165645	39476	34677
新疆	1278	1725266	586015	542162	162568	141416

17-7 民族自治地方分地区普通中学基本情况(2018年)

单位：人

地　区	学校数(所)	在校学生数	招生数	毕业生数	教职工数	#专任教师数
合　计	**8844**	**10739498**	**3643148**	**3255212**	**764882**	**782024**
河　北	71	96502	35247	28618	7936	6793
内蒙古	990	1057999	349833	342048		94579
辽　宁	135	111461	36332	37582	13157	9741
吉　林	213	116479	38355	35416	16037	12872
黑龙江	14	12837	3489	3345	1088	912
浙　江	6	6278	2162	1849	524	436
湖　北	192	208668	72108	62134	15120	13870
湖　南	330	257117	86340	74030	19664	19257
广　东	28	22095	7628	6996	1871	1750
广　西	2211	3162180	1105546	935392	230012	196926
海　南	108	83910	31332	29722	7726	7107
重　庆	106	157767	52868	51690	11714	10744
四　川	324	408079	148831	118538	19100	27068
贵　州	905	1153177	411712	382626	83635	77468
云　南	1121	1249423	421487	398897	101682	92217
西　藏	133	191100	69000	19133	16063	16493
甘　肃	161	177504	63974	56484	17203	15609
青　海	209	354666	68613	54873	17569	15679
宁　夏	309	438050	151476	141118	35871	31777
新　疆	1278	1474206	486815	474721	148910	130726

17–8 民族自治地方分地区职业中学基本情况(2018年)

单位：人

地 区	学校数(所)	在校学生数	招生数	毕业生数	教职工数	#专任教师数
合 计	**1011**	**1835664**	**658449**	**532273**	**76842**	**79972**
河 北	8	14493	5261	4761	1128	913
内蒙古	316	273616	84563	93577		17751
辽 宁	8	8026	2661	1816	847	596
吉 林	25	12714	3577	3419	2072	1656
黑龙江	1	99	34	35	100	89
浙 江	1	1568	526	549	111	100
湖 北	14	33637	11619	10668	1552	1355
湖 南	38	46186	15899	12169	2406	2139
广 东	3	1540	668	484	212	206
广 西	249	677550	247944	185663	27407	20311
海 南	6	2837	1208	855	326	299
重 庆	8	15517	5981	6867	1137	1072
四 川	16	22579	7553	6772	948	1381
贵 州	66	158127	55178	51174	6508	5838
云 南	173	170255	62524	46162	10705	9049
西 藏	11	22817	9690	5228	1631	1754
甘 肃	20	6978	3113	2449	1301	1034
青 海	19	43245	14094	7657	1188	839
宁 夏	29	72820	27156	24527	3605	2900
新 疆		251060	99200	67441	13658	10690

17-9 民族自治地方分地区小学基本情况(2018年)

单位：人

地区	学校数(所)	在校学生数	招生数	毕业生数	教职工数	#专任教师数
合计	**30407**	**15726283**	**2841543**	**2433391**	**861763**	**946662**
河北	255	168770	28924	26915	11044	10113
内蒙古	1655	1341863	235740	217005		100652
辽宁	361	126073	19606	24253	13977	10566
吉林	339	130674	21830	24504	15402	13330
黑龙江	36	9676	1635	2073	1099	891
浙江	15	8308	1232	1583	712	625
湖北	501	285634	46811	48081	15751	15444
湖南	713	403066	70835	61407	21970	22672
广东	54	41151	8154	5373	1963	1752
广西	8054	4767771	859697	730996	260062	257773
海南	410	137404	24575	23175	9321	8895
重庆	296	189490	29603	34407	12920	12521
四川	1478	823914	150681	121844	17146	44151
贵州	3417	1478318	268480	249136	85399	82398
云南	5670	1866987	327614	295683	119731	113906
西藏	809	326334	59800	48929	20315	22400
甘肃	1217	316548	61452	45579	23910	22325
青海	509	295981	56382	46886	18204	13144
宁夏	1250	581495	99979	101825	32971	34487
新疆	3368	2426826	468513	323737	179866	158617

17-10 民族自治地方分地区县及县以上政府部门所属研究与开发机构及情报文献机构和人员(2018年)

地　区	机构数（个）	从业人员（人）	#从事科技活动人员	#大学本科及以上学历
合　计	**770**	**49716**	**46626**	**26608**
内 蒙 古	139	11099	10682	5780
辽　宁				
吉　林	10	270	261	194
湖　北	17	272	261	161
湖　南	13	837	745	140
广　东	4	21	19	3
广　西	178	16500	15356	8563
海　南	3	43	43	7
重　庆	26	580	532	233
四　川	18	683	682	438
贵　州	20	1272	1046	222
云　南	134	5049	4745	2805
西　藏	27	1741	1629	693
甘　肃	6	430	430	217
青　海	10	442	442	283
宁　夏	45	2509	2391	1633
新　疆	120	7968	7362	5162

17-11 民族自治地方分地区县及县以上政府部门所属研究与开发机构及情报文献机构经费（2018年）

单位：千元

地　区	经费收入	#科技活动收入	经费支出	#科技经费支出
合　计	**16584426**	**10903559**	**15170536**	**10199297**
内蒙古	3501540	2061198	3418861	2170918
辽　宁				
吉　林	62257	41249	60751	40147
湖　北	73744	68136	76485	69440
湖　南	66452	55261	63056	46631
广　东	1563	1558	1542	1512
广　西	6489076	3606864	5778502	3332947
海　南	5170	4010	5095	3339
重　庆	123486	111093	92937	78653
四　川	187916	171845	171845	147762
贵　州	101404	67636	100609	62267
云　南	1298635	1052044	1195795	972804
西　藏	749269	413600	653661	385368
甘　肃	73776	59136	68972	52662
青　海	213557	180972	207702	178015
宁　夏	937741	825612	813472	705641
新　疆	2672400	2164779	2435023	1933329

17-12 民族自治地方分地区县及县以上政府部门所属研究与开发机构及情报文献机构科技活动成果情况(2018年)

单位：篇

地区	发表科技论文	#国外发表	出版科技著作	有效发明专利总数(项)	专利申请数	#发明专利	专利授权数	#发明专利
合计	**10227**	**1413**	**361**	**2451**	**1750**	**1083**	**1020**	**532**
内蒙古	1352	63	76	163	145	52	96	31
辽宁								
吉林	47		1	6	2	1	4	3
湖北	51		1	11	28	25	6	5
湖南	13		11	2	5	2	2	2
广东	3							
广西	3294	357	90	1216	782	531	432	251
海南	3		1					
重庆	50		2	11	28	5	12	2
四川	237	12	12	33	30	12	18	11
贵州	102			35	44	37	5	3
云南	988	192	42	175	85	52	47	22
西藏	135	10	22	31	25	22	25	22
甘肃	96		1	4	8	2	1	1
青海	43							
宁夏	684	14	33	79	90	44	35	16
新疆	3099	765	69	685	478	298	337	163

主要统计指标解释

普通高等学校 指通过国家普通高等教育招生考试，招收高中毕业生为主要培养对象，实施高等学历教育的全日制大学、独立设置的学院、独立学院和高等专科学校、高等职业学校及其他机构。

大学、独立设置的学院主要实施本科及本科层次以上的教育。独立学院主要实施本科层次的教育。高等专科学校、高等职业学校实施专科层次的教育。其他机构是指承担国家普通招生计划任务不计校数的机构，包括普通高等学校分校、大专班等。

研究与开发机构 指有明确的任务和研究方向，有一定学术水平的业务骨干和一定数量的研究人员，具有研究、开发、开展学术工作的基本条件，主要进行科学研究与技术开发活动，并且在行政上有独立的组织形式，财务上独立核算盈亏，有权与其他单位签订合同，在银行有单独户头的单位。包括国务院各部门、中国科学院、中国社会科学院和各省、自治区、协调以及地（市）以上［含地（市）］各部门所属的国有科学研究与技术开发机构。

研究与开发机构职工 指参与研究与试验发展项目研究、管理和辅助工作的人员，包括项目(课题)组人员，企业科技行政管理人员和直接为项目(课题)活动提供服务的辅助人员。反映投入从事拥有自主知识产权的研究开发活动的人力规模。

研究与开发经费支出合计 指调查单位用于内部开展 R&D 活动（基础研究、应用研究和试验发展）的实际支出。包括用于 R&D 项目（课题）活动的直接支出，以及间接用于 R&D 活动的管理费、服务费、与 R&D 有关的基本建设支出以及外协加工费等。不包括生产性活动支出、归还贷款支出以及与外单位合作或委托外单位进行 R&D 活动而转拨给对方的经费支出。

十八、文化和出版

18-1 民族自治地方艺术事业机构

单位：个

年份	合计	艺术表演团体	艺术表演场馆	艺术创作机构
1979	645	589		
1980	672	603		
1981	682	603		
1982	690	600		
1983	703	608		
1984	709	614		
1985	726	630		
1986	887	616		91
1987	889	607		98
1988	923	592		149
1989	843	565		101
1990	846	557		105
1991	843	545		113
1992	828	540		111
1993	820	530		109
1994	821	535		108
1995	827	535		113
1996	834	516		135
1997	856	526		142
1998	825	534		97
1999	831	511		140
2000	829	510		137
2001	819	508		144
2002	846	512		141
2003	845	513		144
2004	761	501		81
2005	764	525		67
2006	773	538		66
2007	859	651		25
2008	866	651		24
2009	953	748	186	19
2010	1006	806	177	23
2011	985	805	164	16
2012	1050	823	195	32
2013	971	848	115	8
2014	1093	975	111	7
2015	1321	1063	157	101
2016	1398	1101	173	124
2017	1430	1119	185	126
2018	1615	1269	221	125

注：本表未扣除区域变动因素，年度之间不可比。下同。

18-2 民族自治地方艺术事业机构职工

年 份	合 计	艺术表演团体	艺术表演场馆	艺术创作机构
1979	28466	27883		
1980	29516	28661		
1981	30291	29319		
1982	29665	28590		
1983	29013	27909		
1984	28967	27821		
1985	27961	26831		
1986	32299	28429		1168
1987	32370	28216		1356
1988	31047	26518		1681
1989	29237	24930		1379
1990	29419	25105		1308
1991	29528	24650		1663
1992	28836	24097		1599
1993	28196	23323		1653
1994	27491	22881		1601
1995	27160	22470		1646
1996	26307	21240		1806
1997	27197	21729		1996
1998	26410	21573		1243
1999	25758	20705		1776
2000	24818	20456		1691
2001	25519	21139		1686
2002	25697	21230		1627
2003	24990	20849		1696
2004	24065	20760		902
2005	24193	21012		811
2006	24417	21169		819
2007	34021	30131		188
2008	29393	25912		187
2009	31144	28201	2809	134
2010	32492	29328	3000	164
2011	32312	29633	2556	123
2012	32841	29228	3371	242
2013	34195	32911	1216	68
2014	35813	34585	1163	65
2015	40463	36332	3593	538
2016	41788	37238	3906	644
2017	42025	37900	3431	694
2018	43375	38701	3979	695

18-3 民族自治地方群众文化事业、图书馆事业机构

单位：个

年 份	群众文化机构	群众艺术馆	文化馆	文化站	图书馆
1979	2568		544	2024	
1980	3158		568	2590	
1981	3436		582	2854	331
1982	3974		562	3412	332
1983	5008		566	4442	407
1984	7169		856	6313	469
1985	7699		579	7120	494
1986	8164	73	614	7476	533
1987	8030	77	620	7333	547
1988	7980	77	623	7280	549
1989	7866	80	670	7114	551
1990	7994	79	637	7278	556
1991	8295	79	626	7590	561
1992	7531	78	635	6818	573
1993	8231	79	629	7523	573
1994	8222	81	630	7511	577
1995	8323	79	639	7605	584
1996	7624	79	653	6892	573
1997	7867	80	658	7129	596
1998	8079	82	679	7318	661
1999	7847	79	645	7123	670
2000	7812	79	655	7078	563
2001	7671	84	637	6950	563
2002	7698	83	633	8082	567
2003	7617	81	642	6894	566
2004	7925	80	632	7213	575
2005	7757	83	630	7044	591
2006	7423	82	631	6710	602
2007	7429	96	618	6715	605
2008	7582	80	643	6859	604
2009	7945		738	7207	619
2010	8618		776	7842	636
2011	8937		784	8153	653
2012	8994		789	8205	749
2013	9326		793	8533	757
2014	9496		795	8701	758
2015	9460		795	8665	758
2016	9590		801	8789	766
2017	9533		799	8734	767
2018	9490		799	8691	767

18-4 民族自治地方群众文化事业、图书馆事业机构职工

单位：人

年 份	群众文化事业				图书馆事业
	合 计	群众艺术馆	文化馆	文化站	
1979	7101		4896	2205	
1980	8436		5441	2995	
1981	9408		6147	3261	2853
1982	10655		6282	4373	3031
1983	11928		6527	5401	3722
1984	14682		7153	7529	4278
1985	15198		6657	8541	4698
1986	18717	1702	7495	9517	5411
1987	19162	1837	7392	9933	5775
1988	19058	1858	7451	9749	6124
1989	19180	1973	7814	9393	6241
1990	19934	1949	8221	9764	6507
1991	20313	2001	8264	10048	6794
1992	19651	1995	8182	9474	7024
1993	20425	1971	8176	10278	7088
1994	20076	1970	8106	10000	7052
1995	22305	1991	8159	12155	7165
1996	16459	1855	7614	6990	7002
1997	17556	1897	7746	7913	7311
1998	17873	1957	7771	8145	7363
1999	16969	1881	7157	7931	7202
2000	17429	1839	7183	8407	7065
2001	19072	2017	7152	9903	7204
2002	19602	2020	7083	10499	7177
2003	19734	1799	6904	11031	7024
2004	20317	1829	6894	11594	6993
2005	20215	1891	7039	11285	9598
2006	20496	1939	7047	11510	7256
2007	20458	1890	7093	11475	7432
2008	21107	1725	7314	12068	7285
2009	21982		9179	12803	7439
2010	22525		9131	13394	7499
2011	23834		9288	14546	7590
2012	25999		10500	15499	7761
2013	27794		11110	16684	7977
2014	31166		11225	19941	7877
2015	32907		11245	21662	8011
2016	36414		11287	25127	8171
2017	35546		11158	24388	8299
2018	36334		11119	25215	8278

18-5 民族自治地方文物事业机构和职工

单位：个、人

年 份	文物事业机构		#文物保护管理机构		#博物馆	
	机构数	职工人数	机构数	职工人数	机构数	职工人数
1983	122	1379	95	665	27	714
1984	156	1504	115	701	41	803
1985	201	1919	152	1004	49	915
1986	263	2692	204	1605	59	1087
1987	311	3020	244	1886	67	1134
1988	333	3376	256	1966	77	1410
1989	367	3478	284	2060	83	1418
1990	418	3534	327	2032	91	1502
1992	337	2959	269	1775	68	1184
1993	315	3390	243	2118	72	1272
1994	334	3349	259	2067	75	1282
1995	398	4217	317	2776	81	1441
1996	544	6884	401	2189	121	1945
1997	571	8988	415	2349	134	2099
1998	607	10461	430	2474	155	2344
1999	602	9598	435	2312	144	2183
2000	617	12240	444	2422	151	2206
2001	622	9486	441	5159	156	2417
2002	644	5652	458	2774	162	2310
2003	630	6139	445	3291	163	2391
2004	636	8896	438	5126	175	2724
2005	659	9598	456	5717	184	2808
2006	678	7176	471	3399	190	2821
2007	701	9310	467	5217	212	3219
2008	732	7943	470	3417	240	3567
2009	833	8495	499	3113	312	4437
2010	1056	12755	689	7021	344	4765
2011	1376	14791	968	7929	385	5664
2012	1387	16047	955	8506	410	6138
2013	1761	16525	1023	7820	456	7019
2014	2241	19200	1496	9840	475	7316
2015	1962	10888	1492	3449	470	7439
2016	2043	12594	1523	4315	520	8279
2017	2328	14434	1717	4611	611	9823
2018	2328	13563	1718	4072	610	9491

18-6 民族自治地方分类别按登记注册类型分的主要文化事业机构(2018年)

单位：个

类 别	合 计	按执行会计制度分类		按单位所属部门分类	
		事业	企业	文化部门	其他部门
总 计	**42995**	**14900**	**28095**	**14800**	**28195**
一、文化合计	40357	12275	28082	12351	28006
艺术表演团体	1269	432	837	475	794
其中：公有制艺术表演团体	493	432	61	475	18
艺术表演场馆	221	92	129	95	126
其中：公有制艺术表演场馆	103	92	11	95	8
公共图书馆	767	767		767	
文化馆	799	799		799	
文化站	8691	8691		8691	
其中：乡镇综合文化站	8111	8111		8111	
艺术展览创作机构	125	125		124	1
其中：美术馆	106	106		105	1
艺术教育业	10	10		10	
文化科研机构	37	37		37	
文化市场经营机构(不包括非公有制院团和场馆)	27074		27074		27074
文化行政主管部门	785	785		785	
其他文化机构	579	537	42	568	11
其中：文化市场执法机构	353	353		352	1
二、文物合计	2638	2625	13	2449	189
博物馆	610	610		517	93
文物保护管理机构	1718	1718		1667	51
文物科研机构	11	11		11	
文物商店	7		7	7	
其他文物机构	292	286	6	247	45

18-7 民族自治地方分类别按登记注册类型分的主要文化事业机构职工(2018年)

单位：人

类　别	合　计	按执行会计制度分类		按单位所属部门分类	
		事业	企业	文化部门	其他部门
总　计	**258840**	**106658**	**152182**	**109080**	**149760**
一、文化合计	243496	91374	152122	94805	148691
艺术表演团体	38701	18433	20268	20661	18040
其中：公有制艺术表演团体	21378	18433	2945	20661	717
艺术表演场馆	3979	789	3190	879	3100
其中：公有制艺术表演场馆	903	789	114	879	24
公共图书馆	8278	8278		8278	
文化馆	11119	11119		11119	
文化站	25215	25215		25215	
其中：乡镇综合文化站	23570	23570		23570	
艺术展览创作机构	695	695		692	3
其中：美术馆	586	586		583	3
艺术教育业	798	798		798	
文化科研机构	478	478		478	
文化市场经营机构(不包括非公有制院团和场馆)	127407		127407		127407
文化行政主管部门	19693	19693		19693	
其他文化机构	7133	5876	1257	6992	141
其中：文化市场执法机构	3212	3212		3205	7
二、文物合计	15344	15284	60	14275	1069
博物馆	9491	9491		8428	1063
文物保护管理机构	4072	4072		4066	6
文物科研机构	382	382		382	
文物商店	60		60	60	
其他文物机构	1339	1339		1339	

18-8 民族自治地方分地区按登记注册类型分的主要文化事业机构(2018年)

单位：个

地区	合计	按执行会计制度分类		按单位所属部门分类	
		事业	企业	文化部门	其他部门
合　计	**42995**	**14900**	**28095**	**14800**	**28195**
河　北	401	161	240	161	240
内蒙古	6967	1919	5048	1925	5042
辽　宁	514	205	309	205	309
吉　林	892	224	668	224	668
黑龙江	50	21	29	21	29
浙　江	52	27	25	28	24
湖　北	814	181	633	179	635
湖　南	2016	477	1539	481	1535
广　东	82	39	43	39	43
广　西	7088	1958	5130	1946	5142
海　南	410	129	281	130	280
重　庆	688	197	491	194	494
四　川	2523	1364	1159	1363	1160
贵　州	2533	869	1664	869	1664
云　南	5502	1399	4103	1392	4110
西　藏	3285	2410	875	2322	963
甘　肃	1001	454	547	462	539
青　海	1009	540	469	540	469
宁　夏	2181	420	1761	410	1771
新　疆	4987	1906	3081	1909	3078

18-9 民族自治地方分地区按登记注册类型分的主要文化事业机构职工(2018年)

单位：人

地　区	合　计	按执行会计制度分类		按单位所属部门分类	
		事业	企业	文化部门	其他部门
合　计	**258840**	**106658**	**152182**	**109080**	**149760**
河　北	1461	575	886	655	806
内蒙古	37418	19719	17699	19761	17657
辽　宁	1798	986	812	986	812
吉　林	4584	2354	2230	2428	2156
黑龙江	251	149	102	149	102
浙　江	516	188	328	219	297
湖　北	5304	1713	3591	1698	3606
湖　南	9393	3209	6184	3241	6152
广　东	689	326	363	326	363
广　西	56030	16616	39414	17300	38730
海　南	3607	723	2884	871	2736
重　庆	4073	937	3136	915	3158
四　川	9702	4682	5020	4665	5037
贵　州	14693	5935	8758	6050	8643
云　南	31646	10657	20989	10546	21100
西　藏	19119	10457	8662	10470	8649
甘　肃	6182	3627	2555	4164	2018
青　海	6234	2572	3662	2617	3617
宁　夏	13337	4086	9251	4717	8620
新　疆	32803	17147	15656	17302	15501

18-10 民族自治地方分地区艺术事业机构(2018年)

单位：个、座

地　区	合　计	艺术表演团　体	艺术表演场　馆	艺术创作机　构
合　计	**1615**	**1269**	**221**	**125**
河　北	50	48	1	1
内蒙古	311	225	54	32
辽　宁	9	7	2	
吉　林	20	10	7	3
黑龙江	4	4		
浙　江	12	12		
湖　北	87	84	1	2
湖　南	57	40	9	8
广　东	4	4		
广　西	174	112	57	5
海　南	11	9	2	
重　庆	80	80		
四　川	46	35	5	6
贵　州	73	72	1	
云　南	149	138	8	3
西　藏	100	86	14	
甘　肃	35	24	4	7
青　海	94	70	24	
宁　夏	82	75	6	1
新　疆	217	134	26	57

18—11 民族自治地方分地区艺术事业机构职工(2018年)

单位：人

地　区	合　计	艺术表演团　体	艺术表演场　馆	艺术创作机　构
合　计	**43375**	**38701**	**3979**	**695**
河　北	513	493	17	3
内蒙古	9012	7799	931	282
辽　宁	103	95	8	
吉　林	501	456	32	13
黑龙江	73	73		
浙　江	254	254		
湖　北	1689	1672		17
湖　南	1905	1367	509	29
广　东	131	131		
广　西	6285	4727	1484	74
海　南	1090	1033	57	
重　庆	848	848		
四　川	1159	1113	34	12
贵　州	1241	1241		
云　南	4468	4359	101	8
西　藏	2413	2389	24	
甘　肃	887	796	58	33
青　海	1764	1567	197	
宁　夏	2904	2804	91	9
新　疆	6135	5484	436	215

18-12 民族自治地方分地区群众文化事业、图书馆事业机构(2018年)

单位：个、座

地区	群众文化事业			图书馆事业
	合计	文化馆	文化站	
合计	9490	799	8691	767
河北	126	7	119	6
内蒙古	1206	120	1086	117
辽宁	167	8	159	8
吉林	145	13	132	12
黑龙江	15	1	14	1
浙江	22	1	21	1
湖北	120	12	108	11
湖南	354	20	334	20
广东	26	3	23	3
广西	1297	124	1173	115
海南	85	8	77	8
重庆	173	5	168	5
四川	1166	52	1114	52
贵州	662	40	622	40
云南	935	89	846	88
西藏	774	82	692	81
甘肃	300	24	276	24
青海	348	45	303	42
宁夏	271	26	245	26
新疆	1298	119	1179	107

18-13 民族自治地方分地区群众文化事业、图书馆事业机构职工(2018年)

单位：人

地区	群众文化事业			图书馆事业
	合计	文化馆	文化站	
合计	**36334**	**11119**	**25215**	**8278**
河北	209	51	158	36
内蒙古	4956	1918	3038	1873
辽宁	345	140	205	93
吉林	947	565	382	284
黑龙江	40	12	28	12
浙江	118	19	99	15
湖北	498	126	372	114
湖南	1060	272	788	202
广东	87	47	40	24
广西	5179	2120	3059	1674
海南	210	70	140	65
重庆	700	102	598	57
四川	1963	581	1382	272
贵州	2097	582	1515	290
云南	3981	1243	2738	846
西藏	5706	503	5203	200
甘肃	1022	301	721	234
青海	920	498	422	313
宁夏	1396	651	745	581
新疆	4900	1318	3582	1093

18-14 民族自治地方分地区文物事业机构和职工(2018年)

单位：个、人

地区	文物事业机构		#文物保护管理机构		#博物馆	
	机构数	职工人数	机构数	职工人数	机构数	职工人数
合计	**2328**	**13563**	**1718**	**4072**	**610**	**9491**
河北	10	82	6	19	4	63
内蒙古	186	2355	93	675	93	1680
辽宁	15	298	7	200	8	98
吉林	28	233	12	29	16	204
黑龙江	2	17	1	3	1	14
浙江	2	28	1	6	1	22
湖北	14	226	2	29	12	197
湖南	26	520	10	127	16	393
广东	3	47			3	47
广西	201	2636	70	381	131	2255
海南	5	37			5	37
重庆	10	59	5	24	5	35
四川	51	679	29	191	22	488
贵州	63	494	26	103	37	391
云南	133	1131	78	435	55	696
西藏	1246	1059	1239	855	7	204
甘肃	47	563	11	55	36	508
青海	37	174	22	53	15	121
宁夏	76	1141	22	329	54	812
新疆	173	1784	84	558	89	1226

18-15 民族自治地方广播、电视事业机构

单位：个

年份	广播电视台	广播电台	电视台
1952		5	
1957		6	
1965		14	
1975		42	
1978		50	
1979		25	
1980		25	
1981		34	
1982		34	
1983		33	
1984		42	16
1985		54	44
1986		64	69
1987		75	69
1988		133	88
1989		107	94
1990		111	96
1991		133	96
1992		189	106
1993		152	126
1994		209	142
1995		247	206
1996		205	215
1997		202	189
1998		261	225
1999		193	193
2000		277	206
2001		84	85
2002		73	90
2003		73	94
2004	389	41	50
2005	444	41	50
2006	381	91	117
2007	348	49	65
2008	447	47	59
2009	599	47	59
2010	564	46	56
2011	523	47	58
2012	537	38	45
2013	539	27	35
2014	542	26	34
2015	545	25	33
2016	552	26	33
2017	682	25	55
2018	684	23	32

注：1.2001年后广播电台、电视中心台数据由国家广电总局提供，与以前数据不可比。
2. 2004年及以后数据中，广播电视台指既可对外广播又可播放电视的机构，广播电台仅含播放广播的机构，电视台仅含播放电视的机构。

18–16–1　民族自治地方分地区广播电视机构设置情况(2018年)(一)

单位：个

地　区	合　计	广播电台	电视台	广播电视台
合　计	**739**	**23**	**32**	**684**
河　北	6			6
内蒙古	93		2	91
辽　宁	9			9
吉　林	12			12
黑龙江	1			1
浙　江	1			1
湖　北	11	1	1	9
湖　南	17	1	1	15
广　东	3			3
广　西	97	7	6	84
海　南	6			6
重　庆	4			4
四　川	53			53
贵　州	48			48
云　南	92	6	9	77
西　藏	77	1	1	75
甘　肃	22			22
青　海	43	1	4	38
宁　夏	36			35
新　疆	109	6	8	95

18-16-2 民族自治地方分地区广播电视机构设置情况(2018年)(二)

单位：个

地　区	省			
	合　计	广播电台	电视台	广播电视台
合　计	**9**	**4**	**3**	**2**
内 蒙 古	1			1
广　西	3	2	1	
西　藏	2	1	1	
宁　夏	1			1
新　疆	2	1	1	

18-16-3 民族自治地方分地区广播电视机构设置情况(2018年)(三)

单位：个

地　区	地			
	合　计	广播电台	电视台	广播电视台
合　计	**99**	**15**	**22**	**62**
内 蒙 古	16		2	14
吉　林	1			1
湖　北	2	1	1	
湖　南	2	1	1	
广　西	19	5	5	9
四　川	3			3
贵　州	3			3
云　南	11	3	3	5
西　藏	7			7
甘　肃	2			2
青　海	7	1	4	2
宁　夏	8			8
新　疆	18	4	6	8

18-16-4 民族自治地方分地区广播电视机构设置情况(2018年)(四)

单位：个

地 区	县			
	合 计	广播电台	电视台	广播电视台
合 计	**631**	**4**	**7**	**620**
河 北	6			6
内蒙古	76			76
辽 宁	9			9
吉 林	11			11
黑龙江	1			1
浙 江	1			1
湖 北	9			9
湖 南	15			15
广 东	3			3
广 西	75			75
海 南	6			6
重 庆	4			4
四 川	50			50
贵 州	45			45
云 南	81	3	6	72
西 藏	68			68
甘 肃	20			20
青 海	36			36
宁 夏	26			26
新 疆	89	1	1	87

18—17—1 民族自治地方使用民族语言广播播出机构(2018年)(一)

单位：个

地 区	总 计	蒙古语	藏语	维吾尔语	苗语	彝语	壮语	朝鲜语
合 计	**167**	**35**	**55**	**48**	**1**	**4**	**18**	**6**
内蒙古	27	27						
辽 宁	3	2						1
吉 林	5	1						4
黑龙江	2	1						1
广 西	17						17	
四 川	4		1			3		
云 南	4		1		1	1	1	
西 藏	26		26					
甘 肃	2		2					
青 海	26	1	25					
新 疆	51	3		48				

18—17—2 民族自治地方使用民族语言广播播出机构(2018年)(二)

单位：个

地 区	总 计	哈尼语	哈萨克语	傣语	傈僳语	拉祜语	景颇语	柯尔克孜语
合 计	**25**	**2**	**11**	**3**	**2**	**1**	**2**	**4**
内蒙古								
辽 宁								
吉 林								
黑龙江								
广 西								
四 川								
云 南	10	2		3	2	1	2	
西 藏								
甘 肃								
青 海								
新 疆	15		11					4

18-18-1 民族自治地方广播节目制作情况(2018年)(一)

单位：小时

地区	全年制作广播节目时间	全年制作新闻资讯类广播节目时间	全年制作专题服务类广播节目时间	全年制作综艺类广播节目时间
合计	**1089748**	**216253**	**336896**	**330592**
河北	3257	968	354	895
内蒙古	312080	55195	105391	96576
辽宁	14767	2504	5101	3927
吉林	36305	4848	13228	15044
黑龙江	108	80	28	
浙江	640	91	198	91
湖北	8748	3251	2880	827
湖南	7751	2326	1211	1714
广东	1455	1095		
广西	235235	52004	42995	92862
海南	2985	685	176	1642
重庆	840	379	74	365
四川	13851	2931	2585	2854
贵州	21600	7440	7449	4766
云南	53396	14642	21560	10174
西藏	37384	6614	11876	11166
甘肃	6183	2468	1688	624
青海	6604	3039	2321	820
宁夏	53863	12029	19218	12053
新疆	272695	43663	98565	74191

18—18—2 民族自治地方广播节目制作情况(2018年)(二)

单位：小时

地区	全年制作广播剧类广播节目时间	全年制作广告类广播节目时间	全年制作其他类广播节目时间
合计	**21331**	**78565**	**106369**
河北	474	416	150
内蒙古	9408	22676	22878
辽宁	1532	1208	495
吉林		0	
黑龙江	608	1590	995
浙江		30	230
湖北	445	598	799
湖南	670	704	1126
广东		360	
广西	750	15942	30730
海南	5	82	395
重庆			22
四川		541	4940
贵州	104	891	951
云南	601	1903	4516
西藏	1306	2577	3846
甘肃		131	1303
青海	120	106	228
宁夏	1489	7629	1458
新疆	3820	21182	31309

18-19-1　民族自治地方广播覆盖情况(2018年)(一)

地　区	广播综合人口覆盖		中央节目		省级节目	
	人　口 (万人)	覆盖率 (%)	人　口 (万人)	覆盖率 (%)	人　口 (万人)	覆盖率 (%)
合　计	**18826.26**	**97.95**	**18720.21**	**97.40**	**18372.73**	**95.59**
河　北	205.99	96.75	205.99	96.75	204.11	95.87
内蒙古	2509.48	99.24	2500.20	98.88	2356.75	93.20
辽　宁	312.10	96.13	310.92	95.76	305.30	94.03
吉　林	319.16	99.64	319.16	99.64	318.76	99.52
黑龙江	24.01	100.00	24.01	100.00	23.50	97.88
浙　江	17.15	100.00	17.15	100.00	17.15	100.00
湖　北	458.65	99.61	458.65	99.61	456.84	99.20
湖　南	472.05	98.69	447.15	93.49	432.37	90.40
广　东	28.64	100.00	28.64	100.00	28.64	100.00
广　西	5463.20	97.56	5434.18	97.04	5389.55	96.25
海　南	172.94	98.62	172.94	98.62	161.03	91.83
重　庆	266.50	96.33	266.50	96.33	266.50	96.33
四　川	666.72	87.71	665.45	87.54	603.34	79.37
贵　州	1681.32	92.86	1679.86	92.78	1678.64	92.71
云　南	2310.97	98.57	2308.86	98.48	2261.89	96.48
西　藏	327.51	97.14	314.59	93.31	323.06	95.82
甘　肃	368.55	98.83	355.95	95.45	339.96	91.17
青　海	383.90	98.27	383.90	98.27	377.30	96.59
宁　夏	674.76	98.98	674.76	98.98	674.29	98.91
新　疆	2162.66	97.83	2151.35	97.32	2153.75	97.43

18－19－2　民族自治地方广播覆盖情况(2018年)(二)

地　　区	广播综合人口覆盖				无线广播综合覆盖			
	地市级节目		县级节目				中央节目	
	人　口(万人)	覆盖率(%)	人　口(万人)	覆盖率(%)	人　口(万人)	覆盖率(%)	人　口(万人)	覆盖率(%)
合　　计	**14004.62**	**72.87**	**7746.93**	**40.31**	**18333.44**	**95.39**	**18229.91**	**94.85**
河　　北	191.83	90.10	77.78	36.53	161.30	75.76	157.38	73.92
内 蒙 古	2400.13	94.92	1296.39	51.27	2503.82	99.02	2494.54	98.65
辽　　宁	271.67	83.67	284.07	87.49	308.84	95.12	304.14	93.67
吉　　林	295.83	92.36	267.03	83.37	319.01	99.59	318.97	99.58
黑 龙 江	22.11	92.09	22.05	91.84	24.01	100.00	24.01	100.00
浙　　江	8.06	47.00	8.06	47.00	17.15	100.00	17.15	100.00
湖　　北	455.44	98.91	338.64	73.55	458.27	99.53	458.27	99.53
湖　　南	323.34	67.60	258.99	54.15	459.44	96.60	431.63	90.24
广　　东	28.64	100.00	28.64	100.00	28.64	100.00	28.64	100.00
广　　西	4528.21	80.87	1971.10	35.20	5370.32	95.90	5353.05	95.60
海　　南			141.85	80.89	172.94	98.62	172.94	98.62
重　　庆			164.78	59.56	247.34	89.41	247.34	89.41
四　　川	370.84	48.79	128.58	16.92	637.34	83.84	636.22	83.70
贵　　州	802.95	44.35	192.20	10.62	1474.45	81.44	1473.97	81.41
云　　南	1843.55	78.63	378.02	16.12	2257.73	96.30	2255.41	96.20
西　　藏	66.77	19.80	10.83	3.21	323.03	95.81	311.49	92.39
甘　　肃	211.21	56.64	217.72	58.39	352.95	94.65	342.90	91.95
青　　海	171.94	44.01	213.25	54.59	383.50	98.17	383.50	98.17
宁　　夏	646.04	94.77	363.47	53.32	674.28	98.91	674.28	98.91
新　　疆	1366.06	61.80	1383.48	62.59	2159.08	97.67	2144.08	96.99

18-20 民族自治地方使用民族语言电视播出机构（2018年）（一）

单位：个

地区	合计	蒙古语	藏语	维吾尔语	彝语	壮语
合计	**261**	**28**	**104**	**53**	**2**	**26**
内蒙古	19	19				
辽宁	1	1				
吉林	11	1				
黑龙江	1	1				
山东	1					
广西	24					24
四川	16		16			
云南	18				2	2
西藏	52		52			
甘肃	6		6			
青海	32	2	30			
新疆	80	4		53		

18-20 民族自治地方使用民族语言电视播出机构（2018年）（二）

单位：个

地区	朝鲜语	哈萨克语	傣语	景颇语	柯尔克孜语
合计	**11**	**21**	**9**	**5**	**2**
内蒙古					
辽宁					
吉林	10				
黑龙江					
山东	1				
广西					
四川					
云南			9	5	
西藏					
甘肃					
青海					
新疆		21			2

18-21-1 民族自治地方电视节目制作情况(2018年)(一)

单位：小时

地　　区	全年制作电视节目时间	#新闻资讯类	#专题服务类	#综艺益智类	#影视剧类	#广告类
合　　计	**428495**	**172797**	**91716**	**38855**	**8089**	**70610**
河　　北	2314	691	597	341		568
内 蒙 古	78301	26704	19991	9557	15	15482
辽　　宁	4484	857	1107	1199		830
吉　　林	20104	2292	2623	2562		11896
黑 龙 江	327	85	104	78		39
浙　　江	479	96	54	98		110
湖　　北	3747	1650	707	450	20	606
湖　　南	9968	3313	1604	891	188	2035
广　　东	656	412	2			220
广　　西	73036	29927	15373	5431	877	14223
重　　庆	2916	808	1402	31		415
四　　川	20252	12431	3538	1806		843
贵　　州	20760	11511	2498	188	28	4412
云　　南	43405	19411	9433	2367	4	5950
西　　藏	20407	11067	5644	1164	15	944
甘　　肃	5649	2882	1267	488		548
青　　海	8977	5371	2032	1215	2	182
宁　　夏	25283	9370	6759	2912	1039	4080
新　　疆	87430	33919	16982	8078	5903	7229

18-21-2 民族自治地方电视节目制作情况(2018年)(二)

单位：小时

地区	全年制作其他类电视节目时间（小时）	全年制作电视剧数量	
		部	集
合计	**46427**	**19**	**798**
河北	117		
内蒙古	6553		
辽宁	491		
吉林	731		
黑龙江	21		
浙江	121		
湖北	314		
湖南	1937		
广东	22		
广西	7205	7	278
重庆	261		
四川	1634		
贵州	2124	1	37
云南	6240		
西藏	1573		
甘肃	464		
青海	176		
宁夏	1124	2	64
新疆	15319	9	419

18-22-1 民族自治地方电视覆盖情况(2018年)(一)

地 区	电视综合人口覆盖		中央节目		省级节目	
	人 口(万人)	覆盖率(%)	人 口(万人)	覆盖率(%)	人 口(万人)	覆盖率(%)
合 计	**19056.60**	**99.15**	**18957.27**	**98.63**	**18445.65**	**95.97**
河 北	209.38	98.35	209.38	98.35	165.70	77.83
内蒙古	2508.98	99.22	2507.11	99.15	2314.00	91.51
辽 宁	313.29	96.49	312.16	96.14	310.41	95.60
吉 林	317.84	99.23	316.48	98.80	317.16	99.02
黑龙江	24.01	100.00	24.01	100.00	23.50	97.88
浙 江	17.15	100.00	17.15	100.00	17.15	100.00
湖 北	457.64	99.39	457.64	99.39	456.98	99.25
湖 南	474.17	99.14	473.48	98.99	449.65	94.01
广 东	28.64	100.00	28.64	100.00	28.64	100.00
广 西	5531.34	98.78	5477.64	97.82	5443.23	97.21
海 南	173.27	98.81	173.27	98.81	169.89	96.88
重 庆	271.76	98.24	271.76	98.24	271.76	98.24
四 川	728.09	95.78	725.25	95.41	640.38	84.24
贵 州	1747.07	96.49	1745.61	96.41	1741.95	96.21
云 南	2321.75	99.03	2320.52	98.98	2224.17	94.87
西 藏	331.12	98.21	317.37	94.13	326.98	96.98
甘 肃	369.15	98.99	360.99	96.81	338.69	90.83
青 海	383.78	98.24	382.84	98.00	374.01	95.74
宁 夏	680.25	99.79	680.25	99.79	679.55	99.69
新 疆	2167.92	98.07	2155.72	97.52	2151.85	97.34

18—22—2 民族自治地方电视覆盖情况(2018年)(二)

地区	电视综合人口覆盖率							
	地市级节目		县级节目		无线电视综合覆盖			
							中央节目	
	人口(万人)	覆盖率(%)	人口(万人)	覆盖率(%)	人口(万人)	覆盖率(%)	人口(万人)	覆盖率(%)
合计	**14394.65**	**74.89**	**10525.88**	**54.77**	**18384.39**	**95.65**	**18270.39**	**95.06**
河北	187.37	88.01	136.58	64.15	195.56	91.86	195.56	91.86
内蒙古	2327.45	92.04	1295.18	51.22	2460.99	97.32	2454.40	97.06
辽宁	287.14	88.44	268.13	82.58	291.11	89.66	290.22	89.39
吉林	286.88	89.56	303.91	94.88	315.91	98.63	315.02	98.35
黑龙江	23.00	95.79	20.00	83.30	24.01	100.00	24.01	100.00
浙江	8.41	49.04	8.41	49.04	17.15	100.00	17.15	100.00
湖北	456.40	99.12	332.58	72.23	457.14	99.28	457.14	99.28
湖南	341.52	71.40	273.24	57.13	459.50	96.07	458.37	95.83
广东	28.64	100.00	28.64	100.00	28.64	100.00	28.64	100.00
广西	4516.40	80.66	2742.49	48.98	5440.26	97.15	5378.12	96.04
海南					173.27	98.81	173.27	98.81
重庆			99.91	36.12	243.86	88.15	243.86	88.15
四川	457.15	60.14	380.97	50.12	694.29	91.34	691.94	91.03
贵州	853.57	47.14	573.61	31.68	1448.49	80.00	1446.05	79.87
云南	1784.28	76.10	1516.03	64.66	2253.28	96.11	2252.19	96.06
西藏	86.46	25.64	42.72	12.67	324.83	96.35	313.15	92.88
甘肃	223.55	59.95	241.03	64.64	354.20	94.99	344.55	92.40
青海	325.63	83.36	299.53	76.68	382.63	97.95	381.91	97.77
宁夏	658.61	96.61	367.81	53.96	657.13	96.40	657.13	96.40
新疆	1542.19	69.76	1595.11	72.16	2162.14	97.81	2147.71	97.16

18—23 民族自治地方出版物情况

单位：种数：种；印数：万册(份)

年 份	图 书		杂 志		报 纸	
	种 数	印 数	种 数	印 数	种 数	印 数
1978	1336	14279.4	78	1306.4	44	28271.3
1979	2018	13332.5	76	1226.8	62	47739.6
1980	2084	16162.5	114	2250.5	68	45109.9
1981	2343	23964.6	160	3770.7	67	52678.2
1982	3242	28089.6	163	8385.6	68	54594.5
1983	2613	17477.9	165	2480.7	79	49894.6
1984	2859	28065.2	231	8606.7	117	63627.4
1985	3365	35906.9	321	7818.8	175	76847.2
1986	3435	29287.8	332	7171.9	176	150281.9
1987	4507	29167.4	358	7273.6	214	92964.4
1988	5107	30754.8	445	8620.4	236	93274.4
1989	5696	30127.0	447	6502.9	239	76404.0
1990	5784	30166.3	544	17866.4	227	79119.6
1991	6662	39810.3	507	6561.9	245	87342.0
1992	6707	41277.0	487	6705.0	334	89412.0
1993	5907	42263.3	502	9833.3	248	71607.1
1994	8052	60986.3	631	8541.2	350	101678.5
1995	7647	42275.0	633	7881.0	340	94984.8
1996	7979	44497.3	560	7482.1	298	102861.1
1997	8417	45876.7	559	7824.4	322	116203.9
1998	10154	48507.5	542	7509.9	293	108276.7
1999	11208	48394.4	592	8069.4	347	111943.9
2000	11402	42310.0	650	8332.0	356	123277.0
2001	10089	42599.0	693	8892.0	441	132611.0
2002	10856	45564.0	750	9085.0	383	139467.0
2003	12431	43214.6	778	9981.9	381	163731.6
2004	12332	39510.9	731	8341.7	311	173632.6
2005	12592	41957.6	738	10279.5	311	169518.4
2006	15082	45838.7	580	10223.1	265	143372.3
2007	13482	45627.4	657	7729.8	315	177110.0
2008	19086	48929.1	675	7256.7	313	159786.3
2009	21518	47689.9	733	7366.0	334	165394.8
2010	20635	43098.9	739	8276.2	329	174847.8
2011	24106	49303.3	752	11088.3	333	171832.5
2012	27832	54793.5	875	12120.9	405	187051.3
2013	31065	64113.7	842	14582.7	316	191760.0
2014	33506	68877.2	5685	22165.4	353	240263.3
2015	23561	69844.0	958	27154.4	307	188006.0
2016	24886	50263.2	1952	8341.5	363	132705.0
2017	24987	68020.5	1622	9886.4	340	172136.6
2018	23977	71370.8	1116	9297.6	294	170705.6

18-24 民族自治地方分地区图书、杂志、报纸出版情况(2018年)

单位：种数：种；印数：万册(份)

地区	图书		杂志		报纸	
	种数	印数	种数	印数	种数	印数
合计	**23977**	**71371**	**1116**	**9298**	**294**	**170706**
河北	4	1	1	1	2	215
内蒙古	3719	5974	151	1309	58	26603
辽宁	2	0			6	220
吉林	9335	5595	22	67	12	2144
黑龙江					1	26
浙江					1	88
湖北	415	2174	369	1314	33	1939
湖南	25	10	126	4	21	961
广东						
广西	6855	29878	180	3772	49	54325
海南	3	1	10	2		
重庆			3	2	4	887
四川		85			3	1977
贵州	34	24	113	20	34	3774
云南	261	68	24	17	18	4278
西藏		1480	39	248	27	11556
甘肃					2	1998
青海	21	12	41	26	9	404
宁夏	3303	8070	37	516	14	10311
新疆		18000		2000		49000

主要统计指标解释

文化产业机构 指专门从事文化工作具有法人资格、独立核算的事业、企业单位以及单独核算、附属于事业单位的经营性专业文化活动单位。

文化产业机构包括艺术业、图书馆业、群众文化业、文物业、文化艺术教育业、出版业、娱乐业、文化艺术经纪与代理业以及不属于以上分类的其他文化产业。

艺术业 包括戏剧、舞蹈、音乐、美术等各种艺术团及艺术家的活动。如演员、音乐家、作家、雕刻家、画家、漫画家、雕塑家的活动等。也包括剧场、音乐厅、美术展览馆等演出、展出设施的管理。

在制度中，将艺术业分为艺术表演团体、艺术表演场所和其他艺术三类。

艺术表演团体 指由文化部门主办或实行行业管理（经文化行政部门审批或已申报登记并领取相关许可证），专门从事表演艺术等活动的各类专业艺术表演团体，含民间职业剧团。不包括群众业余文艺表演团体。

艺术表演场所 指由文化部门主办或实行行业管理（经文化市场行政部门审批或已申报登记并领取相关许可证），有观众席、舞台、灯光设备，公开售票、专供文艺团体演出的文化活动场所。

图书馆 包括公共图书馆和除部队系统外的各类单位内部举办的或单独举办的图书馆。不包括群众艺术馆、文化馆、文化站内设的图书室。目前制度仅统计公共图书馆。

群众文化机构 包括群众艺术馆、文化馆、文化站、文化宫、少年宫等群众文化活动。在制度中，目前暂时不统计文化系统外的文化宫和少年宫。

群众艺术馆、文化馆、文化站指从事群众文化工作的专业机构。不包括临时抽调人员组成、没有编制的农村和街道文化工作队、服务站等。

广播电台 经国家广播电影电视总局（原广播电影电视部，下同）批准设置并颁发许可证，独立建制，财务上独立核算，有自办节目并正式播出的无线广播播出机构。

广播节目套数 经国家广播电影电视总局批准，并在颁发许可证中载明的，用固定频率自办播出节目并编有整套节目时间表，定期向听众公布广播节目名称和播出时间和节目的套数。

广播/电视节目覆盖人口数 按一定的技术标准在对象区内能接收广播节目的人口数。

广播/电视节目综合人口覆盖率 指根据原国家广电总局制定的《广播电视人口覆盖率统计技术标准和方法》进行统计调查的，在对象区内能接收到由中央、省、地市或县通过无线、有线或卫星等各种技术方式转播的各级广播/电视节目的人口数占全国总人口数的百分比。

电视台 经国家广播电影电视总局批准设置，并颁发许可证，独立建制，财务上独立核算，有自办节目并正式播出的无线电视播出机构。

电视节目套数 经国家广播电影电视总局批准，并在颁发许可证中载明的，用固定频道自办电视节目，并编有整套节目时间表，定期向观众公布电视节目名称和播出时间的节目的套数。

电视覆盖人口数 按一定的技术标准在对象区内能接收电视节目的人口数。

电视发射台和转播台 经广播电影电视行政主管部门批准设置正式开播的电视发射台和转播台。

电影放映单位 指具有放映机器设备、固定或不固定的放映场所与专职或兼职的放映技术人员，经有关部门登记批准，经常为一定的观众对象放映电影的机构。包括经批准对外开放进行营业，并与电影发行放映管理机构分账的专用放映单位和军委系统租片单位。

十九、卫 生

19-1 民族自治地方卫生机构、床位、人员

年　份	卫生机构数（个）	卫生机构床位数（张）	卫生技术人员数（人）
1949	361	3310	3531
1952	1176	5711	17877
1957	13819	26470	65649
1962	19763	94769	129818
1965	25306	120781	156889
1975	21575	219055	232218
1978	23934	253520	279387
1980	26073	271463	324300
1981	27604	276119	353395
1982	28237	281555	468850
1983	28800	290067	387690
1984	29794	302321	406880
1985	30432	312137	423733
1986	31168	318144	435882
1987	31838	332116	451429
1988	31931	338892	463900
1989	31081	347555	478304
1990	31973	359382	488661
1991	32142	365439	500254
1992	31075	375377	512996
1993	30642	419873	545934
1994	30588	415203	554220
1995	28957	387139	527438
1996	15706	370171	455220
1997	16111	378905	475731
1998	16724	392671	498720
1999	16733	379121	482722
2000	16009	381979	485181
2001	15904	385995	486749
2002	15319	362185	460043
2003	15230	381534	463382
2004	15519	400448	475313
2005	15488	409938	478320
2006	15463	425361	485766
2007	47081	458316	578875
2008	44429	501968	603747
2009	44209	550535	637850
2010	44681	596342	680547
2011	45598	643035	720489
2012	46664	703973	770095
2013	50127	767838	839336
2014	51892	824417	894210
2015	52646	872074	950307
2016	52578	913846	1006722
2017	53334	989738	1073420
2018	54513	1047955	1127564

注：1.本表未扣除区域变动因素，年度之间不可比。下同。
2.1996—2006年机构数不含诊所数、村卫生室、社区卫生服务中心。下同。
3.2002年卫生机构数为登记注册数。下同。
4.2002年后医生系执业(助理)医师数，故有所减少。
5.2016年以后#医院卫生院统计范围为医院、基础卫生医疗机构数，基础卫生医疗机构数包括社区卫生服务中心(站)、卫生院、门诊部、诊所、卫生所、医务室。

19-2 民族自治地方卫生机构

单位：个

年 份	合 计	医 院	卫生院	疗养院、所	门诊部	专科防治所、站	疾病预防控制中心	妇幼保健所、站	其 他
1957	13819	603		17	5541		146	641	6871
1962	19763	3203		69	15279		387	363	462
1965	25306	6275		43	17626		485	427	450
1975	21575	9749		25	10292		633	412	464
1978	23934	10191		30	11866		649	478	720
1979	25027	10254		30	12676	124	635	478	830
1980	26073	10433		34	13457	140	672	497	840
1981	27604	10735		36	14661	146	694	505	827
1982	28237	10803		41	15175	164	720	511	
1983	28800	11349		44	15130	173	727	522	855
1984	29794	11659		43	15713	187	763	545	884
1985	30432	10061		47	17761	221	817	559	966
1986	31168	10012		47	18342	249	847	591	1080
1987	31838	10129		49	18817	277	873	600	1093
1988	31931	10520		48	18488	283	862	603	1127
1989	31081	10342		46	17744	291	892	606	1160
1990	31973	10574		48	18312	300	910	625	1204
1991	32142	10680		48	18307	313	915	634	1245
1992	31075	10210		49	11568	315	930	640	1363
1993	30642	10389		64	16772	309	1004	649	1423
1994	30588	12482		65	14651	350	994	643	1403
1995	28957	12331		45	13282	331	995	630	1343
1996	15706	2548	9653	44	377	311	881	593	1299
1997	16111	2606	9855	44	435	320	893	609	1349
1998	16724	2691	10168	41	543	340	920	624	1397
1999	16733	2681	9783	38	1124	329	887	529	1362
2000	16009	2685	9807	37	339	323	884	525	1409
2001	15904	2695	9677	38	401	319	881	525	1368
2002	15319	2671	9161	36	698	278	740	387	1348
2003	15230	2603	9165	35	645	262	672	371	1477
2004	15519	2739	9145	35	571	238	502	364	1925
2005	15488	2739	9107	34	487	216	411	363	2131
2006	15463	2780	9016	33	479	190	305	361	2299
2007	47081	2907	9291	34	502	181	910	690	32566
2008	44429	2868	9004	27	495	171	893	675	30296
2009	44209	2901	8939	25	517	165	889	669	30104
2010	44681	2994	8967	23	585	162		668	31282
2011	45598	3095	8954	22	596	159		674	32098
2012	46664	3249	8854	22	646	160		675	33058
2013	50127	3459	8777	22	669	163		670	36367
2014	51892	3698	8777	20	761	162		669	37805
2015	52646	3980	8709	18	910	160		675	38194
2016	52578	4143	8694	19	1034	154	880	672	36982
2017	53334	4374	8652	17	1090	147	885	690	37479
2018	54513	4547	8607	17	1210	143	877	692	38420

注：1995年以前卫生院数字含在医院数中。

19-3 民族自治地方卫生机构床位

单位：张

年 份	合 计	医 院	卫生院	疗养院、所	门诊部	专科防治所、站	疾病预防控制中心	妇幼保健所、站	其 他
1957	26470	20773		1277					4420
1962	94769	71356		4954					18459
1965	120781	89497		3732					27552
1975	219055	190980		3178					24897
1978	253520	220927		3482					29111
1979	263202	230877		3736	25127	1035	60	426	1941
1980	271463	241679		4318	21471	1248	60	661	
1981	276119	246922		4844	19735	1299	60	882	2377
1982	281555	251805		5436	19811	1174	60	1063	2206
1983	290067	267382		5651	12034	1234	60	1376	2321
1984	302321	279259		5851	12120	1113	60	1530	2388
1985	312137	288732		6213	11972	770	75	1536	2839
1986	318144	294676		6367	11191	944	75	1824	3067
1987	332116	307350		6681	11589	1090	84	1994	3328
1988	338892	313677		6294	11756	967	118	2130	3950
1989	347555	321659		5981	11757	1384	116	2261	4391
1990	359382	331955		6262	12051	1717	117	2509	4771
1991	365439	338425		6157	11548	1772	216	2533	4788
1992	375377	347194		6508					
1993	416259	380079		12187	12709	1761	146	3464	5913
1994	415203	380626		11464	12087	1087	68	3478	5593
1995	387139	357024		6511	12017	1621	241	4076	5649
1996	370171	257701	91756	6588	2720	1308	238	4578	5282
1997	378905	260708	96351	6667	2957	1571	286	5276	5089
1998	392671	272202	98247	6637	2600	1550	293	5697	5445
1999	379121	261888	96084	6256	3266	1465	317	4696	5149
2000	381979	264963	96272	5591	2673	1570	347	5018	5545
2001	385995	268103	97171	5567	2695	1563	490	5347	5059
2002	362185	257800	89018	2249	1379	2158		3234	6347
2003	381534	269155	89935	128	1523	1480		3384	15929
2004	400448	282239	92790	2872	2127	2265		3789	14364
2005	409938	289726	94740	2804	1795	1867		3819	15173
2006	425361	299743	99947	4066	1228	1539		4001	14836
2007	458316	318697	112089	3846	1116	1235		15743	5590
2008	501968	343568	127578	3143	1063	1280		17942	6944
2009	550535	371645	144164	3601	994	1343		19089	9699
2010	596342	402269	155036	3154	1193	1453		20463	12774
2011	643035	440033	161413	2752	998	1450		21926	14463
2012	703973	491432	168978	2697	1167	1615		24188	13896
2013	767838	542952	178818	2797	1105	1890		26023	14253
2014	824417	588756	188406	2308	857	1686		27351	15053
2015	872074	630222	194048	2254	1007	1762		29350	13431
2016	913846	666144	197838	1938	921	1943		30570	14492
2017	989738	726548	209118	1842	999	2010		33043	16178
2018	1047955	776374	214813	1911	878	2050		33888	18041

注：1995年以前卫生院数字含在医院数中。

19-4 民族自治地方专业卫生人员

单位：人

年 份	专业卫生人员	#卫生技术人员
1957	77221	65649
1962	152872	129818
1965	184446	156889
1975	288559	232218
1978	349249	279387
1979	379396	302034
1980	407629	324300
1981	443076	353395
1982	461245	368850
1983	482042	387690
1984	505994	406880
1985	526965	432733
1986	544777	435882
1987	562349	451429
1988	573682	463900
1989	592461	478304
1990	606085	488661
1991	621172	500254
1992	638230	512996
1993	693651	548899
1994	696548	554240
1995	657512	527438
1996	579693	455220
1997	601826	475731
1998	629331	498720
1999	606016	482722
2000	606447	485181
2001	606776	486749
2002	568754	460043
2003	569326	463382
2004	581723	475313
2005	585216	478320
2006	592094	485766
2007	697774	578875
2008	726526	603747
2009	765433	637850
2010	816549	680547
2011	861713	720489
2012	919409	770095
2013	1012319	839336
2014	1081167	894210
2015	1145495	950307
2016	1209614	1006722
2017	1284999	1073420
2018	1345850	1127564

19-5 民族自治地方分地区卫生机构数(2018年)(一)

单位：个

地区	卫生机构	医院	卫生院	门诊部	疗养院、所	专科防治所、站	疾病预防控制中心	妇幼保健所、站	社区卫生服务中心(站)
合计	**54513**	**4547**	**8607**	**1210**	**17**	**143**	**877**	**692**	**3050**
河北	655	30	116	20			6	6	25
内蒙古	11071	818	1301	389	4	50	118	114	1197
辽宁	1111	52	159	12		8	8	8	22
吉林	1952	94	128	78	1	11	13	12	19
黑龙江	90	4	11	1			1	1	1
浙江	55	3	19				1	1	2
湖北	799	53	105	5		1	11	11	28
湖南	1333	115	347	7		6	16	16	7
广东	79	7	29	1		2	3	3	1
广西	13333	624	1264	251	5	34	118	104	310
海南	76	13	14	3			2	1	3
重庆	374	45	126	1		3	4	4	13
四川	2142	221	1157	10			54	54	32
贵州	2213	383	605	18	1	1	44	44	140
云南	5016	611	846	90		23	92	86	103
西藏	1546	158	678		1		82	56	14
甘肃	1267	67	291	2	1		24	23	35
青海	947	111	265	11		1	40	36	75
宁夏	2150	231	217	42	1		25	21	184
新疆	8304	907	929	269	3	3	215	91	839

19-5　民族自治地方分地区卫生机构数(2018年)(二)

单位：个

地　区	诊所、卫生所、医务室	急救中心(站)	采供血机构	卫生监督所(中心)	医学科学研究机构	医学在职培训机构	健康教育所(站、中心)	其　他卫生机构
合　计	**32771**	**38**	**123**	**709**	**26**	**21**	**50**	**1632**
河　北	438			6				8
内蒙古	6809	8	18	113	4	4	32	92
辽　宁	721		1	5	1			114
吉　林	1543	1	8	6		1		37
黑龙江	68			1		1		1
浙　江	26			1				2
湖　北	563		2	11		1		8
湖　南	661		1	16	1			140
广　东	30			3				
广　西	9592	4	29	115	13		1	869
海　南	37		1	1				1
重　庆	173			4		1		
四　川	544	2	5	53	1	5		4
贵　州	907	1	8	44	1	2		14
云　南	3042	15	8	84	2	4	5	5
西　藏	549		6	1		1		
甘　肃	684	1	2	23	2	1	4	107
青　海	356		7	40	1		1	3
宁　夏	1378	2	5	24			7	13
新　疆	4650	4	22	158				214

19-6　民族自治地方分地区卫生机构床位数(2018年)(一)

单位：张

地　区	卫生机构床位	医　院	市	县	卫生院	乡卫生院
合　计	**1047955**	**776374**	**420280**	**356094**	**215672**	**214813**
河　北	9651	6094		6094	3121	3121
内蒙古	159006	126378	85197	41181	22443	22443
辽　宁	14497	9851		9851	4177	4177
吉　林	16285	13152	8802	4350	2633	2633
黑龙江	816	608		608	155	155
浙　江	651	548		548	91	91
湖　北	27268	16747	8610	8137	9134	8954
湖　南	33579	23781	5804	17977	8750	8750
广　东	1448	780		780	553	553
广　西	255940	173207	111650	61557	65278	65278
海　南	999	832		832	142	142
重　庆	13706	7539		7539	4802	4802
四　川	40319	29043	8076	20967	9734	9734
贵　州	73939	57021	18082	38939	13566	13014
云　南	131725	97510	39754	57756	27869	27742
西　藏	16787	12604	8029	4575	3653	3653
甘　肃	16671	11693	3260	8433	4023	4023
青　海	14782	11440	2596	8844	2557	2557
宁　夏	41005	35698	27014	8684	3532	3532
新　疆	178881	141848	93406	48442	29459	29459

19-6 民族自治地方分地区卫生机构床位数(2018年)(二)

单位：张

地区	门诊部	疗养院、所	专科防治所、站	妇幼保健所、站	其他卫生机构
合计	**878**	**1911**	**2050**	**33888**	**17182**
河北	10			222	204
内蒙古	347	507	349	3989	4993
辽宁	4		100	162	203
吉林	48	48	48	168	188
黑龙江				53	
浙江					12
湖北			15	975	397
湖南	15		42	561	430
广东				115	
广西	59	759	552	13924	2161
海南					25
重庆			274	208	883
四川				1072	470
贵州		94		2487	771
云南	150		546	4564	1086
西藏		38		374	118
甘肃	7	100		665	183
青海			40	258	487
宁夏	6	100		1252	417
新疆	232	265	84	2839	4154

19-7 民族自治地方分地区专业卫生人员(2018年)(一)

单位：人

地区	卫生人员合计	#卫生技术人员	#执业(助理)医师
合计	**1345850**	**1127564**	**390125**
河北	9384	8095	3667
内蒙古	220885	185273	71013
辽宁	15894	12833	4867
吉林	26549	21836	9245
黑龙江	1191	1012	446
浙江	1058	890	379
湖北	29026	25182	8913
湖南	32807	27628	9669
广东	2550	2175	680
广西	382723	315926	101423
海南	1565	1261	408
重庆	12227	10178	3565
四川	48275	40392	11878
贵州	80120	68830	22492
云南	151427	130772	40472
西藏	24008	19027	8283
甘肃	17315	14534	6006
青海	16160	13730	5051
宁夏	62356	52795	19193
新疆	210330	175195	62475

19-7 民族自治地方分地区专业卫生人员(2018年)(二)

单位：人

地区	市属卫生人员	#卫生技术人员	#执业(助理)医生	县属专业卫生人员	#卫生技术人员	#执业(助理)医生
合计	**420503**	**351216**	**116020**	**521062**	**438904**	**142461**
河北				7651	6526	2841
内蒙古	77726	64606	22486	64284	54420	21480
辽宁				12610	10119	3809
吉林	9988	8238	3132	7789	6175	2564
黑龙江				1044	896	378
浙江				682	588	212
湖北	9431	8077	2607	11315	9878	3505
湖南	5475	4718	1536	22640	19106	6603
广东				1535	1291	372
广西	148560	122401	37846	132944	107355	29965
海南				895	722	206
重庆				9359	7901	2800
四川	9875	8088	2568	30733	26351	7380
贵州	16461	14154	4684	41654	36641	11911
云南	41524	35921	11307	73818	64130	18790
西藏	6030	4786	2010	7011	5675	2256
甘肃	2266	1893	960	10898	9195	3705
青海	4429	3752	1274	6923	6020	2136
宁夏	19484	16707	5648	11113	9639	3340
新疆	69254	57875	19962	66164	56276	18208

19-8 民族自治地方分地区卫生机构万元以上设备台数(2018年)

单位：台

地区	合计	10万元以下	10-49万元	50—99万元	100万元以上
合计	**828885**	**616219**	**162960**	**26922**	**22784**
河北	6736	5717	798	102	119
内蒙古	147941	107945	29845	5131	5020
辽宁	7560	5656	1493	226	185
吉林	15894	11591	3333	478	492
黑龙江	737	590	129	10	8
浙江	1031	743	232	29	27
湖北	18951	14267	3475	705	504
湖南	15693	12337	2595	397	364
广东	1375	938	340	57	40
广西	232254	171201	46557	8136	6360
海南	963	697	207	34	25
重庆	8240	6093	1673	280	194
四川	30387	23746	5303	810	528
贵州	44169	33140	8728	1335	966
云南	96984	73989	17942	2669	2384
西藏	10153	6260	2933	625	335
甘肃	6548	4793	1409	188	158
青海	9494	7035	1900	336	223
宁夏	41235	30250	8420	1290	1275
新疆	132540	99231	25648	4084	3577

19-9 民族自治地方乡村医生、卫生员、农村接生员

单位：人

年 份	乡村医生和卫生员	乡村医生	卫生员
1982	116965	47933	69032
1983	116754	55580	61174
1984	118730	58109	60621
1985	131381	62255	69129
1986	135634	68480	68154
1987	139901	72374	67527
1988	135751	73106	62645
1989	136780	75228	61552
1990	135424	75935	59489
1991	139332	79709	59623
1992	146472	83518	62954
1993	163129	100993	62136
1994	154147	96347	57800
1995	158014	102376	55639
1996	159529	101416	58113
1997	165976	108712	57264
1998	172286	115367	56919
1999	169759	116520	53239
2000	173025	119979	53046
2001	171341	120976	50365
2002	171341	120976	50365
2008	117401	106146	11255
2009	133541	119579	13962
2010	138114	123545	14569
2011	149727	132385	17342
2012	150365	132408	17957
2013	150720	132870	17850
2014	150205	133545	16660
2015	147901	131414	16487
2016	145047	129411	15636
2017	147072	130684	16388
2018	144014	128113	15901

19-10 民族自治地方分地区乡村医生、卫生员(2018年)

单位：人

地区	乡村医生和卫生员	乡村医生	卫生员
合计	**144014**	**128113**	**15901**
河北	2176	2067	109
内蒙古	17639	16268	1371
辽宁	3018	2882	136
吉林	1649	1455	194
黑龙江	161	141	20
浙江	20	20	
湖北	3236	3119	117
湖南	4125	3527	598
广东	213	212	1
广西	32648	30112	2536
海南	59	53	6
重庆	1705	1579	126
四川	8613	8422	191
贵州	11285	7991	3294
云南	20437	19234	1203
西藏	12748	9651	3097
甘肃	2397	2051	346
青海	3102	2683	419
宁夏	3137	2931	206
新疆	15646	13715	1931

19-11 民族自治地方分地区民族医院情况(2018年)

单位：个

地区	机构个数	床位数	人员数				
			合计	卫生技术人员		其他技术人员	管理人员
				小计	医生		
合计	**291**	**37212**	**38685**	**31977**	**12209**	**2450**	**1787**
内蒙古	95	16577	19282	16272	6147	909	966
辽宁	1	300	513	399	174	77	20
吉林	2	194	154	137	65	5	12
黑龙江	1	100	58	43	25		7
湖北	2	380	436	380	121	50	
湖南	2	57	45	35	16	2	4
广西	5	1120	1675	1382	496	109	97
四川	34	1535	1377	1140	459	58	65
贵州	9	649	674	577	135	26	42
云南	4	372	446	391	159	4	28
西藏	38	2277	2441	1832	1119	228	128
甘肃	13	951	872	750	401	35	32
青海	28	2497	1549	1264	545	99	66
宁夏	3	187	258	196	67		37
新疆	54	10016	8905	7179	2280	848	283

主要统计指标解释

医疗卫生机构 指从卫生(卫生计生)行政部门取得《医疗机构执业许可证》、《计划生育技术服务许可证》，或从民政、工商行政、机构编制管理部门取得法人单位登记证书，为社会提供医疗服务、公共卫生服务或从事医学科研和医学在职培训等工作的单位。医疗卫生机构包括医院、基层医疗卫生机构、专业公共卫生机构、其他医疗卫生机构。

医院 包括综合医院、中医医院、中西医结合医院、民族医院、各类专科医院和护理院，不包括专科疾病防治院、妇幼保健院和疗养院，包括医学院校附属医院。

基层医疗卫生机构 包括社区卫生服务中心、社区卫生服务站、街道卫生院、乡镇卫生院、村卫生室、门诊部、诊所(医务室)。

专业公共卫生机构 包括疾病预防控制中心、专科疾病防治机构、妇幼保健机构（含妇幼保健计划生育服务中心）、健康教育机构、急救中心（站）、采供血机构、卫生监督机构、取得《医疗机构执业许可证》或《计划生育技术服务许可证》的计划生育技术服务机构。

其他医疗卫生机构 包括疗养院、临床检验中心、医学科研机构、医学在职教育机构、卫生监督（监测、检测）机构、医学考试中心、农村改水中心、人才交流中心、统计信息中心等卫生事业单位。

卫生人员 指在医院、基层医疗卫生机构、专业公共卫生机构及其他医疗卫生机构工作的职工，包括卫生技术人员、乡村医生和卫生员、其他技术人员、管理人员和工勤人员。一律按支付年底工资的在岗职工统计，包括各类聘任人员(含合同工)及返聘本单位半年以上人员，不包括临时工、离退休人员、退职人员、离开本单位仍保留劳动关系人员、本单位返聘和临聘不足半年人员。

卫生技术人员 包括执业医师、执业助理医师、注册护士、药师（士）、检验技师（士）、影像技师、卫生监督员和见习医（药、护、技）师（士）等卫生专业人员。不包括从事管理工作的卫生技术人员(如院长、副院长、党委书记等)。

执业医师 指《医师执业证》“级别”为“执业医师”且实际从事医疗、预防保健工作的人员，不包括实际从事管理工作的执业医师。执业医师类别分为临床、中医、口腔和公共卫生四类。

执业(助理)医师 指《医师执业证》“级别”为“执业助理医师”且实际从事医疗、预防保健工作的人员，不包括实际从事管理工作的执业助理医师。执业助理医师类别分为临床、中医、口腔和公共卫生四类。

床位数 指年底固定实有床位（非编制床位），包括正规床、简易床、监护床、正在消毒和修理床位、因扩建或大修而停用的床位、不包括产科新生儿床、接产室待产床、库存床、观察床、临时加床和病人家属陪待床。

二十、社会服务

20-1 民族自治地方分地区收养单位、民间组织和社区建设情况(2018年)

地区	收养单位		民间组织		社区建设
	福利类收养单位床位数(万张)	福利类收养单位收养救助人数(万人)	单位数(个)	#社会团体	城镇社区服务设施数(个)
合计	**34.74**	**18.33**	**95140**	**55213**	**14148**
河北	0.45	0.22	404	203	40
内蒙古	8.90	4.47	16677	8602	3100
辽宁	0.42	0.25	686	302	144
吉林	1.70	0.99	2672	1411	246
黑龙江	0.03	0.02	79	28	8
浙江	0.05	0.02	27	27	
湖北	1.42	0.86	2746	1000	336
湖南	0.84	0.53	2242	1172	286
广东	0.17	0.03	218	142	125
广西	5.74	2.66	25935	12896	2333
海南	0.05	0.02	566	271	88
重庆	0.15	0.05	1356	831	323
四川	1.96	0.84	2727	1940	434
贵州	2.83	1.52	4019	2630	1733
云南	2.44	1.04	11750	8534	1079
西藏	0.49	0.43	612	546	49
甘肃	0.29	0.16	3803	3334	404
青海	0.39	0.24	3250	2609	448
宁夏	1.59	0.71	6300	3735	845
新疆	4.83	3.27	9071	5000	2127

20-2 民族自治地方分地区城镇居民最低生活保障情况(2018年)

地　区	城镇居民最低生活保障人数（人）	城镇居民最低生活保障户数（户）	城镇居民最低生活保障支出（万元）	城镇居民最低生活保障年支出水平（元/人、年）
合　计	**2050727**	**1142185**	**1103678**	**5382**
河　北	11002	5718	5843	5310
内蒙古	388421	239925	245194	6313
辽　宁	23345	15158	14255	6106
吉　林	79662	56455	51745	6496
黑龙江	4015	2252	2046	5097
浙　江	360	215	203	5633
湖　北	10561	7254	7338	6948
湖　南	65602	34037	26966	4111
广　东	469	338	342	7301
广　西	119902	69741	66897	5579
海　南	15703	7732	8570	5457
重　庆	29836	16404	17424	5840
四　川	95287	52016	37073	3891
贵　州	119035	61455	61852	5196
云　南	255441	167945	129324	5063
西　藏	28991	16275	22194	7655
甘　肃	112611	39527	68879	6117
青　海	62877	32133	47389	7537
宁　夏	97383	55294	58653	6023
新　疆	530224	262311	231490	4366

20-3 民族自治地方分地区农村居民最低生活保障情况(2018年)

地区	农村居民最低生活保障人数（人）	农村居民最低生活保障户数（户）	农村居民最低生活保障支出（万元）	农村居民最低生活保障年支出水平（元/人、年）
合计	**10691552**	**4904713**	**2969371**	**2777**
河北	85213	68936	22216	2607
内蒙古	1251522	827145	394596	3153
辽宁	89148	50068	21640	2427
吉林	86840	58186	26845	3091
黑龙江	10881	7053	2455	2256
浙江	5896	3522	2816	4776
湖北	190741	96396	66747	3499
湖南	205425	91766	49881	2428
广东	7482	3620	2823	3773
广西	1822053	643466	494563	2714
海南	41374	17887	12648	3057
重庆	79161	37896	36098	4560
四川	732640	284356	169696	2316
贵州	1183443	476971	356449	3012
云南	1525833	693677	414760	2718
西藏	173361	59778	51034	2944
甘肃	555372	154493	82991	1494
青海	303934	91947	105553	3473
宁夏	365539	273917	148995	4076
新疆	1975694	963633	506567	2564

主要统计指标解释

城市居民最低生活保障人数 指在报告期末共同生活的家庭成员人均收入低于当地最低生活保障标准，且家庭财产状况符合相关规定的城镇居民，并已发放补助经费的人数。

农村居民最低生活保障人数 指报告期末共同生活的家庭成员人均收入低于当地最低生活保障标准，得到当地政府给予最低生活保障待遇的农业人口家庭人数。

社区服务机构和设施数 指报告期末设立的社区服务指导中心、社区服务中心、社区服务站、社区养老机构、社区互助型养老设施及其他社区服务机构的总和数。具有面向老人，残疾人，儿童及其家庭的商品递送、医疗保健、家庭保洁、日间照料、陪伴服务等为社区居家养老服务的设施和突出综合服务的职能。

陆地边境县

1-1 陆地边境县经济发展主要指标

指标	2017年	占全国比重(%)	2018年	占全国比重(%)
人口与就业				
年底总人口(万人)	2372.72	1.71	2374.67	1.70
#少数民族人口	1208.22		1216.33	
单位就业人员数(万人)	187.37		183.17	
地区生产总值(亿元)	**9138.32**	**1.10**	**9264.15**	**1.03**
第一产业	1926.84	2.94	1921.68	2.97
第二产业	3413.01	1.02	3314.79	0.91
第三产业	3798.55	0.89	4027.75	0.86
人均地区生产总值(元)	**38514.14**	**64.56**	**39012.35**	**60.35**
财政(亿元)				
地方一般公共预算收入	597.50	0.65	565.55	0.58
地方一般公共预算支出	3021.56	1.74	3189.97	1.70
农业				
耕地面积(万公顷)	592.40	4.39	587.67	4.36
灌溉面积(万公顷)	301.86	4.45	295.67	4.33
农林牧渔总产值(亿元)	2757.18	2.52	2859.37	2.52
主要农产品产量(万吨)				
粮食产量	2282.44	3.45	2268.94	3.45
棉花产量	29.35	5.19	33.94	5.56
油料产量	82.37	2.37	70.82	2.06
牲畜年末存栏数(万头)				
大牲畜	924.45	9.47	707.17	7.35
羊	3266.77	10.81	3156.85	10.62
猪	972.87	2.20	662.97	1.55
肉类总产量(万吨)	231.36	2.67	183.44	2.13
工业				
规模以上工业企业资产总计(亿元)	9891.20	0.88	9750.47	0.86
教育				
普通中学				
学校数(个)	1190	1.82	1175	1.79
在校学生数(人)	990009	1.45	1001454	1.42
专任教师数(人)	88326	1.66	88232	1.62
普通小学				
学校数(个)	5733	3.43	4671	2.89
在校学生数(人)	1562105	1.55	1623906	1.57
专任教师数(人)	113352	1.91	113593	1.86
医疗卫生				
医疗卫生机构数(个)	15139	1.57	15739	1.61
医疗机构床位数(张)	107582	1.41	108144	1.33
卫生技术人员数(人)	109606	1.22	114937	1.21

2-1 陆地边境县行政区划(2018年末)

地　区	合计	市辖区	县级市	县	旗	自治县
合　计	**140**	**8**	**34**	**66**	**15**	**17**
内蒙古	20	1	4		15	
辽　宁	5	3	1			1
吉　林	10	1	6	2		1
黑龙江	18	1	8	9		
广　西	8	1	3	4		
云　南	25		5	11		9
西　藏	18			18		
甘　肃	1					1
新　疆	35	1	7	22		5

2-2 我国陆地边境县（旗）、市（市辖区）分布（2018年末）

地区	个数	县、旗、市（市辖区）
内蒙古自治区	1 市辖区 4 县级市 15 旗	包头市：达尔罕茂明安联合旗 呼伦贝尔市：扎赉诺尔区、满洲里市、额尔古纳市 陈巴尔虎旗、新巴尔虎左旗、新巴尔虎右旗 巴彦淖尔市：乌拉特中旗、乌拉特后旗 乌兰察布市：四子王旗 兴安盟：阿尔山市、科尔沁右翼前旗 锡林郭勒盟：二连浩特市、阿巴嘎旗、苏尼特左旗 苏尼特右旗、东乌珠穆沁旗 阿拉善盟：阿拉善左旗、阿拉善右旗、额济纳旗
辽宁省	3 市辖区 1 县级市 1 自治县	丹东市：振兴区、元宝区、振安区、东港市、宽甸满族自治县
吉林省	1 市辖区 6 县级市 2 县 1 自治县	通化市：集安市 白山市：浑江区、临江市、抚松县、长白朝鲜族自治县 延边朝鲜族自治州：图们市、珲春市、龙井市、和龙市、安图县
黑龙江省	1 市辖区 8 县级市 9 县	鸡西市：虎林市、密山市、鸡东县 鹤岗市：萝北县、绥滨县 双鸭山市：饶河县 伊春市：嘉荫县 佳木斯市：同江市、抚远市 牡丹江市：绥芬河市、穆棱市、东宁市 黑河市：爱辉区、逊克县、孙吴县 大兴安岭地区：漠河市、呼玛县、塔河县

2–2　续表

地区	个数	县、旗、市（市辖区）
广西壮族自治区	1　市辖区 3　县级市 4　县	防城港市：防城区、东兴市 百色市：靖西市、那坡县 崇左市：凭祥市、宁明县、龙州县、大新县
云南省	5　县级市 11　县 9　自治县	保山市：腾冲市、龙陵县 普洱市：江城哈尼族彝族自治县、孟连傣族拉祜族佤族自治县 澜沧拉祜族自治县、西盟佤族自治县 临沧市：镇康县、耿马傣族佤族自治县、沧源佤族自治县 红河哈尼族彝族自治州：绿春县、金平苗族瑶族傣族自治县、河口瑶族自治县 文山壮族苗族自治州：麻栗坡县、马关县、富宁县 西双版纳傣族自治州：景洪市、勐海县、勐腊县 德宏傣族景颇族自治州：芒市、瑞丽市、盈江县、陇川县 怒江傈僳族自治州：泸水市、福贡县、贡山独龙族怒族自治县
西藏自治区	18　县	日喀则市：定日县、康马县、定结县、仲巴县、亚东县、吉隆县、 聂拉木县、萨嘎县、岗巴县 林芝市：墨脱县、察隅县 山南市：洛札县、错那县、浪卡子县 阿里地区：噶尔县、普兰县、札达县、日土县
甘肃省	1　自治县	酒泉市：肃北蒙古族自治县
新疆维吾尔自治区	1　市辖区 6　县级市 22　县 5　自治县 1　直辖县级单位	哈密市：伊州区、巴里坤哈萨克自治县、伊吾县 阿克苏地区：温宿县、乌什县 喀什地区：叶城县、塔什库尔干塔吉克自治县 和田地区：和田县、皮山县 昌吉回族自治州：奇台县、木垒哈萨克自治县 博尔塔拉蒙古自治州：博乐市、阿拉山口市、温泉县 克孜勒苏柯尔克孜自治州：阿图什市、阿克陶县、阿合奇县、乌恰县 伊犁哈萨克自治州：霍尔果斯市、霍城县、昭苏县、察布查尔锡伯自治县 塔城地区：塔城市、额敏县、托里县、裕民县、和布克赛尔蒙古自治县 阿勒泰地区：阿勒泰市、布尔津县、富蕴县、福海县、哈巴河县、青河县、吉木乃县 自治区直辖县级行政单位：可克达拉市

3-1 陆地边境县分地区年末总人口和少数民族人口(2018年)

单位：万人

地区	年底总人口	#少数民族人口	乡村人口	城镇人口
合计	**2374.67**	**1216.33**	**1454.66**	**919.29**
内蒙古	184.46	60.48	91.54	92.93
辽宁	172.65	43.84	91.66	80.99
吉林	191.06	47.24	58.81	132.25
黑龙江	289.96	15.99	117.28	172.68
广西	270.00	217.58	203.07	66.92
云南	684.41	412.25	485.94	198.48
西藏	41.15	35.80	31.36	9.79
甘肃	1.22	0.51	0.43	0.79
新疆	539.75	382.64	374.58	164.45

注：因部分省份城镇人口与乡村人口为户籍人口数，故与总人口数不等。

4-1 陆地边境县分地区生产总值(2018年)

单位：亿元

地区	地区生产总值	第一产业	第二产业	第三产业	人均地区生产总值（元）
合计	**9264.15**	**1921.68**	**3314.79**	**4027.75**	**39012**
内蒙古	1537.01	190.22	744.72	602.16	80475
辽宁	565.06	104.85	165.76	294.46	32700
吉林	780.13	67.29	305.28	407.55	40619
黑龙江	1360.41	526.49	254.79	579.13	47644
广西	908.62	172.48	376.34	359.80	40374
云南	1877.40	439.76	599.23	838.40	26834
西藏	106.66	16.51	43.99	46.17	27201
甘肃	14.11	0.64	5.84	7.63	9597
新疆	2114.75	403.45	818.84	892.45	38250

4–2 陆地边境县分地区生产总值指数(2018年)

地区	地区生产总值(以2017年为100)	第一产业	第二产业	第三产业
合计	**106.2**	**105.9**	**105.8**	**106.8**
内蒙古	103.5	103.3	101.4	105.0
辽宁	101.0	103.5	96.7	102.5
吉林	102.3	102.5	100.9	103.4
黑龙江	104.5	105.7	103.9	103.6
广西	108.1	104.6	107.7	110.6
云南	112.8	109.4	117.5	111.3
西藏	114.2	113.2	121.2	116.1
甘肃	105.9	104.9	106.7	104.9
新疆	105.7	105.0	105.2	107.3

4–3 陆地边境县分地区生产总值构成(2018年)

单位：%

地区	地区生产总值	第一产业	第二产业	第三产业
合计	**100**	**20.7**	**35.8**	**43.5**
内蒙古	100	12.4	48.5	39.2
辽宁	100	18.6	29.3	52.1
吉林	100	8.6	39.1	52.2
黑龙江	100	38.7	18.7	42.6
广西	100	19.0	41.4	39.6
云南	100	23.4	31.9	44.7
西藏	100	15.5	41.2	43.3
甘肃	100	4.5	41.4	54.1
新疆	100	19.1	38.7	42.2

5–1 陆地边境县单位从业人员和劳动报酬(2018年)

地区	单位从业人员数（万人）	劳动报酬（亿元）
合计	**183.17**	**1416.98**
内蒙古	20.89	213.19
辽宁	10.67	49.11
吉林	17.82	110.98
黑龙江	20.75	104.36
广西	12.23	70.05
云南	46.92	328.76
西藏	2.38	28.67
甘肃	0.26	1.47
新疆	51.26	510.39

6–1 陆地边境县分地区社会消费品零售总额和进出口总额(2018年)

单位：亿元

地区	社会消费品零售总额	进出口总额
合计	**3092.20**	**4075.40**
内蒙古	517.69	361.64
辽宁	494.22	85.28
吉林	427.74	123.33
黑龙江	390.05	236.10
广西	214.44	1767.25
云南	597.47	1307.33
西藏	24.14	11.02
甘肃	2.36	
新疆	424.08	183.45

7—1 陆地边境县分地区财政收入情况(2018年)

单位：亿元

地　　区	一般公共预算收入	#各项税收	#增值税	#企业所得税	#个人所得税
合　　计	**565.55**	**410.84**	**157.54**	**36.08**	**22.24**
内 蒙 古	85.62	64.63	20.42	5.44	3.93
辽　　宁	49.11	33.35	14.37	4.43	1.59
吉　　林	30.20	19.89	5.86	2.17	0.92
黑 龙 江	50.16	28.59	9.23	3.31	1.67
广　　西	37.49	25.42	7.58	1.96	1.10
云　　南	114.21	76.35	36.42	3.35	2.60
西　　藏	6.47	4.50	2.07	0.24	0.15
甘　　肃	1.83	0.93	0.03	0.03	
新　　疆	190.47	157.18	61.56	15.16	10.27

7—2 陆地边境县分地区财政支出情况(2018年)

单位：亿元

地　　区	一般公共预算支出	#一般公共服务	#教　　育	#科学技术
合　　计	**3189.97**	**397.92**	**479.41**	**16.13**
内 蒙 古	395.57	41.35	37.94	1.22
辽　　宁	98.05	8.83	16.01	0.15
吉　　林	260.11	35.08	29.20	3.73
黑 龙 江	373.84	39.87	36.68	2.22
广　　西	229.28	23.92	34.59	1.25
云　　南	725.54	93.85	135.21	1.60
西　　藏	136.44	32.53	15.57	0.90
甘　　肃	8.86	0.94	0.61	0.01
新　　疆	962.27	121.54	173.61	5.05

8-1 陆地边境县分地区农村居民生活水平情况(2018年)(一)

单位：元

地 区	农村居民人均可支配收入	农村居民人均消费支出	#食 品	#衣 着	#居 住
合 计	**12075**	**8805**	**2625**	**598**	**1524**
内蒙古	14584	11062	3097	931	1378
辽 宁	15880	12201	3589	906	2052
吉 林	12040	10550	3402	794	1779
黑龙江	16053	10349	2812	869	1570
广 西	11831	7974	3184	252	1631
云 南	10345	8457	2590	382	1606
西 藏	10000	5215	1644	593	571
甘 肃	24951	21918	6782	1348	2870
新 疆	11827	7850	1914	794	1292

8-1 陆地边境县分地区农村居民生活水平情况(2018年)(二)

单位：元

地 区	农村居民人均消费支出			
	#家庭设备及服务	#医疗保健支出	#交通和通讯	#娱乐教育文化服务
合 计	**588**	**893**	**1330**	**925**
内蒙古	513	1119	2302	1499
辽 宁	544	1427	1765	1511
吉 林	636	1412	1412	901
黑龙江	585	1466	1508	1237
广 西	418	472	1014	873
云 南	529	745	1382	808
西 藏	896	356	679	711
甘 肃	1547	445	3727	3173
新 疆	751	910	1075	743

9—1 陆地边境县分地区农村基层组织情况(2018年)

地　区	乡镇个数(个)	乡村人口(万人)	村民委员会(个)
合　计	**1246**	**1454.66**	**10885**
内蒙古	148	91.54	1144
辽　宁	48	91.66	452
吉　林	80	58.81	951
黑龙江	161	117.28	1393
广　西	85	203.07	1017
云　南	255	485.94	2052
西　藏	139	31.36	873
甘　肃	4	0.43	26
新　疆	326	374.58	2977

9—2 陆地边境县分地区农、林、牧、渔业总产值及指数(2018年)

单位：亿元

地　区	农林牧渔业总产值	#农业	#林业	#牧业	#渔业	农林牧渔业总产值指数
合　计	**2859.37**	**1540.83**	**262.81**	**721.16**	**197.13**	**105.2**
内蒙古	334.19	113.10	12.16	167.93	9.12	103.4
辽　宁	181.00	61.47	4.89	36.56	79.87	105.3
吉　林	120.01	75.65	13.61	25.89	3.43	102.7
黑龙江	511.11	359.02	40.74	83.39	13.82	104.7
广　西	283.88	146.81	35.01	37.31	57.84	104.8
云　南	709.64	391.82	123.51	145.18	28.65	106.1
西　藏	19.69	7.69	0.54	9.55		118.9
甘　肃	1.26	0.23		0.96		107.3
新　疆	698.60	385.05	32.34	214.38	4.41	105.7

9-3 陆地边境县分地区耕地面积和有效灌溉面积(2018年)

单位：千公顷

地区	年末实有耕地面积	有效灌溉面积
合计	**5876.75**	**2956.74**
内蒙古	1013.01	353.19
辽宁	111.79	48.21
吉林	168.56	20.44
黑龙江	1801.10	538.22
广西	286.33	67.52
云南	678.75	311.36
西藏	34.54	27.31
甘肃	1.78	1.18
新疆	1780.88	1589.31

9-4 陆地边境县分地区主要农产品产量(2018年)

单位：万吨

地区	粮食	油料	棉花
合计	**2268.94**	**70.82**	**33.94**
内蒙古	287.21	21.64	1.47
辽宁	79.77	1.28	
吉林	83.31	0.83	
黑龙江	776.10	2.31	
广西	61.40	1.55	0.02
云南	308.43	8.40	
西藏	12.49	0.62	
甘肃	0.65	0.06	
新疆	659.59	34.13	32.45

9-5 陆地边境县分地区牲畜年末存栏数(2018年)

单位：万头

地　区	牲畜年末存栏数		
	大牲畜	猪	羊
合　计	**707.17**	**662.97**	**3156.85**
内蒙古	138.33	17.82	1380.43
辽　宁	3.21	30.54	12.43
吉　林	16.62	24.63	9.81
黑龙江	35.16	68.49	74.66
广　西	24.72	103.19	9.48
云　南	117.79	364.22	73.45
西　藏	96.77	6.72	251.11
甘　肃	2.50	0.14	23.30
新　疆	272.08	47.22	1322.19

9-6 陆地边境县分地区畜产品产量(2018年)

单位：万吨

地　区	肉类总产量	#猪肉	#牛肉	#羊肉
合　计	**183.44**	**65.78**	**33.61**	**47.77**
内蒙古	35.25	1.69	8.37	23.26
辽　宁	14.81	3.13	0.12	0.09
吉　林	4.87	2.97	1.45	0.13
黑龙江	15.45	9.06	2.87	1.12
广　西	14.19	9.62	0.89	0.15
云　南	46.19	34.19	4.85	1.20
西　藏	2.34	0.16	0.98	0.98
甘　肃	0.29	0.01	0.05	0.17
新　疆	50.05	4.94	14.03	20.68

9-7 陆地边境县分地区农业机械总动力和农村用电量(2018年)

地区	农业机械总动力（万千瓦）	农村用电量（万千瓦小时）
合计	**3017.91**	**642080.76**
内蒙古	570.03	113731.19
辽宁	88.29	66597.00
吉林	184.89	30866.00
黑龙江	767.01	76828.00
广西	215.26	53448.25
云南	507.77	104633.62
西藏	77.19	2251.69
甘肃	3.22	141.00
新疆	604.24	193584.00

10-1 陆地边境县分地区规模以上工业企业单位数和资产总计(2018年)

地区	工业企业单位数（个）	资产总计（亿元）
合计	**2929**	**9750.47**
内蒙古	430	3104.88
辽宁	229	372.23
吉林	501	766.96
黑龙江	364	551.02
广西	214	520.49
云南	497	1498.79
西藏	10	0.09
甘肃	170	95.95
新疆	514	2840.06

11-1 陆地边境县分地区普通中学和普通小学基本情况(2018年)

单位：人

地　　区	普通中学			普通小学		
	学校数（所）	在　校学生数	#专　任	学校数（所）	在　校学生数	#专　任教师数
合　　计	**1175**	**1001454**	**88232**	**4671**	**1623906**	**113593**
内 蒙 古	107	61087	6646	123	78068	6330
辽　　宁	69	44935	4450	259	61252	5283
吉　　林	147	46329	7964	207	58392	6513
黑 龙 江	149	85886	9223	249	94908	9522
广　　西	92	112967	6831	910	203960	11321
云　　南	316	329158	24690	1841	593841	34229
西　　藏	18	14339	1267	144	31067	2719
甘　　肃	2	554	81	2	642	85
新　　疆	275	306199	27080	936	501776	37591

12-1 陆地边境县分地区医疗卫生机构情况(2018年)

单位：个、张、人

地　　区	医疗卫生机构数	医疗卫生机构床位数	卫生技术人员数
合　　计	**15739**	**108144**	**114937**
内 蒙 古	1595	8180	11209
辽　　宁	1085	6473	7516
吉　　林	1464	9562	10275
黑 龙 江	1852	13017	13425
广　　西	1526	7924	10315
云　　南	3537	37274	35059
西　　藏	575	1638	1410
甘　　肃	35	170	127
新　　疆	4070	23906	25601

13-1 陆地边境县分地区收养单位、民间组织和社区建设情况(2018年)

地区	收养单位		民间组织		社区建设
	福利类收养单位床位数（万张）	福利类收养单位收养救助人数（万人）	单位数（个）	#社会团体（个）	城镇社区服务设施数（个）
合计	**5.00**	**2.26**	**8337**	**5034**	**1333**
内蒙古	0.45	0.20	1019	690	305
辽宁	0.53	0.35	505	112	130
吉林	1.11	0.59	1086	681	188
黑龙江	0.78	0.38	1036	441	77
广西	0.72	0.03	1258	658	123
云南	0.70	0.23	2308	1791	244
西藏			15	15	1
甘肃	0.01		30	26	4
新疆	0.70	0.48	1080	620	319

13-2 陆地边境县分地区城镇居民最低生活保障情况(2018年)

地区	城镇居民最低生活保障人数（人）	城镇居民最低生活保障户数（户）	城镇居民最低生活保障支出（万元）	城镇居民最低生活保障年支出水平（包括春节等一次性补助）（元/人、年）
合计	**366485**	**220530**	**196065**	**5350**
内蒙古	33098	22173	22517	6803
辽宁	17533	12171	9588	5469
吉林	87294	61581	51077	5851
黑龙江	50922	32960	27864	5472
广西	8524	4676	4049	4750
云南	48795	30784	24621	5046
西藏	2739	1164	2709	9889
甘肃	377	201	239	6350
新疆	117203	54820	53401	4556

13-3 陆地边境县分地区农村居民最低生活保障情况（2018年）

地　区	农村居民最低生活保障人数（人）	农村居民最低生活保障户数（户）	农村居民最低生活保障支出（万元）	农村居民最低生活保障年支出水平（元/人、年）
合　计	**1470497**	**707215**	**398688**	**2711**
内蒙古	85331	58205	29482	3455
辽　宁	31526	20059	8859	2810
吉　林	71984	53149	23470	3260
黑龙江	51995	34787	12685	2440
广　西	153810	51934	37644	2447
云　南	512348	212123	135001	2635
西　藏	8579	2700	3855	4493
甘　肃	227	123	67	2969
新　疆	554697	274135	147624	2661

14-1 各陆地边境县主要经济社会指标(2018年)(一)

地 区	年 末总人口(万人)	地 区生产总值(亿元)	人均地区生产总值(元)	规模以上工业企业资产总计(亿元)
内蒙古自治区				
达尔罕茂明安联合旗	11.16	212.83	219187	332.18
四子王旗	21.24	49.57	23333	104.24
二连浩特市	7.54	109.66	150436	40.59
阿巴嘎旗	4.38	64.30	144693	74.68
东乌珠穆沁旗	6.21	54.79	80452	930.02
苏尼特左旗	3.45	49.71	152937	
苏尼特右旗	6.70	48.20	69954	73.10
满洲里市	17.24	173.51	76703	151.57
额尔古纳市	7.99	45.19	56283	2.60
陈巴尔虎旗	5.52	90.10	162061	238.90
新巴尔虎左旗	4.20	24.29	57728	4.61
新巴尔虎右旗	3.52	58.20	165308	94.19
乌拉特中旗	14.29	88.82	63443	295.40
乌拉特后旗	5.84	67.80	101573	278.55
阿拉善左旗	14.47	205.27	135002	241.94
阿拉善右旗	2.52	17.14	64020	60.34
额济纳旗	1.85	43.91	100780	23.55
阿尔山市	4.53	15.44	22789	20.13
科尔沁右翼前旗	33.25	71.03	23929	39.44
扎赉诺尔区	8.56	47.26	58758	98.85
辽宁省				
振安区	16.83	50.83	30205	134.83
元宝区	17.97	60.20	33503	23.76
振兴区	37.16	127.69	34365	33.90
东港市	58.97	240.35	40667	116.47
宽甸满族自治县	41.73	85.99	20597	63.26
吉林省				
集安市	21.17	77.47	36542	80.25

农林牧渔业总产值（亿元）	粮食总产量（万吨）	肉类总产量（万吨）	社会消费品零售总额（亿元）	农村居民人均可支配收入（元）	地方一般公共预算收入（亿元）	地方一般公共预算支出（亿元）
26.05	9.13	2.15	24.54	13757	5.50	18.75
21.05	21.40	1.97	26.61	10875	1.08	29.29
1.12		0.31		41210	5.81	19.50
15.75		3.03	12.48	25877	1.65	10.34
28.08		3.82	25.22	30340	6.88	18.30
11.21		3.01	8.12	15270	1.61	11.91
10.86	0.01	1.67	19.71	11676	2.13	14.99
5.94		0.31	159.66		10.99	38.72
30.72	42.13	0.81	18.26	25882	1.56	18.98
19.12	19.48	1.32	6.99	21908	6.47	16.62
17.83	4.09	2.15	7.90	21555	1.23	12.97
17.59	0.23	3.83	7.50	21596	4.40	14.48
31.69	27.35	2.32	18.40	16688	8.19	29.18
7.49	6.53	0.82	9.93	15154	8.65	20.04
16.87	15.46		57.22	17327	8.99	43.38
4.54	0.90	0.33	7.76	20026	0.84	4.15
3.44	0.08	0.09	14.47	21044	1.68	12.14
2.86	4.64	0.21	8.42	10444	1.22	15.08
59.29	144.65	6.90	32.16	10430	2.96	41.66
2.69	0.01	0.20	52.33		3.78	5.10
12.99	3.99	1.62	22.90	15439	4.55	9.89
1.30	0.22	0.11	111.27	15439	5.21	5.29
3.02	0.88	0.15	133.19		10.70	9.18
122.33	55.98	7.66	149.13	16795	14.40	45.99
41.36	21.16	5.26	77.73	14856	5.72	27.71
11.02	7.11	0.51	48.11	13808	3.71	28.31

14-1(一) 续表 1

地 区	年 末 总人口 （万人）	地 区 生产总值 （亿元）	人均地区 生产总值 （元）	规模以上 工业企业资产总计 （亿元）
浑江区	32.63	196.71	60169	153.92
临江市	15.42	86.79	55858	55.62
抚松县	28.22	152.93	53844	94.68
长白朝鲜族自治县	7.80	45.41	57867	24.79
图们市	11.04	23.22	20808	31.23
龙井市	15.40	27.87	17934	16.39
珲春市	22.85	93.70	40987	203.41
和龙市	16.78	24.80	14623	57.83
安图县	19.75	51.23	25798	48.85
黑龙江省				
萝北县	21.40	86.41	40385	27.49
绥滨县	17.60	28.39	23082	16.79
饶河县	13.91	60.34	43298	10.68
密山市	39.65	137.44	34479	60.79
虎林市	27.53	150.82	54530	121.94
鸡东县	26.88	84.94	31802	34.99
嘉荫县	7.04	24.03	34013	6.82
绥芬河市	6.96	147.92	149820	23.00
东宁市	20.30	147.30	72405	26.42
同江市	17.55	109.82	52302	34.63
抚远市	8.34	70.83	59713	10.35
爱辉区	18.41	27.87	34110	50.37
逊克县	9.55	30.58	31909	43.78
孙吴县	9.26	16.84	18120	6.14
呼玛县	4.47	13.13	29208	13.64
塔河县	6.93	18.68	24890	5.09
漠河市	7.05	29.29	41063	22.41
穆棱市	27.14	175.77	64258	35.71
广西壮族自治区				
防城区	44.54	139.81	35539	48.16

农林牧渔业总产值（亿元）	粮食总产量（万吨）	肉类总产量（万吨）	社会消费品零售总额（亿元）	农村居民人均可支配收入（元）	地方一般公共预算收入（亿元）	地方一般公共预算支出（亿元）
17.06	2.96	0.67	134.07	13525	2.67	12.28
12.43	4.31	0.41	41.35	13699	2.32	31.14
34.24	7.79	0.65	60.55	14218	3.96	37.76
7.97	2.12	0.14	12.38	11241	1.58	24.81
1.99	5.34	0.40	24.93	10790	1.47	23.41
6.93	12.76	0.44	17.16	8910	1.92	26.78
10.69	16.80	0.71	48.01	12946	7.81	33.83
7.46	13.66	0.63	21.99	8896	1.85	0.06
10.23	13.04	0.32	19.19	10005	2.90	41.74
16.01	37.49	1.04	17.94	18472	3.60	21.42
23.00	47.49	0.93	12.24	6726	1.66	19.20
27.80	40.48	0.72	5.85	7564	1.28	18.86
61.85	120.01	2.52	48.70	17735	3.62	32.26
49.37	92.91	0.46	34.90	19165	4.14	27.23
54.56	77.32	2.96	26.24	16727	2.66	23.85
16.31	25.26	0.13	8.53	16652	1.00	16.55
2.56	1.16	0.26	32.05	21047	4.79	20.48
43.69	16.63	0.74	48.19	25189	5.77	21.71
28.54	68.12	0.32	25.83	8219	2.30	23.87
38.05	86.64	0.24	12.64	5533	1.91	21.30
19.82	42.91	0.99	8.45	15179	2.05	20.10
23.90	57.16	0.96	7.72	15199	3.11	26.19
13.67	27.86	0.67	8.43	13271	1.75	18.29
12.77	13.09	0.18	4.80	14719	1.15	12.53
18.81	1.04	0.35	8.12	12350	0.66	7.94
20.76	0.54	0.30	15.49	18924	3.57	11.53
39.65	43.99	1.68	63.92	18741	5.14	30.52
55.39	9.77	2.71	53.75	15063	3.85	21.66

14-1(一) 续表 2

地 区	年末总人口（万人）	地区生产总值（亿元）	人均地区生产总值（元）	规模以上工业企业资产总计（亿元）
东兴市	15.38	98.29	61108	40.28
凭祥市	11.61	90.10	75051	11.15
大新县	38.50	141.60	45967	77.66
宁明县	44.40	154.30	43477	53.67
龙州县	27.41	129.38	56797	96.62
靖西市	66.29	128.53	24555	179.75
那坡县	21.86	26.60	16421	13.20
云南省				
澜沧拉祜族自治县	49.23	77.95	15524	264.67
江城哈尼族彝族自治县	12.82	29.80	23282	42.13
西盟佤族自治县	9.62	14.31	14926	5.99
孟连傣族拉祜族佤族自治县	13.17	30.55	21436	7.43
镇康县	18.57	45.68	24664	37.59
沧源佤族自治县	18.99	41.33	21845	26.52
耿马傣族佤族自治县	29.67	96.68	31276	42.59
龙陵县	30.47	82.65	28237	110.18
腾冲市	68.62	193.81	28871	105.57
麻栗坡县	28.85	61.36	21321	47.99
马关县	38.63	90.09	23677	105.42
富宁县	43.33	92.45	21864	39.37
绿春县	24.67	37.11	15764	14.56
金平苗族瑶族傣族自治县	39.36	58.44	15511	45.79
河口瑶族自治县	9.32	60.03	54721	28.75
景洪市	42.98	219.64	40501	101.20
勐海县	33.45	105.74	30491	76.02
勐腊县	25.08	92.41	31283	15.13
芒市	40.05	111.93	26508	100.18
瑞丽市	21.02	107.41	51300	12.30
盈江县	32.47	92.62	28526	142.10
陇川县	19.62	47.17	24092	37.78

农林牧渔业总产值（亿元）	粮食总产量（万吨）	肉类总产量（万吨）	社会消费品零售总额（亿元）	农村居民人均可支配收入（元）	地方一般公共预算收入（亿元）	地方一般公共预算支出（亿元）
32.75	1.93	0.80	30.09	17937	4.94	20.85
9.25	1.66	0.59	28.63	12207	4.24	18.56
40.93	11.78	3.33	16.87	12526	2.18	27.36
60.39	6.74	1.97	18.45	11786	3.42	34.55
46.16	4.11	0.79	23.12	10769	2.52	26.42
26.37	20.99	2.81	33.76	10269	13.91	55.39
12.65	6.33	1.19	9.78	8307	2.43	24.48
34.20	25.69	3.74	21.58	9716	5.24	50.07
15.61	5.06	0.67	8.09	9932	1.89	18.16
5.67	4.57	0.46	3.46	9786	0.81	15.03
20.21	7.45	0.82	1.33	9928	1.62	17.13
17.72	8.88	1.01	11.06	10563	3.22	20.71
18.38	7.65	0.86	12.59	10410	3.03	23.64
49.92	11.93	2.59	24.60	11243	4.17	26.76
31.81	15.18	2.71	18.42	10629	6.44	32.75
60.64	44.74	9.14	45.60	11292	17.56	62.63
19.53	10.91	2.21	24.74	9918	3.31	31.89
31.88	16.04	2.66	42.00	10015	7.01	35.61
36.69	13.13	2.18	47.90	10488	3.34	31.38
16.88	11.56	1.82	8.70	8532	1.50	24.56
20.13	13.86	1.99	9.42	8601	1.95	30.31
15.32	2.35	0.37	8.53	12446	3.27	21.44
70.54	10.12	1.88	87.61	14898	12.21	41.14
40.10	30.10	1.49	24.94	11864	5.33	32.16
63.26	8.45	1.23	28.33	10699	4.20	31.12
35.49	22.61	1.76	53.13	11307	6.24	30.33
14.65	5.66	1.34	44.37	11629	10.04	27.33
41.83	22.57	1.61	36.16	10634	5.02	26.75
27.56	11.92	0.80	10.97	9546	2.29	18.70

14-1(一) 续表 3

地 区	年 末 总人口 (万人)	地 区 生产总值 (亿元)	人均地区 生产总值 (元)	规模以上 工业企业资产总计 (亿元)
泸水市	19.13	57.51	30227	69.71
福贡县	11.75	16.69	16444	3.13
贡山独龙族怒族自治县	3.55	14.05	36011	16.69
西藏自治区				
洛札县	3.83	5.88	20145	
错那县	1.54	6.65	43000	
浪卡子县	3.86	8.08	20996	
定结县	2.44	4.59	18848	
定日县	6.14	10.83	17420	
康马县	2.36	5.93	22872	
聂拉木县	2.07	8.14	39196	0.08
吉隆县	1.67	4.01	25357	
亚东县	1.40	7.55	55051	
岗巴县	1.19	4.70	39311	
仲巴县	2.65	7.44	28274	
萨嘎县	1.60	4.05	25252	
噶尔县	2.45	3.61	30212	
普兰县	1.27	3.21	25389	
日土县	1.26	3.72	32618	
札达县	0.84	3.06	36999	0.01
墨脱县	1.38	6.06	38616	
察隅县	3.20	9.17	28621	
甘肃省				
肃北蒙古族自治县	1.22	14.11	9597	95.95
新疆维吾尔自治区				
伊州区	43.22	399.51	81393	1083.70
伊吾县	2.12	65.98	310983	274.92
巴里坤哈萨克自治县	10.60	71.07	67063	188.68
和田县	35.61	38.10	10686	46.58
皮山县	29.41	30.16	9373	2.08

农林牧渔业总产值（亿元）	粮食总产量（万吨）	肉类总产量（万吨）	社会消费品零售总额（亿元）	农村居民人均可支配收入（元）	地方一般公共预算收入（亿元）	地方一般公共预算支出（亿元）
12.29	6.11	2.01	15.95	6530	2.78	37.00
5.40	1.12	0.61	4.55	6240	0.93	24.08
3.92	0.29	0.22	3.42	6291	0.80	14.87
1.15	1.14	0.11	11.96	12214	0.39	
0.49	0.56	0.15	1.25	10902	0.22	4.62
0.97	0.64	0.20	1.39	11121	0.42	10.67
1.26	0.90	0.07	0.99	8006	0.27	8.71
2.64	3.26	0.17	1.73	8265	0.71	20.29
1.20	1.29	0.20		11817	0.20	8.05
1.49	0.86	0.15	1.11	5630	0.31	3.96
1.02	0.43	0.06		8000	0.32	4.22
1.15	0.11	0.06		12493	0.77	8.75
0.08	0.22	0.07	0.63	11284	0.18	6.73
2.50	0.16	0.32		12706		10.83
1.08	0.15	0.17		8227	0.21	12.24
	0.04	0.09	0.99	11411	0.86	6.14
0.77	0.29	0.05	0.83	11031	0.36	7.48
1.03	0.10	0.13	0.95	11487	0.34	5.74
0.26	0.05	0.06		10194	0.44	8.15
0.55	0.61	0.11	0.50	10380	0.45	9.87
2.06	2.06	0.17	1.80	10170		
1.26	0.67	0.29	2.36	24951	1.83	8.86
47.91	2.11	1.10	87.50	17670	29.18	47.47
6.81	0.56	0.75	2.79	18404	10.18	14.53
15.10	9.59	1.46	14.02	13728	5.43	20.09
22.41	16.85	1.26	2.78	8550	3.00	52.38
15.20	16.83	0.34	2.80	7874	2.34	48.86

14-1(一) 续表 4

地 区	年 末 总人口 （万人）	地 区 生产总值 （亿元）	人均地区 生产总值 （元）	规模以上 工业企业资产总计 （亿元）
温宿县	23.56	46.98	28261	57.97
乌什县	23.30	32.12	13783	5.46
叶城县	55.22	87.82	15902	31.48
塔什库尔干塔吉克自治县	4.10	13.68	33456	3.15
阿图什市	28.55	50.75	16886	56.08
阿合奇县	4.60	10.11	21962	
乌恰县	5.89	33.16	56303	56.79
阿克陶县	23.41	35.83	15381	59.80
奇台县	23.66	158.11	66414	198.51
木垒哈萨克自治县	8.70	32.27	36836	26.69
博乐市	26.03	160.22	62007	79.13
温泉县	7.30	26.44	36073	3.79
阿拉山口市	0.92	62.69	684675	54.02
昭苏县	18.15	48.25	26438	27.02
霍城县	27.73	82.41	24276	27.02
察布查尔锡伯自治县	19.44	51.76	26623	
霍尔果斯市	6.48	53.90	82923	5.06
塔城市	14.80	87.00	58744	6.70
额敏县	15.62	73.46	47030	31.48
裕民县	9.23	38.98	42221	59.95
托里县	5.22	14.53	27854	1.12
和布克赛尔蒙古自治县	5.24	30.60	57690	92.74
阿勒泰市	19.71	81.72	41134	31.23
青河县	7.16	24.16	33544	58.62
吉木乃县	9.64	52.10	53630	121.76
富蕴县	6.54	45.85	55549	18.92
布尔津县	8.51	42.07	46866	72.97
福海县	6.31	18.45	25757	26.14
哈巴河县	3.79	14.53	36241	30.49

农林牧渔业总产值（亿元）	粮食总产量（万吨）	肉类总产量（万吨）	社会消费品零售总额（亿元）	农村居民人均可支配收入（元）	地方一般公共预算收入（亿元）	地方一般公共预算支出（亿元）
48	29.50	3.73	19.68	17878	4.86	35.46
19.96	24.50	2.73	2.40	8226	1.51	35.01
66.02	46.01	3.35	17.54	8185	5.26	83.31
3.25	1.13	0.59	2.11	7831	1.41	24.24
8.68	11.48	0.82	14.46	7905	3.94	46.64
2.38	0.53	0.35	1.47	6723	0.90	18.96
2.48	0.91	0.53	2.52	7877	4.68	29.98
15.38	23.55	1.74	5.42	7748	3.40	58.12
62.66	78.19	3.42	31.78	17713	6.97	28.41
23.97	17.94	4.40	9.13	15265	3.91	17.70
32.65	34.63	1.20	37.75	16928	10.82	32.87
12.70	39.02	0.75	3.58	9745	1.40	14.65
					5.48	15.04
22.68	15.83	2.08	7.45	13073	1.93	20.23
28.66	34.60	2.70	20.40	13020	3.69	20.66
30.89	58.88	1.43	4.33	25237	3.39	24.35
4.93	6.37	0.29	3.69		25.38	35.67
43.27	108.74	1.59	21.94	16390	4.06	21.93
44.68	0.01	1.28	18.95	15084	2.78	21.17
15.40	21.95	1.34	4.02	10850	1.83	16.38
9.49	25.60	0.92	3.51	18737	1.23	10.68
10.90		1.38	3.86	13504	12.18	19.12
18.33	9.34	2.02	30.96	13757	4.45	26.70
8.40	4.32	1.15	17.50	12378	3.76	18.46
11.66	10.12	1.54	8.42	7780	8.82	27.13
20.84	21.82	1.56	7.98	14669	2.87	19.85
12.90	4.10	1.31	8.11	11720	5.40	18.36
6.36	2.78	0.60	3.79	12260	2.46	21.19
3.28	2.19	0.34	1.45	9930	1.56	16.63

14-1 各陆地边境县主要经济社会指标(2018年)(二)

地 区	普通中学在校学生（人）	普通中学专任教师（人）	普通小学在校学生（人）	普通小学专任教师（人）	文化馆（个）	图书馆（个）	博物馆（个）
内蒙古自治区							
达尔罕茂明安联合旗	1519	243	2995	333	1	1	1
四子王旗	4860		5560		1	1	2
二连浩特市	4357		5477		1	1	2
阿巴嘎旗	905	200	1489	196	1	1	1
东乌珠穆沁旗	2811	321	4413	227		1	1
苏尼特左旗	1670	128	1600	176	1	1	1
苏尼特右旗	2324	372	1338	372	1	1	
满洲里市	9423	1132	9182	585		2	3
额尔古纳市	2557	303	2675	369	1	1	1
陈巴尔虎旗	974	231	1883	414			
新巴尔虎左旗	822		1747		1	1	2
新巴尔虎右旗	750	119	1698	170	1	1	2
乌拉特中旗	3152	348	4092	417	1	1	1
乌拉特后旗	1342	235	2480	155	1	1	1
阿拉善左旗	8520	983	9511	610	1	2	1
阿拉善右旗	445	76	897	168	1	1	2
额济纳旗	815	90	1327	110	1	1	1
阿尔山市	559	166	995	142			
科尔沁右翼前旗	10472	1378	16330	1565	1	1	5
扎赉诺尔区	2810	359	2379	321		1	2
辽宁省							
振安区	1988	259	5094	636	1	1	
元宝区	609	79	5739	341	1	1	
振兴区	1366	235	14341	909	1		
东港市	25379	2348	21866	1910	1	1	1
宽甸满族自治县	15593	1529	14212	1487	1	1	1
吉林省							
集安市	7269	1264	6971	759	1	2	1

医疗卫生机构数（个）	医疗卫生机构床位数（张）	卫生技术人员（人）	城镇居民最低生活保障人数（人）	城镇居民最低生活保障支出（万元）	农村居民最低生活保障人数（人）	农村居民最低生活保障支出（万元）
97	470	533	356	274	1681	658
36	662	678	4824	3070	32618	10797
	227		606	414		
56	214	253	865	465	700	280
21	232	301	1907	1105	1266	638
79	130	232	664	347	898	394
37	372	365	2400	1347	5106	1382
104	1164	2122	1770	1290		
100	424	648	3605	2101		
16			2009	1497	449	323
25	136	304	1695	1090	1865	754
26	176	334	1544	941	917	440
66	367	779	1491	919	6496	2491
75	250	505	2840	2177	2250	1600
243	1126	1858	1359	1237	464	324
88	181	187	82	89	15	24
13	175	170	132	128		
34	158	310	3179	2705		
429	1380	1630	1770	1323	30606	9377
50	336					
125	390	614	2111	1129	2524	648
68		260	4219	2753	614	189
10	260	620	5131	2779	1985	965
378	2925	4022	1463	231	11581	2719
504	2898	2000	4609	2697	14822	4338
22	936	563	5313	2059	8797	2044

14-1(二) 续表 1

地　区	普通中学在校学生（人）	普通中学专任教师（人）	普通小学在校学生（人）	普通小学专任教师（人）	文化馆（个）	图书馆（个）	博物馆（个）
浑江区	3680	605	6778	866		1	
临江市	3095	718	4989	455	1	1	3
抚松县	11638	1823	10749	1079	1	1	1
长白朝鲜族自治县	2586	506	2378	455	1	1	1
图们市	1968	400	2428	296	1	1	1
龙井市	2583	618	3490	384	1	1	1
珲春市	5191	668	11121	1099		1	1
和龙市	3097	774	3934	563	1	1	1
安图县	5222	588	5554	557	1	1	1
黑龙江省							
萝北县	3371	401	3012	401	2	1	1
绥滨县	4696	533	4477	608	1	1	
饶河县	1917	224	3203	364	1	1	1
密山市	10497	1525	9712	828	2	1	1
虎林市	9798	797	6719	633	1	1	1
鸡东县	7121	1052	7258	877	1	1	
嘉荫县	2463	267	2640	281	1	1	1
绥芬河市	5787	452	7684	373	1	1	1
东宁市	9194	904	9584	827	1	1	2
同江市	3889	255	6143	597	1	1	1
抚远市	2859	435	3354	509	1	1	
爱辉区	5928	443	7956	745	1	1	1
逊克县	2093	242	3022	322	1	1	1
孙吴县	3985	296	4163	388	1	1	5
呼玛县	1736	189	1556	141	1	1	1
塔河县	1793	307	1400	326	1	1	
漠河市	1112	133	1739	374	1	1	2
穆棱市	7647	768	11286	928	2	1	2
广西壮族自治区							
防城区	16501	1005	38258	1989	1	1	

医疗卫生机构数（个）	医疗卫生机构床位数（张）	卫生技术人员（人）	城镇居民最低生活保障人数（人）	城镇居民最低生活保障支出（万元）	农村居民最低生活保障人数（人）	农村居民最低生活保障支出（万元）
64	426	409	19878	10597	8146	2719
92	1293	1077	8598	4057	7611	1693
317	2996	2011	13860	6982	12537	4156
95	316	418	6505	3924	5153	2326
95	350	686	4547	3063	2425	827
	461	736	6199	4391	5000	2157
285	1433	1820	8735	5346	4014	1223
147	417	895	7596	5939	7036	3080
347	934	1660	6063	4718	11265	3245
171	539	596	4067	1916	2881	631
124	515	444	2639	1143	2305	539
89	575	563	1300	747	3427	876
224	2266	2683	5383	3213	9506	2456
158	1594	1907	4940	2216	1157	263
173	1600	889	3572	1997	5752	1238
45	375	223	1935	1249	2844	719
43	502	688	735	429	807	408
144	788	1194	2261	1255	1937	543
21	819	488	3301	1863	2464	561
54	220	401	755	529	1100	374
92	418	316	5185	3159	656	233
93	398	368	1601	876	1675	372
146	478	478	2458	1270	5079	1187
61	207	327	1698	747	1680	346
18	530	446	3560	1877	612	161
17	413	579				
179	780	835	5532	3378	8113	1779
165	994	1256	1044	507	13649	3575

14-1(二) 续表 2

地 区	普通中学在校学生（人）	普通中学专任教师（人）	普通小学在校学生（人）	普通小学专任教师（人）	文化馆（个）	图书馆（个）	博物馆（个）
东兴市	10971	783	23742	1369	1	1	1
凭祥市	5616	311	10874	594	1	1	1
大新县	15633	571	22723	1413	1	1	1
宁明县	14756	954	31162	1644	1	1	
龙州县	10104	557	15337	989	1	1	
靖西市	30983	2027	45909	2392	1	1	1
那坡县	8403	623	15955	931	1	1	2
云南省							
澜沧拉祜族自治县	17818	1502	33007	1897	1	1	1
江城哈尼族彝族自治县	5585	509	9492	494	1	1	1
西盟佤族自治县	4128	335	7045	562	1	1	1
孟连傣族拉祜族佤族自治县	4949	362	12913	701	1	1	1
镇康县	9885	652	18325	1056	1	1	1
沧源佤族自治县	8366	682	13535	1112	1	1	
耿马傣族佤族自治县	10719	750	27209	1510	1	1	1
龙陵县	16671	1130	25598	1574	1	1	1
腾冲市	50984	3368	53378	2945	1	2	4
麻栗坡县	14282	1103	23936	1895	1	1	1
马关县	13266	1198	31327	1754	1	1	
富宁县	20509	1777	41849	2322	1	1	1
绿春县	10761	873	21807	1064	1	1	1
金平苗族瑶族傣族自治县	19961	1371	35906	1643	1	1	1
河口瑶族自治县	3724	404	7981	662	1	1	
景洪市	27055	1775	44174	2229	2	2	2
勐海县	10533	666	26282	1326	1	1	
勐腊县	13897	956	26271	1424	1	1	
芒市	13465	1015	37092	2103	1	3	1
瑞丽市	7432	747	18781	1009	2	2	1
盈江县	17210	1347	29970	1761	1	1	
陇川县	9884	789	17727	1050	1	1	

医疗卫生机构数（个）	医疗卫生机构床位数（张）	卫生技术人员（人）	城镇居民最低生活保障人数（人）	城镇居民最低生活保障支出（万元）	农村居民最低生活保障人数（人）	农村居民最低生活保障支出（万元）
126	471	869	387	239	2582	796
77	328	604	964	479	3394	830
164	853	1326	863	494	12393	4493
195	1201	1565	1261	563	13801	3441
149	1147	1379	566	333	8003	2911
365	1929	2350	2932	1275	80179	18150
285	1001	966	507	160	19809	3448
185	1752	1014	1445	762	44728	16899
70	500	674	997	452	9965	2633
49	289	286	787	488	5100	1471
68	587	465	293	163	811	1651
112	1075	1076	1327	545	15184	3839
129	620	896	1464	375	24928	3265
153	1393	1467	976	588	13925	2250
150	1135	481	671	994	17165	3837
356	3486	3705	1226	642	19409	5932
122	1194	973	2659	2020	28662	12714
159	1472	1380	3091	2006	54911	13559
171	1542	736	5955	2704	60649	13463
114	736	582	1151	672	8020	3345
181	2305	844	3261	1300	40664	17339
66	717	751	7781	3416	788	132
318	4544	5008	2954	1521	6243	1355
211	1899	2266	1040	550	7817	1767
198	1353	1806	1252	545	8819	1382
164	4356	4314	1431	1860	13329	3410
97	1540	1917	638	297	2936	643
155	1510	1388	1000	29	18911	2068
92	1168	1088	478	34	12934	1198

14-1(二) 续表 3

地　区	普通中学在校学生（人）	普通中学专任教师（人）	普通小学在校学生（人）	普通小学专任教师（人）	文化馆（个）	图书馆（个）	博物馆（个）
泸水市	11505	825	17128	1250	1	1	1
福贡县	5280	391	10392	596	1	1	1
贡山独龙族怒族自治县	1289	163	2716	290	1	1	1
西藏自治区							
洛札县	780	57	1486	113		2	
错那县	361	45	780	82		1	1
浪卡子县	1654	122	3057	226			
定结县	810	71	1887	165		1	1
定日县	2753	186	6291	339		1	1
康马县	917	86	2016	222			
聂拉木县	755	86	1764	161			
吉隆县	747	80	1543	152	1	1	
亚东县	386	52	1042	119		1	
岗巴县	470	61	959	135			
仲巴县	1104	88	2364	187			
萨嘎县	682	65	1566	139	1	1	
噶尔县			800	100	5		
普兰县	559	80	585	59	4		
日土县	384		951	98	5	1	
札达县	154	37	463	70	6	1	1
墨脱县	536	65	1198	162	1	1	
察隅县	1287	86	2315	190			
甘肃省							
肃北蒙古族自治县	554	81	642	85	1	1	1
新疆维吾尔自治区							
伊州区	25900	2408	29100	3067	2	2	2
伊吾县	1228	240	1772	215	1	1	1
巴里坤哈萨克自治县	2077	344	5462	778	1	1	1
和田县	21208	1774	47615	2052	1	1	
皮山县	17658	1102	36036	1560	1	1	1

医疗卫生机构数（个）	医疗卫生机构床位数（张）	卫生技术人员（人）	城镇居民最低生活保障人数（人）	城镇居民最低生活保障支出（万元）	农村居民最低生活保障人数（人）	农村居民最低生活保障支出（万元）
106	1561	1377	3068	1345	49080	9892
76	360	322	3131	1125	40527	10110
35	180	243	719	187	6843	849
46	77	125	28	107	274	82
12	80	126	41	30	278	83
94	60	130	47	23	1667	292
69	30	245	43	23	623	135
16	230	29	115	22	2105	1950
11	65	77	7	4	145	5
10	48	23	1642	1677	309	205
2	77	84	73	35	1078	390
37	138	43	18	8	1	1
27	41	67	10	16	171	100
1	322	12	65	8	619	68
47	80	81	33	31	607	177
36	57	65	536	445	61	109
12	55	37	2	6	25	16
16	61	60	19	22	15	17
22	81	74	25	25	25	61
12	87	26	14	85	488	114
105	49	106	21	143	88	53
35	170	127	377	239	227	67
335	2729	4031	7560	3968	10905	2463
33	224	310	352	48	769	307
75	222	498	589	342	2264	842
229	984	636	2797	1167	84472	22171
201	1023	517	4679	1818	73126	18213

14-1(二) 续表 4

地 区	普通中学在校学生（人）	普通中学专任教师（人）	普通小学在校学生（人）	普通小学专任教师（人）	文化馆（个）	图书馆（个）	博物馆（个）
温宿县	14511	1154	26100	1803	1	1	1
乌什县	13652	1120	24253	1305	1	1	1
叶城县	47098	2998	72554	3411	1	1	1
塔什库尔干塔吉克自治县	2665	210	3876	300	1	1	1
阿图什市	22331	2580	33213	3249	1	1	
阿合奇县	2010	306	4355	694	1	1	
乌恰县	2101	244	5808	715	1	1	1
阿克陶县	14937	1763	27608	2444	1	1	
奇台县	10125	906	12882	1096	1	1	1
木垒哈萨克自治县	1766	378	4896	782	1	1	1
博乐市	10772	838	15957	1032	1	1	1
温泉县	2145	381	3342	555	1	1	1
阿拉山口市	250	23	616	37	1	1	1
昭苏县	8139	874	15374	1119	1	1	1
霍城县	16027	965	25841	1772	1	1	1
察布查尔锡伯自治县	9136	636	16198	1550	1	1	1
霍尔果斯市	2064	115	2933	210			
塔城市	10171	938	9840	868	2	2	
额敏县	8567	667	12688	856	1	1	1
裕民县	5226	254	8918	981	1	1	1
托里县	2091	312	3939	413	1	1	1
和布克赛尔蒙古自治县	2417	241			1	1	2
阿勒泰市	9578	926	11861	1304	1	1	1
青河县	3904	461	6306	766	1	2	1
吉木乃县	5965	769	9870	636	1	1	1
富蕴县	3387	361	5464	569	1	1	1
布尔津县	3672	509	7980	745	1	1	1
福海县	1569	136	6394	441	1	1	1
哈巴河县	1852	147	2725	266	1	1	1

医疗卫生机构数（个）	医疗卫生机构床位数（张）	卫生技术人员（人）	城镇居民最低生活保障人数（人）	城镇居民最低生活保障支出（万元）	农村居民最低生活保障人数（人）	农村居民最低生活保障支出（万元）
156	787	703	2250	1088	8884	2000
134	650	574	6814	3278	35470	11579
436	3096	2351	25793	9824	122079	27268
58	206	385	1160	572	17290	5314
94	865	733	8177	4476	42444	12638
31	270	401	4634	2697	9906	2287
39	345	446	2138	835	7437	2214
133	821	642	6281	3036	48440	12970
202	923	1097	381	261	2254	643
86	450	469	954	442	1759	624
282	1646	1891	5157	3047	7938	2509
71	288	320	2185	1403	1984	788
1	100	68	6583	2346	16691	3580
42	701	362	8659	3146	21022	4324
91	1005	899	8059	1662	13595	3977
112	844	1380	1116	519	2195	800
19	125	216	2034	1207	2991	1114
181	451	609	656	333	900	307
184	722	713	1177	645	1595	639
78	390	665	577	348	603	293
66	280	417	1476	1002	4102	1681
45	371	707	1419	938	3291	1032
137	1362	1428	373	378	471	709
80	337	619	1269	889	3647	1322
90	410	395	708	591	1982	918
77	331	317	525	555	971	817
153	578	219	671	545	3220	1280
58	230	293	1419	938	3291	1032
61	140	290	373	378	471	709

牧区半牧区县

1—1 牧区半牧区县经济社会发展主要指标

指标	2017年	占全国比重(%)	2018年	占全国比重(%)
人口				
年底总人口(万人)	4736.42	3.41	4556.97	3.27
地区生产总值(亿元)	**19199.55**	**2.32**	**18935.98**	**2.10**
第一产业	3681.86	5.62	3728.40	5.76
第二产业	8151.15	2.44	7422.76	2.03
第三产业	7366.55	1.73	7823.16	1.67
人均地区生产总值(元)	**41686.04**		**41430.92**	
财政(亿元)				
地方一般公共预算收入	1126.99	1.23	1107.86	1.13
地方一般公共预算支出	5458.83	3.15	6089.14	3.24
农业				
农林牧渔总产值(亿元)	6044.82	5.53	5640.40	4.97
粮食产量(万吨)	6574.64	9.94	6418.37	9.76
牲畜年末存栏数(万头)				
大牲畜	4607.50	47.19	3509.31	36.46
羊	10378.79	34.33	10088.54	33.95
猪	3288.38	7.45	1906.74	4.45
肉类总产量(万吨)	673.44	7.78	595.65	6.91
工业				
规模以上工业企业资产总计(亿元)	27025.56	2.41	26228.31	2.31
教育				
普通中学				
学校数(个)	2050	3.13	2322	3.53
在校学生数(人)	1894419	2.78	2026553	2.88
专任教师数(人)	175820	3.30	171961	3.15
普通小学				
学校数(个)	7375	4.42	7416	4.58
在校学生数(人)	3002760	4.41	2955923	4.21
专任教师数(人)	222993	3.75	219801	3.61
医疗卫生				
医疗卫生机构数(个)	37763	3.92	42028	4.30
医疗卫生机构床位数(张)	179828	2.35	190398	2.35
卫生技术人员数(人)	177018	1.97	190856	2.00
人民生活				
农村居民人均可支配收入(元)	11449	85.23	12109	82.84

2-1 牧区半牧区县行政区划(2018年末)

地区	合计	市辖区	县级市	县	自治县	旗	自治旗
合计	**268**	**3**	**20**	**181**	**18**	**44**	**2**
河北	6			4	2		
山西	1			1			
内蒙古	53	1	2	4		44	2
辽宁	6		1	3	2		
吉林	8		3	4	1		
黑龙江	15		4	10	1		
四川	48		3	44	1		
云南	3			2	1		
西藏	38	1		37			
甘肃	20		1	15	4		
青海	30		3	25	2		
宁夏	3			3			
新疆	37	1	3	29	4		

2-2 我国牧区半牧区县（旗）、市（市辖区）分布（2018年末）

地区	个数	县、旗、市（市辖区）
河北省	4 县 2 自治县	张家口市：张北县、康保县、沽源县、尚义县 承德市：丰宁满族自治县、围场满族蒙古族自治县
山西省	1 县	朔州市：右玉县
内蒙古自治区	1 市辖区 2 县级市 4 县 46 旗	包头市：达尔罕茂明安联合旗 赤峰市：林西县、阿鲁科尔沁旗、巴林左旗、巴林右旗、克什克腾旗、翁牛特旗、敖汉旗 通辽市：开鲁县、科尔沁左翼中旗、科尔沁左翼后旗、库伦旗、奈曼旗、扎鲁特旗 鄂尔多斯市：东胜区、达拉特旗、准格尔旗、鄂托克前旗、鄂托克旗、杭锦旗、乌审旗、伊金霍洛旗 呼伦贝尔市：扎兰屯市、阿荣旗、陈巴尔虎旗、新巴尔虎左旗、新巴尔虎右旗、莫力达瓦达斡尔族自治旗、鄂温克族自治旗 巴彦淖尔市：磴口县、乌拉特前旗、乌拉特中旗、乌拉特后旗 乌兰察布市：察哈尔右翼中旗、察哈尔右翼后旗、四子王旗 兴安盟：突泉县、科尔沁右翼前旗、科尔沁右翼中旗、扎赉特旗 锡林郭勒盟：锡林浩特市、阿巴嘎旗、苏尼特左旗、苏尼特右旗、西乌珠穆沁旗、太仆寺旗、镶黄旗、正镶白旗、正蓝旗 阿拉善盟：阿拉善左旗、阿拉善右旗、额济纳旗
辽宁省	1 县级市 3 县 2 自治县	沈阳市：康平县 阜新市：彰武县、阜新蒙古族自治县 朝阳市：北票市、建平县、喀喇沁左翼蒙古族自治县
吉林省	3 县级市 4 县 1 自治县	四平市：双辽市 松原市：长岭县、乾安县、前郭尔罗斯蒙古族自治县 白城市：洮南市、大安市、镇赉县、通榆县
黑龙江省	4 县级市 10 县 1 自治县	齐齐哈尔市：龙江县、泰来县、甘南县、富裕县 鸡西市：虎林市 大庆市：肇州县、肇源县、林甸县、杜尔伯特蒙古族自治县 佳木斯市：同江市 绥化市：安达市、肇东市、兰西县、青冈县、明水县

2–2 续表

地区	个数	县、旗、市（市辖区）
四川省	3 县级市 44 县 1 自治县	阿坝藏族羌族自治州：马尔康市、汶川县、理县、茂县、松潘县、九寨沟县、金川县、小金县、黑水县、壤塘县、阿坝县、若尔盖县、红原县 甘孜藏族自治州：康定市、泸定县、丹巴县、九龙县、雅江县、道孚县、炉霍县、甘孜县、新龙县、德格县、白玉县、石渠县、色达县、理塘县、巴塘县、乡城县、稻城县、得荣县 凉山彝族自治州：西昌市、盐源县、德昌县、会理县、会东县、宁南县、普格县、布拖县、金阳县、昭觉县、喜德县、冕宁县、越西县、甘洛县、美姑县、雷波县、木里藏族自治县
云南省	1 县级市 1 县 1 自治县	迪庆藏族自治州：香格里拉市、德钦县、维西傈僳族自治县
西藏自治区	2 市辖区 36 县	拉萨市：林周县、当雄县 日喀则市：昂仁县、谢通门县、康马县、仲巴县、亚东县、萨嘎县、岗巴县 昌都市：卡若区、江达县、贡觉县、类乌齐县、丁青县、察雅县、八宿县 林芝市：工布江达县 山南市：曲松县、措美县、错那县、浪卡子县 那曲市：色尼区、嘉黎县、比如县、聂荣县、安多县、申扎县、索县、班戈县、巴青县、尼玛县 阿里地区：噶尔县、普兰县、札达县、日土县、革吉县、改则县、措勤县
甘肃省	1 县级市 15 县 4 自治县	兰州市：永登县 金昌市：永昌县 白银市：靖远县 武威市：民勤县、天祝藏族自治县 张掖市：山丹县、肃南裕固族自治县 酒泉市：瓜州县、肃北蒙古族自治县、阿克塞哈萨克族自治县 庆阳市：环县、华池县 定西市：漳县、岷县 甘南藏族自治州：合作市、卓尼县、迭部县、玛曲县、碌曲县、夏河县
青海省	3 县级市 25 县 2 自治县	海北藏族自治州：海晏县、祁连县、刚察县、门源回族自治县 黄南藏族自治州：同仁县、尖扎县、泽库县、河南蒙古族自治县 海南藏族自治州：共和县、同德县、贵德县、兴海县、贵南县 果洛藏族自治州：玛沁县、班玛县、甘德县、达日县、久治县、玛多县 玉树藏族自治州：玉树市、杂多县、称多县、治多县、囊谦县、曲麻莱县 海西蒙古族藏族自治州：德令哈市、格尔木市、乌兰县、都兰县、天峻县
宁夏回族自治区	3 县	吴忠市：盐池县、同心县 中卫市：海原县
新疆维吾尔自治区	1 市辖区 3 县级市 29 县 4 自治县	乌鲁木齐市：乌鲁木齐县 哈密市：伊州区、巴里坤哈萨克自治县、伊吾县 阿克苏地区：温宿县、沙雅县 喀什地区：塔什库尔干塔吉克自治县 和田地区：民丰县 昌吉回族自治县：奇台县、木垒哈萨克自治县 博尔塔拉蒙古自治州：博乐市、精河县、温泉县 巴音郭楞蒙古自治州：尉犁县、且末县、和静县、和硕县 克孜勒苏柯尔克孜自治州：阿克陶县、阿合奇县、乌恰县 伊犁哈萨克自治州：巩留县、新源县、昭苏县、特克斯县、尼勒克县 塔城地区：塔城市、额敏县、托里县、裕民县、和布克赛尔蒙古自治县 阿勒泰地区：阿勒泰市、布尔津县、富蕴县、福海县、哈巴河县、青河县、吉木乃县

3-1 牧区半牧区县分地区年末总人口和少数民族人口(2018年)

单位:万人

地区	年底总人口	城镇人口	乡村人口
合计	**4556.97**	**1548.23**	**3231.08**
河北	199.19	41.04	158.15
山西	11.63	6.38	5.25
内蒙古	1065.54	292.02	750.29
辽宁	300.11	51.74	248.37
吉林	328.13	105.88	222.25
黑龙江	593.90	170.89	423.01
四川	736.08	486.64	510.87
云南	36.92	6.27	30.65
西藏	160.56	23.26	130.72
甘肃	372.45	102.95	269.50
青海	159.36	51.30	98.78
宁夏	100.83	22.98	77.85
新疆	492.27	186.88	305.39

注:因部分省份城镇人口与乡村人口为户籍人口数,故与总人口数不等。

4-1 牧区半牧区县分地区生产总值(2018年)

单位:亿元

地区	地区生产总值				人均地区生产总值
		第一产业	第二产业	第三产业	
合计	**18935.98**	**3728.40**	**7422.76**	**7823.16**	**41431**
河北	525.32	160.60	185.46	179.26	32477
山西	72.58	6.11	33.78	32.69	62407
内蒙古	7627.88	1043.76	3321.68	3262.44	65625
辽宁	700.34	216.61	159.68	324.04	25175
吉林	1239.68	243.91	366.33	629.44	37849
黑龙江	1749.22	685.71	473.86	627.99	29609
四川	2120.43	420.93	866.15	833.36	29370
云南	216.75	12.56	90.07	114.12	52482
西藏	429.09	112.17	158.31	158.61	26724
甘肃	908.18	179.29	321.34	407.55	24384
青海	889.32	122.82	464.55	301.94	55806
宁夏	212.30	33.35	97.20	81.75	23495
新疆	2244.89	490.57	884.36	869.96	45603

4-2 牧区半牧区县分地区生产总值指数(2018年)

地　　区	地区生产总值（以2017年为100）	第一产业	第二产业	第三产业
合　　计	**105.1**	**104.5**	**104.8**	**106.4**
河　　北	107.4	108.9	105.2	108.2
山　　西	104.5	117.0	99.2	107.6
内 蒙 古	104.4	103.0	103.4	107.3
辽　　宁	105.1	102.9	105.5	105.1
吉　　林	103.2	102.0	103.5	103.2
黑 龙 江	105.4	106.0	104.0	106.3
四　　川	106.3	103.8	107.0	106.9
云　　南	109.4	106.2	115.4	105.7
西　　藏	110.5	110.6	118.4	106.8
甘　　肃	104.7	106.3	102.9	105.9
青　　海	106.1	105.2	106.0	106.7
宁　　夏	107.9	104.3	113.3	102.9
新　　疆	104.9	104.3	105.4	105.8

4-3 牧区半牧区县分地区生产总值构成(2018年)

单位：%

地　　区	地区生产总值	第一产业	第二产业	第三产业
合　　计	**100**	**19.7**	**39.2**	**41.3**
河　　北	100	30.6	35.3	34.1
山　　西	100	8.4	46.5	45.0
内 蒙 古	100	13.7	43.5	42.8
辽　　宁	100	30.9	22.8	46.3
吉　　林	100	19.7	29.6	50.8
黑 龙 江	102	39.2	27.1	35.9
四　　川	100	19.9	40.8	39.3
云　　南	100	5.8	41.6	52.7
西　　藏	100	26.1	36.9	37.0
甘　　肃	100	19.7	35.4	44.9
青　　海	100	13.8	52.2	34.0
宁　　夏	100	15.7	45.8	38.5
新　　疆	100	21.9	39.4	38.8

5-1 牧区半牧区县分地区在岗职工和劳动报酬（2018年）

地区	在岗职工人数（万人）	工资总额（亿元）
合计	**233.51**	**2356.17**
河北	6.89	40.86
山西	0.93	6.31
内蒙古	57.24	721.86
辽宁	11.22	60.33
吉林	19.32	101.82
黑龙江	23.32	121.51
四川	23.79	247.82
云南	3.23	43.52
西藏	5.45	59.39
甘肃	19.49	128.67
青海	9.43	218.88
宁夏	4.07	30.08
新疆	49.14	575.11

5-2 牧区半牧区县分地区农村居民生活水平情况(2018年)(一)

单位：元

地区	农村居民人均可支配收入	农村居民人均消费支出	#食品	#衣着	#居住
合计	**12108.58**	**11879.81**	**3618.90**	**934.57**	**1890.75**
河北	9593.29	8687.20	3015.62	581.41	1295.11
山西	7870.00	6470.00	2918.00	414.00	653.00
内蒙古	13288.87	11722.07	3126.41	828.67	1994.88
辽宁	12742.55	7839.85	1771.99	641.79	1322.71
吉林	11477.45	11275.89	3337.78	741.33	1641.26
黑龙江	12665.98	9611.74	2512.56	666.47	1568.46
四川	11947.55	10886.30	4459.55	991.54	1257.59
云南	8535.02	7071.85	2763.01	486.73	1544.99
西藏	11053.52	7816.44	3118.61	784.13	1122.01
甘肃	9706.78	9144.09	2793.75	603.56	1495.12
青海	10855.29	8159.97	3023.18	1152.18	1412.42
宁夏	9147.34	8151.49	2367.68	627.51	1629.72
新疆	14115.37	9458.89	2472.14	887.36	1885.01

5-2 牧区半牧区县分地区农村居民生活水平情况(2018年)(二)

单位：元

地　区	农村居民人均消费支出			
	#家庭设备及服务	#医疗保健支出	#交通和通讯	#娱乐教育文化服务
合　计	**573.61**	**1166.46**	**1463.43**	**1124.14**
河　北	502.97	1164.75	1103.01	921.36
山　西	201.00	796.00	725.00	621.00
内蒙古	534.41	1496.76	2024.41	1404.52
辽　宁	437.42	1145.68	1432.74	1383.46
吉　林	419.11	1608.64	1840.12	1356.20
黑龙江	441.67	1233.31	1467.96	1151.54
四　川	616.86	704.02	873.49	746.60
云　南	362.87	289.42	937.08	507.30
西　藏	808.07	356.03	622.05	433.55
甘　肃	452.89	785.29	1101.29	1012.83
青　海	882.64	1081.15	1790.40	912.06
宁　夏	481.06	929.28	800.08	938.88
新　疆	751.91	1098.35	1185.43	853.16

6-1 牧区半牧区县分地区财政收支、城乡居民储蓄存款和社会消费品零售总额(2018年)

单位：亿元

地　区	地方一般公共预算收入	地方一般公共预算支出	城乡居民储蓄存款年末余额	社会消费品零售总额
合　计	**1107.86**	**6089.14**	**10712.72**	**5030.16**
河　北	28.13	207.28	547.26	198.10
山　西	4.26	15.55	54.59	23.63
内蒙古	437.62	1529.34	3767.87	1748.62
辽　宁	39.09	195.49	880.48	85.72
吉　林	51.05	371.70	603.62	620.31
黑龙江	59.90	428.19	1100.31	582.92
四　川	155.31	1092.65	833.43	769.30
云　南	11.45	113.63	126.30	57.05
西　藏	20.86	183.62	99.06	66.25
甘　肃	46.58	474.54	729.13	235.46
青　海	49.83	543.25	344.05	175.28
宁　夏	13.31	148.47	164.89	39.03
新　疆	190.45	785.41	1461.73	428.50

7-1 牧区半牧区县分地区农业经济和规模以上工业企业资产总计(2018年)

地　区	农林牧渔业总产值 (亿元)	粮食总产量 (万吨)	规模以上工业企业资产总计 (亿元)
合　计	**5640.40**	**6418.37**	**26228.31**
河　北	272.03	94.28	931.33
山　西	13.26	4.38	13.08
内蒙古	1435.31	2370.53	13580.01
辽　宁	486.89	332.65	563.67
吉　林	442.24	865.11	908.35
黑龙江	1036.83	1579.09	1017.33
四　川	548.91	266.23	2513.18
云　南	21.61	15.41	359.39
西　藏	88.34	24.80	33.71
甘　肃	282.13	168.37	1532.49
青　海	144.53	30.14	858.22
宁　夏	58.66	32.83	604.02
新　疆	809.64	634.57	3313.52

7-2 牧区半牧区县分地区牲畜年末存栏数和奶产量(2018年)

单位：万头(只)

地　区	牲畜年末存栏数(万头)			奶产量 (万吨)
	大牲畜	猪	羊	
合　计	**3509.31**	**1906.74**	**10088.54**	**602.74**
河　北	47.13	63.86	93.21	35.46
山　西	1.86	1.70	26.83	0.56
内蒙古	931.51	281.60	4323.78	239.38
辽　宁	115.20	312.60	364.80	46.06
吉　林	54.93	189.42	201.20	12.41
黑龙江	166.98	390.09	373.18	142.82
四　川	564.25	322.81	537.86	17.91
云　南	17.63	31.41	17.68	1.63
西　藏	480.79	75.45	646.47	19.44
甘　肃	208.78	130.11	779.87	8.82
青　海	420.25	27.71	995.23	12.91
宁　夏	13.33	6.86	215.15	2.40
新　疆	486.67	73.11	1513.28	62.95

7-3 牧区半牧区县分地区肉产量(2018年)

单位：万吨

地　区	肉类总产量	#猪肉	#牛肉	#羊肉
合　计	**595.65**	**222.91**	**141.86**	**147.31**
河　北	18.46	7.87	7.00	2.01
山　西	1.33	0.37	0.25	0.72
内蒙古	154.72	38.54	38.95	64.28
辽　宁	129.45	62.13	13.42	9.88
吉　林	34.61	21.70	4.33	2.95
黑龙江	76.25	45.75	13.49	5.63
四　川	50.78	29.20	14.40	10.16
云　南	3.42	2.77	0.35	0.14
西　藏	23.43	0.28	16.98	4.16
甘　肃	22.98	6.16	6.65	9.41
青　海	16.42	1.75	6.59	10.31
宁　夏	6.45	0.69	1.57	3.93
新　疆	57.35	5.70	17.88	23.73

8-1 牧区半牧区县分地区普通中学和普通小学基本情况(2018年)

单位：人

地　区	普通小学			普通中学		
	学校数(所)	在校学生数(人)	专任教师数(人)	学校数(所)	在校学生数(人)	专任教师数(人)
合　计	**7416**	**2955923**	**219801**	**2322**	**2026553**	**171961**
河　北	201	116207	7518	58	91568	5258
山　西	11	4662	537	4	3604	454
内蒙古	855	561817	47436	424	403106	39187
辽　宁	259	125730	11371	140	114939	11697
吉　林	758	153540	17650	205	127058	10957
黑龙江	396	209536	17786	264	211140	18994
四　川	1650	742001	38920	394	401762	23363
云　南	35	27946	2213	10	20095	1500
西　藏	468	141936	9128	40	50563	3811
甘　肃	1320	225443	18727	241	196884	18866
青　海	304	143279	7993	209	92740	6371
宁　夏	464	91302	5450	38	63689	4544
新　疆	695	412524	35072	295	249405	26959

9–1 牧区半牧区县分地区医疗卫生情况(2018年)

地　区	医疗卫生机构（个）	医疗卫生机构床位数（张）	卫生技术人员（人）
合　计	**42028**	**190398**	**190856**
河　北	1898	8449	5560
山　西	304	455	762
内蒙古	10036	45263	51226
辽　宁	3132	12207	12655
吉　林	2553	12959	14881
黑龙江	2691	22161	18455
四　川	8034	33753	26150
云　南	304	1616	2474
西　藏	2889	5129	4630
甘　肃	3594	14351	13511
青　海	2057	7920	8146
宁　夏	595	3546	3674
新　疆	3941	22589	28732

10–1 牧区分地区城镇居民最低生活保障情况(2018年)

地　区	城镇居民最低生活保障人数（人）	城镇居民最低生活保障户数（户）	城镇居民最低生活保障支出（万元）	城镇居民最低生活保障年支出水平（元/人、年）
合　计	**681878**	**392179**	**374496**	**5492**
河　北	15062	10185	8376	5561
山　西	1526	857	1329	8707
内蒙古	162368	101752	107912	6646
辽　宁	27162	15374	13164	4846
吉　林	54379	35805	24691	4540
黑龙江	80008	54890	41960	5245
四　川	88788	48097	34481	3884
云　南	5464	3483	2287	4186
西　藏	14288	7292	11350	7943
甘　肃	64363	27225	33320	5177
青　海	47260	23981	33995	7193
宁　夏	23851	11771	14306	5998
新　疆	97359	51467	47325	4861

10-2 牧区分地区农村居民最低生活保障情况(2018年)

地　区	农村居民最低生活保障人数(人)	农村居民最低生活保障户数(户)	农村居民最低生活保障支出(万元)	农村居民最低生活保障年支出水平(元/人、年)
合　计	**2995630**	**1554329**	**820446**	**2739**
河　北	154246	125616	47240	3063
山　西	10145	6455	2518	2482
内蒙古	663956	441850	205807	3100
辽　宁	63552	33162	12706	1999
吉　林	150418	108103	37912	2520
黑龙江	207837	146869	53720	2585
四　川	680814	264078	157275	2310
云　南	13680	7581	2794	2042
西　藏	111163	41592	27922	2512
甘　肃	349922	111851	69111	1975
青　海	224475	68200	81562	3633
宁　夏	93887	74449	38339	4084
新　疆	271535	124523	83540	3077

11-1 各牧区半牧区县主要经济社会指标(2018年)(一)

地 区	年末总人口(万人)	地区生产总值(亿元)	人均地区生产总值(元)	规模以上工业企业资产总计(亿元)
河北省	**199.19**	**525.32**	**32477**	**931.33**
张北县	36.05	114.70	38151	281.58
康保县	26.94	54.20	27948	96.30
沽源县	23.17	59.98	34489	103.79
尚义县	18.62	41.43	26588	147.72
丰宁满族自治县	40.85	114.94	31464	170.54
围场满族蒙古族自治县	53.56	140.07	32735	131.39
山西省	**11.63**	**72.58**	**62407**	**9.22**
右玉县	11.63	72.58	62407	9.22
内蒙古自治区	**1065.54**	**7627.88**	**65625**	**13580.01**
达尔罕茂明安联合旗	11.10	212.83	219187	
阿鲁科尔沁旗	29.23	82.99	28393	71.27
巴林左旗	34.00	396.01	27269	128.81
巴林右旗	18.22	56.11	29290	100.81
林西县	23.01	80.17	40243	79.76
克什克腾旗	24.79	97.05	45659	486.94
翁牛特旗	47.70	112.62	26695	111.69
敖汉旗	60.58	131.00	24615	50.92
科尔沁左翼中旗	52.09	102.19	32115	122.82
科尔沁左翼后旗	0.00	99.43	50319	71.54
开鲁县	39.11	119.24	30498	117.04
库伦旗	17.77	43.67	26666	
扎鲁特旗	30.57	121.66	44687	98.90
奈曼旗	44.53	79.16	20307	97.51
东胜区	26.85	733.89	142739	1519.42
达拉特旗	37.09	356.78	106600	636.30
准格尔旗	33.07	938.18	249881	2407.76
鄂托克旗	9.81	453.30	278439	1694.50
鄂托克前旗	8.09	135.36	188900	174.62
杭锦旗	14.41	102.80	89821	723.07
乌审旗	11.63	387.11	287174	1194.72
伊金霍洛旗	17.77	564.39	271000	1778.67
阿荣旗	32.13	103.51	32251	30.70
莫力达瓦达斡尔族自治旗	31.96	94.76	29619	5.90
鄂温克族自治旗	13.79	105.57	76352	253.46

农林牧渔业总产值（亿元）	粮食总产量（万吨）	肉类总产量（万吨）	社会消费品零售总额（亿元）	农村居民人均可支配收入（元）	地方一般公共预算收入（亿元）	地方一般公共预算支出（亿元）
272.03	**94.28**	**18.46**	**198.10**	**9593**	**28.13**	**207.28**
46.58	5.71	4.11	34.07	10833	7.01	33.53
34.34	15.53	2.51	21.39	9984	2.59	32.89
45.01	5.21	0.75	20.74	10466	3.16	29.67
25.24	4.36	0.86	14.54	9359	2.11	26.06
44.13	19.45	4.98	52.05	8528	7.44	41.53
76.73	44.02	5.23	55.30	9002	5.82	43.60
13.26	**4.38**	**1.33**	**23.63**	**7870**	**4.26**	**15.55**
13.26	4.38	1.33	23.63	7870	4.26	15.55
1435.31	**2370.53**	**154.72**	**1748.62**	**13289**	**437.62**	**1529.34**
	7.40	2.42	25.60	15257	5.71	22.07
34.02	61.67	2.26	38.24	9562	4.65	35.02
40.48	55.37	2.59	49.59	10181	5.40	34.51
20.85	25.21	3.50	2.82	10476	3.10	29.06
23.12	25.39	2.03	37.27	10325	4.03	25.45
32.98	13.28	1.71	38.35	11270	5.72	30.26
75.57	82.16	4.91	51.28	10408	4.88	38.59
75.62	95.82	4.58	54.42	11253	4.00	45.73
81.29	211.83	5.71	47.27	11649	4.14	43.27
65.90	14.14	5.46	44.00	12272	2.35	37.21
74.62	125.87	7.34	46.81	15530	3.34	29.63
	54.89	1.80	18.44	11001	1.49	19.61
62.74	60.49	8.06	37.89	15127	7.80	35.32
54.68	107.40	5.12	80.48	11304	4.29	42.03
2.61	1.45	0.24	245.60		45.47	61.51
63.79	73.43	3.83	63.96	18147	18.81	51.47
18.49	14.76	1.14	124.24	18247	77.71	88.32
15.74	9.31	2.37	45.78	18313	26.24	41.27
22.57	9.90	1.76	24.28	18529	10.56	30.61
34.59	36.69	7.87	34.09	18248	4.54	31.49
24.44	22.47	3.49	40.38	18263	21.00	38.07
	8.99	0.63	56.30	18300	63.00	67.90
68.35	175.98	2.96	40.97	18066	2.12	34.98
88.00	211.63	2.83		10348	2.67	34.81
16.89	3.70	1.69	29.59	22598	8.05	23.55

11-1(一) 续表 1

地　区	年末总人口（万人）	地区生产总值（亿元）	人均地区生产总值（元）	规模以上工业企业资产总计（亿元）
陈巴尔虎旗	5.52	90.10	162061	238.90
新巴尔虎左旗	4.20	24.29	48992	
新巴尔虎右旗	3.52	58.20	165308	94.19
扎兰屯市	40.66	159.38	39081	92.18
磴口县	11.37	50.73	43415	63.71
乌拉特前旗	33.26	129.23	43531	
乌拉特中旗	14.29	88.82	63443	295.40
乌拉特后旗	5.84	67.80	101573	278.55
察哈尔右翼中旗	20.21	44.00	21920	
察哈尔右翼后旗	20.68	58.30	28198	119.04
四子王旗	21.24	49.57	23333	104.24
科尔沁右翼前旗	33.25	71.03	23929	
科尔沁右翼中旗	25.26	49.43	19450	
扎赉特旗	38.90	74.52	19119	
突泉县	29.96	60.25	28574	
锡林浩特市		228.14	86384	
阿巴嘎旗	4.38	64.30	144693	
苏尼特左旗	5.70	49.78	152937	17.90
苏尼特右旗	6.70	48.20	69954	73.10
东乌珠穆沁旗	6.21	54.79	80452	
西乌珠穆沁旗	8.04	118.54	147771	0.04
太仆寺旗	20.84	41.03	45254	
镶黄旗	3.14	54.08	172054	31.03
正镶白旗	7.12	35.84	65176	40.39
正蓝旗	8.45	1.00	81545	138.28
阿拉善左旗	13.12	89.90	135002	
阿拉善右旗	2.52	18.33	68367	35.92
额济纳旗	1.88	35.42	135100	
辽宁省	**300.11**	**700.34**	**25175**	**563.67**
康平县	34.22	132.36	42087	118.93
阜新蒙古族自治县	70.73	133.88	20132	142.21
彰武县	39.86	92.65	23246	103.72
建平县	57.76	118.60	24554	65.89
喀喇沁左翼蒙古族自治县	41.99	99.00	27121	48.69
北票市	55.56	123.85	22283	84.23
吉林省	**328.13**	**1239.68**	**37849**	**908.35**
双辽市	39.25	97.80	25656	119.98
前郭尔罗斯蒙古族自治县	57.25	290.02	50632	128.34

农林牧渔业总产值（亿元）	粮食总产量（万吨）	肉类总产量（万吨）	社会消费品零售总额（亿元）	农村居民人均可支配收入（元）	地方一般公共预算收入（亿元）	地方一般公共预算支出（亿元）
19.12	18.90	1.32	6.99	21908	6.47	16.62
17.83	3.97	2.15	7.90	21555	1.23	12.97
17.59	0.23	3.83	7.50	21596	4.40	14.48
78.39	128.23	7.92	75.25	16914	6.07	42.19
19.30	23.10	1.74	18.22	17692	2.41	15.87
58.77	53.40	2.61		17169	7.48	34.07
31.69	26.53	2.32	18.40	16688	8.19	29.18
7.49	6.34	0.82	9.93	15154	8.65	20.04
19.05	11.39			8886		
20.63	9.30	2.23	30.00	11266	1.85	22.03
21.05	20.75	1.97		10875	1.08	29.29
	140.31	6.90	32.16	10430	2.96	41.66
	93.64	4.72	22.59	9700	2.77	31.14
	194.94	8.45	35.59	10357	7.16	43.25
	115.14	2.16	25.75	10002	2.62	32.49
15.75		3.03		25877	1.65	10.34
		3.01		15270	1.61	11.91
10.86	0.01	1.67		11676	2.13	14.99
28.08		3.82	25.22	30340	6.88	18.30
26.86			23.54	25934		
22.73		1.68	22.79	11672	1.65	20.80
6.98	0.02	0.66	7.01	14507	1.83	10.18
	0.55	1.07	9.54	11185	1.76	12.70
13.93	1.63	3.75	15.97	5811	0.70	16.77
	12.30		53.60	19040	10.91	32.43
	0.56	0.53	8.34	21858	0.89	11.63
1.90	0.05	0.09	14.67	23151	3.21	12.24
486.89	**332.65**	**129.45**	**85.72**	**12743**	**39.09**	**195.49**
62.77	56.17	12.73	8.92	15036	8.05	27.39
121.98	105.56	57.36	12.88	14778	6.90	31.97
103.17	75.14	19.13	36.01	12988	5.23	29.49
64.99	10.07	13.92	10.48	12690	7.88	35.73
63.67	31.51	9.81	12.36	12631	4.75	27.61
70.31	54.20	16.50	5.08	7918	6.27	43.30
442.24	**865.11**	**34.61**	**620.31**	**11477**	**51.05**	**371.70**
61.99	108.74	9.49	68.50	13041	4.00	41.40
96.29	197.20	5.10	179.85	12852	9.17	53.84

11-1(一) 续表 2

地 区	年末总人口（万人）	地区生产总值（亿元）	人均地区生产总值（元）	规模以上工业企业资产总计（亿元）
长岭县	63.12	249.53	39510	175.95
乾安县	27.18	157.63	57874	77.15
镇赉县	26.46	113.25	42606	73.58
通榆县	35.66	103.90	29092	60.81
洮南市	41.01	107.83	26230	134.92
大安市	38.20	119.73	31227	137.62
黑龙江省	**593.90**	**1749.22**	**29609**	**1017.33**
龙江县	58.08	100.32	17271	72.32
泰来县	30.35	53.51	17583	21.02
甘南县	38.67	80.56	20835	60.36
富裕县	28.00	71.60	25483	41.93
虎林市	27.53	150.82	54530	121.94
肇州县	42.98	115.60	26895	162.28
肇源县	43.93	101.49	23043	52.99
林甸县	25.47	47.55	26180	24.23
杜尔伯特蒙古族自治县	23.53	80.51	33150	76.20
同江市	17.55	109.82	52302	34.63
兰西县	48.47	76.67	15901	15.77
青冈县	44.56	74.49	16700	63.82
明水县	33.29	59.37	17832	18.61
安达市	45.59	263.56	58126	135.87
肇东市	85.90	363.34	42298	115.36
四川省	**736.08**	**2120.43**	**29370**	**2513.18**
汶川县	9.36	58.48	56947	
理县	4.34	24.61	50335	
茂县	11.01	34.40	30880	
松潘县	11.01	21.43	26206	
九寨沟县	8.15	25.37	31052	
金川县	6.93	13.74	18324	
小金县	7.78	16.32	20400	
黑水县	5.82	22.43	36950	
马尔康市	5.42	28.69	47816	
壤塘县	4.64	9.40	22389	
阿坝县	8.16	11.33	14708	
若尔盖县	8.00	18.75	24013	
红原县	4.89	12.72	26056	

农林牧渔业总产值（亿元）	粮食总产量（万吨）	肉类总产量（万吨）	社会消费品零售总额（亿元）	农村居民人均可支配收入（元）	地方一般公共预算收入（亿元）	地方一般公共预算支出（亿元）
90.49	167.30	7.98	147.04	11886	4.69	55.13
29.76	9.12	1.36	51.42	12633	7.57	34.22
52.91	123.25	1.59	38.38	9822	5.12	37.97
35.74	73.15	0.74	42.25	9989	6.90	58.91
38.99	96.75	6.89	47.05	10025	6.21	46.85
36.07	89.60	1.46	45.83	9802	7.38	43.38
1036.83	**1579.09**	**76.25**	**582.92**	**12666**	**59.90**	**428.19**
89.32	206.32	7.82	37.60	15551	4.25	41.20
43.14	82.60	2.42	16.68	8043	3.82	25.80
52.14	117.91	5.77	12.88	7945	2.82	32.88
48.57	89.75	3.61	24.35	10458	3.90	29.67
49.37	90.12	0.46	34.90	19165	4.14	27.23
93.11	96.56	8.09	25.10	14118	3.30	26.90
81.27	100.21	4.04	29.25	14016	3.89	13.91
50.27	98.25	5.74	24.10	8455	3.28	8.74
73.52	74.39	3.18	3.94	14215	3.42	26.25
28.54	66.08	0.32	25.83	8219	2.41	23.87
65.83	109.97	5.22	28.12	9209	3.48	37.65
76.71	113.64	5.25	25.23	11009	2.95	37.58
50.32	77.80	3.49	20.18	9926	2.57	32.50
70.59	92.82	4.82	109.61	16336	6.89	18.25
164.13	162.69	16.04	165.13	16290	8.79	45.76
548.91	**266.23**	**50.78**	**769.30**	**11948**	**155.31**	**1092.65**
6.35	1.27	0.44	10.21	13437	3.42	16.78
3.38	0.71	0.32	4.95	13541	1.28	10.93
9.31	0.03	0.62	9.17	13050	1.87	19.63
6.84	1.31	0.59	13.57	12895	0.84	20.56
3.88	1.07	0.37		12866	0.96	27.57
5.19	2.26	0.68	5.32	12835	0.79	16.53
5.33	2.11	0.83	4.63	12806	1.16	16.86
4.65	1.73	0.60	4.20	12686	0.87	14.80
	0.91	0.76	10.05	13491	2.21	13.44
4.23	0.43		2.28	11523	0.20	17.93
5.59	0.04	0.03	4.93	12792	0.45	
12.75	0.53	2.13	5.61	12817	0.65	9.27
0.57			15.29	12196	0.47	12.87

11-1(一)　续表 3

地　区	年末总人口（万人）	地区生产总值（亿元）	人均地区生产总值（元）	规模以上工业企业资产总计（亿元）
康定市	8.68	20.17	22817	84.57
泸定县	5.76	16.68	24104	76.62
丹巴县	6.49	26.28	39934	171.60
九龙县	4.90	12.91	22525	20.66
雅江县	5.63	9.86	16163	
道孚县	4.77	7.38	14787	4.76
炉霍县	6.78	10.87	14585	4.55
甘孜县	5.17	10.30	19730	
新龙县	9.09	9.44	10698	
德格县	5.69	13.75	22502	11.20
白玉县	9.75	10.06	9919	
石渠县	5.74	8.51	13543	
色达县	6.82	12.94	17483	2.27
理塘县	5.32	13.80	26749	9.18
巴塘县	10.76	80.11	59473	593.10
乡城县	2.94	10.86	30586	96.81
稻城县	3.19	8.15	22839	
得荣县	2.58	9.16	32248	37.50
西昌市	67.87	509.38	63863	525.81
木里藏族自治县	13.94	31.64	22693	268.18
盐源县	38.76	90.01	23218	98.86
德昌县	21.71	75.06	33361	81.57
会理县	46.29	200.00	46005	
会东县	42.78	143.29	35708	98.72
宁南县	19.96	61.33	30531	29.28
普格县	21.88	25.64	10193	27.49
布拖县	21.53	24.22	12814	24.57
金阳县	21.33	32.11	17948	9.25
昭觉县	34.18	29.84	11100	29.60
喜德县	22.67	23.92	12909	20.30
冕宁县	40.55	124.99	34528	111.95
越西县	37.71	37.75	12060	
甘洛县	23.50	32.68	15272	44.01
美姑县	27.55	25.90	9285	30.76
雷波县	28.32	65.43	25993	

农林牧渔业总产值（亿元）	粮食总产量（万吨）	肉类总产量（万吨）	社会消费品零售总额（亿元）	农村居民人均可支配收入（元）	地方一般公共预算收入（亿元）	地方一般公共预算支出（亿元）
5.89	1.19	0.51	13.82	12250	1.73	12.37
5.03	1.00	0.39	6.19	13074	1.08	15.46
4.84	2.07	0.51	3.46	13909	1.98	13.35
3.83	0.95	0.31	4.13	11374	2.13	18.33
4.08	1.39	0.32	2.87	10902	0.77	17.05
3.72	0.95	0.49	3.83	10599	0.55	16.53
6.41	3.31	0.57	7.49	11267	0.71	20.42
5.26	0.98	0.40	1.94	10890	0.54	20.21
5.50	0.99	0.88	2.85	10779	0.60	24.05
5.00	1.00	0.53	3.42	11393	1.36	19.94
6.37	0.61	0.77	4.54	10630	0.51	39.64
5.46	0.26	1.04	2.79	10689	0.72	24.22
5.92	1.37	0.73	6.84	10747	1.07	22.96
4.55	1.55	0.43	5.69	11299	0.89	20.39
7.50	1.97	0.52	22.74	13329	3.83	21.77
3.30	0.92	0.22	3.00	11214	0.61	12.39
2.96	0.88	0.29	3.14	11877	1.29	14.92
2.91	1.17	0.30	1.64	11076	0.47	11.22
79.13	24.26		283.66	17838	43.93	99.34
11.01	5.25	1.08	2.21	8908	11.90	32.18
	21.52	3.64	25.13	12054	7.82	42.16
32.90	9.97	2.47	32.18	17327	5.56	19.31
	33.84		68.40	17241	8.80	25.00
75.33	25.47	5.32	9.11	16764	10.09	29.27
30.39	10.83	2.38	25.25	15614	4.25	15.84
14.58	7.90	1.29	11.04	10193	1.79	
13.49	10.17	1.78	5.67	8735	1.15	30.44
14.20	6.40	1.33	8.38	8716	2.46	37.14
18.08	12.02	2.92	8.87	9129	1.41	39.91
12.75	8.32	1.48	9.10	8703	0.89	30.88
40.35	21.70	3.96	50.44	14648	8.01	27.97
21.11	13.39	2.21	20.53	9622	1.62	40.12
11.88	10.96	1.80	11.68	8607		
17.11	9.27	2.51	7.06	8514	0.88	36.45
				9745	8.76	44.27

11-1(一) 续表 4

地 区	年末总人口（万人）	地区生产总值（亿元）	人均地区生产总值（元）	规模以上工业企业资产总计（亿元）
云南省	**36.92**	**216.75**	**52482**	**359.39**
香格里拉市	15.10	131.47	73081	314.77
德钦县	6.10	34.32	50365	11.86
维西傈僳族自治县	15.72	50.95	30890	32.76
西藏自治区	**160.56**	**429.09**	**26724**	**33.71**
林周县	6.58	20.01	31156	
当雄县	5.44	19.91		9.85
卡若区	14.01	63.53	45350	
江达县	9.32	68.64		
贡觉县	4.56	8.12	17811	
类乌齐县	5.71	10.72		
丁青县	9.28	13.68	17423	
察雅县	6.61	12.90	19824	
八宿县	4.85	8.65		
曲松县	1.65	6.35	38527	6.73
措美县	1.50	6.63	44208	
错那县	1.54	6.65	43000	
浪卡子县	3.86	8.08	20996	
昂仁县	5.95	10.09	16966	
谢通门县	5.19	13.97	27034	17.13
康马县	2.36	5.93		
仲巴县	2.65	7.44	28274	
亚东县	1.40	7.55	55051	
萨嘎县	1.60	4.05	25252	
岗巴县	1.19	4.70	39311	
色尼区	8.66	21.06	19302	
嘉黎县	3.97	7.13	14808	
比如县	7.86			
聂荣县	3.75	7.20		
安多县	4.29	8.49	19991	
申扎县	2.21	5.89	26697	
索县	5.39	8.59		
班戈县	4.25	4.68		
巴青县	5.66	9.41	16613	
尼玛县	3.43	5.98		

农林牧渔业总产值（亿元）	粮食总产量（万吨）	肉类总产量（万吨）	社会消费品零售总额（亿元）	农村居民人均可支配收入（元）	地方一般公共预算收入（亿元）	地方一般公共预算支出（亿元）
21.61	**15.41**	**3.42**	**57.05**	**8535**	**11.45**	**113.63**
8.07	6.17	1.65	39.59	8681	8.73	45.98
2.92	2.21	0.31	7.51	8556	1.09	30.55
10.62	7.03	1.45	9.96	8406	1.64	37.10
88.34	**24.80**	**23.43**	**66.25**	**11054**	**20.86**	**183.62**
5.39	6.51	0.32	2.17	12666		
6.13		1.07	2.11	15850	3.94	3.94
6.29	2.04	1.23	22.17	11089	2.01	16.12
5.92	1.24	0.93		11841	1.28	22.13
1.39	1.42	0.25	2.05	9767	0.55	15.32
3.82	0.95	0.71	3.76	10371		
7.04	0.66	0.84	4.86	10792	0.86	16.50
3.97	1.21	0.85	3.39	9895	0.52	17.37
2.92	1.10	0.33		9938	0.98	14.96
0.71	0.83	0.22	0.79	12259	0.62	5.33
0.45	0.31	0.23	0.85	11188	0.41	5.78
0.49	0.54	0.15		10902	0.22	4.62
0.97	0.62	0.20	1.39	11121	0.42	10.67
2.05	2.01	0.44	2.38	8468	0.27	13.74
2.81	1.75	0.29	1.20	10499	0.82	10.48
1.20	1.25	0.20	1.02	11817	0.20	8.05
2.50		0.32		12706		10.83
1.15	0.11			12493		8.75
1.08	0.15	0.17		8227	0.21	12.24
0.08	0.21	0.07		11284	0.18	6.73
3.90		1.24	4.51	11016	1.00	23.35
2.89	0.09	0.84		11553	1.00	13.25
	0.49	1.27	2.18	12705	0.43	15.73
		1.08			0.08	2.85
1.57		5.79		11045	0.42	6.23
1.59		0.58	0.76	10031	0.27	8.56
2.49	0.79	0.51		9412	0.31	7.18
4.30		0.69		9283	0.02	4.37
2.99		0.61	2.02	10536	0.29	10.83
3.10	0.03	0.75	0.75	11091	0.34	11.39

11-1(一) 续表 5

地 区	年末总人口（万人）	地区生产总值（亿元）	人均地区生产总值（元）	规模以上工业企业资产总计（亿元）
普兰县	1.27	3.21	25389	
札达县	0.84	3.06	36999	0.01
噶尔县	2.45	3.61	30212	
日土县	1.26	3.72	32618	
革吉县	1.88	4.64	24688	
改则县	2.63	6.47	71300	
措勤县	1.86	3.64	21142	
工布江达县	3.65	14.73	40371	
甘肃省	**372.45**	**908.18**	**24384**	**1532.49**
永登县	43.46	108.31	31179	134.90
永昌县	24.27	73.10	31100	198.04
靖远县	50.36	49.98	16355	62.38
民勤县	26.66	77.76	32158	178.42
天祝藏族自治县	20.57	47.91	26811	2.13
肃南裕固族自治县	3.90	26.40	75636	80.15
山丹县	20.08	52.29	30856	54.26
瓜州县	14.97	74.92	50045	439.13
肃北蒙古族自治县	1.22	14.11	9597	95.95
阿克塞哈萨克族自治县	0.94	9.26	86519	19.53
环县	36.32	103.84	33200	133.83
华池县	13.87	88.76	66411	3.16
漳县	21.26	24.27	12219	9.12
岷县	49.59	37.59	8154	17.07
合作市	9.55	43.72	45781	23.59
卓尼县	11.07	16.31	15296	28.23
迭部县	5.75	13.38	24641	35.73
玛曲县	5.82	17.29	29728	10.84
碌曲县	3.76	10.98	29278	2.84
夏河县	9.03	18.01	17807	6.02
青海省	**159.36**	**889.32**	**55806**	**858.22**
门源回族自治县	16.23	32.40	20017	
祁连县	5.26	16.87	32130	13.65
海晏县	3.58	18.77	49839	
刚察县	4.59	17.42	37902	22.88
同仁县	9.88	26.86	26052	

农林牧渔业总产值（亿元）	粮食总产量（万吨）	肉类总产量（万吨）	社会消费品零售总额（亿元）	农村居民人均可支配收入（元）	地方一般公共预算收入（亿元）	地方一般公共预算支出（亿元）
0.77	0.28	0.05	0.83	11031	0.36	7.48
0.26	0.05	0.06	0.76	10194	0.44	8.15
	0.03	0.09		11411	0.86	6.14
1.03	0.10	0.13		11487	0.34	5.74
1.17		0.23	0.89	10727	0.17	6.12
2.20		0.30	0.95	10803	0.48	6.63
1.46		0.18	0.92	10422	0.24	5.47
2.23		0.20	3.55	15652	0.32	5.85
282.13	**168.37**	**22.98**	**235.46**	**9707**	**46.58**	**474.54**
16.94	12.03	1.57		10649	4.96	29.12
28.44	33.38	1.03	29.92	13384	3.00	25.02
46.92	22.47	2.61	27.29	9555	3.79	34.06
46.95		1.99	29.92	13224	3.76	32.39
10.29	5.93	1.52	30.64	7569	3.21	46.25
10.33	3.71	1.28	5.43	17004	2.53	20.45
14.87	19.11	1.17	21.14	13297	2.78	22.15
19.29	5.14	0.53		16550	4.95	16.03
1.26	0.65	0.29	2.36	24951	1.83	8.86
1.24	0.12	0.17	2.32	26909	0.80	6.57
20.10	35.39	1.59	17.87	8464	3.13	38.45
7.76	13.11	0.36	14.31	8521	2.68	19.17
8.11	7.51	0.26	4.50	7082	1.50	16.19
13.62	6.03	0.63	13.76	7071	2.05	34.37
2.86	0.94	0.62	19.40	7890	1.71	18.20
7.26	0.67	1.25	4.96	7530	0.90	24.82
3.50	1.12	0.62	3.81	7308	0.93	21.16
8.01		2.47	4.18	9221	1.15	21.47
6.36	0.25	1.26	3.65	9076	0.26	17.23
8.01	0.83	1.76		7756	0.66	22.60
144.53	**30.14**	**16.42**	**175.28**	**10855**	**49.83**	**543.25**
12.20	5.47			11474	1.10	26.35
7.88	0.23	1.59	5.47	14670	0.87	17.99
3.20	0.31	0.84	3.93	9100	0.83	13.30
0.92	0.12			15301	0.88	13.43
7.18	0.17	0.69	2.88	7844	1.02	18.13

11-1(一) 续表 6

地 区	年末总人口（万人）	地区生产总值（亿元）	人均地区生产总值（元）	规模以上工业企业资产总计（亿元）
尖扎县	5.91	23.81	23813	
泽库县	7.78	16.27	21806	0.26
河南蒙古族自治县	4.04	16.37	37338	
共和县	13.25	72.17	54473	230.03
同德县	6.37	13.77	20061	
贵德县	11.14	31.54	25314	10.34
兴海县	8.21	23.48	28510	199.09
贵南县	8.12	17.21	57267	
玛沁县	5.71	15.68		89.13
班玛县	3.01	4.20	13967	
甘德县	3.88	3.52	9074	
达日县	3.82	3.78	10140	
久治县	2.84	4.69		1.89
玛多县	1.57	3.24	207	
玉树市				
杂多县				
称多县				
治多县				
囊谦县				
曲麻莱县				
格尔木市	13.76	368.58	151309	93.53
德令哈市	7.37	79.88	110447	
乌兰县	3.53	22.63	13	53.85
都兰县	7.20	35.23	38975	64.80
天峻县	2.30	20.93		78.79
宁夏回族自治区	**100.83**	**212.30**	**23495**	**604.02**
盐池县	17.31	90.28	54627	282.62
同心县	38.19	69.34	20733	230.71
海原县	45.33	52.68	13043	90.69
新疆维吾尔自治区	**492.27**	**2244.89**	**45603**	**3313.52**
乌鲁木齐县	5.28	25.04		71.83
伊州区	43.22	399.51	81393	1083.70
巴里坤哈萨克自治县	10.60	71.07	67063	188.68
伊吾县	2.12	65.98	310983	274.92
奇台县	23.66	158.11	66414	198.51

农林牧渔业总产值（亿元）	粮食总产量（万吨）	肉类总产量（万吨）	社会消费品零售总额（亿元）	农村居民人均可支配收入（元）	地方一般公共预算收入（亿元）	地方一般公共预算支出（亿元）
3.26	1.76	0.21	1.29	15947	0.94	16.38
9.70	0.07	1.22	1.20	7325	0.12	159.77
9.56		1.42	1.22	10724	0.31	14.62
13.92	2.98	1.69	16.42	12097	2.18	24.64
10.79	1.80	0.96	2.06	10976	0.64	14.66
3.31	3.52	0.73	4.27	10546	1.42	9.59
10.70	1.35	1.59	2.52	12507	1.12	15.82
11.24	4.72	1.08		9902	0.69	33.84
			1.14	11072	1.31	15.44
1.31	0.06	0.32	0.58	7206	0.15	11.15
1.32		0.31	0.64	6848	0.13	14.49
1.22		0.23	0.66	6510	0.17	14.81
		0.37	0.91	7021	0.26	9.83
			0.64	7401	0.34	10.04
5.15	0.15	0.51	53.46	18366	15.59	41.21
6.39	2.08	0.69	8.86	14616	12.89	19.31
0.10	0.83	0.48	2.54	12213	4.41	13.98
20.07	4.52	0.83	5.14	12372	0.68	4.55
5.11		0.66	59.45	12995	1.79	9.93
58.66	**32.83**	**6.45**	**39.03**	**9147**	**13.31**	**148.47**
16.66		2.55	14.39	10685	8.28	36.68
27.49	32.83	2.39	13.90	9185	2.61	53.06
26.84		1.51	10.75	8511	2.42	58.73
809.64	**634.57**	**57.35**	**428.50**	**14115**	**190.45**	**785.41**
11.45	0.71	0.65	10.30	18970	5.79	14.76
47.91	2.05	1.10	87.50	17670	29.18	47.47
15.10	9.31	1.46	14.02	13728	5.43	20.09
6.81	0.55	0.75	2.79	18404	10.18	14.53
62.66	75.85	3.42	31.78	17713	6.97	28.41

11－1(一)　续表 7

地　区	年末总人口（万人）	地区生产总值（亿元）	人均地区生产总值（元）	规模以上工业企业资产总计（亿元）
木垒哈萨克自治县	8.70	32.27	36836	26.69
博乐市	26.03	160.22	62007	79.13
精河县	14.33	80.99	56495	39.66
温泉县	7.30	26.44	36073	3.79
尉犁县	10.69	59.14	55216	21.23
且末县	7.10	24.59	34645	9.16
和静县	18.46	82.80		0.73
和硕县	6.62	32.89	49661	16.83
温宿县	23.56	66.58	28261	73.93
沙雅县	26.41	60.72	22987	53.18
阿克陶县	23.41	35.83	15381	59.80
阿合奇县	4.60	10.11	21962	
乌恰县	5.89	33.16	56303	56.79
塔什库尔干塔吉克自治县	4.10	13.68	33456	3.15
民丰县	3.84	11.70	30381	
巩留县	19.59	49.30	25163	100.61
新源县	31.76	92.14	31307	112.42
昭苏县	18.15	48.25	26438	13.75
特克斯县	16.90	27.76	16373	1.65
尼勒克县	18.18	55.15	29142	81.78
塔城市	14.80	86.90	58744	6.70
额敏县	15.62	73.46	47030	31.48
托里县	9.23	38.98	42221	59.95
裕民县	5.22	14.53	27854	1.12
和布克赛尔蒙古自治县	5.24	30.60	57690	92.74
阿勒泰市	19.71	81.72	41134	31.23
布尔津县	7.16	24.16	33544	58.62
富蕴县	9.64	52.10	53630	121.76
福海县	6.54	45.85	55549	18.92
哈巴河县	8.51	42.07	46866	72.97
青河县	6.31	18.45	25757	215.61
吉木乃县	3.79	14.53	36241	30.49

农林牧渔业总产值（亿元）	粮食总产量（万吨）	肉类总产量（万吨）	社会消费品零售总额（亿元）	农村居民人均可支配收入（元）	地方一般公共预算收入（亿元）	地方一般公共预算支出（亿元）
23.97	17.40	4.40	9.13	15265	3.91	17.70
32.65	33.59	1.20	37.75	16928	10.82	32.87
39.90	1.82	0.61	8.91	16424	4.17	26.58
12.70	37.85	0.75	3.58	9745	1.40	14.65
32.65	0.75	0.70	4.02	16038	2.90	15.81
15.24	3.49	0.79	1.80	16256	2.91	14.55
27.95	11.47	2.48	7.96	16501	5.91	22.81
30.08	13.23	0.85	3.67	15289	1.78	12.88
50.44	28.61	3.73	19.68	12878	4.86	35.46
34.39	11.20	2.05	11.72	12903	15.38	43.90
15.38	22.84	1.74	5.43	7748	3.40	58.12
2.37	0.52		1.47	6723	0.90	18.96
2.48	0.88	0.53	2.52	7877	4.68	29.98
3.25	1.10	0.59	2.11	8300	1.41	24.24
3.35	0.15	0.60	1.46	14617	1.19	13.30
23.18	44.96	2.51	8.48	12989	2.01	19.89
40.32	55.71	4.09	32.77	13020	6.04	28.66
22.68	15.35	2.08	7.45	13073	1.93	20.23
16.67	17.54	1.85	11.44	27975	2.25	21.94
30.58	22.65	3.40	9.62	13190	3.73	21.26
43.27	105.47	1.59	21.94	16390	4.06	21.93
44.68	0.01	1.28	18.95	15084	2.78	21.17
15.40	21.29	1.34	4.02	10850	1.83	16.38
9.49	24.83	0.92	3.51	18737	1.23	10.68
10.90	0.36	1.38	3.86	13504	12.18	19.12
18.33	9.06	2.02	1.30	13757	4.45	2.87
8.40	4.19	1.15	17.50	12378	3.76	18.46
11.66	9.82	1.54		7780	8.82	
20.84	21.16	1.56	7.98	14669	2.79	18.67
12.90	3.98	1.31	12.11	11720	5.40	18.36
6.36	2.69	0.60		12260	2.46	2.07
3.28	2.12	0.34		9930	1.56	16.63

11-1 各牧区半牧区县主要经济社会指标(2018年)(二)

地　区	普通中学在校学生(人)	普通中学专任教师(人)	普通小学在校学生(人)	普通小学专任教师(人)
河北省	**91568**	**5258**	**116207**	**7518**
张北县	25559	1144	22790	1410
康保县	6289	505	6149	738
沽源县	5971	561	11203	726
尚义县	4232	393	5633	752
丰宁满族自治县	18863	1350	29862	1660
围场满族蒙古族自治县	30654	1305	40570	2232
山西省	**454**		**537**	
右玉县	454		537	
内蒙古自治区	**389616**	**38050**	**547744**	**46229**
达尔罕茂明安联合旗	1329	225	2852	305
巴林左旗	18741	666	17626	1484
巴林右旗	8349	861	9531	867
林西县	8823	758	9903	884
克什克腾旗	7929	786	9405	911
翁牛特旗	16401	1323	19734	1673
敖汉旗	28049	2242	30482	1925
科尔沁左翼中旗	16550	1336	22337	2098
科尔沁左翼后旗	16363	1353	22565	1582
开鲁县	19739	2307	19457	1516
库伦旗	7683	713	9692	881
扎鲁特旗	13157	1225	15987	1949
奈曼旗	12256	1188	25636	2528
东胜区	27584	2295	44457	2554
达拉特旗	13806	1247	25992	1503
准格尔旗	14786	937	27016	1604
鄂托克旗	4967	756	10543	749
鄂托克前旗	4224	334	5124	384
杭锦旗	4042	544	6612	581
乌审旗	4699	691	10398	1537
伊金霍洛旗	6395	663	15435	1175
阿荣旗	12199	1259	16861	1096
莫力达瓦达斡尔族自治旗	11220	1528	14905	840
鄂温克族自治旗	3065	904	4421	573
陈巴尔虎旗	974	227	1883	410

医疗卫生机构数（个）	医疗卫生机构床位数（张）	卫生技术人员（人）	城镇居民最低生活保障人数（人）	城镇居民最低生活保障支出（万元）	农村居民最低生活保障人数（人）	农村居民最低生活保障支出（万元）
1898	**8449**	**5560**	**15062**	**8376**	**154246**	**47240**
396	1701	1182	4097	2068	34845	10918
346	728	455	1207	945	25104	9330
251	668	349	2720	1225	25397	7848
208	806	625	3601	1618	20120	6084
334	1908	1326	2460	2000	25710	6735
363	2638	1623	977	521	23070	6325
304	**290**	**762**	**1526**	**1329**	**10145**	**2518**
304	290	762	1526	1329	10145	2518
10000	**28435**	**49736**	**162368**	**107912**	**663956**	**205807**
72	395	678	356	274	1681	658
357	1084	1960	1578	1041	27041	9899
209		1251	2389	1346	15147	4305
114	875	1654	4347	2586	20136	6430
274	694	1474	3345	1830	27997	5573
463	789	1419	1062	759	32521	10717
622	1471	1616	3287	2560	41582	13531
594	600	2211	8034	5121	38025	11832
632	972	990	3061	1833	11558	3332
605	517	1366	3332	2203	16485	5553
199		1078	2079	1189	7126	1927
396	943	1577	5898	3966	20304	6554
825	1068	2624	4663	2887	30007	9054
438	5108	5297	2894	1513	1036	430
365	1715	1435	688	384	5316	2770
262	1250	2420	1124	583	7547	3248
148	473	944	544	316	1801	649
94	428	596	269	181	423	238
101	420	653	257	133	1587	539
125	546	870	442	228	2118	950
174	867	1450	425	250	3153	1434
302	1088	1457	8756	5297	23750	6967
356	286	1297	11033	6990	23172	7415
125	676	1300	18365	12315	4544	1460
			2009	1497	449	323

11-1(二) 续表 1

地 区	普通中学在校学生（人）	普通中学专任教师（人）	普通小学在校学生（人）	普通小学专任教师（人）
新巴尔虎左旗			1747	
新巴尔虎右旗	750	119	1698	170
扎兰屯市	13170	1279	17487	1201
磴口县	2769	292	3494	367
乌拉特前旗	9447	909	12731	943
乌拉特中旗	3152	348	4092	417
乌拉特后旗	1342	235	2480	155
察哈尔右翼中旗	2377	324	2843	401
察哈尔右翼后旗	1915	661	4440	602
四子王旗	4860		5560	
科尔沁右翼前旗	10472	1378	16330	1997
科尔沁右翼中旗	11388	1106	12981	1668
扎赉特旗	13206	1165	21436	2137
突泉县	10324	952	12563	1311
锡林浩特市				
阿巴嘎旗	905	200	1489	196
苏尼特左旗	670	128	160	176
苏尼特右旗	2324	372	1338	372
东乌珠穆沁旗	2811	321	4413	227
西乌珠穆沁旗				
太仆寺旗	4546	462	4784	429
镶黄旗	1079	134	1275	139
正镶白旗	1210	193	1778	248
正蓝旗	703	214	3549	355
阿拉善左旗	5001	611	8029	857
阿拉善右旗	882	145	866	139
额济纳旗	983	134	1327	113
辽宁省	**114939**	**11697**	**125730**	**11371**
康平县	8075	992	14775	1394
阜新蒙古族自治县	29345	2314	26222	2361
彰武县	9158	1189	16561	1461
建平县	28264	3104	26441	2239
喀喇沁左翼蒙古族自治县	19355	1817	20495	1795
北票市	20742	2281	21236	2121

医疗卫生机构数（个）	医疗卫生机构床位数（张）	卫生技术人员（人）	城镇居民最低生活保障人数（人）	城镇居民最低生活保障支出（万元）	农村居民最低生活保障人数（人）	农村居民最低生活保障支出（万元）
25	80	304	1695	1090	1865	754
26	160	334	1544	941	917	440
246	1605	2412	10852	6649	28164	9702
108	523	926	3827	2403	7963	2370
413	1012	775	2028	1325	18725	5760
66	260	779	1491	919	6496	2491
75	150	505	2840	2177	2250	1600
384	150	452	3783	1990	30466	10357
106	335	530	2115	1633	24552	9194
36		678	4824	3070	32618	10797
			1770	1323	30606	9377
			4118	2961	13269	3876
			4351	3228	34204	10776
			5594	9396	20266	393
			2678	1906	753	495
56	160	253	865	465	700	280
79	95	232	664	347	898	394
37	302	365	2400	1347	5106	1382
21	160	301	1907	1105	1266	638
87	360	130	3111	1691	1824	812
18		113	3904	1500	20413	3505
68	275	239	1168	458	2146	728
12		237	837	324	7888	1612
19	240	293	2192	931	5616	1942
230		1894	1359	1237	464	324
20	103	192	82	89	15	24
16	200	175	132	128		
3132	**8158**	**12655**	**27162**	**13164**	**63552**	**12706**
208	644	1115	1558	1049	4518	1091
511	1000	2050	2205	1124	19341	3113
323	1128	1804	1130	822	6250	1390
781	1765	2806	2307	2026	11739	2618
697	1921	2564	2115	922	11096	2307
612	1700	2316	17847	7221	10608	2187

11-1(二) 续表 2

地 区	普通中学在校学生（人）	普通中学专任教师（人）	普通小学在校学生（人）	普通小学专任教师（人）
吉林省	**127058**	**10957**	**153540**	**17650**
双辽市	16672	1501	20103	2311
前郭尔罗斯蒙古族自治县	25870	2461	26915	3326
长岭县	28215	1878	32961	2394
乾安县	5967	699	10535	1113
镇赉县	10292	1280	15920	1682
通榆县	15783	1600	15483	2109
洮南市	15890	1458	18590	2053
大安市	8369	80	13033	2662
黑龙江省	**211140**	**18994**	**209536**	**17786**
龙江县	15307	996	24352	1270
泰来县	11392	1024	18540	945
甘南县	13534	1052	17055	930
富裕县	8955	788	11891	950
虎林市	9798	797	6719	633
肇州县	20213	1600	13056	1402
肇源县	18206	2213	18266	2354
林甸县	11030	763	9630	1023
杜尔伯特蒙古族自治县	12837	912	9676	891
同江市	3889	255	6143	597
兰西县	13690	1603	13034	1067
青冈县	20630	1525	11995	1029
明水县	11310	1115	8450	872
安达市	13929	1293	13237	1398
肇东市	26420	3058	27492	2425
四川省	**401762**	**23363**	**742001**	**38920**
汶川县	6194	651	5214	661
理县	913	225	2063	477
茂县	5219	540	6854	669
松潘县	2281	282	4263	507
九寨沟县	3414		4563	
金川县	2099	313	3584	435
小金县	3507	370	4080	550
黑水县	1709	166	2762	356
马尔康市	3714	397	3480	363
壤塘县	1564	177	5228	320

医疗卫生机构数（个）	医疗卫生机构床位数（张）	卫生技术人员（人）	城镇居民最低生活保障人数（人）	城镇居民最低生活保障支出（万元）	农村居民最低生活保障人数（人）	农村居民最低生活保障支出（万元）
2553	**7960**	**14881**	**54379**	**24691**	**150418**	**37912**
390	1030	2131	3670	1934	13144	2619
600	1775	3147	6158	1854	18528	6413
335	818	2206	2601	2006	23071	7745
186	739	1214	3404	1461	5573	1833
147	623	1066	6189	2237	20673	3484
194	680	1397	7542	4555	19216	4057
398	1321	2070	12282	5765	16744	3347
303	974	1650	12533	4879	33469	8414
2691	**13968**	**18455**	**80008**	**41960**	**207837**	**53720**
343	1786	1792	3534	1338	22228	4563
240	650	1373	3213	1267	11770	2064
184	646	1337	5914	2639	13638	2704
18	1237	890	2343	1010	12855	1987
158	1411	1907	4940	2216	1157	263
247	580	1193	2285	742	11646	1728
251	370	736	2104	1067	3926	959
101	840	870	1417	1970	4188	799
108	565	899	4015	2046	10881	2455
21	410	488	3301	1863	2464	561
129	620	885	9991	5487	40336	10688
183	705	887	9309	6240	29906	7002
148	1600	1202	7123	3952	23681	5732
176	1331	2272	7766	4723	17129	5000
384	1217	1724	12753	5402	2032	7217
8034	**14863**	**26150**	**88788**	**34481**	**680814**	**157275**
145	436	701	1156	512	2004	512
104		444	762	370	822	200
209		678	9795	3826	1319	388
209	100	511	6345	2246	2845	755
139	260	584	5650	1946	8384	1553
31		508	696	250	2968	776
251	200	430	543	315	2400	572
147	34	288	14	20	5570	1474
142	796	1182	2172	773	5331	1124
78	246	275	767	343	17251	3770

11-1(二) 续表 3

地 区	普通中学在校学生（人）	普通中学专任教师（人）	普通小学在校学生（人）	普通小学专任教师（人）
阿坝县	3589	188	8363	739
若尔盖县	13391	978	7592	573
红原县	3062	202	5080	404
康定市	7298	615	5926	575
泸定县	2822	269	3323	439
丹巴县	4991	304	6385	452
九龙县	2487	166	4870	339
雅江县	2090	136	4989	358
道孚县	2904	188	5790	367
炉霍县	3765	292	7564	469
甘孜县	1471	113	4874	387
新龙县	1702	122	10289	491
德格县	1093	91	6703	350
白玉县	2558	194	10516	588
石渠县	1471	104	6661	324
色达县	2962	176	8684	567
理塘县	4194	245	5584	469
巴塘县	8478	627	9029	618
乡城县	1362	99	2405	277
稻城县	1221	91	2801	286
得荣县	958	97	1910	259
西昌市	56323	3728	84971	3733
木里藏族自治县	6865	600	12409	787
盐源县	16394	1097	38945	1946
德昌县	13372	105	21282	728
会理县	21120	1473	29367	1721
会东县				
宁南县	7967	574	17536	966
普格县	8974	619	31536	1099
布拖县	6145	219	35328	1240
金阳县	52830	1763	29152	1207
昭觉县	14886	561	47207	1726
喜德县	11179	634	28493	1393
冕宁县	19149	1187	43002	1998
越西县	14861	818	49578	2314

医疗卫生机构数（个）	医疗卫生机构床位数（张）	卫生技术人员（人）	城镇居民最低生活保障人数（人）	城镇居民最低生活保障支出（万元）	农村居民最低生活保障人数（人）	农村居民最低生活保障支出（万元）
127	280	468	2164	1278	24434	3476
27	162	422	331	399	5121	1264
134		379	88	32	6425	1269
149	129	518	2781	909	5931	1165
203	223	340	2595	1347	1324	361
86	119	285	636	288	2584	597
122	110	219	200	200	5751	1210
168	108	300	33	10	3724	880
143	150	272	758	250	12994	2196
171	212	346	80	35	3528	1442
132	75	265	565	255	18389	4317
181	112	324	420	221	6202	1981
168	82	227	698	284	16502	3616
80	101	267	329	140	8005	1776
156	66	284	742	354	37620	9940
180	110	328	302	70	13352	2616
112	107	265	887	336	9759	4089
272	1528	1623	401	104	4665	905
80	100	209	339	181	3516	1117
130	80	247	1118	305	4768	1346
135	90	189	251	222	5721	1193
300			4960	1951	11656	2689
38	424	679	2255	785	16646	3699
389	1236	1518	2722	1116	42380	9418
208	1081	537	855	365	13218	2952
76		2151	4126	1436	14122	3295
			2655	924	16668	3908
163	880	1155	1944	733	17255	3806
191	239	290	800	283	18499	4325
224	240	650	3637	1276	39771	8837
182	232	171	2678	948	37822	8397
338	980	686	3831	1333	45207	11366
211		440	4061	1420	35873	8004
290	829	1985	1105	406	10913	2710
334	240	1232	4481	1675	30378	7129

11-1(二) 续表 4

地　区	普通中学在校学生（人）	普通中学专任教师（人）	普通小学在校学生（人）	普通小学专任教师（人）
甘洛县	9215	534	27072	1303
美姑县	8955	42	41528	1599
雷波县	29044	991	33166	1491
云南省	**20095**	**1500**	**27946**	**2213**
香格里拉市	12784	989	12891	1013
德钦县	1516	161	3490	384
维西傈僳族自治县	5795	350	11565	816
西藏自治区	**50563**	**3811**	**141936**	**9128**
林周县				
当雄县	2164	171	5717	353
卡若区	1840		7337	602
江达县	1901	136	8775	397
贡觉县	1196	83	4577	344
类乌齐县	2202	115	5852	307
丁青县	3190	165	9757	425
察雅县	1180	134	5179	407
八宿县	1432	119	4015	304
曲松县	545	62	991	110
措美县	366	45	843	111
错那县	361		780	82
浪卡子县	1654	122	3057	226
昂仁县	2634	182	5449	312
谢通门县	1908	151	4414	316
康马县	917	86	2016	222
仲巴县	1104	88	2364	187
亚东县	386	52	1058	119
萨嘎县	682	65	1566	139
岗巴县	470	61	959	135
色尼区	3545	257	9102	514
嘉黎县	1632	126	4978	252
比如县	2988	173	10481	394
聂荣县	1560	113	3060	261
安多县	1680	140	3908	285
申扎县	1101	100	2399	161
索县	2057	158	7240	353

医疗卫生机构数（个）	医疗卫生机构床位数（张）	卫生技术人员（人）	城镇居民最低生活保障人数（人）	城镇居民最低生活保障支出（万元）	农村居民最低生活保障人数（人）	农村居民最低生活保障支出（万元）
	620		1361	495	23202	5255
336	740	508	1727	635	38297	8479
343	1106	770	1972	881	19698	5133
304	**1140**	**2474**	**5464**	**2287**	**13680**	**2794**
123	710	1399	2116	544	20140	6742
68	100	361	3427	1585	13790	3733
113	330	714	967	583	23199	6221
2889	**2578**	**4630**	**14288**	**11350**	**111163**	**27922**
57	70	394	760	441	941	418
38	52	175	584	142	2302	491
20	90	19	2775	2607	13316	2586
110	122	241	393	213	9242	2616
178	65	102	765	300	14096	2001
94	105	257	474	185	7088	1777
82	355	135	328	138	14550	2745
153	90	202	438	168	8678	2397
127	72	131	208	149	7012	1892
29	40	94	103	101	450	115
41	18	115	141	93	386	74
12	30	126	41	30	278	83
94	30	184	47	23	1667	292
204	99	136	24	12	2339	978
117	57	81	61	50	1227	786
57	94	99	7	4	145	5
1			65	8	619	68
37	21	43	18	8	1	1
47	40	81	33	31	607	177
27	22	67	10	16	171	100
90	43	114	2152	1363	4396	999
156	68	369	381	2444	1204	510
131	250	263	347	275	575	261
155	87	113	463	249	1676	850
18		95	1035	404	1952	462
73	77	121	354	172	3124	367
138	95	68	114	122	1882	542

11-1(二) 续表 5

地 区	普通中学在校学生（人）	普通中学专任教师（人）	普通小学在校学生（人）	普通小学专任教师（人）
班戈县	1843	124	3897	290
巴青县	2290	159	6847	255
尼玛县	1321	109	3122	228
普兰县	559	80	585	59
札达县	154	37	463	70
噶尔县			800	
日土县	384	44	951	98
革吉县	544	66	1888	148
改则县	1033	90	2757	211
措勤县	576	63	1483	164
工布江达县	1164	135	3269	287
甘肃省	**196884**	**18866**	**225443**	**18727**
永登县	17297	1577	20795	
永昌县	12037	1017	10789	800
靖远县	21939	2894	30852	2959
民勤县	10750	1078	7622	841
天祝藏族自治县	9102	1011	10515	1284
肃南裕固族自治县	1082	178	1525	193
山丹县	8365	925	11846	710
瓜州县	8554	661	9194	722
肃北蒙古族自治县	554	81	642	85
阿克塞哈萨克族自治县	396	34	793	72
环县	21823	1928	23240	1926
华池县	3228	597	10679	827
漳县	11061	925	14935	1044
岷县	30151	2099	40387	2298
合作市	21619	1852	69	1670
卓尼县	6598	792	9875	780
迭部县	3758	379	4614	556
玛曲县	2057	181	6244	710
碌曲县	2748	255	3278	535
夏河县	3765	402	7549	715
青海省	**92740**	**6371**	**143279**	**7993**
门源回族自治县	10995		11782	770
祁连县	2893	217	3846	298

医疗卫生机构数（个）	医疗卫生机构床位数（张）	卫生技术人员（人）	城镇居民最低生活保障人数（人）	城镇居民最低生活保障支出（万元）	农村居民最低生活保障人数（人）	农村居民最低生活保障支出（万元）
99	74	161	649	332	2219	541
169	25	134	229	192	3342	1252
94	72	166	323	263	4327	1126
12	25	37	2	6	25	16
22	22	74	25	25	25	61
36	25	65	536	445	61	109
19	36	60	19	22	15	17
27	44	70	95	78	76	274
56	60		151	113	279	706
29	50	38	101	77	627	177
40	53		37	49	243	55
3594	**9034**	**13511**	**64363**	**33320**	**349922**	**69111**
437	885		2036	985	22029	4556
377	386	1320	5594	2768	11274	5297
221	1045	1648	4893	2785	46248	8096
284	810	1425	7118	3656	15481	3774
313	680	901	4024	2900	18572	4187
130	189	253	773	441	2748	750
190	800	1088	6620	3776	5968	1443
125	470	741	1834	965	20336	5769
35	115	127	377	239	227	67
11	50	115	480	296		
323	580	861	2121	1105	44290	8025
131	500	697	2416	1256	13607	2563
153	490	453	3167	1319	23897	5371
509	1080	2184	5672	2160	75338	9831
46		256	10041	4669	7966	1151
120	240	379	710	535	11867	2591
80	200	384	1130	623	5334	952
53	120	285	987	494	9483	1180
33	182	309	709	390	4152	1150
23	212	85	3661	1958	11105	2359
2057	**4109**	**8146**	**47260**	**33995**	**224475**	**81562**
187	257	655	4173	3055	9297	3528
62	150	210	1205	836	3350	1099

11-1(二) 续表 6

地 区	普通中学在校学生（人）	普通中学专任教师（人）	普通小学在校学生（人）	普通小学专任教师（人）
海晏县	2494	249	2680	196
刚察县	1433	98	4233	288
同仁县	15681	1184	9334	529
尖扎县	2099	148	5235	383
泽库县	4411	293	8744	554
河南蒙古族自治县	1813	171	3521	311
共和县	2395	165	4512	235
同德县	3410	265	7085	505
贵德县	8543	627	9399	535
兴海县	3783	246	8952	449
贵南县	2760	301	6879	402
玛沁县	2662	150	6092	349
班玛县	1571	113	3007	143
甘德县	1794	67	3993	198
达日县	1814	74	4433	244
久治县	1514	92	3000	172
玛多县	481	31	1260	90
玉树市				
杂多县				
称多县				
治多县				
囊谦县				
曲麻莱县				
格尔木市	12006	1279	18868	620
德令哈市	2874	243	6281	393
乌兰县	1665	208	2235	164
都兰县	2582		5924	
天峻县	1067	150	1984	165
宁夏回族自治区	**63689**	**4544**	**91302**	**5450**
盐池县	10472	768	12071	858
同心县	25950	1804	39254	2053
海原县	27267	1972	39977	2539
新疆维吾尔自治区	**249405**	**26959**	**412524**	**35072**
乌鲁木齐县	1600	196	3900	348
伊州区	25900	2408	29100	3067

医疗卫生机构数（个）	医疗卫生机构床位数（张）	卫生技术人员（人）	城镇居民最低生活保障人数（人）	城镇居民最低生活保障支出（万元）	农村居民最低生活保障人数（人）	农村居民最低生活保障支出（万元）
41	160	176	685	443	1194	478
44	190	193	1393	898	3646	1431
94	115	171	3218	3702	12389	4384
105	282	507	505	830	9600	3016
95	266	230	2000	1252	19730	6099
11		396	366	976	5002	2253
229	190	368	3923	2401	8518	3483
114	360	436	1608	1158	5606	2292
133	350	353	1074	845	9446	3447
69	359	243	477	357	7329	2718
12	585	396	2347	1727	6774	2302
153		37	2506	2588	2660	1660
47		104	1013	688	7551	2484
48	130	112	953	660	8103	1798
48	115	133	855	695	7930	2458
10	50	105	362	288	6731	2541
8		119	876	611	3783	1623
			5347	3024	19460	8905
			1382	902	9284	3257
			1368	738	16298	5730
			1383	625	5849	2193
			2750	1595	23123	7837
			1003	498	6347	2341
189	118	1668	404	245	836	347
93		972	2304	1397	1047	420
50	150	220	872	410	1320	525
124	150	221	648	397	1213	491
91	132	121	260	157	1059	424
595	**2740**	**3674**	**23851**	**14306**	**93887**	**38339**
119	440	484	2080	1373	10017	3910
190	1046	1375	9433	6093	37361	16516
286	1254	1815	12338	6840	46509	17913
3941	**14854**	**28732**	**97359**	**47325**	**271535**	**83540**
		153	200	138	954	506
335	2267	4031	7560	3968	10905	2463

11-1(二) 续表 7

地　区	普通中学在校学生（人）	普通中学专任教师（人）	普通小学在校学生（人）	普通小学专任教师（人）
巴里坤哈萨克自治县	2077	433	5462	778
伊吾县	1228	240	1772	215
奇台县	10125	906	12882	1096
木垒哈萨克自治县	1766	378	4896	782
博乐市	10772	838	15957	1032
精河县	5281	682	9797	910
温泉县	2145	381	3342	555
尉犁县	4055	357	7157	764
且末县	1416	383	6688	757
和静县	7082	704	13595	1019
和硕县	2909	251	4645	440
温宿县	14511	1154	26100	1685
沙雅县	20901	1299	30076	1782
阿克陶县	14937	1763	27608	2444
阿合奇县	2010	306	4355	694
乌恰县	2101	244	5808	715
塔什库尔干塔吉克自治县	2665	210	3976	300
民丰县	2052	234	3687	381
巩留县	11030	986	20493	1603
新源县	19981	4241	29903	2059
昭苏县	8139	874	15374	1119
特克斯县	6665	843	18486	1645
尼勒克县	9202	796	17284	848
塔城市	10087	938	9840	868
额敏县	8567	667	12688	856
托里县	5766	358	8918	597
裕民县	2091	312	3939	413
和布克赛尔蒙古自治县	2417	241	4196	573
阿勒泰市	9578	926	11861	1304
布尔津县	3904	461	6306	766
富蕴县	5965	769	9870	636
福海县	3387	361	5464	569
哈巴河县	3672	509	7980	745
青河县	1569	163	6394	441
吉木乃县	1852	147	2725	266

医疗卫生机构数（个）	医疗卫生机构床位数（张）	卫生技术人员（人）	城镇居民最低生活保障人数（人）	城镇居民最低生活保障支出（万元）	农村居民最低生活保障人数（人）	农村居民最低生活保障支出（万元）
75	100	498	589	342	2264	842
33	99	310	352	48	769	307
202	438	1097	381	261	2254	643
86	200	469	954	442	1759	624
282	1378	1999	5157	3047	7938	2509
105	419	569	2905	968	5217	1644
71	132	320	2185	1403	1984	788
81	200	463	1262	654	2997	830
89	381	557	1831	1104	7097	2893
145	423	1168	2673	1565	6351	2606
67	194	440	456	391	2121	905
156	530	907	2250	1088	8884	2000
205	480	1634	3201	1300	15480	5024
133	294	642	6281	3036	48440	12970
31	200	401	4634	2697	9906	2287
39	150	446	2138	835	7437	2214
58	100	385	1160	572	17290	5314
46	230	366	293	158	2667	810
85	587	1360	7426	2217	10496	3320
212	940	1570	4623	1302	15444	3360
42	398	362	6583	2346	16691	3580
45	620	662	7038	2200	10171	2436
108	389	1037	6222	2027	10937	3321
181	300	609	1116	519	2195	800
184	479	713	2034	1207	2991	1114
78	251	665	1177	645	1595	639
66	195	417	656	333	900	307
45	279	707	577	348	603	293
137	1031	1428	1476	1002	4102	1681
80	240	619	708	591	1982	918
90	150	395	1269	889	3647	1322
77	240	317	525	555	971	817
153	290	433	671	545	3220	1280
58	150	293	1419	938	3291	1032
61	100	290	373	378	471	709

民族乡镇

1-1 全国民族乡镇基本情况(一)

年份	民族乡镇数(个)	#实际汇总数	年末总人口(万人)	#少数民族人口	农业总产值(亿元)
1991	1246	1031	1250.92	597.32	91.93
1992	1260	1153	1933.72	770.83	128.22
1993	1262	1238	1759.87	868.28	157.20
1994	1711	1258	1710.63	860.64	206.01
1995	1267	1263	1729.24	878.93	282.15
1996	1272	1264	1714.58	889.13	326.34
1997	1256	1207	1676.70	1011.90	382.20
1998	1252	1249	1690.90	894.64	382.96
1999	1252	1248	1738.64	901.89	521.12
2000	1231	1247	1851.20	947.70	415.32
2001		1204	1769.59	900.31	316.89
2002	1190	1190	1745.18	894.94	386.73
2003	1173	1165	1716.13	883.20	398.29
2004	1159	1151	1731.21	899.91	462.84
2005	1159	1123	1754.05	891.21	516.15
2006	1125	1125	1767.66	905.81	594.21
2007	1131	1123	1800.32	923.76	827.18
2008	1135	1135	1815.38	935.07	898.62
2009	1140	1140	1830.82	943.05	932.41
2010	1137	1137	1863.43	962.30	909.96
2011	1132	1132	1890.16	972.29	949.35
2012	1120	1120	1851.80	957.78	1115.71
2013	1086	1120	1804.30	923.40	1202.99
2014	1091	1091	1760.00	903.60	1249.84
2015	1025	1025	1761.35	918.06	1380.76
2016	1026	1026	1757.13	917.87	1626.91
2017	1027	1027	1759.24	911.08	1557.16
2018	1022	1022	1767.27	910.74	1695.21

1-1 全国民族乡镇基本情况(二)

年 份	工 业 总产值 (亿元)	粮 食 总产量 (万吨)	财 政 收 入 (万元)	农村居民人均 可支配收入 (元)
1991	87.13	1195.85	396135	
1992	89.90	719.58	63573	
1993	187.99	1120.81	103445	
1994	257.88	1511.17	94085	
1995	348.92	1408.46	112923	
1996	451.45	953.93	141068	
1997	547.90	2246.70	213727	
1998	561.72	957.88	259527	
1999	543.93	751.81	310977	1466
2000	595.45	901.05	191942	1674
2001	388.90	873.52	184372	1510
2002	432.13	832.92	221046	1611
2003	520.42	792.69	235592	1740
2004	607.36	943.47	286062	2148
2005	714.99	1092.77	368015	2361
2006	902.16	1067.36	414099	2648
2007	1132.60	1076.59	495824	3092
2008	1344.95	1161.39	682219	3420
2009	1464.63	1160.58	693493	4028
2010	1795.83	1233.64	819400	4526
2011	1805.84	1233.77	863904	5229
2012	2048.44	1296.20	1105110	6184
2013	2159.45	1490.32	1400714	6940
2014	2225.52	1453.69	1252690	8014
2015	2163.81	1793.10	1396618	8701
2016	2353.90	1432.72	1542429	9724
2017	2892.17	1433.84	1786930	10283
2018	2936.04	1492.27	1951574	11665

2-1 全国分地区民族乡镇基本情况(2018年)

地区	民族乡镇数(个)	#民族镇	#民族苏木	行政区划面积(平方公里)	年末总人口(万人)	#少数民族人口
合计	**1022**	**39**	**1**	**271751**	**1767.27**	**910.74**
北京	5			621	8.37	2.06
天津	1			25	0.73	0.27
河北	47			4636	82.83	30.46
内蒙古	18		1	29858	22.54	7.12
辽宁	54			7354	87.86	50.00
吉林	33	5		7031	62.71	18.12
黑龙江	63	11		25238	94.68	36.92
江苏	1			54	2.32	0.71
浙江	18	4		1158	16.50	4.12
安徽	9			432	20.41	6.31
福建	19			2136	46.89	15.74
江西	8			1080	10.85	2.96
山东	4	4		216	15.42	2.97
河南	21	9		451	81.25	18.74
湖北	12	2		2377	30.00	14.20
湖南	84	1		11911	148.21	91.10
广东	7			1382	8.73	3.82
广西	59			15322	117.48	88.28
重庆	14			1413	16.53	6.66
四川	98			16328	77.32	35.73
贵州	193			20039	441.51	231.85
云南	140			41079	279.85	176.45
西藏	9			3575	0.89	0.52
陕西	3	3		746	3.76	1.16
甘肃	32			16268	32.03	21.37
青海	28			5401	23.62	16.04
新疆	42			55621	33.98	27.09

2–2 全国分地区民族乡镇村民委员会情况(2018年)

地　区	村民委员会（个）	#已通公路的村	#已通自来水的村	#已通电的村	#已通电话的村	#已通邮的村
合　计	**9956**	**9888**	**9214**	**9947**	**9760**	**8755**
北　京	62	62	62	62	62	62
天　津	13	13	11	13	13	13
河　北	604	604	545	604	604	604
内蒙古	186	174	118	179	158	112
辽　宁	510	510	354	510	510	510
吉　林	395	384	346	395	395	386
黑龙江	517	517	500	517	517	511
江　苏	6	6	6	6	6	6
浙　江	182	182	182	182	182	175
安　徽	69	69	55	69	69	69
福　建	321	321	313	321	321	321
江　西	72	72	59	72	72	72
山　东	158	158	158	158	158	158
河　南	207	207	207	207	207	207
湖　北	186	186	186	186	186	186
湖　南	990	988	933	990	990	950
广　东	50	50	50	50	50	41
广　西	584	584	542	584	583	559
重　庆	98	98	98	98	98	98
四　川	638	636	590	637	622	515
贵　州	2110	2099	1967	2109	1966	1312
云　南	1057	1057	1040	1057	1057	1031
西　藏	27	27	25	27	27	27
陕　西	24	24	24	24	24	24
甘　肃	295	295	286	295	294	265
青　海	340	313	321	340	340	307
新　疆	255	252	236	255	249	234

3-1 全国分地区民族乡镇乡镇企业情况(2018年)

地　区	乡镇企业从业人员(万人)	乡镇企业总产值(亿元)	#工业企业总产值(亿元)	乡镇企业年净利润总额(亿元)
合　计	**100.44**	**4120**	**2936**	**412**
北　京	9.03	209.79	38.43	4.54
天　津	0.02	0.45	0.41	0.03
河　北	11.68	774.69	623.63	61.17
内蒙古	0.50	10.30	6.26	1.19
辽　宁	3.95	221.94	148.84	13.94
吉　林	4.97	309.46	142.40	18.37
黑龙江	4.14	131.17	52.94	11.38
江　苏	1.25	219.44	153.61	5.65
浙　江	1.07	42.81	30.56	3.11
安　徽	0.76	20.96	16.41	1.45
福　建	8.27	397.95	362.03	18.71
江　西	0.64	11.28	9.07	0.91
山　东	1.46	351.78	329.59	59.53
河　南	15.28	393.20	212.69	29.56
湖　北	1.29	55.50	48.09	8.01
湖　南	5.73	101.39	78.59	15.60
广　东	0.39	25.29	23.97	2.91
广　西	2.45	37.67	29.76	5.48
重　庆	0.71	12.11	3.62	1.49
四　川	2.34	128.62	112.64	16.60
贵　州	17.23	423.57	318.53	105.14
云　南	5.86	192.53	151.34	20.64
西　藏	0.00	0.41	0.41	0.04
陕　西	0.13	7.94	7.90	2.04
甘　肃	0.48	23.03	21.99	3.03
青　海	0.01	0.26	0.02	0.03
新　疆	0.81	16.41	12.31	1.32

4-1 全国分地区民族乡镇农业基本情况(2018年)(一)

地区	农作物总播种面积(公顷)	#粮食播种面积
合计	**3202726**	**2183878**
北京	856	428
天津	173	173
河北	94364	70414
内蒙古	239390	185544
辽宁	167532	126393
吉林	199051	180822
黑龙江	453086	425357
江苏	4550	4050
浙江	23495	13162
安徽	30144	23331
福建	35949	17688
江西	9059	5964
山东	23614	17611
河南	45219	30727
湖北	39194	19705
湖南	183384	110046
广东	10471	3879
广西	144190	78184
重庆	29736	18118
四川	112397	75971
贵州	493393	259483
云南	617562	361298
西藏	950	737
陕西	3831	2681
甘肃	59823	40597
青海	43332	22877
新疆	137981	88640

4-1 全国分地区民族乡镇农业基本情况(2018年)(二)

地　区	农林牧渔业总产值(亿元)	粮食产量(万吨)	肉类总产量(万吨)
合　计	**1695.21**	**1492.27**	**212.42**
北　京	5.59	0.43	0.24
天　津	1.10	0.04	0.06
河　北	92.33	51.80	10.65
内蒙古	60.34	94.63	2.79
辽　宁	106.70	81.21	23.94
吉　林	111.77	151.54	7.86
黑龙江	152.80	435.40	10.06
江　苏	6.25	2.61	0.63
浙　江	21.05	5.08	1.20
安　徽	19.54	21.83	1.51
福　建	42.92	12.23	2.69
江　西	9.67	4.20	1.71
山　东	15.05	14.92	2.37
河　南	34.35	23.97	4.44
湖　北	53.41	13.31	3.61
湖　南	97.97	69.14	14.70
广　东	8.35	4.01	0.57
广　西	64.21	38.46	6.82
重　庆	11.38	7.12	2.25
四　川	62.74	38.09	8.10
贵　州	273.24	165.22	49.90
云　南	327.33	160.06	41.05
西　藏	1.29	0.31	0.04
陕　西	3.15	0.75	0.18
甘　肃	13.47	17.44	2.65
青　海	18.44	13.88	5.27
新　疆	80.74	64.59	7.13

5-1 全国分地区民族乡镇财政收支和农村居民人均可支配收入情况(2018年)

地　区	财政收入（万元）	财政支出（万元）	农村居民人均可支配收入（元）
合　计	**1951574**	**1982818**	**11665**
北　京	98367	130956	27868
天　津	2048	2048	18764
河　北	72437	69835	10790
内蒙古	32662	34562	13908
辽　宁	90354	82564	11022
吉　林	56302	56195	11594
黑龙江	90337	90669	14720
江　苏	12283	5892	33500
浙　江	58790	52319	19536
安　徽	21012	24905	15927
福　建	67125	62850	16989
江　西	33372	32199	13104
山　东	46114	22280	15061
河　南	60413	63105	12283
湖　北	27477	34306	12968
湖　南	103300	94719	7649
广　东	8445	8327	13319
广　西	79053	86791	7738
重　庆	26283	27910	10829
四　川	89442	95033	12162
贵　州	415436	415094	9234
云　南	303303	338852	8954
西　藏	3313	3706	15082
陕　西	2832	2361	10540
甘　肃	48375	46022	7481
青　海	17034	15364	9561
新　疆	85667	83957	14766

6-1 全国分地区民族乡镇教育情况(2018年)

地区	学校总数（所）	在校学生数（人）	教师总数（人）
合计	**5811**	**1623791**	**118126**
北京	15	9529	1408
天津	3	510	60
河北	246	67538	4911
内蒙古	34	7763	1219
辽宁	201	48471	5436
吉林	121	30490	5071
黑龙江	123	28442	4369
江苏	3	1975	156
浙江	26	10030	820
安徽	52	11066	1033
福建	74	33268	2579
江西	71	8855	683
山东	30	11551	711
河南	200	169286	8571
湖北	73	19824	1407
湖南	414	103086	7183
广东	15	4207	397
广西	570	110111	7083
重庆	34	10043	682
四川	207	62879	4477
贵州	1682	473795	30522
云南	1144	316976	21456
西藏	7	2562	251
陕西	20	4336	265
甘肃	219	28002	2380
青海	105	16630	1242
新疆	122	32566	3754

7-1 全国分地区民族乡镇文化情况(2018年)

地　区	图书馆	文化站	村文化活动室
合　计	**1738**	**1303**	**11719**
北　京	27	5	63
天　津		1	13
河　北	93	81	550
内蒙古	35	19	162
辽　宁	36	54	467
吉　林	89	64	384
黑龙江	86	64	499
江　苏	1	1	8
浙　江	84	34	153
安　徽	33	16	64
福　建	8	21	304
江　西	4	8	72
山　东	6	4	158
河　南	26	24	181
湖　北	73	11	182
湖　南	239	131	1085
广　东	5	7	76
广　西	90	59	572
重　庆	25	20	99
四　川	247	165	632
贵　州	345	227	2041
云　南	16	140	3138
西　藏	22	9	27
陕　西	1	2	18
甘　肃	22	31	291
青　海	49	65	248
新　疆	76	40	232

8-1 全国分地区民族乡镇卫生情况（2018年）（一）

地区	医疗卫生机构（个）	医院	基层医疗卫生机构	卫生院	村卫生室	卫生人员（人）	卫生技术人员
合计	**12359**	**298**	**10951**	**1079**	**9909**	**39113**	**22586**
北京	74	1	73	4	69	310	243
天津	15	1	14	1	13	64	38
河北	771	6	765	56	709	1611	722
内蒙古	197	4	193	20	168	615	345
辽宁	655	23	626	48	587	1492	650
吉林	417	6	396	33	354	1294	690
黑龙江	631	78	553	55	498	1672	903
江苏	8		8	1	7	65	52
浙江	84	3	83	17	71	469	351
安徽	79	1	77	10	69	287	157
福建	316	1	315	17	297	882	505
江西	81	2	79	7	72	218	106
山东	87	4	83	3	80	406	196
河南	259	17	242	23	219	3425	2370
湖北	191	2	189	12	178	704	448
湖南	2270	31	1121	117	1001	2932	1633
广东	61	3	58	7	53	175	106
广西	670	9	668	68	603	2316	1530
重庆	108		108	15	93	318	176
四川	719	27	693	95	613	2077	1268
贵州	2524	65	2460	202	2278	8540	5052
云南	1206		1206	142	1064	6578	3541
西藏	34	1	34	9	25	120	48
陕西	22	1	37	3	34	125	88
甘肃	289	1	287	34	250	675	399
青海	344	10	340	34	305	628	235
新疆	247	1	243	46	199	1115	734

8-1 全国分地区民族乡镇卫生情况（2018年）(二)

地区	其中：执业（助理）医师	乡村医生和卫生员	医疗卫生机构床位数（张）	医院	基层医疗卫生机构	卫生院
合计	**9293**	**14945**	**31998**	**8593**	**18361**	**21107**
北京	111	67	65		65	65
天津	4	26	42	20	22	20
河北	480	881	1376	208	1168	1117
内蒙古	131	242	383	44	172	253
辽宁	332	792	1788	581	1087	855
吉林	343	567	1016	270	506	543
黑龙江	265	709	2324	1545	711	550
江苏	18	13	44		44	32
浙江	160	93	253	121	76	127
安徽	100	119	247	60	187	187
福建	183	377	389	65	324	324
江西	55	107	246	16	145	204
山东	81	210	391	50	328	148
河南	1446	489	3740	2623	530	1054
湖北	175	243	522	120	262	519
湖南	877	1182	2486	387	2002	1983
广东	47	53	159	60	44	112
广西	534	723	1972	123	1184	1566
重庆	90	142	294		294	279
四川	498	815	1439	282	937	1012
贵州	1690	3174	7452	1947	3389	5085
云南	1097	2809	3711		3711	3711
西藏	12	70	61	14	32	33
陕西	25	37	70	13	57	57
甘肃	212	267	443	28	305	375
青海	112	388	334		189	255
新疆	215	350	751	16	590	641

9-1 全国分地区民族乡镇农业科技情况(2018年)

地　区	农业科技与服务单位数	中高级农业技术人员数
合　计	**1717**	**9124**
北　京	4	13
天　津	1	7
河　北	97	270
内蒙古	19	97
辽　宁	164	851
吉　林	109	502
黑龙江	101	542
江　苏	7	34
浙　江	17	98
安　徽	14	47
福　建	29	184
江　西	18	56
山　东	24	68
河　南	122	640
湖　北	25	132
湖　南	120	452
广　东	10	21
广　西	89	264
重　庆	14	94
四　川	119	474
贵　州	230	1745
云　南	205	1599
西　藏	7	25
陕　西	3	20
甘　肃	74	494
青　海	28	58
新　疆	67	337

10-1 全国各民族乡镇基本情况(2018年)(一)

民族乡镇名称	行政区划面积(平方公里)	村民委员会(个)	#已通公路的村(个)	#已通自来水的村(个)
北京	**621**	**62**	**62**	**62**
朝阳区常营回族乡	9			
通州区于家务回族乡	66	23	23	23
密云县檀营满族蒙古族乡	3			
怀柔区喇叭沟门满族乡	302	15	15	15
怀柔区长哨营满族乡	242	24	24	24
天津市	**25**	**13**	**13**	**11**
蓟县孙各庄满族乡	25	13	13	11
河北省	**4636**	**604**	**604**	**545**
石家庄市新乐市彭家庄回族乡	31	8	8	8
石家庄市藁城市九门回族乡	47	13	13	13
石家庄市无极县高头回族乡	32	15	15	15
唐山市遵化市汤泉满族乡	22	10	10	10
唐山市遵化市西下营满族乡	33	14	14	14
唐山市遵化市东陵满族乡	78	27	27	27
邯郸市邱县陈村回族乡	12	5	5	5
邯郸市大名县营镇回族乡	20	17	17	17
保定市易县凌云册满族回族乡	62	19	19	19
保定市定州市号头庄回族乡	43	17	17	17
张家口市沽源县大二号回族乡	55	4	4	4
张家口市怀来县王家楼回族乡	132	16	16	14
廊坊市永清县管家务回族乡	33	12	12	12
廊坊市文安县大围河回族满族乡	62	24	24	24
承德市丰宁满族自治县南关蒙古族乡	351	14	14	14
承德市滦平县平坊满族乡	68	8	8	1
承德市滦平县安纯沟门满族乡	157	11	11	10
承德市滦平县五道营子满族乡	124	6	6	6
承德市滦平县邓厂满族乡	74	3	3	3
承德市滦平县马营子满族乡	141	10	10	6
承德市滦平县付家店满族乡	81	6	6	2
承德市双滦区西地满族乡	113	10	10	10

#已通电的村（个）	#已通电话的村（个）	#已通邮的村（个）	年末总人口（人）	#少数民族（人）	乡镇企业从业人员（人）	乡镇企业总产值（万元）	#工业企业（万元）
62	**62**	**62**	**83677**	**20563**	**90336**	**2097947**	**384296**
			35363	8966	73494	1717635	32239
23	23	23	26066	3526	14006	356592	351530
			5419	1322			
15	15	15	6938	3330			
24	24	24	9891	3419	2836	23720	527
13	**13**	**13**	**7254**	**2702**	**205**	**4500**	**4050**
13	13	13	7294	3050	72	1287	1287
604	**604**	**604**	**828318**	**304634**	**116799**	**7746926**	**6236251**
8	8	8	22661	6417	5968	342816	26801
13	13	13	48496	6740	10200	1142198	982505
15	15	15	35320	13937	11027	40288	36033
10	10	10	9654	7565	1000	38239	34502
14	14	14	11966	5733	550	15584	7512
27	27	27	24013	15345	4021	122311	51707
5	5	5	7479	6513	1960	64795	37320
17	17	17	16393	4596	3030	9932	8721
19	19	19	32448	8847	670	53564	53564
17	17	17	39600	14037	970	1980	973
4	4	4	3133	917			
16	16	16	8418	2002	880	9590	6638
12	12	12	12800	3330	1565	37070	29405
24	24	24	32819	6235	7663	97922	55033
14	14	14	19587	11164	620	41532	41532
8	8	8	7544	5149	1428	5890	5890
11	11	11	13482	9520	223	1899	1640
6	6	6	4939	4084	232	57	37
3	3	3	2685	1937			
10	10	10	9528	6360			
6	6	6	5576	2763	1617	18129	16735
10	10	10	20733	8653	1953	2834	2733

10–1(一)　续表 1

民族乡镇名称	行政区划面积（平方公里）	村民委员会（个）	#已通公路的村（个）	#已通自来水的村（个）
承德市滦平县小营满族乡	118	10	10	2
承德市滦平县西沟满族乡	154	9	9	9
承德市承德县岗子满族乡	80	10	10	8
承德市承德县两家满族乡	101	9	9	9
承德市兴隆县八卦岭满族乡	100	8	8	2
承德市兴隆县南天门满族乡	100	10	10	3
承德市隆化县尹家营满族乡	82	11	11	2
承德市隆化县庙子沟蒙古族满族乡	95	6	6	6
承德市隆化县偏坡营满族乡	183	14	14	9
承德市隆化县八达营蒙古族乡	189	12	12	8
承德市隆化县太平庄满族乡	173	11	11	11
承德市隆化县旧屯满族乡	174	11	11	11
承德市隆化县西阿超满族蒙古族乡	189	10	10	10
承德市隆化县白虎沟蒙古族满族乡	92	6	6	6
承德市平泉县七家岱满族乡	115	4	4	4
承德市平泉县茅兰沟满族蒙古族乡	170	9	9	9
沧州市黄骅市羊二庄回族乡	330	48	48	48
沧州市黄骅市新村回族乡	43	4	4	4
沧州市河间市果子洼回族乡	26	20	20	20
沧州市献县本斋回族乡	24	11	11	11
沧州市沧县大褚村回族乡	55	26	26	26
沧州市沧县杜林回族乡	79	38	38	38
沧州市沧县李天木回族乡	100	14	14	14
沧州市沧县捷地回族乡	39	16	16	16
沧州市黄骅市羊三木回族乡	55	8	8	8
内蒙古自治区	**29858**	**186**	**174**	**118**
呼伦贝尔市莫力达瓦达斡尔族自治旗巴彦鄂温克民族乡	1500	17	17	8
呼伦贝尔市莫力达瓦达斡尔族自治旗杜拉尔鄂温克民族乡	530	10	10	10
呼伦贝尔市扎兰屯市达斡尔民族乡	417	7	7	7
呼伦贝尔市扎兰屯市萨马街鄂温克民族乡	2596	6	6	6
呼伦贝尔市扎兰屯市南木鄂伦春民族乡	2160	8	8	4
呼伦贝尔市阿荣旗查巴奇鄂温克民族乡	726	11	11	11

#已通电的村（个）	#已通电话的村（个）	#已通邮的村（个）	年末总人口（人）	#少数民族（人）	乡镇企业从业人员（人）	乡镇企业总产值（万元）	#工业企业（万元）
10	10	10	15171	13234	7484	960000	936580
9	9	9	7873	6520	510	749	749
10	10	10	8636	3552	186	2580	2580
9	9	9	10853	4018	224	1701	1701
8	8	8	15070	9102	109	3798	3798
10	10	10	7587	2490	278	2577	1987
11	11	11	8728	6067			
6	6	6	6906	3977			
14	14	14	13057	8328	325	5935	2153
12	12	12	13798	10007	435	4577	
11	11	11	11596	7873	123	1200	1200
11	11	11	8111	6283	311	5500	431
10	10	10	10344	6755	235	6467	4684
6	6	6	8257	4297	35	328	230
4	4	4	9626	5633	552	5422	5311
9	9	9	19576	9510	276	632	632
48	48	48	54240	6875	20099	3395000	2972317
4	4	4	11369	2212			
20	20	20	23109	7121	4019	131530	70680
11	11	11	16978	4071	2300	129480	112230
26	26	26	28062	4554	3155	18941	6593
38	38	38	46880	4506	1340	206393	159503
14	14	14	42041	3796	7956	552471	386421
16	16	16	31459	6882	8710	98758	35190
8	8	8	9717	5127	2560	166257	132000
179	**158**	**112**	**225442**	**71150**	**5037**	**103035**	**62637**
17	17	1	15664	5074			
10	10	10	7921	1565			
7	7	7	11151	2765	16	5100	5100
6	6	6	8302	1821			
8	8	8	13420	2585	360	3240	2401
11	11	11	11338	2488	290	180	80

10−1(一) 续表 2

民族乡镇名称	行政区划面积（平方公里）	村民委员会（个）	#已通公路的村（个）	#已通自来水的村（个）
呼伦贝尔市阿荣旗新发朝鲜族民族乡	162	7	7	7
呼伦贝尔市阿荣旗音河达斡尔鄂温克民族乡	558	8	8	5
呼伦贝尔市阿荣旗得力其尔鄂温克民族乡	384	9	9	2
呼伦贝尔市根河市敖鲁古雅鄂温克民族乡	1767	4	4	1
呼伦贝尔市陈巴尔虎旗鄂温克苏木	6037	7	7	
呼伦贝尔市额尔古纳市三河回族乡	3535	17	5	
呼伦贝尔市额尔古纳市室韦俄罗斯民族乡	2068	7	7	
兴安盟科尔沁右翼前旗满族屯满族乡	6000	8	8	
赤峰市松山区当铺地满族乡	386	25	25	25
赤峰市喀喇沁旗十家满族乡	341	14	14	14
乌兰察布市凉城县曹碾满族乡	690	21	21	18
呼伦贝尔市鄂温克族自治旗巴彦塔拉达斡尔族乡				
辽宁省	**7354**	**510**	**510**	**354**
沈阳市康平县柳树屯蒙古族满族乡	105	9	9	9
沈阳市康平县沙金台蒙古族满族乡	150	11	11	11
沈阳市法库县四家子蒙古族乡	95	9	9	9
沈阳市康平县东升满族蒙古族乡	123	10	10	9
沈阳市康平县西关屯蒙古族满族乡	88	9	9	9
大连市瓦房店市三台满族乡	130	10	10	5
大连市瓦房店市杨家满族乡	109	11	11	4
大连市庄河市太平岭满族乡	105	6	6	5
大连市庄河市桂云花满族乡	214	5	5	2
抚顺市抚顺县拉古满族乡	104	10	10	5
抚顺市抚顺县汤图满族乡	149	9	9	9
本溪市桓仁满族自治县雅河朝鲜族乡	212	8	8	8
锦州市义县地藏寺满族乡	116	5	5	2
锦州市义县大定堡满族乡	109	8	8	
阜新市彰武县二道河子蒙古族乡	93	8	8	5
辽阳市辽阳县吉洞峪满族乡	282	12	12	12
辽阳市辽阳县甜水满族乡	314	14	14	14
铁岭市开原市林丰满族乡	142	10	10	1
铁岭市铁岭县白旗寨满族乡	166	9	9	9

#已通电的村（个）	#已通电话的村（个）	#已通邮的村（个）	年末总人口（人）	#少数民族（人）	乡镇企业从业人员（人）	乡镇企业总产值（万元）	#工业企业（万元）
7	7	7	11712	1744	280	2525	1600
8	8	8	13020	2820	425	2000	
9	9	9	14544	2210	150	950	
4	4	4	1458	474	90		
			2665	1845			
17	17		10606	5115			
7	7	1	2586	1186	170	882	
8	8	1	5600	5488	55	1000	
25	25	25	43224	16295	450	14800	14098
14	14	14	27478	14514	2751	72358	39358
21			24753	3161			
510	**510**	**510**	**878619**	**499990**	**39467**	**2219371**	**1488398**
9	9	9	15730	8336	63	2110	2100
11	11	11	18025	13710	557	9800	5600
9	9	9	16287	7814	629	18000	14000
10	10	10	18036	7585	185	813	769
9	9	9	15389	8879	110	1100	1100
10	10	10	26088	11265	4320	633500	201966
11	11	11	22818	7485	1349	136821	130716
6	6	6	21161	5358	4713	105296	77893
5	5	5	19356	8362	3580	255027	185098
10	10	10	17278	6523	1986	210000	192000
9	9	9	7600	6920	1080	14585	10827
8	8	8	19526	10286	430	17387	12380
5	5	5	7658	3162	517	87543	83858
8	8	8	7369	4534	792	12270	12270
8	8	8	12949	4800	25	180	180
12	12	12	19554	12768	1213	21610	11200
14	14	14	20857	17728	368	6425	5278
10	10	10	10673	10139	177	4120	4120
9	9	9	12018	5648	276	7860	6511

10-1(一) 续表 3

民族乡镇名称	行政区划面积（平方公里）	村民委员会（个）	#已通公路的村（个）	#已通自来水的村（个）
铁岭市西丰县成平满族乡	147	10	10	
铁岭市西丰县德兴满族乡	106	7	7	7
铁岭市西丰县和隆满族乡	265	10	10	10
铁岭市西丰县金星满族乡	134	9	9	7
铁岭市西丰县明德满族乡	116	7	7	5
铁岭市西丰县营厂满族乡	179	9	9	8
铁岭市清河区聂家满族乡	132	10	10	
朝阳市北票市马友营蒙古族乡	207	9	9	9
朝阳市北票市凉水河蒙古族乡	112	6	6	
朝阳市建平县三家蒙古族乡	160	14	14	8
朝阳市凌源市三家子蒙古族乡	233	17	17	17
朝阳市朝阳县松岭门蒙古族乡	83	6	6	3
朝阳市朝阳县乌兰河硕蒙古族乡	66	7	7	7
葫芦岛市绥中县西平坡满族乡	116	10	10	10
葫芦岛市绥中县范家满族乡	129	10	10	10
葫芦岛市绥中县高甸子满族乡	114	9	9	9
葫芦岛市绥中县葛家满族乡	104	10	10	6
葫芦岛市绥中县明水满族乡	112	8	8	8
葫芦岛市绥中县网户满族乡	75	14	14	8
葫芦岛市兴城市白塔满族乡	68	6	6	3
葫芦岛市兴城市大寨满族乡	77	13	13	2
葫芦岛市兴城市碱厂满族乡	161	7	7	
葫芦岛市兴城市旧门满族乡	83	8	8	8
葫芦岛市兴城市刘台子满族乡	40	10	10	10
葫芦岛市兴城市南大山满族乡	130	15	15	13
葫芦岛市兴城市望海满族乡	81	10	10	10
葫芦岛市兴城市围屏满族乡	112	8	8	1
葫芦岛市兴城市羊安满族乡	68	11	11	11
葫芦岛市兴城市药王庙满族乡	138	11	11	
葫芦岛市兴城市三道沟满族乡	170	11	11	6
葫芦岛市兴城市元台子满族乡	112	9	9	2
葫芦岛市建昌县二道湾子蒙古族乡	91	12	12	4

#已通电的村（个）	#已通电话的村（个）	#已通邮的村（个）	年末总人口（人）	#少数民族（人）	乡镇企业从业人员（人）	乡镇企业总产值（万元）	#工业企业（万元）
10	10	10	12176	9485			
7	7	7	9277	6510	580	12587	20
10	10	10	16992	12236			
9	9	9	14425	9414	165	331	153
7	7	7	10206	8160	48	391	391
9	9	9	9030	6780			
10	10	10	10952	8208			
9	9	9	16302	3676	606	5000	303
6	6	6	6731	671	101	7450	5430
14	14	14	28447	3485	805	6854	5428
17	17	17	38795	1877	647	91000	91000
6	6	6	10370	2900	300	257240	214000
7	7	7	9566	3029	206	2957	510
10	10	10	19239	17892	198	12837	2841
10	10	10	16273	11947	165	1890	1050
9	9	9	18189	15374	887	9890	8910
10	10	10	14205	12290	447	14853	9150
8	8	8	15421	13780	560	3000	800
14	14	14	21560	10800	780	30480	12000
6	6	6	12130	9618	520	8050	7630
13	13	13	16098	15513	205	7440	3250
7	7	7	11893	8861	1410	1765	1065
8	8	8	10871	6038	621	38768	34863
10	10	10	14741	7429	105	4850	3825
15	15	15	18546	11251	180	3342	2340
10	10	10	19830	15140	1420	39210	37120
8	8	8	13236	11251	350	3500	2900
11	11	11	21252	13539	2007	47852	31775
11	11	11	16500	11000	400	4250	4250
11	11	11	20214	17226			266
9	9	9	17953	11190	1360	44720	39848
12	12	12	24452	6462			

10-1(一)　续表 4

民族乡镇名称	行政区划面积(平方公里)	村民委员会(个)	#已通公路的村(个)	#已通自来水的村(个)
丹东市宽甸满族自治县下露河朝鲜族乡	259	6	6	6
丹东市东港市合隆满族乡	99	10	10	10
丹东市凤城市大堡蒙古族乡	266	8	8	8
吉林省	**7031**	**395**	**384**	**346**
延边朝鲜族自治州珲春市三家子满族乡	60	8	8	8
延边朝鲜族自治州珲春市杨泡满族乡	227	7	7	7
吉林市昌邑区土城子满族朝鲜族乡	96	12	12	12
吉林市龙潭区乌拉街满族镇	188	28	28	21
吉林市龙潭区大口钦满族镇	105	12	12	6
吉林市昌邑区两家子满族乡	161	13	13	13
吉林市永吉县金家满族乡	160	7	7	7
吉林市蛟河市乌林朝鲜族乡	278	20	20	20
通化市梅河口市小杨满族朝鲜族乡		17	16	17
通化市集安市凉水朝鲜族乡	175	9	9	9
通化市通化县金斗朝鲜族满族乡	105	5	5	5
通化市通化县大泉源满族朝鲜族乡	339	21	21	21
通化市辉南县楼街朝鲜族乡	120	12	12	12
通化市柳河县姜家店朝鲜族乡	92	10	10	10
通化市柳河县三元浦朝鲜族镇	385	20	20	20
辽源市东丰县三合满族朝鲜族乡	155	16	16	9
长春市双阳区双营子回族乡	63	6	6	2
长春市榆树市延和朝鲜族乡	20	3	3	3
长春市九台市胡家回族乡	169	9	9	3
长春市九台市莽卡满族乡	153	12	12	4
白城市通榆县包拉温都蒙古族乡	244	4	4	4
白城市通榆县向海蒙古族乡	1175	16	16	16
白城市洮南市呼和车力蒙古族乡	268	7	7	7
白城市洮南市胡力吐蒙古族乡	150	10	10	10
白城市镇赉县哈吐气蒙古族乡	156	5	5	5
白城市镇赉县莫莫格蒙古族乡	487	13	13	13
白城市大安市新艾里蒙古族乡	83	5	5	5
白城市洮北区德顺蒙古族乡	388	19	19	19

#已通电的村（个）	#已通电话的村（个）	#已通邮的村（个）	年末总人口（人）	#少数民族（人）	乡镇企业从业人员（人）	乡镇企业总产值（万元）	#工业企业（万元）
6	6	6	11341	1125	87	1000	
10	10	10	20527	12405	200	6439	4776
8	8	8	22507	22126	1737	6978	4638
395	**395**	**386**	**627132**	**181221**	**49659**	**3094609**	**1423977**
8	8	8	8347	5850	164	3000	1200
7	7	7	2131	1427			
12	12	12	20263	10635	93	5867	3520
28	28	28	64893	14138	2856	162270	145100
12	12	12	20324	6545	2182	114950	95541
13	13	13	18978	4761	218	3158	2147
7	7	7	21003	7585	92	165	132
20	20	20	16599	4568	1615	7865	7644
17	17	17	15889	3883	543		
9	9	9	5976	1801	68	1810	942
5	5	5	7450	2815	262	5850	3650
21	21	21	25839	8075	816	14260	9600
12	12	12	24600	2878	1410	51654	38655
10	10	10	12347	3844	200	47950	10620
20	20	20	28968	5206	5632	102347	1634
16	16	16	25579	4077	8642	256627	95571
6	6	6	17322	5802	8870	2050000	950000
3	3	3	2560	2457	35	4266	1
9	9	9	23587	9335	5867	12000	8654
12	12	12	30867	11038	45	132000	13000
4	4	4	4801	810			
16	16	16	25644	8451			
7	7	7	7282	2091			
10	10	10	8277	1768			
5	5	5	4583	1265			
13	13	13	12642	5358			
5	5	5	5291	1117			
19	19	19	21673	4037	470	4050	3800

10-1(一) 续表 5

民族乡镇名称	行政区划面积（平方公里）	村民委员会（个）	#已通公路的村（个）	#已通自来水的村（个）
松原市扶余县三骏满族蒙古族锡伯族乡	296	29	29	29
四平市铁东区叶赫满族镇	265	13	3	13
四平市公主岭市二十家子满族镇	115	9	9	9
四平市公主岭市龙山满族乡	146	8	8	2
四平市双辽市那木斯蒙古族乡	210	10	10	5
黑龙江省	**25238**	**517**	**517**	**500**
哈尔滨市南岗区红旗满族乡	63	8	8	8
哈尔滨市双城市乐群满族乡	88	9	9	9
哈尔滨市双城市同心满族乡	91	7	7	7
哈尔滨市双城市希勤满族乡	122	8	8	8
哈尔滨市双城市青岭满族乡	102	9	9	9
哈尔滨市双城市农丰满族锡伯族镇	119	9	9	9
哈尔滨市五常市拉林满族镇	156	13	13	13
哈尔滨市五常市红旗满族乡	209	12	12	12
哈尔滨市五常市营城子满族乡	112	7	7	7
哈尔滨市五常市牛家满族镇	189	15	15	15
哈尔滨市五常市民乐朝鲜族乡	55	6	6	6
哈尔滨市尚志市河东朝鲜族乡	120	9	9	9
哈尔滨市尚志市鱼池朝鲜族乡	460	7	7	7
哈尔滨市依兰县迎兰朝鲜族乡	470	15	15	15
齐齐哈尔市梅里斯达斡尔族区卧牛吐达斡尔族镇	473	7	7	7
齐齐哈尔市梅里斯达斡尔族区莽格吐达斡尔族乡	330	3	3	2
齐齐哈尔市泰来县宁姜蒙古族乡	379	7	7	7
齐齐哈尔市泰来县胜利蒙古族乡	363	5	5	5
齐齐哈尔市泰来县江桥蒙古族镇	279	6	6	6
齐齐哈尔市昂昂溪区水师营满族镇	199	6	6	6
齐齐哈尔市富裕县友谊达满柯族乡	673	14	14	14
齐齐哈尔市讷河市兴旺鄂温克族乡	374	12	12	12
齐齐哈尔市富拉尔基区杜尔门沁达族乡	100	3	3	3
牡丹江市海林市新安朝鲜族镇	131	17	17	17
牡丹江市穆棱市福禄朝鲜族满族乡	109	11	11	11
牡丹江市宁安市江南朝、满族乡	623	25	25	25

#已通电的村（个）	#已通电话的村（个）	#已通邮的村（个）	年末总人口（人）	#少数民族（人）	乡镇企业从业人员（人）	乡镇企业总产值（万元）	#工业企业（万元）
29	29	29	50236	6368	120	19850	15580
13	13	13	36120	14893	5000	10100	
9	9		20802	10401	2695	41356	4962
8	8	8	14856	4232	752	11864	10264
10	10	10	21403	3710	1012	31350	1760
517	**517**	**511**	**946824**	**369237**	**41353**	**1311709**	**529449**
8	8	8	20645	7465	4600	242565	219700
9	9	9	19543	13540	287	3800	3800
7	7	7	20980	12610	326	79800	39600
8	8	8	18400	14832	536	19358	3564
9	9	9	19045	13768	507	90586	1586
9	9	9	20184	11890	350	33149	13900
13	13	13	46351	28468	4032	201514	50080
12	12	12	43156	17568	578	1125	725
7	7	7	30126	18829	3700	43000	19000
15	15	15	41143	13568	2430	63602	25158
6	6	6	11015	6021	856	2003	2003
9	9	9	14817	6348	204	31340	30031
7	7	7	11682	2592	280	6200	5877
15	15	15	22726	3182	3200	48700	3200
7	7	7	13032	4257	1965	21067	1241
3	3	3	7561	2133	41	2588	2018
7	7	7	17800	3043	41	1980	100
5	5	5	17819	2592	390	3500	2000
6	6	6	21400	2410	730	1256	614
6	6	6	14141	3375	1700	3300	1800
14	14	14	24637	3543	3821	35470	2923
12	12	12	34271	2296	1436	20483	17436
3	3	3	12882	3689	120	1500	900
17	17	17	18012	9722	197	1866	1755
11	11	11	17518	6200	1400	8500	3000
25	25	25	26239	8454	1356	12343	11456

10-1(一) 续表 6

民族乡镇名称	行政区划面积（平方公里）	村民委员会（个）	#已通公路的村（个）	#已通自来水的村（个）
牡丹江市宁安市卧龙朝鲜族乡	1180	13	13	13
牡丹江市东宁县三岔口朝鲜族镇	254	13	13	13
牡丹江市西安区海南朝鲜族乡	1079	16	16	16
佳木斯市同江市街津口赫哲族乡	287	6	6	6
佳木斯市同江市八岔赫哲族乡	327	4	4	4
佳木斯市桦川县星火朝鲜族乡	34	6	6	6
佳木斯市汤原县汤旺朝鲜族乡	55	14	14	14
大庆市肇源县超等蒙古族乡	244	7	7	7
大庆市肇源县浩德蒙古族乡	152	5	5	5
大庆市肇源县义顺蒙古族乡	283	7	7	7
黑河市逊克县新鄂鄂伦春族乡	7561	5	5	5
黑河市逊克县新兴鄂伦春族乡	389	4	4	4
黑河市爱辉区新生鄂伦春族乡	1713	3	3	3
黑河市爱辉区四嘉子满族乡	225	6	6	6
黑河市爱辉区坤河达斡尔族满族乡	88	6	6	6
黑河市北安市主星朝鲜族乡	60	4	4	3
黑河市孙吴县沿江达斡尔族满族乡	576	8	8	8
绥化市北林区兴和朝鲜族乡	21	2	2	2
绥化市北林区绥胜满族镇	99	5	5	5
绥化市北林区永安满族镇	108	7	7	7
绥化市北林区红旗满族乡	100	5	5	5
绥化市望奎县惠七满族镇	128	8	8	8
绥化市望奎县厢白满族乡	151	7	7	7
绥化市望奎县灵山满族乡	81	5	5	5
伊春市铁力市年丰朝鲜族乡	226	10	10	10
鹤岗市萝北县东明朝鲜族乡	49	7	7	4
鹤岗市绥滨县福兴满族乡	92	3	3	3
大兴安岭地区呼玛县白银纳鄂伦春族乡	436	6	6	6
大兴安岭地区塔河县十八站鄂伦春族乡	2095	6	6	6
双鸭山市饶河县四排赫哲族乡	52	4	4	4
双鸭山市友谊县成富朝鲜族满族乡	99	7	7	7
七台河市勃利县杏树朝鲜族乡	105	11	11	11

#已通电的村（个）	#已通电话的村（个）	#已通邮的村（个）	年末总人口（人）	#少数民族（人）	乡镇企业从业人员（人）	乡镇企业总产值（万元）	#工业企业（万元）
13	13	13	17263	5636	239	9186	2195
13	13	13	17090	6792	360	15000	13244
16	16	16	17949	3329	175	4100	2500
6	6	6	3909	537	35	1650	100
4	4	4	3916	442	173	21000	1056
6	6	6	4869	4063	95	2175	1748
14	14	14	9742	7042	108	2724	2480
7	7	7	18550	6230	35	150	20
5	5	5	9810	1404	498	7600	530
7	7	7	14680	2433	650	13400	270
5	5	4	2331	547	53	3300	104
4	4	1	1643	181	10	2377	39
3	3	1	1056	136	18	115	16
6	6	6	4537	1703	107	81	45
6	6	6	2535	1328	56	90	27
4	4	4	4295	2370	50	6200	103
8	8	8	7422	1956	221	1100	58
2	2	2	3763	3613	98	5706	109
5	5	5	23452	14070	298	4066	2047
7	7	7	23362	16956	573	68600	18600
5	5	5	17672	13271	238	30292	2200
8	8	8	23100	7830	510	4720	4410
7	7	7	25814	12880	400	1000	
5	5	5	16993	2677	105	13560	279
10	10	10	13850	2855	152	5272	5200
7	7	7	3265	3246	18	7610	2235
3	3	3	3590	1670	27	3600	34
6	6	6	2006	293	19	218	19
6	6	6	3925	494	34	3730	78
4	4	4	1872	268	10	2860	30
7	7	7	5240	1132	37	13247	393
11	11	11	11686	548	115	21020	980

10－1(一)　续表 7

民族乡镇名称	行政区划面积（平方公里）	村民委员会（个）	#已通公路的村（个）	#已通自来水的村（个）
七台河市勃利县吉兴朝鲜族、满族乡	121	14	14	14
鸡西市密山市和平朝鲜族乡	191	12	12	4
鸡西市鸡东县鸡林朝鲜族乡	50	6	6	2
鸡西市鸡东县明德朝鲜族乡	61	8	8	8
鸡西市城子河区永丰朝鲜族乡	78	7	7	7
江苏省	**54**	**6**	**6**	**6**
扬州市高邮市菱塘回族乡	54	6	6	6
浙江省	**1158**	**182**	**182**	**182**
金华市兰溪市水亭畲族乡	47	19	19	19
金华市武义县柳城畲族镇	172	28	28	28
衢州市龙游县沐尘畲族乡	83	10	10	10
丽水市莲都区老竹畲族镇	82	12	12	12
丽水市莲都区丽新畲族乡	83	9	9	9
丽水市龙泉市竹垟畲族乡	102	10	10	10
丽水市云和县雾溪畲族乡	33	6	6	6
丽水市云和县安溪畲族乡	35	8	8	8
丽水市遂昌县三仁畲族乡	79	8	8	8
丽水市松阳县板桥畲族乡	32	9	9	9
杭州市桐庐县莪山畲族乡	29	7	7	7
温州市平阳县青街畲族乡	22	11	11	11
温州市苍南县岱岭畲族乡	20	7	7	7
温州市苍南县凤阳畲族乡	21	5	5	5
温州市文成县西坑畲族镇	48	11	11	11
温州市文成县周山畲族乡	14	6	6	6
温州市泰顺县司前畲族镇	209	13	13	13
温州市泰顺县竹里畲族乡	47	3	3	3
安徽省	**432**	**69**	**69**	**55**
淮南市谢家集区孤堆回族乡	38	8	8	8
合肥市肥东县牌坊回族满族乡	90	13	13	13
滁州市定远县二龙回族乡	41	5	5	5
淮南市凤台县李冲回族乡	23	6	6	
淮南市潘集区古沟回族乡	43	12	12	4

#已通电的村（个）	#已通电话的村（个）	#已通邮的村（个）	年末总人口（人）	#少数民族（人）	乡镇企业从业人员（人）	乡镇企业总产值（万元）	#工业企业（万元）
14	14	14	14958	2517	103	21270	600
12	12	12	16164	4920	425	29273	517
6	6	6	7948	7730	8	390	247
8	8	8	9940	2852	110	2800	2300
7	7	7	11502	891	107	1633	1170
6	**6**	**6**	**23202**	**7052**	**12549**	**2194365**	**1536056**
6	6	6	23202	7052	12549	2194365	1536056
182	**182**	**175**	**164982**	**41176**	**10651**	**428080**	**305569**
19	19	19		3150	2720	151000	60600
28	28	28	29800	3608	1770	35450	35450
10	10	10	11651	3104	52	5000	5000
12	12	12	16138	3293	260	6682	6682
9	9	9	10760	2280	145	5759	5759
10	10	10	7856	2437	98	5898	
6	6	6	2035	544			
8	8	8	2744	754			
8	8	8	8492	2092	260	13229	9560
9	9	9	4873	1065	201	5367	5116
7	7	7	9139	2711	2868	126388	124960
11	11	11	10014	2180	20	1200	1200
7	7	3	6934	2634			
5	5	2	5875	3009			
11	11	11	11809	2640	1058	13442	6816
6	6	6	5119	1615	128	586	2
13	13	13	18793	2950	1026	49779	44424
3	3	3	2950	1110	45	8300	
69	**69**	**69**	**204055**	**63139**	**7609**	**209646**	**164120**
8	8	8	17292	6037	137	28066	23993
13	13	13	45762	6610	3352	33176	18320
5	5	5	15171	12016	223	5800	2500
6	6	6	18517	7874	328	25373	22147
12	12	12	32317	6389	912	75000	68000

10-1(一)　续表 8

民族乡镇名称	行政区划面积（平方公里）	村民委员会（个）	#已通公路的村（个）	#已通自来水的村（个）
六安市寿县陶店回族乡	38	4	4	4
宣城市宁国市云梯畲族乡	51	4	4	4
蚌埠市五河县临北回族乡	60	11	11	11
阜阳市颍上县赛涧回族乡	49	6	6	6
福建省	**2136**	**321**	**321**	**313**
福州市罗源县霍口畲族乡	198	24	24	24
福州市连江县小沧畲族乡	60	5	5	5
宁德市福安市坂中畲族乡	66	19	19	19
宁德市福安市康厝畲族乡	110	32	32	32
宁德市福安市穆云畲族乡	121	33	33	31
宁德市霞浦县盐田畲族乡	158	22	22	22
宁德市霞浦县崇儒畲族乡	142	27	27	27
宁德市霞浦县水门畲族乡	150	23	23	23
宁德市蕉城区金涵畲族乡	65	16	16	10
宁德市福鼎市硖门畲族乡	58	9	9	9
宁德市福鼎市佳阳畲族乡	73	12	12	12
漳州市漳浦县赤岭畲族乡	101	9	9	9
漳州市漳浦县湖西畲族乡	81	10	10	10
漳州市龙海市隆教畲族乡	79	10	10	10
三明市永安市青水畲族乡	258	21	21	21
三明市宁化县治平畲族乡	178	12	12	12
龙岩市上杭县官庄畲族乡	90	18	18	18
龙岩市上杭县庐丰畲族乡	131	14	14	14
泉州市惠安县百崎回族乡	17	5	5	5
江西省	**1080**	**72**	**72**	**59**
鹰潭市贵溪樟坪畲族乡	122	5	5	5
上饶市铅山县太源畲族乡	79	4	4	4
上饶市铅山县篁碧畲族乡	81	4	4	4
吉安市永丰县龙冈畲族乡	140	11	11	11
赣州市南康赤土畲族乡	157	18	18	18
吉安市青原区东固畲族乡	243	15	15	2
抚州市乐安县金竹畲族乡	248	10	10	10
吉安市峡江县金坪民族乡	11	5	5	5

#已通电的村（个）	#已通电话的村（个）	#已通邮的村（个）	年末总人口（人）	#少数民族（人）	乡镇企业从业人员（人）	乡镇企业总产值（万元）	#工业企业（万元）
4	4	4	14701	4600	430	16650	8300
4	4	4	6078	1826	135	4250	850
11	11	11	28092	9103	1796	16591	16260
6	6	6	26125	8684	296	4740	3750
321	**321**	**321**	**468942**	**157412**	**82650**	**3979543**	**3620342**
24	24	24	20016	4698	260	16216	6586
5	5	5	4404	2475			
19	19	19	27472	10691	7511	301845	260071
32	32	32	31025	8939	2214	92536	82376
33	33	33	25671	9904	380	8005	7548
22	22	22	28922	7132	4451	148458	127726
27	27	27	21117	4127	9079	74586	74260
23	23	23	21556	6123	1405	77816	57018
16	16	16	60214	7974	18569	1728563	1646337
9	9	9	23852	5981	1625	212000	193000
12	12	12	21142	7366	35	6206	6206
9	9	9	14420	11356	569	10184	8526
10	10	10	28059	9163	1123	5872	2387
10	10	10	27415	8537	1425	75242	58045
21	21	21	19229	6163	7096	213527	191286
12	12	12	14395	4790	6993	30453	28116
18	18	18	35006	19830	605	44042	32604
14	14	14	28075	7415	6205	53653	7046
5	5	5	16952	14748	13105	880340	831205
72	**72**	**72**	**108471**	**29590**	**6387**	**112771**	**90676**
5	5	5	3962	1235	90	1295	1135
4	4	4	2205	869	12	89	89
4	4	4	4158	1411	218	2100	1247
11	11	11	12097	4709	1176	30241	30129
18	18	18	50838	10467	2696	31508	20518
15	15	15	19563	5337	1452	29875	21602
10	10	10	12213	4372	219	4667	4273
5	5	5	3435	1190	524	12996	11683

10–1(一)　续表 9

民族乡镇名称	行政区划面积（平方公里）	村民委员会（个）	#已通公路的村（个）	#已通自来水的村（个）
山东省	**216**	**158**	**158**	**158**
淄博市临淄区金岭回族镇	19	10	10	10
聊城市莘县张鲁回族镇	83	51	51	51
菏泽市曹县侯集回族镇	58	20	20	20
德州市禹城市十里望回族镇	57	77	77	77
河南省	**451**	**207**	**207**	**207**
郑州市荥阳市金寨回族乡	6	2	2	2
周口市太康县城关回族镇	13	16	16	16
周口市淮阳县城关回族镇	41	15	15	15
周口市沈丘县槐店回族镇	29	19	19	19
商丘市宁陵县城关回族镇	11	5	5	5
商丘市睢县城关回族镇	25	7	7	7
商丘市民权县伯党回族乡	25	9	9	9
商丘市民权县胡集回族乡	24	13	13	13
平顶山市叶县马庄回族乡	7	8	8	8
平顶山市郏县姚庄回族乡	9	6	6	6
新乡市封丘县荆乡回族乡	8	5	5	5
许昌市许昌县艾庄回族乡	14	9	9	9
许昌市禹州市山货回族乡	12	6	6	6
许昌市襄城县颍桥回族镇	10	5	5	5
南阳市镇平县郭庄回族乡	18	9	9	9
南阳市方城县袁店回族乡	35	9	9	9
驻马店市西平县蔡寨回族乡	20	6	6	6
驻马店市新蔡县李桥回族镇	41	10	10	10
漯河市临颍县繁城回族镇	65	32	32	32
洛阳市洛宁县王范回族镇	15	4	4	4
洛阳市瀍河回族区廛河回族乡	24	12	12	12
湖北省	**2377**	**186**	**186**	**186**
荆门市钟祥市九里回族乡	100	9	9	9
荆州市洪湖市老湾回族乡	40	7	7	7
荆州市松滋市卸甲坪土家族乡	103	8	8	8

#已通电的村（个）	#已通电话的村（个）	#已通邮的村（个）	年末总人口（人）	#少数民族（人）	乡镇企业从业人员（人）	乡镇企业总产值（万元）	#工业企业（万元）
158	**158**	**158**	**154214**	**29686**	**14577**	**3517850**	**3295939**
10	10	10	14722	4549	5386	2598218	2546602
51	51	51	58796	6746	1356	48630	45535
20	20	20	47483	14245	3015	488497	426485
77	77	77	33213	4146	4820	382505	277317
207	**207**	**207**	**812456**	**187374**	**152800**	**3932041**	**2126949**
2	2	2	8037	6830	873	62870	62870
16	16	16	89376	18553	2990	272040	95538
15	15	15	135180	22980	29390	332605	326820
19	19	19	127374	22065	65391	1256065	589769
5	5	5	48196	9231	4029	90413	44316
7	7	7	68772	13283	13533	367956	241156
9	9	9	22864	10156	2011	8420	6530
13	13	13	20413	9835	1838	12816	10820
8	8	8	12073	6472	878	32598	16638
6	6	6	8506	4926	983	13815	7562
5	5	5	6575	6522	312	9985	5690
9	9	9	14466	1820	1650	46100	45500
6	6	6	13320	5717	2557	133374	110362
5	5	5	9998	3109	1332	36083	27025
9	9	9	13524	5303	1519	5382	4891
9	9	9	17706	7197	1368	9612	5568
6	6	6	17469	5422	1480	34668	17604
10	10	10	34539	6290	4635	89162	72366
32	32	32	63520	3660	12261	171435	92754
4	4	4	41500	4840	1392	43062	37956
12	12	12	39048	13163	2378	903580	305214
186	**186**	**186**	**299964**	**141961**	**12890**	**555005**	**480947**
9	9	9	13115	2992	4263	44506	39862
7	7	7	17752	4970	54	2945	2666
8	8	8	14895	9308	708	43412	37718

10-1(一) 续表 10

民族乡镇名称	行政区划面积（平方公里）	村民委员会（个）	#已通公路的村（个）	#已通自来水的村（个）
宜昌市宜都市潘家湾土家族乡	148	9	9	9
十堰市郧西县湖北口回族乡	251	17	17	17
恩施土家族苗族自治州恩施市芭蕉侗族乡	303	18	18	18
恩施土家族苗族自治州宣恩县长潭河侗族乡	440	39	39	39
恩施土家族苗族自治州宣恩县晓关侗族乡	421	40	40	40
仙桃市沔城回族镇	38	12	12	12
神农架林区下谷坪土家族乡	216	6	6	6
咸宁市赤壁市周郎嘴回族镇	88	9	9	9
恩施土家族苗族自治州鹤峰县铁炉白族乡	228	12	12	12
湖南省	**11911**	**990**	**988**	**933**
怀化市辰溪县罗子山瑶族乡	49	8	8	8
怀化市辰溪县苏木溪瑶族乡	55	10	10	10
怀化市辰溪县上蒲溪瑶族乡	63	8	8	8
怀化市辰溪县后塘瑶族乡	69	12	12	12
怀化市辰溪县仙人湾瑶族乡	133	16	16	16
怀化市洪江市深渡苗族乡	87	9	9	9
怀化市洪江市龙船塘瑶族乡	101	7	7	7
怀化市会同县炮团侗族苗族乡	85	8	8	8
怀化市会同县宝田侗族苗族乡	65	6	6	6
怀化市会同县蒲稳侗族苗族乡	56	6	6	6
怀化市会同县金子岩侗族苗族乡	237	26	26	26
怀化市会同县漠滨侗族苗族乡	76	7	7	7
怀化市会同县青朗侗族苗族乡	118	13	13	13
怀化市沅陵县二酉苗族乡	356	30	30	30
怀化市沅陵县火场土家族乡	98	6	5	6
怀化市中方县蒿吉坪瑶族乡	81	6	6	6
怀化市通道侗族自治县大高坪苗族乡	28	4	4	4
怀化市新晃侗族自治县步头降苗族乡	83	7	7	7
怀化市新晃侗族自治县米贝苗族乡	122	8	8	8
邵阳市绥宁县河口苗族乡	142	10	10	10
邵阳市绥宁县麻塘苗族乡	250	13	13	13
邵阳市绥宁县东山侗族乡	117	12	12	12

#已通电的村（个）	#已通电话的村（个）	#已通邮的村（个）	年末总人口（人）	#少数民族（人）	乡镇企业从业人员（人）	乡镇企业总产值（万元）	#工业企业（万元）
9	9	9	15179	6287	1550	56534	47334
17	17	17	21898	4178	275	6296	4769
18	18	18	65669	36401	3120	161700	161700
39	39	39	36485	21891			
40	40	40	42722	29905	615	19596	
12	12	12	25881	7651	1985	156218	126468
6	6	6	5347	4171	52	2235	2235
9	9	9	26286	1267		44100	44100
12	12	12	14735	12940	268	17463	14095
990	**990**	**950**	**1482137**	**911037**	**57321**	**1013871**	**785858**
8	8	8	7759	4793			
10	10	10	9770	8562			
8	8	8	9460	5108			
12	12	12	17968	12138			
16	16	16	24428	7462	58	204	167
9	9	9	11204	9100			
7	7	7	8420	5471	53	264	264
8	8	8	13183	12436			
6	6	6	9991	7493	160	12210	12210
6	6	6	9974	9275	153	3561	3561
26	26	26	33857	23022	289	946	946
7	7	7	14304	12874	40	120	120
13	13	13	23628	15609	462	4354	4354
30	30	30	41645	36275			
6	6	6	7130	6982			
6	6	6	7088	3972			
4	4	4	4090	3936			
7	7	7	11800	11200			
8	8	8	15652	15132	128	5313	5313
10	10	10	13817	7309	64	7864	7864
13	13	13	16523	11512	365	5941	5620
12	12	12	18493	16747	254	8649	7438

10-1(一) 续表 11

民族乡镇名称	行政区划面积（平方公里）	村民委员会（个）	#已通公路的村（个）	#已通自来水的村（个）
邵阳市绥宁县鹅公岭侗族苗族乡	73	11	11	11
邵阳市绥宁县寨市苗族侗族乡	415	27	27	27
邵阳市绥宁县乐安铺苗族侗族乡	106	8	8	8
邵阳市绥宁县关峡苗族乡	215	9	9	9
邵阳市绥宁县长铺子苗族乡	550	29	29	29
邵阳市隆回县山界回族乡	47	16	16	16
邵阳市隆回县虎形山瑶族乡	93	12	12	12
邵阳市洞口县那溪瑶族乡	298	12	12	1
邵阳市洞口县大屋瑶族乡	76	7	7	7
邵阳市洞口县长塘瑶族乡	64	6	6	6
邵阳市新宁县黄金瑶族乡	143	11	11	11
邵阳市新宁县麻林瑶族乡	172	11	11	3
永州市蓝山县荆竹瑶族乡	183	6	6	6
永州市蓝山县湘江源瑶族乡	56	5	5	5
永州市蓝山县浆洞瑶族乡	172	6	6	6
永州市蓝山县汇源瑶族乡	50	5	5	5
永州市蓝山县犁头瑶族乡	39	4	4	4
永州市蓝山县大桥瑶族乡	138	7	7	7
永州市江永县松柏瑶族乡	228	14	14	14
永州市江永县千家洞瑶族乡	367	12	12	12
永州市江永县兰溪瑶族乡	64	6	6	3
永州市江永县源口瑶族乡	203	12	12	6
永州市宁远县九疑瑶族乡	328	21	21	21
永州市宁远县棉花坪瑶族乡	59	5	5	5
永州市宁远县桐木漯瑶族乡	79	6	6	6
永州市宁远县五龙山瑶族乡	168	11	11	11
永州市道县横岭瑶族乡	101	8	8	8
永州市道县洪塘营瑶族乡	222	10	9	10
永州市道县审章塘瑶族乡	108	14	14	14
永州市祁阳县晒北滩瑶族乡	155	9	9	9
永州市新田县门楼下瑶族乡	134	13	13	13
永州市双牌县上梧江瑶族乡	196	13	13	13

#已通电的村（个）	#已通电话的村（个）	#已通邮的村（个）	年末总人口（人）	#少数民族（人）	乡镇企业从业人员（人）	乡镇企业总产值（万元）	#工业企业（万元）
11	11	11	12073	10886	81	516	349
27	27	27	32155	25742	1654	17963	9004
8	8	8	10534	9675	478	62529	57662
9	9	9	25215	24209	560	37550	11325
29	29	29	39402	30903	1995	108711	95238
16	16	16	27095	9486	526	14000	9600
12	12	12	17315	7101	631	6200	3759
12	12	1	11876	7342	1420	26571	17230
7	7	7	5355	3267	130	2250	810
6	6	6	5387	2879	176	1312	905
11	11	11	9411	5854	2308	11946	5688
11	11	11	14028	9399	2733	20854	20543
6	6	6	4461	4328	3195	6327	3517
5	5	5	3280	3063	501	3697	2971
6	6	6	5500	2282	2041	8974	2000
5	5	5	3141	1663	374	963	696
4	4	4	3121	1283	939	346	91
7	7	1	9596	4512	544	1329	645
14	14	14	28621	26924	75	5163	4651
12	12	12	23414	21065	63	20460	395
6	6	6	9724	9625	220	63	42
12	12	12	25064	20196	215	2150	2150
21	21	21	35680	7346	492	1314	689
5	5	5	7187	4371	80	91	36
6	6	6	7542	2912	55	2110	912
11	11	11	11720	4320	42	404	171
8	8	8	10897	5753	339	1905	1460
10	10	2	14936	8872	232	1920	172
14	14	14	29100	14981	93	576	123
9	9		7280	3615	1	15	
13	13	13	9914	5898	100	28	
13	13	13	14967	4624	190	924	

10-1(一) 续表 12

民族乡镇名称	行政区划面积（平方公里）	村民委员会（个）	#已通公路的村（个）	#已通自来水的村（个）
永州市江华瑶族自治县小圩壮族乡	133	19	19	19
张家界市桑植县刘家坪白族乡	38	6	6	6
张家界市桑植县马合口白族乡	119	9	9	9
张家界市桑植县走马坪白族乡	132	14	14	14
张家界市桑植县芙蓉桥白族乡	206	13	13	13
张家界市桑植县洪家关白族乡	147	23	23	23
张家界市慈利县三官寺土家族乡	113	17	17	17
张家界市慈利县高峰土家族乡	145	16	16	16
张家界市慈利县金岩土家族乡	138	12	12	2
张家界市慈利县许家坊土家族乡	81	10	10	10
张家界市慈利县阳和土家族乡	74	10	10	10
张家界市慈利县甘堰土家族乡	180	20	20	15
张家界市慈利县赵家岗土家族乡	73	12	12	5
郴州市桂阳县白水瑶族乡	135	16	16	10
郴州市北湖区保和瑶族乡	101	11	11	11
郴州市北湖区仰天湖瑶族乡	176	18	18	18
郴州市宜章县莽山瑶族乡	89	6	6	5
郴州市汝城县文明瑶族乡	384	36	36	36
郴州市汝城县延寿瑶族乡	176	17	17	17
郴州市汝城县三江口瑶族乡	112	8	8	8
郴州市临武县西山瑶族乡	205	13	13	13
郴州市资兴市回龙山瑶族乡	130	11	11	11
郴州市资兴市八面山瑶族乡	241	15	15	15
常德市鼎城区许家桥回族维吾尔族乡	117	16	16	16
常德市汉寿县毛家滩回族维吾尔族乡	54	7	7	7
常德市桃源县枫树维吾尔族回族乡	59	12	12	12
常德市桃源县青林回族维吾尔族乡	101	13	13	13
株洲市炎陵县中村瑶族乡	291	12	12	12
衡阳市常宁市塔山瑶族乡	146	11	11	11
益阳市桃江县鲊埠回族乡	39	9	9	9
广东省	**1382**	**50**	**50**	**50**
惠州市龙门县蓝田瑶族乡	132	7	7	7

#已通电的村（个）	#已通电话的村（个）	#已通邮的村（个）	年末总人口（人）	#少数民族（人）	乡镇企业从业人员（人）	乡镇企业总产值（万元）	#工业企业（万元）
19	19	19	28702	15290	7700	390	240
6	6	6	12317	10732	200	800	200
9	9	9	15439	13723	10	125	
14	14	12	21714	19542	60	825	825
13	13	13	18602	16742			
23	23	23	34137	30568	89	2230	
17	17	17	26109	20887			
16	16	16	16784	14000			
12	12	12	16293	13611	52	35	
10	10	10	18484	16045			
10	10	10	20551	18290			
20	20	20	32338	29265	405	501	
12	12	12	14701	14088	288	693	378
16	16	16	23989	895	70	12010	9503
11	11	11	18939	2080	4600	53364	53364
18	18	18	24892	3645	5127	58300	8802
6	6	4	9616	5512	1952	8415	1723
36	36	34	53469	22376	2123	12455	9681
17	17	17	30509	24432	728	25430	23657
8	8	8	9746	6820	290	6000	1800
13	13	13	13998	2648	76	46532	46532
11	11	11	19317	1195	25	1526	1526
15	15	15	15391	1200	410	63345	29870
16	16	16	35736	9532	367	32645	32645
7	7	7	28893	8658	722	31000	28000
12	12	12	31887	9506	922	39855	39855
13	13	13	36950	11512	2818	500	300
12	12	12	12831	1535	73	3274	2867
11	11	11	12701	6376	480	1635	
9	9	9	21927	9548	3225	193400	193400
50	**50**	**41**	**87330**	**38154**	**3879**	**252859**	**239683**
7	7	7	10909	9872	1952	123490	118821

10−1(一)　续表 13

民族乡镇名称	行政区划面积（平方公里）	村民委员会（个）	#已通公路的村（个）	#已通自来水的村（个）
清远市连州市三水瑶族乡	139	4	4	4
清远市连州市瑶安瑶族乡	226	10	10	10
清远市阳山县秤架瑶族乡	567	10	10	10
肇庆市怀集县下帅壮族瑶族乡	77	5	5	5
韶关市始兴县深渡水瑶族乡	173	4	4	4
河源市东源县漳溪畲族乡	68	10	10	10
广西壮族自治区	**15322**	**584**	**584**	**542**
梧州市蒙山县长坪瑶族乡	132	5	5	5
梧州市蒙山县夏宜瑶族乡	117	6	6	6
贺州市八步区黄洞瑶族乡	189	4	4	4
贺州市平桂管理区大平瑶族乡	217	6	6	6
贺州市昭平县仙回瑶族乡	190	6	6	6
贺州市钟山县两安瑶族乡	144	6	6	6
贺州市钟山县花山瑶族乡	188	6	6	6
贵港市平南县马练瑶族乡	240	12	12	12
贵港市平南县国安瑶族乡	117	10	10	10
防城港市上思县南屏瑶族乡	527	9	9	9
防城港市防城区十万山瑶族乡	99	6	6	6
南宁市马山县古寨瑶族乡	151	8	8	8
南宁市马山县里当瑶族乡	147	9	9	9
南宁市上林县镇圩瑶族乡	113	11	11	11
柳州市三江侗族自治县同乐苗族乡	180	19	19	19
柳州市三江侗族自治县福禄苗族乡	168	14	14	14
柳州市三江侗族自治县高基瑶族乡	139	8	8	8
柳州市融水苗族自治县滚贝侗族乡	268	11	11	11
柳州市融水苗族自治县同练瑶族乡	204	6	6	6
柳州市柳城县古砦仫佬族乡	248	13	13	12
桂林市临桂县宛田瑶族乡	336	15	15	15
桂林市临桂县黄沙瑶族乡	203	5	5	5
桂林市灵川县大境瑶族乡	264	8	8	8
桂林市灵川县兰田瑶族乡	117	3	3	3
桂林市全州县蕉江瑶族乡	230	8	8	8

#已通电的村（个）	#已通电话的村（个）	#已通邮的村（个）	年末总人口（人）	#少数民族（人）	乡镇企业从业人员（人）	乡镇企业总产值（万元）	#工业企业（万元）
4	4	4	4343	1673	158	4109	37
10	10	1	12979	3721	151	5800	5560
10	10	10	18553	4874	709	3204	3204
5	5	5	12356	8075	316	6136	2022
4	4	4	7901	2139	15	80	
10	10	10	20289	7800	578	110040	110040
584	**583**	**559**	**1174802**	**882816**	**24472**	**376675**	**297591**
5	5	5	3055	2669			
6	6	6	6972	5839			
4	4	4	7535	5877	456	10289	2985
6	6	1	13868	4116	125	1700	1400
6	6	6	15215	8634	331	1618	710
6	6	6	17914	17164	892	10725	9961
6	6	1	8090	7359	147	23679	9724
12	12	12	48192	40199	157	1488	1344
10	10	10	25036	22000	7700	16198	14230
9	9	9	13886	13754			
6	6	6	11900	8166			
8	8	8	21428	21120	58	3010	2750
9	9	9	21460	21254	330	521	321
11	11	11	25623	25047			
19	19	19	47000	46892	57	1664	1664
14	14	14	35148	34602			
8	8	8	7465	5974		700	700
11	11	11	19140	11484	120	3930	
6	6	6	11222	11118	296	28	28
13	13	13	36335	17303	163	905	205
15	15	15	23308	13384	430	2000	1800
5	4	5	5566	2237	33	5000	5000
8	8	8	12660	5707	323	10500	10500
3	3	3	6263	2078	120	23500	23500
8	8	8	15896	5694	187	11492	8560

10-1(一) 续表 14

民族乡镇名称	行政区划面积(平方公里)	村民委员会(个)	#已通公路的村(个)	#已通自来水的村(个)
桂林市全州县东山瑶族乡	420	16	16	16
桂林市兴安县华江瑶族乡	437.54	9	9	8
桂林市灌阳县洞井瑶族乡	212	9	9	9
桂林市灌阳县西山瑶族乡	188	10	10	10
桂林市资源县车田苗族乡	311	12	12	12
桂林市资源县两水苗族乡	133	6	6	6
桂林市资源县河口瑶族乡	112	5	5	5
桂林市平乐县大发瑶族乡	456	10	10	10
桂林市荔浦县蒲芦瑶族乡	259	9	9	9
桂林市雁山区草坪回族乡	33	3	3	3
百色市右江区汪甸瑶族乡	547	13	13	13
百色市田东县作登瑶族乡	371	21	21	3
百色市田林县潞城瑶族乡	788	19	19	19
百色市田林县利周瑶族乡	253	9	9	9
百色市田林县八桂瑶族乡	336	12	12	12
百色市田林县八渡瑶族乡	677	17	17	17
百色市凌云县伶站瑶族乡	194	9	9	9
百色市凌云县朝里瑶族乡	181	6	6	6
百色市凌云县沙里瑶族乡	227	12	12	12
百色市凌云县玉洪瑶族乡	316	18	18	18
百色市西林县足别瑶族苗族乡	282	6	6	6
百色市西林县普合苗族乡	195	7	7	7
百色市西林县那佐苗族乡	598	18	18	18
河池市南丹县八圩瑶族乡	496	15	15	8
河池市南丹县里湖瑶族乡	363	13	13	6
河池市南丹县中堡苗族乡	165	6	6	1
河池市天峨县八腊瑶族乡	333	9	9	9
河池市凤山县平乐瑶族乡	175	10	10	10
河池市凤山县江洲瑶族乡	107	7	7	6
河池市凤山县金牙瑶族乡	240	12	12	12
河池市东兰县三弄瑶族乡	67	5	5	2
河池市环江毛南族自治县驯乐苗族乡	590	12	12	12
河池市宜州市北牙瑶族乡	370	19	19	19
河池市宜州市福龙瑶族乡	400	15	15	15

#已通电的村（个）	#已通电话的村（个）	#已通邮的村（个）	年末总人口（人）	#少数民族（人）	乡镇企业从业人员（人）	乡镇企业总产值（万元）	#工业企业（万元）
16	16	16	35551	30284	52	6723	5095
9	9	9	18515	4546	2456	65385	47685
9	9	9	9339	3660	531	12699	11326
10	10	10	13213	5627	1050	11530	10430
12	12	12	26759	16011	1947	5762	4310
6	6	6	11292	7754	513	5200	5200
5	5	5	5216	3002	341	3122	2965
10	10	10	18551	10849	623	9700	5640
9	9	9	10530	7048	750	54000	53680
3	3	3	5387	2047	278	36	
13	13	6	27238	22641	385	10700	6740
21	21	21	38402	37112	125	1107	120
19	19	19	28288	22890			
9	9	9	17668	15410			
12	12	12	15542	15040			
17	17	17	23089	20175			
9	9	9	19258	8189			
6	6	6	9482	9292			
12	12	12	20909	14962	223	2491	
18	18	18	23227	14332	293	191	191
6	6	6	9080	8906			
7	7	7	11076	10954			
18	18	18	26822	22210			
15	15	15	30225	24350	45	200	2
13	13	13	26236	24411			
6	6	6	7986	3836			
9	9	1	22439	4319			
10	10	10	25857	14754	320	4100	3363
7	7	7	14860	10580	171	3080	2006
12	12	12	26656	8565	532	8211	5820
5	5	5	5812	4829			
12	12	12	28511	26893	1276	41247	35901
19	19	19	62172	48269	486	1369	1369
15	15	15	39437	39398	150	875	366

10-1(一)　续表 15

民族乡镇名称	行政区划面积（平方公里）	村民委员会（个）	#已通公路的村（个）	#已通自来水的村（个）
重庆市	**1413**	**98**	**98**	**98**
奉节县云雾土家族乡	81	3	3	3
奉节县长安土家族乡	267	8	8	8
奉节县龙桥土家族乡	119	6	6	6
奉节县太和土家族乡	135	8	8	8
万州区恒合土家族乡	82	13	13	13
万州区地宝土家族乡	44	4	4	4
云阳县清水土家族乡	102	14	14	14
巫山县红椿土家族乡	110	5	5	5
巫山县邓家土家族乡	58	5	5	5
忠县磨子土家族乡	32	8	8	8
武隆区石桥苗族土家族乡	102	6	6	6
武隆区文复苗族土家族乡	110	6	6	6
武隆区后坪苗族土家族乡	87	6	6	6
武隆区浩口苗族仡佬族乡	85	6	6	6
四川省	**16328**	**638**	**636**	**590**
甘孜藏族自治州九龙县子耳彝族乡	352	5	5	5
甘孜藏族自治州九龙县三垭彝族乡	108	4	4	4
甘孜藏族自治州九龙县俄尔彝族乡	115	3	3	3
甘孜藏族自治州九龙县小金彝族乡	42	3	3	3
甘孜藏族自治州九龙县朵落彝族乡	125	3	3	3
甘孜藏族自治州九龙县踏卡彝族乡	269	4	4	4
甘孜藏族自治州九龙县湾坝彝族乡	630	5	5	5
阿坝藏族羌族自治州松潘县十里回族乡	38	6	6	6
阿坝藏族羌族自治州松潘县进安回族乡	28	10	10	10
攀枝花市仁和区大龙潭彝族乡	278	8	8	2
攀枝花市仁和区啊喇彝族乡	178	6	6	1
攀枝花市米易县麻陇彝族乡	228	8	8	8
攀枝花市米易县白坡彝族乡	343	10	10	10
攀枝花市米易县湾丘彝族乡	132	6	6	6

#已通电的村（个）	#已通电话的村（个）	#已通邮的村（个）	年末总人口（人）	#少数民族（人）	乡镇企业从业人员（人）	乡镇企业总产值（万元）	#工业企业（万元）
98	**98**	**98**	**165292**	**66618**	**7088**	**121056**	**36222**
3	3	3	4345	3180	6	278	182
8	8	8	16383	5400			
6	6	6	11289	3014	59	6421	
8	8	8	13339	4218	50	2000	
13	13	13	27641	15509	1285	15760	7586
4	4	4	7880	4098	8	950	950
14	14	14	19145	4429	1362	28120	19687
5	5	5	6977	3769			
5	5	5	4028	1408	65	1200	800
8	8	8	18754	8356	2806	53124	3092
6	6	6	12000	4299	50	3100	
6	6	6	9505	3933	101	500	243
6	6	6	7654	2526	1268	9066	3145
6	6	6	6352	2479	28	537	537
637	**622**	**515**	**773194**	**357260**	**23425**	**1286205**	**1126367**
5	5	5	4012	2892			
4	4	4	3400	3396			
3	3	3	3095	3090			
3	3	3	2696	2435			3933
3	3	3	1495	1221			
4	4	4	4349	4086			296
5	5	5	7036	6532			4607
6	6	6	3561	2215			
10	10	10	5388	2820	128	532	
8	8	2	16116	10797	1888	1076	1045
6	6	1	9353	5140	25	5993	1603
8	8	8	8604	6022	37	600	600
10	10	1	10370	3154	120	550	550
6	6	6	15215	5439	4920	698674	695369

10-1(一)　续表 16

民族乡镇名称	行政区划面积（平方公里）	村民委员会（个）	#已通公路的村（个）	#已通自来水的村（个）
攀枝花市米易县新山傈僳族乡	79	4	4	4
攀枝花市盐边县敢鱼彝族乡	272	14	14	14
攀枝花市盐边县红果彝族乡	288	11	11	11
攀枝花市盐边县温泉彝族乡	187	7	7	7
攀枝花市盐边县箐河傈僳族乡	115	6	6	1
攀枝花市盐边县格萨拉彝族乡	340	11	11	11
攀枝花市盐边县和爱彝族乡	65	4	4	4
攀枝花市盐边县红宝苗族彝族乡	326	7	7	7
泸州市叙永县白蜡苗族乡	150	7	7	7
泸州市叙永县合乐苗族乡	97	5	5	5
泸州市叙永县枧槽苗族乡	81	5	5	1
泸州市叙永县石坝彝族乡	35	4	4	4
泸州市叙永县水潦彝族乡	83	10	10	10
泸州市古蔺县箭竹苗族乡	113	8	8	8
泸州市古蔺县大寨苗族乡	47	3	3	3
泸州市古蔺县马嘶苗族乡	91	5	5	5
广元市青川县蒿溪回族乡	112	5	5	5
广元市青川县大院回族乡	50	7	7	7
乐山市金口河区和平彝族乡	42	6	6	6
乐山市金口河区共安彝族乡	171	7	7	7
南充市阆中市博树回族乡	23	8	8	8
宜宾市筠连县高坪苗族乡	35	5	5	5
宜宾市筠连县联合苗族乡	39	8	8	8
宜宾市筠连县团林苗族乡	46	8	8	8
宜宾市屏山县屏边彝族乡	94	7	7	7
宜宾市屏山县清平彝族乡	84	10	10	10
宜宾市兴文县大坝苗族乡	128	17	17	17
宜宾市兴文县毓秀苗族乡	87	5	5	5
宜宾市兴文县大河苗族乡	126	17	17	17
宜宾市兴文县麒麟苗族乡	115	25	25	17
宜宾市兴文县仙峰苗族乡	111	12	12	12
宜宾市珙县罗渡苗族乡	41	10	10	5

#已通电的村（个）	#已通电话的村（个）	#已通邮的村（个）	年末总人口（人）	#少数民族（人）	乡镇企业从业人员（人）	乡镇企业总产值（万元）	#工业企业（万元）
4	4	4	7225	2061	98	736	408
14	1		7884	3508	25	650	560
11	11	11	12529	11988	1540	50834	26344
7	7	1	7669	6126	21	719	606
6	6	1	6389	1980	480	1857	1504
11	11	1	12665	12029	189	19000	722
4	4	4	5590	1683	290	970	760
7	7	7	5236	4450	8	300	300
7	7	7	20615	4517	136	3322	3322
5	5	5	13831	5841	48	1385	647
5	5	5	12821	4987	60	1825	1525
4	4	4	9384	3775	10	500	500
10	10	10	23227	9896	95	4625	4625
8	8	8	15312	2341	1019	13669	6737
3	3	3	7456	1726	368	26384	24152
5	5	5	13551	2816	38	1410	870
5	5	1	4085	1359		710	
7	7	1	5678	1402		21	21
6	6	1	9787	1931	74	513	5
7	7	7	6213	3014	423	2700	2400
8	8	3	6992	3756	32	680	490
5	5	5	8203	2455	463	47332	45881
8	8	8	9766	3497	10	1055	1055
8	8	8	7119	2965	70	942	592
7	7	7	9340	4209			
10	10	10	8868	2406	440	1716	1008
17	17	17	32830	7107	736	31226	21913
5	5	2	7109	2691	143	12030	1153
17	17	17	45662	7900	991	78540	78540
25	25	25	32542	7664	203	12030	9873
12	12	12	13711	4941	3366	25348	24492
10	10	1	14765	3310	290	16621	16192

10-1(一)　续表 17

民族乡镇名称	行政区划面积（平方公里）	村民委员会（个）	#已通公路的村（个）	#已通自来水的村（个）
宜宾市珙县玉和苗族乡	25	4	4	4
宜宾市珙县观斗苗族乡	21	4	4	4
雅安市汉源县小堡藏族彝族乡	52	3	3	3
雅安市汉源县坭美彝族乡	67	5	5	5
雅安市汉源县永利彝族乡	110	6	6	6
雅安市汉源县顺河彝族乡	79	4	4	4
雅安市汉源县片马彝族乡	55	6	6	6
雅安市石棉县安顺彝族乡	21	6	6	6
雅安市石棉县先锋藏族乡	94	7	7	7
雅安市石棉县蟹螺藏族乡	197	7	7	7
雅安市石棉县回隆彝族乡	224	6	6	6
雅安市石棉县擦罗彝族乡	76	5	5	5
雅安市石棉县栗子坪彝族乡	512	7	7	7
雅安市石棉县新民藏族彝族乡	123	9	9	9
雅安市石棉县挖角彝族藏族乡	187	3	3	3
雅安市石棉县田湾彝族乡	155	6	6	6
雅安市石棉县草科藏族乡	341	5	5	5
雅安市宝兴县跷碛藏族乡	948	5	5	5
雅安市荥经县宝峰彝族民族乡	14	3	3	3
雅安市荥经县民建彝族民族乡	21	5	5	5
凉山彝族自治州西昌市高草回族乡	25	7	7	7
凉山彝族自治州西昌市裕隆回族乡	44	9	9	9
凉山彝族自治州木里藏族自治县屋脚蒙古族乡	306	2	2	2
凉山彝族自治州木里藏族自治县俄亚纳西族乡	587	6	6	6
凉山彝族自治州木里藏族自治县白碉苗族乡	380	4	4	4
凉山彝族自治州木里藏族自治县项脚蒙古族乡	154	3	3	3
凉山彝族自治州木里藏族自治县固增苗族乡	389	4	4	4
凉山彝族自治州盐源县大坡蒙古族乡	149	5	5	5
凉山彝族自治州德昌县金沙傈僳族乡	74	3	1	
凉山彝族自治州德昌县南山傈僳族乡	39	3	3	3
凉山彝族自治州会理县新安傣族乡	148	10	10	10
凉山彝族自治州冕宁县和爱藏族乡	96	6	6	

#已通电的村（个）	#已通电话的村（个）	#已通邮的村（个）	年末总人口（人）	#少数民族（人）	乡镇企业从业人员（人）	乡镇企业总产值（万元）	#工业企业（万元）
4	4	4	6138	1988			
4	4	4	5741	1356	85	859	260
3	3	3	2776	728	82	2567	2567
5	5	5	2413	1189			
6	6	6	3159	634			
4	4	4	5047	985	19	651	651
6	6	6	5422	1604	47	410	1
6	6	6	9406	4077	1166	85535	85535
7	7	7	6726	2258	381	66859	2986
7	7	7	3907	2107		25150	24958
6	6	6	7680	3361	192	2788	2788
5	5	5	4508	2430	324	8920	1784
7	7	7	5935	5875	220		
9	9	9	6755	2297	120	6000	5800
3	3	3	3528	2125	33	5123	5123
6	6	6	3122	1122	62	1800	
5	5	5	2986	1643	321	1019	1019
5	5	5	5318	5052			
3	3	3	3281	1032			
5	5	5	4897	1387			
7	7	7	14423	2335			
9	9	9	20376	7539			
1	2	2	2448				
6	6	6	6076	5293			
4	4	1	6159	4927			
3	3	3	3457	3256			
4	4	4	3372	2738			
5	5	1	3997	1728			
3		3	3336	3289			
3	3	3	2127	2100			
10	10	10	9106	6013	14	600	600
6	6	6	3327	1239			

10-1(一)　续表 18

民族乡镇名称	行政区划面积（平方公里）	村民委员会（个）	#已通公路的村（个）	#已通自来水的村（个）
凉山彝族自治州越西县保安藏族乡	33	3	3	3
绵阳市平武县木皮藏族乡	251	3	3	3
绵阳市平武县白马藏族乡	715	4	4	4
绵阳市平武县黄羊关藏族乡	199	6	6	6
绵阳市平武县虎牙藏族乡	484	5	5	5
绵阳市平武县泗耳藏族乡	548	3	3	3
绵阳市平武县徐塘羌族乡	121	5	5	5
绵阳市平武县锁江羌族乡	12	10	10	10
绵阳市平武县平南羌族乡	98	5	5	5
绵阳市北川羌族自治县桃龙藏族乡	69	6	6	6
绵阳市盐亭县大兴回族乡	24	8	8	2
达州市宣汉县渡口土家族乡	105	7	7	7
达州市宣汉县龙泉土家族乡	224	14	14	14
达州市宣汉县三墩土家族乡	91	7	7	7
达州市宣汉县漆树土家族乡	42	4	4	4
绵阳市平武县水田羌族乡	111	7	7	7
绵阳市平武县旧堡羌族乡	121	6	6	6
绵阳市平武县阔达藏族乡	135	6	6	6
绵阳市平武县土城藏族乡	222	9	9	9
贵州省	**20039**	**2110**	**2099**	**1967**
贵阳市南明区小碧布依族苗族乡	66	12	12	12
贵阳市花溪区高坡苗族乡	120	19	19	19
贵阳市花溪区孟关苗族布依族乡	69	8	8	8
贵阳市花溪区马铃布依族苗族乡	81	3	3	3
贵阳市花溪区黔陶布依族苗族乡	74	7	7	7
贵阳市乌当区偏坡布依族乡	14	2	2	2
贵阳市乌当区新堡布依族乡	54	7	7	7
贵阳市白云区牛场布依族乡	67	13	13	13
贵阳市白云区都拉布依族乡	35	7	7	7
贵阳市清镇市麦格苗族布依族乡	125	15	15	15
贵阳市清镇市王庄布依族苗族乡	77	10	10	10
贵阳市清镇市流长苗族乡	158	26	26	14

#已通电的村（个）	#已通电话的村（个）	#已通邮的村（个）	年末总人口（人）	#少数民族（人）	乡镇企业从业人员（人）	乡镇企业总产值（万元）	#工业企业（万元）
3	3	3	4920	4218			
3	3	3	1125	834	13	1020	1020
4	4	4	1465	1450			
6	6	1	1460	552			
5	5	5	2627	697	26	33	5
3	3	3	842	842			
5	5	5	2647	2514	7	170	
10	10	10	6021	6021	146	800	
5	5	5	2236	2020	14	700	
6	6	6	3270	2582	15	230	
8	8	8	7303	2478			
7	7	7	8036	7644			
14	14	2	11826	10636			
7	7	7	15043	11893	1200	5555	3895
4	4	4	7040	6517	83	166	
7	7		3765	2500			
6	6	6	3635	2114			
6	6	1	5583	2792			
9	9	9	7015	4745	56	557	557
2109	**1966**	**1312**	**4415135**	**2318473**	**172341**	**4235669**	**3185274**
12	12	12	18932	7292			
19	19	19	27648	19630	22	7466	7466
8	8	8	21672	10563		245800	245800
3	3	3	9875	6401	210		
7	7	7	10685	4791	575	12129	9703
2	2	2	2006	1859	115	425	
7	7	7	5378	3245			
13	13	13	14659	5223	5	1476	620
7	7	7	10865	6072	401	138462	138462
15	15	15	26058	9553	960	40271	31256
10	10	10	24680	7220	2100	122365	122365
26	26	26	64981	31937	4300	6812	6370

10−1(一) 续表 19

民族乡镇名称	行政区划面积（平方公里）	村民委员会（个）	#已通公路的村（个）	#已通自来水的村（个）
贵阳市开阳县高寨苗族布依族乡	177	8	8	8
贵阳市开阳县南江布依族苗族乡	120	6	6	6
贵阳市开阳县禾丰布依族苗族乡	83	6	6	6
贵阳市修文县大石布依族乡	50	7	7	7
贵阳市息烽县青山苗族乡	50	5	5	5
六盘水市水城县坪寨彝族乡	97	4	4	4
六盘水市水城县南开苗族彝族乡	138	12	12	12
六盘水市水城县青林苗族彝族乡	64	4	4	4
六盘水市水城县金盆苗族彝族乡	107	6	6	6
六盘水市水城县新街彝族苗族布依族乡	52	3	3	3
六盘水市水城县杨梅彝族苗族回族乡	160	6	6	6
六盘水市水城县野钟苗族彝族布依族乡	142	5	5	5
六盘水市水城县果布嘎彝族苗族布依族乡	107	5	5	5
六盘水市水城县龙场苗族白族彝族乡	101	7	7	7
六盘水市水城县营盘苗族彝族白族乡	114	6	6	6
六盘水市水城县顺场苗族彝族布依族乡	119	6	6	6
六盘水市水城县花戛苗族布依族彝族乡	160	5	5	5
六盘水市水城县猴场苗族布依族乡	155	6	6	6
六盘水市盘县普田回族乡	76	6	6	6
六盘水市盘县旧营白族彝族苗族乡	101	11	11	11
六盘水市盘县羊场布依族白族苗族乡	136	16	16	16
六盘水市盘县保基苗族彝族乡	147	7	7	7
六盘水市盘县淤泥彝族乡	175	18	18	18
六盘水市盘县普古彝族苗族乡	155	21	21	21
六盘水市盘县坪地彝族乡	152	15	15	15
六盘水市六枝特区梭戛苗族彝族乡	57	7	7	7
六盘水市六枝特区落别布依族彝族乡	94	13	13	13
六盘水市六枝特区中寨苗族彝族布依族乡	165	17	17	17
六盘水市六枝特区牛场苗族彝族乡	83	10	10	10
六盘水市六枝特区月亮河彝族苗族乡	117	17	17	17
遵义市仁怀市后山苗族布依族乡	72	4	4	4
遵义市遵义县平正仡佬族乡	145	7	7	7

#已通电的村（个）	#已通电话的村（个）	#已通邮的村（个）	年末总人口（人）	#少数民族（人）	乡镇企业从业人员（人）	乡镇企业总产值（万元）	#工业企业（万元）
8	8	4	28139	9135	688	22379	22379
6	6	6	21178	7541	410	1120	
6	6	6	17292	6225	81	27800	23120
7	7	7	14036	4013			
5	5	5	7465	2056	399	1300	690
4	4	1	11725	2662	270	998	800
12	12	1	50818	26549	153	1763	1734
4	4	4	21998	11931	120	595	539
6	6	3	31851	19441	215	2150	2049
3	3	1	14332	8858	29	995	995
6	6	1	27994	18680	45	1080	1080
5	5	1	27405	14665	112	3720	3720
5	5	1	20552	12043	525	2130	2130
7	7	1	25735	11908	298	3933	3933
6	6	1	21980	18690	126	4968	4968
6	6	1	26250	20500	360	24960	24960
5	5	1	19316	17365	43	11537	11537
6	6	1	22317	21284	50	1001	1001
6	6	6	14846	4134	131	501	113
11	11	11	35307	14261	200	486	325
16	16	16	40085	20605	10894	482983	327843
7	7	1	16065	14168	1025	6146	2026
18	18	18	30592	22229	12816	557162	439528
21	21	21	26463	17983	1077	53847	47690
15	15	15	37545	13246	873	24870	24170
7	7	7	14417	6910	1013	20245	12395
13	13	13	42686	26680	6475	62865	8304
17	17	4	43280	37858	14425	210600	46332
10	10	2	27456	11243	845	37973	4944
17	3	2	35108	26337	6195	59700	11909
4	4	4	10940	4100			
7	7	7	25971	4201	1319	19258	18136

10-1(一) 续表 20

民族乡镇名称	行政区划面积（平方公里）	村民委员会（个）	#已通公路的村（个）	#已通自来水的村（个）
遵义市遵义县洪关苗族乡	63	3	3	3
遵义市桐梓县马鬃苗族乡	109	10	10	10
遵义市正安县谢坝仡佬族苗族乡	93	6	6	6
遵义市正安县市坪苗族仡佬族乡	111	4	4	4
遵义市余庆县花山苗族乡	106	4	4	4
遵义市道真仡佬族苗族自治县上坝土家族乡	93	4	4	4
安顺市西秀区鸡场布依族苗族乡	110	5	5	5
安顺市西秀区杨武布依族苗族乡	152	10	10	10
安顺市西秀区岩腊苗族布依族乡	114	8	8	8
安顺市西秀区新场布依族苗族乡	70	8	8	8
安顺市西秀区黄腊布依族苗族乡	72	7	7	7
安顺市平坝县十字回族乡	110	11	11	11
安顺市平坝县羊昌布依族苗族乡	76	7	7	7
安顺市普定县补郎苗族乡	81	11	11	11
安顺市普定县猴场苗族仡佬族乡	93	10	10	10
安顺市普定县猫洞苗族仡佬族乡	89	15	15	15
毕节市七星关区大屯彝族乡	60	8	8	8
毕节市七星关区田坎彝族乡	61	7	7	7
毕节市七星关区阿市苗族彝族乡	102	13	13	13
毕节市七星关区团结彝族苗族乡	84	13	13	13
毕节市七星关区阴底彝族苗族白族乡	117	12	12	12
毕节市七星关区干溪彝族苗族白族乡	54	5	5	5
毕节市黔西县永燊彝族苗族乡	95	13	13	13
毕节市黔西县新仁苗族乡	69	9	9	5
毕节市黔西县花溪彝族苗族乡	83	10	10	10
毕节市黔西县中建苗族彝族乡	62	6	6	6
毕节市黔西县定新彝族苗族乡	95	13	13	13
毕节市黔西县太来彝族苗族乡	100	13	13	13
毕节市黔西县绿化白族彝族乡	43	7	7	7
毕节市黔西县红林彝族苗族乡	107	11	11	11
毕节市黔西县五里布依族苗族乡	73	10	10	10
毕节市黔西县铁石苗族彝族乡	90	11	11	11

#已通电的村（个）	#已通电话的村（个）	#已通邮的村（个）	年末总人口（人）	#少数民族（人）	乡镇企业从业人员（人）	乡镇企业总产值（万元）	#工业企业（万元）
3	3	3	11893	1179	249	30000	20000
10	10	1	9405	2682			
6	6	6	15059	12038	230	17034	12384
4	4	4	22576	18037	590	4023	692
4	4	4	14855	8101	202	4200	4200
4	4	4	21478	12739	410	248574	196748
5	5	5	19748	7800	2706	3650	620
10	10	10	31853	18576	3010	15000	9000
8	8	8	21751	10800	9957	848	413
8	8	8	17826	6773	50	5500	4000
7	7	7	17648	15111	960	4120	2010
11	11	11	39419	9780	380	19936	13000
7	7	7	27600	16522	3315	95320	70900
11	11	11	30186	9810	1500	11300	7942
10	10	10	28850	9000	153	10463	8625
15	15	15	38900	11200	268	20000	18000
8	8	8	23890	8448	1523	8250	6420
7	7	1	18908	4934	151	545	545
13	13	13	27526	8996	60	4330	2900
13	13	7	26814	6533	216	2235	410
12	12	7	46533	13596	251	7865	1030
5	5	5	25566	6818	310	4500	4300
13	13	13	27174	6631	708	2500	1000
9	9	9	21722	6984	563	298	82
10	10	10	22650	16988	3960	83440	54530
6	6	6	14427	5049	303	25670	3461
13	13	13	22963	5797	300	1000	50
13	13	13	32272	10650	14	170	170
7	7	7	18896	7969	635	19256	15013
11	11	1	22782	12486	424	885	669
10	10	10	23298	5359	500	49560	49514
11	11	11	23247	13622	13	7986	5986

10-1(一) 续表 21

民族乡镇名称	行政区划面积（平方公里）	村民委员会（个）	#已通公路的村（个）	#已通自来水的村（个）
毕节市大方县竹园彝族苗族乡	53	9	9	9
毕节市大方县响水白族彝族仡佬族乡	114	16	16	16
毕节市大方县鼎新彝族苗族乡	110	12	12	12
毕节市大方县牛场苗族彝族乡	106	10	10	10
毕节市大方县理化苗族彝族乡	129	10	10	10
毕节市大方县安乐彝族仡佬族乡	68	8	8	8
毕节市大方县凤山彝族蒙古族乡	60	8	8	8
毕节市大方县百纳彝族乡	93	6	6	6
毕节市大方县三元彝族苗族白族乡	94	8	8	8
毕节市大方县沙厂彝族乡	74	6	6	6
毕节市大方县黄泥彝族苗族满族乡	64	6	6	6
毕节市大方县核桃彝族白族乡	88	9	9	9
毕节市大方县八堡彝族苗族乡	106	9	9	9
毕节市大方县兴隆苗族乡	100	8	8	8
毕节市大方县大山苗族彝族乡	85	11	11	11
毕节市大方县星宿苗族彝族仡佬族乡	127	10	4	8
毕节市织金县自强苗族乡	53	11	11	1
毕节市织金县官寨苗族乡	63	16	16	7
毕节市织金县后寨苗族乡	108	13	13	13
毕节市织金县大平苗族彝族乡	56	13	13	3
毕节市织金县茶店布依族苗族彝族乡	86	21	21	21
毕节市织金县金龙苗族彝族布依族乡	108	20	20	5
毕节市织金县鸡场苗族彝族布依族乡	105	24	24	24
毕节市金沙县太平彝族苗族乡	97	5	5	5
毕节市金沙县石场苗族彝族乡	120	11	11	11
毕节市金沙县马路彝族苗族乡	83	7	7	3
毕节市金沙县安洛苗族彝族满族乡	101	8	8	8
毕节市金沙县新化苗族彝族满族乡	90	10	10	10
毕节市金沙县大田彝族苗族布依族乡	84	7	7	7
毕节市赫章县兴发苗族彝族回族乡	113	18	18	18
毕节市赫章县松林坡白族彝族苗族乡	140	10	10	10
毕节市赫章县雉街彝族苗族乡	158	18	18	2

#已通电的村（个）	#已通电话的村（个）	#已通邮的村（个）	年末总人口（人）	#少数民族（人）	乡镇企业从业人员（人）	乡镇企业总产值（万元）	#工业企业（万元）
9	9	9	26532	10237	1758	32737	29600
16	16	1	41331	15521	110	476	121
12	12	12	47865	30067			
10	10	10	44984	15017	1048	2100	600
10	1	1	51803	20155	68	510	510
8	8	8	16127	11324	456	23549	20416
8	3	8	16112	6807	1520	84000	54000
6	6	1	21197	6692	88	5620	2760
8	8	8	20611	11516			
6	6	6	13142	3300	49	268	91
6	6	6	13810	5648	80	500	400
9	9	9	35347	12497			
9	9	9	39951	12395		765	
8	8	1	31024	9521	9523	13712	
11	11	11	19970	6180	420	52410	32500
10	10	2	14296	5066	7246	11633	
11	1	1	18688	15361	573	4017	1544
16	16		32872	16547	392	6840	3029
13	13	13	30297	12915	1050	34090	34090
13	13	1	24563	14707	105	6883	6883
21	21	1	38190	19150			
20	20	20	54399	29875	400	1000	
24	24	24	55797	22424	352	4000	3000
5	5	1	15618	4156			
11	11	11	29798	9078	205	3210	1317
7	7	1	16968	4344			
8	8	8	21306	9765	1150	59500	57500
10	10	2	22667	7869	3850	96572	96572
7	7	1	10363	4145	564	10313	8697
18	18	1	33224	14872	280	36800	36800
10	10	1	19346	10010	600	672	659
18	18	2	26704	15007	2032	340540	320440

10-1(一) 续表 22

民族乡镇名称	行政区划面积（平方公里）	村民委员会（个）	#已通公路的村（个）	#已通自来水的村（个）
毕节市赫章县珠市彝族乡	193	26	21	26
毕节市赫章县双坪彝族苗族乡	84	11	11	11
毕节市赫章县辅处彝族苗族乡	83	6	6	6
毕节市赫章县铁匠苗族乡	106	8	8	8
毕节市赫章县可乐彝族苗族乡	132	19	19	19
毕节市赫章县河镇彝族苗族乡	129	25	25	25
毕节市赫章县结构彝族苗族乡	129	25	25	25
毕节市赫章县水塘堡彝族苗族乡	189	16	16	11
毕节市赫章县古达苗族彝族乡	173	21	21	15
毕节市纳雍县厍东关彝族苗族白族乡	59	10	10	10
毕节市纳雍县董地苗族彝族乡	99	11	11	11
毕节市纳雍县左鸠戛彝族苗族乡	57	6	6	6
毕节市纳雍县锅圈岩苗族彝族乡	104	15	15	15
毕节市纳雍县新房彝族苗族乡	100	25	25	25
毕节市纳雍县化作苗族彝族乡	97	19	19	19
毕节市纳雍县姑开苗族彝族乡	77	12	12	12
毕节市纳雍县羊场苗族彝族乡	117	15	15	15
毕节市纳雍县昆寨苗族彝族白族乡	90	16	16	16
毕节市纳雍县猪场苗族彝族乡	87	11	11	11
毕节市威宁彝族回族苗族自治县新发布依族乡	110	31	31	31
毕节市大方县大水彝族苗族布依族乡	72	10	10	10
毕节市黔西县金坡苗族彝族满族乡	85	9	9	9
毕节市大方县普底彝族苗族白族乡	83	8	8	8
毕节市黔西县仁和彝族苗族乡	74	10	10	10
铜仁市碧江区桐木坪侗族乡	66	3	3	3
铜仁市碧江区瓦屋侗族乡	115	6	6	6
铜仁市碧江区和平土家族侗族乡	117	9	9	9
铜仁市碧江区滑石侗族苗族土家族乡	79	7	7	7
铜仁市碧江区六龙山侗族土家族乡	86	4	4	4
铜仁市万山区高楼坪侗族乡	76	14	14	14
铜仁市万山区黄道侗族乡	92	10	10	10
铜仁市万山区敖寨侗族乡	89	5	5	5

#已通电的村（个）	#已通电话的村（个）	#已通邮的村（个）	年末总人口（人）	#少数民族（人）	乡镇企业从业人员（人）	乡镇企业总产值（万元）	#工业企业（万元）
26	26	1	46039	9823	712	8397	5931
11	11	11	21333	4786	393	536	341
6	6	1	18683	6176	135	18650	2000
8	8	1	23324	11480	462	33530	31302
19	19	2	44342	14750	333	1340	480
25	10	25	22986	5897	401	90435	83214
25	10	25	32620	7253	122	4057	4057
16	16	1	30809	12923	375	23594	23594
20	3	3	41602	18933	413	464	409
10	10	5	24494	10312	489	3045	2430
11	11	1	34790	22439	286	1089	375
6	6	1	14269	5193	106	1080	240
15	15	1	30770	12730	220	1683	1683
25	25	1	45994	18902	361	1600	1377
19	19	2	43013	25723	432	2035	410
12	12	1	39579	15742	562	2215	1719
15	15	2	34388	8614	236	2200	160
16	16	1	29880	15138	108	1675	1469
11	11	1	21873	15849	821	4206	1009
31	31	1	51597	14879	106	22500	22500
10	10	10	20853	12671	3210	8310	8100
9	9	9	23015	10350	300	2780	2610
8	8	8	15423	11487	50	6538	10
10	10	10	16472	12091	451	796	715
3	3	3	9856	7588	190	2000	300
6	6	6	11330	10088	400	2880	2780
9	9	9	23589	16965	173	7320	2896
7	7	7	23461	23223	123	6867	5868
4	4	4	4319	3888			
14	14	14	18236	12255	7080	50700	30400
10	10	1	15988	15669	660	1500	1325
5	5	5	9041	7235	170	1200	

10-1(一) 续表 23

民族乡镇名称	行政区划面积（平方公里）	村民委员会（个）	#已通公路的村（个）	#已通自来水的村（个）
铜仁市万山区下溪侗族乡	65	7	7	7
铜仁市万山区鱼塘侗族土家族苗族乡	124	12	12	12
铜仁市万山区大坪侗族土家族苗族乡	76	14	14	14
铜仁市德江县楠杆土家族乡	124	13	13	13
铜仁市德江县沙溪土家族乡	119	14	14	14
铜仁市德江县桶井土家族乡	94	22	22	22
铜仁市德江县堰塘土家族乡	102	11	11	11
铜仁市德江县荆角土家族乡	98	15	15	15
铜仁市德江县长丰土家族乡	95	14	14	14
铜仁市德江县龙泉土家族乡	81	12	12	12
铜仁市德江县钱家土家族乡	80	12	12	12
铜仁市江口县德旺土家族苗族乡	191	9	9	9
铜仁市江口县官和侗族土家族苗族乡	120	4	4	4
铜仁市石阡县聚凤仡佬族侗族乡	159	18	18	18
铜仁市石阡县大沙坝仡佬族侗族乡	63	15	15	15
铜仁市石阡县枫香仡佬族侗族乡	70	12	12	12
铜仁市石阡县青阳苗族仡佬族侗族乡	135	14	14	14
铜仁市石阡县龙井侗族仡佬族乡	99	23	23	23
铜仁市石阡县石固仡佬族侗族乡	167	14	14	14
铜仁市石阡县坪地仡佬族侗族乡	123	18	18	18
铜仁市石阡县甘溪仡佬族侗族乡	158	9	9	9
铜仁市石阡县坪山仡佬族侗族乡	123	8	8	8
铜仁市思南县思林土家族苗族乡	56	13	13	13
铜仁市思南县枫芸土家族苗族乡	68	15	15	7
铜仁市思南县杨家坳苗族土家族乡	76	18	18	10
铜仁市思南县胡家湾苗族土家族乡	59	14	14	9
铜仁市思南县宽坪土家族苗族乡	68	14	14	6
铜仁市思南县三道水土家族苗族乡	62	17	17	7
铜仁市思南县天桥土家族苗族乡	69	12	12	7
铜仁市思南县兴隆土家族苗族乡	56	13	13	7
黔西南布依族苗族自治州晴隆县三宝彝族乡	24	3	3	3
黔西南布依族苗族自治州兴仁县鲁础营回族乡	145	8	8	8

#已通电的村（个）	#已通电话的村（个）	#已通邮的村（个）	年末总人口（人）	#少数民族（人）	乡镇企业从业人员（人）	乡镇企业总产值（万元）	#工业企业（万元）
7	7	7	8654	8512	460	2850	2350
12	12	12	28594	26473	80	4000	2400
14	14	14	18236	12255	7080	50700	30400
13	13	13	18146	15061	20	91	
14	14	14	13363	9889	33	452	301
22	22	22	20861	20444	159	984	94
11	11	11	16597	14273	95	392	
15	15	15	16440	10850	120	610	510
14	14	14	19048	16191	18	298	
12	12	12	13915	11132	86	532	
12	12	12	15667	15667	160	418	310
9	9	9	16938	8228	182	8335	7000
4	4	4	9241	7501			
18	18	1	21357	20123	279	2346	800
15	15	3	21627	19730	60	132	60
12	12	1	10088	7868	530	1250	1005
14	14	1	13784	9957	105	388	145
23	23	1	27958	23852	68	685	302
14	14	1	14826	10971	41	452	208
18	18	1	20914	16643	256	1045	305
9	9	1	15085	12310	90	422	102
8	8	1	8245	6514	895	47300	40100
13	7	4	14019	6537	50	480	
15	6	3	17608	8536	62	1486	832
18	10	7	22074	11950	201	832	
14	6	3	15681	11590	78	264	145
14	6	3	15828	8782	137	200	200
17	10	3	20419	11536	115	1250	
12	6	4	16172	8594	135	519	
13	7	1	16161	9106	269	536	
3	3	1	6112	5989	185	200	
8	8	8	19230	7429	310	2360	790

10-1(一) 续表 24

民族乡镇名称	行政区划面积（平方公里）	村民委员会（个）	#已通公路的村（个）	#已通自来水的村（个）
黔西南布依族苗族自治州望谟县油迈瑶族乡	169	8	8	8
黔东南苗族侗族自治州从江县秀塘壮族乡	178	13	13	13
黔东南苗族侗族自治州从江县刚边壮族乡	145	15	15	15
黔东南苗族侗族自治州从江县翠里瑶族壮族乡	165	20	20	20
黔东南苗族侗族自治州镇远县尚寨土家族乡	70	4	4	4
黔东南苗族侗族自治州麻江县坝芒布依族乡	128	7	7	7
黔东南苗族侗族自治州榕江县水尾水族乡	171	5	5	5
黔东南苗族侗族自治州榕江县三江水族乡	199	13	13	13
黔东南苗族侗族自治州榕江县仁里水族乡	83	8	8	8
黔东南苗族侗族自治州榕江县定威水族乡	147	7	7	7
黔东南苗族侗族自治州榕江县兴华水族乡	176	9	9	9
黔东南苗族侗族自治州榕江县塔石瑶族水族乡	86	9	9	9
黔东南苗族侗族自治州雷山县达地水族乡	73	10	10	10
黔东南苗族侗族自治州黎平县顺化瑶族乡	59	4	4	4
黔东南苗族侗族自治州黎平县雷洞瑶族水族乡	82	16	16	16
黔东南苗族侗族自治州岑巩县羊桥土家族乡	161	15	15	15
黔南布依族苗族自治州都匀市归兰水族乡	150	12	12	12
黔南布依族苗族自治州荔波县瑶山瑶族乡	207	8	8	8
黔南布依族苗族自治州荔波县黎明关水族乡	488	14	14	14
黔南布依族苗族自治州平塘县卡蒲毛南族	108	6	6	6
贵阳市花溪区湖潮布依族苗族乡	111	20	20	20
云南省	**41079**	**1057**	**1057**	**1040**
昆明市晋宁县夕阳彝族乡	157	10	10	10
昆明市晋宁县双河彝族乡	152	6	6	6
昆明市宜良县九乡彝族回族乡	256	8	8	8
昆明市宜良县耿家营彝族苗族乡	204	9	9	9
昭通市昭阳区守望回族乡	67	7	7	7
昭通市昭阳区小龙洞回族彝族乡	124	6	6	6
昭通市布嘎回族乡	97	5	5	4
昭通市青岗岭回族彝族乡	113	7	7	7
昭通市鲁甸县桃源回族乡	60	7	7	7
昭通市鲁甸县茨院回族乡	43	6	6	6

#已通电的村（个）	#已通电话的村（个）	#已通邮的村（个）	年末总人口（人）	#少数民族（人）	乡镇企业从业人员（人）	乡镇企业总产值（万元）	#工业企业（万元）
8	8	8	13729	13729			
13	13	1	8062	6996			
15	15	15	11452	177	530	1996	
20	20	20	14331	13709	12	573	573
4	4	4	8103	7455	26	310	
7	7	7	17128	11180	151	15000	15000
5	5	5	3619	3338			
13	13	13	14950	14202	27	10	10
8	8	8	12606	11204			
7	7	1	6392	5945			
9	9	1	11821	11712	32	244	225
9	9	9	10818	9882	72	1190	
10	10	10	11416	10147			
4	4	4	5426	5392			
16	16	16	13124	13027			
15	15	15	29868	22699			
12	12	12	34385	33088	768	456	456
8	8	8	10249	9984	130	900	900
14	14	14	19735	17518	512	2511	2511
6	6	1	12742	11709	112		
20	20	20	47123	15372			
1057	**1057**	**1031**	**2798502**	**1764465**	**58562**	**1925325**	**1513384**
10	10	10	9611	7987	1993	12891	11035
6	6	6	9441	7460	208	32198	6029
8	8	8	19452	5531	1135	4548	1302
9	9	9	19217	6490	1148	35172	35015
7	7	7	46851	34529	576	8560	5230
6	6	6	37785	31333	1450	1600	
5	5	5	33650	22450	320	850	
7	7	7	30537	9324	133	2750	1050
7	7	7	41861	39373	1231	66861	61009
6	6	6	31009	9557	1920	186030	156840

10-1(一) 续表 25

民族乡镇名称	行政区划面积(平方公里)	村民委员会(个)	#已通公路的村(个)	#已通自来水的村(个)
昭通市大关县上高桥回族彝族苗族乡	104	6	6	6
昭通市永善县马楠苗族彝族乡	211	6	6	6
昭通市永善县伍寨彝族苗族乡	174	5	5	5
昭通市镇雄县果珠彝族乡	91	5	5	5
昭通市镇雄县林口彝族苗族乡	117	8	8	8
昭通市彝良县龙街苗族彝族乡	238	12	12	12
昭通市彝良县奎香苗族彝族乡	229	8	8	8
昭通市彝良县树林彝族苗族乡	124	4	4	4
昭通市彝良县柳溪苗族乡	97	5	5	5
昭通市彝良县洛旺苗族乡	168	8	8	8
昭通市威信县双河苗族彝族乡	146	8	8	8
曲靖市师宗县龙庆彝族壮族乡	481	14	14	14
曲靖市师宗县五龙壮族乡	476	13	13	13
曲靖市师宗县高良壮族苗族瑶族乡	561	11	11	11
曲靖市罗平县长底布依族乡	89	6	6	6
曲靖市罗平县旧屋基彝族乡	120	7	7	7
曲靖市罗平县鲁布革布依族苗族乡	249	9	9	9
曲靖市富源县古敢水族乡	83	3	3	3
曲靖市会泽县新街回族乡	263	16	16	16
楚雄彝族自治州南华县雨露白族乡	243	7	7	7
楚雄彝族自治州大姚县湾碧傈僳傣族乡	558	12	12	12
楚雄彝族自治州永仁县永兴傣族乡	538	12	12	12
楚雄彝族自治州武定县东坡傣族乡	168	8	8	8
玉溪市红塔区小石桥彝族乡	73	3	3	3
玉溪市红塔区洛河彝族乡	171	5	5	5
玉溪市江川县安化彝族乡	96	5	5	5
玉溪市通海县高大傣族彝族乡	110	6	6	6
玉溪市通海县里山彝族乡	100	6	6	6
玉溪市通海县兴蒙蒙古族乡	5	3	3	3
玉溪市华宁县通红甸彝族苗族乡	115	6	6	6
玉溪市易门县十街彝族乡	159	8	8	8
玉溪市易门县浦贝彝族乡	179	7	7	7

#已通电的村（个）	#已通电话的村（个）	#已通邮的村（个）	年末总人口（人）	#少数民族（人）	乡镇企业从业人员（人）	乡镇企业总产值（万元）	#工业企业（万元）
6	6	6	21903	7436	60	780	360
6	6	6	16712	5872			
5	5	5	16099	4390			
5	5	5	43427	10891	736	7226	7226
8	8	8	51950	13001	180	1680	1680
12	12	12	49450	11698			
8	8	8	55238	11072			
4	4	4	27871	7552			
5	5	5	22796	5793			
8	8	8	33087	8003	180	3870	2850
8	8	8	35105	9538			
14	14	14	43572	22210	542	1395	280
13	13	13	36870	13875	960	3890	1250
11	11	11	28280	22093	921	11082	1157
6	6	6	18298	6038	690	2709	402
7	7	7	11064	4210	150	950	250
9	9	9	20920	18297	167	1750	110
3	3	3	16376	5972	366	4193	2798
16	16	16	44051	10258	106	1091	360
7	7	7	14165	11681			
12	12	12	18117	10689	24	90	
12	12	12	12043	7854	912	18250	6489
8	8	8	14600	11900	190	11210	483
3	3	3	6591	3037	1112	55728	47633
5	5	5	10179	9243	834	34365	11419
5	5	5	9625	9141	86	4200	4200
6	6	6	11282	7714	1534	27246	26997
6	6	6	8814	4567	2500	216618	202270
3	3	3	5814	5598	1324	27333	17440
6	6	6	10622	4690	295	4826	4703
8	8	8	12554	7633	1320	12270	4300
7	7	7	17519	9450	3732	27767	19672

10-1(一) 续表 26

民族乡镇名称	行政区划面积（平方公里）	村民委员会（个）	#已通公路的村（个）	#已通自来水的村（个）
玉溪市易门县铜厂彝族乡	293	9	9	9
红河哈尼族彝族自治州河口瑶族自治县桥头苗族壮族乡	175	8	8	8
红河哈尼族彝族自治州金平苗族瑶族傣族自治县者米拉祜族乡	376	4	4	4
红河州蒙自县期路白苗族乡	212	6	6	6
红河州蒙自县老寨苗族乡	157	4	4	4
红河州开远市大庄回族乡	104	5	5	5
文山壮族苗族自治州文山市东山彝族乡	158	4	4	4
文山壮族苗族自治州文山市红甸回族乡	91	4	4	4
文山壮族苗族自治州文山市秉烈彝族乡	293	10	10	10
文山壮族苗族自治州文山市柳井彝族乡	173	7	7	7
文山壮族苗族自治州文山市坝心彝族乡	126	5	5	5
文山州砚山县阿舍彝族乡	273	7	7	7
文山州砚山县维末彝族乡	581	10	10	10
文山州砚山县盘龙彝族乡	238	5	5	5
文山州砚山县干河彝族乡	237	4	4	4
文山州丘北县舍得彝族乡	303	7	7	7
文山州丘北县新店彝族乡	472	6	6	6
文山州丘北县树皮彝族乡	580	9	9	5
文山州丘北县八道哨彝族乡	214	5	5	1
文山州丘北县腻脚彝族乡	424	7	7	7
文山州麻栗坡县猛硐瑶族乡	215	5	5	5
文山州富宁县洞波瑶族乡	535	12	12	12
普洱市澜沧拉祜族自治县酒井哈尼族乡	381	4	4	4
普洱市澜沧拉祜族自治县发展河哈尼族乡	486	4	4	4
普洱市澜沧拉祜族自治县谦六彝族乡	896	15	15	15
普洱市澜沧拉祜族自治县文东佤族乡	180	6	6	6
普洱市澜沧拉祜族自治县安康佤族乡	179	5	5	5
普洱市澜沧拉祜族自治县雪林佤族乡	247	7	7	7
普洱市思茅区云仙彝族乡	667	12	12	12
普洱市思茅区龙潭彝族傣族乡	330	6	6	6
普洱市墨江哈尼族自治县孟弄彝族乡	213	7	7	7
普洱市西盟佤族自治县力所拉祜族乡	186	5	5	5

#已通电的村（个）	#已通电话的村（个）	#已通邮的村（个）	年末总人口（人）	#少数民族（人）	乡镇企业从业人员（人）	乡镇企业总产值（万元）	#工业企业（万元）
9	9	9	21830	14299	726	5025	5025
8	8	8	19821	15053			
4	4	4	23554	23273	114	2350	1850
6	6	6	19273	14421			
4	4	4	11562	6584	175	1396	195
5	5	5	19004	16008	81	10408	
4	4	4	11081	9957	278	6747	
4	4	4	14978	11620	147	3774	3774
10	10	10	24399	23020			
7	7	7	15550	10143			
5	5	5	8230	4263			
7	7	7	28564	25092	869	17635	9403
10	10	10	59449	40425	150	7774	7774
5	5	5	34318	21744	2044	70912	66621
4	4	4	23682	19892			
7	7	7	21574	18589	32	1121	
6	6	6	21174	19629	8	124	
9	9	9	46764	27143	154	285	183
5	5	5	34226	24187	413	47663	36278
7	7	7	27575	16638	36	8580	8580
5	5	5	15138	14486	491	12046	2058
12	12	12	39527	35099	87	5229	5229
4	4	4	14151	13491	105	362	
4	4	4	16268	12430	589	648	625
15	15	15	47014	39266	520	750	
6	6	6	14738	10462	15	389	
5	5	5	12860	12598	43	291	
7	7	7	13180	13146	46	495	
12	12	12	18158	6870	65	230	85
6	6	6	12016	5025	162	630	285
7	7	7	12853	10816	18	200	200
5	5	5	12019	11599			

10-1(一) 续表 27

民族乡镇名称	行政区划面积（平方公里）	村民委员会（个）	#已通公路的村（个）	#已通自来水的村（个）
大理州大理市太邑彝族乡	107	5	5	5
大理州鹤庆县六合彝族乡	250	13	13	13
大理州宾川县钟英傈僳族彝族乡	292	6	6	6
大理州宾川县拉乌彝族乡	231	7	7	7
大理州祥云县东山彝族乡	316	8	8	8
大理州弥渡县牛街彝族乡	264	11	11	11
大理州永平县北斗彝族乡	483	9	9	9
大理州永平县厂街彝族乡	363	11	11	11
大理州永平县水泄彝族乡	396	9	9	9
大理州云龙县苗尾傈僳族乡	662	8	8	8
大理州云龙县团结彝族乡	306	5	5	5
丽江市华坪县永兴傈僳族乡	315	7	7	7
丽江市华坪县通达傈僳族乡	152	5	5	5
丽江市华坪县新庄傈僳族傣族乡	277	7	7	7
丽江市华坪县船房傈僳族傣族乡	174	4	4	4
丽江市永胜县羊坪彝族乡	164	5	5	5
丽江市永胜县东山傈僳族彝族乡	379	5	5	5
丽江市永胜县六德傈僳族彝族乡	331	8	8	8
丽江市永胜县大安彝族纳西族乡	241	8	8	
丽江市永胜县光华傈僳族彝族乡	170	8	8	8
丽江市永胜县松坪傈僳族彝族乡	291	8	8	8
丽江市宁蒗彝族自治县翠玉傈僳族普米族乡	593	6	6	6
丽江市古城区金江白族乡	89	5	5	5
丽江市玉龙纳西族自治县九河白族乡	359	11	11	11
丽江市玉龙纳西族自治县石头白族乡	574	5	5	5
丽江市玉龙县黎明傈僳族乡	704	7	7	7
保山市隆阳区瓦马彝族白族乡	307	21	21	21
保山市隆阳区瓦房彝族苗族乡	300	19	19	19
保山市隆阳区杨柳白族彝族乡	492	18	18	18
保山市隆阳区芒宽彝族傣族乡	510	12	12	12
保山市施甸县摆榔彝族布朗族乡	83	4	4	4

#已通电的村（个）	#已通电话的村（个）	#已通邮的村（个）	年末总人口（人）	#少数民族（人）	乡镇企业从业人员（人）	乡镇企业总产值（万元）	#工业企业（万元）
5	5	5	9347	8998	374	36798	36798
13	13	13	15888	15664	320	1601	757
6	6	6	8804	5371	20	375	
7	7	7	10601	4577	223	3000	2600
8	8	8	9961	9537			
11	11	11	20075	7558	68	9012	9012
9	9		19686	10837	100	14347	14347
11	11	11	19743	11059	130	13520	12520
9	9	9	17055	13337	120	73437	73437
8	8	8	18513	15733	1555	21426	18426
5	5	1	11289	10842	250	6209	
7	7	7	13041	5562	730	8728	7289
5	5	5	8387	6358	29	424	336
7	7	7	17829	8806	264	4174	644
4	4	4	10111	3940	256	6219	
5	5	5	8232	8173			
5	5	1	7769	7536			
8	8	8	13784	11032	127	11618	2267
8	8	8	15097	11528	130	1801	1801
8	8	3	14949	8042			
8	8	8	8081	7842			
6	6	6	15387	12350			
5	5	5	3457	2860			
11	11	11	28517	27563			
5	5	5	9489	8420			
7	7	7	15925	13120	350	4302	
21	21	21	25657	13185	40	8632	1231
19	19	19	34189	14452	2401	27832	19610
18	18	18	39482	27224	2910	89380	72200
12	12	12	42925	29642	3171	114104	99885
4	4	4	7405	5228			

10−1(一)　续表 28

民族乡镇名称	行政区划面　积（平方公里）	村　民委员会（个）	#已通公路的村（个）	#已通自来水的村（个）
保山市施甸县木老元布朗族彝族乡	77	4	4	4
保山市龙陵县木城彝族傈僳族乡	235	5	5	5
保山市昌宁县朱街彝族乡	281	10	10	10
保山市昌宁县苟街彝族苗族乡	358	11	11	11
保山市昌宁县湾甸傣族乡	316	5	5	5
德宏傣族景颇族自治州陇川县户撒阿昌族乡	256	11	11	11
德宏州潞西市三台山德昂族乡	158	4	4	4
德宏州梁河县曩宋阿昌族乡	109	9	9	9
德宏州梁河县九保阿昌族乡	146	6	6	6
德宏州盈江县苏典傈僳族乡	428	4	4	4
怒江州福贡县匹河怒族乡	401	9	9	9
怒江傈僳族自治州泸水县洛本卓白族乡	267	8	8	8
迪庆州香格里拉县三坝纳西族乡	980	7	7	7
迪庆州德钦县霞若傈僳族乡	1415	7	7	7
迪庆州德钦县拖顶傈僳族乡	375	7	7	7
临沧市凤庆县新华彝族苗族乡	340	11	11	11
临沧市凤庆县腰街彝族乡	92	6	6	6
临沧市凤庆县郭大寨彝族白族乡	176	11	11	11
临沧市云县栗树彝族傣族乡	250	16	16	16
临沧市云县忙怀彝族布朗族乡	238	11	11	11
临沧市云县后箐彝族乡	187	11	11	11
临沧市永德县大雪山彝族拉祜族傣族乡	391	8	8	8
临沧市永德县乌木龙彝族乡	204	10	10	10
临沧市临翔区平村彝族傣族乡	297	5	5	5
临沧市临翔区南美拉祜乡	121	4	4	4
临沧市耿马傣族佤族自治县芒洪拉祜族布朗族乡	259	5	5	5
临沧市沧源佤族自治县勐角傣族彝族拉祜族乡	218	9	9	9
临沧市镇康县军赛佤族拉祜族傈僳族德昂族乡	184	6	6	6
西双版纳州景洪市基诺山基诺族乡	623	7	7	7
西双版纳州景洪市景哈哈尼族乡	399	6	6	6
西双版纳州勐腊县瑶区瑶族乡	464	4	4	4

#已通电的村（个）	#已通电话的村（个）	#已通邮的村（个）	年末总人口（人）	#少数民族（人）	乡镇企业从业人员（人）	乡镇企业总产值（万元）	#工业企业（万元）
4	4	4	5976	2923			
5	5	5	9413	3970	253	4328	4328
10	10	10	14202	13189	325	10528	6659
11	11	11	23744	6208	587	26059	16059
5	5	5	18638	5721	2120	110060	98090
11	11	11	25941	17751	2585	22554	
4	4	4	7593	5854			
9	9	9	25932	7300			
6	6	6	15709	7556	158	3126	1847
4	4	4	8529	6330			
9	9	9	12033	11955	51	280	3
8	8	8	15094	14881			
7	7	7	18657	15672	112	132108	132007
7	7	7	8362	8195	348	2466	1410
7	7	7	9930	9723	430	2370	1611
11	11	11	24689	17777	120	11654	
6	6	6	8729	7477	156	4073	41
11	11	11	21720	8286	31	1600	1080
16	16	16	22038	17408			
11	11	11	20271	16063			
11	11	11	21266	15592			
8	8	8	21966	8239	142	5189	4256
10	10	10	28590	21048	323	8321	5997
5	5	1	9223	5265			
4	4	4	4723	4014	38	5946	5946
5	5	5	8542	6050			
9	9	9	14583	14361	83	4802	3187
6	6	6	14428	6502	184	55348	48848
7	7	7	14300	12078	50	1026	1026
6	6	6	16970	16003	168	16979	16979
4	4	4	8995	8461	17	584	

10-1(一)　续表 29

民族乡镇名称	行政区划面积（平方公里）	村民委员会（个）	#已通公路的村（个）	#已通自来水的村（个）
西双版纳州勐腊县象明彝族乡	934	5	5	5
西双版纳州勐海县格朗和哈尼族乡	313	5	5	5
西双版纳州勐海县布朗山布朗族乡	1001	7	7	7
西双版纳州勐海县西定哈尼族乡	615	11	11	11
西藏自治区	**3575**	**27**	**27**	**25**
山南市错那县麻麻门巴民族乡	83	1	1	1
山南市错那县贡日门巴民族乡	735	2	2	2
山南市错那县吉巴门巴民族乡	220	2	2	
山南市错那县勒门巴民族乡	363	2	2	2
山南市隆子县斗玉珞巴民族乡	333	3	3	3
林芝市巴宜区更章门巴民族乡	746	6	6	6
林芝市米林县南伊珞巴民族乡	633	3	3	3
林芝市墨脱县达木珞巴民族乡	88	4	4	4
昌都市芒康县纳西民族乡	375	4	4	4
陕西省	**746**	**24**	**24**	**24**
商洛市镇安县西口回族镇	168	10	10	10
商洛市镇安县茅坪回族镇	105	7	7	7
安康市宁陕县江口回族镇	473	7	7	7
甘肃省	**16268**	**295**	**295**	**286**
临夏州广河县阿里麻土东乡族乡	35	6	6	6
甘南州临潭县长川回族乡	47	10	10	10
甘南州临潭县卓洛回族乡	25	3	3	3
甘南州卓尼县勺哇土族乡	44	2	2	2
陇南市文县铁楼藏族乡	324	16	16	16
陇南市武都区坪垭藏族乡	95	9	9	9
陇南市武都区磨坝藏族乡	74	8	8	8
陇南市宕昌县新城子藏族乡	91	10	10	10
酒泉市肃州区黄泥堡裕固族乡	98	3	3	3
酒泉市玉门市小金湾东乡族乡	22	5	5	5
白银市会宁县新添堡回族乡	218	13	13	5
庆阳市正宁县五倾源回族乡	145	5	5	5

#已通电的村（个）	#已通电话的村（个）	#已通邮的村（个）	年末总人口（人）	#少数民族（人）	乡镇企业从业人员（人）	乡镇企业总产值（万元）	#工业企业（万元）
5	5	5	12069	11839	174	1096	
5	5	5	17236	16684			
7	7	7	22538	21042			
11	11	11	26260	23974	136	846	846
27	**27**	**27**	**8865**	**5191**	**20**	**4100**	**4100**
1	1	1	159	159			
2	2	2	176	158			
2	2	2	197	197			
2	2	2	142	142			
3	3	3	620	620			
6	6	6	1372	1372			
3	3	3	553	550	20	100	100
4	4	4	1089	1081			
4	4	4	4557	912		4000	4000
24	**24**	**24**	**37556**	**11639**	**1275**	**79366**	**79001**
10	10	10	17354	3641	109	356	101
7	7	7	11971	5688	486	410	300
7	7	7	8231	2310	680	78600	78600
295	**294**	**265**	**320284**	**213664**	**4830**	**230346**	**219905**
6	6	6	18400	18400	26	430	
10	10	5	11446	4785			
3	3	3	3042	2899			
2	2	2	1856	1856			
16	16	16	10939	2545	43	1400	
9	9	9	6270	6270	480	530	
8	8	1	5310	1826	13	368	134
10	10	10	7754	2128	220	282	148
3	3	3	1643	986			
5	5	5	6555	6555	10	128	
13	13	13	19876	15111	289	7017	6002
5	5	5	6441	2228			

10-1(一) 续表 30

民族乡镇名称	行政区划面　积（平方公里）	村　民委员会（个）	#已通公路的村（个）	#已通自来水的村（个）
平凉市崆峒区峡门回族乡	209	24	24	24
平凉市华亭县神峪回族乡	101	11	11	11
平凉市华亭县山寨回族乡	82	8	8	8
平凉市崆峒区白庙回族乡	66	9	9	9
平凉市崆峒区大秦回族乡	58	12	12	12
平凉市崆峒区寨河回族乡	84	12	12	12
平凉市崆峒区大寨回族乡	236	24	24	24
平凉市崆峒区西阳回族乡	89	13	13	13
平凉市崆峒区上杨回族乡	46	7	7	7
张掖市肃南裕固族自治县祁丰藏族乡	10202	13	13	13
张掖市肃南裕固族自治县马蹄藏族乡	1998	23	23	23
张掖市肃南裕固族自治县白银蒙古族乡	448	3	3	3
张掖市甘州区平山湖蒙古族乡	1040	3	3	2
临夏州临夏县井沟东乡族乡	64	13	13	13
临夏州和政县梁家寺东乡族乡	39	8	8	8
临夏州临夏县安家坡东乡族乡	16	4	4	4
酒泉市瓜州县七墩回族东乡族乡	44	3	3	3
酒泉市瓜州县广至藏族乡	135	6	6	6
酒泉市瓜州县沙河回族乡	48	5	5	5
酒泉市玉门市独山子东乡族乡	45	4	4	4
青海省	**5401**	**340**	**313**	**321**
西宁市大通县朔北藏族乡	80	18	18	18
西宁市大通县向化藏族乡	172	9	9	9
西宁市湟中县群加藏族乡	99	5	5	5
西宁市湟中县大才回族乡	72	16	16	16
西宁市湟中县汉东回族乡	36	4	4	4
西宁市湟源县日月藏族乡	48	22	22	22
海东地区民和县杏儿藏族乡	65	7	7	7
海东地区乐都县下营藏族乡	98	10	10	10
海东地区乐都县中坝藏族乡	106	14	14	14
海东地区乐都县达拉土族乡	111	21	21	21

#已通电的村（个）	#已通电话的村（个）	#已通邮的村（个）	年末总人口（人）	#少数民族（人）	乡镇企业从业人员（人）	乡镇企业总产值（万元）	#工业企业（万元）
24	24	24	22444	20978	1510	207750	206700
11	11	11	11738	4350	987	5012	4032
8	8	8	14348	4112	530	2982	901
9	9	9	13891	6668	102	910	470
12	12	1	10552	9223			
12	12	12	14450	11271			
24	24	24	23577	16503	61	902	902
13	13	13	12705	12705			
7	7	7	8371	7782	125	764	589
13	13	6	3244	2984			
23	23	23	5072	2638			
3	3	3	652	390			
3	2	3	858	145			
13	13	13	19857	10127	35	175	1
8	8	8	16451	15908	21	223	2
4	4	4	12740	6048	370	1370	24
3	3	3	4052	2258			
6	6	6	8817	3128			
5	5	5	8739	2675			
4	4	4	8194	8182	8	103	
340	**340**	**307**	**236188**	**160360**	**147**	**2615**	**241**
18	18	18	19032	8184			
9	9	9	8383	4527			
5	5	5	2417	1296	121	211	
16	16	16	26906	20165			
4	4	4	6055	6055			
22	22	22	14524	7116			
7	7	7	4450	3500			
10	10	10	5150	1580			
14	14	1	7422	2809			
21	21	21	9276	4918			

10-1(一) 续表 31

民族乡镇名称	行政区划面积(平方公里)	村民委员会(个)	#已通公路的村(个)	#已通自来水的村(个)
海东市互助土族自治县松多藏族乡	207	8	8	8
海东市化隆回族自治县雄先藏族乡	183	24	24	24
海东市化隆回族自治县查甫藏族乡	121	12	12	12
海东市化隆回族自治县金源藏族乡	315	14	14	14
海东市化隆回族自治县塔加藏族乡	160	9	9	9
海东市循化撒拉族自治县道帏藏族乡	444	27	27	27
海东市循化撒拉族自治县尕楞藏族乡	185	11		11
海东市循化撒拉族自治县岗察藏族乡	266	3	3	
海东市循化撒拉族自治县文都藏族乡	225	16		
海东地区平安县沙沟回族乡	85	10	10	10
海东地区平安县巴藏沟回族乡	69	13	13	13
海东地区平安县石灰窑回族乡	84	14	14	14
海东地区平安县洪水泉回族乡	779	15	15	15
海东地区平安县古城回族乡	95	14	14	14
海东地区互助县巴扎藏族乡	523	8	8	8
海北州门源县皇城蒙古族乡	543	4	4	4
海北州海晏县哈勒景蒙古乡	67	3	3	3
海南州贵德县新街回族乡	162	9	9	9
新疆维吾尔自治区	**55621**	**255**	**252**	**236**
吐鲁番地区鄯善县东巴扎回族乡	144	4	4	4
和田地区皮山县瑙阿巴提塔吉克族乡	6000	3	3	3
和田地区皮山县康克尔柯尔克孜族乡	2480	2	2	2
巴音郭楞蒙古自治州和硕县乌什塔拉回族乡	443	8	8	8
昌吉回族自治州奇台县大泉塔塔尔族乡	1349	2	2	2
昌吉回族自治州奇台县五马场哈萨克族乡	1838	4	4	4
昌吉回族自治州奇台县乔仁哈萨克族乡	2132	2	2	2
昌吉回族自治州木垒哈萨克自治县大南沟乌孜别克族乡	1393	3	3	3
昌吉回族自治州玛纳斯县旱卡子滩哈萨克族乡	425	4	4	4
昌吉回族自治州玛纳斯县塔西河哈萨克族乡	840	5	5	5
昌吉回族自治州玛纳斯县清水河哈萨克族乡	2876	6	6	6
昌吉回族自治州阜康市三工河哈萨克族乡	1323	3	3	3

#已通电的村（个）	#已通电话的村（个）	#已通邮的村（个）	年末总人口（人）	#少数民族（人）	乡镇企业从业人员（人）	乡镇企业总产值（万元）	#工业企业（万元）
8	8	1	6807	5003			
24	24	24	9429	6197			
12	12	12	5919	3797			
14	14	14	7085	7082			
9	9	9	4476	4473			
27	27	27	17020	15200			
11	11	11	5347	5347			
3	3	3	2104	2104			
16	16	16	12292	11694		2180	17
10	10	10	11034	7465			
13	13	13	4871	3056			
14	14	14	9020	4776			
15	15	15	8366	3972			
14	14	1	13331	8501			
8	8	8	5297	3846			
4	4	4	1949	1639			
3	3	3	1685	1416			
9	9	9	6541	4642	26	224	224
255	**249**	**234**	**339816**	**270851**	**8056**	**164057**	**123118**
4	4		4354	4186			
3	3	1	1083	1083			
2	2	2	1746	1746			
8	8	8	10942	6577			
2	2	1	4534	3595	38	7	6
4	4	4	8636	7142			
2	2	2	3848	3198			
3	3	3	3545	3514	70	350	
4	4	4	4909	3238	995	69203	69203
5	5	5	4671	4371	12	400	400
6	6	6	6806	5915			
3	3		4633	3782	167	8657	8657

10-1(一) 续表 32

民族乡镇名称	行政区划面积（平方公里）	村民委员会（个）	#已通公路的村（个）	#已通自来水的村（个）
昌吉回族自治州阜康市上户沟哈萨克族乡	3780	8	8	8
昌吉回族自治州昌吉市阿什里哈萨克族乡	3000	7	7	7
昌吉回族自治州呼图壁县石梯子哈萨克族乡	1226	6	6	6
乌鲁木齐市米东区柏杨河哈萨克族乡	768	6	6	5
克孜勒苏柯尔克孜自治州阿克陶县塔尔塔吉克族乡	1010	8	8	3
喀什地区塔什库尔干塔吉克自治县科克亚尔柯尔克孜族乡	2100	2	2	2
喀什地区泽普县布依鲁克塔吉克族乡	2400	4	4	4
喀什地区莎车县孜热普夏提塔吉克族乡	121	13	13	13
伊犁哈萨克自治州察布查尔锡伯自治县米粮泉回族乡	20	3	3	3
伊犁哈萨克自治州特克斯县科克铁热克柯尔克孜族乡	863	7	7	7
伊犁哈萨克自治州特克斯县呼吉尔特蒙古族乡	220	6	6	6
伊犁哈萨克自治州伊宁县愉群翁回族乡	152	16	16	14
伊犁哈萨克自治州尼勒克县科克浩特浩尔蒙古族乡	1013	10	10	10
伊犁哈萨克自治州霍城县伊车嘎善锡伯族乡	80	5	5	5
伊犁哈萨克自治州霍城县三宫回族乡	72	5	5	5
伊犁哈萨克自治州昭苏县胡松图喀尔逊蒙古族乡	1027	8	8	8
伊犁哈萨克自治州昭苏县察汗乌苏蒙古族乡	420	7	7	7
伊犁哈萨克自治州昭苏县夏特柯尔克孜族乡	1002	8	8	8
塔城地区塔城市阿西尔达斡尔族乡	402	20	20	20
塔城地区乌苏市塔布勒合特蒙古族乡	1854	5	5	3
塔城地区乌苏市吉尔格勒特郭楞蒙古族乡	306	9	9	9
塔城地区额敏县额玛勒郭楞蒙古族乡	123	10	7	2
塔城地区额敏县霍吉尔特蒙古族乡	306	5	5	4
阿克苏地区乌什县雅曼苏柯尔克孜族乡	1806	7	7	7
阿克苏地区温宿县博孜东柯尔克孜族乡	2878	9	9	9
哈密地区伊吾县前山哈萨克族乡	646	1	1	1
哈密地区哈密市德外都如克哈萨克族乡	2000	2	2	2
哈密地区哈密市乌拉台哈萨克族乡	1743	3	3	3
阿勒泰地区布尔津县禾木哈纳斯蒙古族乡	960	7	7	7
阿勒泰地区阿勒泰市汗德尕特蒙古族乡	3040	2	2	2

#已通电的村（个）	#已通电话的村（个）	#已通邮的村（个）	年末总人口（人）	#少数民族（人）	乡镇企业从业人员（人）	乡镇企业总产值（万元）	#工业企业（万元）
8	8	8	11401	7394			
7	7	7	7716	7541	601	21600	12066
6	6		7492	6124			
6		6	5354	4284	2792	38224	21700
8	8	8	5292	5291			
2	2	2	1084	1084			
4	4	4	3974	1514	240	10100	1
13	13	13	10815	10560	110	830	830
3	3	1	5396	4802			
7	7	7	18956	15733	325	322	155
6	6	6	7783	5192	280	460	189
16	16	16	52992	50342	592	609	609
10	10	10	17625	12508	1438	4915	3742
5	5	5	13559	5741	110	3397	2651
5	5	4	16579	14942	35	104	104
8	8	8	9491	6836			
7	7	7	10897	9072	10	175	
8	8	8	14951	13181	143	124	25
20	20	20	10021	4687	21	1800	
5	5	5	2775	2719			
9	9	9	5680	2345	57	2780	2780
10	10	10	4595				
5	5	5	3858				
7	7	7	10208	9733			
9	9	9	7582	7582			
1	1	1	892	892			
2	2	2	3489	3424			
3	3	3	3002	2974			
7	7	7	3990	3372	20		
2	2		2660	2635			

10-1 全国各民族乡镇基本情况(2018年)(二)

民族乡镇名称	乡镇企业年净利润总额(万元)	农林牧渔业总产值(万元)	农作物总播种面积(亩)	#粮食播种面积(亩)
北京	**45441**	**55921**	**12838**	**6413**
朝阳区常营回族乡	29467	1088		
通州区于家务回族乡	14132	49693	7433	3327
密云县檀营满族蒙古族乡				
怀柔区喇叭沟门满族乡		2365	4919	2840
怀柔区长哨营满族乡	1842	2775	487	247
天津市	**305**	**11000**	**2600**	**2600**
蓟县孙各庄满族乡		11600	1590	990
河北省	**611678**	**923322**	**1415465**	**1056217**
石家庄市新乐市彭家庄回族乡	29861	33046	54983	38216
石家庄市藁城市九门回族乡	104622	72760	81432	63358
石家庄市无极县高头回族乡	6021	50365	64008	54008
唐山市遵化市汤泉满族乡	1021	4779	12958	8794
唐山市遵化市西下营满族乡	6533	5969	11969	3590
唐山市遵化市东陵满族乡	32357	15323	24388	17933
邯郸市邱县陈村回族乡	1140	15400	20185	9245
邯郸市大名县营镇回族乡	629	2200	37260	24500
保定市易县凌云册满族回族乡	5300	37275	39989	35910
保定市定州市号头庄回族乡	279	68852	139253	101010
张家口市沽源县大二号回族乡		8640	31530	2829
张家口市怀来县王家楼回族乡	959	13910	16409	12915
廊坊市永清县管家务回族乡	2339	24435	23355	15450
廊坊市文安县大围河回族满族乡	7739	14095	47655	43800
承德市丰宁满族自治县南关蒙古族乡	3480	16287	39645	27645
承德市滦平县平坊满族乡	1183	15761	15351	11059
承德市滦平县安纯沟门满族乡	134	17354	14332	11854
承德市滦平县五道营子满族乡	27	3126	10701	3108
承德市滦平县邓厂满族乡		4626	5300	4500
承德市滦平县马营子满族乡		13737	12302	9362
承德市滦平县付家店满族乡	2985	9151	12150	5970
承德市双滦区西地满族乡	817	1303	15021	15021

粮食产量（吨）	肉类总产量（吨）	农民合作社个数（个）	农民合作社成员数（户）	农业技术服务机构个数（个）	农业技术服务机构从业人员数（人）	公共财政收入（万元）
4298	**2365**	**138**	**3829**	**4**	**13**	**98367**
						22447
2361	1668	18	861	1	6	60441
						6012
1074	89	61	1115	2	4	3010
864	608	59	1853	1	3	6457
430	**625**	**23**	**790**	**1**	**7**	**2048**
225	649	29	800	1	2	2251
517959	**106457**	**1060**	**13994**	**97**	**270**	**72437**
19082	7213	25	320	1	2	818
32013	4485	17	50	2	10	4122
27897	3167	15	161	3	15	634
3334	1410	2	46	6	10	251
2010	955	3	15	9	12	273
8482	5721	8	112	2	5	921
4400	5998	4	463	1	3	174
4650	800	4	122	2	7	93
32319	2150	43	80	1	1	1169
50505	2649	33	1030	1	6	888
340	130	32	160	1	10	611
6649	1133	27	306	2	4	659
9392	2388	17	502	1	2	4806
22421	3329	16	170	3	5	2269
7636	1680	29	975	1	1	1209
2154	691	8	64	2	4	709
3703	1080	13	65	1	2	903
1653	2324	14	75	1	1	456
2022	1500	18	90			481
2605	1740	19	58	1	2	568
1640	3210	5	52	1	1	446
7821	1632	16	285	2	12	1891

10-1(二)　续表 1

民族乡镇名称	乡镇企业年净利润总额（万元）	农林牧渔业总产值（万元）	农作物总播种面积（亩）	#粮食播种面积（亩）
承德市滦平县小营满族乡	20900	18634	25590	11940
承德市滦平县西沟满族乡	256	19505	24624	12033
承德市承德县岗子满族乡	127	7225	11715	10271
承德市承德县两家满族乡	26	14014	13405	8628
承德市兴隆县八卦岭满族乡	137	34016	4440	2220
承德市兴隆县南天门满族乡	-176	12332	4284	3660
承德市隆化县尹家营满族乡		15431	23212	14564
承德市隆化县庙子沟蒙古族满族乡		8820	18202	10907
承德市隆化县偏坡营满族乡	793	31253	26284	14984
承德市隆化县八达营蒙古族乡	562	24271	25800	23650
承德市隆化县太平庄满族乡	120	13545	23516	14925
承德市隆化县旧屯满族乡	1251	11555	16737	11350
承德市隆化县西阿超满族蒙古族乡	2912	25958	18703	8009
承德市隆化县白虎沟蒙古族满族乡	98	17615	16834	9569
承德市平泉县七家岱满族乡	899	22247	9776	9776
承德市平泉县茅兰沟满族蒙古族乡	29	24256	29368	29368
沧州市黄骅市羊二庄回族乡	281281	67485	17961	15381
沧州市黄骅市新村回族乡				
沧州市河间市果子洼回族乡	6681	15443	40250	19780
沧州市献县本斋回族乡	12489	16531	54090	29865
沧州市沧县大褚村回族乡	7652	19850	3210	2970
沧州市沧县杜林回族乡	6836	21532	60145	60145
沧州市沧县李天木回族乡	42053	9266	133689	130299
沧州市沧县捷地回族乡	8029	19895	30445	30397
沧州市黄骅市羊三木回族乡	11297	4249	53010	51450
内蒙古自治区	**11897**	**603426**	**3590852**	**2783165**
呼伦贝尔市莫力达瓦达斡尔族自治旗巴彦鄂温克民族乡		928	540000	456750
呼伦贝尔市莫力达瓦达斡尔族自治旗杜拉尔鄂温克民族乡			248000	225000
呼伦贝尔市扎兰屯市达斡尔民族乡	3570	38000	186645	147900
呼伦贝尔市扎兰屯市萨马街鄂温克民族乡		13050	157000	155000
呼伦贝尔市扎兰屯市南木鄂伦春民族乡	560	39800	91169	91169
呼伦贝尔市阿荣旗查巴奇鄂温克民族乡	15	13500	283078	278902

粮食产量（吨）	肉类总产量（吨）	农民合作社个数（个）	农民合作社成员数（户）	农业技术服务机构个数（个）	农业技术服务机构从业人员数（人）	公共财政收入（万元）
3321	1340	15	76	1	2	446
3622	2753	22	535	1	2	639
4280	2176	18	210	6	18	364
3451	872	27	258	3	7	680
658	424	21	125	1	3	674
1134	554	3	30	1	4	677
7083	2492	54	792	1	3	731
5034	799	20	110	1	2	418
9507	4587	52	316	1	3	647
2510	1810	17	89	1	2	652
8960	880	4	36	1	3	399
4006	1415	38	212	1	2	526
2664	4055	43	404	1	5	837
3808	1804	32	191	1	2	568
5735	438	8	109	5	5	207
13404	1778	24	570	6	9	191
44697	9086	103	1110	12	52	15576
						3054
9863	1946	45	382			1351
15059	3350	27	1450	1	2	866
15100	2210	13	302	1	5	4454
28319		40	421			2476
36780	2141	28	450	1	4	4713
26217	3255	10	460	2	8	4080
10019	906	28	155	4	12	2860
946306	**27912**	**1175**	**22470**	**19**	**97**	**32662**
98280	1845	151	874	1	7	3257
33750	760	112	560	1	3	2652
50649	1185	45	260	1	9	1498
32500	550	35	231	1	6	856
122500	3600	115	940	1	3	1508
56000	1205	95	475	1	6	1300

10-1(二) 续表 2

民族乡镇名称	乡镇企业年净利润总额（万元）	农林牧渔业总产值（万元）	农作物总播种面积（亩）	#粮食播种面积（亩）
呼伦贝尔市阿荣旗新发朝鲜族民族乡	1100	110000	125000	95000
呼伦贝尔市阿荣旗音河达斡尔鄂温克民族乡	500	24000	192867	192397
呼伦贝尔市阿荣旗得力其尔鄂温克民族乡	240	58000	301765	292665
呼伦贝尔市根河市敖鲁古雅鄂温克民族乡			18792	7092
呼伦贝尔市陈巴尔虎旗鄂温克苏木			106651	67801
呼伦贝尔市额尔古纳市三河回族乡		49339	520000	208000
呼伦贝尔市额尔古纳市室韦俄罗斯民族乡	212	8782	180000	100000
兴安盟科尔沁右翼前旗满族屯满族乡	300	45000	250000	150000
赤峰市松山区当铺地满族乡	5400	156900	214225	157630
赤峰市喀喇沁旗十家满族乡			88961	85500
乌兰察布市凉城县曹碾满族乡		46127	86700	72360
呼伦贝尔市鄂温克族自治旗巴彦塔拉达斡尔族乡				
辽宁省	**139391**	**1067016**	**2512979**	**1895891**
沈阳市康平县柳树屯蒙古族满族乡	100	43429	84774	69690
沈阳市康平县沙金台蒙古族满族乡	490	34116	82830	71580
沈阳市法库县四家子蒙古族乡	284	40000	69845	54720
沈阳市康平县东升满族蒙古族乡	26	44316	94005	88740
沈阳市康平县西关屯蒙古族满族乡	90	28500	77000	63000
大连市瓦房店市三台满族乡	11897	73200	53711	42300
大连市瓦房店市杨家满族乡	1719	26900	84150	48080
大连市庄河市太平岭满族乡	4626	42969	56936	49682
大连市庄河市桂云花满族乡	17342	16814	30825	25640
抚顺市抚顺县拉古满族乡	22580	13450	37849	34745
抚顺市抚顺县汤图满族乡	854	11048	22680	20155
本溪市桓仁满族自治县雅河朝鲜族乡	62	16999	31861	26061
锦州市义县地藏寺满族乡	4392		30225	30225
锦州市义县大定堡满族乡	4091	10000	20377	18500
阜新市彰武县二道河子蒙古族乡	9	42300	79335	59265
辽阳市辽阳县吉洞峪满族乡	4610	11900	31236	29190
辽阳市辽阳县甜水满族乡	608	17085	39000	37410
铁岭市开原市林丰满族乡	1030	17000	31896	27780
铁岭市铁岭县白旗寨满族乡	1300	4935	19305	19305

粮食产量（吨）	肉类总产量（吨）	农民合作社个数（个）	农民合作社成员数（户）	农业技术服务机构个数（个）	农业技术服务机构从业人员数（人）	公共财政收入（万元）
37174		70	90	4	6	1248
67295	3106	58	420	1	6	374
141000	5100	95	812	1	5	1027
1187	39	10	75			1389
17967	2940	18	86	2	24	1591
57000		30	150			2916
20907	586	12	60	1	6	756
95000	6000	20	400	1	2	1577
58965	227	209	16532	1	5	4521
45029	412	82	410	1	4	3438
11104	359	18	95	1	5	2754
812075	**239443**	**1745**	**28195**	**164**	**851**	**90354**
33967	6000	50	647	1	2	534
20006	5501	84	650	2	9	1452
30000	9700	45	510	5	15	1267
44043	7000	104	852	1	10	1386
25000	1750	30	385	5	7	1200
21150	6720	22	1090	1	15	5230
13281	13648	16	180	1	14	2326
15869	7400	39	1384	1	8	3872
9092	7490	31	2700	1	10	3940
13862	733	9	200			25000
16285	922	45	376	1	376	2013
10729	170	11	360	1	3	1188
6287	4532	13	256	1	3	1079
9950	2120	26	310	1	14	1544
27832	6900	106	625	3	20	1202
10100	900	60	1476	11	22	1163
8403	1972	28	892	1	6	1326
6584	402	4	416	7	26	1457
7746	4184	8	50	1	2	67

10-1(二) 续表 3

民族乡镇名称	乡镇企业年净利润总额（万元）	农林牧渔业总产值（万元）	农作物总播种面积（亩）	#粮食播种面积（亩）
铁岭市西丰县成平满族乡		13064	35768	33520
铁岭市西丰县德兴满族乡	930	6041	27501	23693
铁岭市西丰县和隆满族乡		20250	36594	26625
铁岭市西丰县金星满族乡	25	6529	45003	38163
铁岭市西丰县明德满族乡	134	500	32272	30898
铁岭市西丰县营厂满族乡		7380	27960	26484
铁岭市清河区聂家满族乡		9309	42540	42540
朝阳市北票市马友营蒙古族乡	1402	15511	82504	67267
朝阳市北票市凉水河蒙古族乡	550	6654	23417	23087
朝阳市建平县三家蒙古族乡	336	43221	127185	119475
朝阳市凌源市三家子蒙古族乡	31500	59684	46785	42450
朝阳市朝阳县松岭门蒙古族乡	1552	15726	19295	17435
朝阳市朝阳县乌兰河硕蒙古族乡	1063	25526	37920	35235
葫芦岛市绥中县西平坡满族乡	734	24860	43095	24690
葫芦岛市绥中县范家满族乡	446	6514	40170	22875
葫芦岛市绥中县高甸子满族乡	398	11613	55395	23663
葫芦岛市绥中县葛家满族乡	750	15040	19250	13625
葫芦岛市绥中县明水满族乡	150	12560	7940	6550
葫芦岛市绥中县网户满族乡	2550	38000	59500	46395
葫芦岛市兴城市白塔满族乡	625	6840	21363	15344
葫芦岛市兴城市大寨满族乡	610	32110	73160	43125
葫芦岛市兴城市碱厂满族乡	565	13689	41689	13658
葫芦岛市兴城市旧门满族乡	5389	10154	22545	11168
葫芦岛市兴城市刘台子满族乡	502	9838	31262	24744
葫芦岛市兴城市南大山满族乡	204	9576	80475	18630
葫芦岛市兴城市望海满族乡	2730	24000	65253	32199
葫芦岛市兴城市围屏满族乡	160	15200	53262	19726
葫芦岛市兴城市羊安满族乡	3952	12400	40264	9358
葫芦岛市兴城市药王庙满族乡	452	5000	34083	28000
葫芦岛市兴城市三道沟满族乡	202	6465	21675	18800
葫芦岛市兴城市元台子满族乡	4482	12365	37700	33080
葫芦岛市建昌县二道湾子蒙古族乡		9823	39860	37892

粮食产量（吨）	肉类总产量（吨）	农民合作社个数（个）	农民合作社成员数（户）	农业技术服务机构个数（个）	农业技术服务机构从业人员数（人）	公共财政收入（万元）
16760	9960	19	926	1	3	625
8488	981	10	50	2	4	926
14380	360	32	318	1	6	652
24585	4914	24	320	5	17	563
18847	6710	8	45	1	2	649
12611	1780	12	453	1	3	651
27300	4850	8	58	1	3	1645
43788	8900	66	358	1	4	2938
9235	3469	17	154	1	4	1669
60463	959	126	640	3	12	526
15194	3683	10	772	1	3	6581
4000	4460	3	18	1	6	1300
11401	2208	12	966	5	8	1521
8046	9268	38	380	6	8	679
11367	12859	37	236	4	12	700
15054	6795	59	343	4	16	1173
5910	3940	13	90	2	5	650
5600	2800	32	600	4	17	544
24908	11980	66	400	3	13	608
4849	2240	6	35	5	8	533
22930	5103	6	261	5	6	590
489	765	10	113	8	12	491
3035	6891	34	292	9	7	416
3295	2092	14	71	3	8	564
8072	5402	41	205	4	6	557
3400	7800	33	507	7	20	597
8984	1416	31	476	7	8	506
1603	1686	20	166	1	1	745
12000	3000	8	300	5	5	444
10255	758	18	317	5	20	526
11150	2320	18	360	5	6	581
9980	4050	20	150	5	18	330

10-1(二) 续表 4

民族乡镇名称	乡镇企业年净利润总额（万元）	农林牧渔业总产值（万元）	农作物总播种面积（亩）	#粮食播种面积（亩）
丹东市宽甸满族自治县下露河朝鲜族乡	500	13200	25400	5000
丹东市东港市合隆满族乡	152	53413	60284	46904
丹东市凤城市大堡蒙古族乡	236		76770	57525
吉林省	**183735**	**1117735**	**2985762**	**2712332**
延边朝鲜族自治州珲春市三家子满族乡	600	10625	3519	3306
延边朝鲜族自治州珲春市杨泡满族乡		14000	2690	2306
吉林市昌邑区土城子满族朝鲜族乡	298	19600	60688	59233
吉林市龙潭区乌拉街满族镇	6200	57678	142270	122545
吉林市龙潭区大口钦满族镇	4003	32395	64500	51500
吉林市昌邑区两家子满族乡	681	40080	74285	69735
吉林市永吉县金家满族乡	29	33250	91895	85917
吉林市蛟河市乌林朝鲜族乡	750	21458	113970	108840
通化市梅河口市小杨满族朝鲜族乡			58560	56145
通化市集安市凉水朝鲜族乡	233	9821	21570	9300
通化市通化县金斗朝鲜族满族乡	418	9989	19395	15930
通化市通化县大泉源满族朝鲜族乡	2020	20105	60755	50398
通化市辉南县楼街朝鲜族乡	2807	32068	97410	90765
通化市柳河县姜家店朝鲜族乡	4278	27775	71000	62395
通化市柳河县三元浦朝鲜族镇	12281	11258	105648	95882
辽源市东丰县三合满族朝鲜族乡	4468	38500	143250	142200
长春市双阳区双营子回族乡	110000	71000	43000	40000
长春市榆树市延和朝鲜族乡	2330	4205	10080	10080
长春市九台市胡家回族乡	2957	50000	87150	84480
长春市九台市莽卡满族乡	380	33000	147570	147570
白城市通榆县包拉温都蒙古族乡		4000	4212	3850
白城市通榆县向海蒙古族乡		29810	476008	293355
白城市洮南市呼和车力蒙古族乡		8700	61348	43295
白城市洮南市胡力吐蒙古族乡		29200	41215	35445
白城市镇赉县哈吐气蒙古族乡		10075	113162	109440
白城市镇赉县莫莫格蒙古族乡		16630	133425	103425
白城市大安市新艾里蒙古族乡		5042	65250	62100
白城市洮北区德顺蒙古族乡	500	45000	168285	163000

粮食产量（吨）	肉类总产量（吨）	农民合作社个数（个）	农民合作社成员数（户）	农业技术服务机构个数（个）	农业技术服务机构从业人员数（人）	公共财政收入（万元）
2500	500	12	300	1	2	197
19920	4127	101	2926	1	10	605
21490	2373	50	1230	1	6	826
1515403	**78566**	**1913**	**32210**	**109**	**502**	**56302**
27858	736	12	156	1	3	3626
16660	259	48	418	3	7	1846
48596	3179	32	295	7	6	1317
90945	23100	101	1773	5	40	2552
36800	7750	48	160	3	9	1530
42786	9483	12	110	3	9	110
58478	1178	58	1899	2	10	401
56113	4649	51	804	1	5	493
29856	484	56	772	5	14	610
2984	182	9	268	6	21	1387
6671	664	8	209	6	13	583
11205	1945	30	1904	5	43	4365
47286	1077	103	4025	5	14	944
4	70	7	105	4	12	576
45672	184	152	680	7	45	3031
60069	3013	86	594	8	41	2081
29000	3200	77	410	2	7	438
6540	421	5	35			488
53876	875	72	1987	2	15	3252
63400	983	135	1080	1	10	4486
1685	8	12	156	2	5	193
57345	823	96	2404	1	12	1492
35438	144	72	556	1	4	794
32000	412	62	757	2	6	500
54047	342	28	563	1	2	362
55838	2287	135	1960	1	2	2744
34800	1069	25	500	2	5	1947
83000	1800	140	1865	3	15	335

10-1(二) 续表 5

民族乡镇名称	乡镇企业年净利润总额（万元）	农林牧渔业总产值（万元）	农作物总播种面积（亩）	#粮食播种面积（亩）
松原市扶余县三骏满族蒙古族锡伯族乡	1960	33890	233910	232220
四平市铁东区叶赫满族镇		70000		98620
四平市公主岭市二十家子满族镇	16542	34500	7153	7100
四平市公主岭市龙山满族乡	1200	25249	84840	82950
四平市双辽市那木斯蒙古族乡	8800	268832	177750	169005
黑龙江省	**113803**	**1528045**	**6796288**	**6380349**
哈尔滨市南岗区红旗满族乡	16400	25117	53491	32964
哈尔滨市双城市乐群满族乡	955	41325	103508	99644
哈尔滨市双城市同心满族乡	7725	47235	11356	10354
哈尔滨市双城市希勤满族乡	498	25137	149851	108843
哈尔滨市双城市青岭满族乡	10000	84700	131790	125250
哈尔滨市双城市农丰满族锡伯族镇	6754	24815	119000	106000
哈尔滨市五常市拉林满族镇	5075	59810	163551	111085
哈尔滨市五常市红旗满族乡	64	28475	215976	215491
哈尔滨市五常市营城子满族乡	3000	21300	106200	106000
哈尔滨市五常市牛家满族镇	3230	28660	224706	218230
哈尔滨市五常市民乐朝鲜族乡	1521	15652	64995	54977
哈尔滨市尚志市河东朝鲜族乡	23100	17235	63874	63800
哈尔滨市尚志市鱼池朝鲜族乡	600	15180	57839	55671
哈尔滨市依兰县迎兰朝鲜族乡	387	35800	241000	200000
齐齐哈尔市梅里斯达斡尔族区卧牛吐达斡尔族镇	143	39595	236035	215900
齐齐哈尔市梅里斯达斡尔族区莽格吐达斡尔族乡	92	30008	190000	190000
齐齐哈尔市泰来县宁姜蒙古族乡	80	17500	203843	193843
齐齐哈尔市泰来县胜利蒙古族乡	220	31500	203981	203981
齐齐哈尔市泰来县江桥蒙古族镇	614	21254	153408	152479
齐齐哈尔市昂昂溪区水师营满族镇	100	3200	35200	32200
齐齐哈尔市富裕县友谊达满柯族乡	165	8300	16776	16250
齐齐哈尔市讷河市兴旺鄂温克族乡	8963	150000	366916	366916
齐齐哈尔市富拉尔基区杜尔门沁达族乡	120	23981	96014	95014
牡丹江市海林市新安朝鲜族镇	320	17940	103900	103900
牡丹江市穆棱市福禄朝鲜族满族乡	1730	19885	58095	57825
牡丹江市宁安市江南朝、满族乡	1580	47908	145925	145867

粮食产量（吨）	肉类总产量（吨）	农民合作社个数（个）	农民合作社成员数（户）	农业技术服务机构个数（个）	农业技术服务机构从业人员数（人）	公共财政收入（万元）
141000	5900	120	2650	5	28	7788
99100	750	22	450	1	1	1840
71351		15	75	7	55	450
39000		54	270	1	3	634
76000	1600	30	2320	6	40	3106
4353979	**100627**	**2874**	**47925**	**101**	**542**	**90337**
19000	1604	75	410	1	10	5556
95000	892	84	641	1	10	900
120000	500	114	570	1	8	1248
80176	2100	72	2080	10	77	1125
82000	1500	75	400	6	23	1022
180000	1980	30	664	1	3	1125
88510	9430	122	649	5	17	1948
160000	600	230	1241	1	15	610
78461	200	85	2100	1	2	604
186000	1600	65	1916	1	4	1665
29430	180	358	5265	3	8	380
35000	273	26	194	1	6	642
21689	463	39	260	1	7	619
95000	720	28	1450	2	8	3194
298841	1169	90	700	1	2	540
430000	419	54	286	1	2	2180
91000	1300	40	2634	1	20	2300
90000	2400	34	2728	1	11	1206
85211	1870	20	1815	1	2	3481
16000	155	21	210	1	10	8
66480	2500	10	565	1	13	220
151000	2434	54	752	1	26	875
44529	1708	26	2220	1	7	1596
54800	800	29	340	1	1	896
17327	12010	18	359	1	9	1500
106700	3180	67	983	1	12	1203

10-1(二) 续表 6

民族乡镇名称	乡镇企业年净利润总额（万元）	农林牧渔业总产值（万元）	农作物总播种面积（亩）	#粮食播种面积（亩）
牡丹江市宁安市卧龙朝鲜族乡	680	57856	128000	128000
牡丹江市东宁县三岔口朝鲜族镇	3000	33000	81555	74715
牡丹江市西安区海南朝鲜族乡	1600	44000	192795	183285
佳木斯市同江市街津口赫哲族乡	490	15925	118412	118412
佳木斯市同江市八岔赫哲族乡	540	16542	214067	214067
佳木斯市桦川县星火朝鲜族乡	223	8100	39106	38550
佳木斯市汤原县汤旺朝鲜族乡	63	10617	62441	62441
大庆市肇源县超等蒙古族乡	10	2200	98000	75000
大庆市肇源县浩德蒙古族乡	378	14388	78195	78195
大庆市肇源县义顺蒙古族乡	420	29536	118500	114895
黑河市逊克县新鄂鄂伦春族乡	131	3392	3342	633
黑河市逊克县新兴鄂伦春族乡	80	1668	27210	27210
黑河市爱辉区新生鄂伦春族乡	50	742	21225	21225
黑河市爱辉区四嘉子满族乡	9	9780	77175	73440
黑河市爱辉区坤河达斡尔族满族乡	68	6300	56220	53504
黑河市北安市主星朝鲜族乡	98	6300	62475	57810
黑河市孙吴县沿江达斡尔族满族乡	377	23953	153010	112136
绥化市北林区兴和朝鲜族乡	96	5364	24480	24480
绥化市北林区绥胜满族镇	1981	11340	129375	123870
绥化市北林区永安满族镇	794	49760	11094	10427
绥化市北林区红旗满族乡	790	22670	118310	107578
绥化市望奎县惠七满族镇	900	17300	171000	158000
绥化市望奎县厢白满族乡	200	26000	165000	150000
绥化市望奎县灵山满族乡	480	28312	105000	99865
伊春市铁力市年丰朝鲜族乡	451	37872	93540	92565
鹤岗市萝北县东明朝鲜族乡	287	6886	39916	39856
鹤岗市绥滨县福兴满族乡	66	6693	51840	51810
大兴安岭地区呼玛县白银纳鄂伦春族乡	11	5687	80347	80347
大兴安岭地区塔河县十八站鄂伦春族乡	84	3948	38645	38645
双鸭山市饶河县四排赫哲族乡	61	3250	46863	46863
双鸭山市友谊县成富朝鲜族满族乡	650	18347	92004	92004
七台河市勃利县杏树朝鲜族乡	1070	37100	149925	140745

粮食产量（吨）	肉类总产量（吨）	农民合作社个数（个）	农民合作社成员数（户）	农业技术服务机构个数（个）	农业技术服务机构从业人员数（人）	公共财政收入（万元）
84213	1900	46	658	5	22	900
28000	826	21	240	6	10	939
54800	3400	35	690	1	3	641
34400	388	16	92	1	2	930
65570	159	36	1433	1	3	6328
17800	144	18	755	1	6	864
28672	227	22	632	1	1	1646
7980	200	35	340	1	12	630
37397	638	35	400	1	5	685
74673	2261	20	676	1	3	574
10843	135	14	76	1	2	330
9200	68	16	70	1	3	756
2921	17	11	80	1	3	1573
56000	589	16	466	1	7	527
23494	232	8	540	1	4	1713
28958	35	7	50	1	9	490
71826	6310	36	2621	1	3	120
11230	3360	1	75	1	3	389
67236	6420	24	138	1	13	1160
71756	5487	21	1356	1	10	512
87452	800	35	230	1	20	884
71000	2360	120	1500	1	3	12060
126000	30	82	317	1	2	660
59919	689	17	175	1	3	650
45942	1900	13	515	1	5	978
23000	538	10	64	1	3	465
20736	198	5	55	1	2	160
7231	7	12	174	3	12	1060
3847	508	14	109	1	2	2258
21699		8	90	1	1	1775
50886	52	13	65	1	3	700
93463	3917	26	120	3	16	1499

10-1(二)　续表 7

民族乡镇名称	乡镇企业年净利润总额（万元）	农林牧渔业总产值（万元）	农作物总播种面积（亩）	#粮食播种面积（亩）
七台河市勃利县吉兴朝鲜族、满族乡	1132	26740	148385	133200
鸡西市密山市和平朝鲜族乡	2079	24930	147735	145435
鸡西市鸡东县鸡林朝鲜族乡	110	7350	51733	51733
鸡西市鸡东县明德朝鲜族乡	421	14000	67275	65400
鸡西市城子河区永丰朝鲜族乡	488	8685	14864	11525
江苏省	**56506**	**62518**	**68250**	**60750**
扬州市高邮市菱塘回族乡	56506	62518	68250	60750
浙江省	**31069**	**210515**	**352421**	**197436**
金华市兰溪市水亭畲族乡	3800	53103	39600	27450
金华市武义县柳城畲族镇	2673	20296	35464	14473
衢州市龙游县沐尘畲族乡	1000	29000	27363	13096
丽水市莲都区老竹畲族镇	670	14273	31377	13215
丽水市莲都区丽新畲族乡	480	16660	32520	10077
丽水市龙泉市竹垟畲族乡	106	23085	11	8
丽水市云和县雾溪畲族乡		400	3636	1688
丽水市云和县安溪畲族乡		828	5648	3765
丽水市遂昌县三仁畲族乡	820	10146	128550	88200
丽水市松阳县板桥畲族乡	515	12400	2710	1060
杭州市桐庐县莪山畲族乡	13205	11153	10668	7188
温州市平阳县青街畲族乡	200	4081	4050	1950
温州市苍南县岱岭畲族乡		2192	478	208
温州市苍南县凤阳畲族乡		335	3104	1694
温州市文成县西坑畲族镇	1345	4045	9825	4290
温州市文成县周山畲族乡	122	1985	3748	1944
温州市泰顺县司前畲族镇	1333	5350	11865	5775
温州市泰顺县竹里畲族乡	4800	1183	1805	1355
安徽省	**14467**	**195370**	**452154**	**349964**
淮南市谢家集区孤堆回族乡	1831	12976	63519	54507
合肥市肥东县牌坊回族满族乡	1848	52644	107725	60000
滁州市定远县二龙回族乡	1130	17263	4686	4352
淮南市凤台县李冲回族乡	4093	14794	31221	20069
淮南市潘集区古沟回族乡	3600	16000	2200	2150

粮食产量（吨）	肉类总产量（吨）	农民合作社个数（个）	农民合作社成员数（户）	农业技术服务机构个数（个）	农业技术服务机构从业人员数（人）	公共财政收入（万元）
94300	548	55	281	4	18	1945
62000	2326	102	1087	1	4	1036
24500	38	23	138	2	3	4657
48800	80	24	120	1	4	516
4080	1852	11	65	1	4	686
26101	**6310**	**46**	**5060**	**7**	**34**	**12283**
26101	6310	46	5060	7	34	12283
50807	**11989**	**546**	**7715**	**17**	**98**	**58790**
14025	7896	11	39	1	3	4270
4068	860	73	1284	1	8	7461
4689	74	40	212	1	10	1357
5421	561	48	240	1	9	5146
3162	365	22	125	1	8	3299
4647	552	47	301	1	3	4853
541	9	14	136	1	4	1094
1482	390	12	206	1	4	3072
3264	608	46	322	1	8	2741
185	6					607
1705	65	15	3553	1	3	3701
795	134	30	145	1	8	1851
1093	155	37	231			2097
1023	101	25	167			1633
1485	47	38	196	1	8	3005
986	58	19	165			636
1760	85	69	393	4	15	8469
477	23			1	7	3497
218260	**15077**	**223**	**8572**	**14**	**47**	**21012**
25531	580	10	213	1	5	2017
28754	1821	31	2203	1	2	12660
30767	1560	19	817	2	4	788
5767	1501	27	456	1	6	61
32000	954	9	67	1	4	2100

10−1(二) 续表 8

民族乡镇名称	乡镇企业年净利润总额（万元）	农林牧渔业总产值（万元）	农作物总播种面积（亩）	#粮食播种面积（亩）
六安市寿县陶店回族乡	660	20221	85578	83636
宣城市宁国市云梯畲族乡	165	8200	7200	4185
蚌埠市五河县临北回族乡	970	30640	113625	88965
阜阳市颍上县赛涧回族乡	170	22632	36400	32100
福建省	**187133**	**429240**	**539233**	**265314**
福州市罗源县霍口畲族乡	778	31242	16350	13050
福州市连江县小沧畲族乡		3350	4219	2566
宁德市福安市坂中畲族乡	8376	19588	46695	15384
宁德市福安市康厝畲族乡	1627	35460	46123	22726
宁德市福安市穆云畲族乡	780	48060	49940	25065
宁德市霞浦县盐田畲族乡	1495	21743	17163	9626
宁德市霞浦县崇儒畲族乡	363	20013	33248	9563
宁德市霞浦县水门畲族乡	928	18967	18801	11808
宁德市蕉城区金涵畲族乡	85347	12358	9318	3612
宁德市福鼎市硖门畲族乡	2320	16310	13944	4200
宁德市福鼎市佳阳畲族乡	278	28564	21711	11979
漳州市漳浦县赤岭畲族乡	612	22154	19847	5968
漳州市漳浦县湖西畲族乡	859	33527	29310	14025
漳州市龙海市隆教畲族乡	5591	21530	15800	7308
三明市永安市青水畲族乡	4121	43152	54254	20372
三明市宁化县治平畲族乡	2014	7104	24682	16843
龙岩市上杭县官庄畲族乡	1752	13470	41733	24164
龙岩市上杭县庐丰畲族乡	330	28547	70620	44775
泉州市惠安县百崎回族乡	69562	4100	5475	2280
江西省	**9075**	**96726**	**135890**	**89453**
鹰潭市贵溪樟坪畲族乡	260	303	3940	2510
上饶市铅山县太源畲族乡	5	2286	2380	1740
上饶市铅山县篁碧畲族乡	363	2189	3360	2760
吉安市永丰县龙冈畲族乡	2560	15576	40530	29820
赣州市南康赤土畲族乡	4123	50037	27000	12896
吉安市青原区东固畲族乡	245	18947	40290	26250
抚州市乐安县金竹畲族乡	490	4996	10325	7852
吉安市峡江县金坪民族乡	1029	2392	8065	5625

粮食产量（吨）	肉类总产量（吨）	农民合作社个数（个）	农民合作社成员数（户）	农业技术服务机构个数（个）	农业技术服务机构从业人员数（人）	公共财政收入（万元）
36044	2234	32	166	1	10	247
1350	985	10	55	2	7	1537
37547	4542	69	4210	4	5	1408
20500	900	16	385	1	4	193
122300	**26926**	**732**	**10377**	**29**	**184**	**67125**
4965	317	65	1127	1	2	2072
1592	58	2	20	1	2	290
4432	70	56	402	1	8	5435
6977	1326	75	562	3	12	2826
7795	380	55	352	1	11	2470
2863	158	59	298	1	4	7127
10222	860	78	2668	1	3	4692
3991	1578	62	792	1	5	6352
1802	205	32	305	1	12	4251
3752	702	27	160	1	6	3676
4298	618	46	245	1	10	2444
2787	4680	31	637	1	4	741
6394	753	24	738	4	5	2630
7000	6012	7	128	1	2	12924
15096	2009	61	448	3	58	1828
5893	836	11	694	1	5	2149
8498	4078	18	260	4	11	2490
19000	2030	22	520	1	11	1722
4943	256	1	21	1	13	1007
42021	**17100**	**143**	**2522**	**18**	**56**	**33372**
903	7	12	60	1	4	817
662	135	8	88	1	3	1797
1212	191	16	91	1	8	1780
12008	301	16	198	6	24	3492
10950	15271	10	314			13589
10545	402	35	650	1	5	1634
3392	273	32	978	7	9	1930
2349	520	14	143	1	3	8333

10-1(二) 续表 9

民族乡镇名称	乡镇企业年净利润总额（万元）	农林牧渔业总产值（万元）	农作物总播种面积（亩）	#粮食播种面积（亩）
山东省	**595284**	**150514**	**354216**	**264164**
淄博市临淄区金岭回族镇	90567	3890	5745	5745
聊城市莘县张鲁回族镇	2219	87748	147420	90405
菏泽市曹县侯集回族镇	501483	29856	105428	95357
德州市禹城市十里望回族镇	1015	29020	95623	72657
河南省	**295634**	**343521**	**678283**	**460905**
郑州市荥阳市金寨回族乡	18130	6850	3550	3550
周口市太康县城关回族镇	16860	17680	13200	9000
周口市淮阳县城关回族镇	48632	41380	48915	29490
周口市沈丘县槐店回族镇	25647	67183	19890	12583
商丘市宁陵县城关回族镇	6661	6207	8535	6630
商丘市睢县城关回族镇	25242	6659	7785	7035
商丘市民权县伯党回族乡	1792	17460	57005	34130
商丘市民权县胡集回族乡	2353	24130	53700	38850
平顶山市叶县马庄回族乡	2637	7238	9340	9041
平顶山市郏县姚庄回族乡	951	4024	18660	11850
新乡市封丘县荆乡回族乡	746	1823	13680	12300
许昌市许昌县艾庄回族乡	950	5560	21000	16500
许昌市禹州市山货回族乡	11950	10660	24465	20565
许昌市襄城县颖桥回族镇	1553	6622	14280	10200
南阳市镇平县郭庄回族乡	394	7263	18540	12540
南阳市方城县袁店回族乡	1355	14500	41670	17130
驻马店市西平县蔡寨回族乡	756	16047	43770	29370
驻马店市新蔡县李桥回族镇	7680	26000	84480	75945
漯河市临颍县繁城回族镇	5732	34179	164430	96015
洛阳市洛宁县王范回族镇	17568	4456	2688	2481
洛阳市瀍河回族区廛河回族乡	98045	17600	8700	5700
湖北省	**80061**	**534073**	**587912**	**295577**
荆门市钟祥市九里回族乡	3245	33000	62665	43150
荆州市洪湖市老湾回族乡	1500	35400	27000	11000
荆州市松滋市卸甲坪土家族乡	486	8095	27823	15608

粮食产量（吨）	肉类总产量（吨）	农民合作社个数（个）	农民合作社成员数（户）	农业技术服务机构个数（个）	农业技术服务机构从业人员数（人）	公共财政收入（万元）
149199	**23661**	**183**	**1907**	**24**	**68**	**46114**
2530	2893	14	386	2	6	34448
69719	1841	17	108	1	3	2396
41352	1532	118	931	11	41	4031
35598	17395	34	482	10	18	5239
239687	**44385**	**264**	**4831**	**122**	**640**	**60413**
3060	158			1	12	1450
2760	815	6	193	8	31	8000
9282	3865	19	1200	21	220	19800
10475	1985	8	295	5	33	10143
2029	515			4	42	1523
4059	2001	16	81	4	32	4259
16840	4980	11	77	6	35	283
24135	1365	10	271	7	38	264
8273	497	7	166	1	4	798
4771	1376	7	42	2	9	798
6125	1534	9	46	5	8	154
8700	1200	6	110	9	12	550
9362	980	8	41	1	9	462
4567	1325	5	60	5	24	540
10670	180	18	134	9	18	184
8955	1942	30	520	1	7	648
16153	2754	31	163	2	16	642
44713	5720	8	492	1	7	366
41675	5517	63	397	27	41	825
1123	2256	2	543	2	38	1555
1960	3420			1	4	7169
133119	**36143**	**652**	**22369**	**25**	**132**	**27477**
26419	4322	93	768	6	12	1180
11087	1730	18	56	1	1	706
5050	1240	28	1115	3	6	2781

10-1(二) 续表 10

民族乡镇名称	乡镇企业年净利润总额（万元）	农林牧渔业总产值（万元）	农作物总播种面积（亩）	#粮食播种面积（亩）
宜昌市宜都市潘家湾土家族乡	3392	43490	46245	29475
十堰市郧西县湖北口回族乡	3414	30416	45390	28320
恩施土家族苗族自治州恩施市芭蕉侗族乡	32340	140600	110619	52900
恩施土家族苗族自治州宣恩县长潭河侗族乡		51332	54	9
恩施土家族苗族自治州宣恩县晓关侗族乡	3587	78167	63366	38339
仙桃市沔城回族镇	25882	24473	55800	19885
神农架林区下谷坪土家族乡	658	3824	13538	7351
咸宁市赤壁市周郎嘴回族镇	4219	76494	117563	35440
恩施土家族苗族自治州鹤峰县铁炉白族乡	1338	8782	17850	14100
湖南省	**155988**	**979729**	**2750754**	**1650691**
怀化市辰溪县罗子山瑶族乡		7346	8655	6780
怀化市辰溪县苏木溪瑶族乡		375	5069	4684
怀化市辰溪县上蒲溪瑶族乡		7377	9125	7079
怀化市辰溪县后塘瑶族乡		10008	16300	9800
怀化市辰溪县仙人湾瑶族乡	75	6958	43339	23665
怀化市洪江市深渡苗族乡		5048	22263	11928
怀化市洪江市龙船塘瑶族乡	158	3463	22200	12455
怀化市会同县炮团侗族苗族乡		1274	15315	8700
怀化市会同县宝田侗族苗族乡	1300	5303	13276	5276
怀化市会同县蒲稳侗族苗族乡		5564	14189	6548
怀化市会同县金子岩侗族苗族乡	188	18889	28275	21360
怀化市会同县漠滨侗族苗族乡	20	7278	5010	4290
怀化市会同县青朗侗族苗族乡		13182	29880	16200
怀化市沅陵县二酉苗族乡		28186	96579	61197
怀化市沅陵县火场土家族乡		9054	29089	15016
怀化市中方县蒿吉坪瑶族乡		185	6236	4313
怀化市通道侗族自治县大高坪苗族乡		467	3012	1824
怀化市新晃侗族自治县步头降苗族乡		4477	15165	12045
怀化市新晃侗族自治县米贝苗族乡	1313	11503	30982	19235
邵阳市绥宁县河口苗族乡	7168	9784	31179	16587
邵阳市绥宁县麻塘苗族乡	1356	6837	22057	15674
邵阳市绥宁县东山侗族乡	457	34075	27795	17910

粮食产量（吨）	肉类总产量（吨）	农民合作社个数（个）	农民合作社成员数（户）	农业技术服务机构个数（个）	农业技术服务机构从业人员数（人）	公共财政收入（万元）
8209	5585	56	918	1	6	1125
7068	1332	39	2950	1	7	858
11677	4393	129	5200	1	22	6634
12239	6858	110	4826	1	20	3884
18282	6350	73	5623	1	12	4195
8381	1777	28	284	1	3	3340
2387	738	16	120	1	1	921
17874	793	21	267	7	38	703
4447	1025	41	242	1	4	1149
691398	**146988**	**2080**	**57904**	**120**	**452**	**103300**
2465	842	11	167	2	3	453
2561	316	16	215	1	2	620
3370	1120	8	400	3	5	563
4120	1024	3	20	2	2	1000
14833	456	14	522	6	9	156
5019	883	9	298	1	2	924
8229	921	11	89	1	2	549
1765	5410	14	1023	1	7	1897
3094	539	6	459	1	2	1318
2570	508	6	128	1	1	1655
10789	1770	16	167	1	15	2870
1050	576	7	26	1	2	2240
5468	1176	17	690	1	4	2426
19545	1809	29	236	1	13	2690
4369	521	10	685	1	5	669
2156	238	6	786	1	3	1002
1560	300	13	380	2	2	473
4249	500	7	173	1	3	600
6358	1986	13	961	3	5	245
8280	2356	106	1915	1	6	268
7869	2598	51	1250	1	5	2394
9884	2930	82	954	1	2	815

10-1(二) 续表 11

民族乡镇名称	乡镇企业年净利润总额（万元）	农林牧渔业总产值（万元）	农作物总播种面积（亩）	#粮食播种面积（亩）
邵阳市绥宁县鹅公岭侗族苗族乡	96	5680	13736	12664
邵阳市绥宁县寨市苗族侗族乡	7402	18325	65457	38924
邵阳市绥宁县乐安铺苗族侗族乡	2856	5625	20535	9360
邵阳市绥宁县关峡苗族乡	11265	14057	31896	22367
邵阳市绥宁县长铺子苗族乡	16306	52630	78426	34969
邵阳市隆回县山界回族乡	2100	21888	77273	31834
邵阳市隆回县虎形山瑶族乡	1311	15016	20826	17436
邵阳市洞口县那溪瑶族乡	651	19405	62451	19466
邵阳市洞口县大屋瑶族乡	42	120	3755	3580
邵阳市洞口县长塘瑶族乡	46	99	2372	2083
邵阳市新宁县黄金瑶族乡	4106	3818	16356	8840
邵阳市新宁县麻林瑶族乡	6256	3065	1463	799
永州市蓝山县荆竹瑶族乡	523	5059	2874	2648
永州市蓝山县湘江源瑶族乡	317	4881	4620	2380
永州市蓝山县浆洞瑶族乡	679	9724	4400	4348
永州市蓝山县汇源瑶族乡	73	4579	9180	2895
永州市蓝山县犁头瑶族乡	46	4640	6479	1660
永州市蓝山县大桥瑶族乡	116	14727	10500	10200
永州市江永县松柏瑶族乡	2821	6580	37497	25453
永州市江永县千家洞瑶族乡	14	37109	99712	53005
永州市江永县兰溪瑶族乡	9	12760	29243	13031
永州市江永县源口瑶族乡	1590	38413	37790	21270
永州市宁远县九疑瑶族乡	580	10208	16617	14806
永州市宁远县棉花坪瑶族乡	34	1228	2992	1625
永州市宁远县桐木漯瑶族乡	267	141	3375	1550
永州市宁远县五龙山瑶族乡	74	582	1260	1260
永州市道县横岭瑶族乡	350	7930	30700	17200
永州市道县洪塘营瑶族乡	1187	9715	26380	16331
永州市道县审章塘瑶族乡	179	16700	47442	32349
永州市祁阳县晒北滩瑶族乡	7	4312	1351	850
永州市新田县门楼下瑶族乡	4	6218	13584	6540
永州市双牌县上梧江瑶族乡	453	4819	31642	15124

粮食产量（吨）	肉类总产量（吨）	农民合作社个数（个）	农民合作社成员数（户）	农业技术服务机构个数（个）	农业技术服务机构从业人员数（人）	公共财政收入（万元）
4120	607	20	881	1	2	96
14762	5550	108	562	1	12	2311
4691	5369	23	1409	1	2	544
7325	1603	70	536	1	6	4050
15874	6303	106	6200	1	11	2055
11700	1871	20	225	1	17	643
7648	1331	10	443	1	6	1289
5627	1197	46	192	1	2	670
1506	600	15	90	1	2	70
1302	262	9	32	1	2	584
4079	419	5	911	1	7	2914
4939	1130	22	542	1	5	1331
1381	480	11	64	1	1	278
870	560	7	32	1	1	300
1515	84	7	44	1	2	340
928	518	5	65	1	2	365
550	120	4	72	1	1	303
2899	198	9	72	1	1	468
13129	3219	45	1641	1	11	135
18112	5553	16	761	2	10	318
4254	2593	23	2026	1	4	1523
7231	3940	31	1423	1	6	284
14720	8078	38	642	4	14	786
2217	2056	8	476	2	2	239
761	165	6	480	7	7	336
1890	1071	16	772	1	3	410
6930	1300	10	315	1	1	43
6217	450	10	213	2	2	469
13748	1590	12	3693	1	5	268
510	30	11	120	1	1	517
1851	836	19	900	1	4	920
5210	1176	51	1124	1	2	1162

10−1(二) 续表 12

民族乡镇名称	乡镇企业年净利润总额（万元）	农林牧渔业总产值（万元）	农作物总播种面积（亩）	#粮食播种面积（亩）
永州市江华瑶族自治县小圩壮族乡	120	12050	60501	37931
张家界市桑植县刘家坪白族乡	300	1230	9220	6011
张家界市桑植县马合口白族乡	65	4142	23697	17610
张家界市桑植县走马坪白族乡	105	2250	24423	17558
张家界市桑植县芙蓉桥白族乡		8800	40103	26022
张家界市桑植县洪家关白族乡	1250	23540	20427	18627
张家界市慈利县三官寺土家族乡		2377	19320	19200
张家界市慈利县高峰土家族乡		11644	38630	28600
张家界市慈利县金岩土家族乡	35	3985	38518	23553
张家界市慈利县许家坊土家族乡		4000	38315	24250
张家界市慈利县阳和土家族乡		5758	42490	26819
张家界市慈利县甘堰土家族乡	198	4957	132851	69261
张家界市慈利县赵家岗土家族乡	131	3988	28908	22328
郴州市桂阳县白水瑶族乡	631	15483	29008	13695
郴州市北湖区保和瑶族乡	37355	12405	66753	18084
郴州市北湖区仰天湖瑶族乡	3284		36486	15791
郴州市宜章县莽山瑶族乡	1835	3754	16724	9526
郴州市汝城县文明瑶族乡	876	17364	6469	6469
郴州市汝城县延寿瑶族乡	8613	32681	52736	37556
郴州市汝城县三江口瑶族乡	2000	6010	19100	15900
郴州市临武县西山瑶族乡	4620		25155	15795
郴州市资兴市回龙山瑶族乡	660	37408	68270	44374
郴州市资兴市八面山瑶族乡	9734	35232	51986	28932
常德市鼎城区许家桥回族维吾尔族乡	1069	23149	161946	110982
常德市汉寿县毛家滩回族维吾尔族乡	4125	34637	95266	59232
常德市桃源县枫树维吾尔族回族乡	2331	26423	114350	66430
常德市桃源县青林回族维吾尔族乡	974	63228	141633	89850
株洲市炎陵县中村瑶族乡	1123	6085	17213	12561
衡阳市常宁市塔山瑶族乡	760	1464	681	332
益阳市桃江县鲊埠回族乡		19000	22400	18000
广东省	**29116**	**83453**	**157069**	**58180**
惠州市龙门县蓝田瑶族乡	13018	19242	23281	11739

粮食产量（吨）	肉类总产量（吨）	农民合作社个数（个）	农民合作社成员数（户）	农业技术服务机构个数（个）	农业技术服务机构从业人员数（人）	公共财政收入（万元）
12839	4210	23	68	1	9	1689
2605	298	24	200	1	5	4462
5921	691	9	66	1	5	490
10535	729	12	3550	1	2	2771
22610	1580	42	261	1	7	1934
12392	635	32	32	1	7	3772
5800	149	33	165	1	9	1491
9830	3248	17	1252	1	9	1176
9860		16	593	1	3	1409
9859	1279	19	112	1	6	112
11363	450	11	267	1	12	1164
27724	1412	22	850	1	9	1269
6635	853	20	292	1	5	1003
4975	2373	16	70	1	2	2348
6733	1005	28	161	1	1	1660
6185	927	66	1200	3	9	1735
3725	553	30	677	1	1	849
12934	1226	82	2028	1	5	5341
16832	1079	37	348	2	11	3496
5621	460	20	327	9	12	1973
5834	875	78	390	1	7	184
14160	3380	50	935	1	7	1455
8766	3460	5	31	1	4	364
41379	5646	22	1092	1	9	2430
25159	8500	21	1300	1	8	1100
26390	6793	12	942	1	9	1132
35584	5223	16	480	2	13	1705
3443	313	30	210	1	3	1144
106	56	31	1460	1	6	599
7500	550	8	43	1	3	1195
40077	**5723**	**142**	**1395**	**10**	**21**	**8445**
3829	748	22	149	1	2	1455

10–1(二) 续表 13

民族乡镇名称	乡镇企业年净利润总额（万元）	农林牧渔业总产值（万元）	农作物总播种面积（亩）	#粮食播种面积（亩）
清远市连州市三水瑶族乡	29	7584	5921	1867
清远市连州市瑶安瑶族乡	2000	9132	14135	5216
清远市阳山县秤架瑶族乡		22254	40939	11360
肇庆市怀集县下帅壮族瑶族乡	853	15373	18120	10680
韶关市始兴县深渡水瑶族乡	8		8999	4222
河源市东源县漳溪畲族乡	13208	9868	45674	13096
广西壮族自治区	**54756**	**642066**	**2162849**	**1172759**
梧州市蒙山县长坪瑶族乡		2742	4729	3004
梧州市蒙山县夏宜瑶族乡		4196	16977	5233
贺州市八步区黄洞瑶族乡	1105	8940	16468	6105
贺州市平桂管理区大平瑶族乡	850	11945	27495	11655
贺州市昭平县仙回瑶族乡	681	1071	23340	14520
贺州市钟山县两安瑶族乡	1002	12443	25800	15285
贺州市钟山县花山瑶族乡	2917	2850	12345	7050
贵港市平南县马练瑶族乡	155	14835	72615	27390
贵港市平南县国安瑶族乡	2330	20132	10080	9300
防城港市上思县南屏瑶族乡			52424	34410
防城港市防城区十万山瑶族乡		2440	9420	6135
南宁市马山县古寨瑶族乡	489	12522	76020	27645
南宁市马山县里当瑶族乡	208	9475	33135	24300
南宁市上林县镇圩瑶族乡		14689	38570	22153
柳州市三江侗族自治县同乐苗族乡	328	22567	37725	19710
柳州市三江侗族自治县福禄苗族乡			27375	12990
柳州市三江侗族自治县高基瑶族乡			18345	8490
柳州市融水苗族自治县滚贝侗族乡	782	11215	1767	861
柳州市融水苗族自治县同练瑶族乡	12	4500	9047	4725
柳州市柳城县古砦仫佬族乡	56	66541	108166	50011
桂林市临桂县宛田瑶族乡	200		45120	25515
桂林市临桂县黄沙瑶族乡	1700	6253	19740	6238
桂林市灵川县大境瑶族乡	4000	8248	28797	15104
桂林市灵川县兰田瑶族乡	2000	6829	17545	6900
桂林市全州县蕉江瑶族乡	4590	25236	37640	17685

粮食产量（吨）	肉类总产量（吨）	农民合作社个数（个）	农民合作社成员数（户）	农业技术服务机构个数（个）	农业技术服务机构从业人员数（人）	公共财政收入（万元）
640	615	11	197	2	2	478
18077	1336	17	84	1	1	1101
4545	704	31	338	2	10	1539
3268	625	18	211	1	3	1403
1498	775	8	179	2	2	1024
8220	920	35	237	1	1	1446
384621	**68199**	**1316**	**35052**	**89**	**264**	**79053**
840	156	1	9	2	2	1057
1621	445	7	99	1	2	1438
2116	673	6	462	3	8	1047
3364	384	14	135	3	5	2103
4147	800	21	187	1	1	366
5447	1748	14	138	3	3	1086
2318	1512	4	210	1	2	
7166	1994	30	51	2	3	197
3113	1533	10	466	1	1	1100
3036	91	18	94	1	3	959
1599	447	7	29	1	6	1563
8086	1888	34	1419	1	7	6618
7171	1835	38	1550	1	7	923
6898	2514	59	621	1	11	621
6162		45	370	1	3	1720
6586		20	120	1	3	663
2502		27	180	1	2	767
2765	488	10	110	1	2	187
3230	491	24	143	1	2	386
16996	2085	36	318	3	13	1897
8061	2481	6	455	1	4	1104
2765	267	5	3498	1	5	690
4523	767	8	43	3	4	1766
2243	431	12	380	4	11	353
6864	3627	8	458	1	5	794

10-1(二) 续表 14

民族乡镇名称	乡镇企业年净利润总额（万元）	农林牧渔业总产值（万元）	农作物总播种面积（亩）	#粮食播种面积（亩）
桂林市全州县东山瑶族乡	375		5674	2860
桂林市兴安县华江瑶族乡	10045	14236	25285	14925
桂林市灌阳县洞井瑶族乡	2956	7520	39287	22851
桂林市灌阳县西山瑶族乡	3342	13450	35400	19935
桂林市资源县车田苗族乡	3110	28145	48536	27894
桂林市资源县两水苗族乡	1922	18921	40438	19580
桂林市资源县河口瑶族乡	2434	11960	16921	6321
桂林市平乐县大发瑶族乡	540	22500	50148	24660
桂林市荔浦县蒲芦瑶族乡	2280	6230	11000	9000
桂林市雁山区草坪回族乡	186	2544	8775	1770
百色市右江区汪甸瑶族乡	60	44686	96659	37094
百色市田东县作登瑶族乡	509	32586	68985	37320
百色市田林县潞城瑶族乡			50580	30039
百色市田林县利周瑶族乡		18460	33557	14673
百色市田林县八桂瑶族乡			41268	14976
百色市田林县八渡瑶族乡		21463	47921	21084
百色市凌云县伶站瑶族乡		2208	43900	22200
百色市凌云县朝里瑶族乡		4470	12045	9255
百色市凌云县沙里瑶族乡	498	5100	42195	26970
百色市凌云县玉洪瑶族乡	150	5851	32329	32329
百色市西林县足别瑶族苗族乡			26235	16725
百色市西林县普合苗族乡			27855	18690
百色市西林县那佐苗族乡			52290	38055
河池市南丹县八圩瑶族乡	17	14383	48540	27900
河池市南丹县里湖瑶族乡		9846	46380	29670
河池市南丹县中堡苗族乡		4225	18675	9300
河池市天峨县八腊瑶族乡			55650	34845
河池市凤山县平乐瑶族乡	300	4850	39930	26295
河池市凤山县江洲瑶族乡	280	5210	26055	15690
河池市凤山县金牙瑶族乡	722	7250	40800	24885
河池市东兰县三弄瑶族乡		2150	8295	4190
河池市环江毛南族自治县驯乐苗族乡	1265		3853	1949
河池市宜州市北牙瑶族乡	278	64152	142365	70725
河池市宜州市福龙瑶族乡	82		104340	75690

粮食产量（吨）	肉类总产量（吨）	农民合作社个数（个）	农民合作社成员数（户）	农业技术服务机构个数（个）	农业技术服务机构从业人员数（人）	公共财政收入（万元）
15132	695	12	175	3	9	1247
6171	1603	13	136	1	7	1268
20380	1250	58	380	1	2	219
8643	820	17	3181	1	2	960
8725	1339	48	451	1	8	1915
8850	1357	15	152	1	3	1002
2316	113	6	205	1	1	993
7382	1189	15	112	1	5	3067
3300	1287	13	90	1	4	2149
496	793	3	48	1	5	630
10820	5498	13	194	1	2	2904
10449	1656	21	168	1	8	3029
9142	2295	38	330			1440
4755	1755	23	687	1	3	1581
6058	1155	12	3500	1	2	928
7715	2165	31	5156	1	2	1415
5617	1300	9	100	1	2	1225
2325	579	9	109	1	2	2560
6417	1119	31	465	1	2	1080
6550	1356	41	1200	2	4	5448
4156		23	358	1	3	1251
4386		28	185	1	3	1617
10758		37	579	4	12	4254
6743	1643	38	200	1	3	59
6332	1576	21	168	1	4	56
2101	449	16	116	3	3	123
8640	1462	26	767	4	10	1861
6233	1233	60	760	1	8	740
3131	907	26	350	1	3	432
5333	1438	85	1589	1	4	623
1323	483	12	65	4	11	656
14618		12	1263	1	3	1850
21884	2021	36	256	3	6	128
18122	1006	4	12	1	3	938

10-1(二) 续表 15

民族乡镇名称	乡镇企业年净利润总额（万元）	农林牧渔业总产值（万元）	农作物总播种面积（亩）	#粮食播种面积（亩）
重庆市	**14876**	**113779**	**446035**	**271765**
奉节县云雾土家族乡	56	4550	11711	7065
奉节县长安土家族乡		2236	62856	32458
奉节县龙桥土家族乡	2658	9821	43162	22467
奉节县太和土家族乡	100	5700	42389	17000
万州区恒合土家族乡	4665	26814	79585	57386
万州区地宝土家族乡	300	1946	12600	8100
云阳县清水土家族乡	549	13268	57250	48300
巫山县红椿土家族乡		7852	14102	3150
巫山县邓家土家族乡	300	3650	21707	14197
忠县磨子土家族乡	5503	2594	32340	25335
武隆区石桥苗族土家族乡	300	8000	3100	820
武隆区文复苗族土家族乡	120	13850	18613	1257
武隆区后坪苗族土家族乡	278	8794	25740	16905
武隆区浩口苗族仡佬族乡	48	4705	20880	17325
四川省	**166044**	**627380**	**1685955**	**1139567**
甘孜藏族自治州九龙县子耳彝族乡		2720	4787	3706
甘孜藏族自治州九龙县三垭彝族乡		3175	6451	4264
甘孜藏族自治州九龙县俄尔彝族乡		2880	5326	3484
甘孜藏族自治州九龙县小金彝族乡		1341	4318	2464
甘孜藏族自治州九龙县朵落彝族乡		1118	1247	866
甘孜藏族自治州九龙县踏卡彝族乡		3131	5898	3996
甘孜藏族自治州九龙县湾坝彝族乡		7201	9048	5769
阿坝藏族羌族自治州松潘县十里回族乡		3151	4595	2890
阿坝藏族羌族自治州松潘县进安回族乡		2685	1113	
攀枝花市仁和区大龙潭彝族乡	181	24000	65925	43620
攀枝花市仁和区啊喇彝族乡	159	15941	12302	9548
攀枝花市米易县麻陇彝族乡	85	10340	2895	1455
攀枝花市米易县白坡彝族乡	410	22320	32511	24201
攀枝花市米易县湾丘彝族乡	54000	29090	28800	20595

粮食产量（吨）	肉类总产量（吨）	农民合作社个数（个）	农民合作社成员数（户）	农业技术服务机构个数（个）	农业技术服务机构从业人员数（人）	公共财政收入（万元）
71205	**22473**	**306**	**8638**	**14**	**94**	**26283**
2000	800	1	21	1	2	1466
9624	2617	45	45	1	8	3455
5897	1323	34	2426	1	2	878
6300	850	20	300	1	5	2090
13748	1439	33	1200	1	6	206
2652	310	16	87	1	6	31
8150	811	26	208	1	14	2661
1252	422	34	312	1	4	2146
3616	748	18	32	1	2	680
9052	6580	4	40	1	12	1124
400	30	7	48	1	12	2418
4261	1463	20	2490	1	10	1855
216	3865	33	474	1	3	5464
4037	1216	15	955	1	8	1808
380945	**80977**	**1438**	**40434**	**119**	**474**	**89442**
1038	151	2	15	2	8	954
1324	182	4	450	6		712
1158	191	9	60	1	1	689
794	66	1	36	1	2	607
289	45	9	73	1	3	695
1284	261	14	120			674
2399	760	19	103	1	1	735
725	141	21	168	1	2	806
	180	24	178	1	129	934
21810	4200	51	1465	1	2	246
3917	877	24	189	1	2	1923
3870	491	18	1906	2	2	897
9089	1254	41	983			1342
7563	942	13	317	1	3	1106

10-1(二) 续表 16

民族乡镇名称	乡镇企业年净利润总额（万元）	农林牧渔业总产值（万元）	农作物总播种面积（亩）	#粮食播种面积（亩）
攀枝花市米易县新山傈僳族乡	350	6903	25260	10958
攀枝花市盐边县敢鱼彝族乡	60	9083	20560	12460
攀枝花市盐边县红果彝族乡	-1146	6150	21831	15831
攀枝花市盐边县温泉彝族乡	133	9854	15307	9132
攀枝花市盐边县箐河傈僳族乡	260	7887	11800	8493
攀枝花市盐边县格萨拉彝族乡	1789	17407	42754	35289
攀枝花市盐边县和爱彝族乡	245	7778	17774	9066
攀枝花市盐边县红宝苗族彝族乡	60	5368	8682	6806
泸州市叙永县白蜡苗族乡	1274	14586	61965	49680
泸州市叙永县合乐苗族乡	579	5416	40185	26595
泸州市叙永县枧槽苗族乡	460	5168	32590	21973
泸州市叙永县石坝彝族乡	96	4729	8213	5940
泸州市叙永县水潦彝族乡	1618	9577	3494	2107
泸州市古蔺县箭竹苗族乡	20406	10845	49215	31470
泸州市古蔺县大寨苗族乡	15231	8654	15362	8656
泸州市古蔺县马嘶苗族乡	1219		27318	25575
广元市青川县蒿溪回族乡		6040	16020	11443
广元市青川县大院回族乡	8	4628	23710	15525
乐山市金口河区和平彝族乡	102	1536	16993	13834
乐山市金口河区共安彝族乡	550	1440	10507	7595
南充市阆中市博树回族乡	40	6577	21593	13751
宜宾市筠连县高坪苗族乡	5238	6639	21623	15710
宜宾市筠连县联合苗族乡	150	9680	11532	10853
宜宾市筠连县团林苗族乡	1024	4115	1506	1118
宜宾市屏山县屏边彝族乡			12622	9243
宜宾市屏山县清平彝族乡	397	6459	20565	15000
宜宾市兴文县大坝苗族乡	1123	26619	51449	31990
宜宾市兴文县毓秀苗族乡	148	3896	19565	12132
宜宾市兴文县大河苗族乡	6010	12170	105072	60082
宜宾市兴文县麒麟苗族乡	525	30062	56321	38159
宜宾市兴文县仙峰苗族乡	1528		39025	25670
宜宾市珙县罗渡苗族乡	15450	4874	34018	26985

粮食产量（吨）	肉类总产量（吨）	农民合作社个数（个）	农民合作社成员数（户）	农业技术服务机构个数（个）	农业技术服务机构从业人员数（人）	公共财政收入（万元）
4980	3186	13	1464	1	1	576
3450	1120	24	162	1	2	986
4453	1599	29	2103	1	2	113
2161	2441	13	368	1	2	459
2524	637	10	54	1	2	680
6895	2045	29	29	1	4	1061
2043	560	12	743	1	3	603
1456	731	21	553	2	4	799
11424	2075	16	1438	1	4	245
3814	1044	26	415	1	4	120
3750	950	8	124	1	3	417
794	524	21	691	1	2	211
9747	1755	16	192	1	5	6748
6615	1160	23	167	1	6	493
3520	725	13	96	1	5	385
		29	280	1	3	214
3137	2860	16	710	2	3	347
3336	430	11	995	1	4	476
1182	960	56	296	1	1	1606
1149	348	22	68	1	5	1232
4662	795	17	726	1	4	224
9230	1738	6	612	1	5	964
4178	560	17	385	1	5	978
4500	1681	5	12	1	4	908
3115	146	27	1045	1	7	1238
3904	632	11	284	1	7	1103
21534	2400	67	933	1	8	2896
4095	96	6	420	1	3	1381
23372	7800	42	1063	1	6	
15059	3723	17	430	2	12	2637
8187	3768	19	320	1	10	3250
9607	3159	27	425	1	3	925

10-1(二) 续表 17

民族乡镇名称	乡镇企业年净利润总额（万元）	农林牧渔业总产值（万元）	农作物总播种面积（亩）	#粮食播种面积（亩）
宜宾市珙县玉和苗族乡		6992	9270	7460
宜宾市珙县观斗苗族乡	346	1154	8787	5987
雅安市汉源县小堡藏族彝族乡	250	2322	2155	2155
雅安市汉源县坭美彝族乡		4731	12462	6124
雅安市汉源县永利彝族乡		4580	14865	14865
雅安市汉源县顺河彝族乡	94	5540	3358	3358
雅安市汉源县片马彝族乡	121	8541	15876	11061
雅安市石棉县安顺彝族乡	9500	10696	14425	8750
雅安市石棉县先锋藏族乡		4881	16083	10553
雅安市石棉县蟹螺藏族乡	14974	4335	13940	8060
雅安市石棉县回隆彝族乡	560	5000	4991	3210
雅安市石棉县擦罗彝族乡	4000	5049	7127	3020
雅安市石棉县栗子坪彝族乡		6986	7601	3950
雅安市石棉县新民藏族彝族乡	1600	9767	36800	13400
雅安市石棉县挖角彝族藏族乡		1422	4932	2249
雅安市石棉县田湾彝族乡	2300	4368	10510	5261
雅安市石棉县草科藏族乡		3513	12477	7500
雅安市宝兴县跷碛藏族乡			1069	697
雅安市荥经县宝峰彝族民族乡		1987	9734	6378
雅安市荥经县民建彝族民族乡		5760		
凉山彝族自治州西昌市高草回族乡		29900	44373	37067
凉山彝族自治州西昌市裕隆回族乡		19669	26824	19535
凉山彝族自治州木里藏族自治县屋脚蒙古族乡			248	242
凉山彝族自治州木里藏族自治县俄亚纳西族乡		2790	13267	13267
凉山彝族自治州木里藏族自治县白碉苗族乡		2387	12167	11456
凉山彝族自治州木里藏族自治县项脚蒙古族乡		1789	22361	18267
凉山彝族自治州木里藏族自治县固增苗族乡			11415	10630
凉山彝族自治州盐源县大坡蒙古族乡		1350	9336	5327
凉山彝族自治州德昌县金沙傈僳族乡		6205	7446	4755
凉山彝族自治州德昌县南山傈僳族乡		6758	7065	4035
凉山彝族自治州会理县新安傣族乡	110	15030	12000	3000
凉山彝族自治州冕宁县和爱藏族乡		1058	11691	10854

粮食产量（吨）	肉　类总产量（吨）	农民合作社 个 数（个）	农民合作社成员数（户）	农业技术服务机构个　　数（个）	农业技术服务机构从业人员数（人）	公共财政收　　入（万元）
2956	105	8	205	1	3	793
3000	200	3	36	1	4	703
1619	1974	9	55	1	10	319
1001	1021	17	375	1	3	357
1853	530	26	295	1	4	423
1246	860	7	162	1	5	669
3403	583	30	359	1	7	273
1950	547	8	285	1	6	1382
2242	800	18		1	2	872
1880	70	13	643	1	2	1279
1087	218	3	253	3	5	1676
800	4	10	600	1	3	899
1050		4	115	1	4	1259
3340	400	10	560	1	5	1261
481	55	4	233	1	4	828
1138	819	5	105	1	3	1085
1360		13	371	1	2	716
		47	471	1	1	1114
1890	56	2	16	1	4	427
		6	25	2	4	404
13469		15	1243	1	2	1439
9800	223	9	190	2	11	1010
6513	41	2	384	1	2	
3900	68	19	1097			3220
2629	308	4	1381	5		2057
4869	124	9	2598			3270
2782	564	6	811			1158
3120	1170	13	187	1	7	383
1783	225	4	67	1	3	443
1448	242	3	39	1	3	599
2100	800	10	45	1	5	45
2949	652	17	658	1	3	363

10-1(二) 续表 18

民族乡镇名称	乡镇企业年净利润总额（万元）	农林牧渔业总产值（万元）	农作物总播种面积（亩）	#粮食播种面积（亩）
凉山彝族自治州越西县保安藏族乡		3630	15277	12610
绵阳市平武县木皮藏族乡	168	215	286	168
绵阳市平武县白马藏族乡		1200	780	13
绵阳市平武县黄羊关藏族乡		1873	5166	2816
绵阳市平武县虎牙藏族乡	8	26	6501	2501
绵阳市平武县泗耳藏族乡		45		
绵阳市平武县徐塘羌族乡	60	1222	15169	7173
绵阳市平武县锁江羌族乡	240	10404	37200	26250
绵阳市平武县平南羌族乡	400	904	15072	7046
绵阳市北川羌族自治县桃龙藏族乡	35	6586	19815	8910
绵阳市盐亭县大兴回族乡		8347	15255	9791
达州市宣汉县渡口土家族乡		4315	13533	9634
达州市宣汉县龙泉土家族乡		3772	19166	13982
达州市宣汉县三墩土家族乡	1300	6806	32568	18857
达州市宣汉县漆树土家族乡	66	3202	10742	7312
绵阳市平武县水田羌族乡		28	14964	14964
绵阳市平武县旧堡羌族乡		454	7400	5200
绵阳市平武县阔达藏族乡		3524	9591	3435
绵阳市平武县土城藏族乡	-46	2972	12964	10248
贵州省	**1051395**	**2732434**	**7400902**	**3892245**
贵阳市南明区小碧布依族苗族乡				
贵阳市花溪区高坡苗族乡	1326	14242	208500	13642
贵阳市花溪区孟关苗族布依族乡		26468	26295	2325
贵阳市花溪区马铃布依族苗族乡	103	26243	25000	2966
贵阳市花溪区黔陶布依族苗族乡	6065	20379	13965	3465
贵阳市乌当区偏坡布依族乡	286	8200	655	249
贵阳市乌当区新堡布依族乡		16320	22375	12067
贵阳市白云区牛场布依族乡	35	12214	37425	7683
贵阳市白云区都拉布依族乡	75230	10256	9855	3585
贵阳市清镇市麦格苗族布依族乡	5731	17189	25407	19465
贵阳市清镇市王庄布依族苗族乡	7325	48130	69550	24000
贵阳市清镇市流长苗族乡	850	36800	5803	5803

粮食产量（吨）	肉类总产量（吨）	农民合作社个数（个）	农民合作社成员数（户）	农业技术服务机构个数（个）	农业技术服务机构从业人员数（人）	公共财政收入（万元）
	469	5	40	2	11	269
50	154	6	89	1	1	124
3	300	24	140	1	1	1226
1322	121	2	30	1	1	481
922	201	6	158	2	2	454
	15	13	58	1	1	722
2446	394	5	46	1	2	556
106	100	11	556	2	2	1215
1410	217	5	69	2	3	818
3306	1400	9	166	1	3	570
4160		4	325	1	6	597
3317	943	6	31	1	6	414
5003	740	9	900	1	3	961
11098	490	4	210	1	6	1025
2699	770	3	151	1	4	596
8599	110	6		2	2	564
3257	200	17	112	1	1	437
377	179	7	32	2	4	547
2056	24	17	85	4	5	857
1652205	**499038**	**6286**	**159552**	**230**	**1745**	**415436**
				1	5	21500
4836	2321	20	50	1	7	567
5750	1728	12	75	1	12	1741
1483	146	18	561	1	4	891
4183	92	7	568	1	6	1410
1221	52	8	52	1	7	902
3100	420	7	276	1	6	1836
1028	674	26	79	1	7	630
110	235	9	107	1	2	2006
7709	226312	35	753	3	12	2004
10230	3800	14	130	1	7	1975
1451	2180	34	1450	1	10	658

10-1(二) 续表 19

民族乡镇名称	乡镇企业年净利润总额（万元）	农林牧渔业总产值（万元）	农作物总播种面积（亩）	#粮食播种面积（亩）
贵阳市开阳县高寨苗族布依族乡	22379	30220	17970	17970
贵阳市开阳县南江布依族苗族乡	210	22816	54211	22121
贵阳市开阳县禾丰布依族苗族乡	14000	26568	49635	20790
贵阳市修文县大石布依族乡		18559	37380	15195
贵阳市息烽县青山苗族乡	499	13881	38120	12500
六盘水市水城县坪寨彝族乡	199	11488	6000	2900
六盘水市水城县南开苗族彝族乡	263	33300	37213	19655
六盘水市水城县青林苗族彝族乡	527	15630	16590	3105
六盘水市水城县金盆苗族彝族乡	1392	23704	49527	22395
六盘水市水城县新街彝族苗族布依族乡	140	12950	20050	6050
六盘水市水城县杨梅彝族苗族回族乡	69	8020	17475	9856
六盘水市水城县野钟苗族彝族布依族乡	322	14300	44130	24620
六盘水市水城县果布嘎彝族苗族布依族乡	428	13580	27500	18125
六盘水市水城县龙场苗族白族彝族乡	622	17755	20955	18480
六盘水市水城县营盘苗族彝族白族乡	422	14460	30795	10095
六盘水市水城县顺场苗族彝族布依族乡	3050	16320	29745	10250
六盘水市水城县花戛苗族布依族彝族乡	1817	11897	31920	6465
六盘水市水城县猴场苗族布依族乡	148	26571	20060	6100
六盘水市盘县普田回族乡	107	5998	10442	5031
六盘水市盘县旧营白族彝族苗族乡	85	8755	42675	21570
六盘水市盘县羊场布依族白族苗族乡	82589	10965	35868	28905
六盘水市盘县保基苗族彝族乡	1632	24236	30323	12474
六盘水市盘县淤泥彝族乡	151515	18948	20400	20400
六盘水市盘县普古彝族苗族乡	13462	26819	35793	18633
六盘水市盘县坪地彝族乡	4978	9127	43499	29895
六盘水市六枝特区梭戛苗族彝族乡	1552	18031	29466	16320
六盘水市六枝特区落别布依族彝族乡	16178	31812	40526	26111
六盘水市六枝特区中寨苗族彝族布依族乡	18532	22784	23720	18480
六盘水市六枝特区牛场苗族彝族乡	9433	29004	47415	28695
六盘水市六枝特区月亮河彝族苗族乡	3757	34421	76665	26685
遵义市仁怀市后山苗族布依族乡		5826	21240	20980
遵义市遵义县平正仡佬族乡	7528	12490	58115	29745

粮食产量（吨）	肉类总产量（吨）	农民合作社个数（个）	农民合作社成员数（户）	农业技术服务机构个数（个）	农业技术服务机构从业人员数（人）	公共财政收入（万元）
		73	434	1	11	800
7088	2311	43	366	3	12	1121
5374	1936	52	312	1	14	1440
7167	1061	5	41	3	11	41
3455	1156	7	550	1	3	755
720	455	9	85	1	5	1509
2709	1831	98	579	1	3	3019
656	746	8	1336	1	4	520
12058	1510	21	125	1	7	420
2860	838	16	501	1	4	1563
5926	1566	9	50	1	3	305
5130	670	9	400	1	3	950
2520	452	22	4514	1	5	412
4555	1532	47	402	1	5	1770
3405	1061	9	584	1	6	1556
3240	430	56	4250	1	4	1420
2784	548	9	35	1	5	1574
2875	843	16	501	1	7	350
4675	410	6	38	1	6	2329
8158	1630	14	135	1	18	726
6690	1281	16	10994	1	8	4637
5979	1039	7	1554	1	14	1885
5087	2609	40	665	1	22	5301
4674	3303	26	8513	1	16	2380
4913	655	15	8286	1	21	4152
4422	585	22	109	3	17	339
15083	1098	29	133	1	25	1165
9833	817	21	81	2	35	1950
1686	1851	13	72	2	4	408
13100	2359	57	543	1	16	2130
4993	890	10	35	4	16	2944
8768	2563	34	140	1	34	2435

10-1(二) 续表 20

民族乡镇名称	乡镇企业年净利润总额（万元）	农林牧渔业总产值（万元）	农作物总播种面积（亩）	#粮食播种面积（亩）
遵义市遵义县洪关苗族乡	3000	20234	74640	22230
遵义市桐梓县马鬃苗族乡		8000	15000	8000
遵义市正安县谢坝仡佬族苗族乡	1765	19350	48915	21615
遵义市正安县市坪苗族仡佬族乡	4012	21743	26405	18165
遵义市余庆县花山苗族乡	1002	16642	45241	13562
遵义市道真仡佬族苗族自治县上坝土家族乡	265740	16527	64875	34290
安顺市西秀区鸡场布依族苗族乡	1095	28450	123000	67900
安顺市西秀区杨武布依族苗族乡	7100	57600	154188	41405
安顺市西秀区岩腊苗族布依族乡	195	1293	77192	20546
安顺市西秀区新场布依族苗族乡	500	1960	32000	12000
安顺市西秀区黄腊布依族苗族乡	50	9210	50375	24070
安顺市平坝县十字回族乡	2600	12350	361400	123200
安顺市平坝县羊昌布依族苗族乡	5900	17100	45808	22403
安顺市普定县补郎苗族乡	3210	12883	22125	17800
安顺市普定县猴场苗族仡佬族乡	6120	18871	42708	22765
安顺市普定县猫洞苗族仡佬族乡	7400	4336	10209	4000
毕节市七星关区大屯彝族乡	6338	5064	13796	8474
毕节市七星关区田坎彝族乡	300	17648	51870	23715
毕节市七星关区阿市苗族彝族乡	980	7300	99400	82950
毕节市七星关区团结彝族苗族乡	140	5618	57242	43165
毕节市七星关区阴底彝族苗族白族乡	719	23147	67500	63825
毕节市七星关区千溪彝族苗族白族乡	450	7100	73000	43120
毕节市黔西县永燊彝族苗族乡	1300	176	55560	11695
毕节市黔西县新仁苗族乡	60	1686	31729	8327
毕节市黔西县花溪彝族苗族乡	6324	28910	57420	30765
毕节市黔西县中建苗族彝族乡	249	6768	2118	1118
毕节市黔西县定新彝族苗族乡	60	24533	74238	35109
毕节市黔西县太来彝族苗族乡	14	61546	48504	13169
毕节市黔西县绿化白族彝族乡	3910	68	51068	28316
毕节市黔西县红林彝族苗族乡	310	2485	13000	10000
毕节市黔西县五里布依族苗族乡		17455	43560	12000
毕节市黔西县铁石苗族彝族乡	2328	24600	12300	8000

粮食产量（吨）	肉类总产量（吨）	农民合作社个数（个）	农民合作社成员数（户）	农业技术服务机构个数（个）	农业技术服务机构从业人员数（人）	公共财政收入（万元）
3086	1611	30	160	1	17	875
5000	1900	32	2300	1	9	704
2120	529	21	603	1	12	1441
7686	896	10	468	1	2	1500
10210	4232	37	202	1	4	1972
7650	900	10	450	3	13	1810
24492	2103	41	238	3	80	2600
22446	3810	63	1196	1	10	2067
5250	3204	37	650	1	9	2342
6000	1060	40	210	1	11	1899
9495	2150	60	634	1	12	2544
73920	1800	31	170	1	11	1677
9000	2500	17	500	1	15	1625
6230	304	31	180	1	5	1454
5881	199	9	55	1	7	1438
3500	200	61	333	1	6	1407
4120	1273	9	43	1	5	1732
5587	990	11	60	1	5	1390
8800	960	15	85	1	9	3614
6657	913	36	1642	1	26	2051
14120	2020	42	1012	1	11	2374
8662	1003	33	125	1	10	1758
31500	1072	43	215	1	6	1770
931	1283	11	52	1	7	2521
6097	1050	21	108	1	7	1393
5675	869	7	172	1	5	1578
9864	886	16	154	1	6	2132
10049	798	47	245	1	8	1422
6621	806	12	135	1	7	2108
4418	425	16	241	1	7	1678
8800	1536	13	272	1	9	1460
5600	2000	34	174	1	7	1370

10-1(二) 续表 21

民族乡镇名称	乡镇企业年净利润总额（万元）	农林牧渔业总产值（万元）	农作物总播种面积（亩）	#粮食播种面积（亩）
毕节市大方县竹园彝族苗族乡	3563	5312	40232	29535
毕节市大方县响水白族彝族仡佬族乡	69	8923	77001	50810
毕节市大方县鼎新彝族苗族乡		800	29340	26847
毕节市大方县牛场苗族彝族乡	840	23129	53175	36840
毕节市大方县理化苗族彝族乡	117	9720	72500	55000
毕节市大方县安乐彝族仡佬族乡	183	11765	1467	1467
毕节市大方县凤山彝族蒙古族乡	9800	6325	18000	7000
毕节市大方县百纳彝族乡	1621	16062	18458	13700
毕节市大方县三元彝族苗族白族乡		11000	76650	58515
毕节市大方县沙厂彝族乡	39	7410	20300	5800
毕节市大方县黄泥彝族苗族满族乡	200	1410	2000	1600
毕节市大方县核桃彝族白族乡		6943	30000	15000
毕节市大方县八堡彝族苗族乡		1145	50463	44271
毕节市大方县兴隆苗族乡			18785	12785
毕节市大方县大山苗族彝族乡	34120	6500	37000	36000
毕节市大方县星宿苗族彝族仡佬族乡			2592	2592
毕节市织金县自强苗族乡	811	9610	29129	19830
毕节市织金县官寨苗族乡	650	9850	56250	30690
毕节市织金县后寨苗族乡	15000		62040	39480
毕节市织金县大平苗族彝族乡	3250	17189	51997	31057
毕节市织金县茶店布依族苗族彝族乡		18000	25200	15000
毕节市织金县金龙苗族彝族布依族乡	350	43750	85000	5000
毕节市织金县鸡场苗族彝族布依族乡	800	19000	65000	11750
毕节市金沙县太平彝族苗族乡		1554	6143	2100
毕节市金沙县石场苗族彝族乡	1005	18000	45075	20850
毕节市金沙县马路彝族苗族乡		4610	35205	32775
毕节市金沙县安洛苗族彝族满族乡	8500	6500	19841	16100
毕节市金沙县新化苗族彝族满族乡	27000	13964	2536	2206
毕节市金沙县大田彝族苗族布依族乡	1340	3617	28725	15750
毕节市赫章县兴发苗族彝族回族乡	3800	8858	62750	22450
毕节市赫章县松林坡白族彝族苗族乡	166	48000	32330	25470
毕节市赫章县雉街彝族苗族乡	63121	20000	42618	28320

粮食产量（吨）	肉类总产量（吨）	农民合作社个数（个）	农民合作社成员数（户）	农业技术服务机构个数（个）	农业技术服务机构从业人员数（人）	公共财政收入（万元）
3685	1596	12	132	1	15	3453
8111	1105	8	35	1	9	3088
9565	7652	75	1149	1	10	3806
11052	1721	25	390	1	8	2125
19250	4232	80	3272	1	11	4711
7300	70	61	98	1	5	1637
2000	500	30	850	1	2	2346
3900	389	23	175	1	3	572
23460	512	37	185	1	4	2260
650	923	28	182	1	1	1412
500	500	27	222	1	3	1510
7500	1767	81	1462	1	4	2955
7781	1616	26	49	1	8	2254
9821	2847	95	1833	1	8	2631
7100	360	48	395	1	5	2237
6800	320	37	185	1	2	2382
50890	2103	49	175	1	6	930
2953	390	32	40	1	1	1165
3102	750	42	210	1	3	4129
9135	987	48	253	1	3	4794
38000	1300	8	3	1	4	1424
2500	15400	84	402	1	3	2136
5875	1500	59	143	1	18	1524
440	510	13	115	1	4	139
8620	1483	35	30	2	5	1977
6490	1200	16	356	1	3	1155
11450	1788	16	105	1	10	3444
7668	986	21	105	1	5	5880
4087	1025	13	68	1	4	1459
4906	1510	31	101	1	15	3459
32000	534	24	576	1	3	2864
9121	5933	32	151	1	9	2212

10-1(二) 续表 22

民族乡镇名称	乡镇企业年净利润总额（万元）	农林牧渔业总产值（万元）	农作物总播种面积（亩）	#粮食播种面积（亩）
毕节市赫章县珠市彝族乡	1427	48762	111366	67786
毕节市赫章县双坪彝族苗族乡	253	23745	58703	34800
毕节市赫章县辅处彝族苗族乡	520	20500	41020	30520
毕节市赫章县铁匠苗族乡	7342	20246	52291	29587
毕节市赫章县可乐彝族苗族乡	252	43100	102000	70100
毕节市赫章县河镇彝族苗族乡	3650	3210	36800	27500
毕节市赫章县结构彝族苗族乡	890	4095	46598	29632
毕节市赫章县水塘堡彝族苗族乡	668	23609	21210	9526
毕节市赫章县古达苗族彝族乡	138	10972	67360	48776
毕节市纳雍县库东关彝族苗族白族乡	238	38169	59527	35082
毕节市纳雍县董地苗族彝族乡	320	4618	79603	56079
毕节市纳雍县左鸠戛彝族苗族乡	146	1990	2442	1604
毕节市纳雍县锅圈岩苗族彝族乡	1500	4800	84072	53193
毕节市纳雍县新房彝族苗族乡	325	32275	89346	67494
毕节市纳雍县化作苗族彝族乡	252	7721	80805	50115
毕节市纳雍县姑开苗族彝族乡	483	3940	46882	32554
毕节市纳雍县羊场苗族彝族乡	176	10265	20038	11708
毕节市纳雍县昆寨苗族彝族白族乡	502	1066	71469	49932
毕节市纳雍县猪场苗族彝族乡	664	3996	46503	34207
毕节市威宁彝族回族苗族自治县新发布依族乡	5000	320	6	4
毕节市大方县大水彝族苗族布依族乡	1750	4500	7000	3980
毕节市黔西县金坡苗族彝族满族乡	600	10240	22000	6000
毕节市大方县普底彝族苗族白族乡	660	1800	21300	2500
毕节市黔西县仁和彝族苗族乡	311	3800	3500	3000
铜仁市碧江区桐木坪侗族乡	1200	13000	26000	18500
铜仁市碧江区瓦屋侗族乡	800	10200	8100	6000
铜仁市碧江区和平土家族侗族乡	680	23875	56415	24120
铜仁市碧江区滑石侗族苗族土家族乡	600	34021	32000	24000
铜仁市碧江区六龙山侗族土家族乡		3500	4545	4545
铜仁市万山区高楼坪侗族乡	14500	4200	20850	12200
铜仁市万山区黄道侗族乡	201	12850	8000	6030
铜仁市万山区熬寨侗族乡	310	6500	5272	2820

粮食产量（吨）	肉类总产量（吨）	农民合作社个数（个）	农民合作社成员数（户）	农业技术服务机构个数（个）	农业技术服务机构从业人员数（人）	公共财政收入（万元）
15380	2415	38	293	1	11	3265
14675	1063	22	158	1	8	3008
7032	1200	19	560	1	3	3100
5820	1140	55	379	1	6	1785
39960	4200	15	301	1	10	1621
21750	647	48	369	1	8	1873
6325	1125	30	182	1	8	2339
5966	2000	29	193	1	13	2791
10085	2039	52	184	1	11	297
8105	1352	28	996	1	7	1513
9560	1362	40	390	1	11	1845
4682	1465	15	702	1	13	939
1596	1850	43	2929	1	26	2404
14121	1008	51	255	1	5	1534
9968	1478	78	325	1	6	1690
9224	1488	19	1325	1	10	2125
9366	1462	39	786	1	15	1100
5678	1451	58	290	1	10	1296
5516	1866	22	198	1	11	1003
67000	4032	31	186	1	10	848
1990	443	20	220	1	3	2278
3500	550	19	1210	1	6	2203
1453	184	37	259	1	2	651
99	980	35	175	1	4	4547
4700	2707	62	630	2	3	1621
3000	1000	7	49	1	2	1747
7143	2268	77	587	1	14	3675
12000	487	107	672	1	21	863
2273	360	12	338	1	8	1088
650	1392	68	1732	3	17	6800
22000	3015	25	135	1	4	1851
3280	2223	18	268	1	4	3597

10-1(二) 续表 23

民族乡镇名称	乡镇企业年净利润总额（万元）	农林牧渔业总产值（万元）	农作物总播种面积（亩）	#粮食播种面积（亩）
铜仁市万山区下溪侗族乡	870	11000	1520	520
铜仁市万山区鱼塘侗族土家族苗族乡	800	17000	29000	20000
铜仁市万山区大坪侗族土家族苗族乡	14500	4200	20850	12200
铜仁市德江县楠杆土家族乡	39	16325	55412	30590
铜仁市德江县沙溪土家族乡	81	20100	44702	34457
铜仁市德江县桶井土家族乡	42	16141	47459	28184
铜仁市德江县堰塘土家族乡	315	31213	67962	39016
铜仁市德江县荆角土家族乡	108	14685	25865	14537
铜仁市德江县长丰土家族乡	57	15968	55900	30480
铜仁市德江县龙泉土家族乡	72	21567	46870	30301
铜仁市德江县钱家土家族乡	52	17825	57496	28340
铜仁市江口县德旺土家族苗族乡	1667	3658	21975	21975
铜仁市江口县官和侗族土家族苗族乡		1658	10394	10394
铜仁市石阡县聚凤仡佬族侗族乡	1267	4679	36246	16432
铜仁市石阡县大沙坝仡佬族侗族乡	32	13700	32680	1910
铜仁市石阡县枫香仡佬族侗族乡	640	1250	1560	946
铜仁市石阡县青阳苗族仡佬族侗族乡	245	8843	10980	3256
铜仁市石阡县龙井侗族仡佬族乡	359	25413	8600	5236
铜仁市石阡县石固仡佬族侗族乡	196	20185	5000	1800
铜仁市石阡县坪地仡佬族侗族乡	575	14687	20301	2011
铜仁市石阡县甘溪仡佬族侗族乡	235	17230	21000	1020
铜仁市石阡县坪山仡佬族侗族乡	14190	9854	2184	1748
铜仁市思南县思林土家族苗族乡	105	13500	30300	14250
铜仁市思南县枫芸土家族苗族乡	138	16897	28036	21654
铜仁市思南县杨家坳苗族土家族乡	97	17681	38234	25300
铜仁市思南县胡家湾苗族土家族乡	78	13258	38755	21003
铜仁市思南县宽坪土家族苗族乡	50	14320	31250	25300
铜仁市思南县三道水土家族苗族乡	475	13606	23650	17230
铜仁市思南县天桥土家族苗族乡	340	14530	31420	20395
铜仁市思南县兴隆土家族苗族乡	145	13256	37643	21000
黔西南布依族苗族自治州晴隆县三宝彝族乡	32	682	1386	482
黔西南布依族苗族自治州兴仁县鲁础营回族乡	790	7300	60300	35710

粮食产量（吨）	肉类总产量（吨）	农民合作社个数（个）	农民合作社成员数（户）	农业技术服务机构个数（个）	农业技术服务机构从业人员数（人）	公共财政收入（万元）
2010		34	1162	1	3	2804
63000	2500	106	326	1	10	3524
650	1392	68	1732	3	17	6800
7536	1642	51	263	5	20	1844
7945	1846	33	7800	1	6	1712
6810	1396	70	3455	6	32	3921
9904	1375	47	2290	1	12	2913
6251	1313	35	7600	1	14	1711
7678	1852	102	500	1	11	2155
7618	2011	45	1949	1	4	1723
6001	1248	40	300	5	10	2036
60370	2201	19	116	1	4	
3212	1057	37	189	1	5	10
7839	2576	56	1238	1	6	2011
2598	103	23	318	1	8	295
227	1058	24	900	1	6	1606
4392	1290	24	1610	1	6	1116
7600	2107	45	5757	1	4	1354
10651	886	60	120	1	8	1993
12560	1156	32	364	1	4	356
61200	756	13	128	1	5	1420
6795	426	35	1852	1	6	748
4390	1562	25	1210	1	12	2157
4832	972	42	365	1	16	1811
13350	1829	28	153	1	12	2070
5008	756	22	10635	1	11	1650
4300	893	15	1570	1	13	800
6934	836	21	218	1	15	1904
4936	980	19	72	1	14	1653
5713	1204	20	742	1	16	1842
468	3452	18	493	1	4	652
7490	1471	10	93	1	9	2223

10-1(二) 续表 24

民族乡镇名称	乡镇企业年净利润总额（万元）	农林牧渔业总产值（万元）	农作物总播种面积（亩）	#粮食播种面积（亩）
黔西南布依族苗族自治州望谟县油迈瑶族乡		8841	50883	13185
黔东南苗族侗族自治州从江县秀塘壮族乡		100	6749	3756
黔东南苗族侗族自治州从江县刚边壮族乡	92	3301	4819	4019
黔东南苗族侗族自治州从江县翠里瑶族壮族乡	279	11350	12570	8630
黔东南苗族侗族自治州镇远县尚寨土家族乡	90	5710	36750	16350
黔东南苗族侗族自治州麻江县坝芒布依族乡	100	6304	50586	24132
黔东南苗族侗族自治州榕江县水尾水族乡		10485	5318	4018
黔东南苗族侗族自治州榕江县三江水族乡	47	245	1677	884
黔东南苗族侗族自治州榕江县仁里水族乡		1150	22156	13405
黔东南苗族侗族自治州榕江县定威水族乡		7948	26540	8500
黔东南苗族侗族自治州榕江县兴华水族乡	150	5487	5634	4175
黔东南苗族侗族自治州榕江县塔石瑶族水族乡		1523	8000	4400
黔东南苗族侗族自治州雷山县达地水族乡		8956	29730	16680
黔东南苗族侗族自治州黎平县顺化瑶族乡		3850	6511	2100
黔东南苗族侗族自治州黎平县雷洞瑶族水族乡		3230	7008	6536
黔东南苗族侗族自治州岑巩县羊桥土家族乡		17800	61200	31100
黔南布依族苗族自治州都匀市归兰水族乡	558	25426	51392	35972
黔南布依族苗族自治州荔波县瑶山瑶族乡	220	4426	17720	4500
黔南布依族苗族自治州荔波县黎明关水族乡	608	29000	29860	22560
黔南布依族苗族自治州平塘县卡蒲毛南族		1650	26613	13754
贵阳市花溪区湖潮布依族苗族乡		20281	6795	1886
云南省	**206403**	**3273321**	**9263429**	**5419465**
昆明市晋宁县夕阳彝族乡	1421	15028	30968	14562
昆明市晋宁县双河彝族乡	2013	32415	36273	10827
昆明市宜良县九乡彝族回族乡	52	27667	75465	50235
昆明市宜良县耿家营彝族苗族乡	2349	46344	75825	26205
昭通市昭阳区守望回族乡	423	24203	82297	36908
昭通市昭阳区小龙洞回族彝族乡	650	24624	79900	65800
昭通市布嘎回族乡	65	21500	76000	33200
昭通市青岗岭回族彝族乡	1350	14983	45800	38170
昭通市鲁甸县桃源回族乡	9746	29112	76255	34363
昭通市鲁甸县茨院回族乡	29190	19910	32650	19980

粮食产量（吨）	肉类总产量（吨）	农民合作社个数（个）	农民合作社成员数（户）	农业技术服务机构个数（个）	农业技术服务机构从业人员数（人）	公共财政收入（万元）
3350	490	33	206	2	19	1924
3200	700	13	310	1	3	751
8008	510	29	759	1	3	775
3047	732	36	317	1	3	966
3420	710	4	32	1	3	616
4962	460	7	500	1	4	1915
672	224	15	601	1	4	1486
2825	834	272	1024	1	5	1416
3458	772	21	109	1	5	1332
1875	250	29	325	1	5	1900
1878	114	17	85	1	4	1254
3200	50	39	234	1	4	1383
4073	1210	10	1195	1	8	193
900	166	10	366	1	3	1291
4128	532	18	1107	1	3	1519
8010	1330	15	125	1	6	1236
10183	2660	33	276	1	8	1834
2300	1370	31	224	1	14	20260
7248	1820	65	842	1	12	5049
3500	250	17	1059	1	4	2752
943	2674	13	65	1	11	15274
1600559	**410544**	**4078**	**189663**	**205**	**1599**	**303303**
4659	804	10	828	1	2	1578
2632	3218	10	204	1	15	2192
13900	3627	17	3420	1	10	3653
13655	4350	25	513	12	12	2165
15252	1342	44	350	1	12	2108
19500	2500	9	10356	1	13	1618
6800	380	10	2400	1	29	295
15143	2844	42	280	1	25	1285
10029	2434	33	816	1	7	3131
8432	1456	37	1420	1	8	2250

10-1(二) 续表 25

民族乡镇名称	乡镇企业年净利润总额（万元）	农林牧渔业总产值（万元）	农作物总播种面积（亩）	#粮食播种面积（亩）
昭通市大关县上高桥回族彝族苗族乡	300	16800	52000	40000
昭通市永善县马楠苗族彝族乡		6891	55120	38510
昭通市永善县伍寨彝族苗族乡		7658	70157	51256
昭通市镇雄县果珠彝族乡	2333	34311	81032	62820
昭通市镇雄县林口彝族苗族乡	590	51770	85668	85300
昭通市彝良县龙街苗族彝族乡		14883	95991	42185
昭通市彝良县奎香苗族彝族乡		33245	63121	41123
昭通市彝良县树林彝族苗族乡		5580	51008	41668
昭通市彝良县柳溪苗族乡		16268	26073	23692
昭通市彝良县洛旺苗族乡	1580	13862	64395	35820
昭通市威信县双河苗族彝族乡		18243	76325	67289
曲靖市师宗县龙庆彝族壮族乡	615	66450	168700	70650
曲靖市师宗县五龙壮族乡	1890	51628	179280	35320
曲靖市师宗县高良壮族苗族瑶族乡	1905	14120	146890	53920
曲靖市罗平县长底布依族乡	607	22098	86295	28425
曲靖市罗平县旧屋基彝族乡	285	24283	51764	17475
曲靖市罗平县鲁布革布依族苗族乡	910	26731	42405	15735
曲靖市富源县古敢水族乡	300	14700	45605	23600
曲靖市会泽县新街回族乡	180	31511	59880	45300
楚雄彝族自治州南华县雨露白族乡		20780	43649	25946
楚雄彝族自治州大姚县湾碧傈僳傣族乡	7	22681	39726	26482
楚雄彝族自治州永仁县永兴傣族乡	1803	14094	42277	19799
楚雄彝族自治州武定县东坡傣族乡	896	9986	33168	16800
玉溪市红塔区小石桥彝族乡	3402	19539	40498	5670
玉溪市红塔区洛河彝族乡	4112	29512	25614	8389
玉溪市江川县安化彝族乡	265	166427	56206	11350
玉溪市通海县高大傣族彝族乡	278	18489	26340	9926
玉溪市通海县里山彝族乡	4780	18702	37128	10058
玉溪市通海县兴蒙蒙古族乡	3376	8358	9162	373
玉溪市华宁县通红甸彝族苗族乡	1480	8358	38529	14890
玉溪市易门县十街彝族乡	650	13537	51017	23794
玉溪市易门县浦贝彝族乡	4289	30678	51349	27735

粮食产量（吨）	肉类总产量（吨）	农民合作社个数（个）	农民合作社成员数（户）	农业技术服务机构个数（个）	农业技术服务机构从业人员数（人）	公共财政收入（万元）
8840	2750	15	1389	1	20	2592
5276	1912	51	2363	1	19	1937
7577	1311	7	1046	1	5	1751
16627	4571	38	5215	1	3	3579
18619	3561	1	57	1	3	3616
13882	3412	57	3850	1	4	1299
23000	3241	41	1435	6	15	818
10472	1004	4	36	1	2	865
8394	1049	16	168	1	4	668
15371	2477	22	241	1	2	958
16120	3427	35	695	5	8	4731
27580	13740	14	514	1	14	6242
18928	9400	14	126	1	18	3680
35255	8070	11	330	2	19	9063
13120	2493	6	326	4	28	1602
9037	2677	10	375	1	4	1758
6294	2989	32	720	1	13	1684
9820	4920	7	50	1	5	494
20120	13760	9	808	1	10	1596
7549	3081	28	2964	3	24	2017
7524	1175	26	1647	1	7	1568
6886	4530	12	1800	1	13	3747
7650	2674	8	1450	5	21	3199
2384	1480	2	420	4	11	3308
4019	3142			1	11	3847
5560	405	4	114	1	8	4252
4009	1547	10	1513	1	6	737
3524	1792	18	1467	1	5	1079
147	334	12	1229	1	5	162
4208	1743	6	456	3	8	750
8090	2510	23	2138	3	9	2286
8871	6981	16	1602	1	5	2113

10-1(二) 续表 26

民族乡镇名称	乡镇企业年净利润总额（万元）	农林牧渔业总产值（万元）	农作物总播种面积（亩）	#粮食播种面积（亩）
玉溪市易门县铜厂彝族乡	244	19875	86786	40016
红河哈尼族彝族自治州河口瑶族自治县桥头苗族壮族乡		33538	41717	30873
红河哈尼族彝族自治州金平苗族瑶族傣族自治县者米拉祜族乡	700	21455	52424	33226
红河州蒙自县期路白苗族乡		8142	55132	45863
红河州蒙自县老寨苗族乡	676	13364	49118	31250
红河州开远市大庄回族乡	520	33412	61343	43255
文山壮族苗族自治州文山市东山彝族乡	640	16338	57023	31815
文山壮族苗族自治州文山市红甸回族乡	168	19652	78681	30560
文山壮族苗族自治州文山市秉烈彝族乡		24036	95913	58375
文山壮族苗族自治州文山市柳井彝族乡		13673	59436	32222
文山壮族苗族自治州文山市坝心彝族乡		4461	42309	22321
文山州砚山县阿舍彝族乡		20472	112175	53850
文山州砚山县维末彝族乡	2500	32882	325104	168392
文山州砚山县盘龙彝族乡	13900	41517	160213	76978
文山州砚山县干河彝族乡		34292	138148	60222
文山州丘北县舍得彝族乡	208	14326	70966	49490
文山州丘北县新店彝族乡	16	21053	105945	60825
文山州丘北县树皮彝族乡	80	74158	344000	88300
文山州丘北县八道哨彝族乡	2450	47650	143671	75466
文山州丘北县腻脚彝族乡	530	30415	284165	141525
文山州麻栗坡县猛硐瑶族乡	321	4569	58397	28636
文山州富宁县洞波瑶族乡		36820	117809	47843
普洱市澜沧拉祜族自治县酒井哈尼族乡	28	11835	59530	37630
普洱市澜沧拉祜族自治县发展河哈尼族乡	68	15723	57285	40906
普洱市澜沧拉祜族自治县谦六彝族乡	230	29578	142411	115502
普洱市澜沧拉祜族自治县文东佤族乡	18	11879	76157	54838
普洱市澜沧拉祜族自治县安康佤族乡	5	7640	57593	35872
普洱市澜沧拉祜族自治县雪林佤族乡	103	13164	37102	26137
普洱市思茅区云仙彝族乡	40	8680	74250	61995
普洱市思茅区龙潭彝族傣族乡	162	6190	33900	30300
普洱市墨江哈尼族自治县孟弄彝族乡	-8	10119	49676	33645
普洱市西盟佤族自治县力所拉祜族乡		5127	39061	26582

粮食产量（吨）	肉类总产量（吨）	农民合作社个数（个）	农民合作社成员数（户）	农业技术服务机构个数（个）	农业技术服务机构从业人员数（人）	公共财政收入（万元）
11451	6471	17	1683	1	4	2646
10361	891	8	781	1	4	97
11872	1100	11	246	4	18	1260
9683	3341	4	108	1	4	1628
6530	878	7	214	1	4	1453
15658	2036	33	293	1	8	1963
10441	2265	17	765	1	11	3204
9233	2319	37	295	1	4	2251
19295	2948	27	1800	3	15	8986
7613	2077	11	418	1	7	3249
5827	1560	20	396	1	8	3983
14028	3136	33	1141	1	8	653
35825	9748	61	2162	1	8	803
19562	1931	48	1560	1	8	1058
17167	2140	28	900	1	6	1689
16383	2201	13	184	1	11	1997
13974	3252	10	156	4	14	2589
23080	11675	52	1426	1	8	5612
18774	12200	39	463	3	12	3794
44019	5430	26	1161	4	15	2684
6200	2605	17	1390	1	10	346
15275	2214	11	72	1	7	1600
8563	879	3	114	1	12	1286
10603	3078	24	1009	1	14	1284
25635	3812	8	544	1	28	3934
10225	1389	23	482	1	11	1436
6292	674	11	404	1	12	1211
5498	782	2	215	1	13	1548
1145	2215	4	760	3	38	782
4899	1171	3	620	4	25	703
7577	1109	8	700	3	11	2680
6464	622	19	3224	1	11	6996

10−1(二) 续表 27

民族乡镇名称	乡镇企业年净利润总额（万元）	农林牧渔业总产值（万元）	农作物总播种面积（亩）	#粮食播种面积（亩）
大理州大理市太邑彝族乡	7123	12000	20000	14276
大理州鹤庆县六合彝族乡	520	15435	33007	26678
大理州宾川县钟英傈僳族彝族乡	72	12817	29670	20250
大理州宾川县拉乌彝族乡	400	14414	29535	18200
大理州祥云县东山彝族乡		10977	30859	20591
大理州弥渡县牛街彝族乡	252	35000	64343	43111
大理州永平县北斗彝族乡	1200	35705	47775	42005
大理州永平县厂街彝族乡	1081	47462	70918	55040
大理州永平县水泄彝族乡	1138	33049	61341	52430
大理州云龙县苗尾傈僳族乡	3000	15500	46610	35204
大理州云龙县团结彝族乡	120	14081	34995	30495
丽江市华坪县永兴傈僳族乡	760	18037	35523	22855
丽江市华坪县通达傈僳族乡	38	8778	27050	19826
丽江市华坪县新庄傈僳族傣族乡	416	39242	42267	27806
丽江市华坪县船房傈僳族傣族乡	610	9258	19999	15190
丽江市永胜县羊坪彝族乡		4175	29915	26912
丽江市永胜县东山傈僳族彝族乡		11786	27700	20000
丽江市永胜县六德傈僳族彝族乡	445	8447	31629	25124
丽江市永胜县大安彝族纳西族乡	200	13300	37245	24510
丽江市永胜县光华傈僳族彝族乡		9923	35912	31312
丽江市永胜县松坪傈僳族彝族乡		4636	35820	23050
丽江市宁蒗彝族自治县翠玉傈僳族普米族乡		9900	31000	25725
丽江市古城区金江白族乡		3330	8453	5073
丽江市玉龙纳西族自治县九河白族乡		15817	48286	48056
丽江市玉龙纳西族自治县石头白族乡		9435	24800	15900
丽江市玉龙县黎明傈僳族乡	290	12924	65282	44748
保山市隆阳区瓦马彝族白族乡	1990	44454	83476	60452
保山市隆阳区瓦房彝族苗族乡	5338	67355	111348	76584
保山市隆阳区杨柳白族彝族乡	6771	94299	163452	97985
保山市隆阳区芒宽彝族傣族乡	1311	94533	113961	60207
保山市施甸县摆榔彝族布朗族乡		11313	32790	23310

粮食产量（吨）	肉类总产量（吨）	农民合作社个数（个）	农民合作社成员数（户）	农业技术服务机构个数（个）	农业技术服务机构从业人员数（人）	公共财政收入（万元）
5597	1623	48	292	1	18	901
6620	2302	12	1005	1	24	2478
6595	660	28	1409	1	5	1196
6653	1952	25	298	2	7	603
8293	2656	37	1133	1	15	3240
19304	6334	48	2197	1	6	825
10188	3228	49	1560	1	8	655
14949	2076	88	2850	1	12	1005
14330	1946	65	2077	1	6	1569
9598	2594	22	152	4	19	1230
8400	2235	44	2097	1	8	522
4424	667	29	1204	1	4	1913
2449	248	20	1324	1	15	1143
6481	1165	27	2667	1	14	8695
3748	772	29	1388	1	14	5457
6131	479	16	283	1	5	1491
5274	2536	15	670	1	19	2280
8511	2360	51	555	1	28	1290
6800	2580	23	770	1	5	1753
9623	2090	24	480	1	8	1205
5188	1755	20	410	1	7	1550
4789	793	34	185	1	15	1120
2029	249	13	219	1	10	1322
10296	3089	40	683	1	5	1517
6700	3650	24	140	1	6	1680
10000	5000	30	520	1	4	1993
24855	12144	33	5106	2	9	1987
35900	11132	51	5942	1	14	2365
50224	10982	74	7915	1	17	1214
35620	10025	80	6468	2	18	4687
6126	2473	15	1611	2	21	408

10-1(二) 续表 28

民族乡镇名称	乡镇企业年净利润总额（万元）	农林牧渔业总产值（万元）	农作物总播种面积（亩）	#粮食播种面积（亩）
保山市施甸县木老元布朗族彝族乡		5630	13130	11199
保山市龙陵县木城彝族傈僳族乡	475	24681	43854	26102
保山市昌宁县朱街彝族乡	601	20278	77410	50565
保山市昌宁县苟街彝族苗族乡	1443	45160	82250	51040
保山市昌宁县湾甸傣族乡	36665	38945	96321	35150
德宏傣族景颇族自治州陇川县户撒阿昌族乡	6785	43059	121918	61332
德宏州潞西市三台山德昂族乡		9977	38818	23363
德宏州梁河县曩宋阿昌族乡		9814	48771	25097
德宏州梁河县九保阿昌族乡	821	15810	38709	20684
德宏州盈江县苏典傈僳族乡		6676	47703	47703
怒江州福贡县匹河怒族乡	108	3201	62005	11672
怒江傈僳族自治州泸水县洛本卓白族乡		4012	28430	23430
迪庆州香格里拉县三坝纳西族乡		8535	46230	39300
迪庆州德钦县霞若傈僳族乡			22077	14027
迪庆州德钦县拖顶傈僳族乡			20810	17281
临沧市凤庆县新华彝族苗族乡	260	17570	95893	78782
临沧市凤庆县腰街彝族乡	627	16369	41000	26647
临沧市凤庆县郭大寨彝族白族乡	32	34920	66000	42000
临沧市云县栗树彝族傣族乡		22761	68415	50190
临沧市云县忙怀彝族布朗族乡		24700	47280	46780
临沧市云县后箐彝族乡		26062	79452	67900
临沧市永德县大雪山彝族拉祜族傣族乡	1280	34100	81220	49610
临沧市永德县乌木龙彝族乡	839	29013	108625	80828
临沧市临翔区平村彝族傣族乡		12207	41298	19213
临沧市临翔区南美拉祜乡	256	7635	31068	10982
临沧市耿马傣族佤族自治县芒洪拉祜族布朗族乡		16001	39900	19020
临沧市沧源佤族自治县勐角傣族彝族拉祜族乡	369	9805	61128	48870
临沧市镇康县军赛佤族拉祜族傈僳族德昂族乡	13837	16640	77797	60907
西双版纳州景洪市基诺山基诺族乡	576	42490	59143	31352
西双版纳州景洪市景哈哈尼族乡	324	33200	16456	12493
西双版纳州勐腊县瑶区瑶族乡		28836	46946	26933

粮食产量（吨）	肉类总产量（吨）	农民合作社个数（个）	农民合作社成员数（户）	农业技术服务机构个数（个）	农业技术服务机构从业人员数（人）	公共财政收入（万元）
3966	1458	12	646	1	16	2577
6892	1188	27	3223	2	10	390
12003	6512	19	2315	1	10	1450
12668	8557	43	2713	1	14	1660
14977	7370	53	2810	1	13	4043
23264	3622	44	1157	1	14	4099
6041	476	29	782	1	14	1733
9350	2421	60	2519	1	16	2371
6315	1797	52	898	1	11	2690
7304	962	8	1944	1	3	1334
932	780	35	397	1	21	788
15445	389	11	494	1	10	3922
10968	2229	208	3575	1	7	1793
3253	525	27	153	1	5	1806
4726	533	63	326	1	4	4120
14280	2677	26	3350	1	21	1181
5074	1725	17	6169	1	10	1452
9000	1000	26	2318	1	15	1055
14500	4300	16	165	1	3	
14200	4320	11	120	1	11	
15750	3010	11	120	1	5	
13145	1800	14	122	1	12	3919
12857	2347	18	4514	1	12	3146
5366	1789	69	2272	1	9	2221
2148	390	46	1255	1	3	2108
6956	333	4	790	1	10	2734
11934	835	39	1443	1	17	3594
14400	1287	20	1734	1	15	1041
8211	699	41	1296	1	8	2290
4675	608	16	225	1	8	2771
7697	686	33	286	1	17	172

10-1(二)　续表 29

民族乡镇名称	乡镇企业年净利润总　额（万元）	农林牧渔业总产值（万元）	农作物总播种面积（亩）	#粮食播种面积（亩）
西双版纳州勐腊县象明彝族乡		59887	35846	21659
西双版纳州勐海县格朗和哈尼族乡		21000	53196	31762
西双版纳州勐海县布朗山布朗族乡		27445	53797	37418
西双版纳州勐海县西定哈尼族乡	339	25525	120328	79010
西藏自治区	**360**	**12929**	**14253**	**11053**
山南市错那县麻麻门巴民族乡		32	46	46
山南市错那县贡日门巴民族乡		59	144	144
山南市错那县吉巴门巴民族乡		309	542	542
山南市错那县勒门巴民族乡		94	32	16
山南市隆子县斗玉珞巴民族乡		302	622	431
林芝市巴宜区更章门巴民族乡		3742	724	724
林芝市米林县南伊珞巴民族乡	60	1556	1365	946
林芝市墨脱县达木珞巴民族乡		1895	2641	2311
昌都市芒康县纳西民族乡	300	4939	8138	5894
陕西省	**20361**	**31517**	**57464**	**40216**
商洛市镇安县西口回族镇	35	14435	13024	7646
商洛市镇安县茅坪回族镇	326	9245	33210	26100
安康市宁陕县江口回族镇	20000	7837	11230	6470
甘肃省	**30327**	**134691**	**897340**	**608951**
临夏州广河县阿里麻土东乡族乡	120	426	13212	11600
甘南州临潭县长川回族乡		34	55713	10816
甘南州临潭县卓洛回族乡			6300	2900
甘南州卓尼县勺哇土族乡			4896	2373
陇南市文县铁楼藏族乡	420	5106	16202	10148
陇南市武都区坪垭藏族乡	230	4500	21000	12500
陇南市武都区磨坝藏族乡	275	965	16739	7431
陇南市宕昌县新城子藏族乡	62	1137	10760	6999
酒泉市肃州区黄泥堡裕固族乡		5357	7473	666
酒泉市玉门市小金湾东乡族乡	120	4424	21514	4332
白银市会宁县新添堡回族乡	702	799	96598	88731
庆阳市正宁县五倾源回族乡		9451	16964	14233

粮食产量（吨）	肉类总产量（吨）	农民合作社个数（个）	农民合作社成员数（户）	农业技术服务机构个数（个）	农业技术服务机构从业人员数（人）	公共财政收入（万元）
6252	413	49	406	1	18	91
11755	895	123	1278	1	18	1449
10342	469	214	1103	1	11	3009
24314	1084	53	318	1	11	3323
3133	**388**	**39**	**500**	**7**	**25**	**3313**
10		1	66			371
35	11	2	15			440
98	39	2	63	1	5	393
4	29	1	55			
147	88	9	48	1	6	
	69	3		2		1134
178	18	7	60	1	4	887
691	84	8	50	1	8	89
1969	51	6	143	1	2	
7473	**1768**	**171**	**1974**	**3**	**20**	**2832**
1912	393	96	1152	1	6	1093
4244	722	57	482	1	10	761
1317	653	18	340	1	4	978
174409	**26516**	**787**	**26248**	**74**	**494**	**48375**
14500	6300	20			231	852
1642		46	52	3	9	999
		5	52			
373	316	8	40	1	3	
2078	492	37	541	1	3	514
2420	132	19	459	2	5	15483
1426	275	18	58		4	801
1190	32	6	58	5	6	3067
313	393	25	125	1	4	1039
1961	471	10	565	5	3	855
13724	189	41	205	1	6	1230
6022	459	10	835	1	14	1769

10-1(二) 续表 30

民族乡镇名称	乡镇企业年净利润总额（万元）	农林牧渔业总产值（万元）	农作物总播种面积（亩）	#粮食播种面积（亩）
平凉市崆峒区峡门回族乡	26900	7079	52852	44756
平凉市华亭县神峪回族乡	300	8163	41581	35785
平凉市华亭县山寨回族乡	180	3621	35743	26673
平凉市崆峒区白庙回族乡	340	6190	33292	27443
平凉市崆峒区大秦回族乡		5659	31560	26143
平凉市崆峒区寨河回族乡		7092	43485	36357
平凉市崆峒区大寨回族乡		10325	86008	70636
平凉市崆峒区西阳回族乡		6064	49636	41678
平凉市崆峒区上杨回族乡	451	3118	22827	17914
张掖市肃南裕固族自治县祁丰藏族乡		6908	6639	6639
张掖市肃南裕固族自治县马蹄藏族乡		13416	14850	12166
张掖市肃南裕固族自治县白银蒙古族乡		706	1211	1132
张掖市甘州区平山湖蒙古族乡		318	2881	324
临夏州临夏县井沟东乡族乡	50	6337	44372	43874
临夏州和政县梁家寺东乡族乡	64	4865	28645	24880
临夏州临夏县安家坡东乡族乡	84	101	10359	6100
酒泉市瓜州县七墩回族东乡族乡		1721.89	14247	1542
酒泉市瓜州县广至藏族乡		5080	34651	10
酒泉市瓜州县沙河回族乡		7215	27654	6212
酒泉市玉门市独山子东乡族乡	29	238	27478	5959
青海省	**278**	**184392**	**649982**	**343150**
西宁市大通县朔北藏族乡		19635	45437	12026
西宁市大通县向化藏族乡		9498	31212	15900
西宁市湟中县群加藏族乡	126		6230	4088
西宁市湟中县大才回族乡		14748	37850	20890
西宁市湟中县汉东回族乡		4054	13652	12041
西宁市湟源县日月藏族乡		16000	38135	16312
海东地区民和县杏儿藏族乡		1947	10933	10433
海东地区乐都县下营藏族乡		3704	12100	6100
海东地区乐都县中坝藏族乡		5850	18073	13875
海东地区乐都县达拉土族乡		5353	22340	22340

粮食产量（吨）	肉类总产量（吨）	农民合作社个数（个）	农民合作社成员数（户）	农业技术服务机构个数（个）	农业技术服务机构从业人员数（人）	公共财政收入（万元）
10325	923	25	409	5	10	1170
7615	640	23	270	7	17	1183
5737	515	23	390	5	48	1251
7442	1243	42	423	5	5	1100
6680	835	22	1199	4	5	957
8920	1244	14	204	5	5	86
15556	970	51	519	4	42	1147
11219	776	37	1392	3	5	650
4967	365	17	374	3	10	727
2178	1141	30	92	2	14	1233
2774	1977	64	320	1	16	1270
369	108	14	70	1	4	515
168	300	18	175	2	7	1107
21397	41	57	14020	1	3	527
11761	110	21	206	1	1	5379
6300	2850	8	1450	1	3	413
581	2254	19	656	1	1	589
5	4	31	352	1	2	960
2788	75	15	8	1	5	809
1979	1085	11	729	1	3	695
138826	**52683**	**845**	**7989**	**28**	**58**	**17034**
10285	34012	57	878	1	4	150
13758	1101	30	180	1	1	820
1392	370	19	96	2	4	378
11995	1079	51	536	1	1	770
1645	484	11	476	1	2	9
3197	2723	44	966	2	2	1048
5932	443	32	925			2706
1750	790	26	171	1	1	622
21559	664	20	98	1	2	958
16562	1196	65	218	1	2	1242

10-1(二) 续表 31

民族乡镇名称	乡镇企业年净利润总额（万元）	农林牧渔业总产值（万元）	农作物总播种面积（亩）	#粮食播种面积（亩）
海东市互助土族自治县松多藏族乡			22822	13549
海东市化隆回族自治县雄先藏族乡		6826	37030	16827
海东市化隆回族自治县查甫藏族乡		4502	30278	16530
海东市化隆回族自治县金源藏族乡		6412	21042	8643
海东市化隆回族自治县塔加藏族乡		4046	11145	7937
海东市循化撒拉族自治县道帏藏族乡		17020	38719	20227
海东市循化撒拉族自治县尕楞藏族乡		17918	11954	93
海东市循化撒拉族自治县岗察藏族乡				
海东市循化撒拉族自治县文都藏族乡	119		22994	16801
海东地区平安县沙沟回族乡		14950	21500	11508
海东地区平安县巴藏沟回族乡		1002	20836	13200
海东地区平安县石灰窑回族乡		1460	48500	10000
海东地区平安县洪水泉回族乡		4201	35876	31627
海东地区平安县古城回族乡		6772	39200	23821
海东地区互助县巴扎藏族乡		3486	7896	3300
海北州门源县皇城蒙古族乡		4490	16240	9188
海北州海晏县哈勒景蒙古乡		6856	585	
海南州贵德县新街回族乡	33	3664	27403	5895
新疆维吾尔自治区	**13155**	**807434**	**2069713**	**1329600**
吐鲁番地区鄯善县东巴扎回族乡		9938	1251	224
和田地区皮山县瑙阿巴提塔吉克族乡		682	3223	956
和田地区皮山县康克尔柯尔克孜族乡		532	1843	1546
巴音郭楞蒙古自治州和硕县乌什塔拉回族乡		62995	199682	93123
昌吉回族自治州奇台县大泉塔塔尔族乡			41199	28658
昌吉回族自治州奇台县五马场哈萨克族乡		5	105131	82723
昌吉回族自治州奇台县乔仁哈萨克族乡		20760	26089	18800
昌吉回族自治州木垒哈萨克自治县大南沟乌孜别克族乡	140	4900	9741	3903
昌吉回族自治州玛纳斯县旱卡子滩哈萨克族乡		14350	25171	1452
昌吉回族自治州玛纳斯县塔西河哈萨克族乡	200	10593	19000	7000
昌吉回族自治州玛纳斯县清水河哈萨克族乡		147657	13710	5786
昌吉回族自治州阜康市三工河哈萨克族乡	1558	9092	48500	16435

粮食产量（吨）	肉类总产量（吨）	农民合作社个数（个）	农民合作社成员数（户）	农业技术服务机构个数（个）	农业技术服务机构从业人员数（人）	公共财政收入（万元）
682	495	3	24			586
5436	521	29	205	1	3	939
3754	471	11	109	2	6	423
1420	1164	13	74	2	5	246
1685	634	7	42	2	5	91
3560	35	27	332			
		109	109			878
14						
13951		9	253	1	2	660
3760	220	12	12	1	3	909
2240	400	30	495	3	4	
5149	1204	85	290	1	3	809
6323	1057	75	375	1	2	895
82	571	22	45	1	3	518
1230	1550	9	50			
	1269	21	585	1	1	562
1465	230	28	445	1	2	816
645857	**71292**	**814**	**11716**	**67**	**337**	**85667**
195	4602	2	10	5	8	1190
354	184					20
516	118			1	1	15
64634	1687	53	2056	1	9	2309
16140	355	6	200	5	11	738
4291	950	26	598			1748
9429	4703	6	152	1	13	643
1092	2560	24	125	1	8	1221
856	181	7	15	2	4	851
1400	1705	9	27	1	18	870
3180	3150	9	45	1	12	845
4931	73	44	563	1	3	4596

10-1(二) 续表 32

民族乡镇名称	乡镇企业年净利润总额（万元）	农林牧渔业总产值（万元）	农作物总播种面积（亩）	#粮食播种面积（亩）
昌吉回族自治州阜康市上户沟哈萨克族乡		33660	236000	82378
昌吉回族自治州昌吉市阿什里哈萨克族乡	5332	71800	30107	21450
昌吉回族自治州呼图壁县石梯子哈萨克族乡		28392	103600	50000
乌鲁木齐市米东区柏杨河哈萨克族乡	1105	2719	33603	1054
克孜勒苏柯尔克孜自治州阿克陶县塔尔塔吉克族乡		2003	7451	6016
喀什地区塔什库尔干塔吉克自治县科克亚尔柯尔克孜族乡		1048	2109	2109
喀什地区泽普县布依鲁克塔吉克族乡	90	10930	7913	4012
喀什地区莎车县孜热普夏提塔吉克族乡	400	17200	67000	19000
伊犁哈萨克自治州察布查尔锡伯自治县米粮泉回族乡		10666	21539	18204
伊犁哈萨克自治州特克斯县科克铁热克柯尔克孜族乡	35	4214	69000	69000
伊犁哈萨克自治州特克斯县呼吉尔特蒙古族乡	42	22184	40389	15132
伊犁哈萨克自治州伊宁县愉群翁回族乡	475	57922	114317	111904
伊犁哈萨克自治州尼勒克县科克浩特浩尔蒙古族乡	500	15682	89606	68849
伊犁哈萨克自治州霍城县伊车嘎善锡伯族乡	1981	21551	65272	59797
伊犁哈萨克自治州霍城县三宫回族乡	37	2982	28715	11650
伊犁哈萨克自治州昭苏县胡松图喀尔逊蒙古族乡		2295	65566	57600
伊犁哈萨克自治州昭苏县察汗乌苏蒙古族乡	165	136370	74949	74949
伊犁哈萨克自治州昭苏县夏特柯尔克孜族乡	88	7832	68400	65200
塔城地区塔城市阿西尔达斡尔族乡	450	38400	210005	185437
塔城地区乌苏市塔布勒合特蒙古族乡		6700	29940	11062
塔城地区乌苏市吉尔格勒特郭楞蒙古族乡	556		50006	16670
塔城地区额敏县额玛勒郭楞蒙古族乡			53850	53850
塔城地区额敏县霍吉尔特蒙古族乡			38325	32505
阿克苏地区乌什县雅曼苏柯尔克孜族乡		12125	23320	19000
阿克苏地区温宿县博孜东柯尔克孜族乡		13051	22090	10327
哈密地区伊吾县前山哈萨克族乡		450	6003	
哈密地区哈密市德外都如克哈萨克族乡		5186	5740	
哈密地区哈密市乌拉台哈萨克族乡				
阿勒泰地区布尔津县禾木哈纳斯蒙古族乡			10059	1540
阿勒泰地区阿勒泰市汗德尕特蒙古族乡		566	300	300

粮食产量（吨）	肉类总产量（吨）	农民合作社个数（个）	农民合作社成员数（户）	农业技术服务机构个数（个）	农业技术服务机构从业人员数（人）	公共财政收入（万元）
40324	980	78	390	1	2	4362
3500	9764	34	735	1	6	2238
36500	1100	12	88	1	3	1224
252	1089	60	1400	1	31	582
2088	409	6	38	1	4	3389
221	352	3	120	1	2	
2011	250	2	70	1	1	59
6000	530	6	52	13	54	723
14269	720	9	300			639
25545	3640	29	154	1	5	1029
10555	889	24	161	2	55	4761
87875	1236	6	35	1	15	5922
27466	9645	31	326	2	10	3741
41618	1327	11	23	1	2	6032
5825	5400	23	122	2	11	275
23169	1499	17	621	1	2	984
33637	51	12	277	1	1	1170
22820	1350	11	345	1	6	7488
125601	22	175	875	1	3	2683
2876	450	8	25	1	1	1700
7924	464	21	270	4	8	2639
		3	3	2	4	1727
		6	166	1	4	1617
11924	2634	4	150	2	5	1603
6237	3310	19	1070	1	2	3057
	183			1	6	492
	724	7	41	1	5	1116
	770					4498
452	2227	7	33	1	1	3090
150	11	4	35	1	1	1781

10-1 全国各民族乡镇基本情况(2018年)(三)

民族乡镇名称	公共财政支出(万元)	农村居民人均可支配收入(元)	学校数(个)	在校学生数(人)
北京	**130956**	**27868**	**15**	**9529**
朝阳区常营回族乡	29146	32351	8	6450
通州区于家务回族乡	60441	25000	5	1735
密云县檀营满族蒙古族乡	6012			1030
怀柔区喇叭沟门满族乡	17704	23133	1	132
怀柔区长哨营满族乡	17653	22721	1	182
天津市	**2048**	**18764**	**3**	**510**
蓟县孙各庄满族乡	2251	19890	3	520
河北省	**69835**	**10790**	**246**	**67538**
石家庄市新乐市彭家庄回族乡	985	13592	9	1521
石家庄市藁城市九门回族乡	4122	18200	5	5210
石家庄市无极县高头回族乡	634	13300	8	2180
唐山市遵化市汤泉满族乡	251	9180	2	829
唐山市遵化市西下营满族乡	521	9168	1	929
唐山市遵化市东陵满族乡	673	8440	7	2301
邯郸市邱县陈村回族乡	174	12384	1	430
邯郸市大名县营镇回族乡	94	9000	6	2256
保定市易县凌云册满族回族乡	1094	9549	2	769
保定市定州市号头庄回族乡	888	9880	10	2900
张家口市沽源县大二号回族乡	613	9357	1	70
张家口市怀来县王家楼回族乡	659	9204	2	341
廊坊市永清县管家务回族乡	4806	9577	4	1126
廊坊市文安县大围河回族满族乡	2269	10496	14	4326
承德市丰宁满族自治县南关蒙古族乡	1209	4137	15	1550
承德市滦平县平坊满族乡	563	4240	1	150
承德市滦平县安纯沟门满族乡	900	3010	2	444
承德市滦平县五道营子满族乡	408	6300	1	109
承德市滦平县邓厂满族乡	439	3500	1	104
承德市滦平县马营子满族乡	502	3440	1	299
承德市滦平县付家店满族乡	400	4210	5	93
承德市双滦区西地满族乡	1890	9000	1	1650

教师数（人）	图书馆（个）	文化站（个）	村文化活动室（个）	医疗卫生机构（个）	医院（个）	基层医疗卫生机构（个）
1408	**27**	**5**	**63**	**74**	**1**	**73**
1076	1	1		5		5
183	25	1	24	25		25
75		1		1	1	
35	1	1	15	16		16
39		1	24	27		27
60		**1**	**13**	**15**	**1**	**14**
65		1	13	15	1	14
4911	**93**	**81**	**550**	**771**	**6**	**765**
110	1	1	4	9		9
255	2	13	13	14		14
130	1	15	15	16		16
65	1	1	10	9		9
80	1	1	14	20		20
137	1	1	27	29		29
35	1	1	5	4		4
138		1	17	18		18
69	12		19	28		28
226	17	1	17	19		19
15		4	4	5		5
42	1	1	14	18		18
96	1	1	12	13		13
293	1	1	24	25		25
150		1	14	15		15
41		1	8	9		9
68		1	11	11		11
21	7	1	6	7		7
18	2		2	5		5
31	1	1	10	11		11
21		1	6	7		7
98	10	1	10	11		11

10-1(三) 续表 1

民族乡镇名称	公共财政支出（万元）	农村居民人均可支配收入（元）	学校数（个）	在校学生数（人）
承德市滦平县小营满族乡	499	6347	8	684
承德市滦平县西沟满族乡	569	4400	1	268
承德市承德县岗子满族乡	706	6570	1	351
承德市承德县两家满族乡	625	7018	1	348
承德市兴隆县八卦岭满族乡	674	13352	3	1105
承德市兴隆县南天门满族乡	677	10483	2	358
承德市隆化县尹家营满族乡	731	8000	7	620
承德市隆化县庙子沟蒙古族满族乡	418	10300	1	302
承德市隆化县偏坡营满族乡	647	7941	2	595
承德市隆化县八达营蒙古族乡	652	7370	9	653
承德市隆化县太平庄满族乡	398	7079	10	467
承德市隆化县旧屯满族乡	526	6155	10	504
承德市隆化县西阿超满族蒙古族乡	837	7730	10	452
承德市隆化县白虎沟蒙古族满族乡	568	8625	5	379
承德市平泉县七家岱满族乡	639	5865	1	485
承德市平泉县茅兰沟满族蒙古族乡	775	6500	9	1052
沧州市黄骅市羊二庄回族乡	5820	16740	13	2982
沧州市黄骅市新村回族乡	3051	32605		
沧州市河间市果子洼回族乡	1932	9440	3	1893
沧州市献县本斋回族乡	854	12000	3	1296
沧州市沧县大褚村回族乡	4454	15511	11	3452
沧州市沧县杜林回族乡	3512	10275	14	5900
沧州市沧县李天木回族乡	7894	9651	10	4995
沧州市沧县捷地回族乡	5424	12540	8	7925
沧州市黄骅市羊三木回族乡	2860	15309	5	885
内蒙古自治区	**34562**	**13908**	**34**	**7763**
呼伦贝尔市莫力达瓦达斡尔族自治旗巴彦鄂温克民族乡	3257	7894	1	55
呼伦贝尔市莫力达瓦达斡尔族自治旗杜拉尔鄂温克民族乡	2652		1	118
呼伦贝尔市扎兰屯市达斡尔民族乡	1772	16490	1	476
呼伦贝尔市扎兰屯市萨马街鄂温克民族乡	927	15828	3	492
呼伦贝尔市扎兰屯市南木鄂伦春民族乡	1532	15796	8	652
呼伦贝尔市阿荣旗查巴奇鄂温克民族乡	1000	17250	1	810

教师数（人）	图书馆（个）	文化站（个）	村文化活动室（个）	医疗卫生机构（个）	医院（个）	基层医疗卫生机构（个）
62	12	10	10	14	2	12
25		1	9	10		10
21		1	10	11		11
22		1	9	14		14
73		1	8	8		8
29		1	10	12		12
38	1	1	11	3		3
38		1	6	7		7
57	1	1	14	14		14
65		1	12	13		13
48		1	1	9		9
37		1	11	9		9
44		1	10	11		11
35	5	1	6	7		7
61	1	1	5	5		5
119	1	1	11	18		18
423		1	31	53		53
				1		1
141	1	1	20	19		19
72	1	1	11	12		12
134		1	26	45	1	44
289		1	38	75		75
269	1	1	10	55	2	53
607	1	1	1	34	1	33
63	8		8	9		9
1219	**35**	**19**	**162**	**197**	**4**	**193**
17		1	17	17		17
59		1	10	9		9
72	7	1	7	7		7
42		1	6	8	1	7
111		1	8	4		4
73	12	1	11	15		15

10-1(三) 续表 2

民族乡镇名称	公共财政支出（万元）	农村居民人均可支配收入（元）	学校数（个）	在校学生数（人）
呼伦贝尔市阿荣旗新发朝鲜族民族乡	1063	26000		
呼伦贝尔市阿荣旗音河达斡尔鄂温克民族乡	374	18500	2	627
呼伦贝尔市阿荣旗得力其尔鄂温克民族乡	1193	16200	1	840
呼伦贝尔市根河市敖鲁古雅鄂温克民族乡	3267	11000	1	678
呼伦贝尔市陈巴尔虎旗鄂温克苏木	1623		1	
呼伦贝尔市额尔古纳市三河回族乡	2894	24000	3	375
呼伦贝尔市额尔古纳市室韦俄罗斯民族乡	946	14700	3	
兴安盟科尔沁右翼前旗满族屯满族乡	1622	21000	1	295
赤峰市松山区当铺地满族乡	4521	14104	4	1619
赤峰市喀喇沁旗十家满族乡	3165	9858	3	726
乌兰察布市凉城县曹碾满族乡	2754	8128		
呼伦贝尔市鄂温克族自治旗巴彦塔拉达斡尔族乡				
辽宁省	**82564**	**11022**	**201**	**48471**
沈阳市康平县柳树屯蒙古族满族乡	534	13000	1	834
沈阳市康平县沙金台蒙古族满族乡	1452	13250	1	1105
沈阳市法库县四家子蒙古族乡	1267	9170	1	473
沈阳市康平县东升满族蒙古族乡	1386	14452	1	1112
沈阳市康平县西关屯蒙古族满族乡	1200	9250	1	1042
大连市瓦房店市三台满族乡	5230	16314	2	901
大连市瓦房店市杨家满族乡	2326	16428	4	837
大连市庄河市太平岭满族乡	3872	12673	6	995
大连市庄河市桂云花满族乡	8093	15448	2	523
抚顺市抚顺县拉古满族乡	12345	10988	1	601
抚顺市抚顺县汤图满族乡	893	14600	1	475
本溪市桓仁满族自治县雅河朝鲜族乡	1188	15600	1	172
锦州市义县地藏寺满族乡	1079	8760	1	222
锦州市义县大定堡满族乡	1544	8248	1	189
阜新市彰武县二道河子蒙古族乡	1202	10050	1	565
辽阳市辽阳县吉洞峪满族乡	1163	11500	9	1211
辽阳市辽阳县甜水满族乡	1326	9100	5	1054
铁岭市开原市林丰满族乡	1779	8125	3	283
铁岭市铁岭县白旗寨满族乡	666	12143	5	412

教师数（人）	图书馆（个）	文化站（个）	村文化活动室（个）	医疗卫生机构（个）	医院（个）	基层医疗卫生机构（个）
		1	9	12		12
138		1	8	10		10
82		1	9	13		13
112	1	1	1	1		1
	8	1	7	1		1
98	3	3		19	2	17
11	1	1	1	1	1	
71	1	1	8	8		8
243		1	25	28		28
90		1	14	21		21
	2	1	21	23		23
5436	**36**	**54**	**467**	**655**	**23**	**626**
121	1	1	9	10		10
113		1	11	12		12
71		1	9	10		10
107	1	1	10	11		11
114		1	9	10		10
104		1	10	9		9
120	1	1	12	12		12
111		1	6	7		7
101		1	5	7		7
100	1	1	10	13		13
54	1	1	9	8		8
27	1	1	8	10		10
63		1	5	6		6
30		1	8	8		8
76	1	1	8	12		10
102	1	1	13	14	1	13
138	1	1	14	15	1	14
70		1	10	11		10
63	1	1		10	1	9

10-1(三) 续表 3

民族乡镇名称	公共财政支出（万元）	农村居民人均可支配收入（元）	学校数（个）	在校学生数（人）
铁岭市西丰县成平满族乡	625	11829	3	333
铁岭市西丰县德兴满族乡	926	10982	1	142
铁岭市西丰县和隆满族乡	652	10170	4	802
铁岭市西丰县金星满族乡	563	10290	3	303
铁岭市西丰县明德满族乡	649	12480	1	172
铁岭市西丰县营厂满族乡	651	10756	2	208
铁岭市清河区聂家满族乡	1645	8500	1	486
朝阳市北票市马友营蒙古族乡	2938	15000	7	1009
朝阳市北票市凉水河蒙古族乡	1669	7500	2	138
朝阳市建平县三家蒙古族乡	1522	12965	8	2215
朝阳市凌源市三家子蒙古族乡	5203	8600	13	3643
朝阳市朝阳县松岭门蒙古族乡	1300	11000	3	615
朝阳市朝阳县乌兰河硕蒙古族乡	1521	7552	5	850
葫芦岛市绥中县西平坡满族乡	649	9408	5	1299
葫芦岛市绥中县范家满族乡	700	9356	2	1085
葫芦岛市绥中县高甸子满族乡	1173	8101	6	922
葫芦岛市绥中县葛家满族乡	650	6570	1	958
葫芦岛市绥中县明水满族乡	544	8835	4	721
葫芦岛市绥中县网户满族乡	608	11000	4	1598
葫芦岛市兴城市白塔满族乡	530	9023	6	864
葫芦岛市兴城市大寨满族乡	499	11500	8	2156
葫芦岛市兴城市碱厂满族乡	487	4700	4	975
葫芦岛市兴城市旧门满族乡	397	9836	4	570
葫芦岛市兴城市刘台子满族乡	556	10844	3	1255
葫芦岛市兴城市南大山满族乡	557	10400	4	1334
葫芦岛市兴城市望海满族乡	597	10900	6	1450
葫芦岛市兴城市围屏满族乡	416	10685	6	1150
葫芦岛市兴城市羊安满族乡	745	14930	4	824
葫芦岛市兴城市药王庙满族乡	444	3800	8	1140
葫芦岛市兴城市三道沟满族乡	526	4000	3	749
葫芦岛市兴城市元台子满族乡	581	11700	3	926
葫芦岛市建昌县二道湾子蒙古族乡	330	9550	7	2159

教师数（人）	图书馆（个）	文化站（个）	村文化活动室（个）	医疗卫生机构（个）	医院（个）	基层医疗卫生机构（个）
65		1	10	21	1	20
26		1	7	8		8
97	1	1	10	11		11
51		1	9	12	1	11
30		1	7	11	1	10
36	1	1	9	11	1	10
65		1	1	11	1	10
143		1	9	20	1	20
45	1	1	6	10		10
226		1	14	15	1	14
240		1	17	45	1	44
65	1	1	6	18	1	17
88	1	1	7	17		17
90	1	1		13	1	12
75	1	1	3	11	1	10
84	1	1	9	3	1	2
101	1	1	10	4	1	1
70	1	1	6	9	1	8
106	1	1	14	15	1	14
109		1	6	11		11
213		1	3	14		14
106		1	7	6	1	5
90	9	1	8	11		11
105		1	10	12	1	11
126	1	1	17	9	1	8
144	1	1	10	11		9
71		1	8	17		17
158	1	1	11	15		15
124	1	1	11	10		10
101		1	11	13		13
142	1	1	9	19		19
179		1	12	13	1	12

10-1(三)　续表 4

民族乡镇名称	公共财政支出（万元）	农村居民人均可支配收入（元）	学校数（个）	在校学生数（人）
丹东市宽甸满族自治县下露河朝鲜族乡	197	5500	1	567
丹东市东港市合隆满族乡	1814	16795	5	840
丹东市凤城市大堡蒙古族乡	1156	14000	7	1007
吉林省	**56195**	**11594**	**121**	**30490**
延边朝鲜族自治州珲春市三家子满族乡	3420	15000	1	126
延边朝鲜族自治州珲春市杨泡满族乡	2362	13000	1	42
吉林市昌邑区土城子满族朝鲜族乡	1317	12988	2	744
吉林市龙潭区乌拉街满族镇	2552	11000	6	3133
吉林市龙潭区大口钦满族镇	1530	12500	2	912
吉林市昌邑区两家子满族乡	105	12100	5	1332
吉林市永吉县金家满族乡	401	10156	1	605
吉林市蛟河市乌林朝鲜族乡	493	12598	4	978
通化市梅河口市小杨满族朝鲜族乡	610		4	508
通化市集安市凉水朝鲜族乡	1387	13590	1	174
通化市通化县金斗朝鲜族满族乡	539	17024	1	87
通化市通化县大泉源满族朝鲜族乡	4365	14643	4	1029
通化市辉南县楼街朝鲜族乡	944	13998	3	1113
通化市柳河县姜家店朝鲜族乡	776	16022	3	73
通化市柳河县三元浦朝鲜族镇	3031	15050	4	1783
辽源市东丰县三合满族朝鲜族乡	1726	15555	10	919
长春市双阳区双营子回族乡	438	10500	5	1050
长春市榆树市延和朝鲜族乡	488		1	2
长春市九台市胡家回族乡	3252	9200	1	1602
长春市九台市莽卡满族乡	4801	13200	3	2130
白城市通榆县包拉温都蒙古族乡	193	8000	1	196
白城市通榆县向海蒙古族乡	942	8000	3	736
白城市洮南市呼和车力蒙古族乡	794	6511	5	533
白城市洮南市胡力吐蒙古族乡	500	4150	2	508
白城市镇赉县哈吐气蒙古族乡	362	9380	1	234
白城市镇赉县莫莫格蒙古族乡	2744	9010	2	530
白城市大安市新艾里蒙古族乡	1971	7900	1	226
白城市洮北区德顺蒙古族乡	335	17500	5	540

教师数（人）	图书馆（个）	文化站（个）	村文化活动室（个）	医疗卫生机构（个）	医院（个）	基层医疗卫生机构（个）
104		1	6	8	1	7
112	1	1	10	14		14
164		1	8	12		12
5071	**89**	**64**	**384**	**417**	**6**	**396**
45	9	1	8	5		5
27	8	1	7	6		6
88	1	1	12	12		12
354		1	28	30	1	29
110	2	1	12	13	1	12
114	2	1	13	14		14
106	1	1	7	8		8
213	2	1	20	19		19
101	1	1	17	15		
54	1	1	10	5		5
22		1	5	7	1	6
181	1	1	20	20		20
179	12	1	12	18		18
11	1	10		9		9
175	1	21	21	21	1	20
234		1	16	21		21
165	1	1	6	14		14
11	3	3	1	1		1
155	2	1	9	9		9
240		1	12	12		12
81		1	4	5		5
308	17	1	16	18		18
104		1	7	7	1	6
78		1	10	11		11
67	2	1	5	5		5
165	1	1	13	13		13
75	1	1	5	6		6
136	6	1	19	19		19

10-1(三) 续表 5

民族乡镇名称	公共财政支出（万元）	农村居民人均可支配收入（元）	学校数（个）	在校学生数（人）
松原市扶余县三骏满族蒙古族锡伯族乡	7788	12980	9	3320
四平市铁东区叶赫满族镇	1840	11090	14	3400
四平市公主岭市二十家子满族镇	450	7000	3	112
四平市公主岭市龙山满族乡	634	10445	4	1345
四平市双辽市那木斯蒙古族乡	3106	9800	9	468
黑龙江省	**90669**	**14720**	**123**	**28442**
哈尔滨市南岗区红旗满族乡	6226	21000	2	780
哈尔滨市双城市乐群满族乡	900	15867	2	632
哈尔滨市双城市同心满族乡	1248	16918	3	656
哈尔滨市双城市希勤满族乡	1125	14000	1	689
哈尔滨市双城市青岭满族乡	1022	16480	1	673
哈尔滨市双城市农丰满族锡伯族镇	1125	15800	2	615
哈尔滨市五常市拉林满族镇	1948	19100	6	3478
哈尔滨市五常市红旗满族乡	610	17894	1	712
哈尔滨市五常市营城子满族乡	604	16500	2	450
哈尔滨市五常市牛家满族镇	1665		2	1925
哈尔滨市五常市民乐朝鲜族乡	380	23560		
哈尔滨市尚志市河东朝鲜族乡	642	18404	1	53
哈尔滨市尚志市鱼池朝鲜族乡	619	14640	1	121
哈尔滨市依兰县迎兰朝鲜族乡	3178	12583	4	220
齐齐哈尔市梅里斯达斡尔族区卧牛吐达斡尔族镇	540	14093	3	509
齐齐哈尔市梅里斯达斡尔族区莽格吐达斡尔族乡	2180	14093	1	126
齐齐哈尔市泰来县宁姜蒙古族乡	2300	8500	2	530
齐齐哈尔市泰来县胜利蒙古族乡	1206	12000	5	600
齐齐哈尔市泰来县江桥蒙古族镇	3481	13595	4	1356
齐齐哈尔市昂昂溪区水师营满族镇	8	13362	1	656
齐齐哈尔市富裕县友谊达满柯族乡	220	13572	3	2455
齐齐哈尔市讷河市兴旺鄂温克族乡	875	10100	4	1717
齐齐哈尔市富拉尔基区杜尔门沁达族乡	1332	21957	3	685
牡丹江市海林市新安朝鲜族镇	793	21413	1	461
牡丹江市穆棱市福禄朝鲜族满族乡	1500	24000	2	121
牡丹江市宁安市江南朝、满族乡	1203	18218	6	795

教师数（人）	图书馆（个）	文化站（个）	村文化活动室（个）	医疗卫生机构（个）	医院（个）	基层医疗卫生机构（个）
316		1	29	30		30
342	14	1	13	14	1	13
560		1	9	10		10
112		1	8	9		9
142		1	10	11		11
4369	**86**	**64**	**499**	**631**	**78**	**553**
155	5	1	9	13	1	12
89	2	2	9	10	1	9
75	1	1	7	13	1	12
75	12	1	8	18	1	17
119	2	1	6	15	1	14
118	1	1	9	14	1	13
264	2	1	4	16	2	14
78	1	1	8	14	1	13
77		1	7	9	1	8
135		1	15	17	1	16
32	4	1	6	8	1	7
14	1	1	9	4	1	3
39	1	1	7	11	1	10
159	2	1	7	15	1	14
53	1	1	7	9	1	8
47	1	1	3	5	1	4
56	1	1	7	9	1	8
67	1	1	5	12	1	11
139	1	1	6	15	1	14
59	1	1	6	7	1	6
166	1	1	9	16	14	2
149	1	1	12	15	2	13
91	3	1	3	5	1	4
92	1	1	17	13	1	12
67	1	1	11	9	1	8
174	1	1	25	29	1	28

10-1(三)　续表 6

民族乡镇名称	公共财政支出（万元）	农村居民人均可支配收入（元）	学校数（个）	在校学生数（人）
牡丹江市宁安市卧龙朝鲜族乡	900	17649	1	467
牡丹江市东宁县三岔口朝鲜族镇	939	24687	2	323
牡丹江市西安区海南朝鲜族乡	641	17520	3	48
佳木斯市同江市街津口赫哲族乡	930	18191	1	6
佳木斯市同江市八岔赫哲族乡	6328	16174	1	38
佳木斯市桦川县星火朝鲜族乡	864	11000	1	
佳木斯市汤原县汤旺朝鲜族乡	1491	13057	1	17
大庆市肇源县超等蒙古族乡	690	10200	1	1050
大庆市肇源县浩德蒙古族乡	685	12600	1	354
大庆市肇源县义顺蒙古族乡	572	11300	4	1055
黑河市逊克县新鄂鄂伦春族乡	330	12426	1	76
黑河市逊克县新兴鄂伦春族乡	720	9860	1	88
黑河市爱辉区新生鄂伦春族乡	1573	15179	1	2
黑河市爱辉区四嘉子满族乡	527	15089	1	45
黑河市爱辉区坤河达斡尔族满族乡	1713		1	
黑河市北安市主星朝鲜族乡	490	15587		
黑河市孙吴县沿江达斡尔族满族乡	120	20500	1	14
绥化市北林区兴和朝鲜族乡	389	20227	1	
绥化市北林区绥胜满族镇	1160	14460	2	211
绥化市北林区永安满族镇	717	14656	3	676
绥化市北林区红旗满族乡	884	4265	1	228
绥化市望奎县惠七满族镇	12060	15100	2	545
绥化市望奎县厢白满族乡	660	12100	8	158
绥化市望奎县灵山满族乡	650	8500	5	475
伊春市铁力市年丰朝鲜族乡	953	14312	1	74
鹤岗市萝北县东明朝鲜族乡	465	19924	1	128
鹤岗市绥滨县福兴满族乡	160	9375	1	20
大兴安岭地区呼玛县白银纳鄂伦春族乡	1056	12748	1	38
大兴安岭地区塔河县十八站鄂伦春族乡	2258	11067	1	106
双鸭山市饶河县四排赫哲族乡	1775	12211	1	4
双鸭山市友谊县成富朝鲜族满族乡	700	21789	1	
七台河市勃利县杏树朝鲜族乡	1499	11845	4	244

教师数（人）	图书馆（个）	文化站（个）	村文化活动室（个）	医疗卫生机构（个）	医院（个）	基层医疗卫生机构（个）
87	1	1	10	17	1	16
98	1	1	13	15	1	14
27	1	1	16	17	1	16
13	1	1	6	6	1	5
16	1	1	4	6	1	5
7	2	1	14	4	1	3
17	1	1	11	4	1	3
156	1	1	7	9	1	8
82	1	1	5	7	1	6
138	1	1	7	9	1	8
9	1	1	5	4	1	3
11	1	1	4	3	1	2
2	1	1	3	4	1	3
26	1	1	7	8	1	7
5	1	1	6	8	1	7
	1	1	3	4	1	3
17	1	1	8	10	1	9
10	1	1	2	4	1	3
78	1	1	5	11	1	10
151	1	1	8	11	1	10
58	1	1	5	7	1	6
114	1	1	8	10	1	9
110	1	1	7	9	1	8
112	1	1	5	8	1	7
39	1	1	10	12	1	11
47	1	1	13	8	1	7
18	1	1	3	5	1	4
28	1	1	6	10	1	9
50	1	1	6	5	1	4
8	1	1	4	4	1	3
5	1	1	1	6	1	5
48	1	1	11	12	1	11

10-1(三) 续表 7

民族乡镇名称	公共财政支出（万元）	农村居民人均可支配收入（元）	学校数（个）	在校学生数（人）
七台河市勃利县吉兴朝鲜族、满族乡	1945	11334	2	660
鸡西市密山市和平朝鲜族乡	1036	17102	1	239
鸡西市鸡东县鸡林朝鲜族乡	4657	19420		
鸡西市鸡东县明德朝鲜族乡	516	14100	1	25
鸡西市城子河区永丰朝鲜族乡	686	18903	1	13
江苏省	**5892**	**33500**	**3**	**1975**
扬州市高邮市菱塘回族乡	5892	33500	3	1975
浙江省	**52319**	**19536**	**26**	**10030**
金华市兰溪市水亭畲族乡	4270	19500	2	1064
金华市武义县柳城畲族镇	4465	17000	4	2729
衢州市龙游县沐尘畲族乡	1683	20900	2	280
丽水市莲都区老竹畲族镇	4606	22025	1	1739
丽水市莲都区丽新畲族乡	3823	21615	3	293
丽水市龙泉市竹垟畲族乡	4900	20579	1	81
丽水市云和县雾溪畲族乡	1086	18069		
丽水市云和县安溪畲族乡	3023	19000	1	124
丽水市遂昌县三仁畲族乡	2516	17620	1	198
丽水市松阳县板桥畲族乡	607	17502	1	125
杭州市桐庐县莪山畲族乡	1344	26280	2	353
温州市平阳县青街畲族乡	1804	20125	1	112
温州市苍南县岱岭畲族乡	2097	21453	1	218
温州市苍南县凤阳畲族乡	1633	20632	1	76
温州市文成县西坑畲族镇	2948	16441	1	798
温州市文成县周山畲族乡	636	15910		
温州市泰顺县司前畲族镇	7218	19000	4	1840
温州市泰顺县竹里畲族乡	3658	18680		
安徽省	**24905**	**15927**	**52**	**11066**
淮南市谢家集区孤堆回族乡	2265	14243	6	1331
合肥市肥东县牌坊回族满族乡	12660	21455	15	2200
滁州市定远县二龙回族乡	788	12534	1	249
淮南市凤台县李冲回族乡	552	12200	5	1220
淮南市潘集区古沟回族乡	2100	13680	7	1731

教师数（人）	图书馆（个）	文化站（个）	村文化活动室（个）	医疗卫生机构（个）	医院（个）	基层医疗卫生机构（个）
79	1	1	14	17	1	16
75	1	1	12	14	1	13
	1	1	13	2	1	1
33	1	1	8	8	1	7
6	1	1	7	12	1	11
156	**1**	**1**	**8**	**8**		**8**
156	1	1	8	8		8
820	**84**	**34**	**153**	**84**	**3**	**83**
81	20	1	19	20	1	19
209	1	1	28	9	1	8
36	10	1	2	6		6
113	13	1	12	8		8
26		1	9	5		5
17	11	1	10	1		3
	1	1	3	1		1
15	1	1	8	1		1
19	6	8	8	8		8
19	10	10	10	1	1	1
33	1	1	7	8		8
15	4	1	3	1		1
30	1	1	3	1		1
15	1	1		2		1
55	2	1	8	4		4
		1	9	2		2
137	1	1	13	5		5
	1	1	1	1		1
1033	**33**	**16**	**64**	**79**	**1**	**77**
108		8	8	9		9
320	14	1	13	15		15
40		1	5	6		6
100	7	1	6	7		7
156	1	1	7	13		12

10-1(三) 续表 8

民族乡镇名称	公共财政支出（万元）	农村居民人均可支配收入（元）	学校数（个）	在校学生数（人）
六安市寿县陶店回族乡	2397	12030	4	725
宣城市宁国市云梯畲族乡	1430	18636	1	139
蚌埠市五河县临北回族乡	1408	17240	9	1851
阜阳市颍上县赛涧回族乡	1305	14900	4	1620
福建省	**62850**	**16989**	**74**	**33268**
福州市罗源县霍口畲族乡	2072	13382	3	421
福州市连江县小沧畲族乡	290	11982		
宁德市福安市坂中畲族乡	2255	18684	8	8984
宁德市福安市康厝畲族乡	3088	18929	2	1857
宁德市福安市穆云畲族乡	2470	17755	1	410
宁德市霞浦县盐田畲族乡	7127	18645	5	1450
宁德市霞浦县崇儒畲族乡	4244	16839	5	507
宁德市霞浦县水门畲族乡	6352	15962	2	590
宁德市蕉城区金涵畲族乡	3647	17546	3	5275
宁德市福鼎市硖门畲族乡	3676	16945	5	1624
宁德市福鼎市佳阳畲族乡	2444	16352	1	295
漳州市漳浦县赤岭畲族乡	735	17225	3	1385
漳州市漳浦县湖西畲族乡	2360	16123	8	2378
漳州市龙海市隆教畲族乡	12924	19006	11	1682
三明市永安市青水畲族乡	1828	19415	3	1032
三明市宁化县治平畲族乡	2149	13263	3	747
龙岩市上杭县官庄畲族乡	2387	16792	4	1636
龙岩市上杭县庐丰畲族乡	1722	15530	3	678
泉州市惠安县百崎回族乡	1082	13853	4	2317
江西省	**32199**	**13104**	**71**	**8855**
鹰潭市贵溪樟坪畲族乡	817	15060	5	173
上饶市铅山县太源畲族乡	1784	13310	1	153
上饶市铅山县篁碧畲族乡	1780	11865	1	423
吉安市永丰县龙冈畲族乡	2906	15162	13	1889
赣州市南康赤土畲族乡	13237	13225	25	2888
吉安市青原区东固畲族乡	1412	13597	13	1997
抚州市乐安县金竹畲族乡	1930	9533	12	967
吉安市峡江县金坪民族乡	8333	13074	1	365

教师数（人）	图书馆（个）	文化站（个）	村文化活动室（个）	医疗卫生机构（个）	医院（个）	基层医疗卫生机构（个）
57	5	1	4	5		5
23	6	1	4	5		5
127		1	11	12		12
102		1	6	7	1	6
2579	**8**	**21**	**304**	**316**	**1**	**315**
64		1	24	17		17
		1	5	3		3
556	1	1	19	20		20
129		2	32	24		24
31		1	33	23	1	22
120	1	1	22	17		17
81		1	27	14		14
86	1	1	23	11		11
373		1	16	23		23
139	1	1	10	12		12
45		2	12	13		13
92		1	9	10		10
147		1	10	16		16
156	1	1	10	21		21
101	1	1	3	22		22
65	1	1	12	13		13
122		1	18	24		24
125		1	14	27		27
147	1	1	5	6		6
683	**4**	**8**	**72**	**81**	**2**	**79**
53		1	5	4		4
26		1	4	3		3
28		1	4	2		2
94	1	1	11	18		18
235		1	18	23		23
125		1	15	16		16
103	2	1	10	12	2	10
19	1	1	5	3		3

10-1(三) 续表 9

民族乡镇名称	公共财政支出（万元）	农村居民人均可支配收入（元）	学校数（个）	在校学生数（人）
山东省	**22280**	**15061**	**30**	**11551**
淄博市临淄区金岭回族镇	10759	19499	2	713
聊城市莘县张鲁回族镇	2396	17398	11	5191
菏泽市曹县侯集回族镇	4546	12686	13	3847
德州市禹城市十里望回族镇	4579	12350	4	1800
河南省	**63105**	**12283**	**200**	**169286**
郑州市荥阳市金寨回族乡	1200	18578	1	370
周口市太康县城关回族镇	8000	13839	13	22189
周口市淮阳县城关回族镇	19800	10410	26	23530
周口市沈丘县槐店回族镇	10143	17409	23	24041
商丘市宁陵县城关回族镇	1579	7965	11	26494
商丘市睢县城关回族镇	4023	10126	18	42300
商丘市民权县伯党回族乡	488	8450	7	1745
商丘市民权县胡集回族乡	321	8700	7	1456
平顶山市叶县马庄回族乡	960	7889	4	1199
平顶山市郏县姚庄回族乡	795	9247	5	761
新乡市封丘县荆乡回族乡	954	11295	3	872
许昌市许昌县艾庄回族乡	910	9800	4	936
许昌市禹州市山货回族乡	646	16883	3	989
许昌市襄城县颍桥回族镇	540	9506	3	680
南阳市镇平县郭庄回族乡	733	8284	9	1350
南阳市方城县袁店回族乡	793	13545	10	2091
驻马店市西平县蔡寨回族乡	658	10125	7	1528
驻马店市新蔡县李桥回族镇	879	13550	14	3865
漯河市临颍县繁城回族镇	960	11020	26	7067
洛阳市洛宁县王范回族镇	1555	11782	5	5572
洛阳市瀍河回族区瀍河回族乡	7169	15918	1	251
湖北省	**34306**	**12968**	**73**	**19824**
荆门市钟祥市九里回族乡	1180	18580	2	693
荆州市洪湖市老湾回族乡	706	17005	1	969
荆州市松滋市卸甲坪土家族乡	2781	15095	3	988

教师数（人）	图书馆（个）	文化站（个）	村文化活动室（个）	医疗卫生机构（个）		
					医院（个）	基层医疗卫生机构（个）
711	**6**	**4**	**158**	**87**	**4**	**83**
71	1	1	10	10	1	9
224		1	51	29		29
216		1	20	19	1	18
200	5	1	77	29	2	27
8571	**26**	**24**	**181**	**259**	**17**	**242**
35	1	1	2	3		3
1071	2	1	12	15	2	13
535		1	15	36		36
2339	1	1	9	13		9
1146	1	1	5	10	3	7
1218	1	1	7	23	6	17
154		1	9	10		10
108		1	13	15	1	14
134	1	1	1	9	1	8
41	1	1	6	7		7
62	5	1	5	6		6
95		1	9	10		10
69	6	1	6	7		7
61		1	5	6		6
95		1	9	10		10
168	1	1	9	11		11
123		1	6	7		7
315	1	1	10	11		11
485	1	1	30	33		33
294	4	4	2	5		5
23		1	11	12		12
1407	**73**	**11**	**182**	**191**	**2**	**189**
86		1	9	10		10
82		1	6	8		8
76		1	8	10		10

10-1(三) 续表 10

民族乡镇名称	公共财政支出(万元)	农村居民人均可支配收入(元)	学校数(个)	在校学生数(人)
宜昌市宜都市潘家湾土家族乡	3184	16928	3	579
十堰市郧西县湖北口回族乡	1008	10037	13	2278
恩施土家族苗族自治州恩施市芭蕉侗族乡	9599	11368	17	4206
恩施土家族苗族自治州宣恩县长潭河侗族乡	5715	9493	8	1558
恩施土家族苗族自治州宣恩县晓关侗族乡	4156	12353	10	3045
仙桃市沔城回族镇	3237	16541	6	3156
神农架林区下谷坪土家族乡	892	8558	2	393
咸宁市赤壁市周郎嘴回族镇	698	15575	5	757
恩施土家族苗族自治州鹤峰县铁炉白族乡	1149	9428	3	1202
湖南省	**94719**	**7649**	**414**	**103086**
怀化市辰溪县罗子山瑶族乡	437	12391	1	187
怀化市辰溪县苏木溪瑶族乡	730	4569	8	521
怀化市辰溪县上蒲溪瑶族乡	563	6980	1	245
怀化市辰溪县后塘瑶族乡	978	5221	10	941
怀化市辰溪县仙人湾瑶族乡	144	10315	9	1486
怀化市洪江市深渡苗族乡	924	4600	1	268
怀化市洪江市龙船塘瑶族乡	241	11312	1	245
怀化市会同县炮团侗族苗族乡	1897	3128	5	1160
怀化市会同县宝田侗族苗族乡	1120	5071	1	360
怀化市会同县蒲稳侗族苗族乡	1561	4195	2	812
怀化市会同县金子岩侗族苗族乡	2022	6930	4	2870
怀化市会同县漠滨侗族苗族乡	2200	3670	1	1188
怀化市会同县青朗侗族苗族乡	2250	7900	5	2112
怀化市沅陵县二酉苗族乡	2140	3167	5	1107
怀化市沅陵县火场土家族乡	601	2456	3	410
怀化市中方县蒿吉坪瑶族乡	1002	5500	1	176
怀化市通道侗族自治县大高坪苗族乡	463	3470	4	362
怀化市新晃侗族自治县步头降苗族乡	663	4146	2	634
怀化市新晃侗族自治县米贝苗族乡	252	4120	7	1989
邵阳市绥宁县河口苗族乡	268	9211	3	1067
邵阳市绥宁县麻塘苗族乡	2743	5684	2	454
邵阳市绥宁县东山侗族乡	815	9667	1	524

教师数（人）	图书馆（个）	文化站（个）	村文化活动室（个）	医疗卫生机构（个）	医院（个）	基层医疗卫生机构（个）
69	11	1	10	10		10
150	18	1	17	19		19
270	1	1	18	23	1	22
105	40	1	39	40		40
155			40	32		32
189	1	1	12	14	1	13
55	1	1	6	5		5
81	1	1	9	10		10
89		1	8	10		10
7183	**239**	**131**	**1085**	**2270**	**31**	**1121**
37		1	8	9		9
72		1	10	11		11
34		1	8	9		9
125	12		12	12		12
92		1	16	17		17
38		1	9	9		9
24		1	7	8		8
56	1	1	8	10		10
27	1	6	10	7		7
57	1	1	6	7		7
183	27	1	26	29		29
72	1	1	7	10		10
158	1	1	13	15		15
150	1	1	1	25		25
46		1	1	4		4
41	1	1	6	7		7
33		1	4	1		4
61		1	7	5	5	5
96		1	8	8		8
99	1	2	10	12	1	12
54	1	1	13	15	2	15
17	1	1	11	14	1	12

10-1(三) 续表 11

民族乡镇名称	公共财政支出（万元）	农村居民人均可支配收入（元）	学校数（个）	在校学生数（人）
邵阳市绥宁县鹅公岭侗族苗族乡	102	9667	1	524
邵阳市绥宁县寨市苗族侗族乡	1536	10325	4	937
邵阳市绥宁县乐安铺苗族侗族乡	544	10582	2	299
邵阳市绥宁县关峡苗族乡	3922	5836	9	1782
邵阳市绥宁县长铺子苗族乡	2055	7878	4	2755
邵阳市隆回县山界回族乡	643	4896	11	5237
邵阳市隆回县虎形山瑶族乡	1289	7800	9	2398
邵阳市洞口县那溪瑶族乡	670	3896	2	775
邵阳市洞口县大屋瑶族乡	173	2920	1	264
邵阳市洞口县长塘瑶族乡	692	3462	3	308
邵阳市新宁县黄金瑶族乡	3008	2899	4	1332
邵阳市新宁县麻林瑶族乡	1303	2360	4	851
永州市蓝山县荆竹瑶族乡	268	3900	1	135
永州市蓝山县湘江源瑶族乡	280	3930	1	128
永州市蓝山县浆洞瑶族乡	340	3820	1	168
永州市蓝山县汇源瑶族乡	360	3840	2	126
永州市蓝山县犁头瑶族乡	303	3820	1	105
永州市蓝山县大桥瑶族乡	468	3960	1	714
永州市江永县松柏瑶族乡	135	2643	15	2706
永州市江永县千家洞瑶族乡	312	4500	5	676
永州市江永县兰溪瑶族乡	1523	2219	2	584
永州市江永县源口瑶族乡	242	3590	1	747
永州市宁远县九疑瑶族乡	786	4512	4	2298
永州市宁远县棉花坪瑶族乡	239	3368	3	679
永州市宁远县桐木漯瑶族乡	336	4520	2	475
永州市宁远县五龙山瑶族乡	434	4200	2	612
永州市道县横岭瑶族乡	43	4730	5	653
永州市道县洪塘营瑶族乡	469	3125	5	1200
永州市道县审章塘瑶族乡	268	7692	13	2107
永州市祁阳县晒北滩瑶族乡	519	8602	4	220
永州市新田县门楼下瑶族乡	920	6000	1	271
永州市双牌县上梧江瑶族乡	521	8546	3	248

教师数（人）	图书馆（个）	文化站（个）	村文化活动室（个）	医疗卫生机构（个）	医院（个）	基层医疗卫生机构（个）
17	2	1	11	12	1	11
133	2	1	29	33	1	33
38	1	1	8	9	1	9
125	3	1	9	15	1	9
177	4	29	29	32	1	32
138	2	1	16	28	2	26
115	1	1	12	13	1	13
72		1	5	13	1	13
24		1	7	6	1	8
32		1	6	7	1	7
75		1	11	10	1	10
39	1	1	11	12	1	12
18	9	1	6	6		6
20	7	1	5	6		6
20	1	1	6	1	1	4
15	1	1	5			1
14	1	1	4	1	1	2
54	1	1	7	1		8
203		1	12	31		31
60		1	11	13		13
36		1	6	12		12
49		1	11	21		21
158	30	1	21	35		35
17	1	1	5	6		6
21	1	1	6	7		7
55	1	1	15	15		15
47		1	8	9		9
59		1	10	15		15
143		15	14	24		24
26		1	9	6		6
29	1	1	13	15		15
46	1	1	13	15		15

10-1(三) 续表 12

民族乡镇名称	公共财政支出（万元）	农村居民人均可支配收入（元）	学校数（个）	在校学生数（人）
永州市江华瑶族自治县小圩壮族乡	1689	10625	9	3131
张家界市桑植县刘家坪白族乡	4462	4560	3	550
张家界市桑植县马合口白族乡	490	3786	2	970
张家界市桑植县走马坪白族乡	2210	9555	7	999
张家界市桑植县芙蓉桥白族乡	1766	4800	3	1207
张家界市桑植县洪家关白族乡	2469	8739	4	2725
张家界市慈利县三官寺土家族乡	1090	7783	17	2051
张家界市慈利县高峰土家族乡	1176	7908	6	1401
张家界市慈利县金岩土家族乡	1409	4463	9	1865
张家界市慈利县许家坊土家族乡	112	4912	8	1674
张家界市慈利县阳和土家族乡	1164	8529	6	1658
张家界市慈利县甘堰土家族乡	1269	6345	12	2627
张家界市慈利县赵家岗土家族乡	1003	4568	14	1456
郴州市桂阳县白水瑶族乡	2348	8894	21	1513
郴州市北湖区保和瑶族乡	926	16983	4	1151
郴州市北湖区仰天湖瑶族乡	1243	14565	9	2024
郴州市宜章县莽山瑶族乡	841	4398	5	1128
郴州市汝城县文明瑶族乡	4077	7626	26	6819
郴州市汝城县延寿瑶族乡	3065	8288	6	2986
郴州市汝城县三江口瑶族乡	2008	7337	3	1123
郴州市临武县西山瑶族乡	160	8538	2	607
郴州市资兴市回龙山瑶族乡	1455	18579	4	545
郴州市资兴市八面山瑶族乡	323	18644	3	565
常德市鼎城区许家桥回族维吾尔族乡	2420	9396	4	1692
常德市汉寿县毛家滩回族维吾尔族乡	1088	16500	3	1447
常德市桃源县枫树维吾尔族回族乡	1132	6681	4	2385
常德市桃源县青林回族维吾尔族乡	1705	15979	2	2308
株洲市炎陵县中村瑶族乡	1109	6789	3	933
衡阳市常宁市塔山瑶族乡	599	17670	7	796
益阳市桃江县鲊埠回族乡	1195	14320	5	1318
广东省	**8327**	**13319**	**15**	**4207**
惠州市龙门县蓝田瑶族乡	1337	16427	2	817

教师数（人）	图书馆（个）	文化站（个）	村文化活动室（个）	医疗卫生机构（个）	医院（个）	基层医疗卫生机构（个）
176		1	21	22		22
48	7	1	6	7	1	6
85		1	9	14		14
81		1	13	16		16
109		1	13	13		13
237		1	23	24		24
80	1	1	17	18		18
78	17	1	16	18	1	17
110	1	1	12	13		13
105		1	10	9		9
91	11	1	131	10		10
167	21	1	20	21		21
83		1	12	13	1	12
94	3	1	21	19		19
77	11	1	11	10		10
170	16	1	15	18		18
67		1	6	3		3
457	21	1	39	33		33
154	4	1	17	18		18
85	1	1	11	11	1	10
31	1	1	13	15		15
68		1	11	13		13
68		1	15	16		16
166	2	1	16	19	1	18
101		1	8	9		9
173		1	12	14		13
150	1	1	13	15	1	14
78		1	12	15		15
65		1	11	11	1	10
82	1	1	9	13		13
397	**5**	**7**	**76**	**61**	**3**	**58**
91	1	1	7	8	1	7

10-1(三)　续表 13

民族乡镇名称	公共财政支出（万元）	农村居民人均可支配收入（元）	学校数（个）	在校学生数（人）
清远市连州市三水瑶族乡	478	11405	1	191
清远市连州市瑶安瑶族乡	1101	11500	1	512
清远市阳山县秤架瑶族乡	1539	15004	1	621
肇庆市怀集县下帅壮族瑶族乡	1403	17283	1	1081
韶关市始兴县深渡水瑶族乡	1024	11214	1	110
河源市东源县漳溪畲族乡	1446	10086	8	875
广西壮族自治区	**86791**	**7738**	**570**	**110111**
梧州市蒙山县长坪瑶族乡	1079	8973	1	51
梧州市蒙山县夏宜瑶族乡	1409	8860	1	445
贺州市八步区黄洞瑶族乡	1034	8612	1	431
贺州市平桂管理区大平瑶族乡	2103	8333	6	1423
贺州市昭平县仙回瑶族乡	366	8166	7	1206
贺州市钟山县两安瑶族乡	1013	10305	6	1758
贺州市钟山县花山瑶族乡	945	10394	6	886
贵港市平南县马练瑶族乡	2468	10037	18	3177
贵港市平南县国安瑶族乡	1100	9010	9	1031
防城港市上思县南屏瑶族乡	759	11190	4	944
防城港市防城区十万山瑶族乡	1335		5	1056
南宁市马山县古寨瑶族乡	6504	6940	11	2147
南宁市马山县里当瑶族乡	854	6659	9	1798
南宁市上林县镇圩瑶族乡	543		9	2594
柳州市三江侗族自治县同乐苗族乡	1720	7708	28	6438
柳州市三江侗族自治县福禄苗族乡	663	11125	27	5737
柳州市三江侗族自治县高基瑶族乡	767		1	385
柳州市融水苗族自治县滚贝侗族乡	1741		8	1997
柳州市融水苗族自治县同练瑶族乡	373	11460	5	563
柳州市柳城县古砦仫佬族乡	1897	12528	14	2356
桂林市临桂县宛田瑶族乡	1104	12300	4	1597
桂林市临桂县黄沙瑶族乡	925	6998	2	138
桂林市灵川县大境瑶族乡	1766	6480	4	670
桂林市灵川县兰田瑶族乡	1148	7890	1	322
桂林市全州县蕉江瑶族乡	794	6930	12	1082

教师数（人）	图书馆（个）	文化站（个）	村文化活动室（个）	医疗卫生机构（个）	医院（个）	基层医疗卫生机构（个）
16		1	4	5		5
38	1	1	26	11	1	10
46		1	10	14		14
80	1	1	15	6		6
19	1	1	4	5		5
107	1	1	10	12	1	11
7083	**90**	**59**	**572**	**670**	**9**	**668**
10		1	5	6		6
42	1	1	6	7		7
34		1	4	5		5
75		1	6	7		7
70	7	1	6	8		8
112		1	5	7		7
66	7	1	6	7		7
235		1	12	14	1	13
92		1	12	11	1	10
101	4	1	9	19		19
57		1	6	7		7
138		1	6	10		10
129		1	10	11		11
160		1	11	11		11
431	1	1	19	20		20
250		1	14	13		13
39		1	8	9	1	8
41		1	11	12		12
37	1	1	6	7		7
233	1	1	15	8		8
125		1	8	16		16
23		1	5	6		6
69		1	4	9		9
41	1	1	3	1		4
90	1	1	8	9		9

10-1(三) 续表 14

民族乡镇名称	公共财政支出（万元）	农村居民人均可支配收入（元）	学校数（个）	在校学生数（人）
桂林市全州县东山瑶族乡	1231	8012	29	2856
桂林市兴安县华江瑶族乡	793	14036	3	437
桂林市灌阳县洞井瑶族乡	235	6900	9	850
桂林市灌阳县西山瑶族乡	960	5820	11	951
桂林市资源县车田苗族乡	1870	11025	26	2275
桂林市资源县两水苗族乡	1002	9540	7	308
桂林市资源县河口瑶族乡	936	8642	4	161
桂林市平乐县大发瑶族乡	3067	11531	10	912
桂林市荔浦县蒲芦瑶族乡	1580	7884	11	336
桂林市雁山区草坪回族乡	606	9920	4	480
百色市右江区汪甸瑶族乡	2460	12000	8	2466
百色市田东县作登瑶族乡	2599	8280	16	3097
百色市田林县潞城瑶族乡	1440		5	3709
百色市田林县利周瑶族乡	1581	7380	5	1409
百色市田林县八桂瑶族乡	928		6	2008
百色市田林县八渡瑶族乡	1415	5036	8	2893
百色市凌云县伶站瑶族乡	1285	5976	21	3542
百色市凌云县朝里瑶族乡	2198	4174	5	1283
百色市凌云县沙里瑶族乡	970	6875	11	2308
百色市凌云县玉洪瑶族乡	5274	6061	7	1910
百色市西林县足别瑶族苗族乡	1251	12185	2	565
百色市西林县普合苗族乡	1617	6134	2	1035
百色市西林县那佐苗族乡	4218	11200	10	2170
河池市南丹县八圩瑶族乡	2024	7000	17	5522
河池市南丹县里湖瑶族乡	2278	6802	13	5007
河池市南丹县中堡苗族乡	618		6	716
河池市天峨县八腊瑶族乡	1861	8878	9	1015
河池市凤山县平乐瑶族乡	740	4750	10	2655
河池市凤山县江洲瑶族乡	432	5600	7	1955
河池市凤山县金牙瑶族乡	623	4274	34	3065
河池市东兰县三弄瑶族乡	656	5408	1	309
河池市环江毛南族自治县驯乐苗族乡	2500	6488	11	2026
河池市宜州市北牙瑶族乡	121	9098	27	6300
河池市宜州市福龙瑶族乡	1009	9679	16	3348

教师数（人）	图书馆（个）	文化站（个）	村文化活动室（个）	医疗卫生机构（个）	医院（个）	基层医疗卫生机构（个）
87	1	1	16	17		17
37	1	1	8	21		21
83	1	1	9	10		10
102	1	1	10	10		10
181		1	12	13		13
43	1	1	6	7		7
35		1	5	6		6
102		1	10	8		8
49	1	1	8	11		11
43		1	3	4		5
205	1	1	13	15		15
191		1	21	22		22
143	1	1	19	21		21
107		1	9	10		10
127		1	12	14		14
286		1	17	19		19
165	10	1	9	9		10
55		1	6	7		7
110	1	1	12	13		13
143	8	1	7	18		18
33	1	1	6	9	1	9
58	1	1	7	7	1	7
161	1	1	19	22	2	20
274	15	1	15	17	1	16
212	13	1	13	13		13
68	1	1	6	6		6
99		1	9	9		9
163	2	1	10	11		11
119		1	7	10		10
215		1	12	14		14
22		1	5	6		6
133	5	1	12	14	1	13
315		1	19	21		21
217		1	15	16		16

10-1(三) 续表 15

民族乡镇名称	公共财政支出（万元）	农村居民人均可支配收入（元）	学校数（个）	在校学生数（人）
重庆市	**27910**	**10829**	**34**	**10043**
奉节县云雾土家族乡	1466	11192	1	240
奉节县长安土家族乡	3455	10387	3	563
奉节县龙桥土家族乡	878	11612	3	565
奉节县太和土家族乡	2658	9500	4	560
万州区恒合土家族乡	2326	11466	2	1858
万州区地宝土家族乡	1366	11630	1	420
云阳县清水土家族乡	2326	9557	5	2328
巫山县红椿土家族乡	2132	11071	1	240
巫山县邓家土家族乡	680	9915	2	245
忠县磨子土家族乡	1124	11214	5	557
武隆区石桥苗族土家族乡	2318	12450	3	1550
武隆区文复苗族土家族乡	1855	9250	1	209
武隆区后坪苗族土家族乡	3518	10886	2	395
武隆区浩口苗族仡佬族乡	1808	11586	1	313
四川省	**95033**	**12162**	**207**	**62879**
甘孜藏族自治州九龙县子耳彝族乡	954	14091	1	150
甘孜藏族自治州九龙县三垭彝族乡	712	13203	1	350
甘孜藏族自治州九龙县俄尔彝族乡	689	12890	1	230
甘孜藏族自治州九龙县小金彝族乡	607	13321	1	165
甘孜藏族自治州九龙县朵落彝族乡	695	12420	1	70
甘孜藏族自治州九龙县踏卡彝族乡	674	13379	1	130
甘孜藏族自治州九龙县湾坝彝族乡	735	13751	3	950
阿坝藏族羌族自治州松潘县十里回族乡	806	13844	1	225
阿坝藏族羌族自治州松潘县进安回族乡	934	14054	1	769
攀枝花市仁和区大龙潭彝族乡	3057	17448	8	723
攀枝花市仁和区啊喇彝族乡	2153	16965	1	385
攀枝花市米易县麻陇彝族乡	897	17800	1	262
攀枝花市米易县白坡彝族乡	1225	19198	1	380
攀枝花市米易县湾丘彝族乡	1418	17259	4	2035

教师数（人）	图书馆（个）	文化站（个）	村文化活动室（个）	医疗卫生机构（个）		
					医院（个）	基层医疗卫生机构（个）
682	**25**	**20**	**99**	**108**		**108**
17		1	3	4		4
56		1	8	8		8
36		1	6	6		6
51		1	8	7		7
114	1	1	13	14		14
37	5	1	4	6		6
126	1	1	14	16		16
20	1	1	5	6		6
26		1	5	6		6
55	1	1	8	9		9
48	1	7	7	7		7
28	7	1	6	7		7
41	1	1	6	7		7
27	7	1	6	5		5
4477	**247**	**165**	**632**	**719**	**27**	**693**
12	1	1	5	6	1	5
16	1	1	4	5	1	4
13	1	1	3	3	1	2
12	1	1	3	3	1	2
10	1	1	3	3	1	2
10	1	1	4	5	1	4
54	3	3	5	6	1	5
35		1	6	6		6
61			10	12	1	11
61		1	8	12		12
41	7	1	6	7		7
20		1	8	8		8
46		1	10	11		11
203			6	7	1	6

10-1(三) 续表 16

民族乡镇名称	公共财政支出（万元）	农村居民人均可支配收入（元）	学校数（个）	在校学生数（人）
攀枝花市米易县新山傈僳族乡	576	16620	1	269
攀枝花市盐边县敢鱼彝族乡	1017	12830	3	238
攀枝花市盐边县红果彝族乡	113	14306	1	537
攀枝花市盐边县温泉彝族乡	459	14522	1	552
攀枝花市盐边县箐河傈僳族乡	680	14473	6	429
攀枝花市盐边县格萨拉彝族乡	1235	14286	2	266
攀枝花市盐边县和爱彝族乡	603	14110	1	393
攀枝花市盐边县红宝苗族彝族乡	799	13782	1	53
泸州市叙永县白蜡苗族乡	4176	8583	1	2497
泸州市叙永县合乐苗族乡	2794	8568	1	862
泸州市叙永县枧槽苗族乡	2784	8469	2	1825
泸州市叙永县石坝彝族乡	3164	9812	3	1159
泸州市叙永县水潦彝族乡	5260	10049	1	2193
泸州市古蔺县箭竹苗族乡	493	13170	1	597
泸州市古蔺县大寨苗族乡	401	13826	1	514
泸州市古蔺县马嘶苗族乡	214	11165	1	385
广元市青川县蒿溪回族乡	347	13149	1	224
广元市青川县大院回族乡	476	11940	1	360
乐山市金口河区和平彝族乡	1508	13331	3	1468
乐山市金口河区共安彝族乡	1232	10537	2	374
南充市阆中市博树回族乡	224	15280	1	155
宜宾市筠连县高坪苗族乡	964	12536	2	1072
宜宾市筠连县联合苗族乡	978	14969	4	1388
宜宾市筠连县团林苗族乡	840	12880	6	762
宜宾市屏山县屏边彝族乡	804	11738	3	1353
宜宾市屏山县清平彝族乡	1103	11772	2	720
宜宾市兴文县大坝苗族乡	2510	11780	5	3846
宜宾市兴文县毓秀苗族乡	1114	13087	3	658
宜宾市兴文县大河苗族乡		14352	13	2313
宜宾市兴文县麒麟苗族乡	3011	13702	12	3442
宜宾市兴文县仙峰苗族乡	1942	11702	7	862
宜宾市珙县罗渡苗族乡	925	14109	7	1250

教师数（人）	图书馆（个）	文化站（个）	村文化活动室（个）	医疗卫生机构（个）	医院（个）	基层医疗卫生机构（个）
34		5	4	6		6
28	1	1	14	15		15
57	12	1	11	12		12
35	1	1	7	8		8
48	7	1	6	7	1	6
38		12	11	12		12
32	4	1	4	6	1	5
14	1	7	7	8		7
137		1	7	8		8
81		1	5	6		6
95		1	5	6		6
72	6	1	4	5	1	5
195	1	1	10	13		13
32	1	1	8	9	1	8
28	3	3	3	8	1	7
20	6	1	5	8		8
40	1	1	5	7		7
43	1	1	7	7		7
98	7	1	6	6		6
42		1	7	7		8
33		1	8	6		6
61		1	5	6		6
77	9	1	8	9	1	7
51		2	8	4		4
89	1	1	7	9	1	8
49		1	10	10		10
246		17	17	19		19
37		5	5	10	1	10
159	19	1	18	47		47
198	1	1	23	29	2	27
107	1	1	12	12		12
88		1	10	16		16

10-1(三) 续表 17

民族乡镇名称	公共财政支出（万元）	农村居民人均可支配收入（元）	学校数（个）	在校学生数（人）
宜宾市珙县玉和苗族乡	793	13747	3	906
宜宾市珙县观斗苗族乡	703	13564	2	894
雅安市汉源县小堡藏族彝族乡	319	11043	1	162
雅安市汉源县坭美彝族乡	357	12500	1	184
雅安市汉源县永利彝族乡	423	9151	1	54
雅安市汉源县顺河彝族乡	714	11349	1	85
雅安市汉源县片马彝族乡	273	11890	1	208
雅安市石棉县安顺彝族乡	1382	11242	4	598
雅安市石棉县先锋藏族乡	872	11351	2	1018
雅安市石棉县蟹螺藏族乡	1080	11345	2	197
雅安市石棉县回隆彝族乡	1428	11808	4	656
雅安市石棉县擦罗彝族乡	842	11456	3	654
雅安市石棉县栗子坪彝族乡	1130	11406	2	481
雅安市石棉县新民藏族彝族乡	1149	11450	1	586
雅安市石棉县挖角彝族藏族乡	758	11700	1	381
雅安市石棉县田湾彝族乡	439	8000	1	212
雅安市石棉县草科藏族乡	716	11368	1	172
雅安市宝兴县跷碛藏族乡	1114	13000	2	250
雅安市荥经县宝峰彝族民族乡	427	9162	1	185
雅安市荥经县民建彝族民族乡	404	14350	1	324
凉山彝族自治州西昌市高草回族乡	1594		2	1329
凉山彝族自治州西昌市裕隆回族乡	1295	14100	4	3650
凉山彝族自治州木里藏族自治县屋脚蒙古族乡		2799	5	317
凉山彝族自治州木里藏族自治县俄亚纳西族乡	2329	4200	1	495
凉山彝族自治州木里藏族自治县白碉苗族乡	338	8860	1	464
凉山彝族自治州木里藏族自治县项脚蒙古族乡	2529	4800	1	295
凉山彝族自治州木里藏族自治县固增苗族乡	1158	7926	1	355
凉山彝族自治州盐源县大坡蒙古族乡	375	8878	1	120
凉山彝族自治州德昌县金沙傈僳族乡	443	13086	1	459
凉山彝族自治州德昌县南山傈僳族乡	599	9419	1	327
凉山彝族自治州会理县新安傣族乡	42	11000	2	442
凉山彝族自治州冕宁县和爱藏族乡	385	8062	1	157

教师数（人）	图书馆（个）	文化站（个）	村文化活动室（个）	医疗卫生机构（个）		
					医院（个）	基层医疗卫生机构（个）
46		1	4	6		6
45		1	4			
14	4	1	3	4		3
11	6	1	5	3		3
12	7	1	6	5		5
15	5	1	4	3		3
24	7	1	6	5		5
37	6		6	7		7
71		1	7	7		6
22			7	1		1
39		1	6	5		6
60	6	1	5	6		6
34	1	1	7	3		3
31	10	1	9	5		5
22	1	1	3	2		2
16		1	6	7		7
15		1	5	5		5
42	6	1	5	5		5
10		4	3	3		3
31	6	1	5	5		5
82		1	7	9		9
110			9	9		9
27		3	2	3		3
26	7	6	6	7		7
24	7	1	4	5		5
28	4	4	3	5	1	4
23			4	5		5
12		1	5	6	1	5
22		1	3	4		4
24	1	1	3	4		4
29	2	11	10	7	1	6
12	7	1	7	6		6

10−1(三) 续表 18

民族乡镇名称	公共财政支出（万元）	农村居民人均可支配收入（元）	学校数（个）	在校学生数（人）
凉山彝族自治州越西县保安藏族乡	269	8336	2	332
绵阳市平武县木皮藏族乡	124	11317	1	11
绵阳市平武县白马藏族乡	785	12500	1	153
绵阳市平武县黄羊关藏族乡	481	9534	1	6
绵阳市平武县虎牙藏族乡	289	10642	1	85
绵阳市平武县泗耳藏族乡	262	10908	1	3
绵阳市平武县徐塘羌族乡	605	10359	1	47
绵阳市平武县锁江羌族乡	971	12420	2	170
绵阳市平武县平南羌族乡	448	8400	1	70
绵阳市北川羌族自治县桃龙藏族乡	669			1
绵阳市盐亭县大兴回族乡	597	15034	1	154
达州市宣汉县渡口土家族乡	414	19800	1	746
达州市宣汉县龙泉土家族乡	961	8532	3	1933
达州市宣汉县三墩土家族乡	1025	8213	2	1655
达州市宣汉县漆树土家族乡	596	8668	2	600
绵阳市平武县水田羌族乡	401	9206	1	71
绵阳市平武县旧堡羌族乡	533	9340	1	84
绵阳市平武县阔达藏族乡	547	10521	1	158
绵阳市平武县土城藏族乡	654	10863	2	111
贵州省	**415094**	**9234**	**1682**	**473795**
贵阳市南明区小碧布依族苗族乡	3268		8	2840
贵阳市花溪区高坡苗族乡	3511	13143	7	3117
贵阳市花溪区孟关苗族布依族乡	1813	16840	9	5347
贵阳市花溪区马铃布依族苗族乡	1890	13145	7	765
贵阳市花溪区黔陶布依族苗族乡	2809	16747	5	714
贵阳市乌当区偏坡布依族乡	902	16896	2	270
贵阳市乌当区新堡布依族乡	1836	14720	5	392
贵阳市白云区牛场布依族乡	3432	15052	3	1673
贵阳市白云区都拉布依族乡	2338	16511	3	1112
贵阳市清镇市麦格苗族布依族乡	3029	1483	8	1946
贵阳市清镇市王庄布依族苗族乡	3669	15004	14	2945
贵阳市清镇市流长苗族乡	2015	15454	9	4603

教师数（人）	图书馆（个）	文化站（个）	村文化活动室（个）	医疗卫生机构（个）	医院（个）	基层医疗卫生机构（个）
26	3	3	3	3	1	3
7		1	3	2		2
3		1	4	4		4
4		1	6	3		3
14		1	5	5		5
3		1	3	4		4
10		1	5	5		5
23		1	9	10		10
11		1	5	6		6
71	16		1	4	4	
30		1	8	9		9
31	9	1	8	11		11
74	14	1	13	15		15
96	8	1	7	8		8
30	5	1	4	6		6
13		1	7	7		7
15		4	6	6		6
17		1	6	6		6
18		1	9	10		10
30522	**345**	**227**	**2041**	**2524**	**65**	**2460**
211			12	13	2	11
166	1	1	19	20		20
374		1	9	12	2	10
64		1	3	4		4
44		1	7	9		9
39		1	2	2		2
66		1	7	8		8
132	1	1	13	14	1	13
93	1	1	7	1	1	8
107		1	15	18		18
173	1	1	10	17	1	16
267		1	26	32		31

10-1(三) 续表 19

民族乡镇名称	公共财政支出（万元）	农村居民人均可支配收入（元）	学校数（个）	在校学生数（人）
贵阳市开阳县高寨苗族布依族乡		12910	5	2228
贵阳市开阳县南江布依族苗族乡	1588	13577	8	1146
贵阳市开阳县禾丰布依族苗族乡	2305	14254	3	1101
贵阳市修文县大石布依族乡	2380	10396	2	1182
贵阳市息烽县青山苗族乡	755	13500	3	824
六盘水市水城县坪寨彝族乡	1422	8993	6	1190
六盘水市水城县南开苗族彝族乡	3019	9482	18	6016
六盘水市水城县青林苗族彝族乡	1215	9010	8	2861
六盘水市水城县金盆苗族彝族乡	1593	9022	8	4595
六盘水市水城县新街彝族苗族布依族乡	1563	8460	6	1225
六盘水市水城县杨梅彝族苗族回族乡	305	9011	10	2187
六盘水市水城县野钟苗族彝族布依族乡	800	8978	7	3219
六盘水市水城县果布嘎彝族苗族布依族乡	412	9010	4	1887
六盘水市水城县龙场苗族白族彝族乡	1770	9500	8	3766
六盘水市水城县营盘苗族彝族白族乡	1556	9099	7	2614
六盘水市水城县顺场苗族彝族布依族乡	1420	8376	7	2419
六盘水市水城县花戛苗族布依族彝族乡	1574	8967	5	2001
六盘水市水城县猴场苗族布依族乡	350	9403	9	2760
六盘水市盘县普田回族乡	1786	8160	7	928
六盘水市盘县旧营白族彝族苗族乡	3634	9435	7	2101
六盘水市盘县羊场布依族白族苗族乡	4022	9388	9	4342
六盘水市盘县保基苗族彝族乡	1882	8974	8	2170
六盘水市盘县淤泥彝族乡	5556	10801	8	3725
六盘水市盘县普古彝族苗族乡	2380	9320	11	3983
六盘水市盘县坪地彝族乡	4152	9235	21	3651
六盘水市六枝特区梭戛苗族彝族乡	1210	69419	15	4470
六盘水市六枝特区落别布依族彝族乡	1918	9387	9	3318
六盘水市六枝特区中寨苗族彝族布依族乡	2580	8686	15	3689
六盘水市六枝特区牛场苗族彝族乡	1502	8900	8	3740
六盘水市六枝特区月亮河彝族苗族乡	2219	8640	8	2585
遵义市仁怀市后山苗族布依族乡	2944	9978	3	1505
遵义市遵义县平正仡佬族乡	2435	9572	8	2056

教师数（人）	图书馆（个）	文化站（个）	村文化活动室（个）	医疗卫生机构（个）		
					医院（个）	基层医疗卫生机构（个）
114	14	1	8	22	1	21
93		1	6	16	1	15
105	1	1	6	9		9
84		1	7	8		8
66	1	1	5	7		6
89		1	4	5		5
295		1	12	13		13
159		1	4	6		5
226		1	6	9		7
83		1	3	4		4
165		1	6	7		7
147		1	5	6		6
110		1	5	6		6
174		1	7	8		8
164		1	6	7		7
174		1	6	7		7
118		1	5	6		6
168		1	6	7		7
96	1	1	6	8		7
135		1	11	12		12
232	1	1	16	18	1	17
113	3	1	7	8		8
197		1	20	22	1	21
197		1	21	23	1	22
216		1	15	17	1	16
382	1	1	7	8		8
222		1	13	14	1	13
264	1	1	17	18		18
158		1	10	11	1	10
165	18	1	17	19		19
82		1	4	5		5
180		1	5	13		13

10-1(三) 续表 20

民族乡镇名称	公共财政支出（万元）	农村居民人均可支配收入（元）	学校数（个）	在校学生数（人）
遵义市遵义县洪关苗族乡	875	9800	5	1040
遵义市桐梓县马鬃苗族乡	704	9011	9	567
遵义市正安县谢坝仡佬族苗族乡	967	10143	3	637
遵义市正安县市坪苗族仡佬族乡	1200	10042	5	1831
遵义市余庆县花山苗族乡	1972	11175	5	1060
遵义市道真仡佬族苗族自治县上坝土家族乡	1808	10100	8	2856
安顺市西秀区鸡场布依族苗族乡	2881	10714	3	3314
安顺市西秀区杨武布依族苗族乡	2067	11655	18	3527
安顺市西秀区岩腊苗族布依族乡	2342	9687	10	2106
安顺市西秀区新场布依族苗族乡	1899	9768	4	1175
安顺市西秀区黄腊布依族苗族乡	2544	10219	4	1065
安顺市平坝县十字回族乡	1808	10098	15	3993
安顺市平坝县羊昌布依族苗族乡	1420	8550	10	2700
安顺市普定县补郎苗族乡	1454	6973	9	3086
安顺市普定县猴场苗族仡佬族乡	1438	8020	11	2928
安顺市普定县猫洞苗族仡佬族乡	1114	8630	7	1193
毕节市七星关区大屯彝族乡	1732	7221	7	2264
毕节市七星关区田坎彝族乡	1390	5631	6	1695
毕节市七星关区阿市苗族彝族乡	3614	8100	10	2420
毕节市七星关区团结彝族苗族乡	2051	6835	15	3378
毕节市七星关区阴底彝族苗族白族乡	2374	8643	16	4703
毕节市七星关区干溪彝族苗族白族乡	1758	7241	6	2578
毕节市黔西县永燊彝族苗族乡	1770	8800	8	2097
毕节市黔西县新仁苗族乡	2521	8120	11	1691
毕节市黔西县花溪彝族苗族乡	1393	8576	10	1357
毕节市黔西县中建苗族彝族乡	1578	8787	6	999
毕节市黔西县定新彝族苗族乡	2132	8210	10	1979
毕节市黔西县太来彝族苗族乡	1422	8565	12	3344
毕节市黔西县绿化白族彝族乡	2108	8086	5	1679
毕节市黔西县红林彝族苗族乡	1678	7500	9	2546
毕节市黔西县五里布依族苗族乡	1460	7400	11	2829
毕节市黔西县铁石苗族彝族乡	1370	8000	9	1992

教师数（人）	图书馆（个）	文化站（个）	村文化活动室（个）	医疗卫生机构（个）	医院（个）	基层医疗卫生机构（个）
104		1	3	14		14
55	1	1	10	6		6
45		1	6	7		7
169		1	3	5		5
87	1	1	4	5		5
197	1	1	4	4		4
160	1	1	5	12		12
244	2	1	11	19	1	18
128		1	8	14		14
123		1	8	14		14
112	1	1	7	15		15
278		1	11	24		24
181		1	7	8		8
208		1	11	17		17
196		1	10	15		15
118		1	15	16		16
163	1	1	8	10		9
117		7	7	9		8
221		1	13	15	1	14
213	1	1	13	15		14
284		1	12	15	1	13
212		1	5	11		10
129		1	13	14		14
168	10	10	9	14	1	13
106		1	10	12		12
101		1	6	10		10
149	1	1	13	11		11
187		1	13	14	1	14
123		1	7	8		8
158		1	11	12		12
180	1	1	10	17		17
110		1	11	12	1	12

10-1(三) 续表 21

民族乡镇名称	公共财政支　出（万元）	农村居民人均可支配收入（元）	学校数（个）	在校学生数（人）
毕节市大方县竹园彝族苗族乡	3000	7128	10	2912
毕节市大方县响水白族彝族仡佬族乡	4201	9136	15	4571
毕节市大方县鼎新彝族苗族乡	3421	9691	16	7539
毕节市大方县牛场苗族彝族乡	1786	9000	13	6686
毕节市大方县理化苗族彝族乡	3235	9539	14	5042
毕节市大方县安乐彝族仡佬族乡	1163	8493	7	1535
毕节市大方县凤山彝族蒙古族乡	1353	9799	6	2961
毕节市大方县百纳彝族乡	572	8745	8	3580
毕节市大方县三元彝族苗族白族乡	2236	9469	11	1330
毕节市大方县沙厂彝族乡	1412	9237	7	1641
毕节市大方县黄泥彝族苗族满族乡	1510	9485	5	764
毕节市大方县核桃彝族白族乡	2973	9469	12	4409
毕节市大方县八堡彝族苗族乡	2254	8826	9	2981
毕节市大方县兴隆苗族乡	1678	9177	11	3524
毕节市大方县大山苗族彝族乡	1447	8150	11	4026
毕节市大方县星宿苗族彝族仡佬族乡	2037	9341	10	2382
毕节市织金县自强苗族乡	798	8976	5	1075
毕节市织金县官寨苗族乡	1465	8946	11	3118
毕节市织金县后寨苗族乡	3098	9310	7	2442
毕节市织金县大平苗族彝族乡	4794	9723	10	2120
毕节市织金县茶店布依族苗族彝族乡	1686	7080	8	4500
毕节市织金县金龙苗族彝族布依族乡	1528	7986	12	4526
毕节市织金县鸡场苗族彝族布依族乡	1485	8650	20	6866
毕节市金沙县太平彝族苗族乡	139	7120	8	2150
毕节市金沙县石场苗族彝族乡	1977	7850	10	2294
毕节市金沙县马路彝族苗族乡	1155	7385	6	1685
毕节市金沙县安洛苗族彝族满族乡	3444	9590	11	3411
毕节市金沙县新化苗族彝族满族乡	6000	8015	13	3700
毕节市金沙县大田彝族苗族布依族乡	1459	4250	10	1394
毕节市赫章县兴发苗族彝族回族乡	3459	7600	6	3222
毕节市赫章县松林坡白族彝族苗族乡	2864	8820	8	2786
毕节市赫章县雉街彝族苗族乡	2212	8868	13	5513

教师数（人）	图书馆（个）	文化站（个）	村文化活动室（个）	医疗卫生机构（个）	医院（个）	基层医疗卫生机构（个）
195		1	9	17	2	15
248		1	15	21	1	20
408		1	12	20	2	18
373		1	10	22	1	21
257	1	1	10	17	2	15
95		1	8	9		9
139		1	8	12	2	10
247		1	6	12	1	11
80	13	1	8	12		11
131		1	6	8	1	7
72		1	6	8		8
219		1	9	17	1	16
263	1	1	9	16	1	15
195	1	1	8	15	2	13
207		1	11	12		12
142	11	1	10	12	1	11
89		1	11	12		12
169	1	1	16	12		12
105	1	13	13	15	1	14
128		1	13	13		13
230		1	20	17	1	16
237		1	20	22	1	21
292		1	24	27	2	25
132	1	1	5	7	1	6
129	10	1	11	13	1	12
132	1	1	7	9		9
185	9	1	8	17	1	16
251	10	1	11	34	2	31
172	8	1	7	9	1	8
182		1	16	17		17
152		1	10	11		11
259		1	18	14		14

10-1(三) 续表 22

民族乡镇名称	公共财政支出（万元）	农村居民人均可支配收入（元）	学校数（个）	在校学生数（人）
毕节市赫章县珠市彝族乡	3264	8793	19	7770
毕节市赫章县双坪彝族苗族乡	3008	8799	7	2781
毕节市赫章县辅处彝族苗族乡	3300	8563	8	2680
毕节市赫章县铁匠苗族乡	1746	7610	3	2352
毕节市赫章县可乐彝族苗族乡	3131	7660	8	5933
毕节市赫章县河镇彝族苗族乡	1873	9001	6	4761
毕节市赫章县结构彝族苗族乡	2340	8870	11	3822
毕节市赫章县水塘堡彝族苗族乡	2791	3658	9	3837
毕节市赫章县古达苗族彝族乡	339	7850	13	5618
毕节市纳雍县库东关彝族苗族白族乡	1513	9139	13	3441
毕节市纳雍县董地苗族彝族乡	2021	8606	19	4960
毕节市纳雍县左鸠戛彝族苗族乡	939	8372	8	2062
毕节市纳雍县锅圈岩苗族彝族乡	1320	8448	13	4958
毕节市纳雍县新房彝族苗族乡	1534	9231	14	5472
毕节市纳雍县化作苗族彝族乡	1690	9122	20	5792
毕节市纳雍县姑开苗族彝族乡	2125	9683	23	7350
毕节市纳雍县羊场苗族彝族乡	1100	8850	22	4644
毕节市纳雍县昆寨苗族彝族白族乡	1437	8359	22	3582
毕节市纳雍县猪场苗族彝族乡	962	8439	12	3611
毕节市威宁彝族回族苗族自治县新发布依族乡	2330	4320	21	6750
毕节市大方县大水彝族苗族布依族乡	2217	8820	12	1565
毕节市黔西县金坡苗族彝族满族乡	2077	8500	11	2573
毕节市大方县普底彝族苗族白族乡	696	8900	7	1076
毕节市黔西县仁和彝族苗族乡	4576	9532	9	2773
铜仁市碧江区桐木坪侗族乡	1621	9000	6	650
铜仁市碧江区瓦屋侗族乡	1747	10290	4	973
铜仁市碧江区和平土家族侗族乡	3675	8780	12	1286
铜仁市碧江区滑石侗族苗族土家族乡	863	12000	9	1246
铜仁市碧江区六龙山侗族土家族乡	1088	5800	2	86
铜仁市万山区高楼坪侗族乡	6800	9400	7	1800
铜仁市万山区黄道侗族乡	1851	8800	9	1241
铜仁市万山区熬寨侗族乡	3597	7860	8	513

教师数（人）	图书馆（个）	文化站（个）	村文化活动室（个）	医疗卫生机构（个）	医院（个）	基层医疗卫生机构（个）
409	27	1	26	27		27
205		1	10	12		12
154	10	1	9	10		10
135		1	8	9		9
368		1	19	22	2	20
265	6	1	14	15		15
227	1	1	26	26		26
246		1	16	18	1	17
309	1	1	21	23	1	22
219		1	10	10		10
272		1	11	12		11
144		1	6	7		7
274		1	15	16		15
326		1	25	25		25
278		1	19	20		20
273		1	12	13		12
279		1	15	15		15
209		1	16	17		17
225		1	11	12		11
333	32	1	31	31	1	30
105		1	10	20		20
157		1	9	14		14
87		1	8	14	1	13
157		1	10	17	2	15
98	1	2	1	5	1	4
68		1	6	8		8
128		1	9	16		16
117		1	7	14	1	12
19	2	1	4	4		4
120	14	1	13	17		17
125	9	1	10	14		14
73	8	1	7	8		8

10-1(三) 续表 23

民族乡镇名称	公共财政支出（万元）	农村居民人均可支配收入（元）	学校数（个）	在校学生数（人）
铜仁市万山区下溪侗族乡	2804	7350	6	523
铜仁市万山区鱼塘侗族土家族苗族乡	3524	8900	16	3016
铜仁市万山区大坪侗族土家族苗族乡	6800	9400	7	1800
铜仁市德江县楠杆土家族乡	1844	8500	7	1648
铜仁市德江县沙溪土家族乡	1712	8895	5	567
铜仁市德江县桶井土家族乡	3937	8634	14	2719
铜仁市德江县堰塘土家族乡	2913	8165	10	1288
铜仁市德江县荆角土家族乡	1458	8877	3	1271
铜仁市德江县长丰土家族乡	2149	8870	6	1799
铜仁市德江县龙泉土家族乡	1723	8908	5	1058
铜仁市德江县钱家土家族乡	2028	8896	8	1366
铜仁市江口县德旺土家族苗族乡	1480	5120	2	464
铜仁市江口县官和侗族土家族苗族乡	1157	4825	2	206
铜仁市石阡县聚凤仡佬族侗族乡	2011	9069	4	2347
铜仁市石阡县大沙坝仡佬族侗族乡	1479	8926	10	1832
铜仁市石阡县枫香仡佬族侗族乡	1606	12500	7	669
铜仁市石阡县青阳苗族仡佬族侗族乡	1116	8852	10	1465
铜仁市石阡县龙井侗族仡佬族乡	1354	8156	5	2122
铜仁市石阡县石固仡佬族侗族乡	1356	8868	6	671
铜仁市石阡县坪地仡佬族侗族乡	1092	8900	15	1476
铜仁市石阡县甘溪仡佬族侗族乡	1420	7632	9	1280
铜仁市石阡县坪山仡佬族侗族乡	912	8815	6	780
铜仁市思南县思林土家族苗族乡	2320	8335	6	1279
铜仁市思南县枫柸土家族苗族乡	1811	8975	7	1563
铜仁市思南县杨家坳苗族土家族乡	2050	7250	12	2172
铜仁市思南县胡家湾苗族土家族乡	1601	9483	4	1675
铜仁市思南县宽坪土家族苗族乡	910	3450	9	2252
铜仁市思南县三道水土家族苗族乡	1780	9900	8	1788
铜仁市思南县天桥土家族苗族乡	1729	8879	7	1384
铜仁市思南县兴隆土家族苗族乡	1581	9930	8	1405
黔西南布依族苗族自治州晴隆县三宝彝族乡	652	6040	2	729
黔西南布依族苗族自治州兴仁县鲁础营回族乡	2221	9296	9	1971

教师数（人）	图书馆（个）	文化站（个）	村文化活动室（个）	医疗卫生机构（个）	医院（个）	基层医疗卫生机构（个）
76	8	1	7	9		9
236	13	1	12	14		14
120	14	1	13	17		17
141		1	13	14		12
53		1	14	15		15
213		2	22	16		16
155		3	11	15		15
88		1	15	16		16
141		1	15	12		12
116		1	12	13		13
145		1	12	13		13
36		1	9	10		10
23	3	1	4	5		5
189	1	1	18	19		19
187	1	4	15	15		15
80	1	1	12	12		11
119		1	14	15		15
223		1	23	23		22
68		1	14	14		14
149	1	1	18	19	1	19
115		1	9	10		10
78	1	1	8	9		9
127	1	1	13	14		14
126	1	1	15	14		16
154	1	1	18	19		19
136	1	1	14	15		15
152	1	1	14	15		15
171		1	17	19	1	18
117	1	1	12	13		13
145	1	1	13	14		14
67	2	1	4	1		4
164	9	1	8	8		8

10-1(三) 续表 24

民族乡镇名称	公共财政支出（万元）	农村居民人均可支配收入（元）	学校数（个）	在校学生数（人）
黔西南布依族苗族自治州望谟县油迈瑶族乡	1924	8350	3	769
黔东南苗族侗族自治州从江县秀塘壮族乡	638	8483	2	660
黔东南苗族侗族自治州从江县刚边壮族乡	1026	8310	7	1776
黔东南苗族侗族自治州从江县翠里瑶族壮族乡	762	8450	8	1700
黔东南苗族侗族自治州镇远县尚寨土家族乡	662	9383	5	645
黔东南苗族侗族自治州麻江县坝芒布依族乡	1890	8088	3	1350
黔东南苗族侗族自治州榕江县水尾水族乡	1460	8800	1	394
黔东南苗族侗族自治州榕江县三江水族乡	1083	8797	10	3234
黔东南苗族侗族自治州榕江县仁里水族乡	1426	8797	6	791
黔东南苗族侗族自治州榕江县定威水族乡	1900	8803	1	502
黔东南苗族侗族自治州榕江县兴华水族乡	1254	8723	7	1444
黔东南苗族侗族自治州榕江县塔石瑶族水族乡	1383	8805	7	994
黔东南苗族侗族自治州雷山县达地水族乡	203	8964	5	854
黔东南苗族侗族自治州黎平县顺化瑶族乡	1236	8570	5	475
黔东南苗族侗族自治州黎平县雷洞瑶族水族乡	1519	8592	13	1004
黔东南苗族侗族自治州岑巩县羊桥土家族乡	1236	9320	13	3396
黔南布依族苗族自治州都匀市归兰水族乡	1773	9865	13	1440
黔南布依族苗族自治州荔波县瑶山瑶族乡	20300	9927	6	1160
黔南布依族苗族自治州荔波县黎明关水族乡	3397	9971	8	860
黔南布依族苗族自治州平塘县卡蒲毛南族	1600	10065	5	755
贵阳市花溪区湖潮布依族苗族乡	14878	12905	11	6527
云南省	**338852**	**8954**	**1144**	**316976**
昆明市晋宁县夕阳彝族乡	1848	10920	2	463
昆明市晋宁县双河彝族乡	1952	12140	2	716
昆明市宜良县九乡彝族回族乡	1202	7673	4	1987
昆明市宜良县耿家营彝族苗族乡	1703	7558	6	1737
昭通市昭阳区守望回族乡	1938	7850	7	4410
昭通市昭阳区小龙洞回族彝族乡	1564	6560	9	4987
昭通市布嘎回族乡	298	5980	6	4416
昭通市青岗岭回族彝族乡	1230	7427	11	3441
昭通市鲁甸县桃源回族乡	3131	8852	13	3764
昭通市鲁甸县茨院回族乡	2250	8756	7	4256

教师数（人）	图书馆（个）	文化站（个）	村文化活动室（个）	医疗卫生机构（个）	医院（个）	基层医疗卫生机构（个）
108		1	8	9		9
57		1		12		12
117		1	1	12		12
99		1	20	19		19
53		1	4	4		4
125		1	7	10		10
36	1	2	5	6		6
88	2	1		13		13
55	1	1	6	9		9
33	1	1	5	7		7
66		1	9	10		9
48	1	1	9	9		9
70	11	1	10	11	1	10
32		1	4	4		4
75		1	16	16		16
207		1	15	14		14
94		1	12	3		12
75	3	1	8	9		9
79	14	1	14	16		16
80	5	1	1	7		7
361		1	10	24	3	20
21456	**16**	**140**	**3138**	**1206**		**1206**
48		1	10	11		11
73		1	6	7		7
152		1	8	9		9
141		1	9	10		10
308		1	7	8		8
243		1	6	7		7
259		1	5	6		6
245		1	7	7		7
398		1	7	8		8
327		1	24	7		7

10-1(三) 续表 25

民族乡镇名称	公共财政支出（万元）	农村居民人均可支配收入（元）	学校数（个）	在校学生数（人）
昭通市大关县上高桥回族彝族苗族乡	2592	7043	8	2231
昭通市永善县马楠苗族彝族乡	1820	5404	4	1561
昭通市永善县伍寨彝族苗族乡	1560	5275	1	2092
昭通市镇雄县果珠彝族乡	3579	8685	20	8608
昭通市镇雄县林口彝族苗族乡	3616	6910	21	8750
昭通市彝良县龙街苗族彝族乡	1300	6173	14	6947
昭通市彝良县奎香苗族彝族乡	818	7313	14	8214
昭通市彝良县树林彝族苗族乡	864	5115	8	4475
昭通市彝良县柳溪苗族乡	668	6188	10	3360
昭通市彝良县洛旺苗族乡	985	6944	14	4471
昭通市威信县双河苗族彝族乡	4589	6127	13	3340
曲靖市师宗县龙庆彝族壮族乡	4705	5720	15	8367
曲靖市师宗县五龙壮族乡	3680	5195	14	4019
曲靖市师宗县高良壮族苗族瑶族乡	5462	5512	17	4922
曲靖市罗平县长底布依族乡	1582	12605	7	2147
曲靖市罗平县旧屋基彝族乡	1758	9768	9	1560
曲靖市罗平县鲁布革布依族苗族乡	1684	10325	12	2295
曲靖市富源县古敢水族乡	1696	10260	12	1826
曲靖市会泽县新街回族乡	2521	11251	15	2489
楚雄彝族自治州南华县雨露白族乡	1719	12640	7	1096
楚雄彝族自治州大姚县湾碧傈僳傣族乡	1706	4361	7	2046
楚雄彝族自治州永仁县永兴傣族乡	1355	12378	4	442
楚雄彝族自治州武定县东坡傣族乡	2987	9160	9	1262
玉溪市红塔区小石桥彝族乡	1834	15579	2	579
玉溪市红塔区洛河彝族乡	2590	16181	4	873
玉溪市江川县安化彝族乡	4289	12381	3	529
玉溪市通海县高大傣族彝族乡	1216	15268	3	667
玉溪市通海县里山彝族乡	1276	11329	1	605
玉溪市通海县兴蒙蒙古族乡	764	13491	1	638
玉溪市华宁县通红甸彝族苗族乡	1342	7925	6	1230
玉溪市易门县十街彝族乡	2218	12963	9	725
玉溪市易门县浦贝彝族乡	2113	12764	7	1218

教师数（人）	图书馆（个）	文化站（个）	村文化活动室（个）	医疗卫生机构（个）	医院（个）	基层医疗卫生机构（个）
155	1	1	6	7		7
113		1	6	7		7
97		1	5	6		6
311		1	5	6		6
334		1	8	10		10
367		1	12	13		13
471		1	8	9		9
211		1	4	5		5
182		1	5	6		6
206		1	8	9		9
229		1	6	9		9
428		1	14	15		15
269	1	1	13	14		14
274		1	116	12		12
150		1	6	7		7
117		1	48	8		8
188		1	29	10		10
148		1	5	5		5
257	1	1	16	17		17
98		1	45	7		7
139		1	12	14		14
57		1	67	13		13
89	1	1	20	8		8
69	1	1	4	4		4
133	1	1	5	5		5
52		1	5	6		6
80	1	1	6	7		7
61		1	6	7		7
35		1	4	3		3
128		1	6	7		7
151		1	8	9		9
147		1	7	7		7

10-1(三) 续表 26

民族乡镇名称	公共财政支出（万元）	农村居民人均可支配收入（元）	学校数（个）	在校学生数（人）
玉溪市易门县铜厂彝族乡	2555	13016	10	1479
红河哈尼族彝族自治州河口瑶族自治县桥头苗族壮族乡	1659	4169	9	1855
红河哈尼族彝族自治州金平苗族瑶族傣族自治县者米拉祜族乡	1419	8628	7	3758
红河州蒙自县期路白苗族乡	1525	4851	7	1312
红河州蒙自县老寨苗族乡	1680	9501	5	1521
红河州开远市大庄回族乡	2199	15760	8	1358
文山壮族苗族自治州文山市东山彝族乡	2972	9464	5	3065
文山壮族苗族自治州文山市红甸回族乡	2416	9779	4	1524
文山壮族苗族自治州文山市秉烈彝族乡	10735	8010	3	3138
文山壮族苗族自治州文山市柳井彝族乡	3095	6032	5	1473
文山壮族苗族自治州文山市坝心彝族乡	2693	6752	1	642
文山州砚山县阿舍彝族乡	8726	9814	10	3876
文山州砚山县维末彝族乡	3955	11387	13	7462
文山州砚山县盘龙彝族乡	3473	10694	10	5014
文山州砚山县干河彝族乡	1957	10221	5	2354
文山州丘北县舍得彝族乡	1494	11650	7	2499
文山州丘北县新店彝族乡	3377	8090	6	3886
文山州丘北县树皮彝族乡	5426	8934	13	6608
文山州丘北县八道哨彝族乡	3758	8650	12	4320
文山州丘北县腻脚彝族乡	3366	10260	11	4779
文山州麻栗坡县猛硐瑶族乡	2693	9872	10	2251
文山州富宁县洞波瑶族乡	1600	11036	15	4046
普洱市澜沧拉祜族自治县酒井哈尼族乡	1287	5010	4	1245
普洱市澜沧拉祜族自治县发展河哈尼族乡	1288	4043	5	1337
普洱市澜沧拉祜族自治县谦六彝族乡	3944	7511	11	3826
普洱市澜沧拉祜族自治县文东佤族乡	1447	4052	5	1292
普洱市澜沧拉祜族自治县安康佤族乡	1223	3334	6	1377
普洱市澜沧拉祜族自治县雪林佤族乡	1551	4564	8	1770
普洱市思茅区云仙彝族乡	1650	4890	7	1535
普洱市思茅区龙潭彝族傣族乡	1302	4816	7	1745
普洱市墨江哈尼族自治县孟弄彝族乡	2680	8360	2	903
普洱市西盟佤族自治县力所拉祜族乡	6996	9335	4	1067

教师数（人）	图书馆（个）	文化站（个）	村文化活动室（个）	医疗卫生机构（个）	医院（个）	基层医疗卫生机构（个）
203		1	9	10		10
232		1	90	9		9
180		1	9	11		11
113		1	65	8		8
84		1	4	4		4
106		1	28	6		6
185		1	42	4		4
87		1	29	5		5
205		1	65	10		10
102		1	90	7		7
49		1	41	5		5
192		1	103	8		8
439		1	105	10		10
278		1	59	10		10
153		1	51	5		5
149		1	46	7		7
213		1	6	6		6
368		1	15	9		9
276		1	5	10		10
269		1	9	8		8
171		1	69	5		5
275		1	136	13		13
82		1	4	5		5
79		1	4	5		5
277		1	15	16		16
99		1	6	7		7
96		1	5	6		6
111		1	7	8		8
210		1	12	13		13
105		1	5	7		7
70		1	7	8		8
94	1	1	5	6		6

10-1(三) 续表 27

民族乡镇名称	公共财政支出(万元)	农村居民人均可支配收入(元)	学校数(个)	在校学生数(人)
大理州大理市太邑彝族乡	1420	11740	6	845
大理州鹤庆县六合彝族乡	1665	5897	17	1297
大理州宾川县钟英傈僳族彝族乡	566	7547	6	839
大理州宾川县拉乌彝族乡	603	13131	3	1563
大理州祥云县东山彝族乡	2960	7154	8	1010
大理州弥渡县牛街彝族乡	3575	5992	11	1684
大理州永平县北斗彝族乡	1252	8580	3	1100
大理州永平县厂街彝族乡	1461	11833	13	2063
大理州永平县水泄彝族乡	2860	10307	10	1705
大理州云龙县苗尾傈僳族乡	1397	13272	11	1361
大理州云龙县团结彝族乡	1069	7590	6	1249
丽江市华坪县永兴傈僳族乡	1899	6750	9	1091
丽江市华坪县通达傈僳族乡	1120	9477	4	537
丽江市华坪县新庄傈僳族傣族乡	11164	12505	7	977
丽江市华坪县船房傈僳族傣族乡	4437	7792	5	500
丽江市永胜县羊坪彝族乡	1683	9202	6	495
丽江市永胜县东山傈僳族彝族乡	2056	8832	5	694
丽江市永胜县六德傈僳族彝族乡	1442	8608	7	2010
丽江市永胜县大安彝族纳西族乡	2228	8586	11	1500
丽江市永胜县光华傈僳族彝族乡	1478	9678	8	1226
丽江市永胜县松坪傈僳族彝族乡	1727	8709	9	967
丽江市宁蒗彝族自治县翠玉傈僳族普米族乡	820	6100	8	1751
丽江市古城区金江白族乡	1284	11500	6	222
丽江市玉龙纳西族自治县九河白族乡	1472	10740	15	1762
丽江市玉龙纳西族自治县石头白族乡	1680	8865	7	697
丽江市玉龙县黎明傈僳族乡	1990	9300	8	1416
保山市隆阳区瓦马彝族白族乡	1944	10320	17	2804
保山市隆阳区瓦房彝族苗族乡	2292	12268	19	3457
保山市隆阳区杨柳白族彝族乡	2721	12344	16	3148
保山市隆阳区芒宽彝族傣族乡	2348	16185	14	5369
保山市施甸县摆榔彝族布朗族乡	2574	10908	5	1009

教师数（人）	图书馆（个）	文化站（个）	村文化活动室（个）	医疗卫生机构（个）	医院（个）	基层医疗卫生机构（个）
90	1	1	5	6		6
105		1	13	15		15
90		1	48	7		7
85		1	55	8		8
88		1	8	9		9
143		1	14	12		12
113		1	9	10		10
188		1	11	12		12
145	1	1	9	10		10
96		1	8	9		9
98		1	5	6		6
94		1	7	8		8
47		1	13	6		6
107		1	47	8		8
63		1	16	5		5
58		1	5	6		6
68		1	5	6		6
129		1	8	9		9
137		1	25	10		10
125		1	8	8		8
94		1	8	8		8
112		1	6	7		7
31		1	30	5		5
207	1	1	11	12		12
83		1	11	5		5
136		1	20	8		8
207	1	1	31	23		23
217		1	75	20		20
187	1	1	60	19		19
264	1	1	12	13		13
78	1	1	15	5		5

10-1(三) 续表 28

民族乡镇名称	公共财政支出（万元）	农村居民人均可支配收入（元）	学校数（个）	在校学生数（人）
保山市施甸县木老元布朗族彝族乡	2577	8307	5	788
保山市龙陵县木城彝族傈僳族乡	2711	10898	6	1056
保山市昌宁县朱街彝族乡	1611	8638	11	1531
保山市昌宁县苟街彝族苗族乡	1918	10766	9	2229
保山市昌宁县湾甸傣族乡	4043	14045	5	2076
德宏傣族景颇族自治州陇川县户撒阿昌族乡	3666	9901	14	3938
德宏州潞西市三台山德昂族乡	1733	7006	2	829
德宏州梁河县曩宋阿昌族乡	2564	8831	12	1757
德宏州梁河县九保阿昌族乡	2786	8705	9	1397
德宏州盈江县苏典傈僳族乡	1643	6402	9	1657
怒江州福贡县匹河怒族乡	3487	6238	2	1445
怒江傈僳族自治州泸水县洛本卓白族乡	4203	4000	9	1849
迪庆州香格里拉县三坝纳西族乡	1492		2	1056
迪庆州德钦县霞若傈僳族乡	1652		1	986
迪庆州德钦县拖顶傈僳族乡	3339			
临沧市凤庆县新华彝族苗族乡	1181	11850	11	3400
临沧市凤庆县腰街彝族乡	1049	11243	7	1436
临沧市凤庆县郭大寨彝族白族乡	1055	11290	16	2939
临沧市云县栗树彝族傣族乡	988	10974	14	2846
临沧市云县忙怀彝族布朗族乡	1071	10747	11	2387
临沧市云县后箐彝族乡	1236	10420	12	2158
临沧市永德县大雪山彝族拉祜族傣族乡	3753	13027	7	2628
临沧市永德县乌木龙彝族乡	4134	10200	11	4117
临沧市临翔区平村彝族傣族乡	1699	10165	6	1352
临沧市临翔区南美拉祜乡	2249	8317	1	625
临沧市耿马傣族佤族自治县芒洪拉祜族布朗族乡	1898	6312	7	703
临沧市沧源佤族自治县勐角傣族彝族拉祜族乡	6458	10123	9	1486
临沧市镇康县军赛佤族拉祜族傈僳族德昂族乡	1290	11359	9	2199
西双版纳州景洪市基诺山基诺族乡	1661	11400	1	712
西双版纳州景洪市景哈哈尼族乡	2730	18027	4	3347
西双版纳州勐腊县瑶区瑶族乡	3340	9063	3	1249

教师数（人）	图书馆（个）	文化站（个）	村文化活动室（个）	医疗卫生机构（个）	医院（个）	基层医疗卫生机构（个）
70		1	14	6		6
84		1	5	6		6
131		1	57	11		11
143		1	64	12		12
180		1	45	6		6
229	1	1	128	11		11
59		1	4	5		5
214		1	66	10		10
175		1	67	8		8
84		1	4	4		4
114		1	9	10		10
108		1	8	9		9
135		1	1	8		8
110		1	7	8		8
		1	7	9		9
192		1	52	12		12
87		1	6	7		7
174		1	26	12		12
146		1	16	17		17
169		1	11	12		12
166		1	11	12		12
165		1	8	9		9
200		1	10	11		11
96		1	40	6		6
47		1	4	5		5
41		1	19	6		6
138		1	19	9		9
123		1	35	7		7
50		1	7	7		7
214		1	6	8		8
77		1	4	7		7

10-1(三) 续表 29

民族乡镇名称	公共财政支出（万元）	农村居民人均可支配收入（元）	学校数（个）	在校学生数（人）
西双版纳州勐腊县象明彝族乡	4210	9878	3	1755
西双版纳州勐海县格朗和哈尼族乡	1348	12029	1	583
西双版纳州勐海县布朗山布朗族乡	3188	8206	26	2453
西双版纳州勐海县西定哈尼族乡	3555	8073	16	1581
西藏自治区	**3706**	**15082**	**7**	**2562**
山南市错那县麻麻门巴民族乡	66	19050	1	31
山南市错那县贡日门巴民族乡	439	12314		
山南市错那县吉巴门巴民族乡	382	12668		44
山南市错那县勒门巴民族乡		18998		
山南市隆子县斗玉珞巴民族乡	704	17730	1	139
林芝市巴宜区更章门巴民族乡	1138	17407	1	152
林芝市米林县南伊珞巴民族乡	887	9235	1	151
林芝市墨脱县达木珞巴民族乡	89	13465	2	2014
昌都市芒康县纳西民族乡		15069	1	31
陕西省	**2361**	**10540**	**20**	**4336**
商洛市镇安县西口回族镇	719	9200	9	1946
商洛市镇安县茅坪回族镇	761	10739	7	1412
安康市宁陕县江口回族镇	881	13076	4	978
甘肃省	**46022**	**7481**	**219**	**28002**
临夏州广河县阿里麻土东乡族乡	864	5530	16	1384
甘南州临潭县长川回族乡	906	6055	10	1477
甘南州临潭县卓洛回族乡		6500	2	204
甘南州卓尼县勺哇土族乡		7640	1	146
陇南市文县铁楼藏族乡	514	5763	6	382
陇南市武都区坪垭藏族乡	14288	5050	3	542
陇南市武都区磨坝藏族乡	801	3529	10	272
陇南市宕昌县新城子藏族乡	2930	6695	4	692
酒泉市肃州区黄泥堡裕固族乡	1328	16724	1	66
酒泉市玉门市小金湾东乡族乡	855	14290	1	1409
白银市会宁县新添堡回族乡	1242	5752	10	1300
庆阳市正宁县五倾源回族乡	1769	7563	1	587

教师数（人）	图书馆（个）	文化站（个）	村文化活动室（个）	医疗卫生机构（个）	医院（个）	基层医疗卫生机构（个）
92		1	5	8		8
34		1	7	7		7
154		1	7	9		9
78		1	11	14		14
251	**22**	**9**	**27**	**34**	**1**	**34**
9	1	1	1	2		2
		1	1	2		2
	3	1	2	3		3
	3	1	2	2		2
23		1	7	7		7
26	4	1	3	4		4
22	5	1	4	5		5
168	2	1	4	5	1	5
3	4	1	3	4		4
265	**1**	**2**	**18**	**22**	**1**	**37**
112	1	1	10	1	1	16
63				12		12
90		1	8	9		9
2380	**22**	**31**	**291**	**289**	**1**	**287**
128	7	1	6	7		7
92		1	10	13		13
26		1		4		4
26			2	3		3
62		1	16	16		16
37		1	9	10		10
27		1	8	10	1	9
52		1	10	11		11
12		1	10	2		2
68	1	1	5	1		1
139		1	13	14		14
54		1	5	6		6

10-1(三) 续表 30

民族乡镇名称	公共财政支出（万元）	农村居民人均可支配收入（元）	学校数（个）	在校学生数（人）
平凉市崆峒区峡门回族乡	1254	10166	18	1387
平凉市华亭县神峪回族乡	1204	5460	13	1460
平凉市华亭县山寨回族乡	1302	6800	9	941
平凉市崆峒区白庙回族乡	979	9216	10	1332
平凉市崆峒区大秦回族乡	887	7258	7	1166
平凉市崆峒区寨河回族乡	86	6568	13	1316
平凉市崆峒区大寨回族乡	1301	7305	18	1500
平凉市崆峒区西阳回族乡	650	6853	12	1555
平凉市崆峒区上杨回族乡	893	8050	8	464
张掖市肃南裕固族自治县祁丰藏族乡	1233	18105	1	105
张掖市肃南裕固族自治县马蹄藏族乡	1196	15541	2	138
张掖市肃南裕固族自治县白银蒙古族乡	541	1165		
张掖市甘州区平山湖蒙古族乡	399	10095	1	
临夏州临夏县井沟东乡族乡	486	6605	14	2252
临夏州和政县梁家寺东乡族乡	4718	4200	8	1678
临夏州临夏县安家坡东乡族乡	430	8393	9	1320
酒泉市瓜州县七墩回族东乡族乡	558	9823	3	350
酒泉市瓜州县广至藏族乡	964	9600	6	689
酒泉市瓜州县沙河回族乡	752	9416	1	464
酒泉市玉门市独山子东乡族乡	695	7887	1	1424
青海省	**15364**	**9561**	**105**	**16630**
西宁市大通县朔北藏族乡	150	19032	6	1639
西宁市大通县向化藏族乡	820	11348	1	542
西宁市湟中县群加藏族乡	444	8217	3	237
西宁市湟中县大才回族乡	265	8514	5	1898
西宁市湟中县汉东回族乡	9	14350	3	231
西宁市湟源县日月藏族乡	1048	10073	3	928
海东地区民和县杏儿藏族乡	1150	12000	1	787
海东地区乐都县下营藏族乡	622	9691	1	205
海东地区乐都县中坝藏族乡	924	8613	1	168
海东地区乐都县达拉土族乡	1170	9464	12	390

教师数（人）	图书馆（个）	文化站（个）	村文化活动室（个）	医疗卫生机构（个）		
					医院（个）	基层医疗卫生机构（个）
145		1	25	25		25
140		1	11	12		11
114	1	1	8	10		10
137		1	9	10		10
95		1	12	13		13
126		1	12	18		18
117	1	1	24	23		23
105		1	13	14		14
51		1	7	8		8
28	1	1	13	7		7
45		1	20	4		4
		1	3	2		2
3	1	1	3	1		1
133		1	13	14		14
89		1	2	9		9
120		1	4	5		5
19	4	1	3	3		3
61	1	1	6	7		7
32		1	5	3		3
97	5	1	4	4		4
1242	**49**	**65**	**248**	**344**	**10**	**340**
128		1	18	20		20
51		1	9	11	10	9
25	6	1	5	6		6
97	1	1	16	17		17
36		1	4	4		4
87		1	22	23		23
46		1	7	1		1
22		1	10	11		11
21		1	14	15		14
45	22	1	21	22		21

10-1(三)　续表 31

民族乡镇名称	公共财政支出（万元）	农村居民人均可支配收入（元）	学校数（个）	在校学生数（人）
海东市互助土族自治县松多藏族乡	586	7531	6	504
海东市化隆回族自治县雄先藏族乡	939	9791	3	647
海东市化隆回族自治县查甫藏族乡	423	9502	4	584
海东市化隆回族自治县金源藏族乡	246	8533	3	499
海东市化隆回族自治县塔加藏族乡	91	8715	3	316
海东市循化撒拉族自治县道帏藏族乡			6	
海东市循化撒拉族自治县尕楞藏族乡	878	786	7	1040
海东市循化撒拉族自治县岗察藏族乡		10290	2	232
海东市循化撒拉族自治县文都藏族乡		8462	12	2151
海东地区平安县沙沟回族乡	660	10231	3	1253
海东地区平安县巴藏沟回族乡	1118	9276	2	182
海东地区平安县石灰窑回族乡		8100	5	465
海东地区平安县洪水泉回族乡	766	9812	3	152
海东地区平安县古城回族乡	1118	9880	5	962
海东地区互助县巴扎藏族乡	518	10023	4	254
海北州门源县皇城蒙古族乡		18770		
海北州海晏县哈勒景蒙古乡	605	23160		
海南州贵德县新街回族乡	816	9313	1	364
新疆维吾尔自治区	**83957**	**14766**	**122**	**32566**
吐鲁番地区鄯善县东巴扎回族乡	1190	14907	1	485
和田地区皮山县瑙阿巴提塔吉克族乡	20	8951	1	133
和田地区皮山县康克尔柯尔克孜族乡	15	8141	3	363
巴音郭楞蒙古自治州和硕县乌什塔拉回族乡	2101	18030	3	1047
昌吉回族自治州奇台县大泉塔塔尔族乡	738	16889	1	336
昌吉回族自治州奇台县五马场哈萨克族乡	2585	11000	2	714
昌吉回族自治州奇台县乔仁哈萨克族乡	643	16822	1	213
昌吉回族自治州木垒哈萨克自治县大南沟乌孜别克族乡	1221	14300	1	259
昌吉回族自治州玛纳斯县旱卡子滩哈萨克族乡	851	18896	1	246
昌吉回族自治州玛纳斯县塔西河哈萨克族乡	870	18785	1	254
昌吉回族自治州玛纳斯县清水河哈萨克族乡	845	18125	1	387
昌吉回族自治州阜康市三工河哈萨克族乡	4596	17084		

教师数（人）	图书馆（个）	文化站（个）	村文化活动室（个）	医疗卫生机构（个）	医院（个）	基层医疗卫生机构（个）
44		1	8	12		12
34				25		25
24				13		13
34				15		15
19				10		10
		27	27	28		28
48						12
12						
139						
75		1	10	11		11
35	13	1	12	14		14
60		1	14	15		15
23		1	15	16		16
81	1	15	14	15		15
34		1	8	9		9
	3	3	2	5		5
	3	3	3	4		4
22		1	9	10		10
3754	**76**	**40**	**232**	**247**	**1**	**243**
41		1	4	1		
9		1	3	4		4
33	1	1	2	3		3
137		1	14	6		6
51	1	1	2	5	1	4
74	1	1	4	5		5
38	2	1	1	2		2
55		1	3	4		4
39		1	4	4		4
65		1	5	4		4
106		1	6	7		7
		1	3	3		3

10-1(三) 续表 32

民族乡镇名称	公共财政支出（万元）	农村居民人均可支配收入（元）	学校数（个）	在校学生数（人）
昌吉回族自治州阜康市上户沟哈萨克族乡	4435	17610	2	568
昌吉回族自治州昌吉市阿什里哈萨克族乡	2130	16476	1	679
昌吉回族自治州呼图壁县石梯子哈萨克族乡	1224	15920	1	637
乌鲁木齐市米东区柏杨河哈萨克族乡	583	18028	4	305
克孜勒苏柯尔克孜自治州阿克陶县塔尔塔吉克族乡	3383	6134	4	550
喀什地区塔什库尔干塔吉克自治县科克亚尔柯尔克孜族乡		9412	1	91
喀什地区泽普县布依鲁克塔吉克族乡	92	11511	1	365
喀什地区莎车县孜热普夏提塔吉克族乡	759	6739	11	2519
伊犁哈萨克自治州察布查尔锡伯自治县米粮泉回族乡	639	14872	1	983
伊犁哈萨克自治州特克斯县科克铁热克柯尔克孜族乡	937	11148	16	1254
伊犁哈萨克自治州特克斯县呼吉尔特蒙古族乡	4727	12680	2	570
伊犁哈萨克自治州伊宁县愉群翁回族乡	5189	15737	16	6665
伊犁哈萨克自治州尼勒克县科克浩特浩尔蒙古族乡	5383	16080	5	1617
伊犁哈萨克自治州霍城县伊车嘎善锡伯族乡	3846	17476	3	656
伊犁哈萨克自治州霍城县三宫回族乡	275	14757	4	1983
伊犁哈萨克自治州昭苏县胡松图喀尔逊蒙古族乡	984	15668	1	1181
伊犁哈萨克自治州昭苏县察汗乌苏蒙古族乡	1170	12514	1	780
伊犁哈萨克自治州昭苏县夏特柯尔克孜族乡	7488	15108	2	2000
塔城地区塔城市阿西尔达斡尔族乡	2946	18023	4	351
塔城地区乌苏市塔布勒合特蒙古族乡	1700	15400	3	72
塔城地区乌苏市吉尔格勒特郭楞蒙古族乡	2571	15684	1	522
塔城地区额敏县额玛勒郭楞蒙古族乡	1727	16824	1	203
塔城地区额敏县霍吉尔特蒙古族乡	887	15698	2	839
阿克苏地区乌什县雅曼苏柯尔克孜族乡	1603	11800	3	1080
阿克苏地区温宿县博孜东柯尔克孜族乡	3033	7010	10	701
哈密地区伊吾县前山哈萨克族乡	518	13352	1	99
哈密地区哈密市德外都如克哈萨克族乡	1070	15869	1	166
哈密地区哈密市乌拉台哈萨克族乡	4233	18400	1	238
阿勒泰地区布尔津县禾木哈纳斯蒙古族乡	2963	14914	1	144
阿勒泰地区阿勒泰市汗德尕特蒙古族乡	1788	19000	2	311

教师数（人）	图书馆（个）	文化站（个）	村文化活动室（个）	医疗卫生机构（个）	医院（个）	基层医疗卫生机构（个）
74		1	8	10		10
104		1	7	8		8
83			6	7		7
29		1	6	7		6
108		1	6	9		9
18	3	1	1	2		2
61	5	1	4	5		5
132	13	1	13	14		13
73		1	2	4		4
254	1	1	7	8		8
90		1	6	6		6
455	1	1	16	14		14
217	11	1	10	10		10
79	3	1	5	6		6
162		1	5	6		6
112		1	8	3		3
67		1	7	3		3
283	8	1	6	4		4
92			20	9		9
16	5	1	4	1		1
55		1	9	9		9
22	1	1	1	1		1
62	1	1	1	1		1
114		1	1	8		8
72	2	1	9	33		33
42		1	1	1		1
36	1	1	1	1		1
59	4	1	3	3		3
78	7	1	6	4		4
57	5	1	2	2		2

10-1 全国各民族乡镇基本情况(2018年)(四)

民族乡镇名称	卫生院（个）	村卫生室（个）	卫生人员（人）	卫生技术人员（人）
北京	**4**	**69**	**310**	**243**
朝阳区常营回族乡	1	4	100	100
通州区于家务回族乡	1	24	109	82
密云县檀营满族蒙古族乡				
怀柔区喇叭沟门满族乡	1	15	49	31
怀柔区长哨营满族乡	1	26	52	30
天津市	**1**	**13**	**64**	**38**
蓟县孙各庄满族乡	1	13	64	38
河北省	**56**	**709**	**1611**	**722**
石家庄市新乐市彭家庄回族乡	1	8	23	15
石家庄市藁城市九门回族乡	1	13	54	32
石家庄市无极县高头回族乡	1	15	38	8
唐山市遵化市汤泉满族乡	1	8	24	4
唐山市遵化市西下营满族乡	1	19	31	12
唐山市遵化市东陵满族乡	2	27	63	36
邯郸市邱县陈村回族乡	1	3	14	11
邯郸市大名县营镇回族乡	1	17	33	14
保定市易县凌云册满族回族乡	1	27	45	18
保定市定州市号头庄回族乡	2	17	63	26
张家口市沽源县大二号回族乡	1	4	9	5
张家口市怀来县王家楼回族乡	2	16	43	14
廊坊市永清县管家务回族乡	1	12	27	15
廊坊市文安县大围河回族满族乡	1	24	33	9
承德市丰宁满族自治县南关蒙古族乡	2	13	42	26
承德市滦平县平坊满族乡	1	8	17	9
承德市滦平县安纯沟门满族乡	2	9	19	8
承德市滦平县五道营子满族乡	1	6	11	5
承德市滦平县邓厂满族乡	1	4	3	1
承德市滦平县马营子满族乡	1	10	15	5
承德市滦平县付家店满族乡	1	6	11	5
承德市双滦区西地满族乡	1	10	18	8

其中：执业（助理）医师（人）	乡村医生和卫生员（人）	医疗卫生机构床位数（张）	医院（张）	基层医疗卫生机构（张）	卫生院（张）
111	**67**	**65**		**65**	**65**
54					
20	27	50		50	50
7	18	6		6	6
30	22	9		9	9
4	**26**	**42**	**20**	**22**	**20**
4	26	42	20	22	20
480	**881**	**1376**	**208**	**1168**	**1117**
15	8	35		35	35
32	22	44		44	44
8	30	60		60	60
2	20	9		9	8
6	19	19		19	17
36	27	59		59	59
7	3	21		21	21
10	19	35		35	35
18	27	30		30	30
26	37	19		19	19
5	4	30		30	20
6	29	48		48	20
3	12	36		36	36
1	24	12		12	12
15	16	40		40	40
9	8	16		16	16
8	11	35		35	35
5	6	25		25	25
1	2	7		7	7
5	10	25		25	25
5	6	15		15	15
8	10	40		40	40

10-1(四)　续表 1

民族乡镇名称	卫生院（个）	村卫生室（个）	卫生人员（人）	卫生技术人员（人）
承德市滦平县小营满族乡	2	10	31	21
承德市滦平县西沟满族乡	1	9	16	6
承德市承德县岗子满族乡	1	10	14	5
承德市承德县两家满族乡	1	13	19	6
承德市兴隆县八卦岭满族乡	1	7	23	8
承德市兴隆县南天门满族乡	2	10	20	9
承德市隆化县尹家营满族乡	1	2	11	11
承德市隆化县庙子沟蒙古族满族乡	1	6	12	6
承德市隆化县偏坡营满族乡	1	13	26	19
承德市隆化县八达营蒙古族乡	1	12	34	26
承德市隆化县太平庄满族乡	1	8	18	8
承德市隆化县旧屯满族乡	1	8	23	15
承德市隆化县西阿超满族蒙古族乡	1	10	25	15
承德市隆化县白虎沟蒙古族满族乡	1	6	17	13
承德市平泉县七家岱满族乡	1	4	11	
承德市平泉县茅兰沟满族蒙古族乡	1	17	22	
沧州市黄骅市羊二庄回族乡	3	50	96	6
沧州市黄骅市新村回族乡	1		20	6
沧州市河间市果子洼回族乡	1	18	46	24
沧州市献县本斋回族乡	1	11	21	10
沧州市沧县大褚村回族乡	1	43	90	52
沧州市沧县杜林回族乡	1	74	118	44
沧州市沧县李天木回族乡	1	52	159	72
沧州市沧县捷地回族乡	1	32	88	48
沧州市黄骅市羊三木回族乡	1	8	15	6
内蒙古自治区	**20**	**168**	**615**	**345**
呼伦贝尔市莫力达瓦达斡尔族自治旗巴彦鄂温克民族乡	1	16	31	16
呼伦贝尔市莫力达瓦达斡尔族自治旗杜拉尔鄂温克民族乡	1	8	12	2
呼伦贝尔市扎兰屯市达斡尔民族乡	1	6	27	15
呼伦贝尔市扎兰屯市萨马街鄂温克民族乡	1	6	23	12
呼伦贝尔市扎兰屯市南木鄂伦春民族乡	2	2	44	42
呼伦贝尔市阿荣旗查巴奇鄂温克民族乡	1	14	33	19

		医疗卫生机构床位数（张）			
其中：执业（助理）医师（人）	乡村医生和卫生员（人）		医院（张）	基层医疗卫生机构（张）	卫生院（张）
21	10	68	29	39	29
6	10	18		18	18
5	9	12		12	12
6	13	25		25	25
8	15	22		22	22
9	11	18		18	18
5		18		18	18
6	6	18		18	18
7	7	20		20	20
14	8	30		30	30
4	10	30		30	30
8	8	15		15	15
8	10	15		15	15
9	4	15		15	15
	11	11		11	11
	22	24		24	24
	90	56		56	56
6	6	7		7	7
10	22	20		20	20
6	11	10		10	10
41	38	42	22	20	20
13	74	20		20	20
22	87	80	60	20	20
29	40	112	97	15	15
6	9	10		10	10
131	**242**	**383**	**44**	**172**	**253**
4	15	37		5	32
2	8				8
9	12	8		8	8
6	9	20	20		22
19	2	17		4	16
8	14	8		8	8

10–1(四)　续表 2

民族乡镇名称	卫生院（个）	村卫生室（个）	卫生人员（人）	卫生技术人员（人）
呼伦贝尔市阿荣旗新发朝鲜族民族乡	1	11	28	12
呼伦贝尔市阿荣旗音河达斡尔鄂温克民族乡	1	9	39	30
呼伦贝尔市阿荣旗得力其尔鄂温克民族乡	1	12	23	
呼伦贝尔市根河市敖鲁古雅鄂温克民族乡	1		3	3
呼伦贝尔市陈巴尔虎旗鄂温克苏木	1		15	15
呼伦贝尔市额尔古纳市三河回族乡		17	22	22
呼伦贝尔市额尔古纳市室韦俄罗斯民族乡			17	2
兴安盟科尔沁右翼前旗满族屯满族乡	1	7	35	18
赤峰市松山区当铺地满族乡	3	25	155	95
赤峰市喀喇沁旗十家满族乡	2	14	73	28
乌兰察布市凉城县曹碾满族乡	2	21	35	14
呼伦贝尔市鄂温克族自治旗巴彦塔拉达斡尔族乡				
辽宁省	**48**	**587**	**1492**	**650**
沈阳市康平县柳树屯蒙古族满族乡	1	9	33	16
沈阳市康平县沙金台蒙古族满族乡	1	11	24	16
沈阳市法库县四家子蒙古族乡	1	9	13	7
沈阳市康平县东升满族蒙古族乡	1	10	23	11
沈阳市康平县西关屯蒙古族满族乡	1	9	26	9
大连市瓦房店市三台满族乡	1	8	21	16
大连市瓦房店市杨家满族乡	1	11	27	16
大连市庄河市太平岭满族乡	1	6	28	6
大连市庄河市桂云花满族乡	2	5	26	13
抚顺市抚顺县拉古满族乡	1	11	45	29
抚顺市抚顺县汤图满族乡	1	7	23	15
本溪市桓仁满族自治县雅河朝鲜族乡	1	9	34	14
锦州市义县地藏寺满族乡	1	5	8	2
锦州市义县大定堡满族乡	1	7	8	3
阜新市彰武县二道河子蒙古族乡	1	10	28	14
辽阳市辽阳县吉洞峪满族乡	1	13	33	8
辽阳市辽阳县甜水满族乡		14	33	18
铁岭市开原市林丰满族乡	1	10	18	4
铁岭市铁岭县白旗寨满族乡	1	8	15	5

其中：执业（助理）医师（人）	乡村医生和卫生员（人）	医疗卫生机构床位数（张）	医院（张）	基层医疗卫生机构（张）	卫生院（张）
7	16	8			8
10	9	20		10	10
	23	12		12	12
3		2			2
8		10			10
		60			
2	4	24	24		
7	7	20		12	12
27	60	63		50	52
14	42	45		42	45
5	21	29		21	8
332	**792**	**1788**	**581**	**1087**	**855**
15	17	28		28	20
5	8	19		19	19
7	6	57		57	20
11	12	35		35	23
5	17	20		20	20
10	5	54		54	30
6	11	26		11	20
6	22	20		20	20
8	13	45		45	45
8	16	20		20	20
4	8	12		12	12
4	20	64		64	54
1	5	12		12	12
3	4	20		7	12
7	14	28		20	8
7	25	92	60	20	20
12	14	110	70	40	
4	10	16		16	16
5	10	15		15	15

10−1(四) 续表 3

民族乡镇名称	卫生院（个）	村卫生室（个）	卫生人员（人）	卫生技术人员（人）
铁岭市西丰县成平满族乡		20	35	3
铁岭市西丰县德兴满族乡	1	7	10	3
铁岭市西丰县和隆满族乡	1	10	60	30
铁岭市西丰县金星满族乡	1	10	27	4
铁岭市西丰县明德满族乡	1	10	12	2
铁岭市西丰县营厂满族乡	1	9	14	5
铁岭市清河区聂家满族乡		10	20	10
朝阳市北票市马友营蒙古族乡	1	19	52	19
朝阳市北票市凉水河蒙古族乡	1	9	45	27
朝阳市建平县三家蒙古族乡	1	14	38	13
朝阳市凌源市三家子蒙古族乡	1	43	130	39
朝阳市朝阳县松岭门蒙古族乡	1	17	39	10
朝阳市朝阳县乌兰河硕蒙古族乡	1	16	25	8
葫芦岛市绥中县西平坡满族乡	1	11	11	5
葫芦岛市绥中县范家满族乡		10	36	22
葫芦岛市绥中县高甸子满族乡		2	23	20
葫芦岛市绥中县葛家满族乡	1	1	7	6
葫芦岛市绥中县明水满族乡	1	8	48	37
葫芦岛市绥中县网户满族乡	1	14	29	15
葫芦岛市兴城市白塔满族乡	1	10	16	6
葫芦岛市兴城市大寨满族乡	1	13	33	20
葫芦岛市兴城市碱厂满族乡		5	23	18
葫芦岛市兴城市旧门满族乡	1	10	17	7
葫芦岛市兴城市刘台子满族乡	1	10	18	5
葫芦岛市兴城市南大山满族乡		8	28	20
葫芦岛市兴城市望海满族乡	1	8	12	3
葫芦岛市兴城市围屏满族乡	1	16	18	4
葫芦岛市兴城市羊安满族乡	1	14	21	7
葫芦岛市兴城市药王庙满族乡	1	9	21	15
葫芦岛市兴城市三道沟满族乡	1	12	25	9
葫芦岛市兴城市元台子满族乡	1	18	22	4
葫芦岛市建昌县二道湾子蒙古族乡	1	12	28	10

其中：执业（助理）医师（人）	乡村医生和卫生员（人）	医疗卫生机构床位数（张）	医院（张）	基层医疗卫生机构（张）	卫生院（张）
	35	12	12		
3	7	12		12	12
10	30	19		19	19
3	15	20	20		
2	10	40	20	20	20
5	9	30	21	9	9
6	10	10		10	10
9	24	84	30	54	54
9	18	36		16	20
8	25	20	20		
6	91	88	25	43	20
10	29	29	10	10	10
8	17	20		20	20
3	3	60	32	28	28
8	14	70	25	45	
14	3	52	50	2	
1	1	12	10	2	2
16	11	76	60	16	
2	14	39	25	14	1
3	10	15		15	15
15	13	20		20	20
2	5	35	30	5	
4	10	30		30	20
2	13	10		10	10
3	8	23	15	8	
3	9	20		20	20
4	14	20		20	20
3	14	15		15	15
9	6	20		20	20
4	12	35		15	20
4	18	20		20	20
6	12	35	32		

10-1(四)　续表 4

民族乡镇名称	卫生院（个）	村卫生室（个）	卫生人员（人）	卫生技术人员（人）
丹东市宽甸满族自治县下露河朝鲜族乡	1	6	16	8
丹东市东港市合隆满族乡	1	13	31	2
丹东市凤城市大堡蒙古族乡	1	11	36	12
吉林省	**33**	**354**	**1294**	**690**
延边朝鲜族自治州珲春市三家子满族乡	1	4	16	8
延边朝鲜族自治州珲春市杨泡满族乡	1	5	15	12
吉林市昌邑区土城子满族朝鲜族乡	1	11	32	14
吉林市龙潭区乌拉街满族镇	1	29	121	41
吉林市龙潭区大口钦满族镇	1	12	40	18
吉林市昌邑区两家子满族乡	1	13	53	33
吉林市永吉县金家满族乡	1	7	47	43
吉林市蛟河市乌林朝鲜族乡	1	18	80	31
通化市梅河口市小杨满族朝鲜族乡			14	14
通化市集安市凉水朝鲜族乡	1	4	11	7
通化市通化县金斗朝鲜族满族乡	1	5	18	18
通化市通化县大泉源满族朝鲜族乡	2	18	32	7
通化市辉南县楼街朝鲜族乡	1	17	79	46
通化市柳河县姜家店朝鲜族乡	1	8	23	17
通化市柳河县三元浦朝鲜族镇		20	54	34
辽源市东丰县三合满族朝鲜族乡	2	19	83	29
长春市双阳区双营子回族乡	1	13	16	2
长春市榆树市延和朝鲜族乡	1		1	1
长春市九台市胡家回族乡	1	8	30	9
长春市九台市莽卡满族乡	1	11	35	11
白城市通榆县包拉温都蒙古族乡	1	4	13	6
白城市通榆县向海蒙古族乡	2	16	71	55
白城市洮南市呼和车力蒙古族乡		6	17	11
白城市洮南市胡力吐蒙古族乡	1	10	18	8
白城市镇赉县哈吐气蒙古族乡	1	4	6	2
白城市镇赉县莫莫格蒙古族乡	1	12	35	23
白城市大安市新艾里蒙古族乡	1	5	11	8
白城市洮北区德顺蒙古族乡	1	18	46	27

其中：执业（助理）医师（人）	乡村医生和卫生员（人）	医疗卫生机构床位数（张）	医院（张）	基层医疗卫生机构（张）	卫生院（张）
4	8	18	14	4	14
8	13	30		30	30
7	24	20		20	20
343	**567**	**1016**	**270**	**506**	**543**
8	8	17		5	12
8	3	6		3	3
8	10	15		15	15
13	80	135	70	65	70
7	22	52	28	24	28
13	20	15		15	15
24	4	10			10
14	49	9		9	9
14		32			
5	4	10		10	10
18		10			10
7	18	125		72	53
9	24	28		28	28
5	6	26		26	26
34	20	60	60		
14	54	79		79	50
2	14				10
1		8			8
4	21	36		16	20
2	24	25		25	25
3	4	5			1
26	16	45		45	
5	6	14	8	6	
3	10	18		8	10
2	4	10			10
9	12	20			20
6	3	14			14
14	19	30		12	12

10-1(四) 续表 5

民族乡镇名称	卫生院（个）	村卫生室（个）	卫生人员（人）	卫生技术人员（人）
松原市扶余县三骏满族蒙古族锡伯族乡	1	29	77	24
四平市铁东区叶赫满族镇	1	1	103	79
四平市公主岭市二十家子满族镇	1	9	19	10
四平市公主岭市龙山满族乡	1	8	37	11
四平市双辽市那木斯蒙古族乡	1	10	41	31
黑龙江省	**55**	**498**	**1672**	**903**
哈尔滨市南岗区红旗满族乡	1	11	72	34
哈尔滨市双城市乐群满族乡		9	25	13
哈尔滨市双城市同心满族乡	1	11	31	12
哈尔滨市双城市希勤满族乡	1	16	78	25
哈尔滨市双城市青岭满族乡	1	13	23	13
哈尔滨市双城市农丰满族锡伯族镇	1	12	55	23
哈尔滨市五常市拉林满族镇	1	13	104	89
哈尔滨市五常市红旗满族乡	1	12	32	16
哈尔滨市五常市营城子满族乡	1	7	30	7
哈尔滨市五常市牛家满族镇	1	15	24	9
哈尔滨市五常市民乐朝鲜族乡	1	6	10	4
哈尔滨市尚志市河东朝鲜族乡	1	2	12	10
哈尔滨市尚志市鱼池朝鲜族乡	1	9	24	15
哈尔滨市依兰县迎兰朝鲜族乡		14	30	8
齐齐哈尔市梅里斯达斡尔族区卧牛吐达斡尔族镇	1	7	44	35
齐齐哈尔市梅里斯达斡尔族区莽格吐达斡尔族乡	1	3	19	12
齐齐哈尔市泰来县宁姜蒙古族乡	1	7	22	9
齐齐哈尔市泰来县胜利蒙古族乡	1	10	37	27
齐齐哈尔市泰来县江桥蒙古族镇	1	13	36	10
齐齐哈尔市昂昂溪区水师营满族镇		6	29	16
齐齐哈尔市富裕县友谊达满柯族乡		2	16	14
齐齐哈尔市讷河市兴旺鄂温克族乡	1	12	36	24
齐齐哈尔市富拉尔基区杜尔门沁达族乡	1	3	27	20
牡丹江市海林市新安朝鲜族镇	1	11	38	27
牡丹江市穆棱市福禄朝鲜族满族乡	1	7	19	10
牡丹江市宁安市江南朝、满族乡	1	27	38	13

其中：执业(助理)医师(人)	乡村医生和卫生员(人)	医疗卫生机构床位数(张)	医院(张)	基层医疗卫生机构(张)	卫生院(张)
5	43	18		18	18
24	24	79	79		1
10	9	15			15
4	26	15		15	15
22	10	35	25	10	25
265	**709**	**2324**	**1545**	**711**	**550**
18	11	125	35	90	70
5	12	33	20	9	
3	19	38	19	19	19
8	33	49	20	19	10
10	13	50	40	10	10
5	32	41	19	22	22
17	15	60	2	14	10
4	12	31	18	13	13
2	23	20	10	10	10
3	15	35	25	10	10
1	6	36	30	6	6
2	2	67	60	7	7
2	9	29	20	9	9
2	22	36	22	14	
4	7	137	125	7	7
6	7	63	50	13	13
2	13	25	20	5	5
3	10	47	37	10	10
2	16	26	18	8	8
2	13	31	25	6	
1	2	34	32	2	
2	12	36	24	12	12
3	7	37	19	18	15
4	11	46	35	11	10
4	9	28	20	8	8
4	25	45	20	20	5

10-1(四)　续表 6

民族乡镇名称	卫生院（个）	村卫生室（个）	卫生人员（人）	卫生技术人员（人）
牡丹江市宁安市卧龙朝鲜族乡	1	15	22	6
牡丹江市东宁县三岔口朝鲜族镇	1	13	42	24
牡丹江市西安区海南朝鲜族乡	1	15	25	7
佳木斯市同江市街津口赫哲族乡	1	4	17	11
佳木斯市同江市八岔赫哲族乡	1	4	15	8
佳木斯市桦川县星火朝鲜族乡	1	2	16	7
佳木斯市汤原县汤旺朝鲜族乡		3	7	4
大庆市肇源县超等蒙古族乡	1	7	28	5
大庆市肇源县浩德蒙古族乡	1	5	23	7
大庆市肇源县义顺蒙古族乡	1	7	12	5
黑河市逊克县新鄂鄂伦春族乡	1	2	11	7
黑河市逊克县新兴鄂伦春族乡	1	1	10	8
黑河市爱辉区新生鄂伦春族乡	1	2	11	6
黑河市爱辉区四嘉子满族乡	1	6	12	6
黑河市爱辉区坤河达斡尔族满族乡	1	6	12	7
黑河市北安市主星朝鲜族乡	1	2	7	5
黑河市孙吴县沿江达斡尔族满族乡	1	8	28	20
绥化市北林区兴和朝鲜族乡	1	2	12	8
绥化市北林区绥胜满族镇	1	9	30	10
绥化市北林区永安满族镇	1	9	50	32
绥化市北林区红旗满族乡	1	5	39	27
绥化市望奎县惠七满族镇	1	8	49	25
绥化市望奎县厢白满族乡	1	7	35	22
绥化市望奎县灵山满族乡	1	6	29	12
伊春市铁力市年丰朝鲜族乡	1	10	30	20
鹤岗市萝北县东明朝鲜族乡	1	6	10	4
鹤岗市绥滨县福兴满族乡	1	3	9	6
大兴安岭地区呼玛县白银纳鄂伦春族乡	1	8	13	9
大兴安岭地区塔河县十八站鄂伦春族乡	1	3	24	21
双鸭山市饶河县四排赫哲族乡		3	6	4
双鸭山市友谊县成富朝鲜族满族乡		5	10	6
七台河市勃利县杏树朝鲜族乡	1	10	17	7

其中：执业（助理）医师（人）	乡村医生和卫生员（人）	医疗卫生机构床位数（张）	医院（张）	基层医疗卫生机构（张）	卫生院（张）
6	16	35	20	15	15
5	18	38	28	10	10
3	18	38	25	13	13
4	6	26	18	8	8
3	7	18	10	8	8
3	9	26	19	7	7
4	3	24	24		
3	23	25	15	10	10
3	16	33	20	13	13
3	7	28	16	12	12
5	4	13	8	5	5
3	2	12	8	4	4
3	5	14	10	4	4
4	6	16	10	6	5
4	5	12	8	4	4
2	2	14	8	6	6
4	8	23	15	8	8
3	4	31	24	7	7
7	20	33	20	13	13
7	18	112	100	12	8
6	12	30	20	10	7
8	24	34	20	14	8
5	13	24	13	11	7
6	17	32	20	12	6
5	10	46	32	14	10
4	6	26	16	10	8
3	3	20	11	9	5
2	4	20	10	10	7
7	3	66	56	10	5
	2	6	3	3	
1	4	23	18	5	
3	10	32	20	12	8

10-1(四) 续表 7

民族乡镇名称	卫生院（个）	村卫生室（个）	卫生人员（人）	卫生技术人员（人）
七台河市勃利县吉兴朝鲜族、满族乡	1	15	21	7
鸡西市密山市和平朝鲜族乡	1	12	24	13
鸡西市鸡东县鸡林朝鲜族乡		1	13	11
鸡西市鸡东县明德朝鲜族乡	1	6	10	4
鸡西市城子河区永丰朝鲜族乡	1	10	32	17
江苏省	**1**	**7**	**65**	**52**
扬州市高邮市菱塘回族乡	1	7	65	52
浙江省	**17**	**71**	**469**	**351**
金华市兰溪市水亭畲族乡	1	18	51	29
金华市武义县柳城畲族镇		8	142	134
衢州市龙游县沐尘畲族乡	1	6	19	6
丽水市莲都区老竹畲族镇	1	7	46	39
丽水市莲都区丽新畲族乡	1	4	17	13
丽水市龙泉市竹垟畲族乡	1	2	10	7
丽水市云和县雾溪畲族乡	1		5	3
丽水市云和县安溪畲族乡	1	1	4	2
丽水市遂昌县三仁畲族乡	1	7	19	8
丽水市松阳县板桥畲族乡	1	2	4	4
杭州市桐庐县莪山畲族乡	1	7	45	30
温州市平阳县青街畲族乡	1		15	8
温州市苍南县岱岭畲族乡	1		3	3
温州市苍南县凤阳畲族乡	1	1	11	10
温州市文成县西坑畲族镇	1	3	32	16
温州市文成县周山畲族乡	1	1	4	1
温州市泰顺县司前畲族镇	1	4	39	35
温州市泰顺县竹里畲族乡	1		3	3
安徽省	**10**	**69**	**287**	**157**
淮南市谢家集区孤堆回族乡	1	8	34	20
合肥市肥东县牌坊回族满族乡	2	13	46	26
滁州市定远县二龙回族乡	1	5	24	15
淮南市凤台县李冲回族乡	1	6	45	5
淮南市潘集区古沟回族乡	1	12	35	31

其中：执业（助理）医师（人）	乡村医生和卫生员（人）	医疗卫生机构床位数（张）	医院（张）	基层医疗卫生机构（张）	卫生院（张）
4	14	34	20	14	6
6	11	40	30	10	8
2	2	24	20	4	
1	6	30	20	10	6
4	15	61	45	16	10
18	**13**	**44**		**44**	**32**
18	13	44		44	32
160	**93**	**253**	**121**	**76**	**127**
14	17	11	3		8
59	8	124	114	10	
6	13	5			5
19	7	20		20	20
6	4				
5	2	1		1	1
2				1	1
2	4				
5	11	8			8
1	4	4	4	4	4
7	8	2			2
1	7	20		20	20
3					
4	1				
13	3	30			30
1	2	6			6
12	2	20		20	20
		2			2
100	**119**	**247**	**60**	**187**	**187**
4	14	20		20	20
26	20	30		30	30
4	9	8		8	8
5	40	30		30	30
22	4	52	30	22	22

10-1(四)　续表 8

民族乡镇名称	卫生院（个）	村卫生室（个）	卫生人员（人）	卫生技术人员（人）
六安市寿县陶店回族乡	1	4	20	15
宣城市宁国市云梯畲族乡	1	4	11	7
蚌埠市五河县临北回族乡	1	11	35	16
阜阳市颍上县赛涧回族乡	1	6	37	22
福建省	**17**	**297**	**882**	**505**
福州市罗源县霍口畲族乡		16	35	17
福州市连江县小沧畲族乡	1	2	13	11
宁德市福安市坂中畲族乡	1	19	67	48
宁德市福安市康厝畲族乡	1	23	38	13
宁德市福安市穆云畲族乡		22	55	21
宁德市霞浦县盐田畲族乡	1	16	39	16
宁德市霞浦县崇儒畲族乡	1	13	48	35
宁德市霞浦县水门畲族乡	1	10	21	11
宁德市蕉城区金涵畲族乡	1	22	61	30
宁德市福鼎市硖门畲族乡	1	11	40	27
宁德市福鼎市佳阳畲族乡	1	12	42	19
漳州市漳浦县赤岭畲族乡	1	9	38	29
漳州市漳浦县湖西畲族乡	1	15	50	32
漳州市龙海市隆教畲族乡	1	20	76	53
三明市永安市青水畲族乡	1	21	36	16
三明市宁化县治平畲族乡	1	12	33	18
龙岩市上杭县官庄畲族乡	1	23	83	49
龙岩市上杭县庐丰畲族乡	1	26	62	35
泉州市惠安县百崎回族乡	1	5	45	25
江西省	**7**	**72**	**218**	**106**
鹰潭市贵溪樟坪畲族乡	1	3	6	1
上饶市铅山县太源畲族乡	1	2	8	5
上饶市铅山县篁碧畲族乡	1	1	14	11
吉安市永丰县龙冈畲族乡	1	17	40	18
赣州市南康赤土畲族乡	1	22	78	46
吉安市青原区东固畲族乡	1	15	39	9
抚州市乐安县金竹畲族乡		10	26	10
吉安市峡江县金坪民族乡	1	2	7	6

其中：执业（助理）医师（人）	乡村医生和卫生员（人）	医疗卫生机构床位数（张）	医院（张）	基层医疗卫生机构（张）	卫生院（张）
10	5	20		20	20
2	4	6		6	6
16	19	15		15	15
11	4	66	30	36	36
183	**377**	**389**	**65**	**324**	**324**
7	18	15		15	15
5	2	5		5	5
29	19	15		15	15
5	25	3		3	3
5	34	65	65		
9	23	15		15	15
8	13	15		15	15
8	10	20		20	20
15	31	16		16	16
6	13	10		10	10
8	23	15		15	15
9	9	18		18	18
4	18	18		18	18
12	23	20		20	20
8	20	20		20	20
5	15	24		24	24
14	34	30		30	30
15	27	40		40	40
11	20	25		25	25
55	**107**	**246**	**16**	**145**	**204**
1	5	9		9	9
3	3	11		11	8
2	3	12		12	12
11	22	36		36	15
17	27	70			70
6	30	75		75	75
10	16	16	16		
5	1	17		2	15

10-1(四) 续表 9

民族乡镇名称	卫生院（个）	村卫生室（个）	卫生人员（人）	卫生技术人员（人）
山东省	**3**	**80**	**406**	**196**
淄博市临淄区金岭回族镇	1	8	35	19
聊城市莘县张鲁回族镇	1	28	108	75
菏泽市曹县侯集回族镇		18	106	44
德州市禹城市十里望回族镇	1	26	157	58
河南省	**23**	**219**	**3425**	**2370**
郑州市荥阳市金寨回族乡	1	2	26	16
周口市太康县城关回族镇	2	11	837	626
周口市淮阳县城关回族镇	1	35	160	110
周口市沈丘县槐店回族镇		9	311	175
商丘市宁陵县城关回族镇	2	5	872	671
商丘市睢县城关回族镇	3	14	596	426
商丘市民权县伯党回族乡	1	9	24	14
商丘市民权县胡集回族乡	1	13	43	27
平顶山市叶县马庄回族乡		8	32	22
平顶山市郏县姚庄回族乡	1	6	22	16
新乡市封丘县荆乡回族乡	1	5	20	7
许昌市许昌县艾庄回族乡	1	9	32	14
许昌市禹州市山货回族乡	1	6	27	21
许昌市襄城县颖桥回族镇	1	5	50	33
南阳市镇平县郭庄回族乡	1	9	48	23
南阳市方城县袁店回族乡	1	10	63	37
驻马店市西平县蔡寨回族乡	1	6	36	16
驻马店市新蔡县李桥回族镇	1	10	55	38
漯河市临颍县繁城回族镇	1	32	136	69
洛阳市洛宁县王范回族镇	1	4	23	8
洛阳市瀍河回族区瀍河回族乡	1	11	12	1
湖北省	**12**	**178**	**704**	**448**
荆门市钟祥市九里回族乡	1	9	35	26
荆州市洪湖市老湾回族乡	1	7	14	4
荆州市松滋市卸甲坪土家族乡	1	9	32	15

其中：执业（助理）医师（人）	乡村医生和卫生员（人）	医疗卫生机构床位数（张）	医院（张）	基层医疗卫生机构（张）	卫生院（张）
81	**210**	**391**	**50**	**328**	**148**
19	16	80		67	13
24	33	206		206	80
12	62	50	50		
26	99	55		55	55
1446	**489**	**3740**	**2623**	**530**	**1054**
6	4	25		25	18
401	35	577	404		173
45	50	95		95	95
144	17	262	208	54	54
504	10	885	760	125	110
210	126	1283	1213	40	30
7	13	40			40
18	16	60			60
5	10	54	38	16	
2	6	26			26
7	3	55		7	48
8	18	20			20
6	6	20		20	20
17	5	65		65	55
2	25	58		18	40
15	27	65		65	35
4	20	25			25
23	15	45			45
18	66				80
3	6	60			60
1	11	20			20
175	**243**	**522**	**120**	**262**	**519**
11	9	48		18	30
4	10	4		4	4
7	17	28		28	28

10-1(四) 续表 10

民族乡镇名称	卫生院（个）	村卫生室（个）	卫生人员（人）	卫生技术人员（人）
宜昌市宜都市潘家湾土家族乡	1	9	38	33
十堰市郧西县湖北口回族乡	1	18	48	33
恩施土家族苗族自治州恩施市芭蕉侗族乡	1	22	161	98
恩施土家族苗族自治州宣恩县长潭河侗族乡	1	39	90	57
恩施土家族苗族自治州宣恩县晓关侗族乡	1	31	144	109
仙桃市沔城回族镇	1	12	43	19
神农架林区下谷坪土家族乡	1	4	17	13
咸宁市赤壁市周郎嘴回族镇	1	9	45	23
恩施土家族苗族自治州鹤峰县铁炉白族乡	1	9	37	18
湖南省	**117**	**1001**	**2932**	**1633**
怀化市辰溪县罗子山瑶族乡	1	8	15	5
怀化市辰溪县苏木溪瑶族乡	1	10	28	5
怀化市辰溪县上蒲溪瑶族乡	1	8	15	7
怀化市辰溪县后塘瑶族乡	1	11	39	27
怀化市辰溪县仙人湾瑶族乡	1	16	48	25
怀化市洪江市深渡苗族乡	1	8	5	
怀化市洪江市龙船塘瑶族乡	1	7	17	10
怀化市会同县炮团侗族苗族乡	1	9	19	11
怀化市会同县宝田侗族苗族乡	1	6	22	9
怀化市会同县蒲稳侗族苗族乡	1	6	19	12
怀化市会同县金子岩侗族苗族乡	3	26	89	63
怀化市会同县漠滨侗族苗族乡	1	9	21	9
怀化市会同县青朗侗族苗族乡	2	13	64	51
怀化市沅陵县二酉苗族乡	3	22	94	47
怀化市沅陵县火场土家族乡	1	4	26	13
怀化市中方县蒿吉坪瑶族乡	1	6	8	4
怀化市通道侗族自治县大高坪苗族乡	1	3	8	5
怀化市新晃侗族自治县步头降苗族乡	1	4	20	15
怀化市新晃侗族自治县米贝苗族乡	1	7	17	10
邵阳市绥宁县河口苗族乡	2	10	45	20
邵阳市绥宁县麻塘苗族乡	2	13	51	21
邵阳市绥宁县东山侗族乡	1	11	42	36

		医疗卫生机构床位数（张）			
其中：执业（助理）医师（人）	乡村医生和卫生员（人）		医院（张）	基层医疗卫生机构（张）	卫生院（张）
8	5	27		27	27
17	15	50		50	50
38	60	165	120	45	120
21	33	60		60	60
25	35	75			75
19	24				60
10	4	10		10	10
5	22	20		20	20
10	9	35			35
877	**1182**	**2486**	**387**	**2002**	**1983**
4	10	8		8	8
3	10	20		20	20
	8	12		8	8
15	12	35		35	35
6	23	24		24	24
	5	20		20	20
10	7	22		22	22
6	8	48		48	30
7	13	30		30	30
7	7	21		21	21
30	26	60		63	63
5	12	50		50	50
44	13	68		68	68
27	47	77		77	77
4	13	14		14	14
4	4	4		1	1
3	3	4		4	4
1	5	37		33	33
6	7	46		46	46
11	10	28	8	11	17
13	9	26	5	21	21
15	6	18	8	10	1

10-1(四) 续表 11

民族乡镇名称	卫生院（个）	村卫生室（个）	卫生人员（人）	卫生技术人员（人）
邵阳市绥宁县鹅公岭侗族苗族乡	1	11	21	15
邵阳市绥宁县寨市苗族侗族乡	3	30	71	39
邵阳市绥宁县乐安铺苗族侗族乡	1	8	25	7
邵阳市绥宁县关峡苗族乡	1	9	51	25
邵阳市绥宁县长铺子苗族乡	3	29	49	20
邵阳市隆回县山界回族乡	1	24	48	23
邵阳市隆回县虎形山瑶族乡	1	12	34	6
邵阳市洞口县那溪瑶族乡	1	12	20	13
邵阳市洞口县大屋瑶族乡	1	7	13	5
邵阳市洞口县长塘瑶族乡	1	6	11	7
邵阳市新宁县黄金瑶族乡	1	10	33	22
邵阳市新宁县麻林瑶族乡	1	11	31	20
永州市蓝山县荆竹瑶族乡	1	5	10	5
永州市蓝山县湘江源瑶族乡	1	5	10	5
永州市蓝山县浆洞瑶族乡	1	3	17	13
永州市蓝山县汇源瑶族乡	1	5	8	3
永州市蓝山县犁头瑶族乡	1	1	4	4
永州市蓝山县大桥瑶族乡	1	7	14	
永州市江永县松柏瑶族乡	2	29	68	
永州市江永县千家洞瑶族乡	1	12	35	
永州市江永县兰溪瑶族乡	1	11	15	
永州市江永县源口瑶族乡	1	20	32	
永州市宁远县九疑瑶族乡	3	32	87	46
永州市宁远县棉花坪瑶族乡	1	5	8	4
永州市宁远县桐木漯瑶族乡	1	6	7	
永州市宁远县五龙山瑶族乡	2	13	22	9
永州市道县横岭瑶族乡	1	8	24	16
永州市道县洪塘营瑶族乡	1	14	52	38
永州市道县审章塘瑶族乡	2	22	81	59
永州市祁阳县晒北滩瑶族乡	1	5	12	3
永州市新田县门楼下瑶族乡	1	14	23	10
永州市双牌县上梧江瑶族乡	2	13	19	12

		医疗卫生机构床位数（张）			
其中：执业（助理）医师（人）	乡村医生和卫生员（人）		医院（张）	基层医疗卫生机构（张）	卫生院（张）
25	6	23	12	11	1
39	30	65	8	29	36
7	18	10	4	12	12
5	26	23	6	23	23
20	29	16	3	11	
12	25	11	6	5	20
6	28	14	6	6	24
6	7	15	10	5	15
2	8	20	8	4	4
7	4	13	6	7	7
7	10	26	7	10	16
15	11	24	6	18	18
1	5	6		6	6
5	5				
3	4	16	8	8	8
1	5	2			
1	1	4	2	2	2
4	7	10	1	1	1
	68	45		45	45
	16	17		17	17
	15	25		25	25
	32	32		32	32
9	32				
3	2	10		10	10
5	7	2		2	2
2	13	6		6	6
11	8	20		20	20
15	14	60		60	60
21	22	70		70	70
1	9	10			10
6	13	10		10	10
4	7	16		16	16

10-1(四)　续表 12

民族乡镇名称	卫生院（个）	村卫生室（个）	卫生人员（人）	卫生技术人员（人）
永州市江华瑶族自治县小圩壮族乡	1	21	36	15
张家界市桑植县刘家坪白族乡		6	30	20
张家界市桑植县马合口白族乡	1	13	35	19
张家界市桑植县走马坪白族乡	2	14	14	8
张家界市桑植县芙蓉桥白族乡	2	11	29	24
张家界市桑植县洪家关白族乡	1	23	90	67
张家界市慈利县三官寺土家族乡	1	17	46	30
张家界市慈利县高峰土家族乡	1	16	15	13
张家界市慈利县金岩土家族乡	1	12	28	15
张家界市慈利县许家坊土家族乡	1	8	46	35
张家界市慈利县阳和土家族乡	1	9	26	20
张家界市慈利县甘堰土家族乡	2	19	58	39
张家界市慈利县赵家岗土家族乡	1	12	40	16
郴州市桂阳县白水瑶族乡	3	16	33	17
郴州市北湖区保和瑶族乡	2	8	48	38
郴州市北湖区仰天湖瑶族乡	3	15	55	40
郴州市宜章县莽山瑶族乡	1	2	15	15
郴州市汝城县文明瑶族乡	3	30	75	42
郴州市汝城县延寿瑶族乡	2	17	31	14
郴州市汝城县三江口瑶族乡	1	9	17	8
郴州市临武县西山瑶族乡	2		16	9
郴州市资兴市回龙山瑶族乡	2	11	36	25
郴州市资兴市八面山瑶族乡	2	14	30	15
常德市鼎城区许家桥回族维吾尔族乡	2	16	83	61
常德市汉寿县毛家滩回族维吾尔族乡	1	8	36	28
常德市桃源县枫树维吾尔族回族乡	1	12	88	39
常德市桃源县青林回族维吾尔族乡	1	13	115	80
株洲市炎陵县中村瑶族乡	3	12	33	22
衡阳市常宁市塔山瑶族乡	1	9	16	8
益阳市桃江县鲊埠回族乡	1	12	45	17
广东省	**7**	**53**	**175**	**106**
惠州市龙门县蓝田瑶族乡	1	7	39	21

其中：执业（助理）医师（人）	乡村医生和卫生员（人）	医疗卫生机构床位数（张）	医院（张）	基层医疗卫生机构（张）	卫生院（张）
11	21	16		16	16
3	10	20	10	10	
9	7	20		20	20
8	6	26		26	26
9	5	15		15	15
62	23	39		39	39
14	16	25		25	25
5		18		18	18
6	13	19		19	15
12	11	20		20	20
10	6	25		25	25
17	19	40		40	40
11	24	27	15	12	
17	16	16		16	16
13	10	41		41	41
20	15	46		46	46
4		15		15	15
18	33	61		61	61
10	17	38		38	38
3	9	54	30	24	24
8	7	30		30	30
14	11	19		16	16
4	15	36		16	16
37	22	150	50	100	100
16	8	55		55	55
10	39	56		56	44
30	27	180	155	25	20
11	11	30		30	30
6	8	26	13	13	13
15	28	30		30	30
47	**53**	**159**	**60**	**44**	**112**
18	7	37	30	7	30

10-1(四) 续表 13

民族乡镇名称	卫生院（个）	村卫生室（个）	卫生人员（人）	卫生技术人员（人）
清远市连州市三水瑶族乡	1	4	8	6
清远市连州市瑶安瑶族乡	1	10	15	5
清远市阳山县秤架瑶族乡	1	13	38	25
肇庆市怀集县下帅壮族瑶族乡	1	5	33	23
韶关市始兴县深渡水瑶族乡	1	4	10	8
河源市东源县漳溪畲族乡	1	10	32	18
广西壮族自治区	**68**	**603**	**2316**	**1530**
梧州市蒙山县长坪瑶族乡	1	5	16	11
梧州市蒙山县夏宜瑶族乡	1	6	22	16
贺州市八步区黄洞瑶族乡	1	4	25	21
贺州市平桂管理区大平瑶族乡	1	6	44	31
贺州市昭平县仙回瑶族乡	1	7	22	14
贺州市钟山县两安瑶族乡	1	6	34	23
贺州市钟山县花山瑶族乡	1	6	15	9
贵港市平南县马练瑶族乡	1	12	83	63
贵港市平南县国安瑶族乡	1	10	45	35
防城港市上思县南屏瑶族乡	1	18	36	18
防城港市防城区十万山瑶族乡	1	6	13	6
南宁市马山县古寨瑶族乡	1	9	41	25
南宁市马山县里当瑶族乡	1	10	50	40
南宁市上林县镇圩瑶族乡	1	10	62	48
柳州市三江侗族自治县同乐苗族乡	1	19	61	34
柳州市三江侗族自治县福禄苗族乡	1	12	55	39
柳州市三江侗族自治县高基瑶族乡		8		
柳州市融水苗族自治县滚贝侗族乡	1	11	42	18
柳州市融水苗族自治县同练瑶族乡	1	6	28	18
柳州市柳城县古砦仫佬族乡	1	7	20	12
桂林市临桂县宛田瑶族乡	1	15	57	38
桂林市临桂县黄沙瑶族乡	1	5	10	10
桂林市灵川县大境瑶族乡	1	8	32	21
桂林市灵川县兰田瑶族乡	1	3	20	17
桂林市全州县蕉江瑶族乡	1	8	29	13

其中：执业（助理）医师（人）	乡村医生和卫生员（人）	医疗卫生机构床位数（张）	医院（张）	基层医疗卫生机构（张）	卫生院（张）
4	2	6		6	6
4	10	36		10	26
8	11	19			19
1	10	10			10
8	2	10		10	10
4	11	41	30	11	11
534	**723**	**1972**	**123**	**1184**	**1566**
1	5	5		5	5
2	6	14		14	14
6	4	12		12	12
8	8	24		24	24
6	8	17		17	17
7	9	25		25	25
2	6	6		6	6
35	20	50	20		30
10	10	25	15	10	15
3	18	16		16	16
2	5	12		1	1
15	9	60		50	50
8	10	42		30	30
8	14	80		80	80
8	27	76		27	49
2	16				53
5		18	10	8	
1	24	25		25	25
3	10	20		20	20
6	8	61		61	61
10	19	12		12	12
8		5			5
6	9	20		20	20
7	3	16			16
7	16	7		7	7

10−1(四) 续表 14

民族乡镇名称	卫生院（个）	村卫生室（个）	卫生人员（人）	卫生技术人员（人）
桂林市全州县东山瑶族乡	1	16	56	3
桂林市兴安县华江瑶族乡	1	20	26	26
桂林市灌阳县洞井瑶族乡	1	9	48	15
桂林市灌阳县西山瑶族乡	1	9	27	17
桂林市资源县车田苗族乡	1	12	46	21
桂林市资源县两水苗族乡	1	6	28	13
桂林市资源县河口瑶族乡	1	5	24	18
桂林市平乐县大发瑶族乡	1	7	41	26
桂林市荔浦县蒲芦瑶族乡	1	10	28	20
桂林市雁山区草坪回族乡	1	4	21	15
百色市右江区汪甸瑶族乡	2	13	57	44
百色市田东县作登瑶族乡	1	21	60	39
百色市田林县潞城瑶族乡	2	19	52	33
百色市田林县利周瑶族乡	1	9	46	37
百色市田林县八桂瑶族乡	2	12	47	31
百色市田林县八渡瑶族乡	2	17	60	43
百色市凌云县伶站瑶族乡	1	9	36	27
百色市凌云县朝里瑶族乡	1	6	14	8
百色市凌云县沙里瑶族乡	1	12	45	33
百色市凌云县玉洪瑶族乡	2	16	42	24
百色市西林县足别瑶族苗族乡	1	6	18	12
百色市西林县普合苗族乡	1	7	18	11
百色市西林县那佐苗族乡	2	18	64	48
河池市南丹县八圩瑶族乡	1	15	38	22
河池市南丹县里湖瑶族乡	1	12	46	33
河池市南丹县中堡苗族乡	1	6	11	5
河池市天峨县八腊瑶族乡	3	6	81	63
河池市凤山县平乐瑶族乡	1	10	42	25
河池市凤山县江洲瑶族乡	1	9	39	29
河池市凤山县金牙瑶族乡	2	14	35	23
河池市东兰县三弄瑶族乡	1	5	22	17
河池市环江毛南族自治县驯乐苗族乡	1	12	68	38
河池市宜州市北牙瑶族乡	2	19	104	85
河池市宜州市福龙瑶族乡	1	15	64	46

其中：执业（助理）医师（人）	乡村医生和卫生员（人）	医疗卫生机构床位数（张）	医院（张）	基层医疗卫生机构（张）	卫生院（张）
11	42	23			23
26		25			25
15	18	27			27
13	10	26		26	26
15	24	62		24	38
6	15	8	8		8
18	6	20			20
8	7	35	35		35
2	8	16		16	16
2	6	13		3	10
20	13	61		13	48
17	21	48			48
16	19	37		37	37
15	9	35		35	35
7	12	41		41	41
20	17	50		50	50
22	9	40			30
1	6	8		8	8
4	12	20			20
6	18	48	30	18	18
	6	9	1	6	1
7	7	18	1	7	1
10	18	48	2	18	2
6	16	44	1	16	28
7	13	16		16	16
2	6	16		8	1
5	18	74		74	74
15	10	40		40	30
3	9	25		25	25
12	12	98		98	50
2	5	12		12	12
8	30	35		12	35
19	19	203		111	92
18	18	43			43

10-1(四) 续表 15

民族乡镇名称	卫生院（个）	村卫生室（个）	卫生人员（人）	卫生技术人员（人）
重庆市	**15**	**93**	**318**	**176**
奉节县云雾土家族乡	1	3	7	5
奉节县长安土家族乡	1	7	20	12
奉节县龙桥土家族乡	1	5	18	12
奉节县太和土家族乡	1	6	25	14
万州区恒合土家族乡	1	13	59	34
万州区地宝土家族乡	1	5	24	11
云阳县清水土家族乡	2	14	53	18
巫山县红椿土家族乡	1	5	19	14
巫山县邓家土家族乡	1	5	9	4
忠县磨子土家族乡	1	8	33	20
武隆区石桥苗族土家族乡	1	6	12	6
武隆区文复苗族土家族乡	1	6	17	11
武隆区后坪苗族土家族乡	1	6	11	8
武隆区浩口苗族仡佬族乡	1	4	11	7
四川省	**95**	**613**	**2077**	**1268**
甘孜藏族自治州九龙县子耳彝族乡		5	10	
甘孜藏族自治州九龙县三垭彝族乡		4	7	
甘孜藏族自治州九龙县俄尔彝族乡		2	4	
甘孜藏族自治州九龙县小金彝族乡		2	10	
甘孜藏族自治州九龙县朵落彝族乡		2	4	
甘孜藏族自治州九龙县踏卡彝族乡		4	6	6
甘孜藏族自治州九龙县湾坝彝族乡		5	7	7
阿坝藏族羌族自治州松潘县十里回族乡	1	5	12	7
阿坝藏族羌族自治州松潘县进安回族乡	1	10	231	221
攀枝花市仁和区大龙潭彝族乡	1	11	43	30
攀枝花市仁和区啊喇彝族乡	1	6	23	18
攀枝花市米易县麻陇彝族乡	1	7	13	6
攀枝花市米易县白坡彝族乡	1	10	15	15
攀枝花市米易县湾丘彝族乡	1	6	33	20

其中：执业（助理）医师（人）	乡村医生和卫生员（人）	医疗卫生机构床位数（张）	医院（张）	基层医疗卫生机构（张）	卫生院（张）
90	**142**	**294**		**294**	**279**
2	2	10		10	10
5	8	20		20	20
3	6	10		10	10
5	11	20		20	20
26	25	35		35	35
5	13	25		25	15
13	35	41		41	41
5	5	19		19	19
4	5	8		8	8
11	13	45		45	40
1	6	40		40	40
2	6	8		8	8
4	3	7		7	7
4	4	6		6	6
498	**815**	**1439**	**282**	**937**	**1012**
	10	5		5	5
	7	4		4	4
	4	5		5	5
	10	5		5	5
	4	5		5	5
6		5		5	5
7		16		16	16
4	5	4		4	4
111	10	6		6	6
13	13	24		24	24
5	5	20		20	20
6	7	8		8	8
5		9		9	9
11	13	50	25	25	25

10-1(四) 续表 16

民族乡镇名称	卫生院(个)	村卫生室(个)	卫生人员(人)	卫生技术人员(人)
攀枝花市米易县新山傈僳族乡	1	5	18	13
攀枝花市盐边县敢鱼彝族乡	1	14	17	6
攀枝花市盐边县红果彝族乡	1	11	14	3
攀枝花市盐边县温泉彝族乡	1	7	18	9
攀枝花市盐边县箐河傈僳族乡	1	6	14	8
攀枝花市盐边县格萨拉彝族乡	1	11	22	11
攀枝花市盐边县和爱彝族乡	1	5	15	10
攀枝花市盐边县红宝苗族彝族乡	1	7	15	5
泸州市叙永县白蜡苗族乡	1	7	58	45
泸州市叙永县合乐苗族乡	1	5	43	33
泸州市叙永县枧槽苗族乡	1	5	40	35
泸州市叙永县石坝彝族乡	1	4	32	23
泸州市叙永县水潦彝族乡	1	12	58	12
泸州市古蔺县箭竹苗族乡	1	8	34	26
泸州市古蔺县大寨苗族乡	1	3	34	26
泸州市古蔺县马嘶苗族乡	1	7	19	12
广元市青川县蒿溪回族乡	1	6	12	5
广元市青川县大院回族乡	1	6	3	
乐山市金口河区和平彝族乡		6	6	
乐山市金口河区共安彝族乡	1	7	26	8
南充市阆中市博树回族乡	1	5	13	8
宜宾市筠连县高坪苗族乡	1	5	12	7
宜宾市筠连县联合苗族乡	1	7	34	19
宜宾市筠连县团林苗族乡	1	3	10	2
宜宾市屏山县屏边彝族乡	1	7	22	13
宜宾市屏山县清平彝族乡	1	9	26	17
宜宾市兴文县大坝苗族乡	2	17	76	59
宜宾市兴文县毓秀苗族乡	1	9	18	9
宜宾市兴文县大河苗族乡	1	46	75	19
宜宾市兴文县麒麟苗族乡	2	25	56	31
宜宾市兴文县仙峰苗族乡	1	11	36	20
宜宾市珙县罗渡苗族乡	1	15	35	18

其中：执业（助理）医师（人）	乡村医生和卫生员（人）	医疗卫生机构床位数（张）	医院（张）	基层医疗卫生机构（张）	卫生院（张）
4	5	11		11	11
3	11	20		20	6
3	11	16		16	6
	9	11		11	4
3	6	8	8		8
	11	55		20	20
5	5	14		8	6
1	10	6			6
12	13	50		50	50
10	10	30		30	30
5	5	33		33	33
8	9	70	35	35	35
12	46	45		45	18
16	8	74	42	32	42
4	7	41	25	7	25
12	7	20		20	20
4	7	6		6	6
	3	4			2
	6	6			
3	18	4		4	4
3	5	15		15	10
2	5				6
3	15	11		3	8
2	8	5			
2	7	20	20		
4	9	20			20
22	17	75	1	2	17
3	9	30	15	15	15
4	56	28	28		28
6	25	82	41	41	41
2	16	14			14
7	17	20		20	15

10-1(四) 续表 17

民族乡镇名称	卫生院（个）	村卫生室（个）	卫生人员（人）	卫生技术人员（人）
宜宾市珙县玉和苗族乡	1	5	21	8
宜宾市珙县观斗苗族乡	1	4	12	2
雅安市汉源县小堡藏族彝族乡	1	2	10	8
雅安市汉源县坭美彝族乡	1	2	8	5
雅安市汉源县永利彝族乡	1	4	7	3
雅安市汉源县顺河彝族乡	1	2	8	8
雅安市汉源县片马彝族乡	1	4	14	14
雅安市石棉县安顺彝族乡	1	6	7	7
雅安市石棉县先锋藏族乡	1	5	12	12
雅安市石棉县蟹螺藏族乡	1		13	6
雅安市石棉县回隆彝族乡	1	5	17	12
雅安市石棉县擦罗彝族乡	1	5	22	11
雅安市石棉县栗子坪彝族乡	1	2	24	13
雅安市石棉县新民藏族彝族乡	1	4	16	14
雅安市石棉县挖角彝族藏族乡	1	1	16	12
雅安市石棉县田湾彝族乡	1	6	10	3
雅安市石棉县草科藏族乡	1	4	10	1
雅安市宝兴县跷碛藏族乡	1	4	19	15
雅安市荥经县宝峰彝族民族乡	1	2	9	9
雅安市荥经县民建彝族民族乡	1	4	14	14
凉山彝族自治州西昌市高草回族乡	1	8	28	11
凉山彝族自治州西昌市裕隆回族乡	1	8	76	48
凉山彝族自治州木里藏族自治县屋脚蒙古族乡	1	2	14	7
凉山彝族自治州木里藏族自治县俄亚纳西族乡	1	6	10	4
凉山彝族自治州木里藏族自治县白碉苗族乡	1	4	7	6
凉山彝族自治州木里藏族自治县项脚蒙古族乡	1	3	7	7
凉山彝族自治州木里藏族自治县固增苗族乡	1	4	10	3
凉山彝族自治州盐源县大坡蒙古族乡	1	5	12	7
凉山彝族自治州德昌县金沙傈僳族乡	1	3	9	6
凉山彝族自治州德昌县南山傈僳族乡	1	3	13	10
凉山彝族自治州会理县新安傣族乡	1	5	15	14
凉山彝族自治州冕宁县和爱藏族乡	1	5	9	4

其中：执业（助理）医师（人）	乡村医生和卫生员（人）	医疗卫生机构床位数（张）	医院（张）	基层医疗卫生机构（张）	卫生院（张）
4	13	5			5
1	4	6			6
1	2	2		2	2
2	3	3		3	3
3	4	3		3	3
7		4		4	4
5		11		11	7
7		10		10	10
5	7	4		4	4
1	7	5		5	5
5	5	6		5	1
5	11	5	5	1	5
2	11	18	9	9	9
5	2	18		18	18
3	4	8		8	8
2	5	10	5	5	5
1	9	9		9	9
1	4	12		12	12
2	1	3		3	3
2		2		2	2
4	17	15		15	15
14	28	10			10
1	7	3		3	3
3	6	5		5	5
1	3	5		5	5
3	7	12	6	6	6
3	7	15		15	15
1	5	12		5	7
2	3	2			2
4	3	4		4	3
4	5	24	12	12	
3	5	2			

10−1(四) 续表 18

民族乡镇名称	卫生院（个）	村卫生室（个）	卫生人员（人）	卫生技术人员（人）
凉山彝族自治州越西县保安藏族乡	1	3	12	9
绵阳市平武县木皮藏族乡	1	1	2	2
绵阳市平武县白马藏族乡	1	3	8	5
绵阳市平武县黄羊关藏族乡	1	2	7	3
绵阳市平武县虎牙藏族乡	1	4	4	2
绵阳市平武县泗耳藏族乡	1	3	4	3
绵阳市平武县徐塘羌族乡	1	4	8	5
绵阳市平武县锁江羌族乡	1	9	18	
绵阳市平武县平南羌族乡	1	5	5	2
绵阳市北川羌族自治县桃龙藏族乡	4	1	13	11
绵阳市盐亭县大兴回族乡	1	8	20	
达州市宣汉县渡口土家族乡	1	10	22	11
达州市宣汉县龙泉土家族乡	1	14	36	14
达州市宣汉县三墩土家族乡	1	7	42	18
达州市宣汉县漆树土家族乡	1	5	14	9
绵阳市平武县水田羌族乡	1	6	11	5
绵阳市平武县旧堡羌族乡	1	5	8	2
绵阳市平武县阔达藏族乡	1	5	16	13
绵阳市平武县土城藏族乡	1	9	14	5
贵州省	**202**	**2278**	**8540**	**5052**
贵阳市南明区小碧布依族苗族乡	1	10	10	
贵阳市花溪区高坡苗族乡	1	19	32	13
贵阳市花溪区孟关苗族布依族乡	1	9	76	65
贵阳市花溪区马铃布依族苗族乡	1	3	11	
贵阳市花溪区黔陶布依族苗族乡	1	8	36	24
贵阳市乌当区偏坡布依族乡	1	1	4	2
贵阳市乌当区新堡布依族乡	1	7	19	7
贵阳市白云区牛场布依族乡	1	12	46	32
贵阳市白云区都拉布依族乡	1	7	15	8
贵阳市清镇市麦格苗族布依族乡	1	17	38	12
贵阳市清镇市王庄布依族苗族乡	1	15	47	27
贵阳市清镇市流长苗族乡	1	30	103	68

		医疗卫生机构床位数（张）			
其中：执业（助理）医师（人）	乡村医生和卫生员（人）		医院（张）	基层医疗卫生机构（张）	卫生院（张）
6	3	4			
2		1		1	1
1	3	6		6	6
1	4	6		6	6
2	2	3		3	3
1	1	1		1	1
2	3	2		2	2
	18	10		10	10
1	3	8		8	8
7	2	4	5		5
	20	19		19	19
7	11	13		13	13
6	18	22		22	22
6	24	25		25	25
3	5	10		10	10
5	6	4		4	4
2	6	5		5	5
2	3	7		7	7
2	9	25		25	25
1690	**3174**	**7452**	**1947**	**3389**	**5085**
	10	10		10	10
6	19	15		15	15
30	11	90	70	20	20
3	8	12		6	6
6	12	20		20	6
1	1	4		2	4
7	12	14			14
12	14	33	1	14	1
8	7	50	30	20	30
12	20	18		18	18
6	20	13	10		10
20	35	64		64	64

10−1(四) 续表 19

民族乡镇名称	卫生院（个）	村卫生室（个）	卫生人员（人）	卫生技术人员（人）
贵阳市开阳县高寨苗族布依族乡	1	20	10	10
贵阳市开阳县南江布依族苗族乡	1	15	31	2
贵阳市开阳县禾丰布依族苗族乡	1	8	24	14
贵阳市修文县大石布依族乡	1	7	14	6
贵阳市息烽县青山苗族乡	1	5	30	5
六盘水市水城县坪寨彝族乡	1	4	50	37
六盘水市水城县南开苗族彝族乡	1	12	75	52
六盘水市水城县青林苗族彝族乡	1	4	38	26
六盘水市水城县金盆苗族彝族乡	1	6	46	32
六盘水市水城县新街彝族苗族布依族乡	1	3	58	51
六盘水市水城县杨梅彝族苗族回族乡	1	6	34	22
六盘水市水城县野钟苗族彝族布依族乡	1	5	54	35
六盘水市水城县果布嘎彝族苗族布依族乡	1	5	56	43
六盘水市水城县龙场苗族白族彝族乡	1	7	72	64
六盘水市水城县营盘苗族彝族白族乡	1	6	17	10
六盘水市水城县顺场苗族彝族布依族乡	1	6	53	39
六盘水市水城县花戛苗族布依族彝族乡	1	5	55	44
六盘水市水城县猴场苗族布依族乡	1	6	49	38
六盘水市盘县普田回族乡	1	6	21	9
六盘水市盘县旧营白族彝族苗族乡	1	11	76	45
六盘水市盘县羊场布依族白族苗族乡	1	16	139	123
六盘水市盘县保基苗族彝族乡	1	7	24	11
六盘水市盘县淤泥彝族乡	1	20	121	81
六盘水市盘县普古彝族苗族乡	1	21	61	36
六盘水市盘县坪地彝族乡	1	15	68	36
六盘水市六枝特区梭戛苗族彝族乡	1	7	32	7
六盘水市六枝特区落别布依族彝族乡	1	13	66	40
六盘水市六枝特区中寨苗族彝族布依族乡	1	17	37	16
六盘水市六枝特区牛场苗族彝族乡	1	9	29	20
六盘水市六枝特区月亮河彝族苗族乡	2	17	55	36
遵义市仁怀市后山苗族布依族乡	1	4	40	17
遵义市遵义县平正仡佬族乡	1	12	53	36

其中：执业（助理）医师（人）	乡村医生和卫生员（人）	医疗卫生机构床位数（张）	医院（张）	基层医疗卫生机构（张）	卫生院（张）
5					30
2	29	30	30		30
14	10	20	10	10	10
3	8				8
6	8	12		1	1
2	13	42		42	42
16	23	99		99	99
1	12	12		12	12
9	14	57		57	57
6	7	24		24	24
13	12	60		60	60
8	19	46		46	46
9	13	50		50	50
17	8	99		99	99
5	7	65		65	65
9	14	45		45	45
6	11	30		30	30
12	11	45		45	45
2	12	20		12	8
8	22	30			30
31	16	157	60	97	97
4	13	47		7	40
20	30	181	31	150	150
15	25	68	20	48	48
17	32	60	30	30	30
4	25	30			30
12	26	38	12	26	38
8	21	50		50	50
20	9	33	24	9	9
20	19	30		30	30
15	8	30		30	18
9	17	20			20

10-1(四) 续表 20

民族乡镇名称	卫生院（个）	村卫生室（个）	卫生人员（人）	卫生技术人员（人）
遵义市遵义县洪关苗族乡	1	13	28	15
遵义市桐梓县马鬃苗族乡	1	5	23	18
遵义市正安县谢坝仡佬族苗族乡	1	6	44	32
遵义市正安县市坪苗族仡佬族乡	1	4	42	7
遵义市余庆县花山苗族乡	1	4	61	45
遵义市道真仡佬族苗族自治县上坝土家族乡	1	3	34	16
安顺市西秀区鸡场布依族苗族乡	1	11	42	29
安顺市西秀区杨武布依族苗族乡	1	17	49	5
安顺市西秀区岩腊苗族布依族乡	1	13	23	5
安顺市西秀区新场布依族苗族乡	1	13	19	6
安顺市西秀区黄腊布依族苗族乡	1	14	25	15
安顺市平坝县十字回族乡	1	23	51	28
安顺市平坝县羊昌布依族苗族乡	1	7	45	30
安顺市普定县补郎苗族乡	1	16	43	29
安顺市普定县猴场苗族仡佬族乡	1	14	47	33
安顺市普定县猫洞苗族仡佬族乡	1	15	39	26
毕节市七星关区大屯彝族乡	1	8	31	23
毕节市七星关区田坎彝族乡	1	7	30	16
毕节市七星关区阿市苗族彝族乡	1	13	19	17
毕节市七星关区团结彝族苗族乡	1	13	38	20
毕节市七星关区阴底彝族苗族白族乡	1	12	34	8
毕节市七星关区千溪彝族苗族白族乡	1	9	80	62
毕节市黔西县永燊彝族苗族乡	1	13	35	11
毕节市黔西县新仁苗族乡	1	9	31	13
毕节市黔西县花溪彝族苗族乡	1	11	26	4
毕节市黔西县中建苗族彝族乡	1	9	14	5
毕节市黔西县定新彝族苗族乡	1	10	85	27
毕节市黔西县太来彝族苗族乡	1	13	48	31
毕节市黔西县绿化白族彝族乡	1	7	30	15
毕节市黔西县红林彝族苗族乡	1	11	41	19
毕节市黔西县五里布依族苗族乡	2	16	43	20
毕节市黔西县铁石苗族彝族乡	1	11	45	20

其中：执业（助理）医师（人）	乡村医生和卫生员（人）	医疗卫生机构床位数（张）	医院（张）	基层医疗卫生机构（张）	卫生院（张）
9	13	12		6	6
7	5	7		7	7
2	12	18		18	18
4	31	30		30	30
13	16	12		12	12
16	18	20			20
4	13	35	1	1	1
4	8	70	53	17	53
2	18	9			9
6	13	10			10
7	10	13		13	13
2	23	10		10	10
3	15				40
4	14	23		23	23
9	14	22		12	10
7	13	10			15
3	8	20			20
6	14	24			24
2	2	25		25	25
1	18	39			39
7	26	76	16		60
10	18	38			38
10	24	30		26	15
8	18	27	14	13	14
1	12				15
4	9	10		9	15
8	58	15	7	7	7
9	17	34		14	20
4	15	40		20	20
9	22	48		40	40
12	23	50		25	25
7	25	48	15	10	25

10-1(四) 续表 21

民族乡镇名称	卫生院（个）	村卫生室（个）	卫生人员（人）	卫生技术人员（人）
毕节市大方县竹园彝族苗族乡	1	9	44	26
毕节市大方县响水白族彝族仡佬族乡	1	19	63	34
毕节市大方县鼎新彝族苗族乡	1	16	63	40
毕节市大方县牛场苗族彝族乡	1	20	83	65
毕节市大方县理化苗族彝族乡	1	14	58	41
毕节市大方县安乐彝族仡佬族乡	1	8	37	23
毕节市大方县凤山彝族蒙古族乡	1	10	33	23
毕节市大方县百纳彝族乡	1	10	38	24
毕节市大方县三元彝族苗族白族乡	1	10	23	13
毕节市大方县沙厂彝族乡	1	6	19	11
毕节市大方县黄泥彝族苗族满族乡	1	7	14	7
毕节市大方县核桃彝族白族乡	1	15	114	61
毕节市大方县八堡彝族苗族乡	1	14	46	22
毕节市大方县兴隆苗族乡	1	12	112	60
毕节市大方县大山苗族彝族乡	1	11	38	21
毕节市大方县星宿苗族彝族仡佬族乡	1	10	36	26
毕节市织金县自强苗族乡	1	11	35	18
毕节市织金县官寨苗族乡	1	11	32	12
毕节市织金县后寨苗族乡	1	13	54	28
毕节市织金县大平苗族彝族乡	1	12	49	23
毕节市织金县茶店布依族苗族彝族乡	1	15	69	
毕节市织金县金龙苗族彝族布依族乡	1	20	73	18
毕节市织金县鸡场苗族彝族布依族乡	1	24	124	76
毕节市金沙县太平彝族苗族乡	1	5	23	13
毕节市金沙县石场苗族彝族乡	1	11	68	14
毕节市金沙县马路彝族苗族乡	1	8	36	27
毕节市金沙县安洛苗族彝族满族乡	1	16	48	32
毕节市金沙县新化苗族彝族满族乡	1	31	138	27
毕节市金沙县大田彝族苗族布依族乡	1	7	39	31
毕节市赫章县兴发苗族彝族回族乡	1	16	42	37
毕节市赫章县松林坡白族彝族苗族乡	1	10	33	21
毕节市赫章县雉街彝族苗族乡	1	13	44	25

其中：执业（助理）医师（人）	乡村医生和卫生员（人）	医疗卫生机构床位数（张）	医院（张）	基层医疗卫生机构（张）	卫生院（张）
9	18	87	40		47
10	19	70	15	23	32
11	23	78	60	18	84
7	18	50	30	20	20
24	17	110	30		80
9	14	29		8	10
13	10	60	60		20
14	14	50			50
13	10	48		10	48
3	8	91	15	76	76
1	7	31			31
31	43	78	40		38
2	20	80	1		80
8	52	102	45	57	45
4	17	20		20	20
10	10	30	6	10	6
5	17	20		20	20
1	6	40		22	18
8	26	30		10	20
10	26	20		20	20
	42	35	35		20
21	40	55	20		20
1	48	50	30		20
4	10	26	1	10	15
43	11	64	38	11	15
11	9	18		18	18
11	16	38	30	8	30
10	111	131	40	41	50
4	8	37	20	1	16
5	5	71	42	29	29
2	12	23		23	23
7	19	32		32	32

10-1(四) 续表 22

民族乡镇名称	卫生院（个）	村卫生室（个）	卫生人员（人）	卫生技术人员（人）
毕节市赫章县珠市彝族乡	1	26	77	25
毕节市赫章县双坪彝族苗族乡	1	11	34	21
毕节市赫章县辅处彝族苗族乡	1	9	30	12
毕节市赫章县铁匠苗族乡	1	8	56	27
毕节市赫章县可乐彝族苗族乡	1	19	87	65
毕节市赫章县河镇彝族苗族乡	1	14	40	24
毕节市赫章县结构彝族苗族乡	1	24	40	24
毕节市赫章县水塘堡彝族苗族乡	1	16	56	23
毕节市赫章县古达苗族彝族乡	1	21	71	29
毕节市纳雍县厍东关彝族苗族白族乡	1	9	61	44
毕节市纳雍县董地苗族彝族乡	1	11	24	12
毕节市纳雍县左鸠戛彝族苗族乡	1	6	34	28
毕节市纳雍县锅圈岩苗族彝族乡	1	14	25	9
毕节市纳雍县新房彝族苗族乡	1	24	66	41
毕节市纳雍县化作苗族彝族乡	1	19	26	7
毕节市纳雍县姑开苗族彝族乡	1	12	38	26
毕节市纳雍县羊场苗族彝族乡	1	14	56	42
毕节市纳雍县昆寨苗族彝族白族乡	1	16	72	40
毕节市纳雍县猪场苗族彝族乡	1	11	41	22
毕节市威宁彝族回族苗族自治县新发布依族乡	1	31	64	33
毕节市大方县大水彝族苗族布依族乡	1	19	33	9
毕节市黔西县金坡苗族彝族满族乡	1	13	29	8
毕节市大方县普底彝族苗族白族乡	1	12	37	11
毕节市黔西县仁和彝族苗族乡	1	14	253	233
铜仁市碧江区桐木坪侗族乡	1	4	17	13
铜仁市碧江区瓦屋侗族乡	1	7	32	21
铜仁市碧江区和平土家族侗族乡	1	15	42	24
铜仁市碧江区滑石侗族苗族土家族乡	1	11	35	16
铜仁市碧江区六龙山侗族土家族乡	1	3	15	13
铜仁市万山区高楼坪侗族乡	1	16	22	6
铜仁市万山区黄道侗族乡	1	13	28	15
铜仁市万山区熬寨侗族乡	1	7	17	9

其中：执业(助理)医师(人)	乡村医生和卫生员(人)	医疗卫生机构床位数(张)	医院(张)	基层医疗卫生机构(张)	卫生院(张)
12	13	35		35	35
5	11	20		20	20
3	18	25		12	27
2	29	20		20	20
27	22	120	80	40	40
5	16	45		45	45
9	16	30		30	30
7	26	39	12	27	27
14	42	32	7	25	18
18	17	60			60
6	12	20		11	9
14	6	36		6	30
18	15	85	60		25
11	25	45			45
7	19	21			21
2	12	52			52
11	14	43			43
14	32	40			40
8	19	23			23
7	31	15	1	1	1
5	19	20		20	20
2	21	52		13	49
2	26	40			40
48	20	481	391		90
2	4	14	10	4	10
10	11	10			10
8	18	10		10	10
8	19	111	100	11	11
6	2	10		10	10
2	16	12		12	12
11	13	9		9	9
2	8	8		8	8

10-1(四)　续表 23

民族乡镇名称	卫生院（个）	村卫生室（个）	卫生人员（人）	卫生技术人员（人）
铜仁市万山区下溪侗族乡	1	8	28	20
铜仁市万山区鱼塘侗族土家族苗族乡	1	13	80	59
铜仁市万山区大坪侗族土家族苗族乡	1	16	22	6
铜仁市德江县楠杆土家族乡	1	13	33	19
铜仁市德江县沙溪土家族乡	1	14	40	28
铜仁市德江县桶井土家族乡	1	22	37	21
铜仁市德江县堰塘土家族乡	2	13	28	14
铜仁市德江县荆角土家族乡	1	15	22	10
铜仁市德江县长丰土家族乡	1	14	32	15
铜仁市德江县龙泉土家族乡	1	12	41	28
铜仁市德江县钱家土家族乡	1	12	34	20
铜仁市江口县德旺土家族苗族乡	1	9	30	18
铜仁市江口县官和侗族土家族苗族乡	1	4	28	21
铜仁市石阡县聚凤仡佬族侗族乡	1	18	30	12
铜仁市石阡县大沙坝仡佬族侗族乡	1	14	63	38
铜仁市石阡县枫香仡佬族侗族乡	1	11	43	28
铜仁市石阡县青阳苗族仡佬族侗族乡	1	14	49	35
铜仁市石阡县龙井侗族仡佬族乡	1	22	48	20
铜仁市石阡县石固仡佬族侗族乡	1	14	38	22
铜仁市石阡县坪地仡佬族侗族乡	1	18	47	26
铜仁市石阡县甘溪仡佬族侗族乡	1	9	20	11
铜仁市石阡县坪山仡佬族侗族乡	1	8	25	16
铜仁市思南县思林土家族苗族乡	1	13	38	22
铜仁市思南县枫柽土家族苗族乡	1	15	32	19
铜仁市思南县杨家坳苗族土家族乡	1	18	33	19
铜仁市思南县胡家湾苗族土家族乡	1	14	46	31
铜仁市思南县宽坪土家族苗族乡	1	14	38	19
铜仁市思南县三道水土家族苗族乡	1	17	53	36
铜仁市思南县天桥土家族苗族乡	1	12	34	20
铜仁市思南县兴隆土家族苗族乡	1	13	34	20
黔西南布依族苗族自治州晴隆县三宝彝族乡	1	3	11	8
黔西南布依族苗族自治州兴仁县鲁础营回族乡	1	8	27	13

其中：执业（助理）医师（人）	乡村医生和卫生员（人）	医疗卫生机构床位数（张）	医院（张）	基层医疗卫生机构（张）	卫生院（张）
5	8	10		10	10
12	21	50		50	50
2	16	12		12	12
4	13	40		21	6
2	10	15		12	5
3	16	99		99	99
6	14	40		16	24
4	11	25		25	10
4	16	10			10
10	13	37		12	25
6	14	29		14	15
7	12	22			22
3	7	15			15
6	18	36		16	20
9	25	54		29	25
11	15	21	12	1	11
5	14	40		14	26
4	28	25		20	20
6	14	25		14	11
6	21	44	24	20	24
10	9	19		9	10
8	9	25		8	25
9	16	10		10	10
8	13	10		10	10
3	14	18		18	18
4	15	10		10	10
5	19	20		20	20
12	17	60	40	20	20
7	14	10		10	10
10	14	20		20	20
3	1	8		1	1
8	10	22		8	8

10-1(四)　续表 24

民族乡镇名称	卫生院（个）	村卫生室（个）	卫生人员（人）	卫生技术人员（人）
黔西南布依族苗族自治州望谟县油迈瑶族乡	1	8	27	21
黔东南苗族侗族自治州从江县秀塘壮族乡	1	11	53	17
黔东南苗族侗族自治州从江县刚边壮族乡	1	11	39	21
黔东南苗族侗族自治州从江县翠里瑶族壮族乡	1	18	48	28
黔东南苗族侗族自治州镇远县尚寨土家族乡	1	3	24	21
黔东南苗族侗族自治州麻江县坝芒布依族乡	1	9	22	14
黔东南苗族侗族自治州榕江县水尾水族乡	1	5	15	6
黔东南苗族侗族自治州榕江县三江水族乡	1	12	32	20
黔东南苗族侗族自治州榕江县仁里水族乡	1	8	24	16
黔东南苗族侗族自治州榕江县定威水族乡	1	6	24	18
黔东南苗族侗族自治州榕江县兴华水族乡	1	8	18	10
黔东南苗族侗族自治州榕江县塔石瑶族水族乡	1	8	31	27
黔东南苗族侗族自治州雷山县达地水族乡	1	10	17	7
黔东南苗族侗族自治州黎平县顺化瑶族乡	1	3	28	23
黔东南苗族侗族自治州黎平县雷洞瑶族水族乡	1	15	35	23
黔东南苗族侗族自治州岑巩县羊桥土家族乡	1	13	57	41
黔南布依族苗族自治州都匀市归兰水族乡	3	9	53	33
黔南布依族苗族自治州荔波县瑶山瑶族乡	2	7	46	42
黔南布依族苗族自治州荔波县黎明关水族乡	4	12	76	57
黔南布依族苗族自治州平塘县卡蒲毛南族	1	6	16	16
贵阳市花溪区湖潮布依族苗族乡	1	20	135	115
云南省	**142**	**1064**	**6578**	**3541**
昆明市晋宁县夕阳彝族乡	1	10	33	13
昆明市晋宁县双河彝族乡	1	6	31	17
昆明市宜良县九乡彝族回族乡	1	8	40	14
昆明市宜良县耿家营彝族苗族乡	1	9	48	30
昭通市昭阳区守望回族乡	1	7	68	26
昭通市昭阳区小龙洞回族彝族乡	1	6	49	23
昭通市布嘎回族乡	1	5	43	22
昭通市青岗岭回族彝族乡	1	6	44	23
昭通市鲁甸县桃源回族乡	1	7	86	43
昭通市鲁甸县茨院回族乡	1	6	63	36

		医疗卫生机构床位数（张）			
其中：执业（助理）医师（人）	乡村医生和卫生员（人）		医院（张）	基层医疗卫生机构（张）	卫生院（张）
5	6	8			8
3	36	16		16	16
8	18	19		19	19
6	20	36		36	17
2	3	29		14	15
8	8	15			15
6	3	6			6
8	12	20		20	20
4	8	9		9	9
3	3	7		7	7
7	8	12			12
6	4	10		10	10
3	7	20			20
6	4	8			8
3	12	20		10	10
14	16	77		77	35
21	20	28		28	17
9	4	15		15	15
16	19	32		32	32
7		10		10	10
86	20	189	178		11
1097	**2809**	**3711**		**3711**	**3711**
8	20	10		10	10
5	14	10		10	10
10	16	30		30	30
8	18	32		32	32
10	42	38		38	38
9	26	49		49	49
10	21	25		25	25
8	21	30		30	30
20	43	65		65	65
3	27	70		70	70

10-1(四) 续表 25

民族乡镇名称	卫生院（个）	村卫生室（个）	卫生人员（人）	卫生技术人员（人）
昭通市大关县上高桥回族彝族苗族乡	1	6	21	9
昭通市永善县马楠苗族彝族乡	1	6	33	20
昭通市永善县伍寨彝族苗族乡	1	5	26	18
昭通市镇雄县果珠彝族乡	1	5	43	23
昭通市镇雄县林口彝族苗族乡	1	9	57	22
昭通市彝良县龙街苗族彝族乡	1	12	48	25
昭通市彝良县奎香苗族彝族乡	1	8	48	23
昭通市彝良县树林彝族苗族乡	1	4	32	17
昭通市彝良县柳溪苗族乡	1	5	44	24
昭通市彝良县洛旺苗族乡	1	8	64	30
昭通市威信县双河苗族彝族乡	1	8	69	30
曲靖市师宗县龙庆彝族壮族乡	1	14	82	38
曲靖市师宗县五龙壮族乡	1	13	65	39
曲靖市师宗县高良壮族苗族瑶族乡	1	11	78	45
曲靖市罗平县长底布依族乡	1	6	29	17
曲靖市罗平县旧屋基彝族乡	1	7	29	13
曲靖市罗平县鲁布革布依族苗族乡	1	9	39	22
曲靖市富源县古敢水族乡	1	4	51	15
曲靖市会泽县新街回族乡	1	16	60	16
楚雄彝族自治州南华县雨露白族乡	1	6	32	17
楚雄彝族自治州大姚县湾碧傈僳傣族乡	1	13	53	28
楚雄彝族自治州永仁县永兴傣族乡	1	12	40	21
楚雄彝族自治州武定县东坡傣族乡	1	7	27	12
玉溪市红塔区小石桥彝族乡	1	3	26	15
玉溪市红塔区洛河彝族乡	1	4	17	9
玉溪市江川县安化彝族乡	1	5	21	11
玉溪市通海县高大傣族彝族乡	1	6	26	8
玉溪市通海县里山彝族乡	1	6	23	11
玉溪市通海县兴蒙蒙古族乡	1	2	15	11
玉溪市华宁县通红甸彝族苗族乡	1	6	28	14
玉溪市易门县十街彝族乡	1	8	39	22
玉溪市易门县浦贝彝族乡	1	6	36	16

其中：执业（助理）医师（人）	乡村医生和卫生员（人）	医疗卫生机构床位数（张）	医院（张）	基层医疗卫生机构（张）	卫生院（张）
6	12	36		36	36
4	13	25		25	25
4	8	20		20	20
12	20	50		50	50
15	35	30		30	30
10	23	35		35	35
12	20	36		36	36
11	10	29		29	29
12	13	22		22	22
13	34	42		42	42
9	39	10		10	10
11	44	30		30	30
6	26	42		42	42
9	33	36		36	36
8	12	27		27	27
3	13	13		13	13
8	17	27		27	27
7	24	10		10	10
6	38	20		20	20
6	15	18		18	18
10	23	21		21	21
6	19	15		15	15
3	14	20		20	20
6	11	30		30	30
5	8	10		10	10
5	10	12		12	12
6	18	15		15	15
7	12	8		8	8
7	4	25		25	25
3	13	16		16	16
14	17	15		15	15
12	20	9		9	9

10-1(四) 续表 26

民族乡镇名称	卫生院（个）	村卫生室（个）	卫生人员（人）	卫生技术人员（人）
玉溪市易门县铜厂彝族乡	1	9	30	21
红河哈尼族彝族自治州河口瑶族自治县桥头苗族壮族乡	1	8	44	22
红河哈尼族彝族自治州金平苗族瑶族傣族自治县者米拉祜族乡	1	10	91	67
红河州蒙自县期路白苗族乡	1	7	30	21
红河州蒙自县老寨苗族乡	1	3	34	15
红河州开远市大庄回族乡	1	5	58	37
文山壮族苗族自治州文山市东山彝族乡	1	3	27	12
文山壮族苗族自治州文山市红甸回族乡	1	4	53	34
文山壮族苗族自治州文山市秉烈彝族乡	1	9	65	37
文山壮族苗族自治州文山市柳井彝族乡	1	6	19	13
文山壮族苗族自治州文山市坝心彝族乡	1	4	32	18
文山州砚山县阿舍彝族乡	1	7	93	67
文山州砚山县维末彝族乡	1	9	166	110
文山州砚山县盘龙彝族乡	1	9	87	58
文山州砚山县干河彝族乡	1	4	35	14
文山州丘北县舍得彝族乡	1	6	51	34
文山州丘北县新店彝族乡	1	5	54	32
文山州丘北县树皮彝族乡	1	8	110	63
文山州丘北县八道哨彝族乡	1	9	51	22
文山州丘北县腻脚彝族乡	1	7	50	22
文山州麻栗坡县猛硐瑶族乡	1	4	35	22
文山州富宁县洞波瑶族乡	1	12	124	85
普洱市澜沧拉祜族自治县酒井哈尼族乡	1	4	29	19
普洱市澜沧拉祜族自治县发展河哈尼族乡	1	4	31	15
普洱市澜沧拉祜族自治县谦六彝族乡	1	15	82	47
普洱市澜沧拉祜族自治县文东佤族乡	1	6	28	15
普洱市澜沧拉祜族自治县安康佤族乡	1	5	29	14
普洱市澜沧拉祜族自治县雪林佤族乡	1	7	28	14
普洱市思茅区云仙彝族乡	1	12	38	26
普洱市思茅区龙潭彝族傣族乡	1	6	27	21
普洱市墨江哈尼族自治县孟弄彝族乡	1	7	14	6
普洱市西盟佤族自治县力所拉祜族乡	1	5	35	14

其中：执业（助理）医师（人）	乡村医生和卫生员（人）	医疗卫生机构床位数（张）	医院（张）	基层医疗卫生机构（张）	卫生院（张）
9	9	10		10	10
4	18	30		30	30
12	24	33		33	33
13	9	30		30	30
8	19	27		27	27
13	21	35		35	35
4	15	10		10	10
2	17	30		30	30
5	28	30		30	30
1	6	20		20	20
5	14	10		10	10
15	26	30		30	30
13	43	50		50	50
10	29	44		44	44
6	21	30		30	30
2	17	23		23	23
7	20	26		26	26
8	47	54		54	54
3	19	44		44	44
8	28	32		32	32
5	13	18		18	18
8	39	98		98	98
6	8	15		15	15
8	14	15		15	15
5	33	40		40	40
3	12	20		20	20
4	14	15		15	15
1	12	16		16	16
9	12	15		15	15
4	6	10		10	10
6	8	15		15	15
6	8	14		14	14

10-1(四)　续表 27

民族乡镇名称	卫生院（个）	村卫生室（个）	卫生人员（人）	卫生技术人员（人）
大理州大理市太邑彝族乡	1	5	31	9
大理州鹤庆县六合彝族乡	1	13	57	16
大理州宾川县钟英傈僳族彝族乡	1	6	28	8
大理州宾川县拉乌彝族乡	1	7	54	25
大理州祥云县东山彝族乡	1	8	60	38
大理州弥渡县牛街彝族乡	1	11	58	27
大理州永平县北斗彝族乡	1	9	40	18
大理州永平县厂街彝族乡	1	11	57	25
大理州永平县水泄彝族乡	1	9	42	22
大理州云龙县苗尾傈僳族乡	1	8	48	27
大理州云龙县团结彝族乡	1	5	38	16
丽江市华坪县永兴傈僳族乡	1	7	52	30
丽江市华坪县通达傈僳族乡	1	5	27	17
丽江市华坪县新庄傈僳族傣族乡	1	7	41	26
丽江市华坪县船房傈僳族傣族乡	1	4	25	21
丽江市永胜县羊坪彝族乡	1	5	28	13
丽江市永胜县东山傈僳族彝族乡	1	5	25	10
丽江市永胜县六德傈僳族彝族乡	1	8	48	16
丽江市永胜县大安彝族纳西族乡	2	8	40	11
丽江市永胜县光华傈僳族彝族乡	1	7	35	11
丽江市永胜县松坪傈僳族彝族乡	1	7	36	13
丽江市宁蒗彝族自治县翠玉傈僳族普米族乡	1	6	18	6
丽江市古城区金江白族乡	1	4	14	9
丽江市玉龙纳西族自治县九河白族乡	1	11	49	26
丽江市玉龙纳西族自治县石头白族乡	1	4	31	23
丽江市玉龙县黎明傈僳族乡	1	7	30	21
保山市隆阳区瓦马彝族白族乡	2	21	76	36
保山市隆阳区瓦房彝族苗族乡	1	19	123	68
保山市隆阳区杨柳白族彝族乡	1	18	78	24
保山市隆阳区芒宽彝族傣族乡	1	12	120	76
保山市施甸县摆榔彝族布朗族乡	1	4	37	25

其中：执业（助理）医师（人）	乡村医生和卫生员（人）	医疗卫生机构床位数（张）	医院（张）	基层医疗卫生机构（张）	卫生院（张）
3	19	18		18	18
7	41	20		20	20
4	20	12		12	12
7	29	15		15	15
15	19	10		10	10
10	31	24		24	24
9	19	20		20	20
12	24	25		25	25
7	20	22		22	22
7	20	20		20	20
3	22	20		20	20
10	22	28		28	28
11	10	12		12	12
14	15	25		25	25
9	4	13		13	13
5	15	10		10	10
8	15	10		10	10
8	24	12		12	12
4	22	10		10	10
8	24	18		18	18
6	23	10		10	10
3	12	15		15	15
5	5	4		4	4
9	23	34		34	34
11	8	6		6	6
7	9	14		14	14
8	40	73		73	73
38	55	90		90	90
16	54	50		50	50
17	44	101		101	101
8	12	30		30	30

10−1(四)　续表 28

民族乡镇名称	卫生院（个）	村卫生室（个）	卫生人员（人）	卫生技术人员（人）
保山市施甸县木老元布朗族彝族乡	1	5	21	12
保山市龙陵县木城彝族傈僳族乡	1	5	26	15
保山市昌宁县朱街彝族乡	1	10	52	31
保山市昌宁县苟街彝族苗族乡	1	11	88	58
保山市昌宁县湾甸傣族乡	1	5	60	39
德宏傣族景颇族自治州陇川县户撒阿昌族乡	1	10	46	23
德宏州潞西市三台山德昂族乡	1	4	24	16
德宏州梁河县曩宋阿昌族乡	1	9	114	54
德宏州梁河县九保阿昌族乡	1	7	60	42
德宏州盈江县苏典傈僳族乡	1	3	23	16
怒江州福贡县匹河怒族乡	1	9	47	20
怒江傈僳族自治州泸水县洛本卓白族乡	1	8	34	7
迪庆州香格里拉县三坝纳西族乡	1	7	62	36
迪庆州德钦县霞若傈僳族乡	1	7	24	13
迪庆州德钦县拖顶傈僳族乡	1	8	42	23
临沧市凤庆县新华彝族苗族乡	1	11	59	19
临沧市凤庆县腰街彝族乡	1	6	24	13
临沧市凤庆县郭大寨彝族白族乡	1	11	65	40
临沧市云县栗树彝族傣族乡	1	16	44	12
临沧市云县忙怀彝族布朗族乡	1	11	39	17
临沧市云县后箐彝族乡	1	11	38	16
临沧市永德县大雪山彝族拉祜族傣族乡	1	8	35	18
临沧市永德县乌木龙彝族乡	1	10	51	23
临沧市临翔区平村彝族傣族乡	1	5	23	13
临沧市临翔区南美拉祜乡	1	4	26	15
临沧市耿马傣族佤族自治县芒洪拉祜族布朗族乡	1	5	14	7
临沧市沧源佤族自治县勐角傣族彝族拉祜族乡	1	8	42	21
临沧市镇康县军赛佤族拉祜族傈僳族德昂族乡	1	6	54	42
西双版纳州景洪市基诺山基诺族乡	1	7	51	45
西双版纳州景洪市景哈哈尼族乡	1	7	79	59
西双版纳州勐腊县瑶区瑶族乡	1	6	48	29

其中：执业(助理)医师(人)	乡村医生和卫生员(人)	医疗卫生机构床位数(张)	医院(张)	基层医疗卫生机构(张)	卫生院(张)
4	7	10		10	10
6	11	40		40	40
9	21	30		30	30
17	30	92		92	92
8	21	50		50	50
2	23	35		35	35
7	8	10		10	10
17	24	30		30	30
10	18	37		37	37
7	7	11		11	11
1	27	20		20	20
3	17	20		20	20
10	22	8		8	8
4	8	8		8	8
9	16	20		20	20
3	35	33		33	33
5	11	11		11	11
14	20	27		27	27
4	29	30		30	30
8	22	34		34	34
4	22	30		30	30
8	17	32		32	32
7	27	50		50	50
4	10	13		13	13
2	11	6		6	6
7	7	5		5	5
6	21	10		10	10
7	12	40		40	40
8	6	30		30	30
26	20	50		50	50
3	11	12		12	12

10-1(四)　续表 29

民族乡镇名称	卫生院（个）	村卫生室（个）	卫生人员（人）	卫生技术人员（人）
西双版纳州勐腊县象明彝族乡	1	7	51	27
西双版纳州勐海县格朗和哈尼族乡	1	6	37	17
西双版纳州勐海县布朗山布朗族乡	1	8	65	41
西双版纳州勐海县西定哈尼族乡	1	13	78	44
西藏自治区	**9**	**25**	**120**	**48**
山南市错那县麻麻门巴民族乡	1	1	7	6
山南市错那县贡日门巴民族乡	1	1	7	
山南市错那县吉巴门巴民族乡	1	2	12	6
山南市错那县勒门巴民族乡	1	1	10	5
山南市隆子县斗玉珞巴民族乡	1	6	14	8
林芝市巴宜区更章门巴民族乡	1	3	10	4
林芝市米林县南伊珞巴民族乡	1	4	14	4
林芝市墨脱县达木珞巴民族乡	1	4	36	14
昌都市芒康县纳西民族乡	1	3	10	1
陕西省	**3**	**34**	**125**	**88**
商洛市镇安县西口回族镇	1	15	53	38
商洛市镇安县茅坪回族镇	1	11	35	24
安康市宁陕县江口回族镇	1	8	37	26
甘肃省	**34**	**250**	**675**	**399**
临夏州广河县阿里麻土东乡族乡	1	6	18	10
甘南州临潭县长川回族乡	1	12	23	8
甘南州临潭县卓洛回族乡	1	3	11	8
甘南州卓尼县勺哇土族乡	1	2	4	
陇南市文县铁楼藏族乡	1	15	32	6
陇南市武都区坪垭藏族乡	1	9	16	7
陇南市武都区磨坝藏族乡	1	8	28	20
陇南市宕昌县新城子藏族乡	1	10	20	9
酒泉市肃州区黄泥堡裕固族乡	1	1	5	5
酒泉市玉门市小金湾东乡族乡	1		25	21
白银市会宁县新添堡回族乡	1	13	26	10
庆阳市正宁县五倾源回族乡	1	5	15	4

其中：执业（助理）医师（人）	乡村医生和卫生员（人）	医疗卫生机构床位数（张）	医院（张）	基层医疗卫生机构（张）	卫生院（张）
2	17	18		18	18
8	18	25		25	25
6	24	26		26	26
2	34	35		35	35
12	**70**	**61**	**14**	**32**	**33**
2	1				2
	7	4			1
	6	2			2
	5	3		3	3
5	6	5			5
	6	8	4	4	4
2	8	4			
3	22	20	10	10	10
	9	15		15	6
25	**37**	**70**	**13**	**57**	**57**
12	15	19	13	6	6
6	11	30		30	30
7	11	21		21	21
212	**267**	**443**	**28**	**305**	**375**
2	8	15		15	15
3	12	4			4
1	3	3			4
	4	6		6	6
5	26				12
4	9	6			6
7	8	25	1	1	1
3	10	8			8
5					10
2	2	12		12	12
6	14	12		12	12
4	11	14		14	14

10-1(四) 续表 30

民族乡镇名称	卫生院（个）	村卫生室（个）	卫生人员（人）	卫生技术人员（人）
平凉市崆峒区峡门回族乡	1	24	34	20
平凉市华亭县神峪回族乡	1	11	51	40
平凉市华亭县山寨回族乡	1	9	34	25
平凉市崆峒区白庙回族乡	1	9	25	16
平凉市崆峒区大秦回族乡	1	12	35	24
平凉市崆峒区寨河回族乡	1	12	16	11
平凉市崆峒区大寨回族乡	1	22	37	19
平凉市崆峒区西阳回族乡	1	13	24	14
平凉市崆峒区上杨回族乡	1	7	16	9
张掖市肃南裕固族自治县祁丰藏族乡	2	5	20	11
张掖市肃南裕固族自治县马蹄藏族乡	3	1	21	12
张掖市肃南裕固族自治县白银蒙古族乡		2	4	2
张掖市甘州区平山湖蒙古族乡	1	1	10	7
临夏州临夏县井沟东乡族乡	1	13	25	12
临夏州和政县梁家寺东乡族乡	1	8	25	17
临夏州临夏县安家坡东乡族乡	1	4	19	15
酒泉市瓜州县七墩回族东乡族乡	1	2	6	4
酒泉市瓜州县广至藏族乡	1	6	16	10
酒泉市瓜州县沙河回族乡	1	2	14	4
酒泉市玉门市独山子东乡族乡	1	3	20	19
青海省	**34**	**305**	**628**	**235**
西宁市大通县朔北藏族乡	2	18	44	27
西宁市大通县向化藏族乡	9	10	10	
西宁市湟中县群加藏族乡	1	5	15	7
西宁市湟中县大才回族乡	1	16	45	13
西宁市湟中县汉东回族乡		4	4	
西宁市湟源县日月藏族乡	1	22	63	19
海东地区民和县杏儿藏族乡	1		14	7
海东地区乐都县下营藏族乡	1	10	27	12
海东地区乐都县中坝藏族乡	1	14	33	9
海东地区乐都县达拉土族乡	1	21	26	4

其中：执业（助理）医师（人）	乡村医生和卫生员（人）	医疗卫生机构床位数（张）	医院（张）	基层医疗卫生机构（张）	卫生院（张）
14	14	38		24	14
36	11	44	27	17	27
2	9	13		13	13
15	9	17		17	17
6	11	17		17	10
7	4	30		12	18
13	18	17		17	17
10	10	10		10	10
9	7	12		12	12
6	9	18		8	10
4	9	25		7	18
2	2				
2	3	7		7	7
4	13	12		12	12
14	8	30		30	22
15	4	21		21	21
4	2	9		9	9
2	6	12		12	12
2	10				16
3	1	6			6
112	**388**	**334**		**189**	**255**
13	17	9			9
3		8		8	8
1	8	18		10	8
11	32	53			
	4				
	44				11
3	7				6
7	15	8			8
5	24	30		24	6
4	21				14

10-1(四)　续表 31

民族乡镇名称	卫生院（个）	村卫生室（个）	卫生人员（人）	卫生技术人员（人）
海东市互助土族自治县松多藏族乡	1	8	12	4
海东市化隆回族自治县雄先藏族乡	1	24	7	7
海东市化隆回族自治县查甫藏族乡	1	12	3	3
海东市化隆回族自治县金源藏族乡	1	14	3	3
海东市化隆回族自治县塔加藏族乡	1	9		
海东市循化撒拉族自治县道帏藏族乡	1	27	45	
海东市循化撒拉族自治县尕楞藏族乡	1	11	31	9
海东市循化撒拉族自治县岗察藏族乡			10	4
海东市循化撒拉族自治县文都藏族乡			45	13
海东地区平安县沙沟回族乡	1	10	10	
海东地区平安县巴藏沟回族乡	1	13	22	9
海东地区平安县石灰窑回族乡	1	14	23	5
海东地区平安县洪水泉回族乡	1	15	26	11
海东地区平安县古城回族乡	1	14	50	28
海东地区互助县巴扎藏族乡	1	8	20	12
海北州门源县皇城蒙古族乡	1	4	4	
海北州海晏县哈勒景蒙古乡	1	3	11	3
海南州贵德县新街回族乡	1	9	25	16
新疆维吾尔自治区	**46**	**199**	**1115**	**734**
吐鲁番地区鄯善县东巴扎回族乡	1		17	8
和田地区皮山县瑙阿巴提塔吉克族乡	1	3	3	2
和田地区皮山县康克尔柯尔克孜族乡	1	2	8	3
巴音郭楞蒙古自治州和硕县乌什塔拉回族乡	1	5	89	53
昌吉回族自治州奇台县大泉塔塔尔族乡		4	16	9
昌吉回族自治州奇台县五马场哈萨克族乡	1	4	29	18
昌吉回族自治州奇台县乔仁哈萨克族乡	1	1	4	2
昌吉回族自治州木垒哈萨克自治县大南沟乌孜别克族乡	1	3	19	13
昌吉回族自治州玛纳斯县旱卡子滩哈萨克族乡	1	3	20	17
昌吉回族自治州玛纳斯县塔西河哈萨克族乡	1	3	20	17
昌吉回族自治州玛纳斯县清水河哈萨克族乡	1	6	24	18
昌吉回族自治州阜康市三工河哈萨克族乡	1	2	12	8

其中：执业（助理）医师（人）	乡村医生和卫生员（人）	医疗卫生机构床位数（张）	医院（张）	基层医疗卫生机构（张）	卫生院（张）
4	8	6		6	6
5		28			28
		8			8
		7			7
					7
	45	20		20	20
2	22				7
2	6				4
3	32				16
5	10				9
3	13	30		26	4
5	14	20		14	6
2	15	3			3
22	22	36		36	8
	8	15		15	15
1	4				2
4	8	5			5
7	9	30		30	30
215	**350**	**751**	**16**	**590**	**641**
8	9				4
	1	20		20	20
1	5	20		20	20
17	36	34			34
9	4	10	10		
4	11	10		10	
2	2	8		8	8
4	6	20		20	20
5	3	20			20
3	3	10			10
7	6	20			20
4	3	10		10	10

10-1(四) 续表 32

民族乡镇名称	卫生院（个）	村卫生室（个）	卫生人员（人）	卫生技术人员（人）
昌吉回族自治州阜康市上户沟哈萨克族乡	1	9	31	19
昌吉回族自治州昌吉市阿什里哈萨克族乡	1	7	24	18
昌吉回族自治州呼图壁县石梯子哈萨克族乡	1	6	17	14
乌鲁木齐市米东区柏杨河哈萨克族乡	1	6	28	16
克孜勒苏柯尔克孜自治州阿克陶县塔尔塔吉克族乡	1	8	20	7
喀什地区塔什库尔干塔吉克自治县科克亚尔柯尔克孜族乡	1	1	15	12
喀什地区泽普县布依鲁克塔吉克族乡	1	4	8	4
喀什地区莎车县孜热普夏提塔吉克族乡	1	13	47	40
伊犁哈萨克自治州察布查尔锡伯自治县米粮泉回族乡	1	3	35	30
伊犁哈萨克自治州特克斯县科克铁热克柯尔克孜族乡	1	7	35	26
伊犁哈萨克自治州特克斯县呼吉尔特蒙古族乡	1	5	27	21
伊犁哈萨克自治州伊宁县愉群翁回族乡	1	13	147	134
伊犁哈萨克自治州尼勒克县科克浩特浩尔蒙古族乡	1	9	17	5
伊犁哈萨克自治州霍城县伊车嘎善锡伯族乡	1	5	29	15
伊犁哈萨克自治州霍城县三宫回族乡	1	5	51	30
伊犁哈萨克自治州昭苏县胡松图喀尔逊蒙古族乡	1	2	36	29
伊犁哈萨克自治州昭苏县察汗乌苏蒙古族乡	1	2	18	8
伊犁哈萨克自治州昭苏县夏特柯尔克孜族乡	1	3	32	8
塔城地区塔城市阿西尔达斡尔族乡	1	8	37	22
塔城地区乌苏市塔布勒合特蒙古族乡	1		15	9
塔城地区乌苏市吉尔格勒特郭楞蒙古族乡	1	9	16	7
塔城地区额敏县额玛勒郭楞蒙古族乡			4	4
塔城地区额敏县霍吉尔特蒙古族乡			2	2
阿克苏地区乌什县雅曼苏柯尔克孜族乡	1	7	23	16
阿克苏地区温宿县博孜东柯尔克孜族乡	8	25	23	5
哈密地区伊吾县前山哈萨克族乡	1		10	
哈密地区哈密市德外都如克哈萨克族乡	1		33	9
哈密地区哈密市乌拉台哈萨克族乡	1	2	29	26
阿勒泰地区布尔津县禾木哈纳斯蒙古族乡	1	3	24	10
阿勒泰地区阿勒泰市汗德尕特蒙古族乡	1	1	21	20

其中：执业（助理）医师（人）	乡村医生和卫生员（人）	医疗卫生机构床位数（张）	医院（张）	基层医疗卫生机构（张）	卫生院（张）
6	12	10		10	10
7	6	20		20	20
2	2				15
4	12	12		6	6
6	13	20		20	20
3	3	8	6		2
4	4	12		12	12
4	7	32		32	32
11	3	20		20	20
4	9	28		28	28
4	6	35		35	35
7	13	56		56	56
4	8	15		15	15
6	14	30		30	30
13	21	24		24	18
7	7	25		25	25
5	7	30		30	30
	24	25		25	25
6	15				9
3	6	4		1	
5	9	22		18	
4		6		6	
2		14		14	
16	7	32		16	16
1	9	31		9	2
	10	21		21	21
4	20	6			6
4	3	10		10	10
4	10	11		9	2
5	1	10		10	10

主要统计指标解释

乡镇企业 指农村集体经济组织或者农民投资为主，在乡镇（包括所辖村）举办的承担支援农业义务的以及外地人（包括城里人）在农村、乡镇兴办的以吸收农村剩余劳动力就业为主和具有发展农村经济本质特征的各类企业和个体工商户。

所谓投资为主，是指农村集体经济组织或者农民投资超过百分之五十，或者虽不足百分之五十，但能起到控股或者实际支配作用。

实际支配作用是指企业投资虽不以农村集体经济组织或农民为主，但是利用了农村耕地，利用了农村基础设施、资源和劳动力，由农村集体经济组织或农民参与管理。

全国少数民族发展情况

一、人　口

1-1 历次人口普查全国分民族人口

单位：人

民 族	历次普查人口数					
	1953年	1964年	1982年	1990年	2000年	2010年
全国总计	**577856141**	**691220104**	**1003913927**	**1130510638**	**1242612226**	**1332810869**
汉族	542824056	651296368	936674944	1039187548	1137386112	1220844520
蒙古族	1451035	1965766	3411367	4802407	5813947	5981840
回族	3530498	4473147	7228398	8612001	9816805	10586087
藏族	2753081	2501174	3847875	4593072	5416021	6282187
维吾尔族	3610462	3996311	5963491	7207024	8399393	10069346
苗族	2490874	2782088	5021175	7383622	8940116	9426007
彝族	3227750	3380960	5453564	6578524	7762272	8714393
壮族	6864585	8386140	13383086	15555820	16178811	16926381
布依族	1237714	1348055	2119345	2548294	2971460	2870034
朝鲜族	1111275	1339569	1765204	1923361	1923842	1830929
满族	2399228	2695675	4304981	9846776	10682262	10387958
侗族	712802	836123	1426400	2508624	2960293	2879974
瑶族	665933	857265	1411967	2137033	2637421	2796003
白族	567119	706623	1132224	1598052	1858063	1933510
土家族		524755	2836814	5725049	8028133	8353912
哈尼族	481220	628727	1058806	1254800	1439673	1660932
哈萨克族	509375	491637	907546	1110758	1250458	1462588
傣族	478966	535389	839496	1025402	1158989	1261311
黎族	360950	438813	887107	1112498	1247814	1463064
傈僳族	317465	270628	481884	574589	634912	702839
佤族	286158	200272	298611	351980	396610	429709
畲族		234167	371965	634700	709592	708651
高山族	329	366	1650	2877	4461	4009
拉祜族	139060	191241	304256	411545	453705	485966
水族	133566	156099	286908	347116	406902	411847
东乡族	155761	147443	279523	373669	513805	621500
纳西族	143453	156796	251592	277750	308839	326295
景颇族	101852	57762	92976	119276	132143	147828

注：1. 各年度人口均为中国大陆人口普查数，不包括现役军人。
2. 少数民族人口合计数中不包括其他未识别的民族人口和外国人加入中国籍人口数。
3. 1982年人口数未包括西藏间接调查的28601人，据有关资料计算，如包括间接调查人口数，1982年门巴族约为6248人，珞巴族约为2065人。
4. 2010年人口数为人口普查机器汇总数据。

1-1 续表

单位：人

民 族	历次普查人口数					
	1953年	1964年	1982年	1990年	2000年	2010年
柯尔克孜族	70944	70151	113386	143537	160823	186708
土族	53277	77349	159632	192568	241198	289565
达斡尔族		63394	94126	121463	132394	131992
仫佬族		52819	90357	160648	207352	216257
羌族	35660	49105	102815	198303	306072	309576
布朗族		39411	58473	82398	91882	119639
撒拉族	30658	34664	69135	87546	104503	130607
毛南族		22382	38159	72370	107166	101192
仡佬族		26852	54164	438192	579357	550746
锡伯族	19022	33438	83683	172932	188824	190481
阿昌族		12032	20433	27718	33936	39555
普米族		14298	24238	29721	33600	42862
塔吉克族	14462	16236	26600	33223	41028	51069
怒族		15047	22896	27190	28759	37524
乌孜别克族	13626	7717	12213	14763	12370	10569
俄罗斯族	22656	1326	2917	13500	15609	15393
鄂温克族	4957	9681	19398	26379	30505	30875
德昂族		7261	12297	15461	17935	20556
保安族	4957	5125	9017	11683	16505	20074
裕固族	3861	5717	10568	12293	13719	14378
京族		4293	13108	18749	22517	28199
塔塔尔族	6929	2294	4122	5064	4890	3556
独龙族		3090	4633	5825	7426	6930
鄂伦春族	2262	2709	4103	7004	8196	8659
赫哲族		718	1489	4254	4640	5354
门巴族		3809	1140	7498	8923	10561
珞巴族			1066	2322	2965	3682
基诺族			11962	18022	20899	23143
其他未识别民族	1017299	32411	799705	752347	734438	640101
外国人加入中国籍	1004	7416	4937	3498	941	1448

1-2 历次人口普查少数民族人口的分布情况(一)

单位：人，%

地区	1953年			1964年		
	绝对数	占该地区总人口的比重(%)	占全国少数民族人口的比重(%)	绝对数	占该地区总人口的比重(%)	占全国少数民族人口的比重(%)
全　国	**34013782**	**5.89**	**100.00**	**39883909**	**5.77**	**100.00**
北　京	168404	6.08	0.50	283524	3.75	0.71
天　津	79857	2.96	0.23	115613	2.70	0.29
河　北	715752	1.75	2.10	621926	1.50	1.56
山　西	20316	0.14	0.06	40100	0.22	0.10
内蒙古	959336	15.73	2.82	1604756	13.00	4.02
辽　宁	1482619	8.07	4.36	1858900	6.90	4.66
吉　林	1193237	10.67	3.51	1342170	8.57	3.37
黑龙江	944328	7.98	2.78	1087045	5.40	2.73
上　海	31461	0.51	0.90	43591	0.40	0.11
江　苏	66362	0.16	0.20	83002	9.19	0.21
浙　江	30854	0.14	0.09	106411	0.38	0.27
安　徽	133801	0.45	0.39	155256	0.50	0.39
福　建	19979	0.15	0.06	147017	0.88	0.37
江　西	2001	0.01	0.01	9300	0.04	0.02
山　东	252506	0.52	0.74	294643	0.53	0.74
河　南	405715	0.93	1.19	517195	1.03	1.30
湖　北	35434	0.13	0.10	183035	0.54	0.46
湖　南	586737	1.78	1.72	1275719	3.43	3.20
广　东	430279	1.25	1.27	747181	1.75	1.87
广　西	7337944	37.51	21.57	8553300	41.03	21.45
海　南						
四　川	2022315	3.11	5.95	1728955	2.54	4.33
贵　州	3562493	23.69	10.47	4009683	23.39	10.05
云　南	5411883	31.59	15.91	6384114	31.13	16.01
西　藏	1273969	100.00	3.75	1213796	97.01	3.04
陕　西	56272	0.36	0.17	93978	0.45	0.24
甘　肃	1486775	11.71	4.37	955396	7.56	2.40
青　海	854136	50.95	20.51	829318	38.65	2.18
宁　夏				650366	30.86	1.63
新　疆	4449017	93.01	13.08	4948619	68.07	12.41

1-2 历次人口普查少数民族人口的分布情况(二)

单位：人，%

地　区	1982年			1990年		
	绝对数	占该地区总人口的比重(%)	占全国少数民族人口的比重(%)	绝对数	占该地区总人口的比重(%)	占全国少数民族人口的比重(%)
全　国	**66434341**	**6.62**	**100.00**	**90567245**	**8.01**	**100.00**
北　京	322320	3.49	0.49	413937	3.83	0.46
天　津	164241	2.12	0.25	202642	2.31	0.22
河　北	853275	1.61	1.28	2408876	3.94	2.66
山　西	63760	0.25	0.10	82061	0.29	0.09
内蒙古	2996477	15.55	4.51	4166260	19.42	4.60
辽　宁	2909615	8.15	4.38	6165508	15.62	6.81
吉　林	1829555	8.11	2.75	2525212	10.24	2.79
黑龙江	1613043	4.94	2.43	1997934	5.67	2.21
上　海	49748	0.42	0.07	62171	0.47	0.07
江　苏	110559	0.18	0.17	153060	0.23	0.07
浙　江	161546	0.42	0.24	212582	0.51	0.23
安　徽	261760	0.53	0.39	324227	0.58	0.36
福　建	250449	0.97	0.38	465995	1.55	0.51
江　西	22052	0.07	0.03	101144	0.27	0.11
山　东	407849	0.55	0.61	505694	0.60	0.56
河　南	799338	1.07	1.20	1008972	1.18	1.11
湖　北	1778494	3.72	2.68	2140188	3.97	2.36
湖　南	2201087	4.08	3.31	4823649	7.95	5.33
广　东	1057527	1.78	1.59	354625	0.56	0.39
广　西	13933250	38.26	20.97	16577113	39.24	18.30
海　南				1114803	17.00	1.23
四　川	3660402	3.67	5.51	4889295	4.56	5.40
贵　州	6675360	23.38	1O．05	10504828	32.43	11.60
云　南	10277069	31.57	15.47	12351834	33.41	13.64
西　藏	1769935	94.97	2.66	2112168	96.18	2.33
陕　西	133098	0.46	2.20	156403	0.48	0.17
甘　肃	1555186	7.95	2.34	1857467	8.30	2.05
青　海	1535774	39.42	2.31	1878028	42.14	2.07
宁　夏	1244238	31.94	1.87	1549067	33.27	1.71
新　疆	7797344	59.61	11.74	9961202	62.42	10.45

1-2 历次人口普查少数民族人口的分布情况(三)

单位：万人

地区	2000年			2010年		
	总人口	少数民族人口	占总人口比例(%)	总人口	少数民族人口	占总人口比例(%)
全国	**126583**	**10643**	**8.41**	**133972**	**11379**	**8.49**
北京	1382	59	4.26	1961	80	4.08
天津	1001	26	2.64	1294	33	2.55
河北	6744	291	4.31	7185	299	4.16
山西	3297	10	0.29	3571	9	0.25
内蒙古	2376	493	20.76	2471	506	20.48
辽宁	4238	678	16.02	4375	664	15.18
吉林	2728	246	9.03	2746	219	7.97
黑龙江	3689	185	5.02	3831	137	3.58
上海	1674	10	0.60	2302	28	1.22
江苏	7438	25	0.33	7866	38	0.48
浙江	4677	40	0.85	5443	121	2.22
安徽	5986	38	0.63	5950	40	0.67
福建	3471	58	1.67	3689	80	2.17
江西	4140	11	0.27	4457	15	0.34
山东	9079	62	0.68	9579	73	0.76
河南	9256	113	1.22	9402	113	1.20
湖北	6028	262	4.34	5724	247	4.32
湖南	6440	658	10.21	6568	655	9.97
广东	8642	123	1.42	10430	206	1.98
广西	4489	1721	38.34	4603	1711	37.17
海南	787	136	17.29	867	145	16.72
重庆	3090	198	6.42	2885	194	6.73
四川	8329	415	4.98	8042	491	6.11
贵州	3525	1334	37.85	3475	1255	36.12
云南	4288	1433	33.41	4597	1534	33.37
西藏	262	246	94.07	300	276	91.93
陕西	3605	18	0.49	3733	19	0.51
甘肃	2562	223	8.69	2558	241	9.42
青海	518	236	45.51	563	264	46.92
宁夏	562	194	34.53	630	223	35.39
新疆	1925	1143	59.39	2181	1307	59.92

注：2000年和2010年人口数为人口普查快速汇总数据。

1-3 全国少数民族分布的主要地区

民　族	分布的主要地区
蒙古族	内蒙古、辽宁、吉林、河北、黑龙江、新疆
回族	宁夏、甘肃、河南、新疆、青海、云南、河北、山东、安徽、辽宁、北京、内蒙古、天津、黑龙江、陕西、贵州、吉林、江苏、四川
藏族	西藏、四川、青海、甘肃、云南
维吾尔族	新疆
苗族	贵州、湖南、云南、广西、重庆、湖北、四川
彝族	云南、四川、贵州
壮族	广西、云南、广东
布依族	贵州
朝鲜族	吉林、黑龙江、辽宁
满族	辽宁、河北、黑龙江、吉林、内蒙古、北京
侗族	贵州、湖南、广西
瑶族	广西、湖南、云南、广东
白族	云南、贵州、湖南
土家族	湖南、湖北、重庆、贵州
哈尼族	云南
哈萨克族	新疆
傣族	云南
黎族	海南
傈僳族	云南、四川
佤族	云南
畲族	福建、浙江、江西、广东
高山族	台湾、福建
拉祜族	云南
水族	贵州、广西

1-3 续表

民 族	分布的主要地区
东乡族	甘肃、新疆
纳西族	云南
景颇族	云南
柯尔克孜族	新疆
土族	青海、甘肃
达斡尔族	内蒙古、黑龙江
仫佬族	广西
羌族	四川
布朗族	云南
撒拉族	青海
毛南族	广西
仡佬族	贵州
锡伯族	辽宁、新疆
阿昌族	云南
普米族	云南
塔吉克族	新疆
怒族	云南
乌孜别克族	新疆
俄罗斯族	新疆、黑龙江
鄂温克族	内蒙古
德昂族	云南
保安族	甘肃
裕固族	甘肃
京族	广西
塔塔尔族	新疆
独龙族	云南
鄂伦春族	黑龙江、内蒙古
赫哲族	黑龙江
门巴族	西藏
珞巴族	西藏
基诺族	云南

1-4 2010年全国人口普查各民族分城市、镇、乡村的人口

单位：人，%

民族	总人口	城市人口	镇人口	乡村人口
全国总计	**1332810869**	**403760040**	**266245506**	**662805323**
汉族	1220844520	386027166	247209627	587607727
少数民族合计	111324800	17680203	18916027	74728570
少数民族占全国比重	8.35	4.38	7.10	11.27
蒙古族	5981840	1351092	1411757	3218991
回族	10586087	3606760	2057256	4922071
藏族	6282187	315622	923177	5043388
维吾尔族	10069346	1161024	1092195	7816127
苗族	9426007	958670	1457396	7009941
彝族	8714393	523907	1120997	7069489
壮族	16926381	2685283	3132374	11108724
布依族	2870034	347835	404996	2117203
朝鲜族	1830929	999237	271198	560494
满族	10387958	2608600	1935398	5843960
侗族	2879974	291661	585784	2002529
瑶族	2796003	258966	393313	2143724
白族	1933510	273943	388571	1270996
土家族	8353912	1132394	1785132	5436386
哈尼族	1660932	83289	204994	1372649
哈萨克族	1462588	125800	211905	1124883
傣族	1261311	116239	291357	853715
黎族	1463064	120068	262798	1080198
傈僳族	702839	14950	60685	627204
佤族	429709	16036	63211	350462
畲族	708651	113750	118551	476350
高山族	4009	1593	826	1590
拉祜族	485966	16305	62724	406937
水族	411847	32688	47784	331375
东乡族	621500	41258	62481	517761
纳西族	326295	78456	39339	208500
景颇族	147828	11615	17536	118677
柯尔克孜族	186708	12099	23428	151181

1-4 续表

单位：人

民 族	总人口	城市人口	镇人口	乡村人口
土族	289565	41623	52268	195674
达斡尔族	131992	38755	37252	55985
仫佬族	216257	44439	51264	120554
羌族	309576	21506	74048	214022
布朗族	119639	4896	13622	101121
撒拉族	130607	17270	22019	91318
毛南族	101192	15408	18982	66802
仡佬族	550746	65389	130285	355072
锡伯族	190481	74997	25881	89603
阿昌族	39555	3090	5960	30505
普米族	42862	2530	6139	34193
塔吉克族	51069	1865	7784	41420
怒族	37524	1865	4319	31340
乌孜别克族	10569	4906	2317	3346
俄罗斯族	15393	10888	2133	2372
鄂温克族	30875	6003	10720	14152
德昂族	20556	1196	1911	17449
保安族	20074	1510	2375	16189
裕固族	14378	3000	3879	7499
京族	28199	9251	6217	12731
塔塔尔族	3556	1416	702	1438
独龙族	6930	326	828	5776
鄂伦春族	8659	2298	2794	3567
赫哲族	5354	2356	1269	1729
门巴族	10561	520	1890	8151
珞巴族	3682	122	398	3162
基诺族	23143	3638	1608	17897
其他未识别的民族	640101	52304	119571	468226
外国人加入中国籍	1448	367	281	800

1-5 2010年全国人口普查各民族6岁及6岁以上人口的受教育状况(一)

单位：人，%

民 族	合 计	未上过学	小 学	初 中
全国总计	**1242546122**	**62136405**	**357211733**	**518176222**
汉族	1140804980	53726722	317175239	482244975
少数民族合计	101741142	8409683	40036494	35931247
少数民族占全国比重	8.19	13.53	11.21	6.93
蒙古族	5493484	181845	1576111	2092137
回族	9684824	829803	3451225	3256837
藏族	5652093	1727358	2593670	751132
维吾尔族	8911219	312376	3705107	3741470
苗族	8509677	872566	3919856	2722963
彝族	7792892	1114281	4190993	1744197
壮族	15450124	734370	5587561	6601655
布依族	2598781	317940	1169545	824977
朝鲜族	1764882	22789	236872	766999
满族	9644853	206212	2635047	4433743
侗族	2619132	173293	1023789	1013249
瑶族	2496825	166437	1097493	874247
白族	1785320	104148	693269	649936
土家族	7630400	466043	2790562	2887431
哈尼族	1495794	217182	807352	341877
哈萨克族	1305071	20763	473830	535399
傣族	1154883	130337	613322	293869
黎族	1317322	85524	411397	639645
傈僳族	640339	118004	358140	122790
佤族	398890	54899	232864	83034
畲族	643415	40412	259014	235542
高山族	3674	95	751	1287
拉祜族	446816	70495	278976	69673
水族	370377	48543	174757	109644
东乡族	551196	97262	357318	68468
纳西族	307242	23495	105359	103015

1-5(一) 续表

单位：人，%

民 族	合 计	未上过学	小 学	初 中
景颇族	132808	12534	72498	34975
柯尔克孜族	165498	5220	75643	54936
土族	266248	28772	103264	78400
达斡尔族	121946	1414	25607	51541
仫佬族	195734	8194	74142	73733
羌族	289490	20394	122080	90504
布朗族	108074	15420	63324	20384
撒拉族	113873	24119	58679	19217
毛南族	91706	3876	35010	36031
仡佬族	497661	45033	208655	162617
锡伯族	176497	1972	36721	77860
阿昌族	34844	2794	17424	10518
普米族	39094	5688	15467	10921
塔吉克族	45716	1601	22758	13707
怒族	34002	5117	15952	8259
乌孜别克族	9596	196	2809	2857
俄罗斯族	14516	183	2125	4420
鄂温克族	28111	348	6261	11070
德昂族	18251	3530	10389	3269
保安族	17517	1930	10442	3041
裕固族	13441	822	5056	3765
京族	25159	1392	6674	10191
塔塔尔族	3244	46	710	967
独龙族	6220	1018	2623	1681
鄂伦春族	7884	109	1407	3017
赫哲族	4940	94	820	1827
门巴族	9509	3559	3466	1214
珞巴族	3213	882	1554	413
基诺族	21014	1911	8616	7162

1-5 2010年全国人口普查各民族6岁及6岁以上人口的受教育状况(二)

单位：人，%

民 族	高 中	大学专科	大学本科	研 究 生
全国总计	**186646865**	**68610519**	**45625793**	**4138585**
汉族	176525992	64353701	42822692	3955659
少数民族合计	10120873	4256818	2803101	182926
少数民族占全国比重	5.42	6.20	6.14	4.42
蒙古族	860899	420682	335274	26536
回族	1240522	504660	371555	30222
藏族	270620	192834	111515	4964
维吾尔族	586636	382935	178129	4566
苗族	619448	235032	132635	7177
彝族	448569	183627	106949	4276
壮族	1653720	560431	296407	15980
布依族	168197	72622	43878	1622
朝鲜族	456566	130639	141342	9675
满族	1273292	576376	477022	43161
侗族	247176	101127	57878	2620
瑶族	220155	81596	53343	3554
白族	195778	79341	59298	3550
土家族	936733	330121	204943	14567
哈尼族	84070	29350	15456	507
哈萨克族	159961	79416	34739	963
傣族	70756	30213	15860	526
黎族	128694	35779	15722	561
傈僳族	24620	10959	5654	172
佤族	17969	7289	2746	89
畲族	68856	21606	16961	1024
高山族	742	385	374	40
拉祜族	15415	7680	4425	152
水族	23003	8911	5291	228
东乡族	17049	7041	3926	132
纳西族	39320	20933	14308	812

1-5(二) 续表

单位：人，%

民族	高中	大学专科	大学本科	研究生
景颇族	7859	3435	1467	40
柯尔克孜族	16131	10030	3443	95
土族	30221	13319	11726	546
达斡尔族	21767	11807	9132	678
仫佬族	22281	9977	6952	455
羌族	32378	15323	8395	416
布朗族	5083	2289	1528	46
撒拉族	6051	3427	2287	93
毛南族	9597	4376	2677	139
仡佬族	43041	21667	16020	628
锡伯族	29729	15525	13495	1195
阿昌族	2386	1051	650	21
普米族	3870	1836	1274	38
塔吉克族	4137	2979	519	15
怒族	2571	1451	630	22
乌孜别克族	1692	1079	919	44
俄罗斯族	3531	2272	1847	138
鄂温克族	5318	2998	1987	129
德昂族	674	263	124	2
保安族	1202	601	291	10
裕固族	1788	1186	774	50
京族	3963	1658	1219	62
塔塔尔族	643	426	433	19
独龙族	497	282	108	11
鄂伦春族	1511	1011	764	65
赫哲族	920	574	637	68
门巴族	597	373	290	10
珞巴族	175	83	105	1
基诺族	1973	942	390	20

1-6 2010年全国人口普查各民族15岁及15岁以上的文盲人口状况

单位：人，%

民 族	15岁及15岁以上人口	文盲人口	文盲人口占15岁及以上人口比例
全国总计	**1111488248**	**54190864**	**4.88**
汉族	1024636211	47108426	4.60
少数民族合计	86852037	7082438	8.15
少数民族占全国比重	7.81	13.07	
蒙古族	4805740	156455	3.26
回族	8345262	749916	8.99
藏族	4671710	1382295	29.59
维吾尔族	7464351	256724	3.44
苗族	7025185	754482	10.74
彝族	6340355	919980	14.51
壮族	13496217	600570	4.45
布依族	2109850	285427	13.53
朝鲜族	1677260	17216	1.03
满族	8632096	170832	1.98
侗族	2228281	151472	6.80
瑶族	2125293	136168	6.41
白族	1526504	84352	5.53
土家族	6475074	414066	6.39
哈尼族	1276730	178784	14.00
哈萨克族	1115037	12446	1.12
傣族	1008297	112823	11.19
黎族	1128234	75775	6.72
傈僳族	541808	100448	18.54
佤族	344456	47085	13.67
畲族	561607	32922	5.86
高山族	3270	84	2.57
拉祜族	389618	56991	14.63
水族	298766	43409	14.53
东乡族	450604	82038	18.21
纳西族	271264	20515	7.56

1-6 续表

单位：人，%

民 族	15岁及15岁以上人口	文盲人口	文盲人口占15岁及以上人口比例
景颇族	111711	10014	8.96
柯尔克孜族	138037	4161	3.01
土族	228647	26212	11.46
达斡尔族	108406	947	0.87
仫佬族	170896	6557	3.84
羌族	251028	18618	7.42
布朗族	90914	11444	12.59
撒拉族	93341	22520	24.13
毛南族	78306	3107	3.97
仡佬族	394113	39694	10.07
锡伯族	156598	1368	0.87
阿昌族	28325	2303	8.13
普米族	32685	5037	15.41
塔吉克族	37678	1411	3.74
怒族	28781	4138	14.38
乌孜别克族	8224	129	1.57
俄罗斯族	13013	142	1.09
鄂温克族	24543	254	1.03
德昂族	15293	3271	21.39
保安族	14207	1667	11.73
裕固族	11714	729	6.22
京族	21482	1151	5.36
塔塔尔族	2869	33	1.15
独龙族	5205	887	17.04
鄂伦春族	6828	71	1.04
赫哲族	4436	70	1.58
门巴族	7634	2759	36.14
珞巴族	2538	790	31.13
基诺族	18332	1785	9.74

1-7　2010年全国人口普查各民族分产业的人口

单位：人，%

民　族	总　计	第一产业	第二产业	第三产业
全国总计	**71547989**	**34584219**	**17284443**	**19679327**
汉族	65539943	30416927	16553309	18569707
少数民族合计	5978017	4144630	727539	1105848
少数民族占全国比重	8.36	11.98	4.21	5.62
蒙古族	302690	192045	27118	83527
回族	512837	270396	73806	168635
藏族	320211	262995	10460	46756
维吾尔族	545158	449906	21541	73711
苗族	502575	353974	87130	61471
彝族	511991	422672	37748	51571
壮族	965994	669288	136494	160212
布依族	151167	104854	27244	19069
朝鲜族	72332	19133	14607	38592
满族	557607	325949	81427	150231
侗族	159794	101525	31794	26475
瑶族	155806	114989	21977	18840
白族	108565	72575	14387	21603
土家族	418466	252259	83056	83151
哈尼族	101348	79930	9499	11919
哈萨克族	63313	49574	2492	11247
傣族	78770	63746	4517	10507
黎族	81296	65968	4570	10758
傈僳族	45768	41066	1640	3062
佤族	27923	21815	3262	2846
畲族	36129	18063	9544	8522
高山族	218	95	42	81
拉祜族	33055	29040	1385	2630
水族	22627	17040	3321	2266
东乡族	40761	35883	1300	3578
纳西族	19443	13119	853	5471
景颇族	8811	7252	445	1114

1-7　续表

单位：人，%

民　族	总　计	第一产业	第二产业	第三产业
柯尔克孜族	8546	6942	283	1321
土族	15978	11032	2141	2805
达斡尔族	5796	3042	516	2238
仫佬族	10431	5821	2029	2581
羌族	18297	13345	1613	3339
布朗族	7402	6327	401	674
撒拉族	5589	3650	291	1648
毛南族	5758	3662	1070	1026
仡佬族	26501	16389	4968	5144
锡伯族	9934	5339	1356	3239
阿昌族	2138	1688	204	246
普米族	2433	1892	148	393
塔吉克族	2119	1881	46	192
怒族	2215	1773	137	305
乌孜别克族	375	124	49	202
俄罗斯族	617	113	85	419
鄂温克族	1352	791	84	477
德昂族	1255	1127	40	88
保安族	1009	780	63	166
裕固族	800	527	65	208
京族	1293	633	117	543
塔塔尔族	188	103	14	71
独龙族	453	400	17	36
鄂伦春族	340	103	31	206
赫哲族	244	79	50	115
门巴族	603	509	19	75
珞巴族	182	159	3	20
基诺族	1514	1248	40	226
其他未识别的民族	29951	22616	3583	3752
外国人加入中国籍	78	46	12	20

1-8 2010年全国人口普查各民族分年龄的人口

单位：人，%

民　族	人口总计	0-14岁	15-60岁	61岁以上
全国总计	**1332810869**	**221322621**	**933893808**	**177594440**
汉族	1220844520	196208309	858795454	165840757
少数民族合计	111324800	24906147	74725436	11693217
少数民族占全国比重	8.35	11.25	8.00	6.58
蒙古族	5981840	1176100	4351233	454507
回族	10586087	2240825	7172993	1172269
藏族	6282187	1610477	4117366	554344
维吾尔族	10069346	2604995	6664484	799867
苗族	9426007	2400822	6019521	1005664
彝族	8714393	2374038	5578659	761696
壮族	16926381	3430164	11371698	2124519
布依族	2870034	760184	1768421	341429
朝鲜族	1830929	153669	1365732	311528
满族	10387958	1755862	7544429	1087667
侗族	2879974	651693	1858387	369894
瑶族	2796003	670710	1842364	282929
白族	1933510	407006	1307009	219495
土家族	8353912	1878838	5373544	1101530
哈尼族	1660932	384202	1128229	148501
哈萨克族	1462588	347551	1024109	90928
傣族	1261311	253014	892225	116072
黎族	1463064	334830	1004243	123991
傈僳族	702839	161031	479809	61999
佤族	429709	85253	306638	37818
畲族	708651	147044	477440	84167
高山族	4009	739	2896	374
拉祜族	485966	96348	347918	41700
水族	411847	113081	255321	43445
东乡族	621500	170896	395139	55465
纳西族	326295	55031	228744	42520
景颇族	147828	36117	101059	10652

1-8 续表

单位：人，%

民　族	人口总计	0–14岁	15–60岁	61岁以上
柯尔克孜族	186708	48671	123555	14482
土族	289565	60918	207268	21379
达斡尔族	131992	23586	98926	9480
仫佬族	216257	45361	147537	23359
羌族	309576	58548	217159	33869
布朗族	119639	28725	81517	9397
撒拉族	130607	37266	82562	10779
毛南族	101192	22886	65777	12529
仡佬族	550746	156633	330184	63929
锡伯族	190481	33883	138387	18211
阿昌族	39555	11230	25499	2826
普米族	42861	10176	28958	3727
塔吉克族	51069	13391	33895	3783
怒族	37523	8742	25109	3672
乌孜别克族	10569	2345	7237	987
俄罗斯族	15393	2380	11208	1805
鄂温克族	30875	6332	23159	1384
德昂族	20556	5263	13882	1411
保安族	20074	5867	12473	1734
裕固族	14378	2664	10212	1502
京族	28199	6717	18421	3061
塔塔尔族	3556	687	2509	360
独龙族	6930	1725	4649	556
鄂伦春族	8659	1831	6438	390
赫哲族	5354	918	4051	385
门巴族	10561	2927	6891	743
珞巴族	3682	1144	2292	246
基诺族	23143	4811	16071	2261
其他未识别的民族	640101	207992	371899	60210
外国人加入中国籍	1448	173	1019	256

1-9 2010年全国人口普查各民族分性别出生人口和死亡人口 (2009.11.1—2010.10.31)

单位：人，%

民　族	出　生　人　数			死　亡　人　数		
	小　计	男	女	小　计	男	女
全国总计	**1190060**	**652073**	**537987**	**7421990**	**4293783**	**3128207**
汉族	1059649	582390	477259	6823973	3937020	2886953
少数民族合计	129819	69336	60483	595028	354912	240116
少数民族占全国比重	10.91	10.63	11.24	8.02	8.27	7.68
蒙古族	5504	2877	2627	24817	15455	9362
回族	12113	6501	5612	47198	27664	19534
藏族	6812	3490	3322	39143	21133	18010
维吾尔族	17132	8741	8391	52855	31018	21837
苗族	11714	6436	5278	52259	31466	20793
彝族	12041	6348	5693	52195	31585	20610
壮族	19946	11047	8899	92308	55667	36641
布依族	3758	2124	1634	18944	11321	7623
朝鲜族	684	378	306	10337	6133	4204
满族	7439	3992	3447	46716	28915	17801
侗族	3498	1937	1561	17354	10245	7109
瑶族	3329	1841	1488	14343	8997	5346
白族	1850	928	922	11687	6690	4997
土家族	7871	4175	3696	45272	26593	18679
哈尼族	2337	1220	1117	10540	6367	4173
哈萨克族	2331	1195	1136	6809	4403	2406
傣族	1508	780	728	7627	4341	3286
黎族	2053	1110	943	6456	3961	2495
傈僳族	986	536	450	5045	2982	2063
佤族	545	270	275	3132	1873	1259
畲族	591	332	259	4072	2616	1456
高山族	1		1	10	7	3
拉祜族	603	298	305	3657	2201	1456
水族	633	357	276	3481	2137	1344
东乡族	1103	611	492	2632	1440	1192
纳西族	255	134	121	2036	1128	908
景颇族	301	151	150	1062	640	422

1-9 续表

单位：人，%

民 族	出生人数			死亡人数		
	小 计	男	女	小 计	男	女
柯尔克孜族	246	134	112	881	517	364
土族	282	150	132	1663	983	680
达斡尔族	118	57	61	547	363	184
仫佬族	254	137	117	859	539	320
羌族	325	161	164	1535	896	639
布朗族	164	91	73	671	393	278
撒拉族	240	115	125	467	268	199
毛南族	113	67	46	559	346	213
仡佬族	562	287	275	3109	1931	1178
锡伯族	105	62	43	682	463	219
阿昌族	60	33	27	202	127	75
普米族	49	26	23	236	145	91
塔吉克族	75	43	32	233	131	102
怒族	43	26	17	324	185	139
乌孜别克族	8	3	5	30	21	9
俄罗斯族	7	2	5	57	34	23
鄂温克族	34	20	14	121	86	35
德昂族	42	23	19	141	81	60
保安族	41	26	15	84	43	41
裕固族	11	6	5	63	39	24
京族	27	16	11	186	110	76
塔塔尔族	2	1	1	17	10	7
独龙族	8	4	4	64	41	23
鄂伦春族	3	2	1	35	21	14
赫哲族	3	1	2	10	5	5
门巴族	15	10	5	119	71	48
珞巴族	11	5	6	44	28	16
基诺族	33	19	14	102	57	45
其他未识别的民族	582	340	242	2956	1829	1127
外国人加入中国籍	10	7	3	33	22	11

二、教　育

2-1 全国分地区少数民族教职工(2018年)(一)

单位：人

地 区	普通高等学校	成人高等学校	中等职业教育
全 国	**149116**	**1981**	**48389**
北 京	8230	170	541
天 津	2143	29	196
河 北	4997	8	1660
山 西	407		47
内 蒙 古	12653	109	4099
辽 宁	11606	184	3681
吉 林	7562	133	1326
黑 龙 江	4410	104	349
上 海	2002	16	143
江 苏	2692	11	184
浙 江	1768	9	300
安 徽	1083	4	114
福 建	1265	5	183
江 西	823	10	77
山 东	2315	3	273
河 南	3171	7	355
湖 北	3913	20	1007
湖 南	6451	17	2956
广 东	4863	61	886
广 西	17504	405	6328
海 南	829	12	385
重 庆	2024	42	929
四 川	4238	32	817
贵 州	12900	127	5836
云 南	10396	18	5428
西 藏	1456		1018
陕 西	1810	19	81
甘 肃	2420	11	870
青 海	1574	46	980
宁 夏	2303	21	592
新 疆	9308	348	6748

2–1 全国分地区少数民族教职工（2018年）（二）

单位：人

地　区	普通中学	特殊教育学校	小　学	幼儿园
全　国	**605101**	**5899**	**624028**	**339052**
北　京	5150	84	3517	3267
天　津	1757	30	1233	538
河　北	18009	226	18937	6076
山　西	308	9	184	129
内蒙古	38564	527	34418	16801
辽　宁	40741	444	26637	15509
吉　林	12827	198	8839	2598
黑龙江	7988	67	4589	1121
上　海	1289	18	442	447
江　苏	1264	26	834	650
浙　江	2269	23	2197	1271
安　徽	1530	25	1324	549
福　建	2183	55	2503	1374
江　西	723	7	670	461
山　东	3534	35	2776	1941
河　南	5111	92	4704	2416
湖　北	13910	123	11676	6390
湖　南	42446	307	30230	19386
广　东	9952	111	3866	6793
广　西	84247	911	101172	62174
海　南	4961	30	6488	3901
重　庆	13103	96	13555	6333
四　川	15289	124	28257	6344
贵　州	91075	845	91505	52212
云　南	56869	530	76394	32994
西　藏	11596	191	19714	5376
陕　西	870	11	621	644
甘　肃	10441	36	14282	5657
青　海	13706	84	12991	8362
宁　夏	9730	100	10195	6542
新　疆	83659	534	89278	60796

2-2 全国少数民族专任教师

单位：万人

年 份	高等学校	中等技术学校	中等师范学校	普通中学	职业中学	小 学
1951				0.27		
1952	0.06			0.45		5.98
1957	0.19			1.17		9.82
1963	0.10	0.12	0.05	1.32	0.06	7.24
1965	0.33	0.11	0.04	1.46	0.28	13.32
1975	0.27			6.85		27.17
1978	0.59	0.27	0.20	11.23		31.02
1979	0.72	0.29	0.22	10.82		31.30
1980	0.78	0.35	0.26	11.23	0.07	32.94
1981	0.84	0.38	0.24	10.52	0.09	33.06
1982	0.92	0.44	0.27	10.42	0.13	34.32
1983	1.08	0.49	0.27	10.72	0.23	34.49
1984	1.08	0.52	0.28	11.24	0.36	37.80
1985	1.28	0.60	0.32	12.56	0.56	39.78
1986	1.42	0.78	0.36	13.92	0.68	42.13
1987	1.54	0.81	0.42	15.05	0.84	43.68
1988	1.69	0.85	0.44	15.85	1.63	42.12
1989	1.75	0.92	0.47	17.39	1.03	46.25
1990	1.78	0.97	0.51	18.30	1.09	45.87
1991	1.89	1.01	0.53	19.21	1.19	46.41
1992	1.94	1.05	0.51	20.00	1.29	47.63
1993	1.94	1.04	0.52	20.21	1.39	47.72
1994	2.11	1.10	0.52	20.76	1.40	47.88
1995	2.20	1.16	0.58	22.25	1.50	50.19
1996	2.20	1.22	0.60	23.34	1.82	51.55
1997	2.28	1.27	0.62	24.69	1.66	52.79
1998	2.32	1.26	0.62	26.03	1.64	53.69
1999	2.33	1.25	0.61	27.14	1.68	54.51
2000	2.51	1.26	0.53	28.16	1.63	55.30
2001	2.87	1.16	0.47	30.04	1.63	57.47
2002	3.35	1.05	0.46	31.70	1.65	57.23
2003	3.63	0.87	0.37	33.35	0.30	57.09
2004	4.30	0.82	0.35	34.61	0.28	56.86
2005	4.65			36.18	0.21	56.93
2006	5.03			37.44	0.17	57.20
2007	5.52			38.18	0.12	57.79
2008	5.83			38.93	0.08	58.11
2009	6.20			39.90	0.05	58.52
2010	6.48			40.62	0.04	58.39
2011	6.86			46.15		53.58
2012	7.16			42.19		58.56
2013	7.94			47.88		54.38
2014	8.23			49.30		59.56
2015	8.58			50.29		54.82
2016	9.10			51.61		55.75
2017	9.37			53.24		56.77
2018	9.76			54.16		57.28

注：2003年以后职业中学数仅指职业初中数。(下同)

2-3 全国少数民族专任教师占全国专任教师总数的比重

单位：%

年 份	高等学校	中等技术学校	中等师范学校	普通中学	职业中学	小 学
1951				2.6		
1952				2.9		
1957	2.8			3.9		4.3
1963	2.2	2.5	4.1	3.1	3.9	2.8
1965	2.4	2.5	3.5	3.2	1.4	3.5
1975	1.7	4.2		3.3		5.2
1978	2.9	3.9	6.6	3.5		5.9
1979	3.0	3.7	6.4	3.5		5.8
1980	3.2	3.9	6.9	3.7	3.2	6.0
1981	3.4	3.9	6.4	3.7	3.0	5.9
1982	3.2	4.0	6.7	3.9	3.3	6.2
1983	3.6	4.2	6.9	4.1	3.1	6.4
1984	3.4	4.3	6.6	4.4	3.5	7.0
1985	3.7	4.7	6.9	4.7	3.9	7.4
1986	3.8	5.4	7.3	5.0	4.2	7.8
1987	4.0	5.2	7.8	5.2	4.5	8.0
1988	4.3	5.1	7.7	5.4	8.0	7.7
1989	4.4	5.4	8.2	5.8	4.8	8.3
1990	4.4	5.5	8.7	6.0	4.9	8.2
1991	4.8	5.7	9.3	6.2	5.1	8.4
1992	5.0	5.9	8.9	6.4	5.2	8.6
1993	5.0	5.7	9.0	6.4	5.3	8.6
1994	5.3	5.9	8.7	5.3	5.1	8.5
1995	5.5	5.9	9.4	6.7	5.1	8.9
1996	5.5	6.0	9.5	6.7	5.9	9.0
1997	5.6	6.0	9.8	6.9	5.2	9.1
1998	5.7	6.1	5.7	7.0	4.9	9.2
1999	5.5	6.2	9.9	7.1	5.0	9.3
2000	5.4	6.2	9.9	7.0	5.1	9.4
2001	5.4	6.3	10.4	7.2	5.3	9.7
2002	5.4	6.2	12.2	7.2	5.3	9.9
2003	5.0			7.4		10.0
2004	5.0			7.4		10.1
2005	4.8			7.6		10.2
2006	4.6			7.7		10.2
2007	4.7			7.8		10.3
2008	4.7			7.9		10.3
2009	4.8			8.0		10.4
2010	5.0			8.1		10.4
2011	4.9			9.1		10.4
2012	5.0			8.3		10.5
2013	5.5			9.4		9.7
2014	5.4			9.6		10.6
2015	5.5			9.7		9.6
2016	5.7			9.9		9.6
2017	5.7			10.0		9.5
2018	5.8			9.9		9.4

2-4　全国分地区少数民族专任教师(2018年)(一)

单位：人

地　区	普通高等学校	成人高等学校	中等职业教育
全　国	**97573**	**1272**	**38259**
北　京	3908	86	395
天　津	1390	21	141
河　北	3482	4	1253
山　西	274		34
内蒙古	8532	65	3292
辽　宁	7421	104	2571
吉　林	4576	90	989
黑龙江	2435	34	244
上　海	1321	9	108
江　苏	1836	8	167
浙　江	1319	7	268
安　徽	724	1	89
福　建	848	2	172
江　西	621	7	48
山　东	1629	3	229
河　南	2359	4	249
湖　北	2584	14	859
湖　南	4624	8	2531
广　东	3342	26	724
广　西	10053	316	4405
海　南	475	8	264
重　庆	1414	28	752
四　川	3007	21	598
贵　州	9264	83	5050
云　南	7427	6	4475
西　藏	930		962
陕　西	1267	9	62
甘　肃	1691	9	686
青　海	1166	37	725
宁　夏	1625	11	487
新　疆	6029	251	5430

2-4 全国分地区少数民族专任教师(2018年)(二)

单位：人

地　区	普通中学	特殊教育学校	小　学	幼儿园
全　国	**541574**	**5150**	**572764**	**204505**
北　京	4214	71	3217	2122
天　津	1528	22	1119	351
河　北	15569	187	17664	4172
山　西	273	6	169	79
内蒙古	31451	469	27870	11487
辽　宁	35600	364	23352	10440
吉　林	10807	171	7806	1631
黑龙江	7012	57	4100	670
上　海	1176	15	405	320
江　苏	1183	23	806	446
浙　江	2128	22	2145	813
安　徽	1417	24	1306	366
福　建	1989	45	2434	866
江　西	700	6	660	306
山　东	3295	25	2717	1338
河　南	4693	89	4528	1475
湖　北	12856	114	11473	3367
湖　南	40179	279	29462	10467
广　东	9037	93	3604	4314
广　西	75685	780	95788	33244
海　南	4346	25	6137	2019
重　庆	12297	88	13241	3412
四　川	14393	111	26858	4666
贵　州	83631	750	83703	32109
云　南	51763	468	72060	21468
西　藏	11280	175	19591	4430
陕　西	781	11	575	371
甘　肃	9735	24	13809	4217
青　海	12374	57	11166	5305
宁　夏	9341	96	9962	3683
新　疆	70841	483	75037	34551

2-5 全国少数民族在校学生

单位：万人

年 份	高等学校	中等技术学校	中等师范学校	普通中学	职业中学	小 学
1950	0.13					
1951		0.07	0.45	4.03		94.3
1952	0.29	0.26	1.62	7.32		147.4
1957	1.61	1.77	1.97	27.69		319.4
1962	2.87	1.31	0.94	29.47		
1963					1.21	299.2
1965	2.19	1.09	0.81	37.18	1.35	521.9
1975	3.06			155.69		770.8
1978	3.60	2.84	3.03	246.75		768.6
1979	3.74	3.22	3.97	205.87		737.8
1980	4.29	3.93	4.47	199.30	1.46	752.2
1981	5.12	3.91	3.90	177.06	1.36	735.6
1982	5.39	4.10	3.46	177.96	1.77	823.9
1983	5.96	4.48	3.74	182.97	3.62	821.9
1984	6.93	5.24	4.21	202.07	6.17	910.1
1985	9.41	6.65	4.98	224.47	8.74	954.8
1986	9.95	7.57	5.62	254.06	10.32	1033.7
1987	11.87	8.50	6.22	280.07	12.43	1051.3
1988	12.54	8.83	6.18	281.64	26.39	983.6
1989	13.16	9.95	6.28	283.54	13.65	1052.1
1990	13.79	11.41	6.77	294.62	15.06	1069.5
1991	14.18	11.93	6.70	308.59	16.51	980.6
1992	15.29	12.71	7.09	320.88	18.37	1122.3
1993	16.32	14.30	7.67	313.69	18.62	1140.2
1994	17.79	15.69	7.52	324.23	18.98	1149.2
1995	18.76	18.43	8.84	346.65	23.78	1200.2
1996	19.68	21.05	9.02	370.19	24.57	1251.1
1997	21.68	23.71	9.13	403.93	22.93	1248.2
1998	22.63	25.25	9.72	449.16	22.86	1240.2
1999	24.77	27.96	9.71	463.29	24.15	1214.2
2000	31.99	28.98	9.47	498.91	23.88	1181.6
2001	40.97	27.60	8.70	482.84	25.07	1172.0
2002	52.39	27.17	7.82	613.16	26.55	1149.7
2003	65.52	18.88	5.10	654.46	8.74	1120.70
2004	75.59	18.72	3.71	676.11	8.95	1097.15
2005	95.32			684.74	8.55	1078.07
2006	107.55			689.38	3.47	1081.28
2007	115.35			685.46	3.10	1074.18
2008	127.99			680.23	2.19	1070.79
2009	141.05			679.94	1.61	1059.12
2010	150.83			680.34	1.15	1048.24
2011	167.62			683.67		1044.02
2012	176.88			678.26		1037.54
2013	183.74			681.93		1040.95
2014	198.57			696.94		1058.97
2015	213.74			710.07		1094.97
2016	231.02			727.04		1136.67
2017	248.11			752.97		1175.97
2018	269.03			785.90		1226.11

2–6 全国少数民族在校学生占全国在校学生总数的比重

单位：%

年 份	高等学校	中等技术学校	中等师范学校	普通中学	职业中学	小 学
1951	1.4	0.4	2.1	2.6		2.2
1952	1.5	0.9	4.7	2.9		2.9
1957	3.7	3.7	6.7	4.4		5.0
1962	3.5	3.7	5.2	3.9	3.9	4.1
1965	3.2	2.8	5.2	4.0	2.3	4.5
1975	6.1	7.6		3.5	5.0	5.1
1978	4.2	5.4	8.4	3.8		5.3
1979	3.7	4.5	8.2	3.5		5.0
1980	3.8	5.2	9.3	3.6	3.2	5.1
1981	4.0	6.2	8.9	3.6	2.8	5.1
1982	4.7	6.5	8.4	3.9	2.5	5.9
1983	4.9	6.5	8.2	4.2	3.0	6.0
1984	5.0	6.5	8.2	4.4	3.5	6.7
1985	5.3	6.6	8.9	4.8	3.8	7.1
1986	5.3	6.6	9.2	5.2	4.0	7.8
1987	6.1	7.0	9.5	5.7	4.7	8.2
1988	6.1	6.5	9.0	5.9	9.4	7.8
1989	6.3	6.7	9.2	6.3	4.8	11.2
1990	6.6	7.3	10.0	6.4	5.1	8.7
1991	6.9	7.4	10.1	6.6	5.2	8.1
1992	7.0	7.3	10.7	6.7	5.4	9.2
1993	6.4	6.8	10.6	6.6	5.1	9.2
1994	6.4	6.5	9.6	5.5	4.7	9.0
1995	6.5	6.4	10.4	6.5	5.3	9.1
1996	6.5	6.3	10.3	6.5	5.2	9.2
1997	6.8	6.3	10.0	6.7	4.5	8.9
1998	6.6	6.2	10.6	7.1	4.2	8.9
1999	6.0	6.6	10.7	6.8	4.5	9.0
2000	5.8	7.0	12.3	6.8	4.7	9.1
2001	5.7	7.0	13.1	7.5	5.4	9.3
2002	5.8	6.9	13.0	9.3	5.2	9.5
2003	5.9			7.6		9.6
2004	5.7			7.8		9.8
2005	6.1			8.0		9.9
2006	6.2			8.2		10.1
2007	6.1			8.3		10.2
2008	6.3			8.4		10.4
2009	6.6			8.6		10.5
2010	7.0			8.6		10.4
2011	6.8			9.1		10.5
2012	7.4			9.4		10.7
2013	7.7			9.4		10.7
2014	7.8			10.3		11.2
2015	7.6			10.4		12.2
2016	7.4			10.4		10.7
2017	7.2			10.2		10.5
2018	7.0			9.9		10.2

2-7 全国分地区少数民族在校学生(2018年)(一)

单位：人

地　区	博士生（含科研机构）	硕士生（含科研机构）	普通高等学校（普通本、专科）	成人高等学校（成人本、专科）	中等职业教育
全　国	**23006**	**115587**	**2690298**	**7236**	**1318803**
北　京	6282	17957	69168		3740
天　津	548	3068	44723		2995
河　北	171	2038	83952	262	33343
山　西	37	285	10972	2	229
内蒙古	475	5620	121788		37036
辽　宁	1633	9992	171881		54929
吉　林	1331	6537	71439	294	6951
黑龙江	840	3305	52496		5565
上　海	1314	5392	37515		4912
江　苏	1275	5437	73017	143	3847
浙　江	407	1296	30648	28	9325
安　徽	215	860	16305	63	3207
福　建	286	1347	35437		6835
江　西	84	860	40456	14	2054
山　东	237	1717	46515	1	5257
河　南	62	1278	49422	7	7696
湖　北	1644	7459	126281	213	27647
湖　南	783	4649	149634		77876
广　东	821	3749	32375		13480
广　西	289	4848	300386	6148	215908
海　南	17	335	24544		24722
重　庆	520	3164	70943		41249
四　川	1584	4075	124152		60614
贵　州	159	3813	280702		181097
云　南	408	5057	215471		182197
西　藏	60	522	24752		22771
陕　西	847	3029	36423	13	2242
甘　肃	360	2131	56447	48	10796
青　海	39	771	35013		36111
宁　夏	55	998	47585		31038
新　疆	223	3998	209856		203134

2-7 全国分地区少数民族在校学生(2018年)(二)

单位：人

地　区	普通中学	特殊教育学校	小　学	幼儿园
全　国	**7859021**	**86852**	**12261088**	**5101737**
北　京	43193	353	86610	38964
天　津	22108	115	31520	6236
河　北	224419	1074	344993	98611
山　西	3578	21	5573	1087
内蒙古	316705	2980	406971	179718
辽　宁	343018	1771	402698	116546
吉　林	95661	405	110118	30576
黑龙江	69169	273	74577	9589
上　海	15754	64	17739	8195
江　苏	23537	87	35920	7708
浙　江	46278	137	118944	54146
安　徽	20209	64	28459	6846
福　建	52925	396	92803	22523
江　西	8131	76	12117	3723
山　东	46812	160	73656	27307
河　南	77029	143	102778	30229
湖　北	168393	1382	225306	82050
湖　南	432036	4026	667483	243904
广　东	86272	295	195021	47547
广　西	1214487	12746	1814669	756688
海　南	90989	517	146621	45391
重　庆	175434	1700	203849	74858
四　川	348077	4242	738670	262156
贵　州	1238237	10781	1651245	668610
云　南	974165	14165	1570303	542407
西　藏	185738	4676	319122	117586
陕　西	7871	64	12730	5254
甘　肃	147553	1901	289243	125983
青　海	197005	4604	316786	123181
宁　夏	194992	3195	284599	100735
新　疆	989246	14439	1879965	1263383

三、文　　化

3–1 全国少数民族文字出版物情况

单位：种数：种；印数：万册(份)

年份	图书		期刊		报纸	
	种数	印数	种数	印数	种数	印数
1952	621	661	15	169	20	2933
1957	1763	1462	35	244	32	2434
1962	942	910	27	170	32	2252
1965	1694	2480	36	268	36	3955
1970	312	1331	5	93	5	3262
1975	1226	3365	18	237	10	6461
1978	1386	3179	35	313	11	7072
1980	1921	3427	42	575	18	7384
1981	1904	2652	63	590	18	6631
1982	2270	3330	75	631	18	7063
1983	2327	3358	74	616	19	7927
1984	2524	3514	76	748	42	15175
1985	2759	3629	109	1035	57	11402
1986	2972	3635	126	1085	56	12561
1987	3157	4184	128	1148	70	13306
1988	3294	3816	541	1350	76	13411
1989	3260	3853	153	1280	75	9031
1990	3251	3867	131	1027	79	14837
1991	3575	4922	142	1006	81	11983
1992	3065	4326	167	1354	83	11981
1993	3500	5090	173	1291	87	11513
1994	3248	4552	178	1247	92	12526
1995	3342	4791	185	1197	92	16833
1996	3209	5060	183	1011	89	14917
1997	3429	4999	184	970	88	10527
1998	4108	5376	184	1099	83	9651
1999	4591	6021	185	1009	81	10486
2000	5062	5640	193	863	84	10116
2001	4779	5306	202	990	92	12396
2002	5125	5729	211	978	89	10229
2003	4787	5034	205	781	88	13130
2004	5457	6355	193	584	89	14404
2005	5295	6755	192	466	82	10966
2006	5931	6518	192	651	82	11809
2007	5561	6444	192	758	82	12740
2008	5563	3797	192	650	82	14964
2009	8535	6689	192	612	82	12184
2010	7593	4925	207	850	82	19846
2011	9275	7310	222	894	84	20070
2012	9119	6659	228	1240	98	20828
2013	9511	7168	231	1272	101	20989
2014	8031	5853	227	1255	103	21443
2015	9192	6912	223	1246	103	19609
2016	9436	8238	225	1273	105	22261
2017	8592	6102	229	1198	103	28001
2018	7154	5089	229	963	103	24685

3-2 全国少数民族文字出版的图书(一)

单位：种数：种；印数：万册(份)；印张：万印张

年份	总计				书籍			
	种数		印数	印张	种数		印数	印张
	合计	#新出			合计	#新出		
1952	621	534	661	1714	391	341	281	739
1957	1763	1504	1462	6320	1204	1120	685	3122
1962	942	627	910	4111	361	341	202	1230
1965	1694	1290	2480	9276	644	560	1002	4650
1970	312	247	1331	4874	159	134	797	3556
1975	1226	1072	3365	12428	762	720	1868	8514
1978	1386	1120	3179	12346	750	689	874	4914
1979	1544	1290	2707	14166	803	791	716	5571
1980	1921	1456	3427	16854	1047	976	905	6449
1981	1904	1471	2652	16249	1038	973	776	6991
1982	2270	1713	3330	18882	1232	1132	1033	7919
1983	2237	1683	3358	19783	1267	1182	1113	8974
1984	2524	1931	3514	21177	1483	1379	1142	9854
1985	2759	2075	3629	20253	1602	1478	1111	8168
1986	2972	2108	3635	21030	1679	1567	1021	8158
1987	3157	2022	4184	22878	1752	1532	1215	9134
1988	3294	1975	3816	21647	1842	1580	1046	7958
1989	3260	1783	3853	22059	1709	1385	1124	8088
1990	3251	1869	3867	21673	1734	1422	1049	7853
1991	3575	1913	4922	25103	1700	1369	1201	8220
1992	3065	1556	4326	2549	1536	1207	1096	8104
1993	3500	1995	5090	26069	1704	1353	1398	9087
1994	3428	1827	4552	25869	2277	1535	2136	12926
1995	3342	1473	4791	24943	1547	1085	1411	8521
1996	3209	1431	5060	26523	1607	1080	1648	8635
1997	3429	1361	4999	27022	1959	1143	1784	9027
1998	4108	1548	5376	30291	2412	1341	2164	11418
1999	4591	1828	6021	34557	2367	1473	1896	11156
2000	5062	2078	5640	33514	2598	1741	1510	9965
2001	4779	2374	5306	32241	2451	1933	1412	9254
2002	5125	2329	5729	34765	2548	1840	1552	10524
2003	4787	2275	5034	31947	2624	1683	1501	9289
2004	5457	2430	6355	40022	2832	1798	1458	10137
2005	5295	2522	6755	44154	2606	1669	1424	9902
2006	5931	2811	6518	47302	3324	2156	1382	12493
2007	5561	2175	6444	42347	4543	1821	5264	35770
2008	5563	2543	3797	26679	4734	2285	2780	21057
2009	8535	3163	6689	45988	5361	2687	2705	19106
2010	7593	3173	4925	35335	6050	2828	3362	24323
2011	9275	3675	7310	53867	5586	3091	2559	23236
2012	9119	3629	6659	51739	5652	3113	3013	24889
2013	9511	3824	7168	52675	6117	3351	3521	26940
2014	8031	3883	5853	47467	4838	3391	2554	24851
2015	9192	4369	6912	53543	6314	3896	3471	28525
2016	9436	4082	8238	65751	6284	3625	3837	30520
2017	8592	3559	6102	49801	5888	3272	2479	21118
2018	7154	3168	5089	42828	5120	2900	2499	21832

3-2 全国少数民族文字出版的图书(二)

单位：种数：种；印张：万印(份)；印张：万印张

年 份	课本				图片			
	种数		印数	印张	种数		印数	印张
	合计	#新出			合计	#新出		
1952	230	193	380	975	41	41	29	18
1957	509	341	759	3180	50	43	18	18
1962	550	256	640	2820	31	30	68	61
1965	787	561	1150	4404	263	169	328	222
1970	75	35	316	1144	78	78	218	174
1975	358	246	939	3481	106	106	558	433
1978	537	340	1629	6829	99	91	676	603
1980	808	414	1958	9713	66	66	564	692
1981	803	436	1692	8998	63	62	184	260
1982	974	517	2170	10820	64	64	27	143
1983	975	420	2020	10499	85	81	225	310
1984	946	464	2198	11145	95	88	174	121
1985	1084	525	2326	11885	73	72	192	201
1986	1263	515	2561	12686	30	26	53	179
1987	1330	416	2847	13566	75	74	124	154
1988	1400	345	2669	13197	52	50	101	299
1989	1509	356	2624	13644	42	42	105	154
1990	1482	413	2754	13582	35	34	64	226
1991	1828	497	3671	16616	47	47	50	233
1992	1488	309	3154	14261	41	40	76	163
1993	1780	628	3623	16837	16	14	71	97
1994	1137	283	2361	12843	14	9	55	99
1995	1780	373	3346	16283	15	15	34	20
1996	1592	343	3403	17860	10	8	9	10
1997	1464	213	3204	17908	6	5	11	24
1998	1677	193	3199	18805	19	14	13	67
1999	2204	337	4100	22871	20	18	25	108
2000	2455	334	4124	23838	9	3	6	11
2001	2311	427	3886	22978	17	14	8	9
2002	2555	472	4163	24137	22	17	14	89
2003	2142	583	3521	22623	21	9	12	18
2004	2611	619	4890	29873	14	13	7	12
2005	2689	853	5331	34239				
2006	2605	653	5134	34802				
2007	1009	347	1175	6545				
2008	826	257	1015	5620				
2009	3154	470	3962	26811				
2010	1523	327	1548	10948	4	2	2	4
2011	3665	562	4703	30559				
2012	3457	510	3639	26834				
2013	3390	473	3643	25721				
2014	3187	489	3295	22599				
2015	2876	471	3438	25007				
2016	3149	456	4396	35207				
2017	2703	287	3621	28672				
2018	2034	268	2583	20959				

3-3 全国分地区少数民族文字出版的图书(2018年)(一)

单位：种数：种；印数：万册(份)；印张：千印张

地区	总计				书籍			
	种数合计	#新出	印数	印张	种数合计	#新出	印数	印张
全国合计	**7154**	**3168**	**5089**	**428275**	**5120**	**2900**	**2499**	**218321**
中央合计	399	322	295	37954	382	310	291	37012
地方	6755	2846	4794	390321	4738	2590	2208	181309
内蒙古	2535	919	1519	116436	1730	824	676	51670
辽宁	191	120	40	3459	162	106	31	2834
吉林	844	384	176	14382	576	358	106	8510
黑龙江	75	33	13	1208	75	33	13	1208
广西	44	37	20	1376	35	32	9	835
四川	808	341	525	58421	599	331	190	26192
贵州	29	21	4	706	29	21	4	706
云南	192	188	41	5148	186	183	37	4853
西藏	504	209	492	46249	385	208	200	26283
甘肃	278	117	85	8393	278	117	85	8361
青海	246	62	263	21612	110	62	48	4536
新疆	1008	414	1611	112643	572	314	804	45033

3-3 全国分地区少数民族文字出版的图书(2018年)(二)

单位：种数：种；印数：万册(份)；印张：千印张

地区	课本			
	种数合计	#新出	印数	印张
全国合计	**2034**	**268**	**2583**	**209589**
中央合计	17	12	4	942
地方	2017	256	2579	208647
内蒙古	805	95	843	64766
辽宁	29	14	9	625
吉林	268	26	70	5872
黑龙江				
广西	9	5	11	541
四川	209	10	335	32229
贵州				
云南	6	5	2	127
西藏	119	1	292	19966
甘肃				
青海	136		215	17076
新疆	436	100	802	67445

注：本年出版少数民族文字图书的文种有：布依文、朝鲜文、德宏傣文、侗文、规范彝文、哈尼文、哈萨克文、景颇文、柯尔克孜文、拉祜文、傈僳文、满文、蒙古文、苗文、纳西文、佤文、维吾尔文、西双版纳文、锡伯文、瑶文、载佤文、藏文、壮文等23种。

3-4 全国少数民族文字出版的期刊、报纸

单位：种数：种；印数：万册(份)；印张：万印张

年 份	期 刊			报 纸		
	种 数	印 数	印 张	种 数	印 数	印 张
1950				14	259	205
1952	15	169	311	20	2933	2043
1957	35	244	757	32	2434	2432
1962	27	170	617	32	2252	2002
1965	36	268	846	36	3955	4159
1970	5	93	659	5	3262	3880
1975	18	237	1346	10	6461	6211
1978	35	313	2022	11	7072	7416
1979	41	392	2084	12	6078	6291
1980	42	575	2441	18	7384	6231
1981	63	590	2462	18	6631	5541
1982	75	631	2432	18	7063	6598
1983	74	616	2495	19	7927	8377
1984	76	748	3123	42	15175	13657
1985	109	1035	4745	57	11402	9331
1986	126	1085	4991	56	12561	11070
1987	128	1148	4742	70	13306	11571
1988	154	1350	5823	76	13411	11829
1989	153	1280	5188	75	9031	7998
1990	131	1027	4221	79	14837	13957
1991	142	1006	4151	81	11983	10819
1992	167	1354	5124	83	11981	10410
1993	173	1291	5011	87	11513	8831
1994	178	1247	4577	92	12526	12102
1995	185	1197	4544	92	16833	14078
1996	183	1011	3983	89	14917	10728
1997	184	970	3723	88	10527	9596
1998	184	1099	4207	83	9651	9227
1999	185	1009	3919	81	10486	11996
2000	193	863	3349	84	10116	10133
2001	202	990	3759	92	12396	12705
2002	211	978	3693	89	10229	11001
2003	205	781	3037	88	13130	15149
2004	193	584	2383	89	14404	17495
2005	192	466	2186	82	10966	12131
2006	192	651	2655	82	11809	12800
2007	192	758	3130	82	12740	14526
2008	192	650	2889	82	14964	30570
2009	192	612	2742	82	12184	15329
2010	207	850	3754	82	19846	24427
2011	222	894	4090	84	20070	32599
2012	228	1240	5380	98	20828	31650
2013	231	1272	5515	101	20989	33431
2014	227	1255	5849	103	21443	31768
2015	223	1246	5859	103	19609	27977
2016	225	1273	6050	105	22261	33092
2017	229	1198	5726	103	28001	38885
2018	229	963	4660	103	24685	34570

3-5 全国分地区少数民族文字出版的期刊(2018年)(一)

单位：种数：种；印数：万册(份)；印张：千印张

地区	合计				综合类			
	种数	平均期印数	总印数	总印张	种数	平均期印数	总印数	总印张
总计	**229**	**91**	**963**	**46597**	**9**	**2**	**15**	**724**
中央	19	10	80	4539	3	1	12	524
地方	210	81	883	42057	6	1	2	200
内蒙古	45	27	411	18328				
吉林	14	5	61	4036				
黑龙江	2	1	4	243				
广西	1		3	137				
四川	4	2	8	394				
云南	3		2	84				
西藏	16	8	51	2172	1		1	104
甘肃	3	1	2	203				
青海	12	3	17	1114				
新疆	110	33	325	15345	5		1	96

3-5 全国分地区少数民族文字出版的期刊(2018年)(二)

单位：种数：种；印数：万册(份)；印张：千印张

地区	哲学、社会科学类				自然科学、技术类			
	种数	平均期印数	总印数	总印张	种数	平均期印数	总印数	总印张
总计	**78**	**63**	**757**	**34076**	**40**	**10**	**75**	**3168**
中央	11	8	59	3221				
地方	67	55	699	30855	40	10	75	3168
内蒙古	19	24	379	16108	8	1	9	408
吉林	5	4	51	3048	2		2	119
黑龙江								
广西								
四川	2	2	6	320				
云南								
西藏	5	5	38	1410	3	1	5	191
甘肃	2			32				
青海	5	1	10	441	2		1	62
新疆	29	19	213	9496	25	7	59	2387

3-5 全国分地区少数民族文字出版的期刊(2018年)(三)

单位：种数：种；印数：万册(份)；印张：千印张

地　区	文化、教育类				文学、艺术类			
	种　数	平均期印　数	总印数	总印张	种　数	平均期印　数	总印数	总印张
总　计	**38**	**5**	**43**	**2214**	**64**	**11**	**73**	**6415**
中　央					5	1	9	794
地　方	38	5	43	2214	59	10	64	5621
内蒙古	6	1	6	392	12	2	17	1420
吉　林	3		4	265	4	1	4	605
黑龙江					2	1	4	243
广　西					1		3	137
四　川					2		1	74
云　南					3		2	84
西　藏	4	1	4	309	3	1	2	158
甘　肃					1	1	2	171
青　海	2		2	172	3	1	4	440
新　疆	23	3	26	1077	28	3	26	2289

3-5 全国分地区少数民族文字出版的期刊(2018年)(四)

单位：种数：种；印数：万册(份)；印张：千印张

地　区	少儿读物类				画刊类			
	种　数	平均期印　数	总印数	总印张	种　数	平均期印　数	总印数	总印张
总　计	**6**	**11**	**228**	**9370**	**5**	**1**	**12**	**524**
中　央					3	1	12	524
地　方	6	11	228	9370	2			
内蒙古	2	9	216	8619				
吉　林	1	1	9	601				
黑龙江	1	1	3	150				
广　西								
四　川								
云　南								
西　藏								
甘　肃								
青　海								
新　疆	2				2			

3-6 全国分地区少数民族文字出版的报纸（2018年）

单位：种数：种；印数：万册(份)；印张：千印张

地　区	合　计			
	种　数	平均期印数	总印数	总印张
总　计	**103**	**112**	**24685**	**345704**
中　央	4	6	2001	20007
地　方	99	106	22684	325697
内蒙古	13	11	2345	33746
辽　宁	3	1	114	843
吉　林	8	6	815	12802
黑龙江	1	1	319	6380
广　西	1	1	30	300
四　川	3	2	278	2776
云　南	8	4	210	1734
西　藏	12	26	5572	82472
甘　肃	7	4	177	1476
青　海	7	4	179	1542
新　疆	40	50	12668	181822

3-7 全国少数民族文字期刊出版数量与上年相比增减的百分比（2018年）

单位：%

地　区	种　数	总印数	总印张
总　计		**-19.64**	**-18.62**
中　央		-27.89	-26.59
地　方		-18.80	-17.66

3-8 全国少数民族文字报纸出版数量与上年相比增减的百分比（2018年）

单位：%

地　区	合　计			
	种　数	平均期印数	总印数	总印张
总　计		**-18.73**	**-11.84**	**-11.10**
中　央				
地　方		-19.54	-12.76	-11.70

3-9 主要少数民族语言广播播出基本情况(2018年)

地 区	广播使用语言(种)	合计	转中央台节目	转省级台节目	转地市级台节目	制作节目播出时间
		时:分	时:分	时:分	时:分	时:分
合 计		**157408:45**	**42081:20**	**17232:30**	**18951:0**	**79143:55**
内蒙古		118612:50	35735:20	15253:30	11653:0	55971:0
辽 宁		5110:00	1095:0			4015:0
吉 林	蒙古语	4628:55	227:0			4401:55
黑龙江		8745:00	183:0	154:0	7298:0	1110:0
青 海		3650:00		730:0		2920:0
新 疆		16662:00	4841:0	1095:0		10726:0
合 计		**14105:0**	**1731:0**		**170:0**	**12204:0**
辽 宁	朝鲜语	3629:00	740:0		170:0	2719:0
吉 林		10476:00	991:0			9485:0
合 计		**189014:42**	**64315:37**	**75801:52**	**550:30**	**48346 :52 43**
四 川						
云 南		3094:20				3094:20
西 藏	藏语	97339:01	25135:0	48855:0	360:0	22989:1
甘 肃		4895:47	548:0	365:0		3982:47
青 海		83685:34	38632:37	26581:52	190:30	18280:35
合 计	维吾尔语	**182173:25**	**24914:30**	**57501:15**	**9938:0**	**89819:40**
新 疆		182173:25	24914:30	57501:15	9938:0	89819:40

3-10 主要少数民族语言电视播出基本情况(2018年)

地区	电视节目播出语种种类(种)	合计	转中央台节目	转省级台节目	转地市级台节目	制作节目播出时间
		时:分	时:分	时:分	时:分	时:分
合计	蒙古语	**94197:10**	**24595:5**	**22233:46**	**6499:18**	**40869:1**
内蒙古		64726:44	19995:20	8620:0	5772:48	30338:36
辽宁		1062:0	193:0	19:0		850:0
吉林		3312:41	298:0	365:0		2649:41
黑龙江		7143:30	182:30	5735:0	108:0	1118:0
青海		7561:15	1705:15	2938:0	190:30	2727:30
新疆		10391:0	2221:0	4556:46	428:0	3185:14
合计	朝鲜语	**25923:54**	**1788:20**	**69:0**	**12:0**	**24054:34**
吉林		25923:54	1788:20	69:0	12:0	24054:34
合计	藏语	**237541:23**	**65746:53**	**86578:35**	**28810:30**	**56405:46**
四川		19127:30	2684:0	2414:0	1842:0	12187:30
云南						
西藏		114280:39	35566:58	42101:40	23861:35	12750:26
甘肃		10261:49	550:0	548:0	668:30	8495:19
青海		93872:38	26945:55	41514:55	2438:25	22972:34
合计	维吾尔语	**132546:12**	**22799:5**	**69624:7**	**8821:25**	**31301:35**
新疆		132546:12	22799:5	69624:7	8821:25	31301:35
合计	哈萨克语	**34193:16**	**4037:40**	**21263:57**	**570:15**	**8321:24**
新疆		34193:16	4037:40	21263:57	570:15	8321:24

四、体　　育

4-1 全国少数民族传统体育运动会情况

届　次	时　间	地　点	参加代表团（个）	运动员人数（个）	比赛项目（个）	表演项目（个）
1	1953.11	天津	15	395	6	414
2	1982.9	呼和浩特	29	863	2	68
3	1986.8	乌鲁木齐	29	1097	7	115
4	1991.11	南宁	30	1740	9	120
5	1995.11	昆明	31	2342	11	129
6	1999.8—9	拉萨、北京	31	3390	14	150
7	2003.9	银川、石嘴山	34	3735	14	125
8	2007.11	广州	34	6381	15	149
9	2011.9	贵阳	34	6790	16	185
10	2015.8	鄂尔多斯	33	7000	17	140

4-2 全国少数民族在队运动员和教练员

单位：人

年 份	少数民族运动员	少数民族教练员
1991	1120	296
1992	1197	306
1993	954	289
1994	998	326
1995	941	262
1996	1018	258
1997	1049	261
1998	1064	269
1999	1026	242
2000	1105	252
2001	1137	247
2002	1063	239
2003	1234	1791
2004	1195	1846
2005	1204	1804
2006	1150	1840
2007	1400	2268
2008	1756	1950
2009	1729	1631
2010	2103	1712
2011	2261	2089
2012	2224	457
2013	2141	511
2014	2078	411
2015	2215	382
2016	2338	384
2017	2381	2267
2018	2600	2490

注：2002年以前少数民族教练员为一线教练员，2003年后教练员指一、二、三线教练员。

4-3 全国分地区少数民族在队运动员和教练员(2018年)

单位：人

地　区	少数民族运动员	少数民族教练员
全　国	**2600**	**2490**
中　央	40	14
地　方	2560	2476
北　京	103	41
天　津	34	14
河　北	37	48
山　西	12	16
内蒙古	256	256
辽　宁	339	169
吉　林	33	125
黑龙江	39	54
上　海	11	14
江　苏	18	25
浙　江	15	13
安　徽	20	10
福　建	13	22
江　西	2	5
山　东	19	65
河　南	24	73
湖　北	30	43
湖　南	75	105
广　东	26	49
广　西	258	294
海　南	51	22
四　川	4	23
贵　州	39	90
云　南	38	48
西　藏	193	279
重　庆	156	47
陕　西	38	32
甘　肃	193	55
青　海	63	47
宁　夏	55	40
新　疆	366	352

五、民族贸易和民族用品生产

5-1 全国分地区定点边销茶企业生产情况(2018年)

地　　区	企业数 (个)	从业人员年末数 (人)	#专　业技术人员 (人)	边　销茶产量 (吨)	边销茶产量占企业产品总产量的比重(%)
合　计	**30**	**5525**	**1370**	**62802**	**85**
内蒙古	**1**	**12**	**4**	**100**	**100**
包头市容兴茶叶精制厂		8	2	50	100
浙　江	**3**	**290**	**52**	**10765**	**91**
武义骆驼九龙砖茶有限公司		109	14	4375	92
新昌县江南诚茂砖茶有限公司		85	20	3610	100
宁波赤岩峰茶业有限公司		96	18	2780	80
湖　北	**2**	**1049**	**292**	**12139**	**74**
湖北富华茶业有限公司		32	5	325	100
赵李桥锦合茶业有限公司		397	85	2892	93
湖　南	**9**	**2081**	**577**	**19038**	**59**
安华怡清源茶业有限公司		220	40	310	50
紫艺茶业有限公司		58	12	352	91
益阳茶厂有限公司		308	58	4808	71
白沙溪茶厂有限责任公司		650	295	2502	70
安化茶厂有限公司		164	26	298	24
益阳香炉山茶业有限公司		65	15	754	52
临湘市茶业有限责任公司		30	12	2700	100
临湘永巨茶业有限公司		146	37	3648	87
临湘市明伦茶业有限公司		280	51	3100	32
四　川	**4**	**504**	**128**	**13888**	**73**
雅安茶厂有限公司		121	22	3107	94
雅安市友谊茶叶有限公司		131	11	1561	75
吉祥茶业有限公司		85	50	3250	62
雅安市名山县西藏朗赛茶厂		60	10	2920	100
贵　州	**2**	**167**	**47**	**1356**	**96**
桐梓县金龙茶叶有限责任公司		102	32	156	90
湄江印象茶业有限责任公司		65	15	1200	85
广　西	**3**	**502**	**98**	**3429**	**79**
广西梧州茂圣茶业有限公司		157	14	1059	63
广西壮族自治区梧州茶厂		213	65	668	70
广西金花茶业有限公司		132	19	1702	100
陕　西	**1**	**239**	**25**	**711**	**75**
咸阳泾谓茯茶有限公司		239	25	711	75
云　南	**5**	**681**	**147**	**1376**	**20**
下关沱茶(集团)股份有限公司		284	57	1084	42
龙生茶叶股份有限公司		230	40	102	3
耿马县国营洛凌茶厂		126	36	40	5
双江自治县双龙古茶厂		17	6		
陇川县纵歌茶厂		24	8	150	40

5-1 续表 1

地　区	边销茶销售量（吨）	边销茶产　值（万元）	边销茶产值占企业产品总产值的比重(%)	边销茶销售收入（万元）
合　计	**55029**	**119435**	**60**	**98083**
内蒙古	**80**	**82**	**100**	**66**
包头市容兴茶叶精制厂	35	51	100	36
浙　江	**9897**	**10871**	**86**	**9953**
武义骆驼九龙砖茶有限公司	4031	4865	83	4702
新昌县江南诚茂砖茶有限公司	3500	3120	100	2980
宁波赤岩峰茶业有限公司	2366	2886	80	2271
湖　北	**8179**	**12536**	**57**	**11490**
湖北富华茶业有限公司	302	308	100	287
赵李桥锦合茶业有限公司	2959	2840	87	3937
湖　南	**18293**	**26315**	**41**	**25118**
安华怡清源茶业有限公司	276	310	21	275
紫艺茶业有限公司	350	391	76	455
益阳茶厂有限公司	4982	5117	35	5443
白沙溪茶厂有限责任公司	2377	9573	45	9095
安化茶厂有限公司	236	889	11	255
益阳香炉山茶业有限公司	580	745	45	745
临湘市茶业有限责任公司	2600	2340	100	2340
临湘永巨茶业有限公司	3516	3794	85	3656
临湘市明伦茶业有限公司	3010	2610	31	2450
四　川	**13408**	**11114**	**54**	**10311**
雅安茶厂有限公司	2690	1752	75	1318
雅安市友谊茶叶有限公司	1737	1873	69	1389
吉祥茶业有限公司	2925	2762	52	2632
雅安市名山县西藏朗赛茶厂	3174	2421	100	2666
贵　州	**950**	**8870**	**87**	**7958**
桐梓县金龙茶叶有限责任公司	150	4870	90	4458
湄江印象茶业有限责任公司	800	4000	83	3500
广　西	**2189**	**37486**	**72**	**22914**
广西梧州茂圣茶业有限公司	635	9435	62	3893
广西壮族自治区梧州茶厂	643	9012	51	6920
广西金花茶业有限公司	911	19039	100	12101
陕　西	**620**	**6391**	**62**	**4437**
咸阳泾谓茯茶有限公司	620	6391	62	4437
云　南	**1413**	**5769**	**12**	**5836**
下关沱茶(集团)股份有限公司	1119	5204	22	5296
龙生茶叶股份有限公司	104	180	3	180
耿马县国营洛凌茶厂	40	80	2	80
双江自治县双龙古茶厂				
陇川县纵歌茶厂	150	305	40	280

5-1 续表 2

地　区	边销茶销售利润（万元）	全年流动资金贷款额（万元）	享受流动资金贷款利率优惠额（万元）	减　免增值税（万元）
合　计	**10947**	**98590**	**13124**	**3471**
内蒙古	**10**			**2**
包头市容兴茶叶精制厂	5			1
浙　江	**439**	**6960**	**43**	**673**
武义骆驼九龙砖茶有限公司	255	2960		110
新昌县江南诚茂砖茶有限公司	120	2500		486
宁波赤岩峰茶业有限公司	64	1500	43	77
湖　北	**993**	**10100**	**39**	**432**
湖北富华茶业有限公司	-11			9
赵李桥锦合茶业有限公司	606	2900	39	394
湖　南	**877**	**29490**	**851**	**809**
安华怡清源茶业有限公司	4	1200	32	38
紫艺茶业有限公司	52	360		25
益阳茶厂有限公司	-330	8500	222	162
白沙溪茶厂有限责任公司	509	13000	338	87
安化茶厂有限公司	-66	2000	156	13
益阳香炉山茶业有限公司	39			119
临湘市茶业有限责任公司	150			110
临湘永巨茶业有限公司	298	450		117
临湘市明伦茶业有限公司	205	500	11	82
四　川	**302**	**13420**	**199**	**839**
雅安茶厂有限公司	40	4790		182
雅安市友谊茶叶有限公司	69	300	28	192
吉祥茶业有限公司	66	6130	171	105
雅安市名山县西藏朗赛茶厂	50	2000		360
贵　州	**3758**	**7300**	**4711**	**671**
桐梓县金龙茶叶有限责任公司	3518	6600	4711	
湄江印象茶业有限责任公司	240	700		671
广　西	**3627**	**13340**	**7280**	
广西梧州茂圣茶业有限公司	141	3850		
广西壮族自治区梧州茶厂	442	8770	7280	
广西金花茶业有限公司	3044	720		
陕　西	**223**	**6000**		
咸阳泾谓茯茶有限公司	223	6000		
云　南	**718**	**11980**		**46**
下关沱茶(集团)股份有限公司	676	8300		46
龙生茶叶股份有限公司	1	1030		
耿马县国营洛凌茶厂	10			
双江自治县双龙古茶厂		2500		
陇川县纵歌茶厂	31	150		

六、其　他

6-1 历届中国共产党全国代表大会少数民族中央委员、候补中央委员人数

届 次	时 间	地 点	代表总数	#少数民族代表	中央委员、中央候补委员总数	#少数民族中央委员、中央候补委员人数
第一届	1921.7.23—31	上 海	12	1		
第二届	1922.7.16—23	上 海	12	1	5	
第三届	1923.6.12—20	广 州	30余人		14	
第四届	1925.1.11—22	上 海	20		14	
第五届	1927.4.27—5.9	武 汉	80	1	45	
第六届	1928.6.18—7.11	莫斯科	118		36	1
第七届	1945.4.23—6.11	延 安	755		77	2
第八届	1956.9.15—27	北 京	1133		170	10
第九届	1969.4.1—24	北 京	1512		279	
第十届	1973.8.24—28	北 京	1249		319	15
第十一届	1977.8.12—18	北 京	1510		333	16
第十二届	1982.9.1—11	北 京	1749	104	348	31
第十三届	1987.10.25—11.1	北 京	1936		285	32
第十四届	1992.10.12—18	北 京	1989	198	319	32
第十五届	1997.9.12—18	北 京	2048	219	344	38
第十六届	2002.11.8—14	北 京	2114	230	356	35
第十七届	2007.10.15—21	北 京	2213	242	371	40
第十八届	2012.11.8—14	北 京	2270	249	376	39
第十九届	2017.10.18—24	北 京	2280	264	376	38

6-2 历届全国人民代表大会少数民族代表人数

届 次	时 间	代表总数	#少数民族代表数	少数民族代表比例(%)	少数民族(个)
第一届	1954年	1226	178	14.50	30
第二届	1959年	1226	179	14.60	30
第三届	1964年	3040	372	12.20	53
第四届	1975年	2885	270	9.40	54
第五届	1978年	3497	381	10.90	54
第六届	1983年	2978	403	13.60	55
第七届	1988年	2970	445	14.90	55
第八届	1993年	2898	554	18.60	55
第九届	1998年	2979	428	14.37	55
第十届	2003年	2985	415	13.90	55
第十一届	2008年	2987	411	13.76	55
第十二届	2013年	2987	409	13.69	55
第十三届	2018年	2980	438	14.70	55

6-3 历届中国人民政治协商会议全国委员会少数民族委员人数

届 次	时 间	委员总数	#少数民族委员数	少数民族委员比例(%)	少数民族(个)
第一届	1949年	198	19	9.60	10
第二届	1954年	753	61	8.10	16
第三届	1959年	1071	78	7.29	19
第四届	1965年	1199	81	6.76	20
第五届	1978年	2268	147	6.49	31
第六届	1983年	2228	185	8.31	37
第七届	1988年	2180	222	10.19	45
第八届	1993年	2172	101	4.65	55
第九届	1998年	2196	259	11.80	55
第十届	2003年	2238	262	11.70	55
第十一届	2008年	2237	250	11.18	55
第十二届	2013年	2237	258	11.53	55
第十三届	2018年	2158	245	11.35	55

6-4 国务院历次全国民族团结进步表彰情况(一)

单位：个，人

地区	总计			1988年第一次表彰			1994年第二次表彰		
	集体	个人	#女	集体	个人	#女	集体	个人	#女
合计	**1833**	**1842**	**330**	**565**	**601**	**106**	**642**	**613**	**106**
北京	36	24	5	12	5	2	12	9	2
天津	27	23	6	9	5	1	8	8	1
河北	42	42	7	11	14	3	15	13	1
山西	12	17	3	3	4	1	4	5	
内蒙古	93	98	18	34	34	8	29	33	5
辽宁	75	62	12	26	16	4	25	22	4
吉林	52	71	12	15	26	4	18	22	3
黑龙江	47	47	5	18	12	2	16	16	2
上海	31	20	7	8	6	2	11	7	1
江苏	19	22	2	5	7	1	7	7	1
浙江	21	17	5	7	5	2	7	6	2
安徽	17	20	2	5	5		6	8	1
福建	27	16	3	8	4	1	11	6	1
江西	15	10	2	4	3	1	4	3	1
山东	32	34	7	10	9	2	11	12	1
河南	37	31	3	15	7		10	13	2
湖北	49	46	12	13	15	5	19	14	3
湖南	71	55	9	25	16	3	22	20	1
广东	21	21	2	4	8		8	7	2
广西	128	119	26	46	39	6	41	41	10
海南	35	30	6	11	9	2	12	10	1
重庆	15	11	3						
四川	67	87	12	18	37	5	29	30	4
贵州	97	81	24	33	29	7	33	23	8
云南	127	113	16	45	39	3	47	30	7
西藏	50	80	21	10	38	9	19	21	5
陕西	17	18	3	3	7	1	7	5	1
甘肃	63	60	8	18	24	1	22	19	3
青海	57	52	10	26	16	5	17	16	2
宁夏	49	64	12	17	25	4	17	17	2
新疆	108	163	33	24	61	15	40	45	10
其他	296	288	34	82	76	6	115	125	19

6-4 国务院历次全国民族团结进步表彰情况(二)

单位：个，人

地区	1999年第三次表彰			2005年第四次表彰			2009年第五次表彰			2014年第六次表彰		
	集体	个人	#女	集体	个人	#女	集体	个人	#女	集体	个人	#女
合计	**626**	**628**	**118**	**642**	**676**	**135**	**739**	**749**	**161**	**678**	**818**	**195**
北京	12	10	1	12	10	3	15	13	5	14	15	5
天津	10	10	4	9	10	4	10	11	6	9	12	4
河北	16	15	3	17	18	2	19	19	4	17	22	5
山西	5	8	2	5	7	2	7	8	2	6	8	
内蒙古	30	31	5	32	31	4	32	34	4	31	38	8
辽宁	24	24	4	22	23	5	25	24	4	25	26	9
吉林	19	23	5	19	23	5	20	22	3	19	24	8
黑龙江	13	19	1	17	15	2	17	18	2	15	20	8
上海	12	7	4	13	7	3	16	7	3	13	10	4
江苏	7	8		10	8	2	11	10	6	11	11	1
浙江	7	6	1	8	8	1	9	10	4	8	13	4
安徽	6	7	1	7	8	3	9	9	2	8	9	
福建	8	6	1	8	10	1	10	11	1	9	14	2
江西	7	4		8	4	2	8	7	3	7	8	3
山东	11	13	4	13	11	2	14	13	2	13	15	3
河南	12	11	1	13	12	3	17	12	3	14	16	3
湖北	17	17	4	17	18	2	19	19	6	17	20	5
湖南	24	19	5	24	22	4	28	25	4	25	30	4
广东	9	6		11	11	1	15	11	2	17	19	3
广西	41	39	10	42	42	11	44	44	11	40	49	23
海南	12	11	3	11	12	2	13	13	3	12	15	4
重庆	15	11	3	16	13	2	16	15	5	14	17	5
四川	20	20	3	23	23	3	29	27	4	26	34	5
贵州	31	29	9	33	32	5	35	34	11	32	38	15
云南	35	44	6	39	40	8	39	40	7	37	44	12
西藏	21	21	7	21	21	9	24	28	5	22	31	9
陕西	7	6	1	6	6		8	8	3	8	7	1
甘肃	23	17	4	21	21	4	24	21	3	19	26	2
青海	14	20	3	17	18	3	18	20	3	17	21	3
宁夏	15	22	6	18	19	6	21	21	7	18	24	7
新疆	44	57	8	40	52	13	40	53	16	37	51	14
其他	99	87	9	90	121	18	127	142	17	118	131	16

主要统计指标解释

普通高等学校　指通过国家普通高等教育招生考试，招收高中毕业生为主要培养对象，实施高等学历教育的全日制大学、独立设置的学院、独立学院和高等专科学校、高等职业学校及其他机构。

大学、独立设置的学院主要实施本科及本科层次以上的教育。独立学院主要实施本科层次的教育。高等专科学校、高等职业学校实施专科层次的教育。其他机构是指承担国家普通招生计划任务不计校数的机构，包括普通高等学校分校、大专班等。

成人高等学校　指通过国家成人高等教育招生考试，招收具有高中毕业或同等学力的人员为主要培养对象，利用函授、业余、脱产等多种形式，对其实施高等学历教育的学校。包括：职工高等学校、农民高等学校、管理干部学院、教育学院、独立函授学院、广播电视大学、其他机构。其他机构是指承担国家成人招生计划任务不计校数的机构。

其他资料

其他资料一　全国行政区划（2018年底）

单位：个

省级区划名称	地级区划数	#地级市	县级区划数	#市辖区	#县级市	#县(旗)	#自治县(自治旗)	乡镇级区划数	#镇	#乡(苏木)	#民族乡(民族苏木)	#街道
全　国	**333**	**293**	**2851**	**970**	**375**	**1384**	**120**	**39945**	**21297**	**9271**	**982**	**8393**
北京市			16	16				333	143	33	5	152
天津市			16	16				249	126	2	1	120
河北省	11	11	168	47	21	94	6	2255	1156	744	46	308
山西省	11	11	117	25	11	81		1398	564	632		202
内蒙古自治区	12	9	103	23	11	66	3	1024	508	252	18	246
辽宁省	14	14	100	59	16	17	8	1531	640	147	54	690
吉林省	9	8	60	21	20	16	3	933	426	154	28	325
黑龙江省	13	12	128	65	20	42	1	1196	541	295	52	308
上海市			16	16				214	107	2		105
江苏省	13	13	96	55	22	19		1258	723	43	1	491
浙江省	11	11	89	37	19	32	1	1375	639	255	14	467
安徽省	16	16	105	44	7	54		1488	968	262	9	249
福建省	9	9	85	29	12	44		1106	651	253	19	183
江西省	11	11	100	26	11	63		1567	827	570	8	162
山东省	16	16	137	56	27	54		1824	1092	68		664
河南省	17	17	158	52	21	85		2451	1173	606	12	660
湖北省	13	12	103	39	25	36	2	1235	762	153	10	310
湖南省	14	13	122	36	17	62	7	1933	1138	309	83	403
广东省	21	21	122	65	20	34	3	1601	1123	4	7	467
广西壮族自治区	14	14	111	40	8	51	12	1251	806	253	59	133
海南省	4	4	23	8	5	4	6	218	175	21		22
重庆市			38	26		8	4	1030	627	163	14	226
四川省	21	18	183	54	17	108	4	4612	2232	1929	98	353
贵州省	9	6	88	15	9	52	11	1381	837	124	193	227
云南省	16	8	129	17	16	67	29	1400	682	403	140	175
西藏自治区	7	6	74	8		66		697	138	530	9	20
陕西省	10	10	107	30	5	72		1311	975	21		315
甘肃省	14	12	86	17	5	57	7	1355	886	311	32	126
青海省	8	2	44	6	4	27	7	403	143	195	28	37
宁夏回族自治区	5	5	22	9	2	11		240	103	90		47
新疆维吾尔自治区	14	4	105	13	24	62	6	1076	386	447	42	200
香港特别行政区												
澳门特别行政区												
台湾省												

注：乡镇级总数包含河北省、新疆维吾尔自治区的各一个区公所。

其他资料二　国民经济和社会发展总量与速度指标

指　　标	总量指标			
	1978年	2000年	2017年	2018年
人口(万人)				
总人口(年末)	96259	126743	139008	139538
城镇人口	17245	45906	81347	83137
乡村人口	79014	80837	57661	56401
就业(万人)				
就业人员数	40152	72085	77640	77586
第一产业	28318	36043	20944	20258
第二产业	6945	16219	21824	21390
第三产业	4890	19823	34872	35938
城镇登记失业人数	530	595	972	974
国民经济核算				
国民总收入(亿元)	3678.7	99066.1	820099.5	896915.6
国内生产总值(亿元)	3678.7	100280.1	820754.3	900309.5
第一产业	1018.5	14717.4	62099.5	64734.0
第二产业	1755.2	45664.8	332742.7	366000.9
第三产业	905.1	39897.9	425912.1	469574.6
人均国民总收入(元)	385	7846	59153	64400
人均国内生产总值(元)	385	7942	59201	64644
人民生活				
全国居民人均可支配收入(元)	171	3721	25974	28228
城镇居民人均可支配收入(元)	343	6256	36396	39251
农村居民人均可支配收入(元)	134	2282	13432	14617
财政(亿元)				
一般公共预算收入	1132.3	13395.2	172592.8	183359.8
一般公共预算支出	1122.1	15886.5	203085.5	220904.1
能源(万吨标准煤)				
能源生产总量	62770	138570	358500	377000
能源消费总量	57144	146964	448529	464000

指数(%)(2018年为以下各年)			平均增长速度(%)	
1978年	2000年	2017年	1979—2018年	2001—2018年
145.0	110.1	100.4	0.9	0.5
482.1	181.1	102.2	4.0	3.4
71.4	69.8	97.8	-0.8	-2.0
193.2	107.6	99.9	1.7	0.4
71.5	56.2	96.7	-0.8	-3.2
308.0	131.9	98.0	2.9	1.5
734.9	181.3	103.1	5.1	3.4
183.8	163.7	100.2	1.5	2.8
3663.3	487.8	106.3	9.4	9.2
3677.2	483.7	106.6	9.4	9.2
556.0	201.9	103.5	4.4	4.0
5627.9	524.7	105.8	10.6	9.6
5201.7	542.6	107.6	10.4	9.9
2515.0	442.2	105.8	8.4	8.6
2524.5	438.5	106.1	8.4	8.6
2532.1	505.7	106.5	8.4	9.4
1627.6	425.8	105.6	7.2	8.4
1945.3	397.4	106.6	7.7	8.0
16194.1	1368.8	106.2	13.6	15.6
19686.8	1390.5	108.7	14.1	15.7
600.6	272.1	105.0	4.6	5.7
812.0	315.7	103.3	5.4	6.6

其他资料二　续表 1

指　　标	总量指标			
	1978年	2000年	2017年	2018年
固定资产投资				
全社会固定资产投资(亿元)		32917.7	641238.4	645675.0
#房地产开发		4984.1	109798.5	120263.5
对外经济贸易				
货物进出口总额(亿元)	355.0	39273.3	278099.2	305008.1
出口额	167.7	20634.4	153309.4	164127.8
进口额	187.4	18638.8	124789.8	140880.3
外商直接投资(亿美元)		407.2	1310.4	1349.7
农业				
农林牧渔业总产值(亿元)	1397.0	24915.8	109331.7	113579.5
主要农产品产量(万吨)				
谷物		40522.4	61520.5	61003.6
棉花	216.7	441.7	565.3	610.3
油料	521.8	2954.8	3475.2	3433.4
肉类		6013.9	8654.4	8624.6
水产品	465.4	3706.2	6445.3	6457.7
工业				
主要工业产量				
原煤(亿吨)	6.2	13.8	35.2	36.8
天然气(亿立方米)	137.3	272.0	1480.3	1602.7
水泥(亿吨)	6524.0	59700.0	233084.1	220770.7
粗钢(万吨)	3178.0	12850.0	87074.1	92800.9
钢材(万吨)	2208.0	13146.0	104642.1	110551.7
金属切削机床(万台)	18.3	17.7	60.9	48.9
汽车(万辆)	14.9	207.0	2901.8	2781.9
发电机组(万千瓦)	483.8	1249.0	11822.9	10600.5
发电量(亿千瓦小时)	2566.0	13556.0	66044.5	71117.7

指数(%)（2018年为以下各年）			平均增长速度(%)	
1978年	2000年	2017年	1979—2018年	2001—2018年
		105.9		20.4
		109.5		21.9
85908.1	776.6	109.7	18.4	12.1
97899.1	795.4	107.1	18.8	12.2
75180.3	755.8	112.9	18.0	11.9
	331.5	103.0		6.9
878.5	224.4	103.5	5.6	4.6
	150.5	99.2		2.3
281.6	138.2	108.0	2.6	1.8
658.0	116.2	98.8	4.8	0.8
	143.4	99.7		2.0
1387.7	174.2	100.2	6.8	3.1
596.0	266.1	104.5	4.6	5.6
1167.3	589.2	108.3	6.3	10.4
3384.0	369.8	94.7	9.2	7.5
2920.1	722.2	106.6	8.8	11.6
5006.9	841.0	105.6	10.3	12.6
266.7	276.7	80.3	2.5	5.8
18657.9	1343.9	95.9	14.0	15.5
2191.1	848.7	89.7	8.0	12.6
2771.5	524.6	107.7	8.7	9.6

其他资料二　续表 2

指　　标	总量指标			
	1978年	2000年	2017年	2018年
规模以上工业企业主要指标(亿元)				
资产总计		126211	1121910	1134382
营业收入		84152	1133161	1049491
利润总额		4393	74916	66351
建筑业				
建筑业总产值(亿元)		12498	213944	235086
房地产业				
房地产企业房屋施工面积(万平方米)		65897	781484	822300
房地产企业房屋竣工面积(万平方米)		25105	101486	94421
房地产企业商品房销售面积(万平方米)		18637	169408	171465
#住宅		16570	144789	147760
房地产企业商品房销售额(亿元)		3935	133701	149614
#住宅		3229	110240	126374
批发、零售和旅游业				
社会消费品零售总额(亿元)	1558.6	39105.7	366261.6	380986.9
入境旅客(万人次)	180.9	8344.4	13948.2	14119.8
#外国人(万人次)	23.0	1016.0	2916.5	3054.3
国际旅游收入(亿美元)	2.6	162.2	1234.2	1271.0
国内旅客(百万人次)		744.0	5001.0	5539.0
国内旅游总花费(亿元)		3175.5	45660.7	51278.3
交通运输业				
客运量(万人)	253993.0	1478573.0	1848620.1	1793820.0
铁路	81491.0	105073.0	308379.3	337494.7
公路	149229.0	1347392.0	1456784.3	1367170.4
水运	23042.0	19386.0	28300.3	27981.5
民航	231.0	6722.0	55156.1	61173.8
货运量(万吨)	319431.0	1358682.0	4804850.4	5152731.6
铁路	110119.0	178581.0	368864.8	402630.9
公路	151602.0	1038813.0	3686857.6	3956870.7
水运	47357.0	122391.0	667846.0	702684.3

指数(%)（2018年为以下各年）			平均增长速度(%)	
1978年	2000年	2017年	1979—2018年	2001—2018年
	1881.0	109.9		17.7
	1247.9	105.2		15.1
	376.1	93.0		7.6
	920.0	101.2		13.1
	891.7	102.1		12.9
	3801.7	111.9		22.4
	3914.2	114.6		22.6
24444.2	974.2	109.0	14.7	13.5
7804.4	169.2	101.2	11.5	3.0
13300.0	300.6	104.7	13.0	6.3
48328.1	783.4	103.0	16.7	12.1
	744.5	110.8		11.8
	1614.8	112.3		16.7
706.2	121.3	97.0	5.0	1.1
414.1	321.2	109.4	3.6	6.7
916.2	101.5	93.8	5.7	0.1
121.4	144.3	98.9	0.5	2.1
26482.2	910.1	110.9	15.0	13.1
1613.1	379.2	107.2	7.2	7.7
365.6	225.5	109.2	3.3	4.6
2610.0	380.9	107.3	8.5	7.7
1483.8	574.1	105.2	7.0	10.2

其他资料二　续表 3

指　　标	总量指标			
	1978年	2000年	2017年	2018年
民航	6.4	196.7	705.9	738.5
管道	10347.0	18700.0	80576.0	89807.1
沿海规模以上港口货物吞吐量(万吨)	19834.0	125603.0	865464.0	922392.0
民用汽车拥有量(万辆)	135.8	1608.9	20906.7	23231.2
#私人汽车		625.3	18515.1	20574.9
邮政、电信和信息软件业				
邮政业务总量(亿元)	14.9	232.8	9763.7	12345.2
电信业务总量(亿元)	19.2	4559.9	27596.7	65633.9
移动电话年末用户(万户)		8453.3	141748.7	156609.8
固定电话年末用户(万户)	192.5	14482.9	19375.7	19208.5
互联网宽带接入用户(万户)			34854.0	40738.2
软件业务收入(亿元)			55103.1	61908.7
金融业				
社会融资规模存量(万亿元)			174.7	200.7
货币和准货币(M2)(万亿元)		13.5	169.0	182.7
货币(M1)(万亿元)		5.3	54.4	55.2
流通中现金(M0)(万亿元)		1.5	7.1	7.3
金融机构人民币各项存款余额(万亿元)	0.1	12.4	164.1	177.5
金融机构人民币各项贷款余额(万亿元)	0.2	9.9	120.1	136.3
境内股票发行金额(亿元)		1515.8	15535.0	11377.9
保险公司保费金额(亿元)		1598.0	36577.8	38013.3
保险公司赔款及给付金额(亿元)		526.0	11178.4	12297.0
科学技术				
研究与试验发展经费支出(亿元)		896.0	17606.1	19677.9
发明专利申请授权数(件)		12683.0	420144.0	432147.0
技术市场成交额(亿元)		651.0	13424.0	17697.0
教育				
专任教师数(万人)				
#普通高等学校	20.6	46.3	163.3	167.3

指数(%)（2018年为以下各年）			平均增长速度(%)	
1978年	2000年	2017年	1979—2018年	2001—2018年
11539.2	375.4	104.6	12.6	7.6
868.0	480.3	111.5	5.6	9.1
	734.4	106.6		11.7
17101.9	1443.9	111.1	13.7	16.0
	3290.3	111.1		21.4
	1852.6	110.5		17.6
9976.1	132.6	99.1	12.2	1.6
		116.9		
		112.4		
		109.8		
	1357.1	108.1		15.6
	1038.0	101.5		13.9
	499.6	103.6		9.3
	1433.9	108.2		15.9
	1371.6	113.5		15.7
	750.6	73.2		11.8
	2378.8	103.9		19.3
	2337.8	110.0		19.1
	2196.2	111.8		18.7
	3407.3	102.9		21.7
	2718.4	131.8		20.1
812.1	361.3	102.4	5.4	7.4

其他资料二　续表 4

指　　标	总量指标			
	1978年	2000年	2017年	2018年
普通高中	74.1	75.7	177.4	181.3
初中	244.1	328.7	354.9	363.9
普通小学	522.6	586.0	594.5	609.2
在校学生数(万人)				
#普通本专科	85.6	556.1	2753.6	2831.0
普通高中	1553.1	1201.3	2374.5	2375.4
初中	4995.2	6256.3	4442.1	4652.6
普通小学	14624.0	13013.3	10093.7	10339.3
教育经费支出(亿元)		3849.1	42562.0	
卫生				
医院(个)	9293.0	16318.0	31056.0	33009.0
执业(助理)医师(万人)	97.8	207.6	339.0	360.7
医院床位数(万张)	110.0	216.7	612.0	652.0
卫生总费用(亿元)	110.2	4586.6	52598.3	59121.9
文化体育				
图书出版总印数(亿册、亿张)	37.7	62.7	92.4	100.1
电视节目制作时间(万小时)		58.5	365.2	357.7
故事影片产量(部)	46.0	91.0	798.0	902.0
社会保险				
社会保险基金收入(亿元)		2644.9	67154.5	79254.8
社会保险基金支出(亿元)		2385.6	57145.6	67792.7
参加基本养老保险人数(万人)		13617.4	91548.3	94293.3
参加失业保险人数(万人)		10408.4	18784.2	19643.5
参加基本医疗保险人数(万人)		3786.9	117681.4	134458.6

注：本表速度指标中，国民总收入、国内生产总值、农林牧渔业总产值、城乡居民收入指标均按可比价格计算；固定资产投资类指标平均增长速度按累计法计算；货币供应量、财政收入和支出的平均增长速度按年度增速计算；其他指标按绝对数计算。

指数(%)(2018年为以下各年)			平均增长速度(%)	
1978年	2000年	2017年	1979—2018年	2001—2018年
244.7	239.5	102.2	2.3	5.0
149.1	110.7	102.5	1.0	0.6
116.6	104.0	102.5	0.4	0.2
3307.2	509.1	102.8	9.1	9.5
152.9	197.7	100.0	1.1	3.9
93.1	74.4	104.7	-0.2	-1.6
70.7	79.5	102.4	-0.9	-1.3
355.2	202.3	106.3	3.2	4.0
368.8	173.8	106.4	3.3	3.1
592.7	300.9	106.5	4.5	6.3
53644.8	1289.0	112.4	17.0	15.3
265.5	159.6	108.3	2.5	2.6
	611.5	98.0		10.6
1960.9	991.2	113.0	7.7	13.6
	2996.5	118.0		20.8
	2841.7	118.6		20.4
	692.4	103.0		11.3
	188.7	104.6		3.6
	3550.6	114.3		21.9

附录

收编了各类少数民族方面的资料。

全国人大、政协少数民族领导人名单

■历届全国人大常委会少数民族副委员长、全国政协常委会少数民族副主席简表

届次	年份	全国人大常委会副委员长	年份	全国政协常委会副主席
第一届	1954	达赖喇嘛·丹增嘉措(藏)、赛福鼎·艾则孜(维吾尔)	1949	
第二届	1959	达赖喇嘛·丹增嘉措(藏)、赛福鼎·艾则孜(维吾尔)、班禅额尔德尼·确吉坚赞(藏)	1954	班禅额尔德尼·确吉坚赞(藏)、包尔汉(维吾尔)
第三届	1964	赛福鼎·艾则孜(维吾尔)、阿沛·阿旺晋美(藏)	1959	包尔汉(维吾尔)、帕巴拉·格列朗杰(藏)、阿沛·阿旺晋美(藏)
第四届	1975	韦国清(壮)、赛福鼎·艾则孜(维吾尔)、乌兰夫(蒙古)、阿沛·阿旺晋美(藏)	1965	韦国清(壮)、帕巴拉·格列朗杰(藏)
第五届	1978	乌兰夫(蒙古)、韦国清(壮)、赛福鼎·艾则孜(维吾尔)、阿沛·阿旺晋美(藏)	1978	乌兰夫(蒙古)、韦国清(壮)、杨静仁(回)、帕巴拉·格列朗杰(藏)
第六届	1983	韦国清(壮)、阿沛·阿旺晋美(藏)、班禅额尔德尼·确吉坚赞(藏)、赛福鼎·艾则孜(维吾尔)	1983	杨静仁(回)、帕巴拉·格列朗杰(藏)、包尔汉(维吾尔)
第七届	1988	乌兰夫(蒙古)、韦国清(壮)、阿沛·阿旺晋美(藏)、班禅额尔德尼·确吉坚赞(藏)、赛福鼎·艾则孜(维吾尔)、廖汉生(土家)	1988	杨静仁(回)、帕巴拉·格列朗杰(藏)、司马义·艾买提(维吾尔)
第八届	1993	帕巴拉·格列朗杰(藏)、布赫(蒙古)、铁木尔·达瓦买提(维吾尔)	1993	阿沛·阿旺晋美(藏)、赛福鼎·艾则孜(维吾尔)
第九届	1998	帕巴拉·格列朗杰(藏)、布赫(蒙古)、铁木尔·达瓦买提(维吾尔)	1998	阿沛·阿旺晋美(藏)、赵南起(朝鲜)、白立忱(回)
第十届	2003	司马义·艾买提(维吾尔)、热地（藏）、乌云其木格（女，蒙古）	2003	帕巴拉·格列朗杰（藏）、阿沛·阿旺晋美(藏)、阿不来提·阿不都热西提（维吾尔）、白立忱(回)、李兆焯（壮）
第十一届	2008	乌云其木格（女，蒙古）、司马义·铁力瓦尔地（维吾尔族）	2008	帕巴拉·格列朗杰（藏）、阿沛·阿旺晋美(藏)、阿不来提·阿不都热西提（维吾尔）、白立忱(回)
第十二届	2013	向巴平措（藏）、艾力更·依明巴海（维吾尔）	2013	帕巴拉·格列朗杰（藏）、王正伟（回）、马飚（壮）、齐续春（满）
第十三届	2018	艾力更·依明巴海（维吾尔）白玛赤林（藏）	2018	帕巴拉·格列朗杰（藏）、王正伟（回）、马飚（壮）、巴特尔（蒙古）

全国人大民委、国家民委、全国政协民委主要领导人名单

■历届全国人大民委、国家民委和全国政协民委主任简表

<table>
<tr><th>届次</th><th>时间</th><th>全国人大民委主任</th><th>时间</th><th>国家民委主任</th><th>时间</th><th>全国政协民委主任</th></tr>
<tr><td>第一届</td><td>1954.9</td><td>刘格平(回)</td><td>1949.1</td><td>李维汉</td><td>1949.9</td><td>乌兰夫(蒙古)</td></tr>
<tr><td>第二届</td><td>1959.4</td><td>刘格平(回)</td><td>1954.9</td><td>乌兰夫(蒙古)</td><td>1954.12</td><td>卢汉(彝)</td></tr>
<tr><td>第三届</td><td>1965.4</td><td>谢扶民(壮)</td><td>1959.4</td><td>乌兰夫(蒙古)</td><td>1964.12</td><td>卢汉(彝)</td></tr>
<tr><td>第四届</td><td></td><td></td><td>1965.1</td><td>乌兰夫(蒙古)</td><td>1964.12</td><td>卢汉(彝)</td></tr>
<tr><td>第五届</td><td>1979.7</td><td>阿沛·阿旺晋美(藏)</td><td>1978.3</td><td>杨静仁(回)</td><td>1978.2</td><td>萨空了(蒙古)</td></tr>
<tr><td>第六届</td><td>1983.6</td><td>阿沛·阿旺晋美(藏)</td><td>1986.1</td><td>司马义·艾买提(维吾尔)</td><td>1983.6</td><td>马信(回)</td></tr>
<tr><td>第七届</td><td>1988.3</td><td>阿沛·阿旺晋美(藏)</td><td>1988.4</td><td>司马义·艾买提(维吾尔)</td><td>1988.3</td><td>杨静仁(回)</td></tr>
<tr><td rowspan="2">第八届</td><td rowspan="2">1993.3</td><td rowspan="2">王朝文(苗)</td><td rowspan="2">1993.3</td><td rowspan="2">司马义·艾买提(维吾尔)</td><td>1993.3</td><td>金鉴(满)</td></tr>
<tr><td>1995.3</td><td>赵朴初</td></tr>
<tr><td>第九届</td><td>1998.3</td><td>王朝文(苗)</td><td>1998.3</td><td>李德洙(朝鲜)</td><td>1998.3</td><td>乌力吉(蒙古)</td></tr>
<tr><td>第十届</td><td>2003.3</td><td>多吉才让（藏）</td><td>2003.3</td><td>李德洙(朝鲜)</td><td>2003.3</td><td>钮茂生（满）</td></tr>
<tr><td>第十一届</td><td>2008.3</td><td>马启智（回）</td><td>2008.3</td><td>杨晶(蒙古)</td><td>2008.3</td><td>田聪明</td></tr>
<tr><td rowspan="2">第十二届</td><td rowspan="2">2013.3</td><td rowspan="2">李景田（满）</td><td>2013.3-2016.3</td><td>王正伟（回）</td><td rowspan="2">2013.3</td><td rowspan="2">朱维群</td></tr>
<tr><td>2016.3</td><td>巴特尔（蒙古）</td></tr>
<tr><td>第十三届</td><td>2018.3</td><td>白春礼（满）</td><td>2018.3</td><td>巴特尔（蒙古）</td><td>2018.3</td><td>王伟光</td></tr>
</table>

注：1．历届人大民委所设为主任委员。

2．政协一至六届设民族组，从第七届起设民族委员会，第八届常委会第十二次会议将民族委员会与宗教委员会合并为民族和宗教委员会。

3．一至四届称中央民委，从第五届起称国家民委；第一届中央民委主任由中央人民政府委员会任命，从第二届起由全国人大或其常委会任命。

中国共产党第十六届至十八届中央委员会少数民族委员、候补委员及中央纪律检查委员会少数民族委员名单

■中国共产党第十六届中央委员会少数民族委员名单(15 人)(按姓氏笔画为序)

马启智(回族)	乌云其木格(女，蒙古族)	石宗源(回族)
白立忱(回族)	司马义·艾买提(维吾尔族)	列确(藏族)
回良玉(回族)	多吉才让(藏族)	李兆焯(壮族)
李德洙(朝鲜族)	杨正午(土家族)	阿不来提·阿不都热西提(维吾尔族)
钮茂生(满族)	热地(藏族)	戴秉国(土家族)

■中国共产党第十六届中央委员会少数民族候补委员名单(20 人)

(按得票多少排序，票数相同的按姓氏笔画为序)

艾斯海提·克里木拜(哈萨克族)	王正伟(回族)	全哲洙(朝鲜族)
黄瑶(布依族)	彭祖意(瑶族)	杨晶(蒙古族)
黄选平(回族)	符桂花(女，黎族)	管国忠(傣族)
石玉珍(女，苗族)	白春礼(满族)	向巴平措(藏族)
李景田(满族)	罗正富(彝族)	李克(壮族)
仁青加(藏族)	司马义·铁力瓦尔地(维吾尔族)	李成玉(回族)
欧泽高(藏族)	王正福(苗族)	

■中国共产党第十六届中央纪律检查委员会少数民族委员名单(7 人)(按姓氏笔画为序)

马子龙(回族)	王正福(苗族)	巴特尔(蒙古族)
司马义·铁力瓦尔地(维吾尔族)	布穷(藏族)	李成玉(回族)
欧泽高(藏族)		

■中国共产党第十七届中央委员会少数民族委员名单(16 人)(按姓氏笔画为序)

王正伟（回族）	乌云其木格(女，蒙古族)	艾斯海提 · 克里木拜（哈萨克族）
石宗源（回族）	白立忱（回族）	司马义 · 铁力瓦尔地（维吾尔族）
列确（藏族）	回良玉（回族）	向巴平措（藏族）
李成玉（回族）	李兆焯（壮族）	李景田（满族）
杨晶（蒙古族）	陆兵（壮族）	阿不来提 · 阿不都热西提（维吾尔族）
戴秉国（土家族）		

■中国共产党第十七届中央委员会少数民族候补委员名单(24 人)

（按得票多少排序，票数相同的按姓氏笔画为序）

符跃兰（女，黎族）	马飚（壮族）	旦科（藏族）
全哲洙（朝鲜族）	罗正富（彝族）	刘慧（女，回族）
余远辉（瑶族）	努尔 · 白克力（维吾尔族）	黄康生（布依族）
刘学普（土家族）	刘振来（回族）	金振吉（朝鲜族）
巴音朝鲁（蒙古族）	刘晓凯（苗族）	咸辉（女，回族）
谌贻琴（女，白族）	白春礼（满族）	多吉（藏族）
李克（壮族）	李康（女，壮族）	武吉海（苗族）
刀林荫（女，傣族）	雷春美（女，畲族）	乌兰（女，蒙古族）

■中国共产党第十七届中央纪律检查委员会少数民族委员名单(8 人)(按姓氏笔画为序)

王正福（苗族）	仁青加（藏族）	巴特尔(蒙古族)
朱明国（黎族）	李汉柏（白族）	欧泽高（藏族）
金道铭（满族）	贺邦靖（女，白族）	

■中国共产党第十八届中央委员会少数民族委员名单(10 人)(按姓氏笔画为序)

马飚（壮族）	王正伟（回族）	巴音朝鲁（蒙古族）
巴特尔（蒙古族）	白玛赤林（藏族）	白春礼（满族）
全哲洙（朝鲜族）	杨晶（蒙古族）	陈求发（苗族）
努尔·白克力（维吾尔族）		

■中国共产党第十八届中央委员会少数民族候补委员名单(29 人)

(按得票多少排序，票数相同的按姓氏笔画为序)

刘晓凯（苗族）	陈志荣（黎族）	金振吉（朝鲜族）
咸辉（女，回族）	马顺清（回族）	朱明国（黎族）
刘学普（土家族）	杨崇勇（满族）	余远辉（瑶族）
陈武（壮族）	陈鸣明（布依族）	赵金（彝族）
赵立雄（白族）	洛桑江村（藏族）	谌贻琴（女，白族）
蓝天立（壮族）	旦科（藏族）	刘慧（女，回族）
夏杰（女，回族）	叶红专（土家族）	尔肯江·吐拉洪（维吾尔族）
李康（女，壮族）	李昌平（藏族）	努尔兰·阿不都满金（哈萨克族）
欧阳坚（白族）	刀林荫（女，傣族）	公保扎西（藏族）
雷春美（女，畲族）	乌兰（女，蒙古族）	

■中国共产党第十八届中央纪律检查委员会少数民族委员名单(4 人)(按姓氏笔画为序)

马勇霞（女，回族）	丹珠昂奔（藏族）	石生龙（满族）
多杰热旦（藏族）		

■中国共产党第十九届中央委员会少数民族委员名单(16 人)(按姓氏笔画为序)

马飚（壮族）	王正伟（回族）	巴音朝鲁（蒙古族）
巴特尔（蒙古族）	艾力更·依明巴海（维吾尔族）	布小林（女，蒙古族）
白春礼（满族）	齐扎拉（藏族）	安兆庆（锡伯族）
陈武（壮族）	陈求发（苗族）	努尔兰·阿不都满金（哈萨克族）
咸辉（女，回族）	洛桑江村（藏族）	雪克来提·扎克尔（维吾尔族）
谌贻琴（女，白族）		

■中国共产党第十九届中央委员会少数民族候补委员名单(22 人)
(按得票多少排序，票数相同的按姓氏笔画为序)

马国强（回族）	曲木史哈（彝族）	刘晓凯（苗族）
严金海（藏族）	李景浩（朝鲜族）	杨宁（女，白族）
肖莺子（女，壮族）	吴强（侗族）	吴胜华（布依族）
罗布顿珠（藏族）	罗红江（傣族）	赵德明（瑶族）
寇伟（白族）	彭金辉（彝族）	蓝天立（壮族）
马顺清（回族）	艾尔肯·吐尼亚孜（维吾尔族）	杨光跃（纳西族）
马廷礼（回族）	乌兰（女，蒙古族）	王莉霞（女，蒙古族）
舒庆（满族）		

■中国共产党第十九届中央纪律检查委员会少数民族委员名单(5 人)(按姓氏笔画为序)

李欣然（满族）	库热西·买合苏提（维吾尔族）	陈雍（满族）
蔡永中（黎族）	廖国勋（土家族）	

中国少数民族文化资料

■中国少数民族语言系属

汉藏语系	藏缅语族	藏语、门巴语、珞巴语、彝语、哈尼语、白语、羌语、傈僳语、纳西语、拉祜语、景颇语、土家语、普米语、怒语、独龙语、阿昌语、基诺语
	壮侗语族	壮语、侗语、布依语、傣语、水语、黎语、毛南语、仫佬语
	苗瑶语族	苗语、瑶语、畲语
	语族未定	仡佬语
阿尔泰语系	突厥语族	维吾尔语、哈萨克语、柯尔克孜语、撒拉语、乌孜别克语、塔塔尔语、裕固(尧乎尔)语
	蒙古语族	蒙古语、达斡尔语、东乡语、土族语、保安语、裕固(恩格尔)语
	通古斯-满语族	满语、鄂温克语、鄂伦春语、锡伯语、赫哲语
	语族未定	朝鲜语
印欧语系	斯拉夫语族	俄罗斯语
	伊朗语族	塔吉克语
南亚语系	孟高棉语族	佤语、德昂语、布朗语
南岛语系	印尼语族	高山语

注：1．京族语的系属尚未确定。

2．回族、满族大部通用汉语(满语只在极少数满族人口中使用)。

■中国各民族文字类型

象形文字	纳西族东巴文
汉字及其变体	汉文、方块壮字、方块侗字、水书、白文。
音节文字	纳西族哥巴文、彝文。
拼音文字	(一)印度字母体系—藏文、傣文。 (二)阿拉伯字母体系—老维吾尔文、老哈萨克文以及乌孜别克文、柯尔克孜文、塔塔尔文。 (三)回鹘文字母体系—蒙古文、“托忒蒙古文”、锡伯文。 (四)朝鲜文字母体系—朝鲜文。 (五)拉丁字母体系—壮文、景颇文、拉祜文、佤文、傈僳文、新维吾尔文、新哈萨克文以及布依、苗、黎、纳西、侗、哈尼各族的文字方案。 (六)斯拉夫字母体系—俄罗斯族的俄文。

■中国各民族名称的罗马字母拼写法

民族	罗马字母拼写法	字母代码	民族	罗马字母拼写法	字母代码
汉族	Han	HA	柯尔克孜族	Kirgiz	KG
蒙古族	M·ng·l	MG	土族	Tu	TU
回族	Hui	HU	达斡尔族	Daur	DU
藏族	Zang	ZA	仫佬族	Mula·	ML
维吾尔族	Uygur	UG	羌族	Qiang	QI
苗族	Mia·	MH	布朗族	Blang	BL
彝族	Yi	YI	撒拉族	Salar	SL
壮族	Zhuang	ZH	毛南族	Ma·nan	MN
布依族	Buyei	BY	仡佬族	Gela·	GL
朝鲜族	Ch·sen	CS	锡伯族	Xibe	XB
满族	Man	MA	阿昌族	Achang	AC
侗族	D·ng	D·	普米族	Pumi	PM
瑶族	Ya·	YA	塔吉克族	Tajik	TA
白族	Bai	BA	怒族	Nu	NU
土家族	Tujia	TJ	乌孜别克族	Uzbek	UZ
哈尼族	Hani	HN	俄罗斯族	Russ	RS
哈萨克族	Kazak	KZ	鄂温克族	Ewenki	EW
傣族	Dai	DA	德昂族	Deang	DE
黎族	Li	LI	保安族	B·nan	BN
傈僳族	Lisu	LS	裕固族	Yugur	YG
佤族	Va	VA	京族	Gin	GI
畲族	She	SH	塔塔尔族	Tatar	TT
高山族	Ga·shan	GS	独龙族	Derung	DR
拉祜族	Lahu	LH	鄂伦春族	·r·qen	·R
水族	Sui	SU	赫哲族	Hezhen	HZ
东乡族	D·ngxiang	DX	门巴族	M·nba	MB
纳西族	Naxi	NX	珞巴族	Lh·ba	LB
景颇族	Jingp·	JP	基诺族	Jin·	JN

■中国少数民族主要节日

民族	主要节日	时间	民族	主要节日	时间
阿昌族	火把节	农历六月二十五日	京　族	哈　节	农历正月二十五（江龙）
	会街节	农历九月初十	德昂族	泼水节	农历四月十五日
	泼水节	农历二月二十九日	东乡族	圣纪节	伊斯兰教历三月十二日
	撒　神	农历七月初一		开斋节	伊斯兰教历九月三十日
	尝新节	农历八月十五日		古尔邦节	伊斯兰教历十二月十日
白　族	三月街	农历三月十五日	侗　族	芦笙节	农历六月至九月
	火把节	农历六月二十四日		侗　　年	农历十一月十九日
	渔潭会	农历八月十五日		斗牛节	农历二月
保安族	圣纪节	伊斯兰教历三月十二日		吃新节	农历六月至七月
	开斋节	伊斯兰教历九月三十日	独龙族	卡雀哇	农历十月中下旬
	古尔邦节	伊斯兰教历十二月十日	俄罗斯族	复活节	公历三、四月
布朗族	开门节	傣历十二月十五日	鄂伦春族	春节	农历正月初一
	关门节	傣历九月十五日	鄂温克族	米阔鲁节	农历五月二十二日
	泼火节	农历二月十九日	高山族	新年祭	农历十二月
布依族	六月六	农历六月初六	仡佬族	灯杆节	农历正月初一
	三月三	农历三月初三		仡佬节	农历三月初三
	四月八	农历四月初八		尝新节	农历六、七月
朝鲜族	元　日	农历正月初一	拉祜族	库扎节	傣历三月
	上元节	农历正月初五		火把节	农历六月二十四日
	寒食节	农历四月初五		尝新节	傣历十二月
	端　午	农历五月初五	黎族	三月三	农历三月初三
哈尼族	十月节	农历十月初一	傈僳族	收获节	农历九月
	六月节	农历六月二十四日		澡塘节	农历正月初三
哈萨克族	圣纪节	伊斯兰教历三月十二日		过年节	农历正月初一
	开斋节	伊斯兰教历九月三十日		刀杆节	农历二月初八
	古尔邦节	伊斯兰教历十二月十日	珞巴族	旭独龙节	藏历二月
赫哲族	赫哲年	农历正月初一		隆德节	藏历四月
回　族	圣纪节	伊斯兰教历三月十二日	满　族	颁金节	阴历十一月十三日
	开斋节	伊斯兰教历九月三十日		庙　　会	农历四月
	古尔邦节	伊斯兰教历十二月十日	景颇族	目脑节	农历正月十五日
基诺族	打铁节	农历一月	柯尔克孜族	圣纪节	伊斯兰教历三月十二日
	火把节	农历六月		开斋节	伊斯兰教历九月三十日
京　族	哈　节	农历六月初十（万尾、巫头）		古尔邦节	伊斯兰教历十二月十日
		农历八月初十（山心岛）		诺劳孜	农历正月初一

续表

民族	主要节日	时间
达斡尔族	春节(阿涅)	农历正月初一
傣族	泼水节	傣历六月六日
	开门节	傣历十二月十五日
	关门节	傣历九月十五日
苗族	龙船节	农历五月二十四日
	吃新节	农历六月初六
	赶秋节	农历九月
仫佬族	依饭节	农历十月
	后生节	农历正月或七月
纳西族	正月农具会	农历正月二十日
	三月龙王庙会	农历三月十五日
	七月骡马会	农历七月十五日
怒族	鲜花节	农历三月十五日
普米族	大过年	农历正月初七
	大十五节	农历十二月十五日
	尝新节	农历九月
	转山节	农历七月十五日
土家族	过赶节	农历十二月二十九日
	祈禳节	农历正月初三
	牛王会	农历八月初八
土族	擂台会	农历二月初二
	火神节	农历正月二十九日
	端阳	农历五月初五
佤族	火把节	农历六月二十四日
	播种节	农历三月十五日
	新米节	农历七、八月
维吾尔族	古尔邦节	伊斯兰教历十二月十日
	开斋节	伊斯兰教历九月三十日
	努鲁斯节	伊斯兰教历八月十四日
乌孜别克族	古尔邦节	伊斯兰教历十二月十日
	开斋节	伊斯兰教历九月三十日
	圣纪节	伊斯兰教历三月十二日
锡伯族	春节	农历十二月二十三日至次年正月初二
毛南族	庙节	农历五月
	南瓜节	农历九月初九

民族	主要节日	时间
蒙古族	蒙古族新年	农历正月初一
	那达慕大会	农历七～八月
苗族	苗年节	农历十月初五
	四月八	农历四月初八
门巴族	藏历年	藏历正月初一
	望果节	藏历八月间
羌族	羌族大年	农历正月初一
	青苗会	农历三月十二日
	端午节	农历五月初五日
撒拉族	开斋节	伊斯兰教历九月三十日
	圣纪节	伊斯兰教历三月十二日
	古尔邦节	伊斯兰教历十二月十日
畲族	分龙节	农历五月十五日
水族	借额节	农历九月
	卯节	农历五、六月
塔吉克族	古尔邦节	伊斯兰教历十二月十日
	迄脱迄迪尔爱脱节	农历三月间
	肉孜节	伊斯兰教历九月三十日
塔塔尔族	古尔邦节	伊斯兰教历十二月十日
	开斋节	伊斯兰教历九月三十日
	圣纪节	伊斯兰教历三月十二日
瑶族	盘王节	农历十月十六日
	尝新节	农历八、九月
	歌节	农历三月初三
彝族	二月八	农历二月初八
	送年节	农历三月初七
裕固族	春节	农历正月初五
	端午节	农历五月初五
	中秋节	农历八月十五
藏族	藏历年	藏历正月初一
	望果节	藏历八月间
	雪顿节	藏历七月一日
壮族	三月三	农历三月初三
	中元节	农历七月十四日

■民族自治地方全国重点文物保护单位

（截至 2018 年）

地　区	数量	名　称	时　代	地　址
（一）古遗址：222 处				
内蒙古自治区	70	辽上京遗址	辽	巴林左旗
		辽中京遗址	辽	宁城县
		大窑遗址	旧石器时代	呼和浩特市
		居延遗址	汉	额济纳旗
		嘎仙洞遗址	北魏	鄂伦春自治旗
		元上都遗址	元	正蓝旗
		兴隆洼遗址	新石器时代	敖汉旗
		大甸子遗址	青铜时代	敖汉旗
		固阳秦长城遗址	秦	固阳县
		缸瓦窑遗址	辽	赤峰市
		敖伦苏木城遗址	元	达尔罕茂明安联合旗
		萨拉乌苏遗址	旧石器时代	乌审旗
		岱海遗址群	新石器时代	凉城县
		庙子沟遗址	新石器时代	察哈尔右翼前旗
		架子山遗址群	青铜时代	喀喇沁旗
		大井古铜矿遗址	青铜时代	林西县
		城子山遗址	青铜时代	敖汉旗
		和林格尔土城子遗址	汉至唐	和林格尔县
		黑山头城址	金、元	额尔古纳市
		金界壕遗址	金	呼伦贝尔盟、兴安盟、通辽市、赤峰市、乌兰察布盟、包头市
		应昌路故城遗址	元	克什克腾旗
		黑城遗址	西夏至元	额济纳旗
		阿善遗址	新石器时代	包头市
		赵宝沟遗址	新石器时代	敖汉旗
		红山遗址群	新石器时代至青铜时代	赤峰市
		夏家店遗址群	新石器时代至战国	赤峰市
		朱开沟遗址	新石器时代至商	伊金霍洛旗
		秦直道遗址	秦	鄂尔多斯市
		麻池城遗址和召湾墓群	汉	包头市
		黑城城址	汉	宁城县
		朔方郡故城	汉	磴口市、巴彦淖尔市
		霍洛柴登城址	汉	杭锦旗
		克里孟城址	汉至南北朝	察哈尔右翼后旗
		沃野镇故城	汉至南北朝	乌拉特前旗
		白灵淖尔城址	南北朝	固阳县
		十二连城城址	隋至唐	准格尔旗
		城川城址	唐	鄂托克前旗
		查干浩特城址	辽至明	阿鲁科尔沁旗

续表 1

地　区	数量	名　称	时　代	地　址
内蒙古自治区		安答堡子城址	金至元	达尔罕茂明安联合旗
		净州路故城	金至元	四子王旗
		砂井路总管府故城	元	四子王旗
		巴彦乌拉城址	元	鄂温克族自治旗
		蘑菇山北遗址	旧石器时代	内蒙古自治区呼伦贝尔市满洲里市
		金斯太洞穴遗址	旧石器时代、商	内蒙古自治区锡林郭勒盟东乌珠穆沁旗
		辉河水坝遗址	新石器时代	内蒙古自治区呼伦贝尔市鄂温克族自治旗
		哈克遗址	新石器时代	内蒙古自治区呼伦贝尔市海拉尔区
		白音长汗遗址	新石器时代	内蒙古自治区赤峰市林西县
		兴隆沟遗址	新石器时代	内蒙古自治区赤峰市敖汉旗
		魏家窝铺遗址	新石器时代	内蒙古自治区赤峰市红山区
		富河沟门遗址	新石器时代	内蒙古自治区赤峰市巴林左旗
		寨子圪旦遗址	新石器时代	内蒙古自治区鄂尔多斯市准格尔旗
		草帽山遗址	新石器时代	内蒙古自治区赤峰市敖汉旗
		马架子遗址	新石器时代、夏、商、周	内蒙古自治区赤峰市喀喇沁旗
		三座店石城遗址	夏至商	内蒙古自治区赤峰市松山区
		二道井子遗址	夏至商	内蒙古自治区赤峰市红山区
		太平庄遗址群	夏至商	内蒙古自治区赤峰市松山区
		尹家店山城遗址	夏至商	内蒙古自治区赤峰市松山区
		南山根遗址	周	内蒙古自治区赤峰市宁城县
		奈曼土城子城址	战国至秦汉	内蒙古自治区通辽市奈曼旗
		云中郡故城	战国至隋唐	内蒙古自治区呼和浩特市托克托县
		浩特陶海城址	辽	内蒙古自治区呼伦贝尔市陈巴尔虎旗
		灵安州遗址	辽	内蒙古自治区通辽市库伦旗
		豫州城遗址及墓地	辽	内蒙古自治区通辽市扎鲁特旗
		韩州城遗址	辽	内蒙古自治区通辽市科尔沁左翼后旗
		饶州故城址	辽	内蒙古自治区赤峰市林西县
		武安州遗址	辽、金、元	内蒙古自治区赤峰市敖汉旗
		宁昌路遗址	辽、金、元	内蒙古自治区赤峰市敖汉旗
		吐列毛杜古城遗址	金	内蒙古自治区兴安盟科尔沁右翼中旗
		四郎城古城	金、元、明	内蒙古自治区锡林郭勒盟正蓝旗
		燕家梁遗址	元	内蒙古自治区包头市九原区
		新忽热古城址	元、明	内蒙古自治区巴彦淖尔市乌拉特中旗

续表 2

地　区	数量	名　称	时　代	地　　址
辽宁省	8	查海遗址	新石器时代	阜新蒙古族自治县
		庙后山遗址	旧石器时代	本溪满族自治县
		永陵南城址	汉至魏晋	辽宁省抚顺市新宾满族自治县
		高俭地山城	汉至唐	辽宁省本溪市桓仁满族自治县
		下古城子城址	汉至唐	辽宁省本溪市桓仁满族自治县
		赫图阿拉故城	明	新宾满族自治县
		五女山山城	高句丽（公元前 37–668 年）	桓仁满族自治县
		东山嘴遗址	新石器时代	喀左自治县
		金牛山遗址	旧石器时代	营口县
		姜女石遗址	秦 汉	绥中县
		凤凰山山城	高句丽（公元前 37–668 年）	凤城市
		海城仙人洞遗址	旧石器时代	海城市
		新乐遗址	新石器时代	沈阳市
		高台山遗址	新石器时代	新民市
		石台子山城	汉至唐	沈阳市
		牛河梁遗址	新石器时代	凌源县、建平县
吉林省	9	渤海中京城遗址	渤海（公元 698–926 年）	和龙市
		八连城遗址	唐、五代	珲春市
		塔虎城	辽、金	前郭尔罗斯蒙古族自治县
		百草沟遗址	战国至晋	汪清县
		城山子山城	唐	敦化市
		磨盘村山城	唐至金	图们市
		石人沟遗址	旧石器时代	吉林省延边朝鲜族自治州和龙市
		萨其城址	唐	吉林省延边朝鲜族自治州珲春市
		温特赫部城址与裴优城址	唐、金	吉林省延边朝鲜族自治州珲春市
湖北省	9	建始直立人遗址	旧石器时代	建始县
		施州城址	宋	恩施市
		唐崖土司城址	元至清	咸丰县
		容美土司遗	明至清	鹤峰县
		长阳人遗址	旧石器时代	湖北省宜昌市长阳土家族自治县
		不二门遗址	商、周	湖南省湘西土家族苗族自治州永顺县
		魏家寨古城遗址	汉	湖南省湘西土家族苗族自治州保靖县
		里耶大板遗址与墓群	汉	湖南省湘西土家族苗族自治州龙山县
		四方城遗址	战国至汉	湖南省湘西土家族苗族自治州保靖县

续表 3

地　区	数量	名　称	时　代	地　址
湖南省	1	老司城遗址	五代至清	永顺县
广西壮族自治区	16	百谷和高岭坡遗址	旧石器时代	百色市、田东县
		甑皮岩遗址	新石器时代	桂林市
		顶蛳山遗址	新石器时代	邕宁县
		白莲洞遗址	旧石器至新石器时代	柳州市
		鲤鱼嘴遗址	旧石器至新石器时代	柳州市
		感驮岩遗址	新石器时代至战国	那坡县
		秦城遗址	秦至晋	兴安县
		智城城址	唐	上林县
		柳城巨猿洞	旧石器时代	广西壮族自治区柳州市柳城县
		布兵盆地洞穴遗址群	旧石器时代	广西壮族自治区百色市田东县
		那赖遗址	旧石器时代	广西壮族自治区百色市田阳县
		晓锦遗址	新石器时代	广西壮族自治区桂林市资源县
		大浪古城遗址	汉	广西壮族自治区北海市合浦县
		草鞋村遗址	汉	广西壮族自治区北海市合浦县
		越州故城	南朝	广西壮族自治区钦州市浦北县
		中和窑址	宋	广西壮族自治区梧州市藤县
海南省	1	信冲洞遗址	旧石器时代	海南省昌江黎族自治县
重庆市	1	重庆冶锌遗址群	明至清	重庆市丰都县、石柱土家族自治县
四川省	5	营盘山和姜维城遗址	新石器时代	茂县、汶川县
		大洋堆遗址	周至战国	西昌市
		哈休遗址	新石器时代	四川省阿坝藏族羌族自治州马尔康县
		罕额依新石器时代文化遗址和汉代石棺葬墓群	新石器时代、汉	四川省甘孜藏族自治州丹巴县
		永平堡古城	明	四川省绵阳市北川羌族自治县
贵州省	2	龙广观音洞遗址	旧石器时代至新石器时代	贵州省黔西南布依族苗族自治州安龙县
		普安铜鼓山遗址	战国至西汉	贵州省黔西南布依族苗族自治州普安县
云南省	11	太和城遗址	南诏（公元 649—902 年）	大理白族自治州大理市
		元谋猿人遗址	旧石器时代	元谋县
		腊玛古猿化石地点		禄丰县
		石佛洞遗址	新石器时代	耿马傣族佤族自治县
		白羊村遗址	新石器时代	宾川县
		山龙山于图山城址	唐	巍山彝族回族自治县
		元谋古猿化石地点	旧石器时代	云南省楚雄彝族自治州元谋县
		玉水坪遗址	旧石器时代至新石器时代	云南省怒江傈僳族自治州兰坪白族普米族自治县

续表 4

地　区	数量	名　称	时　代	地　　址
云南省		大墩子遗址	新石器时代	云南省楚雄彝族自治州元谋县
		海门口遗址	新石器时代至夏、商、周	云南省大理白族自治州剑川县
		银梭岛遗址	新石器时代至商	云南省大理白族自治州大理市
西藏自治区	5	古格王国遗址	约为公元十世纪前后	扎达县
		卡若遗址	新石器时代	昌都县
		拉加里王宫遗址	13 世纪至 18 世纪	曲松县
		小恩达遗址	新石器时代	西藏自治区昌都地区昌都县
		皮央和东嘎遗址	宋至明	西藏自治区阿里地区札达县
甘肃省	13	齐家坪遗址	新石器时代	广河县
		林家湾遗址	新石器时代	东乡县
		八角城城址	唐至明	夏河县
		半山遗址	新石器时代	甘肃省临夏回族自治州广河县
		然闹遗址	新石器时代	甘肃省甘南藏族自治州迭部县
		磨沟遗址（含墓群）	新石器时代至商	甘肃省甘南藏族自治州临潭县
		新庄坪遗址	新石器时代至商	甘肃省临夏回族自治州积石山保安族东乡族撒拉族自治县
		边家林遗址	新石器时代至商	甘肃省临夏回族自治州康乐县
		马家塬遗址	新石器时代、战国	甘肃省天水市张家川回族自治县
		草沟井城址	汉至明	甘肃省张掖市肃南裕固族自治县
青海省	8	马厂塬(yuán)遗址	新石器时代	民和回族土族自治县
		西海郡故城遗址	汉至南北朝	海晏县
		喇家遗址	新石器时代	民和回族土族自治县
		塔温搭里哈遗址	青铜时代	都兰县
		宗日遗址	新石器时代	青海省海南藏族自治州同德县
		塔里他里哈遗址	商至周	青海省海西蒙古族藏族自治州都兰县
		门源古城	宋	青海省海北藏族自治州门源回族自治县
		贡萨寺旧址与宗喀巴大殿	清	青海省玉树藏族自治州治多县
宁夏回族自治区	14	水洞沟遗址	旧石器时代	灵武县
		开城遗址	元	固原县
		鸽子山遗址	旧石器时代	青铜峡市
		菜园遗址	新石器时代	海原县
		照壁山铜矿遗址	汉	中卫市
		灵武窑址	宋至明	灵武市
		张家场城址	汉	盐池县
		页河子遗址	新石器时代	宁夏回族自治区固原市隆德县
		固原古城遗址	汉至清	宁夏回族自治区固原市原州区

续表 5

地　区	数量	名　称	时　代	地　址
宁夏回族自治区		省嵬城址	宋	宁夏回族自治区石嘴山市惠农区
		七营北嘴城址	宋至明	宁夏回族自治区中卫市海原县
		柳州城址	宋至明	宁夏回族自治区中卫市海原县
		大营城址	宋至明	宁夏回族自治区固原市原州区
		兴武营城址	明	宁夏回族自治区吴忠市盐池县
新疆维吾尔自治区	49	高昌故城	高昌（公元500−640年）	吐鲁番县
		雅尔湖故城	高昌（公元500−640年）	吐鲁番县
		楼兰故城遗址	汉至晋	若羌县
		北庭故城遗址	唐	吉木萨尔县
		尼雅遗址	西汉－西晋	民丰县
		苏巴什佛寺遗址	南北朝－唐	库车县
		奴拉赛铜矿遗址	青铜时代	尼勒克县
		圆沙古城	汉	于田县
		克孜尔尕哈烽燧	汉	库车县
		孔雀河烽燧群	汉至晋	尉犁县
		罗布泊南古城遗址	汉至晋	若羌县
		莫尔寺遗址	汉至唐	疏附县
		托库孜萨来遗址	汉至唐	巴楚县
		米兰遗址	汉至唐	若羌县
		安迪尔古城遗址	汉至唐	民丰县
		石头城遗址	晋至清	塔什库尔干塔吉克自治县
		七个星佛寺遗址	晋至宋	焉耆回族自治县
		热瓦克佛寺遗址	南北朝	洛浦县
		白杨沟佛寺遗址	唐	哈密市
		大河古城	唐	巴里坤县
		乌拉泊古城	唐至元	乌鲁木齐县
		台藏塔遗址	唐至宋	吐鲁番市
		丹丹乌里克遗址	南北朝至唐	策勒县
		麻扎塔格戍堡址	唐	墨玉县
		通古斯巴西城址	唐	新和县
		骆驼石旧石器遗址	旧石器时代	新疆维吾尔自治区塔城地区和布克赛尔蒙古自治县
		岳公台—西黑沟遗址群	春秋至战国	新疆维吾尔自治区哈密地区巴里坤哈萨克自治县
		龟兹故城	西汉至宋	新疆维吾尔自治区阿克苏地区库车县
		石人子沟遗址群	汉	新疆维吾尔自治区哈密地区巴里坤哈萨克自治县
		营盘古城古墓群及古墓群	汉至晋	新疆维吾尔自治区巴音郭楞蒙古自治州尉犁县

续表 6

地　区	数量	名　称	时　代	地　　址
新疆维吾尔自治区		喀拉墩遗址	汉至南北朝	新疆维吾尔自治区和田地区于田县
		乌什喀特古城遗址	汉至唐	新疆维吾尔自治区阿克苏地区新和县
		石城子遗址	东汉	新疆维吾尔自治区昌吉回族自治州奇台县
		达玛沟佛寺遗址	南北朝	新疆维吾尔自治区和田地区策勒县
		克斯勒塔格佛寺遗址	唐	新疆维吾尔自治区阿克苏地区柯坪县
		兰城遗址	唐	新疆维吾尔自治区巴音郭楞蒙古自治州和硕县
		唐王城遗址	唐	新疆维吾尔自治区阿克苏地区库车县
		阿萨古城遗址	唐至宋	新疆维吾尔自治区吐鲁番地区鄯善县
		达勒特古城遗址	唐至元	新疆维吾尔自治区博尔塔拉蒙古自治州博乐市
		唐朝墩古城遗址	唐至元	新疆维吾尔自治区昌吉回族自治州奇台县
		夏塔古城遗址	唐至元	新疆维吾尔自治区伊犁哈萨克自治州昭苏县
		昌吉州境内烽燧群	唐至清	新疆维吾尔自治区昌吉回族自治州木垒哈萨克自治县、奇台县、吉木萨尔县、阜康市、昌吉市、呼图壁县、玛纳斯县
		古代吐鲁番盆地军事防御遗址	唐至清	新疆维吾尔自治区吐鲁番地区吐鲁番市、托克逊县、鄯善县
		哈密境内烽隧遗址	唐至清	新疆维吾尔自治区哈密地区哈密市、巴里坤哈萨克自治县、伊吾县
		柳中古城遗址	唐至清	新疆维吾尔自治区吐鲁番地区鄯善县
		道尔本厄鲁特森木古城遗址	明	新疆维吾尔自治区塔城地区和布克赛尔蒙古自治县
		惠远新、老古城遗址	清	新疆维吾尔自治区伊犁哈萨克自治州霍城县
		阔纳齐兰遗址	清	新疆维吾尔自治区阿克苏地区柯坪县
		伊犁清代卡伦遗址	清	新疆维吾尔自治区伊犁哈萨克自治州霍城县、察布查尔锡伯自治县
（二）石窟寺、石刻及其他：26 处				
内蒙古自治区	2	阴山岩画	新石器至青铜时代	乌拉特前旗、乌拉特后旗、乌拉特中旗、磴口县
		真寂之寺石窟	辽	巴林左旗
湖北省	1	仙佛寺石窟	唐	来凤县
湖南省	2	溪州铜柱	五代	湘西土家族苗族自治州永顺县
		阳华岩摩崖	唐至清	江华瑶族自治县
广西壮族自治区	3	花山岩画	战国至东汉	宁明县
		桂林石刻	唐至清	桂林市
		柳侯祠碑刻	宋至民国	柳州市

续表 7

地　区	数量	名　称	时　代	地　址
四川省	1	博什瓦黑岩画	唐至宋	昭觉县
云南省	4	石钟山石窟	南诏、大理（公元 649-1094 年）	大理白族自治州剑川县
		南诏铁柱	南　诏	弥渡县
		元世祖平云南碑	元	大理市
		沧源崖画	新石器时代	沧源县
甘肃省	3	炳灵寺石窟	北魏至明	临夏县
		马蹄寺石窟群	十六国—清	肃南裕固族自治县
		文殊山石窟	北朝—西夏	肃南裕固族自治县
青海省	1	贝大日如来佛石窟寺和勒巴沟摩崖	唐	玉树县
宁夏回族自治区	2	须弥山石窟	北朝至唐	固原县
		贺兰山岩画	元	贺兰县
新疆维吾尔自治区	7	克孜尔千佛洞	唐至宋	拜城县
		库木吐喇千佛洞	唐至宋	库车县
		柏孜克里克千佛洞	唐至元	吐鲁番县
		森木塞姆千佛洞	晋－宋	库车县
		克孜尔尕哈石窟	北朝至唐	库车县
		平定准噶尔勒铭碑	清	昭苏县
		吐峪沟石窟	南北朝至唐	鄯善县
（三）古墓葬：82 处				
内蒙古自治区	21	辽陵及奉陵邑(含怀凌陵及奉陵)	辽	巴林右旗、巴林左旗
		成吉思汗陵	1954 年迁建	伊金霍洛旗
		宝山、罕苏木墓群	辽	阿鲁科尔沁旗
		扎赉诺尔墓群	汉	满洲里市
		王昭君墓	汉	呼和浩特市
		韩匡嗣家族墓地	辽	巴林左旗
		吐尔基山墓	辽	科尔沁左翼后旗
		萧氏家族墓	辽	奈曼旗
		张应瑞家族墓地	元	翁牛特旗
		南宝力皋吐古墓地	新石器时代	内蒙古自治区通辽市扎鲁特旗
		小黑石沟墓群	西周至战国	内蒙古自治区赤峰市宁城县
		团结墓地	东汉	内蒙古自治区呼伦贝尔市海拉尔区
		和林格尔东汉壁画墓	东汉	内蒙古自治区呼和浩特市和林格尔县
		谢尔塔拉墓地	唐至五代	内蒙古自治区呼伦贝尔市海拉尔区
		奈林稿辽墓群	辽	内蒙古自治区通辽市库伦旗
		耶律祺家族墓	辽	内蒙古自治区赤峰市阿鲁科尔沁旗

续表 8

地　区	数量	名　称	时　代	地　　址
内蒙古自治区	6	耶律琮墓	辽	内蒙古自治区赤峰市喀喇沁旗
		沙日宝特墓群	辽	内蒙古自治区赤峰市阿鲁科尔沁旗
		砧子山古墓群	元	内蒙古自治区锡林郭勒盟多伦县
		恩格尔河墓群	元	内蒙古自治区锡林郭勒盟苏尼特左旗
		和硕端静公主墓	清	内蒙古自治区赤峰市喀喇沁旗
辽宁省	6	永陵	清	新宾满族自治县
		马城子墓地	夏至西周	辽宁省本溪市本溪满族自治县
		望江楼墓地	西汉王东汉	辽宁省本溪市桓仁满族自治县
		雅河流域墓群	汉至唐	辽宁省本溪市桓仁满族自治县
		冯家堡子墓地	汉至唐	辽宁省本溪市桓仁满族自治县
		关山辽墓	辽	辽宁省阜新市阜新蒙古族自治县
吉林省	4	干沟子墓群	战国至西汉	长白朝鲜族自治县
		龙头山古墓群	渤海	和龙市
		六顶山古墓	渤海(公元 698—927 年)	延边朝鲜族自治州敦化市
		鸭绿江上游积石墓群	汉至唐	吉林省白山市浑江区、江源区、临江市、长白朝鲜族自治县
湖南省	1	里耶麦茶战国墓群	战国	湖南省湘西土家族苗族自治州龙山县
广西壮族自治区	2	合浦汉墓群	汉	合浦县
		凤腾山古墓群	清	广西壮族自治区河池市环江毛南族自治县
四川省	1	凉山大石墓群	战国至汉	德昌县、喜德县
贵州省	6	交乐墓群	汉	兴仁县
		务川大坪墓群	汉	贵州省遵义市务川仡佬族苗族自治县
		兴义万屯墓群	东汉	贵州省黔西南布依族苗族自治州兴义市
		惠水仙人桥洞葬	明至清	贵州省黔南布依族苗族自治州惠水县
		黔南水族墓群	明至清	贵州省黔南布依族苗族自治州三都水族自治县、荔波县
		明十八先生墓	清	贵州省黔西南布依族苗族自治州安龙县
云南省	2	万家坝古墓群	明	云南省楚雄彝族自治州楚雄市
		顺荡火葬墓群	明	云南省大理白族自治州云龙县
西藏自治区	4	藏王墓	公元七世纪	穷结县
		烈山墓地	唐	朗县
		吉堆吐蕃墓群	唐	洛扎县
		查木钦墓群	唐	拉孜县
青海省	4	杂涅墓群	唐	青海省玉树藏族自治州玉树县
		玉树古墓群	唐	青海省玉树藏族自治州治多县、玉树县、称多县

续表 9

地　区	数量	名　称	时　代	地　　址
青海省		街子拱北	清	青海省海东地区循化撒拉族自治县
		热水墓群	唐	都兰县
宁夏回族自治区	3	西夏陵	西夏	银川市
		固原北朝隋唐墓地	北朝至唐	宁夏回族自治区固原市原州区
		窨子梁唐墓	唐	宁夏回族自治区吴忠市盐池县
新疆维吾尔自治区	28	小河墓地	公元前2000年—公元前1500年	新疆维吾尔自治区巴音郭楞蒙古自治州若羌县
		阔科克古墓群	青铜时代	新疆维吾尔自治区阿勒泰地区布尔津县
		拜其尔墓地	青铜时代	新疆维吾尔自治区哈密地区伊吾县
		大喀纳斯景区墓葬群	青铜时代至铁器时代	新疆维吾尔自治区阿勒泰地区布尔津县
		赛里木湖古墓群	青铜时代、汉至唐	新疆维吾尔自治区博尔塔拉蒙古自治州博乐市
		阿日夏特科克石围及石堆墓群	春秋至战国	新疆维吾尔自治区博尔塔拉蒙古自治州温泉县
		阿敦乔鲁石棚古墓群及岩画群	春秋至战国	新疆维吾尔自治区博尔塔拉蒙古自治州温泉县
		库车友谊路墓群	晋、十六国	新疆维吾尔自治区阿克苏地区库车县
		小洪纳海石人墓	隋、唐	新疆维吾尔自治区伊犁哈萨克自治州昭苏县
		默拉纳额什丁麻扎	明	新疆维吾尔自治区阿克苏地区库车县
		阿斯塔纳古墓群	晋至唐	吐鲁番市
		阿巴和明麻札	清	喀什市
		三海子墓葬及鹿石	青铜时代	青河县
		焉不拉克古墓群	青铜时代	哈密市
		察乌乎古墓群	青铜时代	和静县
		切木尔切克石人及石棺墓群	青铜时代至汉、魏	阿勒泰市
		扎滚鲁克石墓群	青铜时代至汉、晋	且末县
		山普拉古墓群	汉、晋	洛浦县
		楼兰墓群	新石器时代至晋	若羌县
		五堡墓群	青铜时代	哈密市
		洋海墓群	青铜时代至唐	鄯善县
		阿日夏特石人墓	隋至唐	温泉县
		麻赫穆德·喀什噶里墓	元	疏附县
		速檀·歪思汗麻扎	明	伊宁县
		叶尔羌汗国王陵	明	莎车县
		艾比甫·艾洁木麻扎	清	阿图什市
		哈密回王墓	清至民国	哈密市
		吐虎鲁克·铁木尔汗麻扎	元	霍城县

续表 10

地　区	数量	名　称	时　代	地　　址
（四）古建筑及历史纪念建筑物：127 处				
内蒙古自治区	21	万部华严经塔	辽	呼和浩特市
		金刚座舍利宝塔	清	呼和浩特市
		美岱召	明	土默特右旗
		五当召	清	包头市
		汇宗寺	清	多伦县
		福会寺	清	喀喇沁旗
		喀喇沁亲王府及家庙	清	喀喇沁旗
		和硕恪靖公主府	清	呼和浩特市
		开鲁县佛塔	元	开鲁县
		清水河县长城	明	清水河县
		纳林塔秦国长城遗址	战国	伊金霍洛旗
		锦山龙泉寺	清	喀喇沁旗
		大召	明至清	呼和浩特市
		绥远城墙和将军衙署	清	呼和浩特市
		贝子庙	清	锡林浩特市
		定远营	清	阿拉善左旗
		灵悦寺	清	喀喇沁旗
		诺尔古建筑群	清	多伦县
		库伦三大寺	清	库伦旗
		僧格林沁王府	清	科尔沁左翼后旗
		宝善寺	清	阿鲁科尔沁旗
吉林省	1	灵光塔	唐	长白朝鲜族自治县
浙江省	1	时思寺	元至清	景宁畲族自治县
湖北省	2	鱼木寨	明至清	利川市
		大水井古建筑群	清	利川市
湖南省	4	马田鼓楼	清	通道侗族自治县
		芋头侗寨古建筑群	明、清	通道侗族自治县
		坪坦风雨桥	清	通道侗族自治县
		凤凰古城堡	清	凤凰县
广西壮族自治区	12	经略台真武阁	明	容县
		程阳永济桥	民国	三江县
		灵渠	秦	兴安县
		大士阁	明	合浦县
		莫土司衙署	明、清	忻城县
		靖江王府及王陵	明	桂林市

续表 11

地　区	数量	名　称	时　代	地　　址
广西壮族自治区		岜团桥	清	三江侗族自治县
		临贺故城	汉至清	贺州市
		江头村和长岗岭村古建筑群	明至民国	灵川县
		马殷庙	明至清	富川瑶族自治县
		燕窝楼	明至清	全州县
		恭城古建筑群	明至清	恭城瑶族自治县
四川省	10	卓克基土司官寨	清	马尔康县
		德格印经院	清	德格县
		直波碉楼	清	马尔康县
		松潘古城墙	明	松潘县
		棒托寺	明、清	壤塘县
		丹巴古碉群	唐至清	丹巴县
		措尔机寺	元至清	壤塘县
		日斯满巴碉房	元至明	壤塘县
		松格嘛呢石经城和巴格嘛呢石经墙	明至清	石渠县
		波日桥	清	新龙县
贵州省	9	增冲鼓楼	清	从江县
		青龙洞	清	镇远县
		福泉城墙	明	福泉市
		郎德上寨古建筑群	明、清	雷山县
		地坪风雨桥	清	黎平县
		寨英村古建筑群	明至清	松桃苗族自治县
		飞云崖古建筑群	明至清	黄平县
		旧州古建筑群	明至清	黄平县
		葛镜桥	明	福泉市
云南省	22	崇圣寺三塔	唐、五代	大理白族自治州大理市
		广允缅寺	清	沧源佤族自治县
		景真八角亭	清	勐海县
		曼飞龙塔	清	景洪市
		大宝积宫与琉璃殿	明	玉龙纳西族自治县
		中心镇公堂	清	香格里拉县
		喜洲白族古建筑群	明、清	大理市
		建水文庙	明、清	建水县
		水目寺塔	唐至明	祥云县
		佛图寺塔	唐	大理市
		大姚白塔	唐	大姚县

续表 12

地　区	数量	名　称	时　代	地　　址
云南省		指林寺大殿	元至清	建水县
		宝山石头城	元	玉龙纳西族自治县
		州城文庙和武庙	明至清	宾川县
		龙华寺	明至清	姚安县
		朝阳楼	明	建水县
		西门街古建筑群	明	剑川县
		沙溪兴教寺	明至民国	剑川县
		孟连宣抚司署	清	孟连傣族拉祜族佤族自治县
		曼短佛寺	清	勐海县
		双龙桥	清	建水县
		长春洞	清	巍山彝族回族自治县
		寿国寺	清	维西傈僳族自治县
西藏自治区	27	大昭寺		拉萨市
		昌珠寺		乃东县
		萨迦寺	元	萨迦县
		布达拉宫	明至民国	拉萨市
		噶丹寺	明初至清	拉萨市
		扎什伦布寺	明初至清	日喀则县
		哲蚌寺	明	拉萨市
		色拉寺	明	拉萨市
		罗布林卡	清	拉萨市
		夏鲁寺	元至清	日喀则市
		桑耶寺	789—799 年	扎囊县
		托林寺	宋	扎达县
		扎塘寺	1081—1093 年	扎囊县
		白居寺	明	江孜县
		朗色林庄园	明	扎囊县
		曲德寺、卓玛拉康	公元 10 世纪、公元 1274 年	吉隆县（大唐天竺使出铭公元 658 年）
		色喀古托寺	公元 1080 年	洛扎县
		科迦寺	公元 996 年	普兰县
		小昭寺	公元 641 年	拉萨市
		吉如拉康	唐至清	乃东县
		松卡石塔	唐	扎囊县
		聂塘卓玛拉康	宋	曲水县
		敏竹林寺	明	扎囊县
		查杰玛大殿	元至清	昌都地区

续表 13

地　区	数量	名　称	时　代	地　址
西藏自治区		平措林寺	明	拉孜县
		邦纳寺	明	索县
		康松桑卡林	清	扎囊县
甘肃省	1	拉卜楞寺	清	夏河县
青海省	5	隆务寺	明、清	同仁县
		贵德文庙及玉皇阁	明、清	贵德县
		藏娘佛塔及桑周寺	北宋至清	玉树县
		格萨尔三十大将军灵塔和达那寺	宋、元	囊谦县
		却藏寺	清	互助土族自治县
宁夏回族自治区	7	海宝塔	清	银川市
		同心清真大寺	清	同心县
		拜寺口双塔	西夏	贺兰县
		一百零八塔	元	青铜峡市
		承天寺塔	清	银川市
		董府	清	吴忠市
		宁夏秦长城遗址	战国	彭阳县、西吉县、固原县
新疆维吾尔自治区	5	苏公塔	清	吐鲁番市
		伊犁将军府	清	伊宁市
		昭苏圣佑庙	清	昭苏县
		艾提尕尔清真寺	明	喀什市
		靖远寺	明	察布查尔锡伯自治县
（五）革命遗址、革命纪念建筑物及近现代重要史迹和代表性建筑：55 处				
内蒙古自治区	5	乌兰夫故居	清至民国	土默特左旗
		成吉思汗庙	民国	乌兰浩特市
		“独贵龙”运动旧址	1919−1921 年	乌审旗
		百灵庙起义旧址	1936 年	达尔罕茂明安联合旗
		内蒙古自治政府成立大会会址	1947 年	乌兰浩特市
湖北省	1	五里坪革命旧址	1929−1933 年	鹤峰县
湖南省	3	沈从文故居	清	凤凰县
		湘鄂川黔革命根据地旧址	1934−1935 年	张家界市、永顺县、龙山县
		抗日胜利芷江洽降旧址	1945 年	芷江侗族自治县
广西壮族自治区	18	金田起义地址	1851 年	桂平县金田村
		中国工农红军第七军、第八军军部旧址	1929−1930 年	百色市、龙州县
		李宗仁故居(包括李宗仁府邸)	1921−1948 年	临桂县、桂林市
		李济深故居	民国	苍梧县

续表 14

地 区	数量	名 称	时 代	地 址
广西壮族自治区	18	右江工农民主政府旧址	1929 年	田东县
		八路军桂林办事处旧址	1938 年	桂林市
		北海近代建筑	近代	北海市
		刘永福、冯子材旧居建筑群	清	钦州市
		连城要塞遗址和友谊关	明至清	北海市、防城港市、宁明县、凭祥市、龙州县、大新县、靖西县、那坡县
		容县近代建筑	清至民国	容县
		太平天国永安活动旧址	1851 年	蒙山县
		马胖鼓楼	民国	三江侗族自治县
		梧州中山纪念堂	民国	梧州市
		广西农民运动讲习所旧址	1925 年	东兰县
		红军标语楼	1930 年	河池市
		湘江战役旧址	1934 年	兴安县、全州县、灌阳县
		昆仑关战役旧址	1939–1940 年	南宁市、宾阳县、柳州市
		胡志明旧居	1942–1954 年	柳州市
海南省	1	陵水县苏维埃政府 旧址	1927–1928 年	陵水黎族自治县
重庆市	1	赵世炎故居	1904–1914 年	酉阳自治县
四川省	3	泸定桥	1935 年	甘孜藏族自治州泸定县
		阿坝红军长征遗迹	1935 年	小金县、黑水县、松潘县、若尔盖县、茂县、红原县
		白利寺	1936–1950 年	甘孜藏族自治州泸定县
贵州省	4	黔东特区革命委员会旧址	1934 年	沿河土家族自治县、德江县、印江土家族苗族自治县
		黎平会议会址	1934 年	黎平县
		“二十四道拐”抗战公路	1936 年	晴隆县
		和平村旧址	1941–1944 年	镇远县
云南省	10	纳楼长官司署	清	建水县
		南甸宣抚司署	清、民国	梁河县
		五家寨铁路桥	清	屏边苗族自治县
		茨中教堂	清	德钦县
		蒙自海关旧址	清至民国	蒙自县
		鸡街火车站	民国	个旧市
		企鹤楼	民国	石屏县
		陈氏宗祠	民国	石屏县
		允燕塔	民国	盈江县
		民族团结誓词碑	1951 年	普洱哈尼族彝族自治县
西藏自治区	1	江孜宗山抗英遗址	1904 年	江孜县

续表 15

地　区	数量	名　称	时　代	地　　址
甘肃省	1	俄界会议旧址	1935 年	迭部县
青海省	3	第一个核武器研制基地旧址	1957–1995 年	海晏县
		新寨嘉那嘛呢	清	玉树县
		循化西路红军革命旧址	1939–1946 年	循化撒拉族自治县
宁夏回族自治区	1	将台堡革命旧址	1936 年	西吉县
新疆维吾尔自治区	3	坎尔井地下水利工程	清	吐鲁番市
		塔城红楼	清至民国	塔城市
		三区革命政府政治文化活动中心旧址	民国	伊宁市

■民族自治地方全国历史文化名城

（截至 2018 年）

河北省	承德市
内蒙古自治区	呼和浩特市
湖南省	凤凰县
广西壮族自治区	桂林市、柳州市、北海市
四川省	会理县
贵州省	遵义市、镇远县
云南省	昆明市、大理市、丽江市、巍山彝族回族自治县、建水县
西藏自治区	拉萨市、日喀则市、江孜县
甘肃省	天水市、张掖市
青海省	同仁县
宁夏回族自治区	银川市
新疆维吾尔自治区	喀什市、吐鲁番市、库车县、伊宁市、特克斯县

■民族自治地方中国历史文化名镇

（截至 2018 年）

内蒙古自治区	牙克石市博克图镇
	正蓝旗上都镇
	科尔沁左翼中旗花吐古拉镇
	敖汉旗四家子镇
	科尔沁左翼后旗吉尔嘎朗镇
	开鲁县开鲁镇
辽宁省	新宾满族自治县永陵镇
浙江省	景宁畲族自治县鹤溪镇
湖北省	宣恩县椒园镇
湖南省	龙山县里耶镇
	永顺县芙蓉镇
	泸溪县浦市镇
	花垣县边城镇
广西壮族自治区	昭平县黄姚镇
	灵川县大圩镇
	阳朔县福利镇
	阳朔县兴坪镇
	兴安县界首镇
	恭城瑶族自治县恭城镇
	贺州市八步区贺街镇
	鹿寨县中渡镇
	防城港市防城区那良镇
重庆市	石柱县西沱镇
	酉阳土家族苗族自治县龙潭镇
贵州省	黄平县旧州镇
	雷山县西江镇
	松桃苗族自治县寨英镇
云南省	禄丰县黑井镇
	剑川县沙溪镇
	孟连县娜允镇
	宾川县州城镇
	洱源县凤羽镇
	蒙自县新安所镇
西藏自治区	乃东县昌珠镇
	日喀则市萨迦镇
	定结县陈塘镇
	贡嘎县杰德秀镇
	札达县托林镇
甘肃省	临潭县新城镇
青海省	循化撒拉族自治县街子镇
新疆维吾尔自治区	鄯善县鲁克沁镇
	霍城县惠远镇
	富蕴县可可托海镇

■民族自治地方中国历史文化名村

(截至 2018 年)

内蒙古自治区	土默特右旗美岱召镇美岱召村
	包头市石拐区五当召镇五当召村
吉林省	图们市月晴镇白龙村
湖北省	恩施市崔家坝镇滚龙坝村
	恩施市宣恩县沙道沟镇两河口村
	宣恩县沙道沟镇两河口村
	宣恩县椒园镇庆阳坝村
	利川市谋道镇鱼木村
湖南省	祁阳县潘市镇龙溪村
	龙山县苗儿滩镇捞车村
	通道侗族自治县坪坦乡坪坦村
	通道侗族自治县双江镇芋头村
	永顺县灵溪镇老司城村
广东省	连南瑶族自治县三排镇南岗古排村
广西壮族自治区	富川瑶族自治县朝东镇秀水村
	灵山县佛子镇大芦村
	南宁市江南区江西镇扬美村
	玉林市玉州区城北街道办事处高山村
	富川瑶族自治县朝东镇福溪村
	灌阳县文市镇月岭村
	灵川县青狮潭镇江头村
	兴安县漠川乡榜上村
	阳朔县白沙镇旧县村
	南宁市江南区江西镇同江村
	宾阳县古辣镇蔡村
	阳朔县高田镇朗梓村
	岑溪市筋竹镇云龙村
	灵山县新圩镇萍塘村
	玉林市福绵区新桥镇大楼村
	玉林市玉州区南江街道岭塘村
	陆川县平乐镇长旺村
	兴业县石南镇庞村
	兴业县石南镇谭良村
	兴业县葵阳镇榜山村
	兴业县龙安镇龙安村
	贺州市平桂区沙田镇龙井村
	富川瑶族自治县古城镇秀山村
	钟山县回龙镇龙道村
	钟山县公安镇荷塘村
	钟山县公安镇大田村
	钟山县清塘镇英家村
	钟山县燕塘镇玉坡村
	天峨县三堡乡三堡村
四川省	丹巴县梭坡乡莫洛村

续表

贵州省	锦屏县隆里乡隆里村
	黎平县肇兴乡肇兴寨村
	从江县往洞乡增冲村
	三都县都江镇怎雷村
	雷山县郎德镇上郎德村
	务川县大坪镇龙潭村
	从江县丙妹镇岜沙村
	黎平县茅贡乡地扪村
	榕江县栽麻乡大利村
	务川仡佬族苗族自治县大坪镇龙潭村
云南省	云龙县诺邓镇诺邓村
	石屏县宝秀镇郑营村
	巍山县永建镇东莲花村
	祥云县云南驿镇云南驿村
	弥渡县密祉乡文盛街村
	永平县博南镇曲硐村
西藏自治区	吉隆县吉隆镇帮兴村
	尼木县吞巴乡吞达村
	工布江达县错高乡错高村
	普兰县普兰镇科迦村
青海省	同仁县年都乎乡郭麻日村
	玉树县仲达乡电达村
	循化撒拉族自治县清水乡大庄村
	玉树县安冲乡拉则村
	班玛县灯塔乡班前村
宁夏回族自治区	中卫市香山乡南长滩村
新疆维吾尔自治区	鄯善县吐峪沟乡麻扎村
	哈密市回城乡阿勒屯村
	哈密市五堡乡博斯坦村
	特克斯县喀拉达拉乡琼库什台村

中国少数民族文学、少数民族题材作品“骏马奖”资料

■历届全国少数民族文学“骏马奖”获奖作品

	第一届	第二届	第三届	第四届	第五届	第六届	第七届	第八届	第九届	第十届	第十一届
长篇小说	7	4	6	6	8	7	7	5	5	5	5
中、短篇小说集(中、短篇小说)	29	51	14	28	14	15	17	6	5	5	5
诗歌集(诗集、长诗、短诗)	59	33	10	25	13	14	10	5	7	5	5
散文、报告文学集(散文、报告文学)	17	12	5	11	10	12	12	10	8	10	9
评论集(评论)		6	1	4	4	4	4	5	5		
儿童文学集(儿童文学)	8		3	3	1	4	2				
电影文学	4										
剧　本	5										
翻译奖(人)		8	4	6	3	6	4	1	4	4	3
新人新作			18	16	10						
特别奖			22			1					
荣誉奖	11	13									
人口较少民族特别奖									5		
合　计	140	127	83	99	63	63	56	32	39	29	27

■历届全国少数民族题材电视“骏马奖”评奖活动

届数	时间	地点	主办单位	协办单位	承办单位
第一届	1986 年	呼和浩特	国家民委　文化部　中国文联　中国视协		内蒙古自治区广电厅、民委、视协
第二届	1988 年	昆明	国家民委　文化部　中国文联　中国视协		云南省广电厅、民委、视协
第三届	1990 年	乌鲁木齐	国家民委　文化部　中国文联　中国视协		新疆维吾尔自治区广电厅、民委、视协
第四届	1992 年	南宁	国家民委　广电部　文化部　中国文联	中国视协	广西壮族自治区广电厅、民委、视协
第五届	1994 年	成都	国家民委　广电部　文化部　中国文联	中国视协	四川省广电厅、民委、视协
第六届	1996 年	北京	国家民委　广电部　文化部　中国文联	中国视协	国家民委文化宣传司
第七届	1998 年	广州	国家民委　广电部　文化部　中国文联	中国视协	广州市广电局广州电视台、广东省民委
第八届	2000 年	北京	国家民委　广电部　文化部　中国文联	中国视协	北京电视台
第九届	2002 年	济南	国家民委　广电部　文化部　中国文联	中国视协	山东省民委、广电局、文化厅、文联承办、山东电视综艺频道具体承办
第十届	2004 年	呼和浩特	国家民委　广电部　文化部　中国文联	中国视协	内蒙古自治区民委、广电厅、文化厅、文联承办

■历届全国少数民族题材电视“骏马奖”获奖作品

（单位：部）

	第一届	第二届	第三届	第四届	第五届	第六届	第七届	第八届	第九届	总计
北京			1			3	1	4	6	15
天津					1	1				2
河北				2	1		1	2	1	7
山西	1		1					1		3
吉林	1	4	5	4	4	4	4	5	5	36
内蒙古	2	3	11	5	10	7	14	14	14	80
辽宁	1				1	2				4
吉林	1	4	5	4	4	4	4	5	5	36
黑龙江	1			1	2	2	2	3	5	16
上海			1	1	1		3	4	1	11
江苏				1		1			2	4
浙江		1	1							2
安徽				1					1	2
福建					1	1		1	1	4
江西										
山东				1	1	2	2	6	17	29
河南										
湖北			2	4	1	1	2	3	4	17
湖南		2	3	3	3	5	3	4	4	27
广东			1	1	1	2	1	1		7
广西	1	2	7	17	4	3	2	9	11	56
海南				1		1		2		4
重庆										
四川		1	2	2	15	2	3	2	5	32
贵州	2	1	1	3			2	3	3	15
云南	2	5	4	4	3	7	10	14	16	65
西藏	1	1	4	4	4	4	5	2		25
陕西	1		1							2
甘肃	1	1	2	2	6	2		6	2	22
青海		1	1	4	3	4	9	10	15	47
宁夏	1	1	1	2	2	2	2	3	1	15
新疆	1	5	14	20	14	14	19	27	33	147
中央电视台			5	1	3	5	4	17	33	68
中国电视剧制作中心		2			1	1			2	6
中央电视台新影制作中心									4	4
中国广播艺术团								1	2	3
中国农业电影电视中心									2	2
合计	17	34	73	88	86	80	93	149	195	815

■历届全国少数民族题材电影“骏马奖”获奖作品

(单位：部，人)

	第一届(1994 年)	第二届(1998 年)	第三届(2002 年)
故事片一等奖	1	1	1
故事片二等奖	3	1	2
故事片三等奖	6	1	1
故事片评委会特别奖	1		
故事片评委会提名奖(纪念奖)	23		5
儿童片一等奖			
儿童片二等奖			
儿童片三等奖			2
儿童片评委会提名奖			2
纪录片一等奖	1		
纪录片二等奖	2		
纪录片三等奖	3		
优秀纪录片奖			2
美术片一等奖	1		
美术片二等奖	2	1	
美术片三等奖	1	1	
优秀美术片奖			2
科教片一等奖	1		
优秀电视电影奖			2
最佳编剧(优秀编剧)(人)	1	2	4
最佳导演(优秀导演)(人)	2	2	2
最佳摄影(优秀摄影)(人)		1	1
最佳男演员(优秀男演员)(人)	1	1	1
最佳女演员(优秀女演员)(人)	1	1	1
少数民族语优秀译制片奖	36		
少数民族语优秀译制片奖(蒙古语)		3	2
少数民族语优秀译制片奖(藏语)		1	3
少数民族语优秀译制片奖(维吾尔语)		4	2
少数民族语优秀译制片奖(哈萨克语)		1	1
少数民族语优秀译制片奖(彝语)		2	2
少数民族语优秀译制片奖(壮语)		2	6
少数民族语优秀译制片奖(傣语)		1	2
少数民族语优秀译制片奖(侗语)		1	2
少数民族语优秀译制片奖(佤语)			1
少数民族语优秀译制片奖(傈僳语)		1	
少数民族语优秀译制片奖(苗语)		2	
少数民族语译制片综合技术奖(蒙古语)		1	1
少数民族语译制片综合技术奖(藏语)		1	2
少数民族语译制片综合技术奖(维吾尔语)		1	2
少数民族语译制片综合技术奖(哈萨克语)			
少数民族语译制片综合技术奖(彝语)		1	
少数民族语译制片综合技术奖(壮语)		1	
少数民族语译制片综合技术奖(侗语)		1	
少数民族语译制片综合技术奖(鄂温克语)		1	
少数民族语译制片综合技术奖(佤语)		1	
少数民族语译制片综合技术奖(苗语)			1

中国少数民族传统体育运动会资料

■历届全国少数民族传统体育运动会

项目	第一届	第二届	第三届	第四届
时间	1953 年 11 月 8 日—12 日	1982 年 9 月 2 日—8 日	1986 年 8 月 10 日—17 日	1991 年 11 月 10 日—17 日
地点	天津市	呼和浩特市	乌鲁木齐市	南宁市
参加单位	华北、东北、西北、中南、西南、东南等 6 大行政区和内蒙古、解放军、铁路系统共 9 个单位	29 个省、自治区、直辖市代表团	29 个省、自治区、直辖市代表团	30 个省、自治区、直辖市代表团
民族及人数	蒙古、回、藏、维吾尔、哈萨克、苗、满、朝鲜、傣、纳西、塔塔尔等 12 个民族，395 名运动员	55 个少数民族，863 名运动员、教练员，其中：少数民族运动员 593 人；2 个观摩团，400 多人；300 多名中外记者	55 个少数民族，1097 名运动员、教练员，其中：少数民族运动员 777 人；29 个观摩团，872 人；中外记者 580 人；港澳同胞及外国朋友 45 人	55 个少数民族，1740 名运动员。29 个观摩团，有教练员、裁判员、工作人员、少数民族体育先进地区和单位代表、新闻工作者共 4500 人
比赛项目	举重、拳击、石锁、摔跤、击剑和步射(弓箭射准)	射箭邀请赛、中国式摔跤比赛	摔跤、射箭、赛马、叼羊、射弩、抢花炮、秋千	龙舟、抢花炮、秋千、射弩、珍珠球、木球、摔跤、赛马和武术
表演项目	武术(分棒术和器械，共 383 项)、民间体育(分石提、爬杆等 22 项)、骑术(各种马上技巧表演 9 项)	傣族的孔雀拳、蒙古族的赛骆驼、赛马等 68 项	表演项目 115 项	表演项目 120 项

续表

项目	第五届	第六届	
时间	1995 年 11 月 5 日—12 日	1999 年 9 月 24 日—30 日	1999 年 8 月 18 日—23 日
地点	昆明市	北京市(主赛场)	拉萨市(分赛场)
参加单位	31 个省、自治区、直辖市代表团，新疆生产建设兵团、解放军代表团、台湾少数民族代表团	31 个省、自治区、直辖市代表团，新疆生产建设兵团、解放军代表团、台湾少数民族代表团	31 个省、自治区、直辖市代表团、新疆生产建设兵团、解放军代表团
民族及人数	55 个少数民族，2342 名运动员。30 个省、自治区、直辖市组织了观摩团。运动员、教练员、工作人员、观摩人员、少数民族体育模范代表，中外记者及来宾共 7000 人参加了运动会。	55 个少数民族，2626 名运动员。各省、自治区、直辖市组织了观摩团、运动员、教练员、工作人员、观摩人员、少数民族体育模范代表及记者共计 6000 人。	35 个少数民族，764 名运动员。各省、自治区、直辖市组织了 33 个代表团和 40 个观摩团。运动员、教练员、工作人员、观摩人员及记者共计 2386 人。
比赛项目	抢花炮、珍珠球、木球、民族式摔跤(博克、且里西、格、北嘎、绊跤)、秋千、武术、射弩、龙舟、马上项目(速度赛马、走马、跑马、射击、跑马射箭、跑马拣哈达、叼羊)、打陀螺、毽球等共 11 项	抢花炮、珍珠球、毽球、蹴球、木球、秋千、武术、龙舟、民族式摔跤(博克、格、且里西、北嘎、绊跤)、马上项目(速度赛马、走马、跑马、射击、跑马射箭、跑马拾哈达)等 10 个项目	马上项目、射弩、打陀螺、押加等 4 个项目。
表演项目	表演项目 129 项	表演项目 11 项	表演项目 39 项

项目	第七届	第八届	第九届	第十届
时间	2003 年 9 月 6 日—13 日	2007 年 11 月 10 日—18 日	2011 年 9 月 10 日—2011 年 9 月 18 日	2015 年 8 月 9 日—17 日
地点	银川市（主赛场） 石嘴山市（分赛场）	广州市	贵阳市	鄂尔多斯市
参加单位	31 个省、自治区、直辖市代表团，新疆生产建设兵团、解放军代表团、台湾少数民族代表团	31 个省、自治区、直辖市代表团，新疆生产建设兵团、解放军代表团、台湾少数民族代表团	31 个省、自治区、直辖市代表团，新疆生产建设兵团、中国人民解放军、台湾少数民族代表团。	全国各省、自治区、直辖市及中国人民解放军、新疆生产建设兵团
民族及人数	55 个少数民族，3735 名运动员。30 个省、自治区、直辖市组织了观摩团。运动员、教练员、工作人员、观摩人员、少数民族体育模范代表，中外记者及来宾共 9039 人参加了运动会。	55 个少数民族，6381 名运动员。30 个省、自治区、直辖市组织了观摩团。运动员、教练员、工作人员、观摩人员、少数民族体育模范代表，中外记者及来宾共 1.5 万人参加了运动会。	由 55 个少数民族，6771 名运动员。31 个省、自治区、直辖市组织了观摩团。运动员、教练员、工作人员、观摩人员、少数民族体育模范代表，中外记者及来宾近万人参加了运动会。	由 55 个少数民族，运动员、教练员、裁判员及工作人员的总人数预计将达到 9000 人。
比赛项目	抢花炮、珍珠球、木球、民族式摔跤(博克、且里西、格、北嘎、绊跤)、秋千、武术、射弩、龙舟、马术(速度赛马、走马、跑马射箭、跑马射击、跑马拾哈达)、打陀螺、毽球、蹴球、高脚竞速、押加等共 14 项	抢花炮、珍珠球、木球、民族式摔跤(博克、且里西、格、北嘎、绊跤、朝鲜族式摔跤)、秋千、武术、射弩、龙舟、马术(速度赛马、走马、跑马射箭、跑马射击、跑马拾哈达)、打陀螺、毽球、蹴球、高脚竞速、板鞋竞速、押加等共 15 项	花炮、珍珠球、木球、蹴球、毽球、龙舟、独竹漂、秋千、射弩、陀螺、押加、高脚竞速、板鞋竞速、武术、民族式摔跤（搏克、且里西、格、北嘎、绊跤、希日木）、马术（速度赛马、走马、跑马射击、跑马射箭、跑马拾哈达）等 16 个大项。	花炮、珍珠球、木球、蹴球、毽球、龙舟、独竹漂、秋千、射弩、陀螺、押加、高脚竞速、板鞋竞速、少数民族武术、民族式摔跤、马术、 民族健身操等 17 项
表演项目	表演项目 125 项。	表演项目 148 项。	3 个大类，共 188 项。	表演项目 140 项。

■中国少数民族传统体育运动竞赛项目

<table>
<tr><th>项目名称</th><th colspan="2">项目内容</th></tr>
<tr><td>1. 花炮</td><td>男子</td><td>16 人集体项目</td></tr>
<tr><td rowspan="2">2. 珍珠球</td><td>男子</td><td>14 人集体项目</td></tr>
<tr><td>女子</td><td>14 人集体项目</td></tr>
<tr><td>3. 木球</td><td>男子</td><td>10 人集体项目</td></tr>
<tr><td rowspan="3">4. 蹴球</td><td>男子</td><td>单蹴、双蹴</td></tr>
<tr><td>女子</td><td>单蹴、双蹴</td></tr>
<tr><td>男女混合</td><td>双蹴</td></tr>
<tr><td rowspan="2">5. 毽球</td><td>男子</td><td>6 人集体项目</td></tr>
<tr><td>女子</td><td>6 人集体项目</td></tr>
<tr><td rowspan="3">6. 龙舟</td><td>男子</td><td>直道竞速：250 米、500 米、800 米</td></tr>
<tr><td>女子</td><td>直道竞速：250 米、500 米、800 米</td></tr>
<tr><td>男女混合</td><td>直道竞速：250 米、500 米、800 米</td></tr>
<tr><td rowspan="3">7. 秋千</td><td rowspan="3">女子</td><td>团体赛</td></tr>
<tr><td>双人触铃、双人高度</td></tr>
<tr><td>单人触铃、单人高度</td></tr>
<tr><td rowspan="7">8. 射弩</td><td>男女混合</td><td>团体</td></tr>
<tr><td rowspan="3">男子</td><td>全能</td></tr>
<tr><td>20 米双轮跪姿</td></tr>
<tr><td>20 米双轮立姿</td></tr>
<tr><td rowspan="3">女子</td><td>全能</td></tr>
<tr><td>15 米双轮跪姿</td></tr>
<tr><td>15 米双轮立姿</td></tr>
<tr><td rowspan="4">9. 陀螺</td><td rowspan="2">男子</td><td>3 人团体赛</td></tr>
<tr><td>个人赛</td></tr>
<tr><td rowspan="2">女子</td><td>3 人团体赛</td></tr>
<tr><td>个人赛</td></tr>
</table>

续表

<table>
<tr><th>项目名称</th><th colspan="2">项目内容</th></tr>
<tr><td>10．押加</td><td>男子</td><td>55 公斤、60 公斤、70 公斤、80 公斤、80 公斤以上级</td></tr>
<tr><td rowspan="3">11．高脚竞速</td><td>男子</td><td>200 米竞速、2×200 米接力</td></tr>
<tr><td>女子</td><td>200 米竞速、2×200 米接力</td></tr>
<tr><td>男女混合</td><td>4×100 米混合接力</td></tr>
<tr><td rowspan="7">12．武术</td><td rowspan="3">男子、女子拳术</td><td>A 组：各种长拳、南拳、太极拳</td></tr>
<tr><td>B 组：形意拳、八卦拳、八极拳、通臂拳、翻子拳、劈挂拳、地躺拳、象形拳、查拳、华拳、花拳、炮拳、洪拳、红拳、少林拳</td></tr>
<tr><td>C 组：除 A、B 外的各种拳术套路</td></tr>
<tr><td rowspan="3">男子、女子器械</td><td>A 组：长拳类刀、剑、枪、棍</td></tr>
<tr><td>B 组：各种双、软器械</td></tr>
<tr><td>C 组：除 A、B 外的各种单器械</td></tr>
<tr><td>男子、女子对练</td><td>3 人以内各种对练套路(不允许混合)</td></tr>
<tr><td rowspan="5">13．民族式摔跤
(男子项目)</td><td colspan="2">博克(蒙式)团体、个人赛</td></tr>
<tr><td colspan="2">且里西(维式)52 公斤、62 公斤、74 公斤、90 公斤、90 公斤以上</td></tr>
<tr><td colspan="2">格(彝式)52 公斤、62 公斤、74 公斤、90 公斤、90 公斤以上</td></tr>
<tr><td colspan="2">北嘎(藏式)52 公斤、62 公斤、74 公斤、90 公斤、90 公斤以上</td></tr>
<tr><td colspan="2">绊跤(回式)52 公斤、62 公斤、74 公斤、90 公斤、90 公斤以上</td></tr>
<tr><td rowspan="5">14．马术</td><td colspan="2">速度赛马：1000 米、2000 米、3000 米、5000 米、10000 米</td></tr>
<tr><td colspan="2">走马：1000 米、2000 米、5000 米</td></tr>
<tr><td colspan="2">跑马射击</td></tr>
<tr><td colspan="2">跑马射箭</td></tr>
<tr><td colspan="2">跑马拾哈达</td></tr>
<tr><td rowspan="2">15.独竹漂</td><td colspan="2">男子直道竞速 60 米、100 米</td></tr>
<tr><td colspan="2">女子直道竞速 60 米、100 米</td></tr>
<tr><td rowspan="3">16.板鞋竞速</td><td colspan="2">男子三人板鞋</td></tr>
<tr><td colspan="2">女子三人板鞋</td></tr>
<tr><td colspan="2">三人板鞋 4×100 米混合接力</td></tr>
<tr><td>17.民族健身操</td><td colspan="2">由国家民委为第十届全国少数传统体育运动会民族健身操比赛组织创编的规定套路。</td></tr>
</table>

中国民族自治地方世界遗产、国家级自然保护区、风景名胜区和旅游区名单

■民族自治地方世界遗产（截至 2018 年）

	省区	名称	地址
世界文化遗产	内蒙古自治区	元上都遗址	内蒙古自治区锡林郭勒
	湖北省	土司遗址	湖北省恩施土家苗族自治州
	云南省	红河哈尼梯田	云南省红河哈尼族彝族自治州元阳县
	西藏自治区	布达拉宫（大昭寺、罗布林卡）	西藏自治区拉萨市
	新疆维吾尔自治区	丝绸之路中国部分	新疆维吾尔自治区高昌故城、交河故城、克孜尔尕哈峰燧、克孜尔石窟、苏巴什佛寺遗址、北庭故城遗址
世界自然遗产	四川省	九寨沟	四川省阿坝藏族羌族自治州九寨沟县
		黄龙	四川省阿坝藏族羌族自治州松潘县
		四川大熊猫栖息地	四川省阿坝藏族羌族自治州小金县
	云南省	三江并流	云南省迪庆藏族自治州、怒江傈僳族自治州
	云南省、贵州省	中国南方喀斯特	云南省石林彝族自治县、贵州省黔南布依族苗族自治州荔波县
	青海省	青海可可西里	青海省玉树藏族自治州西部
	新疆维吾尔自治区	新疆天山	新疆维吾尔自治区
世界人类口述和非物质遗产	内蒙古自治区	蒙古族长调民歌	内蒙古自治区
		蒙古族呼麦	内蒙古自治区、阿拉泰、哈卡斯
	吉林省、黑龙江省、辽宁省	朝鲜族农乐舞	吉林省、黑龙江省、辽宁省等朝鲜族聚居区
	贵州省、湖北省、广西省、四川省、云南省	贵州侗族大歌	贵州、湖北、广西、湖南等省区
	西藏自治区	藏戏	西藏自治区、青海、甘肃、四川、云南等藏语地区
		《格萨尔》史诗	西藏自治区、青海省、甘肃省、四川省、新疆维吾尔自治区
	甘肃省	甘肃花儿	临夏回族自治州
	青海省	青海热贡艺术	青海省同仁县地区
	新疆维吾尔族自治区	新疆《玛纳斯》	新疆维吾尔自治区
		新疆维吾尔木卡姆艺术	新疆维吾尔自治区

■民族自治地方国家级自然保护区名录

(截至 2018 年)

地区	保护区名称	行政区域	面积(公顷)	主要保护对象	类型	建立时间
河北省	红松洼草原	围场县	7300	草原生态系统	草原草甸	1994/8/1
	塞罕坝	围场县	20029.8	森林–草原交错带生态系统	草原草甸	2007/4/6
	滦河上游	围场县	50637.4	滦河上游的自然生态环境、森林生态系统及其生物多样性和珍稀濒危的野生动植物物种	森林和野生动物	2008/1/14
内蒙古自治区	赛罕乌拉	巴林左旗	100400	森林及马鹿等野生动物	森林生态	1997/4/1
	达里诺尔鸟类	克什克腾旗	119413	珍稀鸟类	野生动物	1987/9/8
	白音熬包云杉林	克什克腾旗	13862	沙地云杉林	森林生态	1979/10/4
	黑里河	宁城县	27638	森林生态系统	森林生态	1996/12/31
	大黑山	敖汉旗	86799	天然阔叶林	森林生态	1996/9/1
	汗玛	根河市	107348	森林生态系统	森林生态	1996/11/29
	红花尔基樟子松林	额温克旗	20085	樟子松林	森林生态	1998/5/1
	辉河	鄂温克族自治旗	346848	湿地、珍禽、草原	内陆湿地	1997/12/1
	达赉湖	新巴尔虎右旗	740000	湖泊、湿地、草原生态系统	内陆湿地	1987/1/1
	科尔沁	科尔沁右翼中旗	126987	湿地珍禽、灌丛及疏林草原	野生动物	1986/6/1
	图牧吉	扎赉特旗	94830	草原生态系统及大鸨等珍禽	草原草甸	1996/8/1
	大青沟	科尔沁左翼后旗	8183	针阔混交林	森林生态	1988/5/9
	锡林郭勒草原	锡林浩特市	580000	草甸草原、沙地疏林	草原草甸	1985/8/8
	鄂尔多斯遗鸥	鄂尔多斯市东胜区	14770	遗鸥及其生境	野生动物	1991/1/1
	西鄂尔多斯	鄂托克旗、乌海市	555849	古老残遗濒危植物	野生植物	1986/12/1
	乌拉特梭梭林–蒙古野驴	乌拉特后旗	68000	梭梭林、蒙古野驴及荒漠生态系统	荒漠生态	1985/10/1
	内蒙古贺兰山	阿拉善左旗	67710	水源涵养林、野生动植物	森林生态	1992/10/27
	额济纳胡杨林	额济纳旗	26253	胡杨林	荒漠生态	1968/6/1
	阿鲁科尔沁	阿鲁科尔沁旗	136793	沙地草原、湿地生态系统及珍稀鸟类	森林生态	2005/7/23
	哈腾套海	磴口县	123600	荒漠植被和野生动植物	荒漠生态	2005/7/23
	额尔古纳	额尔古纳市	124527	寒温带针叶林	森林生态	2006/2/11
	鄂托克恐龙遗迹化石	鄂托克旗查布苏木	46410	多种类型的恐龙足迹化石,以及恐龙骨骼化石	地质遗迹	2007/4/6
	大青山	乌兰察布市卓资县、呼和浩特市、包头市	388577	山地森林灌丛珍稀野生动植物及水源涵养地	森林生态	2008/1/14
	高格斯台罕乌拉	阿鲁科尔沁旗	106284	森林、草原、湿地生态系统及珍稀动物	森林生态和野生动物	2011/4/16
	古日格斯台	西乌珠穆旗	98931	大兴安岭南部山地北麓森林生态系统	森林生态	2012/1/1

续表 1

地区	保护区名称	行政区域	面积(公顷)	主要保护对象	类型	建立时间
	特金罕山	扎鲁特旗	91333	大鸨、金雕、马鹿、棕熊等	野生动物	2013/12/25
	青山	科尔沁右翼前旗	26989	森林草原生态系统	森林生态	2013/12/25
	毕拉河	诺敏镇	56604	森林沼泽、草本沼泽以及珍稀濒危野生动植物等	森林和野生动物	2014/12/5
	乌兰坝	巴林左旗	80878	过渡带森林、草原植被	森林生态	2014/12/5
辽宁省	老秃顶子	桓仁、新宾县	15219	长白植物区系原生型森林及紫杉、人参等珍稀物种	森林生态	1981/9/18
	白石砬子	宽甸县	7467	原生型红松阔叶混交林	森林生态	1981/9/9
	海棠山	阜新蒙古族自治县	11002.7	油松栎类混交的顶极群落及野生动物	森林生态	2007/4/6
吉林省	伊通火山群	伊通自治县	765	火山地质遗迹	地质遗迹	1984/6/27
	鸭绿江上游	长白县	20306	冷水性鱼类	野生动物	1996/10/1
	天佛指山松茸	龙井市	77317	松茸及森林生态系统	野生植物	1996/8/22
	长白山	安图县	196465	森林及野生动物	森林生态	1960/4/1
	珲春东北虎	珲春市	108700	东北虎、豹及其栖息地	野生动物	2005/7/23
	查干湖	吉林省西部前郭、乾安和大安 2 县 1 市	50684	半干旱地区湖泊水生生态系统、湿地生态系统和野生珍稀、濒危鸟类	内陆湿地和水域生态	2007/4/6
	雁鸣湖	敦化	53940	牡丹江上游湿地及黑鹳、东方白鹳、丹顶鹤、中华秋沙鸭等濒危水禽及东北虎迁移的重要生态通道	内陆湿地和水域生态	2007/4/6
	汪清	汪清县和珲春市	67434	东北红豆杉、东北虎	野生动物和野生植物	2013/12/25
	园池湿地	安图县	30682	湿地和众多珍惜濒危野生动植物	内陆湿地和水域生态	2018/2/8
湖北省	神农架	房县、兴山、巴东	70467	森林生态系统及珍稀动物金丝猴等	森林生态	1986/7/9
	后河	五峰自治县	10340	原始森林珍稀动植物	森林生态	2000/4/1
	星斗山	利川、咸丰、恩施市	68339	水杉、珙桐及森林植被	野生植物	1988/1/1
	七姊妹山	宣恩县	34550	典型的中亚热带山地常绿阔叶林生态系统、珙桐为主的珍稀濒危植物及群落、大型猫科动物为主的珍稀濒危动物及其栖息环境和亚高山泥炭藓沼泽湿地	野生植物	2008/1/14
	长阳崩尖子	长阳土家族自治县	13313	中亚热带森林生态系统及生物多样性、国家珍稀濒危野生动植物资源及其栖息地	森林生态	1988/8/5
湖南省	小溪	永顺县	24800	原始次生林	森林生态	1985/7/16
	金童山	城步苗族自治县	18466	资源冷杉、南方红豆杉、伯乐树、华南五针松、闽	森林生态	2013/12/25
广西壮族自治区	大明山	武鸣、马山、上林县	16994	季风常绿阔叶林、水源涵养林及自然景观	森林生态	1981/8/1
	花坪	龙胜、临桂县	17400	银杉及典型常绿阔叶林生态系统	野生植物	1961/11/1

续表 2

地区	保护区名称	行政区域	面积(公顷)	主要保护对象	类型	建立时间
广西壮族自治区	猫儿山	资源、兴安县	17009	典型常绿阔叶林生态系统、水源涵养林	森林生态	1976/5/1
	山口红树林	合浦县	8000	红树林生态系统	海洋海岸	1990/9/30
	岑王老山	田林县、凌云县	18994	南亚热带中山常绿阔叶混交林、垂直带谱森林生态系统和黑颈长尾雉、叉孢苏铁、伯乐树等珍稀濒危物种	森林生态	2007/4/6
	九万山	融水苗族自治县、罗城仫佬族自治县、环江毛南族自治县	25212.8	水源涵养林	森林生态	2007/4/6
	金钟山黑颈长尾雉	隆林各族自治县、西林县	20924.4	黑颈长尾雉及其栖息地	野生动物	2008/1/14
	崇左白头叶猴	崇左市	25578	白头叶猴及其栖息地	野生动物	2012/3/25
	恩城	大新县	25803.8	濒危珍稀动植物	野生动物和野生植物	2012/12/27
	大桂山鳄蜥	贺州市	3780	鳄蜥及其栖息地	野生动物	2013/6/4
	七冲	昭平县	14336.3	珍稀濒危野生植物和原始植被	森林和野生动物	2013/12/18
	元宝山	融水苗族自治县	4220.7	森林植物资源、水资源及其珍稀树种	森林生态	2013/12/25
	邦亮长臂猿	靖西市	6530	东黑冠长臂猿及其主要栖息地	野生动物	2013/12/25
	银竹老山资源冷杉	资源县	4341.2	资源冷杉	野生动物	2016/5/2
	合浦儒艮	合浦县	35000	儒艮及海洋生态系统	野生动物	1986/4/27
	北仑河口海洋	防城市防城区	3000	红树林生态系统	海洋海岸	1990/3/4
	防城上岳金花茶	防城市防城区	9195	金花茶及森林生态系统	野生植物	1986/4/5
	十万大山	上思、钦州、防城	58277	水源涵养林	森林生态	1982/6/1
	弄岗	龙州、宁明县	10080	石灰岩季节雨林生态系统、白头叶猴、黑叶猴等	森林生态	1978/1/1
	大瑶山	金秀自治县	24907	水源林及瑶山鳄蜥、银杉	森林生态	1982/6/1
	木论	环江自治县	8969	中亚热带石灰岩、常绿阔叶混交林生态系统	森林生态	1991/8/18
	千家洞	灌阳县	12231	亚热带常绿阔叶林	森林生态	2006/2/11
	金钟山黑颈长尾雉	隆林各族自治县、西林县	20924.4	黑颈长尾雉	野生动物	2008/1/14
海南省	尖峰岭	乐东自治县	20170	热带雨林生态系统	森林生态	1976/10/1
	五指山	琼中自治县	13435.9	热带原始林生态系统	森林生态	1985/11/1
	霸王岭	昌江自治县	29980	黑冠长臂猿及生境	野生动物	1980/4/9
	吊罗山	陵水县、保亭县、琼中县	18389	森林生态系统及珍稀动植物	森林生态	2008/1/14
四川省	马边大风顶	马边自治县	30164	大熊猫及森林生态系统	野生动物	1977/5/1
	卧龙	汶川县	200000	大熊猫及森林生态系统	野生动物	1975/1/1

续表 3

地区	保护区名称	行政区域	面积(公顷)	主要保护对象	类型	建立时间
	九寨沟	九寨沟县	64297	大熊猫及森林生态系统	野生动物	1978/1/1
	四姑娘山	小金县	48500	野生动物及高山生态系统	野生动物	1996/11/29
	若尔盖湿地	若尔盖县	166571	高寒沼泽湿地及黑颈鹤等野生动物	内陆湿地	1994/8/18
	贡嘎山	康定、泸定县	400000	珍稀动物及高山生物多样性	森林生态	1997/12/8
	察青松多	白玉县	143682.6	白唇鹿、金钱豹等野生动物	野生动物	1995/1/1
	亚丁	稻城县	134400	森林生态系统、野生动植物、冰川	森林生态	1997/12/16
	美姑大风顶	美姑县	50655	大熊猫及森林生态系统	野生动物	1982/1/1
	长江上游珍稀、特有鱼类国家级自然保护区		33174	珍稀鱼类	野生动物	1987/12/4
	海子山	甘孜藏族自治州稻城县、理塘县	459161	高寒湿地生态系统	内陆湿地	2008/1/14
	南莫且湿地国家级自然保护区	壤塘县	98410	黑颈鹤、白唇鹿和湖泊、沼泽等高原湿地生态系统	内陆湿地	2018/2/8
	白河	九寨沟县		大熊猫、金丝猴等野生动物	森林和野生动物	2018/3/19
贵州省	梵净山	江口、印江、松涛	41900	黔金丝猴、珙桐等	野生动物	1986/7/9
	麻阳河黑叶猴	沿河自治县	31113	黑叶猴等珍稀动物及生境	野生动物	1987/8/1
	草海	威宁自治县	12000	高原湿地生态系统及黑颈鹤等	内陆湿地	1985/1/1
	雷公山	黔东南自治州	47300	中亚热带森林及秃杉等珍稀植物	森林生态	1982/6/1
	茂兰	荔波县	20000	喀斯特地貌为主的森林生态系统	森林生态	1986/4/9
	大沙河	道真仡佬族苗族自治县	26990	珍稀濒危动植物以及野生动物	野生动物和野生植物	2018/5/31
云南省	哀牢山	新平县	67700	原始森林、黑长臂猿等珍稀动植物	森林生态	1986/3/1
	高黎贡山	保山市和泸水县	120000	喜马拉雅红豆杉、戴帽叶猴	森林和野生动物类型	1986
	大围山	屏边自治县	43993	南亚热带常绿阔叶林及珍稀动物	森林生态	1986/6/1
	金平分水岭	金平自治县	42027	热带半山山地苔藓常绿阔叶林以及珍稀动植物	森林生态	1986/6/1
	绿春黄连山	绿春县	65058	亚热带常绿阔叶林生态系统、野生动植物	森林生态	1983/4/1
	文山老君山	文山县	26867	原始阔叶林	森林生态	1958/10/8
	无量山	景东、南涧县	30938	亚热带常绿阔叶林及长臂猿等	森林生态	1988/3/1
	西双版纳	西双版纳自治州	241776	热带森林生态系统及珍稀野生动植物	森林生态	1958/10/9
	纳板河	景洪县	26100	森林和野生动植物	森林生态	1992/7/1
	苍山洱海	大理市	79700	断层湖泊、古代冰川遗迹、弓鱼、苍山冷杉、杜鹃林	内陆湿地	1981/11/5
	白马雪山	德钦县	276432	高山针叶林、滇金丝猴	森林生态	1984/1/1
	南滚河	沧源自治县	50887	亚洲象及其栖息的热带季雨林	野生动物	1980/1/1

续表 4

地区	保护区名称	行政区域	面积(公顷)	主要保护对象	类型	建立时间
西藏自治区	雅鲁藏布江中游黑颈鹤	林周县	614350	黑颈鹤及其越冬生境	野生动物	1993/1/1
	芒康滇金丝猴	芒康县	185300	滇金丝猴及其生态系统	野生动物	1993/1/1
	珠穆朗玛峰	日喀则地区	3381000	高山森林及荒漠生态系统	森林生态	1988/4/5
	色林错	申扎县	2032380	黑颈鹤繁殖地、高原湿地生态系统	野生动物	1993/1/1
	羌塘	双湖、文南、改则等	29800000	藏羚羊、野牦牛等野生动物及高原荒漠生态系统	荒漠生态	1993/4/4
	雅鲁藏布大峡谷	墨脱县	916800	热带山地垂直带植被及珍贵动植物	森林生态	1985/7/9
	察隅慈巴沟	察隅县	101400	羚羊、山地亚热带森林生态系统	森林生态	1985/1/1
	拉鲁湿地	拉萨市	1220	高寒湿地生态系统	内陆湿地	2005/7/23
	类乌齐马鹿	类乌齐县	120614	马鹿、白唇鹿等野生动物及其生境、自然植被	野生动物	2005/7/23
	玛旁雍错湿地	普兰县	101190	黑颈鹤、藏羚羊等珍稀濒危物种种群及其栖息地	内陆湿地	2018/3/19
甘肃省	莲花山	卓尼、康乐县	11691	森林生态系统	森林生态	1982/12/1
	尕海－则岔	碌曲县	247431	候鸟等野生动物、森林生态、石林等	野生动物	1995/10/1
	盐池湾	肃北蒙古族自治县	1360000	白唇鹿及过渡带生态系统	荒漠生态	2006/2/11
	安南坝野骆驼	阿克塞哈萨克族自治县	396000	野骆驼及其荒漠生态系统	野生动物	2006/2/11
	多儿	迭部县		野生大熊猫及其栖息地的连片保护	野生动物	2017/7/4
青海省	孟达	循化自治县	17290	森林生态系统及珍稀生物物种	森林生态	1980/4/1
	青海湖	刚察县	495200	斑头雁、棕头鸥等水禽及生态系统	野生动物	1975/8/8
	可可西里	玉树自治州	4500000	藏羚羊、野驴、野牦牛等有蹄类动物及生态系统	野生动物	1995/10/8
	隆宝	玉树县	10000	黑颈鹤、天鹅等水禽及草甸生态系统	野生动物	1986/8/9
	三江源	玉树县	15230000	珍稀动物、湿地、森林、高寒草甸、冰川等生态系统	内陆湿地	2000/5/1
宁夏回族自治区	贺兰山	银川市	206266	森林生态系统、野生动植物资源	森林生态	1982/7/1
	沙坡头	中卫县	13722	自然沙生植被及人工植被、野生动物	荒漠生态	1984/9/1
	罗山	同心县	33710	水源涵养林	森林生态	1982/7/1
	白芨滩	灵武市	74843	天然柠条母树林及沙生植被	荒漠生态	1985/1/4
	六盘山	固原县	26667	野生动物及水源涵养林	森林生态	1982/5/9
	哈巴湖	盐池县	84000	过渡区荒漠－湿地生态系统	内陆湿地	2006/2/11
	云雾山	固原市	6660	黄土高原半干旱区典型草原生态系统	草原草甸	2013/6/4
	火石寨丹霞地貌	西吉县	9795	黄土高原独特的丹霞地貌地质遗迹、自然人文景观及黄土高原半湿润向半干旱过渡区山地森林灌丛草甸生态系统	地质遗迹	2013/12/25
	南华山	海原县	20100.5	山地森林生态系统和山地草原与草甸生态系统	森林生态	2014/12/5

续表 5

地区	保护区名称	行政区域	面积(公顷)	主要保护对象	类型	建立时间
新疆维吾尔自治区	阿尔金山	若羌县	4500000	三大有蹄类野生动物	荒漠生态	1983/1/1
	罗布泊野骆驼	若羌县	7800000	野骆驼及其生境	野生动物	1986/1/1
	巴音布鲁克	和静县	100000	天鹅等珍稀水禽、沼泽	野生动物	1980/5/9
	托木尔峰	温宿县	237600	野生动植物	森林生态	1980/1/1
	西天山	巩留县	31217	雪岭云杉林森林生态系统	森林生态	1983/1/2
	甘家湖梭梭林	乌苏县	54667	梭梭林及生境	荒漠生态	1983/10/1
	哈纳斯	布尔津、哈巴河县	220162	西伯利亚动植物区系及自然景观	森林生态	1980/5/1
	塔里木胡杨	尉犁县、轮台县	395420	胡杨林及其荒漠生态系统	森林生态	2006/2/11
	艾比湖湿地	博乐市、精河县	267085	湿地及珍稀野生动植物	内陆湿地	2007/4/6
	伊宁小叶白蜡	伊宁县	16400	唯一的天然小叶白蜡集中地	野生植物	2016/5/2
	霍城四爪陆龟	霍城县	35000	珍稀动物四爪陆龟及其生境	野生动物	2016/5/2
	阿勒泰科克苏湿地	阿勒泰市	30667	湿地	内陆湿地	2017/7/4
	新疆北鲵	温泉县	2400	新疆北鲵	野生动物	2018/3/19

■民族自治地方国家 AAAAA 级旅游区（点）名单

（截至 2018 年）

地　区	数量（个）	名　　称
内蒙古自治区	5	鄂尔多斯达拉特旗响沙湾旅游景区
		鄂尔多斯伊金霍洛旗成吉思汗陵旅游区
		呼伦贝尔市满洲里市中俄边境旅游区
		兴安盟阿尔山 · 柴河旅游景区
		赤峰市克什克腾旗阿斯哈图石阵旅游区
辽宁省	1	本溪市本溪满族自治县本溪水洞景区
吉林省	2	延边朝鲜族自治州安图县长白山景区
		延边朝鲜族自治州敦化市六鼎山文化旅游区
湖北省	3	宜昌长阳县清江画廊景区
		恩施土家族苗族自治州恩施市恩施大峡谷景区
		恩施州巴东神农溪纤夫文化旅游区
广西壮族自治区	6	桂林市漓江景区
		桂林市乐满地度假世界
		桂林独秀峰 · 靖江王城景区
		南宁市青秀山旅游区
		桂林市两江四湖(秀峰区) · 象山(象山区)景区
		崇左市德天跨国瀑布景区

续表

地 区	数量（个）	名 称
海南省	2	保亭县呀诺达雨林文化旅游区
		陵水县分界洲岛旅游区
重庆市	2	云阳县龙缸景区
		酉阳桃花源景区
四川省	5	绵阳北川羌城旅游区
		阿坝藏族羌族自治州九寨沟旅游景区
		阿坝藏族羌族自治州松潘县黄龙风景名胜区
		阿坝藏族羌族自治州汶川特别旅游区
		甘孜藏族自治州泸定县海螺沟景区
贵州省	2	安顺市镇宁布依族苗族自治县黄果树瀑布景区
		黔南布依族苗族自治州荔波县樟江景区
云南省	5	迪庆藏族自治州香格里拉普达措国家公园
		西双版纳傣族自治州勐腊县中科院西双版纳热带植物园
		大理白族自治州大理市崇圣寺三塔文化旅游区
		丽江市玉龙纳西族自治县玉龙雪山景区
		昆明市石林彝族自治县石林风景区
西藏自治区	4	拉萨布达拉宫景区
		拉萨大昭寺景区
		林芝市工布江达县巴松措景区
		日喀则市桑珠孜区扎什伦寺景区
青海省	1	海东市互助土族自治县互助土族故土园旅游区
宁夏回族自治区	4	石嘴山市沙湖旅游景区
		中卫市沙坡头旅游景区
		银川市西夏区宁夏镇北堡西部影视城
		银川市灵武市水洞沟旅游区
新疆维吾尔自治区	12	伊犁哈萨克自治州阿勒泰地区哈巴河县白沙湖景区
		昌吉回族自治州阜康市天山天池风景名胜区
		喀什地区喀什市噶尔老城景区
		伊犁哈萨克自治州特克斯县喀拉峻景区
		巴音郭楞蒙古自治州和静县巴音布鲁克景区
		吐鲁番市葡萄沟风景区
		阿勒泰地区喀纳斯景区
		喀什地区泽普县金胡杨景区
		伊犁地区新源县那拉提旅游风景区
		阿勒泰地区富蕴县可可托海景区
		乌鲁木齐天山大峡谷
		巴音郭楞蒙古自治州博湖县博斯腾湖景区

■民族自治地方国家级风景名胜区名单

（截至 2018 年）

地　区	数量（个）	风景名胜区名单
内蒙古自治区	2	扎兰屯风景名胜区
		额尔古纳风景名胜区
辽宁省	2	青山沟风景名胜区
		本溪水洞风景名胜区
吉林省	2	仙景台风景名胜区
		防川风景名胜区
湖南省	4	猛洞河风景名胜区
		德夯风景名胜区
		万佛山-侗寨风景名胜区
		湖南省凤凰风景名胜区
广西壮族自治区	3	桂林漓江风景名胜区
		桂平西山风景名胜区
		花山风景名胜区
四川省	4	黄龙寺－九寨沟风景名胜区
		贡嘎山风景名胜区
		四姑娘山风景名胜区
		邛海－螺髻山风景名胜区
贵州省	11	黄果树风景名胜区
		㵲阳河风景名胜区
		荔波樟江风景名胜区
		马岭河峡谷风景名胜区
		都匀斗篷山－剑江风景名胜区
		黎平侗乡风景名胜区
		紫云格凸河穿洞风景名胜区
		平塘风景名胜区
		榕江苗山侗水风景名胜区
		沿河乌江山峡风景名胜区
		瓮安江界河风景名胜区
云南省	9	路南石林风景名胜区
		西双版纳风景名胜区
		大理风景名胜区
		三江并流风景名胜区
		丽江玉龙雪山风景名胜区
		瑞丽江—大盈江风景名胜区
		省建水风景名胜区
		普者黑风景名胜区
		阿庐风景名胜区
西藏自治区	4	雅砻河风景名胜区
		纳木措-念青唐古拉山风景名胜区
		唐古拉山-怒江源风景名胜区
		西藏自治区土林-古格风景名胜区
青海省	1	青海湖风景名胜区
宁夏回族自治区	2	西夏王陵风景名胜区
		宁夏回族自治区须弥山石窟风景名胜区
新疆维吾尔自治区	6	天山天池风景名胜区
		库木塔格沙漠风景名胜区
		博斯腾湖风景名胜区
		赛里木湖风景名胜区
		托木尔大峡谷风景名胜区
		罗布人村寨风景名胜区

中国民族自治区、自治州、自治县（旗）、民族乡镇、市辖民族区名单

■中国民族自治区、自治州、自治县一览表

民族自治地方	建立时间	首府驻地	面积(万平方公里)
自治区			
内蒙古自治区	1947.5.1	呼和浩特市	118.3000
广西壮族自治区	1958.3.15	南宁市	23.6660
西藏自治区	1965.9.1	拉萨市	122.8400
宁夏回族自治区	1958.10.25	银川市	6.6400
新疆维吾尔自治区	1955.10.1	乌鲁木齐市	166.0400
自治州			
吉林省			
延边朝鲜族自治州	1952.9.3	延吉市	4.3559
湖北省			
恩施土家族苗族自治州	1983.12.1	恩施市	2.3902
湖南省			
湘西土家族苗族自治州	1957.9.20	吉首市	1.5461
四川省			
甘孜藏族自治州	1950.11.24	康定县城关镇	15.1078
凉山彝族自治州	1952.10.1	西昌市	6.0111
阿坝藏族羌族自治州	1953.1.1	马尔康镇	8.3201
贵州省			
黔东南苗族侗族自治州	1956.7.23	凯里市	3.0339
黔南布依族苗族自治州	1956.8.8	都匀市	2.6207
黔西南布依族苗族自治州	1982.5.1	兴义市	1.6804
云南省			
西双版纳傣族自治州	1953.1.24	允景洪镇	1.9700
德宏傣族景颇族自治州	1953.7.24	芒市镇	1.1526
怒江傈僳族自治州	1954.8.23	鲁掌镇	1.4703
大理白族自治州	1956.11.22	大理市	2.9460
迪庆藏族自治州	1957.9.13	中心镇	2.3870
红河哈尼族彝族自治州	1957.11.18	蒙自市	3.2929
文山壮族苗族自治州	1958.4.1	开化镇	3.2239
楚雄彝族自治州	1958.4.15	楚雄市	2.9256

续表 1

民族自治地方	建立时间	首府驻地	面积(万平方公里)
甘肃省			
甘南藏族自治州	1953.10.1	合作镇	4.0898
临夏回族自治州	1956.11.19	临夏市	0.8166
青海省			
玉树藏族自治州	1951.12.25	结古镇	18.8794
海南藏族自治州	1953.12.6	恰卜恰镇	4.5895
黄南藏族自治州	1953.12.22	隆务镇	1.7921
海北藏族自治州	1953.12.31	浩门镇	3.9354
果洛藏族自治州	1954.1.1	大武镇	7.6312
海西蒙古族藏族自治州	1954.1.25	德令哈市	32.5785
新疆维吾尔自治区			
巴音郭楞蒙古自治州	1954.6.23	库尔勒市	46.2700
博尔塔拉蒙古自治州	1954.7.13	博乐市	2.5074
克孜勒苏柯尔克孜自治州	1954.7.14	阿图什市	6.9112
昌吉回族自治州	1954.7.15	昌吉市	7.7129
伊犁哈萨克自治州	1954.11.27	伊宁市	49.0039
自治县(旗)			
河北省			
孟村回族自治县	1955.11.30	孟村镇	0.0393
大厂回族自治县	1955.12.7	大厂镇	0.0176
青龙满族自治县	1987.5.10	青龙镇	0.3309
丰宁满族自治县	1987.5.15	大阁镇	0.8747
围场满族蒙古族自治县	1990.6.12	围场镇	0.9058
宽城满族自治县	1990.6.16	宽城镇	0.1933
内蒙古自治区			
鄂伦春自治旗	1951.10.1	阿里河镇	6.0378
鄂温克族自治旗	1958.8.1	巴彦托海镇	1.8750
莫力达瓦达斡尔族自治旗	1958.8.15	尼尔基镇	1.0985
辽宁省			
喀喇沁左翼蒙古族自治县	1958.4.1	大城子镇	0.2238
阜新蒙古族自治县	1958.4.7	阜新镇	0.6284
新宾满族自治县	1985.6.7	新宾镇	0.4287
岫岩满族自治县	1985.6.11	岫岩镇	0.4507
清原满族自治县	1990.6.6	清原镇	0.3926
本溪满族自治县	1990.6.8	小市镇	0.3362
桓仁满族自治县	1990.6.10	桓仁镇	0.3548
宽甸满族自治县	1990.6.12	宽甸镇	0.6125
吉林省			
前郭尔罗斯蒙古族自治县	1956.9.1	前郭镇	0.7076
长白朝鲜族自治县	1958.9.15	长白镇	0.2498
伊通满族自治县	1989.8.30	伊通镇	0.2523

续表 2

民族自治地方	建立时间	首府驻地	面积(万平方公里)
黑龙江省			
杜尔伯特蒙古族自治县	1956.12.5	泰康镇	0.6427
浙江省			
景宁畲族自治县	1984.12.24	鹤溪镇	0.1950
湖北省			
长阳土家族自治县	1984.12.8	龙舟坪镇	0.3430
五峰土家族自治县	1984.12.12	五峰镇	0.2072
湖南省			
通道侗族自治县	1954.5.7	双江镇	0.2225
江华瑶族自治县	1955.11.25	沱江镇	0.3216
城步苗族自治县	1956.11.30	儒林镇	0.2620
新晃侗族自治县	1956.12.5	新晃镇	0.1511
芷江侗族自治县	1987.9.24	芷江镇	0.2096
靖州苗族侗族自治县	1987.9.27	渠阳镇	0.2211
麻阳苗族自治县	1990.4.1	高村镇	0.1561
广东省			
连南瑶族自治县	1953.1.25	三江镇	0.1231
连山壮族瑶族自治县	1962.9.26	吉田镇	0.1264
乳源瑶族自治县	1963.10.1	乳城镇	0.2125
广西壮族自治区			
龙胜各族自治县	1951.8.19	龙胜镇	0.2537
金秀瑶族自治县	1952.5.28	金秀镇	0.2517
融水苗族自治县	1952.11.26	融水镇	0.4665
三江侗族自治县	1952.12.3	古宜镇	0.2455
隆林各族自治县	1953.1.1	新州镇	0.3542
都安瑶族自治县	1955.12.15	安阳镇	0.4092
巴马瑶族自治县	1956.2.6	巴马镇	0.1966
富川瑶族自治县	1984.1.1	富阳镇	0.1572
罗城仫佬族自治县	1984.1.10	东门镇	0.2639
环江毛南族自治县	1987.11.24	思恩镇	0.4558
大化瑶族自治县	1987.12.23	大化镇	0.2754
恭城瑶族自治县	1990.10.15	恭城镇	0.2149
海南省			
乐东黎族自治县	1987.12.28	抱由镇	0.2746
琼中黎族苗族自治县	1987.12.28	营根镇	0.2693
保亭黎族苗族自治县	1987.12.30	保城镇	0.1161
昌江黎族自治县	1987.12.30	石碌镇	0.1596
白沙黎族自治县	1987.12.30	牙叉镇	0.2118
陵水黎族自治县	1987.12.30	陵城镇	0.1128

续表 3

民族自治地方	建立时间	首府驻地	面积(万平方公里)
重庆市			
秀山土家族苗族自治县	1983.11.7	中和镇	0.2450
酉阳土家族苗族自治县	1983.11.11	钟多镇	0.5173
彭水苗族土家族自治县	1984.11.10	汉葭镇	0.3903
石柱土家族自治县	1984.11.18	南宾镇	0.3031
四川省			
北川羌族自治县	2003.10.25	曲山镇	0.2865
木里藏族自治县	1953.2.19	博瓦镇	1.3246
峨边彝族自治县	1984.10.5	沙坪镇	0.2395
马边彝族自治县	1984.10.9	民建镇	0.2383
贵州省			
威宁彝族回族苗族自治县	1954.11.11	城关镇	0.6294
松桃苗族自治县	1956.12.31	城关镇	0.2861
三都水族自治县	1957.1.2	三合镇	0.2384
镇宁布依苗族自治县	1963.9.11	城关镇	0.1721
紫云苗族布依族自治县	1966.2.11	松山镇	0.2284
关岭布依族苗族自治县	1981.12.31	关索镇	0.1468
玉屏侗族自治县	1984.11.7	平溪镇	0.0517
印江土家族苗族自治县	1987.11.20	印江镇	0.1961
沿河土家族自治县	1987.11.23	和平镇	0.2469
务川仡佬族苗族自治县	1987.11.26	都濡镇	0.2773
道真仡佬族苗族自治县	1987.11.29	玉溪镇	0.2156
云南省			
峨山彝族自治县	1951.5.12	双江镇	0.1972
澜沧拉祜族自治县	1953.4.7	勐朗镇	0.8807
江城哈尼族彝族自治县	1954.5.18	勐烈镇	0.3476
孟连傣族拉祜族佤族自治县	1954.6.16	孟连镇	0.1957
耿马傣族佤族自治县	1955.10.16	耿宣镇	0.3837
宁蒗彝族自治县	1956.9.20	大兴镇	0.0206
贡山独龙族怒族自治县	1956.10.1	茨开镇	0.4506
巍山彝族回族自治县	1956.11.9	文华镇	0.2266
石林彝族自治县	1956.12.31	鹿阜镇	0.1777
玉龙纳西族自治县	1961.4.10	黄山镇	0.6521
屏边苗族自治县	1963.7.1	玉屏镇	0.1906
河口瑶族自治县	1963.7.11	河口镇	0.1313
沧源佤族自治县	1964.2.28	勐董镇	0.2539
西盟佤族自治县	1965.3.5	西盟镇	0.1391
南涧彝族自治县	1965.11.27	南涧镇	0.1802
墨江哈尼族自治县	1979.11.28	玖联镇	0.5459
寻甸回族彝族自治县	1979.12.20	仁德镇	0.3966

续表 4

民族自治地方	建立时间	首府驻地	面积(万平方公里)
元江哈尼族彝族傣族自治县	1980.11.12	澧江镇	0.2858
新平彝族傣族自治县	1980.11.25	桂山镇	0.4223
维西傈僳族自治县	1985.10.13	保和镇	0.4661
漾濞彝族自治县	1985.11.1	上街镇	0.1957
禄劝彝族苗族自治县	1985.11.25	屏山镇	0.4378
金平苗族瑶族傣族自治县	1985.12.7	金河镇	0.3677
普洱哈尼族彝族自治县	1985.12.15	宁洱镇	0.3670
景东彝族自治县	1985.12.20	锦屏镇	0.4532
景谷傣族彝族自治县	1985.12.25	威远镇	0.7777
双江拉祜族佤族布朗族傣族自治县	1985.12.30	勐勐镇	0.2292
兰坪白族普米族自治县	1988.5.25	金顶镇	0.4555
镇沅彝族哈尼族拉祜族自治县	1990.5.15	按板镇	0.4223
甘肃省			
天祝藏族自治县	1950.5.6	华藏寺镇	0.7147
肃北蒙古族自治县	1950.7.29	党城湾镇	6.6748
东乡族自治县	1950.9.25	锁南镇	0.1510
张家川回族自治县	1953.7.6	张家川镇	0.1293
肃南裕固族自治县	1954.4.20	红湾寺镇	2.3041
阿克塞哈萨克族自治县	1954.4.27	博罗转井镇	3.3333
积石山保安族东乡族撒拉族自治县	1981.9.30	吹麻滩镇	0.0910
青海省			
门源回族自治县	1953.12.19	浩门镇	0.6896
互助土族自治县	1954.2.17	威远镇	0.3320
化隆回族自治县	1954.3.1	巴燕镇	0.2740
循化撒拉族自治县	1954.3.1	积石镇	0.1749
河南蒙古族自治县	1954.10.16	优干宁	0.6250
民和回族土族自治县	1986.6.27	上川口镇	0.1780
大通回族土族自治县	1986.7.10	桥头镇	0.3090
新疆维吾尔自治区			
焉耆回族自治县	1954.3.15	焉耆镇	0.2439
察布查尔锡伯自治县	1954.3.25	察布查尔镇	0.4469
木垒哈萨克自治县	1954.7.17	木垒镇	1.3235
和布克赛尔蒙古自治县	1954.9.10	和布克赛尔镇	3.2000
塔什库尔干塔吉克自治县	1954.9.17	塔什库尔干镇	5.2300
巴里坤哈萨克自治县	1954.9.30	巴里坤镇	3.5714

■中国民族乡镇一览表

地　区	数　量	乡镇名称
北京市	5	朝阳区常营回族乡、通州区于家务回族乡、密云县檀营满族蒙古族乡、怀柔区喇叭沟门满族乡、怀柔区长哨营满族乡
天津市	1	蓟县孙各庄满族乡
河北省	47	石家庄市新乐市彭家庄回族乡、石家庄市藁城市九门回族乡、石家庄市无极县高头回族乡、唐山市遵化市汤泉满族乡、唐山市遵化市西下营满族乡、唐山市遵化市东陵满族乡、邯郸市邱县陈村回族乡、邯郸市大名县营镇回族乡、保定市易县凌云册满族回族乡、保定市定州市号头庄回族乡、张家口市沽源县大二号回族乡、张家口市怀来县王家楼回族乡、廊坊市永清县管家务回族乡、廊坊市文安县大围河回族满族乡、承德市丰宁满族自治县南关蒙古族乡、承德市滦平县平坊满族乡、承德市滦平县安纯沟门满族乡、承德市滦平县五道营子满族乡、承德市滦平县邓厂满族乡、承德市滦平县马营子满族乡、承德市滦平县付家店满族乡、承德市双滦区西地满族乡、承德市滦平县小营满族乡、承德市滦平县西沟满族乡、承德市承德县岗子满族乡、承德市承德县两家满族乡、承德市兴隆县八卦岭满族乡、承德市兴隆县南天门满族乡、承德市隆化县尹家营满族乡、承德市隆化县庙子沟蒙古族满族乡、承德市隆化县偏坡营满族乡、承德市隆化县八达营蒙古族乡、承德市隆化县太平庄满族乡、承德市隆化县旧屯满族乡、承德市隆化县西阿超满族蒙古族乡、承德市隆化县白虎沟蒙古族满族乡、承德市平泉县七家岱满族乡、承德市平泉县茅兰沟满族蒙古族乡、沧州市黄骅市羊二庄回族乡、沧州市黄骅市新村回族乡、沧州市河间市果子洼回族乡、沧州市献县本斋回族乡、沧州市沧县大褚村回族乡、沧州市沧县杜林回族乡、沧州市沧县李天木回族乡、沧州市沧县捷地回族乡、沧州市黄骅市羊三木回族乡
内蒙古自治区	18	呼伦贝尔市莫力达瓦达斡尔族自治旗巴彦鄂温克民族乡、呼伦贝尔市莫力达瓦达斡尔族自治旗杜拉尔鄂温克民族乡、呼伦贝尔市扎兰屯市达斡尔民族乡、呼伦贝尔市扎兰屯市萨马街鄂温克民族乡、呼伦贝尔市扎兰屯市南木鄂伦春民族乡、呼伦贝尔市阿荣旗查巴奇鄂温克民族乡、呼伦贝尔市阿荣旗新发朝鲜族民族乡、呼伦贝尔市阿荣旗音河达斡尔鄂温克民族乡、呼伦贝尔市阿荣旗得力其尔鄂温克民族乡、呼伦贝尔市根河市敖鲁古雅鄂温克民族乡、呼伦贝尔市陈巴尔虎旗鄂温克苏木、呼伦贝尔市额尔古纳市三河回族乡、呼伦贝尔市额尔古纳市室韦俄罗斯民族乡、兴安盟科尔沁右翼前旗满族屯满族乡、赤峰市松山区当铺地满族乡、赤峰市喀喇沁旗十家满族乡、乌兰察布市凉城县曹碾满族乡、呼伦贝尔市鄂温克族自治旗巴彦塔拉达斡尔族乡
辽宁省	54	沈阳市康平县柳树屯蒙古族满族乡、沈阳市康平县沙金台蒙古族满族乡、沈阳市法库县四家子蒙古族乡、沈阳市康平县东升满族蒙古族乡、沈阳市康平县西关屯蒙古族满族乡、大连市瓦房店市三台满族乡、大连市瓦房店市杨家满族乡、大连市庄河市太平岭满族乡、大连市庄河市桂云花满族乡、抚顺市抚顺县拉古满族乡、抚顺市抚顺县汤图满族乡、本溪市桓仁满族自治县雅河朝鲜族乡、丹东市宽甸满族自治县下露河朝鲜族乡、丹东市东港市合隆满族乡、丹东市凤城市大堡蒙古族乡、锦州市义县地藏寺满族乡、锦州市义县大定堡满族乡、阜新市彰武县二道河子蒙古族乡、辽阳市辽阳县吉洞峪满族乡、辽阳市辽阳县甜水满族乡、铁岭市开原市林丰满族乡、铁岭市铁岭县白旗寨满族乡、铁岭市西丰县成平满族乡、铁岭市西丰县德兴满族乡、铁岭市西丰县和隆满族乡、铁岭市西丰县金星满族乡、铁岭市西丰县明德满族乡、铁岭市西丰县营厂满族乡、铁岭市清河区聂家满族乡、朝阳市北票市马友营蒙古族乡、朝阳市北票市凉水河蒙古族乡、朝阳市建平县三家蒙古族乡、朝阳市凌源市三家子蒙古族乡、朝阳市朝阳县松岭门蒙古族乡、朝阳市朝阳县乌兰河硕蒙古族乡、葫芦岛市绥中县西平坡满族乡、葫芦岛市绥中县范家满族乡、葫芦岛市绥中县高甸子满族乡、葫芦岛市绥中县葛家满族乡、葫芦岛市绥中县明水满族乡、葫芦岛市绥中县网户满族乡、葫芦岛市兴城市白塔满族乡、葫芦岛市兴城市大寨满族乡、葫芦岛市兴城市碱厂满族乡、葫芦岛市兴城市旧门满族乡、葫芦岛市兴城市刘台子满族乡、葫芦岛市兴城市南大山满族乡、葫芦岛市兴城市望海满族乡、葫芦岛市兴城市围屏满族乡、葫芦岛市兴城市羊安满族乡、葫芦岛市兴城市药王满族乡、葫芦岛市兴城市三道沟满族乡、葫芦岛市兴城市元台子满族乡、葫芦岛市建昌县二道湾子蒙古族乡

续表 1

地　区	数　量	乡镇名称
吉林省	33（其中民族镇 5）	延边朝鲜族自治州珲春市三家子满族乡、延边朝鲜族自治州珲春市杨泡满族乡、吉林市昌邑区土城子满族朝鲜族乡、吉林市龙潭区乌拉街满族镇、吉林市龙潭区大口钦满族镇、吉林市昌邑区两家子满族乡、吉林市永吉县金家满族乡、吉林市蛟河市乌林朝鲜族乡、通化市梅河口市小杨满族朝鲜族乡、通化市集安市凉水朝鲜族乡、通化市通化县金斗朝鲜族满族乡、通化市通化县大泉源满族朝鲜族乡、通化市辉南县楼街朝鲜族乡、通化市柳河县姜家店朝鲜族乡、通化市柳河县三元浦朝鲜族镇、辽源市东丰县三合满族朝鲜族乡、长春市双阳区双营子回族乡、长春市榆树市延和朝鲜族乡、长春市九台市胡家回族乡、长春市九台市莽卡满族乡、白城市通榆县包拉温都蒙古族乡、白城市通榆县向海蒙古族乡、白城市洮南市呼和车力蒙古族乡、白城市洮南市胡力吐蒙古族乡、白城市镇赉县哈吐气蒙古族乡、白城市镇赉县莫莫格蒙古族乡、白城市大安市新艾里蒙古族乡、白城市洮北区德顺蒙古族乡、松原市扶余县三骏满族蒙古族锡伯族乡、四平市铁东区叶赫满族镇、四平市公主岭市二十家子满族镇、四平市公主岭市龙山满族乡、四平市双辽市那木斯蒙古族乡
黑龙江省	63（其中民族镇 11）	哈尔滨市南岗区红旗满族乡、哈尔滨市双城市乐群满族乡、哈尔滨市双城市同心满族乡、哈尔滨市双城市希勤满族乡、哈尔滨市双城市青岭满族乡、哈尔滨市双城市农丰满族锡伯族镇、哈尔滨市五常市拉林满族镇、哈尔滨市五常市红旗满族乡、哈尔滨市五常市营城子满族乡、哈尔滨市五常市牛家满族镇、哈尔滨市五常市民乐朝鲜族乡、哈尔滨市尚志市河东朝鲜族乡、哈尔滨市尚志市鱼池朝鲜族乡、哈尔滨市依兰县迎兰朝鲜族乡、齐齐哈尔市梅里斯达斡尔族区卧牛吐达斡尔族镇、齐齐哈尔市梅里斯达斡尔族区莽格吐达斡尔族乡、齐齐哈尔市泰来县宁姜蒙古族乡、齐齐哈尔市泰来县胜利蒙古族乡、齐齐哈尔市泰来县江桥蒙古族镇、齐齐哈尔市昂昂溪区水师营满族镇、齐齐哈尔市富裕县友谊达满柯族乡、齐齐哈尔市讷河市兴旺鄂温克族乡、齐齐哈尔市富拉尔基区杜尔门沁达族乡、牡丹江市海林市新安朝鲜族镇、牡丹江市西安区海南朝鲜族乡、牡丹江市宁安市江南朝鲜族满族乡、牡丹江市宁安市卧龙朝鲜族乡、牡丹江市东宁市三岔口朝鲜族镇、牡丹江市穆棱市福禄朝鲜族满族乡、佳木斯市同江市街津口赫哲族乡、佳木斯市同江市八岔赫哲族乡、佳木斯市汤原县汤旺朝鲜族乡、佳木斯市桦川县星火朝鲜族乡、大庆市肇源县超等蒙古族乡、大庆市肇源县浩德蒙古族乡、大庆市肇源县义顺蒙古族乡、黑河市逊克县新鄂鄂伦春族乡、黑河市逊克县新兴鄂伦春族乡、黑河市爱辉区新生鄂伦春族乡、黑河市爱辉区四嘉子满族乡、黑河市爱辉区坤河达斡尔族满族乡、黑河市北安市主星朝鲜族乡、黑河市孙吴县沿江达斡尔族满族乡、绥化市北林区兴和朝鲜族乡、绥化市北林区绥胜满族镇、绥化市北林区永安满族镇、绥化市北林区红旗满族乡、绥化市望奎县惠七满族镇、绥化市望奎县厢白满族乡、绥化市望奎县灵山满族乡、伊春市铁力市年丰朝鲜族乡、鹤岗市萝北县东明朝鲜族乡、鹤岗市绥滨县福兴满族乡、大兴安岭地区呼玛县白银纳鄂伦春族乡、大兴安岭地区塔河县十八站鄂伦春族乡、双鸭山市饶河县四排赫哲族乡、双鸭山市友谊县成富朝鲜族满族乡、七台河市勃利县杏树朝鲜族乡、七台河市勃利县吉兴朝鲜族满族乡、鸡西市密山市和平朝鲜族乡、鸡西市鸡东县鸡林朝鲜族乡、鸡西市鸡东县明德朝鲜族乡、鸡西市城子河区永丰朝鲜族乡
江苏省	1	扬州市高邮市菱塘回族乡
浙江省	18(其中民族镇 4)	金华市兰溪市水亭畲族乡、金华市武义县柳城畲族镇、衢州市龙游县沐尘畲族乡、丽水市莲都区老竹畲族镇、丽水市莲都区丽新畲族乡、丽水市龙泉市竹垟畲族乡、丽水市云和县雾溪畲族乡、丽水市云和县安溪畲族乡、丽水市遂昌县三仁畲族乡、丽水市松阳县板桥畲族乡、杭州市桐庐县莪山畲族乡、温州市平阳县青街畲族乡、温州市苍南县岱岭畲族乡、温州市苍南县凤阳畲族乡、温州市文成县西坑畲族镇、温州市文成县周山畲族乡、温州市泰顺县司前畲族镇、温州市泰顺县竹里畲族乡
安徽省	9	淮南市谢家集区孤堆回族乡、合肥市肥东县牌坊回族满族乡、滁州市定远县二龙回族乡、淮南市凤台县李冲回族乡、淮南市潘集区古沟回族乡、淮南市寿县陶店回族乡、宣城市宁国市云梯畲族乡、蚌埠市五河县临北回族乡、阜阳市颍上县赛涧回族乡
福建省	19	福州市罗源县霍口畲族乡、福州市连江县小沧畲族乡、宁德市福安市坂中畲族乡、宁德市福安市康厝畲族乡、宁德市福安市穆云畲族乡、宁德市霞浦县盐田畲族乡、宁德市霞浦县崇儒畲族乡、宁德市霞浦县水门畲族乡、宁德市蕉城区金涵畲族乡、宁德市福鼎市硖门畲族乡、宁德市福鼎市佳阳畲族乡、漳州市漳浦县赤岭畲族乡、漳州市漳浦县湖西畲族乡、漳州市龙海市隆教畲族乡、三明市永安市青水畲族乡、三明市宁化县治平畲族乡、龙岩市上杭县官庄畲族乡、龙岩市上杭县庐丰畲族乡、泉州市惠安县百崎回族乡

续表 2

地　区	数　量	乡镇名称
江西省	8	鹰潭市贵溪市樟坪畲族乡、上饶市铅山县太源畲族乡、上饶市铅山县篁碧畲族乡、吉安市永丰县龙冈畲族乡、赣州市南康市赤土畲族乡、吉安市青原区东固畲族乡、抚州市乐安县金竹畲族乡、吉安市峡江县金坪民族乡
山东省	4(其中民族镇 4)	淄博市临淄区金岭回族镇、聊城市莘县张鲁回族镇、菏泽市曹县侯集回族镇、德州市禹城市十里望回族镇
河南省	21(其中民族镇 9)	郑州市荥阳市金寨回族乡、周口市太康县城关回族镇、周口市淮阳县城关回族镇、周口市沈丘县槐店回族镇、商丘市宁陵县城关回族镇、商丘市睢县城关回族镇、商丘市民权县伯党回族乡、商丘市民权县胡集回族乡、平顶山市叶县马庄回族乡、平顶山市郏县姚庄回族乡、新乡市封丘县荆乡回族乡、许昌市许昌县艾庄回族乡、许昌市禹州市山货回族乡、许昌市襄城县颍桥回族镇、南阳市镇平县郭庄回族乡、南阳市方城县袁店回族乡、驻马店市西平县蔡寨回族乡、驻马店市新蔡县李桥回族镇、漯河市临颍县繁城回族镇、洛阳市洛宁县王范回族镇、洛阳市瀍河回族区瀍河回族乡
湖北省	12(其中民族镇 2)	荆门市钟祥市九里回族乡、荆州市洪湖市老湾回族乡、荆州市松滋市卸甲坪土家族乡、宜昌市宜都市潘家湾土家族乡、十堰市郧西县湖北口回族乡、恩施土家族苗族自治州恩施市芭蕉侗族乡、恩施土家族苗族自治州宣恩县长潭河侗族乡、恩施土家族苗族自治州宣恩县晓关侗族乡、仙桃市沔城回族镇、神农架林区下谷坪土家族乡、咸宁市赤壁市周郎嘴回族镇、恩施土家族苗族自治州鹤峰县铁炉白族乡
湖南省	84	怀化市辰溪县罗子山瑶族乡、怀化市辰溪县苏木溪瑶族乡、怀化市辰溪县上蒲溪瑶族乡、怀化市辰溪县后塘瑶族乡、怀化市辰溪县仙人湾瑶族乡、怀化市洪江市深渡苗族乡、怀化市洪江市龙船塘瑶族乡、怀化市会同县炮团侗族苗族乡、怀化市会同县宝田侗族苗族乡、怀化市会同县蒲稳侗族苗族乡、怀化市会同县金子岩侗族苗族乡、怀化市会同县漠滨侗族苗族乡、怀化市会同县青朗侗族苗族乡、怀化市沅陵县二酉苗族乡、怀化市沅陵县火场土家族乡、怀化市中方县蒿吉坪瑶族乡、怀化市通道侗族自治县大高坪苗族乡、怀化市新晃侗族自治县步头降苗族乡、怀化市新晃侗族自治县米贝苗族乡、邵阳市绥宁县河口苗族乡、邵阳市绥宁县麻塘苗族乡、邵阳市绥宁县东山侗族乡、邵阳市绥宁县鹅公岭侗族苗族乡、邵阳市绥宁县寨市苗族侗族乡、邵阳市绥宁县乐安铺苗族侗族乡、邵阳市绥宁县关峡苗族乡、邵阳市绥宁县长铺子苗族乡、邵阳市隆回县山界回族乡、邵阳市隆回县虎形山瑶族乡、邵阳市洞口县那溪瑶族乡、邵阳市洞口县大屋瑶族乡、邵阳市洞口县长塘瑶族乡、邵阳市新宁县黄金瑶族乡、邵阳市新宁县麻林瑶族乡、永州市蓝山县荆竹瑶族乡、永州市蓝山县湘江源瑶族乡、永州市蓝山县浆洞瑶族乡、永州市蓝山县汇源瑶族乡、永州市蓝山县犁头瑶族乡、永州市蓝山县大桥瑶族乡、永州市江永县松柏瑶族乡、永州市江永县千家洞瑶族乡、永州市江永县兰溪瑶族乡、永州市江永县源口瑶族乡、永州市宁远县九疑瑶族乡、永州市宁远县棉花坪瑶族乡、永州市宁远县桐木漯瑶族乡、永州市宁远县五龙山瑶族乡、永州市道县横岭瑶族乡、永州市道县洪塘营瑶族乡、永州市道县审章塘瑶族乡、永州市祁阳县晒北滩瑶族乡、永州市新田县门楼下瑶族乡、永州市双牌县上梧江瑶族乡、永州市江华瑶族自治县小圩壮族乡、张家界市桑植县刘家坪白族乡、张家界市桑植县马合口白族乡、张家界市桑植县走马坪白族乡、张家界市桑植县芙蓉桥白族乡、张家界市桑植县洪家关白族乡、张家界市慈利县三官寺土家族乡、张家界市慈利县高峰土家族乡、张家界市慈利县金岩土家族乡、张家界市慈利县许家坊土家族乡、张家界市慈利县阳和土家族乡、张家界市慈利县甘堰土家族乡、张家界市慈利县赵家岗土家族乡、郴州市桂阳县白水瑶族乡、郴州市北湖区保和瑶族乡、郴州市北湖区仰天湖瑶族乡、郴州市宜章县莽山瑶族乡、郴州市汝城县文明瑶族乡、郴州市汝城县延寿瑶族乡、郴州市汝城县三江口瑶族乡、郴州市临武县西山瑶族乡、郴州市资兴市回龙山瑶族乡、郴州市资兴市八面山瑶族乡、常德市鼎城区许家桥回族维吾尔族乡、常德市汉寿县毛家滩回族维吾尔族乡、常德市桃源县枫树维吾尔族回族乡、常德市桃源县青林回族维吾尔族乡、株洲市炎陵县中村瑶族乡、衡阳市常宁市塔山瑶族乡、益阳市桃江县鲊埠回族乡
广东省	7	惠州市龙门县蓝田瑶族乡、清远市连州市三水瑶族乡、清远市连州市瑶安瑶族乡、清远市阳山县秤架瑶族乡、肇庆市怀集县下帅壮族瑶族乡、韶关市始兴县深渡水瑶族乡、河源市东源县漳溪畲族乡

续表 3

地　区	数　量	乡镇名称
广西壮族自治区	59	梧州市蒙山县长坪瑶族乡、梧州市蒙山县夏宜瑶族乡、贺州市八步区黄洞瑶族乡、贺州市平桂区大平瑶族乡、贺州市昭平县仙回瑶族乡、贺州市钟山县两安瑶族乡、贺州市钟山县花山瑶族乡、贵港市平南县马练瑶族乡、贵港市平南县国安瑶族乡、防城港市上思县南屏瑶族乡、防城港市防城区十万山瑶族乡、南宁市马山县古寨瑶族乡、南宁市马山县里当瑶族乡、南宁市上林县镇圩瑶族乡、柳州市三江侗族自治县同乐苗族乡、柳州市三江侗族自治县福禄苗族乡、柳州市三江侗族自治县高基瑶族乡、柳州市融水苗族自治县滚贝侗族乡、柳州市融水苗族自治县同练瑶族乡、柳州市柳城县古砦仫佬族乡、桂林市临桂县宛田瑶族乡、桂林市临桂县黄沙瑶族乡、桂林市灵川县大境瑶族乡、桂林市灵川县兰田瑶族乡、桂林市全州县蕉江瑶族乡、桂林市全州县东山瑶族乡、桂林市兴安县华江瑶族乡、桂林市灌阳县洞井瑶族乡、桂林市灌阳县西山瑶族乡、桂林市资源县车田苗族乡、桂林市资源县两水苗族乡、桂林市资源县河口瑶族乡、桂林市平乐县大发瑶族乡、桂林市荔浦市蒲芦瑶族乡、桂林市雁山区草坪回族乡、百色市右江区汪甸瑶族乡、百色市田东县作登瑶族乡、百色市田林县潞城瑶族乡、百色市田林县利周瑶族乡、百色市田林县八桂瑶族乡、百色市田林县八渡瑶族乡、百色市凌云县伶站瑶族乡、百色市凌云县朝里瑶族乡、百色市凌云县沙里瑶族乡、百色市凌云县玉洪瑶族乡、百色市西林县足别瑶族苗族乡、百色市西林县普合苗族乡、百色市西林县那佐苗族乡、河池市南丹县八圩瑶族乡、河池市南丹县里湖瑶族乡、河池市南丹县中堡苗族乡、河池市天峨县八腊瑶族乡、河池市凤山县平乐瑶族乡、河池市凤山县江洲瑶族乡、河池市凤山县金牙瑶族乡、河池市东兰县三弄瑶族乡、河池市环江毛南族自治县驯乐苗族乡、河池市宜州市北牙瑶族乡、河池市宜州市福龙瑶族乡
重庆市	14	奉节县云雾土家族乡、奉节县长安土家族乡、奉节县龙桥土家族乡、奉节县太和土家族乡、万州区恒合土家族乡、万州区地宝土家族乡、云阳县清水土家族乡、巫山县红椿土家族乡、巫山县邓家土家族乡、忠县磨子土家族乡、武隆区石桥苗族土家族乡、武隆区文复苗族土家族乡、武隆区后坪苗族土家族乡、武隆区浩口苗族仡佬族乡
四川省	98	雅安市荥经县民建彝族民族乡、凉山彝族自治州西昌市高草回族乡、凉山彝族自治州西昌市裕隆回族乡、凉山彝族自治州木里藏族自治县屋脚蒙古族乡、凉山彝族自治州木里藏族自治县俄亚纳西族乡、凉山彝族自治州木里藏族自治县白碉苗族乡、凉山彝族自治州木里藏族自治县项脚蒙古族乡、凉山彝族自治州木里藏族自治县固增苗族乡、凉山彝族自治州盐源县大坡蒙古族乡、凉山彝族自治州德昌县金沙傈僳族乡、凉山彝族自治州德昌县南山傈僳族乡、凉山彝族自治州会理县新安傣族乡、凉山彝族自治州冕宁县和爱藏族乡、凉山彝族自治州越西县保安藏族乡、绵阳市平武县木皮藏族乡、绵阳市平武县木座藏族乡、绵阳市平武县白马藏族乡、绵阳市平武县黄羊关藏族乡、绵阳市平武县虎牙藏族乡、绵阳市平武县泗耳藏族乡、绵阳市平武县徐塘羌族乡、绵阳市平武县锁江羌族乡、绵阳市平武县平南羌族乡、绵阳市北川羌族自治县桃龙藏族乡、绵阳市盐亭县大兴回族乡、达州市宣汉县渡口土家族乡、达州市宣汉县龙泉土家族乡、达州市宣汉县三墩土家族乡、达州市宣汉县漆树土家族乡、绵阳市平武县水田羌族乡、绵阳市平武县旧堡羌族乡、绵阳市平武县阔达藏族乡、绵阳市平武县土城藏族乡
贵州省	193	贵阳市南明区小碧布依族苗族乡、贵阳市花溪区高坡苗族乡、贵阳市花溪区孟关苗族布依族乡、贵阳市花溪区马铃布依族苗族乡、贵阳市花溪区黔陶布依族苗族乡、贵阳市乌当区偏坡布依族乡、贵阳市乌当区新堡布依族乡、贵阳市白云区牛场布依族乡、贵阳市白云区都拉布依族乡、贵阳市清镇市麦格苗族布依族乡、贵阳市清镇市王庄布依族苗族乡、贵阳市清镇市流长苗族乡、贵阳市开阳县高寨苗族布依族乡、贵阳市开阳县南江布依族苗族乡、贵阳市开阳县禾丰布依族苗族乡、贵阳市修文县大石布依族乡、贵阳市息烽县青山苗族乡、六盘水市水城县坪寨彝族乡、六盘水市水城县南开苗族彝族乡、六盘水市水城县青林苗族彝族乡、六盘水市水城县金盆苗族彝族乡、六盘水市水城县新街彝族苗族布依族乡、六盘水市水城县杨梅彝族苗族回族乡、六盘水市水城县野钟苗族彝族布依族乡、六盘水市水城县果布嘎彝族苗族布依族乡、六盘水市水城县龙场苗族白族彝族乡、六盘水市水城县营盘苗族彝族白族乡、六盘水市水城县顺场苗族彝族布依族乡、六盘水市水城县花戛苗族布依族彝族乡、六盘水市水城县猴场苗族布依族乡、六盘水市盘县普田回族乡、六盘水市盘县旧营白族彝族苗族乡、

续表 4

地　区	数　量	乡镇名称
贵州省	193	六盘水市盘县羊场布依族白族苗族乡、六盘水市盘县保基苗族彝族乡、六盘水市盘县淤泥彝族乡、六盘水市盘县普古彝族苗族乡、六盘水市盘县坪地彝族乡、六盘水市六枝特区梭戛苗族彝族乡、六盘水市六枝特区落别布依族彝族乡、六盘水市六枝特区中寨苗族彝族布依族乡、六盘水市六枝特区牛场苗族彝族乡、六盘水市六枝特区月亮河彝族苗族乡、遵义市仁怀市后山苗族布依族乡、遵义市遵义县平正仡佬族乡、遵义市遵义县洪关苗族乡、遵义市桐梓县马鬃苗族乡、遵义市正安县谢坝仡佬族苗族乡、遵义市正安县市坪苗族仡佬族乡、遵义市余庆县花山苗族乡、遵义市道真仡佬族苗族自治县上坝土家族乡、安顺市西秀区鸡场布依族苗族乡、安顺市西秀区杨武布依族苗族乡、安顺市西秀区岩腊苗族布依族乡、安顺市西秀区新场布依族苗族乡、安顺市西秀区黄腊布依族苗族乡、安顺市平坝县十字回族乡、安顺市平坝县羊昌布依族苗族乡、安顺市普定县补郎苗族乡、安顺市普定县猴场苗族仡佬族乡、安顺市普定县猫洞苗族仡佬族乡、毕节市七星关区大屯彝族乡、毕节市七星关区田坎彝族乡、毕节市七星关区阿市苗族彝族乡、毕节市七星关区团结彝族苗族乡、毕节市七星关区阴底彝族苗族白族乡、毕节市七星关区千溪彝族苗族白族乡、毕节市黔西县永燊彝族苗族乡、毕节市黔西县新仁苗族乡、毕节市黔西县花溪彝族苗族乡、毕节市黔西县中建苗族彝族乡、毕节市黔西县定新彝族苗族乡、毕节市黔西县太来彝族苗族乡、毕节市黔西县绿化白族彝族乡、毕节市黔西县红林彝族苗族乡、毕节市黔西县五里布依族苗族乡、毕节市黔西县铁石苗族彝族乡、毕节市大方县竹园彝族苗族乡、毕节市大方县响水白族彝族仡佬族乡、毕节市大方县鼎新彝族苗族乡、毕节市大方县牛场苗族彝族乡、毕节市大方县理化苗族彝族乡、毕节市大方县安乐彝族仡佬族乡、毕节市大方县凤山彝族蒙古族乡、毕节市大方县百纳彝族乡、毕节市大方县三元彝族苗族白族乡、毕节市大方县沙厂彝族乡、毕节市大方县黄泥彝族苗族满族乡、毕节市大方县核桃彝族白族乡、毕节市大方县八堡彝族苗族乡、毕节市大方县兴隆苗族乡、毕节市大方县大山苗族彝族乡、毕节市大方县星宿苗族彝族仡佬族乡、毕节市织金县自强苗族乡、毕节市织金县官寨苗族乡、毕节市织金县后寨苗族乡、毕节市织金县大平苗族彝族乡、毕节市织金县茶店布依族苗族彝族乡、毕节市织金县金龙苗族彝族布依族乡、毕节市织金县鸡场苗族彝族布依族乡、毕节市金沙县太平彝族苗族乡、毕节市金沙县石场苗族彝族乡、毕节市金沙县马路彝族苗族乡、毕节市金沙县安洛苗族彝族满族乡、毕节市金沙县新化苗族彝族满族乡、毕节市金沙县大田彝族苗族布依族乡、毕节市赫章县兴发苗族彝族回族乡、毕节市赫章县松林坡白族彝族苗族乡、毕节市赫章县雉街彝族苗族乡、毕节市赫章县珠市彝族乡、毕节市赫章县双坪彝族苗族乡、毕节市赫章县辅处彝族苗族乡、毕节市赫章县铁匠苗族乡、毕节市赫章县可乐彝族苗族乡、毕节市赫章县河镇彝族苗族乡、毕节市赫章县结构彝族苗族乡、毕节市赫章县水塘堡彝族苗族乡、毕节市赫章县古达苗族彝族乡、毕节市纳雍县库东关彝族苗族白族乡、毕节市纳雍县董地苗族彝族乡、毕节市纳雍县左鸠戛彝族苗族乡、毕节市纳雍县锅圈岩苗族彝族乡、毕节市纳雍县新房彝族苗族乡、毕节市纳雍县化作苗族彝族乡、毕节市纳雍县姑开苗族彝族乡、毕节市纳雍县羊场苗族彝族乡、毕节市纳雍县昆寨苗族彝族白族乡、毕节市纳雍县猪场苗族彝族乡、毕节市威宁彝族回族苗族自治县新发布依族乡、毕节市大方县大水彝族苗族布依族乡、毕节市黔西县金坡苗族彝族满族乡、毕节市大方县普底彝族苗族白族乡、毕节市黔西县仁和彝族苗族乡、铜仁市碧江区桐木坪侗族乡、铜仁市碧江区瓦屋侗族乡、铜仁市碧江区和平土家族侗族乡、铜仁市碧江区滑石侗族苗族土家族乡、铜仁市碧江区六龙山侗族土家族乡、铜仁市万山区高楼坪侗族乡、铜仁市万山区黄道侗族乡、铜仁市万山区熬寨侗族乡、铜仁市万山区下溪侗族乡、铜仁市万山区鱼塘侗族土家族苗族乡、铜仁市万山区大坪侗族土家族苗族乡、铜仁市德江县楠杆土家族乡、铜仁市德江县沙溪土家族乡、铜仁市德江县桶井土家族乡、铜仁市德江县堰塘土家族乡、铜仁市德江县荆角土家族乡、铜仁市德江县长丰土家族乡、铜仁市德江县龙泉土家族乡、铜仁市德江县钱家土家族乡、铜仁市江口县德旺土家族苗族乡、铜仁市江口县官和侗族土家族苗族乡、铜仁市石阡县聚凤仡佬族侗族乡、铜仁市石阡县大沙坝仡佬族侗族乡、铜仁市石阡县枫香仡佬族侗族乡、铜仁市石阡县青阳苗族仡佬族侗族乡、铜仁市石阡县龙井侗族仡佬族乡、铜仁市石阡县石固仡佬族侗族乡、铜仁市石阡县坪地仡佬族侗族乡、铜仁市石阡县甘溪仡佬族侗族乡、铜仁市石阡县坪山仡佬族侗族乡、铜仁市思南县思林土家族苗族乡、铜仁市思南县枫杉土家族苗族乡、铜仁市思南县杨家坳苗族土家族乡、铜仁市思南县胡家湾苗族土家族乡、铜仁市思南县宽坪土家族苗族乡、铜仁市思南县三道水土家族苗族乡、铜仁市思南县天桥土家族苗族乡、铜仁市思南县兴隆土家族苗族乡、黔东南苗族侗族自治州岑巩县羊桥土家族乡、黔南布依族苗族自治州都匀市归兰水族乡、黔南布依族苗族自治州荔波县瑶山瑶族乡、

续表 5

地　区	数　量	乡镇名称
贵州省	193	黔南布依族苗族自治州荔波县黎明关水族乡、黔南布依族苗族自治州平塘县卡蒲毛南族、贵阳市花溪区湖潮布依族苗族乡
云南省	140	昆明市晋宁县夕阳彝族乡、昆明市晋宁县双河彝族乡、昆明市宜良县九乡彝族回族乡、昆明市宜良县耿家彝族苗族乡、昭通市昭阳区守望回族乡、昭通市昭阳区小龙洞回族彝族乡、昭通市昭阳区布嘎回族乡、昭通市昭阳区青冈岭回族彝族乡、昭通市鲁甸县桃源回族乡、昭通市鲁甸县茨院回族乡、昭通市大关县上高桥回族彝族苗族乡、昭通市永善县马楠苗族彝族乡、昭通市永善县伍寨彝族苗族乡、昭通市镇雄县果珠彝族乡、昭通市镇雄县林口彝族苗族乡、昭通市彝良县龙街苗族彝族乡、昭通市彝良县奎香苗族彝族乡、昭通市彝良县树林彝族苗族乡、昭通市彝良县柳溪苗族乡、昭通市彝良县洛旺苗族乡、昭通市威信县双河苗族彝族乡、曲靖市师宗县龙庆彝族壮族乡、曲靖市师宗县五龙壮族乡、曲靖市师宗县高良壮族苗族瑶族乡、曲靖市罗平县长底布依族乡、曲靖市罗平县旧屋基彝族乡、曲靖市罗平县鲁布革布依族苗族乡、曲靖市富源县古敢水族乡、曲靖市会泽县新街回族乡、楚雄彝族自治州南华县雨露白族乡、楚雄彝族自治州大姚县湾碧傈僳傣族乡、楚雄彝族自治州永仁县永兴傣族乡、楚雄彝族自治州武定县东坡傣族乡、玉溪市红塔区小石桥彝族乡、玉溪市红塔区洛河彝族乡、玉溪市江川县安化彝族乡、玉溪市通海县高大傣族彝族乡、玉溪市通海县里山彝族乡、玉溪市通海县兴蒙蒙古族乡、玉溪市华宁县通红甸彝族苗族乡、玉溪市易门县十街彝族乡、玉溪市易门县浦贝彝族乡、玉溪市易门县铜厂彝族乡、红河哈尼族彝族自治州河口瑶族自治县桥头苗族壮族乡、红河哈尼族彝族自治州金平苗族瑶族傣族自治县者米拉祜族乡、红河哈尼族彝族自治州蒙自县期路白苗族乡、红河哈尼族彝族自治州蒙自县老寨苗族乡、红河哈尼族彝族自治州开远市大庄回族乡、文山壮族苗族自治州文山市东山彝族乡、文山壮族苗族自治州文山市红甸回族乡、文山壮族苗族自治州文山市秉烈彝族乡、文山壮族苗族自治州文山市柳井彝族乡、文山壮族苗族自治州文山市坝心彝族乡、文山壮族苗族自治州砚山县阿舍彝族乡、文山壮族苗族自治州砚山县维末彝族乡、文山壮族苗族自治州砚山县盘龙彝族乡、文山壮族苗族自治州砚山县干河彝族乡、文山壮族苗族自治州丘北县舍得彝族乡、文山壮族苗族自治州丘北县新店彝族乡、文山壮族苗族自治州丘北县树皮彝族乡、文山壮族苗族自治州丘北县八道哨彝族乡、文山壮族苗族自治州丘北县腻脚彝族乡、文山壮族苗族自治州麻栗坡县猛硐瑶族乡、文山壮族苗族自治州富宁县洞波瑶族乡、普洱市澜沧拉祜族自治县酒井哈尼族乡、普洱市澜沧拉祜族自治县发展河哈尼族乡、普洱市澜沧拉祜族自治县谦六彝族乡、普洱市澜沧拉祜族自治县文东佤族乡、普洱市澜沧拉祜族自治县安康佤族乡、普洱市澜沧拉祜族自治县雪林佤族乡、普洱市思茅区云仙彝族乡、普洱市思茅区龙潭彝族傣族乡、普洱市墨江哈尼族自治县孟弄彝族乡、普洱市西盟佤族自治县力所拉祜族乡、大理白族自治州大理市太邑彝族乡、大理白族自治州鹤庆县六合彝族乡、大理白族自治州宾川县钟英傈僳族彝族乡、大理白族自治州宾川县拉乌彝族乡、大理白族自治州祥云县东山彝族乡、大理白族自治州弥渡县牛街彝族乡、大理白族自治州永平县北斗彝族乡、大理白族自治州永平县厂街彝族乡、大理白族自治州永平县水泄彝族乡、大理白族自治州云龙县苗尾傈僳族乡、大理白族自治州云龙县团结彝族乡、丽江市华坪县永兴傈僳族乡、丽江市华坪县通达傈僳族乡、丽江市华坪县新庄傈僳族傣族乡、丽江市华坪县船房傈僳族傣族乡、丽江市永胜县羊坪彝族乡、丽江市永胜县东山傈僳族彝族乡、丽江市永胜县六德傈僳族彝族乡、丽江市永胜县大安彝族纳西族乡、丽江市永胜县光华傈僳族彝族乡、丽江市永胜县松坪傈僳族彝族乡、丽江市宁蒗彝族自治县翠玉傈僳族普米族乡、丽江市古城区金江白族乡、丽江市玉龙纳西族自治县九河白族乡、丽江市玉龙纳西族自治县石头白族乡、丽江市玉龙纳西族自治县黎明傈僳族乡、保山市隆阳区瓦马彝族白族乡、保山市隆阳区瓦房彝族苗族乡、保山市隆阳区杨柳白族彝族乡、保山市隆阳区芒宽彝族傣族乡、保山市施甸县摆榔彝族布朗族乡、保山市施甸县木老元布朗族彝族乡、保山市龙陵县木城彝族傈僳族乡、保山市昌宁县朱街彝族乡、保山市昌宁县苟街彝族苗族乡、保山市昌宁县湾甸傣族乡、德宏傣族景颇族自治州陇川县户撒阿昌族乡、德宏傣族景颇族自治州芒市三台山德昂族乡、德宏傣族景颇族自治州梁河县囊宋阿昌族乡、德宏傣族景颇族自治州梁河县九保阿昌族乡、德宏傣族景颇族自治州盈江县苏典傈僳族乡、怒江傈僳族自治州福贡县匹河怒族乡、怒江傈僳族自治州泸水市洛本卓白族乡、迪庆藏族自治州香格里拉市三坝纳西族乡、迪庆藏族自治州德钦县霞若傈僳族乡、迪庆藏族自治州德钦县拖顶傈僳族乡、临沧市凤庆县新华彝族苗族乡、临沧市凤庆县腰街彝族乡、临沧市凤庆县郭大寨彝族白族乡、

续表 6

地　区	数　量	乡镇名称
云南省	140	临沧市云县栗树彝族傣族乡、临沧市云县忙怀彝族布朗族乡、临沧市云县后箐彝族乡、临沧市永德县大雪山彝族拉祜族傣族乡、临沧市永德县乌木龙彝族乡、临沧市临翔区平村彝族傣族乡、临沧市临翔区南美拉祜乡、临沧市耿马傣族佤族自治县芒洪拉祜族布朗族乡、临沧市沧源佤族自治县勐角傣族彝族拉祜族乡、临沧市镇康县军赛佤族拉祜族傈僳族德昂族乡、西双版纳傣族自治州景洪市基诺山基诺族乡、西双版纳傣族自治州景洪市景哈哈尼族乡、西双版纳傣族自治州勐腊县瑶区瑶族乡、西双版纳傣族自治州勐腊县象明彝族乡、西双版纳傣族自治州勐海县格朗和哈尼族乡、西双版纳傣族自治州勐海县布朗山布朗族乡、西双版纳傣族自治州勐海县西定哈尼族乡
西藏自治区	9	山南市错那县麻玛门巴族乡、山南市错那县贡日门巴族乡、山南市错那县基巴门巴族乡、山南市错那县勒布区勒门巴族乡、林芝市林芝县更章门巴族乡、林芝市米林县南伊珞巴乡、林芝市墨脱县达木珞巴族乡、昌都市芒康县下盐井纳西族乡、山南市隆子县斗玉洛巴乡
陕西省	3（其中民族镇 3）	商洛市镇安县西口回族镇、商洛市镇安县茅坪回族镇、安康市宁陕县江口回族镇
甘肃省	32	临夏回族自治州广河县阿里麻土东乡族乡、甘南藏族自治州临潭县长川回族乡、甘南藏族自治州临潭县卓洛回族乡、甘南藏族自治州卓尼县勺哇土族乡、陇南市文县铁楼藏族乡、陇南市武都区坪垭藏族乡、陇南市武都区磨坝藏族乡、陇南市宕昌县新城子藏族乡、酒泉市肃州区黄泥堡裕固族乡、酒泉市玉门市小金湾东乡族乡、白银市会宁县新添堡回族乡、庆阳市正宁县五倾源回族乡、平凉市崆峒区峡门回族乡、平凉市华亭县神峪回族乡、平凉市华亭县山寨回族乡、平凉市崆峒区白庙回族乡、平凉市崆峒区大秦回族乡、平凉市崆峒区寨河回族乡、平凉市崆峒区大寨回族乡、平凉市崆峒区西阳回族乡、平凉市崆峒区上杨回族乡、张掖市肃南裕固族自治县祁丰藏族乡、张掖市肃南裕固族自治县马蹄藏族乡、张掖市肃南裕固族自治县白银蒙古族乡、张掖市甘州区平山湖蒙古族乡、临夏回族自治州临夏县井沟东乡族乡、临夏回族自治州和政县梁家寺东乡族乡、临夏回族自治州临夏县安家坡东乡族乡、酒泉市瓜州县七墩回族东乡族乡、酒泉市瓜州县广至藏族乡、酒泉市瓜州县沙河回族乡、酒泉市玉门市独山子东乡族乡
青海省	28	西宁市大通回族土族自治县朔北藏族乡、西宁市大通回族土族自治县向化藏族乡、西宁市湟中县群加藏族乡、西宁市湟中县大才回族乡、西宁市湟中县汉东回族乡、西宁市湟源县日月藏族乡、海东市民和回族土族自治县杏儿藏族乡、海东市乐都县下营藏族乡、海东市乐都县中坝藏族乡、海东市乐都县达拉土族乡、海东市互助土族自治县松多藏族乡、海东市化隆回族自治县雄先藏族乡、海东市化隆回族自治县查甫藏族乡、海东市化隆回族自治县金源藏族乡、海东市化隆回族自治县塔加藏族乡、海东市循化撒拉族自治县道帏藏族乡、海东市循化撒拉族自治县尕楞藏族乡、海东市循化撒拉族自治县岗察藏族乡、海东市循化撒拉族自治县文都藏族乡、海东市平安县沙沟回族乡、海东市平安县巴藏沟回族乡、海东市平安县石灰窑回族乡、海东市平安县洪水泉回族乡、海东市平安县古城回族乡、海东市互助土族自治县巴扎藏族乡、海北藏族自治州门源回族自治县皇城蒙古族乡、海北藏族自治州海晏县哈勒景蒙古族乡、海南藏族自治州贵德县新街回族乡
新疆维吾尔自治区	42	吐鲁番市鄯善县东巴扎回族乡、和田地区皮山县瑙阿巴提塔吉克族乡、和田地区皮山县康克尔柯尔克孜族乡、巴音郭楞蒙古自治州和硕县乌什塔拉回族乡、昌吉回族自治州奇台县大泉塔塔尔族乡、昌吉回族自治州奇台县五马场哈萨克族乡、昌吉回族自治州奇台县乔仁哈萨克族乡、昌吉回族自治州木垒哈萨克自治县大南沟乌孜别克族乡、昌吉回族自治州玛纳斯县旱卡子滩哈萨克族乡、昌吉回族自治州玛纳斯县塔西河哈萨克族乡、昌吉回族自治州玛纳斯县清水河哈萨克族乡、昌吉回族自治州阜康市三工河哈萨克族乡、昌吉回族自治州阜康市上户沟哈萨克族乡、昌吉回族自治州昌吉市阿什里哈萨克族乡、昌吉回族自治州呼图壁县石梯子哈萨克族乡、乌鲁木齐市米东区柏杨河哈萨克族乡、克孜勒苏柯尔克孜自治州阿克陶县塔尔塔吉克族乡、喀什地区塔什库尔干塔吉克自治县科克亚尔柯尔克孜族乡、喀什地区泽普县布依鲁克塔吉克族乡、喀什地区莎车县孜热普夏提塔吉克族乡、伊犁哈萨克自治州察布查尔锡伯自治县米粮泉回族乡、伊犁哈萨克自治州特克斯县科克铁热克柯尔克孜族乡、伊犁哈萨克自治州特克斯县呼吉尔特蒙古族乡、伊犁哈萨克自治州伊宁县愉群翁回族乡、伊犁哈萨克自治州尼勒克县科克浩特浩尔蒙古族乡、伊犁哈萨克自治州霍城县伊车嘎善锡伯族乡、伊犁哈萨克自治州霍城县三宫回族乡、伊犁哈萨克自治州昭苏县胡松图喀尔逊蒙古族乡、

续表 7

地　区	数　量	乡镇名称
新疆维吾尔自治区	42	伊犁哈萨克自治州昭苏县察汗乌苏蒙古族乡、伊犁哈萨克自治州昭苏县夏特柯尔克孜族乡、塔城地区塔城市阿西尔达斡尔族乡、塔城地区乌苏市塔布勒合特蒙古族乡、塔城地区乌苏市吉尔格勒特郭楞蒙古族乡、塔城地区额敏县额玛勒郭楞蒙古族乡、塔城地区额敏县霍吉尔特蒙古族乡、阿克苏地区乌什县雅曼苏柯尔克孜族乡、阿克苏地区温宿县博孜东柯尔克孜族乡、哈密市伊吾县前山哈萨克族乡、哈密市伊州区德外里都如克哈萨克族乡、哈密市伊州区乌拉台哈萨克族乡、阿勒泰地区布尔津县禾木哈纳斯蒙古族乡、阿勒泰地区阿勒泰市汗德尕特蒙古族乡

■中国市辖民族区一览表

地　区	市辖民族区名称
内蒙古自治区	呼和浩特市回族区
黑龙江省	齐齐哈尔市梅里斯达斡尔族区
河南省	郑州市管城回族区
	洛阳市瀍河回族区
	开封市顺河回族区

注：全国现有市辖“民族区”5 个。

中国陆地边境县、牧区半牧区县、民族贸易县、民族自治地方国家扶贫工作重点县

■中国陆地边境县(旗)、市(市辖区)一览表

地区	自治州(盟、地、市)	县、旗、市(市辖区)
内蒙古自治区	包头市	达尔罕茂明安联合旗
	呼伦贝尔市	扎赉诺尔区、满洲里市、额尔古纳市 陈巴尔虎旗、新巴尔虎左旗、新巴尔虎右旗
	巴彦淖尔市	乌拉特中旗、乌拉特后旗
	乌兰察布市	四子王旗
	兴安盟	阿尔山市、科尔沁右翼前旗
	锡林郭勒盟	二连浩特市、阿巴嘎旗、苏尼特左旗 苏尼特右旗、东乌珠穆沁旗
	阿拉善盟	阿拉善左旗、阿拉善右旗、额济纳旗
辽宁省	丹东市	振兴区、元宝区、振安区、东港市、宽甸满族自治县
吉林省	通化市	集安市
	白山市	浑江区、临江市、抚松县、长白朝鲜族自治县
	延边朝鲜族自治州	图们市、珲春市、龙井市、和龙市、安图县
黑龙江省	鸡西市	虎林市、密山市、鸡东县
	鹤岗市	萝北县、绥滨县
	双鸭山市	饶河县
	伊春市	嘉荫县
	佳木斯市	同江市、抚远市
	牡丹江市	绥芬河市、穆棱市、东宁市
	黑河市	爱辉区、逊克县、孙吴县
	大兴安岭地区	呼玛县、塔河县、漠河县
广西壮族自治区	防城港市	防城区、东兴市
	百色市	靖西市、那坡县
	崇左市	凭祥市、宁明县、龙州县、大新县
云南省	保山市	腾冲市、龙陵县
	普洱市	江城哈尼族彝族自治县、孟连傣族拉祜族佤族自治县 澜沧拉祜族自治县、西盟佤族自治县
	临沧市	镇康县、耿马傣族佤族自治县、沧源佤族自治县
	红河哈尼族彝族自治州	绿春县、金平苗族瑶族傣族自治县、河口瑶族自治县
	文山壮族苗族自治州	麻栗坡县、马关县、富宁县

续表

地区	自治州(盟、地、市)	县、旗、市(市辖区)
云南省	西双版纳傣族自治州	景洪市、勐海县、勐腊县
	德宏傣族景颇族自治州	芒市、瑞丽市、盈江县、陇川县
	怒江傈僳族自治州	泸水市、福贡县、贡山独龙族怒族自治县
西藏自治区	日喀则市	定日县、康马县、定结县、仲巴县、亚东县、吉隆县 聂拉木县、萨嘎县、岗巴县
	林芝市	墨脱县、察隅县
	山南市	洛札县、错那县、浪卡子县
	阿里地区	噶尔县、普兰县、札达县、日土县
甘肃省	酒泉市	肃北蒙古族自治县
新疆维吾尔自治区	哈密市	伊州区、巴里坤哈萨克自治县、伊吾县
	阿克苏地区	温宿县、乌什县
	喀什地区	叶城县、塔什库尔干塔吉克自治县
	和田地区	和田县、皮山县
	昌吉回族自治州	奇台县、木垒哈萨克自治县
	博尔塔拉蒙古自治州	博乐市、阿拉山口市、温泉县
	克孜勒苏柯尔克孜自治州	阿图什市、阿克陶县、阿合奇县、乌恰县
	伊犁哈萨克自治州	霍尔果斯市、霍城县、昭苏县、察布查尔锡伯自治县
	塔城地区	塔城市、额敏县、托里县、裕民县、和布克赛尔蒙古自治县
	阿勒泰地区	阿勒泰市、布尔津县、富蕴县、福海县 哈巴河县、青河县、吉木乃县

注：1.名单顺序按民政部编《中华人民共和国行政区划简册》排列。
2.统计口径以沿陆地国境线的县级行政区划为单位。
3.资料截止时间为 2017 年 12 月 31 日。
4.新疆建设兵团 58 个边境团场暂未列入本表。

■中国牧区、半牧区县(旗)一览表

地 区	分 类	县 数	县(旗)名单
河北	半牧区	6	张北县、康保县、沽源县、尚义县、 丰宁满族自治县、围场满族蒙古族自治县
山西	半牧区	1	右玉县
内蒙古	牧区	33	达尔罕茂明安联合旗、阿鲁科尔沁旗、巴林左旗、巴林右旗、克什克腾旗、翁牛特旗、科尔沁左翼中旗、科尔沁左翼后旗、扎鲁特旗、鄂托克前旗、鄂托克旗、杭锦旗、乌审旗、陈巴尔虎旗、新巴尔虎左旗、新巴尔虎右旗、鄂温克族自治旗、乌拉特中旗、乌拉特后旗、四子王旗、科尔沁右翼中旗、锡林浩特市、阿巴嘎旗、苏尼特左旗、苏尼特右旗、东乌珠穆沁旗、西乌珠穆沁旗、镶黄旗、正镶白旗、正蓝旗、阿拉善左旗、阿拉善右旗、额济纳旗
	半牧区	20	林西县、敖汉旗、开鲁县、库伦旗、奈曼旗、东胜区、达拉特旗、准格尔旗、伊金霍洛旗、扎兰屯市、阿荣旗、莫力达瓦达斡尔族自治旗、磴口县、乌拉特前旗、察哈尔右翼中旗、察哈尔右翼后旗、突泉县、科尔沁右翼前旗、扎赉特旗、太仆寺旗

续表

地　区	分　类	县　数	县(旗)名单
辽宁	半牧区	6	康平县、彰武县、阜新蒙古族自治县
			北票市、建平县、喀喇沁左翼蒙古族自治县
吉林	牧区	1	通榆县
	半牧区	7	双辽市、长岭县、乾安县、前郭尔罗斯蒙古族自治县
			洮南市、大安市、镇赉县
黑龙江	牧区	7	龙江县、甘南县、富裕县、肇源县、杜尔伯特蒙古族自治县、安达市、青冈县
	半牧区	8	泰来县、虎林市、肇州县、林甸县、同江市、肇东市、兰西县、明水县
四川	牧区	10	松潘县、壤塘县、阿坝县、若尔盖县、红原县、德格县、白玉县、石渠县、色达县、理塘县
	半牧区	38	马尔康市、汶川县、理县、茂县、九寨沟县、金川县、小金县、黑水县、康定市、泸定县、丹巴县、九龙县、雅江县、道孚县、炉霍县、甘孜县、新龙县、巴塘县、乡城县、稻城县、得荣县、西昌市、盐源县、德昌县、会理县、会东县、宁南县、普格县、布拖县、金阳县、昭觉县、喜德县、冕宁县、越西县、甘洛县、美姑县、雷波县、木里藏族自治县
云南	牧区	3	香格里拉市、德钦县、维西傈僳族自治县
西藏	牧区	13	当雄县、仲巴县、萨嘎县、色尼区、嘉黎县、聂荣县、安多县、申扎县、班戈县、巴青县、革吉县、改则县、措勤县
	半牧区	25	林周县、昂仁县、谢通门县、康马县、亚东县、岗巴县、卡若区、江达县、贡觉县、类乌齐县、丁青县、察雅县、八宿县、工布江达县、曲松县、措美县、错那县、浪卡子县、比如县、索县、尼玛县、普兰县、噶尔县、札达县、日土县
甘肃	牧区	7	天祝藏族自治县、肃南裕固族自治县、肃北蒙古族自治县、阿克塞哈萨克族自治县、玛曲县、碌曲县、夏河县
	半牧区	13	永登县、永昌县、靖远县、民勤县、山丹县、瓜州县、环县、华池县、漳县、岷县、合作市、卓尼县、迭部县
青海	牧区	26	海晏县、祁连县、刚察县、泽库县、河南蒙古族自治县、共和县、同德县、兴海县、贵南县、玛沁县、班玛县、甘德县、达日县、久治县、玛多县、玉树市、杂多县、称多县、治多县、囊谦县、曲麻莱县、德令哈市、格尔木市、乌兰县、都兰县、天峻县
	半牧区	4	门源回族自治县、同仁县、尖扎县、贵德县
宁夏	牧区	1	盐池县
	半牧区	2	同心县、海原县
新疆	牧区	22	伊吾县、塔什库尔干塔吉克自治县、民丰县、木垒哈萨克自治县、温泉县、和静县、阿合奇县、乌恰县、新源县、昭苏县、特克斯县、尼勒克县、托里县、裕民县、和布克赛尔蒙古自治县、阿勒泰市、布尔津县、富蕴县、福海县、哈巴河县、青河县、吉木乃县
	半牧区	15	乌鲁木齐县、伊州区、巴里坤哈萨克自治县、温宿县、沙雅县、奇台县、博乐市、精河县、尉犁县、且末县、和硕县、阿克陶县、巩留县、塔城市、额敏县

注：全国共有牧区县和半牧区县 269 个。

■民族自治地方国家扶贫工作重点县一览表

地　区	数　量	县(旗、市)名称
河北	3	丰宁满族自治县、围场满族蒙古族自治县、青龙满族自治县
内蒙古	31	武川县、阿鲁科尔沁旗、巴林左旗、巴林右旗、林西县、翁牛特旗、喀喇沁旗、宁城县、敖汉旗、科尔沁左翼中旗、科尔沁左翼后旗、库伦旗、奈曼旗、莫力达瓦达斡尔族自治旗、鄂伦春自治旗、卓资县、化德县、商都县、兴和县、察哈尔右翼前旗、察哈尔右翼中旗、察哈尔右翼后旗、四子王旗、阿尔山市、科尔沁右翼前旗、科尔沁右翼中旗、扎赉特旗、突泉县、苏尼特右旗、太仆寺旗、正镶白旗
吉林	4	龙井市、和龙市、汪清县、安图县
湖北	9	长阳土家族自治县、恩施市、利川市、建始县、巴东县、宣恩县、咸丰县、来凤县、鹤峰县
湖南	10	江华瑶族自治县、城步苗族自治县、通道侗族自治县、泸溪县、凤凰县、花垣县、保靖县、古丈县、永顺县、龙山县
广西	28	龙胜各族自治县、隆安县、马山县、天等县、龙州县、田东县、德保县、靖西市、那坡县、凌云县、乐业县、西林县、田林县、隆林各族自治县、凤山县、东兰县、巴马瑶族自治县、都安瑶族自治县、大化瑶族自治县、罗城仫佬族自治县、环江毛南族自治县、忻城县、三江侗族自治县、融水苗族自治县、金秀瑶族自治县、上林县、昭平县、富川县
海南	3	白沙黎族自治县、琼中黎族苗族自治县、保亭黎族苗族自治县
重庆	4	石柱土家族自治县、彭水苗族土家族自治县、酉阳土家族苗族自治县、秀山土家族苗族自治县
四川	20	马边彝族自治县、小金县、黑水县、壤塘县、甘孜县、德格县、石渠县、色达县、理塘县、盐源县、普格县、布拖县、金阳县、昭觉县、喜德县、越西县、甘洛县、美姑县、雷波县、木里藏族自治县
贵州	36	道真仡佬族苗族自治县、务川仡佬族苗族自治县、关岭布依族苗族自治县、镇宁布依族苗族自治县、紫云苗族布依族自治县、威宁彝族回族苗族自治县、印江土家族苗族自治县、沿河土家族自治县、松桃苗族自治县、兴仁市、普安县、晴隆县、贞丰县、望谟县、册亨县、安龙县、黄平县、施秉县、三穗县、岑巩县、天柱县、锦屏县、剑河县、台江县、黎平县、榕江县、从江县、雷山县、麻江县、丹寨县、荔波县、独山县、平塘县、罗甸县、长顺县、三都水族自治县
云南	46	禄劝彝族苗族自治县、寻甸回族彝族自治县、宁蒗彝族自治县、宁洱哈尼族彝族自治县、墨江哈尼族自治县、景东彝族自治县、镇沅彝族哈尼族拉祜族自治县、江城哈尼族彝族自治县、孟连傣族拉祜族佤族自治县、澜沧拉祜族自治县、西盟佤族自治县、双江拉祜族佤族布朗族傣族自治县、沧源佤族自治县、双柏县、南华县、姚安县、大姚县、永仁县、武定县、泸西县、元阳县、红河县、金平县、绿春县、文山市、砚山县、西畴县、麻栗坡县、马关县、丘北县、广南县、富宁县、梁河县、泸水市、福贡县、贡山独龙族怒族自治县、兰坪白族普米族自治县、香格里拉市、德钦县、维西傈僳族自治县、漾濞彝族自治县、南涧彝族自治县、巍山彝族回族自治县、金平苗族瑶族傣族自治县、屏边苗族自治县、勐腊县
甘肃	14	张家川回族自治县、天祝藏族自治县、临夏县、康乐县、永靖县、广河县、和政县、东乡族自治县、积石山保安族东乡族撒拉族自治县、合作市、临潭县、卓尼县、舟曲县、夏河县
青海	12	大通回族土族自治县、民和回族土族自治县、化隆回族自治县、循化撒拉族自治县、泽库县、甘德县、达日县、杂多县、治多县、囊谦县、玛多县、曲麻莱县
宁夏	8	盐池县、同心县、原州区、海原县、西吉县、隆德县、泾源县、彭阳县
新疆	27	巴里坤哈萨克自治县、乌什县、柯坪县、阿图什市、阿克陶县、阿合奇县、乌恰县、疏附县、疏勒县、英吉沙县、莎车县、叶城县、岳普湖县、伽师县、塔什库尔干塔吉克自治县、和田县、墨玉县、皮山县、洛浦县、策勒县、于田县、民丰县、察布查尔锡伯自治县、尼勒克县、托里县、青河县、吉木乃县

■中国民族贸易县(旗)、市一览表

地　区	数　量	县(旗、市)名称
河北	5	青龙满族自治县、丰宁满族自治县、围场满族蒙古族自治县、宽城满族自治县、孟村回族自治县
内蒙古	57	苏尼特左旗、阿巴嘎旗、西乌珠穆沁旗、镶黄旗、正镶白旗、正蓝旗、苏尼特右旗、东乌珠穆沁旗、多伦县、太仆寺旗、达尔罕茂明安联合旗、四子王旗、商都县、化德县、察哈尔右翼前旗、察哈尔右翼右旗、察哈尔右翼后旗、乌拉特中旗、乌拉特后旗、鄂托克旗、杭锦旗、准格尔旗、乌审旗、伊金霍洛旗、鄂托克前旗、林西县、巴林右旗、阿鲁科尔沁旗、克什克腾旗、翁牛特旗、巴林左旗、宁城县、敖汉旗、喀喇沁旗、科尔沁右翼前旗、扎赉特旗、科尔沁左翼后旗、科尔沁右翼中旗、库伦旗、奈曼旗、扎鲁特旗、陈巴尔虎旗、新巴尔虎左旗、新巴尔虎右旗、额尔古纳左旗、鄂温克族自治旗、莫力达瓦达斡尔族自治旗、鄂伦春自治旗、阿拉善左旗、阿拉善右旗、额济纳旗、科尔沁左翼中旗、托克托县、清水河县、武川县、和林格尔县、固阳县
辽宁	5	阜新蒙古族自治县、喀喇沁左翼蒙古族自治县、新宾满族自治县、岫岩满族自治县、桓仁满族自治县
吉林	5	安图县、长白朝鲜族自治县、龙井市、和龙市、汪清县
黑龙江	1	杜尔伯特蒙古族自治县
浙江	1	景宁畲族自治县
湖北	10	来凤县、鹤峰县、咸丰县、利川市、巴东县、建始县、宣恩县、恩施市、五峰土家族自治县、长阳土家族自治县
湖南	12	龙山县、桑植县、永顺县、保靖县、花垣县、古丈县、泸溪县、凤凰县、新晃侗族自治县、通道侗族自治县、城步苗族自治县、江华瑶族自治县
广东	3	连山壮族瑶族自治县、连南瑶族自治县、乳源瑶族自治县
广西	34	那坡县、凌云县、乐业县、西林县、隆林各族自治县、平果县、田林县、德保县、靖西县、田东县、马山县、上林县、天等县、大新县、龙州县、宁明县、隆安县、上思县、巴马瑶族自治县、环江毛南族自治县、罗城仫佬族自治县、东兰县、凤山县、都安瑶族自治县、天峨县、南丹县、大化瑶族自治县、金秀瑶族自治县、融水苗族自治县、三江侗族自治县、忻城县、资源县、龙胜各族自治县、富川瑶族自治县
海南	8	保亭黎族苗族自治县、白沙黎族自治县、乐东黎族自治县、琼中黎族苗族自治县、东方黎族自治县、陵水黎族自治县、昌江黎族自治县、通什市
重庆	5	酉阳土家族苗族自治县、秀山土家族苗族自治县、黔江区、彭水苗族土家族自治县、石柱土家族自治县
四川	51	马尔康县、茂县、红原县、阿坝县、汶川县、若尔盖县、理县、黑水县、小金县、松潘县、金川县、九寨沟县、壤塘县、峨边彝族自治县、马边彝族自治县、冕宁县、宁南县、德昌县、会东县、会理县、昭觉县、金阳县、甘洛县、布拖县、普格县、喜德县、雷波县、越西县、美姑县、木里藏族自治县、盐源县、米易县、盐边县、康定县、九龙县、炉霍县、甘孜县、雅江县、新龙县、道孚县、白玉县、理塘县、德格县、乡城县、石渠县、稻城县、色达县、巴塘县、泸定县、德荣县、丹巴县
贵州	51	道真仡佬族苗族自治县、剑河县、台江县、黎平县、榕江县、从江县、雷山县、丹寨县、黄平县、锦屏县、天柱县、麻江县、施秉县、镇远县、三穗县、岑巩县、荔波县、罗甸县、惠水县、三都水族自治县、平塘县、独山县、长顺县、贵定县、龙里县、福泉县、瓮安县、松桃苗族自治县、沿河土家族自治县、印江土家族苗族自治县、卢丰县、望谟县、册亨县、安龙县、晴隆县、兴仁市、普安县、威宁彝族回族苗族自治县、赫章县、纳雍县、镇宁布依族苗族自治县、紫云苗族布依族自治县、关岭布依族苗族自治县、大方县、黔西县、织金县、金沙县、水城县、盘县特区、六枝特区、务川仡佬族苗族自治县

续表

地　区	数　量	县(旗、市)名称
云南	68	富宁县、麻栗坡县、马关县、文山县、砚山县、丘北县、广南县、西畴县、屏边苗族自治县、河口瑶族自治县、金平苗族瑶族傣族自治县、绿春县、元阳县、红河县、泸西县、石屏县、武定县、禄劝彝族自治县、石林彝族自治县、巍山彝族回族自治县、南涧彝族自治县、漾濞彝族自治县、剑川县、鹤庆县、云龙县、弥渡县、洱源县、祥云县、宾川县、永平县、景谷傣族彝族自治县、江城哈尼族彝族自治县、孟连傣族拉祜族佤族自治县、西盟佤族自治县、澜沧拉祜族自治县、墨江哈尼族自治县、峨山彝族自治县、新平彝族傣族自治县、元江哈尼族彝族傣族自治县、勐海县、勐腊县、潞西县、陇川县、盈江县、梁河县、福贡县、泸水县、贡山独龙族怒族自治县、兰坪白族普米族自治县、香格里拉县、维西傈僳族自治县、德钦县、宁蒗彝族自治县、丽江纳西族自治县、耿马傣族佤族自治县、镇康县、沧源佤族自治县、双江拉祜族佤族布朗族傣族自治县、寻甸回族彝族自治县、景东彝族自治县、镇源彝族哈尼族拉祜族自治县、龙陵县、南华县、牟定县、大姚县、双柏县、永仁县、姚安县
甘肃	20	张家川回族自治县、临潭县、舟曲县、玛曲县、夏河县、卓尼县、迭部县、碌曲县、临夏市、临夏县、永靖县、和政县、康乐县、广河县、东乡族自治县、积石山保安族东乡族撒拉族自治县、天祝藏族自治县、肃南裕固族自治县、肃北蒙古族自治县、阿克塞哈萨克族自治县
青海	33	门源回族自治县、祁连县、刚察县、海晏县、尖扎县、同仁县、河南蒙古族自治县、泽库县、贵德县、同德县、兴海县、贵南县、共和县、玛沁县、班玛县、甘德县、达日县、久治县、玛多县、玉树县、杂多县、称多县、治多县、囊谦县、曲麻莱县、乌兰县、都兰县、天峻县、循化撒拉族自治县、化隆回族自治县、互助土族自治县、民和回族土族自治县、大通回族土族自治县
宁夏	9	同心县、盐池县、固原县、西吉县、泾源县、海原县、隆德县、灵武县、彭阳县
新疆	53	且末县、若羌县、和静县、和田市、和田县、皮山县、洛浦县、民丰县、策勒县、墨玉县、于田县、坷坪县、乌什县、温宿县、喀什市、巴楚县、伽师县、疏附县、疏勒县、英吉沙县、岳普湖县、麦盖提县、莎车县、泽普县、塔什库尔干塔吉克自治县、叶城县、尼勒克县、新源县、巩留县、伊吾县、巴里坤哈萨克自治县、阿图什市、阿克陶县、阿合奇县、乌恰县、奇台县、木垒哈萨克自治县、温泉县、察布查尔锡伯自治县、霍城县、昭苏县、特克斯县、和布克赛尔蒙古自治县、裕民县、额敏县、托里县、阿勒泰市、布尔津县、青河县、哈巴河县、富蕴县、福海县、吉木乃县

注：吉林省珲春市和新疆维吾尔自治区博乐市、塔城市、焉耆回族自治县境内距县城(市区)100 公里以上，交通不便，少数民族聚居的 16 个乡镇按民族贸易县内的乡镇对待，享受国家有关民族贸易优惠政策。